CODE DE L'HUMANITÉ,

O U

LA LÉGISLATION UNIVERSELLE,

NATURELLE, CIVILE ET POLITIQUE.

T O M E IV.

C O U — D I X.

CODE

DE L'HUMANITÉ,

O U

LA LÉGISLATION UNIVERSELLE,

NATURELLE, CIVILE ET POLITIQUE,

A V E C

L'HISTOIRE LITTÉRAIRE DES PLUS GRANDS HOMMES
QUI ONT CONTRIBUÉ A LA PERFECTION DE CE CODE.

COMPOSÉ PAR UNE SOCIÉTÉ DE GENS DE LETTRES,
INDIQUÉS À LA PAGE SUIVANTE.

Le tout revu & mis en ordre alphabétique par M. De Felice.

Quid deceat, quid non : Quò virtus, quò ferat error. HORAT.

TOME IV.

YVERDON,

DANS L'IMPRIMERIE DE M. DE FELICE.

M. DCC. LXXVIII.

Les auteurs de ce CODE *font les suivans, rangés selon l'ordre alphabétique de leurs marques.*

(B.) M. BOUCHAUD, *de l'Académie des Inscriptions & Belles - lettres de Paris, Professeur royal en droit, &c.*

(B. C.) M. BERTRAND, *ci-devant Pasteur de l'Eglise françoise à Berne, membre des principales Académies de l'Europe, conseiller privé de Sa Majesté le roi de Pologne, &c. &c.*

(D'A.) M. TSCHARNER, *ancien Seigneur Baillif d'Aubonne.*

(D. F.) M. DE FÉLICE.

(D. G.) M. ANDRIÉ, *Baron* DE GORGIER.

(D. J.) M. *le Chevalier* DE JAUCOURT.

(D. L.) M. DE LA LANDE, *de l'Académie des sciences de Paris, Professeur royal d'astronomie, Avocat au Parlement, &c.*

(D. M.) M. DURAND DE MAILLANE, *auteur du grand Dictionnaire de droit canon, Avocat au Parlement d'Aix, &c.*

(G. M.) M. MINGARD DE BEAU-LIEU.

(M.) M. MACLAINE, *Pasteur de l'Eglise Vallone à la Haye.*

(M. L.) M. MOLÉ, *Avocat au Parlement de Paris.*

(F.)
(H. M.)
(M.D.B.) } *Les articles qui finissent par ces cinq marques appartiennent à des co-laborateurs qui n'ont pas trouvé à-propos d'être connus. Plusieurs de ce Code sont sans marques; ils appartiennent cependant à l'un ou à l'autre de ces auteurs qui ont eu des raisons pour ne pas les signer.*
(P. O.)
(R.)

CODE DE L'HUMANITÉ,

O U

LA LÉGISLATION UNIVERSELLE,

NATURELLE, CIVILE ET POLITIQUE.

COU

COUCHOT, *Hift. Litt.*, avocat au parlement de Paris, a donné au public, 1°. un *Dictionnaire civil & canonique de droit & de pratique*, un vol. in-4°. 2°. *Le Praticien univerfel*, 2 vol. in-4°. qu'il dédia à MM. du parlement. Ce dernier ouvrage, dont il y a eu plufieurs éditions, a été imprimé en fix volumes *in* 12. La derniere édition a été revue & augmentée par M. de la Combe, avocat. 3°. Un *Traité des minorités, tuteles & curatelles*, imprimé en 1713, en un vol. *in*-12.

COULPE, f. f., *Morale & Droit*, du latin *culpa*, manquement involontaire par lequel on viole fans le favoir, ou fans y prendre garde, quelque regle de conduite, quelque loi à l'obfervation de laquelle on étoit obligé. *Coupable* vient de *coulpe*; mais il n'en conferve pas la fignification, puifqu'on entend par-là un homme accufé & con-

Tome IV,

COU

vaincu : ce qui coincide avec *criminel*. Voyez plus bas ces articles.

Ici nous rapporterons d'abord tout ce que dit l'abbé Girard, fur les divers fynonymes au mot de *faute*, qui ne diffère pas de celui de *coulpe*. Il le met premierement en parallele avec *défaut*, *défectuofité*, *vice & imperfection*. *Faute* renferme dans fon idée un rapport acceffoire à l'auteur de la chofe : en forte qu'en marquant le manquement effectif de l'ouvrage, il défigne auffi le manquement actif de l'ouvrier. *Défaut* n'exprime que ce qu'il y a de mal dans la chofe, fans rapport à l'auteur ; mais il exprime un mal qui confifte dans un écart pofitif de la regle. *Défectuofité* marque quelque chofe qui n'eft pas mal par elle-même, mais uniquement par rapport au but de la chofe, ou au fervice qu'on s'en propofe. *Vice* dit un mal qui naît du fonds, ou de la difpofition

A

naturelle de la chofe, & qui en corrompt la bonté. *Imperfection* défigne quelque chofe de moins de conféquence que tout ce que les mots précédens font entendre ; & il eft plus en ufage dans la morale que dans la phyfique & la méchanique. La conceffion d'un pouvoir fans bornes eft une grande *faute* dans l'établiffement du gouvernement : il n'eft point de légiflateur qui l'ait faite. Quelques connoiffeurs ont obfervé qu'il y avoit dans la chapelle de Verfailles un *défaut* de proportion, en ce que la grandeur du vaiffeau ne répondoit pas à l'élévation. La roture en France eft une *défectuofité* qui prive les fujets de beaucoup de places brillantes, dont ils feroient néanmoins capables ; comme la nobleffe en eft une en Suiffe qui empèche d'avoir part au gouvernement. L'indigeftion caufée par un excès d'alimens, eft moins dangereufe que celle qui vient du *vice* de l'eftomac. Les perfonnes fcrupuleufes regardent les *imperfections* comme de vrais péchés, dont Dieu doit les punir ; mais les chrétiens raifonnables ne les regardent que comme des fuites néceffaires de l'humanité, dont Dieu fe fert fimplement pour les humilier, & non pour les rendre criminels.

Les rapports fuivans entre *faute*, *crime*, *péché*, *délit*, *forfait*, tiennent de plus près encore à l'objet de cet article. La *faute* tient de la foibleffe humaine ; elle va contre les regles du devoir. Le *crime* part de la malice du cœur : il eft contre les loix de la nature. Le *péché* ne fe dit que par rapport aux préceptes de la religion ; il va proprement contre les mouvemens de la confcience. Le *délit* part de la défobéiffance ou de la rebellion contre l'autorité légitime ; il eft une tranfgreffion de la loi civile : voilà pourquoi il eft

du ftyle du palais. Le *forfait* vient de fcélérateffe & d'une corruption entiere du cœur : il bleffe les fentimens d'humanité, viole la foi, & attaque la fûreté publique. Les emportemens de la colere, &c. les intrigues de galanterie font des *fautes*. Les calomnies & les affaffinats font des *crimes*. Les menfonges & les jugemens téméraires font des *péchés*. Les duels & les contrebandes font des *délits*. Les incendies & les empoifonnemens font des *forfaits*. Il faut pardonner la *faute*, punir le *crime*, ne point décider fur le *péché*, examiner la nature du *délit*, & avoir horreur du *forfait*.

Nous allons remonter aux premieres notions de la philofophie pratique univerfelle, qui peuvent feules déterminer exactement l'idée de ce qu'on doit nommer *coulpe* dans les actions humaines. Ces actions fe diftinguent en néceffaires ou naturelles, & volontaires ou libres. L'homme ne fauroit jamais ètre refponfable des premieres, ni repréhenfible à leur égard. Perfonne n'eft tenu à l'impoffible. Or, rien n'eft plus impoffible que d'agir contre la nature & d'enfreindre la loi de la néceffité. C'eft ce qui fait qu'il n'y a jamais de moralité dans les actions de cet ordre ; elles ne fauroient ètre ni bonnes, ni mauvaifes : d'où s'enfuit qu'il n'y a pas lieu à l'imputation, foit de louange & de blâme, foit de récompenfe & de peine.

Il faut encore mettre dans la mème claffe tous les effets d'une ignorance parfaitement invincible, & d'une infirmité ou impuiffance tellement attachée à la nature humaine, qu'il n'y a aucun moyen de s'en délivrer.

Où commence donc l'imputabilité ? Là où la *coulpe* exifte, & cette *coulpe* confifte à faire mal, tandis qu'on pourroit faire bien, ou à faire moins bien, tandis qu'on pourroit faire mieux, faute d'y avoir fait attention & suffisamment réflechi. Nous ignorons quantité de choses qu'il nous seroit avantageux de savoir, & qui nous auroient préservés de divers dangers, tirés de diverses situations fâcheuses, arrachés à des maux de tout ordre. Il s'agit d'examiner si nous avons pû apprendre ce que nous ignorons, & si c'est par notre faute que nous nous trouvons dans cette ignorance, & que nous en essuyons les déplorables effets. Dès-lors nous devons nous en prendre à nous mèmes, & nous attendre aux reproches de ceux qui sont au fait de notre conduite. Tel est le cas des trois quarts & demi du genre humain. La nature leur donne des facultés; la Providence leur fournit des secours; mais ils laissent engourdir les unes & négligent les autres; de sorte qu'ils demeurent des poids inutiles sur la terre, & passent leur vie privés d'une foule d'avantages dont ils auroient pû jouir. Il est vrai qu'actuellement ils ne peuvent être que ce qu'ils sont, & faire que ce qu'ils font: il est encore vrai que ce n'a jamais été leur intention de tomber dans cet état; mais ils y sont néanmoins par leur *faute*. Toute situation actuellement décidée d'une maniere convenable, toute commission ou omission actuellement nécessaires, sont réputées libres & imputables, dès qu'elles remontent à une origine, à un état primitif dans lesquels on a pû prévenir ces situations & ces commissions ou omissions.

Il en est de même dans les cas finguliers: on ne sauroit jamais s'excuser en disant simplement, *je l'ignorois*, ou *je n'y pensois pas*, dès-là qu'on pouvoit & devoit le savoir ou y penser. Si quelqu'un vous ayant prêté de l'argent, vous le lui renvoyez par un domesti-

que infidéle, à une heure indue, par une route dangereuse, & que l'argent se perde, c'est votre faute, & vous devez supporter cette perte qu'il étoit aisé de prévoir & de prévenir. Vous mettez sur le bord d'une fenètre un pot à fleurs que le moindre air peut faire tomber, & qui brisera la tète d'un passant, à qui peut-on s'en prendre qu'à vous? Vous entrez dans une voiture devant laquelle vous voyez des chevaux fringans, dont le cocher a grand peine à venir à bout; s'ils prennent le mors aux dents, vous renversent & vous fracassent, seriez-vous dans le cas de dire, on ne m'a pas averti du danger? Vous entrez dans une salle de jeu, & vous faites votre partie avec des inconnus qui vous dupent & vous filoutent, ne vaudroit-il pas autant avoir jetté votre argent par les fenètres? La vie de la plupart des hommes est un tissu de semblables actions étourdies, imprudentes, inconsidérées, qui détruisent tout ce que les circonstances les plus heureuses procurent de biens & d'avantages. Ces riches héritiers qui au bout de quelques années, sont à la mendicité; ces joueurs qui joueroient leurs femmes & leurs enfans, si les loix le permettoient, ont-ils été entraînés par une force irrésistible dans le précipice où ils font plongés? Disons-en autant de ces gens dont la langue légere & mordante leur a suscité tant d'ennemis, qu'ils ont été comme écrasés sous leur poids. Si chacun au bout d'une journée, repassoit ce qu'il a dit ou fait, & ce qui lui est arrivé de bien ou de mal, il s'accoutumeroit bientôt à discerner ce qui lui est arrivé par des causes inévitables, & ce qu'il s'est attiré. Cet examen fait à la fin de sa carriere en représente bien distinctement le véritable fil.

Toute *faute* eſt imputable, entant que *faute*, comme tout péché entant que péché. Mais le degré de l'imputation varie rélativement aux conféquences, depuis les plus légeres juſqu'aux plus confidérables ; ce qui renferme une étendue très-vaſte. Un mot dit à la légere dans une compagnie où l'on a fait rire aux dépens d'une perſonne qu'on auroit dû ménager, eſt blâmable ; mais la choſe en eſt reſtée là, & on n'y a plus penſé. Au contraire, ſi ce mot a été dit devant des gens qui l'aient relevé & rapporté à ceux dont dépend la fortune de la perſonne en queſtion, laquelle en conféquence aura été diſgraciée ou privée de quelque avantage confidérable, la *faute* demeure bien toujours la même en ſoi, celui qui l'a commiſe n'a ni voulu, ni prévu ce qui en eſt arrivé, cependant le mal étant tout autrement confidérable, la *faute* s'accroît proportionnellement. De même il y a grande différence entre tenir des propos libres entre amis, & les tenir devant des jeunes perſonnes dont on bleſſe les oreilles chaſtes. Il faudroit toujours s'abſtenir de ces propos ; mais bien plus dans le ſecond cas que dans le premier. Dites d'un artiſan que ſes affaires ſont délabrées, vous lui faites un tort preſque imperceptible. Dites-le d'un gros négociant, vous lui ôtez ſon crédit, il fera banqueroute, & en entraînera pluſieurs autres dans ſa ruine. Ce tarif des fautes eſt d'une évidence qu'on peut appeller *mathématique*.

Il s'enſuit immédiatement de là que les *fautes* des perſonnes en place ſont plus confidérables que celles des ſimples particuliers, à raiſon du degré d'élévation où elles ſont placées. D'abord elles influent ſur la ſociété en général entant qu'exemples. Les petits ſe moulent ſur les grands, ſoit par la haute

idée qu'ils en ont, ſoit pour leur plaire. Lorſqu'un prince, & ſur-tout un ſouverain, eſt adonné à quelque vice, il doit s'attendre à voir ce vice devenir régnant, & paſſer de la cour à la ville, & de la ville à la campagne. Tous les ſupérieurs ſont dans le même cas par rapport à leurs inférieurs, & ſe rendent par-là reſponſables des *fautes* qu'ils font commettre, autant que de celles qu'ils commettent. Il y a entr'eux & les ſubalternes la différence qui ſe trouveroit entre un homme qui prendroit du poiſon, & celui qui en donneroit à toute une communauté.

Mais les *fautes* des chefs de la ſociété ſont encore importantes, par la nature même des affaires qu'ils ont à manier, & de l'influence capitale qu'ils ont ſur leur ſuccès. Un général malheureux fait perdre une bataille ; & de cette bataille, comme de celle d'Hochſtedt où Tallard commandoit, dépend le ſalut de l'Etat. Un négociateur qui n'entend pas ſon métier, perd des provinces d'un trait de plume, ou prépare des diſcordes & des guerres interminables. Un chef de magiſtrature donne des loix qui font regner la juſtice, ou qui laiſſent le champ libre à la chicane. Un eccléſiaſtique édifie ou ſcandaliſe : il eſt l'apôtre de la vertu ou du vice. C'eſt ainſi qu'outre ſon propre fardeau, déja ſi difficile à porter, on ſe charge de celui des autres.

Les *fautes* s'évaluent encore par les difficultés à vaincre, par les obſtacles à ſurmonter de la part de ceux qui auroient pu les éviter. Moins il en auroit coûté pour ſavoir ce qu'il importoit de ne pas ignorer, plus on doit ſe reprocher cette ignorance. Il n'y a guere de ſurpriſes à la guerre qui ſoient juſtifiables : des eſpions, des retranchemens, une vigilance continuelle, ne font-ce pas les élémens de l'art militaire? Quand un terrein peut être miné, va-t-on s'y placer fans précaution? Faute de connoître une perfonne, on manque à ce qu'on lui doit : fi elle eft déguifée, & fe trouve dans un lieu où l'on ne s'attendoit pas à la trouver, il faut toujours de la circonfpection & des égards; mais, fi l'on peut favoir du premier venu ce qui en eft, n'eft-ce pas à fon propre dam qu'on l'ignore? La précipitation & la pareffe font les fources les plus communes des *fautes* que l'on commet dans ce genre ; mais il eft manifefte qu'on les aggrave par là, & qu'il ne refte point d'excufe, non-feulement valable, mais même fupportable dans de pareils cas. C'eft comme fi quelqu'un marchoit dans la rue les yeux fermés, & en heurtant rudement un paffant, lui difoit : *Ah! pardon, je ne vous voyois pas.*

Tant qu'on refte dans les limites de l'ignorance & de l'impuiffance, ou que le mal qui fuit d'une action commife ou omife ne procède point de l'intention, il n'y a que *coulpe*, dans quelqu'un des degrés rélatifs aux diftinctions précédentes ; mais, auffi-tôt qu'on paffe ces limites, on fe trouve, pour ainfi dire, dans la région du *dol*, qui comprend toutes les actions moralement mauvaifes en elles-mêmes & par leurs conféquences, que l'on commet le fachant & le voulant. *v.* DOL.

Mais tous ceux qui prétendent n'avoir que des fautes à fe reprocher, fe font illufion, ou veulent s'en faire. Au moins ajouterai-je ici deux cas où la *coulpe* eft tout au moins limitrophe du dol ; & la ligne qui les fépare eft fans largeur. Le premier eft le plus grave, & coïncide prefqu'entierement avec le *dol*. Il a lieu lorfqu'on ne veut pas s'éclairer & s'inftruire, fe mettre au fait de chofes

quelconques, théorétiques ou pratiques, qui rendroient capable de ce qu'on eft effectivement incapable d'exécuter. Vouloir demeurer faillible, c'eft *dol* pur & manifefte. Qu'un maître dife à fon domeftique, vous vous acquittez mal de telle ou telle partie de mon fervice ; je vois que vous ne favez pas ce qu'il faudroit faire, mais je vous l'apprendrai, ou je vous le ferai enfeigner : fi ce domeftique refufoit de recevoir ces inftructions & s'obftinoit à fervir imparfaitement, ne feroit-il pas auffi blâmable & auffi puniffable que celui qui, avec la capacité, n'auroit pas la volonté? On peut appliquer cette idée à l'objet le plus important, à la pratique de la religion. Une foule de chrétiens femblent fe glorifier & fe féliciter de leur ignorance : ils fe perfuadent qu'elle les difpenfe de faire tout ce qu'ils ne favent pas, & que Dieu ne leur demandera compte que des lumieres qu'ils auront poffédées, fans exiger celui des lumieres qu'ils auroient pu acquérir. Jamais illufion ne fut, ni plus groffiere, ni plus funefte.

L'autre cas où l'ignorance & la négligence ne peuvent plus paffer pour occafionner de fimples *coulpes*, c'eft lorfqu'on a commis plufieurs fois la même faute, & qu'on eft comme affuré qu'on y retombera, fi l'on fe remet dans la même fituation. Rien de plus ordinaire dans la vie : c'eft l'effet continuel des paffions & des tentations. Celui qui s'eft enyvré une fois, doit craindre la rechûte ; mais celui qui s'eft enyvré plufieurs fois, ne fauroit préfumer qu'il fe trouvera dans un cabaret avec une troupe de buveurs, fans faire *chorus* avec eux. Il faut abfolument difcontinuer les actes vicieux, avant que l'habitude foit formée ; & fi on la laiffe fe former, c'eft parce qu'on l'a bien voulu. J'avoue que les hommes confervent des véléités, fe bercent de réfolutions, mais fi chimériques, qu'on voit bien qu'ils cherchent à s'étourdir, & qu'ils mettent eux-mèmes le bandeau fur leurs yeux. C'eft ce que les prédicateurs expofent dans tout fon jour, lorfqu'ils traitent du renvoi de la converfion. Pécher à bon compte, avec le prétendu deffein de fe répentir, c'eft vouloir pécher & offenfer Dieu de gayeté de cœur. La diftinction de David entre les *fautes cachées*, ou *commifes par erreur*, & les *actions commifes par fierté*, eft très-réelle : mais on ne doit pas appeller *caché* ce que l'on cache foi-mème, ni *erreur* ce qui vient de l'envie de fe tromper.

La vie des hommes les plus juftes, les plus religieux, ne fauroit être exempte de fautes. Ils gémiffent mème de leur nombre & de leur fréquence. Mais ils font excufables devant Dieu & obtiennent le pardon qu'ils lui demandent, par le foin perpétuel qu'ils prennent de diminuer la quantité & la qualité de ces fautes. Tout homme raifonnable doit fe propofer de devenir de jour en jour meilleur ; & s'il ne peut atteindre à une rectitude abfolue, il y tend fans ceffe. Les efforts de la raifon à cet égard étoient infuffifans, comme le montre l'exemple des plus éclairés & des plus vertueux des Payens. C'eft ce qui prouve la néceffité de la révélation, & l'ufage indifpenfable que doivent en faire tous ceux qui ont la perfection pour objet. (F.)

COUPS, f. m. pl., *Morale*, *Polit.* Quantité de légiflateurs, entr'autres Licurgue, non-feulement ont introduit l'ufage de faire lutter à *coups* de poing la jeuneffe de l'un & de l'autre fexe, pour rendre leur corps & leur efprit fort & vigoureux ; mais encore ils ont établi l'ufage de faire foüetter violemment à *coups* de verges les jeunes gens, pour les endurcir aux travaux, & pour les accoûtumer à la patience.

Les politiques, partifans de la violence, difent à leurs éleves : obfervez qu'un *coup* de main régle un concert, qu'un *coup* de gouvernail peut faire entrer un vaiffeau dans le port, qu'un *coup* de main habile peut exciter le courage des foldats, ou bien appaifer une émotion populaire. Fondés fur un principe de cette efpece, les adminiftrateurs militaires, fur-tout dans les Etats defpotiques, foutiennent, 1°. que Salomon avoit raifon de dire dans fes *Proverbes*, que l'on ne peut conduire le cheval que par le foüet, l'âne que par le frein, & les fous que par la verge : *Equo flagellum, afino frænum, ftulto virgam adhibetur* : ils ajoutent, que dans chaque page mème de l'Ecriture fainte, on lit : *Ego regam vos in virga ferrea* ; *virga caftigationis*, *correctionis*, *difciplinæ*, *æquitatis* : *baculus fuftentationis*, *confolationis*, *fceptrum ferreum*, &c. Ils rapportent les merveilles opérées par les *coups* de la baguette de Jacob, de Moïfe, d'Aaron & de Jofeph. 2°. Les panégyriftes des *coups* citent avec emphafe la maxime fondamentale de la conduite de l'empereur M. Aurele qui difoit : j'ai appris dans les ouvrages que Ciceron fit pour Flaccus, que, *Phryx plagis tantum emendatur*. Les Phrygiens, les Negres, les femmes & les peuples, ne peuvent fe corriger de leurs vices que par des *coups* violens & redoublés. 3°. L'on dit encore que le fage gouvernement des Chinois n'explique fes volontés qu'à grands *coups* de bâton ; que les Allemands employent journellement avec fuccès leurs *fchlagueurs* pour corriger fubitement le foldat, & que cette efpece de châtiment eft une correction plus fage que celle des arrêts ou de la prifon. 4°. Il eft des politiques qui approuvent l'ufage du peuple de l'isle de Corfe, qui autorife les voifins à aller battre violemment les veuves, parce qu'ils difent que les maris feroient immortels, fi leurs femmes les confervoient foigneufement. Ces raifonneurs paroiffent auffi approuver l'ufage dès Japonnois, qui pour faire refpecter leur fouverain pontife nommé *daïri*, donnent des *coups* de bâton à toutes les idoles qui font de garde pendant la nuit, lorfqu'elles n'ont pas procuré un doux fommeil au daïri leur maître. Ces politiques rapportent enfin les préjugés des femmes même de plufieurs nations, qui croyent que leurs maris les méprifent, lorfqu'ils ne les honorent pas, chaque jour, de quelques douzaines de *coup* de bâton.

5°. Les moraliftes littérateurs obfervent que les anciens Egyptiens ont eu de très-bonnes raifons pour peindre Ofiris tenant une baguette ou un foüet à la main, & que les Grecs en ont eu d'excellentes pour affurer qu'il n'y a que les *coups* qui ayent le pouvoir de diffiper la pareffe, & faire naître les arts & les fciences; que Vulcain fut obligé d'employer un *coup* de hâche pour faire fortir Pallas de la tète de Jupiter: ils difent qu'il faut piquer le bœuf pour le faire avancer; battre le fer pour lui donner une forme, & qu'enfin Sancho-Pança qui connoiffoit parfaitement l'efprit des peuples, & fur-tout l'efprit féminin avoit raifon de dire dans le *Roman* de Domquichotte... *bas ta femme & ton bled, tout ira bien chez toi.*

Après avoir rapporté toutes les raifons que les fophiftes & les pedans tâchent humainement d'accréditer parmi les peuples, voyons au contraire les folides principes qui fervent à refuter le fyftème dangereux dont nous venons de donner, malgré nous, un détail fingulier.

Les vrais adminiftrateurs, moraliftes, politiques, ou législateurs, foutiennent au contraire, que les *coups* ne peuvent que révolter le cœur, avilir l'ame & abrutir l'efprit des enfans, des femmes, des foldats, des peuples, & même dégrader l'inftinct des animaux.

Le célebre Montefquieu rapporte dans l'*Efprit des loix*, que chez les anciens Perfes on puniffoit les crimes des citoyens en fe bornant à fuftiger leurs habits, & que les perfonnes condamnées étoient pour lors fi violemment affectées de ce deshonneur, que la plûpart fe donnoient la mort: mais qu'aujourd'hui comme le defpotifme a détruit l'idée du point d'honneur, qui eft le grand reffort des fages gouvernemens pour contenir les paffions, les fupplices réiterés de la baftonnade, de la fcie, du pal, du feu, &c. ne peuvent point contenir les criminels. Les paffions humaines vont toujours au-delà de la cruauté dès fupplices. Obfervons en paffant, qu'un des hommes les moins toléran avoit dit avant Montefquieu, *quos tormenta non vincunt, interdum vincit pudor; & ingenia liberaliter educata facilius verecundia fuperat quam metus. . fus hieronimus.*

Le peuple Juif, tout groffier qu'il eft, confidere encore aujourd'hui les excommunications qu'il prononce contre fes criminels, comme une peine plus terrible & plus efficace pour contenir le peuple, que le fupplice momentané de la lapidation, parce que les fcélérats tiennent pour maxime que *la mort n'eft qu'un mauvais quart-d'heure.*

Tous les magiftrats intelligens, qui ont exercé pendant long-tems la police, peuvent attefter que les précepteurs, les peres, les maris, &c. qui battent, qui emprifonnent les perfonnes qu'un fort fatal a foumis à leurs bras, ne font de leurs éleves que des brutaux, des infideles, des fourbes, des fous, des imbécilles, ou des fcélérats. Ces mauvais adminiftrateurs éprouvent journellement que Salomon avoit raifon de dire, en vain vous pilerez un fou dans un mortier de bronze, vous ne le rendrez pas fage, *fi contundas ftultum in mortario cum mola & piftillo, non tamen recedet ab eo ftultitia.* Il eft dangereux de piler l'arfenic.

Les vrais maquignons, & fur-tout les directeurs des manéges, craignent d'accoutumer aux *coups* les chevaux qu'ils éduquent; ils ne les renferment point dans les cachots, de crainte de les rendre ombrageux; ils leur montrent la verge, ils les chatouïllent, mais ils ne les battent prefque jamais, de peur de les rendre retifs & vicieux; ils tiennent pour maxime, qu'il eft très-facile de diriger & de dompter même les chevaux arabes, tartares ou barbes, en employant le travail, la douceur, les bienfaits & la flatterie, & qu'il eft au contraire très-dangereux de tenter de les entraîner par la violence, par les *coups*, & par la brutalité.

Le bâton que la folie jaloufe des chaffeurs fait attacher au col des chiens de parc, pour leur empêcher de pourfuivre les lievres, eft un talifman réel qui avilit même les doguins d'Angleterre; il les rend lâches & incapables de fe défendre du loup. . . . La crainte des *coups*, l'afpect du bâton nommé *pantfée*, qui dirige le peuple Chinois, l'a toujours rendu poltron & incapable de réfifter aux incurfions & aux armes des Tartares. Vainement l'empereur de la Chine prend le titre de *pere de fes peuples*: comme ce defpote oriental les tient

aux arrêts dans fon parc, & comme ce parâtre les traite en enfans pupiles à *coups* de foüet, jamais, quoiqu'en difent les religieux, jamais les Chinois n'auront le génie & la grandeur d'ame des peuples Européens, que les vrais monarques traitent en enfans majeurs, libres & dominés uniquement par la raifon & par la loi. La Chine eft une ruche, où l'on trouve des infectes laborieux: mais l'Angleterre eft un royaume où l'on trouve des hommes.

Les *coups* ont toujours été fi fort en exécration parmi les peuples libres, que nous ne devons point être étonnés de ce que Ciceron fit fondre en larmes le peuple Romain, en prononçant ces mots au fujet du fupplice de Gabinius, *cædebatur virgis civis Romanus.* On croit en France que Chilperic fut affaffiné pour avoir donné un *coup* de bâton à fa femme, & qu'Amalaric perdit le royaume des Vifigots & la vie, parce qu'il avoit donné quelques *coups* de bâton à fa femme, qui étoit fœur de Childebert, roi de France.

Il y a environ trente ans qu'un *coup* de canne donné par un officier à un porte-faix de la république de Genes, fit foulever tous les habitans; ils chafferent à main armée les troupes Allemandes, qui s'étoient emparées de leur ville.

Quoique les ordonnances militaires défendent expreffément aux majors & aux autres officiers des troupes Françoifes, de donner aux foldats & à leurs domeftiques des *coups* de plat d'épée & des *coups* de bâton; cependant malgré la loi il y a toujours quelques petits maîtres, qui croient payer leurs dettes en battant leurs créanciers, & qui aiment mieux battre que de s'abaiffer à parler à leurs inférieurs: l'inconduite de ces brutaux leur fait commettre des

crimes

crimes d'Etat, ils font la caufe que chaque année il déferte quelques centaines de bons foldats. Bien plus, la feule menace des *coups* de bâton occafionne annuellement quelques douzaines de duels entre les militaires & les bourgeois de la France.

Il paroît donc démontré par des faits inconteftables, que le fceptre dans la main des fouverains, & le bâton dans la main du maréchal, du commandant, du major ou de l'exempt, font des marques fymboliques & facrées de leur autorité, & des honneurs que l'on doit leur rendre ; c'eft donc commettre un crime que de les employer comme des inftrumens de fupplice ou de brutalité. Il eft évident que les *coups*, la cruauté des loix pénales, des Dracons anciens ou modernes, ne contiennent perfonne, révoltent tous les êtres penfans, & pervértiffent même l'inftinct des animaux. Les bons procédés changent les lions en hommes ; les *coups* métamorphofent les hommes en lions. Il n'y a donc que des gens illiterés qui puiffent regarder les *coups*, les emprifonnemens & les défarmemens comme des jeux, parce que de pareilles démarches tendent toujours à faire méprifer l'état militaire, & avilir le cœur des nations. Cent hiftoires nous prouvent qu'un *coup* de main peut occafionner une émotion populaire ; un *coup* de cloche fonne l'allarme, &c.

Dans les livres qui font intitulés *coup d'Etat*, ou *hiftoire des révolutions des empires*, on pourra également fe convaincre que les *coups* de fang, que l'on employa pour punir les premiers empereurs de Rome, & ceux que, dans le fiecle dernier, l'on employa contre trois reines d'Angleterre, font des *coups* d'Etat qui ont toujours nui au peuple & à la maffe des honnètes gens. Il eft démontré dans l'hiftoire de tous les fiecles, que

Tome IV.

la patience, la tolérance dans les peuples & dans les particuliers, eft le meilleur des remèdes que l'on puiffe apporter contre les maux phyfiques, moraux & politiques. L'expérience démontre encore, que les adminiftrateurs qui ont des talens & de la vertu, n'ont pas befoin des *coups* de main violens, des fuppreffions, des profcriptions, des inquifitions, des innovations, & des vefpres ficiliennes, pour diriger ou pour reformer les fujets. La divinité employe tout au plus quatre élémens pour compofer les merveilles du globe terreftre : elle a plus de tonnerres pour épouvanter les méchans, que de foudres pour les punir. *Vox tonitrui ejus verberavit*, *Eccléf.* XXXIV. 18.

Nous ofons enfin avouer que les anciens payens nous ont enfeigné les vérités que nous venons de dévoiler ; ils nous rapportent dans leurs écrits emblématiques, que Mercure d'un *coup* de caducée changea Aglaure en rocher, Battus en pierre de touche, & que l'enchantereffe Circée d'un *coup* de baguette métamorphofa les compagnons d'Uliffe en bêtes brutes.

Nous venons de rapporter en général l'ufage & l'effet des *coups*, c'eft-à-dire, de la percuffion en matiere de médecine, de morale & de politique. Pour completter cet article, il nous refte à indiquer de quel œil les différentes efpeces de gouvernemens doivent regarder les *coups*.

Dans les Etats defpotiques, les *coups* infpirant la crainte, la baftonnade, le *coup* de mort, & l'atrocité des fupplices font des inftrumens néceffaires pour régner. Les tyrans doivent donc autorifer leurs bachas à faire roüer à *coup* de barre tous ceux qui paroiffent contrevenir à leur volonté, & autorifer les peres à battre & faire mourir leurs en-

fans, leurs efclaves & même leurs femmes.

Dans les Etats monarchiques au contraire, les *coups* de main ou de langue
étant un attentat au point d'honneur,
ils font par conféquent des crimes impardonnables : pour en obtenir fatisfaction, les fages y doivent recourir
aux loix féveres de la juftice ; mais les
brutaux n'y recourent qu'au duel.

Chez les ariftocrates, les *coups* de
langue & les *coups* de main font peu de
chofe, pourvu que d'ailleurs l'on ne
dife rien du goûvernement, & que l'on
ne faffe rien d'attentatoire aux privileges des nobles : car fur cet article tout
eft facrilege, tout eft crime d'Etat que
l'on punit fans miféricorde publiquement ou furtivement.

La cenfure, les *coups* de langue, la
médifance, la délation, ont quelquefois paru néceffaires dans les républiques, pour y découvrir les manœuvres
des adminiftrateurs. Les *coups* de main
légers entre les citoyens y font punis
fuivant le tarif général : mais le *coup*
de mort ne peut s'y donner que par
l'autorité du concours général de la nation, parce que chaque particulier y eft
confidéré comme un membre effentiel
de l'Etat. La peine de mort y doit être
très-rare. Lorfque l'on y fuit les regles fondamentales, un pere ne doit
point avoir droit de vie & de mort fur
fes enfans & fur fes efclaves, il ne doit
point même être autorifé à battre fa
femme & fes domeftiques.

Ces nations peuvent fervir pour tenter de découvrir l'efprit des loix fingulieres, que l'on a publiées au fujet des
coups. Par exemple, Aulugelle, *liv. XX.
c. 21.* rapporte que Lucius Veratius,
citoyen Romain fort riche, fe prome-
noit dans les rues de Rome, & donnoit
des fouflets à ceux qu'il rencontroit;

mais tout-de-fuite il leur payoit les
vingt-cinq fous d'amende qui étoient
fixés par la loi des douze tables.

Quoique l'empereur Charlemagne
nous ait montré par fa conduite, qu'il
étoit tolérant & qu'il déteftoit les *coups*
de main, cependant pour fe proportionner au ton du fiecle où il vivoit, il fut
obligé d'inférer dans fes *Capitulaires* un
tarif des loix pénales, pour chaque efpece de *coup* de main : par exemple,
un des articles portoit (en ces termes,
fi je ne me trompe) que *tout homme qui
d'un coup emporteroit du crâne d'un prêtre, un morceau capable de faire fonner
un bouclier d'airain à travers un chemin
large de trois pas, doit être condamné
à payer environ cinq fols d'amende.*

COUPS DU SORT, *Morale.* Tout
ce qu'ont fait les hommes, les hommes
peuvent le détruire : il n'y a de caracteres ineffaçables que ceux qu'imprime la
nature, & la nature ne fait ni princes,
ni riches, ni grands feigneurs. Que
fera donc dans la baffeffe, ce fatrape
que vous n'avez élevé que pour la grandeur ? Que fera dans la pauvreté ce pu-
blicain qui ne fait vivre que d'or ? Que
fera, dépourvu de tout, ce faftueux
imbécile qui ne fait point ufer de lui-
même, & ne met fon être que dans ce
qui eft étranger à lui ? heureux celui qui
fait quitter alors l'état qui le quitte, &
refter homme en dépit du fort ! Qu'on
loue tant qu'on voudra ce roi vaincu,
qui veut s'enterrer en furieux fous les
débris de fon trône; moi je le méprife ;
je vois qu'il n'exifte que par fa couronne, & qu'il n'eft rien du tout, s'il n'eft
roi : mais celui qui la perd & s'en paffe,
eft alors au-deffus d'elle. Du rang de
roi, qu'un lâche, un méchant, un fou
peut remplir comme un autre, il monte
à l'état d'homme que fi peu d'hommes
favent remplir. Alors il triomphe de la

fortune, il la brave, il ne doit rien qu'à lui seul; & quand il ne lui reste à montrer que lui, il n'est point nul; il est quelque chose. Oui, j'aime mieux cent fois le roi de Syracuse, maitre d'école à Corinthe, & le roi de Macédoine, greffier à Rome, qu'un malheureux Tarquin, ne sachant que devenir, s'il ne règne pas; que l'héritier & le fils d'un roi des rois, jouet de quiconque ose insulter à sa misere, errant de cour en cour, cherchant par-tout des secours, & trouvant par-tout des affronts, faute de savoir faire autre chose qu'un métier qui n'est plus en son pouvoir.

Pour vous soumettre la fortune & les choses, commencez par vous en rendre indépendant. Pour régner par l'opinion, commencez par régner sur elle.

COUPABLE, adj. m. & f., *Droit*. Cet adjectif est dérivé du substantif latin *culpa*, *coulpe*, *faute*, *action blâmable* : on se sert de ce qualificatif pour désigner celui qui a fait une action contraire à la regle qu'il devoit suivre, quelqu'aient été son motif & son intention. L'idée de *coupable* suppose donc premierement une action faite réellement par celui à qui on l'impute; en second lieu une regle obligatoire qui interdisoit cette action, & contre laquelle l'auteur de l'action a agi. On ne sauroit donc regarder un homme comme *coupable* d'une action, si premierement il n'est pas prouvé que l'action ait eu lieu, secondement, s'il n'est pas démontré que celui qu'on accuse de l'avoir faite, l'a bien en effet exécutée, ou en a volontairement procuré de quelque maniere l'exécution, ensorte que sans son concours volontaire, elle n'auroit pas eu lieu; en troisieme lieu, s'il n'y avoit pas quelque regle obligatoire qui interdisoit une telle action; car l'idée de *coupable* emporte nécessairement l'idée du blame que mérite l'action, ou

l'idée de quelque qualité de l'action qui la rend blamable aux yeux de ceux qui en jugent : c'est par-là que le *coupable* differe du criminel; celui-ci est uniquement celui qui a fait une action qu'il savoit bien lui-même en sa conscience être mauvaise & défendue; au lieu que le *coupable* a pu ignorer que cette action fût mauvaise & interdite par quelque loi; il suffit qu'elle soit telle aux yeux de ceux qui en jugent. Œdipe qui épouse sa mere sans savoir & sans avoir pu connoitre qu'elle étoit sa mere; un Guebre qui épouse sa sœur sans connoitre de loi qui défende un mariage de cette nature, sont *coupables* d'inceste à nos yeux, puisqu'en effet ils ont fait les actions que l'on nomme *inceste*, & que nos loix défendent : cependant ils ne sont pas criminels. Œdipe ne l'est pas, quoiqu'il regardât son mariage avec sa mere, comme un crime, puisqu'il ignoroit que Jocaste fût sa mere. Le Guebre fait bien qu'il épouse sa sœur; mais au lieu de connoître une loi qui lui interdise cette union, il en connoit une qui lui en fait un devoir. Au lieu que Caligula abusant de sa sœur, est non seulement *coupable* d'inceste; mais l'inceste qu'il commet, le rend criminel, parce qu'il connoit une loi respectable qui lui interdit un tel commerce comme un crime.

Tout homme convaincu d'avoir fait une action défendue, est *coupable* de cette action, mais n'est pas pour cela criminel. *v*. CRIMINEL.

On ne peut donc jamais punir que celui qui est réellement *coupable*; mais tout *coupable* ne peut pas être puni. Comment puniroit-on sans injustice celui qui, en faisant une action, a sincerement cru bien faire ou au moins ne rien faire qui fût mauvais ou défendu.

Celui cependant qui est *coupable*

B 2

d'une action dont les fuites font nuifibles pour les autres, doit être tenu de réparer le dommage qui a réfulté de fon action; mais s'il n'eft que *coupable* fans être criminel, on ne peut pas lui infliger de punition proprement ainfi nommée. *v.* PUNITION, (G. M.)

COUR, f. f., *Morale.* C'eft toujours le lieu qu'habite un fouverain; elle eft compofée des princes, des princeffes, des miniftres, des grands, & des principaux officiers. Il n'eft donc pas étonnant que ce foit le centre de la politeffe d'une nation. La politeffe y fubfifte par l'égalité où l'extrême grandeur d'un feul y tient tous ceux qui l'environnent, & le goût y eft rafiné par un ufage continuel des fuperfluités de la fortune. Entre ces fuperfluités, il fe rencontre néceffairement des productions artificielles de la perfection la plus recherchée. La connoiffance de cette perfection fe répand fur d'autres objets beaucoup plus importans; elle paffe dans le langage, dans les jugemens, dans les fentimens, dans le maintien, dans les manieres, dans le ton, dans la plaifanterie, dans les ouvrages d'efprit, dans la galanterie, dans les ajuftemens, dans les mœurs mêmes. J'oferois prefqu'affurer qu'il n'y a point d'endroit où la délicateffe dans les procédés foit mieux connue, plus rigoureufement obfervée par les honnêtes gens, & plus finement affectée par les courtifans. L'auteur de l'*Efprit des loix* définit l'air de *cour*, l'échange de fa grandeur naturelle contre une grandeur empruntée. Quoiqu'il en foit de cette définition, cet air, felon lui, eft le vernis féduifant fous lequel fe dérobent l'ambition dans l'oifiveté, la baffeffe dans l'orgueil, le defir de s'enrichir fans travail, l'averfion pour la vérité, la flatterie, la trahifon, la perfidie, l'aban-

don de tout engagement, le mépris des devoirs du citoyen, la crainte de la vertu du prince, l'efpérance fur fes foibleffes, &c. en un mot, la malhonnêteté avec tout fon cortege, fous les dehors de l'honnêteté la plus vraie; la réalité du vice toujours derriere le fantôme de la vertu. Le défaut de fuccès fait feul dans ce pays donner aux actions le nom qu'elles méritent; auffi n'y-a-t-il que la mal-adreffe qui ait des remords. Voyez l'article COURTISAN.

COUR, *Jurifp.*, en latin *curia*, *feu curtis*, *aula*, *comitatus*, *prætorium*, *palatium*, fignifie en général, un tribunal compofé de plufieurs pairs ou vaffaux, confeillers ou affeffeurs.

On donnoit autrefois le titre de *cour* à toutes fortes de tribunaux indifféremment: on difoit *la cour du feigneur*, pour fignifier *fa jurifdiction*; *cour d'églife* pour *officialité*. Préfentement les compagnies fouveraines font les feules jurifdictions qui doivent être qualifiées de *cour*, & qui puiffent prononcer leurs jugemens en ces termes: *la cour ordonne* . . .

Cour fignifie quelquefois fimplement *jurifdiction*, comme quand le fouverain renvoye à un juge la connoiffance d'une affaire, & lui attribue à cet effet toute *cour* & jurifdiction.

C'eft auffi en ce fens qu'un juge, même inférieur, met les parties hors de *cour*, pour dire qu'il les renvoye & les met hors de procès.

Congé de cour, c'eft obtenir fon renvoi, fa décharge.

Ravoir la cour, c'eft obtenir le renvoi d'une caufe.

Rendre la cour à fes hommes, c'eft renvoyer les parties en la juftice de fes vaffaux.

COURS DES AIDES, *Droit public de France*, en France, font des *cours* fouveraines inftituées par les rois à l'inftar des parlemens, pour juger & décider en dernier reffort & toute fouveraineté, tout procès, tant civils que criminels, au fujet des aides, gabelles, tailles, & autres matieres de leur compétence. Les arrêts de ces *cours* fent intitulés au nom du roi : elles ont une jurifdiction contentieufe : chacune d'elles a un reffort, & par conféquent de grandes audiences fur les hauts fieges ; ce qui, felon le fentiment de tous les auteurs, en caractérife effentiellement la fouveraineté.

Dans l'origine, la *cour des aides* de Paris étoit unique, & fon reffort s'étendoit par tout le royaume. Les rois en ont depuis créé plufieurs autres, lefquelles ou ont été démembrées de celle de Paris, ou ont été établies à fon inftar dans quelques-unes des provinces qui ont été réunies par la fuite au royaume de France.

Il y a actuellement en France cinq *cours des aides*.

La premiere & la principale de toutes, eft la *cour des aides* de Paris. La feconde eft celle de Montpellier. La troifieme eft celle de Bourdeaux. La quatrieme eft celle de Clermont, en Auvergne. La cinquieme eft celle de Montauban.

Outre ces cinq *cours des aides*, il y en a encore huit autres qui font unies, foit aux parlemens, foit aux chambres des comptes ; favoir celles de Grenoble, de Dijon, de Rennes, de Pau, de Metz, de Rouen, d'Aix, en Provence, de Dole, en Franche-Comté.

Ces *cours des aides* ont le même reffort que celui des parlemens de ces provinces.

Il y a eu plufieurs autres *cours des aides* établies, qui ont été fupprimées ou réunies, comme celle de Périgueux, créée en Mars 1553, fupprimée en Mai

1557 ; celle d'Agen, créée en Décembre 1629, dont le reffort eft aujourd'hui joint à celle de Bourdeaux ; celle de Lyon, qui fut créée par édit de Juin 1636, mais dont l'établiffement n'eut point lieu, & fut révoqué par l'édit de Juillet 1636, portant confirmation de la troifieme chambre de la *cour des aides* de Paris.

La *cour des aides* de Paris, à laquelle nous nous bornerons dans cet article, étoit originairement la feule établie pour tout le royaume.

Les anciennes ordonnances en lui attribuant dès fa création la fouveraineté dans les matieres de fa compétence, font marcher fes jugemens de pair avec ceux du parlement. Celle du 28 Décembre 1355, veut que ce qui fera fait & ordonné par les généraux députés fur le fait des aides, vaille & tienne *comme arrêt du parlement, fans que l'on en puiffe appeller*. Une autre du 26 Janvier 1382, ordonne que *tout ce qui par nofdits confeillers, quant au fait de juftice, fera fentencié & jugé, tienne & vaille entierement ainfi comme ce qui eft fait ou jugé par arrêt de notre parlement*. Une infinité d'autres contiennent les mèmes difpofitions.

Auffi les rois en parlant de cette *cour*, l'ont toujours affimilée au parlement. L'ordonnance de Charles VI. faite fur l'affemblée des trois états tenue à Paris au mois de Mai 1413, fur la réformation des offices & abus du royaume, publiée par le roi en fon lit de juftice au parlement, les 26 & 27 Mai de la même année, en confervant la *cour des aides* en fa fouveraineté, ajoûte ces mots, *comme notre cour de parlement*. Une autre du 26 Février 1413, énonce qu'elle *eft fouveraine quant au fait defdites aides, & en laquelle tous procès & queftions prennent fin comme en notre cour de parlement.* Celle du 24 Juin 1500, en rappellant le reſſort & la ſouveraineté de cette *cour* porte : *tout ainſi que des cauſes ordinaires non touchans leſdites aides, la connoiſſance en appartient en premiere inſtance aux baillis, &c. & en cas d'appel, ès ſouveraineté à nos cours de parlement.* Et dans le préambule de la déclaration du 27 Avril 1627, regiſtrée en parlement le 15 Décembre 1635, il eſt dit que la *cour des aides de Paris a été établie & continuellement reconnue après le parlement de Paris, pour cour ſouveraine ſeule & univerſelle en France pour leſdites aides.*

La juriſdiction de cette cour n'eſt point un démembrement de celle des autres cours ſouveraines. Dès le commencement de la levée des aides ou ſubſides, qui ne s'accordoient dans l'origine que pour un tems limité, les rois nommoient, ſoit pour établir & impoſer ces droits, ſoit pour décider les conteſtations qui naîtroient à l'occaſion de leur perception, des commiſſaires dont le pouvoir finiſſoit avec la levée de ces impoſitions ; & depuis que ces mêmes droits ſont devenus perpétuels & ordinaires, la fonction de ces juges l'eſt pareillement devenue ; mais jamais la connoiſſance de ces aides ou ſubſides n'a appartenu à aucun autre tribunal du royaume. On voit au contraire que les rois l'ont toujours interdite à tous leurs officiers, & ſi quelquefois les juges ordinaires en ont connu, comme en 1350 en Normandie au ſujet de l'aide accordée par cette province, ce n'a été qu'en vertu de l'attribution particuliere que le roi leur en faiſoit par l'ordonnance portant établiſſement de ces droits.

Pour donner une idée plus particuliere de cette *cour*, on conſidérera dans cet article

1°. Son origine & les progrès de ſon établiſſement.

2°. Les magiſtrats & autres officiers dont elle eſt compoſée.

3°. Quelles ſont les matieres de ſa compétence, ſes différens priviléges, & ſa police intérieure.

4°. L'étendue de ſon reſſort, & les divers tribunaux dont elle reçoit les appels.

Origine de la cour des aides. Le terme d'*aides* d'où cette cour a pris ſa dénomination, ſignifie en général *un ſecours* ou *ſubſide* que les ſujets payent au roi, pour lui aider à ſoûtenir les dépenſes de la guerre & les autres charges de l'Etat.

Dans les commencemens de la monarchie, les rois prenoient leur dépenſe ſur leur domaine, & ſur les dons qui leur étoient offerts volontairement le premier jour de chaque année, uſage qui ſubſiſtoit encore ſous les rois de la ſeconde race.

Il ſe faiſoit auſſi quelquefois des levées extraordinaires lorſque les beſoins de l'Etat le demandoient, comme en tems de guerre pour entretenir l'armée, réparer les for253tereſſes, &c. Ces ſortes d'aides ou ſubſides s'accordoient, ſoit par les Etats généraux du royaume, ſoit par les Etats particuliers des provinces, & même des villes, & ne duroient qu'un tems limité. Charles VII. eſt le premier qui, comme le remarque Comines, ait impoſé les aides & ſubſides de ſa ſeule autorité.

Il y avoit auſſi des aides que l'on appelloit *légitimes,* c'eſt-à-dire qui étoient dûes par les principes du droit féodal, & autoriſées par une loi ſuivant laquelle les vaſſaux devoient une aide à leur ſeigneur dans trois cas, lorſqu'il faiſoit ſon fils aîné chevalier, lorſqu'il marioit ſa fille aînée, & lorſqu'il étoit obligé de payer une rançon. Ces fortes d'aides étoient communes au roi & aux autres seigneurs féodaux.

Toutes ces différentes impositions furent nommées *aides*, *subside*, *tailles*, *gabelles*. Ce dernier nom ne se donnoit pas feulement aux impositions qui se levoient sur le sel, mais aussi sur toutes les autres denrées & marchandises. Il y avoit la gabelle du vin, la gabelle des draps, &c.

Il paroît qu'à chaque fois que l'on établissoit ces aides ou subsides, il y avoit des commissaires nommés, tant pour en faire l'imposition & répartition, que pour juger des débats & contestations que la levée de ces droits occasionnoit.

S. Louis, par un réglement fur la maniere d'asseoir & de regler les tailles, établit à cet effet des élûs, qui étoient choisis entre les notables bourgeois.

Philippe de Valois ayant aboli les impositions faites au pays de Carcassonne fur les draps, & ayant accepté en la place une offre de 150000 liv. adressa ses lettres du 11 Mars 1331, à quatre commissaires, auxquels il donne pouvoir de distribuer & départir cette somme en cinq années, *contraindre les rebelles ou contredisans, toutes dilations & appellations rejettés*, & commande à tous justiciers de leur obéir.

Ce même prince ayant établi la gabelle fur le fel par tout le royaume, commit par ses lettres du 30 Mars 1342, trois maîtres des requêtes & quatre autres personnes, & les établit *maîtres souverains, commissaires, conducteurs, & exécuteurs des greniers & gabelles, leur donnant pouvoir d'établir tels commissaires, grenetiers, gabelliers, clercs, & autres officiers, de les destituer à leur volonté, & de pourvoir de tel remede que bon leur semblera fur tous doutes, empêchemens, excès, & défaut.* Il attribue

à eux seuls la *connoissance, correction & punition du tout quant aux choses touchant le fait dudit sel.* Il ordonne qu'il y aura toujours à Paris deux de ces commissaires souverains, qu'ils ne seront responsables qu'à lui, & qu'on ne pourra se pourvoir par voie d'appel ou autrement que devant eux. Dans quelques autres ordonnances ils sont appellés *généraux députés fur le fait du sel.* Philippe de Valois déclara par ses lettres du 15 Février 1345, que son intention n'étoit point que la gabelle du sel & autres impositions fussent unies à son domaine, & durassent à perpétuité.

Le roi Jean ayant obtenu, pour un an, des Etats généraux, tant de la *Languedoil* que de la *Languedoc*, assemblés à Paris le 16 Février 1350, une imposition de six deniers pour livre fur toutes marchandises & denrées vendues; & les assemblées particulieres des provinces & des villes ayant accordé la continuation de ce subside pendant les années suivantes, ce prince, par ses lettres du 5 Juillet 1354, nomma l'évêque de Laon, le sire de Montmorency, & Matthieu de Trye sire de Fontenay, pour assembler les prélats, nobles, & habitans du baillage de Senlis, afin de leur demander la continuation de ce subside, & leur donna pouvoir de punir ceux qui s'étoient entremis des impositions du tems passé, enjoignant à tous ses officiers & sujets de leur obéir & à leurs députés en toutes choses.

Par d'autres lettres du mois de Juillet 1355, le roi avoit nommé pour régir une aide imposée dans l'Anjou, les évêques d'Angers & du Mans, le seigneur de Craon, Pierre & Guillaume de Craon, & Brient seigneur de Montejchan, chevaliers, avec un bourgeois d'Angers & un du Mans. Ils devoient entendre les comptes des receveurs, fans que le roi, le comte d'Anjou, la chambre des comptes de Paris ou autres, puffent s'en mêler.

Il n'eft pas inutile d'obferver que la *Languedoil* comprenoit toute la partie feptentrionale de la France, qui s'étendoit jufqu'à la Dordogne, & dont l'Auvergne & le Lyonnois faifoient auffi partie. La *Languedoc* ne comprenoit que le Languedoc, le Quercy, & le Rouergue. Le roi d'Angleterre étoit pour lors maître de la Guienne & de quelques pays circonvoifins. L'affemblée du 16 Février 1350 eft la derniere où le roi Jean ait convoqué les Etats de la *Languedoil* & de la *Languedoc* conjointement : ce prince les affembla depuis féparément.

En l'année 1355, ce même prince pour foûtenir la guerre qui recommençoit avec les Anglois, ayant fait affembler à Paris les Etats *du royaume de la Languedoil ou pays coûtumier*, & en ayant obtenu *une gabelle fur le fel, & une impofition de huit deniers pour livre fur toutes les chofes qui feroient vendues, à l'exception des ventes d'héritages feulement*, donna un édit daté du 28 Décembre 1355, par lequel il ordonna que ces *aides feroient cueillies par certains receveurs, qui feroient établis par les députés des trois Etats en chacun pays*, & qu'outre les commiffaires ou députés particuliers des pays, il feroit établi par les trois Etats *neuf perfonnes bonnes & honnêtes, c'eft à favoir de chacun Etat trois, qui feront généraux & fuperintendans fur tous les autres*. Il eft dit que toutes perfonnes de quelqu'état & condition qu'ils foient, & de quelque privilege qu'ils ufent, feront tenus d'obéir à ces députés tant généraux que particuliers ; & que s'il y avoit quelques rebelles que les députés particuliers ne puffent contraindre, ils les ajourneront

par-devant les *généraux fuperintendans*, qui les pourront contraindre & punir ; *& vaudra ce qui fera fait & ordonné par lefdits généraux députés comme arrêt de parlement, fans que l'on en puiffe appeller, ou que fous ombre de quelconque appel, l'exécution de leurs fentences ou ordonnances foit retardée en aucune maniere.*

Ces aides n'étoient accordées que pour un an, le roi même & la reine n'en étoient pas exempts. Les députés des trois Etats avoient feuls la diftribution des deniers qui en provenoient, & qui ne pouvoient être employés à autre chofe qu'au fait de la guerre.

Les *généraux fuperintendans* devoient, fuivant la même ordonnance, prêter ferment entre les mains du roi ou de ceux qu'il commettroit, de bien & loyalement exercer leur office ; & les députés particuliers & autres officiers qui fe mêloient des aides, devoient faire le même ferment aux trois Etats ou aux fuperintendans, ou à ceux qui feroient par eux commis.

C'eft cette ordonnance que l'on doit regarder comme l'époque la plus véritable de l'inftitution de la *cour des aides* ; d'où l'on voit que cette cour tire fon origine, & eft une émanation de l'affemblée des Etats généraux du royaume. Car quoique cette aide n'eût été accordée que pour un an, il eft certain qu'il y eut toujours fucceffivement dans toutes les années fuivantes des aides accordées, foit par les Etats généraux, foit par les Etats particuliers tenus dans les provinces ; qu'elles furent régies par des députés élus par les Etats qui les accordoient, & qu'il y eut toujours depuis à Paris des députés *généraux*, auxquels ceux des provinces reffortiffoient.

De ces députés particuliers qui avoient la charge des aides & fubfides

dans

dans les diocefes & principales villes du royaume, & qui étoient élûs par les députés des trois Etats, eft venu le nom d'*élû*, qui eft demeuré aux officiers établis dans les provinces pour avoir en premiere inftance la connoiffance de tout ce qui concerne les aides & fubfides. Le nom de *généraux des aides* eft demeuré aux *députés généraux* qui étoient prépofés pour en avoir la direction générale en la ville de Paris, & recevoir l'appel des députés particuliers ou élûs diftribués dans les provinces.

Les mèmes Etats généraux qui avoient accordé cette aide en 1355, s'étant raffemblés à Paris au premier Mars fuivant, ainfi que le portoit la précedente ordonnance, la fupprimerent, & impoferent à la place une capitation fuivant les facultés & revenus de chacun, dont le clergé & la nobleffe furent tenus comme les autres. L'ordonnance faite en conféquence le 13 Mars 1355, avant pâques, porte que l'aide & fubfide fera levé par les députés des trois Etats en chaque pays, *& qu'à Paris il y aura fix généraux députés auxquels on aura recours, & qui auront le gouvernement & ordonnance fur tous les autres députés, & feront leurs fouverains & de tous ceux qui fe mèleront du fait.*

L'efpérance que l'on avoit conçue de voir finir la guerre pour laquelle ces aides avoient été accordées, s'évanouit bientôt par la perte de la bataille de Poitiers, qui fe donna le 19 Septembre 1356; & la captivité du roi Jean, qui fut fait prifonnier à cette bataille, ayant réduit le royaume à la plus fâcheufe extrèmité, il fallut fonger à impofer de nouveaux fubfides.

Charles, dauphin de France, reconnu pour lieutenant général du royaume, affembla les Etats de la *Languedoil* à

Paris, au 15 Octobre 1356; mais ces Etats s'étant féparés infructueufement, ce prince prit le parti de s'adreffer aux bonnes villes pour leur demander une aide, & il paroît que la plûpart en accorderent. A l'occafion des fubfides accordés par les Etats particuliers d'Auvergne, il eft parlé des *généraux gouverneurs* qui connoiffoient de la maniere d'*impofer ladite finance, ouir les plaintes & doutes, & les rémédier & corriger.*

Au mois de Février fuivant, le dauphin affembla à Paris les Etats de la *Languedoil*, qui lui accorderent des fubfides pour un an. L'ordonnance du mois de Mars 1356 faite en conféquence, porte que le fubfide fera levé par les gens élûs par les trois Etats. Les *députés généraux* qui devoient prêter ferment entre les mains du roi, ne pouvoient rien faire s'ils n'étoient d'accord, ou au moins fix d'entr'eux, favoir deux perfonnes de chaque Etat. On trouve un mandement du 17 Mai 1357, donné par les *généraux élûs à Paris par les gens des trois Etats du royaume de France, fur le fubfide octroyé pour la guerre.*

Les mèmes Etats de la *Languedoil* affemblés à Compiegne le 4 Mai 1358, accorderent au dauphin, qui venoit d'être déclaré régent par le parlement, une aide pour *le fait des guerres, la délivrance du roi Jean, & la défenfe du royaume.* Elle devoit commencer le 15 Mai & durer un an. Quoique plufieurs villes & provinces n'euffent point député à ces Etats, il paroît par une lettre du roi Jean à l'évèque de Soiffons, que les Etats avoient arrêté que l'aide feroit levée, mème fur ceux qui n'y avoient pas affifté, ce qui fut exécuté en vertu des Etats particuliers qui s'affemblerent dans les provinces. L'ordonnance du 14 Mai 1358, donnée par le régent au fujet de cette aide, veut que tous autres fubfides ceffent, remet tout ce qui en pouvoit être dû du paffé, révoque les commiffions des *généraux* à Paris & élûs dans les diocefes, & marque que les *Etats ont élû & éliront des perfonnes de chaque Etat, qui gouverneront le fait de l'aide préfentement octroyée, & qu'ils feront commis par le régent.* Il paroît par des lettres du régent, du même jour, que dans cette affemblée les nobles avoient élu de leur part Sohier de Voifins, pour gouverner l'aide en la ville & diocefe de Paris. Cette aide confiftoit au dixieme des revenus eccléfiaftiques; les nobles devoient payer douze deniers pour livre de leurs rentes; les habitans des villes & châteaux fermés devoient entretenir un homme d'armes par 70 feux; les ferfs abonnés, un homme d'armes pour 100 feux; les ferfs taillables, un pour 200 feux; les pupilles, veuves, & autres qui n'avoient point de feux, douze deniers pour livre de leur revenu; les ferviteurs douze deniers pour livre de leurs falaires.

Le 25 Mai 1359, en l'affemblée des mêmes Etats à Paris, on fit la lecture d'un traité qui avoit été négocié à Londres; mais les conditions ayant révolté tous les efprits, il fut réfolu de continuer la guerre, & les Etats accorderent l'entretien de 1200 glaives; c'étoit des troupes d'infanterie.

On n'a parlé ci-deffus que des Etats de la *Languedoil*; ceux de la *Languedoc* pendant ce tems s'affemblerent féparément. Le 21 Octobre 1356 ils accorderent une aide, qui, fuivant l'ordonnance confirmative du mois de Février fuivant 1356, devoit être régie fous les ordres de vingt-quatre perfonnes choifies par les trois Etats. Après l'affemblée de Compiegne, en Mai 1358, il paroît qu'ils en accorderent une autre;

& une ordonnance du 2 Octobre 1360, marque qu'en 1359 ils avoient accordé *certaines impofitions & gabelles*, qui devoient durer jufqu'à Noël 1361.

Après la paix de Bretigny, conclue en 1360, le roi Jean revint en France vers la fin d'Octobre; & par fon ordonnance du 5 Décembre de cette année, il établit dans toute la *Languedoil* une aide pour payer fa rançon. Elle confiftoit en douze deniers pour livre fur les marchandifes & denrées vendues, le cinquieme fur le fel, & le treizieme fur le vin, & devoit être levée par ceux que le roi députeroit fur ce fait. L'ordonnance du 18 Décembre 1360, fur la maniere de lever cette aide, porte que les élûs enverront les deniers à Paris par-devant les *généraux thréforiers* ordonnés pour le fait de cette aide, & que *s'il arrive aucun trouble ou doute, les élûs des cités en écriront aux généraux thréforiers à Paris, lefquels leur en feront déclaration.*

Cette aide devoit être levée jufqu'à la perfection & entierement de la paix, c'eft-à-dire jufqu'à ce que le roi eût acquitté toutes les fommes qu'il s'étoit engagé de payer pour fa rançon dans l'efpace de fix ans. Elle devoit par conféquent finir avec l'année 1366; mais elle fut encore prolongée long-tems après ce terme.

M. Secouffe remarque que pour impofer cette aide il ne fut peut-être pas néceffaire d'affembler les Etats, parce qu'elle étoit *légitime*, c'eft-à-dire dûe par une loi fuivant laquelle les vaffaux & les fujets doivent une aide à leur feigneur lorfqu'il eft obligé de payer une rançon; enforte qu'il faut dire que les Etats qui ont été affemblés pour cette aide, ne l'ont été que pour régler la maniere dont elle feroit levée & payée.

Le roi impofa en même tems en Languedoc une aide semblable pour fa rançon : elle devoit de même durer fix années ; mais elle fut auffi continuée après ce tems.

Il paroit que les *généraux des aides* à Paris commencerent dès lors à être ordinaires. On voit des lettres du 29 Septembre 1361, adreffées *à nos amés & féaux les généraux tréforiers à Paris fur le fait des aides, n'aguere ordonnées pour notre délivrance*, ainfi que plufieurs autres lettres des années fubféquentes. Et Charles V. à fon avenement à la couronne , voulant confirmer , comme il étoit d'ufage, les officiers de fon royaume, adreffe fon ordonnance du 17 Avril 1364 , *à nos amés & féaux les préfidens & autres gens de notre parlement & enquêtes, gens de nos comptes, les généraux tréforiers fur le fait de la délivrance de Mons , & de la défenfe du royaume , & tréforiers à Paris* , & les confirme dans leurs offices.

Avant que l'aide établie pour la délivrance du roi Jean fût finie, il y eut encore d'autres aides établies *pour la guerre* : une ordonnance du 19 Juillet 1367 parle des aides ordonnées , *tant pour la rédemption de feu notre très-cher feigneur & pere , de laquelle le payement n'eft pas encore parfait , comme pour celles ordonnées pour la défenfe de notre royaume.* Les mêmes *généraux* étoient établis pour ces deux aides , fuivant cette ordonnance , dont l'adreffe eft *à nos amés & féaux confeillers les généraux & élus , tant fur l'un fait comme fur l'autre.*

Dans une autre du lendemain 20 Juillet 1367, adreffée aux mêmes généraux , le roi , en parlant des aides accordées en 1356, 1357, & 1358 , remet tout ce qui pouvoit en être dû du paffé ; ce qui montre que ces généraux avoient encore en même tems l'ad-

miniftration de ces anciennes aides.

Ces aides *pour la guerre* fubfifterent jufqu'au décès de Charles V. arrivé le 16 Septembre 1380. Ce prince en mourant pria les ducs de Berri , de Bourgogne & de Bourbon , de pourvoir à l'abolition des impofitions dont le peuple étoit furchargé , & que les dépenfes d'une longue guerre l'avoient forcé de lever : & pour commencer à foulager en partie fon peuple , il donna le jour même de fa mort des lettres patentes adreffées *aux généraux confeillers fur les aides de la guerre* , par lefquelles il abolit les *fouages*, c'eft-à-dire , les impofitions par feux, & remit tout ce qui en étoit dû du paffé. Mais le duc d'Anjou déclaré régent après la mort de Charles V. ne fe fit pas un devoir d'exécuter ces dernieres volontés : bien loin d'abolir les impôts, il les augmenta, & on les leva avec une rigueur qui mit le peuple au defefpoir, & excita dans plufieurs villes du royaume, & principalement à Paris, plufieurs révoltes pendant les premieres années du regne du Charles VI. Pour les appaifer, le roi fe vit forcé de donner une ordonnance le 13 Novembre 1380, par laquelle il abolit *tous aides & fubfides quelconques , qui pour le fait des guerres ont été impofés depuis le roi Philippe-le-Bel.* Il en donna de pareilles aux mois de Janvier & de Mars fuivans.

Les troubles ayant été appaifés, le roi Charles VI. rentré dans Paris le 10 Janvier 1382, fit publier le rétabliffement de tous les impôts qui avoient eu cours fous Charles V. & par ordonnance du 26 du même mois il établit, pour les régir & gouverner, des *généraux confeillers* à Paris, dont il regla les fonctions : elles font les mêmes que celles qui avoient été données par l'ordonnance du 28 Décembre 1355 aux

C 2

généraux superintendans nommés par les Etats. L'inſtruction du 21 du même mois faite ſur cette nouvelle aide ordonnée pour la guerre, marque qu'elle devoit commencer le premier Février ſuivant, & qu'elle conſiſtoit en douze deniers pour livre ſur toutes les marchandiſes vendues ou échangées, la huitieme partie de la vente du vin en détail, & vingt francs d'or par muid de ſel.

Il y eut dans la ſuite quelques changemens ou augmentations faits dans ces aides ou ſubſides ; mais comme elles ont toujours ſubſiſté depuis, la fonction, tant des *élus* diſtribués dans les provinces, que des *généraux conſeillers* à Paris, s'eſt auſſi perpétuée depuis ce tems.

On a vu que dans les commencemens, les *généraux députés* ſur le fait des aides étoient nommés & établis par les trois Etats : mais bientôt le roi ſe réſerva de nommer à ces offices ; ce qui a toujours duré depuis. On voit cependant dans une ordonnance du 26 Février 1413, que dans le cas de vacance d'un office, les autres *généraux* éliſoient un ſujet auquel le roi donnoit des proviſions.

Ils eurent d'abord la qualité de *généraux ſuperintendans*, *généraux députés*. Toutes les lettres du roi Jean leur ſont adreſſées ſous le nom de *généraux tréſoriers*. Celles de Charles V. ſon ſucceſſeur les nomment *généraux conſeillers*, & c'eſt ſous ce nom qu'ils ont toujours été connus depuis. Ils avoient tous indiſtinctement cette qualité de *généraux conſeillers*, juſqu'en 1398 que Gérard d'Athies archevêque de Beſançon fut le premier décoré du titre de *préſident en la chambre de la juſtice des aides* ; qualité à laquelle étoit toujours jointe celle de *général conſeiller*.

Leur origine qu'ils tiroient de l'aſſemblée des Etats généraux du royaume, fit qu'il y eut pendant très-long-tems parmi eux les perſonnes les plus diſtinguées, ſoit dans l'état eccléſiaſtique, ſoit dans la nobleſſe ; on trouve même à leur tête des princes du ſang. Charles d'Albret, connétable de France, couſin-germain du roi Charles VI. fut commis par lettres du 8 Octobre 1401, pour préſider *outre & par-deſſus les généraux conſeillers*. Louis duc d'Orléans, frere du roi, obtint pareilles lettres le 18 Avril 1402. Philippe de France duc de Bourgogne, oncle du roi, en eut de ſemblables le 24 Juin 1402 ; & pareillement Jean duc de Berri, auſſi oncle du roi : & il paroît par un mandement du 6 Mars 1402, donné par ces trois derniers princes, qu'ils exerçoient cette fonction conjointément.

Auſſi les rois ont-ils donné aux officiers de cette compagnie les marques de la plus grande conſidération : ils prêtoient ſerment entre les mains du roi : ils aſſiſtoient quelquefois au conſeil du roi, ainſi qu'on le voit par pluſieurs ordonnances données *par le roi en ſon conſeil*, *où étoient les généraux conſeillers ſur le fait de la guerre*. Un grand nombre d'autres ſont rendues *par le roi*, *à la rélation du conſeil étant en la chambre des aides ordonnées pour la guerre*. Charles V. par ſon ordonnance du mois d'Octobre 1374, en nommant les conſeils des tuteurs de ſes enfans, y place entr'autres un *général conſeiller* ſur le fait des aides. Ils avoient pouvoir, en appellant avec eux des gens du *grand & étroit conſeil*, d'augmenter, diminuer, interpréter les inſtructions & ordonnances faites ſur les aides. Une ordonnance du 6 Décembre, 1373, leur donne pouvoir d'envoyer des *réformateurs* dans les dioceses, *quant au fait des aides*; & effectivement on voit que plusieurs d'entr'eux ont eu cette fonction.

Ces *généraux conseillers*, outre l'administration de la justice, avoient encore la direction de la finance, qu'ils ont conservée pendant long-tems; c'est-à-dire, qu'ils avoient feuls droit d'ordonner la distribution des deniers provenans des aides. Aucune dépense ne pouvoit être passée dans les comptes des receveurs des aides, qu'en vertu des lettres signées par les *généraux*. Ils avoient le pouvoir d'établir les élus, receveurs, greniers, contrôleurs, commissaires, sergens, & autres officiers; de les substituer & renouveller, de les corriger & punir; & la connoissance de toutes ces matieres étoit interdite au parlement, à la chambre des comptes, & autres juges & officiers.

Leur nombre n'étoit pas fixe: il y en eut neuf nommés en 1355 par les Etats généraux, savoir trois de chaque Etat. L'ordonnance du 13 Mars 1355 n'en met que six. Celle de Mars 1356 prouve que le nombre étoit augmenté, puisqu'elle veut qu'ils ne puissent rien faire s'ils ne sont d'accord, au moins six d'entr'eux, savoir deux personnes de chaque Etat. Charles V. par ordonnance du 6 Décembre 1373, en nomma neuf; & Charles VI. en 1382, n'en nomma que cinq, qui devoient être au moins au nombre de trois pour ordonner de la finance, & de deux quant au fait de justice. Ce prince, par une autre ordonnance du 9 Février 1387, en nomma quatre; & ce qui est remarquable, c'est qu'il en établit deux sur le fait de la justice, & les deux autres sur le gouvernement de la finance; enforte que dès-lors l'ad-

ministration de la justice fut féparée de celle de la finance, & que les uns furent appellés *généraux conseillers sur le fait de la finance des aides*, & les autres, *généraux conseillers sur le fait de la justice des aides*; avec cette distinction, que ceux qui étoient nommés pour la finance avoient concurremment avec les autres l'administration de la justice au lieu que ceux qui n'étoient nommés que pour la justice ne pouvoient ordonner de la finance. Les ordonnances subséquentes en instituerent six, dont trois pour la finance, & trois pour la justice; & le 21 Avril 1390, Charles VI. leur joignit trois *conseillers, pour pourvoir au fait de justice & pour l'expédition des causes*. Enfin par une déclaration du 26 Février 1413, il paroît que le nombre des officiers de la chambre de la justice des aides, avoit été précédemment fixé à un *préfident*, quatre *généraux conseillers*, & trois *conseillers pour visiter & rapporter les procès*; & c'est sur ce pied que Louis XI. les régla depuis. On verra à l'article des *officiers de cette cour*, les différentes augmentations d'offices qui ont été faites depuis.

Il est à remarquer que depuis 1417, tems où les divisions agitoient le royaume, & principalement la ville de Paris, qui tomba dans la fuite au pouvoir des Anglois, il n'est plus fait mention dans les registres de la *cour des aides* des *généraux conseillers sur la finance*.

Quoique le nombre des officiers eût été fixé, cependant comme ces places étoient briguées par des personnes qui se faisoient honneur de les posséder, il y eut quelquefois des offices, soit de *généraux*, soit de *conseillers extraordinaires*, accordés, à condition que ceux qui en seroient pourvus ne jouiroient point des mêmes gages & émolumens que les ordinaires.

Charles VII. par ses lettres patentes du 22 Octobre 1425, ayant transféré à Poitiers la chambre de la justice des aides, institua de nouveaux officiers, qui furent l'évèque de Poitiers président, le lieutenant de Poitiers, trois conseillers au parlement, & un maître des requêtes; & après la réduction de Paris à son obéissance, il la rétablit dans Paris le premier Décembre 1436, & y institua cinq *généraux*, du nombre desquels furent deux des conseillers au parlement, qui avoient siégé en cette qualité à Poitiers. C'est en mémoire de cette translation que la *cour des aides* célebre le 13 Janvier, ainsi que le parlement, la fête de St. Hilaire, évèque de Poitiers.

Louis XI. à son avenement à la couronne, supprima la chambre de la justice des aides, par lettres patentes enregistrées en cette chambre le 4 Mai 1462: mais ensuite il la rétablit par lettres du 3 Juin 1464; & par d'autres du 29 Décembre 1470, il fixa les officiers de cette compagnie à un *président*, quatre *généraux conseillers*, trois *conseillers*, un *avocat* & un *procureur du roi*, un *greffier*, un *receveur des amendes*, & deux *huissiers*.

Henri II. par édit du mois d'Août 1550, voulut qu'il n'y eût plus de différence entre les *généraux* & les *conseillers*, & qu'ils eussent tous le titre de *généraux conseillers*. Ce prince, par autre édit de Mars 1551, créa une seconde chambre en la *cour des aides*, & confirma & augmenta la jurisdiction de cette compagnie.

Pendant les fureurs de la ligue, Henri III. ayant transféré le parlement à Tours en Février 1589, y transféra aussi la *cour des aides*, par déclaration du 4 Mai 1589, & en attendant attribua au parlement séant à Tours la connoissance des matieres de sa compétence. Mais Henri IV. son successeur ayant réuni un nombre suffisant des officiers de cette *cour*, la rétablit en sa jurisdiction par édit du 7 Janvier 1592, & révoqua l'attribution qui avoit été faite au parlement séant à Tours & à Châlons, *pour la nécessité du tems & l'absence des officiers de la cour des aides*. Et par déclaration du 24 Mars suivant, il fut enjoint au greffier du parlement de délivrer à celui de la *cour des aides* tous les procès en quelqu'état qu'ils fussent, qui avoient été portés au parlement, & qui appartenoient à la *cour des aides*. Elle tint ses séances d'abord en la ville de Chartres, & peu après en celle de Tours, jusqu'en 1594 qu'elle fut rappellée à Paris, par déclarations des 28 Mars & 2 Avril, après la réduction de cette ville à l'obéissance du roi.

Louis XIII. par édit de Décembre 1635, établit une troisieme chambre, & créa entr'autres douze offices de conseillers, auxquels il ne donna que ce titre, sans ajouter celui de *général*, qui ne fut plus conservé que dans les provisions de ceux qui furent pourvus d'anciens offices, & qui même s'abolit tout-à-fait par la suite. Les dernieres provisions où ce titre de *général* se trouve, sont celles d'Abel de Sainte-Marthe, du 22 Décembre 1654.

La *cour des aides* a toujours eu le titre de *cour*, comme il paroît entr'autres par un de ses arrêts de 1389. François I. dans son édit du 5 Février 1522, la nomme *la cour des généraux de la justice des aides*; & depuis Henri II. elle n'a plus été connue que sous le titre de *cour des aides*.

Quoique l'établissement des officiers

commis pour prendre connoiffance des aides & fubfides foit, ainfi qu'il a été dit, auffi ancien que l'établiffement & la levée de ces impofitions, on ignore cependant quels étoient les lieux qu'ils ont occupés pour l'exercice de la juftice dans les tems les plus reculés : mais on ne peut douter que les rois ne leur ayent accordé dans leur palais, ainfi qu'au parlement & à la chambre des comptes, un endroit deftiné à tenir leurs féances. Il en eft fait mention dans l'ordonnance de Charles VII. du 20 Avril 1437, qui en établiffant la *cour des aides* à Montpellier, ajoûte ces mots : *ainfi que font les généraux fur le fait de la juftice, tenans leur fiége & auditoire en notre palais royal à Paris.*

Cet auditoire étoit fitué vers la chambre des comptes, à côté de la fainte-Chapelle baffe ; on y montoit par un efcalier en vis fort étroit. Sa fituation, telle qu'elle eft défignée, s'accorde affez avec l'emplacement dans lequel fe trouve aujourd'hui le bâtiment de la premiere chambre. Il paroît par un réglement de cette cour du 3 Juillet 1471, qu'elle avoit établi un fonds deftiné à faire dire tous les jours une meffe en la baffe fainte - Chapelle, avant que d'entrer en la chambre.

Mais fur la repréfentation qui fut faite au roi Louis XI. par le procureur général de la *cour des aides*, que l'éloignement de cet auditoire caufoit beaucoup d'incommodité aux avocats & procureurs *pratiquans ès cours de parlement, des requêtes de l'hôtel & du palais*, qui pour venir de la grand'falle du palais où ils ont leurs bureaux, gagner la chambre des *généraux des aides*, étoient obligés de traverfer la galerie des merciers, defcendre l'efcalier de la fainte-Chapelle, & remonter celui de la *cour*

des aides, ce qui étoit préjudiciable à l'expédition des caufes & procès ; ce roi, par lettres patentes du dernier Août 1477, accorda à cette cour les lieux appellés *les chambres de la reine*, fitués au - deffus de la galerie aux merciers, qui s'étendoient depuis le mur de la grande falle jufqu'à la fainte - Chapelle. Ces lettres portent qu'il donne auffi à cette *cour* les efcaliers qui defcendent de - là dans la grand'falle, & lui permet d'en faire conftruire quelqu'autre en lieu plus commode. C'eft en conféquence de cette permiffion, & pour faciliter l'entrée, que fut faite enfuite, comme le dit Miraulmont, une ouverture du gros mur de la grand'falle du palais, avec un efcalier qui prenoit en la galerie des merciers, & qui a fubfifté jufqu'en 1717, qu'il fut démoli pour conftruire celui que l'on voit aujourd'hui en la grand'falle, moins beau & moins hardi que l'ancien, mais qui laiffe un paffage plus commode pour le roi lorfqu'il va au parlement.

Dans cet efpace de bâtiment appellé *les chambres de la reine*, ont été faites les feconde & troifieme chambres, falle & chapelle de cette *cour* que l'on y voit actuellement. Il eft fait mention de cette chapelle dans une ordonnance de Louis XI. du 20 Juin 1482, qui accorde deux cents livres parifis à prendre fur les exploits & amendes, pour y faire célébrer la meffe, & pour les autres menues néceffités de *ladite cour*.

Quoiqu'il ne foit pas porté dans les lettres patentes du dernier Août 1477, que le roi ait laiffé aux *généraux des aides* leur ancien auditoire ; comme les bâtimens où il étoit fitué font encore aujourd'hui partie des lieux occupés par la *cour des aides*, & contiennent la premiere chambre de cette *cour*, il eft à préfumer qu'ils leur réfterent, & que l'on perça pour lors une porte de communication des chambres de la reine avec ces anciens bâtimens où étoit la premiere chambre, afin que les avocats & procureurs puſſent aiſément venir de la grand'ſalle dans toutes les chambres de cette *cour*.

Cette premiere chambre fut démolie de fond en - comble au mois de Septembre 1620, pour refaire une chambre plus grande pour les audiences : elle fut finie au mois de Mars 1623, & ce fut le 17 du même mois que s'y tint la premiere audience. Corbin, dans la préface de ſon recueil des édits concernant la *cour des aides*, rapporte qu'il y plaida ce jour - là, & c'eſt ce qu'il appelle *la dédicace de ce nouveau temple*. On voit dans le mercure françois, que les bâtimens de la *cour des aides* furent préſervés de l'incendie qui arriva le 7 Mars 1618 en la grand'ſalle du palais.

Officiers de la cour des aides. La *cour des aides* eſt aujourd'hui compoſée d'un premier préſident & de neuf autres préſidens, de pluſieurs conſeillers d'honneur dont le nombre n'eſt pas fixe, de cinquante - deux conſeillers, trois avocats généraux, un procureur général qui a quatre ſubſtituts, de deux greffiers en chef, cinq ſécrétaires du roi ſervans près la *cour des aides*; un principal commis de l'audience publique, que l'on appelle ordinairement *greffier des appellations*, & qui outre une charge de commis - greffier écrivant à la peau, réunit encore en ſa perſonne l'office de greffier des décrets & de premier commis au greffe des décrets; un principal commis en la premiere chambre pour l'audience à huit clos, & pour les arrêts rendus en la chambre du conſeil tant au civil qu'au criminel, que l'on appelle ordinairement *greffier civil & criminel*, lequel outre deux pareils of-

fices créés pour la ſeconde & troiſieme chambres, réunit encore trois offices de commis - greffiers écrivant à la peau; un greffier garde - ſacs & des dépôts; un greffier des préſentations & affirmations; un thréſorier payeur des gages, qui a trois contrôleurs; un receveur des épices & vacations, un contrôleur des arrêts, un commis à la délivrance des arrêts, un premier huiſſier, & ſept autres huiſſiers.

Premier préſident. Les *généraux-conſeillers* ſur le fait des aides ayant été tirés, comme on l'a dit ci - deſſus, du corps des trois Etats du royaume, la fonction de préſider en la chambre de la juſtice des aides demeura affectée aux eccléſiaſtiques, comme étant du premier corps des Etats; ce qui continua même depuis que les *généraux* ceſſerent d'être choiſis par les Etats, & qu'ils furent nommés par le roi. Il n'y avoit dans l'origine qu'un *préſident*. Cette place fut occupée par les perſonnes les plus qualifiées, & conſtituées dans les plus éminentes dignités eccléſiaſtiques.

Avant l'an 1370, on ignore les noms de ceux qui ont préſidé en cette chambre; on ſait ſeulement que c'étoit un des *généraux* du corps du clergé à qui cet honneur étoit déféré.

Le premier dont on a connoiſſance eſt Jean de la Grange abbé de Fécamp, puis évêque d'Amiens, & cardinal. Quoique la qualité de *préſident* ne lui ait point été donnée, il ne laiſſoit pas d'en faire les fonctions, & d'en avoir les prérogatives de la même maniere qu'en ont joui ſes ſucceſſeurs, juſqu'à Gerard d'Athies, archevèque de Beſançon, qui le premier fut décoré du titre de *préſident en la chambre de la juſtice des aides*, par lettres du roi Charles VI. du 24 Mars 1398.

Il.

Il paroît qu'il étoit aussi d'usage de donner un ecclésiastique pour adjoint aux prélats qui présidoient en la chambre de la justice des aides , que l'on peut regarder comme vice - président , puisqu'il y présidoit en leur place en cas d'absence : mais l'usage de nommer ces vices - présidens s'abolit sur la fin du regne de Charles VII.

Cette succession de *présidens* ecclésiastiques ne fut interrompue qu'en 1401 & 1402 , que Charles d'Albret cousin-germain du roi Charles VI. & Louis duc d'Orléans frere du roi, & ensuite Philippe duc de Bourgogne, & Jean duc de Berri , tous deux oncles du roi, furent établis pour présider les *généraux* des aides.

Ce ne fut qu'en 1489 qu'il y eut pour la premiere fois un laïc nommé pour président ; & Charles Duhautbois évèque de Tournai , reçû en 1510, est le dernier des ecclésiastiques qui ait possédé cette dignité.

Le roi François I. ayant par édit du 5 Février 1522 créé un office du second *président* , Louis Picot qui avoit été reçu *président* dès le 9 Août 1513, prit le titre de *premier président* , qui depuis a été donné à ses successeurs.

Par lettres du 8 Avril 1556 avant Pâques , Henri II. a accordé au premier président de la *cour des aides* le titre de *chevalier* , ainsi qu'en avoient joui ses prédécesseurs ; & par *l'article* 7 du reglement du 3 Janvier 1673 , le titre de *conseiller du roi en ses conseils d'Etat & privé* lui a été confirmé, ainsi qu'aux présidens du parlement & de la chambre des comptes.

Présidens. On a vû dans l'article *premier président*, qu'il n'y avoit originairement qu'un seul *président* , nommé pour présider les *généraux* des aides, & quelquefois un vice - président pour exercer ses fonctions en son absence, &

Tome IV.

que ces offices étoient toujours considérés comme affectés à un ecclésiastique.

En 1470 , sur les remontrances qui furent faites au roi qu'il se présentoit en la chambre de la justice des aides des matieres criminelles , auxquelles le président clerc ou ecclésiastique ne pouvoit assister , Mathurin Barton fut pourvû d'un office de *président laïc* pour présider en l'absence de Louis Raguier évèque de Troyes , lorsqu'il s'agiroit d'affaires criminelles. Mais cet office ayant été supprimé au mois de Décembre de la même année, il ne resta plus qu'un seul *président* en la chambre de la justice des aides jusqu'en 1522 , que le roi François I. par son édit du 5 Février créa un second office de *président* , auquel fut reçu François de Marcillac le 31 Mars ; ce qui fit prendre à Louis Picot qui étoit déja *président* , le titre de *premier président.*

Henri II. par son édit du mois de Mars 1551 , portant établissement de la seconde chambre , créa deux autres *présidens* pour présider à cette chambre & aussi aux plaidoyeries en la premiere chambre , en l'absence du premier & du second *président.*

Louis XIII. par son édit du mois de Décembre 1635 qui établit la troisieme chambre , créa deux offices de présidens pour cette chambre.

Louis XIV. par un édit du mois de Mars 1691 , en augmenta le nombre de deux ; & par édit du mois de Novembre 1704, il en créa encore deux autres , de maniere qu'il y a présentement dix offices de présidens ; savoir, celui de *premier président* qui préside à la premiere , & les neuf autres *présidens* sont distribués au nombre de trois dans chacune des trois chambres, savoir les plus anciens à la premiere , & les autres dans les deux autres chambres : ces

D

derniers montent par ordre d'ancienneté à la premiere chambre.

Conseillers d'honneur. L'établissement des *conseillers d'honneur* n'est pas fort ancien à la *cour des aides.* Le premier qui ait été décoré de ce titre est François le Haguais, qui fut reçu le 2 Décembre 1700, après s'être démis de sa charge d'avocat général en la *cour des aides*, en faveur de Guillaume Joly de Fleuri, depuis avocat général, & ensuite procureur général au parlement de Paris. C'est un titre d'honneur que le roi accorde en la *cour des aides* à l'instar des conseillers d'honneur du parlement. Leurs provisions portent qu'ils seront reçus au titre de *conseiller d'honneur*; auront entrée & voix délibérative aux audiences, chambre du conseil, & aux assemblées générales de la cour; auront rang & séance du côté & au-dessus du doyen des conseillers, & jouiront des mêmes privileges dont jouissent les *conseillers honoraires* en cette cour. Celles de Chrétien Guillaume de Lamoignon de Malesherbes ajoûtent, qu'il jouira des mêmes privileges · & prérogatives dont jouissent les *conseillers d'honneur* des autres cours. Leur réception se fait ainsi que celle des autres officiers de la *cour:* leur nombre n'est point fixe.

En 1659, quoiqu'il n'y eût point alors de place de *conseillers d'honneur* établie en la *cour des aides*, M. Pingré *conseiller honoraire* en cette *cour*, ayant été nommé évêque de Toulon, en eut les prérogatives, & vint siéger à l'audience en rochet & en camail au-dessus du doyen, ainsi qu'il se pratique au parlement, où les membres de cette compagnie, qui sont promûs à l'évêché, ont le rang de *conseillers d'honneur.*

Conseillers. Les *généraux conseillers* furent d'abord sans aucune distinction

entr'eux jusqu'en 1398, que Gérard d'Athies archevêque de Besançon, eut le premier le titre de *président.* On a vû ci-dessus qu'il y en eut ensuite d'établis les uns pour la finance, & les autres pour la justice; que les premiers avoient concurremment avec les autres l'administration de la justice, & que cette distinction s'abolit vers 1417, depuis lequel tems il n'est plus fait mention de *généraux conseillers sur la finance.* Charles VI. en 1390, leur joignit trois *conseillers pour pourvoir à l'expédition des causes*; & enfin le nombre des officiers de la chambre de la justice des aides fut fixé à un *président*, quatre *généraux conseillers*, & trois *conseillers*: ces derniers formoient un ordre à part, différent du *président* & des *généraux.*

Au mois de Juillet 1543, François I. créa deux offices, l'un de *général*, & l'autre de *conseiller.* Par un autre édit de Novembre de la même année, il créa un autre office de conseiller: & enfin par un édit du mois de Décembre suivant, il créa deux autres offices de *généraux.*

Henri II. par un édit du mois d'Août 1550, voulut qu'il n'y eût plus de différence entre les *généraux* & les *conseillers*, & qu'ils eussent tous le titre de *généraux conseillers.*

Ce même roi, par un édit du mois de Mars 1551 portant établissement de la seconde chambre de la *cour des aides*, créa huit offices de *généraux conseillers*, auxquels, par un autre édit du mois de Mai 1557, il en ajoûta six autres, qui furent réduits à un seul par un autre édit du mois de Février suivant.

Charles IX. par un édit du mois de Sept. 1570, créa encore un autre office.

Henri IV. en créa depuis six, par édit du mois de Mars 1592, qui furent réduits à trois par une déclaration du

15 Décembre 1593 ; & peu de tems après il en créa un autre par édit du mois de Mai 1594.

Louis XIII. par édit du mois d'Août 1631, en créa d'abord deux ; & par un autre édit du mois de Décembre 1635, portant établissement de la troisieme chambre, il créa douze offices de *conseillers* auxquels il ne donna que ce titre sans ajoûter celui de *général*, qui s'est aboli tout-à-fait dans la suite.

Louis XIV. par édit du mois de Mars 1691, créa six offices de *conseillers*, & enfin six autres par l'édit du mois de Novembre 1704 ; ensorte qu'il y a présentement cinquante-deux *conseillers* à la *cour des aides* distribués dans les trois chambres, savoir dix-huit à la premiere, & dix-sept à chacune des deux autres chambres : ces derniers montent par ordre d'ancienneté à la premiere chambre.

Avocats généraux. Il n'y en avoit originairement qu'un en la *cour des aides*, lequel n'avoit que le titre d'*avocat du roi*, ainsi que les pourvûs de pareils offices au parlement, & pouvoit comme eux plaider pour les parties. L'institution de cet office est très-ancienne. En 1386, Pierre le Cerf étoit *avocat du roi* en la chambre de la justice des aides. On trouve en 1389, Jean Juvenal des Ursins, qui fut depuis avocat du roi au parlement ; & en 1399, Jean de Vailly, qui fut par la suite institué *président* de cette même *cour*, & ensuite président du parlement. Louis XII. par une déclaration du 2 Mars 1501, leur fit défenses de plaider pour les parties ; défenses que Henri II. renouvella par l'édit du mois de Mars 1551, portant établissement de la seconde chambre.

Il y eut aussi quelquefois des avocats du roi *extraordinaires*, comme en 1466,

où François Dufresnoy en fit les fonctions.

François I. par édit de Février 1543, créa un second office d'*avocat du roi*.

Les avocats *du roi* en la *cour des aides* ont eu par succession de tems le titre d'*avocat général*, comme ceux du parlement. Louis Galoppe est le premier à qui il ait été donné dans ses provisions du 9 Novembre 1578.

Le troisieme office d'*avocat général* fut créé par édit du mois de Mars 1691.

Les *avocats généraux* assistent à toutes les audiences de la premiere chambre. Ils portent aussi la parole dans les deux autres chambres, lorsque les affaires exigent leur ministere.

Procureur général. Cet office est extrêmement ancien. Dans une ordonnance de Charles V. du 24 Janvier 1372, ce prince mande d'ajourner les contrevenans pardevant nos amés & féaux les *généraux-conseillers* à Paris, sur le fait des *aides* ordonnées pour la guerre, *pour répondre sur ce à notre procureur, à tout ce qu'il leur voudra demander.*

On n'attribua dans le commencement à cet office que le titre de *procureur du roi.* Isambert le Franchomme est le premier qui soit qualifié *procureur général du roi sur le fait des aides de la guerre*, ainsi qu'il paroît par le régistre des plaidoiries du 10 Avril 1404, avant Pâques.

Cette même qualité de *procureur général* fut aussi donnée à Jean de la Chaine, dans un arrêt de la *cour des aides* du 30 Avril 1405, rendu sur une instruction criminelle poursuivie à la requête du procureur général.

Jean l'Huillier fut aussi institué en cet office de *procureur général*, par lettres de don du roi Charles VI. l'an 1410 : qualité qui est énoncée dans les

D 2

lettres patentes du même prince, du 23 Janvier 1411, & depuis ce tems tous ſes ſucceſſeurs ont toujours été qualifiés de même.

Le *procureur général* de la *cour des aides* a dans ſon parquet quatre ſubſtituts.

Les procureurs du roi des élections, greniers à ſel, traites, & autres juriſdictions dépendantes de la *cour des aides*, ſont auſſi ſes ſubſtituts; & pendant l'abſence de ceux qui ſont pourvûs par le roi de ces offices, ou vacance par mort, il a le droit d'y commettre, conformément à la déclaration du 22 Septembre 1663, qui ordonne que ceux qui ſeront par lui commis dans ces cas, ſeront reçûs, & exerceront ces commiſſions & ſubſtitutions en la maniere accoûtumée.

Subſtituts du procureur général de la cour des aides. Henri III. par édit du mois de Mai 1586, créa dans toutes les cours ſouveraines de ſon royaume, des offices en titre formé de conſeillers du roi, *ſubſtituts* des procureurs généraux, pour être du corps des compagnies où ils ſeroient établis; & il en érigea ſeize pour le parlement, & quatre pour la *cour des aides*.

Cet édit ne fut enrégiſtré au parlement qu'en préſence du roi, qui y tint ſon lit de juſtice; & à la *cour des aides*, que du très-exprès commandement du roi. Les remontrances du parlement, & les inconvéniens de cet édit, en ſuſpendirent l'exécution; enſorte que les quatre offices de *ſubſtituts* du procureur général de la *cour des aides* ne furent levés qu'en l'année 1606, & ont toûjours été remplis depuis, comme ils le ſont encore actuellement, au même nombre de quatre. Il en fut néanmoins créé un cinquieme par édit du mois de Novembre 1704, qui attribue la no-

bleſſe, tant à celui nouvellement créé, qu'aux quatre anciens; & depuis, ce cinquieme office a été ſupprimé.

Il y avoit auſſi autrefois en la *cour des aides* des *ſubſtituts* qui avoient le titre d'*adjoints* du procureur général, dont les fonctions conſiſtoient à aſſiſter aux enquêtes, informations, interrogatoires, recollemens & confrontations, & autres commiſſions où l'adjonction étoit requiſe avant les ordonnances de 1667 & 1670; mais par une déclaration du mois de Février 1700, les fonctions de ces adjoints furent réunies au corps des offices de *conſeillers* en la *cour des aides*.

Les fonctions ordinaires des quatre *ſubſtituts* ſont de faire leur rapport devant le *procureur général*, des requêtes, des défauts & des procès, tant civils que criminels, dans leſquels le *procureur général*, doit donner ſes concluſions. En cas d'abſence du *procureur général*, c'eſt le plus ancien des *ſubſtituts* qui les ſigne. Il y a toûjours un des ſubſtituts qui accompagne meſſieurs les commiſſaires de la *cour* à la viſite des priſons, & qui porte la parole aux ſéances que la *cour* tient à la conciergerie, ainſi que pendant la chambre des vacations, dans les affaires où le miniſtere public eſt néceſſaire.

Greffiers en chef. Dès l'origine de la *cour des aides*, il y a eu un *greffier* établi. On voit que le 17 Mai 1357, Jean Cordier ſigna, en qualité de *greffier*, au bas d'une ordonnance des *généraux des aides*; une autre du mois d'Avril 1370, eſt ſignée *J. Cadoret*: un régiſtre des plaidoiries, commençant en 1373, eſt ſigné à la fin *H. Bonſoulas*: un édit du 9 Février 1387, & des inſtructions du 11 Mars 1388, font mention de *Robert Lyotte* greffier des *généraux des aides*.

Henri III. par édit du mois de Mars 1580, supprima tous les offices des greffes dans toutes les *cours* souveraines & autres jurisdictions de son royaume, & les réunit à son domaine pour être vendus & aliénés. Ceux qui furent pourvûs par la suite de ces offices furent en même tems greffiers civils & criminels, des présentations, &c.

Par édit de Mars 1673, le roi, en créant plusieurs offices de *greffiers* en la *cour des aides*, établit entr'autres deux offices de *greffiers en chef*, un pour le civil, & un pour le criminel; & au mois d'Avril 1695, il les augmenta au nombre de quatre, *tant pour le civil que pour le criminel*. Ces quatre offices furent supprimés & recréés par un même édit du mois de Décembre 1699. Trois de ces offices furent supprimés en Février 1715; & enfin l'édit de Janvier 1716 en rétablit un, de sorte qu'il y a aujourd'hui à la *cour des aides* deux *greffiers en chef*. Ils ont entrée, rang & séance en la *cour*, & la faculté de porter la robe rouge, & jouissent des mêmes privileges que les présidens & conseillers. Chacun d'eux est obligé d'être revêtu en même tems d'un des offices de *sécretaire du roi près la cour*. Ils sont, suivant les édits, gardes & dépositaires de toutes les minutes & registres de la *cour*.

Il a été fait deux inventaires des registres de la *cour des aides*, l'un en 1607, & l'autre en 1677. Les anciens registres des plaidoyeries qui subsistent aujourd'hui, commencent en Mars 1383, après Pâques; mais l'inventaire de 1607 en énonce un qui commençoit en 1373, & qui ne se trouve plus dans l'inventaire de 1677.

Sécretaires du roi près la cour des aides. Il y avoit anciennement dans la chambre des *généraux des aides*, cinq *clercs notaires & sécretaires du roi*, dont les fonctions étoient de signer sous le grand scel du roi, ou sous leurs seings particuliers, toutes les lettres, mandemens & ordonnances émanées des *généraux*.

Ils furent établis par édit du roi Charles VI. du 9 Février 1387, portant réduction de tous les officiers, tant sur le fait de la justice que de la finance des *aides*, & réduits aux gages des notaires seulement.

Ces cinq *clercs notaires & sécretaires du roi* furent réduits à quatre par une ordonnance du 7 Janvier 1400, du même roi Charles VI.

Depuis ce tems-là on ne trouve aucune mention de ces officiers dans les registres de la *cour des aides*, jusqu'en l'année 1635, que le roi Louis XIII. par son édit du mois de Février de cette année, créa quatre officiers de conseillers, *notaires & sécretaires du roi* en la *cour des aides* de Paris, à l'instar de quatre semblables offices établis par le même édit en la *cour* de parlement. Il ne fut néanmoins pourvû à ces quatre offices qu'en l'année 1675, par une déclaration du 12 Janvier de la même année, par laquelle il est dit qu'ils auront rang & séance immédiatement après les avocats & procureurs généraux, & greffiers en chef de cette *cour*.

Ces quatre offices furent supprimés & recréés par un même édit du mois d'Avril 1702; & au mois de Janvier 1716, il en fut créé un cinquieme. La déclaration du 4 Juin 1702, en expliquant les privileges de ces offices qui venoient d'être nouvellement recréés, portent qu'ils jouissent des mêmes privileges & prérogatives que les sécretaires du roi de la grande chancellerie, & qu'en cette qualité ils peuvent signer les arrêts en l'absence ou légitime empêchement des *greffiers en chef*; qu'ils ont la noblesse au premier degré, & qu'ils sont exempts des droits seigneuriaux dans la mouvance du roi, tant en vendant qu'en achetant.

Greffiers de la cour des aides. L'édit du mois de Mars 1673, en créant pour la *cour des aides* deux offices de greffiers en chef, y a aussi établi quatre principaux commis, tant pour l'audience que pour la chambre du conseil; un greffier des présentations, & un commis; un greffier garde-sacs, & un commis; un greffier des decrets, & un commis; un greffier des affirmations, qui est controlleur des dépens, & un commis: & celui de Juillet 1675 y a ajoûté quatre commis-greffiers écrivant à la peau. Les pourvûs de ces offices peuvent les exercer conjointement ou séparément, ou les désunir, & même les faire exercer par personnes capables, dont ils sont responsables civilement.

Greffier des appellations. La déclaration du 6 Juillet 1675, qui regle les fonctions des quatre principaux commis créés par l'édit de Mars 1673, veut qu'il y en ait un en la premiere chambre pour tenir le plumitif, & faire les minutes des arrêts des audiences publiques, confection des rôles ordinaires, reception des appointemens, même de ceux qui se délivrent sur les rôles & de tous autres, & généralement tout ce qui dépend des audiences publiques, enregistremens des lettres patentes, baux à ferme, & des receptions des officiers. Il tient aussi la plume aux audiences que la *cour* donne en la conciergerie pour les prisonniers; il assiste messieurs les commissaires lorsqu'ils vont faire la visite des prisons. Celui qui est actuellement pourvû de cet office, a réuni, suivant la faculté qui

a été dite ci-dessus, l'office de greffier des decrets, & de commis au greffe des decrets, & encore un des quatre offices de commis-greffiers écrivant à la peau.

Greffier civil & criminel. La même déclaration du 6 Juillet 1675, veut qu'il y ait en la premiere chambre un principal commis pour tenir le plumitif, & faire les minutes des arrêts d'audience à huis clos, l'expédition des minutes des arrêts de rapport & affaires en cette chambre, tant au civil qu'au criminel. Elle veut aussi qu'il y en ait pareillement un en chacune des seconde & troisieme chambres, & qu'ils écrivent sous les conseillers-commissaires, les minutes de toutes les instructions criminelles. Celui qui est actuellement pourvû, a réuni ces trois offices, & en outre trois des offices des commis-greffiers écrivant à la peau.

Greffier des présentations. Cet office avoit été établi par édit du mois d'Août 1575, puis supprimé. Son dernier rétablissement est du mois de Décembre 1699. Il est aussi greffier des affirmations.

Greffier garde-sacs & des dépôts, créé par l'édit de Mars 1673. Il tient les registres pour la distribution des procès & instances, & pour les défauts. Il est garde de tous les états de la maison du roi, de la reine, & des princes & princesses du sang, qui s'envoyent à la *cour des aides*; & c'est lui qui en délivre les extraits, lorsque les officiers qui sont compris dans ces états, veulent jouir de leur *committimus* ou autres privileges.

Payeur des gages de la cour des aides. Anciennement le receveur général des *aides* à Paris, étoit chargé de payer des deniers de sa recette, les gages des officiers de la chambre des *généraux des aides*. On voit qu'en 1370 François

Daunoy avoit cette fonction. Louis XI. inftitua un payeur des gages, par lettres du 5 Mai 1474. Il y eut un office alternatif créé en Octobre 1554; un triennal, en Juillet 1597; & un quatriennal, en Août 1645. Le titulaire de cet office eft aujourd'hui ancien, alternatif & triennal, & a trois controlleurs.

Receveur des amendes. Cette commiffion étoit exercée, fuivant les anciens regiftres des plaidoiries, par le receveur général des *aides.* Depuis, les *généraux* y nommerent Robert Lyotte leur greffier, & enfuite ils y commirent en 1397 Gobert Thumery, parce que le greffier étoit trop chargé. L'office de receveur des amendes a été fupprimé & réuni au domaine par édit de Mars 1716, & cette fonction n'eft plus exercée que fur la commiffion du fermier des domaines.

Receveur des épices & vacations. Cet office a été créé par édits de 1581 & 1586. Il a été fupprimé par celui de Juillet 1626, & enfuite rétabli en Février 1691, fous le nom de *confeiller-receveur ancien, alternatif & triennal des épices & vacations de la cour des aides.*

Contrôleur des arrêts, avoit été créé par édit d'Avril 1702, fous le titre de *greffier garde-minutes.* L'édit de Février 1715 l'a changé en celui de *contrôleur des minutes des arrêts.*

Huiffiers. Le premier huiffier de la *cour des aides,* créé par l'édit du mois de Mars 1551, jouit du privilege de nobleffe, en conféquence de l'édit du mois de Mars 1691; & dans les cérémonies il porte la robe noire, avec paremens de velours de même couleur, & chaperon noir à bourlet.

Il y a actuellement fept autres huiffiers audienciers, qui ont été fuccef-fivement augmentés jufqu'à ce nombre par différens édits de création. Ils n'étoient que deux lors de leur premier établiffement, qui eft auffi ancien que celui de la chambre de la juftice des *aides,* ainfi qu'il paroît par les plus anciens regiftres des plaidoiries de cette chambre. Ces huiffiers - audienciers jouiffent des mêmes prérogatives que ceux des autres *cours* fouveraines.

Compétence de la cour des aides, privileges, police. La *cour des aides* de Paris a droit de connoître & décider en dernier reffort tous procès, tant civils que criminels, entre toutes perfonnes, de quelqu'état, rang & qualité qu'elles foient, & de quelques privileges qu'elles jouiffent, au fujet des aides, gabelles, tailles, octrois, droits de marque fur les fers &; fur les cuivres, & autres droits, fubfides & impofitions.

Cette *cour* reçoit les appels interjettés des fentences des élections, greniers à fel, juges des dépôts des fels, juges des traites ou maîtres des ports, juges de la marque des fers, & autres fieges de fon reffort, même les appels des fentences rendues fur le fait des droits d'octrois ou autres, dont la connoiffance eft attribuée en première inftance au bureau de la ville ou autres juges, par les édits & déclarations, fauf l'appel en le *cour des aides.*

Elle connoît auffi des appels des ordonnances & jugemens des intendans & commiffaires départis dans les provinces & généralités, au fujet des cottes d'offices par eux faites, & des autres matieres qui font de la compétence de cette *cour.*

Elle eft feule compétente pour juger du titre de nobleffe; & non-feulement elle en juge fur les conteftations des parties, mais fon procureur général eft en droit d'obliger tous ceux qui fe difent nobles , à produire les pieces fur lesquelles ils fondent cette qualité. Elle vérifie les lettres d'annoblissement & de réhabilitation , & elle connoît des exemptions & privileges dont les nobles & les eccléfiastiques doivent jouir par rapport aux aides , tailles , gabelles & autres impositions. Les nobles qui font troublés dans leur noblesse par l'imposition aux tailles, peuvent se pourvoir en premiere instance en la *cour des aides*.

Les états de la maifon du roi , ceux des maifons de la reine , des enfans & petits-enfans de France , & du premier prince du fang , font vérifiés à la *cour des aides* de Paris , & dépofés dans fon greffe , & tous les officiers compris dans ces états, n'ont pour juges en dernier reffort (pour ce qui regarde leurs exemptions) que cette *cour* , quoiqu'ils foient domiciliés dans l'étendue du reffort des autres *cours des aides* , où l'on n'envoye que des copies de ces états.

Elle connoît pareillement , & privativement aux autres *cours* , en premiere instance & dernier reffort , tant au civil qu'au criminel , de tous les différends pour raifon des finances dont le calcul , audition & clôture des comptes appartiennent à la chambre des comptes ; du payement des debats de ces comptes , & des exécutoires de cette chambre ; & , en conféquence de tous débats , difcuffions , ventes d'immeubles , privileges & hypotheques concernant les comptables , & le maniement & adminiftration des deniers royaux , entre les tréforiers , receveurs généraux & particuliers , leurs commis & leurs cautions : pareillement de toutes conteftations concernant les baux, fous-baux, traités, tranfports, affociations dans les affaires du roi ; entre

les fermiers , fous-fermiers , munitionnaires , entrepreneurs des vivres & étapes , traitans , leurs affociés , croupiers, cautions , participes , commis & autres intéreffés , fous quelque fcel , privilégié ou non , que les actes ayent été paffés , à Paris ou ailleurs : ce qui eft fondé fur l'édit d'Henri II. du mois de Mars 1551.

Elle connoît auffi en premiere instance & dernier reffort , exclufivement à tous autres , cours & juges , de la difcuffion des biens de tous les comptables & gens d'affaires du royaume , & de leurs defcendans & héritiers à perpétuité , en quelque lieu de l'obéiffance du roi que leurs biens foient fitués , lefquels ne peuvent être purgés de l'hypotheque du roi, que par des decrets faits en la *cour des aides* de Paris.

La faifie réelle , foit des offices , foit des immeubles des comptables , ne fe peut faire ailleurs qu'en la *cour des aides*. Cette faifie fe fait à la requête du *procureur général* de la *cour des aides* , pourfuite & diligence du *contrôleur général des reftes* ; c'eft en la *cour des aides* qu'elle eft enregistrée , & que le decret s'en pourfuit ; & la compétence de cette *cour* s'étend tellement fur toutes les affaires & perfonnes dont l'on vient de parler , qu'elle a le droit de les évoquer des requètes du palais , du châtelet & de tous les autres tribunaux , quand même les parties y auroient des attributions particulieres; ainfi que toutes les affaires dans lefquelles les fermiers généraux , ou le *contrôleur général des reftes* , font parties ; & , en conféquence de l'évocation , de juger les appels , s'il y a eu des fentences rendues.

L'hôpital général , fuivant les édits des mois d'Avril 1637 & 1656 , a fes caufes commifes directement & en premiere

miere inftance en la *cour des aides* de Paris, pour tous les procès & différends mûs au fujet de fes privileges & exemptions des droits d'*aides* & autres, dont la connoiffance appartient à cette *cour*. Il en eft de même de l'hôtel-Dieu.

La *cour des aides* de Paris a également le droit de connoître feule des appellations des fentences rendues fur le fait des aides, gabelles & autres droits, par les prévôts & officiers de M. le prince de Condé dans l'étendue du Clermontois, fans que les appellations puiffent être relevées au bailliage ni en aucune autre *cour*; ce qui fut d'abord reclamé par l'enregiftrement fait en la *cour des aides* de Paris le 15 Janvier 1661, des lettres patentes du mois de Décembre 1648, par lefquelles Louis XIV. fit don à M. le prince de Condé du Clermontois, qui avoit été cédé à S. M. par le traité de paix du duc de Lorraine le 29 Mars 1641, & depuis a été confirmé par la déclaration du 4 Juin 1704, qui fixe & détermine la compétence de chacune des deux *cours* du parlement & de la *cour des aides*. Par lettres patentes du 10 Décembre 1715, regiftrées en la *cour des aides* le 15 Janvier fuivant, le roi a attribué à la premiere chambre, à l'exclufion des deux autres, la connoiffance de toutes les conteftations des affaires du Clermontois, qui jufques-là pouvoient être indiftinctement portées dans les trois chambres.

Il y a eu auffi plufieurs autres attributions faites à la *cour des aides*, par différens édits & déclarations. Par déclaration du 15 Décembre 1639, elle fut commife pour exercer la juftice en la *cour des aides* de Rouen. Par l'édit de Mars 1717, portant fuppreffion de la chambre de juftice, & par les lettres patentes du 29 Mai fuivant, le roi a

Tome IV.

renvoyé en la premiere chambre de la *cour des aides*, les faifies réelles ou mobiliaires faites ou à faire en exécution des rôles & des condamnations prononcées en la chambre de juftice; enfemble les adjudications & difcuffions qui pourroient être faites en conféquence; & les appellations & exécutions des fentences rendues par les fubdélégués de la chambre de juftice; & des faifies faites à la requête des fubftituts du procureur général de cette chambre.

Cette *cour* a le droit, ainfi que les autres *cours* fouveraines, de faire des réglemens pour l'exercice & manutention de la juftice, ainfi que pour l'exécution & interprétation des loix & ordonnances dans toute l'étendue de fon reffort : elle vérifie les ordonnances, édits, déclarations, & lettres-patentes, qui forment le droit général du royaume. Beaucoup de traités de paix y ont été enregiftrés. Elle enregiftre auffi les provifions des chanceliers; & c'eft à fes grandes audiences qu'elle en fait faire la publication, dans la même forme que cela fe pratique au parlement.

Par l'édit de mars 1551, portant création de la feconde chambre, & par celui de juin 1636, qui confirme la troifieme chambre, cette *cour* a le même privilege que le parlement, de pouvoir feule juger les officiers qui la compofent, lorfqu'ils font pourfuivis extraordinairement pour crimes; ce qui a été entr'autres confirmé fous Louis XIV. par le renvoi fait à la *cour des aides* du procès de M. le préfident de Maridor, qui avoit commencé à lui être fait en la chambre de juftice de l'année 1661.

Suivant toutes les anciennes ordonnances, elle a toute jurifdiction & cor-

E

rection, non-seulement sur les officiers des sieges de son ressort, mais aussi sur les thrésoriers, receveurs, collecteurs, & leurs commis, dans ce qui regarde les fonctions de leurs charges, offices, & commissions.

La *cour des aides* a pour cet effet son pilori ou poteau dans la cour du palais, au bas de l'escalier de la sainte-Chapelle, comme le parlement a le sien au bas de l'escalier du mai ; & ses jugemens portant condamnation de mort ou autres peines, s'exécutent aussi, tant à Paris que dans toutes les autres villes & lieux de son ressort, dans les places où l'on a coûtume de faire les autres exécutions.

Outre le privilege qu'ont les officiers de cette *cour*, de ne pouvoir être jugés ailleurs en matiere criminelle, les présidens, conseillers, gens du roi, greffiers en chef, secrétaires du roi près la cour, & premier huissier, jouissent de la noblesse au premier degré : sur quoi il faut observer qu'en 1645 le roi ayant accordé la noblesse, tant à la *cour des aides*, qu'au parlement, à la chambre des comptes, & au grand-conseil, ce privilege qui avoit été renouvellé en 1659, fut révoqué par l'édit de Juillet 1669, portant réglement pour les offices de judicature du royaume, & fut depuis rétabli ; savoir, pour le parlement, par édit de Novembre 1690; pour la *cour des aides*, par édit de Mars 1691; pour la chambre des comptes, par celui d'Avril 1704 ; & pour le grand-conseil, par celui d'Août 1717.

Les mêmes officiers de la *cour des aides* jouissent encore, suivant l'édit de Mars 1691, de l'exemption des droits seigneuriaux dans la mouvance du roi, tant en achetant qu'en vendant.

La noblesse n'a été accordée aux *substituts* du procureur général de la *cour*

des aides, que par l'édit de Novembre 1704.

Les officiers de la *cour des aides* jouissent du franc-salé ; ils sont commensaux de la maison du roi, & c'est à ce titre qu'ils ont droit de deuil à la mort des rois, & qu'ils assistent à leur enterrement en robes noires, à la différence du parlement qui y assiste en robes rouges.

Les *présidens, conseillers, avocats, & procureurs généraux* de la *cour des aides*, doivent nécessairement, suivant l'ordonnance donnée à Fontainebleau au mois de Juin 1549, *être interrogés & subir pareil examen sur la loi donnée que ceux des parlemens, attendu, dit cette ordonnance, qu'elle est cour souveraine, & juge en dernier ressort de toutes les causes dont la connoissance lui est attribuée, & de si long-tems qu'il n'est mémoire du contraire.* Et par la déclaration du 27 Avril 1627, registrée en parlement le 20 Décembre 1635, ils ont le privilege d'être reçus sans subir nouvel examen, lorsqu'ils sont pourvûs d'offices du parlement ou de maîtres des requêtes.

L'habit de cérémonie de MM. de la *cour des aides* est, pour M. le *premier président* & pour les autres *présidens*, la robe de velours noir, avec le chaperon de la même étoffe fourré d'hermine. Les *conseillers gens du roi*, & *greffiers en chef*, portent la robe rouge ; & suivant l'ancien usage, ils doivent porter sur la robe rouge un chaperon noir à longue cornette, ainsi que cela fût réglé par Henri II. le 7 Janvier 1552. Ce chaperon, quoique noir, n'est pas une marque de deuil ; & l'on ne doit pas croire que la couleur du chaperon en diminue la dignité, parce que cela vient de ce que MM. de la *cour des aides* ont toujours conservé l'ancien usa-

ge, & porté la robe rouge avec le chaperon noir, comme on la portoit vers
le milieu du XVIᵉ fiecle. En effet, l'on
voit fur d'anciennes vitres plufieurs
confeillers au parlement qui font ainfi
repréfentés, c'eft-à-dire en robes rouges avec le chaperon noir. Dans l'églife
de Champigni fur Marne, l'on y voit
un Bochart ainfi habillé; & à S. Benoît
à Paris, au bas d'un retable d'autel
d'une chapelle, deux confeillers au parlement que l'on a découverts par leurs
armes fe nommer d'Origni, font auffi
en robes rouges avec un chaperon noir
fourré d'hermine. Cela fe pratiquoit
ainfi, parce que le chaperon étant alors
la couverture de la tète & des épaules,
on ne vouloit pas expofer à la pluie de
l'écarlate; & c'eft delà que le premier
préfident du parlement étant réputé
venir de fon hôtel, qui avant M. de
Harlai n'étoit pas dans l'enclos du palais, porte le chaperon noir fans hermine fur fa robe rouge aux petites audiences qui fe donnent avant le rôle.
Préfentement les confeillers de la *cour
des aides* portent la robe rouge fans
chaperon; & ce qui eft remarquable par
rapport à leur habillement de cérémonie, c'eft qu'aux pompes funebres des
rois & des reines ils y affiftent en robes noires & de deuil, quoique le parlement y foit en robes rouges; ce qui
vient de ce que MM. de la *cour des aides* ont en cette occafion droit de deuil,
comme commenfaux de la maifon du
roi. Il furvint à ce fujet un incident en
1683, pour l'enterrement de la reine
époufe de Louis XIV. la lettre de cachet adreffée à la *cour des aides* pour y
affifter, portoit que ce feroit en robes
rouges: mais cette *cour* ayant remon-
tré au roi que ce n'étoit pas l'ufage,
le roi déclara que fon intention n'étoit
pas d'innover, & en conféquence cette

cour affifta aux fervices à S. Denis &
à Notre-Dame en robes noires de
deuil.

Pour ce qui eft des autres cérémonies, comme aux entrées des rois &
reines, aux *Te Deum*, proceffions, &
autres cérémonies publiques, les *préfidens & confeillers* y affiftent avec les
robes de cérémonie telles qu'elles font
marquées ci-deffus.

Il y a par an deux cérémonies ordinaires auxquelles la *cour des aides* affifte: la premiere le 22 Mars, à la meffe
qui fe célebre en l'églife des grands Au-
guftins, en actions de graces de la réduction de la ville de Paris à l'obéiffance de Henri IV. en 1594; & la feconde, à la proceffion qui fe fait le jour de
l'Affomption en l'églife métropolitaine
de Paris, en exécution de la déclaration
du 10 Février 1638, par laquelle Louis
XIII. met fon royaume fous la protection de la Vierge.

La *cour des aides* a rang dans toutes
les cérémonies après le parlement & la
chambre des comptes, comme étant de
moins ancienne création que ces deux
compagnies. C'eft la date de la création
qui regle le rang entre les compagnies;
ce qui eft fi vrai, que la chambre des
comptes de Montpellier établie par édit
de Mars 1522, à l'inftar de celle de Paris, ayant voulu difputer la préféance
à la *cour des aides* de Montpellier, qui y
avoit été établie dès 1437 par ordonnance du 20 Avril, cette *cour des aides*
y fut maintenue par arrêts du confeil
contradictoires, des 16 & 23 Juillet
1557, & 28 Mars 1558.

La *cour des aides* eft compofée de trois
chambres. La premiere, que l'on appelloit anciennement *la chambre des généraux des aides*, ou *des généraux de la
juftice des aides*, étoit autrefois le feul
fiege de cette *cour*. C'eft préfentement

E 2

celle où se tiennent les audiences, & par cette raison elle est appellée dans plusieurs ordonnances *la chambre des plaidoyers* ou *plaidoiries*.

C'est en cette chambre que se portent, ainsi qu'il se pratique à la grand' chambre du parlement, toutes les appellations verbales des jugemens rendus dans les sieges de son ressort, toutes les requêtes introductives d'instances, ou autres qui sont présentées directement en la *cour des aides* pour y former de nouvelles demandes. Tous les incidens qui surviennent dans les procès ou instances avant que le partage en ait été fait entre les trois chambres, sont aussi portés en la premiere.

La premiere chambre a aussi quelques attributions qui lui sont particulieres, comme les appels des sentences rendues sur le fait des aides & gabelles & autres droits par les juges du Clermontois; la connoissance en premiere instance des affaires de l'hôpital général & de l'Hôtel-Dieu de Paris, au sujet de leurs privileges & exemptions des droits d'aides & autres; la poursuite des saisies réelles & mobiliaires faites en exécution des rôles & jugemens de la chambre de justice, &c.

C'est en cette chambre que se font les enregistremens de toutes les ordonnances, édits, déclarations, lettres patentes, lettres de noblesse, & autres : ce qui ne concerne que les particuliers est enregistré en la premiere chambre seule ; ce qui contient des réglemens généraux & concerne tout le royaume, est enregistré en les trois chambres assemblées; sur le reste on suit le même usage qu'au parlement. C'est aussi en cette chambre que le grand-maître ou le maître des cérémonies vient apporter les lettres de cachet du roi qui invitent la *cour* d'assister à quelque cérémonie.

Lorsque les princes viennent apporter des édits en la *cour des aides*, ils ont séance en la premiere chambre sur le banc des présidens, après M. le *premier président*, & avant les autres *présidens*. Les maréchaux de France qui les accompagnent se mettent sur le banc à la droite des présidens, au-dessus du doyen des *conseillers*, & les conseillers d'Etat prennent place sur le banc vis-à-vis, au-dessus des *conseillers*.

Les *présidens*, *conseillers*, & *gens du roi*, sont reçus & installés en la premiere chambre, toutes les chambres assemblées. A l'égard des autres officiers de la cour, ils y sont reçus sans assembler les deux autres chambres, ainsi que tous les officiers ressortissans en cette *cour*, qui y sont examinés & y prêtent serment.

Il y a par an deux entrées de la *cour des aides*. La premiere se fait le lendemain de la S. Martin. Après la messe du S. Esprit, toutes les chambres s'étant rassemblées en la premiere, on y fait la lecture des ordonnances. M. le *premier président* y prononce un discours, & fait prêter serment aux greffiers & aux huissiers, & ensuite un de MM. les *gens du roi* prononce une harangue. La seconde rentrée se fait le lendemain de Quasimodo. On y fait aussi la lecture des ordonnances.

L'ouverture des audiences de la *cour des aides* se fait en la premiere chambre, le mercredi de la premiere semaine après la S. Martin.

Les grandes audiences qui se tiennent sur les hauts sieges, sont celles des appellations, tant du rôle ordinaire que du rôle extraordinaire. Les plaidoiries du rôle ordinaire sont les mercredis & vendredis matin. Depuis l'Ascension jusqu'au 8 Septembre, lorsqu'il y a une fête le jeudi, l'audience du vendredi matin eſt remiſe au ſamedi. Celles du rôle extraordinaire ſont les mardis de relevée, & ceſſent après la S. Jean. Ces rôles ſont ſignifiés à la communauté des procureurs ; & delà vient l'uſage qui ſe pratique, comme au parlement, de ne point accorder de défauts aux grandes audiences avant que l'huiſſier ait appellé & rapporté ; c'eſt-à-dire qu'avant que la *cour* adjuge le défaut, l'huiſſier ſe tranſporte au haut de l'eſcalier de la *cour des aides*, d'où il appelle à haute voix dans la grand'ſalle la partie contre laquelle on prend le défaut & ſon procureur, & vient rapporter enſuite qu'ils n'ont point répondu. L'ancien des *préſidens* tient les audiences des mardis de relevée, à l'exception de la premiere & de la derniere qui eſt tenue par M. le *premier préſident*.

Les audiences ſur les demandes, que les anciennes ordonnances appellent *audiences à huit clos*, ſe tiennent ſur les bas ſieges, les mardis matin & vendredis de relevée.

Toutes ces audiences ceſſent paſſé le 7 Septembre, & ne recommencent qu'après la S. Martin.

Les *gens du roi* aux grandes audiences ſont aſſis en la même place que ceux du parlement, c'eſt-à-dire au banc qui eſt au-deſſous des préſidens. Les *ſecretaires du roi* près la *cour* ne ſe mettent point ſur ce banc. A l'égard des petites audiences, ils ſont placés ſur le banc qui eſt à la gauche des *préſidens*, qui eſt la même place qu'avoient autrefois au parlement les gens du roi, ſur le banc des baillis & ſénéchaux.

La premiere chambre eſt compoſée du *premier préſident*, de trois préſidens, des *conſeillers d'honneur* dont le nombre n'eſt pas fixe, & qui ont ſéance au-deſſus du doyen des conſeillers, & de dix-huit *conſeillers*. Les *préſidens*

& *conſeillers* des deux autres chambres montent à la premiere par rang d'ancienneté, ainſi que les conſeillers des enquêtes du parlement montent à la grand'chambre.

Par l'article 3 de la déclaration du 10 Août 1748, deux *conſeillers* de chacune des ſeconde & troiſieme chambre doivent à tour de rôle ſervir pendant ſix mois en la premiere chambre.

La ſeconde & la troiſieme chambre ſont compoſées chacune de trois *préſidens* & de dix-ſept *conſeillers*. Elles donnent audience les mercredi & vendredi matin, ſur les demandes incidentes aux procès qui y ſont diſtribués. Les *avocats généraux* y portent la parole dans les affaires qui requierent leur miniſtere. Il y a quelquefois des affaires qui ſont attribuées en particulier à l'une de ces deux chambres.

La diſtribution des procès & inſtances civiles ſe fait également entre les trois chambres, par M. le *premier préſident*, aſſiſté d'un *préſident* de chacune des deux autres chambres. Lorſqu'un *conſeiller* de la ſeconde ou troiſieme chambre monte à la premiere par droit d'ancienneté, il peut pendant le cours d'une année rapporter en la chambre d'où il eſt ſorti les procès & inſtances dont il étoit chargé ; mais après l'année révolue, il les remet au greffe, pour être rediſtribués en cette même chambre. Les procès criminels ſe jugent indiſtinctement dans les trois chambres.

Lorſque dans les affaires de rapport il y a partage d'opinions en quelqu'une des chambres, le rapporteur & le compartiteur, c'eſt-à-dire celui qui a le premier ouvert l'avis contraire à celui du rapporteur, vont départager l'affaire dans une autre chambre en cet ordre : les partages de la premiere chambre vont en la ſeconde, ceux de la ſeconde en la troifieme, & ceux de la troifieme en la premiere. Il eft arrivé quelquefois que des affaires s'étant trouvées fucceffivement partagées dans toutes les chambres de la *cour*, le roi a donné des lettres patentes pour les aller départager dans quelqu'une des chambres des enquêtes du parlement, comme firent MM. Quatrehommes & Bouette, les 3 & 4 Décembre 1614, en la premiere des enquêtes; & le 8 janvier 1633, MM. Gourreau & Bourgoin, en la feconde des enquêtes.

La chambre des vacations commence le 9 feptembre, & finit le 27 octobre. Elle tient fes féances en la premiere chambre, où elle donne fes audiences fur les bas fiéges les mercredis & vendredis matin. Elle ne connoît que des affaires fommaires ou provifoires, des affaires criminelles, & de celles qui concernent le roi. Elle eft compofée de deux *préfidens* & de quinze *confeillers*, favoir, cinq de chacune des chambres. L'ouverture s'en fait par M. le *premier préfident*, qui a droit d'y affifter quand il le juge à propos.

Cinq fois par an, favoir la furveille de noël, le mardi de la femaine-fainte, la furveille de la pentecôte, la veille de l'affomption, & la veille de S. Simon, la *cour des aides* va tenir fes féances à la conciergerie, & y donne audience pour les prifonniers. C'eft un *fubftitut* qui y porte la parole. Quelques jours auparavant ces féances, deux confeillers commiffaires, affiftés d'un *fubfiftut* & d'un *greffier*, vont faire leurs vifites dans toutes les prifons de Paris où il fe trouve des prifonniers de fon reffort, & en font enfuite leur rapport à la *cour*.

Les avocats du parlement plaident & écrivent en la *cour des aides*. Les procureurs font les mêmes pour le parlement & pour la *cour des aides*.

Avant la déclaration du 10 Août 1748, les *confeillers* rouloient pour le fervice dans les trois chambres en cet ordre. Chaque fémeftre ou bimeftre il fortoit de chacune des chambres quatre *confeillers*, qui fe partageoient dans les deux autres. Les bimeftres étoient celui de novembre & décembre, & celui de juillet & août; les trimeftres étoient celui de janvier & celui d'avril. On appelloit ces changemens de fervice, *migrations*. Leur origine venoit de l'édit de mars 1551, portant établiffement de la feconde chambre, qui ordonnoit que de fix mois en fix mois fix *généraux confeillers* de la premiere fuffent députés par ordre, & fucceffivement en la feconde chambre. La création de la troifieme chambre ayant obligé de changer l'ordre qui avoit été établi jufqu'alors, il y fut pourvû par différens arrêtés de la cour. La déclaration du 10 août 1748 a abrogé ces migrations; elle veut feulement que tous les fix mois deux *confeillers* des feconde & troifieme chambres viennent à tour de rôle fervir en la premiere: mais les confeillers de la premiere ne vont plus fervir, comme auparavant, dans les autres chambres.

Tous les officiers de la *cour des aides* fervent pendant toute l'année.

Lorfqu'il arrive quelque conflit entre le parlement & la *cour des aides*, c'eftà-dire, lorfqu'une de ces compagnies reclame une affaire comme étant de fa compétence, les réglemens veulent qu'avant que le différend foit porté devant le roi, les deux compagnies conferent enfemble pour tâcher de s'accorder à l'amiable. L'édit de François II, du 29 décembre 1559, en parlant des différends qui furviennent entre les cours de parlement de Paris & *cour des aides* pour raifon de compétence ou incompétence de jurifdiction, porte:

Voulons qu'ils foient amiablement & fra-
ternellement entre vous traités & compo-
fés , & qu'à cette fin nos avocats & pro-
cureur général en notredite cour des aides,
ayent incontinent à communiquer & con-
férer defdits différends avec nos avocats
& procureur général en notredite cour de
parlement.

Par une feconde difpofition il ajoûte :
Et où ils n'en pourroient tomber d'accord,
voulons que vous , gens de notredite cour
des aides , ayez à députer & commettre
aucuns des préfidens & confeillers d'icelle,
felon que le cas le requérera , pour avec
vous gens de notredite cour de parlement
en la grand'chambre d'icelle , conférer &
communiquer defdits différends , & iceux
accorder , vuider , & terminer ; & où
ne pourriez-vous en accorder , voulons
nous en être par vous refpectivement ré-
féré pour en être par nous ordonné , fans
qu'autrement il foit loifible procéder entre
vous , foit par appel ou inhibitions & dé-
fenfes.

La premiere partie de ce réglement
s'eft toujours exécutée depuis, & s'exécute encore aujourd'hui. En conféquence, lorfqu'il y a quelque conflit
entre les deux cours, les *gens du roi* de
la *cour des aides* fe tranfportent au parquet du parlement. Les *avocats généraux*
du parlement fe mettent tous fur le même banc, & ceux de la *cour des aides*
enfuite fur le même banc ; & M. le *pro-*
cureur général de la *cour des aides* fe
met fur le banc qui eft vis-à-vis, fur lequel eft auffi le procureur général du
parlement ; un fubftitut de celui-ci fait
le rapport de l'affaire qui forme le conflit. Si les *gens du roi* des deux cours,
après avoir conféré entr'eux, font d'accord , ils renvoyent les parties à fe
pourvoir en la jurifdiction qui en doit
connoître.

La feconde difpofition de ce réglement, au fujet de la conférence en la
grand'chambre du parlement lorfque les
deux parquets ne s'étoient point accordés , a eu fon exécution jufqu'en 1669.

La *cour des aides* affez ordinairement
députoit un *préfident* & deux *confeillers,*
qui fe tranfportoient en la *grand'cham-*
bre , & qui y prenoient féance ; favoir,
les préfidens au banc des confeillers au-
deffus du doyen , & les *confeillers* au
banc du bureau ; & ce n'étoit que lorfque les deux cours ne s'accordoient pas
dans cette conférence, qu'elles fe pour-
voyoient au confeil.

Mais en 1669, le roi, par l'*art.* 12.
du titre ij. des réglemens de juges en
matiere civile de l'ordonnance d'août
1669, a voulu, qu'en cas que les gens
du roi des deux cours ne s'accordent
pas, les parties fe pourvoient directement au confeil en réglement de juges,
tant au civil qu'au criminel.

Reffort de la cour des aides. L'étendue
du reffort de la *cour des aides* de Paris,
eft la même que celle du parlement de
Paris, excepté que la *cour des aides* a
de plus la province de *Saintonge* & *l'Au-*
nis, qu'elle anticipe fur le parlement de
Bordeaux , & que d'un autre côté *l'Au-*
vergne en a été diftraite pour former une
cour des aides particuliere à Clermont.

COUR *du banc du roi, v.* BANC
DU ROI.

COUR DE COMTÉ , *Droit public*
d'Anglet. , en Angleterre , eft une *cour*
de juftice qui fe tient tous les mois dans
chaque comté par le shérif ou fon lieutenant.

Ce n'eft pas une *cour* de record ou de
greffe , mais elle peut connoître des
dettes & des dommages au-deffous de
la valeur de quarante fchellings.

Cette *cour* inférieure, par les termes
exprès du *ftatut de Gloceftre*, a fur certaines caufes , une jurifdiction totale,

ment exclufive des *cours* fupérieures.
Car pour être en droit de pourfuivre
une action de délit pour des biens, devant les jufticiers du roi, il eft enjoint
au demandeur de déclarer avec ferment
que la caufe de l'action fe monte réellement & *boná fide*, environ à 40 fchell.
Cette déclaration n'eft pourtant plus requife aujourd'hui, fans qu'on en puiffe
dire la raifon, excepté à la *cour* de l'é-
chiquier. Le *ftatut* 43 d'Elifabeth,
chap. 6, donne aux juges dans toutes
les actions mobiliaires où les jurés reglent les dommages qui font au-deffous de 40 fchellings, le pouvoir de
certifier la même chofe. Et c'eft dans la
vue de mettre un frein à l'humeur contentieufe de certains plaideurs, qui,
dans la feule idée d'écrafer leur adverfe
partie, voudroient porter leur action
en premiere inftance dans des *cours* fupérieures pour des torts de légere conféquence. La *cour de comté* peut auffi
connoitre de toutes les actions mobiliaires & de plufieurs actions immobiliaires à quelque fomme que fe monte
le dommage, en vertu d'un acte particulier appellé *jufticies*, lequel autorife le shériff, pour la plus prompte expédition des affaires, de rendre dans fa
County-court la même juftice que celle
qu'on pourroit fe procurer aux *cours* de
Weftminfter. Les francs-tenanciers
du comté font les juges réels de cette
cour, & le shériff en eft l'officier minif-
térial, c'eft-à-dire, qui adminiftre &
fait exécuter. Le grand concours des
francs-tenanciers que l'on fuppofe
toujours fuivre la *cour de comté* (que
Spelman appelle *forum plebeiæ jufticiæ &*
theatrum comitivæ poteftatis,) eft la raifon pourquoi tous les actes du parlement à la fin de chaque feffion, y étoient
publiés par le shériff; pourquoi on y
proclame les condamnations par contu-

mace des accufés qui fe cachent; &
pourquoi toutes les élections populaires
qui doivent fe faire par les francs-
tenanciers (comme autrefois celles des
shériffs & des confervateurs de paix, &
encore à préfent des *coroners*, des ver-
diers & chevaliers du comté,) doivent
toujours fe faire, *in pleno comitatu* ou
en pleine *cour*. Par le *Statut* 2 d'Edouard
VI. *chap.* 25, aucune *cour de comté* ne
fera ajournée pour plus d'un mois, lequel eft compofé de vingt-huit jours.
Telle étoit auffi l'ancien ufage, comme
on le voit dans les loix du roi Edouard
le vieux: *Præpofitus*, (c'eft-à-dire le
shériff) *ad quartam circiter feptimanam*
frequentem populi concionem celebrato,
cuique jus dicito, litefque fingulas diri-
meto. Dans ces tems reculés la *cour de*
comté avoit beaucoup de dignité & de
fplendeur, l'évèque & le comte, avec
les principaux du comté, y fiégeoient
pour rendre la juftice, tant aux eccléfiaftiques qu'aux laïcs. Mais elle perdit
beaucoup de fa dignité, lorfqu'il fut
défendu aux évèques d'y affifter, &
que les comtes négligerent de s'y rendre. Maintenant que l'on peut en appeller aux *cours* fupérieures par un acte
de *pone* ou *recordare*, de même que des
cours de hundred & des fonciers, toutes
ces confidérations ont occafionné leur
difcrédit & détourné les particuliers d'y
porter leurs caufes. (*D. G.*)

COUR DE LA DUCHÉ, *Droit public*
d'Anglet., c'eft une *cour* dans laquelle
toutes les matieres qui appartiennent
à la duché ou à la comté palatine de
Lancaftre, font décidées par le jugement du chancelier de cette *cour*.

Cette *cour* a pris fon origine du tems
du roi Henri IV. d'Angleterre, qui
parvint à la couronne par la dépofition
de Richard II. Comme il avoit par fa
naiffance le duché de Lancaftre aux
droits

droits de fa mere, il s'en empara comme roi, & non pas comme duc ; de forte que toutes les libertés, franchifes, & jurifdictions de cette comté, paffoient du roi à fon grand fceau, fans avoir befoin de l'acte qui met en poffeffion, ou de celui par lequel on reconnoît fon feigneur ; comme on le pratiquoit pour la comté de March, & d'autres poffeffions à lui dévolues par d'autres feigneurs fes ancêtres, qui n'étoient pas rois.

Henri IV, par l'autorité du parlement, fépara de la couronne les poffeffions & les libertés du duché de Lancaftre : mais Edouard IV. les rétablit fur l'ancien pied.

Les officiers de cette *cour* font un chancelier, un procureur général, un receveur général, un clerc de *cour*, & un meffager ou un fergent, auxquels font joints encore des affiftans, tels qu'un procureur en l'échiquier, un autre en chancellerie, & quatre confeillers.

Gwin dit que le duché de Lancaftre fut créé par Edouard III. qui en fit préfent à fon fils Jean de Gaunt, en le revêtant des droits régaliens femblables à ceux des comtes palatins de Chefter ; & parce que dans la fuite ce comté vint à s'éteindre dans la perfonne du roi Henri IV. qui le réunit à fa couronne, le même roi, fe croyant duc de Lancaftre à plus jufte titre que roi d'Angleterre, fe détermina à s'affurer folidement les droits qu'il avoit dans ce duché pour fe mettre à l'abri des inconvéniens qui pouvoient arriver au royaume. Dans cette idée, il fépara le duché de la couronne, & l'attacha à fa propre perfonne & à fes héritiers, comme s'il n'avoit pas été roi, mais un fimple particulier. Les chofes continuerent dans le même état fous les regnes

Tome IV.

d'Henri V. & d'Henri VI. & même jufqu'à Edouard IV. lequel après avoir recouvré la couronne fuivant les droits de la maifon d'Yorck, réunit encore le duché de Lancaftre à la couronne : il permit néanmoins que la *cour* & les officiers demeuraffent dans l'état où il les trouva. C'eft de cette maniere que ce duché vint avec la couronne à Henri VII. lequel, fuivant la politique de Henri IV. par les droits duquel il étoit effectivement parvenu à la royauté, fépara encore ce duché de la couronne, & le laiffa ainfi à fa poftérité, qui en jouit encore aujourd'hui.

COUR D'EGLISE, *Droit Can.*, fignifie *jurifdiction eccléfiaftique*, la jurifdiction temporelle que des eccléfiaftiques ont en certaines matieres, par la conceffion du prince, tant fur les eccléfiaftiques que fur les laïcs qui leur font foumis. Le terme de *cour* n'eft pas ici un titre d'honneur, comme pour les *cours* fouveraines, auxquelles feules il appartient de fe qualifier de *cour*. Le terme de *cour d'églife* fignifie feulement *jurifdiction eccléfiaftique*, & eft oppofé à *cour laïc*, ou *féculiere* : car on comprend fous le terme de *cour d'églife*, toutes les jurifdictions eccléfiaftiques, telles que les officialités ordinaires, les officialités principales, la jurifdiction que les archiprêtres, archidiacres, grands-chantres & autres dignitaires, ont en certaines églifes ; les bureaux eccléfiaftiques, tant généraux que particuliers, qu'on appelle auffi *chambres eccléfiaftiques*, les unes diocéfaines, & les autres fouveraines ; mais les chambres eccléfiaftiques, même fouveraines, ne peuvent pas fe qualifier de *cour*.

COUR *féodale*, v. FÉODALE, *Cour*.

COUR FONCIERE, *Droit public d'Anglet.*, que les Anglois appellent

F

court-leet, ou *wiew of frank-pledge*, eſt une *cour* avec greffe, tenue une fois par an, & jamais plus ſouvent, dans un *hundred* particulier, ſeigneurie ou manoir, par devant le receveur de la *cour*; étant une *cour* royale, accordée par charte aux ſeigneurs de ces *hundreds* ou manoirs. Le but de ſon inſtitution étoit d'examiner les *franck-pledges*, c'eſt-à-dire, les hommes libres dans l'enceinte du privilege; qui ſuivant l'inſtitution du grand Alfred, étoient mutuellement garans de leur conduite reſpective. Outre cela, le maintien de la paix & le châtiment de différentes fautes légeres contre le bien public, ſont les objets de la *court-leet* & du *tourn* du ſhériff: toutes deux ont exactement la même juriſdiction, l'une n'étant qu'une eſpece plus étendue que l'autre, & qui embraſſe plus de territoire, ſans embraſſer un plus grand nombre de cauſes. Tous les francs-tenanciers de leur enceinte ſont obligés d'y aſſiſter, ainſi que toutes les perſonnes qui y font leur réſidence; & cette réſidence conſiſte ſeulement à y coucher; reglement qui doit ſon origine aux loix du roi Canut. Mais les perſonnes âgées de moins de douze ans & de plus de ſoixante, les pairs, les eccléſiaſtiques, les femmes & les tenanciers du roi en ancien domaine, ſont diſpenſés de ſuivre cette *cour*. Tous les autres ſont obligés de comparoir à l'aſſemblée des jurés, s'ils en ſont requis, & de faire leurs dénonciations. C'étoit auſſi, anciennement, la coutume de ſommer tous les ſujets du roi, à meſure qu'ils atteignoient reſpectivement l'âge de diſcrétion & de force, de venir à la *cour fonciere*, & là de prêter ſerment de fidélité au roi. L'autre fonction générale de la *court-leet* & du *tourn*, étoit de dénommer dans une aſſemblée de jurés,

tous les crimes qui ſe commettoient dans l'étendue de leur juriſdiction; comme auſſi, non-ſeulement de dénoncer, mais encore de punir toutes les fautes triviales, ainſi que toutes les dettes, qui ſe recouvroient à la *court baron* & à la *county-court*: la juſtice, dans ces deux eſpeces de fautes légeres, étant miſe à portée de chaque individu, par l'ancienne conſtitution. De même, dans la conſtitution gothique, l'*Hæreda*, qui répondoit à la *court-leet*, *de omnibus quidem cognoſcit, non tamen de omnibus judicat.* Les objets de leur juriſdiction ſont donc inévitablement très-nombreux, puiſque ce ſont tous ceux qui affectent en quelque maniere plus ou moins, les intérèts publics ou le bon gouvernement du diſtrict où elles ſiegent, depuis les nuiſances communes & autres attentats d'importance contre la paix du roi & le commerce public, juſqu'aux goutieres, épaves & irrégularités dans les communes publiques. Mais la *court-leet* & le *tourn*, ont été pendant longtems, aſſez négligés: circonſtance que l'on doit attribuer, en partie, à la diſpenſe accordée par le *Statut* de Marlbridge, le 52, de Henri III. *chap.* 10, à tous les prélats, pairs & eccléſiaſtiques, de ſuivre ces *cours*: ce qui leur ôta une partie de leur réputation. C'eſt pourquoi leurs fonctions ont été pour la plupart graduellement dévolues aux ſeſſions de quartier: ce que le *Statut* 1, d'Edouard IV. *chap.* 2, enjoint particulierement de faire en certains cas. (D. G.)

COUR DES MARÉCHAUX, *Droit public de France.* On donnoit autrefois ce nom à la juriſdiction des maréchaux de France, qu'on appelle aujourd'hui *connétablie & maréchauſſée de France.* Voyez l'article CONNÉTABLIE.

COUR DES PAIRS *ou* PARLEMENT DE PARIS. *v.* PARLEMENT.

COUR DE PARLEMENT. *v.* PARLEMENT.

COUR *des pieds poudreux*, *Droit public d'Anglet.* Curia pedis *pulverisati*, eft une jurifdiction qui fe tient à Londres en tems de foire, ainfi appellée des pieds peu propres des plaideurs ; ou, felon M. Edouard Coke, parce que la juftice s'y adminiftre auffi promptement que la pouffiere s'enleve de deffus les pieds. Sur ce même principe, cette juftice, chez les Juifs, fe rendoit à la porte de la ville, pour que les procédures fuffent à la fois expéditives & publiques. Mais l'étymologie que nous en donne un favant auteur moderne, eft beaucoup plus ingénieufe & plus fatisfaifante. Ce mot, felon lui, dérive de *pied puldreau* qui, en vieux françois, fignifie un *colporteur*, & défigne par cette raifon la *cour* de ces petits marchands qui courent les foires & les marchés. Elle eft attachée à chaque foire & à chaque marché. Le receveur de celui qui a le péage du marché, en eft le juge. Cette *cour* a été établie pour rendre la juftice & réparer les torts faits dans la foire ou dans le marché actuel, & non point dans les marchés précédens. De maniere qu'il faut que le tort fe commette, qu'on s'en plaigne, & qu'il foit examiné & jugé dans le courant d'une journée. Elle connoît de tous les différends poffibles qui furviennent dans l'enceinte de cette foire ou marché ; & le demandeur doit affirmer que le différend qui a caufé l'action s'eft élevé dans le marché de cette même *cour*, dont l'appel eft porté à celles de Weſminſter. Le but de fon établiffement paroît n'avoir été que celui d'expédier les différends de tous ceux qui viennent de loin à ces foires ou marchés. (D. G.)

COUR *des plaids communs*, *Droit public d'Anglet.*, ou comme on l'appelle ordinairement en droit, la *cour du banc commun*.

Par l'ancienne conftitution faxonne, il n'y avoit qu'une *cour* fupérieure de juftice dans tout le royaume, laquelle connoiffoit à la fois des caufes civiles & canoniques : *The Wittena - gemote* ou affemblée générale qui fe convoquoit annuellement, ou plus fouvent, dans l'endroit où le roi fe trouvoit pour célébrer les fêtes de Pâques, de Noël ou de Pentecôte, foit pour rendre la juftice aux particuliers, foit pour délibérer fur les affaires publiques. Au tems de la conquête, la jurifdiction eccléfiaftique changea d'objet, & le conquérant, craignant que cette convocation des parlemens ne lui devînt funefte, imagina auffi de féparer leur autorité miniftériale dans l'adminiftration de la juftice.

C'eft pourquoi il établit dans fon palais une *cour* permanente, que Bracton, & d'autres anciens auteurs appellent *aula regia* ou *aula regis*, laquelle étoit compofée de grands officiers de la couronne, qui réfidoient dans fon palais, & qui accompagnoient d'ordinaire fa perfonne ; tels que le grand connétable & le grand maréchal qui préfidoient fur - tout dans les affaires d'honneur & d'armes, conformément à la loi militaire & au droit des gens. Outre ces lords, il y avoit le grand maître & le grand chambellan, le chancelier, dont la fonction particuliere étoit de garder les fceaux du roi & d'examiner les actes, les privileges & lettres - patentes qui devoient être fcellées, & le grand tréforier, qui étoit le principal confeiller dans toutes les matieres rélatives aux revenus. Ces grands officiers étoient fécondés par certaines perfonnes versées en droit , qui furent appellées les justiciers du roi , & par les plus grands d'entre les barons du parlement, qui tous siégeoient à l'*aula regia*, & formoient une espece de *cour* d'appel, ou plutôt de conseil dans les affaires de grande importance. Tous ces membres , dans leurs différens départemens, accommodoient toutes les affaires tant criminelles que civiles, & décidoient pareillement sur les matieres des revenus du roi. Ils étoient tous subordonnés à un magistrat appellé le *chef-justicier*, ou *capitalis justitiarius totius Angliæ*, qui étoit en même tems le principal ministre d'Etat, le second homme du royaume , & en vertu de son office, le régent du royaume , en l'absence du roi. C'étoit cet officier qui jugeoit principalement cette multitude infinie de causes différentes, rélatives à cette immense jurisdiction. L'excès de son pouvoir le rendit enfin à charge au peuple & dangereux au gouvernement.

Cette *cour* nombreuse étant obligée de suivre la maison du roi dans toutes ses marches & dans toutes ses expéditions, on trouva qu'il étoit très-onéreux pour les sujets d'y plaider leurs causes ordinaires. C'est pourquoi le roi Jean, qui redoutoit aussi le pouvoir du ministre, acquiesça sans peine à cet article , qui forme à présent l'onzieme chapitre de la *magna carta; & qui porte que , *communia placita non sequantur curiam regis, sed teneantur in aliquo loco certo.* Cet endroit fixe fut établi dans le palais de Westminster, qui, originairement étoit *aula regis*, quand le roi faisoit sa résidence en cette ville , & qui a toujours continué de l'être. La *cour* devenue fixe & sédentaire , les juges le devinrent aussi. On nomma un président & autres juges des plaids communs ; & toutes les causes concernant les terres & les injustices purement civiles de sujet à sujet, devinrent de leur compétence. L'établissement critique & dangereux de cette principale *cour* de droit coutumier, dans cette conjoncture particuliere , donna naissance au college des jurisconsultes dans son voisinage ; & en réunissant de la sorte tout le corps des avocats de droit coutumier, on mit la loi elle-même en état de faire face aux canonistes & aux avocats en droit civil qui cherchoient à la détruire & à l'anéantir. L'exemple du roi Jean fut bientôt suivi en France par Philippe-le-Bel, qui vers l'an 1302, rendit le parlement de Paris sédentaire dans cette capitale. Ce parlement avoit jusques-là suivi la personne du roi dans tous les endroits où il alloit ; les causes qui y étoient pendantes , y étoient ordinairement jugées par le roi. Mais la connoissance en fut dès ce moment renvoyée au parlement seul & à ses membres les plus éclairés. L'empereur Maximilien I. fixa aussi de la sorte , en 1495 , la chambre impériale, qui jusques-là avoit été ambulante, & voulut qu'elle se tînt constamment à Worms, d'où elle fut ensuite transférée à Spire.

L'*aula regia* perdit par-là une branche considérable de sa jurisdiction , & le pouvoir du chef justicier se trouva de beaucoup diminué, par plusieurs articles de la grande charte. Mais c'est sous le long regne du roi Henri III. que leur autorité commença à déchoir sensiblement. Et pour enchérir encore sur cet exemple, la plupart des fonctions du grand justicier furent subdivisées & attribuées à des *cours* distinctes de judicature sous Edouard I. qui refondit entierement le gouvernement judiciaire. On institua alors une *cour* de chevalerie , où présidoient le connétable & le grand maréchal, de même que le grand maître de la maison du roi, préſidoit à une autre qui avoit été établie, pour gouverner les ſerviteurs & domeſtiques du roi. Le grand maître d'Angleterre, ou le grand ſénéchal, préſidoit à un tribunal auguſte où étoient jugés les pairs du royaume; & les barons ſe réſerverent en parlement le droit de réviſer en dernier reſſort les ſentences des autres *cours*. Les précautions qu'on avoit apportées dans l'ordre de la diſtribution de la juſtice ordinaire entre les particuliers, faiſoient que les grands officiers de juſtice étoient faits pour veiller les uns ſur les autres, ou pour ſe contrôler les uns les autres. La *cour* de chancellerie paſſoit aux autres *cours* les actes originaux munis du grand ſceau. La *cour des plaids communs* avoit le pouvoir de juger tous les différends des particuliers. Celle de l'échiquier, c'eſt-à-dire, des revenus du roi, & celle du banc du roi retenoient toute la juriſdiction dont les autres *cours* n'étoient pas en poſſeſſion, & particulierement la ſurintendance ſur tout le reſte par voie d'appel, ainſi que le pouvoir de connoître ſeule des affaires de la couronne & des cauſes criminelles. Dans les ſecondes, le roi eſt le demandeur pour le public.

Les premieres étoient proprement l'objet de la juriſdiction de la *cour* du roi, & les dernieres de celle des plaids communs, qui eſt une *cour* avec greffe, & qui eſt appellée par M. Edouard Coke, *la ſerrure & la clef de la coutume*. Car ce n'eſt qu'à cette *cour* qu'on peut porter en premiere inſtance les actions immobiliaires; c'eſt-à-dire, celles qui regardent le droit de franc-fief ou des immeubles. On y juge auſſi toutes les actions mobiliaires entre les particuliers, quoique la plupart de ces der-

nieres ſoient auſſi de la compétence de la *cour* du banc du roi.

Les juges de cette *cour* ſont à préſent au nombre de quatre; un préſident ou chef, & trois juges nommés par lettres patentes du roi. Ils ſiegent chaque jour dans les quatre termes pour entendre & juger toutes les queſtions de droit qui donnent lieu aux cauſes civiles, ſoit immobiliaires, ſoit mobiliaires, ſoit mixtes, ou compoſées des unes & des autres. Ils connoiſſent de tous ces différends, tant en premiere inſtance, que ſur l'appel interjetté des *cours* inférieures. Mais de cette *cour* on appelle à la *cour* du banc du roi, par un acte d'appel comme d'abus. (D. G.)

COUR SÉCULIERE ou COUR LAÏC, *Droit publ.* Ce terme comprend toutes ſortes de juriſdictions laïques, ſoit cours ſouveraines ou autres tribunaux inférieurs. Il eſt oppoſé à *cour d'égliſe*.

COUR SOUVERAINE, *Droit publ.*, eſt un tribunal ſupérieur & du premier ordre, qui connoît ſouverainement & ſans appel des matieres dont la connoiſſance lui eſt attribuée par le ſouverain, & dont les jugemens ne peuvent être caſſés que par le ſouverain ou par ſon conſeil.

Si ces *cours* ou compagnies de juſtice ſont appellées *ſouveraines*, ce n'eſt pas qu'elles aient aucune autorité qui leur ſoit propre, car elles tiennent leur autorité du prince, & c'eſt en ſon nom qu'elles rendent la juſtice; c'eſt parce qu'elles repréſentent la perſonne du ſouverain plus particulierement que dans les autres tribunaux, attendu que leurs jugemens ſont intitulés de ſon nom & qu'il eſt cenſé y être préſent, & il vient en effet quelquefois au parlement tenir ſon lit de juſtice; enfin toutes ces *cours* en général jugent ſouverainement & ſans appel; & hors le cas de caſſation, leurs jugemens ont autant de force que si c'étoit une loi faite par le prince même.

Les *cours souveraines* sont composées de magistrats pour rendre la justice, d'avocats & de procureurs - généraux pour faire les réquisitoires convenables; & de greffiers, secrétaires, huissiers & autres officiers, pour remplir les différentes fonctions qui ont rapport à l'administration de la justice.

L'autorité des *cours souveraines* ne s'étend pas au-delà de leur ressort, ni des matieres dont la connoissance leur est attribuée; elles sont indépendantes les unes des autres, & ont chacune un pouvoir égal pour ce qui est de leur ressort.

S'il arrive un conflit entre deux *cours souveraines*, elles tâchent de se concilier par la médiation de quelques-uns de leurs officiers; s'ils ne s'accordent pas, il faut se pourvoir au conseil du souverain en réglement de juges, pour savoir où l'on procédera.

Le pouvoir des *cours souveraines* est plus grand que celui des autres juges: 1°. en ce que les *cours souveraines* ne sont pas astraintes à juger toujours selon la rigueur de la loi; elles peuvent juger selon l'équité, pourvu que leur jugement ne soit point contraire à la loi: 2°. il n'appartient qu'aux *cours souveraines* de rendre des arrêts de réglemens qui s'observent dans leur ressort sous le bon plaisir du prince, jusqu'à ce qu'il lui plaise d'en ordonner autrement: 3°. les *cours souveraines* ont seules droit de bannir hors de l'Etat; les autres juges ne peuvent bannir chacun que hors de leur ressort.

COUR SUBALTERNE & INFÉRIEURE, *Droit pub.*, se dit pour exprimer une jurisdiction inférieure. Le terme de *cour* en cette occasion ne signifie autre chose

que *jurisdiction*, & non pas une compagnie souveraine: il est au contraire défendu à tous juges inférieurs aux *cours* souveraines de se qualifier de *cour*.

COURAGE, subst. m. *Morale.* Rapportons d'abord les observations de l'abbé Girard sur les synonymes, *courage*, *cœur*, *valeur*, *bravoure*, *intrépidité.* Le *cœur* bannit la crainte, ou la surmonte: il ne permet pas de reculer, & tient ferme dans l'occasion. Le *courage* est impatient d'attaquer: il ne s'embarrasse pas de la difficulté & entreprend hardiment. La *valeur* agit avec vigueur; elle ne céde pas à la résistance, & continue l'entreprise malgré les oppositions & les efforts contraires. La *bravoure* ne connoit pas la peur; elle court au danger de bonne grace, & préfere l'honneur au soin de la vie. L'*intrépidité* voit & affronte de sang froid le péril le plus évident; elle n'est point effrayée d'une mort présente. Il entre dans l'idée des trois premiers de ces mots plus de rapport à l'action, que dans celle des deux derniers; & ceux-ci à leur tour renferment dans leur idée particuliere, un certain rapport au danger, que les premiers n'expriment pas. Le *cœur* soutient dans l'action. Le *courage* fait avancer. La *valeur* fait exécuter. La *bravoure* fait qu'on s'expose. L'*intrépidité* fait qu'on se sacrifie. Il faut que le *cœur* ne nous abandonne jamais, que le *courage* ne nous détermine pas toujours à agir; que la *valeur* ne nous fasse pas mépriser l'ennemi; que la *bravoure* ne se pique point de paroître mal-à-propos; & que l'*intrépidité* ne se montre que dans les cas où le devoir & la nécessité y engagent.

Nous ne copierons pas ici l'article *courage* de l'Encyclopédie de Paris: il y a de très-bonnes choses: nous tâcherons d'en donner ici qui ne leur foient pas inférieures.

Le fiege primitif du *courage* eft dans le corps, entant qu'il eft fort & robufte, & qu'on fe fent en état d'abattre un ennemi, de forcer des obftacles, de foutenir des fatigues. Quoique l'état de nature proprement dit, n'ait jamais exifté, la force a été le premier principe de l'autorité & des autres prérogatives qu'ont poffédées ceux qui fe diftinguoient par cet endroit. L'adreffe & la rufe ne font venues qu'enfuite, & n'ont eu pendant longtems que le fecond rang. L'Iliade précede l'Odyffée ; Achille eft un héros ; Ulyffe n'eft qu'un guerrier artificieux. Encore aujourd'hui le *courage* impofe, & place dans un rang honorable ceux qui en donnent des preuves exemptes de témérité & de brutalité. Il captive même les dames, dans la penfée fans doute qu'un héros l'eft par-tout. Tel étoit le maréchal de Saxe. Madame de Sevigné lifoit volontiers les faits & les geftes des anciens Paladins ; elle difoit qu'elle aimoit les grands coups d'épée.

Cependant le *courage* n'eft plus guere confidéré aujourd'hui que comme une qualité fecondaire & inftrumentale. C'eft l'intelligence qui meut & dirige tout. *Mens agitat molem.* Du fonds d'un cabinet, le politique confommé donne des ordres que les plus grands capitaines font obligés de fuivre. Et ceux-ci font moins appellés à payer de leur perfonne qu'à montrer leur fagacité. C'eft ainfi que fe font illuftrés les Turenne & les Condé, les Eugene & les Marlborough. Cromwel & Richelieu ont fait trembler les plus puiffantes monarchies de leur tems, par le fimple fil de leurs projets qui étoient concentrés dans leur cerveau.

Le *courage* corporel & machinal eft fort augmenté par la groffiereté des mœurs & fur-tout par l'ignorance du danger. Ce qui y met le comble, c'eft un grand degré d'infenfibilité, & une vraie indifférence pour la vie. Tous ces caracteres fe trouvent réunis dans les fauvages, & les rendroient redoutables, fi la difcipline des troupes réglées ne prévaloit pas promptement & aifément fur la fureur de leurs attaques, fans compter la différence des armes. Mais, quand les fauvages ont fimplement affaire les uns aux autres, ils déployent toute leur férocité ; & comme ils fe montrent impitoyables envers les vaincus, ils fouffrent auffi patiemment, ou même avec toutes les apparences de la gayeté, les cruels fupplices que leur infligent les vainqueurs.

Le vrai *courage* eft celui de l'efprit, d'une ame éclairée, fuffifamment inftruite des circonftances d'un danger ou de tout autre mal prochain, & qui prend de fang froid les mefures néceffaires pour foutenir le choc néceffaire. Ce *courage* n'emporte point l'abfence de toute émotion, la privation de toute crainte ; il eft même d'autant plus réel & plus grand que, malgré l'émotion & la crainte, on ne laiffe pas de fe conduire comme fi l'on jouiffoit d'une parfaite tranquillité. Les militaires les plus refpectables fe moquent des fauffes bravades de ceux qui difent qu'ils vont au combat comme au bal, & ne craignent abfolument rien au moment où commence une grande bataille. Il eft vrai qu'une longue habitude peut diminuer beaucoup la crainte raifonnable & naturelle du danger. Celui qui a vu dix batailles & vingt fieges, eft bien différent, toutes chofes d'ailleurs égales, de celui qui va pour la premiere fois au feu. Comme le tempérament du corps se fortifie par la fatigue & l'exercice, on peut dire qu'il en est de même du tempérament de l'ame, qui s'accoutume à des états dont les premieres impressions lui répugnoient extrèmement.

Ce qu'il y a de mieux à faire par rapport au *courage*, c'est d'en diminuer de plus en plus la partie méchanique, si je puis m'exprimer ainsi, pour augmenter la partie réfléchie. La base de celle-ci consiste dans la connoissance exacte de ses devoirs, & dans l'intention décidée de les remplir. Quand on sait bien ce que l'on est, pourquoi l'on se trouve dans le monde, quelle place on occupe dans la société, & combien il importe de s'acquitter fidelement de ses fonctions, rien n'est capable d'ébranler & de faire sortir de la bonne voie, pour entrer dans quelque sentier oblique. Il en est alors du mot de *courage*, comme de celui de *virtus* en latin, qui a d'abord signifié la vertu militaire, & de-là s'est étendu à toutes les vertus, c'est-à-dire, à la pratique constante de tous ses devoirs. Ce *courage*, de spécifique qu'il étoit, devient alors générique; il accompagne dans toutes les situations de la vie, il soutient dans toutes les épreuves. C'est le caractere qu'Horace développe dans l'ode *justum & tenacem*, &c.

Un tel *courage* est non-seulement supérieur à celui des guerriers par son étendue: il l'est encore par son degré, par ce qu'on nomme *intensité*. Quand on connoit bien le monde & la vie, on est convaincu qu'il en coute bien plus de résister aux assauts & aux tentations dans presque tous les autres états, que dans celui auquel on s'imagine que le *courage* est spécialement & presque uniquement réservé. Un courtisan qui dit la vérité à son prince au

risque de lui déplaire, est tout autrement courageux qu'un grenadier qui monte à l'assaut. Un magistrat que de beaux yeux & de riches dons trouvent inaccessible, a fait un plus bel exploit que tous les *Poliorcetes*. Un honnète homme qui prend le parti d'un absent qu'on déchire impitoyablement en sa présence, est tout autrement estimable que celui qui envoye un cartel & va se couper la gorge sur le pré. Que sert-il à Samson de déchirer un lion, s'il s'endort entre les bras de Dalila? Je ne reconnois qu'une sorte de *courage*; c'est celle qui a son principe dans ce que les philosophes appellent *rectitude*. Il n'y a qu'à lire le caractere de l'homme droit au *Pf. xv.* & le relire dans la belle ode que Rousseau a faite d'après ce pseaume : & l'on n'aura rien à desirer sur la notion du *courage* & de ses effets.

Il est aisé d'inférer de-là que la religion est la source unique & intarissable du *courage* par excellence. La raison en est bien sensible; c'est que la religion seule nous fait connoître toute l'étendue & l'importance de nos devoirs, nous fournit seule les motifs les plus puissans, les plus efficaces pour nous déterminer à leur pratique. La superstition, le fanatisme peuvent produire un *courage* barbare, jetter dans les symptômes d'une férocité qui tient de la rage. Mais il est également injuste d'accuser la religion de ces désordres, ou de se jetter dans l'extrèmité opposée, comme font d'autres adversaires du christianisme, en disant qu'il ne sert qu'à faire des lâches, & qu'il est par-là destructif des sociétés. Sous prétexte que le Sauveur a donné des préceptes d'humanité, de douceur & de charité, qu'il a défendu de rendre injure pour injure, outrage pour outrage,

trage, qu'il eſt enjoint au chrétien d'a-
voir autant qu'il eſt poſſible la paix
avec tout le monde, on appellera *lâcheté* la modération la plus louable, la
ſageſſe la plus épurée ; on verra qu'elle
ſuppoſe un fonds de fermeté beaucoup
plus grand, que celui qui ſe manifeſte
dans les tranſports de la colere & dans
les pourſuites ardentes de la vengeance. Les martyrs étoient-ils des lâches,
lorſqu'ils attendriſſoient & quelquefois
convertiſſoient leurs bourreaux par leur
douceur & leur patience à toute épreu-
ve ? Des armées de bons chrétiens ne ſe-
roient-elles pas fort ſupérieures à ces vils
ramas de bandits dont les princes ont
coutume de former leurs troupes ? Il faudroit pour cet effet des ſoldats nationaux, d'un pays où la religion regnât, &
ſous le commandement d'un prince religieux. Telle étoit l'armée de Guſtave A-
dolphe, dans le camp duquel les exercices de piété ſe faiſoient avec autant
d'exactitude & de décence que dans une
famille honnête & chrétienne.

La religion conduit au détachement
du monde, & fait enviſager la mort
comme un bien pour ceux qui l'atten-
dent & la reçoivent dans des diſpoſitions conformes à la volonté de Dieu.
Le fidele ne craint point la mort, parce qu'il peut dire avec Joad, dans Atha-
lie : *Je crains Dieu* . . . *& n'ai point d'autre crainte.* De-là tous ces beaux mouvemens de confiance, tous ces témoignages d'une parfaite intrépidité qu'ont
donné les ſaints hommes de l'ancien
Teſtament, & qu'ils ont juſtifiés par
leur conduite, dont l'auteur de l'épître aux Hébreux a raſſemblé les principaux traits au *chap.* 11. L'oſtentation
du ſuicide dont les exemples deviennent tous les jours plus fréquens, ne
reſſemble en rien à la fermeté inébranlable de celui qui reçoit les biens &

Tome IV.

les maux, en regardant toujours à la
main qui les diſpenſe. (F.)

COURIR *ſus-* , *Droit des gens* , ancienne formule, qu'on voit encore ſouvent dans les déclarations de guerre,
qui ordonne à tous les ſujets, non-
ſeulement de rompre tout commerce
avec les ennemis, mais de commencer
toute ſorte d'hoſtilités. L'uſage interprete cet ordre général. Il autoriſe à
la vérité, il oblige même tous les ſujets, de quelque qualité qu'ils ſoient,
à arrêter les perſonnes & les choſes
appartenantes à l'ennemi, quand elles
tombent entre leurs mains ; mais il ne
les invite point à entreprendre aucune expédition offenſive, ſans commiſſion ou ſans ordre particulier. (D. F.)

COURLANDE, *Droit public* ,
Curlandia , *Curonia* , pays de l'Europe ſeptentrionale, à titre de duché, au nord de la Samogitie Polonoi-
ſe, à l'occident de la Lithuanie proprement dite, au midi de la Livonie
& du golfe de Riga, & à l'orient de
la mer Baltique, entre les 40 & 45
degrés de longitude, & les 55 & 57
de latitude. On lui donne cinquante
milles d'Allemagne dans ſa plus grande longueur, & vingt dans ſa plus
grande largeur. Son nom lui vient de
ſa ſituation maritime. En langue courlandoiſe, on appelle *Kurland* ou *Kur-
femme* une contrée que la mer avoiſine.

La nobleſſe courlandoiſe jouit de
privileges conſidérables : on diſtingue
avec grand ſoin l'ancienne nobleſſe d'a-
vec la nouvelle ; mais, comme les dernieres aſſemblées de chevaliers ſont des
années 1620, 1631 & 1634, on compte depuis ce tems beaucoup de nouvelles familles, qui ne ſont point com-
priſes dans la liſte des membres de ces
aſſemblées. Au ſurplus ſuivant une ancienne loi, qui a été ſouvent renou-

G

vellée & confirmée, les familles anciennes seules peuvent parvenir aux dignités du pays. La noblesse courlandoise a l'inclination guerriere. Un gentilhomme Courlandois jouit en Pologne de l'indigénat, de même qu'un Polonois en jouit en *Courlande* ; mais les uns & les autres ne peuvent reclamer les privileges qui y font attachés, que lorsqu'ils font établis dans l'un ou l'autre de ces pays ; & un Courlandois a de la peine à obtenir une charge en Pologne, s'il n'est point catholique ; au lieu qu'un Polonois de cette religion peut parvenir aux premieres dignités de la *Courlande*, à l'exception cependant de celle de chancelier. La noblesse courlandoise n'a aucune part aux diettes de Pologne. Les loix rendent tout gentilhomme maître des mines qu'il découvre dans ses terres, & celui qui est au bord de la mer jouit du droit de *varech*. Suivant une ordonnance de l'année 1588, la maison d'un noble, soit en ville, soit à la campagne, est un asile dont il n'est point permis d'arracher quiconque s'y est refugié. Une autre ordonnance de l'année 1544 défend d'emprisonner un gentilhomme pour cause de crime, ou de confisquer ses biens, avant de l'avoir cité devant le tribunal, & convaincu juridiquement. D'autres ordonnances des années 1569 70, 87, 88 & 1650 exemptent leurs sujets, vassaux & tous autres qui font attachés à leur service, d'impôts, de péage ou accise pour tout ce qui leur appartient, & leurs terres exemptes de logement de gens de guerre. En conséquence d'un decret arrêté à l'assemblée des Etats de l'année 1634 & d'une ordonnance de l'année 1676, aucun nouveau gentilhomme jusqu'à la troisieme génération, ne peut obtenir de dignités, ni administrer des char-

ges de magistrature, ni être envoyé en qualité de ministre, à moins qu'il n'ait rendu de grands services à l'Etat, ou n'ait été adopté par quelque famille ancienne. Outre plusieurs autres privileges, les gentilshommes ont sur leurs sujets un pouvoir illimité, ainsi que le droit de vie & de mort ; ils doivent cependant avant l'exécution du jugement, faire le procès en forme au coupable ; ce qui est ordonné par les loix du pays, fous peine d'une amende de 100 florins. Les autres peines corporelles dépendent du bon plaisir des gentilshommes ; il peuvent par exemple, quand ils le jugent à propos, faire fustiger leurs paysans. Le fouet par les mains du bourreau, & le bannissement font rares dans ce pays, parce que la terre perdroit par-là un sujet, dont la conservation tient fort à cœur aux propriétaires. Les gentilshommes font tous égaux entr'eux. Ils jouissent dans les églises paroissiales du droit de patronage en commun avec le duc ; lequel exerce en outre ce droit exclusivement dans quelques églises ; avantage que la noblesse a aussi dans quelques endroits. Les pasteurs font ordonnés par le surintendant, assisté de quelques pasteurs du voisinage. Les gentilshommes peuvent chasser où ils veulent ; cependant, fous le regne du duc Charles, les anciennes chasses ducales aux environs de Mittau furent rétablies, & il fut défendu à la noblesse d'y chasser, ainsi que dans les autres cantons réservés au prince. En tems de guerre, ou quand les liaisons avec la Pologne l'exigent, les gentilshommes font leur service à cheval à part, & le duc remplit de même les devoirs auxquels l'oblige son vaffelage : mais s'ils fervent tous ensemble, le duc doit marcher à leur tête en personne : ils

choisissent eux-mêmes leurs colonels &
autres officiers, lesquels sont sous les
ordres du duc. Ils ne sont pas obligés de
passer les frontieres du duché, à moins
que le duc ne l'exige pour le bien de la
république de Pologne. Ils témoignent
un grand respect à leur duc; mais si celui-ci veut vivre en bonne intelligence avec eux, il doit soigneusement éviter le moindre soupçon qu'il veuille em-
pieter sur leurs droits, dont ils sont
très-jaloux.

La *Courlande* appartenoit autrefois
à la Livonie, & ces deux duchés ont
éprouvé les mêmes révolutions jusqu'au XIII° siecle. L'un & l'autre furent conquis par les chevaliers de l'ordre teutonique, & demeurerent sous
leur puissance jusqu'en 1561. Les Russes ayant vers ce tems fait une irruption dans le pays, & l'ordre se voyant
sans secours, Gothard Kettler, dernier
grand-maître, céda la Livonie au roi
de Pologne, comme grand-duc de Lithuanie, & reçut en dédommagement
l'investiture pour lui & pour ses descendans les provinces de *Courlande* &
de Semigale à titre de duché; c'est ainsi
que le duché de *Courlande* prit son origine en 1561. Le nouveau duc reçu
sous la protection de la Pologne réunie
avec la Lithuanie, acheva d'introduire
la religion protestante dans ses Etats.
Au commencement du XVIII° siecle,
sous le regne du sixieme duc, Frédé-
ric-Guillaume, ce pays fut ravagé par
les Russes & les Suédois; mais ce prince ayant épousé en 1710, Anne, princesse de Russie, celle-ci conserva après
la mort de son mari, survenue en 1711,
la possession du duché, sous la protection du czar Pierre I. son oncle, quoique Ferdinand, frere du duc défunt,
vécût encore & que le duché lui appar-
tînt par droit de succession. Mais ce

prince avoit eu de grands démêlés avec
la noblesse, non à cause de son changement de religion lequel est supposé,
mais parce que la plûpart du tems il
demeuroit hors du pays, qu'il vouloit, quoiqu'absent, gouverner par lui-
même, & qu'il dépossédoit de force les
hypotécaires des biens appartenants au
duc; ces disputes engagerent en 1717
la Pologne à envoyer une commission
particuliere en *Courlande*. On songea,
à la vérité, à marier Anne, veuve du
duc défunt, avec Jean-Adolphe, duc
de Weissenfels, mais ce mariage n'eût
point lieu, aussi peu que celui que l'on
avoit projetté entre cette princesse &
le margrave de Brandebourg-Schwed.
C'est pourquoi les Etats de Pologne
delibererent comment ils pourroient,
après la mort du duc Ferdinand, incorporer la *Courlande* au royaume &
la diviser en palatinats. Ce projet causant aux Etats de *Courlande* beaucoup
d'inquiétudes, par rapport à leur religion & à leurs privileges, ils s'assem-
blerent en diette, malgré les défenses
du roi, à Mittau, vers la fin du mois
de Juin 1726, & y désignerent pour
successeur éventuel de Ferdinand le
comte Maurice, fils naturel du roi de
Pologne Auguste II. & tous ses descendans mâles. Non-seulement le duc
Ferdinand s'oppola à cette élection,
mais la république de Pologne la déclara nulle à la diette de Grodno de
1727, & confirma par un nouveau
decret, la réunion prochaine de la
Courlande, après le décès du duc Ferdinand, ainsi qu'elle avoit été projettée. Le parti patriotique de *Courlande*
se plaignit amérement de cette atteinte
à leur liberté de la part de la république de Pologne, prétendant que les
Etats du duché avoient obtenu de leurs
prédécesseurs le droit de s'élire un prin-

G 2

ce ; droit dont aucune espece d'acte ne
sauroit les priver. Ils en appellerent
aux traités par lesquels ils ont reconnu la souveraineté de la Pologne, & par
lesquels il a été réglé que la *Courlande*
auroit à jamais un chef Allemand médiat ; & que par conséquent elle auroit
conservé le droit de s'élire un prince,
le cas échéant. Anne Iwanowna étant
montée sur le trône de Russie en 1730,
après la mort de Pierre II. le duc Ferdinand, alors âgé de 75 ans, épousa
Jeanne-Magdelaine, princesse de Saxe-
Weissenfels, & reçut en 1731 à Varsovie l'investiture de la *Courlande*, par
son envoyé Fréderic-Goth. de Bulow ;
mais ce prince ne se fiant pas à ses sujets, parce qu'il croyoit voir parmi
eux beaucoup d'ennemis & de mécontens, il ne parvint point à la possession
réelle de son duché. La mort du roi
de Pologne Auguste II. étant survenue
dans ces entrefaites, l'impératrice Anne fit avancer ses troupes en *Courlande*, parce qu'elle trouvoit ce duché à
sa bienséance pour l'établissement d'u-
ne place d'armes, & pour y placer une
partie de ses magazins. Cette princesse
avoit déja fait déclarer dès 1732, à la
cour de Pologne, qu'elle ne consenti-
roit jamais à l'incorporation immédiate
de ce duché, mais qu'elle le protége-
roit dans le droit qui lui appartient
d'être gouverné par ses propres ducs,
à titre de fief de la république ; & les
Polonois furent à la fin obligés d'y
consentir, & convinrent en 1736 à la
diette de pacification de Varsovie, qu'à
l'extinction de la race des Kettlers, c'est-
à-dire, à la mort du duc Ferdinand,
le duché de *Courlande* auroit ses propres ducs, & que leur choix dépen-
droit de la libre élection des Etats.
Ferdinand étant mort l'année d'après,
le choix des Etats, dirigé par la re-

commandation de l'impératrice de Russie, tomba sur son grand-chambellan,
Ernest-Jean de Biren ou Biron, comte
du saint empire romain, gentilhomme
Courlandois. Cette élection fut confirmée à Frauenstadt, par un *senatus consilium* (decret du sénat) en 1737 ; &
le nouveau duc reçut l'investiture par
un député en l'année 1739. Mais le
bonheur d'Ernest ne fut pas de longue
durée ; car ayant été arrêté avec toute
sa famille en 1740, envoyé en exil en
Sibérie, & déclaré mort civilement
l'année suivante, par Anne princesse &
régente de Russie, les Etats de *Courlande* élurent en 1741 pour nouveau
duc, Louis-Ernest, duc de Brunswick-
Wolfembüttel, beau-frere de la régente
de Russie ; mais cette élection demeura
sans effet, & n'auroit pu en avoir sans
employer la violence. En 1758 le trône ducal ayant été déclaré vacant par
un *senatus consilium*, le prince Charles,
fils du roi de Pologne & électeur de
Saxe Auguste III. fut nommé duc de
Courlande, & l'impératrice de Russie
Elisabeth renonça en sa faveur à toutes les prétentions qu'elle formoit sur
ce duché. Ce prince reçut l'investiture
au commencement de l'année 1759 ;
mais les Etats provinciaux de *Courlande* refuserent de lui prêter hommage,
jusqu'à ce qu'il leur eût donné des re-
versales pour la sûreté de la religion
protestante ; ce qu'il fit, & reçut encore la même année l'hommage de ses
nouveaux sujets. Il se passa en 1762
des choses importantes à l'égard de la
Courlande ; car d'abord le czar Pierre
III. rappella le duc Ernest-Jean & sa
famille de Jaroslaw, où il étoit demeuré depuis plusieurs années, & lui
rendit la liberté ; puis, après s'être assuré de la renonciation de ce duc sur
la *Courlande*, il forma le dessein de la

faire paſſer à ſon oncle George-Louis, duc de Holſtein-Gottorp. Mais ſa dépoſition & ſa mort ayant empêché l'exécution de ſon projet, l'impératrice Catherine II. rendit non-ſeulement au duc Jean-Erneſt les biens qui lui avoient autrefois appartenus en *Courlande*, & qui juſqu'alors étoient demeurés ſous l'adminiſtration de la Ruſſie ; mais elle lui permit encore de retourner en *Courlande* avec ſa famille, & l'aſſura lui & les ſiens de ſa protection. Le duc Erneſt-Jean envoya en conſéquence de Péterſbourg aux ſénateurs & Etats de *Courlande* un reſcript, en datte du 20 Juillet, par lequel il s'oppoſa à la tenue de la diette que le duc Charles avoit convoquée pour le 5 Août, & déclara que n'étant coupable d'aucune félonie envers la république & le roi de Pologne, il n'étoit point du tout diſpoſé, de ſe laiſſer enlever les droits inconteſtables qu'il avoit ſur les duchés de *Courlande* & de Sémigalle. Cet incident retarda la diette projettée, & le duc Erneſt-Jean partit le 23 Août de St. Péterſbourg, pour reprendre poſſeſſion de la *Courlande*. Il y arriva effectivement & le duc Charles fut obligé de ſe retirer. Il fut auſſi réſolu à la diette de convocation qu'Erneſt-Jean Biron ſeroit déclaré & reconnu légitime duc de *Courlande* ; que l'inveſtiture de 1758 ſeroit abolie & déclarée nulle ; que le duc Erneſt-Jean recevroit l'inveſtiture en perſonne devant le trône du nouveau roi, ou que ſi ſon âge ne lui permettoit pas, Pierre ſon fils aîné s'en acquitteroit, tant pour ſon pere que pour lui-même, en qualité d'héritier préſomptif, à condition qu'aucun d'eux ne prendroit du ſervice chez les étrangers ; que la dignité ducale reſteroit dans la ligne maſculine de la famille de Biron, juſqu'à extinction ;

mais qu'alors on diſpoſeroit de ce duché d'une maniere conforme aux traités. Tout cela a été exécuté de la ſorte.

Le titre du duc eſt : *Par la grace de Dieu nous -- duc de Livonie, de* Courlande, *& de Sémigalle* ; les armes de *Courlande* ſont écartelées en croix : au premier & au quatrieme quartier d'argent au lion de gueules couronné d'or, à cauſe de la *Courlande* ; & au deuxieme & troiſieme d'azur au demi-élan couronné, avec des couleurs naturelles ; ſur le tout eſt un petit écuſſon parti, dans lequel on place les armes de la maiſon régnante. Le grand écu eſt enveloppé d'un manteau de pourpre fourré d'hermines, & a deux lions d'or couronnés pour ſupports ; enfin le tout eſt ſurmonté d'un chapeau de prince.

Les revenus du duc ſont très-conſidérables & ſes domaines emportent plus d'un tiers du pays. Comme outre cela le pays eſt ſitué fort commodément au bord de la mer, un duc de *Courlande* qui entend bien l'économie, eſt à portée de s'enrichir. Pour prendre une idée des revenus de ce duché, on peut conſidérer que le duc Charles a fourni à l'entretien de 44 vaiſſeaux de guerre & de 75 vaiſſeaux marchands, & a fait de grandes dépenſes pour établir des colonies dans les autres parties du monde, mais principalement en Amérique. En tems de guerre le pays étant accablé de contributions par les troupes étrangeres, la maiſon ducale s'eſt toujours chargée d'un tiers. La nobleſſe mécontente de cette répartition a propoſé une reviſion, que l'on nomme *hacken-réviſion* ; mais juſqu'à préſent le duc a conſtamment refuſé de s'y prêter.

En vertu de la forme du gouvernement des duchés de *Courlande* & de

Sémigalle, dreffée par une commiffion nommée par le roi de Pologne en 16'7, il y a dans le pays 4 confeillers fupérieurs, favoir le grand-maître du pays, le chancelier, le grand bourggrave & le maréchal du pays. Il y a encore 2 jurifconfultes ou docteurs, qui ont le titre de confeillers du prince. Les confeillers fupérieurs adminiftrent les deux duchés au nom du duc, en cas d'abfence, de minorité, de maladie, ou en cas de vacance. Outre cela il y a encore quatre grands capitaines, deux en Sémigalle, favoir, à Mittau & à Seelbourg, & deux en *Courlande*, favoir, à Goldingen & à Tuckum. Ceux-ci jugent en premiere inftance les caufes des nobles & des roturiers, dans les diftricts foumis à leur jurifdiction; c'eft parmi eux qu'on choifit les confeillers fupérieurs, & chacun d'eux a fous lui deux fous-capitaines, dont le duc remplit les places vacantes de grands-capitaines. L'appel des fentences des grands-capitaines eft porté au tribunal de la cour, lequel fiege annuellement deux fois, & eft compofé du duc & des confeillers fupérieurs. De ce tribunal les affaires qui paffent 600 florins, vont par appel au roi de Pologne. Les affaires criminelles de la nobleffe font jugées par le duc & les quatre confeillers fupérieurs: mais on peut appeller de leur jugement directement au roi, hors les cas d'affaffinat prémédité, d'incendie, d'injures, de vol & de violences ouvertes. Les affaires eccléfiaftiques font jugées par le chancelier, conjointément avec le furintendant & quatre prévôts. Quant aux démêlés furvenus entre le prince & la nobleffe, ils font portés immédiatement par devant le roi. La juftice dans les villes appartient au tribunal de la cour. En matiere de dettes civi-

les on emploie les exécutoriales. Il doit fe tenir tous les ans à Mittau une diette provinciale, à laquelle chaque paroiffe envoie un député.

COURONNE, f. f., *Droit publ.*, marque de dignité, ornement que les rois & les grands mettent fur leur tète pour marquer leur pouvoir, & qu'on regarde auffi comme un fymbole de victoire, de joie. *v.* ROI, EMPEREUR, SOUVERAINETÉ, &c.

COURSE AMBITIEUSE, f. f., *Droit Can.*, fe dit en matiere bénéficiale, pour la rétention des dates qui eft faite en cour de Rome du vivant du titulaire; celui qui retient ainfi prématurément des dates, eft indigne du bénéfice, fuivant la regle *de non impetrando beneficia viventium*. On peut juftifier la rétention des dates & la *courfe ambitieufe*, en compulfant le regiftre du banquier. Quelque diligence extraordinaire que le courier ait faite pour arriver à Rome, ce n'eft pas ce qui rend la *courfe ambitieufe*: car s'il n'eft parti que depuis le décès du titulaire; la *courfe* eft bonne; mais fi l'on a envoyé à Rome du vivant du titulaire, la *courfe* eft toujours réputée *ambitieufe*, quand mème le courier ne feroit arrivé & que la date n'auroit été retenue que depuis la mort du titulaire.

COURTISAN, *Morale*, que nous prenons ici adjectivement, & qu'il ne faut pas toujours confondre avec *homme de la cour*; c'eft l'épithete que l'on donne à cette efpece de gens que le malheur des rois & des peuples a placés entre les rois & la vérité, pour l'empêcher de parvenir jufqu'à eux, mème lorfqu'ils font expreffément chargés de la leur faire connoître: le tyran imbécille écoute & aime ces fortes de gens; le tyran habile s'en fert & les méprife; le roi qui fait l'ètre, les chaffe & les punit, & la vérité se montre alors ; car elle n'est jamais cachée que pour ceux qui ne la cherchent pas sincérement. J'ai dit qu'il ne falloit pas toujours confondre *courtisan* avec *homme de la cour*, sur-tout lorsque *courtisan* est adjectif ; car je ne prétends point, dans cet article, faire la satyre de ceux que le devoir ou la nécessité appellent auprès de la personne du prince : il seroit donc à souhaiter qu'on distinguât toujours ces deux mots ; cependant l'usage est peut-être excusable de les confondre quelquefois, parce que souvant la nature les confond ; mais quelques exemples prouvent qu'on peut à la rigueur être homme de la cour sans être *courtisan* ; témoin M. de Montausier, qui desiroit si fort de ressembler au misantrope de Moliere, & qui en effet lui ressembloit assez. Au reste, il est encore plus aisé d'être misantrope à la cour, quand on n'y est pas *courtisan*, que d'y être simplement spectateur & philosophe ; la misantropie est même quelquefois un moyen d'y réussir, mais la philosophie y est presque toujours déplacée & mal à son aise. Aristote finit par être mécontent d'Alexandre. Platon, à la cour de Denis, se reprochoit d'avoir été essuyer dans sa vieillesse les caprices d'un jeune tyran, & Diogene reprochoit à Aristippe de porter l'habit de *courtisan* sous le manteau de philosophe. En vain ce même Aristippe, qui se prosternoit aux pieds de Denis, parce qu'il avoit, disoit-il, les oreilles aux pieds, cherchoit à s'excuser d'habiter la cour, en disant que les philosophes doivent y aller plus qu'ailleurs, comme les médecins vont principalement chez les malades : on auroit pu lui répondre que quand les maladies sont incurables & contagieuses, le médecin qui entreprend de les guérir, ne fait que s'exposer à les

gagner lui-même. Néanmoins, car nous ne voulons rien outrer, il faut peut-être qu'il y ait à la cour des philosophes, comme il faut qu'il y ait dans la république des lettres des professeurs en Arabe, pour y enseigner une langue que presque personne n'étudie, & qu'ils sont eux-mêmes en danger d'oublier, s'ils ne se la rappellent sans cesse par un fréquent exercice.

Mon fils, vous ne parviendrez jamais, si vous ne vous attachez inviolablement à un plan de fortune.... Les jours ne se ressemblent point à la cour.... Ayez de la vertu, du moins au fond du cœur ; les talens sont souvent disgraciés : la vertu ne l'est jamais, & ne sauroit l'être.

La droiture du cœur, & la justesse d'esprit sont les plus grands obstacles à la politesse ; cependant, mon fils, perfectionnez votre cœur & votre esprit.

Ayez de l'honneur, mais jamais des affaires d'honneur. Si vous en avez, qu'il y ait du moins unité d'histoire.

Cachez vos talens sous le voile d'une heureuse médiocrité. Si vous avez de l'esprit, vous passerez pour un homme fin, dangereux, & peut-être pour un mauvais cœur. Si vous êtes sot, vous passerez pour incapable de gérer aucune affaire. Avec de l'esprit, vous serez haï ; sans esprit, vous serez méprisé. Ne soyez donc, mon fils, ni sot ni homme d'esprit.

Si vos talens transpirent, vous êtes perdu. Que le grand homme en vous ne soit jamais prévu ni deviné. Pourquoi le systême politique de tant de conseils est-il vicieux & uniforme ? Parce que ceux qui sont en place, sont attentifs à n'élever que des successeurs qui leur ressemblent, & qu'il est malheureux de leur ressembler.

Aspirez aux premiers emplois ; n'aspirez point à la faveur : on l'acquiert avec peine ; on la conferve avec inquiétude ; on la perd avec défefpoir. La difgrace feroit fupportable, fi on pouvoit s'en confoler dans le fein de l'amitié.

Que les premieres fautes ne vous découragent pas ; que les premiers malheurs ne vous abattent point. Dans la jeuneffe, les fautes font des leçons ; & tous les malheurs font des reffources....

Les talens, les richeffes & les emplois donnent des prétentions à l'eftime : la vertu feule y donne des droits....

Gardez-vous bien de la manie des projets : n'en faites aucun, & profitez de tous ceux que font les autres.

Dans la néceffité d'opter, menagez plûtôt un fot, qu'un homme d'efprit. A la cour, la bêtife nuit plus que la malice. Rien de plus ingénieux qu'un fot pouffé à bout. Ne vous faites jamais des ennemis, & fur-tout des ennemis timides....

Ne fouhaitez pas d'être élevé, avant que d'être grand. Perfuadez au public que vous ne favez point mettre des bornes à vos devoirs, & que vous en mettez fans effort à votre ambition.

Puiffiez-vous, mon fils, être heureux & honnête-homme, *courtifan* eftimé & citoyen eftimable ! (F.)

COURTISANE, f. f., *Morale*. On appelle ainfi une femme livrée à la débauche publique, fur-tout lorfqu'elle exerce ce métier honteux avec une forte d'agrément & de décence, & qu'elle fait donner au libertinage l'attrait que la proftitution lui ôte prefque toujours. Les *courtifanes* femblent avoir été plus en honneur chez les Romains que parmi nous, & chez les Grecs que les Romains. Tout le monde connoit les deux Afpafies, dont l'une donnoit des leçons de politique & d'éloquence à Socrate même ; Phryné, qui fit rebâtir à fes

dépens la ville de Thebes détruite par Alexandre, & dont les débauches fervirent ainfi en quelque maniere à réparer le mal fait par le conquérant ; Laïs qui tourna la tête à tant de philofophes, à Diogene même qu'elle rendit heureux, à Ariftippe, qui difoit d'elle, *je poffede Laïs, mais Laïs ne me poffede pas*, grande leçon pour tout homme fage ; enfin la célebre Léontium, qui écrivit fur la philofophie, & qui fut aimée d'Epicure & de fes difciples. La fameufe Ninon Lenclos peut être regardée comme la Léontium moderne ; mais elle n'a pas eu beaucoup de femblables, & rien n'eft plus rare aujourd'hui que les *courtifanes* philofophes, fi ce n'eft pas même profaner ce dernier nom que de le joindre au premier. Nous ne nous étendrons pas beaucoup fur cet article, dans un ouvrage auffi grave que celui-ci. Nous croyons devoir dire feulement, indépendamment des lumieres de la religion, & en nous bornant au pur moral, que la paffion pour les *courtifanes* énerve également l'ame & le corps, & qu'elle porte les plus funeftes atteintes à la fortune, à la fanté, au repos & au bonheur. On peut fe rapeller à cette occafion le mot de Démofthene, *je n'achete pas fi cher un repentir* ; & celui de l'empereur Adrien, à qui l'on demandoit pourquoi l'on peint Venus nue ; il répondit, *quia nudos dimittit*. Mais les femmes fauffes & coquettes ne font-elles pas plus méprifables en un fens, & plus dangereufes encore pour le cœur & pour l'efprit, que ne le font les *courtifanes* ? C'eft une queftion que nous laifferons à décider.

Un célebre philofophe de nos jours examine dans fon *hiftoire naturelle*, pourquoi l'amour fait le bonheur de tous les êtres, & le malheur de l'homme. Il répond que c'eft qu'il n'y a dans cette

cette paſſion que le phyſique de bon ; & que le moral, c'eſt-à-dire, le ſentiment qui l'accompagne, ne vaut rien. Ce philoſophe n'a pas prétendu que ce moral n'ajoûte pas au plaiſir phyſique, l'expérience ſeroit contre lui ; ni que le moral de l'amour ne ſoit qu'une illuſion, ce qui eſt vrai, mais ne détruit pas la vivacité du plaiſir (& combien peu de plaiſirs ont un objet réel !) Il a voulu dire ſans doute que ce moral eſt ce qui cauſe tous les maux de l'amour, & en cela on ne ſauroit trop être de ſon avis. Concluons ſeulement de-là, que ſi des lumieres ſupérieures à la raiſon ne nous promettoient pas une condition meilleure, nous aurions beaucoup à nous plaindre de la nature, qui en nous préſentant d'une main le plus ſéduiſant des plaiſirs, ſemble nous en éloigner de l'autre par les écueils dont elle l'a environné, & qui nous a, pour ainſi dire, placés ſur le bord d'un précipice entre la douleur & la privation.

Qualibus in tenebris vitæ quantiſque
periclis
Degitur hoc ævi quodcumque eſt !

Au reſte, quand nous avons parlé ci-deſſus de l'honneur que les Grecs rendoient aux *courtiſanes*, nous n'en avons parlé que rélativement aux autres peuples : on ne peut guere douter en effet que la Grece n'ait été le pays où ces ſortes de femmes ont été le plus honorées, ou ſi l'on veut, le moins mépriſées. M. Bertin, de l'académie royale des belles-lettres de Paris, dans une diſſertation lue à cette académie en 1752, s'eſt propoſé de prouver contre une foule d'auteurs anciens & modernes, que les honneurs rendus aux *courtiſanes* chez les Grecs, ne l'étoient point par le corps de la nation, & qu'ils étoient ſeulement le fruit de l'extra-

vagante paſſion de quelques particuliers. C'eſt ce que l'auteur entreprend de faire voir par un grand nombre de faits bien rapprochés, qu'il a tirés principalement d'Athenée & de Plutarque, & qu'il oppoſe aux faits qu'on a coutume d'alléguer en faveur de l'opinion commune.

La profeſſion des *courtiſanes* publiques s'eſt conſervée juſqu'à nos jours en Europe, principalement en Italie. Lorſque le pape Benoît XIV. monta ſur le trône, il les éloigna à une diſtance donnée des temples, ſans cependant les dénicher le long des murs du palais papal de Monte-Cavallo, où elles ſubſiſtent encore. L'on conſerve même au capitole moderne une taxe des différentes manieres d'uſer de cette étrange marchandiſe ; & c'eſt ſuivant cette taxe qu'on donne à ces malheureuſes, actions en juſtice en cas de plainte. Au reſte, cette profeſſion tombe, comme toutes les autres, par le grand nombre de celles qui l'exercent ſans maîtriſe.

COURTOISIE, ſ. f., *Droit public d'Angl.*, *bythe curteſy of England.*, ſe dit d'une ſorte de tenure de biens qu'un homme poſſede du chef de ſa femme, après même qu'elle eſt décédée ſans lui avoir laiſſé d'enfans, pourvu toutefois qu'elle ſoit accouchée d'un enfant qui ſoit né vivant ; car en ce cas, quoique la mere & l'enfant ſoient morts, l'époux ſurvivant reſte en poſſeſſion, pour ſa vie, des héritages dont la femme eſt morte ſaiſie & vêtue.

Ce n'eſt qu'en Angleterre où cet uſage ſe pratique. Littleton prétend que l'uſage en a été introduit par le roi Henri I. Au lieu du mot *curteſy*, la loi d'Ecoſſe ſe ſert de celui *curialitas*. Au reſte, il eſt probable que le mot *curteſy* ſignifioit anciennement un ſervice qu'on étoit obligé de faire à la cour du ſeigneur, comme son vassal ou comme son tenancier. Il dénote aussi un privilege appartenant uniquement à cette isle, & c'est pourquoi il est encore établi que le mari ayant un enfant de sa femme, sera reçu à faire seul hommage au seigneur, dont relevent les terres qu'elle possede. Au lieu qu'avant l'avenue de cet enfant, il faut que l'hommage soit fait par le mari & la femme, ce qui paroit avoir été prescrit par une ordonnance du roi Henri III, comme ayant été en usage en Normandie, & chez les anciens Germains. Il ne paroit pas cependant que cet usage soit parti de la loi féodale, mais qu'il fut adopté par des motifs de convenance très-raisonnables; puisque le mari ayant un enfant de sa femme, devient à la mort de cette même femme, le gardien naturel de ses enfans, & jouit des revenus des terres qui appartenoient à la mere, afin de veiller à leur conservation. Le seigneur du fief tenu par *courtoisie*, ne peut prétendre à la garde de ce fief, tant que le tenant est vivant. Et du moment que l'enfant est né, le pere commence à avoir un intérêt permanent dans les terres dont il s'agit, & devient un des pairs de la cour du seigneur, l'un des *pares curiæ*, qualité qu'il ne perd pas, non plus que les droits que lui donnent celle de tenancier par *courtoisie*, ni par la mort de l'enfant, ni même par sa majorité.

Pour que la possession d'un bien par *courtoisie* soit acquise, il faut qu'elle ait été précédée de quatre choses: de la célébration du mariage, de la possession du bien par la femme, de la naissance d'un enfant, enfin de la mort de la femme. Le mariage doit être canonique & légal; la possession doit être actuelle, car il ne suffiroit point que la femme eût un droit réel sur la terre,

il faut qu'elle la possède effectivement. De façon qu'un homme n'auroit aucun droit de posséder par *courtoisie* un tenement sur lequel sa femme n'auroit que le droit de réversion. Il y a des héritages incorporels que le mari peut posséder, quoique la femme n'en ait pas la possession actuelle: tel par exemple, que le droit de patronage d'un bénéfice, qui n'est pas encore vacant; attendu qu'il y a impossibilité à l'exercice de ce droit, *impotentia excusat legem*. Si une femme est idiote, son mari ne devient pas possesseur de son bien par *courtoisie*; attendu que le roi a, en vertu de sa prérogative royale, la garde de ses biens, qu'elle-même ne peut jamais en prendre possession, & que c'est cette possession qui donne au mari le droit d'en jouir par *courtoisie*. L'enfant doit être venu vivant au monde. Quelques auteurs ont même prétendu, qu'il falloit aussi qu'on l'eût entendu crier. Ce qui est une erreur; car il y a des signes de vie aussi évidens que le cri, & qui suffisent pour constater que l'enfant venu au monde jouit de la vie. L'enfant de plus, doit naître pendant la vie de sa mere: car si elle meurt dans les douleurs de l'enfantement, & que par l'opération césarienne on sauve l'enfant, le mari ne peut acquérir par *courtoisie* la jouissance du bien de sa femme; attendu que l'enfant n'étoit point né du vivant de sa mere. Dans les terres qui sont régies par la coutume de Gavelkind, un mari peut posséder par *courtoisie* les biens de sa femme, sans avoir aucun enfant. Mais ce n'est qu'une exception à la regle générale, qui veut non-seulement que l'enfant soit né; mais encore qu'il soit capable d'hériter du bien de sa mere. Ainsi si le bien de la femme est substitué aux mâles, & que l'enfant soit une fille, le pere ne peut posféder le bien de fa femme, parce que fa fille même ne peut pas en hériter. D'où nous pouvons obferver avec quel foin & quelle fageffe les anciennes loix d'Angleterre ont été formées, combien elles étoient liées les unes aux autres, & combien auffi elles fe foutenoient mutuellement. Peu importe le tems où eft né l'enfant, pour donner au pere la poffeffion de la terre par *courtoifie*, il fuffit qu'il foit venu au monde pendant la durée du mariage. Il n'eft pas non plus néceffaire qu'il foit né avant ou après la poffeffion prife par la femme, qu'il foit mort ou vivant pendant que la femme a été en poffeffion, ni qu'il exifte lors du décès de la mere. Dans tous ces cas le mari devient également poffeffeur par *courtoifie* du bien de fa femme du moment qu'il l'a acquis par la naiffance de l'enfant; & avec le droit de pofféder ainfi la terre, il peut faire des actes rélatifs à cette poffeffion, qui cependant ne lui eft véritablement acquife qu'à la mort de fa femme. (*D. G.*)

COUSIN, f. m., *Jurifpr.*, qualité rélative de parenté qui fe forme entre ceux qui font iffus de deux freres, ou de deux fœurs, ou d'un frere & d'une fœur. Les *coufins* font paternels ou maternels; on appelle *coufins paternels*, ceux qui defcendent d'un frere ou fœur du pere de celui dont il s'agit; les *coufins maternels*, font ceux qui defcendent des freres ou fœurs de la mere.

Les *coufins* paternels ou maternels font en plufieurs degrés. Le premier degré eft des *coufins germains*, c'eft-à-dire, enfans de freres & fœurs. Les *coufins* du fecond degré, qu'on appelle *iffus de germains*, font les enfans que les *coufins germains* ont chacun de leur côté. Dans le troifieme degré on les appelle *arriere iffus de germains*; ce font les enfans des *coufins iffus de germains*. Au quatrieme

degré on les appelle fimplement *coufins au quatrieme degré*; & ainfi des autres degrés fubféquens.

Les *coufins* peuvent fe trouver en degré inégal; par exemple, un *coufin germain*, & un *coufin iffu de germain*; en ce cas, on dit que *le premier a le germain fur l'autre*, & c'eft ce que l'on appelle *oncle* ou *tante à la mode de Bretagne*. Si les deux *coufins* font encore plus éloignés d'un degré, en ce cas le plus proche de la tige commune eft, à la mode de Bretagne, le grand oncle du plus éloigné.

COUTUME, f. f., USAGE, f. m., HABITUDE, f. f., *Morale*. Ces trois mots fe reffemblent, quant à leur fignification, par le rapport qu'ils ont à l'uniformité de la conduite, ou à l'effet de cette uniformité qu'ils fuppofent. Mais à côté de cette idée effentielle, chacun en réveille d'autres qui lui font particulieres, & qui ne permettent pas de les employer comme fynonymes. Chacun de ces mots peut exprimer des idées rélatives, ou à une fociété compofée de plufieurs membres, ou à un feul individu; & le fens qu'on doit leur attacher varie felon l'un ou l'autre de ces rapports.

Relativement à la fociété, l'*ufage* eft l'uniformité volontaire & libre que les divers membres d'une fociété mettent dans leur maniere d'agir dans des chofes, par rapport auxquelles chacun fe regarde comme maître de fuivre fon goût. Le goût de l'imitation eft le principe qui donne lieu à l'introduction des *ufages*.

La *coutume* ou les *coutumes* défignent l'uniformité dans la maniere d'agir, à laquelle les divers membres de la fociété fe croient obligés de s'aftreindre, rélativement à des chofes qui femblent intéreffer le bon ordre civil; uniformité

H 2

que l'on envisage comme une regle dont on ne doit pas s'écarter, & sur laquelle les tribunaux reglent & appuyent leurs sentences. Lorsque la bonté des *coutumes* a été reconnue, on les a consignées dans des livres, qui tiennent lieu de code de loix, & qu'on nomme *coutumier.*

C'est la longue pratique de la même chose qui fait la *coutume*; c'est l'accord de tous les membres à s'y conformer qui lui donne force de loi. Dans le style des jurisconsultes, on met en parallele les *us* ou *usages* & les *coutumes*: on dit les *us & coutumes d'une nation.*

L'*habitude* ne peut que très-improprement servir à exprimer une idée relative à une société; cependant quelques auteurs s'en sont servis, pour désigner la disposition de tous les membres d'une société à faire la même chose dans tous les cas semblables, entant qu'ils agissent ainsi, non par la pensée qu'ils y soient obligés, mais seulement parce qu'ils ont toujours agi & vu agir ainsi. *v.* COUTUME, & USAGE.

Relativement à l'individu, ces mots ont un sens différent à divers égards de celui que nous venons de développer.

L'*usage*, en parlant d'une seule personne, désigne ce qu'elle fait ordinairement dans tel cas, par choix & par une suite de ses réflexions, quand il s'agit de choses indifférentes. Ainsi l'*usage* est relatif à quelque maniere d'agir de la personne, mais s'emploie rarement en parlant d'un individu.

L'*habitude* uniquement relative aux actions à faire, est la disposition d'un individu à faire avec facilité, & même avec plaisir une action, parce qu'il l'a faite très-souvent. C'est la répétition fréquente des mêmes actes qui fait naître l'*habitude.*

La *coutume* est moins relative aux actions à faire, qu'à la maniere de penser, de sentir & d'être affecté, acquise par la fréquence des mêmes impressions reçues. On peut la définir une maniere de penser, de sentir & d'être affecté par la présence ou l'action des objets extérieurs, acquise par la fréquence des mêmes impressions reçues. La *coutume* est relative aux qualités, soit du corps, soit de l'esprit; ainsi la *coutume* sera, soit l'état de l'ame qui s'étant familiarisée avec une perception quelconque, parce qu'elle l'a eue souvent présente à la pensée, n'en n'est plus frappée lorsqu'elle lui est offerte, comme elle en étoit frappée auparavant; soit l'état du corps, qui pour avoir souvent éprouvé la même impression physique, peut la recevoir enfin, sans qu'elle excite dans ses organes aucun mouvement irrégulier trop vif ou nuisible. La *coutume* ne laisse donc plus lieu à l'étonnement, à l'admiration, à l'impatience & aux émotions trop vives de plaisir ou de douleur. Ce qui déplairoit d'abord, déplait moins, ou même devient agréable. Ce qui d'abord causoit les émotions les plus vives du plaisir, flatte moins à force d'être répété, & enfin devient presque insipide.

On entend aussi par *coutume* une disposition habituelle du corps ou de l'esprit, acquise par la fréquente répétition uniforme des mêmes impressions & des mêmes perceptions; disposition qui consiste à n'être plus affecté aussi vivement qu'on l'étoit auparavant, par la présence des objets ou par leur action sur nous.

La *coutume* est donc essentiellement une disposition acquise, qui suppose une disposition précédente, qui a été changée par la fréquence de certaines perceptions ou impressions. La *coutume* nous donne donc une disposition que nous n'aurions pas fans elle : cette difpofition acquife eft quelquefois fi différente de celle que nous avions naturellement, par la conftitution primitive de nos qualités, que l'on a été autorifé à dire que la *coutume* change la nature des êtres fenfibles, & qu'elle devient en eux une feconde nature.

Il y a par rapport à ce changement que la *coutume* produit dans les êtres fenfibles, une différence frappante entre la *coutume* & l'*habitude* : celle - ci a pour objet nos *facultés*, c'eft-à-dire, les pouvoirs d'agir qui font en nous, au moyen defquels nous pouvons faire des actions, produire par elles des effets. La *coutume* a pour objet nos *qualités*, c'eft-à-dire, les pouvoirs d'être modifiés qui font en nous, & au moyen defquels, nous & les êtres fenfibles pouvons éprouver certaines modifications, fouffrir certains effets dont la réalifation change notre état. La répétition des mêmes actes, c'eft - à - dire, l'exercice répété de nos facultés en augmente l'énergie, la force & l'étendue, leur action en devient plus facile, plus agréable, l'habitude augmente ainfi & accroît le pouvoir de nos facultés & les perfectionne.

La *coutume*, au contraire, diminue nos *qualités*, ou la capacité que nous avons d'éprouver certains effets : ces effets avec le tems deviennent toujours moins confidérables ; plus fouvent nous recevons l'impreffion qui doit les produire, & moins cette impreffion eft efficace.

Perfonne n'ignore les effets communs de la *coutume* fur le corps ; mais très-peu de perfonnes ont réfléchi fur l'étonnante efficace de la *coutume*, & fur l'étendue de fon influence pour changer notre conftitution phyfique, lorfqu'on dirigera avec art la répétition des impref-

fions qui font que l'on s'accoutume à une chofe. Telle propriété d'un être agiffant fur nous, caufoit dans nos organes des mouvemens irréguliers, des dérangemens, des altérations, qui d'abord excitoient en nous des douleurs infupportables & tendoient à nous détruire ; mais fi l'on commence par ne laiffer éprouver, à l'objet que l'on veut accoutumer à une nouvelle impreffion, qu'une partie de fon effet, qu'on ait foin de ne l'augmenter que par degré, à la longue & avec ménagement, on viendra jufques à rendre le corps prefqu'infenfible à des impreffions qui, d'abord fuffifoient pour opérer fa deftruction. Le poifon pourroit devenir une nourriture falutaire. Les attitudes les plus nuifibles, les climats les plus malfains, les travaux les plus difproportionnés à la force naturelle du corps, les privations des chofes les plus effentielles, ne produiront plus aucun effet nuifible ; l'homme né fous la zone torride deviendra fans danger habitant de la zone glaciale ; un corps, que le plus léger effort épuifoit, devient capable de fupporter le travail le plus pénible fans être fatigué ; cette femme délicate pour laquelle la privation de certaines commodités fembloit devoir être mortelle, parvient à vivre dans la plus affreufe indigence, privée de tout ce qui flatte les fens, & fe nourriffant avec plaifir de ce qui dans un tems précédent eût été pour elle un poifon. Enfin nous ne favons pas encore jufqu'où la *coutume* quand on en ménage les degrés, peut changer l'état de nos qualités, & porter fes influences. Qu'on en juge par le contrafte de la vie de divers individus de l'humanité. Le mol Sybarite, le voluptueux prélat Romain, le délicat Parifien, le fenfuel Afiatique, qui font contribuer tous les climats pour leur fournir de quoi flatter leurs goûts, qui épuisent toutes les productions de la nature pour se procurer d'agréables sensations, qui mettent en œuvre tous les arts pour satisfaire leurs desirs, qui essaient de tout pour prévenir leurs besoins, charmer leur ennui & prolonger leur existence, sont membres de l'espece humaine, tout comme ce pauvre paysan, qui, du matin au soir, courbé vers la terre qu'il laboure avec un effort continuel, manque souvent d'une petite portion de mauvais pain pour soutenir & réparer ses forces ; ce Samoyede, ou ce Lapon qui boit en place de vin, l'huile puante qu'il tire de la graisse des poissons qui habitent les mers glaciales ; le malheureux Africain, qui transporté dans un autre hémisphere, fouille, sous les montagnes, le sein de la terre, où il vit condamné à ne jamais voir le jour, & apprend par son expérience que l'homme peut encore vivre sous le poids accablant de la plus affreuse misere & des plus durs traitemens. Etoit-ce pour ces excès opposés, que la nature nous fit ? sommes-nous naturellement constitués de maniere à supporter les impressions contraires d'états si distans, sans y trouver le dissolvant qui rompt les liens de notre vie, & qui en détruit le principe ? Tout nous annonce le contraire, la mort est bientôt pour nous l'effet funeste des impressions trop opposées à celles que nous avons éprouvées dès le commencement de notre vie. Cependant il seroit difficile de déterminer, quel est le point naturel qui convient le mieux avec notre constitution primitive, & pour lequel il ne faille point le secours de la coutume, pour que notre tempérament n'ait point à en souffrir. Le Lapon né sous le pole, ne peut vivre sous la zone temperée. Nos Européens payent souvent de leurs jours, l'essai d'une vie qu'ils vont passer entre les tropiques, tandis que l'Africain & l'Indien se plaignent de l'influence de nos climats trop froids. J'ai vu l'homme accoutumé à une vie dure & laborieuse, mourir au sein de la mollesse & du repos, & l'homme accoutumé à la vie trop commode de la ville ou de la cour, ne pouvoir supporter les travaux de la campagne. Dans tous les états cependant, nous voyons vivre ceux qui y sont nés, nous y voyons vivre aussi ceux qui, par degré & avec précaution, ont pris la coutume de ces impressions nouvelles. Il se fait donc, par la répétition des impressions qui donnent la coutume, un changement dans notre corps ; nos fibres s'endurcissent à force d'être frappées & affectées long-tems de la même maniere ; elles prennent une consistance plus solide, & capable de plus de résistance, tout comme elles s'amollissent quand rien ne les frappe, elles s'affoiblissent par le non-usage, dans cet état d'inaction elles restent sans force, & le plus léger ébranlement nouveau les irrite & les déchire. Mais cette coutume qui nous endurcit contre la douleur, nous ôte aussi la capacité de sentir le plaisir dans toute son étendue ; nos sens s'émoussent, ou plutôt s'endurcissent contre les ébranlemens de la volupté ; il faut inventer de nouveaux plaisirs ou de nouveaux moyens de les rendre assez actifs pour nous émouvoir ; ils ne font plus sur nous d'impression ; la coutume nous ôte au moins en partie notre sensibilité. De-là je tirerai une regle de conduite pour l'homme qui veut être heureux : accoutumez-vous aux impressions pénibles, afin qu'elles ne soient plus pour vous une source de douleurs, un obstacle à votre félicité, lorsque la dure nécessité vous contraindra à les essuyer ; mais ne vous accoutumez pas aux fenfations flatteufes du plaifir, crainte de perdre votre fenfibilité pour elles, & qu'elles ne vous trouvent incapables d'en favourer les flatteufes impreffions.

Dans notre état naturel, au moins à en juger par analogie, d'après le plus grand nombre des faits connus, toutes les parties irritables de notre corps font très-mobiles ; la plus petite impreffion les met en mouvement ; cela convenoit dans notre enfance à la foibleffe de nos organes ; il falloit que toute impreffion capable de caufer du défordre dans un corps délicat, s'annonçât d'abord : avec le tems cette fenfibilité s'affoiblit ; d'un côté, fans doute, parce qu'en grandiffant le corps fe fortifie, toutes les parties deviennent plus folides & par-là même moins fenfibles, & moins faciles à déranger : d'un autre côté & fur-tout, parce que la fréquence des mèmes impreffions endurcit les organes & toutes les parties qui les reçoivent, & nous conduit à l'état que l'on nomme la *coutume.*

Quelquefois nous n'avons point connu le rapport que la nature avoit établi entre nos forces primitives, & les impreffions auxquelles nous fommes expofés. Dès le premier moment de fa naiffance, l'enfant du Samoyede refpire l'air humide & étouffé de la taniere de fes parens, ou le froid glacé des terres arctiques ; le Négre éprouve dès qu'il exifte des impreffions brulantes de l'air fous l'équateur ; pour les uns comme pour les autres, l'état où ils naiffent eft naturel, leur conftitution eft celle qu'ils reçoivent de la nature, au moins ils le croyent ainfi & ne peuvent penfer autrement. Nous regardons comme naturel ce que nous n'avons jamais connu différent de ce que nous éprouvons, & comme non naturel ce qui differe de ce que nous avons éprouvé jufqu'ici. De quelque point que nous partions, toute impreffion nouvelle excite pour la premiere fois en nous, des mouvemens que nous ne connoiffions pas encore, qui nous agitent plus ou moins vivement par le plaifir ou la peine, felon que cette impreffion eft forte ou foible, affecte des parties effentielles ou non-effentielles à notre confervation, ou des parties irritables ou non-irritables : enfin ces nouvelles impreffions nous détruifent par leur fréquente répétition, lorfqu'on ne les ménage pas, & que nous n'y fommes pas accoutumés, ou ceffent de nous affecter vivement, parce que nous fommes accoutumés à les reffentir, c'eft-à-dire, que les parties qu'elles affectoient fe font endurcies, ont pris une autre confiftance, ont perdu leur fenfibilité, ou fe font ployées d'une maniere analogue à l'action dont elles font l'objet. Lors donc que nous voyons des êtres regarder comme naturel un état qui eft l'excès d'un côté ou de l'autre de ce que nous regardons nous-mêmes comme naturel, nous devons avouer qu'il eft difficile de diftinguer toujours ce qui eft l'état naturel, ou ce qui eft *coutume,* & foufcrire à la penfée vraie de Pafcal, qui dit, que *nous prenons fouvent pour la nature ce qui n'eft qu'une premiere* coutume.

Soit que la *coutume* ait commencé avec notre exiftence, en altérant dès le premier moment & fucceffivement notre conftitution originale, foit qu'après avoir confervé long-tems ce que nous regardons comme naturel, de nouvelles impreffions ménagées, long-tems répétées, nous ayent difpofés enfin à les recevoir, fans qu'elles excitent des défordres dans notre conftitution ; les variétés que la *coutume* produit, dans les qualités du corps, peuvent être fi confidérables, fi éloignées de notre premier état qu'on peut dire avec raifon, que notre nature eft changée par la *coûtume* acquife, & que la *coûtume eft une nouvelle nature*. La *coûtume*, une fois prife & formée, coûte autant à changer que l'état naturel; il en coûtera autant de paffer de la vie pénible du manœuvre, à la vie molle & oifive d'une femme du monde, que de faire fuccéder à l'inactivité d'un homme fenfuel & pareffeux, l'activité d'un ouvrier qui gagne fon pain à la fueur de fon vifage.

Ce n'eft pas l'homme feul dont la *coûtume* change la conftitution naturelle, les animaux, les plantes mêmes, peuvent s'accoûtumer à des impreffions nouvelles, & affortir enfin leurs qualités à un nouvel état très-différent du précédent. Il eft des animaux & des plantes qui fe font naturalifées en Europe, quoique originaires de climats affez différens; & peut-être, fi la chofe en valoit la peine, l'on pourroit parvenir à accoûtumer diverfes plantes à fupporter le froid de nos climats, quoique inconnu dans ceux où ces plantes viennent, & toujours mortel pour elles, fi on les y laiffe expofées fans précaution. Mais j'ai vu des orangers, des aloës, capables de fupporter, fans périr, un froid qui avoit tué des plantes de même efpece, qu'on n'avoit pas pris foin d'accoûtumer à ces impreffions de l'air, en les laiffant plus tard hors des ferres, & en leur faifant éprouver de tems en tems quelque degré affez vif de froid, fans les loger jamais dans des appartemens échauffés par l'art.

Quelquefois la *coutume* en changeant la conftitution s'altere, fait dégénérer les animaux & les plantes, diminue leur taille, leurs forces, & la durée de leur vie; alors on peut dire que c'eft une preuve que ce nouvel état n'eft pas

leur état naturel; on peut dire donc que les impreffions que le Lapon reçoit du climat qu'il habite, ne font pas analogues à fa nature, & que pour lui la *coutume* eft oppofée à fa nature, & lui eft défavorable. Nous ne faurions en dire autant des habitans de la zone torride; & nous ne faurions décider s'ils doivent plus que nous à la nature, ou à la *coutume*, ni de quel côté eft la dégénération corporelle.

Le corps n'eft pas le feul qui, dans les êtres fenfibles, s'accoutume à des impreffions peu analogues à fes qualités naturelles: l'ame elle-même eft auffi fouvent foumife à fon empire; la *coutume* influe fur nos idées, fur nos fentimens, fur notre volonté; c'eft elle qui nous donne nos préjugés, qui régle nos goûts, qui caractérife nos mœurs. Quelqué abfurde que foit une propofition, fi on l'offre fouvent à notre efprit comme vraie, que dès notre enfance, gens que nous fommes accoutumés à croire, nous la répetent journellement, notre efprit l'admet comme l'expreffion d'une vérité; bien plus, à force d'entendre combattre une vérité que nous avons connue, & affirmer une propofition dont nous avons vu la fauffeté, cette premiere impreffion s'efface, nous parvenons à douter de ce que nous favons, & à nous familiarifer avec une doctrine dont l'abfurdité, dans un tems, nous avoit paru palpable: ce n'eft pas que l'on nous ait prouvé la vérité de celle-ci & la fauffeté de celle-là; mais c'eft qu'on nous a accoutumés à détourner l'attention de deffus les preuves qui nous avoient frappés d'abord, & à ne plus confidérer les caracteres de fauffeté de la doctrine, que chacun autour de nous s'accorde à regarder comme vraie. Combien de propofitions fauffes ne découvririons-nous pas dans les dogmes que nous croyons

croyons le plus fermement, fi les preftiges de la *coutume* pouvoient fe détruire, & fi nous n'admettions que ce dont la vérité nous a été montrée clairement? Combien de gens pourroient dire d'une partie de leurs prétendues connoiffances, je fuis accoutumé de croire cela!, il m'en couteroit de penfer autrement?

Il eft de même des objets du goût; la *coutume* regle prefque par-tout nos préférences; dans les productions de la nature, tout comme dans celles des arts, ce que nous fommes accoutumés de voir, d'entendre louer & de fentir faire fur nous quelques impreffions agréables, quelque imparfait qu'il foit, nous paroit le modele de la beauté naturelle. Le Négre aime mieux la noirceur de fa peau, le nez que fa mere lui écrafe, fes groffes levres, fes jambes arquées en devant, que toutes les beautés que les Européens admirent. Les architectes & le peuple chez les Goths préférent leurs monftrueux bâtimens, à tout ce que Rome & la Grece ont créé de plus parfait. L'habillement le plus abfurde, la coëffure la plus ridicule, qu'une mode extravagante ait inventés, pour cacher les beautés du corps d'une femme, nous déplairont d'abord, infenfiblement nous nous familiarifons avec ce monftrueux équipage, enfin nous nous y accoutumons fi bien, que nous ne trouvons plus une femme belle, que quand une fontange démefurée furmonte fa tête de la moitié de la hauteur de fa taille, & quand elle eft chargée d'un vertugadin immenfe qui, s'il exprimoit la figure réelle de la perfonne qui le porte, repréfenteroit la forme la plus hideufe que l'on puiffe imaginer.

Enfin, quelle influence funefte la *coutume* n'a-t-elle pas fur les mœurs? En vain, comme pour la vérité, avons-nous un tact moral pour la vertu; en

vain la morale a-t-elle des regles fixes, fondées fur la nature des chofes & leur deftination, fur les convenances & les difconvenances des êtres & de leurs actions; la *coutume* rend inutiles toutes ces précautions que la nature a prifes pour nous rendre vertueux. C'eft elle qui rend cruel le guerrier, & le rend capable de faire des malheureux de fang froid & fans néceffité, & de voir un champ de bataille fans frémir; c'eft elle qui bannit la pudeur du fein des femmes Spartiates, parce qu'elles étoient accoûtumées à la voir violer à chaque inftant; c'eft-elle qui endurcit les cœurs des parens au milieu d'un peuple qui expofoit journellement des enfans qu'il ne vouloit pas élever; c'eft-elle qui fait que des peuples entiers renoncent à la bonne foi, parce qu'ils fe font accoûtumés à la violer, & à la voir violer chaque jour impunément.

Ainfi dans la croyance, dans les arts, dans les mœurs, la *coutume* influe fur l'état des hommes, fur leurs progrès vers la perfection, & fur leur caractere moral. Puifqu'à force de voir des défauts on apprend à ne les plus blâmer, que feront ceux qui n'ont rien vu que de défectueux dès leur enfance, ceux qui ont fucé avec le lait, l'erreur, le mauvais goût & le vice? Il eft alors prefque impoffible de corriger un tel peuple; voilà pourquoi tant de nations, abandonnées à elles-mèmes, font reftées fi long-tems dans la barbarie la plus groffiere. Il n'y avoit qu'un moyen de les corriger & de les perfectionner, c'étoit de détruire l'effet de la *coutume*, en multipliant fur les individus les impreffions contraires à celles qui les ont dégradés, & pour cela les engager à fortir du fein de leur fociété ignorante, groffiere & vicieufe, pour aller étudier les mœurs chez des peuples, dont les *coutumes* font diffé-

rentes ; c'eſt là le grand effet des voyages , ce qui les rend ſi utiles aux bons
eſprits. (G. M.)

COUTUME , *Juriſpr.*, en latin *conſuetudo*, eſt un droit non écrit dans ſon
origine , & introduit ſeulement par l'u-
ſage , du conſentement tacite de ceux
qui s'y ſont ſoumis volontairement ;
lequel uſage après avoir été ainſi obſervé pendant un long eſpace de tems , acquiert force de loi.

La *coutume* eſt donc une ſorte de loi ;
cependant elle diffère de la loi proprement dite , en ce que celle-ci eſt ordinairement émanée de l'autorité publique , & rédigée par écrit dans le tems
qu'on la publie ; au lieu que la plupart
des *coutumes* n'ont été formées que par
le conſentement des peuples & par l'u-
ſage , & n'ont été rédigées par écrit que
long-tems après.

Il y a beaucoup de rapport entre *uſage* & *coutume*, c'eſt pourquoi on dit ſouvent les *us* & *coutumes* d'un pays. Cependant par le terme d'*uſage* on entend
ordinairement ce qui n'a pas encore été
rédigé par écrit ; & par *coutume*, un uſage qui étoit d'abord non écrit, mais qui
l'a été dans la ſuite.

En quelques occaſions on diſtingue
auſſi les *us* des *coutumes* ; ces *us* ſont
pris alors pour les maximes générales,
& les *coutumes* en ce ſens ſont oppoſées
aux *us*, & ſignifient les droits des particuliers de chaque lieu , & principalement les redevances dûes aux ſeigneurs.

On dit auſſi quelquefois les *fors &
coutumes* , & en ce cas le terme de *coutume* ſignifie *uſage*, & eſt oppoſé à celui
de *fors*, qui ſignifie les privilèges des
communautés & ce qui regarde le droit
public.

Les *coutumes* ſont auſſi différentes des
franchiſes & privilèges : en effet, les
franchiſes ſont des exemptions de certaines ſervitudes perſonnelles , & les
privilèges ſont des droits attribués à
des perſonnes franches , outre ceux
qu'elles avoient de droit commun ; tels
ſont le droit de commune & de banlieue,
l'uſage d'une forêt , l'attribution des
cauſes à une certaine juriſdiction.

L'origine des *coutumes* en général eſt
fort ancienne ; tous les peuples , avant
d'avoir des loix écrites , ont eu des
uſages & *coutumes* qui leur tenoient
lieu de loix.

Les nations les mieux policées, outre
leurs loix écrites , avoient des *coutumes*
qui formoient une autre eſpèce de droit
non écrit : ces *coutumes* étoient mème
en pluſieurs lieux qualifiées de *loix* ;
c'eſt pourquoi on diſtinguoit deux ſortes de loix chez les Grecs & chez les
Romains , ſavoir, les loix écrites & les
loix non écrites : les Grecs étoient partagés à ce ſujet ; car à Lacédémone il
n'y avoit pour loi que des *coutumes*
non écrites ; à Athènes , au contraire,
on avoit ſoin de rédiger les loix par
écrit. C'eſt ce que Juſtinien explique
dans le titre ſecond de ſes *inſtitutes* , où
il dit que le droit non écrit eſt celui que
l'uſage a autoriſé ; *nam diuturni mores
conſenſu utentium comprobati legem imi-
tantur.*

Sous la première & la ſeconde race
des rois, on n'avoit point d'autres loix
en France que le droit romain, la loi
ſalique, les loix ripuaires, celles des
Bourguignons, des Viſigots , des Lom-
bards , & les capitulaires. Au milieu
des déſordres affreux qui troublèrent
les règnes des derniers rois de la ſeconde race , on perdit entièrement l'u-
ſage & mème la mémoire du droit romain ; l'eſclavage des peuples , l'établiſſement des loix féodales, opérèrent
cette étrange révolution ; le peuple eſclave ne reconnut plus d'autre loi que

la volonté de fes maîtres, & les maîtres ne fuivirent plus que la loi des fiefs.

Le royaume & les peuples reſterent dans cet état jufqu'au tems où commencerent les affranchiſſemens généraux : on en fixe l'époque à Louis le Gros. Le roi & les feigneurs, en affranchiſſant leurs ferfs, leur donnoient des chartes qui contenoient les loix qui dans la fuite devoient gouverner leur état civil. Ces chartes s'appelloient *franchiſes*, & doivent être regardées comme les originaux de nos *coutumes* ; la Thaumaſſiere a ramaſſé un grand nombre dans fes *coutumes* locales, qu'on peut confulter.

Quand on lit ces chartes avec attention, on y découvre aifément qu'elles ont été données par des maîtres à des efclaves : on y développe encore que les feigneurs, en les donnant, ont fuivi les ufages que la conjoncture des tems avoit introduits parmi eux ; & que furtout ils n'y ont pas négligé leurs intérêts.

Dans ces franchiſes ordinairement on n'y trouve que des reglemens fur les fiefs, fur la jurifdiction que les feigneurs fe réfervoient fur leurs affranchis, l'établiſſement de quantité de droits très-onéreux, quelques loix de police. A mefure que la liberté s'augmenta en France, il s'introduiſit encore parmi les peuples d'autres ufages pour régler les contrats de mariage, les donations, les fucceſſions. Telles font les matieres qui compofent encore aujourd'hui les *coutumes*.

Souvent ces ufages n'étoient point rédigés par écrit, & ne fubfiftoient que dans la mémoire des hommes ; quand on les conteſtoit, on en pouvoit faire la preuve par témoins : autre fource des plus grands inconvéniens ; la fortune & les biens des citoyens dépendoient

fouvent du témoignage équivoque ou corrompu de quelques payfans.

Pour éviter ce défordre, Charles VII. projetta de faire rédiger par écrit toutes les *coutumes* du royaume ; il l'ordonna par l'article 125. de fon ordonnance de 1453 ; en conféquence, fous fon regne & fous les fuivans, on travailla pendant un fiecle à ce grand ouvrage : mais jamais un fi beau deſſein ne fut fi mal exécuté ; en lifant ces *coutumes*, on diroit, comme l'a fort bien obfervé M. de Ferriere & beaucoup d'autres, qu'elles ont été plûtot rédigées par des barbares que par des jurifconfultes & par des magiftrats.

Louis XI. defiroit beaucoup de ne faire qu'une feule *coutume* en France ; mais la mort prévint fes intentions : ainfi les *coutumes* nous font reftées telles qu'elles ont été rédigées, à l'exception de quelques-unes qui l'avoient été fi mal, qu'on a été forcé de les réformer.

Après avoir inftruit les feigneurs de l'origine des *coutumes*, & de la part qu'ils ont eu dans ce célèbre établiſſement, refte à leur faire quelques obfervations fur la façon d'exécuter les *coutumes* relativement aux droits feigneuriaux, ce qu'ils doivent faire & fuivre ; 1°. Quand il y eft dérogé par les ordonnances fouveraines. 2°. Quand elles ont des difpofitions exorbitantes. 3°. Quand elles font obfcures. 4°. Quand elles font muettes. 5°. Quelle *coutume* on doit fuivre dans les affaires, ou celle du domicile des perfonnes, ou celle de la fituation des biens. 6°. Quelle *coutume* on doit fuivre quand le fief dominant eft dans une *coutume* & le fief fervant dans une autre. Il y a une obfervation générale à faire fur l'obfervance des *coutumes*, & préliminaire à celles que nous venons d'indiquer ; c'eſt que toutes les *coutumes* font territoria-

I 2

les, c'eft-à-dire, que par elles-mêmes elles ne peuvent porter leur effet au-delà de leur territoire, fi ce n'eft quand elles fe trouvent aidées par la convention des parties : alors leur puiffance s'étend par-tout ; elle ne reçoit point de limites.

1°. Les ordonnances fouveraines peuvent fans doute déroger aux *coutumes* : elles n'ont de force qu'autant qu'elles en reçoivent de l'autorité fouveraine : ainfi le prince qui peut faire la loi, peut y déroger par fes ordonnances, qui font les premieres loix de l'Etat, celles qui nous manifeftent expreffément la volonté du prince.

Malgré cette prééminence des ordonnances, quand il eft queftion du droit acquis à un tiers, elles ne peuvent déroger aux *coutumes* que par une claufe particuliere, par une dérogation expreffe relative au droit dont il s'agit, ce qui doit avoir lieu fur-tout quand l'ordonnance eft contraire au droit commun.

La raifon eft que le prince n'eft jamais préfumé vouloir déroger au droit commun & général, ni préjudicier aux droits d'un tiers, à moins qu'il ne déclare en termes formels que telle eft fa volonté. Ainfi les ordonnances qui permettent aux gens de main-morte de poffeder des fiefs dans tout l'Etat, ne préjudicie point aux droits acquis aux feigneurs fur ces fiefs.

Quant aux particuliers, comme chaque *coutume* eft le droit public qui régle l'état civil de chaque particulier dans fa province, il n'y peut abfolument être dérogé, fur-tout par rapport aux articles qui font conçus en termes prohibitifs, & lorfque la difpofition du particulier, contraire à la *coutume*, tourneroit au préjudice d'un tiers ; ainfi quand la *coutume* défend à un pere de difpofer de fes fiefs, ou de partie,

il ne le peut abfolument faire ; par là même raifon il ne peut ôter ou diminuer le droit d'aîneffe accordé à fon fils aîné par la *coutume*, parce que la difpofition du pere, contraire à la *coutume*, tourneroit au préjudice d'un tiers.

Cependant dans les contrats finallagmatiques, on peut, dans de certaines occafions, déroger aux *coutumes* : par exemple, dans la conceffion d'un fief, d'une terre à cens, le feigneur n'eft point obligé de s'en tenir aux droits généraux fixés par la *coutume* ; il en peut exiger de plus forts, ou de moindres : il eft libre au feigneur d'impofer à fa libéralité telle condition qu'il juge à propos, comme il eft libre au vaffal de les accépter ou de les refufer.

2°. Si la difpofition d'une *coutume* eft exorbitante du droit commun, alors elle eft abfolument de droit étroit, il faut l'exécuter à la lettre, fans pouvoir lui donner d'extenfion d'un cas à un autre, quoique femblable. Il y a, par exemple, parité de raifon pour le retrait féodal & le retrait cenfuel ; cependant, quoique le retrait féodal ait lieu dans une *coutume*, le retrait cenfuel n'y aura pas lieu, fi la *coutume* ne l'ordonne pas précifément.

3°. Les *coutumes* contiennent fouvent des difpofitions obfcures & ambiguës, & cela n'eft que trop ordinaire ; alors il faut tâcher d'expliquer la *coutume* par la *coutume* même, c'eft-à-dire, examiner fi, fans rien retrancher de l'article, ou fans y rien ajouter, on ne peut point en découvrir le véritable fens dans quelque autre article.

Si ce moyen ne réuffit pas, il faut chercher quel peut avoir été l'efprit de ceux qui ont rédigé la *coutume*, par rapport aux ufages qui ont été obfervés auparavant, par rapport au génie du peuple pour lequel la *coutume* a été faite, & par rapport à la situation du lieu où la *coutume* s'eft établie.

4°. Quelquefois & très-fouvent, les *coutumes* ne s'expliquent point fur certaines matieres ; alors il faut avoir recours aux *coutumes* voifines, & à leur défaut au droit commun coûtumier.

5°. Dans les fucceffions, les donations, les partages, les teftamens, quand il eft queftion de fiefs, c'eft une regle générale que la *coutume* du domicile décide de l'état & de la capacité des perfonnes, & que la *coutume* où les fiefs font fitués, fixe la deftination & les difpofitions qu'on en peut faire : c'eft encore une regle générale que la *coutume* du lieu où on fe trouve détermine la forme & les folemnités des actes qui s'y paffent.

6°. Quand le fief dominant fe trouve dans une *coutume*, & le fief fervant dans une autre, s'il eft queftion de la foi & hommage, il faut toujours fuivre la *coutume* où eft fitué le fief dominant, parce qu'il faut que le vaffal néceffairement fe tranfporte au principal manoir du fief dominant pour y rendre fa foi & hommage.

Si, au contraire, il s'agit de payement de droits feigneuriaux, & de la maniere de jouir des biens que le feigneur féodal met en fa main, il faut fuivre la difpofition de la *coutume* qui régit le fief fervant, parce qu'il faut que le feigneur s'y tranfporte pour jouir des droits ouverts à fon profit.

On diftingue les *coutumes* en *coutumes* allodiales & en *coutumes* régies par la maxime *nulle terre fans feigneur*. Les *coutumes* allodiales font celles où tous les héritages font réputés aleux, francs de toutes charges, s'il n'y a titre au contraire. Les *coutumes* régies par la maxime *nulle terre fans feigneur*, font celles où tous les héritages font préfu-

més affujettis au feigneur. Dans les premieres, c'eft au feigneur qui veut affujettir un héritage à rapporter le titre : dans les fecondes, c'eft au contraire au poffeffeur de l'héritage à juftifier par titres qu'il n'eft pas fujet à quelque droit envers le feigneur.

On diftingue encore les *coutumes* de libertés & les *coutumes* de fervitudes. Les premieres font celles où toutes les perfonnes font franches & de libre condition. Les fecondes font celles où les droits de fervitude perfonnelle ou réelle ont lieu.

En général voici ce qui caractérife la bonté d'une *coutume* particuliere.

1°. Il faut qu'elle ait été en ufage de tems immémorial ; car fi on peut en faire connoître le commencement, la *coûtume* ceffe d'être bonne. C'eft pourquoi nulle *coûtume* n'a pu prévaloir en Angleterre contre un acte exprès du parlement, puifque le ftatut même eft une preuve qu'il fut un tems où cette *coûtume* n'exiftoit pas.

2°. Il faut que la *coûtume* ait été continuée ; attendu que toute interruption étant une ceffation temporelle, fon rétabliffement eft un nouveau commencement qui n'eft plus immémorial, & qui rend la *coûtume* nulle. Il faut pourtant remarquer que je n'entends parler ici que de l'interruption du *droit* ; car une interruption de la feule *poffeffion* pendant dix ans, ne détruit pas la *coûtume*. Les habitans d'une paroiffe, par exemple, ont un droit coûtumier d'abreuver leur bétail à un certain étang ; s'ils n'en ufent pas pendant dix ans, on ne doit pas en conclure que leur droit foit anéanti, il devient feulement plus difficile à prouver ; mais fi l'interruption de droit a lieu, feulement un jour, elle met abfolument fin à la *coûtume*.

3°. Elle doit avoir été reçue paisiblement, sans opposition ni dispute. Les *coûtumes* doivent leur origine au consentement général ; les contestations qu'elles auront éprouvées de tems immémorial, soit par leur opposition à quelque loi, soit d'une autre maniere, prouvent qu'elles n'ont pas eu ce consentement unanime.

4°. Les *coûtumes* doivent être raisonnables, ou plutôt elles ne doivent rien avoir de contraire à la raison ; car il ne s'agit pas de les juger d'après la raison humaine, mais d'après la raison artificielle & légale, garantie par la loi. Ainsi une *coûtume* peut être bonne, quoiqu'on n'en puisse pas donner une raison particuliere ; il suffit qu'on ne puisse lui opposer aucune bonne raison légale. La *coûtume*, par exemple, qui ne permettra à aucun habitant d'une paroisse de conduire ses bestiaux dans les pâturages communs, jusqu'au trois du mois d'Octobre, sera bonne, quoiqu'on ne puisse pas dire pourquoi on a fixé ce jour plutôt que celui qui le précede, ou celui qui le suit. Mais celle qui défendra d'y mener les bestiaux avant que le seigneur du lieu y ait fait mettre les siens, sera déraisonnable, & par conséquent mauvaise : car il peut arriver que le seigneur du lieu n'y envoie jamais les siens, & alors les propriétaires des communes perdroient les bénéfices qu'ils sont en droit d'en attendre.

5ª. Les *coûtumes* doivent être certaines. Une *coûtume* qui décideroit que les biens doivent passer au plus digne des descendans de leur possesseur, seroit nulle ; car comment détermineroit-on cet héritier ? La *coûtume* qui attribue l'héritage au plus proche enfant mâle, à l'exclusion des filles, est certaine, précise, & par conséquent bonne. Celle qui autorise à payer deux sols

par acre à la place de la dime, est également bonne ; elle ne le seroit pas si elle obligeoit tantôt à deux sols, tantôt à trois, suivant le bon plaisir du décimateur, parce qu'elle seroit incertaine. Mais celle, en vertu de laquelle on payeroit de droit au seigneur une année du revenu de la terre, dont on a fait l'acquisition, seroit bonne, quoique la valeur fût incertaine, car elle pourroit être fixée. & c'est une maxime en loi, que *id certum est quod certum reddi potest.*

6°. Les *coûtumes*, quoiqu'établies par le consentement général, doivent être obligatoires. Il ne faut laisser à la volonté de personne le droit de les suivre ou de ne les pas suivre. Ainsi une *coûtume* qui oblige chaque homme à payer une somme déterminée, pour l'entretien d'un pont, sera bonne ; & elle deviendra mauvaise, même absurde, si elle laisse à chacun la liberté de contribuer comme il voudra.

7°. Enfin les *coûtumes* doivent se concilier ensemble. L'une ne peut & ne doit être opposée à l'autre ; car, si toutes deux sont réellement des *coûtumes*, elles sont également anciennes, & ont été établies d'un consentement unanime ; ce qu'on ne peut pas dire des *coûtumes* contradictoires. Car si un homme assure que la *coûtume* lui donne le droit d'avoir des fenêtres ouvertes sur le jardin d'un autre, celui-ci ne peut opposer une autre *coûtume* qui lui donne le droit de les faire fermer : ces deux *coûtumes* contradictoires ne sauroient être bonnes l'une & l'autre ; il faut plutôt nier l'existence de la premiere. (R.)

* On entend encore par le mot *coûtume* un droit, impôt ou tribut qu'on a *coûtume* de lever sur certaines denrées & marchandises qui se vendent & se débi-

tent aux foires & marchés. C'est dans ce sens que ce mot est employé dans le privilege accordé par Philippe I. roi de France à la famille de Chalo saint Mas, *ut in tota regia nullam consuetudinem præstent*; ce qui s'entend des tributs ordinaires qui se levoient en ce tems-là.

Cette expression est tirée de la loi romaine, pour dire *tributum præstare*, L. 9. §. *earum ff. de publi.* C'est pourquoi dans quelques coutumes, lorsqu'on lit *hommes francs & coutumiers*, cela doit s'entendre des exempts & des tributaires. Voyez le troisieme plaidoyer de M. le Bret.

La *coûtume* d'Anjou, §. 8. dit que le bas justicier a la petite *coûtume* des denrées vendues en son fief. Cette petite *coûtume* est interprêtée un denier pour bœuf, vache, pipe de vin, charge de bled, & même pour le bétail, comme porcs, moutons, &c. la petite *coutume* est d'une obole.

C'est aussi dans cette même acception que ce mot est pris dans les fermes domaniales. On perçoit à Rouen au bureau du poids des laines le droit de *coutume*, & Bouchel dans sa bibliotheque de droit françois, dit que la ferme & *coutume* du pied rond est pour chaque cheval, un carolus; voyez Bacquet des *droits de justice*, ch. 10. (M. L.)

COUTUMIER, adj., *Jurisp.*, est tout ce qui a rapport à la coutume, comme l'augment *coûtumier*, le douaire *coûtumier*, le droit *coûtumier*, les instituts *coûtumieres*, le pays *coûtumier*, le tiers *coûtumier*. Voyez l'explication de chacun de ces mots à leurs lettres.

COUVENT, s. m., *Droit canon.* On ne donne ce nom qu'aux maisons habitées par des religieux ou religieuses, qui sont autorisés à y former une communauté; car les autres maisons appartenantes à des religieux, telles que des maisons de campagne & métairies, même celles où ils ont des hospices, ne sont pas des *couvens*.

Il faut même un certain nombre de religieux dans un monastere, pour qu'il soit conventuel proprement dit : ce nombre est plus ou moins considérable, selon les statuts de chaque ordre ou congrégation.

Les puissances catholiques ont commencé à la fin à revenir de cette inconcevable léthargie, qui leur cachoit le mal infini que le nombre prodigieux des *couvens* faisoit à la société. Aussi l'on en a supprimé plusieurs; on cherche les moyens d'en supprimer d'autres, & l'on parviendra à la fin à les réduire à des bornes convenables à la véritable religion & à la saine politique. L'on verra alors changés en bâtimens de manufactures utiles, en maisons pour des pauvres, ces fastueux enclos perdus pour la société en général, & pour l'avantage des particuliers, & consacrés par la superstition aveugle, à la fainéantise. *v.* MOINE.

COUVRIR, v. act., *Jurisp.*, signifie *parer, garantir, sauver, opposer quelqu'exception ou défense.*

Couvrir un fief ou arriere-fief, c'est prévenir & empêcher la saisie féodale d'un fief qui est ouvert, en faisant la foi & hommage ou offrant de la faire, & de payer les droits si aucuns sont dûs.

Couvrir une fin de non recevoir, c'est la parer, l'écarter de maniere qu'elle ne peut plus être opposée. La fin de non recevoir que l'on pouvoit opposer au demandeur est couverte, lorsque le défendeur a procédé volontairement au fond sans opposer la fin de non recevoir, & sans qu'elle ait été réservée par aucun jugement.

Couvrir une nullité, c'est l'écarter par

une efpece de fin de non-recevoir; ce qui arrive lorfque celui qui pouvoit débattre de nullité un exploit, jugement ou acte, a approuvé cet acte, & a procédé volontairement en conféquence. Voyez ce qui eft dit dans l'article précédent.

Couvrir la péremption, c'eft la prévenir de maniere qu'elle ne puiffe plus être oppofée. Lorfqu'il y a eu ceffation de procédures pendant trois ans, celui qui a intérêt de faire anéantir ces procédures, peut en demander la péremption : mais fi avant qu'elle foit demandée il fe fait de part ou d'autre la moindre procédure, quoique ce foit depuis les trois ans, la péremption eft couverte. *v.* Péremption.

Couvrir la prefcription; c'eft lorfque par quelqu'acte de poffeffion ou par quelque procédure, on interrompt la prefcription qui commençoit à courir.

C R

CRAINTE, f. f., *Morale*. L'abbé Girard met les diftinctions fuivantes entre *craindre*, *appréhender*, *redouter* & *avoir peur*. On *craint* par un mouvement d'averfion pour le mal dans l'idée qu'il peut arriver. On *appréhende* par un mouvement de defir pour le bien, dans l'idée qu'il peut manquer. On *redoute* par un fentiment d'eftime pour l'adverfaire, dans l'idée qu'il eft fupérieur. On a *peur* par un foible d'efprit pour le foin de fa confervation, dans l'idée qu'il y a du danger. Le défaut de courage fait *craindre*. L'incertitude du fuccès fait *appréhender*. La défiance des forces fait *redouter*. Les peintures de l'imagination font *avoir peur*. Le commun des hommes *craint* la mort au-deffus de tout ; les Epicuriens *craignent* davantage la douleur ; mais les gens

d'honneur penfent que l'infamie eft ce qu'il y a le plus à *craindre*. Plus on fouhaite ardemment une chofe, plus on appréhende de ne la pas obtenir. Quelque mérite qu'un auteur fe flatte d'avoir, il doit toujours *redouter* le jugement du public. Les femmes ont peur de tout, & il eft peu d'hommes qui à cet égard ne tiennent à la femme par quelque endroit : ceux qui n'ont peur de rien, font les feuls qui faffent honneur à leur fexe.

Pour entrer dans le fond même du fujet, il fuffit d'appliquer ici à la *crainte*, ce que nous avons dit ci-deffus du *courage* qui en eft l'oppofé.

La *crainte* naturelle eft l'effet du fentiment de fa foibleffe. Quand on fe fait mal conftitué, d'une conftitution débile, ou qu'on n'a pas la dextérité néceffaire, on craint d'en venir aux prifes avec des adverfaires qui poffèdent ces avantages. Un homme robufte, intimide un homme fluet : un maitre d'efcrime ou un athlete font perdre le courage à ceux qui n'ont pas appris ces exercices.

Les enfans & les femmes font d'un caractere craintif par la raifon fufdite, & par conféquent tout homme qui leur reffemble, partage les mêmes *craintes*. Mais c'eft dans l'éducation qu'il faut principalement chercher la fource de cette difpofition. Dans ce qu'on nomme à préfent les Etats policés de l'Europe, les enfans font élevés d'une maniere molle, & pour le corps & pour l'efprit. On les tient clos & couverts, fous la direction de perfonnes qui leur enfeignent, fouvent fort mal, les chofes qu'ils ont le moins de befoin d'apprendre. Les filles font traitées encore plus délicatement, plus mignardement : n'ayant jamais effuyé la moindre fatigue, n'ayant jamais vu l'ombre du danger,

ger, tout ce qui en a la plus légere apparence, les étonne & les décourage, les effraye même, jusqu'à les faire tomber en pamoifon.

Il feroit cependant difficile d'apporter des changemens effentiels à l'éducation, fur-tout à celle qu'on nomme *phyfique*. Quelques favans croyent qu'on devroit rétablir la gymnaftique des anciens : mais il faudroit auparavant changer nos mœurs ou même les refondre : & de cette refonte naîtroient plus de détriment que de gain. Le plan d'Emile n'eft que le rêve d'un homme d'efprit, qui a fort bien fû lui-même qu'il rêvoit. Les Emiles réalifés ne feroient que de fort fots automates, des individus retardés & dégénérés. Rien de plus ridicule que de voir dans certaines maifons, où l'on a pris à la lettre les préceptes du philofophe de Geneve, des enfans qu'on prétend durcir par la maniere de les vêtir, de les nourrir, de les coucher, &c. & dont on ne fait que des poliffons, des ruftres !

Pour avoir des éleves qui au bout de leur éducation, foient des hommes fages & utiles, on doit former leur efprit, cultiver leur raifon, leur préfenter fucceffivement les principaux objets de nos connoiffances fous le point de vue qui peut les mettre en état d'en tirer dans la fuite le meilleur parti. Or, par ce moyen, (car nous ne traitons pas ici la matiere de l'éducation, & il faut revenir au fujet de cet article,) des enfans, des adolefcens, de jeunes gens éclairés d'une maniere graduelle & proportionnée à ces divers âges, apprendront à connoître les vrais biens & les vrais maux, & à les diftinguer des biens & des maux apparens : ce qui diminue les objets de nos *craintes*, au point de les faire prefque tous évanouir.

Tome IV.

Au lieu de cela, on charge la mémoire de faits & de dates, on amufe l'imagination de fictions mythologiques, poétiques, romanefques, &c. & fi l'on en vient jufqu'à l'exercice du raifonnement, on l'applique à des fpéculations creufes & ftériles. Des hommes ainfi élevés, devinffent-ils des favans ou de prétendus philofophes, ne feront à l'abri d'aucune *crainte*. Hobbes, dont le fyftème ne differe guere de l'athéifme, craignoit les efprits. Tout récemment le marquis d'Argens, qui fe piquoit de pouffer la liberté de penfer auffi loin qu'elle pouvoit aller, avoit les *craintes* les plus puériles ; une faliere renverfée, treize perfonnes à table, la rencontre d'une vieille femme, en fortant de chez lui le matin, le faifoient frémir. Lorfque les ennemis, objets à la vérité plus réels, fe font préfentés plus d'une fois aux portes de Berlin, & finalement après une efpece de fiege l'ont pris, le marquis tout palpitant couroit d'une maifon à l'autre pour chercher un afyle.

C'eft un très-grand malheur quand, dans l'éducation domeftique, des enfans en bas âge ont autour d'eux des perfonnes trop craintives, ou même affez infenfées, affez dénaturées pour leur infpirer volontairement des *craintes* exceffives, leur caufer les frayeurs, les terreurs les plus propres à bouleverfer. Il peut réfulter immédiatement delà des accidens mortels, & qui détraquent pour toujours la machine : mais, tout au moins, il en refte des impreffions qui empoifonnent la vie entiere, & dont l'âge, l'expérience, la raifon ne délivrent jamais entierement. Il n'y a point de punition affez févere pour ceux qui commettent de pareils attentats, de précautions trop exactes à prendre pour les prévenir.

K

Il y a des états, des proféffions, des genres de vie qui font cenfés bannir ou toute *crainte*, ou certaines *craintes* particulieres. On met à la tète les armes. Un bon foldat doit effectivement n'avoir peur de rien : mais cela ne veut dire autre chofe, finon qu'il ne doit jamais reculer & lâcher le pied : mais cela n'exclut pas toute émotion intérieure : & nous avons indiqué à l'article COURAGE les reftrictions qu'exige l'affertion précédente. Il eft même permis au plus brave militaire de fuir, après la perte décidée d'une bataille & dans une déroute générale.

Les *craintes* particulieres fe diffipent par les actes réitérés qui familiarifent avec les objets de ces *craintes*. Celui qui auroit craint d'approcher d'un cadavre & de le toucher, n'a qu'à faire un cours d'anatomie pour fe plaire à la vue & au maniement de cadavres quelconques. Ceux qui ont fait de longs voyages fur mer, contemplent d'un œil ferein les vagues écumantes, Charybde & Scylla. Mais les grandes tempètes dont on ne réchappe que par miracle, ne laiffent pas de jetter l'épouvante dans l'ame des matelots les plus intrépides, & de changer leurs imprécations en fupplications.

Auffi faut-il reconnoître qu'il y a des *craintes* naturelles & légitimes, dont perfonne ne doit fe vanter d'être exempt, à moins qu'il ne veuille fe faire taxer de ftupidité ou de folie. Il y a des atrocités fi révoltantes, des horreurs auxquelles le fentiment naturel répugne avec tant de force, qu'on n'en peut même entendre ou lire le récit fans en être vivement affecté. De ce nombre font les hoftilités en général, à plus forte raifon celles qui font pouffées au-delà des juftes bornes du droit de la guerre. Le paifible citadin voit

fe former un nuage, qui groffit, s'éleve, s'approche & vient crever fur fa tète : il ne peut, dans cette redoutable attente, que paffer par de cruelles fituations, proportionnelles aux chofes qu'il a à craindre & aux perfonnes pour qui il les craint. Qui eft celui qui ne voudroit pas voir la terre s'ouvrir fous fes pas & l'engloutir, au moment où une ville prife d'affaut eft livrée à la fureur & à la brutalité du foldat ? Quelles angoiffes comparables à celles d'un fexe timide qui va perdre ce qui lui eft plus précieux que la vie ? Quels excès ne commettent pas des troupes légeres dans ces campagnes où on leur permet de fe répandre ? La *crainte* alors devient frayeur, terreur, angoiffe, défefpoir.

Les incendies, les inondations, les tremblemens de terre, la foudre ne peuvent non plus fe manifefter & exercer leurs ravages, fans allarmer ceux qui voyent les commencemens & les accroiffemens de ces fléaux. Mais tandis que les uns courent çà & là tout éperdus, incapables de rien faire & de prendre aucun parti, les autres confervent toute leur préfence d'efprit, agiffent, fe fauvent, en fauvent d'autres, & ne cédent qu'à une force irréfiftible.

Dans les *craintes* ordinaire, & furtout dans les terreurs paniques que peuvent caufer les moindres bagatelles, le moyen décidé de fe calmer & de connoître la nullité de la caufe qui excite la *crainte*, c'eft d'aller droit au lieu & à l'objet mème, de le regarder, de le toucher, & de fe convaincre par tous fes fens que ce n'eft rien moins que ce qu'on avoit cru. C'eft ainfi qu'on fe guérit de toutes ces émotions, caufées par des bruits, des voix ou cris, des fantômes ou des apparitions imaginaires qui fe trouvent être les chofes du monde les plus simples & les plus incapables de nuire ; à moins que ce ne soient des supercheries pour la découverte desquelles il faut des précautions & de la fermeté. Tout homme sensé posera pour principe qu'il n'arrive rien de surnaturel , & que les contes populaires ne méritent pas le moindre degré d'attention. Avec ce préservatif on est à l'abri de toute surprise.

La *crainte* la plus naturelle, la plus commune , la plus forte chez les hommes ordinaires, est celle de la mort. Elle procede immédiatement de l'amour de la vie, & de l'espérance ou de l'incertitude par rapport à notre sort à venir. La philosophie ne sauroit nous délivrer de cette *crainte*. Si elle porte quelquefois au suicide, cela ne prouve autre chose sinon qu'il y a des situations dans la vie que nous craignons plus que la mort. Mais les actes du suicide sont plus souvent l'effet de quelque mouvement inopiné, de quelque nuage qui offusque la raison, que celui de la réflexion , quoiqu'il y ait aussi des exemples de ce dernier ordre.

Quand on ne craint dans la mort que l'instant du passage, & les circonstances douloureuses ou lugubres qui l'accompagnent, on peut dissiper cette *crainte* par des tâtonnemens , pour ainsi dire , & des essais qui mettent dans le cas de dire : *N'est-ce que cela ?* Montaigne dit de bonnes choses là-dessus.

En accordant à la foiblesse humaine tout ce qu'on ne peut lui refuser , il demeure vrai qu'on ne doit craindre que de manquer à son devoir, de blesser sa conscience , & d'offenser Dieu ; parce qu'il n'y a qu'une semblable conduite qui puisse avoir des suites véritablement funestes. *Toutes les autres choses tournent ensemble en bien à ceux qui aiment Dieu.* (F.)

Crainte, *Jurispr.* , on en distingue en *droit* de deux sortes, la *crainte grave* & la *crainte légere*.

La *crainte grave* , qu'on appelle *metus cadens in constantem virum* , est celle qui ne vient point de pusillanimité , mais qui est capable d'ébranler l'homme courageux ; comme la *crainte* de la mort, de la captivité , de la perte de ses biens.

La *crainte légere* est celle qui se rencontre dans l'esprit de quelque personne timide , & pour un sujet qui n'ébranleroit point un homme courageux ; comme la *crainte* de déplaire à quelqu'un , d'encourir sa disgrace.

On met au rang des *craintes légeres*, la *crainte* révérentielle , telle que la déférence qu'une femme peut avoir pour son mari, le respect qu'un enfant a pour ses pere & mere , & autres ascendans , soit en directe ou collatérale ; celui que l'on doit avoir pour ses supérieurs , & notamment pour les personnes constituées en dignité ; la soumission des domestiques envers leurs maîtres , & autres semblables considérations qui ne sont pas réputées capables d'ôter la liberté d'esprit nécessaire , pour donner un consentement valable, à moins qu'elles ne soient accompagnées d'autres circonstances qui puissent avoir fait une impression plus forte : ainsi le consentement qu'un fils donne au mariage que son pere lui propose , ne laisse pas d'être valable , quand même il seroit prouvé que ce mariage n'étoit pas du goût du fils, *voluntas enim remissa tamen voluntas est.*

Les loix romaines nous donnent encore plusieurs exemples de *craintes graves* & *légeres*. Elles décident que la *crainte* de la prison est juste, & que la promesse qui est faite dans un tel lieu , est nulle de plein droit. Parmi nous, une promeffe qui feroit faite pour éviter la prifon, feroit en effet nulle ; mais celui qui eft déja conftitué prifonnier, peut s'obliger en prifon, pourvu que ce foit fans contrainte : on obferve feulement de le faire venir entre deux guichets, comme étant réputés lieu de liberté.

La *crainte* d'un procès mû ou à mouvoir, ne vitie pas la ftipulation ; il en eft de même de l'appréhenfion que quelqu'un a d'être nommé à des charges publiques & de police ; ce qui eft fait pour obéir à juftice, n'eft pas non plus cenfé fait par *crainte*. Mais lorfqu'il y a du danger de la vie, ou que l'on eft menacé de fubir quelque peine corporelle, c'en eft affez pour la refcifion d'un acte, fût - ce même une tranfaction.

Un nouveau confentement, ou une ratification de l'acte, répare le vice que la *crainte* y avoit apporté.

Chez les Romains, aucun laps de tems ne validoit un acte qui avoit été fait par une *crainte grave* ; mais dans notre ufage il faut reclamer dans les dix années du jour qu'on a été en liberté de le faire, autrement on n'y eft plus recevable. Voyez au *ff. 4. tit. ij. l. 21. tit. jv. l. 22.* au *code 8. tit. xxxviij. l. 9. & liv. II. tit. jv. l. 13. tit. xx. l. 4. & l. 8.*

CRANTOR, *Hift. Litt.*, philofophe & poëte grec, natif de Solos en Cilicie, occupa l'académie après Polemon. Son ouvrage *de luctu* eut beaucoup de réputation. Ciceron nous en a tranfmis les idées principales dans fon livre *de la confolation*. Sa doctrine ne differe guere de celle de Platon ; & il fut le premier qui la commenta. Il difoit : ,, la vie de ,, l'homme eft un tiffu de miferes que ,, nous nous faifons à nous - mêmes, ,, ou auxquelles la nature nous a condamnés. La fanté, la volupté & les

,, richeffes font des biens, mais d'un ,, prix fort différent. L'abfence de la ,, douleur eft un avantage qui coûte ,, bien cher ; on ne l'obtient que de ,, la férocité de l'ame ou de la ftupeur ,, du corps". L'académie ancienne ou premiere finit à *Crantor*. Il mourut d'hydropifie dans un âge peu avancé, laiffant plufieurs ouvrages que nous n'avons plus.

Polemon ayant fuccedé à Xenocrate dans l'académie vers la fin de la CXVI^e olympiade, eut le plaifir de voir au nombre de fes écoliers le même *Crantor* qui avoit été autrefois fon condifciple. Cependant cet écolier étoit affez docte pour enfeigner la philofophie, & l'on en étoit fi perfuadé, que lorfqu'il fe retira dans le temple d'Efculape pendant une maladie, plufieurs perfonnes s'y tranfporterent, s'imaginant qu'il avoit deffein d'y établir une école, & voulant fe mettre fous fa difcipline. Il paffa pour l'un des piliers de la fecte platonique ; & fi vous voulez connoître quel cas on en faifoit, vous n'avez qu'à lire ces deux vers d'Horace, *epift. 2. liv. 1. v. 3*, qui dit :

Qui quid fit pulchrum, quid juftum, quid
utile, quid non,
Plenius ac melius Chryfippo & Crantore
dicit.

Ce philofophe fit un livre de la *confolation* qui s'eft perdu, & qu'on eftimoit beaucoup. On admire principalement fon *Traité du deuil*, dit Diogene de Laërce ; c'étoit-là fans doute le titre de l'ouvrage de notre Cilicien. Nous apprenons de Plutarque que ce philofophe mit ce livre au jour pour confoler Hippoclès, qui avoit perdu fes enfans ; Ciceron tira beaucoup de chofes de ce traité, quand il compofa un femblable livre. *Crantor* mourut d'hydropifie dans un âge fort avancé, & laiffa à fon ami

Arcefilas tout fon bien, qui montoit à douze talens, environ 53000 livres de France.

CRAPULE, f. f., *Morale*, débauche habituelle ou des femmes ou du vin. C'eft le terme auquel aboutiffent prefque néceffairement ceux qui ont eu de bonne heure l'un de ces deux goûts dans un degré violent, & qui s'y font livrés fans contrainte, la force de la paffion augmentant à mefure que l'age avance, & que la force de l'efprit diminue. Un homme *crapuleux* eft un homme dominé par fon habitude plus impérieufement encore que l'animal par l'inftinct & les fens. Le terme de *crapule* ne s'appliquoit qu'à la débauche du vin ; on l'a étendu à toute débauche habituelle & exceffive. La *crapule* eft l'oppofé de la *volupté* ; la volupté fuppofe beaucoup de choix dans les objets, & même de la modération dans la jouiffance ; la débauche fuppofe le même choix dans les objets, mais nulle modération dans la jouiffance. La *crapule* exclut l'un & l'autre.

CRATÈS, *Hift. Litt.*, fils d'Afconde, difciple de Diogene le Cynique, naquit à Thébes en Béotie. Il fe livra de bonne heure à la philofophie, & pour n'être pas diftrait par les foins temporels, il vendit fes biens, & en donna le produit à fes concitoyens. C'eft du moins ce que rapporte Antiftheue, & d'après lui Diogene Laerce. D'autres difent qu'il dépofa cet argent chez un banquier, à condition qu'il le donneroit à fes enfans, s'ils négligeoient la philofophie ; & au public, s'ils la cultivoient. On lui attribue ce tarif de dépenfe affez plaifant : *Il faut donner à un cuifinier dix mines, à un médecin une drachme, à un flatteur cinq talens, de la fumée à un homme à confeils, un talent à une courtifane, & trois oboles à un philofophe.* Lorfqu'on lui demandoit à quoi lui fervoit la philofophie ? *A apprendre*, répondoit-il, *à fe contenter de légumes, & à vivre fans foins & fans inquiétude.* Habillé fort chaudement en été & fort légérement en hyver, il fe diftinguoit en tout des autres hommes. Il étoit d'une mal-propreté dégoûtante, & coufoit à fon manteau des peaux de brebis fans préparations ; fingularité, qui jointe à fa laideur naturelle, en faifoit une efpece de monftre. Alexandre curieux de voir ce cynique, lui offrit de rebâtir Thebes fa patrie : *Pourquoi cela ?* lui répondit *Cratès ; un autre Alexandre la détruiroit de nouveau. Le mépris de la gloire, l'amour de la pauvreté, me tiennent lieu de patrie. Ce font des biens que la fortune ne me ravira jamais.* Ce prétendu philofophe avoit époufé la fameufe Hipparchie de laquelle il eut des filles. Il les maria à fes difciples, & les leur confia trente jours à l'avance, pour effayer s'ils pourroient vivre avec elles. Il vivoit vers l'an 328 avant Jefus-Chrift.

CREANCE, f. f. *Jurifpr.* On entend ordinairement par ce terme, une dette active, c'eft-à-dire le droit que le créancier a de fe faire payer d'une fomme d'argent, d'une rente ou autre redevance, foit en argent ou en grains, ou autre efpece ; ce qui vient du latin *credere*, qui fignifie *prêter*, *confier*. On comprend néanmoins fous ce terme, toutes fortes de *créances*, non-feulement pour prêt ou commodat, ou dépôt, mais auffi de quelqu'autre caufe qu'elle dérive, comme d'une donation, d'un legs, partage, contrat de vente, &c.

Il y a plufieurs fortes de *créances*.

Créance caduque, eft celle dont il n'y a rien à efpérer.

Créance chirographaire, eft celle qui eft fondée fur un titre fous fignature privée, qui n'emporte point d'hypotheque. On met dans la même claffe les *créances* pour lefquelles il n'y a aucun titre écrit, parce que c'eft la même chofe vis-à-vis des créanciers hypothécaires, de n'avoir point de titre, ou de n'en avoir qu'un fous feing privé. Entre créanciers chirographaires, le premier faififfant eft préféré fur le prix des effets faifis, parce qu'il a confervé le gage commun; mais s'il y a déconfiture, le premier faififfant vient, comme les autres, par contribution au fol la livre.

On diftingue néanmoins deux fortes de *créances chirographaires*, les unes ordinaires, d'autres privilégiées : les *créances chirographaires* ordinaires font toutes celles qui n'ont point de privilege: les *créances chirographaires* privilégiées, font celles qui font privilégiées par leur nature, foit qu'il y ait un titre ou non; & les unes ont un privilege fpécial fur une certaine chofe, comme le privilege du nanti de gages, le propriétaire de la maifon fur les meubles des locataires; les autres ont un privilege général fur tous les effets du débiteur, comme les frais de juftice, les frais de la derniere maladie du débiteur, les frais funéraires.

Créance déléguée, eft celle qu'un tiers eft chargé de payer en l'acquit d'un autre. *v.* DÉLÉGATION.

Créance douteufe, eft celle dont le recouvrement eft incertain par rapport au peu de ftabilité du débiteur.

Créance hypothécaire, eft celle qui réfulte d'un titre authentique, tel qu'un jugement ou un acte paffé devant notaire, & qui emporte hypotheque au profit du créancier fur les biens de l'obligé.

Créance ordinaire, eft celle qui n'eft point privilégiée. *v.* PRIVILEGE.

Créance perfonnelle, eft celle à laquelle la perfonne eft principalement

obligée, à la différence d'une *créance* hypothécaire, qui ne donne droit contre un tiers que comme détenteur d'un bien hypothéqué.

Créance privilégiée, eft celle à laquelle les loix accordent une faveur particuliere & une préférence fur les *créances* ordinaires; tels font les frais de juftice, frais funéraires, les *créances* d'un maçon fur la maifon qu'il a conftruite ou réparée. *v.* PRIVILEGE.

Créances privilégiées hypothécaires, font celles que l'on paye fur les immeubles par préférence entre les hypothécaires, & par conféquent avant toutes les *créances* chirographaires, même privilégiées : telle eft la *créance* du bailleur de fonds pour le prix de la vente. *v.* PRIVILEGE.

Créance folidaire, eft celle qui appartient en commun à plufieurs perfonnes qui font chacune en droit d'en exiger la totalité, comme il arrive lorfque le débiteur s'eft obligé de payer à chacun des créanciers la totalité de la dette, fans aucune divifion. Néanmoins lorfque l'un d'eux a exigé la totalité de la dette, les autres ne peuvent pas en exiger une feconde fois le payement, fauf leur recours contre celui qui a reçu.

On appelle *lettre de créance*, une lettre qu'un banquier ou marchand donne à un homme qui voyage, pour lui fervir de lettre de change quand il aura befoin d'argent : c'eft proprement une *lettre de crédit*.

CRÉANCIER, f. m., *Jurifpr.*, eft celui auquel il eft dû quelque chofe par un autre, comme une fomme d'argent, une rente, du grain, ou autre efpece.

Pour pouvoir fe dire véritablement *créancier* de quelqu'un, il faut que celui qu'on prétend être fon débiteur foit obligé, du moins naturellement.

On devient *créancier* en vertu d'un

contrat ou quafi-contrat, en vertu d'un jugement, d'un délit, ou d'un quafi-délit.

Tous *créanciers* font chirographaires ou hypothécaires, & les uns & les autres font ordinaires ou privilégiés. Voyez ci-devant au mot CRÉANCE.

Un *créancier* peut avoir plufieurs actions pour la même créance, favoir une action perfonnelle contre l'obligé & fes héritiers, une action réelle s'il s'agit d'une charge fonciere, une action hypothécaire contre les tiers détenteurs d'héritages hypothéqués à la dette.

Il eft permis au *créancier*, pour fe procurer fon payement, de cumuler toutes les contraintes qu'il a droit d'exercer, comme de faire des faifies & arrêts, & en même tems de faifir & exécuter les meubles de fon débiteur, même de faifir réellement les immeubles, s'il s'agit d'une fomme au moins de 200 livres & d'ufer auffi de la contrainte par corps, fi le titre de la créance y autorife.

Mais il n'eft pas permis au *créancier* de fe mettre de fon autorité en poffeffion des biens de fon débiteur; il faut qu'il les faffe faifir & vendre par autorité de juftice.

Les *créanciers* font en droit, pour la confervation de leur dû, d'exercer les droits de leur débiteur, comme de faifir & arrêter ce qui lui eft dû, de former oppofition en fous-ordre fur lui, de prendre de fon chef des lettres de refcifion contre un engagement qu'il a contracté à fon préjudice, & de faire révoquer tout ce qu'il a fait en fraude des *créanciers*; enfin d'accepter en fon nom une fucceffion malgré lui, en donnant caution de l'acquitter des charges.

On ne peut pas contraindre un *créan-cier* de morceler fa dette, c'eft-à-dire de recevoir une partie de ce qui lui eft du, ni de recevoir en payement une chofe pour une autre, ni d'accepter une délégation & de recevoir fon payement dans un autre lieu que celui où il doit être fait.

Lorfque plufieurs prêtent conjointement quelque chofe, chacun d'eux n'eft cenfé *créancier* que de fa part perfonnelle, à moins qu'on n'ait expreffément ftipulé qu'ils feront tous *créanciers* folidaires, & que chacun d'eux pourra feul pour tous les autres exiger la totalité de la dette.

La qualité de *créancier* eft un moyen de reproche contre la dépofition d'un témoin; ce feroit auffi un moyen de récufation contre un arbitre & contre un juge.

CRÉANGE, *comte de-*, *Droit public*, *Krichingen*. Ce comté avec les feigneuries qui en dépendent, eft fitué dans la Weftrie, partie enclavée dans la Lorraine & le Luxembourg, fous la fupériorité territoriale des poffeffeurs de ces deux duchés.

Ce n'étoit anciennement qu'une baronie, que l'empereur Matthias érigea en comté en 1617. Jean V. l'un de fes comtes, laiffa deux fils, George & Wyrich, qui fonderent deux lignes diftinctes, celle de Putelange & celle de *Créange*, & dont les tiges mâles s'éteignirent, favoir, celle du premier en 1681, & celle de l'autre en 1697. Alors Chriftine Louife, fille unique de Ferdinand Ulric, qu'Anne Dorothée, fille du comte Albert Louis de *Créange*, avoit eu du comte Ezard Ferdinand d'Oftfrife, tranfmit ce domaine à la maifon de Wiedrunkel par fon mariage avec le comte Jean Louis Adolphe, malgré les prétentions des princes de Solms-Braunfels & des comtes d'Ortenbourg, qui en prennent encore le titre.

Les comtes de *Créange* ont voix & féance aux dietes du cercle du haut-Rhin, & depuis 1765. à celle de l'empire, où ils fiégent parmi les comtes immediats de la Wetteravie. La matricule de l'empire les taxe à 2 cavaliers & 4 fantaffins ou à 40 florins par mois ; fomme qui, dit-on, a été réduite à la moitié. Son contingent pour l'entretien de la chambre impériale eft de 13 rixdales 46¼ kr. quoique cela foit varié, à en juger par quelques anciens noms, inférés dans la matricule ufuelle & taxés différemment. (D. G.)

CRÉDIBILITÉ, f. f. *Morale*, qualité par laquelle une chofe eft rendue croyable ou digne d'être crue.

On dit d'une chofe qu'*elle eft croyable*, lorfqu'elle n'eft ni évidente par elle-même, ni de nature à pouvoir être déduite & inférée certainement de fa caufe ou de fon effet, & que cependant il y a des preuves qui en établiffent la vérité.{ Les chofes qui paroiffent immédiatement vraies, comme la blancheur de la neige, ou que le tout eft plus grand que fa partie, ne font pas appellées *croyables*, mais *évidentes*. Dans l'école on met au rang des chofes *croyables*, celles auxquelles nous ne donnons notre confentement qu'en vertu du témoignage ou de l'autorité ; par exemple, que Jefus-Chrift s'eft incarné, a été crucifié.

On trouve dans les *tranfactions philofophiques* le calcul mathématique de la *crédibilité* du témoignage des hommes. *v.* TÉMOIGNAGE & CERTITUDE.

CRÉDIT, f. m. *Morale*. Le crédit eft l'ufage de la puiffance d'autrui ; il eft plus ou moins grand, à proportion que cet ufage eft plus ou moins fort, & plus ou moins fréquent.

Obtenir un fervice pour autrui, c'eft *crédit* ; l'obtenir pour foi-même, c'eft n'être que protégé.

Le crédit, qui n'eft pas extrêmement flatteur par fa nature, puifqu'il fuppofe de l'infériorité, peut l'être par fes principes & par fes effets. Ses principes font l'eftime & la confidération perfonnelle dont on jouit, l'inclination dont on eft l'objet, l'intérêt qu'on préfente, ou la crainte qu'on infpire.

Le *crédit* fondé fur l'eftime, eft celui dont on devroit être le plus flatté, & il pourroit être regardé comme une juftice rendue. Celui qu'on doit à l'inclination, moins honorable par lui-même, eft ordinairement plus fûr que le premier. On n'accorde qu'à regret au mérite ; cela reffemble trop à la juftice, & l'amour-propre eft plus flatté d'accorder des graces.

Si le mérite & l'amitié ne donnent pas de part au *crédit*, il ne fera plus qu'un tribut payé à l'intérêt, un pur échange, dont l'efpérance & la crainte décident & font la monnoie. On ne refufe guere ceux qu'on peut obliger avec gloire, & dont la reconnoiffance honore le bienfaiteur : cette gloire eft l'intérêt qu'il en retire. On refufe encore moins ceux dont on efpere du retour, parce que cette efpérance eft un intérêt plus fenfible à la plûpart des hommes.

Ceux qui n'emploient leur *crédit* que par intérêt, ne méritent pas même de paffer pour avoir du *crédit*. Ce ne font plus que de vils protégés, dont l'aviliffement rejaillit fur les protecteurs. Une grace payée avilit celui qui la reçoit, & deshonore celui qui la fait.

Il eft glorieux pour un homme qui a du *crédit*, de l'employer pour foulager les malheureux, & récompenfer les gens de mérite. (F.)

CRÉDIT, *Droit politique*. Le *crédit* étant

étant en général la faculté de faire ufage de la puiffance d'autrui, on peut le définir plus particulierement en fait de finance, *la faculté d'emprunter fur l'opinion conçue de l'affurance du payement*.

Cette définition renferme l'effet & la caufe immédiate du crédit. Son effet eft évidemment de multiplier les reffources du débiteur par l'ufage des richeffes d'autrui. La caufe immédiate du *crédit* eft l'opinion conçue par le prêteur de l'affurance du payement. Cette opinion a pour motifs des fûretés réelles ou perfonnelles, ou bien l'union des unes & des autres.

Les fûretés réelles font les capitaux en terres, en meubles, en argent, & les revenus. Les fûretés perfonnelles font le degré d'utilité qu'on peut retirer de la faculté d'emprunter; l'habileté, la prudence, l'œconomie, l'exactitude de l'emprunteur.

Ces caufes, quoiqu'ordinaires, ne font cependant ni conftantes, ni d'un effet certain; parce que dans toutes les chofes où les hommes ne fe font pas dépouillés de leur liberté naturelle, ils n'obéiffent fouvent qu'à leurs paffions. Ainfi il arrive que les fûretés réelles & perfonnelles ne font pas toujours fur l'efprit des hommes une impreffion proportionnée à leur étendue; on les méconnoit où elles font, on les fuppofe où elles n'exifterent jamais.

Par une conféquence néceffaire de ce que nous venons de dire, tout *crédit* a fes bornes naturelles; il en a d'étrangeres qu'il n'eft pas poffible de déterminer.

Quoique les fûretés perfonnelles foient moins évidentes que les fûretés réelles, fouvent elles n'en méritent pas moins de confiance: car en général elles tendent continuellement à procurer des fûretés réelles à celui qui les poffede.

De cette confidération il réfulte, que

Tome IV.

fi l'un & l'autre *crédit* excede fa proportion connue, le danger eft moindre refpectivement au *crédit* perfonnel.

L'objet du *crédit* réel ne peut difparoître, il eft vrai; c'eft un grand avantage, & l'unique motif de préférence fur l'autre qui peut ceffer d'éxifter pendant quelque tems fans qu'on le fache.

Cette différence emporte avec elle trois fortes de rifques de la part du *crédit* perfonnel: l'un eft attaché à la nature des moyens qu'a l'induftrie d'employer les richeffes d'autrui; le fecond regarde la prudence de l'emprunteur; le troifieme, fa bonne foi.

Le premier rifque s'évanouit fi le fecond eft nul: il eft conftant que l'induftrie ne s'exerce que pour acquérir des fûretés réelles; que tout homme prudent gagne dans la maffe générale de fes entreprifes; car un homme prudent ne cherche de grands profits, que lorfqu'il eft en état de foutenir de grandes pertes.

Le troifieme rifque eft plus frappant, & le moindre cependant, fi les loix font exécutées. Le crime eft facile fans doute; mais le *crédit* eft fi favorable à l'induftrie, que fon premier foin eft de le conferver.

Après la religion, le plus fûr garant que les hommes puiffent avoir dans leurs engagemens refpectifs, c'eft l'intérêt. La rigueur des loix contient le petit nombre d'hommes perdus, qui voudroient facrifier des efpérances légitimes à un bénéfice préfent, mais infâme.

Des différences qui fe trouvent entre le *crédit* perfonnel, on peut conclure qu'il eft dans l'ordre:

1°. Que les fûretés réelles procurent un *crédit* plus facile & moins couteux, mais borné le plus ordinairement à la proportion rigide de ces fûretés.

L

2°. Que les sûretés personnelles ne faffent pas un effet auffi prompt; pouvant difparoître à l'infçû des prêteurs, ce rifque doit être compenfé par des conditions plus fortes: mais lorfque l'impreffion de ces fûretés eft répandue dans les efprits, elles donnent un *crédit* infiniment plus étendu.

Si ces deux fortes de fûretés peuvent chacune en particulier former les motifs d'un *crédit*, il eft évident que leur union dans un même fujet fera la bafe la plus folide du *crédit*.

Enfin moins ces fûretés fe trouveront engagées, plus dans le cas d'un befoin l'opinion conçûe de l'affûrance du payement fera grande.

Tout citoyen qui jouit de la faculté d'emprunter fondée fur cette opinion, a un *crédit* qu'on peut appeller *crédit particulier*.

Le réfultat de la maffe de tous ces *crédits* particuliers, fera nommé le *crédit général*: l'application de la faculté dont nous venons de parler, à des compagnies exclufives bien entendues & à l'Etat, fera comprife fous le mot de *crédit public*.

Il eft à propos d'examiner le *crédit* fous fes divers afpects, d'après les principes que nous avons pofés, afin d'en tirer de nouvelles conféquences. Je fupplie le lecteur d'en bien conferver l'ordre dans fa mémoire, parce qu'il eft néceffaire pour l'intelligence de la matiere.

Crédit général. Commençons par le *crédit général*. On peut emprunter de deux manieres: ou bien le capital prêté eft aliéné en faveur du débiteur avec certaines formalités; ou bien le capital n'eft point aliéné, & le débiteur ne fournit d'autre titre de fon emprunt qu'une fimple reconnoiffance.

Cette derniere maniere de contracter une dette appellée *chirographaire*, eft la plus ufitée parmi ceux qui font profeffion de commerce ou de finance.

La nature & la commodité de ces fortes d'obligations, ont introduit l'ufage de fe les tranfporter mutuellement par un ordre, & de les faire circuler dans la fociété. Elles y font une promeffe authentique d'opérer la préfence de l'argent dans un lieu & dans un tems convenus: ces promeffes réparent fon abfence dans le commerce, & d'une maniere fi effective, qu'elles mettent les denrées en mouvement à des diftances infinies.

Au terme limité ces promeffes reviennent trouver l'argent qu'elles ont repréfenté: à mefure que ce terme approche, la circulation en eft plus rapide; l'argent s'eft hâté de paffer par un plus grand nombre de mains, & toujours en concurrence avec les denrées dont il eft attiré & qu'il attire réciproquement. Tant que le commerce répartira l'argent dans toutes les parties de l'Etat où il y a des denrées, en proportion de la maffe générale, ces obligations feront fidélement acquittées: tant que rien n'éludera les effets de l'activité du commerce dans un Etat, cette répartition fera faite exactement. Ainfi l'effet des obligations circulantes dont nous parlons, eft de répéter l'ufage de la maffe proportionnelle de l'argent dans toutes les parties d'un Etat: dès-lors elles ont encore l'avantage de n'être le figne des denrées, que dans la proportion de leur prix avec la maffe actuelle de l'argent; parce qu'elles paroiffent & difparoiffent alternativement du commerce, qu'elles indiquent même qu'elles n'y font que pour un tems; au lieu que les autres repréfentations d'efpece reftent dans le public comme monnoie: leur abondance a l'effet même de l'abondance de la monnoie ; elle renchérit le prix des denrées sans avoir enrichi l'Etat. L'avantage des fignes permanens n'eft pas d'ailleurs intrinfequement plus grand pour la commodité du commerce, ni pour fon étendue.

Car tout homme qui peut repréfenter l'argent dans la confiance publique, par fon billet ou fa lettre de change, donne autant que s'il payoit la même fomme avec ces repréfentations monnoies. Il eft donc à fouhaiter que l'ufage des fignes momentanés de l'argent s'étende beaucoup, foit en lui accordant toute la faveur que les loix peuvent lui donner, foit peut-être en aftreignant les négocians qui ne payent pas fur le champ avec l'argent, de donner leur billet ou une lettre de change. Dans les endroits où l'argent eft moins abondant, cette petite gène auroit befoin qu'on prolongeât les jours de grace ; mais elle auroit des avantages infinis, en mettant les vendeurs en état de jouir du prix de la vente avant fon terme.

L'accroiffement des confommations eft une fuite évidente de la facilité de la circulation des denrées, comme celle-ci eft inféparable de la circulation facile de la maffe d'argent qui a paru dans le commerce. Chaque membre de la fociété a donc un intérêt immédiat à favorifer autant qu'il eft en lui le *crédit* des autres membres.

Le chef de cette fociété ou le prince, dont la force & la félicité dépendent du nombre & de l'aifance des citoyens, multiplie l'un & l'autre par la protection qu'il accorde au *crédit général*.

La fimplicité, la rigueur des loix, & la facilité d'obtenir des jugemens fans frais, font le premier moyen d'augmenter les motifs de la confiance publique.

Un fécond moyen, fans lequel même elle ne peut exifter folidement, fera la fureté entiere des divers intérêts qui lient l'Etat avec les particuliers, comme fujets ou comme créanciers.

Après avoir ainfi affuré le *crédit* des particuliers dans fes circonftances générales, ceux qui gouvernent, ne peuvent rien faire de plus utile que de lui donner du mouvement & de l'action. Tous les expédiens propres à animer l'induftrie, font la feule méthode de remplir cette vûe, puifque l'ufage du *crédit* n'aura lieu que lorfque cet ufage deviendra utile. Il fera nul abfolument dans une province qui n'aura ni rivieres navigables, ni canaux, ni grands chemins praticables ; où des formalités rigoureufes & de hauts droits détruiront les communications naturelles, dont le peuple ne faura point mettre en œuvre les productions de fes terres, ou bien dont l'induftrie privée de l'émulation qu'apporte la concurrence, fera encore refroidie par des fujétions ruineufes, par la crainte qu'infpirent les taxes arbitraires ; dans tout pays enfin dont il fortira annuellement plus d'argent, qu'il n'y en peut rentrer dans le même efpace de tems.

Crédit public, premiere branche. Nous avons obfervé plus haut, que la faculté d'emprunter fur l'opinion conçue de l'affurance du payement étant appliquée à des compagnies exclufives & à l'Etat, porte le nom de *crédit public;* ce qui le divife naturellement en deux branches.

Les compagnies exclufives ne font admifes chez les peuples intelligens que pour certains commerces, qui exigent des vues & un fyftème politique dont l'Etat ne veut pas faire la dépenfe ou prendre l'embarras ; & que la rivalité ou l'ambition des particuliers auroit

L 2

peine à fuivre. Le *crédit* de ces compagnies a les mèmes fources que celui
des particuliers, il a befoin des mèmes fecours; mais le dépôt en eft fi
confidérable, il eft tellement lié avec
les opérations du gouvernement, que
fes conféquences méritent une confidération particuliere, & lui affignent
le rang de *crédit public*.

Le capital des compagnies exclufives dont nous parlons, fe forme par
petites portions, afin que tous les membres de l'Etat puiffent y prendre commodément intérêt. La compagnie eft repréfentée par ceux qui en dirigent les
opérations, & les portions d'intérèt le
font par une reconnoiffance tranfpor-
table au gré du porteur

Cette efpece de commerce emporte
de grands rifques, de grandes dépenfes; & quelque confidérables que foient
les capitaux, rarement les compagnies
font-elles en état de ne point faire ufage de la puiffance d'autrui.

Il en réfulte deux fortes d'engagemens de la compagnie avec le public :
les uns font les reconnoiffances d'intérèt dans le capital ; les autres font
les reconnoiffances des dettes contractées à raifon des befoins. Ces deux fortes d'engagemens, dont l'un eft permanent & l'autre momentané, ont cours
comme fignes de l'argent.

Si la fomme des dettes s'accroît à un
point & avec des circonftances qui
puiffent donner quelqu'atteinte à la confiance, la valeur d'opinion de l'un &
de l'autre effet fera moindre que la valeur qu'ils repréfentoient dans l'origine.

Il en naîtra deux inconvéniens, l'un
intérieur, l'autre extérieur.

Dans une pareille crife, les propriétaires de ces reconnoiffances ne
feront plus réellement auffi riches

qu'ils l'étoient auparavant, puifqu'ils
n'en retrouveroient pas le capital
en argent. D'un autre côté, le nombre de ces obligations aura été fort
multiplié; ainfi beaucoup de particuliers s'en trouveront porteurs; & comme il n'eft pas poffible de les diftinguer,
le difcrédit de la compagnie entraînera
une défiance générale entre tous les citoyens.

Le trouble mème qu'apporte dans
un Etat la perte d'une grande fomme
de *credit*, eft un fûr garant des foins
qu'un gouvernement fage prendra de
le rétablir & de le foutenir. Ainfi les
étrangers qui calculeront de fang-froid
fur ces fortes d'événemens, acheteront
à bas prix les effets décriés, pour les
revendre lorfque la confiance publique
les aura rapprochés de leur valeur réelle. Si chez ces étrangers l'intérèt de
l'argent eft plus bas de moitié que dans
l'Etat que nous fuppofons, ils pourront profiter des moindres mouvemens
dans ces obligations, lors mème que
les fpéculateurs nationaux regarderont
ces mouvemens d'un œil indifférent.

Le profit de cet agiotage des étrangers fera une diminution évidente du
bénéfice de la balance du commerce,
ou une augmentation fur fa perte. Ces
deux inconvéniens fourniffent trois obfervations, dont j'ai déja avancé une
partie comme des principes; mais leur
importance en autorife la répétition.

1°. Tout ce qui tend à diminuer
quelqu'efpece de fûreté dans un corps
politique, détruit au moins pour un
tems affez long le *crédit* général, &
dès-lors la circulation des denrées, ou
en d'autres termes la fubfiftance du peuple, les revenus publics & particuliers.

2°. Si une nation avoit la fageffe
d'envifager de fang-froid le déclin d'u-
ne grande fomme de *crédit*, & de fe

prêter aux expédiens qui peuvent en arrêter la ruine totale, elle rendroit fon malheur prefqu'infenfible. Alors fi les opérations font bonnes, ou fi l'excès des chofes n'interdit pas toute bonne opération, ce premier pas conduira par degrés au rétabliffement de la portion de *crédit* qu'il fera poffible de conferver.

3°. Le gouvernement qui veille aux fûretés intérieures & extérieures de la fociété, a un double motif de foûtenir, foit par les loix, foit par des fecours prompts & efficaces, les grands dépôts de la confiance publique. Plus l'intérèt de l'argent fera haut dans l'Etat, plus il eft important de prévenir les inégalités dans la marche du *crédit*.

Crédit public, deuxieme branche. Le *crédit* de l'Etat ou la deuxieme branche du *crédit public*, a en général les mêmes fources que celui des particuliers & des compagnies, c'eft-à-dire, les fûretés réelles de l'Etat même, & les fûretés perfonnelles de la part de ceux qui gouvernent.

Mais ce feroit fe tromper groffierement que d'évaluer les fûretés réelles fur le pied du capital général d'une nation, comme on le fait à l'égard des particuliers. Ces calculs pouffés jufqu'à l'excès par quelques écrivains Anglois, ne font propres qu'à repaître des imaginations oifives, & peuvent introduire des principes vicieux dans une nation.

Les fûretés réelles d'une nation font la fomme des tributs qu'elle peut lever fur le peuple, fans nuire à l'agriculture ni au commerce; car autrement l'abus de l'impôt le détruiroit, le défordre feroit prochain.

Si les impôts font fuffifans pour payer les intérèts des obligations, pour fatisfaire aux dépenfes courantes, foit intérieures; pour amortir chaque année

une partie confidérable des dettes : enfin fi la grandeur des tributs laiffe encore entrevoir des reffources en cas qu'un nouveau befoin prévienne la libération totale, on peut dire que la fûreté réelle exifte.

Pour en déterminer le degré précis, il faudroit connoître la nature des befoins qui peuvent furvenir, leur éloignement ou leur proximité, leur durée probable; enfuite les comparer dans toutes leurs circonftances avec les reffources probables que promettroient la liquidation commencée, le *crédit* général, & l'aifance de la nation.

Si la fûreté n'eft pas claire aux yeux de tous, le *crédit* de l'Etat pourra fe foutenir par habileté jufqu'au moment d'un grand befoin. Mais alors ce befoin ne fera point fatisfait, ou ne le fera que par des reffources très-ruineufes. La confiance ceffera à l'égard des anciens engagemens; elle ceffera entre les particuliers d'après les principes établis ci-deffus. Le fruit de ce défordre fera une grande inaction dans la circulation des denrées : développons-en les effets.

Le capital en terres diminuera avec leur produit; les malheurs communs ne réuniffent que ceux dont les efpérances font communes : ainfi il eft à préfumer que les capitaux en argent & meubles précieux feront mis en dépôt dans d'autres pays, ou cachés foigneufement; l'induftrie effrayée & fans emploi ira porter fon capital dans d'autres afyles. Que deviendront alors tous les fyftèmes fondés fur l'immenfité d'un capital national?

Les fûretés perfonnelles dans ceux qui gouvernent, peuvent fe réduire à l'exactitude, car le degré d'utilité que l'Etat retire de fon *crédit*, l'habileté, la prudence, & l'économie des miniftres, conduifent toutes à l'exactitude dans les petits objets comme dans les plus grands. Ce dernier point agit fi puiffamment fur l'opinion des hommes, qu'il peut dans de grandes occafions fuppléer aux fûretés réelles, & que fans lui les fûretés réelles ne font pas leur effet. Telle eft fon importance, que l'on a vu quelquefois des opérations contraires en elles-mêmes aux principes du *crédit*, fufpendre fa chûte totale lorfqu'elles étoient entreprifes dans des vûes d'exactitude. Je n'entends point cependant faire l'éloge de ces fortes d'opérations toujours dangereufes fi elles ne font décifives ; & qui, réfervées à des tems de calamité, ne ceffent d'être des fautes que dans le cas d'une impoffibilité abfolue de fe les épargner ; c'eft proprement abattre une partie d'un grand édifice, pour fouftraire l'autre aux ravages des flammes : mais il faut une grande fupériorité de vûes pour fe déterminer à de pareils facrifices, & favoir maîtrifer l'opinion des hommes. Ces circonftances forcées font une fuite néceffaire de l'abus du *crédit public*.

Après avoir expliqué les motifs de la confiance publique envers l'Etat, & indiqué fes bornes naturelles, il eft important de connoître l'effet des dettes publiques en elles-mêmes.

Indépendamment de la différence que nous avons remarquée dans la maniere d'évaluer les fûretés réelles d'un Etat & des particuliers, il eft encore entre ces *crédits* d'autres grandes différences.

Lorfque les particuliers contractent une dette, ils ont deux avantages, l'un de pouvoir borner leur dépenfe perfonnelle jufqu'à ce qu'ils fe foient acquittés ; le fecond, de pouvoir tirer de l'emprunt une utilité plus grande que l'intérêt qu'ils font obligés de payer.

Un Etat augmente fa dépenfe annuelle en contractant des dettes, fans être le maître de diminuer les dépenfes néceffaires à fon maintien ; parce qu'il eft toujours dans une pofition forcée rélativement à fa fûreté extérieure. Il n'emprunte jamais que pour dépenfer ; ainfi l'utilité qu'il retire de fes engagemens, ne peut accroître les fûretés qu'il offre à fes créanciers : au moins ces occafions font très rares, & ne peuvent être comprifes dans ce qu'on appelle *dettes publiques*. On ne doit point confondre non plus avec elles, ces emprunts momentanés qui font faits dans le deffein de prolonger le terme des recouvremens, & de les faciliter : ces fortes d'économies rentrent dans la claffe des fûretés perfonnelles ; elles augmentent les motifs de la confiance publique. Mais obfervons en paffant que jamais ces opérations ne font fi promptes, fi peu coûteufes, & n'ont moins befoin de *crédits* intermédiaires, que lorfqu'on voit les revenus fe libérer.

C'eft donc uniquement des aliénations dont il s'agit ici.

Dans ce cas, un corps politique ne pouvant faire qu'un ufage onéreux de fon *crédit*, tandis que celui des particuliers leur eft utile en général, il eft facile d'établir entr'eux une nouvelle différence. Elle confifte en ce que l'ufage que l'Etat fait de fon crédit peut nuire à celui des fujets ; au lieu que jamais le *crédit* multiplié des fujets ne peut qu'être utile à celui de l'Etat.

L'ufage que l'Etat fait de fon *crédit*, peut porter préjudice aux fujets de plufieurs manieres.

1°. Par la pefanteur des charges qu'il accumule ou qu'il perpétue, d'où il eft évident de conclure que toute aliénation des revenus publics eft plus onéreufe au peuple, qu'une augmentation d'impôt qui feroit paffagere.

2°. Il s'établit à la faveur des emprunts publics, des moyens de fubfifter fans travail, & réellement aux dépens des autres citoyens. Dès-lors la culture des terres eft négligée ; les fonds fortent du commerce, il tombe à la fin, & avec lui s'évanouiffent les manufactures, la navigation, l'agriculture, la facilité de recouvrement des revenus publics, enfin imperceptiblement les revenus publics mêmes. Si cependant par des circonftances locales, ou par un certain nombre de facilités fingulieres, on fufpend le déclin du commerce, le défordre fera lent, mais il fe fera fentir par degrés.

3°. De ce qu'il y a moins de commerce & de plus grands befoins dans l'Etat, il s'enfuit que le nombre des emprunteurs eft plus grand que celui des prêteurs. Dès-lors l'intérêt de l'argent fe foutient plus haut que fon abondance ne le comporte ; & cet inconvénient devient un nouvel obftacle à l'accroiffement du commerce & de l'agriculture.

4°. Le gros intérêt de l'argent invite les étrangers à faire paffer le leur pour devenir créanciers de l'Etat. Je ne m'étendrai pas fur le préjugé puérile qui regarde l'arrivée de cet argent comme un avantage : j'en ai parlé affez au long en traitant de la circulation de l'argent. v, CIRCULATION. Les rivaux d'un peuple n'ont pas de moyen plus certain de ruiner fon commerce en s'enrichiffant, que de prendre intérêt dans fes dettes publiques.

5°. Les dettes publiques emportent avec elles des moyens ou impôts extraordinaires, qui procurent des fortunes immenfes, rapides, & à l'abri de tout rifque. Les autres manieres

de gagner font lentes au contraire & incertaines : ainfi l'argent & les hommes abandonneront les autres profeffions. La circulation des denrées à l'ufage du plus grand nombre eft interrompue par cette difproportion, & n'eft point remplacée par l'accroiffement du luxe de quelques citoyens.

6°. Si ces dettes publiques deviennent monnoie, c'eft un abus volontaire ajoûté à un abus de néceffité. L'effet de ces repréfentations multipliées de l'efpece, fera le même que celui d'un accroiffement dans fa maffe : les denrées feront repréfentées par une plus grande quantité de métaux, ce qui en diminuera la vente au dehors. Dans des accès de confiance, & avant que le fecret de ces repréfentations fût connu, on en a vu l'ufage animer tellement le *crédit* général, que les réductions d'intérêt s'opéroient naturellement : ces réductions réparoient en partie l'inconvénient du furhauffement des prix rélativement aux autres peuples qui payoient les intérêts plus cher. Il feroit peu fage de l'efpérer aujourd'hui, & toute réduction forcée eft contraire aux principes du *crédit public.*

On ne fauroit trop le répéter, la grande maffe des métaux eft en elle-même indifférente dans un Etat confidéré féparément des autres Etats ; c'eft la circulation, foit intérieure, foit extérieure, des denrées qui fait le bonheur du peuple : & cette circulation a befoin pour fa commodité d'une répartition proportionnelle de la maffe générale de l'argent dans toutes les provinces qui fourniffent des denrées.

Si les papiers circulans, regardés comme monnoie, font répandus dans un Etat, où quelque vice intérieur repartiffe les richeffes dans une grande inégalité, le peuple ne fera pas plus à son aife, malgré cette grande multiplicité des fignes : au contraire les denrées feront plus cheres, & le travail pour les étrangers moins commun. Si l'on continue d'ajoûter à cette maffe des fignes, on aura par intervalle une circulation forcée qui empêchera les intérêts d'augmenter : car il eft au moins probable que fi les métaux mêmes, ou les repréfentations des métaux n'augmentoient point dans un Etat où leur répartition eft inégale, les intérêts de l'argent remonteroient dans les endroits où la circulation feroit plus rare.

Si l'on a vu des réductions d'intérêts dans des Etats où les papiers monnoie fe multiplioient fans ceffe, on n'en doit rien conclure contre ces principes, parce qu'alors ces réductions n'étoient pas tout-à-fait volontaires ; elles ne peuvent être regardées que comme l'effet de la réflexion des propriétaires fur l'impuiffance nationale. Ceux qui voudront voir l'application de ces raifonnemens à des faits, peuvent recourir au difcours préliminaire qui fe trouve à la tête du *Négociant Anglois*.

Les banques font du reffort de la matiere du *crédit :* nous ne les avons point rangées dans la claffe des compagnies de commerce, parce qu'elles ne méritent pas proprement ce nom, n'étant deftinées qu'à efcompter les obligations des commerçans, & à donner des facilités à leur *crédit.*

L'objet de ces établiffemens indique affez leur utilité dans tout pays où la circulation des denrées eft interrompue par l'abfence du *crédit*, & fi nous les féparons des inconvéniens qui s'y font prefque toujours introduits.

Une banque dans fa premiere inftitution eft un dépôt ouvert à toutes les valeurs mercantiles d'un pays. Les reconnoiffances du dépôt de ces valeurs,

les repréfentent dans le public, & fe tranfportent d'un particulier à un autre. Son effet eft de doubler dans le commerce les valeurs dépofées. Nous venons d'expliquer fon objet.

Comme les hommes ne donnent jamais tellement leur confiance qu'ils n'y mettent quelque reftriction, on a exigé que les banques euffent toujours en caiffe un capital numéraire. Les portions de ce capital font repréfentées par des reconnoiffances appellées *actions*, qui circulent dans le public.

Le profit des intéreffés eft fenfible : quand même la vaine formalité d'un dépôt oifif feroit exécutée à la rigueur, la banque a un autre genre de bénéfice bien plus étendu. A mefure qu'il fe préfente des gages, ou du papier folide de la part des négocians ; elle en avance la valeur dans fes billets, à une petite portion près qu'elle fe réferve pour l'intérêt. Ces billets repréfentent réellement la valeur indiquée dans le public ; & n'ayant point de terme limité, ils deviennent une monnoie véritable que l'on peut refferrer ou remettre dans le commerce à fa volonté. A mefure que la confiance s'anime, les particuliers dépofent leur argent à la caiffe de la banque, qui leur donne en échange fes reconnoiffances d'un tranfport plus commode ; tandis qu'elle rend elle-même ces valeurs au commerce, foit en les prêtant, foit en rembourfant fes billets. Tout eft dans l'ordre, la fûreté réelle ne peut être entiere, puifqu'il n'y a pas une feule obligation de la banque qui ne foit balancée par un gage certain. Lorfqu'elle vend les marchandifes fur lefquelles elle a prêté, ou que les échéances des lettres de change efcomptées arrivent, elle reçoit en payement, ou fes propres billets, qui dès-lors font foldés jufqu'à

ce

ce qu'ils rentrent dans le commerce, ou de l'argent qui en répond lorfque le payement fera exigé , & ainfi de fuite.

Lorfque la confiance générale eft éteinte, & que par le reflerrement de l'argent les denrées manquent de leurs fignes ordinaires, une banque porte la vie dans tous les membres d'un corps politique : la raifon en eft facile à concevoir.

Le difcrédit général eft une fituation violente dont chaque citoyen cherche à fe tirer. Dans ces circonftances la banque offre un *crédit* nouveau ; une fûreté réelle toujours exiftante , des opérations fimples , lucratives , & connues. La confiance qu'elle infpire , celle qu'elle prète elle-mème , diffipent en un inftant les craintes & les foupçons entre les citoyens.

Les fignes de denrées fortent de la prifon où la défiance les renfermoit , & rentrent dans le commerce en concurrence avec les denrées : la circulation fe rapproche de l'ordre naturel.

La banque apporte dans le commerce le double des valeurs qu'elle a mifes en mouvement : ces nouveaux fignes ont l'effet de toute augmentation actuelle dans la maffe de l'argent, c'eft-à-dire , que l'induftrie s'anime pour les attirer. Chacune de ces deux valeurs donne du mouvement à l'induftrie , contribue à donner un plus haut prix aux productions, foit de l'art, foit de la nature ; mais avec des différences effentielles.

Le renouvellement de la circulation de l'ancienne maffe d'argent, rend aux denrées la valeur intrinfeque qu'elles auroient dû avoir relativement à cette maffe, & relativement à la confommation que les étrangers peuvent en faire.

Si d'un côté la multiplication de cette

ancienne maffe, par les repréfentations de la banque, étoit en partie néceffaire pour la faire fortir, on conçoit d'ailleurs qu'en la doublant on hauffe le prix des denrées à un point exceffif en peu de tems. Ce furhauffement fera en raifon de l'accroiffement des fignes qui circuleront dans le commerce, au-delà de l'accroiffement des denrées.

Si les fignes circulans font doublés , & que la quantité des denrées n'ait augmenté que de moitié, les prix hausferont d'un quart.

Pour évaluer quel devroit être dans un pays le degré de la multiplication des denrées , en raifon de celle des fignes , il faudroit connoître l'étendue des terres , leur fertilité , la maniere dont elles font cultivées , les améliorations dont elles font fufceptibles, la population , la quantité d'hommes occupés , de ceux qui manquent de travail, l'induftrie & les manieres générales des habitans , les facilités naturelles , artificielles & politiques pour la circulation intérieure & extérieure ; le prix des denrées étrangeres qui font en concurrence ; le goût & les moyens des confommateurs. Ce calcul feroit fi compliqué, qu'il peut paffer pour impoffible ; mais plus l'augmentation fubite des fignes fera exceffive , moins il eft probable que les denrées fe multiplieront dans une proportion raifonnable avec eux.

Si le prix des denrées hauffe , il eft également vrai de dire que par l'excès de la multiplication des fignes fur la multiplication des denrées , & l'activité de la nouvelle circulation , il fe rencontre alors moins d'emprunteurs que de prèteurs ; l'argent perd de fon prix.

Cette baiffe par conféquent fera en raifon compofée du nombre des prèteurs & des emprunteurs.

Elle foulage les denrées d'une partie des frais que font des négocians pour les revendre. Ces frais diminués font l'intérêt des avances des négocians, l'évaluation des risques qu'ils courent, le prix de leur travail : les deux derniers sont toujours reglés sur le taux du premier, & on les estime communément au double. De ces trois premieres diminutions résultent encore le meilleur marché de la navigation, & une moindre évaluation des risques de la mer.

Quoique ces épargnes soient considérables, elles ne diminuent point intrinséquement la valeur premiere des denrées nationales ; il est évident qu'elles ne la diminuent que relativement aux autres peuples qui vendent les mêmes denrées en concurrence, soutiennent l'intérêt de leur argent plus cher en raison de la masse qu'ils possedent. Si ces peuples venoient à baisser les intérêts chez eux dans la même proportion, ce seroit la valeur premiere des denrées qui décideroit de la supériorité toutes choses égales d'ailleurs.

Quoique j'aye rapproché autant qu'il a dépendu de moi les conséquences de leurs principes, il n'est point inutile d'en retracer l'ordre en peu de mots.

Nous avons vu la banque ranimer la circulation des denrées, & rétablir le *crédit* général par la multiplication actuelle des signes : d'où résultoit une double cause d'augmentation dans le prix de toutes choses, l'une naturelle & salutaire, l'autre forcée & dangereuse. L'inconvénient de cette derniere se corrige en partie relativement à la concurrence des autres peuples par la diminution des intérêts.

De ces divers raisonnemens on peut donc conclure, que par-tout où la circulation & le *crédit* jouissent d'une certaine activité, les banques sont inutiles, & même dangereuses. Nous avons remarqué en parlant de la circulation de l'argent, que ses principes sont nécessairement ceux du *crédit* même, qui n'en est que l'image : la même méthode les conserve & les anime. Elle consiste, 1°. dans les bonnes loix bien exécutées contre l'abus de la confiance d'autrui. 2°. Dans la sûreté des divers intérêts qui lient l'Etat avec les particuliers comme sujets ou comme créanciers. 3°. A employer tous les moyens naturels, artificiels, & politiques qui peuvent favoriser l'industrie & le commerce étranger ; ce qui emporte avec soi une finance subordonnée au commerce. J'ai souvent insisté sur cette derniere maxime, parce que sans elle tous les efforts en faveur du commerce seront vains. J'en ai précédemment traité dans un ouvrage particulier, auquel j'ose renvoyer ceux qui se sentent le courage de développer des germes abandonnés à la sagacité du lecteur. Voy. les *Elemens du commerce*, par M. D.V. F.

Si quelqu'une de ces regles est négligée, nulle banque, nulle puissance humaine n'établira parmi les hommes une confiance parfaite & réciproque dans leurs engagemens : elle dépend de l'opinion, c'est-à-dire, de la persuasion ou de la conviction.

Si ces regles sont suivies dans toute leur étendue, le *crédit* général s'établira sûrement.

L'augmentation des prix au renouvellement du *crédit*, ne sera qu'en proportion de la masse actuelle de l'argent, & de la consommation des étrangers. L'augmentation des prix par l'introduction continuelle d'une nouvelle quantité de métaux, & la concurrence des négocians, par l'extension du commerce, conduiront à la diminution des bénéfices : cette diminution des bénéfices & l'accroissement de l'aisance générale feront baisser les intérêts comme dans l'hypothese d'une banque : mais la réduction des intérêts sera bien plus avantageuse dans le cas présent que dans l'autre, en ce que la valeur premiere des denrées ne sera pas également augmentée.

Pour concevoir cette différence, il faut se rappeller trois principes déja répétés plusieurs fois, sur-tout en parlant de la circulation de l'argent.

L'aisance du peuple dépend de l'activité de la circulation des denrées : cette circulation est active en raison de la répartition proportionnelle de la masse quelconque des métaux ou des signes, & non en raison de la répartition proportionnelle d'une grande masse de métaux ou de signes : la diminution des intérêts est toujours en raison composée du nombre des prêteurs & des emprunteurs.

Ainsi à égalité de répartition proportionnelle d'une masse inégale de signes, l'aisance du peuple sera relativement la même ; il y aura relativement même proportion entre le nombre des emprunteurs & des prêteurs, l'intérêt de l'argent sera le même.

Cependant la valeur premiere des denrées sera en raison de l'inégalité réciproque de la masse des signes,

Malgré les inconvéniens d'une banque, si l'Etat se trouve dans ces momens terribles, & qui ne doivent jamais être oubliés, d'une crise qui ne lui permet aucune action ; il paroît évident que cet établissement est la ressource la plus prompte & la plus efficace, si on lui prescrit des bornes. Leur mesure sera la portion d'activité nécessaire à l'Etat pour rétablir la confiance publique par degrés : & il semble

que des caisses d'escompte rendroient les mêmes services d'une maniere irréprochable. Une banque peut encore être utile dans de petits pays, qui ont plus de besoins que de superflu, ou qui possedent des denrées uniques.

Nous n'avons parlé jusqu'à présent que des banques solides, c'est-à-dire, dont toutes les obligations sont balancées par un gage mercantil. Les Etats qui les ont regardées comme une facilité de dépenser, n'ont joui de leur prospérité que jusqu'au moment où leur *crédit* a été attaqué dans son principe. Dans tous les tems & dans tous les pays, la ruine d'un pareil *crédit* entraînera pour long-tems celle du corps politique : mais avant que le jour en soit arrivé, il en aura toujours résulté un ravage intérieur, comme nous l'avons expliqué plus haut en parlant des dettes publiques.

CRÉDIT, *droit de*, *Droit féodal*. La plupart des seigneurs avoient ce droit dans leurs terres, qui consistoit en ce qu'ils pouvoient prendre chez eux des vivres & autres denrées à *crédit*, c'est-à-dire, sans être obligés de les payer sur le champ, mais seulement après un certain tems marqué : ils étoient quelquefois obligés de donner des gages pour la sûreté du payement.

CRÉDULITÉ, s. f., *Morale*, est une foiblesse d'esprit par laquelle on est porté à donner son assentiment, soit à des propositions, soit à des faits, avant que d'en avoir pesé les preuves. Il ne faut pas confondre l'impiété, l'incrédulité & l'inconviction, comme il arrive tous les jours à des écrivains aussi étrangers dans notre langue que dans la philosophie. L'impie parle avec mépris de ce qu'il croit au fond de son cœur. L'incrédule nie sur une premiere vue de son esprit, la vérité de ce

M 2

qu'il n'a point examiné, & de ce qu'il ne veut point se donner la peine d'examiner sérieusement ; parce que frappé de l'absurdité apparente des choses qu'on lui assure, il ne les juge pas dignes d'un examen réfléchi. L'inconvaincu a examiné, & sur la comparaison de la chose & des preuves, il a cru voir que la certitude qui résultoit des preuves que la chose étoit comme on la lui disoit, ne contrebalançoit pas le penchant qu'il avoit à croire, soit sur les circonstances de la chose même, soit sur des expériences réitérées, ou qu'elle n'étoit point du tout, ou qu'elle étoit autrement qu'on ne la lui racontoit. Il ne peut y avoir de doute que sur une chose possible ; & l'on est d'autant moins porté à croire le passage du possible à l'existant, que les preuves de ce passage sont plus foibles, que les circonstances en sont plus extraordinaires, & que l'on a un plus grand nombre d'expériences que ce passage s'est trouvé faux ou dans des cas semblables, ou même dans des cas moins extraordinaires ; ensorte que si les cas où une pareille chose s'est trouvée fausse, sont aux cas où elle s'est trouvée vraie, comme cent mille est à un, & que ce rapport soit seulement doublé par la combinaison des circonstances de la chose considérable en elle-même, sans aucun égard à l'expérience, il faudra que les preuves du passage du possible à l'existant, soient équivalentes à 1999 au moins. Celui qui aura fait ce calcul, dans la supposition dont il s'agit, & trouvé la valeur de la probabilité égale à 1999, ou moindre que cette quantité, sera un inconvaincu de bonne foi. Celui qui n'aura point fait le calcul, mais qui l'aura présumé tel en effet qu'il est & qu'il doit être, par l'habitude d'un es-

prit exercé à discerner la vérité, sans entrer dans la discussion scrupuleuse des preuves, sera nécessairement un incrédule ; l'impie aura dans la bouche le discours de l'incrédule, & dans l'esprit une présomption contraire : ainsi l'inconviction est éclairée par la méditation, l'incrédulité par le sentiment, & l'impiété s'étourdit elle-même ; l'inconvaincu mérite d'être instruit, l'incrédule d'être exhorté, l'impie seul est sans excuse. L'impiété ne répugne point à la *crédulité*. Un idolâtre qui croit en son idole & qui la brise, quand il n'en est pas exaucé, est un impie ; un chrétien qui approche de la sainte table sans reconnoître en lui-même les dispositions nécessaires, est un impie ; un mahométan aux yeux duquel les différens articles de sa croyance sont autant de rêveries qui ne sont pas dignes d'occuper sa réflexion, est un incrédule ; le catholique qui, sur un examen impartial, parvient à se former des doutes graves sur la préférence qu'il donne à sa secte, est un inconvaincu. Au reste, comme il s'agit ici de questions morales, il pourroit bien arriver que quoiqu'il y eût deux mille à parier contre un que telle chose est, cependant elle ne fût pas. L'inconvaincu peut donc supposer raisonnablement la vérité où elle n'est pas : il est encore bien plus facile à l'incrédule de s'y tromper. Mais il ne s'agit point de ce qui est ou de ce qui n'est pas, il est question de ce qui nous paroit. C'est avec nous-mêmes qu'il importe de nous acquitter ; & quand nous serons de bonne foi, la vérité ne nous échappera pas. Il y a le même danger à tout rejetter & à tout admettre indistinctement ; c'est le cas de la *crédulité*, le vice le plus favorable au mensonge.

CRI PUBLIC, *Jurifprud.*, se prend quelquefois pour *clameur publique*. Un homme pris en flagrant délit, peut être arrêté à la clameur publique, sans decret ni ordonnance de justice préalable.

Cri public signifie auffi la proclamation, ban, publication qui se fait, après avoir amassé le peuple à son de trompe ou de tambour, dans les places publiques & carrefours d'une ville, bourg & autres lieux, à l'effet de rendre une chose publique.

CRIÉE, f.f. *Jurifp.*, est une proclamation publique qui se fait par un huissier ou sergent, pour parvenir à la vente par décret de quelqu'immeuble.

On usoit chez les Romains de semblables proclamations, qui étoient appellées *bonorum publicationes præconia*.

Ces proclamations se faisoient *sub hasta*, de même que la vente forcée des effets mobiliers ; d'où est venu le terme *subhaftation*. Voy. ce mot.

CRIME, f. m., *Jurifpr.* Un *crime* ou délit est une action commise que la loi défend, ou l'omission d'une action qu'elle commande. Cette définition peut convenir à toute espece de *crimes* ou de fautes, qui dans le vrai sont la même chose : quoique dans l'usage ordinaire, on ne donne le nom de *crime* qu'aux offenses qui sont les plus atroces, & celui de délits aux fautes qui sont de moindre importance. *v.* DÉLIT.

Ce qui distingue les torts publics des torts particuliers, les *crimes* & les fautes des offenses civiles, c'est que les torts particuliers ou injures civiles, sont des infractions aux droits civils qui appartiennent aux individus considérés comme simples individus, & que les torts publics, *crimes* ou délits, sont des infractions de droits & devoirs, qui sont dûs à tous les membres d'une communauté réunie & qui forment une société. Si je m'empare du champ d'un autre, sur lequel la loi lui donne un droit réel, je commets un délit civil, mais non pas un *crime*. Car cet acte de violence n'intéresse qu'un individu, & est tout-à-fait étranger au public. Une trahison, un meurtre, un vol, sont véritablement des *crimes*, qui quoiqu'ils ne soient que des offenses faites à un individu, attaquent cependant la société qui ne pourroit subsister si des actions de cette espece restoient impunies.

Dans tous les cas tout *crime* est toujours une offense. Si c'est une offense publique, elle intéresse toute la communauté ; si c'est une offense particuliere, elle intéresse encore la communauté, quoiqu'elle ne soit faite qu'à un seul individu. Ainsi celui qui trame contre le prince, qui en veut à ses jours, qui forme une conspiration, ne commet qu'une offense civile dans le fait : mais comme les suites de cette offense sont de détruire le gouvernement, de renverser l'ordre social établi, & de troubler la paix publique, cette offense doit être placée parmi les plus grands *crimes* ; ainsi que le meurtrier qui ne prive de la vie qu'un seul individu, mais qui fait perdre à la société un de ses soutiens, puisqu'il la prive d'un de ses membres, & que l'exemple qu'il donne, auroit de très-grandes conséquences s'il étoit suivi. Le vol doit être envisagé de même : c'est une offense à la propriété, comme le meurtre est une offense à la vie, & ce fut parce que le vol troubloit la tranquillité publique en la privant de toute espece de sécurité, que la loi en a fait un *crime* capital. Dans les *crimes* l'intérêt particulier est confondu avec l'intérèt public, ou plutôt c'eft l'intérêt public qui eft principalement confidéré : auffi la loi ordonne-t-elle rarement une fatisfaction pour l'individu offenfé ; par la raifon que celle qu'elle demande pour le public , la met dans l'impoffibilité d'en accorder une à l'individu , puifqu'elle prive le coupable de la vie & de fa propriété. La loi , moins févere pour les offenfes d'une moindre nature, accorde un dédommagement à la partie offenfée : elle diftingue alors les offenfes civiles des *crimes*. Ainfi celui qui frappe un autre fera pourfuivi comme perturbateur du repos public, & comme tel condamné à une amende, à la prifon, & l'offenfé obtiendra des dommages & intérèts pour la réparation de l'offenfe qui lui aura été faite. Creufer dans un grand chemin un foffé qui en barre le paffage, eft une offenfe publique qui intéreffe tout l'Etat. Mais fi fur ce même grand chemin, on fait eftropier ou caffer la jambe à un cheval, celui qui commet ce délit étant pourfuivi par celui à qui le cheval appartient, devra une fatisfaction confidérable tant pour l'injure qu'il a commife, que pour le tort qui aura été fait au public.

Nous obferverons que le but que fe propofe la loi, en prenant connoiffance des délits ou actions illégales, eft nonfeulement de remettre la partie offenfée dans fes droits, de lui faire rendre ce qu'elle a perdu, ou donner un équivalent des torts qu'elle a foufferts, *v.* DOMMAGE, mais auffi de préferver la fociété des torts, que peut lui faire la violation des loix établies par le fouverain pouvoir, pour le maintien du gouvernement & de la tranquillité publique : & c'eft ce qu'elle fait, en puniffant les violateurs de ces loix.

Comme les punitions font principa-

lement infligées pour prévenir les *crimes*, il eft raifonnable que ceux qui intéreffent plus effentiellement la fûreté & la tranquillité publique, foient les plus févèrement punis ; ainfi que parmi les autres *crimes*, ceux qu'on a plus de facilité à commettre , contre lefquels il eft plus difficile de fe mettre en garde , & qui dès-là déterminent plus facilement à les hafarder. C'eft pour cela que Cicéron obferve que, *ea funt animadvertenda peccata maxime, quæ difficilime peccarentur.* Auffi le domeftique qui vole fon maître, eft-il bien plus coupable qu'un étranger qui feroit le même vol. Si un laquais tue fon maître, c'eft une efpece de trahifon ; dans un autre c'eft un fimple meurtre. Prendre fur le col de quelqu'un un mouchoir ou quelqu'autre bagatelle, eft puni comme un *crime* capital ; tandis que le banniffement ou la prifon font la feule punition que fubit celui qui s'empare, dans un champ ouvert, d'un fac de bled. La valeur de ce vol eft cependant cinquante fois plus confidérable que celle du premier. Dans l'isle de Man, s'emparer d'un bœuf ou d'un cheval, n'étoit point une félonie, vu la difficulté de cacher l'un ou l'autre, ou de les faire fortir de l'isle ; mais celui qui voloit un cochon ou une volaille, étoit puni de mort.

Nous remarquerons en général, que les punitions d'une trop grande févérité, fur-tout fi elles font indiftinctement employées, ont moins d'effet pour prévenir les *crimes* & retenir les peuples, que celles qui font plus modérées. *L'extrême févérité des loix,* dit Montefquieu, *nuit fouvent à leur exécution.* Dans le préambule de fon premier ftatut, la reine Marie difoit : *l'Etat des fouverains eft plus affuré par l'amour de leurs fujets, que par la fé-*

vérité des réglemens & par la crainte des peines. On obéit plus volontiers aux loix qui font faites pour affurer le repos public, quand elles infligent des peines modérées à ceux qui les tranfgreffent, que lorfque ces peines font extrêmement rigoureufes. Nous obferverons auffi, que la féverité des loix eft un fymptóme prefque certain que l'Etat eft attaqué de quelque fourde maladie, ou tout au moins de la foibleffe de fa conftitution. Les loix des rois de Rome, celles des douze tables que firent les décemvirs, étoient d'une féverité extrême. La loi *Porcia*, qui exemptoit de la peine de mort tous les citoyens de Rome, rendit de nul effet les autres : la république floriffoit alors. Mais lorfque fous les empereurs ces loix reprirent toute leur vigueur & que les punitions furent très-féveres, l'empire ne tarda pas à tomber.

La plus grande des abfurdités, c'eft d'infliger la même peine pour plufieurs *crimes* d'une efpece différente. D'ailleurs, lorfque les loix font fanguinaires, on doute du pouvoir de celui qui les fait. Elles prouvent encore & une infuffifance dans la légiflation, & une foibleffe dans la puiffance exécutrice. Il fe trouve quelquefois dans ceux qui gouvernent, des efpeces de charlatans, qui par ignorance, appliquent à tous les maux le même remede : l'*ultimum fupplicium* eft toujours celui qu'ils propofent, lorfqu'il fe rencontre quelques difficultés qu'ils n'ont pas affez de lumiere pour réfoudre : & c'eft un moyen, plus propre à détruire la race humaine qu'à la rendre meilleure. De pareils magiftrats font comme ces chirurgiens peu habiles qui, faute de favoir appliquer le remede propre au mal, coupent le membre qui s'en trouve affecté. C'eft auffi ce qui a toujours fait regarder

dans tous les Etats comme effentiel & jufte, de toujours proportionner la punition au *crime*, & fi la chofe eft abfolument impoffible, du moins ne l'eft-il pas de ne point punir les petits *crimes* avec la même rigueur, & de la même maniere que les *crimes* capitaux. Lorfqu'on ne met nulle diftinction dans les punitions, le peuple fe perfuade qu'il n'y en a point dans les *crimes*. C'eft pourquoi, en France, où le vol fur les grands chemins eft puni avec la même féverité que le vol accompagné de meurtre, il arrive affez rarement que le vol ne foit pas accompagné de l'affaffinat. A la Chine où les affaffins font coupés par morceaux, & non pas les voleurs, il fe commet peu d'affaffinats fur les grands chemins ; mais on y vole beaucoup. En Angleterre, les voleurs ont l'efpérance que la peine de mort, prononcée par la loi contr'eux, fera commuée en celle de la tranfportation aux isles, & les meurtriers font privés de cette efpérance. D'ailleurs ils favent qu'ils feront promptement exécutés, & qu'après l'exécution leur corps fera laiffé aux chirurgiens pour être diffequé ; & cette différence que la loi a mife entre la punition du vol & de l'affaffinat, produit le même effet que la féverité des loix de la Chine.

Quoiqu'il en foit de ces différentes loix criminelles, le grand principe de cette matiere, c'eft qu'il vaut mieux prévenir les *crimes* que de les punir ; c'eft à prévenir les *crimes* que doit tendre une bonne légiflation, qui n'eft que l'art de conduire les hommes au *maximum* du bonheur, ou au *minimum* du malheur, pour appliquer cette expreffion mathématique au calcul des biens & des maux de la vie. Mais les moyens qu'on a pris pour cela jufqu'à préfent, font prefque tous mauvais ou contraires à leur fin. Il n'est pas possible de soumettre l'activité tumultueuse des hommes à un ordre géométrique, où il n'y ait ni irrégularité ni confusion. De même que la constance & la simplicité des loix de la nature n'empêchent pas que les planetes n'éprouvent des perturbations dans leurs mouvemens; ainsi les loix humaines ne peuvent empêcher qu'il n'y ait quelque trouble & quelque dérangement dans la société au milieu du nombre infini d'attractions contraires du plaisir & de la douleur. C'est cependant la chimere des hommes bornés, lorsqu'ils ont quelque autorité en main. Défendre une multitude d'actions indifférentes, ce n'est pas empêcher les *crimes* qui peuvent en être les suites; c'est en créer de nouveaux, c'est changer à son gré les notions du vice & de la vertu, qu'on nous donne d'ailleurs comme éternelles & immuables. A quoi l'homme seroit-il réduit, s'il falloit lui défendre tout ce qui peut être pour lui une occasion de mal faire? il faudroit le priver de l'usage de ses sens. Pour un motif qui pousse les hommes à commettre un *crime* véritable, il y en a mille qui les portent à faire ces actions indifférentes, appellées *crimes* par les mauvaises loix, & si la probabilité que le *crime* sera commis est proportionnée au nombre des motifs qui portent à le commettre, étendre la sphere des *crimes*, c'est augmenter la probabilité qu'il y aura des *crimes* commis. La plus grande partie des loix ne sont que des privileges exclusifs, c'est-à-dire un tribut de tous, à l'avantage d'un petit nombre.

Voulez-vous prévenir les *crimes?* faites que les loix soient claires & simples, & que toute la force de la nation soit réunie pour les défendre, sans qu'aucune partie de cette force soit employée

à les attaquer. Faites que les loix favorisent moins les différens ordres des citoyens, que chaque citoyen en particulier. Faites que les hommes les craignent, & ne craignent qu'elles. La crainte des loix est salutaire, mais la crainte d'un homme pour un autre homme, est une source fatale & féconde de *crimes*. Les hommes esclaves sont plus voluptueux, plus débauchés, plus cruels que les hommes libres. Ceux-ci se livrent aux sciences, méditent sur les intérêts des nations, voyent de grands objets, & font de grandes choses. Ceux-là, contens des plaisirs du moment, cherchent dans le fracas de la débauche une distraction à l'anéantissement où ils se voyent. Accoutumés à l'incertitude de tous les événemens, parce que les loix n'en déterminent aucun, les suites de leurs *crimes* sont problématiques pour eux; ce qui prête une nouvelle force à la passion qui les y porte.

Dans une nation indolente par le climat qu'elle habite, l'incertitude des loix conserve & augmente son inaction & sa stupidité. Dans une nation voluptueuse & agissante, elle fait que l'activité se consume en un nombre infini de petites cabales & d'intrigues qui répandent la défiance dans tous les cœurs, & qui font, de la dissimulation & de la trahison, la base de la morale commune. Enfin, dans une nation courageuse & forte, l'incertitude des loix est à la fin détruite après plusieurs oscillations de la liberté à l'esclavage, & de l'esclavage à la liberté.

Voulez-vous prévenir les *crimes?* faites que les lumieres accompagnent la liberté. A mesure que les connoissances s'étendent, les maux qu'elles entraînent diminuent, & les avantages qu'elles apportent, deviennent plus grands. Un imposteur hardi, qui n'est jamais un

homme

homme vulgaire, obtient les adorations d'un peuple ignorant, & n'eſt pour l'homme inſtruit qu'un objet de mépris. Les connoiſſances facilitent à l'homme la comparaiſon entre les objets. Elles les lui montrent ſous pluſieurs points de vue; elles modifient ſes ſentimens par ceux des autres, en lui faiſant connoître, dans ſes ſemblables, les mèmes deſirs que les ſiens, & en lui faiſant prévoir de leur part les mèmes réſiſtances. Devant les lumieres répandues avec profuſion dans une nation, on voit diſparoître l'ignorance & la calomnie, trembler l'autorité, lorſqu'elle eſt déſarmée de raiſons, & demeurer immobile la ſeule force des loix. Il n'y a pas d'homme éclairé qui n'aime les conventions, dont l'utilité eſt claire & connue, & qui ſont les fondemens de la ſûreté publique; parce qu'il compare ce peu de liberté inutile dont il s'eſt dépouillé, avec la ſomme de toutes les autres libertés, dont les autres hommes lui ont fait le ſacrifice, & qui, ſans les loix, pouvoient s'armer & conſpirer contre lui. Quiconque a une ame ſenſible, jettant un regard ſur un code de bonnes loix, & reconnoiſſant qu'il n'a perdu que la funeſte liberté de nuire à ſes ſemblables, ſera forcé de bénir le trône & celui qui l'occupe.

Il eſt faux que les ſciences ſoient toujours nuiſibles à l'humanité, & lorſqu'elles l'ont été, le mal étoit inévitable. La multiplication du genre humain ſur la terre introduiſit la guerre, les arts groſſiers & les premieres loix qui n'étoient que des conventions momentanées, & qui naiſſant d'une néceſſité paſſagere, périſſoient avec elle. Ce fut-là la premiere philoſophie dont les élémens étoient en petit nombre & bien choiſis, parce que la pareſſe & le peu de ſagacité des premiers hommes les

préſervoient de beaucoup d'erreurs.

Mais les beſoins ſe multipliant avec l'eſpece humaine, il fallut des impreſſions plus fortes & plus durables pour empêcher les retours fréquens, & qui devenoient tous les jours plus funeſtes, de chaque individu au premier état d'inſociabilité. Ce fut donc un grand bien politique pour l'humanité que les premieres erreurs religieuſes, qui peuplerent la terre de fauſſes divinités, & qui créerent un monde inviſible d'eſprits maîtres & ordonnateurs du monde viſible. On ne peut regarder que comme des bienfaiteurs du genre humain ces hommes hardis qui le tromperent, & par qui la docile ignorance fut traînée au pied des autels. En préſentant au vulgaire des objets hors de la portée des ſens, qui fuyoient de lui à meſure qu'il croyoit s'en approcher & les atteindre, qu'il n'oſoit mépriſer, parce qu'il ne les connût jamais bien, ils réunirent & concentrerent vers un ſeul objet les paſſions différentes qui l'agitoient. Tel fut le ſort des premieres nations qui ſe formerent des peuples ſauvages. Tel fut le lien néceſſaire, & peut-être le ſeul, des grandes ſociétés, à l'époque de leur formation. Je ne parle pas de ce peuple élu de Dieu, auquel les miracles les plus extraordinaires & les graces les plus ſignalées, tinrent lieu de la politique humaine. Mais comme la nature de l'erreur eſt de ſe ſoufdiviſer à l'infini; ainſi les fauſſes ſciences qui naquirent de ces erreurs, firent des hommes une multitude fanatique d'aveugles, ſe heurtant & ſe bleſſant dans le labyrinthe où ils ſont enfermés, & firent regretter à quelques ames ſenſibles & philoſophiques l'ancien état ſauvage de l'humanité. Voilà la premiere époque dans laquelle les connoiſſances, ou pour parler avec plus de juftefle, les opinions font funeftes.

La feconde fe trouve dans le paffage terrible des erreurs à la vérité, & des ténébres à la lumiere. Le choc des vérités utiles à un grand nombre de foibles, contre cette maffe immenfe d'erreurs utiles à un petit nombre d'hommes puiffans, & la fermentation des paffions qui s'excite dans ce moment, font des maux infinis aux malheureux humains. En lifant avec attention l'hiftoire, dont les époques principales, prifes entre certains intervalles, fe reffemblent toutes, on voit fouvent dans ce trifte & néceffaire paffage de l'ignorance à la philofophie, de l'efclavage à la liberté, une génération entiere facrifiée au bonheur de celle qui doit lui fuccéder. Mais lorfque l'incendie eft éteint, & le calme rétabli, lorfque la nation eft délivrée des maux qui l'opprimoient, la vérité dont les pas font lents d'abord, & s'accélerent enfuite, vient s'affeoir fur le trône à côté des monarques, & obtient dans les affemblées de la nation & dans les républiques un culte & des autels. Comment peut-on penfer que la lumiere répandue fur la multitude eft plus nuifible que les ténébres, & que la connoiffance des rapports fimples & vrais des chofes, puiffe être funefte à l'humanité.

Il eft vrai que l'ignorance aveugle eft moins fatale peut-être qu'un favoir médiocre & confus; parce que celui-ci joint aux maux que fait l'ignorance, tous ceux qui font les fuites d'une vue bornée, & en deçà des limites du vrai: mais un homme éclairé rendu dépofitaire & gardien de la fainteté des loix, eft le don le plus précieux qu'un fouverain puiffe faire à fa nation. Accoutumé à voir la vérité fans la craindre, au-deffus de la plus grande partie de fes befoins d'opinion, toujours renaif-

fants, qui font fi fouvent fuccomber la vertu, fachant contempler l'humanité du point de vue le plus élevé, il voit dans fa nation une famille, & dans fes concitoyens autant de freres; & la diftance des grands au peuple lui paroit d'autant moindre, qu'il fait embraffer par fes regards une plus grande maffe d'hommes à la fois. Le philofophe a des befoins & des intérêts que ne connoit pas le vulgaire, la néceffité de ne pas démentir en public les principes qu'il a prêchés dans l'obfcurité, & l'habitude d'aimer la vertu pour elle-même. Quelques hommes de cette efpece feroient le bonheur d'une nation; mais pour le rendre durable, il faut que de bonnes loix en augmentent affez le nombre pour diminuer beaucoup la probabilité d'un mauvais choix.

Un autre moyen de prévenir les *crimes* eft de faire que le tribunal chargé du dépôt des loix foit plus intéreffé à les obferver, qu'à les violer en fe laiffant corrompre. Plus il fera nombreux, moins on aura à craindre d'ufurpations de fa part; parce qu'entre plufieurs membres d'un même corps, qui s'obfervent entr'eux, il y a d'autant moins d'intérêt d'accroître l'autorité commune, que la portion qui en reviendroit à chacun eft plus petite, principalement lorfqu'ils comparent la petiteffe de l'avantage aux dangers de l'entreprife. Si le fouverain, en donnant à la magiftrature trop d'appareil, de pompe & d'autorité, & en ne permettant point les plaintes juftes ou mal fondées de celui qui fe croit opprimé, accoutume fes fujets à craindre moins les loix que les magiftrats, ceux-ci gagneront à cette crainte; & la fûreté publique & particuliere y perdra.

On peut encore prévenir les *crimes* en récompenfant la vertu. Je vois, fur ce sujet, les loix de toutes les nations modernes garder un silence profond. Si les prix distribués par les académies aux auteurs des découvertes utiles, ont étendu les connoissances & multiplié les bons livres, pourquoi des récompenses de la main d'un monarque bienfaisant n'augmenteroient-elles pas le nombre des bonnes actions? La monnoie de l'honneur est toujours inépuisable & féconde entre les mains d'un sage distributeur.

Enfin, le moyen le plus sûr, mais le plus difficile de rendre les hommes meilleurs, est de perfectionner l'éducation, objet trop vaste, & qui passe les bornes que je me suis prescrites; objet, j'ose le dire, trop étroitement lié avec la nature du gouvernement, pour n'être pas un champ stérile & cultivé seulement par un petit nombre de sages, jusqu'à ces siecles de félicité publique, qui sont encore bien éloignés. *v.* EDUCATION.

Mais quelles sont les personnes capables de commettre des *crimes?* Les enfans & tous ceux qui sont mineurs sont censés manquer d'un entendement suffisant pour se conduire, & par conséquent ne doivent pas être punis pour les actions condamnables qu'ils commettent dans le tems de leur minorité. Le tems où cette minorité doit finir, n'est pas le même dans tous les pays. Le droit romain avoit trois classes de mineurs audessous de vingt-cinq ans: la premiere étoit composée de ceux qui étoient dans l'enfance, laquelle commençoit au moment de la naissance & finissoit à sept ans; la deuxieme, de ceux qui étoient dans la jeunesse (*pueritia*) laquelle commençoit à sept & finissoit à quatorze; la troisieme classe enfin étoit formée par ceux qui avoient atteint l'âge de puberté, laquelle commençoit à quatorze &

prenoit fin à vingt-cinq ans, qui étoit l'âge de la majorité. On distinguoit encore ceux qui étoient dans la jeunesse, depuis l'âge de sept jusqu'à celui de dix & demi: on appelloit cet âge, *ætas infantiæ proxima.* Ceux de cette classe pouvoient être punis par la loi, parce qu'ils étoient réputés *doli capaces,* mais pourtant avec moins de rigueur que ceux d'un âge plus avancé. Tous ceux qui avoient atteint l'âge de puberté, étoient dans le cas d'éprouver toute la sévérité de la loi, même pour les peines capitales.

Les idiots & les lunatiques étant privés de l'usage de leur raison, ne peuvent avoir une volonté fixe & déterminée, telle que la demande la loi dans ceux qui commettent le *crime,* pour qu'ils soient à ses yeux coupables de l'avoir commis, & comme tels, susceptibles d'en recevoir la punition. La maxime de la loi pour les lunatiques, *furiosus furore solùm punitur,* peut également s'appliquer aux idiots; & c'est en conséquence que l'idiot, tant qu'il reste dans son incapacité légale, n'est personnellement responsable d'aucune de ses actions, non pas même dans le cas de la trahison. Ainsi lorsqu'un homme ayant tout son bon-sens commet un *crime* capital, & qu'avant d'être cité au tribunal de la justice, il perd la raison; attendu qu'il n'est plus en état de se défendre, il n'est point dans le cas que l'on poursuive son procès. Et si le même homme, après avoir comparu, a été arrêté, emprisonné, & devient insensé, on ne continue point l'instruction de son affaire. Si cet accident lui arrive après l'instruction de son procès achevée, sa sentence ne lui est pas prononcée, & si c'est après qu'il a été condamné qu'il devient fou, la sentence n'est pas exécutée, par la raison qu'il auroit pu arriver, qu'après le jugement & avant son exécution; il auroit pu employer des moyens de défense qui l'euffent peut-être purgé du *crime* pour lequel il auroit été condamné.

L'yvreffe, qui prive l'homme de sa raison, est une espece de démence artificielle, & une phrénéfie momentanée, qui, aux yeux de la loi, aggrave le *crime* & ne l'excufe point: *nam omne crimen ebrietas & incendit & detegit.*

On a obfervé que l'ufage des liqueurs fortes étoit une fuite néceffaire du climat, de même que leur excès; de maniere que la même quantité qui peut à peine produire le plus léger effet fur un Norvégien, trouble la raison d'un Efpagnol. C'eft pour cela que le préfident de Montefquieu a dit, qu'un Allemand boit par habitude ou par tempérament, & un Efpagnol par choix ou par débauche. Auffi l'yvreffe du premier doit-elle être punie moins févérement que celle du dernier: car en Italie & en Efpagne elle rend fou & frénétique, tandis qu'en Allemagne & dans les pays du Nord, elle ne rend que ftupide & trifte. Une loi de Pittacus ordonnoit, *que celui qui commettroit un* crime *dans l'yvreffe, recevroit une double punition; l'une pour le* crime, *l'autre pour l'yvreffe qui l'avoit occafionnée.* Les loix romaines étoient plus indulgentes: *per vinum,* difoient-elles, *de lapfis capitalis pœna remittitur.* Mais les loix angloifes qui ont fenti les fuites funeftes que pouvoient avoir cette indulgence & l'abus qu'on pouvoit en faire, n'en ont aucune pour celui qui dans l'yvreffe commet un *crime,* & ne penfent pas qu'un *crime* puiffe fervir d'excufe à un autre.

Si un homme fait, par hafard, ou par malheur & fans deffein prémédité, un acte illégal; comme fa volonté n'y entre pour rien, fon action ne peut être réputée un *crime,* puifque pour rendre une action criminelle, il faut néceffairement qu'elle foit faite par la volonté du délinquant.

L'ignorance ou l'erreur, n'étant pas la fuite de la volonté de celui qui l'a faite, n'eft pas un *crime,* parce qu'il ne peut y avoir de *crime* que lorfque c'eft la volonté du coupable qui le lui fait commettre. Il peut donc arriver qu'un homme faffe une action illégale, lorfqu'il croit faire le contraire. Mais on doit obferver, pour qu'il ne foit point coupable, que fon erreur foit une erreur de fait & non pas une erreur du point de la loi.

Par exemple, fi un homme en tue un autre, en le prenant pour un voleur qui fera entré dans fa maifon pour le voler, ce ne fera pas une action criminelle qu'il aura commife; mais s'il tue un homme excommunié, parce qu'il croira qu'il en aura le droit; alors fon action devient un meurtre véritable, attendu que la loi ne l'autorife pas à tuer un excommunié. Ce qui eft fondé fur le principe, que toute perfonne en âge de raifon, eft obligée de connoître ce que les loix du pays permettent ou défendent: *ignorantia juris quod cuique tenetur fcire neminem excufat.*

Si l'homme agit contre fa volonté & que ce foit une force irréfiftible qui l'oblige à faire une mauvaife action, cette action ne le rend point criminel: car pour qu'il pût l'être, il faudroit qu'il eût joui de la volonté libre de la faire. Les punitions ne font infligées qu'à ceux qui abufent de là libre volonté que Dieu a donnée à tous les hommes: ainfi il eft jufte & équitable que celui qui a été contraint par la force à commettre un *crime,* foit excufé par l'impuiffance où il s'eft trouvé de ne pas faire ce qui répugnoit à fa volonté.

Suivant les loix d'Angleterre, si un législateur établit une loi injuste qui ordonne au sujet de faire un acte contraire à la religion & à la saine morale, le sujet sera obligé d'obéir, quoique la loi divine l'en empêche; & il seroit puni par la justice s'il n'obéissoit pas à la loi. C'est le comble de l'opposition de la justice naturelle & immuable à la justice civile & capricieuse; tant il est vrai que les plus sages sont toujours des hommes.

On a donné plusieurs dénominations aux *crimes*, suivant leurs différentes circonstances : nous en indiquerons ici les principales.

Crimes extraordinaires, chez les Romains, étoient opposés aux *crimes* qu'on appelloit *ordinaires*. On entendoit par ceux-ci les *crimes* qui avoient une peine certaine & fixée par les loix romaines, & dont la poursuite se faisoit par la voie ordinaire des demandes & des défenses; au lieu que les *crimes extraordinaires*, tant privés que publics, étoient ceux dont la peine n'étoit point déterminée par les loix, dont par conséquent la punition étoit arbitraire, & qui se poursuivoient par la voie extraordinaire de la plainte & de l'accusation.

Crime graciable, est celui pour lequel on peut obtenir les lettres de grace du prince; tel qu'un homicide que l'on a commis involontairement ou à son corps défendant.

Crime grave, est un *crime* qui est de qualité à mériter une punition rigoureuse.

Crimes de léze-majesté, sont ceux qui tendent directement & immédiatement à la destruction de la société, & de ceux qui la représentent : ce sont les *crimes* les plus funestes à l'Etat.

Les XII. tables réduisirent à trois principaux chefs ce *crime*. Le premier regarde le citoyen, qui, par son conseil & la trahison, aura fait un ennemi d'un ami du peuple romain, qui sécretement l'aura excité, sollicité, fait résoudre à s'armer contre l'Etat. Le second a en vue celui qui, malgré la défense du général, aura combattu contre l'ennemi. Le troisieme concerne le citoyen qui en aura mis un autre au pouvoir de l'ennemi.

Mais dans la suite, & sur-tout sous les empereurs, on abusa étrangement de ce mot; on l'étendit même aux doutes sur les jugemens du prince, & aux favoris mêmes. La tyrannie & l'ignorance qui confondent les termes & les idées les plus claires, ont pu seules donner ce nom à des *crimes* d'une nature absolument différente, & rendre par ce moyen comme par beaucoup d'autres, les hommes victimes d'un mot.

Tout *crime* nuit à la société; mais tout *crime* ne tend pas à sa destruction. Les actions morales, comme les physiques, ont leur sphere d'activité diversement circonscrite & limitée, ainsi que tous les mouvemens de la nature par l'espace & par le tems. Il n'y a que l'interprétation sophistique, cette philosophie des esclaves, qui puisse tenter de confondre des choses que la vérité éternelle a séparées par des bornes immuables.

Crime ordinaire. Voyez ci-devant *Crime extraordinaire*.

Crime parfait, est celui qui a été consommé, à la différence du *crime imparfait*, qui n'a été que projeté ou exécuté seulement en partie. Voyez ce qui est dit ci-devant des *crimes* en général.

Crime prescrit, est celui dont la peine est remise par le laps de vingt ans sans

poursuites contre le coupable. *v.* PRES-
CRIPTION.

Les *crimes privés*, font ceux qui ne
regardent que les particuliers, & dont
la pourfuite n'eft permife par les loix
romaines qu'à ceux qui y font intéreffés, & auxquels la réparation en eft
dûe.

Les *crimes publics* font ceux qui troublent l'ordre public, & dont la réparation intéreffe le public. Chez les Romains la pourfuite en étoit permife à
toutes fortes de perfonnes, quoique
non intéreffées. Mais aujourd'hui dans
la plus grande partie de l'Europe la
pourfuite n'en eft permife qu'aux parties intéreffées, ou au miniftere public : mais toutes fortes de perfonnes
font reçues à les dénoncer. (D. F.)

CRIMÉE, *Prefqu'ifle de*, *Droit public*, *Cherfonefus Taurica*, que les cartes turques défignent fous le nom de
Kirim athafi, c'eft-à-dire *l'isle de Crimée*, a la même figure que la Morée, &
felon les anciens, elle eft auffi grande.
La mer noire & celle d'Afof l'entourent
entierement à la langue de terre près,
qui la joint à la terre ferme. Il paroit
qu'elle a reçu fon nom de fes fortifica-
tions au moyen du foffé Perekop. Anciennement les Scythes poffédoient le
cœur du pays & s'étendoient au delà
de Perekop vers le nord, aux environs
du Nieper à l'occident, & du Don à
l'orient. Quelques colonies grecques
étoient en poffeffion de la côte occiden-
tale & méridionale de la *Crimée* : la ville de Cherfon étoit la plus puiffante. Les
princes ou tyrans des Grecs du Bofphore commandoient à la partie orientale
de la *Crimée* jufqu'au Don & au pays
fitué vis-à-vis, c'eft-à-dire à cette
contrée qui s'étend depuis le Tanaïs le
long de la mer d'Afof jufqu'à la mer noire tirant vers le mont Caucafe. Mais

comme les Scythes incommodoient fort
les Grecs, ceux-ci appellerent à leur
fecours Mithridate roi du Pont, qui
chaffa enfin les Scythes de la péninfule
& fonda le royaume de Bofphore, qui
comprenoit toute cette prefqu'ifle & le
pays fitué vis-à-vis à l'orient, jufqu'au
mont Caucafe. Du tems de l'empereur
Dioclétien ce royaume étoit fous la
puiffance des Sarmates, & les Goths,
defcendans des anciens Gétes, demeuroient à l'oueft de la prefqu'ifle & dans
toute la contrée qui s'étend au dehors
vers le nord le long du Tanaïs. C'eft de-
là qu'eft forti Ulfilas avec fes Goths.
Dans la fuite la prefqu'ifle fut au pouvoir des empereurs grecs ; cependant
les Huns, enfuite les Chafares ou Co-
fares, & après eux les Polowfes, y eu-
rent auffi part. Vers la fin du XIIe. fiecle les Génois fe rendirent maîtres de la
mer noire & de tous fes ports, & s'établirent auffi dans la *Crimée*. Au XIIe
fiecle les Tartares dépofféderent les Polowfes de leurs pays, mais principalement de la *Crimée* ; cependant ils ne purent prendre aux Génois leurs ports &
les châteaux forts qu'ils avoient près de
la mer, & ceux-ci garderent la ville
de Caffa jufqu'en 1471 que les Tartares
s'en emparerent, auffi bien que de toute la *Crimée* à laquelle ils prépoferent
un chan. Les Ruffes attaquerent la *Crimée* en 1698, mais ils ne fe rendirent
maîtres que de Perecop. En 1736 ils
firent de nouveau une irruption en *Crimée* fous le commandement du comte de
Munich, forcerent la ligne que les Tartares avoient tirée de Perekop à travers
l'ifthme & qui fortifiée de plufieurs
châteaux ou tours, étoit gardée par
100000 hommes, & ils s'ouvrirent un
paffage dans la *Crimée*. En 1737, 38
& 39, les Ruffes firent avec fuccès de
nouvelles irruptions en *Crimée*, & dans

l'espace de 4 ans presque la moitié du pays fut ravagée tant par les Russes que par les Tartares mêmes, de sorte que beaucoup d'habitans moururent de faim & que d'autres abandonnerent leurs foyers.

Le prince Dolgoroucki ayant conquis la *Crimée* en 1771, à la tête d'une armée Russe, les Tartares de cette péninsule signerent avec les Russes un traité, déja ébauché en 1770, par lequel ceux-là renonçoient entierement à la domination de la Porte-Ottomane, se mettoient sous la protection de l'Empire Russe, & lui cédoient les deux forteresses de Jénickalé & de Kertsch, avec les territoires qui en dépendent. En révanche, l'impératrice leur rendoit le reste de la *Crimée* sans exception, à condition qu'on n'y admettroit point de garnison Ottomane.

Par l'*article 3* du traité de paix conclu le 21 Juillet 1774 entre la Russie & la Porte, il est dit que, toutes les nations Tartares de la *Crimée*, de Budziack, &c. feront reconnues par les deux Empires pour libres & indépendantes; ni la cour de Russie, ni la porte Ottomane, ne se mêleront de l'élection du chan. Quant à la religion, attendu que les Tartares professent le même culte que les Musulmans, & que le sultan est le souverain calife du mahométisme, ils se regleront à son égard suivant les principes de leur religion; sans que néanmoins l'affermissement de leur liberté politique soit par là exposé à aucun danger. La Russie retient pour elles les forteresses de Kertsch & de Jénickalé avec leurs districts & ports: Elle cede aux dites nations Tartares toutes les autres villes, forteresses, terres conquises par ses armes dans la *Crimée*, dans le Cuban, &c. La sublime Porte se désiste de toutes prétentions sur les villes, forteresses, places, &c. en *Crimée*, dans le Cuban, & dans l'isle de Taman; elle remettra ces Etats aux Tartares, comme fait la Russie, avec une pleine & entiere indépendance.

Cet article du traité ayant occasionné quelques difficultés, voici ce dont la Russie & la Porte convinrent postérieurement entr'elles pour les faire cesser.

Le nouveau Kan fera savoir son élection à la Russie & à la Porte. Et d'abord après cette notification, le grand-seigneur sera tenu de le reconnoître pour tel, & lui envoyera d'abord l'habit d'honneur, le turban, & le sabre. On continuera à prier dans les mosquées de la *Crimée* pour le grand-seigneur; & la monnoie qui y a cours, sera marquée de son nom. Les cadis ou juges, seront élus pour tels par les cadileskiers de C. P. Cependant la Porte ne pourra pas en conclure qu'elle ait acquis, par ce qui est dit ci-dessus, aucune autorité dans le gouvernement de la *Crimée*, ni rien qui soit contraire à son indépendance; mais tout ceci prouvera seulement que le grand-seigneur, en sa qualité de successeur des califes, est autorisé à reconnoître un Kan nouvellement élu en qualité de confesseur de la foi musulmane; de sorte que tout ce qui est dit ci-dessus concernera uniquement la religion, & non le temporel.

Dès que les éclaircissemens qu'on vient de voir, eurent été arrêtés, le grand-seigneur envoya les marques de la dignité de Kan à Sahib-Gueray de la ligne de Czingin, en Janvier 1775. Mais ce prince fut déposé la même année par les Myrses ou seigneurs du pays, qui lui reprochoient d'avoir consenti à céder aux Russes les places de Kertsch, Jenickalé & Kinburn. Il fut contraint de s'enfuir avec une petite suite; & l'on élut à sa place Devvlet-Gueray, originaire de l'autre ligne des Kans, que la Porte avoit si inutilement protégés pendant la guerre.

Depuis la paix de 1774, la Russie a envoyé en *Crimée*, & dans les pays voisins, un grand nombre de ses sujets & autres, qui avoient subi pendant la guerre le sort de l'esclavage parmi les Turcs, & qui se proposoient de s'établir dans ces contrées. C'est ainsi qu'elle cherche d'y affermir son autorité, & de brider les Tartares par des colonies Européennes fixées au milieu d'eux; précaution d'autant plus nécessaire, que ces peuples souffrent fort impatiemment son joug. (D. G.)

CRIMINEL, s. m., *Jurisprud.*, est celui qui est atteint & convaincu de quelque crime. On confond quelquefois le terme de *criminel* avec celui d'*accusé*; cependant c'est improprement que les accusés sont qualifiés de *criminels* avant leur condamnation, n'étant point jusques-là convaincus du crime qu'on leur impute, ni jugés *criminels*.

L'instinct de la nature qui attache l'homme à la vie, & le sentiment qui le porte à fuir l'opprobre, ne souffrent pas que l'on mette un *criminel* dans l'obligation de s'accuser lui-même volontairement, ni d'avouer son crime dans les interrogatoires, encore moins de se présenter au supplice de gayeté de cœur; & aussi le bien public, & les droits de celui qui a en main la puissance du glaive, ne le demandent pas.

C'est par une conséquence de ce principe, qu'un *criminel* peut chercher son salut dans la fuite, & qu'il n'est pas tenu de rester dans la prison, s'il appercoit que les portes en sont ouvertes, qu'il peut les forcer aisément, & s'évader avec adresse. On sait comment Grotius sortit du château de Louvestein, & l'heureux succès du stratageme de son épouse, auquel il crut pouvoir innocemment se prêter; mais il ne seroit pas permis à un coupable de tenter de se procurer la liberté par quelque nouveau crime; par exemple, d'égorger ses gardes ou de tuer ceux qui sont envoyés pour se saisir de lui.

Par rapport à ce qui concerne la faculté que peuvent avoir les *criminels*, de disposer de leurs biens avant ou après leur condamnation, & la confiscation de leurs biens, voyez aux mots ACCUSÉS, CONDAMNATION, CONDAMNÉ, CONFISCATION & MORT CIVILE.

Criminel d'Etat, est celui qui a commis quelque crime contre l'Etat, tel que le crime de trahison, &c.

Criminel de leze-majesté. Voyez ci-devant *crime de leze-majesté.*

Juge criminel. Voyez au mot JUGE.

Justice criminelle. Voyez au mot JUSTICE; & aux mots PROCÈS & PROCÉDURE CRIMINELLE.

Matieres criminelles. v. PROCÈS CRIMINEL.

Procédure criminelle. Voyez aux mots PROCÉDURE & PROCÈS.

Procès criminel. Voyez au mot PROCÈS.

Régistres criminels. v. RÉGISTRES.

CROIX, s. f., *Jurispr. Rom.*, instrument de supplice chez les Romains & chez plusieurs autres anciens peuples : Ciceron l'appelle *crudelissimum, teterrimumque*; on n'y condamnoit en effet, que des esclaves & des malfaiteurs du plus bas étage. C'est pourquoi la *croix* est désignée sous les noms d'*arbor infelix, infame lignum, cruciatus servilis* : on la plantoit ordinairement le long des chemins, afin que l'exemple de ceux qui y étoient attachés, pût faire plus d'impression sur les passans : *Quoties noxios*

noxios crucifigimus, dit Quintilien, *ce-leberrimæ eliguntur viæ, ubi plurimi intueri, plurimi commoveri hoc metu poffint.* Les *croix* ordinaires n'étoient pas fort élevées, puifque les criminels la portoient eux-mêmes, qu'ils étoient à portée des chiens & des loups qui les dévoroient, qu'étendus fur la *croix*, ils fe faifoient entendre des fpectateurs, & que chacun pouvoit facilement lire l'infcription qui étoit au haut. Dans certains cas, on les faifoit très-hautes, comme celle à laquelle fut attaché cet homme dont parle Juftin : *Cum ornatu fuo in altiffimam crucem, in confpectu urbis, fuffigi juffit.* La maniere d'attacher étoit auffi différente ; les uns y étoient attachés par les pieds, la tête en bas : *Capite quidem converfos, in terram fufpendere*, dit Séneque : d'autres y étoient attachés obliquement, comme l'indique Plutarque : *Cutem vivo detrahi, & corpus quidem obliquum, jacenfque tribus crucibus infigi.* Ce fupplice fut en ufage à Rome dès la fondation de la ville, puifque fous Tullus, on prépara une *croix* pour y attacher Horace qui avoit tué fa fœur, quoique Ciceron en attribue l'invention à Tarquin le fuperbe : *fed ne Romuli quidem aut Numæ, fed Tarquinii fuperbiffimi ac crudeliffimi : ifta funt cruciatus carmina : caput obnubito, arbori infelici fufpendito.* Quoiqu'il en foit, il eft au moins certain que dès le commencement de la république, on connut l'ufage des *croix*, & qu'elles furent deftinées aux efclaves, non pour toute forte de crimes, mais pour tout complot contre la vie de leurs maîtres ; pour l'avoir dénoncé : *Servi quicunque dominos detulerant,* dit Hérodien, *in crucem funt acti* : pour avoir pris la fuite, *cruce digniffimi fugitivi,* dit Valere Maxime ; c'eft pour la même raifon que Scipion y fit attacher des transfuges Romains : *Tanquàm patriæ fugitivos crucibus affixit.* On condamnoit au même fupplice les gens de la lie du peuple, pour le vol, l'affaffinat, pour le crime du feu. Un vainqueur irrité faifoit mettre en *croix* les prifonniers ennemis, comme fit Alexandre à l'égard des Tyriens : *Duo millia Tyriorum capta crucifixit,* dit Quinte-Curce : les perfécuteurs des chrétiens traitoient de même les difciples de J. C. & il n'y eut pas jufqu'aux femmes chrétiennes, qui furent expofées à toute l'horreur & l'ignominie de ce fupplice.

On commençoit d'abord par battre de verges celui qui devoit être attaché à la *croix* ; & ce préliminaire s'exécutoit dans le prétoire, ou fur le chemin du gibet. Le patient portoit lui-même l'inftrument de fon fupplice, en tout ou en partie ; *Et corpore quidem, quifque maleficorum,* dit Plutarque, *fuam affert crucem.* Lorfqu'il étoit arrivé au lieu de l'exécution, on le dépouilloit de fes habits, *quia nudi crucifigebantur,* dit Artemidore. On le mettoit enfuite fur la *croix*, quand elle étoit élevée, ou bien on l'y attachoit avant qu'elle fût dreffée ; car l'on employoit l'un & l'autre ufage. On lui clouoit les pieds & les mains, & quand le corps étoit trop pefant, pour que les mains en puffent foutenir le poids, on le lioit avec des cordes ; le patient périffoit d'une mort lente, & quelques-uns vivoient très-long-tems fur la *croix*, à proportion de leurs forces naturelles : *Andreas in cruce fufpenfus,* dit le Martyrologe, *in eâ populum docens, biduo fupervixit.* Leur mort venoit du fang qu'ils répandoient goutte à goutte, ou de faim, ou ils étoient dévorés par les oifeaux carnaffiers, même par les loups & par les chiens, lorfque la croix étoit à la portée de ces animaux : *Et patibuli cruciatum*, dit Apulée , *cùm canes & vultures intima protrahunt viscera.* Quelquefois aussi , pour abréger le supplice, on perçoit le crucifié à coups de lance , on l'étouffoit par la fumée, ou on le brûloit. Son cadavre restoit au gibet jusqu'à ce qu'il tombât de pourriture , & comme le dit Séneque , il n'avoit d'autre tombeau que la *croix* : *Suffixorum corpora crucibus in suam sepulturam defluunt.* On y mettoit un garde pour empêcher que quelqu'un ne l'enlevât.

La croix simple étoit un simple pieu auquel on attachoit le criminel, & cette maniere s'appelloit *affixio.* Quand on faisoit passer le pieu dans le corps du coupable , c'étoit *infixio* : *alii per obscœna stipitem egerunt*, dit Séneque : c'est ce qu'on appelle *ampaler.*

La croix composée étoit faite de deux pieces de bois , arrangées de trois manieres différentes, dont la premiere s'appelloit *decussata* , croisée en forme de la lettre X , laquelle, selon Isidore, *& in figurâ crucem, & in numero decem demonstrat.* La seconde maniere que l'on appelloit *commissa* , étoit de mettre une petite piece de bois en chef d'une plus grande, en forme de T : *Ipsa enim littera Græcorum tau* , dit Tertullien, *nostra autem T, species crucis.* Enfin la troisieme façon de composer la *croix* , qui se nommoit *immissa* , étoit de lui donner la forme qu'elle a parmi nous. Ces sortes de *croix* appellées *compactæ* , étoient composées de trois parties; le pieu que l'on fichoit en terre nommé *crux* ; la piece de bois mise en travers, *patibulum* oû *antemna* , sur laquelle étoient étendus les bras du crucifié, *sedile* ou *staticulum.* Quelques - uns ajoutent pour quatrieme partie *suppedaneum.*

Constantin , par respect pour ce si-gne adorable du salut des hommes, défendit le supplice de la *croix* dans toute l'étendue de l'empire Romain : *Supplicium crucis*, dit Cassiodore, *quod primitùs erat apud Romanos in usu, lege prohibuit* ; & depuis ce prince, on ne trouve plus qu'il ait été exercé : la *croix* devint au contraire un instrument d'honneur que ce prince chrétien étala sur les enseignes, les étendarts, & même sur les armes des soldats.

CROSSE , s. f. , *Droit canon*, bâton pastoral que portent les archevêques , évêques , & les abbés réguliers , ou qu'on porte devant eux dans les cérémonies.

Il y a beaucoup d'apparence que la *crosse* , dans son origine , n'étoit qu'un bâton pour s'appuyer , dont on a fait depuis une marque de distinction. Il n'en est point parlé dans l'histoire des premiers siecles de l'église ; nous lisons seulement dans le concile de Troyes de l'an 867, que les évêques de la province de Rheims qui avoient été consacrés pendant l'absence de l'archevêque Ebbon, reçurent de lui, après qu'il eut été rétabli, l'anneau & le bâton pastoral, suivant l'usage de l'église de France ; ce qui prouve que cette marque de la dignité épiscopale y étoit connue avant cette époque. En 885 , dans le concile de Nîmes , on rompit la *crosse* d'un prétendu archevêque de Narbonne nommé *Selva.* Balsamon dit qu'il n'y avoit que les patriarches en Orient qui la portassent.

On donne cette *crosse* à l'évêque dans l'ordination, selon S. Isidore de Séville, pour marquer qu'il a droit de corriger & qu'il doit soûtenir les foibles. L'auteur de la vie de S. Césaire d'Arles, parle du clerc qui portoit sa *crosse* ; & celui qui a écrit la vie de S. Burchard, évêque de Wurtsbourg, le loue de ce que fa *croſſe* n'étoit que de bois. Les abbés réguliers portent auſſi la *croſſe* quand ils officient. Il n'en eſt pas de même des abbés commendataires, qui ne peuvent qu'en faire graver ou peindre la figure ſur leurs armoiries.

CRUAUTÉ, ſ. f., *Morale*, paſſion féroce qui rend inſenſible aux malheurs des autres, & qui les aggrave même. Un homme qui n'aime perſonne, qui refuſe ſes ſecours à ſes ſemblables, qui ſe montre inſenſible à leurs peines, qui ſe plaît à les voir ſouffrir au lieu d'être touché de leurs miſeres, eſt un monſtre indigne de vivre en ſociété, & que ſon affreux caractere condamne à reſter dans un déſart avec les bètes qui lui reſſemblent. Etre inhumain, c'eſt ceſſer d'être un homme; être inſenſible, c'eſt avoir reçu de la nature une organiſation monſtrueuſe & avoir contracté l'habitude de s'endurcir ſur les maux que l'on devroit ſoulager; être cruel, c'eſt trouver du plaiſir dans les ſouffrances des autres; diſpoſition qui ravale l'homme au-deſſous de la brute: le loup déchire ſa proie, mais c'eſt pour la dévorer, c'eſt-à-dire, pour ſatisfaire le beſoin preſſant de la faim; au lieu que l'homme cruel ſe repait agréablement l'imagination par l'idée des tourmens de ſes ſemblables, ſe plaît à les faire durer, cherche des manieres ingénieuſes de rendre plus piquants les aiguillons de la douleur, & ſe fait un ſpectacle, une jouiſſance des maux qu'il voit ſouffrir aux autres.

Pour peu qu'on réfléchiſſe, on a lieu d'être conſterné en voyant le penchant que les hommes, pour la plupart, ont à la *cruauté*. Tout un peuple accourt en foule pour jouir du ſupplice des victimes que les loix condamnent à la mort; nous le voyons contempler d'un œil avide les convulſions & les angoiſſes du malheureux qu'on abandonne à la fureur des bourreaux; plus ſes tourmens ſont cruels, plus ils excitent les deſirs d'une populace inhumaine, ſur le viſage de laquelle on voit pourtant bientôt l'horreur ſe peindre. Une conduite ſi biſarre & ſi contradictoire eſt due à la curioſité, c'eſt-à-dire, au beſoin d'être fortement remué; effet que rien ne produit auſſi vivement ſur l'homme que la vue de ſon ſemblable en proie à la douleur & luttant contre ſa deſtruction. Cette curioſité contentée fait place à la pitié, c'eſt-à-dire, à la réflexion, au retour que chacun fait ſur lui-même, à l'imagination qui le met en quelque façon à la place du malheureux qu'il voit ſouffrir. Au commencement de cette affreuſe tragédie, attiré par ſa curioſité, le ſpectateur eſt quelque tems ſoutenu par l'idée de ſa propre ſûreté, par la comparaiſon avantageuſe de ſa ſituation avec celle du criminel, par l'indignation & la haine que cauſent les crimes dont ce malheureux va ſubir le châtiment, par l'eſprit de vengeance que la ſentence du juge lui inſpire: mais à la fin ces motifs ceſſant, lui permettent de s'intéreſſer au ſort d'un être de ſon eſpece, que la réflexion lui montre ſenſible & déchiré par la douleur.

C'eſt ainſi que l'on peut expliquer ces alternatives de *cruauté* & de pitié ſi communes parmi les gens du peuple. Les perſonnes bien élevées ſont pour l'ordinaire exemptes de cette curioſité barbare; plus accoutumées à penſer, elles en deviennent plus ſenſibles, & leurs organes moins forts auroient peine à réſiſter au ſpectacle d'un homme cruellement tourmenté. D'où l'on peut conclure, que la pitié eſt le fruit d'un eſprit exercé, dans lequel l'éducation, l'expérience, la raiſon, ont amor-

O 3

ti cette curiosité cruelle qui pousse le commun des hommes aux pieds des échafauds.

Les enfans sont communément cruels, comme on peut en juger par la maniere dont ils traitent les oiseaux & les animaux qu'ils tiennent en leur puissance : on les voit pleurer ensuite lorsqu'ils les ont fait périr, parce qu'ils en sont privés : leur *cruauté* a pour motif la curiosité, à laquelle vient se joindre le desir d'essayer leurs forces ou d'exercer leur pouvoir. Un enfant n'écoute que les impulsions subites de ses desirs & de ses craintes ; s'il en avoit la force, il extermineroit tous ceux qui s'opposent à ses fantaisies. C'est dans l'âge le plus tendre que l'on doit réprimer les passions de l'homme ; c'est alors qu'il faudroit soigneusement étouffer toutes les dispositions cruelles, l'accoutumer à s'attendrir sur les peines des autres, l'exercer à la pitié, si nécessaire & si rare dans la vie sociale.

L'histoire nous montre les trônes souvent remplis par des tyrans farouches & cruels ; rien de plus rare que des princes à qui l'on ait appris dans l'enfance à réprimer leurs mouvemens déréglés ; on leur donne au contraire une si haute idée d'eux-mêmes, une idée si basse du reste des humains, qu'ils regardent les peuples comme destinés par la nature à leur servir de jouets. C'est ainsi que l'on forma tant de monstres, qui se firent un amusement de sacrifier des millions d'hommes à leurs passions indomptées & même à leurs fantaisies passageres. En mettant Rome en feu, Néron ne chercha qu'à satisfaire sa curiosité ; il voulut voir un incendie immense, & repaître son orgueil de l'idée de son pouvoir sans bornes, qui lui permettoit de tout oser contre un peuple asservi. L'orgueil fut toujours un

des principaux mobiles de la *cruauté* & de l'oubli de ce qu'on doit aux hommes.

Loin de donner aux puissants de la terre un cœur sensible & tendre, tout concourt à leur inspirer des sentimens féroces : en excitant leur ardeur guerriere, on les familiarise avec le sang, on les habitue à contempler d'un œil sec une multitude égorgée, des villes réduites en cendres, des campagnes ravagées, des nations entieres baignées de larmes, le tout pour contenter leur propre avidité, ou pour amuser leurs passions. Les plaisirs même dont on amuse leur oisiveté sont gothiques & sauvages ; ils semblent n'avoir pour objet que de les rendre insensibles & barbares ; on leur fait de bonne heure une occupation importante de poursuivre des bêtes, de les tourmenter sans relâche, de les réduire aux abois, de les voir se débattre & lutter contre la mort. C'est du sang des bêtes que le premier glaive a été teint, dit Ovide :

Primoque à cæde ferarum
Incaluisse puto maculatum sanguine fer-
     rum.   Mét. Lib. XV. fab. ij.

Est-ce donc là le moyen de former des ames pitoyables ? Le prince qui s'est accoutumé à voir les angoisses d'une bête palpitante sous le couteau, daignera-t-il prendre part aux souffrances d'un homme, qu'on lui montre toujours comme un être d'une espece inférieure à la sienne ?

La guerre, ce crime affreux & si fréquent des princes, est évidemment très-propre à perpétuer la *cruauté* sur la terre. La valeur guerriere est-elle donc autre chose qu'une *cruauté* véritable exercée de sang froid ? Un homme nourri dans l'horreur des combats, accoutumé à ces assassinats collectifs que l'on nomme *des batailles*, qui par état doit méprifer la douleur & la mort, fera-t-il bien difpofé à s'attendrir fur les maux de fes femblables ? Un être fenfible & compâtiffant feroit à coup fûr un très-mauvais foldat.

Ainfi la *cruauté* des fouverains contribue néceffairement à fomenter cette difpofition fatale dans les cœurs d'un grand nombre de citoyens. Si les guerres font devenues moins cruelles qu'autrefois, c'eft que les peuples, à mefure qu'ils s'éloignent de l'état fauvage & barbare, font des retours plus fréquents fur eux-mèmes ; ils fentent les dangers qui réfulteroient pour eux, s'ils ne mettoient des bornes à leur inhumanité ; en conféquence on s'efforce de concilier autant qu'on peut la guerre avec la pitié. Efpérons donc qu'à l'aide des progrès de la raifon, les fouverains, devenus plus humains & plus doux, renonceront au plaifir féroce de facrifier tant d'hommes à leurs injuftes fantaifies. Efpérons que les loix, devenues plus humaines, diminueront le nombre des victimes de la juftice, & modéreront la rigueur des fupplices, dont l'effet eft d'exciter la curiofité du peuple, d'alimenter fa *cruauté*, fans jamais diminuer le nombre des criminels.

Pour être inhumain & cruel, il n'eft pas néceffaire d'exterminer des hommes ou de leur faire éprouver des fupplices rigoureux. Tout homme qui pour fatisfaire fa paffion, fa fureur, fa vengeance, fon orgueil, fa vanité, fait le malheur durable des autres, poffède une ame dure, & doit être taxé de *cruauté* : un cœur fenfible & tendre doit donc abhorrer tous ces tyrans domeftiques qui s'abreuvent journellement des larmes de leurs femmes, de leurs enfans, de leurs proches, de leurs ferviteurs & de tous ceux fur lefquels

ils exercent leur autorité defpotique. Combien de gens par leur humeur indomptée, font éprouver de longs fupplices à tous ceux qui les entourent ! Combien d'hommes qui rougiroient de paffer pour cruels, & qui font favourer journellement le poifon du chagrin aux malheureux que le fort a mis en leur puiffance ? L'avare n'eft-il pas endurci contre la pitié ? Le débauché, le prodigue, le faftueux, ne refufent-ils pas fouvent le néceffaire aux perfonnes qui devroient leur être les plus cheres, tandis qu'ils facrifient tout à leur vanité, à leur luxe, à leurs plaifirs criminels ? La négligence, l'incurie, le défaut de reflexion, deviennent très-fouvent des *cruautés* avérées. Celui qui, lorfqu'il le peut, néglige ou refufe de faire ceffer le malheur de fon femblable, eft un barbare que la fociété devroit punir par l'infâmie, & que les loix devroient rappeller aux devoirs de tout être fociable. (F.)

CRUCIFIEMENT, f. m. *v.* CROIX.

CRUE *des meubles au-deffus de leur prifée*, *Jurifp.* tire fon étymologie du mot *croître*. C'eft un fupplément de prix, qui, dans quelques pays & en certains cas, eft dû, outre le montant de la prifée des meubles, par ceux qui en doivent rendre la valeur. On écrivoit autrefois *creüe*, à préfent on écrit & on prononce *crue*. Elle a été introduite pour fuppléer ce qui eft préfumé manquer à la prifée, pour porter les meubles à leur jufte valeur. Les auteurs la nomment en latin *incrementum mobilium*, *quinum affem*, *accretionem*, *acceffionem* ; & en françois quelques-uns l'appellent *plus value* ou *plus valeur des meubles*, *quint en fus*, ou *cinquieme denier parifis*, mais plus communément on dit *crue*, & ce nom lui convient mieux en général, parce que la *crue* n'est pas par-tout du parisis ou quart en-sus, comme on le dira dans un moment. Cet usage étoit inconnu aux Romains. Le nom de *parisis des meubles*, qui paroît le plus ancien qu'on lui ait donné, vient du rapport que la *crue* a ordinairement avec la monnoie parisis, qui valoit un quart en-sus plus que la monnoie tournois.

Lorsqu'il s'agit de regler si la *crue* est dûe, & sur quel pied, on doit suivre l'usage du lieu où les meubles ont été inventoriés.

Les prisées faites à juste valeur entre majeurs, ne sont pas sujettes à *crues*. Il en est de même des prisées qui ne sont pas destinées à être suivies de la vente des meubles, telles que celles qui se font par contrat de mariage; parce que ces sortes de prisées sont toujours réputées faites à juste valeur.

Il y a certains meubles qui ne sont point sujets à la *crue*, tels que ceux qui sont mis pour perpétuelle demeure, parce qu'on ne les estime pas avec les meubles; ils sont censés faire partie du fonds. Tels sont encore ceux qui ont un prix certain, comme les especes monnoyées, la vaisselle, & les matieres d'or & d'argent, les billets, obligations, sentences, & autres jugemens; les actions de la compagnie des Indes, les gros fruits, lorsqu'ils sont estimés suivant les mercuriales, le sel, les glaces, le bois & le charbon, & les fonds de librairie & imprimerie, attendu qu'ils sont toujours prisés à juste valeur.

Quoique la *crue* paroisse avoir été introduite d'abord en faveur des mineurs contre leurs tuteurs, présentement les majeurs peuvent aussi la demander, quand même ils auroient fait faire la prisée ou prisé eux-mêmes les meubles, & qu'il y auroit eu un expert-priseur

de part & d'autre; les créanciers peuvent la demander contre l'héritier de leur débiteur, aussi-bien que ceux qui ont droit de propriété aux meubles.

Tous tuteurs, curateurs, gardiens, & autres administrateurs, doivent tenir compte de la *crue* lorsqu'ils n'ont pas fait vendre les meubles, à moins qu'ils n'eussent droit d'en profiter.

Les héritiers légataires universels, exécuteurs testamentaires, curateurs à succession vacante, sequestres, gardiens, sont aussi tenus de la *crue* envers les créanciers & envers leurs co-partageans, faute d'avoir fait vendre les meubles, & de les représenter en nature & en bon état.

Entre conjoints ou entre le survivant & les héritiers du prédécédé, la *crue* n'est pas dûe pour les meubles prisés par contrat de mariage, mais seulement pour ceux inventoriés après décès, au cas qu'ils ne soient pas vendus ou représentés en bon état.

On stipule ordinairement entre conjoints un préciput pour le survivant, en meubles, pour la prisée & sans *crue*, auquel cas le survivant peut prendre jusqu'à concurrence des meubles pour la prisée; mais s'il prend de l'argent ou des meubles non sujets à *crue*, il perd le bénéfice qu'il avoit droit de prétendre d'avoir des meubles pour la prisée & sans *crue*, & ne peut pas demander pour cela une indemnité.

Le conjoint donataire mutuel qui a droit de jouir des meubles, doit les faire vendre ou les faire estimer à juste valeur, sans s'arrêter à l'estimation portée par l'inventaire, autrement il en devroit la *crue* outre la prisée.

Si la prisée étoit frauduleuse, on n'en seroit pas quitte en ajoutant la *crue*, ce seroit le cas de recourir aux preuves de la véritable valeur des meubles.

C U

CUCURBITAIRE, f. m., terme de *Droit féodal*, du mot lombard *curbita*, c'eſt le crime d'un vaſſal qui débauche la femme de ſon ſeigneur, ou la ſollicite à la débauche; qui tend des pieges à ſa vertu, uſe avec elle de grandes familiarités, ou qui abuſe de la fille, de la bru, de la niece, ou de la ſœur du ſeigneur. Il faut remarquer, que pour que le vaſſal, qui abuſeroit de la ſœur du ſeigneur, püiſſe encourir pour ce fait la privation de ſon fief attachée au crime de *cucurbitaire*, il eſt néceſſaire que cette ſœur demeure dans la maiſon de ſon frere; condition qui n'a pas lieu à l'égard de la femme ou de la bru, dont l'honneur nous touche de plus près. (R.)

CUDWORTH, *Rodolphe*, *Hiſt. Litt.*, né dans le comté de Sommerſet en 1617, cultiva de bonne heure toutes les parties de la théologie, des belles-lettres & de la philoſophie. En 1647, il prononça un ſermon en préſence de la chambre des communes, dans lequel il la ſollicite de contribuer à faire fleurir l'érudition. ,, Je ne parle pas ſeulement, ,, dit-il, de celle qui eſt propre pour la ,, chaire, vous y veillez ſuffiſamment, ,, mais je parle de l'érudition qui eſt ,, d'un uſage moins ordinaire, priſe ,, dans ſes différentes branches, leſquel-,, les toutes réunies, ne laiſſent pas ,, d'être utiles à la religion & à la ſocié-,, té. C'eſt une choſe digne de vous, ,, Meſſieurs, en qualité de perſonnes ,, publiques, d'encourager le ſavoir, ,, qui ne peut que refléchir ſur vos per-,, ſonnes, & vous couvrir d'honneur ,, & de gloire.'' En 1654, il fut nommé principal du college de Chriſt à Cambridge, poſte dans lequel il paſſa le reſte de ſes jours, & mourut en 1688, âgé de 71 ans; &

laiſſa une fille nommée *Damaris*, qui fut intimément liée avec M. Locke.

Cudworth réuniſſoit de grandes connoiſſances; il étoit très-verſé dans la théologie, dans les mathématiques, dans les langues ſavantes & dans les antiquités. Il prouva dans ſes ouvrages qu'il n'étoit pas moins philoſophe ſubtil que profond métaphyſicien. Il fit choix de la philoſophie méchanique & corpuſculaire, & dans la métaphyſique, il adopta les idées & les opinions de Platon.

Il publia en 1678, ſon *Syſtême intellectuel de l'univers*, *in-fol.* Il combat dans cet ouvrage l'athéiſme, qui eſt la néceſſité de Démocrite, dont il refute les raiſons & la philoſophie. Thomas Wiſe a publié en 1706, un abrégé fort eſtimé de ce bel ouvrage, en deux volumes *in-4°.* & cet abrégé étoit néceſſaire, parce que le livre du docteur *Cudworth* eſt un ſi vaſte recueil de raiſons & d'éruditions, que le fil du diſcours eſt perpétuellement interrompu par des citations grecques & latines. M. le Clerc avoit cependant deſiré que quelque ſavant entreprît de traduire en latin le grand ouvrage de *Cudworth*; ce projet fut finalement exécuté en 1733, par le docteur Mosheim, & ſa traduction a paru à Iene en 2 vol. *in-fol.* avec des notes & des diſſertations.

Cudworth a laiſſé pluſieurs ouvrages manuſcrits, entr'autres, 1°. un *Traité du bien & du mal moral*, contenant près de mille pages; 2°. un traité qui n'eſt pas moins conſidérable *ſur la liberté & ſur la néceſſité*; 3°. un *Commentaire ſur la prophétie de Daniel touchant les ſeptante ſemaines*, en 2 vol. *in-folio*; 4°. un *Traité ſur l'éternité & l'immutabilité du juſte & de l'injuſte*; ce traité a été publié en anglois à Londres en 1731, *in-8°.* avec une préface du docteur Chand-

122 C U E C U E

ier, évêque de Durham ; 5°. un *Traité de l'immortalité de l'ame*, en un vol. *in-8°.* ; 6°. un *Traité de l'érudition des Hébreux.*

CUEVA, *Alphonse de la, Hist. Litt.*, marquis de Bedmar, depuis cardinal, qui fut pendant quelque tems gouverneur des Pays-Bas, est célebre par son ambassade de Venise, & par la part que l'on croit qu'il eut à la conjuration contre cette ville. Ç'a été l'un des plus grands hommes de cabinet que l'Espagne ait produits. Dans le tems qu'il étoit ambassadeur à Venise, & qu'il méditoit la ruine de cette république, il crut qu'il importoit pour son dessein de renverser les fondemens de l'estime qu'on avoit pour l'Etat de Venise, comme pour le plus ancien & le plus libre de tous les Etats. Cette liberté avoit été nouvellement relevée fort haut, à l'occasion du différend de la république avec le pape Paul V. Les écrits de la seigneurie passoient pour invincibles, quelques réponses que les partisans de Rome y eussent faites. Ce fut Bedmar, à ce que l'on croit, qui composa un livre italien qui a pour titre : *Squittinio della liberta Veneta*, qui a été traduit en diverses langues. Nous en avons une traduction françoise sous ce titre : *Examen de la liberté originaire de Venise, traduit de l'italien, avec une harangue de Louis Helian, ambassadeur de France, contre les Vénitiens, traduite du latin, & des remarques historiques.* Rouen, François Vaultier, 1677. *in-12.*

Après avoir remarqué que la liberté d'un Etat monarchique est toute dans la personne du roi, sans que ses sujets en aient leur part, au lieu que celle d'un Etat démocratique est commune à tous les particuliers, l'auteur du *Squittinio* entreprend de prouver, 1°. que la ville de Venise n'est point née libre en aucun de ces deux sens, mais sujette à la jurisdiction d'autrui. 2°. Qu'elle a vécu de tems en tems sous l'obéissance des empereurs, d'Odoacre & des rois Goths. 3°. Qu'elle retourna sous l'obéissance des empereurs après la destruction des Goths, & y demeura environ une centaine d'années. 4°. Que dans la suite du tems, elle se mit en liberté, non pas quant aux citoyens particuliers, mais seulement quant au duc qui en avoit toute l'administration. 5°. Qu'elle passa depuis de la domination d'un seul à une pleine & entiere liberté qui s'étendoit indifféremment à tous les citoyens, & les rendoit tous capables d'entrer au conseil. 6°. Que cette liberté générale se réduisit enfin à ceux qui tiennent les rènes du gouvernement, c'est-à-dire aux nobles, à l'exclusion de tous les autres citoyens. Tout ce que l'auteur du *Squittinio* entreprend de prouver, il le prouve. Il refute le mieux qu'il lui est possible, en peu de chapitres, les nombreux volumes des écrivains Vénitiens, sans faire l'honneur à un seul de le nommer.

Amelot de la Houssaye qui a traduit en françois le *Squittinio*, est aussi l'auteur des remarques faites sur cet ouvrage, & elles sont bonnes.

Pour la harangue latine de Louis Helian, ambassadeur de France, prononcée contre la république de Venise, en 1510, dans la diette d'Augsbourg, en présence de l'empereur Maximilien, des électeurs, des princes & des Etats de l'Empire, pour les empêcher d'écouter les ambassadeurs de Venise qui vouloient rompre la ligue de Cambray, Amelot qui a aussi traduit cette harangue en françois, l'a mise ici comme un supplément au *Squittinio*. Helian y raconte l'origine, les progrès, les desseins, les artifices & les moyens de régner d'une

ne république, à qui il fait les plus fanglans reproches dans tous les genres.
C'eſt un Etat injuſte, cruel, barbare,
contre lequel tous les autres doivent
s'armer pour le détruire. Cette harangue eſt une vraie philippique.

Les Vénitiens furent extrêmement
offenſés de la publication du *Squittinio*,
& leur ſenſibilité fit penſer que la vérité y étoit miſe dans un jour, *namque
convicia ſpreta exoleſcunt ; ſi iraſcare ,
agnita videntur*, ou que le faux y étoit
revêtu des apparences du vrai.
Frapaolo ſur qui la ſeigneurie jetta
les yeux pour répondre au *Squittinio*,
ne jugea pas à propos de le faire. Cet
ouvrage ne demeura pourtant pas ſans
réponſe ; on en fit pluſieurs. Les deux
principales ſont celles d'un Italien &
d'un Hollandois. L'Italien eſt Raphaël
de la Torre, & ſon livre eſt intitulé :
Squittinio ſquittinato, c'eſt-à-dire l'*Examen examiné*, imprimé á Veniſe, en
1654. Le Hollandois eſt Théodore Graf-
winckel, juriſconſulte de Delft, qui
faiſoit profeſſion d'être le champion de
la république de Veniſe, & dont le livre fut imprimé en latin à Leyde, en
1634. (D. F.)
CUJAS, *Jacques*, *Hiſt. Litt.*, nâquit
à Touſouſe. Encore enfant, ſans ſecours, ſans maitre, il s'appliqua à l'é-
rudition grecque & latine ; &, pour le
droit, il ſe rendit diſciple d'Arnoul Fer-
rier, qui l'enſeignoit dans cette ville :
mais il reçut de ſon génie les meilleures
leçons. Cependant ce perſonnage, que
toute la poſtérité reconnoît pour ſon
maitre, ſe vit préférer par ſes concitoyens, Forcadel. C'étoit préférer le
ſinge à l'homme. L'ignorance des magiſtrats, & l'admiration générale des
ſavans pour ſon mérite, ſource de la
jalouſie des juriſconſultes ſes contemporains, éloigna de lui les récompen-
Tome IV.

ſes dûes à ſon ſavoir : il n'y atteignit
qu'après bien des traverſes. Il paſſa à
Bourges, indigné de l'affront que lui
avoit fait ſa patrie. Le chancelier de
l'Hôpital venoit de le donner pour collegue à Duaren & à Doneau, profeſſeurs
de Bourges, & pour ſucceſſeur à Bau-
douin, qui s'étoit retiré en Allemagne.
Cependant ſes concitoyens, fâchés
de l'avoir laiſſé partir, le redemande-
rent. Mais il leur envoya cette réponſe :
*Envain vous redemandez abſent, celui
dont vous n'avez pas fait cas lorſqu'il
étoit parmi vous.*
A Bourges, *Cujas* devenant odieux à
Duaren & à Doneau, à cauſe de l'excellence de ſa doctrine, fit en quelque
ſorte naufrage au port. Ces deux rivaux de ſa gloire, ayant réuni leurs
forces & ſoulevé les écoliers de leur
parti contre le nouveau maitre, l'obligerent à ſe retirer. Leur conduite remplit d'indignation le chancelier, qui fit
des réprimendes très-ameres à Doneau ;
& quand le tumulte eut été appaiſé, il
rétablit *Cujas* dans ſa chaire avec les
plus grands honneurs. Ce ſavant perſonnage dût une grande partie de ſon
éclat à l'émulation que lui inſpira la
haine de ſes adverſaires. *J'ai obligation*,
diſoit-il, *à mon détracteur Duaren, de
tout le progrès que j'ai fait dans le droit.*
On croit que *Cujas* enſeigna à Tou-
louſe avant l'affront qu'il y reçut. Il
enſeigna depuis, non-ſeulement à Bourges, mais à Cahors, à Valence en Dauphiné & à Turin. Il fut attiré dans cette
derniere ville, par les grandes libéralités
de la ducheſſe Marguerite, femme de
Philibert Emanuel, & revêtu de la dignité de ſénateur. Il eut en France le
rang de conſeiller au parlement, avec
droit de ſiéger dans toutes les cours
ſouveraines.
Cujas fut appellé à Boulogne par Gré-
P

goire XIII ; & je ne fais par quelle fatalité pour l'Italie il refufa de fe rendre à cet ancien domicile des beaux-arts. Il eût dû, ce femble, s'y laiffer attirer, n'eût-ce été que par la célébrité des premiers jurifconfultes, confacrée en quelque forte par le refpect pour l'antiquité. Quoiqu'il en foit, fa réputation s'étendit fi promptement & fi avant dans les pays les plus éloignés, qu'elle lui fit une foule incroyable de difciples. Sa plus grande gloire eft de pouvoir compter dans ce nombre Jofeph Scaliger, qui ne parle jamais de lui fans en faire un éloge particulier ; il le nomme *la perle des jurifconfultes*, & dit que *Cujas* n'a écrit que pour les favans & pour foi.

Le même Scaliger rapporte que notre jurifconfulte étoit dans l'ufage de lire, couché fur le ventre, ayant fous lui un tapis, & étant environné de livres. Cet homme célebre, pourfuit-il, poffédoit parfaitement la théorie du droit. Quant à la pratique du barreau, non-feulement il l'ignoroit, mais il eût voulu l'oublier, quand même il en auroit eu quelque connoiffance, de peur d'être diftrait de fon étude effentielle. Il avoit une probité exacte, & une bonté d'ame, qui lui fit facrifier des fommes confidérables pour nourrir plufieurs de fes difciples du dehors, en attendant qu'ils euffent reçu du fecours de chez eux.

A la fuite de tout cela, Scaliger nous apprend qu'il a inftruit *Cujas* de bien des chofes, fur les loix des XII. tables. Voici fes paroles : *Nullus eft qui de legibus XII. tabul. quidquam docere me poffit, ne Cujacius quidem, qui non inficiabitur me illi multa indicaffe quæ hactenus eum latuerant.* Cela n'empêche pas qu'il ne trouve fort glorieux pour lui d'être loué par cet illuftre perfonnage.

Cujas ne montoit jamais en chaire qu'après avoir commenté fept ou huit heures ; & fi quelque endroit difficile exigeoit une plus longue méditation, amateur de la feule vérité, il ne rougiffoit pas de demander du tems à fes difciples. Il faifoit tant de cas de l'érudition ancienne, qu'il s'y laiffoit, difoit-il, prendre comme à l'hameçon. Cet habile maître procuroit du relâche à fon efprit, dans de fréquens repas qu'il donnoit à fes difciples, & durant lefquels il ne fouffroit pas qu'on dît un feul mot du droit.

Dans le tems des guerres civiles, on crut qu'il méditoit en fecret le deffein de livrer la ville de Bourges à Henri IV. Ce bruit fit foulever le peuple, & il penfa être victime de fa fureur. Il avoit la complexion robufte, & jouiffoit d'une fanté parfaite. Mais les factions, le tumulte des guerres, les fréquentes féditions, l'afpect déplorable qu'avoient alors en France les lettres & les beaux-arts, abrégerent fes jours. Il mourut âgé de 68 ans, le 28 Septembre 1590.

Il avoit eu de fa première femme un fils, nommé *Jacques* comme lui, qu'il avoit élevé avec grand foin pour l'efpérance de la république des lettres, & qui mourut adolefcent. Il laiffa de fa feconde femme une fille nommée *Sufanne*, à laquelle il ordonna, en mourant, de vendre fa bibliotheque à différens particuliers. C'étoit par la crainte qu'un feul acquéreur n'eût envie de recueillir les notes qu'il avoit faites à la hâte fur fes livres, qu'il ne les entendît mal, & qu'elles n'induififfent les étudians en erreur.

Cujas manquoit de certaines qualités néceffaires au profeffeur. Il n'avoit ni la voix affez fonore, ni affez étendue. Sa façon de dicter étoit inégale, tantôt brufque, tantôt lente, fouvent interrompue. Il héfitoit, il fe troubloit : en forte que fes difciples avoient de la peine à le fuivre. Lorfque fes penfées étoient ingénieufes ou élevées, la trop grande attention que fon efprit y donnoit, faifoit écarter fa langue, des loix de la prononciation. Durant la dictée, fes difciples fe voyoient fouvent forcés de changer fon ftyle. Ils fe raffembloient enfuite pour confronter ce qu'ils avoient écrit, & recueilloient ainfi le fens entier des leçons de leur maître.

Cujas fut exprimer la fainteté des loix romaines, par la pureté de fes mœurs, comme par fes fublimes interprétations. Il eut pour détracteurs Duaren, Doneau, Hotman, Jean Robert d'Orleans, & généralement tous ceux qui ne le valoient point.

On fit à *Cujas* de magnifiques funerailles. La nobleffe d'entre fes difciples porta fon cercueil fur fes épaules. Claude Marefchal, membre du parlement & confeiller du roi, prononça fon oraifon funèbre. La poftérité parlera de lui, tant que les loix romaines fe feront entendre. Il a changé en or la jurifprudence, qui n'étoit, pour ainfi dire, que de l'argille. C'eft la penfée de Jacques Godefroy, homme d'un jugement exquis. Antoine l'Oifel l'appelle *l'œil & le coryphée des loix*; & Pithou dit, qu'il eft le premier & le dernier interprete du droit romain.

Si *Cujas* fût né plus tôt, il nous auroit tenu lieu de tous les autres jurifconfultes. On ne fauroit rien ignorer avec lui, ni rien apprendre fans lui. Seul il inftruit de tout, & tout ce qu'il dit lui appartient. (D. F.)

CULAGE, CULLAGE *ou* CULIAGE, f. m., *Droit féod.*, étoit un droit que certains feigneurs exigeoient autrefois de leurs vaffaux & fujets qui fe marioient. Plufieurs feigneurs exerçant dans leurs terres un pouvoir arbitraire & tyrannique, s'étoient arro-

gés divers droits, même honteux & injuftes, à l'occafion des mariages, tels que la coutume infame qui donnoit à ces feigneurs la premiere nuit des nouvelles mariées.

Le feigneur de S. Martin-le-Gaillard, dans le comté d'Eu, étoit un de ceux qui s'étoient attribué ce prétendu droit, comme on le voit dans un procès-verbal fait par M. Jean Faguier, auditeur en la chambre des comptes de Paris, en vertu d'arrêt d'icelle du 7 Avril 1507, pour l'évaluation du comté d'Eu tombé en la garde du roi pour la minorité des enfans du comte de Nevers & de Charlotte de Bourbon fa femme. Au chapitre du revenu de la baronie de S. Martin-le-Gaillard, dépendant du comté d'Eu, il eft dit: *Item, a ledit feigneur, audit lieu de S. Martin, droit de cullage quand on fe marie.*

Les feigneurs de Sonloire avoient autrefois un droit femblable; & l'ayant obmis en l'aveu par eux rendu au feigneur de Montlevrier, feigneur fuzerain, l'aveu fut blâmé: mais par acte du 15 Décembre 1607, le fieur de Montlevrier y renonça formellement, & ces droits honteux ont été par-tout convertis en des preftations modiques.

On tient que cette coutume fcandaleufe fut introduite par Even, roi d'Ecoffe, qui avoit permis aux principaux feigneurs d'Ecoffe d'en ufer ainfi; mais les fuites fâcheufes qu'avoit ordinairement le reffentiment des maris, dont l'honneur étoit bleffé en la perfonne de leurs femmes, engagerent Marcolm III. roi d'Ecoffe, à abolir cette coutume, & à la convertir en une preftation appellée *marcheta*, confiftant en une fomme d'argent ou un certain nombre de vaches, felon la qualité des filles. Voyez Buchanan, *liv. IV. de fon hift. le 4*^e

liv. des loix d'Ecoffe, *c.* 31. *& ibi Skæneus.*

Les feigneurs de Prelley & de Parfanny en Piémont, jouiffoient d'un pareil droit, qu'ils appelloient *carragio*; & ayant refufé à leurs vaffaux de commuer ce droit en une preftation licite, ce refus injufte les porta à la révolte, & fit qu'ils fe donnerent à Amé, fixieme du nom, & quatorzieme comte de Savoie.

On voit encore plufieurs feigneurs en France & ailleurs, auxquels il eft dû un droit en argent pour le mariage de leurs fujets; lequel droit pourroit bien avoir la même origine que celui de *culage*. Mais il y en a beaucoup auffi qui perçoivent ces droits feulement à caufe que leurs fujets ne pouvoient autrefois fe marier fans leur permiffion, comme font encore les ferfs & mortaillables dans certaines coutumes.

L'évêque d'Amiens exigeoit auffi autrefois un droit des nouveaux mariés, mais c'étoit pour leur donner congé de coucher avec leurs femmes la premiere, feconde & troifième nuits de leurs nôces. Ce droit fut auffi aboli par arrêt du 19 Mars 1409, rendu à la pourfuite des habitans & échevins d'Abbeville. Voyez le *gloff.* de M. de Lauriere, au mot *Cullage.*

CULÉUS, f. m., *Jurifpr. Rom.*, forte de fupplice à Rome pour les parricides. C'étoit un fac de cuir, dans lequel on enfermoit avec les coupables, un finge, un coq & un ferpent, & le fac étoit enfuite jetté dans la mer. Le parricide étoit ainfi renfermé dans le fac, afin que dans la mer même il n'eût aucune communication avec cet élément, ni avec aucun autre.

CULMBACH *ou* BAREITH, *principauté de*, *Droit publ.* Cette principauté comprend tant le pays fitué au-delà les monts qu'une partie de celui qui eft en-deçà des monts. Le premier a pour limites l'évêché de Bamberg, le Vogtland, la feigneurie d'Afch, la Boheme, le haut-Palatinat, & le territoire de Nuremberg. Le fecond eft environné par les territoires de Nuremberg, d'Anfpach, de Rothenburg, de Schwartzenberg & de Bamberg.

La principauté de *Culmbach* renferme fix villes principales, douze autres villes, & trente-fix bourgs. Le college provincial a fon fiege à Bareith.

Lors du partage du bourggraviat de Nuremberg, les charges de maréchal & de fénéchal héréditaire demeurerent attachées à la principauté de *Bareith,* parce que les familles qui en étoient revêtues y avoient leurs fiefs. Cette principauté a actuellement quatre charges héréditaires; celle de maréchal qui eft exercée par les barons de Künsberg de Hayn, depuis l'extinction des barons de Künsberg de Wernftein; celle de fénéchal ou maitre d'hôtel par les comtes de Schœnbourg, depuis 1744; celle de chambellan eft vacante depuis la mort des fieurs de Lückau; celle d'échanfon appartient aux barons de Kotzau.

Le marggrave Chriftian Ernefte fonda en 1660, durant fon voyage à Bourdeaux, en mémoire de la paix des Pyrénées & de celle d'Oliva, un ordre qu'il nomma l'*ordre du braffelet de la concorde*, & qui tenoit à un ruban bleu attaché autour du bras gauche. Ce prince renouvella cet ordre en 1710, & en changea la marque, en choififfant une croix bleue, émaillée, octangulaire & ayant de chaque côté une plaque d'or, fur l'une defquelles étoit le chifre du fondateur entrelacé avec celui de fa femme, furmontée d'une couronne & d'un

chapeau princier , avec cette infcription : *Conſtante & éternelle ſincérité* ;
ſur l'autre plaque on voyoit le mot
concordant , entre deux rameaux d'oli-
viers paſſés à travers deux couronnes.
Dans les angles de la croix qui entou-
roit la plaque , étoient deux aigles noirs
de Pruſſe & deux aigles rouges de Brandebourg. Cette croix, attachée à un ruban bleu , ſe portoit au col. Le marggrave George Guillaume , s'étoit déja
occupé en 1705 , tandis qu'il n'étoit
encore que prince héréditaire , de l'inſtitution de l'ordre de la ſincérité , à laquelle il mit la derniere main dès qu'il
fut parvenu à la régence en 1712. Cet
ordre fut renouvellé par le marggrave
Fréderic en 1744 , & eſt communément
appellé l'*ordre de l'aigle rouge*. La marque actuelle de cet ordre eſt une croix
quarrée , émaillée de blanc , attachée à
un ruban ponceau qu'on porte au col.Le
même prince inſtitua des grands croix en
1759 ; ils portent l'ordre à un ruban
ponceau de droite à gauche. Sur l'étoi-
le que les chevaliers portent ſur la poi-
trine , on voit l'aigle rouge de Brandebourg avec cette légende *ſincere &
conſtanter*. Le marggrave regnant eſt
chef & grand-maître de l'ordre.

La principauté de Bareith donne
au marggrave voix & ſéance à la diete
générale de l'empire , & la charge de
prince convoquant du cercle de Franconie. Elle paye pour un mois romain
329 florins , & pour l'entretien de la
chambre impériale 338 écus , 14½ kr.
par chaque terme.

Les colleges princiers ſont , le miniſtere & conſeil privé , ſous lequel eſt
l'expédition & la chancellerie ſecretes ;
le college de la régence avec la chancellerie de la régence; le tribunal de la
cour , la chambre féodale , le college de
la chambre (chambre des finances) , la
cour féodale , le conſiſtoire , & la chambre matrimoniale. Les affaires des mines appartiennent aux bailliages des
mines féant à Goldkronach , à Wunſiedel & à Nayla. La principauté eſt
diviſée en capitaineries bailliageres &
provinciales , & en bailliages.

Keyſler prétend qu'en 1730 les revenus de la principauté alloient à peine
à 550, 000 fl. mais qu'ils pourroient
de beaucoup être augmentés. On aſſure qu'avec une bonne économie on pourroit les porter juſqu'à un million de
florins.

Le marggrave entretenoit autrefois
une garde à cheval, un petit corps de
houſſards , & deux régimens d'infanterie. Il y a outre cela une milice provinciale que les villes & les bailliages
ſont obligés de fournir , elle eſt compoſée de 10 compagnies dans la capitai-
nerie de Bareith ; de 11 dans celle
de *Culmbach* ; de 9 dans celle de Hof ;
de 8 dans celle de Wunſiedel ; de 5 dans
celle d'Erlang ; & dans celle de Neuſtadt
ſur l'Aiſch de 2 bataillons , dont le premier eſt de 5 compagnies & le ſecond
de 7.

CULPRIT , *Droit crim. d'Angleter.*,
terme uſité en Angleterre en matiere
criminelle. L'accuſation étant intentée,
& le priſonnier amené à la barre de la
cour , lorſqu'on lui demande s'il eſt
coupable ou non , & qu'il répond qu'il
n'eſt pas coupable , l'officier qui exerce
le miniſtere public pour le roi (clerc of
arraiguments) , ce qu'on appelleroit en
France le *procureur du roi* , répond *culprit* , c'eſt - à - dire il eſt coupable ; ce
mot étant formé , à ce qu'on prétend ,
par abbréviation du latin *culpa* ou *cul-
pabilis* , & de *apparet* , il eſt viſible, il
eſt clair ; ou d'un prétendu vieux mot
françois auquel , dit-on , a été ſubſtitué
preſt.

CULTE, f. m., *Morale*, eft l'affemblage des fentimens intérieurs de
l'ame, que les perfections de Dieu produifent dans notre efprit, & de tous les
actes extérieurs qui en font une fuite, &
par lefquels nous témoignons ces fentimens.

Il y a donc un *culte* intérieur, & un
culte extérieur. Le *culte* intérieur confifte principalement dans l'adoration,
dans l'amour, dans la crainte de Dieu,
& dans une difpofition actuelle à lui
obéir en toutes chofes, comme à notre
Créateur & à notre Maître Tout-puif-
fant & Tout-Bon. L'adoration n'eft
autre chofe que ce fouverain refpect
dont l'homme eft pénétré, en conféquence de la nature & des perfections
de Dieu, & en confidération de fa propre foibleffe, & de la dépendance abfolue où il eft de ce premier Etre. Pour
l'amour & la crainte, ils font produits
dans le cœur de l'homme par la confidération de l'infinie bonté de Dieu,
de fa fouveraine puiffance & de fa juftice. Lorfque ces fentimens font bien
gravés dans le cœur de l'homme, ils
produifent néceffairement un entier dévouement à la volonté de Dieu, & une
difpofition à lui obéir en toutes chofes.
Le *culte* intérieur s'appelle auffi *piété*,
voyez ce mot.

Des êtres nés avec l'intelligence, apperçoivent au premier retour qu'ils
font fur eux, qu'ils ne fe font pas faits.
En remontant de caufes en caufes, ils
concluent qu'une puiffance infinie leur
a donné l'exiftence & la raifon avec les
idées de l'ordre & de la juftice. Ils
voyent briller fa fageffe extrème dans la
nature & dans l'économie de leurs affections : ils ne peuvent méconnoître,
que c'eft la mème bonté qui les a créés,
qui les conferve & qui prépare des reffources à tous leurs befoins dans une

infinité d'autres êtres qu'elle abandonne
à leur ufage. Seroit-il donc poffible
qu'ils ne fuffent pas pénétrés de la vénération la plus profonde, de la plus
touchante gratitude, de l'amour le plus
fincere pour celui dont ils ont tout reçu?
Ne pas fentir l'entiere dépendance où
ils font de cet Etre des êtres ; ne pas
chercher à lui plaire, à fe rendre dignes de la continuation de fes faveurs ;
ne pas travailler à former leurs mœurs
fur les loix, dont il a gravé les principes dans leur cœur ; c'eft violer un engagement pris dans la nature des chofes ; engagement que l'homme ne peut
négliger, fans s'oublier lui-même, &
fans contredire fes propres penchans.

Pour le *culte* extérieur, il confifte
dans toutes les actions extérieures, par
lefquelles nous rendons à Dieu les hommages qui lui font dûs, & qui en même tems font connoître aux autres hommes les fentimens de piété & de refpect
que nous avons pour lui.

On peut diftinguer un *culte* extérieur
indirect, & un *culte* extérieur direct.
Le *culte* indirect confifte dans la pratique des devoirs que la loi naturelle
nous impofe, & par rapport à nous-mêmes, & par rapport à autrui. Car comme le mépris des loix de Dieu eft le plus
grand outrage qu'on puiffe lui faire, il
n'y a point au contraire de *culte* qui lui
foit plus agréable, que l'obéiffance à
fes loix.

Pour le *culte* extérieur direct, il confifte dans tous les actes de religion, qui
font faits directement à l'honneur de
Dieu, & par lefquels nous témoignons
notre fouverain refpect pour lui. On
l'appelle auffi *culte public.*

Voici donc les principaux devoirs auxquels l'homme eft tenu : 1°. pénétré des
faveurs dont Dieu le comble, il doit lui
en rendre fréquemment des actions de

graces par des actes extérieurs : 2°. regler autant qu'il le peut, toutes ses actions sur sa volonté, c'est-à-dire, lui obéir actuellement & sans réserve : 3°. célébrer sa grandeur infinie : 4°. lui adresser des prieres : la priere est comme l'ame de la religion ; du moins il n'est aucune religion qui n'ait prescrit des prieres, il n'est aucun peuple qui n'ait pratiqué cet acte religieux, dans tous les tems & dans tous les lieux du monde. 5°. Lorsqu'on est réduit à la nécessité de faire serment, il n'est permis de jurer que par le nom de Dieu ; il faut dire l'exacte vérité & tenir religieusement ses promesses ; c'est ce que demandent la connoissance infinie & la toute puissance de Dieu qu'on a pris à témoin. 6°. On ne doit parler de Dieu qu'avec la derniere circonspection & avec le plus profond respect, afin de reconnoitre sa puissance. C'est ainsi un très-grand péché que de faire entrer le sacré nom de Dieu dans nos discours sans attention & sans nécessité, ou de jurer sans de fortes raisons. On se rend de même coupable d'une témérité très-criminelle, en se livrant à des recherches curieuses & subtiles sur la nature de Dieu, & sur les voies secretes de sa Providence, comme si on prétendoit pouvoir renfermer la Divinité dans les bornes étroites de la raison humaine. 7°. Tout ce que l'on fait pour honorer Dieu, doit être excellent en son genre, afin de témoigner aussi fortement qu'il est possible, les sentimens d'adoration dont on est pénétré pour cette Majesté Souveraine. 8°. Il faut le servir & l'honorer, non-seulement en particulier, mais encore en public & à la vue de tout le monde, autant qu'on le peut ; sans exposer la Majesté divine aux railleries ou aux insultes des profanes, & sans s'attirer à soi-même quelque mal

fâcheux, bien entendu qu'il n'est permis de s'abstenir que de certains actes extérieurs, dont l'omission n'emporte aucune marque de mépris. Car c'est avoir honte d'une chose, que de ne vouloir la faire qu'en cachette. Au lieu que le *culte* qu'on rend en public, marque non-seulement l'ardeur de notre zele ; mais sert encore d'exemple aux autres pour les porter à entrer dans les mêmes sentimens.

On doit donc rapporter à ce *culte* l'établissement des ministres de la religion, les assemblées religieuses, l'instruction du peuple, & toutes les cérémonies de la religion.

Quoique plusieurs docteurs prétendent que les loix naturelles n'ordonnent pas précisément l'établissement d'un *culte* public, l'opinion contraire, qui en établit la nécessité, nous paroît la mieux fondée. 1°. Parce que l'on ne sauroit concevoir une piété bien sincere dans le cœur, mais qui ne se manifesteroit jamais au-dehors par aucun acte de religion. 2°. Parce que le *culte* extérieur est le seul moyen que les hommes puissent employer avec succès pour exciter, pour entretenir & pour perfectionner dans leur cœur les sentimens de la religion & de la piété.

Faisons sentir cela par un exemple. Un pere de famille est sans doute obligé par la loi naturelle d'instruire ses enfans sur la religion, de leur apprendre quelle est la nature de Dieu, & les devoirs auxquels nous sommes obligés envers lui. Mais il ne sauroit s'acquitter de ce devoir sans établir dans sa famille une espece de *culte* public, c'est-à-dire, qu'il doit de tems en tems rassembler ses enfans autour de lui, pour leur apprendre ce que c'est que la religion, & pour exciter dans leur cœur les sentimens d'une véritable piété.

3°. Difons encore que tous les hommes en général font obligés de fe communiquer les uns aux autres les connoiffances qu'ils ont de Dieu & de la religion, & de perfectionner ainfi ces idées & les fentimens qui en réfultent. Ils font donc obligés à ce devoir, & en vertu de la fociabilité, & par une fuite du refpect qui eft dû à Dieu.

4°. Enfin, fi nous appliquons les principes que nous venons d'établir à l'état civil, la néceffité du *culte* public paroîtra de la derniere évidence. En effet, le prince eft le pere de la patrie; il eft donc obligé envers fes fujets aux mêmes devoirs auxquels un pere eft tenu envers fes enfans; par conféquent il doit travailler à faire inftruire fes fujets dans la religion. Il faut même remarquer là-deffus, qu'un prince eft en quelque maniere plus particulierement obligé à cet égard qu'un pere de famille, puifqu'il eft établi pour fuppléer par fes foins & par fon autorité à tout ce que les particuliers ne peuvent faire qu'imparfaitement par eux-mêmes. Mais le moyen que le fouverain puiffe s'acquitter de ce devoir, à moins qu'il n'établiffe des docteurs publics dans la religion, qu'il n'ordonne des affemblées dans lefquelles on inftruife le peuple dans la religion, & où l'on travaille à exciter & à perfectionner dans le cœur des hommes les fentimens de dévotion & de piété?

8°. Ceux qui penfent qu'à en juger par le droit naturel feul, & indépendamment de la révélation, il n'eft pas néceffaire de faire des actes de *culte* extérieur, & que leur omiffion n'emporte aucune marque de mépris envers la Divinité, fe fondent 1°. fur ce que Dieu n'a pas befoin de nos hommages; 2°. comme il eft fcrutateur des cœurs, le *culte* intérieur, fans lequel tous les ac-

tes extérieurs de piété font inutiles, fuffit pour nous acquitter de l'obligation où nous met notre dépendance de cet Etre fouverain. Pour ce qui eft de l'édification des autres hommes, ils difent, que l'omiffion du *culte* extérieur ne nuit directement ni au bien de la fociété humaine en général, ni à celui de la fociété civile en particulier, pourvu que le *culte* intérieur fubfifte.

Mais il ne s'enfuit point delà, qu'il n'y ait point de néceffité de fervir Dieu extérieurement, & que cette néceffité ne foit pas fuffifamment connue par les lumieres de la raifon. J'avoue que comme Dieu eft fuffifant à lui-même, tous nos hommages n'ajoûtent rien à fa gloire; lors donc qu'il les exige, c'eft d'un côté, parce que fa fageffe ne lui permet pas de nous difpenfer de ce qui découle néceffairement de la rélation qu'il y a entre le Créateur & la créature, entre le fouverain Légiflateur, le Maitre de l'univers, & les hommes qu'il a placés fur la terre; de l'autre, parce que cela fert à nous mieux acquitter de nos autres devoirs & à nous mettre en état de parvenir au bonheur fuprème.

Mais fi la raifon tirée de l'inutilité de nos hommages rendus à Dieu prouvoit quelque chofe, elle prouveroit trop; car il s'enfuivroit delà, que le *culte* intérieur n'eft pas non plus de droit naturel, puifque Dieu n'a pas plus befoin de nos hommages intérieurs que de nos hommages extérieurs.

La feconde raifon alléguée, prouve feulement que le *culte* extérieur n'eft pas toujours néceffaire; & que quand on n'a pas occafion de s'en acquitter, ou que certains obftacles nous en empêchent, le *culte* intérieur fuffit devant Dieu qui a égard alors à l'intention & au cœur. Mais on ne fauroit en inférer raifonnablement, que les actes du *culte* extérieur

extérieur ne foient pas néceffaires, dans les autres cas & jufqu'à un certain point ; néceffité également fondée fur la nature de Dieu, fur la nature même de l'homme, & fur l'intérêt de la fociété. Car le moyen de concevoir une véritable piété fi fort renfermée au dedans du cœur qu'elle ne fe manifefte jamais par aucun acte extérieur de religion ? Les hommes font faits de telle maniere qu'ils ne croiroient pas avoir témoigné fuffifamment leur foumiffion & leur refpect à une perfonne qu'ils en jugent digne, s'ils ne lui rendoient quelqu'hommage de vive voix ou par des actions fignificatives ; quand même ils feroient d'ailleurs affurés qu'elle connoît à fond la fincérité de leurs fentimens. D'ailleurs, lorfqu'une chofe fait une vive impreffion fur notre cœur, on ne peut, fans fe faire violence, l'y tenir cachée ; on en eft rempli, on cherche à la manifefter ; on aime à en parler ; on prend plaifir à faire connoître ce que l'on penfe, ce que l'on fent, & nous cherchons à faire entrer les autres dans les mêmes fentimens dont nous fommes pénétrés. D'ailleurs, fi le *culte* intérieur de la divinité eft néceffaire pour le bien de la fociété, ce que les jurifconfultes que nous combattons, ne défavouent pas, je ne vois pas que cette religion purement fpirituelle puiffe être d'un grand ufage, à moins qu'on ne fuppofe, que tous les hommes font également capables de connoître ce qu'ils doivent à Dieu, & également foigneux de le pratiquer ; enforte que perfonne n'ait befoin d'être encouragé par les inftructions ou par l'exemple des autres. De fimples exhortations ne fuffiroient même point par rapport au plus grand nombre & aux gens du commun ; il faut pour eux fur-tout quelque chofe qui frappe leurs fens, & qui reveille l'at-

tion, fans quoi ils oublieroient aifément la Divinité & les hommages qui lui font dûs.

Ajoûtons encore deux autres argumens, pour démontrer la néceffité d'un *culte* extérieur. Le premier eft tiré de l'obligation indifpenfable où nous fommes de nous édifier mutuellement les uns les autres ; le fecond eft fondé fur la nature de l'homme.

1°. Si la piété eft une vertu, il eft utile qu'elle regne dans tous les cœurs : or il n'eft rien qui contribue plus efficacement au regne de la vertu que l'exemple. Les leçons auroient beaucoup moins de force. C'eft donc un bien pour chacun de nous, d'avoir fous les yeux des modeles attrayans de piété. Or ces modeles ne peuvent être tracés que par des actes extérieurs de religion. En vain par rapport à moi, un de mes concitoyens feroit pénétré d'amour, de refpect & de foumiffion pour Dieu, s'il ne fait pas connoître ces fentimens par quelque démonftration fenfible, qui m'en avertiffe. Comme je ne connois pas les cœurs, il faut qu'il me donne des marques non fufpectes de fon goût pour la vérité, de fa réfignation aux ordres de la Providence, de fon amour dominant pour Dieu ; il faut, pour me convaincre de fa piété, qu'il adore Dieu, qu'il le loue, qu'il le glorifie en public ; fon exemple opere fur moi, je me fens animé d'une fainte émulation, que les plus beaux difcours de morale n'auroient pas été capables de produire. Il eft donc effentiel à l'exercice de la religion que la profeffion s'en faffe d'une maniere folemnelle & vifible, en forte que les mêmes raifons qui nous obligent à reconnoître les relations, où nous fommes à l'égard de Dieu, nous obligent également, à en rendre l'a-

Q

veu public. D'ailleurs si parmi les faveurs dont la Providence nous comble, il y en a de personnelles, il y en a aussi de générales ; or par rapport à ces dernieres, la raison nous dit, que ceux qui les ont reçues en commun, doivent se joindre pour en rendre graces à l'Etre suprème en commun, autant que la nature des assemblées religieuses peut le permettre.

2°. Observons qu'une religion purement mentale pourroit convenir à des esprits purs & immatériels, dont il y a sans doute un nombre infini de différentes especes dans les vastes limites de la création ; mais l'homme étant composé de deux substances réunies, c'est-à-dire, de corps & d'ame, la religion qui lui convient doit être relative & proportionnée à son état & à sa nature, & par conséquent consister également en méditations intérieures & en actes extérieurs. Cette réflexion qui n'est d'abord qu'une simple présomption, devient une preuve complette, lorsqu'on examine plus particulierement l'homme & les circonstances où il est placé. Pour rendre l'homme propre aux fonctions qui lui ont été assignées, l'expérience prouve qu'il est nécessaire que le tempérament du corps influe sur les passions de l'esprit, & que les facultés spirituelles soient tellement enveloppées dans la matiere, que nos plus grands efforts ne puissent les émanciper de cet assujettissement, tant que nous vivons & que nous agissons dans ce monde matériel. Or il est évident que des êtres de cette nature sont peu propres à une religion purement mentale, c'est aussi là une vérité que l'expérience confirme ; car toutes les fois que par le faux desir d'une perfection chimérique, certains dévôts ont tâché dans les exercices de religion de se dé-

pouiller de la grossiereté des sens & de s'élever dans la région des idées, le caractere de leur tempérament a toujours décidé de l'issue de leur entreprise. La religion des caracteres froids & flegmatiques a dégénéré en indifférence & en dégoût, & celle des hommes bilieux & sanguins a dégénéré dans le fanatisme & dans l'enthousiasme. L'état de l'homme ici bas & les objets qui l'environnent, contribuent de plus en plus à rendre invincible cette incapacité naturelle pour une religion dénuée de toute cérémonie. La nécessité & le desir de satisfaire aux besoins & aux aisances de la vie, nous assujettissent à un commerce perpétuel & constant avec les objets sensibles & matériels ; commerce qui fait naître en nous des habitudes, qui se fortifient d'autant plus que nous nous efforçons de nous en délivrer. Or ces habitudes en nous portant continuellement l'esprit vers la matiere, sont si incompatibles avec les contemplations mentales, elles nous en rendent si incapables, que nous sommes même obligés pour remplir ce que l'essence de la religion nous prescrit à cet égard, de nous servir contre les sens & contre la matiere de leur propre secours, afin de nous aider & de nous soutenir dans les actes spirituels du *culte* religieux. Si à ces raisons l'on ajoûte que le commun du peuple qui compose la plus grande partie du genre humain, & dont tous les membres en particulier sont personnellement intéressés dans la religion, est par état, par emploi, par nature plongé dans la matiere ; on n'a pas besoin d'autre argument, pour prouver qu'une religion mentale qui consisteroit en une philosophie divine, qui résideroit dans l'esprit, n'est nullement propre à une créature telle que l'homme dans le poſte qu'il occupe ſur la terre.

Pour ce qui eſt des circonſtances particulieres du *culte* public, & des cérémonies de la religion, la raiſon nous donne là-deſſus une regle, très-ſimple à la vérité, mais très-importante; c'eſt qu'en général, le *culte* extérieur de la religion doit être établi de telle maniere, qu'il mene à la fin à laquelle il eſt deſtiné, c'eſt-à-dire, qu'il doit tendre tout entier à l'inſtruction & à la piété. Il doit tendre à la piété, parce que c'eſt dans la piété intérieure que conſiſte eſſentiellement la religion, & que par conſéquent l'extérieur ſans l'intérieur eſt plutôt une injure qu'un hommage à la divinité. Mais il doit auſſi tendre à l'inſtruction, parce que ce n'eſt qu'en éclairant l'eſprit de l'homme que l'on peut produire dans ſon cœur une piété ſolide, ſincere, & raiſonnable.

Au reſte toutes les nations chrétiennes pratiquent ſoigneuſement un *culte* extérieur de religion; & ſuivant le génie de chacune, la pratique de ce *culte* s'exerce avec plus ou moins de pompe & de ſimplicité, avec des démonſtrations de pénitence ou d'allégreſſe plus ou moins ſenſibles. Ce n'eſt pas ici le lieu d'examiner les divers *cultes* du chriſtianiſme qui ſubſiſtent de nos jours, & d'en peſer les avantages ou les défauts; il nous ſuffira de dire que le plus raiſonnable, le plus digne de l'homme, eſt celui qui en général eſt le plus éloigné de l'enthouſiaſme & de la ſuperſtition.

Le *culte* rendu au vrai Dieu ſeul, s'appelle *latrie*; ce même *culte* tranſporté par quelques ſectes du Créateur aux créatures, s'appelle *idolatrie*. Les catholiques nomment *culte d'hyperdulie* celui qu'ils rendent à la Vierge, & *dulie* celui qu'ils rendent aux autres ſaints.

CULTURE, ſ.f., *Droit polit.*, c'eſt l'art de tirer de la terre tout ce qui eſt néceſſaire à nos beſoins. L'homme doit ſon exiſtence à la propagation & au travail; c'eſt pour ſe réproduire qu'il exiſte, c'eſt pour exiſter qu'il travaille. Le plus grand éloge que l'on puiſſe faire de l'homme en ſociété, eſt de dire, que la terre le nourrit par la peine qu'il a priſe de la cultiver, qu'il a ſu en multiplier la valeur en la défrichant, & la faire ſervir à ſa ſubſiſtance en recueillant ſes fruits. Avant qu'on connût la culture des terres, il eſt à croire que l'homme ſe nourriſſoit des ſubſtances que le nature avoit perpétuées ſur la terre; que toutes les productions qu'il étoit à ſa portée de ſaiſir, lui ſervoient d'alimens; qu'il mangeoit les bêtes, comme les bêtes le mangeoient; qu'il devoit toujours ſubſiſter entre lui & elles une guerre continuelle, puiſque les mêmes beſoins leur étoient communs, & qu'ils cherchoient à les ſatisfaire, ſouvent aux dépens les uns des autres. L'homme, dans cet état, ſembloit n'avoir rien à redouter, ni de la rigueur du climat ni de l'avarice des ſaiſons; mais pouvoit-il ſe flatter, que par une ſuite des mêmes révolutions qui lui occaſionnoient des nourritures relatives à ſon être, la terre dans un autre tems ne lui fournît pas des ſubſtances, qui, en altérant ſes forces & ſes organes par leurs influences ſur ſon tempérament, ne fiſſent réſulter un déſordre néceſſaire dans ſon méchaniſme & une exiſtence plus ſujette aux viciſſitudes, à moins de durée?

Mais comme la nature n'avoit point créé l'homme pour être iſolé; de même elle devoit changer & perfectionner ſes goûts, en le ſoumettant à ſes impulſions, & en le rapprochant de ſes ſemblables. A meſure que les nations ſe

Q 2

peuplerent, les productions fe multi-
plierent, & les terres durent fournir un
furcroît de fubfiftance pour un furplus
de population, une augmentation de
denrées indigenes pour des objets étrangers d'échange & de confommation.
Ainfi le commerce s'établit de lui-même
par la réunion des hommes ; & la confommation des denrées, loin de diminuer par les échanges, ne faifoit qu'occafionner une furabondance de productions pour tous les pays qui percevoient
les uns des autres. Une nation tiroit
d'une autre nation des fubfiftances &
des fruits ; & l'altération de ces objets
par le tranfport occafionnant une plus
grande déperdition de fubftances & de
fruits, étoit compenfée par un prompt
débit & par l'obligation où les peuples
nationaux étoient d'étendre, de remuer,
de fouiller la terre, pour en tirer par
la fuite des tems un plus haut degré de
fécondité.

L'accroiffement & l'extenfion des terres cultivées fut toujours la prémiere richeffe d'une nation, puifque l'induftrie
& la population en furent les réfultats ;
& que le commerce fut toujours précaire quand il manqua des premiers
fonds, qui font les productions de la
nature.

Les gouvernemens oppoferent toujours des entraves à l'agriculture, qui
devroit être libre, puifqu'elle eft fi néceffaire : il ne fauroit y avoir trop d'excès dans le nombre d'hommes qu'elle
doit contenir ; & cette claffe, la plus
avilie & la plus méprifée, qui procure
à l'Etat les biens phyfiques, ceux de
l'exiftence, devroit continuellement
tendre à fe réproduire. Mais tout femble difpofé dans les grands Etats à s'oppofer aux objets les plus effentiels : la
portion des taxes que l'Etat exige à raifon de l'induftrie, eft, ou fi injufte-

ment affife, ou fi exceffive, que l'agriculteur craint de défricher un champ,
d'augmenter fon bien & fa famille, fûr
de voir augmenter cette taxe arbitraire
qu'il ne peut déja fuffire à payer. Ainfi
l'intérêt de l'agriculteur eft de fe montrer pauvre, puifque par ce moyen il
fera fujet à une moindre impofition,
toujours peu proportionnée avec fon
état.

La guerre ne porte pas un moindre
obftacle au nombre d'hommes qui compofent cette claffe ; c'eft par elle que fe
forment les armées : chaque hameau ou
village doit à l'Etat un certain nombre
d'hommes : en tems de paix, le fervice
n'étant pas effectif, fait peu de tort à
l'agriculture ; mais en tems de guerre,
ce font autant d'ouvriers enlevés à la
campagne, & qui lui font peu fouvent
rendus, car un foldat qui a vécu en foldat pendant quelques années, revient
rarement reprendre la charrue. Mais en
tems de paix, les troupes effectives &
qui font fi confidérables, doivent nuire
inceffamment à la culture de la terre ; en
tems de paix ils l'abandonnent, en tems
de guerre ils la dévaftent. De plus, un
homme de guerre, accoutumé pendant
toute fa vie à d'autres exercices, auroit
honte, au terme fixé pour fes fervices,
de retourner en fa patrie pour y vivre
en pâtre & en agriculteur.

Les moines, les prêtres, les domeftiques, les mendians, les employés à
la perception des droits publics, forment un corps de gens inutiles, qui
nous femblent exclus de tout art & de
toute forte d'induftrie ; & en vérité le
fuperflu en feroit affez confidérable
pour augmenter d'un furplus confidérable & démontré le nombre des bras
que l'Etat devroit deftiner à l'agriculture.

Le *culture* de la terre eft donc le pre-

mier des arts, celui qui eft le plus effentiel
à l'homme, puifque fon travail lui fournit fa fubfiftance, & qu'en faifant une
compenfation jufte de fes peines avec
l'abondance & l'intérêt qui en font les
réfultats, il peut en tirer des moyens
de prévoyance qui l'aident à fupporter
avec plus d'aifance pendant un tems la
rigueur des événemens & l'avarice des
faifons. Cela pofé, il faudroit que dans
tout gouvernement il fût affigné à chaque habitant de la campagne une portion de terre qu'il pût défricher & mettre
en valeur; en effet, pourquoi voit-on,
même dans les climats les plus tempé-
rés, & par conféquent les plus propres
à renfermer les plus riches productions
de la nature; pourquoi voit-on, dis-je,
de fi grands intervalles de terrein en
friche, qui pourroient produire des
bleds ou des pâturages pour les beftiaux?
C'eft que l'étendue des grands biens eft
trop confidérable en rapport à une feule
tète, & que l'homme de la campagne
manque de moyens pour devenir propriétaire, & pour mettre en valeur les
terres qui reftent à cultiver.

Si la multiplicité des taxes & des impofitions contribue à la décadence de
l'agriculture dans certains pays; l'indigence & la mifere, qui en font des
fuites néceffaires, ne répandent pas
moins leurs influences fur l'exiftence
des hommes; & le luxe de toute efpece
qui fait circuler l'argent dans les villes,
n'enleve pas moins à la campagne d'habitans utiles, en abandonnant le refte
à l'indigence : cette impulfion de la
fplendeur des villes fur la mifere des
campagnes, ne peut avoir un long effet, fi celle-ci eft abandonnée. Une
feule probabilité peut nous fervir de
conviction, & la voici : dans une des
contrées habitées par des hommes, où
la nature a difpenfé fes dons les plus

précieux, & où l'art a fu fouvent prévenir les vices de la nature; dans un
pays où les arts & les fciences auroient
des influences déterminées fur les peuples qui l'habitent, où l'induftrie & le
commerce fleuriroient par les liaifons,
les échanges, le débit & les difpofitions qu'on croiroit trouver dans le
nombre immenfe des habitans; de tels
établiffemens favoriferoient-ils autant
la nation & les hommes, qu'ils pourroient les feconder, fi l'extenfion des
terres & la liberté de les cultiver ne fervoient de but à la richeffe de l'Etat & à
l'accroiffement du commerce ? En ré-
fléchiffant fur les motifs, on peut réfoudre la queftion, & dire, que le défaut
de combinaifon dans l'emploi des terres, que l'extenfion illimitée des propriétés feigneuriales, l'augmentation
des privileges & des facultés, font autant de vices réels; que tout homme
qui n'a point de propriété, telle modique qu'elle puiffe être, eft naturellement peu attaché à fa patrie : n'ayant
rien qui l'attache, & le fardeau de fa
pauvreté l'accablant fans ceffe, que lui
reftera-t-il, qu'à maudire le ciel & la
terre qui l'affligent : fa patrie, fon toit
ne feront plus fon domicile; il les quittera fans regret, & ira loin d'eux chercher un afyle dans des climats plus heureux & moins fujets aux variations de
l'efprit humain : que ces procédés, fuites du befoin, devront s'accroître par
l'exemple & fe réalifer par les moyens;
que bientôt le goût particulier deviendra l'efprit général de la nation, & in-
fluera fur les différens refforts du gouvernement.

Ainfi le bien d'un Etat dépend & doit
réfulter de la culture des terres; en faifant fa force intérieure, elle y attire les
richeffes du dehors : toute puiffance
qui vient d'ailleurs que de la terre, eft

artificielle & précaire, soit dans le physique, soit dans le moral. L'industrie & le commerce, qui ne s'exercent pas en premier lieu sur l'agriculture d'un pays, sont au pouvoir des nations étrangeres, qui peuvent, ou les disputer par émulation, ou les ôter par envie, soit en établissant la même industrie chez eux, soit en supprimant l'exportation de leurs matieres en nature, ou l'importation de ces matieres en œuvres. Cette rivalité doit influer nécessairement sur les nations qui n'ont pour principes d'industrie que des objets de pure superfluité, & cette disposition peut leur être désavantageuse à l'une ou à l'autre. Mais un Etat bien défriché, bien cultivé, produit les hommes par les fruits de la terre, & les richesses par les hommes, & n'a rien à redouter de ses voisins.

Le gouvernement doit donc sa protection aux campagnes, plutôt qu'aux villes : les unes sont des meres & des nourrices, toujours fécondes ; les autres ne sont que des filles souvent ingrates & stériles. Les villes ne peuvent guere subsister que du superflu de la population & de la réproduction des campagnes ; & celles même qui répandent plus de richesses qu'elles n'en possedent, n'attirent cependant tous les trésors qu'elles versent, qu'avec les productions des campagnes qui les environnent. Les villes ne sont florissantes que par la fécondité des champs ; la campagne peut se passer des villes, pour ce qui est de sa subsistance, puisqu'en concentrant ses productions, elle n'a besoin d'autres secours que de celui de ses bras : le luxe des villes est la pierre d'aimant qui y attire les denrées des campagnes ; elles sont devenues nécessaires les unes aux autres par les vues d'échange & de débit, & il doit toujours résulter de ce commerce presque insensible une fécondité essentielle à chacune. La fertilité des champs dépend moins de la nature du sol que de celle de ses habitans ; il y a des nations situées sous les climats les plus favorables à l'agriculture, dont les terres produisent moins que d'autres qui occupent des contrées moins tempérées ; c'est que le gouvernement y étouffe la nature de mille manieres, & qu'en conséquence les hommes sont moins disposés au goût du travail par beaucoup de motifs & principalement par le manque de propriété. Par-tout où la nation est attachée à sa patrie par la propriété, par la sûreté de ses fonds & de ses revenus, les terres fleurissent & prosperent. Accordez les privileges plutôt aux campagnes qu'aux villes, supprimez les corvées, vous verrez chaque propriétaire amoureux de l'héritage de ses peres, l'accroître & l'embellir par une culture assidue, y multiplier ses enfans à proportion de ses biens, & ses biens à proportion de sa famille.

Mais jettons un coup d'œil rapide sur l'état de la *culture* des quatre parties de la terre.

Etat de la culture *en Europe.* Quel spectacle que l'état de la *culture* chez les différens peuples qui partagent la terre! En Europe, on la voit florissante aujourd'hui chez une nation, qui pendant plusieurs siecles antérieurs étoit réduite à aller mendier sa nourriture chez des voisins, qui jouissoient d'une plus grande étendue de terre & d'un climat plus heureux qu'elle. Pendant ces siecles de barbarie, la perte de sa liberté & de son droit de propriété avoit entraîné celle de sa *culture* ; elle n'a recouvré ces deux droits naturels & relevé les fondemens renversés de son agriculture, que par des atrocités & des malheurs, en faifant couler des ruiffeaux de fang.

En Afrique. L'Afrique en général, dont les contrées les plus connues anciennement, étoient regardées comme les greniers de l'univers, ne préfente plus depuis la perte de la liberté, que des terres en friche, ou mal cultivées par des efclaves.

En Amérique. Le midi de l'Amérique couvert de marécages, de ronces & de forêts, voit fes terres immenfes endurcies par la fueur même de fes cultivateurs dans les fers. Le nord de cette partie du monde eft habité par des petits peuples fauvages, miférables & fans agriculture, mais hommes jouiffans de la liberté, & par-là moins malheureux peut-être que la foule des nations prétendues policées, qui plus éloignées qu'eux des loix de la nature par la privation des droits qu'elle donne, font des efforts impuiffans pour fe procurer le bonheur qui eft l'effet d'une bonne *culture*.

En Afie. Le vafte continent de l'Afie offre ici une région immenfe toute en friche, habitée par un peuple de brigands plus occupés de vol que de *culture*. Là un grand empire autrefois fi floriffant & fi bien cultivé, aujourd'hui défolé par les guerres civiles, habité par un refte de population qui meurt de faim, faute de *culture*, & qui répand fon fang non pour recouvrer fa liberté, mais pour changer de tyran. Prefque toute cette belle & riche partie du monde qui fut le berceau du genre humain, voit fes terres dans l'efclavage, & fes cultivateurs enchaînés ou fous le defpotifme aveugle des fouverains qui la partagent, ou fous le joug deftructeur des loix féodales.

Enfin l'extrèmité orientale du continent de l'Afie, habitée par la nation Chinoife donne une idée raviffante de ce que feroit toute la terre, fi les loix de cet empire étoient également celles de tous les peuples. Cette grande nation agricole réunit à l'ombre de fon agriculture, fondée fur une liberté raifonnable, tous les avantages différens des peuples policés & de ceux qui font fauvages. La bénédiction donnée à l'homme dans le moment de la création, femble n'avoir eu fon plein effet qu'en faveur de ce peuple multiplié, comme les grains de fable fur les bords de la mer.

Princes qui jugez les nations, qui êtes les arbitres de leur fort, venez à ce fpectacle, il eft digne de vous! Voulez-vous faire naitre l'abondance dans vos Etats, favorifer la multiplication de vos peuples & les rendre heureux? Voyez cette multitude innombrable qui couvre les terres de la Chine, qui n'en laiffe pas un pouce fans *culture*; c'eft la liberté & fon droit de propriété, qui ont fondé une agriculture fi floriffante, au moyen de laquelle ce peuple heureux s'eft multiplié comme le grain dans fes campagnes.

Afpirez-vous à la gloire d'être les plus puiffans, les plus riches, les plus heureux fouverains de la terre? Venez à Pekin, voyez le plus puiffant des mortels affis fur un trône à côté de la raifon; il ne commande pas, il inftruit; fes paroles ne font pas des arrêts, ce font des maximes de juftice & de fageffe; fon peuple lui obéit, parce que l'équité lui infpire feule les volontés qu'il annonce. Il eft le plus puiffant des hommes, parce qu'il regne fur les cœurs de la plus nombreufe fociété d'hommes qu'il y ait au monde, & qui eft fa famille.

Il eft le plus riche de tous les fouverains, parce qu'une étendue de 600 lieues de terre, du nord au fud & autant de l'eft à l'oueft, cultivée jufqu'au fommet des montagnes, lui payent la dime des moiffons abondantes qu'elles produifent fans ceffe, & parce qu'il eft économe du bien de fes enfans.

Enfin il eft le plus heureux des monarques, puifqu'il goûte tous les jours le plaifir ineffable de rendre heureux la plus grande multitude d'hommes qui foit raffemblée fur la terre; il jouit feul du bonheur que partagent fes enfans innombrables, qui lui font tous également chers, & qui vivent comme freres chacun en liberté & dans l'abondance fous fa protection. Il eft appellé le fils du *Tien*, il eft la vraie, la plus parfaite image du ciel dont il imite la bienfaifance. Enfin fon peuple reconnoiffant l'adore comme un Dieu, parce qu'il fe conduit comme un homme.

Nous finirons cet article par quelques obfervations politiques.

L'idée de confervation eft dans chaque individu immédiatement attachée à celle de fon exiftence; ainfi l'occupation qui remplit fon befoin le plus preffant, lui devient la plus chere. Cet ordre fixé par la nature, ne peut être changé par la formation d'une fociété, qui eft la réunion des volontés particulieres. Il fe trouve au contraire confirmé par de nouveaux motifs, fi cette fociété n'eft pas fuppofée exifter feule fur la terre. Si elle eft voifine d'autres fociétés, elle a des rivales; & fa confervation exige qu'elle foit revêtue de toutes les forces dont elle eft fufceptible. La *culture* des terres eft le premier moyen & le plus naturel de fe les procurer.

Cette fociété aura autant de citoyens que la *culture* de fon territoire en pourra nourrir & occuper: citoyens rendus plus robuftes par l'habitude des fatigues, & plus honnêtes gens par celle d'une vie occupée.

Si fes terres font plus fertiles, ou fes cultivateurs plus induftrieux, elle aura une furabondance de denrées qui fe répandront dans les pays moins fertiles ou moins cultivés. Cette vente aura dans la fociété qui la fait, des effets réels & relatifs.

Le premier fera d'attirer des étrangers ce qui aura été établi entre les hommes, comme mefure commune des denrées, ou les richeffes de convention.

Le fecond effet fera de décourager par le bas prix les cultivateurs des nations rivales, & de s'affurer toujours de plus en plus ce bénéfice fur elles.

A mefure que les richeffes de convention fortent d'un pays, & que le profit du genre de travail le plus effentiel y diminue au point de ne plus procurer une fubfiftance commode à celui qui s'en occupe, il eft néceffaire que ce pays fe dépeuple, & qu'une partie des habitans mendie; ce qui eft encore plus funefte. Troifieme effet de la vente fuppofée.

Enfin par une raifon contraire, il eft clair que les richeffes de convention s'accumulant fans ceffe dans un pays, le nombre des befoins d'opinion s'accroîtra dans la même proportion. Ces nouveaux befoins multiplieront les genres d'occupation; le peuple fera plus heureux; les mariages plus fréquens, plus féconds; & les hommes qui manqueront d'une fubfiftance facile dans les autres pays, viendront en foule habiter celui qui fera en état de la leur fournir.

Tels font les effets indifpenfables de la fupériorité de l'agriculture dans une nation, fur celle des autres nations; & fes effets font reffentis en raifon de la fertilité des terres réciproques, ou de la variété de leurs productions: car le principe n'en feroit pas moins certain, quand même un pays moins bien cultivé qu'un autre, ne feroit pas dépeuplé à raifon de l'infériorité de fa *culture*, fi d'ailleurs d'ailleurs ce pays moins cultivé fournit naturellement une plus grande variété de productions. Il est évident qu'il aura toujours perdu son avantage d'une maniere réelle & relative.

Ce que nous venons de dire conduit à trois conséquences très-importantes.

1°. Si l'agriculture mérite dans un corps politique le premier rang entre les occupations des hommes, celles des productions naturelles, dont le besoin est le plus pressant & le plus commun, exigent des encouragemens de préférence chacune dans leur rang : comme les grains, les fruits, les bois, le charbon de terre, le fer, les fourrages, les cuirs, les laines, c'est-à-dire le gros & le menu bétail ; les huiles, le chanvre, les lins, les vins, les eaux-de-vie, les soies.

2°. On peut décider sûrement de la force réelle d'un Etat, par l'accroissement ou le déclin de la population de ses campagnes.

3°. L'agriculture sans le secours du commerce, seroit très-bornée dans son effet essentiel, & dès-lors n'atteindroit jamais à sa perfection.

Quoique cette derniere déduction de nos principes soit évidente, il ne paroit point inutile de s'y arrêter, parce que cet examen sera l'occasion de plusieurs détails intéressans.

Les peuples qui n'ont envisagé la *culture* des terres que du côté de la subsistance, ont toujours vécu dans la crainte des disettes, & les ont souvent éprouvées. Voyez le livre intitulé, *Considérations sur les finances d'Espagne*. Ceux qui l'ont envisagée comme un objet de commerce, ont joui d'une abondance assez soutenue pour se trouver toujours en état de suppléer aux besoins des étrangers.

L'Angleterre nous fournit tout à la *Tome IV.*

fois l'un & l'autre exemple. Elle avoit suivi, comme presque tous les autres peuples, l'esprit des loix romaines sur la police des grains ; loix génantes & contraires à leur objet dans la division actuelle de l'Europe en divers Etats dont les intérêts sont opposés : au lieu que Rome maitresse du monde, n'avoit point de balance à calculer avec ses propres provinces. Elle les épuisoit d'ailleurs par la pesanteur des tributs, aussi-bien que par l'avarice de ses préfets ; & si Rome ne leur eût rien rendu par l'extraction de ses besoins, elle eût englouti les trésors de l'univers, comme elle en avoit envahi l'empire.

En 1689 l'Angleterre ouvrit les yeux sur ses véritables intérêts. Jusqu'alors elle avoit peu exporté de grains, & elle avoit souvent eu recours aux étrangers, à la France même, pour sa subsistance. Elle avoit éprouvé ces inégalités fâcheuses & ces révolutions inopinées sur les prix, qui tour-à-tour découragent le laboureur ou désespérent le peuple.

La Pologne, le Danemark, l'Afrique & la Sicile étoient alors les greniers publics de l'Europe. La conduite de ces Etats qui n'imposent aucune gêne sur le commerce des grains, & leur abondance constante, quoique quelques-uns d'entr'eux ne jouissent ni d'une grande tranquillité ni d'une bonne constitution, suffisoient sans doute pour éclairer une nation aussi réfléchie, sur la cause des maux dont elle se plaignoit ; mais la longue possession des pays que je viens de nommer, sembloit trop bien établie par le bas prix de leurs grains, pour que les cultivateurs Anglois pussent soutenir leur concurrence dans l'étranger. Le commerce des grains supposoit une entiere liberté de les magasiner, & pour autant de tems que l'on voudroit; liberté dont l'ignorance & le préjugé rendoient l'usage odieux dans la nation.

L'Etat pourvut à ce double inconvénient, par un de ces coups habiles dont la profonde combinaison appartient aux Anglois seuls, & dont le succès n'est encore connu que d'eux, parce qu'ils n'ont été imités nulle part. Je parle de la gratification qu'on accorde à la sortie des grains sur les vaisseaux anglois seulement, lorsqu'ils n'excedent pas les prix fixés par la loi, & de la défense d'introduire des grains étrangers, tant que leur prix courant se soutient au dessous de celui que les statuts ont fixé. Cette gratification facilita aux Anglois la concurrence des pays les plus fertiles, en même tems que cette protection déclarée changea les idées populaires sur le commerce & la garde des grains. La circonstance y étoit très propre à la vérité; la nation avoit dans le nouveau gouvernement, cette confiance sans laquelle les meilleurs reglemens n'ont point d'effet.

Le froment reçoit 5 sols sterling, ou 5 livres 17 sols 6 deniers tournois par quarter, mesure de 460 livres poids de marc, lorsqu'il n'excede pas le prix de 2 livres 8 sols sterling ou 56 liv. 8 sols tournois.

Le seigle reçoit 3 sols 6 den. sterling ou 3 liv. 10 s. 6 d. tourn. au prix de 1 l. 12 f. sterl. ou 37 l. 12 f. tourn.

L'orge reçoit 2 f. 6 den. sterl. ou 2 liv. 18 f. 9 d. tourn. au prix de 1 liv. 4 sols sterl. ou 28 liv. 4 sols tourn.

L'événement a justifié cette belle méthode: depuis son époque l'Angleterre n'a point éprouvé de famine, quoiqu'elle ait exporté presqu'annuellement des quantités immenses de grains; les inégalités sur les prix ont été moins rapides & moins inopinées, les prix communs ont même diminué: car lorsqu'on se fut déterminé en 1689 à accorder la gratification, on rechercha quel avoit été le prix moyen des grains pendant les quarante-trois années précédentes. Celui de froment fut trouvé de 2 liv. 10 sols 2 d. sterl. le quarter, ou 58 l. 18 f. 11. den. tourn. & les autres especes de grains à proportion. Par un recueil exact du prix des fromens depuis 1689 jusqu'en 1752, le prix commun pendant ces cinquante-sept années ne s'est trouvé que de 2 l. 2 f. 3 d. sterl. ou 49 liv. 12 f. 10 den. tourn. Ce changement, pour être aussi frappant, n'en est pas moins dans l'ordre naturel des choses. Le cultivateur, dont le gouvernement avoit en même tems mis l'industrie en sûreté en fixant l'impôt sur la terre même, n'avoit plus qu'une inquiétude; c'étoit la vente de sa denrée, lorsqu'elle seroit abondante. La concurrence des acheteurs au dedans & au dehors, lui assuroit cette vente: dès-lors il s'appliqua à son art avec une émulation que donnent seules l'espérance du succès & l'assurance d'en jouir. De quarante millions d'acres que contient l'Angleterre, il y en avoit au moins un tiers en communes, sans compter quelques restes de bois. Aujourd'hui la moitié de ces communes & des terres occupées par les bois, est ensemencée en grains & enclose de haies. Le comté de Norfolk, qui passoit pour n'être propre qu'au pacage, est aujourd'hui une des provinces des plus fertiles en bleds. Je conviens cependant que cette police n'a pas seule opéré ces effets admirables, & que la diminution des intérèts de l'argent a mis les particuliers en état de défricher avec profit; mais il n'en est pas moins certain que nul propriétaire n'eût fait ces dépenses, s'il n'eût été assuré de la vente de ses denrées , & à un prix raifonnable.

L'état des exportations de grains acheveroit de démontrer comment un pays peut s'enrichir par la feule *culture* envifagée comme objet de commerce. On trouve dans les ouvrages anglois, qu'il eft nombre d'années où la gratification a monté de 150 à 500 mille liv. fterl. & même plus. On prétend que dans les cinq années écoulées depuis 1746 jufqu'en 1750, il y a eu près de 5, 906, 000 quarters de bleds de toutes les qualités exportés. Le prix commun à 1 liv. 8. f. fterl. ou 32 liv. 18 f. tourn. ce feroit une fomme de 8 , 210 , 000 liv. fterl. ou 188 , 830 , 000 l. tourn. environ.

Si nous faifons attention que prefque toute cette quantité de grains a été exportée par des vaiffeaux anglois, pour profiter de la gratification, il faudra ajouter au bénéfice de 188,830,000 liv. tourn. la valeur du fret des 5, 900, 000 quarters. Suppofons - la feulement à 50 f. tourn. par quarter, l'un dans l'autre, ce fera un objet de 14, 750, 000 l. tourn. & au total, dans les cinq années, un gain de 203, 580, 000 liv. monnoie de France; c'eft-à-dire que par année commune fur les cinq , le gain aura été de 40, 000, 000 liv. tourn. environ.

Pendant chacune de ces cinq années , cent cinquante mille hommes au moins auront été occupés , & dès - lors nourris par cette récolte & cette navigation ; & fi l'on fuppofe que cette valeur ait encore circulé fix fois dans l'année feulement, elle aura nourri & occupé neuf cents mille hommes aux dépens des autres peuples.

Il eft encore évident que fi chaque année l'Angleterre faifoit une pareille vente aux étrangers, neuf cents mille hommes parmi les acheteurs trouve-roient d'abord une fubfiftance plus difficile ; & enfin qu'ils en manqueroient au point qu'ils feroient forcés d'aller habiter un pays capable de les nourrir.

Un principe dont l'harmonie avec les faits eft fi frappante , ne peut certainement paffer pour une fpéculation vague : il y auroit donc de l'inconféquence à la perdre de vûe. *v.* COMMERCE.

Ce n'eft point fur une quantité d'argent qu'on peut comparer l'aifance des fujets d'un Etat. Cette comparaifon doit être établie fur la nature & la quantité des commodités qu'ils font en état de fe procurer avec la fomme refpective qu'ils poffedent en argent.

Si la circulation des efpeces eft établie au même point que l'eft en Angleterre celle des valeurs repréfentatives , fi les terres ne font pas plus chargées dans la proportion de leur revenu , fi le recouvrement des taxes eft auffi favorable à l'induftrie du laboureur , notre agriculture fleurira comme la leur; nos recoltes feront auffi abondantes, à raifon de l'étendue , de la fertilité des terres réciproques; le nombre de nos cultivateurs fe trouvera dans la même proportion avec les autres claffes du peuple , & enfin ils jouiront de la même aifance que ceux de l'Angleterre.

Cette obfervation renferme plufieurs des autres conditions qui peuvent conduire l'agriculture à fa perfection. Les principes que nous avons préfentés fur l'objet le plus effentiel de la *culture*, ont befoin eux-mêmes d'être fecondés par d'autres, parce que les hommes étant fufceptibles d'une grande variété d'impreffions, le légiflateur ne peut les amener à fon but que par une réunion de motifs. Ainfi la meilleure police fur les grains ne conduiroit point feule la *culture* à fa perfection , fi d'ailleurs la na-

R 2

ture & le recouvrement des impôts ne donnoient au cultivateur l'espérance, &, ce qui est plus sûr, n'établissoient dans son esprit l'opinion que son aisance croîtra avec ses travaux, avec l'augmentation de ses troupeaux, les défrichemens qu'il pourra entreprendre, les méthodes qu'il pourra employer pour perfectionner son art, enfin avec l'abondance des moissons que la providence daignera lui accorder. Dans un pays où le laboureur se trouveroit entre un maître avide qui exige rigoureusement le terme de sa rente, & un receveur des droits que pressent les besoins publics, il vivroit dans la crainte continuelle de deux exécutions à la fois; une seule suffit pour le ruiner & le décourager.

Si le colon ne laisse rien pour la subsistance de l'abeille dans la ruche où elle a composé le miel & la cire, lorsqu'elle ne périt pas elle se décourage, & porte son industrie dans d'autres ruches.

La circulation facile des denrées est encore un moyen infaillible de les multiplier. Si les grands chemins n'étoient point sûrs ou praticables, l'abondance onéreuse du laboureur le décourageroit bientôt de sa *culture*. Si par des canaux ou des rivieres navigables bien entretenues, les provinces de l'intérieur d'un royaume n'avoient l'espérance de fournir aux besoins des provinces les plus éloignées, elles s'occuperoient uniquement de leur propre subsistance : beaucoup de terres fertiles seroient négligées; il y auroit moins de travail pour les pauvres, moins de richesses chez les propriétaires de ces terres, moins d'hommes & de ressources dans l'Etat.

Dans un Etat que la nature a favorisé de plusieurs grandes rivieres, leur entretien n'exige pas de dépenses autant qu'une vigilance continuelle dans la police, mais sans cette vigilance, la

cupidité des particuliers se sera bientôt créé des domaines au milieu des eaux : les isles s'accroîtront continuellement aux dépens des rivages, & le canal perdra toujours en profondeur ce qu'il gagne en largeur. Si les isles viennent à s'élever au dessus des rivages, chaque année le mal deviendra plus pressant, & le remede plus difficile ; cependant le rétablissement d'une bonne police suffira le plus souvent pour arrêter le désordre & le réparer insensiblement. Puisqu'il ne s'agit que de rendre au continent ce que les isles lui ont enlevé, l'opération consiste à empêcher dans celles-ci l'usage des moyens qui les ont accrues, tandis qu'on oblige les riverains à employer ces mêmes moyens qui ne sont pas dispendieux, & avec la même assiduité.

Ces avantages de l'art & de la nature pourroient encore exister dans un pays, sans qu'il en ressentît les bons effets ; ce seroit infailliblement parce que des droits de douanes particulieres mettroient les provinces dans un état de prohibition entr'elles, ou parce qu'il seroit levé des péages onéreux sur les voitures, tant par terre que par eau.

Si ces douanes intérieures sont d'un tel produit que les revenus publics fussent altérés par leur suppression, il ne s'agiroit plus que de comparer leur produit à celui qu'on pourroit espérer de l'augmentation des richesses sur les terres, & parmi les hommes qui seroient occupés à cette occasion. A égalité de produit, on auroit gagné sur la population; mais un calcul bien fait prouvera que dans ces cas l'Etat reçoit son capital en revenus : il ne faut qu'attendre le terme. Si ces droits rendent peu de chose au prince, & que cependant ils produisent beaucoup à ses fermiers, il devient indispensable de s'en procurer une connoiffance exacte, & de convenir à l'amiable du bénéfice modéré qu'ils auront été cenfés devoir faire, pour le comparer au profit réel.

A l'égard des péages, il convient de partir d'un principe certain ; les chemins & les rivieres appartiennent à la nation. Les péages légitimes font, ou des aliénations anciennes en faveur d'un prêt, ou les fonds d'une réparation publique.

Le domaine eft inaliénable, ainfi le fouverain peut toujours y rentrer. Le dédommagement dépend de l'augmentation du revenu du péage à raifon de celles du commerce : fi cette augmentation a fuffi pour rembourfer plufieurs fois le capital & les intérêts de la fomme avancée, eu égard aux différences des monnoies, & aux différens taux des intérêts ; l'Etat en rentrant purement & fimplement dans fes droits, répare un oubli de la juftice diftributive. Si après cette opération les fermiers du domaine continuoient à percevoir le péage, l'agriculture, le commerce, & l'Etat, n'auroient point amélioré leur condition ; le fermier feroit plus riche.

Lorfque les péages font confidérés comme les fonds d'une réparation publique, il refte à examiner fi ces réparations font faites, fi la fomme perçue eft fuffifante ou fi elle ne l'eft pas : dans ces deux derniers cas, il ne feroit pas plus jufte qu'un particulier y gagnât, que de le forcer d'y perdre. En général le plus fûr eft que le foin des chemins, des canaux & des rivieres, appartienne à la nation qui en eft le propriétaire immédiat.

Ceffons un moment d'envifager l'agriculture du côté du commerce, nous verrons néceffairement s'élever l'un après l'autre tous les divers obftacles dont nous venons d'expofer le danger.

Ils n'ont exifté que parce qu'on avoit négligé cette face importante du premier de tous les objets qui doivent occuper les législateurs. Cette remarque eft une preuve nouvelle qui confirme que les progrès de l'agriculture font toujours plus décidés dans un pays à mefure qu'il fe rapproche des faines maximes, ou qu'il les conferve mieux.

Cependant comme un principe ne peut être à la fois général & jufte dans toutes fes applications, nous ajouterons à celui-ci une reftriction très-effentielle, & que nous avons déja trouvée être une conféquence de nos premiers raifonnemens.

L'établiffement de l'équilibre le plus parfait qu'il eft poffible entre les diverfes occupations du peuple, étant un des principaux foins du législateur, il lui eft également important dans l'agriculture de favorifer les diverfes parties en raifon du befoin qu'il en reffent. On n'y parviendra point par des gênes & des reftrictions, ou du moins ce ne peut être fans défordre ; & à la fin les loix s'éludent lorfqu'il y a du profit à le faire. C'eft donc en reftraignant les profits qu'on fixera la proportion.

Le moyen le plus fimple eft de taxer les terres comme les confommations, c'eft-à-dire toujours moins en raifon du befoin ; de maniere cependant que l'on n'ôte point l'envie de confommer les moindres néceffités : car on tariroit les fources de l'impôt & de la population. Cette méthode feroit fans doute une des grandes utilités d'un cadaftre ; en attendant il ne feroit pas impoffible de l'employer. Si nous avons trop de vignes en raifon des terres labourables, cela ne fera arrivé le plus fouvent que parce que les vignobles produifent davantage. Pour les égaler, feroit-il injufte que les vignes payaffent le quinzieme, tandis que les terres labourables payeroient le vingtieme?

C'eſt ainſi que chaque eſpece de terre ſe trouveroit employée ſûrement & ſans trouble à ce qui lui convient le mieux. Il ne reſte rien de plus à deſirer quand une fois les beſoins urgens ſont aſſurés. Quels qu'ils ſoient d'ailleurs, les loix ne peuvent forcer la terre à produire; leur puiſſance peut bien limiter ſes productions, mais elle limite la population en même tems. De toutes les loix, la plus efficace eſt celle de l'intérêt. (D. F.)

CUMBERLAND, *Richard*, *Hiſt. Litt.*, théologien, philoſophe & mathématicien, né en 1632 à Londres, & mort en 1719 à Petersborough, évèque de cette ville-là, publia en 1672 un livre intitulé: *Diſquiſitio philoſophica de legibus naturæ, in qua etiam elementa Philoſophiæ Hobbianæ refutantur*, *in-4°*. 1672, préciſément la même année que Puffendorf publia ſon traité du droit de la nature & des gens.

Le ſyſtème de ce ſavant Anglois ſe réduit à l'amour de Dieu & du prochain; ou aux deux tables de la loi divine de Moyſe & de l'évangile, démontrées philoſophiquement. Il commence par établir directement & fortement une hypothèſe toute contraire à celle de Hobbes, & amene enſuite, comme par occaſion, la réfutation de ſes déteſtables maximes; ce qu'il fait très-ſolidement. Il fait voir que l'état naturel des hommes n'eſt pas un état de guerre, & que la nature les porte, au contraire, à s'aimer & à ſe faire du bien.

Ce livre eſt très-bon; mais le ſtyle en eſt dur & contraint, plein de négligences & d'impropriétés, & les raiſonnemens en ſont ſi abſtraits, qu'il faut une trop grande contention d'eſ-prit pour pénétrer le ſens. Il eſt d'ailleurs plein de fautes d'impreſſion, tant dans la première édition d'Angleterre, que dans celles qui ont été depuis faites en Angleterre & en Allemagne.

Il en a été fait une traduction angloiſe par Jean Maxwell. Londres, 1727, *in-4°*.

Un habile bibliothécaire qui eſtime infiniment & avec raiſon cet ouvrage de *Cumberland*, avoit deſiré que quelqu'un le traduiſît en françois avec beaucoup d'exactitude, & ſes vœux ont été remplis dans toute leur étendue. Barbeyrac a fait cette traduction ſous ce titre: *Traité philoſophique des loix naturelles, où l'on recherche & l'on établit par la nature des choſes, la forme de ces loix, leurs principaux chefs, leur ordre, leur publication & leur obligation. On y réfute auſſi les élémens de la morale & de la politique de Thomas Hobbes*. Amſterdam, chez Pierre Mortier, 1744, *in-4°*. Le traducteur François a joint des notes de ſa façon à celles que Maxwell avoit miſes à la traduction angloiſe, & la vie du *Cumberland*, écrite en anglois par Payne, ſon chapelain, recteur de Barnack, dans la province de Northampton.

CUMUL, ſ. m., *Juriſprud.*, eſt un droit ſingulier, qui n'a lieu que dans quelques coûtumes qui l'établiſſent expreſſément. Il conſiſte dans la faculté que les héritiers des propres ont, lorſque les meubles & acquèts ſont conſidérables, & que les propres ſont en petite quantité, de demander que l'on accumule le tout & qu'on leur en donne le tiers; mais pour cela il faut que les meubles & acquèts excedent dès trois quarts la valeur des propres.

Ce droit de *cumul* n'a lieu qu'en faveur des enfans, & non pour les collateraux: il n'a pas lieu non plus dans les coutumes de fubrogation, attendu qu'elles ont aflez pourvu à l'intérêt des héritiers des propres, en fubrogeant les acquêts aux propres : enfin il ne s'étend point aux biens qui font fitués dans d'autres coûtumes que celles qui l'établiflent.

CUMULATION, f. f., *Jurifprud.*, c'eft l'exercice des actions compétentes. Il ne faut pas confondre le concours ou la concurrence des actions, avec leur *cumulation*. Le concours eft la compétence des actions, v. CON-COURS, *Jurifpr.*, & la *cumulation* eft l'exercice des actions compétentes ; ou bien c'eft l'union ou la jonction d'une action avec une autre. Plufieurs actions peuvent compéter en même-tems à quelqu'un, parce que fouvent une même caufe peut engendrer deux actions différentes ; mais il n'eft pas toujours permis d'exercer fucceffivement ces différentes actions.

La *cumulation* des actions peut fe faire en même-tems, ou en différens tems. On dit qu'une action civile eft cumulée avec une action criminelle, non-feulement lorfque ces deux actions font propofées en même-tems & par la même plainte, mais encore lorfqu'elles font propofées en différens tems & après conteftation en caufe.

Ainfi cumuler une action, c'eft la même chofe qu'après avoir choifi une efpece d'action, de vouloir en intenter une autre.

On peut regarder comme une maxime générale, que quand deux ou plufieurs actions procédent de diverfes caufes, on peut les intenter féparément. *L. 29. ff. de obligat. & actionibus.*

Il y a néanmoins une obfervation à faire fur cette regle, c'eft que les différentes actions ou demandes, à quel-

que titre que ce foit, qui ne font pas entiérement juftifiées par écrit, doivent être formées par un même exploit, après lequel les autres demandes dont il n'y aura point de preuves par écrit, ne doivent pas être reçues.

Lorfque plufieurs actions procédent d'une feule & même caufe, la regle eft qu'on ne peut les cumuler, c'eft-à-dire, les intenter féparément. *L. 43. ff. de regulis juris.* Carondas en fes Pandectes, *liv. 4. chap. 27.*

Ainfi quand d'un feul & même délit il naît deux actions, l'une civile & l'autre criminelle, & qu'on s'eft pourvu d'abord par action civile, pour raifon de ce délit, il n'eft plus permis enfuite de fe pourvoir par action criminelle pour raifon du même fait. Ce qui eft fondé fur ce que l'offenfé en procédant civilement, eft cenfé avoir remis la réparation de l'injure, & s'être reftreint à fes conclufions civiles.

En matiere de complainte & de réintégrande, celui qui a été troublé a le choix de fe pourvoir au poffeffoire ou au petitoire ; & s'il a d'abord agi au poffeffoire, rien n'empêche qu'il ne puiffe enfuite fe pourvoir au petitoire, même après le jugement du poffeffoire. Mais s'il s'eft pourvu d'abord au petitoire, il ne pourra plus enfuite fe pourvoir au poffeffoire, même avant le jugement de l'inftance au petitoire ; parce qu'en intentant l'action au petitoire, il eft cenfé avoir renoncé à l'action qu'il étoit en droit d'exercer au poffeffoire.

L'action perfonnelle, ainfi que l'action hypothécaire, pour raifon d'une même dette ou obligation, peuvent fe cumuler, & rien n'empêche qu'on ne puiffe intenter en même-tems l'une & l'autre de ces deux actions, quoique tendantes à diverses fins. (P. O.)

CUPIDITÉ, f. f., *Morale*. La *cu-pidité* est un désir immodéré ; elle s'é-tend sur la gloire, les richesses, les plaisirs, & généralement sur toutes les choses qui peuvent exciter nos desirs. Le sage se contente de ce qu'il posse-de, parce qu'il sait que moins il aura de besoins, plus il sera heureux. La *cupidité* est le vice des petits esprits qui ne réfléchissent point ; aussi sont-ils continuellement la victime de leurs de-sirs. *v.* CONCUPISCENCE. (F.)

CURATELLE, f. f., *Jurispr.* C'est la charge ou fonction de curateur, c'est-à-dire, la commission donnée à quel-qu'un d'administrer les biens d'un au-tre qui, par rapport à la foiblesse de son âge ou par quelqu'autre empêchement, ne peut le faire par lui-même. La *cu-ratelle* a quelquefois seulement pour objet d'assister quelqu'un en jugement, ou de l'autoriser à passer quelque acte important & de stipuler ses intérêts dans quelqu'affaire, soit judiciaire ou extra-judiciaire. Voyez ci-après CU-RATEUR.

CURATEUR, f. m., *Jurispr.*, est celui qui est établi pour veiller aux in-térêts de quelqu'un qui ne peut y veil-ler par soi-même.

La fonction de *curateur* a quelque rapport avec celle de tuteur, mais el-les different en un point essentiel ; c'est que le tuteur est donné principalement pour prendre soin de la personne du mineur ; l'administration des biens n'est à son égard qu'un objet subordonné, au lieu que le *curateur* est donné prin-cipalement pour prendre soin des biens, de sorte qu'un mineur sans biens n'au-roit pas besoin d'un *curateur* compta-ble. Mais on donne aussi un *curateur* pour d'autres objets.

Le cas le plus ordinaire de la cura-telle, c'est lorsque les mineurs sont sor-tis de tutele. En pays de droit écrit, où la tutele finit à l'âge de puberté, les mineurs pouvoient autrefois se pas-ser de *curateurs*. La loi des douze ta-bles n'avoit rien ordonné par rapport à ceux qui étoient sortis de tutele ; ils entroient par la puberté dans l'admi-nistration de leurs biens ; & l'on ne pouvoit pas les forcer de prendre un *curateur*, excepté pour les assister en jugement lorsqu'ils avoient un procès, ou pour recevoir un payement, ou pour entendre un compte de tutele. La loi *lætoria* ordonna que l'on donne-roit des *curateurs* aux adultes qui se gouverneroient mal ; mais Marc Anto-nin poussa la chose plus loin, & or-donna que tous les mineurs sans dif-tinction auroient des *curateurs* jusqu'à l'âge de vingt-cinq ans. C'est pourquoi Ulpien, dans le §. 3 de la *loi j.* au *ff. de minor.* dit que présentement les mi-neurs ont des *curateurs* jusqu'à vingt-cinq ans, & qu'avant cet âge on ne doit pas leur confier l'administration de leurs biens, *quanvis bene rem suam gerentibus* ; de sorte que le mineur qui sort de tutele en pays de droit écrit, lorsqu'il a atteint l'âge de puberté, ne peut refuser de recevoir un *curateur*, qu'au cas qu'il soit émancipé en sor-tant de la tutele ; encore lui en don-ne-t-on un en l'émancipant, non pas à la vérité pour l'administration de ses biens, mais pour l'assister en jugement lorsqu'il a des procès, soit en deman-dant ou en défendant, ou pour l'auto-riser à recevoir un remboursement, ou enfin pour entendre & régler un compte de tutele.

On donne quelquefois un *curateur* au pupille non émancipé, pour faire les fonctions du tuteur ; ce qui arrive lorsque le tuteur a des actions à diri-

ger

ger contre fon pupille : ou fi le tuteur n'eft pas idoine, & néanmoins qu'il foit non fufpect, on lui adjoint un *curateur*. Il en eft de même quand le tuteur n'eft excufé que pour un tems, le juge nomme en attendant un *curateur*.

Il eft auffi d'ufage de nommer un *curateur* à l'enfant pofthume à naître.

On en donne auffi en certains cas aux majeurs, comme aux furieux, aux prodigues, aux infenfés, aux accufés, fourds ou muets, aux abfens.

Enfin on en donne à des biens vacans, à une fucceffion vacante, & dans plufieurs autres cas que nous expliquerons ci-après.

Les féqueftres, commiffaires, gardiens, font auffi des efpeces de *curateurs*; mais on ne donne le nom de *curateur* qu'à ceux qui font établis pour repréfenter la perfonne, ou du moins pour l'affifter en jugement.

La tutele & la curatelle fe rapportent en plufieurs points; favoir que l'une & l'autre font données en la même forme & par les mêmes juges; que les tuteurs & *curateurs* comptables font tenus, fuivant le droit romain, de donner caution; ce qui ne fe pratique point en pays coutumier. Les mêmes caufes qui exemptent de la tutele, exemptent auffi de la curatelle. Les *curateurs* comme les tuteurs pouvant être exclus & même deftitués lorfqu'ils font fufpects, on peut auffi contraindre les uns & les autres à gérer; & ce qui eft jugé contre le *curateur*, s'exécute contre le mineur, de même que ce qui a été jugé contre le tuteur. Il faut néanmoins obferver que fi le mineur eft émancipé, le jugement doit être rendu avec lui affifté de fon *curateur*; & qu'il ne feroit pas régulier de procéder contre le *curateur* feul.

Pour ce qui eft des différences qui

Tome IV.

font entre la tutele & la curatelle, elles confiftent en ce que le tuteur eft donné principalement à la perfonne, au lieu que le *curateur* eft donné principalement aux biens. On comptoit auffi autrefois comme une des différences entre la tutele & la curatelle, que le tuteur fe donne au pupille *etiam invito*, au lieu que fuivant l'ancien droit qui s'obfervoit en pays de droit écrit, le *curateur* ne fe donnoit au mineur pubere qu'autant qu'il le demandoit. Mais on a vu que fuivant le dernier état du droit romain, on peut obliger les mineurs puberes de recevoir des *curateurs*. On ne donne pas de tuteur pour une affaire en particulier, mais on donne quelquefois en ce cas un *curateur*: on ne donne pas non plus de tuteur à celui qui en a déja un; mais en cas de befoin on lui donne un *curateur*. On peut auffi, quoique le mineur ait déja un *curateur*, lui en donner un autre pour quelqu'objet particulier. Le tuteur que l'on donne au pofthume ne commence à gérer qu'après la naiffance de l'enfant; c'eft pourquoi en attendant on lui nomme un *curateur* pour avoir foin des biens. Le pupille ne peut pas rendre plainte contre fon tuteur, au lieu que le mineur peut fe plaindre de fon *curateur* s'il le trouve fufpect. Enfin la nomination d'un tuteur faite par teftament eft valable par elle-même, au lieu que celle d'un *curateur* doit être confirmée par le juge.

Lorfqu'un mineur eft émancipé, foit par mariage ou par lettres du prince, le *curateur* qu'on lui donne n'eft point comptable : mais fi le mineur émancipé fe conduit mal, on peut lui ôter l'adminiftration de fes biens & la donner au *curateur*, lequel en ce cas devient comptable.

S'il n'y a pas eu d'inventaire du mobilier du mineur avant la geftion du *cu-*

S

rateur comptable, il doit faire inventaire & faire vendre les meubles du mineur, de même que le tuteur, & sous les mêmes peines.

La fonction du *curateur* comptable est de recevoir ce qui est dû au mineur, en donner quittance, pourfuivre les débiteurs, défendre aux actions intentées contre le mineur, faire les baux de ses biens, veiller à l'entretien & aux réparations, fournir ce qui est nécessaire à l'entretien du mineur felon fes facultés, en un mot faire la même chofe que le tuteur feroit obligé de faire par rapport aux biens.

Le mineur même émancipé ne peut valablement recevoir un remboursement d'un principal, sans être affisté & autorisé de son *curateur*.

Le *curateur* ne peut aliéner les immeubles de celui qui est sous fa curatelle, sans un avis de parens omologué en justice.

La curatelle est une charge civile & publique, de même que la tutele ; & l'on peut être contraint de l'accepter, foit qu'il y ait administration de biens, ou que ce ne foit que pour affister la personne en jugement ou dans quelqu'autre acte.

Il y a certaines incapacités personnelles qui excluent de la curatelle.

Par exemple, les femmes en général font incapables de cette charge, excepté la mere & l'ayeule.

La femme ne peut être curatrice de fon mari furieux ou prodigue. *v.* Cu-RATRICE.

Le mari ne peut être *curateur* de fa femme en pays de droit écrit, parce qu'elle ne peut en avoir befoin que pour fes paraphernaux, dont le mari ne doit point avoir l'administration.

Les mêmes caufes qui exemptent de tutele exemptent auffi de la curatelle.

v. TUTELE. A quoi il faut ajouter que celui qui a été tuteur, peut s'excufer d'être enfuite *curateur*.

Lorfque les *curateurs* mal-verfent dans leurs fonctions, ils peuvent être destitués, de même que le tuteur. *v.* TUTEUR.

La curatelle des mineurs finit à leur majorité. La mort naturelle ou civile du *curateur* ou de celui qui est en curatelle, foit mineur ou majeur, fait auffi finir la curatelle.

Il y a certaines curatelles qui n'étant données que pour une caufe ou affaire particuliere, finiffent lorfque leur objet est rempli.

Les *curateurs* comptables des mineurs doivent rendre compte de leur gestion, lorfque le mineur est devenu majeur.

Ceux qui font *curateurs* des furieux & autres majeurs interdits, ne doivent pas attendre la fin de la curatelle pour rendre compte ; on peut les obliger à rendre compte de tems en tems.

Quand ces comptes ne peuvent être réglés à l'amiable, ils doivent être rendus devant le juge qui a déféré la curatelle.

Voyez *au digeste* les titres *de autoritate & confensu tutorum vel curatorum; curatoribus furiofo & aliis extra minores dandis ; de curatore bonis dando ; de ventre in poffeffionem mittendo & curatore ejus ; de rebus eorum qui fub tutelâ vel curâ funt , fine decreto non alienandis vel fupponendis.* Aux inftitutes les titres *de curatoribus ; de fatis datione tutorum vel curatorum ; de fufpectis tutoribus vel curatoribus.* Et au code les titres *qui dare tutores vel curatores poffunt ; de curatoribus furiofo , quando tutores vel curatores effe definunt ; de excufatione tutorum vel curatorum ; de fufpectis tutoribus & curatoribus ; de his qui ætatis veniam impetraverunt.*

Curateur à l'abfent ; on lui en nomme un pour défendre fes droits.

Curateur à l'accufé. On en donne en différens cas ; favoir lorfque l'accufé n'entend pas la langue françoife, auquel cas on lui nomme auffi un interprète ; lorfque l'accufé eft muet, ou tellement fourd qu'il ne peut ouir ; ou fourd & muet tout enfemble. Mais on ne donne pas de *curateur* à celui qui ne veut pas répondre le pouvant faire. On en donne encore au cadavre accufé qui eft encore extant, & à la mémoire d'un défunt qui eft accufé. Enfin on en donne auffi aux communautés des villes, bourgs, villages, corps & compagnies qui font accufés. Il faut que ces *curateurs* fachent lire & écrire, & qu'ils prêtent ferment ; & l'inftruction fe fait contr'eux audit nom. Ils fubiffent interrogatoire debout derriere le barreau. La condamnation ne fe prononce pas contr'eux, mais contre l'accufé.

Curateur au bénéfice d'inventaire, eft celui que l'héritier bénéficiaire fait créer pour liquider contre lui fes créances, & les paffer enfuite dans fon compte de bénéfice d'inventaire.

Curateur aux biens abandonnés, eft celui que l'on établit pour l'adminiftration des biens abandonnés par un débiteur qui a fait ceffion ou faillite ; on faifit réellement les héritages fur ce *curateur.* Voyez ci-après *Curateur aux biens déguerpis & délaiffés.*

Curateur aux biens du condamné ou *aux biens confifqués ;* c'eft la partie civile qui le fait nommer, à l'effet de fe faire payer par lui de fes intérêts civils & autres condamnations pécuniaires.

Curateur aux biens déguerpis, eft créé lorfque le détenteur d'un héritage chargé de rente fonciere déguerpit cet héri-

tage ; le bailleur fait liquider contre lui les arrérages de rentes qui font dûs, & fes dommages & intérêts.

Curateur aux biens délaiffés ou abandonnés, eft la même chofe. Quelques-uns le confondent, mais mal-à-propos, avec le *curateur* aux biens déguerpis ou au déguerpiffement ; le délaiffement par hypotheque étant différent du déguerpiffement dans fa caufe & dans fes effets, notamment en ce que dans le cas du délaiffement le créancier fait faifir réellement fur le *curateur ;* au lieu que dans le cas du déguerpiffement proprement dit, le bailleur de fonds peut rentrer dans fon héritage fans faifie réelle.

Curateur aux biens faifis, c'eft la même chofe que *le commiffaire à la faifie :* dans les endroits où il n'y a point de commiffaire aux faifies réelles en titre, l'huiffier doit en établir un.

Curateur aux biens vacans : on entend ordinairement par-là celui qui eft établi *curateur* à une fucceffion vacante, à laquelle tous les héritiers ont renoncé, & que perfonne ne reclame en qualité d'héritier. C'eft contre ce *curateur* que tous prétendans droit aux biens vacans doivent diriger leurs pourfuites, & c'eft fur lui que les créanciers font vendre ces biens, & que le feigneur haut jufticier peut fe les faire adjuger par droit de deshérence.

Curateur au cadavre, c'eft-à-dire, *au corps mort d'un accufé auquel on fait le procès,* voyez ci-devant *Curateur à l'accufé.* Le juge nomme d'office un *curateur* au cadavre du défunt s'il eft encore extant, finon à fa mémoire. On préfere pour cet emploi le parent du défunt, s'il s'en offre quelqu'un. La condamnation fe prononce contre le cadavre & non contre le *curateur,* lequel peut interjetter appel de la fentence ; il peut même y être obligé par quelqu'un des parens, lequel en ce cas est tenu d'en avancer les frais.

Curateur du calendrier, *curator kalendarii*, étoit chez les Romains le trésorier ou receveur des deniers de la ville. Il en est parlé au code théodosien, 12. *tit. xj.* & au digeste, *liv. L. tit. viij. liv.* 9. §. 7.

Curateur aux causes, est celui qui est nommé au mineur émancipé, à l'effet seulement de l'assister en jugement.

Curateur comptable, est celui qui a le maniement de quelques deniers dont il doit rendre compte; tel que le *curateur* à une succession vacante, ou le *curateur* d'un interdit, &c. à la différence de plusieurs autres sortes de *curateurs*, qui n'ayant rien en maniement ne sont point comptables, tels que les *curateurs aux causes*.

Curateur datif, *dativus*, est celui qui est nommé par le juge. On le distinguoit chez les Romains des *curateurs* légitimes & testamentaires. Mais en France, toutes les tuteles & curatelles sont datives.

Curateur au délaissement par hypothèque; voyez ci-devant *Curateur aux biens abandonnés & aux biens délaissés.*

Curateur au déguerpissement; voyez *Curateur aux biens déguerpis.*

Curateur à la démence, est celui que l'on donne à quelqu'un qui a l'esprit foible ou aliéné.

Curateur à l'effet d'entendre le compte, est celui que l'on nomme seulement pour entendre & regler un compte, soit de bénéfice d'inventaire ou autre.

Curateur à l'émancipation, c'est celui que l'on nomme aux mineurs en les émancipant, à l'effet de les assister en jugement lorsqu'il y échet. C'est la même chose que le *Curateur aux causes.*

Curateur de l'empereur; voyez ci-après *Curateur de la maison de l'empereur.*

Curateur au furieux, est celui que l'on donne à un majeur furieux, à l'effet de veiller sur sa personne & biens. Cette matiere est traitée au dig. XXVII. *tit. x. de curator. furioso vel aliis personis extra minores dandis.* Cette curatelle est une espece de tutele. Voyez ce qui est dit ci-après au mot *Curateur légitime.*

Curateur ad hoc, c'est celui qui n'est établi que pour une fonction passagere, comme pour entendre un compte, faire une liquidation, autoriser le mineur pour recevoir un remboursement.

Curateur à l'interdiction, est celui que l'on nomme à un interdit, soit pour cause de démence, de fureur, ou de prodigalité.

Curateur à l'inventaire, est celui qui est créé pour assister à un inventaire, & y servir de légitime contradicteur vis-à-vis de quelque partie intéressée à l'inventaire. On l'appelle ainsi en Bretagne. A Paris on l'appelle *subrogé tuteur.* Voyez *le traité des minorités, ch. vij. n°. 26.*

Curateur légitime, c'étoit chez les Romains celui qui, suivant la loi, étoit le *curateur* né du mineur ou du majeur furieux ou prodigue, comme son plus proche héritier. Le pere étoit *curateur légitime* de son fils émancipé, devenu furieux ou en démence: le frere l'étoit pareillement de son frere ou de sa sœur, dans le même cas; au défaut du pere & du frere, c'étoit le plus proche *agnat.* Le *curateur légitime* ne venoit cependant qu'après le testamentaire; & s'il n'avoit pas lui-même la capacité nécessaire, il étoit exclus. Voyez *Code V. tit. lxx. l.* 7.

Curateur au majeur, est celui qui se

donne en cas de démence, fureur, ou prodigalité.

Curateur de la maison de l'empereur, chez les Romains, étoit celui qui avoit foin du revenu de l'empereur & de la dépenfe. Voyez ce qui eft dit dans la *loi 3. au code de quadrienni præfcriptione*, où Juftinien l'appelle *curator nofter*: c'étoit proprement l'intendant de la maifon.

Curateur à la mémoire d'un défunt, eft créé pour foutenir les droits du défunt lorfque le cadavre n'eft plus exiftant, & qu'on veut lui faire fon procès, ou au contraire lorfque la famille veut faire réhabiliter la mémoire du défunt qui a été condamné. La nomination & fonction de ce *curateur* fe reglent comme celles du *curateur ou cadavre*.

Curateur d'un mineur, eft celui qu'on donne à un mineur émancipé.

Curateur des ouvrages publics, chez les Romains étoit celui qui en avoit l'intendance & l'infpection ; il étoit garant des défauts de ces ouvrages pendant quinze ans. *Cod. lib. VIII. tit. xij. l. 8.*

Curateur au pofthume, eft celui que l'on donne à un enfant qui n'eft pas encore né après le décès de fon pere, pour défendre fes intérêts au cas qu'il vienne au monde. Voyez la *loi 8. de tutor. & cur.* la *loi 8. ff. de curat. furiof. & l. 24. ff. de reb. aut. jud. poffid.*

Curateur du prince; voyez ci-devant *Curateur de la maifon de l'empereur.*

Curateur au prifonnier de guerre; on lui en donnoit un chez les Romains pour la confervation de fes biens. Voy. au *Code, liv. VIII. tit. lj. l. 3.*

Curateur d'un préjudice, eft celui que l'on donne à un majeur interdit pour caufe de prodigalité. Voyez au *Code, liv. V. tit. lxx. l. 1.*

Curateur d'une province, chez les Romains, étoit proprement l'intendant de cette province. Voyez au *Code, liv. V. tit. xl. l. 2.*

Curateur d'un pupille, eft celui qu'on lui donne pour fuppléer à fon tuteur, qui fe trouve hors d'état de veiller à fes intérêts à caufe de quelque longue maladie ou infirmité. *ff. liv. XXVI. tit. j. l. 13. in princip.*

Curateurs des quartiers, curatores regionum, chez les Romains étoient des officiers publics, dont la fonction revenoit à-peu-près à celle des commiffaires au châtelet de Paris, entre lefquels la police de la ville eft diftribuée par quartiers.

Curatores regionum; voyez ci-devant *Curateurs des quartiers.*

Curateur de la république, curator rei publicæ feu procurator, étoit chez les Romains celui qui avoit foin des travaux & lieux publics; il devoit veiller à ce que les maifons ruinées fuffent rétablies, de crainte que l'afpect de la ville ne fût déshonoré. Voyez au *ff. liv. XXXIX. tit. ij. l. 46.*

Curateur à la fucceffion vacante, eft celui que l'on crée pour veiller à une fucceffion, à laquelle tous les héritiers ont renoncé, ou du moins pour laquelle il ne fe préfente aucun héritier. Dès que les héritiers préfomptifs ont renoncé, les créanciers font en droit de faire nommer un *curateur*, fans être obligés de rechercher s'il y a d'autres héritiers qui pourroient accepter la fucceffion.

Curateur teftamentaire, c'eft celui qui eft nommé par le teftament du pere à fes enfans mineurs ; mais il ne peut pas exercer qu'il ne foit confirmé par le juge. Voyez *§. 1. Inftit. de curat.* Voyez ci-devant *Curateur datif* & *Curateur légitime.*

Curateur aux travaux publics; voy.

ci - devant *Curateur de la république.*

Curateur au ventre, se donne pour deux causes différentes ; savoir, pour observer si effectivement la femme qui se dit enceinte, accouche dans le tems où elle doit naturellement accoucher, ce qui se fait lorsque la famille soupçonne que la grossesse est feinte & simulée ; ou bien pour veiller aux intérèts de l'enfant à naitre. Voyez *ff. 37. tit. jx. l. I. §. 23.*

CURATRICE, s. f., *Jurispr.*, est celle qui est chargée de la curatelle d'une autre personne. Les femmes en général ne peuvent être *curatrices*, parce que la curatelle, de même que la tutele, est un office civil. La mere & l'ayeule peuvent néanmoins être *curatrices* de leurs enfans & petits enfans, de même qu'elles en peuvent être tutrices. La femme ne peut être *curatrice* de son mari, soit prodigue ou furieux, ni pour aucune autre cause.

Cette loi civile est injuste & contraire à la raison. On éloigne les furieux de toute gestion d'affaires, & on donne des curateurs aux prodigues. Pourquoi ne donneroit-on pas une femme raisonnable & œconome, instruite des affaires de la maison, pour *curatrice* à son mari ? Cette femme ne rempliroit-elle pas le but de la curatelle tout aussi bien, & même mieux qu'un étranger ? On m'objectera, qu'il est très-difficile de porter un jugement droit sur les qualités d'une femme, pour s'acquitter dignement de la curatelle. Mais porte-t-on le même scrupule sur le choix des femmes, que souvent on force à faire leur tour de curatelle ou même de tutele ? Tous les hommes sont-ils également propres, ont-ils tous les qualités nécessaires pour s'acquitter des devoirs sacrés de la curatelle & de la tutele ? Si l'on veut juger, sans risquer de se tromper, des qua-

lités nécessaires à une femme pour s'acquitter de la curatelle, qu'on se remette au jugement des parens de la personne à laquelle on veut donner un curateur. On pourroit même obliger la *curatrice* à rendre compte de son administration toutes les années, dans une assemblée des mêmes parens, présidée par un magistrat impartial. Je ne m'aveugle pas sur quelques inconvéniens que ce droit accordé aux femmes ameneroit dans quelques familles : mais outre que tout établissement humain en amene, je ne saurois les comparer à ceux qui en résultent de l'exclusion générale de toute femme de la curatelle, & du privilege exclusif aux hommes, par cela seul qu'ils sont des hommes. Le droit fondé sur la force, est le droit des brutes : c'est la raison seule qui doit faire le fondement des droits moraux. Mais la raison n'est pas le partage des hommes, exclusivement aux femmes. (D. F.)

CURE, s. f., *Jurisprud.*, ainsi appellée du latin, *cura*, qui signifie en général *soin, charge* : en matiere ecclésiastique signifie ordinairement une *église & bénéfice ecclésiastique*, auxquels est attaché le soin des ames de certaines personnes ; & lorsque cette église a la charge des ames d'un territoire limité, elle forme une paroisse : & en ce cas les termes de *cure* & de *paroisse* sont souvent employés indifféremment, quoiqu'ils ne soient pas absolument synonymes.

Il y a plusieurs sortes de *cures*, comme on l'expliquera dans les subdivisions suivantes.

Celui qui possede un bénéfice *cure* est ordinairement appellé *curé* ; mais si cette *cure* est attachée à un bénéfice régulier, celui qui en est titulaire est appellé *prieur-curé* ou *prieur* simplement. Voyez ci-après Curé.

Les fonctions curiales seront aussi

expliquées au même endroit.

Les revenus des *cures* confiftent en dixmes, oblations & offrandes, gros, portion congrue.

Cure-bénéfice, eft tout bénéfice qui a charge d'ames. Ces fortes de bénéfices ne forment pas tous des paroiffes; car on peut avoir charge d'ames de certaines perfonnes, fans avoir un territoire circonfcrit & limité, lequel eft néceffaire pour conftituer une paroiffe. Les chapitres, par exemple, ont charge d'ames, & font les fonctions curiales pour leurs chanoines & chapelains; ils leur adminiftrent les facremens & la fépulture, quoiqu'ils demeurent hors du cloître.

Cures exemptes, c'eft-à-dire, celles qui dépendent d'ordres exempts de la jurifdiction de l'ordinaire : les églifes paroiffiales de ces *cures*, quoique deffervies par des réguliers, ne laiffent pas d'être fujettes à la vifite des évêques; & fi les curés réguliers commettent quelque faute dans leurs fonctions curiales, ou adminiftration des facremens, ils font foumis à cet égard à la jurifdiction de l'évêque diocéfain, & non au fupérieur de leur monaftere.

Cures perfonnelles, font des églifes qui font les fonctions curiales pour certaines perfonnes, fans avoir de territoire limité.

Cure à portion congrue, eft celle où le *curé* n'a point les groffes dixmes, au lieu defquelles les gros décimateurs lui payent annuellement une fomme de 300 livres à titre de portion congrue.

Cures-prieurés, font des prieurés réguliers, mais non conventuels, auxquels font attachées les fonctions curiales d'un certain territoire ou paroiffe. Il y en a beaucoup dans l'ordre de S. Benoît, & dans ceux de S. Auguftin,

de Prémontré, & autres; les premiers, c'eft-à-dire, ceux de l'ordre de S. Benoît, font remplis par des réligieux qui font feulement curés primitifs, & les fonctions curiales font faites par un vicaire perpétuel : dans les ordres de S. Auguftin & de Prémontré, les *prieurés-cures* font remplis par des réligieux qui font titulaires des *cures*, & font eux-mêmes les fonctions curiales.

Cure primitive, eft le droit qui appartenoit anciennement à une églife de faire les fonctions curiales dans une paroiffe dont le foin a depuis été confié à des vicaires perpétuels.

Cures régulieres, font les prieurés-cures dépendant d'un ordre régulier, comme il y en a beaucoup dans l'ordre de S. Auguftin & de Prémontré qui font remplis par des chanoines réguliers de ces ordres.

Cures féculieres, font celles qui peuvent être poffédées par des prêtres féculiers, à la différence des prieurés-cures qui font des *cures* régulieres, qui font affectées aux réguliers du même ordre. Voyez ci-devant *Cures-prieurés* & *cures régulieres*.

Cures des villes murées : il faut être gradué pour les poffédér; elles ne peuvent être permutées par des gradués avec d'autres eccléfiaftiques qui ne le feroient pas. Voyez le *code des curés*.

CURÉS, f. m. pl. *Droit can.* Nous appellons *curés*, les prêtres que les latins nommoient *parochi*, *plebani*, *rectores*, *curati*. *Parochus à parochia dicitur*, dit Barbofa, en fon *traité* particulier de l'office & du pouvoir des curés, *ch.* I. *Plebanus à plebe vel populo qui fub ejus cura regitur*. Il y avoit pourtant cette différence entre le *parochum* & le *plebanum* des Latins, que le premier n'avoit le foin que d'une églife, & l'autre de plufieurs. Barbofa, *loc. cit. rectores di-*

cuntur, continue le même auteur, *quia plebem & populum sibi commissum cum cura regunt. Curati etiam appellantur à cura quam de regendis ovibus suscipere debent* ; & c'est l'acception que nous avons choisie dans notre façon de parler : *Vocatur etiam cujuslibet parochiæ rector, proprius sacerdos in c. omnis de pænit & remiss. v.* PRÊTRE. *Et qui in ecclesia monachorum curam animarum exercet dicitur capellanus, ut in cap. 1. de capel. monachor.*

Les monuments ecclésiastiques des trois & quatre premiers siecles de l'église, nous feroient juger qu'il n'y avoit pas alors de paroisses, ni par conséquent des curés. S'il y en eut, dit le pere Thomass. *Trait. de la discipl. part. 1. liv. 1. ch. 21.* il y en eut très-peu; les actes des apôtres, les épitres de S. Paul, le livre de l'Apocalypse, ne nous parlent que des églises des villes considérables, des évêques & des prêtres qui y résidoient. Saint Ignace & S. Cyprien n'adressent leurs lettres qu'aux évêques des grandes villes, il n'y est même jamais fait mention des prêtres ou des diacres de la campagne; on n'y voit non plus le moindre vestige d'église où l'évêque ne présidât point. S. Justin, *apol. 2.* dit que le dimanche, les fideles de la ville & de la campagne s'assemblent dans le même lieu, que l'évêque y offre le sacrifice de l'eucharistie, qu'on le distribue à ceux qui se trouvent présents, & qu'on l'envoie aux absents par les diacres. Les canons attribués aux apôtres, nous feroient conjecturer mieux qu'aucun autre écrit, que dans ces premiers tems l'évêque étoit seul chargé du soin de tout son peuple, & que les prêtres & les diacres n'étoient jamais séparés de lui. Le *can. 40.* dit que ceux-ci ne doivent rien entreprendre sans la permission de l'évêque : *Sine sententia episcopi*

nihil agere pertentent. Le 15. de ces canons porte, que l'évêque doit veiller sur tout ce qui regarde sa paroisse & les villages : *Quæ parochiæ propriæ competunt, & villis quæ sub ea sunt.* Paroisse est prise pour diocese, suivant la remarque du pere Thomassin. Enfin ce qui acheveroit de persuader que dans les premiers tems, tout étoit dans la dépendance immédiate de l'évêque, c'est le *canon 32.* qui veut qu'on dépose comme schismatiques, les prêtres & les clercs qui font des assemblées séparées, auxquelles l'évêque ne préside point.

Tout cela n'a rien de contraire à ce qu'on croit communément que les évêques dans ces premiers tems envoyoient les prêtres de leur clergé aux églises particulieres, d'où après avoir rendu le service nécessaire, ils revenoient à l'église épiscopale ; & qu'ensuite le nombre des fideles s'étant accru, & celui des églises par conséquent augmenté, les prêtres furent attachés aux églises, & leur ministere rendu fixe pour administrer les sacrements aux paroissiens.

A Alexandrie les paroisses étoient établies à la ville & à la campagne, dès le tems de Constantin. S. Epiphane nous apprend, *Hær.* 69. qu'il y avoit à Alexandrie même plusieurs églises, (il en nomme sept ou huit,) les rues & les maisons voisines de chaque église, qui en étoient comme le ressort, s'appelloient *laures.* Il y avoit plusieurs prêtres dans chacune de ces églises ; mais il y en avoit un qui étoit le président. Arius étoit recteur, ou comme nous parlons, *curé* d'une de ces églises. Il se servit de l'autorité que lui donnoit cette qualité pour répandre le venin de ses erreurs. S. Athanase, *Apol. 2.* nous apprend aussi, que dans les grands villages, il y avoit des églises & des prêtres pour les gouverner ; dans le fameux

pays

pays de *marcotes*. Il y en avoit dix. Le concile d'Elvire témoigne qu'on confioit dans ces premiers tems la conduite d'un peuple à des diacres : *Si quis diaconus regens plebem. Can.* 75. *Apoft.* Thomaff. *loc. cit. ch.* 22.

Dans les Gaules les canons du concile d'Arles, tenu en 314. prouvent que les *curés* y étoient établis, tant dans les campagnes que dans les villes, dès le quatrième fiecle. Ces canons ordonnent à tous les miniftres de l'églife, de demeurer dans les lieux où ils fe trouvent attachés, & aux diacres de la ville, de ne point s'attribuer les fonctions qui appartiennent aux prêtres, c'eft-à-dire, aux *curés*. Le fecond concile de Vaifon, ordonne précifément aux prêtres ou *curés* de la campagne, d'élever des jeunes clercs dans leurs maifons & de leur apprendre le Pfeautier & les S. Ecritures.

On appelloit les anciens *curés* attachés aux titres de la ville de Rome, *cardinaux* : ce nom paffa de Rome dans toutes les églifes occidentales. M. Fleuri obferve en fes *inftit.* que cette maniere de parler, qui s'étendoit même à certains diacres, étoit ordinaire du tems de S. Grégoire, & étoit commune par toute l'églife latine; depuis, le titre de prêtres cardinaux fut particulierement attribué à ceux des villes & finalement aux membres du facré college. *v.* CARDINAL.

Ces prêtres cardinaux, ajoute M. Fleuri, que nous appellons aujourd'hui *curés*, devinrent dans la fuite comme des petits évêques; à mefure que le nombre des fideles augmenta, on leur permit de dire la meffe dans leur titre & par conféquent de prêcher; on leur permit auffi de baptifer même aux jours folemnels; ce qui toutefois, dit le même auteur, ne fut pas univerfel; tous les *curés* avoient auffi le foin d'inftruire

Tome IV.

les enfants devant & après le confirmation, de corriger les mœurs, de convertir les pécheurs, ouir les confeffions & donner la pénitence fecrete. Ils pouvoient faire un pfalmifte ou chantre de leur autorité, mais non pas un acolyte ou un fous-diacre; ils pouvoient dépofer les moindres clercs au-deffous des fous-diacres, & excommunier les laïcs. Vers l'an 1000. les *curés* étendirent leur pouvoir jufques à la jurifdiction contentieufe, & en jouirent plus de trois cents ans; mais la plûpart de ces droits leur furent ravis dans la fuite par les évêques. Les cardinaux de l'églife romaine font les feuls qui aient confervé fur les églifes de leur titre, la jurifdiction contentieufe, avec plufieurs droits épifcopaux qui étoient autrefois communs à tous les *curés*. L'on peut voir les droits & les devoirs des anciens *curés*, dans le capitulaire de Théodulfe, évêque d'Orléans, écrit vers la fin du huitieme fiecle; il eft rapporté dans *l'hift. Eccléf.* de M. Fleuri, liv. 44. n. 23. & dans le *recueil des concil. tom.* 7. p. 1136. On doit voir encore fur la même matiere, le pere Thomaffin en fon *traité de la difcipl. part.* 1. *ch.* 23. 4. *liv.* 1. *ch.* 27, où cet auteur dit que la dignité des *curés* femble avoir été portée jufqu'à fon comble par les théologiens de Paris, quand ils ont établi cette doctrine, que les *curés* étant les fucceffeurs de 70 difciples, compofoient un fecond ordre de prélats qui tenoient immédiatement de Jefus-Chrift, l'autorité d'exercer les fonctions hiérarchiques, de purifier par la correction, d'éclairer par la prédication & de perfectionner par l'adminiftration des facrements.

Rien de fi difficile à définir que les *curés* primitifs, fuivant M. Furgole qui en a fait un traité particulier. Cette difficulté vient de l'incertitude ou de

T

l'obſcurité de leur origine ; quoiqu'elle ſoit ancienne , la diverſité des noms qu'on donnoit autrefois à ce qu'on appelle aujourd'hui *curés primitifs* , & encore plus la variété des cauſes qui les ont fait naître, empêche d'en donner une juſte idée. Voici cependant celle que l'auteur cité nous en a tracée comme la plus conforme à l'origine des *curés* primitifs & aux différentes cauſes de leur établiſſement. Les *curés* primitifs ſont ceux qui avoient anciennement le ſoin des ames, ou qui poſſedent un bénéfice qui originairement étoit cure, ou dans lequel on a érigé par démembrement ou autrement une nouvelle cure, avec établiſſement d'un vicaire perpétuel pour le gouvernement ſpirituel de la paroiſſe.

L'origine des *curés* primitifs eſt preſque la même que l'origine des vicaires perpétuels, parce que tout *curé* dont la paroiſſe ne reconnoît aucune autre égliſe ſupérieure, ne peut s'appeller vicaire *qui vicem alterius obtinet.* S'il porte ce dernier nom, il eſt donc cenſé tenir la place d'un autre, & celui- ci ſera probablement notre *curé* primitif. On donne pluſieurs cauſes à l'établiſſement des *curés* primitifs. Voici celles auxquelles on peut rapporter les autres. Elles ſervent à donner une idée de l'ancienneté comme de la nature des eures primitives.

Anciennement lorſque les *curés* de la campagne ſe diſtinguoient par leur mérite, les évèques les appelloient auprès d'eux, & en compoſoient leur cathédrale, ils donnoient à ces *curés* ainſi transférés pour l'utilité de l'égliſe, une partie des revenus de leurs cures, en les faiſant deſſervir par des prêtres auxquels ils donneroient une ſubſiſtance conve- nable.

Les chapitres & les monaſteres pre-

noient autrefois ſous l'autorité de l'évèque , le ſoin d'inſtruire les fideles & de leur adminiſtrer les ſacremens ſur-tout à ceux qui habitoient dans le voiſinage de leurs égliſes. Tous les chanoines ou tous les religieux , chacun ſelon ſes talens, étoient employés à cette œuvre; on jugea plus convenable dans la ſuite d'en charger un ſeul qui en fit toute ſon application, & qui en rendit compte à l'évèque : d'où vient qu'en certains chapitres, on a commis un des chanoines ou des dignités avec obligation aux autres de l'aider dans les fonctions curiales, & que dans d'autres, le chapitre ou le monaſtere préſente à l'évèque un eccléſiaſtique eu qualité de vicaire perpétuel.

Quelques évèques ont donné à des ſeigneurs laïcs les revenus de certaines cures , ſous cette condition que ſur ces revenus ils donneroient aux prêtres qui les deſſerviroient une ſubſiſtance convenable.

L'union des bénéfices cures, aux chapitres, colleges, ſéminaires, &c. eſt encore une des cauſes de l'établiſſement des *curés* primitifs.

On a trouvé une autre cauſe de l'origine des *curés* primitifs, dans l'érection des nouvelles paroiſſes qui ſe fait par un démembrement ou diviſion des anciennes; auxquelles , par la conſtitution d'Alexandre III. on doit conſerver certains honneurs.

En parlant de l'origine des *curés* primitifs , on a pu remarquer les différents droits qu'ils ont conſervés en ceſſant de deſſervir eux-mêmes les paroiſ- ſes. Le ch. *ad audientiam de ædific. eccleſ.* où il eſt parlé de l'érection d'une ſuccurſale , ſemble les y autoriſer indirectement , quand il recommande à l'évèque de réſerver à l'ancien *curé* ou à l'ancienne égliſe matrice, les honneurs qui lui conviennent : *Providens tamen ut competens in ea honor pro facultate loci matrici ecclesiæ fervetur.* Le ch. *extirpendæ* §. *qui verò de præbend. & dignitatib.* difpenfe auffi formellement le titulaire d'un bénéfice auquel une cure fe trouve annexée, de l'obligation de la deffervir par lui-même. Ce font là des loix générales fufceptibles de plufieurs modifications felon la nature des titres des différents *curés* primitifs, & même felon l'ufage. Toutes les conceffions des cures, faites par les papes & par les évêques, ne font pas également entendues ; il y en a qui laiffent plus & les autres moins, aux prêtres qui defferviront les paroiffes ; on en voit même qui ont laiffé à la difcrétion des chapitres & des monafteres, à régler les droits de leurs vicaires.

Les *curés* primitifs font obligés à fournir un vicaire au *curé*. Ils font obligés à faire fubfifter ce vicaire. Ils font encore obligés, comme décimateurs, à certaines charges. (D. M.)

* Il eft extrèmement rare de trouver un *curé* qui n'ait pas plaidé contre fon feigneur, ou même un feigneur qui n'ait pas plaidé contre fon *curé*. Cette efpece de guerre vient de ce que d'un côté les *curés* refufent fouvent aux feigneurs les droits les plus légitimement établis, & que d'un autre côté les feigneurs auffi exigent quelquefois plus que ce qui leur eft dû.

Les conteftations les plus fréquentes qui naiffent entre les feigneurs & les *curés*, font au fujet des droits honorifiques, des portions congrues, des dixmes, des novales. A chacun de ces mots on trouvera les principes néceffaires pour éviter des procès également fcandaleux & défagréables.

Les *curés* préfentés par les patrons, ou pourvus par le pape, avant de s'ingerer dans l'adminiftration des fonctions curiales, doivent prendre le *vifa* ou les provifions de l'évêque diocéfain.

Il fembleroit inutile d'obferver que les *curés* doivent faire de fréquentes aumônes, & même dans les calamités publiques contribuer à la fubfiftance des pauvres.

Les *curés* ne peuvent avancer ni retarder l'heure des meffes paroiffiales, & les feigneurs doivent encore moins les forcer à le faire.

Quelquefois les *curés* refufent d'enterrer les pauvres qui ne laiffent pas de quoi payer les frais funéraires : ils mériteroient le même châtiment que Jean Marie Galeazzi, duc de Milan, fit fubir à un femblable *curé* ; il fit lier vif le *curé* au cadavre du pauvre, & les fit enterrer tous deux.

Les portions congrues des *curés* font faififfables pour un tiers, les décimes payées.

Les feigneurs haut-jufticiers peuvent obliger les *curés* à paffer à leurs terriers reconnoiffance des droits honorifiques qui leur font dûs.

Les *curés* ne peuvent faire refus de publier les monitoires, quand bien même le coupable fe feroit venu confeffer à lui, & l'auroit chargé d'offrir des dommages & intérèts. Un *curé* qui refufe de publier des monitoires pour fupprimer la preuve d'un crime, quoique léger, doit être condamné aux dommages & intérêts de la partie.

Les *curés* n'ont point droit de préfider à la reddition des comptes des hôpitaux qui peuvent fe trouver dans les feigneuries ; le feigneur ou le juge du lieu doit avoir le premier rang, & enfuite le *curé* comme principal habitant. Les comptes de fabriques des paroiffes doivent auffi être préfentés aux feigneurs hauts-jufticiers.

T 2

L'ancienne jurifprudence exemptoit les *curés* des droits de bannalité, mais ils y ont été depuis affujettis par la fuite.

Les *curés* ont droit de fépulture dans le chœur de leurs paroiffes.

Les juges des feigneurs ont conftamment droit d'appofer les fcellés fur les effets des défunts *curés*.

Quant aux qualités & devoirs des *curés*, *v.* MINISTRES *de l'Evangile.* (R.)

CURIAL, adject., *Jurifprud.*, fignifie tantôt ce qui eft relatif à une cure, tantôt ce qui eft relatif à une cour de juftice, foit fouveraine ou fubalterne.

Droit curial, eft l'honoraire dû aux curés pour les mariages & convois.

Eglife curiale, eft celle où l'on fait toutes les fonctions *curiales*.

Fonctions curiales, font celles qui font propres aux curés, comme de baptifer, marier, inhumer les paroiffiens, dire la meffe de paroiffe, bénir le pain qui y eft deftiné, faire le prône, &c.

Maifon curiale, eft celle qui eft deftinée à loger le curé, c'eft la même chofe que *presbytere*.

CURIE, f. f., *Droit Rom.*, en latin *curia*, portion d'une tribu chez les anciens Romains.

Romulus divifa le peuple Romain en trois tribus, qui formerent trente *curies*, parce que chaque tribu fut compofée de dix *curies*, c'eft-à-dire de mille hommes. Les cérémonies des fêtes fe faifoient dans un lieu facré deftiné à chaque *curie*, dont le prêtre ou le facrificateur s'appella *curion*, *à facris curandis*, parce qu'il avoit foin des facrifices. Le peuple s'affembloit par *curies* dans la place de Rome appellée *comitium*, pour y gérer toutes les affaires de la république. Il ne fe prenoit aucune réfolution, foit pour la paix, foit pour la guerre, que dans ces affemblées. C'eft là qu'on

créoit les rois, qu'on élifoit les magiftrats & les prêtres, qu'on établiffoit des loix, & qu'on adminiftroit la juftice. Le roi de concert avec le fénat, convoquoit ces affemblées, & décidoit par un fénatus-confulte du jour qu'on devoit les tenir, & des matieres qu'on y devoit traiter. Il falloit un fecond fénatus-confulte pour confirmer ce qui y avoit été arrêté. Le prince ou premier magiftrat préfidoit à ces affemblées, qui étoient toujours précédées par des aufpices & par des facrifices, dont les praticiens étoient les feuls miniftres.

Les *curies* fubfifterent dans toutes leurs prérogatives jufqu'à Servius Tullius, qui ayant trouvé par fon dénombrement la république accrue d'un très-grand nombre de citoyens capables de porter les armes, les partagea en fix claffes générales, & compofa chaque claffe d'un nombre plus ou moins grand de centuries. Il établit en même tems, & du confentement de la nation, qu'on recueilleroit à l'avenir les fuffrages par centuries, au lieu qu'ils fe comptoient auparavant par têtes. Depuis lors les affemblées par *curies* ne fe firent guere que pour élire les flamines, c'eft-à-dire, les prêtres de Jupiter, de Mars, de Romulus; comme auffi pour l'élection du grand-curion & de quelques magiftrats fubalternes. De cette maniere les affaires importantes de la république ne fe déciderent plus d'ordinaire que par centuries, *v.* CENTURIE, où nous en expofons la maniere, cette connoiffance étant indifpenfable pour entendre l'hiftoire romaine, qui de toutes les hiftoires eft la plus intéreffante. Cependant le peuple chercha toujours à faire par *curies* les affemblées qu'on avoit coutume de faire par centuries, & à faire par tribus, qui leur donnoient encore plus d'avantage, les aſſemblées qui ſe faiſoient par curies. Ainſi quand l'on établit en faveur du peuple les nouvelles magiſtratures de tribuns & d'édiles, le peuple obtint qu'il s'aſſembleroit par curie pour les nommer ; & quand ſa puiſſance fut affermie, il obtint qu'ils ſeroient nommés dans une aſſemblée par tribus. v. TRIBUS.

Varron dérive le mot curie du latin cura, ſoin, comme qui diroit une aſſemblée de gens chargés du ſoin des affaires publiques, ou qui ſe tient pour en prendre ſoin ; & cette étymologie me paroît la plus vraiſemblable de toutes.

Quand les curies, curiæ, furent abolies, le nom curia paſſa au lieu où le ſénat ſe tenoit ; & c'eſt peut-être de-là qu'eſt venu le mot de cour, qu'on emploie pour ſignifier tout corps de juges & de magiſtrats.

Il falloit toujours que ce lieu fût ſéparé & ſolemnellement conſacré par les rites & les cérémonies des augures. L'hiſtoire fait mention de trois curies célebres ou lieux d'aſſemblée du ſénat, la curie calabre bâtie, ſuivant l'opinion commune, par Romulus, la curie hoſtilienne par Tullus Hoſtilius, & la curie pompéienne par Pompée le grand.

C'étoit ſur le mont Capitolin qu'étoit la curie calabre, ainſi nommée, parce que le pontife après avoir obſervé la nouvelle lune, aſſembloit le peuple, & lui diſoit de combien de jours elle avançoit ſes calendes aux nones.

La curie hoſtilienne où les ſénateurs s'aſſembloient le plus communément, étoit ſuivant Nardini, près du lieu où eſt aujourd'hui le grenier public de Rome ; mais cette conjecture n'eſt pas goûtée de tout le monde. On montoit à la curie hoſtilienne par pluſieurs degrés. Sylla l'embellit & la répara. Elle périt

par les flammes lorſque le corps de Publius Clodius, tribun du peuple, cet ennemi implacable de Ciceron, y fut expoſé après avoir été tué par Milon. Cet incendie fut ſi violent, que pluſieurs ſtatues de bronze ſe trouverent liquéfiées. Céſar ayant depuis bâti dans ce même lieu une nouvelle curie, elle prit ſon nom après ſa mort.

La curie pompéienne fut bâtie par Pompée près du lieu où l'on voit aujourd'hui l'égliſe de S. André della valle, & à côté du magnifique théâtre qu'il avoit fait conſtruire à Rome l'an 699 de ſa fondation. Il vouloit que pour la commodité du peuple & pour celle du ſénat, on pût dans les tems des ſpectacles s'aſſembler dans ce lieu. C'eſt celui où Céſar fut tué ; & pour lors le peuple réduiſit en cendres la curie pompéienne.

Indépendamment des diverſes curies qui ſervoient au ſénat de lieu d'aſſemblées, il les tenoit encore, & c'étoit le plus ſouvent, dans les temples dédiés à certaines divinités particulieres, comme au temple de Bellone, de Caſtor, d'Apollon, de Jupiter, de Mars, de Vulcain & autres.

Du mot curia pris pour les lieux où s'aſſembloit le ſénat quand ces lieux n'étoient pas des temples, vint ſans doute l'uſage d'appeler comitia curiata, les aſſemblées du peuple par curies; où l'on ſtatuoit en dernier reſſort ſur les affaires.

CURIEUX, ſ. m., Juriſpr. Rom., curioſus, officier de l'empire Romain ſous les empereurs du moyen âge, commis pour empêcher les fraudes & les malverſations, ſur-tout en ce qui regardoit les poſtes & les voitures publiques, & pour donner avis à la cour de tout ce qui ſe paſſoit dans les provinces.

Cet emploi rendoit les curieux redoutables, & leur donnoit le moyen de faire beaucoup plus de mal qu'ils n'en empêchoient; ce qui fit qu'Honorius les cassa dans quelques parties de l'empire, l'an 415 de J. C.

Ce nom vient à-peu-près à ce que nous appellerions *contrôleurs*. On les appelloit *curieux* du mot *cura*, soin, *quod curis agendis & evectionibus cursus publici inspiciendis operam darent*.

CURION, s. m., *Droit Rom.*, *curio*, chef & prêtre d'une curie.

Romulus ayant divisé le peuple Romain en trois tribus & trente curies, dont chacune étoit de cent hommes, donna à chaque curie un chef, qui étoit le prêtre de cette curie, & qu'on appella *curio*, & *flamen curialis*. *v.* CURIE.

C'étoit lui qui faisoit les sacrifices de la curie, qui s'appelloient *curionies*, *curionia*: sa curie lui donnoit quelque somme d'argent pour cela. Cette pension ou ces appointemens s'appelloient *curionium*.

C'étoit chaque tribu qui choisissoit son *curion*. Mais tous ces *curions* avoient un supérieur & un chef, un *curion* général qui étoit à la tête du corps & qui gouvernoit les autres. On l'appelloit *grand curion*, *curio maximus*. Celui-ci étoit élu par toutes les curies assemblées dans les comices, qu'on nommoit *curiata*. *v.* COMICES.

Toutes ces institutions furent faites par Romulus, & confirmées par Numa, au rapport de Denis d'Halicarnasse.

Quelques auteurs disent qu'il y avoit deux *curions* dans chaque curie.

Jules Capitolin nomme aussi *curions* certains crieurs publics, qui dans les jeux & les spectacles lisoient les requêtes que les comédiens adressoient au prince ou au peuple.

CURIOSITÉ, s. f., *Morale*, desir empressé d'apprendre, de s'instruire, de savoir des choses nouvelles. Ce desir peut être louable ou blâmable, utile ou nuisible, sage ou fou, suivant les objets auxquels il se porte.

La *curiosité* de connoître l'avenir par le secours des sciences chimériques, que l'on imagine qui peuvent les dévoiler, est fille de l'ignorance & de la superstition.

La *curiosité* inquiete de savoir ce que les autres pensent de nous, est l'effet d'un amour propre désordonné. L'empereur Adrien qui nourrissoit cherement cette passion dans son cœur, devoit être un malheureux mortel. Si nous avions un miroir magique, qui nous découvrît sans cesse les idées qu'ont sur notre compte tous ceux qui nous environnent; il vaudroit mieux les casser que d'en faire usage. Contentons-nous d'observer la droiture dans nos actions, sans chercher curieusement à pénétrer le jugement qu'en portent ceux qui nous observent, & nous remplirons notre tâche.

La *curiosité* de certaines gens, qui sous prétexte d'amitié & d'intérêt s'informent avidement de nos affaires, de nos projets, de nos sentimens, & qui suivant le poëte,

Scire volunt secreta domûs, atque inde timeri;

cette *curiosité*, dis-je, de saisir les secrets d'autrui par un principe si bas, est un vice honteux. Les Athéniens étoient bien éloignés de cette bassesse, quand ils renvoyerent à Philippe de Macédoine les lettres qu'il adressoit à Olympias, sans que les justes allarmes qu'ils avoient de sa grandeur, ni l'espérance de découvrir des choses qui les intéressassent, pût les persuader de lire des dépêches. Marc-Antonin brûla des papiers de gens qu'il fufpectoit, pour n'avoir, difoit-il, aucun fujet de reffentiment contre perfonne.

La *curiofité* pour toutes fortes de nouvelles, eft l'apanage de l'oifiveté; la *curiofité* qui provient de la jaloufie des gens mariés eft imprudente ou inutile; la *curiofité*.... Mais c'eft affez parler d'efpeces de *curiofités* déraifonnables; mon deffein n'eft pas de parcourir toutes celles de ce genre: j'aime bien mieux me fixer à la *curiofité* digne de l'homme, & la plus digne de toutes, je veux dire le defir qui l'anime à étendre fes connoiffances, foit pour élever fon efprit aux grandes vérités, foit pour fe rendre utile à fes concitoyens. Tâchons de développer en peu de mots l'origine & les bornes de cette noble *curiofité*.

L'envie de s'inftruire, de s'éclairer, eft fi naturelle, qu'on ne fauroit trop s'y livrer, puifqu'elle fert de fondement aux vérités intellectuelles, à la fcience & à la fageffe.

Mais cette envie de s'éclairer, d'étendre fes lumieres, n'eft pas cependant une idée propre à l'ame, qui lui appartienne dès fon origine, qui foit indépendante des fens, comme quelques perfonnes l'ont imaginé. De judicieux philofophes, entr'autres M. Quéfnay, ont démontré, (voyez fon ouvrage de l'*Econ. anim.*) que l'envie d'étendre fes connoiffances eft une affection de l'ame qui eft excitée par les fenfations ou les perceptions des objets que nous ne connoiffons que très-imparfaitement. Cette idée nous fait non-feulement appercevoir notre ignorance, mais elle nous excite encore à acquérir, autant qu'il eft poffible, une connoiffance plus exacte & plus complette de l'objet qu'elle repréfente. Lorfque nous voyons, par exemple, l'ex-

térieur d'une montre, nous concevons qu'il y a dans l'intérieur de cette montre diverfes parties, une organifation méchanique, & un mouvement qui fait cheminer l'aiguille qui marque les heures : de-là naît un defir qui porte à ouvrir la montre pour en examiner la conftruction intérieure. La *curiofité* ne peut donc être attribuée qu'aux fenfations & aux perceptions qui nous affectent, & qui nous font venues par la voie des fens.

Mais ces fenfations, ces perceptions, pour être un peu fructueufes, demandent un travail, une application continuée; autrement nous ne retirerons aucun avantage de notre *curiofité* paffagere; nous ne découvrirons jamais la ftructure de cette montre, fi nous ne nous arrêtons avec attention aux parties qui la compofent, & dont fon organifation, fon mouvement, dépendent. Il en eft de même des fciences; ceux qui ne font que les parcourir légerement, n'apprennent rien de folide : leur empreffement à s'inftruire par néceffité, ou par légereté, ne produit que des idées vagues dans leur efprit; & bientôt même des traces fi légeres feront effacées.

Les connoiffances intellectuelles font donc à plus forte raifon infenfibles à ceux qui font peu d'ufage de l'attention : car ces connoiffances ne peuvent s'acquérir que par une application fuivie, à laquelle la plûpart des hommes ne s'affujettiffent guere. Il n'y a que les mortels formés par une heureufe éducation qui conduit à ces connoiffances intellectuelles, ou ceux que la vive *curiofité* excite puiffamment à les découvrir par une profonde méditation, qui puiffent les faifir diftinctement. Mais quand ils font parvenus à ce point, ils n'ont encore que trop de fujet de fe plaindre de ce que la nature a donné tant d'étendue à notre *curiosité*, & des bornes si étroites à notre intelligence. (D. J.)

CURSITEUR, f. m., *Droit public d'Angleterre*, est un clerc de la chancellerie, qui dresse les originaux des actes qui y doivent être expédiés. Ils sont au nombre de vingt-quatre, & forment une communauté. A chacun est assigné un nombre de comtés, dans l'étendue desquelles ils dressent les actes dont les particuliers les requierent.

C Y

CYNIQUE, *secte*, *Morale*. Le cynisme sortit de l'école de Socrate, & le stoïcisme de l'école d'Antisthene. Ce dernier dégoûté des hypotheses sublimes que Platon & les autres philosophes de la même secte se glorifioient d'avoir apprises de leur divin maître, se tourna tout-à-fait du côté de l'étude des mœurs & de la pratique de la vertu, & il ne donna pas en cela une preuve médiocre de la bonté de son jugement. Il falloit plus de courage pour fouler aux pieds ce qu'il pouvoit y avoir de fastueux & d'imposant dans les idées socratiques, que pour marcher sur la pourpre du manteau de Platon. Antisthene, moins connu que Diogene son disciple, avoit fait le pas difficile.

Il y avoit au midi d'Athenes, hors des murs de cette ville, non loin du lycée, un lieu un peu plus élevé, dans le voisinage d'un petit bois. Ce lieu s'appelloit *Cynosarge*. La superstition d'un citoyen allarmé de ce qu'un chien s'étoit emparé des viandes qu'il avoit offertes à ses dieux domestiques, & les avoit portées dans cet endroit, y avoit élevé un temple à Hercule, à

l'instigation d'un oracle qu'il avoit interrogé sur ce prodige. *La superstition des anciens transformoit tout en prodiges, & leurs oracles ordonnoient toujours ou des autels ou des sacrifices.* On sacrifioit aussi dans ce temple à Hébé, à Alcmene, & à Iolas. Il y avoit aux environs un gymnase particulier pour les étrangers & pour les *enfans illégitimes*. On donnoit ce nom, dans Athenes, à ceux qui étoient nés d'un pere Athénien & d'une mere étrangere. C'étoit-là qu'on accordoit aux esclaves la liberté; & que des juges examinoient & décidoient les contestations occasionnées entre les citoyens par des naissances suspectes; & ce fut aussi dans ce lieu qu'Antisthene fondateur de la secte *cynique* s'établit & donna ses premieres leçons. On prétend que ses disciples en furent appellés *cyniques*, nom qui leur fut confirmé dans la suite, par la singularité de leurs mœurs & de leurs sentimens, & par la hardiesse de leurs actions & de leurs discours. Quand on examine de près la bisarrerie des *cyniques*, on trouve qu'elle consistoit principalement à transporter au milieu de la société les mœurs de l'état de nature. Ou ils ne s'apperçurent point, ou ils se socierent peu du ridicule qu'il y avoit à affecter parmi des hommes corrompus & délicats, la conduite & les discours de l'innocence des premiers tems & la rusticité des siecles de l'animalité.

Les *cyniques* ne demeurerent pas long-tems renfermés dans le Cynosarge. Ils se répandirent dans toutes les provinces de la Grece, bravant les préjugés, prêchant la vertu, & attaquant le vice sous quelque forme qu'il se présentât. Ils se montrerent particulierement dans les lieux sacrés & sur les places publiques. Il n'y avoit en effet que la publicité qui pût pallier la licence apparente

de

de leur philofophie. L'ombre la plus légere de fecret, de honte & de ténebres, leur auroit attiré dès le commencement des dénominations injurieufes & de la perfécution. Le grand jour les en garantit. Comment imaginer, en effet, que des hommes penfent du mal à faire & à dire ce qu'ils font & difent fans aucun myftere?

Antifthene apprit l'art oratoire de Gorgias le fophifte, qu'il abandonna pour s'attacher à Socrate, entraînant avec lui une partie de fes condifciples. Il fépara de la doctrine du philofophe ce qu'elle avoit de folide & de fubftantiel, comme il avoit démêlé des préceptes du rhéteur ce qu'ils avoient de frappant & de vrai. C'eft ainfi qu'il fe prépara à la pratique ouverte de la vertu & à la profeffion publique de la philofophie. On le vit alors fe promenant dans les rues l'épaule chargée d'une beface, le dos couvert d'un mauvais manteau, le menton hériffé d'une longue barbe, & la main appuyée fur un bâton, mettant dans le mépris des chofes extérieures un peu plus d'oftentation peut-être qu'elles n'en méritoient. C'eft du moins la conjecture qu'on peut tirer d'un mot de Socrate, qui voyant fon ancien difciple trop fier d'un mauvais habit, lui difoit avec fa fineffe ordinaire : *Antifthene, je t'apperçois à travers un trou de ta robe.* Du refte, il rejetta loin de lui toutes les commodités de la vie : il s'affranchit de la tyrannie du luxe & des richeffes, & de la paffion des femmes, de la réputation & des dignités, en un mot de tout ce qui fubjugue & tourmente les hommes ; & ce fut en s'immolant lui-même fans réferve qu'il crut acquérir le droit de pourfuivre les autres fans ménagement. Il commença par venger la mort de Socrate ; celle de Mélite & l'exil d'Anyte

Tome IV.

furent les fuites de l'amertume de fon ironie. La dureté de fon caractere, la févérité de fes mœurs, & les épreuves auxquelles il foumettoit fes difciples, n'empêcherent point qu'il n'en eût : mais il étoit d'un commerce trop difficile pour les conferver : bientôt il éloigna les uns, les autres fe retirerent ; & Diogene fut prefque le feul qui lui refta.

La fecte *cynique* ne fut jamais fi peu nombreufe & fi refpectable que fous Antifthene. Il ne fuffifoit pas pour être *cynique* de porter une lanterne à la main, de coucher dans les rues ou dans un tonneau, & d'accabler les paffans de vérités injurieufes. „ Veux-tu que „ je fois ton maître, & mériter le nom „ de mon difciple, difoit Antifthene à „ celui qui fe préfentoit à la porte de „ fon école : commence par ne te ref- „ fembler en rien, & par ne plus rien „ faire de ce que tu faifois. N'accufe „ de ce qui t'arrivera ni les hommes „ ni les dieux. Ne porte ton defir & „ ton averfion que fur ce qu'il eft en „ ta puiffance d'approcher ou d'éloi- „ gner de toi. Songe que la colere, l'en- „ vie, l'indignation, la pitié, font des „ foibleffes indignes d'un philofophe. „ Si tu ès tel que tu dois être, tu n'au- „ ras jamais lieu de rougir. Tu laiffe- „ ras donc la honte à celui qui fe re- „ prochant quelque vice fecret, n'ofe „ fe montrer à découvert. Sache que la „ volonté de Jupiter fur le *cynique*, eft „ qu'il annonce aux hommes le bien & „ le mal fans flatterie, & qu'il leur „ mette fans ceffe fous les yeux les „ erreurs dans lefquelles ils fe précipi- „ tent ; & fur-tout ne crains point „ la mort, quand il s'agira de dire la „ vérité ".

Il faut convenir que ces leçons ne pouvoient guere germer que dans des

V

ames d'une trempe bien forte. Mais aussi les *cyniques* demandoient peut-être trop aux hommes, dans la crainte de n'en pas obtenir assez. Peut-être seroit-il aussi ridicule d'attaquer leur philosophie par cet excès apparent de sévérité, que de leur reprocher le motif vraiment sublime sur lequel ils en avoient embrassé la pratique. Les hommes marchent avec tant d'indolence dans le chemin de la vertu, que l'aiguillon dont on les presse ne peut être trop vif; & ce chemin est si laborieux à suivre, qu'il n'y a point d'ambition plus louable que celle qui soûtient l'homme & le transporte à travers les épines dont il est semé. En un mot ces anciens philosophes étoient outrés dans leurs préceptes, parce qu'ils savoient par expérience qu'on se relâche toujours assez dans la pratique; & ils pratiquoient eux-mêmes la vertu, parce qu'ils la regardoient comme la seule véritable grandeur de l'homme; & voilà ce qu'il a plu à leurs détracteurs d'appeller *vanité*; reproche vuide de sens & imaginé par des hommes en qui la superstition avoit corrompu l'idée naturelle & simple de la bonté morale.

Les *cyniques* avoient pris en aversion la culture des beaux-arts. Ils comptoient tous les momens qu'on y employoit comme un tems dérobé à la pratique de la vertu & à l'étude de la morale. Ils rejettoient en conséquence des mêmes principes, & la connoissance des mathématiques & celle de la physique, & l'histoire de la nature; ils affectoient sur-tout un mépris souverain pour cette élégance particuliere aux Athéniens, qui se faisoit remarquer & sentir dans leurs mœurs, leurs écrits, leurs discours, leurs ajustemens, la décoration de leurs maisons; en un mot dans tout ce qui appartenoit à la vie civile. D'où l'on

voit que s'il étoit très-difficile d'être aussi vertueux qu'un *cynique*, rien n'étoit plus facile que d'être aussi ignorans & aussi grossiers.

L'ignorance des beaux-arts & le mépris des décences furent l'origine du discrédit où la secte tomba dans les siecles suivans. Tout ce qu'il y avoit dans les villes de la Grece & de l'Italie de boufons, d'impudens, de mendians, de parasites, de gloutons & de fainéans, (& il y avoit beaucoup de ces gens-là sous les empereurs) prit effrontément le nom de *cyniques*. Les magistrats, les prêtres, les sophistes, les poëtes, les orateurs, tous ceux qui avoient été auparavant les victimes de cette espece de philosophie, crurent qu'il étoit tems de prendre leur revanche; tous sentirent le moment; tous éleverent leurs cris à la fois; on ne fit aucune distinction dans les invectives, & le nom de *cynique* fut universellement abhorré. *v.* Antisthene, Diogene, &c.

CYPHONISME, s. m., *Jurisprud. Rom.* Le *cyphonisme* est un ancien tourment auquel les premiers martyrs ont été fréquemment exposés. Il consistoit à être frotté de miel & exposé au soleil à la piquûre des mouches & des guêpes. Cela se faisoit de trois manieres; ou l'on attachoit simplement le patient à un poteau, ou on le suspendoit en l'air dans un panier, ou on l'étendoit à terre les mains liées derriere le dos.

Ce mot vient du grec; on le fait dériver de κύφων, qui signifie le *poteau* ou *épieu* auquel on attachoit le patient, ou le *carcan* qu'on lui mettoit au cou, ou un instrument dont on se servoit pour le tourmenter. Le scholiaste Aristophane dit que c'étoit une espece de cage de bois ainsi appellée de κύπτειν, *courber*, parce qu'elle tenoit le patient.

qu'on y enfermoit le corps incliné ou courbé. D'autres entendent par κύφων, un morceau de bois qu'on plaçoit, difent-ils, fur la tête du patient, pour l'empêcher de fe tenir droit. Héfychius décrit le κύφων comme une piece de bois fur laquelle l'on tenoit les criminels étendus pour les tourmenter. Il eft affez vraifemblable que toutes ces acceptions différentes convenoient à ce mot, & que c'étoit un genre dont nous avons détaillé les efpeces.

Nous trouvons dans Suidas un fragment d'une ancienne loi qui condamnoit au *cyphonifme* pendant vingt jours, & à être enfuite précipités du haut d'un rocher en habit de femmes, ceux qui traitoient les loix avec mépris.

CYPRIEN, *Saint*, *Hift. Litt.*, naquit à Carthage d'une famille riche & illuftre. Son génie facile, abondant, agréable, le fit choifir pour donner des leçons d'éloquence à Carthage. Il étoit alors payen. Il fut bientôt chrétien par les foins du prêtre Cécile, qui lui découvrit l'excellence de la religion chrétienne & les abfurdités du paganifme. Les payens fâchés d'avoir perdu un tel homme, lui reprocherent qu'il avoit avili fa raifon & fon génie, en les foumettant à des contes & des fables puériles; car c'eft ainfi que ces aveugles parloient des grandes vérités du chriftianifme. Mais *Cyprien*, infenfible à ces railleries, fit tous les jours de nouveaux progrès dans la voie du falut. Il vendit fes biens, en diftribua le prix aux pauvres, embraffa la continence, prit un habit de philofophe, & fubftitua à la lecture des auteurs profanes, celle des livres divins. Son mérite le fit élever à la prêtrife, & le plaça bientôt après fur la chaire de Carthage, malgré fes oppofitions, l'an 248. Ses travaux pour fon églife fu-

rent immenfes. Il fut le pere des pauvres, la lumiere du clergé, le confolateur du peuple. L'empereur Décius ayant fufcité une fanglante perfécution contre l'églife, *Cyprien* fut obligé de quitter fon troupeau, mais il fut toujours auprès de lui, foit par fes lettres, foit par fes miniftres. Lorfque l'orage fut diffipé, il fe fignala par la fermeté avec laquelle il réfifta à ceux d'entre les chrétiens apoftats, qui furprenoient des recommandations des martyrs & des confeffeurs, pour être réconciliés à l'églife qu'ils avoient quittée pendant la perfécution. Ce fût pour régler les pénitences qu'on devoit leur prefcrire, qu'il affembla un concile à Carthage en 252. Il condamna dans la même affemblée le prêtre Feliciffime & l'hérétique Privat. Ce dernier députa vers le pape Corneille pour lui demander fa communion, & accufer St. *Cyprien*, qui ne crut pas devoir envoyer de fon côté pour fe défendre. Le pape lui en ayant témoigné fa furprife, il lui répondit avec autant de modeftie que de fermeté: *C'eft une chofe établie entre les évêques, que le crime foit examiné là où il a été commis.* C'eft ainfi, dit le fage Fleury, que St. *Cyprien* écrivant au pape même, fe plaignoit d'une appellation à Rome, comme d'un procédé notoirement irrégulier. Il ne montra pas moins de fermeté dans la difpute qui s'éleva entre le pape Etienne & lui, fur le baptême adminiftré par les hérétiques. Plufieurs conciles convoqués à Carthage, conclurent conformément à fon opinion, qu'il falloit rebaptifer ceux qui l'avoient été par les hérétiques. Dans le dernier, St. *Cyprien* déclara qu'il ne prétendoit point féparer de fa communion ceux qui étoient d'un avis contraire au fien. Ce faint évêque croyoit défendre une bonne caufe, tandis qu'il en foutenoit une mauvaife. Mais quoiqu'il ne déférât point aux décrets du pape St. Etienne, ces décrets n'étant qu'une décifion d'une églife particuliere, il conferva toujours l'unité avec l'églife romaine. L'année d'après en 257, le feu de la perfécution s'étant rallumé, il fut relégué à Curube à 12 lieues de Carthage. Après un exil d'onze mois, on lui permit de demeurer dans les jardins voifins de Carthage; mais on l'arrêta peu de tems après pour le conduire au fupplice. Il eut la tête tranchée le 14 Septembre 258. St. *Cyprien* avoit beaucoup écrit pour la vérité qu'il fcella de fon fang. Lactance le regarde comme le premier des auteurs chrétiens, qui aient été véritablement éloquens. St. Jérôme compare fon ftyle à une fource d'eau pure dont le cours eft doux & paifible. D'autres l'ont comparé, peut-être avec plus de raifon, à un torrent qui entraîne tout ce qu'il rencontre. Son éloquence à la fois mâle, forte & naturelle, fort éloignée du ftyle déclamateur, étoit capable d'exciter de grands mouvemens. Il raifonne prefque toujours avec autant de juftefle que de force. Il faut avouer pourtant que fon ftyle, quoique généralement affez pur, a quelque chofe du génie Afriquain, & de la dureté de Tertullien qu'il appelloit lui-même fon *maître*. Il eft vrai qu'il a poli & embelli fouvent fes penfées, & prefque toujours évité fes défauts. Outre 81 *Lettres*, il nous refte de lui plufieurs traités dont les principaux font : 1°. celui des *Témoignages*, recueil de paffages contre les Juifs. 2°. Le *livre de l'unité de l'églife*, qu'il prouve par des raifons fortes & folides. 3°. Le traité *de lapfis*, le plus bel ouvrage de l'antiquité fur la pénitence. 4°. L'*explication de l'oraifon dominicale*, de tous les écrits de St. *Cyprien*, celui

que St. Auguftin, digne difciple de ce grand maître, eftimoit davantage, & citoit le plus fouvent. 5°. L'*exhortation au Martyre*. 6°. Les *traités de la mortalité, des œuvres de miféricorde, de la patience & de l'envie*, &c. Parmi les différentes éditions de ce pere, on fait cas de celle de Hollande de 1700, qui eft enrichie de quelques differtations de Pearfon & de Dodwel; mais on préfere celle de 1726, *in-folio*, de l'imprimerie royale de Paris, commencée par Baluze, & achevée par D. Prudent Maran, bénédictin de St. Maur, qui l'a ornée d'une préface & d'une vie du faint. Toutes fes œuvres ont été traduites élégamment en françois par Lombert : fa traduction eft en deux volumes *in-4°*. accompagnée de favantes notes, & rangée dans un ordre nouveau fur les mémoires du célebre le Maître. Ponce, diacre, & Dom Gervaife, abbé de la Trape, ont écrit fa vie.

CYRÉNAIQUE, *fecte*, *Morale*. On vit éclorre dans l'école focratique, de la diverfité des matieres dont Socrate entretenoit fes difciples, de fa maniere prefque fceptique de les traiter, & des différens caracteres de fes auditeurs, une multitude furprenante de fyftêmes oppofés, une infinité de fectes contraires qui en fortirent toutes formées; comme on lit dans le poëte, que les héros Grecs étoient fortis tout armés du cheval de Troye, ou plutôt comme la mythologie raconte, que naquirent des dents du ferpent des foldats qui fe mirent en pieces fur le champ même qui les avoit produits. Ariftippe fonda dans la Lybie & répandit dans la Grece & ailleurs, la *fecte cyrénaique*; Euclide, la mégarique; Phedon, l'éliaque; Platon, l'académique; Antifthene, la cynique, &c.

La *fecte cyrénaïque* dont il s'agit ici,

prit fon nom de Cyrene, ville d'Afrique, & la patrie d'Ariftippe, fondateur de la fecte. Ce philofophe ne fut ennemi ni de la richeffe ni de la volupté, ni de la réputation, ni des femmes, ni des hommes, ni des dignités. Il ne fe piqua ni de la pauvreté d'Antifthene, ni de la frugalité de Socrate, ni de l'infenfibilité de Diogene. Il invitoit fes éleves de jouir des agrémens de la fociété & des plaifirs de la vie, & lui-même ne s'y refufoit pas. La commodité de fa morale donna mauvaife opinion de fes mœurs; & la confidération qu'on eut dans le monde pour lui & pour fes fectateurs, excita la jáloufie des autres philofophes: *tanta ne animis cœleftibus*, &c. On mefinterprêta la familiarité dont il en ufoit avec fes jeunes éleves, & l'on répandit fur fa conduite fecrete des foupçons qui feroient plus férieux aujourd'hui qu'ils ne l'étoient alors.

Cette efpece d'intolérance philofophique le fit fortir d'Athenes; il changea plufieurs fois de féjour, mais il conferva par-tout les mêmes principes. Il ne rougit point à Egine de fe montrer entre les adorateurs les plus affidus de Laïs, & il répondoit aux reproches qu'on lui en faifoit, *qu'il pouvoit poffeder Laïs fans ceffer d'être philofophe, pourvû que Laïs ne le poffedât pas*; & comme on fe propofoit de mortifier fon amour propre en lui infinuant que la courtifane fe vendoit à lui & fe donnoit à Diogene, il difoit: *Je l'achete pour m'en fervir, & non pour empêcher qu'un autre ne s'en ferve.* Quoiqu'il en foit de ces petites anecdotes, dont un homme fage fera toujours très-réfervé, foit à nier, foit à garantir la vérité, je ne comprends guere par quel travers d'efprit on permettoit à Socrate le commerce d'Afpa-

fie, & l'on reprochoit à Ariftippe celui de Laïs. Ces femmes étoient toutes deux fameufes par leur beauté, leur efprit, leurs lumieres, & leur galanterie. Il eft vrai que Socrate profeffoit une morale fort auftere, & qu'Ariftippe étoit un philofophe très-voluptueux, mais il n'eft pas moins conftant que les philofophes n'avoient alors aucune répugnance à recevoir les courtifanes dans leurs écoles, & que le peuple ne leur en faifoit aucun crime.

Ariftippe fe montra de lui-même à la cour de Denys, où il réuffit beaucoup mieux que Platon, que Dion y avoit appellé. Perfonne ne fut comme lui fe plier aux tems, aux lieux & aux perfonnes; jamais déplacé, foit qu'il vécût avec éclat fous la pourpre & dans la compagnie des rois, foit qu'il enfeignât obfcurément dans l'ombre & la pouffiere d'une école. Je n'ai garde de blâmer cette philofophie verfatile; j'en trouve même la pratique, quand elle eft accompagnée de dignité, pleine de difficultés & fort au-deffus des talens d'un homme ordinaire. Il me paroît feulement qu'Ariftippe manquoit à Socrate, à Diogene & à Platon, & s'abaiffoit à un rôle indigne de lui, en jettant du ridicule fur ces hommes refpectables, devant des courtifans oififs & corrompus, qui reffentoient une joie maligne à les voir dégradés; parce que cet aviliffement apparent les confoloit un peu de leur petiteffe réelle. N'eft-ce pas en effet une chofe bien humiliante à fe repréfenter, qu'une efpece d'amphithéâtre élevé par le philofophe Ariftippe, où il fe met aux prifes avec les autres philofophes de l'école de Socrate, les donne & fe donne lui-même en fpectacle à un tyran & à fes efclaves?

Il faut avouer cependant qu'on ne

remarque pas dans le refte de fa conduite, ce défaut de jugement avec lequel il laiffoit échapper fi mal-à-propos le mépris bien ou mal fondé qu'il
avoit pour les autres fectes. Sa philofophie prit autant de faces différentes,
que le caractere féroce de Denis ; il
fut , felon les circonftances, ou le méprifer, ou le réprimer, ou le vaincre,
ou lui échapper , employant alternativement ou la prudence ou la fermeté, ou l'efprit ou la liberté, & en impofant toujours au maître & à fes courtifans. Il fit refpecter la vertu , entendre la vérité, & rendre juftice à l'innocence, fans abufer de fa confidération , fans avilir fon caractere, fans
compromettre fa perfonne. Quelque
forme qu'il prît, on lui remarqua toujours l'ongle du lion qui diftinguoit l'é-
leve de Socrate.

Ariftippe cultiva particulierement la
morale, & il comparoit ceux qui s'ar-
rètoient trop long-tems à l'étude des
beaux arts, aux amans de Pénélope,
qui négligeoient la maîtreffe de la maifon pour s'amufer avec fes femmes. Il
entendoit les mathématiques , & il en
faifoit cas. Ce fut lui qui dit à fes
compagnons de voyage , en appercevant quelques figures de géométrie fur
un rivage inconnu où la tempête les
avoit jettés : *Courage mes amis , voici
des pas d'homme.* Il eftima fingulierement la dialectique, fur-tout appliquée
à la philofophie morale.

Il penfoit que nos fenfations ne peuvent jamais être fauffes, qu'il eft poffible d'errer fur la nature de leur caufe,
mais non fur leurs qualités & fur leur
exiftence.

Que ce que nous croyons appercevoir hors de nous, eft peut-être quelque chofe, mais que nous l'ignorons.
Qu'il faut dans le raifonnement rap-

porter tout à la fenfation , & rien à
l'objet , ou à ce que nous prenons
pour tel.

Qu'il n'eft pas démontré que nous
éprouvions tous les mêmes fenfations,
quoique nous convenions tous dans les
termes.

Que par conféquent en difpute rigoureufe , il eft mal de conclure de foi
à un autre, & du *foi* du moment préfent au *foi* d'un moment à venir.

Qu'entre les fenfations, il y en a
d'agréables, de fâcheufes, & d'intermédiaires.

Et que dans le calcul du bonheur &
du malheur , il faut tout rapporter à la
douleur & au plaifir, parce qu'il n'y a
que cela de réel ; & fans avoir aucun
égard à leurs caufes morales , compter
pour du mal les fâcheufes, pour du bien
les agréables, & pour rien les intermédiaires.

Ces principes fervoient de bafe à leur
philofophie. Et voici les inductions
qu'ils en tiroient, rendues à-peu-près
dans la langue de nos géometres modernes.

Tous les inftans où nous ne fentons
rien, font zéro pour le bonheur & pour
le malheur.

Nous n'avons de fenfations à faire
entrer en compte dans l'évaluation de
notre bonheur & de notre malheur, que
le plaifir & la peine.

Une peine ne diffère d'une peine, &
un plaifir ne diffère d'un plaifir, que par
la durée & par le degré.

Le *momentum* de la douleur & de la
peine, eft le produit inftantané, μονό-
χρονον, de la durée par le degré.

Ce font les fommes des *momentum* de
peine & de plaifir paffés , qui donnent
le rapport du malheur au bonheur de la
vie.

Les *cyrénaïques* prétendoient que le

corps fournissoit plus que l'esprit dans la somme des *momentum* de plaisir.

Que l'insensé n'étoit pas toujours mécontent de son existence, ni le sage toujours content de la sienne.

Que l'art du bonheur consistoit à évaluer ce qu'une peine qu'on accepte doit rendre de plaisir.

Qu'il n'y avoit rien qui fût en soi peine ou plaisir.

Que la vertu n'étoit à souhaiter qu'autant qu'elle étoit ou un plaisir présent, ou une peine qui devoit rapporter plus de plaisir.

Que le méchant étoit un mauvais négociant, qu'il étoit moins à-propos de punir que d'instruire de ses intérêts.

Qu'il n'y avoit rien en soi de juste & d'injuste, d'honnête & de deshonnête.

Que de même que la sensation ne s'appelloit *peine* ou *plaisir* qu'autant qu'elle nous attachoit à l'existence, ou nous en détachoit; une action n'étoit juste ou injuste, honnête ou deshonnête, qu'autant qu'elle étoit permise ou défendue par la coutume ou par la loi.

Que le sage fait tout pour lui-même, parce qu'il est l'homme qu'il estime le plus; & que quelque heureux qu'il soit, il ne peut se dissimuler qu'il mérite de l'être encore davantage.

C Z

CZAR, s. m., *Droit public*, nom ou titre d'honneur que prend le grand duc de Moscovie, ou comme on l'appelle aujourd'hui, l'empereur de Russie. *v.* EMPEREUR.

Les naturels du pays prononcent *schar*; & selon Becman ce nom est corrompu de *César* ou *empereur*; car quelques *czars* ont prétendu descendre des empereurs Romains, & l'Empire de Russie porte un aigle dans ses armoiries comme un symbole de son empire; il est à deux têtes comme celui de l'empire romain.

D'autres prétendent que le nom de *schar* veut dire seulement *seigneur*.

Le premier qui a pris le titre de *czar* a été Basile, fils de Jean Basilide, qui secoua le joug des Tartares vers l'an 1470, & jetta les premiers fondemens de la puissance où cet empire est aujourd'hui parvenu.

Sperlingius prétend que ces princes n'ont porté le nom de *czar*, que depuis que les Russes ont embrassé la religion des Grecs; il prétend qu'auparavant ils s'appelloient *kong*, roi.

Quand le *czar* Pierre I. exigea de la cour de Vienne qu'on le qualifiât du titre d'*empereur*, cela forma beaucoup de difficulté à la cour impériale; mais le *czar* Pierre fit présenter par son ambassadeur une lettre originale que Maximilien I. avoit écrite au *czar* Jean Basilowitz. Le comte Sinzendorff, grand chancelier de la cour de Vienne, fit chercher dans les archives de la maison d'Autriche l'original de cette lettre. On ne la trouva point; mais l'écriture du secrétaire & la signature de Maximilien ayant été reconnues & bien vérifiées, on ne fit pas difficulté d'accorder à Pierre I. & à ses successeurs le titre d'*empereur*, dont ils jouissent encore à-présent, de la part de toutes les puissances de l'Europe & de la Porte même.

D'AGUESSEAU, *Henri - François*, *Hist. Litt.*, naquit à Limoges en 1668. d'une ancienne famille de Saintonge. Son pere fut son premier maître. Au milieu des occupations que lui donnoient les places d'intendant qu'il avoit occupées successivement dans le Limosin, dans la Guyenne & dans le Languedoc, il trouvoit des momens pour instruire son fils. Le jeune *D'Aguesseau* paroissoit né avec des talens. Il lut les poëtes Grecs & Latins avec une avidité qu'il appelloit *la passion de sa jeunesse*. Sa mémoire les lui rendit si présens, dans tout le cours de sa vie, qu'à l'âge d'environ 80 ans, un homme de lettres ayant cité peu exactement, une épigramme de *Martial*, il lui en rappella les propres termes, en lui avouant qu'il n'avoit pas ouvert cet auteur depuis l'âge de douze ans. La société de Racine & de Boileau avoit des charmes infinis pour lui. Il cultivoit comme eux la poésie, en avoit le talent, & le conserva jusqu'à ses derniers jours. Reçu avocat-général du parlement de Paris en 1691, il y parut avec tant d'éclat, que le célebre Denys Talon, alors président à Mortier, dit qu'il voudroit finir comme ce jeune homme commençoit. Après avoir exercé dix ans cette charge avec autant de zele que de lumiere, il fut nommé procureur-général en 1700 âgé de 32 ans. C'est alors qu'il déploya tout ce qu'il étoit. Il fit valoir dans les affaires du domaine d'anciens titres ensevelis dans la poussiere. Il régla les jurisdictions qui étoient du ressort du parlement, entretint la discipline dans les tribunaux, traita l'instruction criminelle d'une maniere supérieure, fit plusieurs réglemens autorisés par des arrêts, & fut chargé de la rédaction de plusieurs loix, par le chancelier de Pontchartrain, qui lui prédit qu'il le remplaceroit un jour. L'administration des hôpitaux fit l'objet le plus cher de ses soins. On lui conseilloit un jour de prendre du repos: *Puis-je me reposer*, répondit-il généreusement, *tandis que je sais qu'il y a des hommes qui souffrent*. La France n'oubliera jamais le fameux hyver de 1709; *D'Aguesseau* fut un de ceux qui contribuerent à la sauver des extrêmités de la famine. Il avoit prévu le premier cette calamité sur des observations qu'il fit à sa campagne, il en avoit indiqué le remede, en conseillant de faire venir des bleds avant que le mal eût produit une allarme générale. Il parut à la cour pour solliciter des secours. Il fit renouveller des loix utiles, réveilla le zele de tous les magistrats; il étendit sa vue dans toutes les provinces. Sa vigilance & ses recherches découvrirent tous les amas de bled qu'avoit fait l'avarice, pour s'enrichir du malheur public. Consolateur des peuples, il savoit résister au souverain dans ce qu'il pensoit être contraire aux droits de la nation & aux libertés de l'église gallicane. Il poussa les conséquences de ces libertés jusqu'à refuser constamment à Louis XIV. & au chancelier Voisin, de donner ses conclusions pour une déclaration en faveur de la bulle *Unigenitus*. Après la mort de Louis XIV. le chancelier Voisin n'ayant survécu à ce prince que de deux ans, le régent jetta les yeux sur *D'Aguesseau*. Il le mande au palais royal, & en le voyant il lui donne le nom de *chancelier*. *D'Aguesseau* s'en défend,

fait

fait des repréſentations au prince , al-
lègue ſon incapacité pour une ſi grande
place. Le duc d'Orléans pour la premiere fois refuſa de le croire, & *D'Agueſſeau*
ſe vit enfin obligé de conſentir à ſon élévation. On félicita la France , on bénit
le prince. Semblable au chancelier de
l'Hôpital par ſes talens & par ſes travaux, il ſe vit comme lui expoſé à des
orages. Au commencement de la régence , lorſqu'il n'étoit encore que procureur-général, il fut appellé à un conſeil
où le ſyſtème de Law fut propoſé. Il fut
d'avis qu'on le rejettât, & ce projet dont
il montra les dangers & les avantages,
fut en effet rejetté pour lors. Depuis,
les choſes changerent. L'intérêt ſoutenu
par l'intrigue l'emporta ſur la prudence.
On vint à bout de ſéduire le prince,
mais on déſeſpéra de fléchir la réſiſtance
de *D'Agueſſeau* qui étoit alors chancelier. Le régent lui demanda les ſceaux
en 1718, & lui ordonna de ſe retirer à
ſa terre de Freſnes. En 1720 il reçut un
ordre d'en revenir, ſans l'avoir demandé, & les ſceaux lui furent rendus. Law
alla lui-même le chercher. Le gouvernement avoit alors perdu toute confiance.
On chercha à la rétablir, en rappellant
un miniſtre qui étoit l'idôle de Paris &
des provinces. Les ſceaux lui furent ôtés
pour la ſeconde fois en 1722 , & il retourna à Freſnes. Il en fut rappellé au
mois d'Août 1727 par les ſoins du cardinal de Fleuri , mais les ſceaux ne lui
furent remis qu'en 1737. On les avoit
donnés à Chauvelin. Le parlement lui
fit une députation avant d'enrégiſtrer
les lettres du nouveau garde des ſceaux.
D'Agueſſeau répondit, qu'il vouloit donner l'exemple de la ſoumiſſion. Ces ſentimens étoient dignes d'un homme qui
n'avoit jamais demandé ni déſiré aucune charge. Les honneurs étoient venus
le chercher. Au commencement de la
Tome IV.

régence, il refuſa de faire des démarches
pour ſon élévation, quoiqu'il fût preſque aſſuré du ſuccès. *A Dieu ne plaiſe,*
dit-il , *que j'occupe jamais la place d'un
homme vivant !* Paroles ſimples , mais
qui ont tout le ſublime d'un ſentiment
vertueux. Lorſqu'il eut été élevé aux
premieres charges, il n'aſpira qu'à être
utile ſans jamais penſer à s'enrichir ;
il ne laiſſa d'autres fruits de ſes épargnes que ſa bibliotheque , encore n'y
mettoit-il qu'une certaine ſomme par
an. Pendant ſes deux ſéjours à Freſnes,
tems qu'il appelloit *les beaux jours de
ſa vie* , il ſe partagea entre les livres
ſacrés , le plan de légiſlation qu'il avoit
conçu, & l'inſtruction de ſes enfans. Les
mathématiques, les belles-lettres & l'a-
griculture formoient ſes délaſſemens. Le
chancelier de France ſe plaiſoit quelquefois à bécher la terre. Ce fut dans ce tems
qu'il fit ſur la légiſlation des réflexions
utiles qui produiſirent un grand nombre de loix, depuis 1729, juſqu'en 1749.
Son deſſein étoit d'établir une entiere
conformité dans l'exécution des anciennes loix, ſans en changer le fond ,
& d'y ajouter ce qui pouvoit manquer à
leur perfection. Il travailla ſucceſſivement à celles qui avoient rapport aux
trois objets principaux de la juriſprudence, les queſtions de droit, la forme
de l'inſtruction judiciaire , & l'ordre
des tribunaux. Il avoit remonté aux
principes du droit naturel, du droit des
gens, du droit public. Il s'étoit inſtruit des loix de toutes les nations &
de tous les tems. Il n'étoit étranger
dans aucun pays, ni dans aucun ſiecle.
Il ſavoit la langue françoiſe par principes , le latin , le grec , l'hébreu , l'a-
rabe, les langues orientales , l'italien,
l'eſpagnol , l'anglois & le portugais.
L'étude de tant de langues qui auroit
rempli la vie entiere de pluſieurs ſavans,

X

n'étoit pour *D'Aguesseau* qu'un amusement, comme il le disoit lui - même. Son principe étoit que le changement d'occupation est seul un délassement. Ainsi, tous les travaux de l'homme de lettres ne faisoient aucun tort au travail de ministre. Il entroit dans la discussion la plus détaillée des affaires de quelques particuliers , par compassion pour des malheureux, à qui il faisoit fournir des secours dont ils ignoroient l'auteur. Les magistrats le regardoient comme leur lumiere & leur modele. Il n'étoit pas moins honoré des savans, même étrangers. L'Angleterre le consulta sur la réformation de son calendrier. La réponse du chancelier de France , pleine de réflexions utiles , détermina cette nation philosophe à un changement qu'elle n'auroit pas dû tant tarder de faire. *D'Aguesseau* reçut des marques non moins distinguées de la confiance du roi, lorsque sa majesté alla se mettre à la tête de son armée. Elle le chargea d'assembler chez lui toutes les semaines les membres des conseils des finances & des dépêches. Il rendoit compte des objets discutés , par une lettre sur laquelle le roi écrivoit sa décision. La sobriété & l'égalité d'ame lui conserverent jusqu'à l'âge de 81 ans une santé vigoureuse; mais dans le cours de l'année 1750, des infirmités douloureuses l'avertirent de quitter la place. Il s'en démit, se retira avec les honneurs de la dignité de chancelier, & mourut peu de tems après le 9 Février 1751. On travaille à donner au public un recueil des ouvrages de cet illustre magistrat. Si l'on en juge par les six premiers volumes de l'édition de Paris & les vingt-quatre de l'édition d'Yverdon, on ne peut qu'avoir une grande idée de cette collection. On disoit de lui , qu'il pensoit en philosophe & parloit en orateur. Ses principes d'éloquence étoient de réunir la force de la dialectique à l'ordre de la géométrie , en y ajoutant les richesses de l'érudition, les charmes de l'art de la persuasion , & même les graces & l'harmonie de la poésie. Il étoit pour lui - même le censeur le plus rigide , & l'idée qu'il s'étoit formée du beau étoit si parfaite, qu'il ne croyoit jamais en avoir approché; c'est pourquoi il corrigeoit sans cesse. Un jour il consulta son pere sur un discours qu'il avoit extrêmement travaillé , & qu'il vouloit retoucher encore. Son pere lui répondit avec autant de finesse que de goût : *Le défaut de votre discours est d'être trop beau , il le seroit moins si vous le retouchiez encore.* *D'Aguesseau* avoit épousé en 1694 Anne le Febvre d'Ormesson , femme digne de son époux & du nom qu'elle portoit. C'est à son sujet que Coulanges , esprit aimable & facile de ce tems - là , avoit dit qu'on avoit vu pour la première fois , les graces & la vertu s'allier ensemble. Elle mourut à Auteuil le premier Décembre 1735 , laissant six enfans. La douleur de *D'Aguesseau* égala sa tendresse pour elle. Cependant à peine avoit - il essuyé ses larmes , qu'il se livra aux fonctions de sa place. On craignoit que le poids des affaires , joint à celui de l'affliction, ne l'accablât. *Je me dois au public,* disoit - il , *& il n'est pas juste qu'il souffre de mes malheurs domestiques.* Cet article n'est qu'un extrait des différens éloges du grand chancelier de France, & sur-tout de celui de M. Thomas, couronné par l'académie françoise en 1760, & si digne de l'être. C'étoit à Tacite qu'il appartenoit de faire l'éloge d'Agricola.

DANEMARCK , *Droit public,* contrée de l'Europe à titre de royaume, composée d'isles & de terre ferme.

La nobleſſe jouit en général des droits ſuivans : ſavoir, du droit de chaſſe & de pêche, de patronage, en vertu duquel elle nomme les curés & perçoit les revenus eccléſiaſtiques ; celui de faire des fidéi - commis ; celui de *Varech*, ou de trouvaille, dans le cas où le véritable propriétaire de la choſe perdue ne ſe préſente pas dans un an & jour. Les gentils - hommes, lorſqu'il s'agit de leur honneur ou de leur vie, doivent être cités au tribunal ſuprème du roi, & lorſqu'il eſt queſtion de les exécuter pour raiſon de dettes, le juge provincial en connoît. Toutes les perſonnes qui ont quelque rang, jouiſſent d'une nobleſſe perſonnelle. Les bourgeois de Coppenhague ont obtenu en 1658 & 1661, tous les privileges dont jouiſſent les nobles. Le roi Chriſtian V. introduiſit le premier la qualité de comte & de baron féodal. Les nobles de cette claſſe ; outre les privileges dont nous venons de parler, jouiſſent encore des droits ſuivans : ſavoir, ils peuvent établir des majorats dans leur famille ; leurs teſtamens pour être valables, n'ont pas beſoin de la confirmation du roi ; ils ont le droit de patronage ſur tous les bénéfices, & perçoivent au moins la dixieme partie des biens décimables. La même choſe doit être dite par rapport au droit de chaſſe. Le principal manoir du baron, dont dépendent 100 arpens de terres, ou ce qui revient au même, dont l'étendue eſt de 100 tonnes de grain dur ; & celui du comte dont la dépendance eſt de 300 arpens, ſont exempts de toute contribution, hormis ce qu'on appelle *taille des princeſſes*. Les baronies & les comtés ne peuvent être hypothéquées pour dettes, & leur poſſeſſeur actuel ne ſauroit les aliéner ſans le conſentement de l'héritier préſomptif, & ſans la permiſſion du roi.

La confiſcation n'a lieu à l'égard de ces terres que pour crime de leze - majeſté ; & en ce cas elles retombent à la plus prochaine ligne. Les comtes en particulier ont la propriété des mines & des tréſors trouvés dans leurs terres ; ils jouiſſent du droit de juriſdiction ſur leurs domeſtiques, & lorſqu'ils bâtiſſent des maiſons à Coppenhague, ils ſont exempts des rentes foncieres, du logement de gens de guerre, & de différens autres impôts : ces maiſons paſſent à l'aîné auſſi bien que la comté. La chancellerie donne aux comtes le titre de *très - illuſtres, hochund wohlgebohrn*, & aux barons celui d'*illuſtres, wohlgebohrn*, & lorſque les comtes ſont compris dans la premiere claſſe du reglement concernant les rangs, on les appelle *excellence* ou *hochgraefliche excellenz*.

Avant le regne d'Ivan Vidfadm, & de ſon neveu Harald III. autrement *Hildetand*, le Danemarck étoit gouverné par pluſieurs petits rois. L'un d'eux nommé *Skiold*, acquit une ſi grande conſidération, que pendant long-tems les rois de *Danemarck* étoient nommés *Skioldungiens*, c'eſt - à - dire, deſcendans de Skiold. Harald dont nous venons de parler vécut au VIIᵉ ſiecle : il réunit ſous ſa puiſſance toutes les provinces de *Danemarck* & ſe rendit également maître de la Suede, du pays des Saxons, de la Ruſſie, & d'une partie de l'Angleterre. Gothric ou Godefried, qui fut en guerre avec Charlemagne, n'étoit que roi de Jutland. Swen Tyſveskeg ou Tyggeskaeg, qui regna au XIᵉ ſiecle, gouverna en même tems le *Danemarck* & l'Angleterre. Son fils Canut le grand fut comme lui, maître de ces deux royaumes. Parmi les ſucceſſeurs de Sven il faut principalement remarquer Waldemar I. qui regna au

XIIe siecle , & prit le titre de roi des Vandales. Son neveu Waldemar II. eut une postérité malheureuse. Sous Waldemar III. au XIVe siecle , le *Danemarck* commença à rétablir ses forces. Vers la fin du même siecle , Marguerite, sa fille , y joignit la Norwege , par son mariage avec Hacquin , & la Suede, par le sort des armes : cette princesse réunit ces trois royaumes du Nord par le *Traité d'union* fait à Calmar l'an 1397. Mais ses héritiers ne jouirent pas long-tems des avantages que ce traité leur donnoit : car Eric de Pomeranie fut chassé du trône , & le roi Christophle de Baviere mourut en 1448 sans laisser de postérité. Son successeur fut Christian, comte d'Oldenbourg, qui monta sur le trône en 1449 , & que les Etats des duchés de Sleswich & de Holstein choisirent pour leur souverain en l'année 1460. Son fils & successeur Jean partagea pour la premiere fois ces deux duchés ; Christian II. perdit le trône & la liberté, & le royaume de Suede secoua le joug des Danois. Frédéric I. son oncle, élu à sa place , commença à introduire la réformation dans ses Etats , & Christian III. la conduisit à sa fin : ce prince incorpora en 1537 la Norwege au royaume de *Danemarck*, & partagea pour la seconde fois les duchés de Holstein & de Slefwich. Frédéric II. en 1559, affisté du duc de Holstein, soumit les habitans de Ditmarse, affura la puiffance de sa maison & de son royaume par les traités de Roschild & de Stettin, & obtint de l'empereur Maximilien II. l'expectative des comtés d'Oldenbourg & Delmenhorst. Son fils , Christian IV. le vaillant, étendit à la vérité son domaine aux Indes orientales , mais la guerre de 30 ans lui fut défavantageuse ; & quoique l'accroiffement du pouvoir de la nobleffe donnât à son fils Frédéric III. le deffous

dans la guerre qu'il fit aux Suédois , cependant en 1660 son royaume fut déclaré héréditaire & son pouvoir illimité. Christian V. obtint par transaction les comtés d'Oldenbourg & Delmenhorst : ce prince, auffi bien que son fils Frédéric IV. eurent beaucoup de démêlés avec la maison ducale de Holstein , & des guerres à soutenir contre la Suede, dont le résultat fut la réincorporation du duché de Sleswich à la couronne de *Danemarck* ; Christian VI. donna la paix à ses Etats. Son successeur Frédéric V. la maintint jusqu'à sa mort. Les rois de *Danemarck* de la maison d'Oldenbourg s'appellent alternativement *Christian* & *Frédéric*.

Le titre en plein du roi de *Danemark* est : *par la grace de Dieu roi de Danemarck & de Norwege ; des Vandales & des Goths , duc de Sleswich , de Holstein, de Stormarn , & de Ditmarsen , comte d'Oldenbourg & Delmenhorst*. Les armes de *Danemarck* sont écartelées par le moyen de la croix de l'ordre de Danebrog : le premier d'or semé de cœurs de gueules , à trois lions d'azur , qui est de *Danemarck* : le second, de gueules , au lion couronné d'or tenant une hache d'armes , pour la Norwege : le troisieme, est coupé d'azur , à trois couronnes représentant les Etats du Nord , & d'or aux deux lions de Slefwich , le quatrieme coupé , au lion léopardé des Cimbres & des Goths sur neuf cœurs de gueules rangés en face 3,3,3, & de gueule au dragon couronné d'or, des Vandales. Sur le tout de gueules à une feuille d'ortie chargée de trois cloux ; au cigne de Stormarn ; & au cavalier de Ditmarse. Sur le tout du tout est d'or aux deux fafces de gueules pour Oldenbourg , de gueules à la croix de Delmenhorst. L'écu est foutenu par deux sauvages tenant chacun une grande maffue à la main.

Les historiens disputent sur la question de savoir, si anciennement le royaume de *Danemarck* étoit électif ou héréditaire. En soutenant la première de ces deux opinions, on est obligé de convenir que les Etats choisissoient ordinairement leur souverain dans la maison royale, quoiqu'à la vérité ils se soient quelquefois écartés de cet usage. Ce sont également les Etats qui ont élu les rois de la branche d'Oldenbourg jusqu'à Frédéric III. sous lequel la couronne devint héréditaire pour tous ses successeurs mâles & femelles, & le pouvoir royal illimité par la libre soumission des Danois. Ces deux points renversoient nécessairement les anciennes constitutions fondamentales de l'Etat: elles furent remplacées par un écrit, que Frédéric III. signa le 14 Novembre 1665, & que Frédéric IV. publia le 4 Septembre 1709. Cet écrit fut nommé *loi royale*, *lex regia*, parce que Frédéric III. le proposa à tous ses successeurs comme une regle, suivant laquelle ils devoient dorénavant gouverner, & dont il ne devoit point leur être permis de s'écarter: ce prince, comme premier acquéreur, pouvoit imposer ces devoirs aux rois ses successeurs. Cette loi avoit été rédigée par l'infortuné chancelier comte de Greiffenfeld, nommé originairement *Pierre Schumacher*. La succession au trône y est si exactement & si clairement déterminée que l'on peut à juste titre la regarder comme la plus parfaite de toutes les loix qui contiennent des réglemens de cette nature.

Le conseil privé d'Etat, érigé en 1676 est le premier de tous les colleges du royaume; il est composé de quatre membres & présidé par le roi lui-même. On y délibere & décide des plus importantes affaires d'Etat. Celles qui doivent y être proposées passent par la chancellerie danoise & par la chancellerie allemande.

La chancellerie danoise a été reglée en 1660 sur le pied où elle l'est aujourd'hui. Les membres qui la composent, sont, un premier secrétaire, ou maître des requêtes, plusieurs secrétaires ordinaires, parmi lesquels est le secrétaire de fiefs, deux directeurs, plusieurs chancellistes & régistrateurs. Par cette chancellerie passent toutes les requêtes présentées pour obtenir des offices de judicature en *Danemarch* & en Norwege, ainsi que des emplois tant ecclésiastiques que civils, &c. Les membres du college de chancellerie sont, le premier secrétaire, les autres secrétaires ordinaires & quelques assesseurs.

La chancellerie allemande, créée en 1688, est composée d'un premier secrétaire, d'un directeur, de plusieurs secrétaires & chancellistes, d'un secrétaire des archives, & d'un copiste secret. Toutes les affaires qui concernent les duchés de Sleswich & de Holstein, & les comtés d'Oldenbourg & de Delmenhorst, sont expédiées dans cette chancellerie; telles sont la nomination aux emplois ecclésiastiques & civils, qui n'ont aucun rapport avec les revenus du roi, avec la partie militaire, ni avec la marine, les dispenses, l'homologation des testamens, la réhabilitation, la confirmation où l'adoucissement des jugemens portant peine de mort, &c. Elle a en outre la correspondance des affaires étrangères, & elle expédie tous les traités conclus avec d'autres puissances. Les membres de la session hebdomadaire sont le premier secrétaire, quelques secrétaires & quelques assesseurs.

Les autres colleges supérieurs sont: le conseil suprême de guerre, créé par le roi Christian VII. en 1766. à la place du directoire général de guerre, établi par feu son pere Fréderic V. Ce conseil est composé d'un président, de deux vice-présidens & de six députés.

La chancellerie de marine, d'Etat & de guerre, est composée d'un premier sécretaire & d'un directeur : les objets qui la concernent, sont : les avancemens, les ordonnances, touchant la marine & les ports de mer. Quant à la partie économique en particulier, elle est administrée par le commissariat général d'Etat & de marine, lequel avoit été réuni en 1746 avec le college de l'amirauté, & en fut de nouveau séparé en 1766. Ce dernier, établi en 1660 doit être regardé comme college, en tant qu'il a le commandement de la flotte & de tout ce qui en dépend ; & comme tribunal supérieur, en tant qu'il connoît en dernier ressort des jugemens rendus à la sous-amirauté. La sous-amirauté juge de tous différends tant au civil qu'au criminel, arrivés entre personnes subalternes attachées à la marine. Au tribunal supérieur de l'amirauté siegent tous les membres du college de l'amirauté, ainsi que quelques autres juges employés dans les affaires civiles. Le commissariat d'Etat & de marine regle tout ce qui a rapport à la construction des vaisseaux & à l'entretien de la flotte.

La chambre royale des finances ou de recette, & le conseil des finances, ont été établis par Frédéric IV. après qu'il eut supprimé les receveurs des finances, & le conseil du trésor, lequel n'étoit composé que d'un trésorier & d'un sous-trésorier ; les fonctions de grand-trésorier sont remplies par trois députés des finances, auxquels on adjoint quelques membres du conseil. Ces députés reglent avec les adjoints toutes les affaires qui concernent les finances,

mais ils ont seuls le maniement des deniers, ils reglent les dépenses suivant l'état de la caisse & signent toutes les assignations. Les adjoints sont chargés de tous les objets qui concernent les contributions, soit en argent, soit en grains, les fermes, en un mot de tout ce qui a rapport à l'amélioration des revenus du roi. Ils signent aussi toutes les remontrances que la chambre fait au roi, &c. La chambre a deux chancelleries, la Danoise & celle du Nord, & l'Allemande : la première a un sécretaire & deux député, la seconde un sécretaire & un député. Le contoir du tribunal de la chambre est pourvu d'un sécretaire de justice & d'un député, qui sont chargés de toutes les affaires contentieuses de la chambre. La correspondance du conseil des finances est expédiée par dix-huit commis, qui sont en même tems chargés de la révision des comptes des collécteurs : tous les Etats du roi sont, par rapport à cette opération divisés en plusieurs contoirs ou départemens, savoir, sept pour le *Danemarck*, cinq pour la Norwege, six pour les pays situés en Allemagne : chaque département a un député.

La chambre chargée de l'administration des péages & des revenus de Guinée & de l'Amérique, a été établie en 1760 Elle dirige au nom du roi tout ce qui a rapport aux isles de Ste Croix, de St. Thomas, de St. Jean, & du fort de Christiansbourg en Guinée, & veille à la conservation des droits qui appartiennent au roi dans ces isles, y compris les plantations & la rafinerie de sucre établie à Copenhague ; elle a également sous sa direction le produit des péages, de l'impôt sur la consommation, & des droits d'entrée & de sortie ; elle reçoit les comptes relatifs à ces objets, foit pour la partie de Copenhague, pour les péages du Sund, pour celui que l'on acquitte à Nyeborg & à Friedericia, pour ceux qui font mis fur les chevaux & les bœufs, foit enfin, pour tous les péages en général établis dans le *Danemarck*, la Norwege & les provinces d'Allemagne appartenantes à fa majefté Danoife. De plus elle foigne toutes les repréfentations, reglemens, refcripts, réfolutions, mandemens de recette & de dépenfe, contracts, livres de recette & de contrôle pour les péages, quittances, nominations aux emplois de toute efpece, laquelle dépendoit ci devant de la chambre des finances, les paffeports néceffaires pour aller aux colonies fufmentionnées, les défenfes ou la permiffion d'exporter ou introduire de certaines marchandifes, les arrangemens à prendre relativement aux colonies & aux péages. Cette chambre eft compofée de deux députés, de trois adjoints & d'un procureur.

Les membres du confeil général d'économie & de commerce établi le 30 Decembre 1735, font des députés & des commis ou adjoints tirés du département de l'économie & du commerce, outre deux fecretariats dont l'un eft Danois, & l'autre Allemand. Ce confeil veille à tout ce qui a rapport à la profpérité du commerce, & de la navigation, des manufactures & fabriques, des pêcheries & de l'agriculture. Suivant une ordonnance du roi de 1753, chaque député a l'infpection d'un objet en particulier, mais par rapport auquel les délibérations fe font dans l'affemblée générale.

Le confeil chargé de l'infpection générale des églifes, a été érigé en 1737 par le roi Chriftian VI. Il eft compofé de fix membres, trois civils & trois eccléfiaftiques, qui tous font appellés *inf-*

pecteurs généraux. Le dernier parmi les civils eft en même tems fecretaire du confeil, & a deux fous-fecretaires & quelques chancelliftes. Ce confeil a l'infpection & la direction des églifes de *Danemarck* & de Norwege, des eccléfiaftiques, des univerfités, des écoles, & de tout ce qui a rapport à la cenfure des ouvrages théologiques & autres, concernant la religion. Ce confeil a le roi pour chef immédiat.

Enfin vient la direction générale des poftes. Elle eft chargée de tout ce qui concerne les poftes dans tous les États dépendans de la domination Danoife, examine les comptes des maîtres de pofte, & veille en général fur leur conduite; elle a fes directeurs & la chambre de recette & de revifion: les repréfentations qu'elle a à faire au roi doivent paffer par les chancelleries.

Chaque diocefe a fon adminiftrateur appellé *bailli diocefain* (*Stiffts - Amtmann, ou ftifts-befalningsman*). Il a fous fon infpection les villes dépendantes du diocefe, & connoit, avec quelques affeffeurs, de toutes affaires matrimoniales; l'appel de fes jugemens eft porté au confeil fuprême: hors delà il n'a aucune jurifdiction. Les fimples baillis ont l'infpection des bourgs & villages, prennent les payfans fous leur protection & reglent les fucceffions des fujets *poffeffionés*; ils font chargés auffi bien que les premiers de veiller aux intérets du roi, à l'exécution de fes ordres, & de faire, en cas de befoin, leur rapport à la cour. Chaque baillage a en outre un collecteur, lequel dépend immédiatement de la chambre des finances de Copenhague: on l'appelle *Amtsverwalter* ou *Amtsfchreiber.* Il n'a aucune part aux affaires contentieufes. L'adminiftration civile des grandes villes eft confiée aux bourguemaîtres & au confeil de ville,

communément nommé *magistrat*, celle
des villes moindres & des bourgs à des
prévôts royaux, *Byevôgten.* Plusieurs
villes ont outre cela un président royal,
& leur jurisdiction est aussi étendue que
celle du jugement provincial, de maniere que l'appel de leurs sentences,
sans passer par ce tribunal, va droit au
conseil suprème de Copenhague. On ne
connoît en *Danemarch* aucune loi étrangere; le seul Code-Chrétian, *Codex
Christianeus*, *Dänische Lowbuch*, y est
reçu; ce corps de loix a été publié par
Christian V. en l'année 1683, & il y a
déja du tems que l'on y a fait des corrections.

Outre les sieges municipaux & les
Birketingen, c'est-à-dire tribunaux que
les barons & les comtes féodaux ont
dans leurs terres, il y en a encore en
Danemarch de trois autres espéces; savoir, ceux qu'ils appellent *Tinggerich-
te*, ou sieges inférieurs; les sieges provinciaux, *Landgerichte*, & le tribunal ou conseil suprème. Les premiers
rendent la justice en premiere instance,
soit dans la ville, soit dans la campagne,
où chaque *Herred* ou district de 40 à
50 villages ou prévôtés, *nomarchia,
præpositura*, *provincia minor*, a son
prévôt de district, *Herritsvoigt*, pour
juge; à ces jugemens tant civils que
criminels assistent 8 paysans en qualité
de témoins, *Stockemænner*; le prévôt
siege une fois par semaine. L'appel de
ses sentences est porté au siege provincial, *Landtinge*, lequel est composé
de deux juges provinciaux, *Landdom-
mers*, & d'un auditeur ou greffier, *Land-
tingshörer*, & tient séance une fois par
mois. Il y a un siege provincial à King-
stedt pour l'isle de Seeland; à Odensée
pour celles de Fionie & de Langeland,
à Wiborg pour le Jutland, & à Marie-
boe pour les isles de Laaland & de Falst-

ter. Enfin vient le tribunal ou conseil
suprème qui connoît en dernier ressort
de toutes les affaires jugées aux sieges
& justices inférieures. Ce tribunal qui
a son lieu d'assemblée au château du roi,
siege pendant la plus grande partie de
l'année; & au mois de Mars de chaque
année le roi lui-même fait l'ouverture
de ses séances. Nous parlerons plus bas
de ces mêmes objets relativement au
duché de SLESWICH.

Les revenus du roi proviennent, 1°.
des biens domaniaux, qui ont été donnés à la couronne pour l'entretien de la
cavallerie, ou bien qu'elle possede de toute ancienneté, ou enfin qu'elle a acquis
à diverses occasions. Ces biens sont ad-
ministrés par des receveurs distribués par
districts, appellés *reuterdistricten*, dont
il y en a 11; savoir celui de Copenhague, de Friderichsbourg, de Cron-
bourg, d'Antwortskow; de Wording-
borg, de Nyekiobing, & celui de Stul-
bekiöbing, deux dans l'isle de Falster,
celui de l'isle de Fionie, de Kolding-
hums, de Dronningborg, & celui de
Skanderborg.

2°. Des droits régaliens; parmi lesquels les péages sont les plus considérables: celui que l'on paye en passant
de la mer du nord dans la mer Baltique, ainsi que pour le retour, est acquitté dans les trois détroits, de Hel-
singoer, de Nyborg & de Fridericia:
mais celui du Sund est le plus important des trois. En comptant l'allée &
le retour, il a passé par ce détroit, depuis quelques années annuellement entre 5 & 6000 vaisseaux. Généralement
parlant toutes les nations acquittent le
même droit; la ville de Hambourg seule
paye plus que tous les autres. Les vaisseaux des Anglois, des Hollandois, des
Suédois & des François, ne sont point
visités lorsque leurs passeports sont en
bonne

bonne & dûe forme, & ils ne payent qu'un pour cent des marchandifes qui ne font pas comprifes dans le tarif : toutes les autres nations payent 1¼ pour cent & font fujettes à la vifite, & lorfqu'elles ne font point pourvues de certains do-cumens, elles payent en outre un ro-fenobel, & même dans quelques cas deux. A l'égard des villes anféatiques, fituées le long de la mer Baltique, il y a une très-grande variété par rap-port aux menus droits, qu'elles acquit-tent. Quelques-uns difent que dans le réglement tous les vaiffeaux doivent payer quatre pour cent, & qu'en pre-nant un nombre mitoyen, chaque vaif-feau paye cent écus. Le péage acquitté des marchandifes étrangeres introdui-tes en *Danemarck* eft eftimé, un vaif-feau portant l'autre, jufqu'à dix pour cent; celui qu'on paye pour les bœufs conduits hors du royaume eft de deux écus, & de quatre pour un cheval. Les péages de Norwege font auffi d'un grand produit, celui de Bergen feul devant rapporter annuellement 100,000 écus. De tous les autres régaliens le droit de mines eft celui qui rapporte le plus. Le produit des poftes eft deftiné à l'ac-quittement des penfions, & à l'entre-tien des miffions étrangeres.

Des contributions des fujets. Telles font, 1°. les fommes qu'ils acquittent de leurs biens fonds, lefquels font taxés par tonneau de gros grain; on entend fous cette dénomination une étendue de terrein pour l'enfemencement du-quel il faut un tonneau de feigle, un tonneau d'orge & 2 tonneaux d'avoine. Le tonneau contient 8 boiffeaux. Cha-que tonneau de grain paye annuellement 16 marcs danois pour la matri-cule, la cavalerie, pour l'impôt fur les grains, fur les bœufs, & fur les porcs : cette contribution ne varie point. Pour
Tome IV.

en faciliter la levée on a arpenté tout le royaume de *Danemarck* en 1631, 1682 & en 1683. En Norwege on eft dans l'ufage d'impofer les payfans qui tiennent des terres à ferme, & ceux qui font poffeffionnés; on met également une taxe fur la confommation. 2°. La capi-tation : elle eft payée par les habitans de la campagne qui ne cultivent pas de terres, ou qui poffédent des biens privilégiés. 3°. L'accife & la taxe mife fur la confommation dans les vil-les. 4°. L'impôt mis fur les hommes qui fe marient : les feuls payfans, matelots & foldats en font exempts. 5°. Les fom-mes payées par les habitans des villes pour le rachat du logement de gens de guerre. 6°. Le papier timbré. Dans le duché de Slefwich & les autres provin-ces d'Allemagne, les revenus du roi découlent en partie des mêmes fources, & en partie de quelques autres.

On porte en général le revenu an-nuel du roi de 5 jufqu'à 6 millions d'é-cus, argent de *Danemarck*. Une partie de cette fomme eft verfée dans la caiffe de la chambre des finances; l'autre dans la caiffe particuliere du roi, telles font les péages du Sund, de Bergen, & de Drontheim 24000 & quelques centai-nes d'écus des revenus d'Altona, & le profit des actions que le roi a dans plu-fieurs compagnies de commerce.

Suivant le réglement fait en 1763, les troupes de terre du *Danemarck* font :
I. en *Danemarck* & dans les provinces d'Allemagne appartenantes au roi
1°. 2 efcadrons des gardes à cheval, l'ef-cadron à 77 maîtres, & 5 compagnies de gardes à pied, la compagnie à 110 hommes, fait   704 *hom.*
2°. Cavallerie.
1. 6 régimens de cuiraffiers, chaque régiment de 5 ef-cadrons, ou compagnies;

Y

& chaque compagnie de 146 maîtres   4380 *hom.*

2. 4 régimens de dragons, chaque régiment de 5 escadrons ; & chaque compagnie de 146 maîtres   2920

3. 1 régiment de huffards de 5 escadrons ou compagnies ; chaque compagnie de 120 maîtres   600

3°. Infanterie.

1. 14 régimens recrutés, dont deux ont leur quartier en Norwege ; chaque régiment compofé d'une compagnie de grenadiers, & de 12 compagnies de fantaffins, ce qui fait deux bataillons, la compagnie à 110 hommes   20020

2. Un corps d'artillerie de 3 bataillons, ou 18 compagnies, à 63 hommes la compagnie, outre une compagnie de mineurs de 24 hommes   1158

3. Un corps d'ingénieurs de   31

fait   29813

4°. 15 bataillons nationaux   10440

Total   40253 *hom.*

II. Il y a eu jufqu'à préfent en Norwege, outre les deux régimens fus-mentionnés, en troupes nationales

1°. 5 régimens de dragons   3120 *hom.* Chaque régiment a deux compagnies de recrues, *landvärgen*   780

2°. 13 régimens d'infanterie 16224 dont chacun a 2 compagnies de recrues, *landvärgen*   2704

3°. 4 compagnies de garnifon   494

4°. Un corps de pattineurs, *skielaeufer*   600

23922

Ainfi le total de l'armée eft de 64175 *hom.*

Les régimens nationaux dont nous venons de faire mention, ont été érigés par Fréderic IV. en l'année 1701. Les propriétaires des bien-fonds fourniffent pour 60 tonneaux de grains 1 homme pour ces régimens, & 1 autre pour la réferve : le premier eft feul mis en uniforme. Le même prince créa en 1714 encore une compagnie provinciale de cadets, & divifa fon royaume en 12 départemens pour autant de régimens qui devoient y être baraqués ; mais ce dernier arrangement n'exifte plus. Chriftian VI. forma en 1707 2 régimens de milices pour les duchés de Slefwich & de Holftein.

Les Danois ont de tout tems, & furtout depuis le regne de Chriftian IV. été puiffans, redoutables & heureux fur mer. Leurs flottes ont fait des actions dignes de remarque fous Chriftian V. & Fréderic IV. & leurs vaiffeaux furpaffent tous ceux du Nord tant pour la ftructure que pour l'équipement. Suivant un état de 1743 la flotte danoife étoit alors compofée de 28 vaiffeaux de guerre de 40 jufqu'à 90 canons, & de 13 frégates de 8 jufqu'à 36 canons. En 1762 on comptoit 26 vaiffeaux de guerre de 40 jufqu'à 96 canons, & 7 frégates. On y ajouté depuis un certain nombre de galeres. Les matelots que l'on entretient continuellement, font depuis 1755 partagés en 4 divifions, à chaque divifion appartient une compagnie d'artillerie, & le tout enfemble monte à 4400 hommes. Les matelots deftinés, en cas de befoin, pour l'équipement des vaiffeaux & frégates font repartis en 6 diftricts ou départemens en *Danemarck*, & autant en Norwege: on en porte le nombre à 20000: il n'eft pas douteux qu'avant cet établiffement on fe trouvoit obligé, en tems de guerre, de faire des enrolemens auffi couteux qu'ils étoient lents. La flotte eft dans le port de Coppenhague, & l'on trouve en abondance fur le vieux & le nouveau Holm, ainfi que dans un magafin établi pour cet effet, tout ce qui peut-être néceffaire pour la conftruction d'un vaiffeau. Il y a auffi dans cette ville une compagnie de cadets pour la marine dont le roi Frédéric IV. en 1701 eft le fondateur.

Le roi de *Danemarck* & de Norwege a en outre fous fa domination, en Allemagne, le duché de Holftein, & les comtés d'Oldenbourg, de Delmenhorft, & de Ranzau; en Afrique le fort de Chriftiansbourg; en Afie, fur la côte de Coromandel la ville de Tranquebar, & fon territoire, ainfi que les colonies qu'il a établies aux ifles de Nikobar; en Amérique, les ifles S. Thomas, S. Jean, & Ste Croix. (D. G.)

DANOIS, *impôt*, f. m., *Droit publ. d'Angleterre*; c'étoit une taxe annuelle impofée anciennement fur les Anglois, qui n'étoit d'abord que d'un fchelin, & enfuite de deux, pour chaque mefure de 40 arpens de terre par tout le royaume, pour entretenir un nombre de forces que l'on jugeoit fuffifantes à nettoyer les mers de pirates *Danois*, qui auparavant défoloient les côtes d'Angleterre.

Ce fubfide fut d'abord impofé comme une taxe annuelle fur toute la nation, fous le roi Ethelred, l'an 991: „ Ce prince, dit Cambden, *in Britannia*, étant réduit à de grandes extrèmités par les invafions continuel-

les des *Danois*, voulut fe procurer „ la paix, & fut obligé de charger fon „ peuple de ces taxes appellées *impôt „ danois*. Il paya d'abord 10000 liv., „ enfuite 16000 liv., après 24000 liv., „ puis 36000 liv., & enfin 48000 liv.".

Edouard le confeffeur remit cette taxe; les rois Guillaume I. & II. la continuerent. Sous le regne d'Henri I. on mit cet impôt au nombre des revenus fixes du royaume; mais le roi Etienne le fupprima entierement le jour de fon couronnement.

Les biens d'églife ne payoient rien de cet impôt; parce que le peuple d'Angleterre, comme on le voit dans une ancienne loi faxonne, avoit plus de confiance aux prieres de l'églife, qu'à la force des armes.

DANSE, f. f., *Morale*. Il y a des tartuffes qui condamnent généralement tout exercice de *danfe*. Je n'ai jamais bien conçu pourquoi l'on peut s'effaroucher fi fort de la *danfe*; comme s'il y avoit plus de mal à danfer qu'à chanter, que chacun de ces amufemens ne fût pas également une infpiration de la nature, & que ce fût un crime de s'égayer en commun par une récréation innocente & honnête. Pour moi, je penfe au contraire, que toutes les fois qu'il y a concours des deux fexes, tout divertiffement public devient innocent par cela même qu'il eft public; au lieu que l'occupation la plus louable eft fufpecte dans le tète à tète. L'homme & la femme font deftinés l'un pour l'autre, la fin de la nature eft qu'ils foient unis par le mariage. Toute fauffe religion combat la nature, & nôtre feule qui la fuit & la rectifie, annonce une inftitution divine & convenable à l'homme. Elle ne doit donc point ajoûter fur le mariage, aux embarras de l'ordre civil, des difficultés que l'E-

Y 2

vangile ne preſcrit pas, & qui ſont contraires à l'eſprit du chriſtianiſme. Mais qu'on me diſe où de jeunes perſonnes à marier auront occaſion de prendre du goût l'une pour l'autre, & de ſe voir avec plus de décence & de circonſpection, que dans une aſſemblée, où les yeux du public inceſſamment tournés ſur elles, les forcent à s'obſerver avec le plus grand ſoin? Eh! quoi, Dieu eſt-il offenſé par un exercice agréable & ſalutaire, convenable à la vivacité de la jeuneſſe, qui conſiſte à ſe préſenter l'un à l'autre avec grace & bienſéance, & auquel le ſpectateur impoſe une gravité dont perſonne n'oſeroit ſortir? Peut-on imaginer un moyen plus honnête de ne tromper perſonne, au moins quant à la figure, & de ſe montrer avec les agrémens & les défauts qu'on peut avoir, aux gens qui ont intérêt de nous bien connoître avant de s'obliger à nous aimer? Le devoir de s'aimer réciproquement n'emporte-t-il pas celui de ſe plaire, & n'eſt-ce pas un ſoin digne de deux perſonnes vertueuſes & chrétiennes qui ſongent à s'unir, de préparer ainſi leurs cœurs à l'amour mutuel que Dieu leur impoſe?

Qu'arrive-t-il dans ces lieux où regne une éternelle contrainte, où l'on punit comme un crime la plus innocente gayeté, où les jeunes gens des deux ſexes n'oſent jamais s'aſſembler en public, & où l'indiſcrete ſévérité d'un paſteur ne ſait prêcher au nom de Dieu qu'une gêne ſervile, & la triſteſſe & l'ennui? On élude une tyrannie inſupportable que la nature & la raiſon déſavouent. Aux plaiſirs permis dont on prive une jeuneſſe enjouée & folâtre, elle en ſubſtitue de plus dangereux. Les tête-à-tête adroitement concertés prennent la place des aſſemblées

publiques. A force de ſe cacher comme ſi l'on étoit coupable, on eſt tenté de le devenir. L'innocente joie aime à s'évaporer au grand jour, mais le vice eſt ami des ténebres, & jamais l'innocence & le myſtere n'habiterent longtems enſemble.

DAPIFER, ſ. m., *Droit public*, nom de dignité & d'office, grand maître de la maiſon de l'empereur. Ce mot en latin eſt compoſé de *dapis*, qui ſignifie un *mets*, une *viande* qui doit être ſervie ſur la table; & de *fero*, je porte: ainſi il ſignifie proprement *porte-mets*, *porte-viande*, un officier qui porte les mets, qui ſert les viandes ſur la table.

Cet office fut autrefois inſtitué en France par Charlemagne ſous le titre de *dapiferat* & *ſénéchauſſée*, qui comprenoit l'intendance ſur tous les offices domeſtiques de la maiſon royale; ce que nous nommons aujourd'hui *grand-maître de la maiſon du roi*. Les rois d'Angleterre, quoique ſouverains, ne dédaignoient pas de poſſeder cette charge dans la maiſon des rois de France; & c'eſt en conſéquence de cette dignité, dont ils étoient revêtus comme comtes d'Anjou, qu'ils étoient gardiens & défenſeurs de l'abbaye de S. Julien de Tours. On lit cette anecdote dans une lettre de Henri I. roi d'Angleterre, écrite vers les premieres années du XIIᵉ ſiecle, & rapportée au *tome IV. des miſcellanea* de M. Baluze. Cette charge étoit la premiere de la maiſon des rois de France, & ſes poſſeſſeurs ſignoient à toutes les chartres. Elle ſe nommoit en françois *ſénéchal*, & a été remplacée par celle de grand-maître de la maiſon du roi.

La dignité de *dapifer* fut beaucoup moins éminente en Angleterre, puiſque dans pluſieurs des anciennes chartes de France, l'officier qui en eſt revêtu eſt nommé un des derniers de la maiſon royale.

La dignité de *dapifer* ſubſiſte encore aujourd'hui en Allemagne, & l'électeur Palatin l'a poſſédée juſqu'en 1623, que l'électeur de Baviere a pris le titre d'*archi-dapifer* de l'empire ; ſon office eſt au couronnement de l'empereur, de porter à cheval les premiers plats à ſa table.

Les différentes fonctions de la charge de *dapifer*, lui ont fait donner par les auteurs anciens pluſieurs noms différens ; comme d'ελιαςυρος, *eleator*, *dipnocletor*, *convocator*, *trapezopœus*, *architriclinus*, *proguſta*, *præguſtator*, *domeſticus*, *megadomeſticus*, *œconomus*, *majordomus*, *feneſchallus*, *fchalcus*, *gaſtaldus*, *aſſeſſor*, *præfectus* ou *præpoſitus menſæ*, *princeps coquorum & magirus*.

DARMSTADT, *v.* HESSE.

DATAIRE, *Droit Canon*, eſt le premier officier de la daterie de Rome ou d'Avignon.

Le *dataire* n'eſt établi que par commiſſion repréſentant la perſonne du pape pour la diſtribution de toutes les graces bénéficiales & de ce qui les concerne ; non que ce ſoit le *dataire* qui accorde les graces, mais c'eſt par lui qu'elles paſſent : *In illis concedendis & in concedendarum modo organum papæ.* Gonzales, *ad reg.* 8. *Cancel. gloſſ.* 63, *n.* 60. Enforte que ce qui eſt fait par cet officier concernant le fait de ſa charge, eſt réputé fait par le pape. Puteus, *lib.* 2. *decіſ.* 434. Son pouvoir eſt même tel en ces matieres qu'il peut avec plus d'autorité que les reviſeurs, ajouter ou diminuer ce que bon lui ſemble dans les ſuppliques, les déchirer même ſuivant Gonzales, *loc. cit. n.* 58. C'eſt le *dataire* qui fait la diſtinction de toutes les matieres contenues dans les ſuppliques ; & lorſqu'elles lui ſont préſentées, c'eſt

à lui de les renvoyer où il appartient, c'eſt-à-dire à la ſignature de juſtice ou ailleurs, s'il juge que le pape n'en doive pas connoître directement ; car en ce cas, cet officier où le ſous-*dataire*, ou tous deux conjointement, les portent au pape pour les ſigner. C'eſt encore au *dataire* à faire l'extenſion de toutes les dates des ſuppliques qui ſont ſignées par ſa ſainteté, il ne met pas la petite date au bas du *mémoire* du banquier ; c'eſt l'officier ou préfet des dates qui remplit cette fonction pour l'aſſurance de la date. Il conſerve cette feuille en mémorial pour en donner la date quand les ſuppliques ont été ſignées, & qu'elles ſont parvenues à l'office des petites dates. Le *dataire* ne ſe mêle point des bénéfices conſiſtoriaux comme des abbayes conſiſtoriales, ſi ce n'eſt qu'on les expédie par daterie ou par chambre, ni des évêchés auxquels le pape pourvoit de vive voix en plein conſiſtoire, dont le cardinal vice-chancelier reçoit le décret ; enſuite duquel eſt dreſſée la cédule conſiſtoriale ſur laquelle on fait expédier les bulles, comme nous le diſons ci-deſſus.

Quand la commiſſion du *dataire* eſt donné à un cardinal, on l'appelle *prodataire*, parce qu'on eſtime à Rome que la qualité de *dataire* ne convient pas à l'éminente dignité de cardinal, quoique d'ailleurs cet officier ait toute autorité dans la daterie, juſques-là qu'Amÿdenius, après avoir obſervé que le *dataire* dont le premier établiſſement n'eſt pas bien certain, quoiqu'il paroiſſe que cet officier étoit établi avant le pape Boniface VIII. dit avec Gonzales, que ce même officier eſt le plus éminent & le plus relevé de tous, *Datarii munus excelſius, ſublimiuſque eſt cunctis omnibus*: d'où vient, ajoute le même auteur, que pour ôter au *dataire* l'occaſion d'abuser de sa grande autorité, le pape Pie V. ordonna, nonobstant l'ancienne coutume, que tous les pouvoirs du *dataire* cesseroient entierement à la mort du pape.

Ce même auteur pense que le *dataire* étoit autrefois le chancelier, ou plutôt que ce dernier étoit le *dataire*; à prendre même à la lettre ce qu'il dit de la supériorité du *dataire*, on croiroit que le vice-chancelier lui est subordonné; mais nous établissons le contraire d'après les auteurs Romains sous le mot CHANCELIER. Voyez aussi DATERIE. Véritablement le *dataire* a sous lui divers officiers, en un plus grand nombre qu'aucun magistrat: *Dignitas datarii vel hinc dignoscitur quod nullus alius magistratus tot fulciatur ministris.* Amydenius en compte huit, qui sont, le sous-*dataire*, l'officier des vacances par mort, *per obitum*, le préfet des componendes, le préfet des petites dates, l'officier *de missis*, deux reviseurs des suppliques, & un reviseur des matrimoniales. Nous parlons de l'état & des fonctions de chacun de ces officiers en leur place. Nous observerons seulement ici que la plupart de ces officiers sont plutôt attachés à la daterie par une commission particuliere du pape, que dans la dépendance du *dataire*.

Sous-dataire, c'est un officier établi aussi par commission pour aider le *dataire* sans être dépendant de lui, puisque c'est un prélat de la cour de Rome, choisi & député par le pape. Sa principale fonction est d'extraire les sommaires du contenu aux suppliques d'importance, écrites quelquefois de sa main ou par son substitut, mais le plus souvent par le banquier ou son commis, & signé du *sous-dataire* qui enregistre ledit sommaire, particulierement quand la supplique contient quelqu'absolution, dispense

ou autres graces qu'il faut obtenir du pape: il marque ensuite au bas de la supplique les difficultés que le pape y a faites, sur quoi il mettra *cum sanctissimo*, ce qui signifie qu'il en faut conférer avec sa sainteté. Que si la matiere mérite d'être renvoyée à quelque congrégation comme des réguliers, des évêques, *de ritibus*, & autres, dont l'approbation est nécessaire, le *sous-dataire* met ces mots, *ad congregationem regularium*, ou autres. Ce sont ordinairement les graces & les indults qui passent par ces congrégations, & jamais les matieres bénéficiales; mais telles qu'elles soient, quand la matiere, renvoyée à la congrégation, y a été approuvée, il y est dit par un billet: *Censuit gratiam hanc concedendam, si sanctissimo D. N. placuerit.* Ce billet est présenté ensuite au pape par le *sous-dataire*, avec la supplique où on ajoute ces mots: *Ex voto R. S. E. cardinalium talis consilii præpositorum*, & le pape signe; s'il refuse de signer, & par conséquent d'accorder la grace, le *sous-dataire* répond *nihil*, ou bien *non placet sanctissimo*. Dans l'office du *sous-dataire*, & au derriere de la porte, il y a un livre public où chacun peut voir les signatures qui ont été signées par le pape, & le jour qu'il les a signées, en cette maniere: *Die tali signat. Petrus N. viennensis resignatio.*

Dataire ou reviseur per obitum; c'est un officier dépendant du *dataire* qui a la partie des vacances par mort en pays d'obédience, *per obitum in patria obedientiæ*; c'est-à-dire, que c'est à cet officier qu'on porte toutes les suppliques des vacances par mort, en pays d'où les impétrants n'ont pas le privilege des petites dates. Cet officier est encore chargé du soin des suppliques par démission, par privation & autres en pays d'obédience, & des pensions imposées sur les

bénéfices vacants, en faveur des miniftres & autres prélats courtifans du palais apoftolique.

Dataire ou *revifeur des matrimoniales*, eft un officier dépendant auffi du
dataire qui eft chargé des matieres matrimoniales pour les faire figner au pape, & mettre la date par le *dataire*,
lorfque les fuppliques font dans la forme, & felon le ftyle de la daterie.
C'eft à cet officier, exclufivement à tout
autre, de revoir les fuppliques des difpenfes matrimoniales avant & après
qu'elles ont été fignées, d'en examiner
les claufes & d'y ajouter les augmentations & les reftitutions, ainfi qu'il le
trouve à propos. (D. M.)

DATE, f. f., *Jurifpr.*, eft néceffaire
dans certains actes pour la validité; tels
font tous les actes judiciaires & extrajudiciaires, les actes paffés devant notaires & autres officiers publics.

Dans les actes du feing privé la *date*
eft utile, pour connoître dans quelles
circonftances l'acte a été fait; mais il
n'eft pas nul, faute d'être daté.

Dans les actes faits par des officiers
publics, on marque toujours l'année,
le mois & le jour: on ne marque pas
ordinairement fi c'eft devant ou après
midi.

Il feroit même à propos dans tous
les actes, de marquer non-feulement
s'ils ont été paffés avant ou après midi, mais même l'heure à laquelle ils
ont été faits: cette attention ferviroit
fouvent à éclaircir certains faits & à
prévenir bien des difficultés; & dans
les actes authentiques cela ferviroit
beaucoup pour l'ordre des hypotheques: car entre créanciers du même
jour il y a concurrence, au lieu que
celui dont le titre marque qu'il a été
fait avant midi, paffe avant le créancier dont le titre eft feulement daté du

jour; & celui dont le titre eft daté
de onze heures du matin, paffe devant
celui dont le titre marque feulement
qu'il a été fait avant midi.

Il eft d'ufage affez commun dans la
plupart des exploits & dans beaucoup
d'autres actes, d'y mettre la *date* au
commencement; il feroit cependant plus
convenable de la mettre à la fin, ou
au moins de la répeter, afin de mieux
conftater que tout l'acte a été fait dans
le tems marqué: autrement il peut arriver qu'un acte commencé fous la *date*, n'ait été achevé qu'un ou plufieurs
jours après; auquel cas, pour procéder régulierement, on doit faire mention des différentes *dates*.

Les actes authentiques ont une *date*
certaine du jour qu'ils font paffés, à
la différence des actes fous fignature
privée, qui n'acquierent de *date* certaine que du jour du décès de celui
ou ceux dont ils font écrits & fignés,
ou du jour qu'ils font contrôlés ou reconnus en juftice.

DATE, *Droit Can.*, fuivant l'ufage
de cour de Rome, s'entend des *dates*
fur lefquelles on expédie les provifions
des bénéfices que l'on impetre en cour
de Rome.

Elles font de deux fortes, favoir,
les *dates en abrégé*, ou *petites dates*;
& celles qui s'appofent au bas des bulles & des fignatures.

Dates en abrégé, ou *petites dates*, font
celles que les correfpondans des banquiers de France retiennent à la daterie de Rome, à l'arrivée du courier,
pour conftater les diligences de l'impétrant.

Ceux qui requierent un bénéfice de
cour de Rome, retiennent ordinairement plufieurs *dates* à différens jours:
on a vu des eccléfiaftiques qui en avoient
retenu jufqu'à quinze cents, pour tâ-

cher de rencontrer un jour où ils fuſſent ſeuls requérans le bénéfice ; parce que tant qu'il y a pluſieurs requérans du même jour, on ne donne point de proviſions : *concurſu mutuo ſeſe impediunt partes.*

Ces *dates* ſont toujours ſecretes juſqu'à ce qu'elles ayent été levées, c'eſt pourquoi juſques-là on n'en donne point de certificat.

Il y a un officier pour les petites *dates*, qu'on appelle le *préfet des dates* ; il n'eſt pas en titre, mais choiſi par le dataire, comme étant l'un de ſes principaux ſubſtituts en l'office de la daterie. C'eſt chez lui que les banquiers de Rome, dès que le courier eſt arrivé, portent les mémoires des bénéfices ſur leſquels ils ont ordre de prendre *date* ; & les proviſions qu'on en expédie enſuite, ſont datées de ce jour-là, pourvu qu'on porte les mémoires avant minuit ; car ſi on les porte après minuit, la *date* n'eſt que du lendemain, & non du jour précédent que le courier eſt arrivé.

L'officier des petites *dates* a un ſubſtitut, dont la fonction eſt de ſoulager en la recherche, réponſe & expédition des matieres pour leſquelles on fait des *perquiratur* ; & de mettre au bas des ſuppliques la petite *date* avant qu'elle ſoit vérifiée par cet officier ou préfet des petites *dates*, & enſuite entendu par le dataire ou ſoudataire.

Dans les vacances par mort & par dévolut, celui qui veut empêcher le concours retient pluſieurs *dates*, afin que ſes proviſions ne ſoient pas inutiles, comme il arrive lorſque pluſieurs impétrans obtiennent des proviſions de même *date* ſur le même genre de vacance : on retient en ce cas pluſieurs *dates*, dans l'eſpérance qu'il s'en trouvera enfin quelqu'une ſans concours.

Pour ſavoir ſi un des impétrans a fait retenir des *dates* du bénéficier, ce qui s'appelle une *courſe ambitieuſe*, voyez ce mot, prohibée par la regle *de non impetrando beneficia viventium*, on peut compulſer le regiſtre du banquier expéditionnaire.

On ne retient point de *date* quand le ſaint ſiege eſt vacant ; en ce cas les proviſions de cour de Rome ſont préſumées datées du jour de l'élection du pape, & non du jour de ſon couronnement.

DATERIE, ſ. f., *Droit can.*, eſt un lieu à Rome près du pape, où s'aſſemblent le dataire, le ſoudataire, & autres officiers de la *daterie*, pour exercer leur office & juriſdiction, qui conſiſtent à faire au nom du pape la diſtribution des graces bénéficiales & de tout ce qui y a rapport, comme les diſpenſes des qualités & capacités néceſſaires, & autres actes ſemblables. On y accorde auſſi les diſpenſes de mariage.

La *daterie* eſt compoſée de pluſieurs officiers, ſavoir, le dataire, les référendaires, le préfet de la ſignature de grace, celui de la ſignature de juſtice, le ſoudataire, l'officier ou préfet des petites dates, le ſubſtitut de cet officier, deux reviſeurs, les clercs du regiſtre, les regiſtrateurs, le maître du regiſtre, le dépoſitaire ou tréſorier des componendes, le dataire appellé *per obitum*, le dataire ou reviſeur des matrimoniales : il y a auſſi l'officier appellé *de miſſis*.

C'eſt à la *daterie* que l'on donne les petites dates à l'arrivée du courier, & que l'on donne enſuite date aux proviſions & autres actes quand les ſuppliques ont été ſignées.

Il y a ſtyle particulier pour la *daterie*, ç'eſt-à-dire, pour la forme des actes

es qui s'y font, dont Théodore Ami-
donus, avocat confiftorial, a fait un
traité exprès. Ce ftyle a force de loi,
& ne change jamais; ou fi par fucceffion de tems il s'y trouve quelque différence, elle eft peu confidérable.

Le cardinal de Luca, dans fa *rela-*
tion de la cour forenfe de Rome, affure
qu/ les ufages de la *daterie* font fort
modernes.

Il y a deux regiftres à la *daterie*, l'un
public, l'autre fecret, où font enrégiftrées toites les fupplications apoftoliques, tant celles qui font fignées par
fiat, que celles qui font fignées par
conceffus. Il y a auffi un regiftre dans
lequel ont enrégiftrées les bulles qui
s'expéient en chancellerie, & un qua-
triem où font enrégiftrés les brefs &
les biles qu'on expédie par la chambre poftolique. Chacun de ces regiftres eft gardé par un officier appellé
cuſº regiſtri.

On permettoit autrefois à la *daterie*
de lever juridiquement des extraits des
giftres, partie préfente ou dûement
ppellée; mais préfentement les officiers
e la *daterie* ne fouffrent plus cette pro-
dure, ils accordent feulement des
xtraits ou *fumptum* en papiers extraits
u regiftre & collationnés par un des
naîtres du regiftre des fuppliques apof-
oliques.

Lorfqu'on fait des perquifitions à la
aterie pour favoir fi perfonne ne s'eft
ait pourvoir d'un bénéfice, les offi-
iers, au cas que les dates n'ayent point
té levées, répondent, *nihil fuit expe-*
litum per dictum tempus; ce qui ne
veut pas dire qu'il n'y a point de da-
es retenues, mais feulement qu'il n'y
en a point eu de levées: & en effet il
arrive quelquefois enfuite que nonob-
tant cette réponfe il fe trouve quelqu'un
pourvu du même tems, au moyen de

Tome IV.

ce que les dates ont été levées depuis
la réponfe des officiers de la *daterie*.
v. DATAIRE & DATE.

DATIF, f. m. *Jurifpr.*, fe dit de ce
qui eft donné par juftice, à la différence de ce qui eft déféré par la loi ou
par le teftament, comme la tutele & la
curatelle *datives*, qui font oppofées aux
tuteles & curatelles légitimes & tefta-
mentaires: on dit dans le même fens
un *tuteur* ou *curateur datif*.

DATION, f. f. *Jurifpr.*, eft l'acte
par lequel on donne quelque chofe. La
donation eft une libéralité, au lieu que
la *dation* confifte à donner quelque chofe fans qu'il y ait aucune libéralité; il y
a, par exemple, la *dation en payement*,
la *dation de tuteur*.

La *dation en paiement*, *datio in folutum*,
eft un acte par lequel un débiteur donne
une chofe à fon créancier, qui veut bien
la recevoir à la place & en payement
d'une fomme d'argent ou de quelqu'autre chofe qui lui eft due.

Cet acte eft fort reffemblant au contrat de vente; la chofe qui eft donnée
en payement, tient lieu de la chofe vendue, & la fomme, en payement de laquelle elle eft donnée, tient lieu du
prix; c'eft pourquoi la loi 4, *cod. de*
evict. dit que, *dare infolutum eft ven-*
dere.

Néanmoins la *dation* en payement
n'eft pas tout-à-fait un contrat de vente,
& ce n'eft pas la même chofe qu'un débiteur convienne avec fon créancier
qu'il lui vend une certaine chofe pour
la fomme de tant, qui viendra en compenfation de celle qu'il lui doit; ou
qu'il foit dit, que le débiteur donne à
fon créancier une telle chofe en payement d'une telle fomme qu'il lui doit.

Le contrat de vente eft un contrat
confenfuel qui eft parfait par le feul
confentement des parties avant aucune

Z

tradition; la *dation* en payement ne fe fait que par la tradition, & même par la translation de la propriété de la chofe donnée en payement.

Lorfque j'ai vendu une chofe pour la fomme de tant, qui viendroit en compenfation de pareille fomme que je croyois vous devoir; fi je viens à découvrir que je ne vous la dois pas, ou que je ne vous devois pas tant, je ne peux répéter la chofe que je vous ai vendue; mais je peux feulement répéter de vous le prix que j'ai par erreur compenfé avec une fomme que je ne vous devois pas. L'action que j'ai contre vous eft l'action *ex vendito quæ datur ad prætium confequendum*; au contraire, lorfque je vous ai donné une chofe en payement d'une fomme que je croyois par erreur vous devoir; c'eft la chofe même que j'ai droit de répéter de vous; car mon action en ce cas eft celle qu'on appelle *condictio indebiti per errorem foluti*, ou *condictio fine caufâ*, lefquelles actions ont pour objet la répétition de la chofe qui a été payée.

Pareillement lorfque je vous ai donné une chofe en payement d'une fomme de 200 livres que je croyois vous devoir, quoique je ne vous duffe que 100 livres; ce ne font pas les 100 livres que je peux répéter, mais la chofe; & je la dois répéter entiere aux offres de vous payer les 100 livres que je vous devois: car je ne peux vous obliger à avoir en commun avec moi cette chofe que vous n'euffiez pas reçue en payement, fi vous n'euffiez cru l'avoir entiere: *Conditio rei integræ manet & obligatio incorrupta; ager autem retinebitur, donec debita pecunia folvatur. L. 26, §. 4, condict. indeb.*

Mais, fi vous vouliez retenir la chofe en me rendant les cent livres que je ne vous devois pas? Dumoulin, *de contr.*

uf. q. 14, *n.* 182, décide que je pourrois pareillement vous obliger à la reftitution de la chofe, aux offres de vous payer; parce que je ne l'euffe pas non plus donnée en payement, fi j'euffe fçu ne devoir que partie de la fomme; Dumolin, *ibid.* excepte le cas auquel je l'aurois expofée en vente.

Celui qui a vendu une chofe de bonne foi, s'en croyant le propriétaire, n'eft pas précifément obligé d'en transférer la propriété à l'acheteur, comme nous venons de le dire, & l'acheteur, tant que perfonne ne le trouble dans la poffeffion de la chofe, ne peut pas prétendre que le vendeur n'ait pas rempli fes obligations, *l.* 30, §. 1, *de act. empt.*

Au contraire, la *dation* en payement n'eft valable, qu'autant que le débiteur transfere au créancier la propriété la chofe que le créancier a confenti de recevoir en payement de la fomme qui lui étoit due; car il n'y a pas de vrai payment fans translation de propriété, fuivant cette regle de droit: *Non videntur data quæ eo tempere quo dantur accipientis non fiunt. L.* 167, ff. *de reg. jur.* C'eft pourquoi fi le créancier qui a reçu une chofe en payement de la fomme d'argent qui lui étoit due, vient à découvrir que fon débiteur n'en étoit pas le propriétaire, & conféquemment qu'il ne lui en a pas transféré la propriété; quoiqu'il n'ait encore fouffert aucun trouble de la part du véritable propriétaire, il peut demander à fon débiteur la fomme qui lui eft due, en offrant de lui rendre la chofe qu'il avoit reçue en payement; un tel payement étant nul, & n'ayant pu libérer le débiteur.

Nonobftant la différence que nous venons de rapporter, il faut convenir que la *dation* en payement a beaucoup de reffemblance avec le contrat de vente. C'eft en conféquence de cette reffemblance que lorfque le créancier, à qui une chofe a été donnée en payement, en eft évincé, il a une action contre le débiteur qui la lui a donnée en payement, *ad inftar* de celle qu'a un acheteur contre fon vendeur, *utilem actionem ex empto* ; & de même que l'acheteur, en cas d'éviction, conclut contre le vendeur à la reftitution du prix, & en fes dommages & intérêts, *fi quid fuprà pretium ejus interfit rem habere licere* ; de même le créancier conclut par cette action contre fon débiteur à ce qu'il foit tenu de lui payer la fomme en payement de laquelle la chofe dont il a été évincé, lui avoit été donnée, le payement de cette fomme étant comme la reftitution du prix de la ceffion ; & de plus à ce qu'il foit condamné en fes dommages & intérèts : *Si quid fuprà hanc fummam ejus interfit rem habere licere.* C'eft ce qui réfulte de la loi 24. ff. *de pign. act.* & de la loi 4. *cod. de evict.* qui donnent expreffément dans ce cas *utilem actionem ex empto.*

Obfervez qu'outre cette action *utilis ex empto*, le créancier, en cas d'éviction de la chofe qui lui a été donnée en payement, a auffi l'action qui naît de fa créance, de laquelle le débiteur n'a pu être libéré par un payement qui fe trouve inefficace. *L.* 98. *ff. de folut.* Mais l'action *utilis ex empto* lui eft fouvent plus avantageufe, parce qu'elle comprend fes dommages & intérêts, *fi quid fuprà interfit.*

Ce n'eft pas feulement pour le cas de l'éviction, que celui qui donne une chofe en payement à fon créancier, contracte envers lui une obligation de garantie que contracte un vendeur; il en eft de même des autres cas de garantie ; il eft pareillement tenu *utili actione ex empto* de garantir celui à qui il a don-

né une chofe en payement, des charges réelles qu'il ne lui auroit pas déclarées, & des vices redhibitoires dont cette chofe fe trouveroit entachée, de la même maniere qu'un vendeur en eft tenu.

Il eft auffi tenu, de même qu'un vendeur *utilis actione ex empto*, des dommages & intérêts de fon créancier à qui il a donné une chofe en payement, lorfqu'elle n'a pas toute la contenance ni toutes les qualités qu'il lui a déclaré qu'elle avoit.

Enfin, la bonne foi impofe aux parties dans la *dation* en payement, les mêmes obligations qu'elle impofe dans un contrat de vente ; celui qui donne une chofe en payement, non - feulement ne doit faire aucun menfonge pour porter le créancier à l'accepter; il ne doit pas même ufer d'aucune reticence des défauts de cette chofe, qui pourroient empêcher fon créancier de l'accepter en payement. Il ne doit pas non plus la donner en payement pour un prix plus confidérable que fon jufte prix, à moins que le créancier ayant connoiffance du jufte prix, ne confente par libéralité à la prendre pour un prix plus cher qu'il ne vaut. *Vice verfà* le créancier de fon côté ne doit pas prendre la chofe en payement pour un prix moindre qu'elle ne vaut. Lorfque de part ou d'autre la léfion eft d'outre-moitié, on accorde à la partie léféc la même action refcifoire qui a lieu dans le contrat de vente.

C'eft auffi en conféquence de la reffemblance qu'a la *dation* en payement avec le contrat de vente qu'elle donne lieu au profit de vente & au retrait. (P. O.)

Dation, *ad medium plantum*, étoit un bail de quelque fonds ftérile & inculte que le preneur s'oblige de cultiver, à la charge d'en rendre la moitié au bailleur au bout de cinq ou six années, l'autre moitié demeurant incommutablement acquife au preneur, fauf la préférence au bailleur & à fes fuccefieurs en cas de vente. Voyez Salvaing, *de l'ufage des fiefs*, *ch. lxxxxvij.* *p. 492.*

Dation de tuteur & curateur, eft l'acte par lequel le juge nomme un tuteur ou un curateur. *v.* TUTELE & CURATELLE, TUTEUR & CURATEUR, & ci-devant DATIF.

DAUPHIN, f. m., *Droit public de France*, c'eft le titre qu'on donne à l'aîné des enfans de France, héritier préfomptif de la couronne. Les rois de France jouiffent en toute fouveraineté du Dauphiné & du comté de Viennois, *v.* DAUPHINÉ, en conféquence de trois traités faits entre le roi Philippe de Valois, & le dauphin Humbert II. dernier prince de la maifon de la Tour du Pin, qui ait poffédé le Dauphiné. Ce prince inconfolable de la mort de fon fils aîné, fongea à fe retirer du monde, & fit ceffion & transport de fes Etats à Philippe de Valois par un premier traité en 1343, confirmé en 1344, & enfin confommé en 1349. Ce prince, depuis les deux premiers traités, ayant changé d'avis, avoit arrêté fon mariage avec Jeanne de Bourbon ; mais Philippe de Valois, que ce mariage alloit priver d'une fi riche poffeffion, le rompit, & donna cette princeffe à fon petit-fils Charles V. Ce fut pour lors que fe conclud le traité de 1349. Le *dauphin* Humbert entra enfuite dans l'ordre de S. Dominique. *v.* DAUPHINÉ. (℞.)

DAUPHINÉ, *Droit public*, province confidérable de France, bornée à l'oueft par le Rhône, au nord par le Rhône & par la Savoye, au fud par la Provence, à l'eft par les Alpes.

Du tems de Jules-Céfar le *Dauphiné* étoit habité par les Allobroges, les Sega-Jauni, les Tricaftini, les Vocontii, les Caturi, les Tricorii, les Brigantini, &c. & fous Honorius il fe trouvoit compris dans la Viennoife, dépendant en partie de la feconde Narbonnoife, & en partie des Alpes maritimes. De la domination des Romains, il paffa fous celle des Bourguignons, & fut renfermé dans le premier royaume de Bourgogne, lors de fa fondation fous Gundahaire, petit-fils d'Athanaric le Vandale. Clovis I. pendant les guerres qu'il eut avec les rois de Bourgogne, s'en rendit maître, & le donna à Clodomir fon fils, qui le laiffa à Thierry fon frere, roi d'Auftrafie & de Bourgogne, après la défaite ou la mort de Gondémar. Des rois d'Auftrafie, le *Dauphiné* paffa fous la domination de ceux de Neuftrie, à la réunion des deux royaumes, & continua d'obéir aux princes François jufqu'environ l'an 734, que les Sarrafins unis aux Goths s'en emparerent, ainfi que des provinces voifines, & en demeurerent maîtres pendant quelque tems. Mais Charles-Martel les ayant vaincus, remit leurs ufurpations fous l'empire de la France, qui les conferva jufques vers l'an 879, fi l'on en excepte quelques intervalles, où la monarchie fouffrit certains démembremens en faveur des enfans de quelques-uns de fes rois. Bozon I. ayant fondé le fecond royaume de Bourgogne en 879. le *Dauphiné* y fut compris & y demeura annexé jufqu'environ l'an 1032, que Rodolphe III. dit le *Fainéant*, inftitua fon héritier Conrad le Salique. Le refus que les feigneurs Bourguignons firent alors de le reconnoître, occafionna une guerre, puis une efpece d'anarchie, qui facilita la formation de plufieurs petits Etats, qui eurent leurs maîtres particuliers,

Parmi ceux qui fe partagerent les ter-res du *Dauphiné*, les comtes d'Albon furent ceux dont la puiſſance s'accrut davantage. Ils tiroient leur nom d'Al-bon paroiſſe & château ſitué ſur une hauteur dans l'élection de Romans, au voiſinage de St. Rambert & de St. Val-lier, à 1 lieue environ eſt du Rhône ; & leur maiſon réunit bientôt le Graiſi-vaudan, le Viennois, l'Embrunois, le Gaperçois, & le Briançonnois. Guy ou Guignes I. leur chef étoit déja établi dans le pays dès le IXe ſiecle, puiſqu'il ſe trouva à l'aſſemblée de Varennes, où fut reconnu Louis I. fils du roi Bozon I. en 889. Guy II. ſon fils lui ſuccéda & mourut en 940 laiſſant Guy III. à qui Rodolphe le Fainéant fit donation en 995. du château de Moras, voiſin de ce-lui d'Albon, dont le nom fut ajouté de-puis aux titres de la maiſon. Guy IV. dit le *vieux*, qui hérita de Guy III. ſe fit moine à Cluny en 1050 & y mourut fort âgé, 25 ans après. Il eſt appellé Guy I. par pluſieurs écrivains, & re-gardé comme la tige des comtes d'Albon & par conſéquent des dauphins, ſans doute, parce que la filiation & l'hiſtoi-re de ſes prédéceſſeurs ne ſont pas auſſi bien conſtatés que celles de ſes deſcendans. Guy V. l'un de ſes fils & ſon ſucceſſeur, ajoûta à ſes qualités celle de comte de Grenoble, & mou-rut en 1080, laiſſant après lui Guy VI. qui en 1098 eut de grands différends avec Hugues, évêque de Grenoble, auquel il céda enfin les dixmes du Grai-ſivaudan ; époque d'où ces prélats pren-nent le titre d'*évéques & princes de Grenoble*. Guy VII. ſurnommé *le Gras*, fonda le monaſtere de S. Robert près de Grenoble, & s'y fit religieux, cé-dant ſes domaines à Guy VIII. ſon fils, prince auſſi illuſtre dans les ar-mes que ſes ayeux l'avoient été par

leur piété. Il eut de fréquentes guer-res avec les comtes de Savoye, & re-çut une bleſſure dans un combat près de Montmélian, dont il mourut en 1142 ſelon quelques-uns, & ſelon d'au-tres en 1149. C'eſt lui qui le premier fut appellé *Dauphin*, nom dont il eſt fort difficile de marquer l'origine pré-ciſe, conſidéré comme marque de di-gnité. L'apparence eſt cependant que ce prince l'avoit reçu comme un ſur-nom perſonnel, à cauſe du cimier de ſon caſque, qui imitoit la forme d'un dauphin : ſes ſucceſſeurs, à qui ſa mé-moire étoit chere, s'attribuerent plus particulierement le nom de *dauphin*, comme une qualité, & inſenſiblement le comté d'Albon perdit ſon titre pour celui de *Dauphiné*. C'eſt le ſentiment du comte de Boulainvillers, qui pa-roît très-probable. D'autres penſent que Guy VIII. fut appellé *Dauphin*, parce que ce nom lui fut donné au bap-tème ; & ils conviennent auſſi, que c'eſt en mémoire de ce prince que ſes ſucceſſeurs ont continué d'en prendre le titre. Guy IX. dauphin, ayant épou-ſé Béatrix de Montferrat, niece de l'em-pereur Fréderic Barberouſſe, reçut de ce monarque, en conſidération de cet-te alliance, une charte d'indépendance, la confirmation dans la ſouveraineté de ſes terres, & le droit de battre mon-noie. Berthold IV. duc de Zeringhen qui, vers le même tems, avoit été inveſti des comtés de Bourgogne & de Vienne, lui céda auſſi, en préſence de l'empereur qui confirma l'acte, tous ſes droits ſur le comté de Vienne, & Guy IX. ſe qualifia dès-lors de dau-phin de Viennois. Il mourut en 1162 ou 1163, ne laiſſant qu'une fille unique, nommée *Béatrix*, qui porta ſes Etats en mariage à Hugues III. duc de Bour-gogne, dont elle eut un fils nommé

Guy-André ou *Guy* X. qui lui fuccéda au *Dauphiné* en 1228, & fe maria d'abord à Semnoreffe, fille d'Aymard de Valentinois, puis à Béatrix de Sabran, héritiere en partie de la maifon de Forcalquier, & qui eut pour dot plufieurs terres dans l'Embrunois & le Gapençois. Il prit en troifiemes nôces Béatrix de Montferrat, dont il eut Guy XI. fon fucceffeur, qui prit le titre de dauphin de Viennois, comte d'Albon, de Gap & d'Embrun. Ce Guy XI. époufa Béatrix de Savoye, dame de Faucigny, & mourut en 1269, laiffant après lui Jean I. fon fils, qui ne vécut que jufqu'en 1282, & tranfmit tous fes domaines à Anne fa fœur, qui en 1293 s'étoit unie à Humbert I. de la Tour-du-Pin, l'un des plus grands feigneurs de tout le *Dauphiné.* Robert II. duc de Bourgogne, difputa à cette princeffe, comme plus proche parent mâle, le droit à cet héritage qu'il difoit fief mafculin ; mais le roi Philippe le Bel ayant été choifi pour arbitre en 1295, la confirma dans la poffeffion elle & fon mari, à condition que s'ils mourroient fans enfans, le tout pafferoit au duc de Bourgogne. Anne décéda en 1296, & Humbert I. en 1307 ou 1308, ayant plufieurs fils, dont l'aîné, Jean II. de la Tour-de-Pin, leur fuccéda & prit pour femme Béatrix d'Anjou ou de Hongrie, fille de Charles-Martel, roi de Hongrie, & fœur de Clémence, reine de France. Il en eut deux fils ; le premier, qui hérita de fes terres en 1319, fous le nom de *Guy* XII. fe maria l'année fuivante à Ifabelle, fille du roi Philippe V. & mourut fans enfans en 1333, des bleffures qu'il reçut devant le château de la Pierriere, fitué à trois lieues de Grenoble, qu'il affiégeoit. Sa fucceffion échut à Humbert II. fon frere,

qui dans fes actes prit la qualité de Dauphin de Viennois, duc de Champfaur & comte de Briançonnois. Il avoit époufé en 1332 Marie de Baux, fille du comte d'Andrin, & petite-fille, par fa mere, de Charles II. roi de Naples. Il en eut un fils unique, nommé *André*, qui mourut en bas âge, les uns difent de mort naturelle, d'autres de mort violente, fon pere l'ayant malheureufement laiffé tomber d'une des fenêtres de fon palais dans l'Ifere, un jour qu'il fe jouoit avec lui.

Après la mort de ce jeune prince, Humbert II. fe voyant fans héritiers, difpofa de fes Etats, par traité du 23 Avril 1343, d'abord en faveur de Philippe, duc d'Orléans, fecond fils de Philippe de Valois, moyennant une fomme de 120000 florins d'or, payable en trois termes, l'acquittement de toutes fes dettes & de celles de fes prédéceffeurs, contractées jufqu'au mois de Février précédent la paffation du traité, & plufieurs efpeces de penfions qu'il fe réferva, de même que les terres qu'il poffédoit dans la Pouille & en Auvergne. Par un nouvel acte paffé à Avignon le 7 Juillet 1344, il tranfporta fa difpofition en faveur de Jean, duc de Normandie, fils aîné du roi, ou à l'un de fes enfans, à la place de Philippe d'Orléans ; & enfin par une donation irrévocable paffée entrevifs le 30 Mars 1349, il céda & abandonna entierement fes Etats à Charles, fils aîné dudit Jean, duc de Normandie, à condition que lui & fes hoirs, maîtres du *Dauphiné*, porteroient à perpétuité le titre de *dauphin*, & fes armes écartelées de France, & que ce pays ne feroit point réuni au royaume ; ce qui fait qu'encore aujourd'hui il forme un Etat féparé, & que le roi dans les lettres qu'il adreffe à cette province, prend toujours le titre de *dauphin de Viennois*. Après cet arrangement, Philippe d'Orléans renonça aux droits que lui donnoit le traité de 1343, & Humbert se fit religieux dominicain, reçut successivement les ordres sacrés, fut nommé patriarche d'Alexandrie pour les latins, & eut l'administration perpétuelle de l'archevêché de Rheims. Il mourut en 1355, âgé de 43 ans, & fut enterré dans l'église des jacobins de Paris. Les cantons qu'il ne possédoit pas, & qui font à présent partie du *Dauphiné*, y ont été unis depuis par des acquisitions. Charles VI. céda cette province en 1426 au dauphin son fils, & c'est la derniere cessation qui en ait été faite par les rois aux héritiers présomptifs de la couronne, s'étant contentés depuis de leur en faire porter constamment le nom & les armes.

Quant au gouvernement civil, cette province est un de celles qu'on nomme *pays de droit écrit*, c'est-à-dire, qu'on y rend la justice conformément aux loix romaines, au lieu, que dans la plûpart des autres provinces de France, on juge les procès selon la coutume de chacune en particulier. Elle a néanmoins quelques usages qui lui font propres, & la maxime *nulle terre sans seigneur*, qui est admise dans le reste du royaume, n'y est pas reçue. Un savant jurisconsulte Chorier, sur les décisions de Guy-Pap, rapporte que la ville de Grenoble a ses statuts, par lesquels l'adultere n'est puni que d'une amende de 100 fois; & il remarque que ce relâchement a été favorisé par les juges d'église; dans le tems qu'ils connoissoient eux de ce crime, & que les amendes faisoient partie de la ferme de l'évêché. Les tribunaux de justice établis en *Dauphiné* font un parlement, une cour des aides qui y est jointe, une chambre des

comptes, un présidial, sept bailliages, trois sénéchaussées, quatre judicatures royales, & autant de justices de seigneurs qu'il y a de terres seigneuriales.

Le parlement fut érigé en 1453 par Louis XI. encore dauphin, en place du conseil delphinal, qu'Humbert II. avoit établi à Grenoble, environ l'an 1340, pour prendre connoissance au souverain de causes litigieuses d'entre ses sujets. Charles VII. le confirma par édit du 4 Août 1455, & Henri II. par ses lettres-patentes du 7 Juillet 1556, accorda aux officiers qui le composent les mêmes privileges, dont jouissent ceux du parlement de Paris. Louis XIII. leur attribua la noblesse par sa déclaration du 24 Octobre 1639. & Louis XIV. statua par autre déclaration du 10 Avril 1706, que ceux, dont le pere ou l'ayeul y auroit servi, ou qui y serviroient eux-mêmes pendant vingt années, acquerroient la noblesse à eux & à leurs descendans, sa majesté les dispensant de l'exécution de l'édit du mois d'Octobre 1704. Le parlement, qui est aussi cour des aides, est composé de quatre chambres, formées toutes ensemble d'un premier-président & de neuf autres; de deux chevaliers d'honneur, de cinquante conseillers laïcs, cinq conseillers-clercs, trois avocats-généraux, un procureur-général & huit substituts, huit sécretaires, un premier huissier & onze autres. Selon son institution ce tribunal n'a point d'enquettes ni de tournelle, ni de grand'-chambre, mais quatre bureaux ou chambres distinguées en premiere, seconde, troisieme & quatrieme, roulantes de sorte que celle qui a été la premiere année, devient la quatrieme l'année suivante. Elles connoissent toutes indifféremment des matieres civiles & criminelles; mais celle qui est actuellement la premiere a l'attribution particuliere des affaires de police, ou de celles qui regardent le public; d'ailleurs toutes les requètes qui ne viennent point en exécution d'arrêt, y font portées, & enfuite diftribuées aux autres chambres par le premier préfident, fuivant qu'elles font en état d'être jugées à l'audience ou par rapport. Les vétemens des préfidens font d'écarlate & d'hermine, & dans les grandes cérémonies ils portent leur mortier à la main. Le premier préfident eft toujours à la tète de la premiere chambre, avec trois autres, & les fix reftans fervent dans les autres chambres, deux à deux, fuivant qu'ils optent, chaque année à la S. Martin, felon leur rang d'ancienneté: mais les confeillers, qui forment un bureau ou une chambre ne fe féparent jamais. Le gouverneur & le lieutenant-général de la province ont féance au parlement avant le premier préfident, & gardent le même rang dans toutes les cérémonies, enfuite d'un ancien ufage. Tous les évèques du reffort y font reçus, & fiegent immédiatement après les préfidens, avec voix inftructive feulement, l'évèque de Grenoble étant feul, parmi eux, en poffeffion de la voix délibérative.

Le reffort du parlement fe divife en deux grands bailliages, l'un dit du Viennois, l'autre des Montagnes, & la fénéchauffée du Valentinois, qui fe partage en deux vice-fénéchauffées, celles de Creft & de Montelimart. Le grand bailliage du Viennois renferme les bailliages particuliers de Vienne, de Graiffivaudan fiegeant à Grenoble, & de S. Marcellin; celui des montagnes comprend ceux de Briançon, d'Embrun, de Gap & du Buys. Le bailliage de Die, dont l'évèque eft feigneur, fait exception, étant indépendant des autres, &

reffortiffant nuement au parlement, de même que la juftice de la principauté d'Orange.

Le préfidial de Valence créé par une ordonnance de 1636, eft compofé d'un fénéchal, deux préfidens, dont un eft lieutenant-général, de trois autres lieutenants, dont un criminel, le fecond principal, & le troifieme particulier; d'un affeffeur criminel; premier confeiller civil, de vingt autres confeillers, d'un chevalier d'honneur, de deux avocats du roi. Sa jurifdiction eft pareille à celle de tous les autres préfidiaux.

La chambre des comtes, qui exiftoit déja en 1383, fuivant certaines lettres-patentes du roi Charles VI. eft réglée à l'inftar de celle de Paris, & compofée d'un premier préfident, de cinq autres, de 2 chevaliers d'honneur, de 18 confeillers-maîtres des comptes, de 4 confeillers-correcteurs, de 6 confeillers-auditeurs, d'un avocat-général, d'un procureur-général, de 4 fecrétaires, d'un receveur & d'un contrôleur des reftes, d'un payeur des gages & d'un premier-huiffier. Elle connoît & juge des comptes des receveurs des tailles & du domaine, reçoit les aveux & énombremens des terres qui relevent du roi; & au moyen de l'acquifition qu'elle a faite des officiers d'économes, elle a économat des bénéfices vacans en régal. Cette chambre fuit immédiatement parlement dans les cérémonies. (D.)

D E

*DÉBAT, f. m., Jurifpr., fignifient général une conteftation que l'on a avec quelqu'un, ou la difcuffion par écrit de quelque point contefté.

Les débats de compte font les conteftations que forme l'oyant fur les articles du compte, foit en la recette, &
pe

penfe ou reprife, qu'il veut faire rayer ou réformer.

On entend auffi par le terme de *débats de compte*, des écritures intitulées *débats*, qui contiennent les obfervations & moyens tendans à débattre le compte.

Le *debat de tenure*, eft la conteftation qui fe meut entre deux feigneurs pour la mouvance d'un héritage, foit en fief ou en cenfive.

On entend auffi quelquefois par *débat de tenure*, un mandement donné au vaffal ou cenfitaire par le juge royal, à l'effet d'affigner les deux feigneurs qui conteftent fur la mouvance pour s'accorder entr'eux.

DÉBAUCHE, f. f., *Morale*. La *débauche* confifte dans le déréglement, dans les excès & l'abus des plaifirs permis ou illicites.

Si l'homme ifolé, c'eft-à-dire, confidéré relativement à lui-même, eft obligé de réfifter aux impulfions d'une nature aveugle & brute, & de lui oppofer les loix d'une nature plus expérimentée, il fuit que l'homme, dans quelque pofition qu'il fe trouve, doit, pour la confervation de fon être, combattre & réprimer des penfées & des defirs qui le porteroient fouvent à faire de fes forces un abus toujours funefte à lui-même. D'où l'on voit que les plaifirs qui ont rapport à l'amour font interdits à l'homme ou à la femme ifolés; l'intérêt de leur confervation & de leur fanté exige qu'ils refpectent leurs propres corps, & qu'ils craignent de contracter des habitudes & des befoins qu'ils ne pourroient contenter, fans fe caufer par la fuite un dommage irréparable. L'expérience nous montre en effet que l'habitude d'écouter les caprices d'un tempérament trop ardent, eft de toutes les habitudes la plus contraire à la confervation de l'homme &

Tome IV.

la plus difficile à déraciner. D'où il fuit que la retenue, la tempérance, la pureté, devroient accompagner l'homme même au fond d'un défert inacceffible au refte des humains.

Cette obligation devient encore plus forte dans la vie fociale, où les actions de l'homme, non-feulement influent fur lui-même, mais encore font capables d'influer fur les autres. La chafteté, la retenue, la pudeur, font des qualités refpectées dans toutes les nations civilifées; l'impudicité, la diffolution, l'impudence, au contraire, y font généralement regardées comme honteufes & méprifables. Ces opinions ne feroient-elles fondées que fur des préjugés ou fur des conventions arbitraires? Non, elles ont pour bafe l'expérience, qui prouve très-conftamment que tout homme, livré par habitude à la *débauche*, eft communément un infenfé qui fe perd, & qui n'eft nullement difpofé à s'occuper utilement pour les autres. Le *débauché*, tourmenté d'une paffion exclufive, irrite continuellement fon imagination lafcive, & ne fonge qu'aux moyens de fatisfaire les befoins qu'elle lui crée. Une fille qui a violé les regles de la pudeur, dominée par fon tempérament, hait le travail, eft ennemie de toute réflexion, fe moque de la prudence, n'eft nullement propre à devenir une mere de famille attentive & laborieufe, ne fonge qu'au plaifir; ou, quand par fes déréglemens il eft devenu moins attrayant pour elle, elle ne penfe qu'au profit qu'elle peut tirer du trafic de fes charmes. Cette expérience nous fait remonter au grand principe de l'accord parfait de la morale avec le bonheur même phyfique, que vivre conformément à la raifon, c'eft vivre conformément à la nature, à la morale & à notre véritable bonheur.

A a

Pour connoître les sentimens que la *débauche*, le goût habituel des plaisirs déshonnètes & de la crapule, doivent exciter dans les ames vertueuses, que l'on examine les suites de ces dispositions abrutissantes dans ceux que le sort destine à gouverner des empires : elles éteignent visiblement en eux toute activité ; elles les endorment dans une mollesse continue qui, souvent plus que la cruauté, conduit les Etats à la ruine. Quels soins les peuples d'Asie peuvent-ils attendre de leurs sultans voluptueux, perpétuellement occupés des sales plaisirs de leurs férails, où ils sont eux-mèmes gouvernés par les caprices & les menées de quelques favorites ou de quelques eunuques ? Sous un Néron, un Héliogabale, Rome ne fut qu'un lieu de prostitution, où d'infâmes courtisannes, du sein de la *débauche*, décidoient du sort de tous les citoyens, dissipoient les tréfors de l'Etat, distribuoient les honneurs & les graces à des hommes à qui la corruption tenoit lieu de mérite, de talens & de vertu. Une nation est perdue lorsque la dissolution des mœurs, autorisée par l'exemple des chefs, & récompensée par eux, devient universelle ; alors le vice effronté ne cherche plus à se couvrir des ombres du mystere, & la *débauche* infecte toutes les classes de la société ; peu-à-peu la décence, devenue ridicule, est forcée de rougir à son tour.

L'horreur & le mépris que l'on doit avoir pour la *débauche*, font donc très-justement fondés sur ses effets naturels, suites nécessaires de la nature humaine & du système admirable de la législation morale : les idées que l'on a des malheureuses victimes de la *débauche*, ne font donc pas l'effet d'un préjugé. Dans les sociétés où la vertu

& l'honneur des femmes sont principalement attachés au soin qu'elles prennent de conserver la chasteté, où l'éducation a pour objet de les prémunir, soit contre la foiblesse de leurs cœurs, soit contre la force de leur tempérament, on peut naturellement supposer qu'une fille qui a franchi les barrieres de la pudeur, est perdue sans ressource, n'est plus propre à rien, ne peut être déformais regardée que comme l'instrument vénal de la brutalité publique. Conséquemment une prostituée est exclue des compagnies décentes ; elle est un objet d'horreur pour les femmes honnètes ; elle s'attire peu d'égards même de ceux que le goût de la *débauche* amene auprès d'elle ; bannie, pour ainsi dire, de la société, elle est forcée de s'étourdir par la dissipation, l'intempérance, les folles dépenses, la vanité. Incapable de réfléchir, dépourvue de toute prévoyance, elle vit à la journée, ne songe aucunement au lendemain, périt promptement de ses *débauches*, ou traine douloureusement jusqu'au tombeau une vieillesse indigente, languissante & méprisée.

C'est pourtant en faveur de ces objets méprisables, que l'on voit tous les jours tant de riches & de grands abandonner des femmes aimables & vertueuses, se ruiner de gayeté de cœur, ne laisser que des dettes à leur postérité. Mais la vertu n'a plus de droits sur les ames corrompues par la *débauche* ; les hommes dépravés par elle, méconnoissent les charmes de la pudeur, de la décence ; il leur faut déformais de l'impudence ; le vice effronté, les propos obscenes & grossiers les ont dégoûtés pour toujours de toute conversation honnète & d'une conduite réservée. Voilà pourquoi des maris libertins préféreront souvent une courtisanne sans agrémens & du plus mauvais ton, à des épouses pleines de charmes & de vertus qui ne leur procureroient pas les mêmes plaisirs, qu'un goût pervers leur fait trouver dans le commerce des prostituées, qu'ils ne peuvent au fond s'empêcher de mépriser, & qu'ils abandonnent à leur malheureux sort quand ils en sont ennuyés.

Telles sont les suites ordinaires de l'amour déréglé; c'est à cet avilissement déplorable que des filles trop foibles sont conduites par d'infâmes séducteurs, que les loix devroient punir. Mais dans la plupart des nations, la séduction n'est point regardée comme un crime; ceux qui s'en rendent coupables, s'en applaudissent comme d'une conquête, & font trophée des victoires qu'ils remportent sur un sexe fragile & crédule, que sa foiblesse semble autoriser à tromper de la façon la plus cruelle. Quelle doit être la dépravation des idées, dans des nations où des actions pareilles n'attirent ni châtimens ni déshonneur! Quelles ames doivent avoir ces monstres de luxure, dont les attentats portent la désolation & la honte durable dans des familles honnêtes? Est-il une plus grande cruauté que celle de ces débauchés qui, pour satisfaire un désir passager, vouent pour la vie les victimes qu'ils ont séduites à l'opprobre, aux larmes, à la misere? Mais la *débauche*, devenue habituelle, anéantit tout sentiment dans le cœur, toute réflexion dans l'esprit; c'est par de nouveaux excès que le libertin étouffe les remords que les premiers crimes pourroient faire naître en lui. D'ailleurs, assez aveugle pour ne pas voir le mal qu'il se fait à lui-même, comment se reprocheroit-il le tort qu'il fait aux autres?

Ceux qui regardent la *débauche* & la dissolution des mœurs comme des objets sur lesquels le gouvernement doit fermer les yeux, en ont-ils donc sérieusement envisagé les conséquences? Ne voit-on pas à tout moment des familles ruinées par des peres libertins, qui ne transmettent à leurs enfans que leurs goûts dépravés, avec l'impossibilité de les satisfaire? Des exemples trop fréquents ne prouvent-ils pas à quels excès d'aveuglement & de délire des attachemens honteux peuvent souvent porter? Il n'est guere de fortune capable de résister aux séductions de ces syrènes, à la voracité de ces harpies affamées qui se sont une fois empare de l'esprit d'un débauché. Rien ne peut contenter les désirs effrenés, les caprices bizarres, la vanité impertinente de ces femmes, qui ne connoissent aucunes mesures. La ruine complette de leurs amants met seule un terme à leurs demandes; alors une dupe ruinée est obligée de faire place à une dupe nouvelle, qui à son tour sera dépouillée: car telle est la tendresse & la constance que des amants insensés peuvent attendre de ces êtres abjects & mercenaires, auxquels ils ont eu la folie de s'attacher.

Si la *débauche* produit journellement tant d'effets déplorables, même sur les riches & les personnes les plus aisées, quels ravages ne produit-elle pas quand elle gagne les gens d'une fortune bornée? elle abrutit l'homme de lettres dont elle endort le génie; elle détourne le marchand du commerce, & le force bientôt à devenir frippon; elle fait sortir l'artiste de son attelier; elle dégoûte l'artisan du travail nécessaire à sa subsistance journaliere. Enfin après avoir dérangé l'homme opulent, la *débauche* conduit l'homme du peuple à l'hôpital ou au gibet. On ne voit guere de malfaiteurs, à la perte desquels des femmes de mauvaise vie n'aient grandement contribué. Un misérable le plus souvent ne vole, n'assassine, ne commet des forfaits, que pour contenter la vanité ou les besoins d'une maîtresse qui le trahira peut-être, & le livrera tôt ou tard au supplice.

C'est encore au déréglement des mœurs que l'on doit le plus souvent imputer ces disputes fréquentes & ces combats sanglants qui mettent tant de jeunes étourdis au tombeau. Combien d'imprudens fougueux, par une sotte jalousie, ont la cruelle extravagance de hasarder leur propre vie, pour disputer les faveurs banales & méprisables d'une vile prostituée? Ne faut-il pas avoir des idées bien étranges de l'honneur, pour le faire consister dans la possession de ces femmes dissolues qui sont au premier occupant? Mais c'est le propre de l'amour, ou plutôt de la *débauche* crapuleuse, d'éteindre toute réflexion sensée, toute pensée raisonnable.

Indépendamment du juste mépris que la *débauche* attire à ceux qui s'y livrent, indépendamment de l'épuisement qu'elle cause, la nature a pris soin de châtier de la façon la plus directe, les inconsidérés que les idées de décence ou de raison ne peuvent arrêter dans leurs penchans déréglés. La jeunesse devroit frémir à la vue des contagions affreuses dont la volupté la menace. De quelle horreur les débauchés ne devroient-ils pas être saisis, en songeant que les fruits de leurs désordres peuvent encore infecter la postérité la plus reculée; mais ces considérations n'ont point de force sur l'esprit de ces êtres abrutis qui, même aux dépens de leur vie, cherchent à satisfaire leurs honteuses passions. Le vice est un tyran qui donne à ses esclaves un fatal cou-

rage, capable de leur faire affronter les maladies & la mort.

Tout dans la société semble exciter & fomenter dans les ames des riches, & des grands sur-tout, le goût funeste du vice & de la volupté. L'éducation publique, des discours obscenes, des spectacles peu chastes, des romans séducteurs, des exemples pervers, contribuent chaque jour à semer dans tous les cœurs les germes de la *débauche*; une corruption contagieuse s'y insinue; pour ainsi dire, par tous les pores, & souvent les esprits sont gâtés, avant même que la nature ait donné aux organes du corps une consistance suffisante. De-là cette vieillesse précoce que l'on remarque sur-tout dans les grands & les habitans corrompus des cours, dont la race chétive & foible annonce évidemment les déréglemens des parens. Le débauché non-seulement se nuit à lui-même, mais encore il substitue sa foiblesse & ses vices à ses malheureux descendans.

Nous ne parlerons point ici de ces goûts bisarres & pervers, contraires aux vues de la nature, dont on voit quelquefois des nations entieres infectées. Nous dirons seulement que ces goûts inconcevables paroissent être les effets d'une imagination dépravée qui, pour ranimer des sens usés par les plaisirs ordinaires, en inventent de nouveaux propres à réveiller pour un tems des malheureux que leur anéantissement ou leur foiblesse réduit au désespoir. C'est ainsi que la nature se venge de ceux qui abusent de la volupté; elle les réduit à chercher le plaisir par des voies qui mettent l'homme au-dessous de la brute. Les *débauches* ingénieuses & recherchées des Grecs, des Romains, des orientaux annoncent dans ces peuples une imagination troublée, qui ne fait plus qu'inventer pour satisfaire des malades dont l'appétit est déréglé.

On nous demandera, peut-être, quels remedes on peut oppofer à la *débauche* qui femble tellement enracinée dans quelques contrées, que l'on feroit tenté de croire qu'il eft impoffible de la faire difparoître. Nous dirons qu'une éducation plus vigilante empêcheroit la jeuneffe de contracter des habitudes, capables d'influer fur le bien-être de toute fa vie : nous dirons que des parens, plus reglés dans leur conduite, formeroient infailliblement des enfans moins corrompus : nous dirons que des fouverains vertueux influeroient par leurs exemples fur leurs fujets ; en fermant aux vices le chemin de la faveur, des honneurs, des dignités, des récompenfes, un prince parviendroit bientôt à diminuer au moins la corruption publique & fcandaleufe dont la cour eft le vrai foyer. L'exemple des grands, toujours fidelement copié par les petits, rameneroit en peu de tems la décence & la pudeur, depuis long-tems bannies du fein des nations opulentes ; celles-ci n'ont communément fur les pauvres que le funefte avantage d'avoir bien plus de molleffe & de vices, & beaucoup moins de forces & de vertus.

Si la raifon condamne la *débauche*, elle prefcrit néceffairement tout ce qui peut y provoquer ; ainfi elle interdit les difcours licentieux, les lectures dangereufes, les habillemens lafcifs, les regards deshonnètes ; elle ordonne de détourner l'imagination de ces penfées lubriques qui pourroient peu-à-peu porter à des actions criminelles ; celles-ci réitérées forment des habitudes permanentes, capables de réfifter à tous les confeils de la raifon. „ Il ne faut pas

„ feulement, difoit Ifocrate, qu'un „ homme fage contienne fes mains, „ mais il faut encore qu'il contienne „ fes yeux. "

Les plaifirs de l'amour, étant les plus vifs de ceux que la machine humaine puiffe éprouver, font de nature à pouvoir ètre difficilement remplacés : par la même raifon, l'expérience nous montre qu'ils font les plus deftructeurs pour l'homme ; les organes ne peuvent effuyer, fans un détriment notable, les mouvemens convulfifs que ces plaifirs y caufent. Voilà pourquoi, emporté par fes habitudes dangereufes, le *débauché* en eft communément l'efclave jufqu'au tombeau : au défaut même de la faculté de fatisfaire fes befoins invétérés, fon imagination, perpétuellement en travail, ne lui laiffe aucun répos. Rien de plus digne de pitié que la vieilleffe infirme & méprifable de ces hommes dont la vie fut confacrée à la volupté ! (F.)

DÉBITEUR, f. m., *Jurifprud.*, eft celui qui eft tenu de payer quelque chofe en argent, grain, liqueur, ou autre efpece, foit en vertu d'un jugement ou d'un contrat écrit ou non, d'un quafi-contrat, délit ou quafi-délit.

Le *débiteur* eft appellé dans les loix romaines *debitor* ou *reus debendi*, *reus promittendi*, & quelquefois *reus* fimplement ; mais il faut prendre garde que ce mot *reus* quand il eft feul, fignifie quelquefois le coupable ou l'accufé. L'Ecriture défend au créancier de vexer fon *débiteur*, & de l'opprimer par des ufures. *Exod. XXII. v. 25.*

Ce précepte a cependant été bien mal pratiqué chez plufieurs nations ; chez les Juifs, par exemple, le créancier pouvoit, faute de payement, faire emprifonner fon *débiteur*, même le faire vendre, lui, fa femme, & fes enfans :

le *débiteur* devenoit en ce cas l'esclave de son créancier.

C'étoit une loi, ou un usage établi à Rome dès la fondation de la ville, que lorsqu'un *débiteur* étoit hors d'état de payer, le créancier s'en saisissoit, & le retenoit comme son esclave, jusqu'à ce qu'il se fût acquité ou en argent ou par son travail. Il se trouvoit même quelquefois des créanciers impitoyables qui, abusant de leur droit, exerçoient des cruautés sur la personne de ces misérables qu'ils déchiroient à coups de fouets; ce fut une pareille violence qui détermina le peuple à se retirer sur le mont sacré, seize ans après l'expulsion des rois. Un de ces *débiteurs*, vieux soldat, qui avoit servi avec distinction & perdu tout son bien par les suites funestes de la guerre, vint se présenter sur la place publique, & montra son dos encore tout ensanglanté des coups que lui avoit donné le barbare qui, en vertu de la loi ou de la coutume, avoit eu le droit de le faire son prisonnier; le peuple s'émut à ce discours, courut délivrer tous ceux qui étoient retenus pour dettes, & la suite de cette affaire fut la retraite dont nous avons parlé. Cet événement se passa avant que les loix des douze tables fussent publiées.

La contrainte par corps avoit lieu chez les Romains contre le *débiteur*, lorsqu'il s'y étoit soumis ou qu'il y étoit condamné pour cause de stellionat: mais les loix veulent que le créancier ne soit point trop dur pour son *débiteur*; qu'il ne poursuive point un homme moribond; qu'il n'affecte rien pour faire outrage à son *débiteur*: elles veulent aussi que le *débiteur* ne soit pas trop délicat sur les poursuites que l'on fait contre lui; elles regardent comme une injure faite à quelqu'un, de l'avoir traité de *débiteur* lorsqu'il ne l'étoit pas;

ce qui ne doit néanmoins avoir lieu que quand la demande paroît avoir été formée à dessein de faire injure, & qu'elle peut avoir fait tort au défendeur, par exemple, si c'est une personne constituée en dignité ou un marchand auquel on ait voulu faire perdre son crédit.

Le *débiteur* peut se libérer en plusieurs manieres; savoir, par un payement effectif, ou par des offres réelles suivies de consignation; ce qui peut se faire en tout tems, à moins qu'il n'y ait clause au contraire: il peut aussi se libérer par compensation, laquelle équivaut à un payement; par la perte de la chose qui étoit dûe si c'est un corps certain & qu'il n'y ait point eu de la faute du *débiteur*; par la prescription & par la cession de biens, &c.

Celui qui est en état d'opposer quelque exception peremptoire, telle que la compensation ou la prescription, n'est pas véritablement *débiteur*. v. PRESCRIPTION.

Débiteur insolvable, est celui dont la masse des dettes surpasse celle des biens à lui appartenans. L'on peut devenir *débiteur insolvable* ou par sa propre faute, ou par malheur. v. BANQUEROU-TIER. Ce proverbe qu'il faut payer ses dettes avec de l'argent, ou avec sa liberté, *aut in ære, aut in cute*, est de toutes les langues & de tous les pays, quoique aujourd'hui on ne le voie pas assez bien exécuté; ce qui fait que l'insolvabilité ou la banqueroute devient fort à la mode, & paroît même un moyen sûr de rétablir ses affaires, souvent dérangées par la conduite la plus déréglée.

Les redacteurs des loix des XII. tables avoient prévu la circonstance très-ordinaire, où un seul *débiteur* auroit rendu malheureux plusieurs créanciers innocens. Pour les satisfaire dans tous les cas de l'infolvabilité, ils avoient ordonné que *fon corps feroit coupé par pieces, & que chacun des pourfuivans en auroit un morceau proportionné à la qualité de fa créance.* Cette loi fut promulguée avec toutes les précautions néceffaires pour en conftater l'authenticité. C'eft à la vérité une des plus terribles preuves qu'on puiffe trouver du délire, que l'envie de défendre les propriétés, introduifit dans la légiflation. C'étoit un excès de cruauté tout oppofé à l'excès de douceur de notre légiflation. Il n'eft pas poffible d'imaginer un effet plus palpable de cet efprit de calcul matériel, qui n'apprécioit les hommes qu'en raifon de l'utilité dont ils pouvoient être aux riches. Il eft clair que les décemvirs avoient, comme je viens de le dire, affimilé ce corps qu'ils permettoient de débiter par tranches, à une piece d'étoffe dont plufieurs particuliers auroient fourni les matériaux, & que la juftice diftributive ne pouvoit pas fe difpenfer de divifer en coupons, pour donner à chacun le fien.

Le fondement de cette étrange fupputation étoit que le *débiteur* n'avoit plus confervé aucun droit fur lui-même, dès l'inftant qu'il avoit commencé à fubfifter aux dépens d'autrui. Sa vie n'étant plus entretenue que par des portions de propriétés étrangeres, prenoit la nature des alimens qui la foutenoient. Ses membres devenoient le domaine des poffeffeurs du grain dont ils s'étoient approprié le fuc. Chacun pouvoit y reprendre ce qui fe trouvoit lui appartenir : & comme il étoit difficile de procéder à cette reconnoiffance avec une rigidité bien exacte, comme il étoit d'ailleurs fort indifférent dans la pratique que la jambe échût en partage à celui qui avoit nourri le bras, & le ventre

à celui qui auroit pu revendiquer la tête ; la loi s'étoit contentée de permettre la diffection en général, fans s'inquiéter beaucoup de l'équité de la diftribution.

Elle avoit pourtant pouffé le fcrupule jufqu'à recommander la bonne foi aux créanciers dans cette abominable opération. S'ils font mal-adroits, s'ils coupent plus ou moins qu'il ne leur eft dû, elle veut que ce foit du moins fans envie de tromper : *fi plus minufve fecuerint, fine fraude efto.* Les commentateurs qui ont traduit en rougiffant cette horrible production des légiflateurs Romains, ont tâché d'adoucir le fens, & de fauver le ridicule affreux que contient cette partie de la loi. Ils ont rendu *fine fraude,* par le mot *impunément,* de forte que fuivant eux, les douze tables difent feulement, que les créanciers affemblés pour procéder légalement à cette boucherie judiciaire, peuvent y couper leur morceau au hafard fans crainte d'être punis. Mais c'eft faire violence au texte que l'interprêter ainfi. Il contient évidemment un avis aux bourreaux qu'il arme de couteaux facrés, d'être fideles à la bonne foi, même dans l'exécution de cet outrage qu'il leur permet de faire à l'humanité : c'eft pour eux une exhortation à s'arranger de façon, que chacun des facrificateurs puiffe avoir fa part des entrailles de la victime qu'ils immolent à l'intérêt.

D'autres commentateurs ont effayé de juftifier la totalité de cette ordonnance. Ils ont prétendu que c'étoit une fimple allégorie, & qu'elle contenoit feulement une expreffion figurée. Cette anatomie du *débiteur* n'eft, difent-ils, que la divifion faite des deniers provenus de fa vente, entre tous les créanciers. C'eft une efpece d'ordre où

chacun eſt colloqué indiſtinctement, &
non pas comme chez nous, à raiſon
de l'ancienneté de ſon titre, mais pour
exercer ſur la maſſe un droit proportionné à la valeur de ſa créance.

Il eſt difficile de penſer que dans ces
loix qui ne reſpirent que la ſimplicité
la plus groſſiere, les décemvirs ſe
ſoient aviſés de parler en paraboles;
& quand on pourroit le croire, il
faudroit avouer que celle-là eſt un peu
forte. Elle auroit mérité une explication de la part même de ſes auteurs : mais celle qu'on s'eſt aviſé
de lui donner dans des tems fort éloignés, n'eſt admiſſible en aucune maniere. Quintilien & beaucoup d'autres
écrivains anciens ont pris le texte de
cette loi dans ſon ſens naturel. On voit
dans Aulugelle un philoſophe qui la réprouve, & un juriſconſulte qui la juſtifie : ni l'un ni l'autre n'y juſtifient la
moindre allégorie. Tertullien même qui
la cite, la donne comme une preuve de
l'imperfection des loix romaines; ce
qu'il n'auroit pas fait, ſi la barbarie
qu'il lui reproche n'avoit conſiſté que
dans les mots.

D'ailleurs elle s'explique elle-même
aſſez clairement, pour qu'il ne ſoit pas
poſſible de ſe méprendre à l'intention de
ſes auteurs. „ S'il y a pluſieurs créan-
„ ciers, dit-elle, qu'ils coupent en mor-
„ ceaux le *débiteur*. S'ils coupent plus
„ ou moins, que ce ſoit ſans ſuperche-
„ rie. S'ils le veulent qu'ils le vendent
„ au delà du Tibre ".

Ce texte, comme on le voit, renferme trois phraſes. Si la premiere n'étoit
qu'une figure, on n'auroit pas eu beſoin de la troiſieme. L'une alors ne ſeroit qu'une répétition de l'autre. Dès
que ce n'eſt que dans le cas où la vente
ſera du goût des créanciers qu'on leur
indique le lieu où elle doit ſe faire, il

n'étoit pas beſoin d'employer deux articles à dire la même choſe. Mais ceux
dont il eſt ici queſtion laiſſent la préférence : chacun a donc ſon ſens diſtinct :
& celui qui dit, coupez le *débiteur* en
morceaux, ſignifie autre choſe que celui qui porte, vendez-le ſi vous voulez.

Sur quoi tomberoit d'ailleurs l'obſervation judicieuſe contenue dans le ſecond des trois, s'il n'y avoit aucune
différence entre les deux autres ? Pourquoi dire que ſi l'on vient à couper plus
ou moins, il faut que ce ſoit ſans fraude ?
Une répartition d'eſpeces n'auroit pas
été ſujette à de pareilles erreurs. Ce
n'eſt point avec le couteau qu'on auroit pu y procéder. Il eſt clair que le légiſlateur parle là d'une diſſection bien
effective. Il eſt évident qu'il redoutoit
ſeulement la maladreſſe de ces bouchers
peu exercés ; quand en leur livrant
l'objet ſur lequel ils devoient en faire
l'eſſai, il leur recommande de n'y pas
joindre de la mauvaiſe foi, on ne ſauroit ſuppoſer qu'il ait eu en vue une
diſtribution pécuniaire, où l'adreſſe ne
ſeroit entrée pour rien, & qui auroit
été naturellement réglée par la quotité
du titre.

Il y a plus : ſi c'eſt bien-là le texte de
cette loi, s'il a été conſervé ſans altération, on pourroit tirer du dernier article un ſens bien plus horrible encore
que celui qu'on lui donne le plus généralement. Ce n'eſt pas le *débiteur* vivant
qu'il autoriſeroit à mettre en vente : ce
ſeroient ſes membres découpés : c'eſt de
ſa chair proprement débitée, qu'on permettroit à ſes créanciers de tenir bouti-
que ouverte au-delà du Tibre pour les
dédommager. La permiſſion de vendre
ne venant qu'après celle de couper, l'ordre de diſtribuer les morceaux avec le
plus d'égalité qu'il ſeroit poſſible, pré-
cédant l'indication du marché, où il ſeroit

foit libre de les expofer à la curiofité des acheteurs, on pourroit en conclure qu'il y avoit fur le bord du Tibre, comme on le dit de la côte d'Or, & de quelques autres endroits de la Guinée, un emplacement confacré au débit de cette étrange efpeçe de denrée, fans quoi il auroit été affez inutile d'en faire fi fcrupuleufement le partage.

Pour adopter cette interprétation, il faudroit il eft vrai, fuppofer que les Romains de ce tems-là avoient un peu de goût pour la chair humaine. Il faudroit croire du moins que ceux d'entr'eux qui faifoient profeffion de prêter à ufure, y mettoient volontiers l'enchere pour indemnifer leurs confreres, & pour donner un exemple inftructif aux *débiteurs* mal intentionnés. Cette idée n'eft pas honorable pour Rome : mais enfin elle ne repugne pas fi fort qu'on le diroit d'abord à celle que nous en donne l'hiftoire. Cette ville regorgeoit des plus impitoyables ufuriers qui ayent jamais défolé l'univers. Les citoyens riches n'y connoiffoient guere que cette efpece de commerce lucratif. Il ne feroit peut-être pas fi extraordinaire de penfer que pour de pareils hommes, un morceau du corps d'un *débiteur* infolvable, étoit un mets délicat, & qu'ils fe faifoient un plaifir flatteur de manger après fa mort, un malheureux dont ils avoient fans pitié fucé le fang pendant fa vie. Ceci n'eft qu'une conjecture, je l'avoue : mais enfin combien en a-t-on hafardées, combien en hafarde-t-on tous les jours fur l'antiquité, qui ne font ni fi naturelles ni fi bien fondées ? (D. F.)

DÉBOUTÉ, adj., *Jurifprud.*, fignifie *déchu*. Débouter quelqu'un d'une demande ou prétention, c'eft déclarer qu'il en eft déchu.

DÉCADENCE *des Etats, Droit politique*. L'apanage de toutes les chofes du monde eft l'inftabilité. Les plus formidables empires font fujets à la loi du changement & de l'inconftance. La monarchie romaine, vrai coloffe de puiffance, *finit*, dit M. de Montefquieu, *comme le Rhin qui n'eft plus qu'un ruiffeau, lorfqu'il fe perd dans l'océan*. Quand les changemens tombent fur de grands objets, que des royaumes ou des empires font démembrés, affoiblis, détruits, que des nations s'éteignent, & que la face de l'univers eft pour ainfi dire, changée, on les appelle alors *révolutions*. Le tiffu de ces révolutions forme l'hiftoire univerfelle du monde, laquelle non-feulement rend compte des faits arrivés, mais en recherche auffi les caufes, & en explique les effets. C'eft cette hiftoire que l'homme d'Etat doit étudier fans ceffe. Il y trouve la pratique d'une fcience dont on vient de lui donner la théorie ; il y voit le théâtre du monde ouvert, & toutes nos regles mifes en action.

Mais tous les changemens particuliers qui arrivent dans le monde, femblent n'être faits que pour concourir au maintien du fyftème général qui eft immuable. Les révolutions ne changent point les pays, & rarement leurs habitans. Une contrée dont le fol eft fertile, ne manque jamais d'hommes pour la cultiver. Le terroir n'eft pas détruit, tous les citoyens ne font pas exterminés dans les révolutions qui arrivent aux Etats, & qui renverfent les empires. Il faut donc diftinguer deux fortes de révolutions qu'un pays peut effuyer, les unes naturelles, les autres politiques. Les premieres font occafionnées par des effets funeftes de la nature, comme par des tremblemens de terre, par des fubmerfions, par des peftes & autres fléaux femblables. On

Tome IV.

Bb

conçoit facilement que nous ne parlons point ici de ces caufes naturelles de la deftruction des Etats. Les fecondes font caufées par les hommes, & ne font qu'altérer les fyftèmes des Etats, en changeant la forme de leur gouvernement, ou en affujettiffant leurs peuples à des loix étrangeres.

Dans le grand nombre de caufes directes ou indirectes, qui peuvent abréger la durée d'un gouvernement, changer le fyftème des Etats, & renverfer les empires, nous n'en indiquerons que les principales & celles qui produifent les effets les plus foudains. Ces caufes font ou étrangeres ou intrinfeques. Entre les caufes étrangeres on peut compter premierement *les grandes émigrations des peuples*, telles que les IV & Vᵉ fiecles en ont offert le fpectacle à l'Europe. Tantôt des foules innombrables de Goths, de Vandales, & d'autres barbares fortirent du fonds du nord, inonderent l'Europe, & poufferent leurs conquêtes jufqu'en Efpagne, en Italie & même en Afrique; tantôt les peuples qui habitoient les pays les plus feptentrionaux attaquerent leurs voifins vers le midi, & les forcerent à quitter leur demeure. Ceux-ci fe virent par-là contraints de tomber à leur tour fur d'autres peuples qui étoient leurs voifins méridionaux; & ainfi de proche en proche, les nations gravitoient les unes fur les autres, & fe pouffoient toujours vers les climats les plus doux. La même chofe arriva avec les Scythes, les Sarrafins & autres peuples nombreux, pauvres & par conféquent belliqueux. Dans toutes ces révolutions, il ne fe pouvoit faire autrement que la face de l'Europe, & d'une partie même de l'Afie, ne fût tout-à-fait changée. En effet, chaque nation changea de pla-

ce, des royaumes, des empires, des républiques furent ou détruits, ou fondés ou tranfportés fur d'autres terroirs. On me dira peut-être que cette caufe de la deftruction des Etats n'eft plus qu'idéale, & qu'il n'y a déformais plus de révolutions femblables à craindre. C'eft de quoi je ne puis tout-à-fait convenir. Il y a fur la carte du monde une fi grande étendue de pays que nous ne connoiffons pas du tout, & une autre plus grande étendue encore que nous connoiffons mal, que de pareils événemens ne font ni phyfiquement ni moralement impoffibles. Ne fe peut-il pas faire que des terres auftrales, du centre prefqu'inconnu de l'Afrique, de l'Ethiopie, du fonds de l'Afie, du haut de l'Amérique même, il forte un jour quelque effain innombrable d'hommes ou plus forts, ou plus robuftes, ou plus infatigables que les Européens, & qui mettent toute l'adreffe, toute l'habileté des derniers en l'art de la guerre, & toute leur politique en déroute.

Je conviens qu'une pareille révolution paroît fort éloignée, mais elle n'eft pas impoffible; & fans vouloir prévoir les malheurs de fi loin, il eft des dangers, à cet égard, qui font plus près de nous. Il n'y a qu'à jetter les yeux fur la mappemonde; & voir l'immenfe étendue de pays qui eft fous la domination des empereurs Ruffes & Ottomans. Il eft vrai que jufques ici ces nations ont eu la complaifance de pofféder tant de terroir affez inutilement; mais ne peuvent-elles pas changer de mœurs, d'inclinations, de politique & de talens? Nous ne nous étendrons plus fur cette matiere; c'eft une mer dangereufe fur laquelle nos Palinures politiques s'endorment avec trop de fécurité!

La guerre eft la feconde caufe étrange-

re, qui peut occaſionner la *décadence des Etats* ; ſoit que cette guerre ſoit entreprife par un injuſte conquérant, ſoit qu'elle ſoit fondée ſur l'équité. Tous les auteurs du droit des gens ſoutiennent que le droit de conquête eſt un droit légitime ; mais quand il ne le ſeroit pas, la plûpart des changemens arrivés aux empires du monde, depuis ſon origine juſqu'à nos jours, n'ont-ils pas été occaſionnés par la voye des armes ? Les guerres heureuſes élevent les Etats, comme les malheureuſes les ruinent. Il eſt rare cependant qu'une ſeule guerre détruiſe tout d'un coup un Empire. Il a fallu trois guerres puniques pour abimer Carthage ; mais comme le moindre échec que reçoit une puiſſance l'affoiblit d'abord, & fortifie ſon ennemi ou ſon rival, c'eſt ordinairement par degrés que les Etats vont de leur *décadence* à leur chûte. Tout échec à la guerre eſt donc à craindre pour un Etat; & le ſouverain ne doit point témoigner de lâche indifférence lorſqu'il lui en ſurvient, mais faire tout ſon poſſible pour les prévenir. Ce monarque n'étoit pas fait pour régner, qui recevant la nouvelle de la priſe d'une de ſes plus importantes fortereſſes, dans le tems qu'il s'amuſoit à jouer d'un inſtrument, continua ſa muſique, & dit, avec une indólence révoltante ! *ha, l'on prétend que c'étoit une jolie petite ville.* Un pareil ſang-froid eſt digne de blâme. Je conviens que le ſort de la guerre comme celui des empires, eſt entre les mains de la Providence; mais elle ſe ſert des hommes pour exécuter ſes décrets. Les princes, les miniſtres, les généraux, doivent être perſuadés d'une Providence divine qui regle tout, mais agit comme s'ils n'y croyoient point, & comme ſi les bons ou les mauvais ſuccès dépendoient de leur propre prudence;

puiſqu'en effet l'expérience prouve que tous les événemens à la guerre, comme dans toutes les autres choſes du monde, dérivent toujours de cauſes naturelles. Il n'y a que les viſionnaires, les eſprits trop pareſſeux ou trop bornés, qui attribuent chaque accident à une direction immédiate & miraculeuſe de l'Etre ſuprême : s'ils ouvroient les yeux, s'ils examinoient bien, ils trouveroient cette cauſe à côté de l'effet.

Lorſqu'une puiſſance voiſine fait des progrès exceſſifs dans tous les objets de la politique, ſon agrandiſſement peut devenir la troiſieme cauſe, ou prochaine ou éloignée de la décadence d'un autre Etat. Le ſyſtème politique de l'Europe en général, eſt tel aujourd'hui, qu'un Etat ne peut s'élever qu'aux dépens de quelque autre, ſoit par la voye des conquêtes, ſoit par celle du commerce, &c. chaque degré de puiſſance réelle qu'il acquiert, lui donne au moins un degré de puiſſance rélative de plus, & ce degré qu'il gagne eſt une perte pour ſes rivaux. Enfin, allant de progrès en progrès, il parvient inſenſiblement à imprimer la terreur aux autres ſouverains, & à leur donner enfin la loi. Preſque tous les hommes d'Etat ont ſenti cette vérité. Les longues querelles entre les maiſons d'Autriche & de Bourbon, entre les puiſſances du nord, &c. n'ont point d'autre principe; mais il s'en faut beaucoup que les cabinets ayent pris les meſures les plus juſtes pour prévenir cette élévation exceſſive des mêmes puiſſances qui pouvoient leur inſpirer une juſte jalouſie. On les a vu préférer les petits intérêts aux grands, faire céder l'avantage le plus eſſentiel, le plus conſtant, & les avantages momentanés, & conclure quelquefois avec leurs rivaux des alliances qui ſervoient dans la ſuite à fortifier ces

derniers, non - feulement contre eux-
mêmes, mais contre leurs alliés naturels avec lefquels ils auroient dû faire
caufe commune pour s'oppofer de concert à l'agrandiffement de ces mêmes
puiffances rivales. La regle des latins fi
vraie & fi politique, qu'il faut *obftare
principiis*, eft trop négligée par ceux
qui conduifent les affaires, & fouvent
il faut un fiecle de guerres pour obtenir ce qu'on auroit pu prévenir par quelques traits de plumes.

*L'étendue trop vafte d'un Empire de-
vient prefque toujours une caufe de fa décadence.* Toutes les monarchies anciennes font autant d'exemples de cette vérité. La grandeur de celle d'Alexandre
caufa fa deftruction après la mort du
fondateur. Rome s'écroula fous le poids
de fes propres forces. On peut tirer les
inftructions les plus utiles fur cette matiere de l'excellent ouvrage de M. de
Montefquieu fur *les caufes de la grandeur des Romains & de leur décadence.* Il
y développe, avec une fagacité admirable, tout ce qui fervit à fortifier les
nerfs & les refforts de cet Empire, tant
qu'il marcha vers la grandeur, & à les
affoiblir lorfqu'il y fut arrivé. Il eft impoffible, je penfe, de dire fur cet objet
quelque chofe de mieux, de plus profond & de plus vrai que ce qu'il a dit;
& pour me difpenfer de répéter ici fes
idées, je renvoye tous ceux qui fe def-
tinent aux affaires publiques, à la lecture, ou plutôt à l'étude de cet incompa-
rable traité, ne me permettant que d'y
ajouter une feule remarque. Vouloir
réunir toute la terre fous un feul empire, eft, à mon avis, l'entreprife la plus
vaine & la plus chimérique, parce que
le gouvernement en feroit moralement
impraticable. Malgré l'établiffement des
poftes & leur célérité, il eft impoffible
que le fouverain qui auroit établi fon

fiege au centre d'une pareille monarchie, puiffe avoir affez tôt des relations
exactes de tout ce qui fe paffe dans les
provinces lointaines, & y faire parvenir fes ordres. La vue humaine ne s'é-
tend pas au-delà de fon horifon, & la
vue du gouvernement le plus parfait,
ne fauroit porter jufqu'au bout du monde. Les fénats particuliers qu'on eft
obligé d'établir dans les provinces, y
forment autant d'Etats prefque indépendans, & dont les liens trop peu fer-
rés avec le gouvernement en chef, fe
rompent à chaque moment. De-là les
rebellions & les guerres inteftines, plus
dangereufes que les guerres étrangeres;
de-là le démembrement des provinces,
la *décadence*, la chûte, l'anéantiffement
de l'Etat.

*La dépendance abfolue d'une autre
puiffance où fe met un Etat, eft encore
une caufe de fon affoibliffement.* Cette
dépendance peut dériver ou de la pareffe
nationale, ou d'un vice de police qui
fait que le pays eft contraint de fe pourvoir de la plupart des denrées, manufactures & autres befoins de premiere
néceffité, chez un autre peuple formidable, tellement qu'il ne peut plus fe
paffer de fes fecours à cet égard. Le Portugal eft prefque dans cette fituation
vis-à-vis de l'Angleterre. Or, cette dépendance prend fa fource dans un mauvais fyftème politique que le gouvernement embraffe lorfqu'il époufe toutes
les querelles d'un allié puiffant, qu'il
entre trop avant dans fes vues, qu'il attache fa fortune à celle du même allié
par des liens prefque indiffolubles, &
fur-tout lorfqu'il lui vend, pour ainfi
dire, toutes fes forces en prenant trop
de fubfides. Ce font là des engagemens
qui vont plus loin qu'on ne penfe. On
navige fur une mer orageufe, on attache fa barque à un vaiffeau du premier

rang avec des chaînes qu'on ne sauroit couper lorsque ce vaisseau est en péril, & l'on est entraîné avec lui dans l'abime.

La *décadence de l'Etat* peut encore être occasionnée par l'affectation d'une grande indépendance & d'une autorité capable de donner de l'ombrage aux autres souverains. Un Etat qui veut entierement se concentrer en lui-même, rompre toutes ses liaisons, soit de commerce, soit d'amitié avec le reste de l'Europe, révolte toutes les autres puissances. Il y a un art à cacher tout le pouvoir qu'on possede, & la politique veut qu'on n'en fasse jamais usage dans les petites occasions, mais qu'on le réserve pour les grandes. Le faire éclater trop tôt, & dans des bagatelles, c'est le moyen d'ouvrir mal-à-propos les yeux aux autres princes, se susciter des envieux & des ennemis sans nécessité, & les engager à se réunir contre nous. Plus d'un Etat s'est trouvé arrêté au milieu de ses progrès pour avoir négligé cette maxime.

Si l'Etat peut s'affoiblir par la trop grande indolence de ceux qui le gouvernent & qui ne savent pas se servir de tous ses avantages, faire valoir ses droits, les faire respecter par ses voisins, il peut aussi être précipité dans des malheurs irréparables pour un souverain qui forme des entreprises, vaines, chimériques, trop dangereuses & qui surpassent absolument ses forces. S'il entreprend un commerce qu'il ne sauroit protéger, s'il veut se faire rendre justice les armes à la main, d'une puissance qui peut l'écraser, s'il exige des prérogatives & des honneurs extraordinaires, s'il forme des projets de conquêtes trop vastes, s'il entreprend des tableaux semblables à ceux des Romains, des bâtimens dignes de l'ancienne Grece & de l'Egypte, s'il veut avoir

une armée, une marine, une cour, des places fortes, des canaux, des chemins appiens, & mille choses semblables auxquelles les ressources de son pays se refusent; bien loin de fortifier l'Etat, il le fait tomber en léthargie. Les plans de Charles XII. étoient trop grands pour la Suede; & ce royaume se trouvoit à deux doigts de sa perte, lorsque la mort de ce prince en fit cesser l'exécution.

L'Etat se perd encore par le partage que fait un monarque de son empire. La monarchie que Philippe, roi de Macédoine, avoit fondée, & que son fils rendit presque universelle, se fondit entre les mains des successeurs d'Alexandre qui la distribuerent entr'eux. Le partage que Théodose fit de l'empire Romain entre ses fils Arcadius & Honorius fut la vraie cause de sa *décadence.* L'empire formidable d'Occident, que Charlemagne avoit rétabli avec tant de peine, fut démembré ou plutôt anéanti, par le partage que cet empereur en fit entre ses enfans. La Saxe, province la plus riche & la plus vaste de l'Allemagne, perdit toute sa consistance par les divisions & subdivisions de territoires qui s'en firent successivement entre les différentes lignes de la maison de Saxe & les diverses branches de chaque ligne. Ce partage des Etats est également injuste & insensé. En faisant les moindres réflexions sur l'origine des peuples & des gouvernemens civils, on voit que les hommes se sont réunis en corps de société pour être plus formidables, & n'ont consenti à faire régner des souverains sur eux, que pour être plus heureux par leur union, & pour pouvoir s'opposer aux attentats de leurs ennemis avec plus de vigueur sous un chef commun. Mais ce chef n'a aucun droit de partager un pays & un peuple dont les ancêtres se sont ainsi réunis, & dont la Providence lui a confié le gouvernement sous la condition tacite & expresse de le conserver en entier tant qu'il peut. Dieu avoit réuni lui-même les douze tribus d'Israël, & lorsque ce peuple se divisa, qu'il s'en forma deux royaumes différens, la nation juive en fut extrêmement affoiblie, & cette division devint la source de sa *décadence*. Tous les hommages que les peuples rendent à leurs souverains ne se font que sous la condition qu'il ne rompra point le nœud qui les lie & qui les tient en corps d'Etat. Chaque partage donc que fait un prince de ses Etats est une injustice manifeste qu'il commet envers ses sujets. Il faut même comprendre dans cette regle les provinces qu'il a conquises par les armes; car ces conquêtes ont été faites avec les forces de l'Etat héréditaire, avec l'argent & le sang des sujets; elles ont été incorporées une fois à l'Etat, & n'en peuvent plus être démembrées par une simple fantaisie d'un prince qui, pour donner des établissemens à ses enfans, voudroit en former différentes souverainetés, les distribuer & réduire l'ancien Etat, qui s'est énervé pour les conquerir, à ses premiers termes. Enfin la loi naturelle, le droit des gens, & les constitutions fondamentales de la plupart des pays, s'opposent à de pareils partages. Une partie si essentielle du bonheur des peuples ne sauroit dépendre du caprice d'un souverain, & une province une fois incorporée à l'Etat, n'en peut être détachée que par une force majeure qui fait taire toute équité & toute politique.

Rien n'est donc plus sage, ni plus juste, que l'établissement du droit de primogéniture qui se fonde sur des principes établis ci-dessus, puisqu'il est démontré par la raison & par l'expérience, que la succession indivisible qui passe au premier-né des mâles, maintient l'Etat autant que le partage du pays sert à le ruiner. Mais la politique qui fait son principal objet de ce qui est utile, ne perd pas de vue ce qui est équitable. Il sembleroit que des fils nés d'un même pere ont un droit égal à sa succession, & que les cadets ont à se plaindre si l'aîné hérite de tout, & qu'ils restent dans l'indigence. Elle a donc prévenu cette difficulté, en établissant 1°. que les cadets participassent à la succession des biens allodiaux, soit meubles, soit immeubles, qui ne sont point incorporés à la couronne, mais qui relevent d'elle; 2°. que l'aîné qui hériteroit de la souveraineté fût obligé de donner aux autres princes de sa maison un apanage assez considérable pour fournir à un entretien digne de leur naissance, ou 3°. que le souverain pût faire à chacun de ses enfans, un établissement convenable en leur achetant, de son épargne, des terres & seigneuries qui les missent hors de la dépendance absolue du chef de sa famille. C'est ainsi qu'en a usé le feu roi de Prusse : mais ces terres ou seigneuries ne peuvent jouir d'aucun droit de souveraineté, laquelle doit toujours rester indivisible. Avec ces précautions ou autres semblables, aucun prince apanagé n'a droit de se plaindre. Car, outre que cet arrangement de primogéniture est introduit dans tous les fiefs il y a encore une grande différence à faire entre la succession des souverains & celle des particuliers. On ne peut partager des hommes & des peuples, comme on partage les autres biens de la fortune, & à bien considérer les choses, la souveraineté n'est pas un bien dont le possesseur puisse disposer, mais une charge, un office dont il eſt revêtu. Nous avons déja remarqué ailleurs que l'utilité des princes cadets ſe trouvoit même dans l'établiſſement de la primogéniture & des apanages: car, ſuppoſons un roi qui regne ſur une vaſte monarchie, & qui la partage entre une nombreuſe famille, que chaque branche conſerve ce droit de partage; au bout de quatre ou cinq générations les portions ſubdiviſées ſe trouvent ſi petites que ces princes, qui deſcendent d'une tige ſi conſidérable, ne ſerònt que de petits ſeigneurs régnans ſur des Etats en miniature qui font à peine la fortune d'un gentilhomme aiſé. Quoique ſouverains ils n'auront plus de grandeur réelle, & par conſéquent plus de conſidération parmi les autres ſouverains de l'Europe, & feront obligés de céder en tout la prééminence aux princes apanagés des grandes maiſons. D'un autre côté, l'Etat ne perd rien en contribuant aux apanages des princes, lorſqu'ils ſont obligés de dépenſer dans le pays même l'argent qui leur eſt fourni pour leur entretien; au contraire, leur luxe met une plus grande valeur en circulation, & cet argent retombe dans la maſſe totale des richeſſes publiques; ſans compter que pluſieurs cours ou maiſons de princes apanagés, rendent un pays plus brillant & y attirent des étrangers. S'ils poſſedent des terres, ils les poſſedent à titre de ſujets, & de ſujets aiſés, qui peuvent améliorer & embellir ces terres, en rendre les cultivateurs & autres habitans heureux, & font profiter l'Etat par une belle dépenſe. Enfin, de quelque côté qu'on conſidere l'établiſſement des apanages & de la primogéniture, c'eſt une des plus belles inventions de la politique.

L'axiome politique qui dit que la ſouveraineté ne ſouffre aucune diviſion, parce que tout pouvoir diviſé eſt par là affoibli, cet axiome, dis-je, nous découvre auſſi pourquoi deux princes ne ſauroient à la fois occuper le même trône. Toutes ces aſſociations à l'Empire, dont on trouve tant d'exemples dans l'hiſtoire des empereurs, étoient des fautes énormes contre la ſaine politique. L'imbécille Iwan & le ſage Pierre I. placés enſemble ſur le trône de Ruſſie auroient fait des maux inexprimables à cet empire, ſi la corrégence eût duré plus long-tems. Un pareil arrangement devient donc une cauſe bien directe de la *décadence* d'un Etat. L'hiſtoire nous en fournit mille preuves, & les ſimples lumieres de la raiſon nous en peuvent convaincre *à priori*. Mais cette reflexion ſuppoſe que les deux ſouverains regnent avec une autorité égale; car, lorſqu'un monarque affoibli par l'âge ou par des infirmités, une princeſſe qui ſuccombe ſous le fardeau des affaires publiques, aſſocie à la régence un fils, un époux, un frere, & ſe remet à lui des ſoins du gouvernement, le cas n'eſt pas le même, & les ſuites n'en ſont point ſi dangereuſes. Ce prince aſſocié alors n'eſt qu'une eſpece de grand-viſir, de premier miniſtre qui peut être dépoſé, & qui doit compte au ſouverain de ſes actions.

Nous diſons à l'article ETAT, que la puiſſance d'un Etat eſt ou réelle, ou rélative, ou fondée ſur ſa ſituation locale, ou d'opinion, ou acceſſoire. Après avoir développé les principales cauſes qui concourent à la *décadence* des deux premieres eſpeces de puiſſances, examinons encore en peu de mots comment les trois dernieres peuvent s'affoiblir par des cauſes étrangeres. Lorſque la nature briſe les barrieres qui ſervent de rempart à un pays, que les mers & les rivieres font rendues impraticables par les bancs de fable qui s'y élevent, que les campagnes font fubmergées, que des montagnes s'écroulent, en un mot quand il fe fait des changemens confidérables au fol même, il eft conftant qu'un pays perd les avantages de fa fituation primitive & que la puiffance de l'Etat périclite par de pareils défaftres. Il eft d'un fouverain fage de prévenir, autant que les forces humaines peuvent le faire, les effets de pareils fleaux, & de réparer les dommages qu'ils caufent. Mais heureufement ces accidens font rares, & l'on voit plus fouvent que la puiffance de fituation s'affoiblit ou par les progrès du commerce des voifins, ou par les efforts qu'ils font, foit pour rendre cette fituation inutile en fubftituant l'art à la nature, foit en fe mettant en état de fe paffer du pays qui eft ainfi favorifé. Il faut donc que le gouvernement de l'Etat puiffant par fon affiette, ne néglige aucun moyen pour fe conferver ce même avantage dans toute fon étendue, & pour pouvoir forcer, dans un befoin, à main armée, tous ceux qui veulent l'en priver, de fe défifter de leurs projets. C'eft fur ce principe que fe fondent tous les efforts que l'Angleterre fait continuellement pour conferver l'empire de la mer, en employant des fommes immenfes à l'entretien de fa marine & de fes ports.

La puiffance d'opinion s'affoiblit, & tombe en décadence, à proportion que l'opinion, fur laquelle elle eft bâtie, fe diffipe dans l'efprit des hommes; & par conféquent on ne doit point trouver étrange que ceux qui font à le tète d'un pareil Etat, cherchent à perpétuer cette opinion, foit vraie, foit fauffe. Suppofons pour un moment que la religion des chrétiens vînt à perdre une

partie de fon crédit, ou s'éteignît comme tant d'autres avant elle, ou que l'églife romaine ceffât d'être auffi triomphante qu'elle l'a été depuis mille ans, ou que le proteftantifme devînt univerfel, il eft clair que la puiffance du pape tomberoit avec toute la hierarchie de l'églife romaine. Eft-il donc furprenant de voir les peines que l'on fe donne à Rome pour maintenir, foit par la perfuafion, foit par la force, la religion catholique dans toute fa vigueur, & pour écrafer tous ceux qui voudroient lever la tête contr'elle? La politique ne conniveroit-elle pas un peu à l'établiffement de l'inquifition, fi ce tribunal n'agiffoit pas fur des maximes fi infâmes, & s'il n'étoit dans les mains des plus coupables fcélérats de la terre? Ce n'eft pas fans raifon que l'ingénieux auteur de la *Henriade* a établi à Rome le fiege de la politique; car on ne fauroit affez admirer avec quel art, & avec combien d'adreffe, cette cour maintient fon autorité, & conferve les reffources qui la font fubfifter depuis tant de fiecles. Si toutes les puiffances européennes pouvoient croire que l'établiffement des chevaliers de S. Jean dans l'ifle de Malthe, leur fût un rempart inutile contre les Turcs & les pirates d'Afrique, & que fur ce préjugé ils abandonnaffent cet ordre à toute la haine de la Porte Ottomane, tout leur établiffement feroit bientôt détruit, & il leur importe d'entretenir, fur-tout les nations commerçantes, dans cette opinion favorable qu'elles ont de leur utilité pour le repos de la chrétienté en général, & de la navigation en particulier, en purgeant les mers de corfaires, & en s'oppofant rigoureufement aux entreprifes des infideles.

Enfin, la puiffance acceffoire fe perd lorfque les provinces lointaines qui la donnent,

donnent, font enlevées par une force étrangere, & paffent en d'autres mains, ou que leur poffeffion devient plus à charge qu'utile à l'Etat qui les tient fous fa domination. Si le Portugal venoit à perdre le Brefil & fes poffeffions en Afie, fi les isles & les provinces de terre ferme qui appartiennent encore à la république de Venife, lui étoient enlevées, ces puiffances fe trouveroient fort affoiblies ; & par conféquent la métropole doit faire les plus grands efforts pour s'en affurer la confervation, parce que leur perte entraîneroit immédiatement fa propre *décadence.* Mais il eft des provinces dont la confervation même devient fi onéreufe, que cette charge énerve l'Etat & devient la fource de fa foibleffe. L'isle de Corfe dont les habitans inquiets, mécontents, féditieux, mettent depuis vingt-cinq ans la république de Genes, leur fouverain au défefpoir, nous en fournit un exemple remarquable: Si la rebellion continue dans ce royaume, il eft certain que l'Etat de Genes paffera de fa *décadence* à fon anéantiffement. Dans un cas pareil, le fouverain doit rechercher foigneufement la vraie caufe qui rend cette confervation fi difficile, ne point s'opiniâtrer fur le maintien des anciennes maximes, mais puis qu'enfin il y a moyen à tout, changer de fyftème, lever les griefs, & rechercher tous les expédiens poffibles pour alléger le joug de ceux chez qui il lui importe de rétablir la tranquillité.

Telles font en général les caufes étrangeres de la *décadence* des Etats, voyons maintenant quelles en peuvent être les caufes intrinfeques. La premiere eft fans contredit *la conftitution vicieufe de l'Etat même.* De pareils Etats, femblables aux édifices défectueux où les fardeaux & les fupports font mal dif-

tribués & les proportions irrégulieres, s'écroulent d'eux-mêmes & fuccombent fous leur propre poids. Les anciens Grecs, qui tâtonnoient fans ceffe fur les formes de gouvernemens les plus convenables à leurs républiques, tomberent dans de mauvaifes mains, & leurs légiflateurs manquant de théorie & d'expérience, firent des monftres de républiques qui s'anéantirent d'elles-mêmes, tandis que leurs citoyens faifoient des prodiges de valeur contre les ennemis du dehors.

Mais l'*Etat le plus régulierement conftitué peut courir à fa ruine, lorfqu'il eft gouverné par un fouverain infenfé.* Les fautes continuelles que fait un prince extravagant, occafionnent la *décadence* de fon Etat, avant que les miniftres les plus fages puiffent les réparer. C'eft un malheur, c'eft un fléau qu'il eft difficile de prévenir & d'empêcher. C'eft la Providence qui donne aux nations les bons & les mauvais rois. Les plus zélés & les plus habiles confeillers peuvent mitiger les folies de ces derniers, mais non pas effacer les traces funeftes qu'elles laiffent toujours derriere elles. Mais lorfqu'un prince fouverain tombe tout-à-fait en démence, il eft cenfé ne plus exifter dans la fociété ; l'héritier préfomptif, foutenu des parens les plus proches du trône, des miniftres, des généraux & des Etats du pays, peut s'affurer de lui, le faire garder à vue par des hommes de confiance, l'enfermer dans une prifon là plus honorable & la plus commode qu'il eft poffible, lui ôter tout pouvoir, & prendre en main les rênes du gouvernement. Ce fucceffeur devient alors le tuteur du prince en démence, & le régent de l'Etat jufqu'à la parfaite guérifon, ou jufqu'à la mort de ce premier. Quelque inviolable que foit la fouveraineté, les droits du peuple qui ont pour objet leur falut, font encore plus facrés, & des millions d'hommes ne doivent pas fouffrir des extravagances d'un feul dont le dérangement du cerveau eft manifeftement avéré.

Malheur à toi, terre, quand ton roi eft jeune, dit l'Eccléfiafte, &c. Cette fentence eft dictée par la fageffe divine. Les loix naturelles & pofitives éloignent, il eft vrai, de la régence les rois & les princes mineurs, & les mettent fous une fage tutele. Ces cas ont été prévus par-tout, & il n'y a guere de pays où les loix ne déterminent l'âge que le fouverain doit avoir pour régner, & les perfonnes auxquelles fa tutele & la régence de l'Etat font confiées jufqu'à ce qu'il foit parvenu à la majorité: mais les maux qu'entraînent ordinairement ces minorités, défolent les peuples & les provinces. Ce font des tems orageux où toutes les paffions s'enflamment, & où chacune produit de funeftes effets. L'hiftoire moderne de France nous en fournit plus d'un exemple. On n'y voit pas une minorité qui n'ait penfé ébranler cette formidable monarchie jufques dans fes fondemens. Que de malheurs arrivés fous celle de Charles IX. de Louis XIII. de Louis XIV. & même, fi l'on veut, fous Louis XV. Ces derniers, à la vérité, n'approchent pas de ceux qui furvinrent pendant les trois premieres; il n'y eut au moins point de fang répandu; la confufion que caufa le fyftème, bien loin d'avoir des fuites fatales, auroit pu être tournée au bien de l'Etat, & les tracafferies occafionnées par la bulle unigenitus appartiennent plutôt au genre théâtral qu'au genre politique. C'eft une farce italienne qui pourroit bien finir par des coups de bâton, mais que des gens d'Etat ont tort de traiter férieu-

fement. La raifon pourquoi les troubles de la derniere minorité ne furent ni auffi funeftes, ni auffi fanglans que ceux des précédentes, eft que la régence étoit dans les mains d'un feul prince habile, & que l'autorité fuprême ne fouffroit aucun partage. C'eft la concurrence de trop de perfonnes confidérables au pouvoir fouverain, qui caufe les malheurs des tuteles & des régences. Ces perfonnes, tout éblouies de leur nouvelle autorité, & très-fûres de ne la garder que pour un tems, en abufent; & il ne faudroit que trois minorités confécutives pour mettre aux abois le royaume le plus formidable. La politique veut donc que, dans les cas où la tutele eft inévitable, elle foit commife au prince de la maifon le plus proche du trône, ou de la fouveraineté, comme ayant le plus d'intérêt à gouverner fagement, & il y a mille précautions à prendre pour l'obliger de remettre toute fon autorité à fon pupile, dès que celui-ci eft en âge de régner.

Il ne fuffit pas que la forme d'un gouvernement foit reguliere, & le prince fage, *il faut encore, pour gouverner l'Etat, des miniftres fideles.* Nous en faifons connoître l'importance à l'article Ministre *d'Etat.* Comme il n'y a que Dieu qui puiffe faire tout, les plus grands rois ont befoin de fecours pour gouverner, & pour faire exécuter leurs volontés. Qu'on fe figure un Etat qui tombe fous la main de miniftres mal-adroits, ou mal intentionnés. Toutes les occafions de faire du bien à la patrie feront manquées, tous les accidens qui peuvent nuire à la patrie ne feront point parés. Le fuccès ne répondra jamais à la fageffe ou à la bonté d'une réfolution que le prince aura prife, parce qu'elle fera mife mal en œuvre : ces mauvais fuccès déconcerteront le prince, & le rendront incertain fur les mefures qu'il doit prendre pour l'avenir. Les réfolutions foibles, les démarches ou fauffes ou tyranniques au contraire réufiront, & prendront l'apparence de l'utilité. C'eft ainfi que de mauvais miniftres peuvent corrompre le fouverain le mieux intentionné. S'ils appellent à leur fecours les charmes d'une maîtreffe chérie, l'Etat périclitera infailliblement, & il faudra plus d'un regne fage & fortuné pour le remettre dans fon ancienne vigueur.

Le relâchement dans les mœurs, dans le maintien du bon ordre & de la fociété, & dans l'obfervation des loix, eft encore une caufe directe & intrinfeque de la *décadence* d'un Etat. C'eft le peuple qui fait l'Etat; fi ce peuple s'abandonne à toutes fortes de vices, il ne faudra qu'une génération ou deux, pour l'énerver : c'eft un fait fondé fur l'expérience de tous les fiecles. Dès que les mœurs fe corrompirent dans les monarchies des Affyriens, des Perfes, des Grecs, des Romains, & dans tous les empires modernes, ces Etats périrent bientôt. Sans ordre il eft impoffible d'entretenir la fociété, & de l'entretien de la fociété dépend la population, la baze de toute félicité politique. Les loix ne font pas données pour une vaine fpéculation, pour occuper des docteurs & des écoliers, mais pour être mifes en pratique. Des loix médiocrement bonnes, mais bien obfervées, rendront l'Etat plus formidable que les loix les plus fages, mais négligées. L'impunité des crimes furtout devient la fource de mille maux dans l'Etat, & par conféquent celle de fa foibleffe. La conftitution bizarre du gouvernement en Pologne fait que

les loix n'y font pas affez obfervées, & que les criminels ont trop de moyens pour fe mettre à l'abri des pourfuites de la juftice. Auffi feroit-il difficile de fe figurer une nation nombreufe, brave, fpirituelle, habitant un beau pays, comme la nation polonoife, auffi foible qu'elle.

Ceux qui ont foutenu que la *religion* étoit inutile au gouvernement des Etats, & que les roues & les potences fuffifoient pour effrayer les malfaiteurs, & entretenir le bon ordre, ont dit une grande fotife. Toutes les fautes commifes contre les loix font-elles donc de nature à mériter la mort, ou des châtimens corporels, ou des punitions qui aillent à la ruine d'un citoyen? Préferera-t-on d'arriver par la violence & par la cruauté, à un but auquel on peut parvenir par une voye auffi douce, auffi aimable que le culte divin? Un légiflateur fera-t-il fâché d'avoir ce frein de plus pour tenir les hommes dans leur devoir? Qu'on y prenne garde! Dès que la religion pofitive s'éteint dans un pays, pour faire place à la religion naturelle, trop fpéculative & trop incertaine pour la multitude, puifque chaque homme differe de fentiment & de lumieres, ce pays marchera à grands pas vers fa *décadence*. Il n'y a pas de pays en Europe où l'on penfe plus librement fur la religion chrétienne qu'en Angleterre, & où on la refpecte plus au dehors. Les temples y font fuperbes & en grand nombre, le clergé bien falarié & confidéré, les évèques riches & à la tête de la nation, le culte divin exercé avec dignité & avec toutes les marques extérieures de dévotion, le dimanche & les fêtes obfervées avec une rigueur dont il n'y a point d'exemple ailleurs; tout commerce, tout travail, tout jeu, toute mufique interdits dans ces jours confacrés aux exercices religieux. Cette nation, la plus politique de toutes, reconnoit que fa félicité, fon repos, le maintien de fa puiffance, dépendent en grande partie du maintien de fa religion. Elle y affervit fon roi le premier, & fait bien fagement.

Mais autant qu'il eft néceffaire au bien de l'Etat de faire régner la religion & la folide piété parmi la nation, autant eft-il fatal à l'Etat de *la faire régner avec trop d'empire*. Un peuple de dévots, dans quelque religion que ce fut, feroit un peuple bien ridicule & bien foible. Les raifons en font trop palpables pour avoir befoin d'être développées. La dévotion extérieure conduit trop facilement à l'enthoufiafme, à la fuperftition, au fanatifme, à la pareffe, à l'indolence, au mépris des chofes mondaines fi funefte aux progrès des arts, des talens & du commerce. Il n'y a qu'à jetter un coup d'œil fur la carte de l'Europe, & parcourir tous les pays où la religion catholique domine avec trop d'autorité, & où les peuples s'y foumettent avec trop d'aveuglement, on les verra tous fans nerfs & fans vigueur. Nous lifons depuis peu des mémoires, qui contiennent beaucoup d'anecdotes du regne de Louis XIV. L'homme d'Etat qui fait paffer légerement fur le frivole, pour méditer fur ce qui eft effentiel, y découvre plufieurs caufes de la bonne & de la mauvaife fortune de ce grand monarque. La religion femble en devenir le premier mobile. Tant que le roi eut des maîtreffes & des favoris qui élevoient fon efprit à la gloire & fon cœur aux plaifirs, les affaires de la France profpérerent, Louis foutint tous les efforts de l'Europe réunie, en triompha & fit

des conquètes; dès qu'une dame qui fe peint dans fes lettres & dans fes actions, comme une Magdeleine pénitente, s'empara du cœur de ce roi, & le conduifit par la dévotion à l'amour, & par l'amour à la dévotion, les confeffeurs, les directeurs, les jéfuites, les évêques, les religieufes, & autres perfonnes appartenantes au clergé eurent part aux affaires, occafionnerent des fchifmes, firent des cabales, occuperent le monarque de ces petites miferes, & le détournerent de fon attention pour les grands objets, feuls dignes de lui. Les miniftres étoient placés & déplacés tour-à-tour par les intrigues des prêtres, ou fur des foupçons contre la pureté de leur croyance Des généraux habiles, mais accufés de janfénifme, ne parvenoient plus au commandement des armées, on les confioit à des officiers ineptes, mais orthodoxes. Les confeffeurs faifoient jouer au roi un perfonnage foible & ridicule, en l'affervilant à toutes fortes de mommeries. Toute la cour étoit en prieres, tandis que les ennemis hérétiques étoient en action. Les troupes furent par-tout battues, les villes prifes, les flottes abîmées, & la France fe trouvoit dans une *décadence* totale. A mefure que le roi mitigea fa dévotion, que le crédit des prêtres diminua, que les talens politiques & militaires rentrerent dans le droit de fe faire employer, que la dévotion fe renferma dans St. Cyr, Dieu bénit les armes de la France & rétablit fes affaires.

Dans les pays où la liberté naturelle des hommes eft opprimée fous un joug purement defpotique, l'Etat ne fauroit être bien formidable. Il n'y a pas un inftant dans la vie où le defpote ne foit en danger de périr fur fon trone, & il en coute mille fois plus de fe faire obéir par le pouvoir abfolu que par le pouvoir des loix. Les mefures qu'un pareil defpote eft obligé de prendre continuellement pour contenir les peuples dans l'obéiffance, & pour prévenir les féditions, abforbent la moitié des forces naturelles de l'Etat; chaque émeute populaire, qui furvient malgré ces précautions, l'affoiblit encore plus, & chaque révolution qui renverfe le monarque ébranle l'Etat jufques dans fes fondemens. De là la foiblefle inconcevable de l'empire ottoman, & des autres monarchies afiatiques, qui fans ce vice de gouvernement feroient trembler l'Europe. Il femble que l'efclavage rende les hommes tout-à-fait inutiles.

Le trop de liberté devient encore la caufe de la *décadence* d'un Etat. Tout eft perdu fi cette liberté dégénere en libertinage. C'eft le plus dangereux excès où une nation puifle tomber. L'extrème foiblefle du royaume de Pologne & la léthargie de la république de Hollande n'ont prefque d'autre fource. Un peuple qui veut être trop libre donne à fes voifins le moyen de lui forger des chaînes. Pour obliger les hommes à concourir au bien général, il faut un frein qui les retienne dans l'obéiffance, & un pouvoir qui les affujettifle tous.

Quand une nation néglige de perfectionner l'agriculture, le commerce, les fciences & les arts utiles, pour fe livrer avec trop de paffion aux arts libéraux & à des objets frivoles, elle ne peut que devenir foible, & l'Etat languiffant. Les habitans des campagnes de Portugal defcendent des montagnes pour porter dans les villes quelques fruits que le terroir y produit prefque naturellement. Ils portent fous un petit manteau à l'efpagnole une guitarre, ou un luth, ils fe touchent délicatement, font nés poëtes lyriques, compofent des airs & des paroles, les chantent & les accompagnent, & ne font autre œuvre de leurs doigts: l'autre moitié de la nation vit dans les églifes accroupie aux pieds de l'image de quelque faint; l'inquifition abrutit le refte. Le Portugal prend toutes les manufactures & prefque tous fes befoins chez les fages Anglois qui l'énervent en tirant fes efpeces, & mettent ce royaume hors d'état de faire les moindres progrès, ni même la moindre défenfe fans leurs fecours. On découvre fort aifément la caufe de cette *décadence*.

Une autre caufe bien directe de la foiblefle & de la *décadence* d'un Etat, c'eft *l'orgueil & la pareffe de la nation*. Ce fut un grand idiot en politique que celui qui, le premier, voulut perfuader à la noblefle qu'elle déroge & s'avilit par un travail honnête de fes mains. L'auteur des *Lettres Perfannes* peint d'une maniere admirable la hauteur, l'indolence & le dégoût pour le travail, de la nation efpagnole, & fur-tout des grands. Il dit que la noblefle s'y acquiert fur des chaifes. C'eft un exemple bien dangereux que celui des grands pour le peuple. Leur défœuvrement introduit la fainéantife dans cette claffe de citoyens dont les travaux donnent les forces folides à l'Etat. Le mot de *déroger* devroit être banni de la langue françoife, comme il l'eft des autres, ou du moins attaché uniquement à des occupations viles. Le vice feul eft déshonorant, & la pareffe en eft un très-grand affurément. Qu'on ne me dife point que la noblefle peut affez s'occuper de la guerre. C'eft une erreur. Les guerres font courtes, & les paix longues. L'officier n'eft pas affez utile en tems de paix. Il peut encore faire autre chofe que d'exercer fa troupe, & une noblefle nombreufe ne trouve pas toujours des places ouvertes dans une armée.

A quoi fert-il que l'Etat foit bien conftitué, le prince fage, les miniftres excellens, les mœurs bonnes, fi les loix font ridicules ? Les loix doivent être non-feulement pleines de fageffe en elles-mêmes, mais auffi tout-à-fait convenables au pays pour lequel on les a faites. Une feule loi infenfée, fur-tout lorfqu'elle porte fur un objet relatif à la conftitution de l'Etat, peut faire des maux inexprimables. M. de Montefquieu remarque avec beaucoup de jufteffe, que Conftantin fit une faute infigne lorfqu'en transférant le fiege de l'empire à Conftantinople, & voulant que fa nouvelle ville reffemblât en tout à l'ancienne, il voulut qu'on y diftribuât auffi du bled au peuple, & ordonna que celui d'Egypte y feroit déformais envoyé. Cette loi devint une des caufes de la *décadence* de l'empire d'Orient. *v.* Loi.

De toutes les loix infenfées, les plus funeftes font celles qui tendent directement ou indirectement à la dépopulation de l'Etat, en favorifant, ou même en ordonnant le célibat. Lorfqu'une fecte chrétienne défend ce que l'Ecriture fainte permet en termes clairs & formels, ou qu'elle ordonne ce que la loi divine défend, elle eft dans une coupable erreur ; mais lorfqu'une religion pofitive fait des loix, prefcrit des regles qui étant fondées fur de vaines fubtilités cafuiftiques, ou fur des interprétations théologiques, répugnent à la loi naturelle, au but manifefte du Créateur, au bien de la fociété, à la félicité de l'Etat, on peut dire hardiment qu'une telle religion eft indigne de Dieu & des hommes, & qu'il convient d'en profcrire les dogmes. On trouve mille paffages & mille exemples dans la Bible,

qui autorifent le mariage des prêtres & des gens d'églife ; la loi naturelle & le bonheur de la fociété le demandent : les dogmes de la religion catholique s'y oppofent ; que doit-on conclure de cette contradiction ? Que dit ici la faine politique ? On n'eft pas content de défendre le mariage aux perfonnes qui defervent en effet l'églife, comme aux évêques, aux curés, &c. on condamne encore au célibat un nombre innombrable de perfonnes des deux fexes qui fe vouent à l'état religieux & à la fainéantife, comme les moines, les religieufes, les chanoines, abbés, chevaliers d'ordres militaires, & ainfi du refte ; car ou l'on enterre l'efpérance des familles dans les monafteres, ou l'on met ces perfonnes dans la néceffité de violer leurs vœux, de caufer du fcandale & de procréer des fujets qui, par la honte de leur naiffance, & par leur mauvaife éducation, font plutôt à charge qu'utiles à la fociété.

Les colonies trop fortes que l'Etat envoye du fein de la métropole dans des provinces lointaines, & fur-tout dans d'autres parties du monde, l'affoibliffent & deviennent encore une caufe intrinfeque de fa *décadence*. Je dis trop fortes, afin qu'on ne s'imagine point que mes reflexions portent fur ces colonies que la Hollande, l'Angleterre & la France, par exemple, entretiennent & rafraîchiffent prefque continuellement dans leurs poffeffions d'Afie & d'Amérique : car, outre que ces nations font extrèmement nombreufes en elles-mêmes, & qu'elles enrôlent le plus de fujets étrangers qu'elles peuvent pour les transporter, il faut encore confidérer que ces colonies procurent à la métropole cinq fortes d'avantages qui réparent abondamment les pertes qu'elle fait de quelques citoyens qu'elle éloigne, &

qui demeurent toujours fous fa dépendance en concourant conftamment au bien général de l'Etat. Ces avantages font 1°. une plus grande confommation des productions de fes terres que la métropole y envoye ; 2°. l'augmentation d'un plus grand nombre de manufacturiers, artifans &c. qui s'occupent aux befoins des colonies ; 3°. l'augmentation de la navigation & de tous les ouvriers qui y concourent ; 4°. l'exportation d'une plus grande quantité de denrées qui font nécessaires à ces colonies, & 5°. un plus grand fuperflu de denrées & marchandifes que ces colonies rendent, & que la métropole fournit aux autres peuples, d'où naît l'accroiffement continuel de fon commerce. On n'a en vue ici que ces colonies trop fortes, ces efpeces d'émigrations du peuple, telles que l'Efpagne en envoya, ou en permit pour l'Amérique peu après la découverte du nouveau monde. Toutes les richeffes du Perou & du Chily n'ont pu réparer jufqu'ici l'affoibliffement que l'Efpagne s'eft attiré par là; & lors qu'un Etat veut envoyer des colonies au dehors, il eft de la derniere importance d'établir les principes fur lesquels on veut travailler, de faire des loix en conféquence, & d'ufer de la plus grande fobrieté poffible dans le transport des fujets dont on fe prive.

Il eft des maladies épidémiques qui font de fi grands ravages parmi le peuple, qu'elles affoibliffent l'Etat, & le privent pendant long-tems des reffources néceffaires pour fe défendre contre un injufte aggreffeur. Il arrive quelquefois que ces maladies qui, fans être la pefte même, n'en emportent pas moins de fujets, font caufées par un climat mal fain, un air infecté, des exhalaifons mortelles qui régnent dans certains endroits maréçageux, qui en at-

taquent les habitans, & portent, par la contagion, leur venin au loin. Il y a quelques villes frontieres en Flandres qui font dans ce malheureux cas, & où l'air eft fi impur, que la république fe trouve non feulement obligée d'en relever tous les ans la garnifon, mais que les régimens qu'on y envoye fondent à moitié pendant le tems qu'ils y féjournent. Cet inconvénient met les Etats Généraux dans la néceffité de faire changer toutes leurs troupes de garnifon au moins tous les deux ans, afin que chaque régiment à tour de rôle, effuye cette mauvaife année, & qu'un feul ne foit pas obligé d'en porter le fardeau. Mais l'ambulance continuelle des troupes caufe beaucoup de désordres & de dépenfes dans l'armée, fatigue le foldat, & ruine l'officier. Je ne fais s'il ne feroit pas plus convenable de laiffer des endroits fi mal fains fans garnifon, au moins en tems de paix, ou de trouver fur les lieux des expédiens pour diminuer le mal par quelques moyens ; mais il eft certain que l'humanité & la politique défendent également aux fouverains de rendre leurs fujets les victimes d'un mal prefque inévitable. Vouloir s'opiniatrer à établir une partie de bons citoyens dans des contrées dont l'air eft empefté, les envoyer dans des mines qui exhalent des vapeurs fulphureufes, les employer à la culture du ris qui ne croît que dans des terroirs fangeux & fans ceffe inondés d'une eau croupiffante, & ainfi du refte, c'eft affoiblir conftamment fon peuple, & par conféquent conduire lentement fon Etat à une décadence prefque infaillible.

Le relâchement dans la difcipline militaire conduit encore un Etat à fa perte infaillible. Prefque toutes les monarchies, foit anciennes, foit modernes, fe font brifées contre cet écueil

d'autant plus dangereux qu'il eſt caché. Les femmes qui ont tant d'empire
ſur le cœur des hommes, les prêtres,
les négocians, les manufacturiers, les
artiſans, les cultivateurs, tous deſi-
rent la paix, & la regardent comme la
plus grande félicité. Ils ont raiſon en
un ſens, mais ils ne prévoyent point
qu'une longue paix corrompt les troupes, relâche la diſcipline, met l'officier
& le ſoldat hors de la pratique de leur
métier, & les amollit. On voudroit
qu'en tems de guerre toute l'armée ne
fût compoſée que de lions, & en tems
de paix que de brebis; c'eſt demander
une contradiction, c'eſt vouloir une
chimere. Beaucoup de gens trouvent
la diſcipline militaire trop ſévere dans
une garniſon paiſible; elle leur paroît
beaucoup trop douce lorſqu'on marche
à l'ennemi. Les hommes ne ſont jamais d'accord avec eux-mêmes. Qu'ils
apprennent que la paix eſt faite pour
accoutumer l'officier & le ſoldat à la
guerre, que la diſcipline doit être conftamment entretenue dans une armée,
que les plus habiles princes forment des
camps d'exercice, font des manœuvres,
des marches, revues, pour tenir les
troupes en haleine, les rendre adroites,
& ne leur pas faire oublier les fatigues
des campagnes ſérieuſes, ni l'art de
vaincre. Ce qu'on dit ici de l'armée
doit s'entendre auſſi de la marine. Une
puiſſance autrefois formidable ſur mer
jouit d'une longue paix. Les vaiſſeaux
de guerre reſtent amarrés aux quais
pendant un demi ſiecle, & y pourriſ-
ſent; les équipages ſont congédiés, les
amiraux, les habiles officiers de marine meurent; ils ſont remplacés par des
gens ſans expérience, les flottes ne
ſortent pas ſeulement de leurs havres
pour s'exercer dans la manœuvre; la
guerre éclate, on arme, on équipe,

les eſcadres reparoiſſent dans les mers,
toutes leurs entrepriſes échouent; leurs
commandeurs, faute d'expérience, font
des fautes inſignes, les troupes de la
marine & les matelots commettent des
lâchetés faute de diſcipline; on eſt
réduit au déſeſpoir, l'Etat eſt en danger, on eſt ſurpris que l'ancienne valeur
s'eſt perdue; on devroit l'être ſouvent
que les choſes ne vont pas plus mal
encore avec de ſi pitoyables arrangemens.

Un Etat peut avoir deux eſpeces de
dettes, les unes dont la valeur réelle eſt
employée aux manufactures, au commerce, à toutes ſortes d'établiſſemens
utiles, au ſoulagement des peuples,
&c. les autres dont le fonds eſt conſumé
par le ſouverain en dépenſes frivoles.
L'excès de cette derniere eſpece de dettes ne peut qu'énerver l'Etat, & le mener à une ruine certaine. Si le pays
même n'a aucun équivalent pour la
dette contractée ſur ſon crédit, s'il n'a
pas aſſez de moyens pour regaguer par
la balance de ſon commerce les intérêts que l'Etat paye annuellement des
capitaux empruntés, il ne lui faudra
pas long-tems pour tomber en décadence. Les pays catholiques ſont encore ſujets à une eſpece d'épuiſement
plus ou moins fort, à proportion que
les peuples ou les princes ſont plus ou
moins bigots. Je parle des contributions ordinaires & extraordinaires que
la cour de Rome leve tous les ans, &
qu'elle tire par les mains du clergé des
pays où la religion catholique domine.
Il eſt certain que ces contributions, dans
une longue ſuite d'années, doivent
monter à des ſommes conſidérables; &
que les pays proteſtans ont à cet égard,
un très-grand avantage ſur les autres.
Dans ces derniers, le ſalaire modique
des gens d'égliſe ſert à leur entretien,
eſt

eſt dépenſé, circule & reſte toujours dans l'Etat : dans les premiers, les revenus immenſes du clergé ne ſont dépenſés qu'en partie, une autre partie paſſe dans les tréſors des couvens, & la troiſieme prend le chemin de Rome pour n'en revenir jamais. C'eſt ainſi qu'on voit le ſaint ſiege, tant de neveux des papes, tant de princes Romains, de prélats, tant de familles s'enrichir en Italie, aux dépens des autres nations. Chaque ſouverain doit conſidérer qu'il affoiblit toujours ſon Etat par la perte de tout l'argent qu'il permet au pape de tirer de ſes peuples ; il doit mettre des bornes à la libéralité ſuperſtitieuſe de ſes ſujets, & ne point permettre qu'ils appauvriſſent le royaume terreſtre pour acheter le royaume des cieux.

Dans les monarchies, les démêlés continuels entre les miniſtres, les généraux & les autres perſonnes en place ; dans les républiques, les diviſions entre le ſénat & le peuple, entre les magiſtrats & les chefs du gouvernement, peuvent mener facilement l'Etat à ſa *décadence*, & de ſa *décadence* à ſa chute. *Tout royaume*, dit la bouche de la vérité, *diviſé contre ſoi-même, ſera réduit en déſert, & toute ville ou maiſon diviſée contre ſoi-même ne ſubſiſtera point.* En effet, on a beau imaginer la forme de gouvernement la plus parfaite, & établir les plus ſages maximes de politique, il faudra toujours remettre la conduite des différentes branches du gouvernement à différens départemens, c'eſt-à-dire à des hommes pleins de paſſions. Si ces paſſions les aveuglent, s'ils enviſagent les objets d'une maniere trop diverſe, s'ils ſont diviſés entr'eux, ils ſe croiſeront infailliblement dans leurs opérations, & l'Etat tombera en anarchie. Dans les ré-

Tome IV.

publiques, ces diviſions ſont plus fréquentes & plus dangereuſes, parce qu'il n'y a pas une autorité ni ſi grande ni ſi active que dans les monarchies, pour réunir ſoudainement tous les employés ſous l'étendart du bien public, & pour obliger chacun à faire ſon devoir malgré lui. Les diviſions ſont des ſuites néceſſaires de l'Etat républicain ; elles y ont toujours été, elles y ſeront toujours. L'auteur des *cauſes de la grandeur & de la décadence des Romains*, dit avec beaucoup de raiſon : „ Toutes les fois qu'on „ verra tout le monde tranquille dans „ un Etat qui ſe donne le nom de *ré-* „ *publique*, on peut être aſſuré que la „ liberté n'y eſt pas. Ce qu'on appelle „ *union* dans un corps politique, eſt „ une choſe très-équivoque. Il peut y „ avoir de l'union dans un Etat où l'on „ ne croit voir que du trouble, c'eſt-à- „ dire, une harmonie d'où réſulte le „ bonheur, qui ſeul eſt la vraie paix. „ Il en eſt comme des parties de cet „ univers éternellement liées par l'ac- „ tion des unes & la réaction des au- „ tres. Mais dans l'accord du deſpo- „ tiſme aſiatique, c'eſt-à-dire de tout „ gouvernement qui n'eſt pas modéré, „ il y a toujours une diviſion réelle. „ Le laboureur, l'homme de guerre, le „ négociant, le magiſtrat, le noble, ne „ ſont joints que parce que les uns op- „ priment les autres ſans réſiſtance ; & „ ſi l'on y voit l'union, ce ne ſont pas „ des citoyens qui ſont unis, mais des „ corps morts enſévelis les uns auprès „ des autres". Lorſque ces diviſions réelles éclatent en ruptures ouvertes, ou dégénerent en guerres civiles, l'Etat n'eſt pas éloigné de ſa perte ; & le pouvoir ſouverain ne ſauroit ſe faire ſentir aſſez tôt pour étouffer la déſunion & en arrêter tout d'un coup les progrès, même par la plus grande rigueur.

D d

Quand une république touche aux loix fondamentales qui réglent la constitution de son gouvernement, l'Etat court les plus grands risques d'aller à sa ruine. Je fais bien que d'autres tems demandent d'autres soins, & que les loix doivent suivre les changemens qui arrivent à la situation des affaires du monde : mais la constitution de l'Etat ne doit changer jamais, & les loix qui portent sur cet objet doivent rester immuables, autant qu'il est possible. Chaque arrangement politique a ses inconvéniens, & il vaut mieux en essuyer quelques-uns qui naissent du système établi, que de changer un système qui a fait subsister l'Etat depuis long-tems pour les parer. L'expérience est ici d'accord avec la théorie & les principes. Je ne jette jamais l'œil sur l'histoire romaine, je ne médite jamais sur les causes des diverses révolutions de cette monarchie, que je ne trouve dans mon chemin les tribuns du peuple. L'introduction de ces magistrats, qui changeoit essentiellement la constitution primitive de la république romaine, devint la source de tous ses malheurs. La république de Hollande fut fondée sous les auspices d'un stadhouder, & l'établissement du stadhouderat entroit dans la constitution essentielle de son gouvernement. Chaque fois que cette république a voulu se soustraire à un pareil chef, elle est tombée dans une *décadence* manifeste ; & prête à succomber, elle s'est relevée par le rétablissement du stadhouderat, qui a des inconvéniens, je l'avoue, mais qui sera toujours le soutien des Provinces-Unies.

Telles sont en général les causes principales de la *décadence des Etats*. Il y en a de plus particulieres ; mais elles sont si indirectes & en si grand nombre, que les bornes d'un article nous

défendent de les développer. Nous le terminerons par une courte réflexion sur les caracteres auxquels on peut reconnoître si un Etat s'éleve ou s'affoiblit. Ces caracteres, semblables aux symptômes de la santé ou des maladies du corps humain, ou sont intérieures ou se manifestent au dehors. L'accroissement ou la diminution des revenus publics forme le thermometre le plus sûr de la prospérité d'un pays ; mais pour en juger bien, il faut qu'ils soyent perçus en tems de paix par les voies ordinaires de recouvrement, sans exactions, sans nouveaux impôts, sans des tailles arbitraires, capitations, ou autres charges & opérations forcées. L'augmentation des habitans dont on juge mieux par un coup d'œil juste, ou par la consommation générale des bleds, facile à savoir, que par des calculs incertains dans leurs principes ; les progrès du luxe qui se font sans efforts, l'accroissement du commerce que l'on peut connoître par un simple dépouillement des régistres de la douane, la réussite des manufactures, soit anciennes, soit nouvelles, l'agrandissement de la capitale, la construction des nouveaux édifices ou la réparation des vieux, le succès des arts, l'humeur contente du peuple, le bon état de l'armée & de la marine, la cherté proportionnelle des vivres, le cours du change, l'arrivée des étrangers qui viennent s'établir dans le pays, la liberté & le bon ordre qui y regnent, tous ces avantages forment les marques visibles de la prospérité de l'Etat, comme les désavantages opposés prouvent sa *décadence*. L'influence que le souverain acquiert dans les affaires générales de l'Europe, la recherche empressée que d'autres princes font de son alliance, la gloire & les succès qu'il obtient par ses armes, les traités avantageux qu'il fait, soit pour des objets politiques, soit pour le commerce de ses sujets, son pavillon que l'on voit flotter dans toutes les mers & dans tous les ports étrangers, les caresses & les distinctions que l'on fait dans d'autres cours à ses ministres ; c'est à ces marques éclatantes que les cabinets des autres rois & les nations étrangeres peuvent reconnoître le degré de prospérité, de grandeur ou de foiblesse où se trouve chaque Etat. Ce sont des caracteres qui se manifestent au loin. L'homme d'Etat employé ne doit cesser d'avoir les yeux ouverts sur tous ces objets, tant à l'égard de l'Etat pour lequel il travaille, que par rapport à tous les autres qui tiennent au système général de l'Europe. Vrai Argus, il ne doit jamais s'endormir qu'avec un œil ouvert. S'il suit les leçons que la politique vient de lui dicter par notre organe, il peut espérer de se rendre utile à son prince & à sa patrie ; mais qu'il ne s'attende pas à obtenir une approbation générale, & que la critique ne le détourne point du chemin que lui tracent la raison & la probité. Le monde ne sera jamais sans frondeurs qui attaquent les bons ministres comme les bons livres. (D. F.)

DÉCALOGUE, s. m., *Morale*, tiré du grec δέκα, *dix*, & λόγος, *discours*, *parole*, nom attribué par les juifs & les chrétiens aux *dix Commandemens* que Dieu donna à Moïse sur le mont Sinaï.

Cette loi fut publiée immédiatement par Dieu lui-même, sans doute pour en rendre la promulgation plus auguste. Elle fut publiée d'abord de vive voix, de maniere qu'elle pût être distinctement entendue de tout le peuple, ensuite par écrit, Dieu ayant donné à Moïse deux tables de pierre où il avoit écrit lui-même ses commandemens.

Le *décalogue* a été divisé en deux parties, qu'on a appellées *tables*, parce qu'on a supposé que la premiere partie, qui comprend les *quatre premiers commandemens*, fut écrite sur l'une des tables de pierre ; & la seconde partie qui renferme les six derniers commandemens, sur l'autre table.

La distribution des dix commandemens, telle qu'elle est reçue parmi les chrétiens aujourd'hui, a été universellement adoptée par les Juifs & par les Chrétiens de l'église primitive.

Les commandemens du *décalogue* sont énoncés les uns sous la forme de préceptes négatifs, les autres sous celle de préceptes positifs. Les quatre commandemens de la premiere table sont, de n'adorer qu'un seul Dieu, de fuir toute espece d'idolâtrie, de ne pas prendre le nom de Dieu en vain, de sanctifier le jour du Sabbath.

Les six commandemens de la seconde table sont, d'honorer son pere & sa mere, de s'abstenir de meurtre, d'adultere, de larcin, de faux témoignage, enfin de toute convoitise de ce qui appartient au prochain.

Le *décalogue* contient une législation morale, d'une obligation universelle pour tous les hommes.

Quelques personnes envisagent le *décalogue*, comme un abrégé complet & parfait de toute la morale chrétienne, &, pour appuyer cette opinion, prétendent qu'il faut y chercher au-delà de ce que présentent les expressions prises à la lettre. Ainsi ils veulent que quand Dieu nous y prescrit un devoir, cela emporte nécessairement la défense des actes contraires ; & que quand il nous défend quelque vice, il nous recommande par-là même tacitement la vertu oppofée. De plus, fuivant eux, s'il exige une vertu, il exige aufli par-là même tous les moyens qui peuvent la faire naître ou l'affermir ; quand il défend un péché, il défend en même tems tous ceux qui peuvent nous y conduire, ou nous expofer à la tentation ; ils croyent même que tout ce qu'on peut déduire d'un commandement, par des conféquences, fi éloignées qu'elles foient, doit être cenfé compris dans ce commandement ; que toute espece de devoir renferme toutes les autres efpeces qui peuvent y avoir quelque rapport, ou appartenir au même genre, & que même ce qui nous eft prefcrit à chacun en particulier, emporte l'obligation de prendre garde que ceux qui dépendent de nous, s'en acquittent aufli, felon leur fituation.

Avec ces regles d'interprétation, on peut en effet parvenir à trouver dans le *décalogue* feul une morale aufli fublime & aufli épurée que celle de l'Evangile, & en faire un abrégé parfait de morale chrétienne.

Mais d'autres perfonnes ne goûtent point cette idée, 1°. parce que ce genre d'interprétation ne leur femble point conforme à l'efprit d'aucune législation quelle qu'elle foit, ni aux premiers principes que l'on doit fuivre dans l'interprétation en général des livres faints ; 2°. parce que dans le *décalogue* il n'eft fait aucune mention, ni directe ni indirecte, de plufieurs devoirs importans, foit par rapport à Dieu, comme les devoirs du culte tant intérieur qu'extérieur, foit par rapport au prochain, comme la charité, la bénéficence, l'aumône, &c. foit par rapport à nous mèmes ; devoirs dont il n'eft point parlé ; 3°. parce que Dieu lui-même a fuppléé à l'imperfection du *décalogue* par une foule de loix morales particulieres, que celui-ci ne comprend point ; 4". enfin, parce que Dieu ne femble y avoir eu d'autre but que de rappeller à un peuple groflier & abandonné aux plus grands défordres, les devoirs de la religion les plus capitaux, ou plutôt, de le prémunir contre les crimes les plus crians en particulier, ceux pour lefquels il avoit le plus de penchant, comme l'idolatrie, l'avarice & la dureté envers les efclaves, la brutalité, en leur préfentant des peines ou des récompenfes purement temporelles, conformes à leur goût ; laiffant d'ailleurs à fes miniftres le foin de les inftruire plus amplement de fes autres loix particulieres & de leurs devoirs, dont le *décalogue* n'étoit qu'un abregé fort incomplet.

Ces derniers auteurs ne font point attention fans doute que la publication du *décalogue* n'effaça pas du cœur des hommes la loi naturelle, dont le légiflateur des Juifs n'inculqua que les devoirs qu'il voyoit très-fouvent tranfgreffés par fon peuple. (D. F.)

DÉCANAT, f. m., *Jurifpr.*, eft la qualité & la fonction de doyen d'une compagnie ; dans un chapitre on dit le *doyenné* ; dans les compagnies laïques on dit le *décanat*. Dans les chapitres, le doyenné eft ordinairement une dignité ; dans les compagnies laïques, le *décanat* n'eft communément attaché qu'à la qualité de plus ancien. On parvient à fon tour au *décanat* ; & quoiqu'il n'y ait point d'autre mérite à être plus ancien que les autres, & qu'en ce fens la qualité de doyen ne foit point du tout flatteufe ni honorable, fi ce n'eft parce qu'elle peut faire préfumer plus d'expérience que dans ceux qui font moins anciens, cependant comme l'homme tire vanité de tout, celui qui eft le plus ancien d'une compagnie ne manque point de prendre la qualité de *doyen*. Voyez ci-après DOYEN.

DÉCAPITER, v. act., *Jurifpr.*, décoller, trancher la tète à quelqu'un qui a été condamné par arrêt ou jugement en dernier reffort, à fubir cette peine. C'eft ordinairement la peine que l'on fait fubir aux nobles condamnés à mort, lorfque le crime n'eft pas affez atroce pour les dégrader de nobleffe. Ce fupplice ne fait point déroger, mais il n'eft pas une preuve fuffifante de nobleffe pour les defcendans du décapité.

DECE, *Philippe*, *Hift. Litt.*, célebre profeffeur en droit dans les univerfités d'Italie, né à Milan en 1454, mort à Sienne en 1535. *Dece* qui avoit reçu de la nature un efprit fubtil & délié, parvint par une étude affidue & un exercice continuel à fe faire regarder dans les facultés de droit comme l'antagonifte le plus redoutable. Chaque profeffeur appréhendoit de l'avoir pour collegue, & il n'y eut qu'Antoine François, furnommé le *Docteur*, avec lequel il vécut en bonne intelligence. *Dece* comptoit au nombre de fes auditeurs les perfonnages les plus illuftres.

Un pareil hommage rendu à fon favoir, & cette efpece d'empire que fon talent pour la difpute lui avoit donné fur les efprits, le prévinrent un peu trop en fa faveur. Il louoit rarement les productions des autres.

Nous avons de ce jurifconfulte de très-bons commentaires fur les premiers livres du *Digefte* & du *Code*, des *confeils* & des *commentaires* fur les regles du droit. Dumoulin a fait des notes utiles fur ces différens ouvrages.

DÉCEMVIR, f. m., *Droit Rom.*, magiftrat des Romains qui fut créé avec autorité fouveraine pour faire des loix dans l'Etat.

A Rome, comme ailleurs, il y eut

d'abord très-peu de loix. Les rois y rendoient la juftice affez arbitrairement, & leur volonté y tenoit fouvent lieu de loi. Les confuls, qui leur fuccéderent dans la qualité de juges fouverains, continuerent à rendre la juftice d'une maniere tout auffi arbitraire. Dion. Hal. *lib. X. pag.* 627. Les patriciens, qui avoient recueilli en un corps les loix que les rois avoient faites, en cachoient avec foin la connoiffance au peuple. Ils étoient feuls avocats, jurifconfultes & juges. Dès qu'il furvenoit quelque différend entre des particuliers, c'étoit à eux feuls qu'ils pouvoient avoir recours, & on étoit obligé de fe conformer à leurs décifions. Le peuple s'apperçut, ou plutôt fes tribuns lui ouvrirent les yeux fur la dépendance où on le tenoit par-là, & l'exciterent à demander qu'on dreffât un corps de loix, qui fixaffent la forme des procédures, & auxquelles les confuls fuffent obligés de fe conformer dans leurs arrêts. Terentillus Arfa, tribun du peuple en l'an 291 de Rome, propofa une loi conçue en ces termes : ,, Qu'on procéde-
,, roit à la création de cinq commiffai-
,, res, qui feroient chargés de dreffer
,, des loix pour régler l'autorité des
,, confuls : qu'en conféquence le conful
,, n'exerceroit d'autre droit fur le peu-
,, ple que celui que le peuple lui-mème
,, lui auroit accordé, puifqu'il n'étoit
,, pas jufte qu'il ne fuivît en cela que
,, fa paffion & fon caprice ". Liv. *lib. III. c.* 9.

La demande du tribun étoit trop jufte pour ne pas être approuvée du peuple. Mais les confuls & les patriciens, qui comprenoient combien ils alloient perdre de leur autorité, fi cette loi étoit reçue, s'y oppoferent de toutes leurs forces. D'un autre côté, les tribuns du peuple preffoient la chofe avec tant d'ardeur, que le peuple auroit éclaté contre le fénat, s'il fe fût obftiné à empêcher une chofe fi jufte. Enfin, après bien des délais, les patriciens & les confuls furent obligés de confentir qu'on envoyât en Grece trois députés tirés du corps du fénat, qui feroient chargés de parcourir les principales républiques de la Grece, de s'inftruire de leurs loix, de recueillir ce qu'elle avoit de plus fage, & qui pouvoit convenir à la république romaine. Après le retour de ces députés. en 301, on réfolut de travailler à mettre en ordre ces nouvelles loix. D'abord il y eut quelque différend entre les patriciens & les plébéïens, fi les commiffaires feroient tous choifis dans l'ordre des patriciens, ou fi l'on y admettroit des plébéïens. *Id. ib. c. 31. & feqq.* Dion. Hal. *lib. X. p. 673. & feqq.* Ces derniers cederent, & les deux commiffaires, qu'à caufe de leur nombre on nomma *décemvirs*, furent tous choifis dans l'ordre des patriciens. Pour qu'ils puffent travailler en toute liberté, on leur donna le pouvoir le plus étendu, & dès qu'ils eurent été élus, toutes les autres magiftratures furent fupprimées, même celle des tribuns du peuple. Ils fe conduifirent avec tant de modération pendant la premiere année de leur adminiftration, que le peuple charmé de la douceur de ce gouvernement, eût voulu abolir pour toujours le confulat, qui lui étoit odieux. Ils avoient toutes les marques de la dignité confulaire, mais, de même que les confuls, ils alternoient, & il n'y en avoit qu'un qui fe fît précéder de douze licteurs avec leurs faifceaux de verges.

Ils publierent, avant la fin de l'année, dix tables des loix qu'ils avoient rédigées ; & après que le peuple les eut examinées par lui-même, elles furent confirmées avec unanimité de fuffrages dans les comices des centuries. Cependant avec quelque application qu'ils euffent travaillé, il ne fe pouvoit pas qu'il ne manquât encore quelque chofe à ces loix. Ils répandirent donc qu'ils avoient encore de la matiere pour deux tables, mais qu'ils ne pouvoient les achever avant la fin de l'année qui étoit près d'expirer. Le peuple qui fe trouvoit bien de cette forme de gouvernement, fut charmé de donner une feconde fois fes fuffrages à des *décemvirs* qui ne lui paroiffoient pas à beaucoup près fi redoutables que les confuls. Appius Claudius, qui par fon affabilité & fes manieres populaires avoit fu gagner l'affection du peuple, trouva l'art de fe faire continuer dans le décemvirat, & de fe faire donner pour collegues ceux qu'il voulut. Les ayant tous trouvés difpofés à fuivre fes vues, il leva le mafque, & montra que s'il avoit fu en impofer par une feinte modération, ce n'avoit été que pour parvenir plus fûrement à fon but, qui étoit de fe perpétuer dans cette autorité. La hauteur avec laquelle lui & fes collegues entrerent en charge la feconde année, rempliffant la place de Rome de cent vingt licteurs, qui avoient remis les haches dans leurs faifceaux, ne permit pas de douter de leurs intentions. Cependant le peuple n'auroit pas fi-tôt éclatté, fi la paffion d'Appius Claudius pour Virginie, les moyens violens qu'il employa pour la fatisfaire, & la mort funefte de cette jeune Romaine n'euffent fourni une occafion favorable à ceux qui n'attendoient qu'un prétexte pour fe déclarer. On obligea les *décemvirs* d'abdiquer : on leur fit leur procès; les uns furent condamnés à mort, & moururent dans la prifon ; les autres pafferent le refte de leurs jours dans l'exil. Cependant les loix qu'ils avoient établies, parurent si justes & si équitables, qu'on n'y changea rien, & qu'elles furent toujours observées religieusement. On fit même confirmer par les suffrages du peuple les deux nouvelles tables, qu'ils avoient différé de publier, pour perpétuer leur autorité. C'est donc à eux qu'on est redevable de cette fameuse collection des loix des XII. tables, la source de tout le droit civil, & la regle & le fondement des décisions des jurisconsultes. Quoique le langage en fût hors d'usage du tems de Ciceron, la jeune noblesse Romaine se faisoit un plaisir d'apprendre ces loix par cœur. *v.* LOIX DES XII. TABLES.

Il y eut encore à Rome des *decemvirs* qui étoient dix juges établis pour rendre la justice, en l'absence des préteurs occupés dans les guerres du dehors. Il y en avoit cinq qui étoient sénateurs, & cinq chevaliers: c'étoient eux qui, par ordre du préteur, dont ils formoient le conseil, assembloient les centumvirs pour rendre la justice, & ils recueilloient les voix, ce qui s'appelloit *hastam cogere : deinde cùm esset necessarius magistratus*, dit Pomponius, *qui hastæ præesset*, decemviri *in litibus judicandis sunt constituti.* On les prenoit en sortant de la questure, & quoiqu'ils fussent des magistrats subalternes, ils avoient la prééminence sur les centumvirs, & formoient un tribunal qui connoissoit des causes tout-à-fait différentes. On créa aussi des *décemvirs* à Rome en divers tems, pour le partage des terres: il y en avoit d'autres qu'on appelloit *decemviri sacrorum*, dont la fonction étoit d'examiner les livres Sybilins, de pourvoir aux jeux apollinaires, & d'ordonner des prieres: *decemviros sacris faciendis*, dit Tite-Live, *carminum Sybillæ ac sacrorum hujus populi interpretes, antistides eosdem Apol-*

linaris sacrificii, ceremoniarumque. aliarum, Plebeios videmus. (H. M.)

DÉCENCE, s. f., *Morale*, *decentia*. On peut envisager la *décence* par rapport aux actions, & par rapport à l'agent moral. Au premier égard c'est la conformité des actions extérieures à des loix & des regles convenables à la nature des choses, à leur rapport, à leurs convenances, rélatives dans la société. Au second égard c'est l'habitude sage de l'Être intelligent, de conformer ses efforts ses actions à ces regles de *décence*, selon les rélations qu'il soutient dans la société où il vit.

Les regles de la vertu font invariables, éternelles, universelles: celles de la *décence* peuvent varier en quelques circonstances d'une nation à l'autre, d'un peuple à l'autre, d'un siecle à l'autre; mais en aucun cas elles ne sauroient contredire les regles de la vertu. Le devoir donc de tout homme sage est de se conformer aux regles de la *décence* de chaque siecle & de chaque pays où il vit.

Les usages, les mœurs, les coutumes, les loix civiles, les institutions politiques, les préjugés, le point d'honneur, peuvent donner lieu à la formation de certaines regles de *décence* qui font plus ou moins arbitraires. Choquer ces regles, agir indécemment à quelques-uns de ces égards, c'est se rendre ou ridicule, ou méprisable, ou odieux, selon la nature des regles que l'on heurte.

Si ces regles font conformes à l'honnêteté, à la bienséance, à la vertu & qu'on les viole, on se rend criminel; alors l'indécence est un vice.

Il n'est point de regle de *décence* qui n'ait été imaginée pour servir d'appui, de sauvegarde à la vertu: dans ce point de vue elles font toutes respectables;

les négliger, c'eſt ſe rendre coupable, & montrer qu'on a peu d'égard & de reſpect pour la vertu même. L'obſervation des regles de la *décence* eſt donc la gardienne de la vertu & des bonnes mœurs.

La *décence* regle les diſcours, les paroles, les geſtes, les habillemens, le maintien de tout le corps, auſſi bien que les actions extérieures. La *décence* doit par conſéquent être un objet particulier de l'éducation qu'on donne aux enfans. Il eſt une *décence* d'état, d'âge, de ſexe, dont chacun doit ſentir les différences pour s'y conformer : il en eſt une qui dépend des tems, des lieux, des circonſtances ; le bon ſens ſuffit pour faire appercevoir ces différences, qui doivent être obſervées de tout homme ſage.

Les bienſéances ont plus de rapports aux divers rangs des hommes dans la ſociété ; la *décence* a plus de rélation avec les mœurs. On eſt honnête par l'obſervation des bienſéances de la ſociété : on eſt eſtimable par l'attention à toutes les *décences*. On peut manquer aux bienſéances & n'être qu'incivil : mais dès qu'on manque aux *décences* on ceſſe bientôt d'être vertueux. On mérite toujours des reproches en violant les regles de la *décence* : & on s'expoſe à la honte en les négligeant. Des geſtes indécens, des diſcours indécens, décélent toujours des paſſions déréglées dans le cœur, & conduiſent ordinairement à des actions criminelles. Celui qui a véritablement à cœur la vertu, qui l'aime & qui y eſt attaché, eſt très-attentif à obſerver toutes les règles de la *décence*. (B.C.)

* La raiſon condamne donc la conduite impudente & révoltante du cyniſme antique, qui ſe faiſoit un mérite de braver toute *décence* dans les mœurs. Elle blâme cette philoſophie qui ne ſe

plaît qu'à contrarier avec chagrin les uſages les plus innocens, & qui ſe fait remarquer par ſa ſingularité. On a loué Pythagore de s'être ſagement accommodé à tout le monde, ſa maxime étoit de *ne point ſortir du grand chemin*. Tout homme, qui affecte la ſingularité, annonce une tête occupée de minuties, auxquelles elle attache la plus grande importance. Ce tour d'eſprit, par ſa nouveauté, ſemble d'abord intéreſſer, mais, revenu de ſa ſurpriſe, le public punit communément par le mépris l'homme ſingulier, dans lequel il ne découvre bientôt qu'une ſotte vanité. *Il me ſemble*, dit Montaigne, *que toutes façons écartées & particulieres partent plutôt de folie ou d'affectation ambitieuſe que de vraie raiſon.*

Il n'eſt juſte & permis de s'écarter des uſages preſcrits par les conventions que lorſqu'ils ſont évidemment contraires à la droite raiſon, à l'équité naturelle, à la religion, & par-là même au bien de la ſociété. Caton fit très-ſagement de ſortir d'un ſpectacle où l'on alloit expoſer une femme nue aux regards impudiques d'un peuple corrompu.

L'on peut & l'on doit être décent au milieu d'une ſociété dont les mœurs ſont criminelles & vicieuſes : tout homme honnête doit refuſer de prendre part à la diſſolution générale, parce qu'il ſait qu'elle eſt eſſentiellement nuiſible ; il ne paroît alors ſingulier ou ridicule qu'à des hommes dont il eſt fait pour mépriſer les jugemens.

Les nations les plus corrompues rendent ſouvent hommage à la *décence*, & montrent de l'indignation quand on ceſſe de la reſpecter. Cette ſorte d'hypocriſie nous prouve que les hommes les plus vicieux ſont forcés de rougir de leurs déſordres, & ne peuvent conſentir à ſe voir tels qu'ils ſont. Une femme

femme déréglée se trouve elle-même à la gêne lorfqu'elle voit en public un fpectacle licencieux, ou quand on lui fait entendre des difcours obfcenes.

L'éducation, l'exemple, l'ufage du monde, nous donnent des idées vraies ou fauffes de la *décence* ; c'eft à la raifon éclairée qu'il appartient d'en juger en dernier reffort.

Rien de plus contraire à la *décence* que les paroles déshonnètes & les propos contraires à la pudeur, dont fouvent les converfations font remplies : quoique l'ufage femble autorifer, du moins parmi les hommes, les converfations de ce genre, elles paroîtront toujours très-peu féantes à ceux qui ont pour les mœurs le refpect qui leur eft dû.

Si les perfonnes bien élevées contractent l'habitude de la propreté extérieure, qui eft fondée fur la crainte d'offrir aux yeux des objets capables de caufer du dégoût, elles doivent avoir pour les oreilles les mèmes ménagemens. (F.)

DÉCEPTION, f. f., *Jurifpr.*, fignifie *furprife*. *Déception d'outre moitié du jufte prix*, c'eft lorfque quelqu'un a été induit par erreur à donner quelque chofe pour moins de la moitié de fa valeur.

DÉCERNER, v. act., *Jurifp.*, fignifie *ordonner*, *prononcer*.

Décerner un décret contre quelqu'un, c'eft le décréter, prononcer contre lui un decret, foit de prife de corps, ou d'ajournement perfonnel, ou d'affigné pour être ouï.

DÉCÈS, f. m., *Jurifpr.*, fe prouve par les regiftres mortuaires des paroiffes, monafteres, hôpitaux, & autres lieux où celui dont il s'agit eft décédé ; ou en cas de perte des regiftres mortuaires, par des actes équipollens.

Le *décès* d'un juge, d'une partie, ou de fon procureur, apporte divers changemens dans la procédure. *v.* ARBITRE, JUGE, CRIMINEL, ÉVOCATION, PROCUREUR.

DÉCHARGE, f. f., *Jurifprudence*, eft un acte par lequel quelqu'un eft tenu quitte d'un engagement.

Ainfi une quittance d'une fomme d'argent qui étoit dûe, eft une *décharge* ; mais on fe fert à cet égard plus volontiers du terme de *quittance* ; & l'on employe le terme de *décharge* pour d'autres engagemens qui ne confiftent pas à payer une fomme dûe. Par exemple, celui qui remet de l'argent qu'il avoit en dépôt, en tire, non pas une quittance, mais une *décharge*, c'eft-à-dire, une reconnoiffance qu'il a remis l'argent. On peut auffi obtenir fa *décharge* des pieces & papiers que l'on a remis, ou d'une garantie, ou autre demande & prétention, foit que l'on y ait fatisfait, ou que celui qui avoit cette prétention s'en foit départi, ou qu'il en ait été débouté.

Une *décharge* peut ètre donnée fous feing privé, ou devant notaire ; on peut auffi, au refus de celui qui la doit donner, obtenir un jugement qui prononce la *décharge*, & vaut autant que fi elle étoit donnée par la partie.

Quelquefois le laps de tems opere la *décharge* d'une partie. Par exemple, au bout de cinq ans les veuves & héritiers des avocats & procureurs ne peuvent ètre recherchés, tant des procès jugés que de ceux qui font à juger, à compter du jour des récépiffés. Dans quelques endroits les avocats & procureurs font déchargés des facs & papiers des procès non finis, au bout de dix ans à compter du jour de leurs récépiffés.

Donner une décharge à quelqu'un d'un billet ou obligation, c'eft lui donner une reconnoiffance comme il a payé, ou le tenir quitte du payement.

On donne aussi une *décharge* à un procureur ou à un homme d'affaire, par laquelle on reconnoît qu'il a remis les deniers & papiers dont il étoit chargé.

Obtenir sa décharge, c'est obtenir un jugement qui libere de quelque dette ou de quelque charge réelle, comme d'une rente fonciere, d'une servitude, ou de quelque charge personnelle, telle qu'une tutele ou curatelle.

Décharge de la contrainte par corps, c'est lorsque le débiteur, sans être quitte de la dette, est affranchi de la contrainte par corps.

Décharge d'un accusé, c'est le jugement qui le déclare pleinement absous du crime qu'on lui imputoit. Quand on met seulement hors de cour sur l'accusation, cela n'emporte pas la *décharge* de l'accusé, il n'est pas pleinement justifié. La *décharge* d'un accusé n'emporte pas toujours une condamnation de dépens contre l'accusateur. *v.* ACCUSATEUR & ACCUSÉ, & ci-après DÉPENS.

Décharge se dit encore de la servitude qui oblige un propriétaire à souffrir la *décharge* des eaux de son voisin par un égout ou par une gouttiere.

DÉCHARGER, v. act., *Jurispr.*, c'est donner une décharge de quelque somme ou autre chose. Voyez ci-devant DÉCHARGE.

DÉCHÉANCE, s. f., *Jurispr.*, signifie *exclusion*. Le juge prononce la *déchéance* d'une action ou d'une demande, d'une opposition ou appel, lorsqu'il déboute le demandeur, opposant ou appellant de son opposition.

Emporter la déchéance d'une action ou d'un droit, c'est opérer une fin de non recevoir qui empêche de l'exercer; ainsi le défaut d'offres à chaque journée de la cause, emporte la *dé-*

chéance du retrait; la péremption d'instance emporte la *déchéance* de la demande.

DÉCHU, adj., *Jurispr.*, signifie *exclus*. Etre *déchu* de ses droits, c'est les avoir perdus. On est *déchu* de son appel, lorsqu'il y a un jugement par défaut qui donne congé à l'intimé; & pour le profit, déclare le défaillant *déchu* de son appel.

DÉCIMABLE, adj., *Jurispr.*, signifie qui est sujet à la dixme. Il y a des fruits *décimables* & d'autres qui ne le sont pas; ce qui dépend des titres & de l'usage de chaque pays. Voyez ci-après DIXME.

DÉCIMATEUR, s. m., *Jurispr.*, est différent du *dixmeur*. Le premier est celui qui a droit de percevoir une dixme soit ecclésiastique ou inféodée; au lieu que le dixmeur est celui qui leve la dixme pour un autre.

On appelle *gros-décimateurs*, ceux qui ont les grosses dixmes, les curés n'ayant en ce cas que les menues & vertes dixmes, & les novales.

Décimateur ecclésiastique, est un ecclésiastique qui à cause de son bénéfice a droit de dixme.

Décimateur laïc, est un seigneur direct qui tient en fief d'un autre seigneur les dixmes inféodées.

Les *gros-décimateurs* sont tenus à cause des dixmes à plusieurs charges; savoir, de faire les réparations du chœur & cancel, & de fournir les ornemens & livres nécessaires.

Ils sont aussi obligés de fournir la portion congrue au curé à son vicaire, si mieux ils n'aiment abandonner tout ce qu'ils possèdent des dixmes.

Quand il y a plusieurs *gros-décimateurs*, ils contribuent aux charges chacun à proportion de leur part dans les dixmes. Voy. *les Mém. du clergé*, cinquieme édition , *tome III. part. III. tit 5. le Preftre, cent. I. ch. xxj.* & ci-après au mot DIXME.

DÉCIMATION , f. f. , *Droit Rom.*, peine que les Romains infligeoient aux foldats, qui de concert avoient abandonné leur pofte, qui s'étoient comportés lâchement dans le combat, ou qui avoient excité quelque fédition dans le camp. Alors on affembloit les troupes , le tribun militaire amenoit les coupables auprès du général, qui après leur avoir vivement reproché leurs fautes ou leurs crimes en préfence de l'armée, mettoit tous leurs noms dans une urne ou dans un cafque , & fuivant la nature du crime , il tiroit de l'urne , cinq, dix, quinze, ou vingt noms d'entre les coupables , de forte que le cinquieme , le dixieme , le quinzieme , ou le vingtieme que le fort dénommoit , paffoit par le fil de l'épée ; le refte étoit fauvé : & cela s'appelloit *décimer*, *decimare.*

Pour faire une jufte eftimation des fautes ou des crimes par un corps, & pour y proportionner les peines, il faut toujours confidérer qu'on fe tromperoit beaucoup de croire qu'il y ait dans un corps aucun crime qui puiffe être véritablement regardé comme un crime égal dans chaque particulier qui compofe ce corps. Lorfque fes membres font affemblés pour les affaires du corps, ils ne fauroient apporter le même fens froid , la même prudence, la même fageffe, que chacun a dans fes affaires particulieres. La faute que commet alors la communauté , eft l'effet de fon état de communauté, & de l'influence de quelques membres qui ont le crédit ou l'art de perfuader les autres. La multitude s'échauffe , s'anime, s'irrite , parce qu'elle fait corps , & qu'elle prend

néceffairement une certaine confiance dans le nombre qu'elle ne fauroit prendre quand elle eft féparée. Il fuit de-là que les peines qui tomberoient fur le corps entier, doivent être très-douces & de courte durée. La vérité de cette réflexion n'échappa pas aux Romains, malgré la févérité de la difcipline militaire qu'ils avoient à cœur de maintenir. C'eft pourquoi nos peres, difoit Ciceron, cherchant un fage tempérament , imaginerent la *décimation* des foldats qui ont commis enfemble la même faute, afin que tous foient dans la crainte , & qu'il n'y en ait pourtant que peu de punis. *Oratio pro Cluentio. v.* CORPS , *communauté.*

DÉCIME, f.f. *Droit Rom.*, la dixieme partie des biens. Les anciens Romains, perfuadés qu'ils tenoient tout de la libéralité des dieux, leur offroient une partie de leurs moiffons , de leurs champs , & de tout ce qu'ils poffédoient. Ils faifoient fur-tout ce vœu dans la guerre , & par rapport aux dépouilles de l'ennemi, dont ils vouoient la dixieme partie ; c'eft ainfi que Camille déclara, après une victoire, qu'il avoit promis & voué à Apollon la dixieme partie du butin : *Apollini fi decimam voviffe partem cum diceret Camillus, pontifices folvendum religione populum cenferunt.* Les Grecs ne furent pas moins religieux que les Romains à confacrer aux dieux la dixieme partie du butin fait fur l'ennemi , ainfi que de leur propre revenu : c'eft ce que fit Cyrus qui , felon Hérodote, ayant pris la capitale des Etats de Créfus, mit des gardes aux portes de la ville, pour empêcher qu'on n'emportât rien du butin, avant que les dixmes en euffent été données à Jupiter. Nous lifons auffi dans la vie de Solon , par Diogène Laerce, une lettre de Pififtrate , où il eſt dit que les Athéniens mettoient à part la dixme de leurs revenus pour les ſacrifices, pour les beſoins publics, & pour les frais de la guerre. *v.* DIXME.

La *décime* étoit auſſi un impôt qui conſiſtoit dans la dixieme partie des fruits de la terre qu'on levoit en nature dans certaines provinces, ce qui fit appeller ces terres *Decumates agros*. L'origine de cet impôt, vient de ce que Rome, dès ſon commencement, avoit pour maxime, de réunir à ſon domaine une partie des terres des peuples qu'elle ſubjuguoit, & d'y envoyer une colonie compoſée de ſes plus pauvres citoyens : ce qu'elle faiſoit par un eſprit de politique pour en décharger l'Etat, pour enrichir la république & ſes citoyens, pour diminuer la puiſſance de ces peuples nouvellement ſoumis à ſa domination, & leur ôter ainſi le moyen de ſe révolter. Appien Alexandrin nous apprend qu'on partageoit entre les habitans de ces colonies, ce qu'il y avoit de terres cultivées, ou qu'on les vendoit au profit de la république, ou qu'on les donnoit à ferme. Les terres incultes étoient criées & données au premier qui les demandoit pour les défricher, à condition de payer par an la cinquieme partie du produit des arbres, & la dix-huitieme des bleds, outre un impôt ſur les troupeaux, tant de gros que de menu bétail : c'étoit ce qui formoit les deux eſpeces de revenus appellés *decuma* & *ſcripturæ*. On appelloit *decumani*, ceux qui prenoient à ferme ces *décimes*, & ſe chargeoient de les faire payer par les poſſeſſeurs des fonds.

DÉCIME, *Droit Canon*, eſt une ſubvention qui ſe paye principalement en France au roi par le clergé ; quoiqu'il n'y ait, dit M. Patru, en latin que le mot *decima* pour ſignifier dixmes

& décimes, notre uſage néanmoins a porté leur ſignification à des choſes fort différentes. Car les dixmes ſe prennent par les eccleſiaſtiques ſur les fruits de la terre, *v.* DIXME, & les décimes au contraire ſe prennent par le roi ſur les eccleſiaſtiques. Ce n'eſt pas, ajoute le même auteur, qu'autrefois on n'ait appellé *dixme*, ce que nous appellons aujourd'hui *décime*, comme le prouve la dixme ſaladine, mais préſentement nous appellons *décimes*, tout ce que le prince ou autre par ſa permiſſion, leve ordinairement ou extraordinairement ſur le clergé de ſon royaume, & qui étoit compris ſous les noms d'aide & de ſubvention, avant le regne de François I.

Sous le mot IMMUNITÉS, l'on voit la premiere origine des décimes, & les différentes eſpeces d'impoſitions qui ſe payoient autrefois aux rois de France par le clergé. Pour traiter donc les choſes chacune diſtinctement & ſans répétition, nous ne parlerons ici des *décimes*, que conſéquemment à la fameuſe époque du contrat de Poiſſy en 1561. tems auquel le clergé aſſemblé en cette ville pour le colloque avec les réformés, s'engagea à payer au roi par un contrat, la ſomme de ſeize cents mille livres par an, pendant l'eſpace de ſix années, & de racheter dans dix ans ſix cents trente mille livres de rente au principal de ſept millions cinq cent ſoixante mille livres, dont l'Hôtel-de-Ville de Paris étoit chargé envers divers particuliers qui avoient prêté de l'argent au roi. En 1562. & pendant les années ſuivantes, le roi Charles IX. emprunta des ſommes conſidérables, dont il aſſigna les rentes ſur les ſeize cents mille livres du clergé, de même que ſi ce don devoit être perpétuel. Le clergé de ſon côté fit diverſes conſtitutions de rentes, pour retirer ſon temporel aliéné, ou pour éviter de nouvelles aliénations ; le tout montant à 753000. livres de rente, & avec les 436. mille livres qui n'avoient point été acquittées, à 1189. mille livres.

Le clergé ayant été obligé de s'affembler plufieurs fois, tant pour l'exécution du contrat de Poiffi, que par rapport aux nouvelles fubventions qui furent demandées au clergé, dans l'intervalle de l'exécution de ce contrat, les affemblées du clergé devinrent depuis ce tems plus fréquentes, fans néanmoins qu'il y eût encore rien de fixé pour le tems de leur tenue. Ce ne fut qu'au commencement du fiecle dernier que les affemblées du clergé furent réglées & pour le tems & pour la forme : cependant le clergé affemblé à Melun en 1579. prétendit être quitte envers le roi, par le moyen de tous les payemens qu'il avoit fait conformément à fes promeffes, & défavoua les députés qui en 1567. avoient pris de nouveaux engagemens à fon infu & à fon préjudice ; l'affaire fut vivement pourfuivie ; mais comme les fommes payées par le clergé avoient fervi à d'autres ufages, qu'à l'extinction du principal des rentes créées en 1561. le roi différa le jugement de cette conteftation qui eft reftée indécife. En attendant, le clergé toujours affemblé à Melun, fit un contrat avec le roi Henri III. en 1580. où fans approuver ces rentes fur lefquelles on protefta réciproquement, il promit d'impofer 1300. mille livres par an, pendant fix ans. En 1589. le clergé accorda encore une pareille levée pour dix ans ; le contrat fut renouvellé en 1596. en 1606. en 1616. & ainfi toujours depuis, de dix en dix ans, avec les mêmes proteftations. Cette impofition fut réduite en 1636. à 1296 mille livres ; en 1715. elle étoit à quelques mille livres de moins : enfin de nou-

veaux remboursemens juftifiés par le clergé en 1726. ont donné lieu de réduire l'impofition à quatre cents quarante-deux mille fix cents quarante-fix livres, dont l'emploi fe fait au payement des rentes affignées fur cette fubvention de la ville, & aux gages des officiers des *décimes*.

Cette fubvention que le clergé renouvelle ainfi de dix en dix ans, s'appelle *décime ordinaire* ou *ancienne décime*, ou enfin *décime du contrat*. Les autres fubventions font appellées *décimes extraordinaires*, & il y en a de deux fortes. Les unes qui font auffi des impofitions annuelles, de même que les *décimes* ordinaires, mais qui ont une origine différente. Les autres font les *dons* gratuits que le clergé paye au roi tous les cinq ans, & autres fubventions extraordinaires qu'il paye de tems en tems felon les befoins de l'Etat. *v.* DON GRATUIT, SUBVENTION. On trouve la preuve & les exemples de ces différentes impofitions, dans les différens contrats qui fe paffent à cet effet entre le roi & le clergé ; les plus récens qui font les meilleurs à confulter, ont été inférés dans la nouvelle *Collection des départemens généraux*. On y voit les contrats des *décimes* paffés en 1755, & le contrat du don gratuit en 1760 ; tems du nouveau département général, fuivant lequel on leve aujourd'hui indiftinctement toutes les différentes efpeces d'impofition fur le clergé, d'une maniere égale & uniforme.

Les *décimes* ordinaires & extraordinaires fe levent d'une maniere différente des autres impofitions royales.

Régulierement les *décimes*, tant ordinaires qu'extraordinaires, ne fe levent avec la permiffion du roi, que fur les membres du clergé, & fur ceux feulement qui ont des bénéfices ou des biens ecclésiastiques ; la regle à cet égard est générale, tant à l'égard des séculiers que des réguliers. On en jugera par ce qui suit.

Les offices claustraux, & les monasteres n'ont jamais prétendu être exempts des *décimes* ; les plus nouveaux non compris dans le département de 1516. ainsi que plusieurs bénéfices, n'ont pas été oubliés dans les départemens postérieurs ; mais les religieux en conventualité, ont eu souvent des contestations avec leurs abbés, depuis le partage des biens des monasteres. L'usage à cet égard, n'est pas uniforme ; il y a des monasteres dont l'abbaye est seule comprise dans la cotte de l'imposition ; alors l'abbé la paye entierement, & l'on présume que la mense conventuelle n'ayant pas été séparée de la mense abbatiale, elle n'a pas été comprise dans l'imposition. Mais dans les abbayes où l'abbé & les religieux ont leurs menses séparées, c'est une obligation des religieux de payer la taxe de leur imposition sans pouvoir la répéter sur leur abbé, qui jouit du lot des charges ou du tiers lot.

Les colleges sont sujets aux *décimes* : mais voici ce qu'il faut observer à cet égard. On ne considere pas ordinairement comme biens ecclésiastiques, ceux qui sont donnés pour fonder & entretenir des colleges qui ont été conservés sous la direction des communautés des villes où ils sont établis. Mais si ces communautés avec la permission du roi, se dépouillent de leurs droits & de l'inspection qu'elles avoient sur ces biens, en consentant qu'ils soient employés à l'établissement d'une communauté ecclésiastique qui se charge d'enseigner, on les regarde alors comme biens ecclésiastiques, & en cette qualité sujets à imposition.

Les biens de l'ordre de Malthe, considérés comme ecclésiastiques, sont sans doute sujets aux *décimes* & aux autres impositions du clergé. On allégue plusieurs raisons d'exemptions, auxquelles on en oppose d'autres pour les y soumettre. Dans le fait, si Léon X. exempta cet ordre des *décimes*, d'autres papes l'y ont soumis, & depuis qu'elles sont devenues ordinaires, ou plutôt depuis l'imposition de 1516, dont Léon X. exempta les biens de cet ordre, le clergé de France ne cessa pas de les comprendre dans les impositions suivantes ; si bien que le 20 Avril 1686 l'ordre, après beaucoup de défenses, fit un abonnement avec les députés de l'assemblée du clergé qui tenoit alors, par lesquels les prieurs & commandeurs de cet ordre promettent payer la somme de 28000 liv. par chacun an, à la décharge du clergé, moyennant laquelle somme, lesdits députés consentent que l'ordre ne soit compris ni imposé aux départemens d'aucunes *décimes*, subsides, aliénations, subventions ordinaires ou extraordinaires, ni autre nature de *décimes* qui pourront être demandées par le clergé.

Les cardinaux étoient autrefois exempts des *décimes*, dans le tems qu'elles se levoient en vertu des bulles des papes qui les exemptoient en termes exprès. Ils ont joui de ce privilege jusqu'à ce que les *décimes* aient été payées en vertu des contrats passés entre le roi & les assemblées du clergé : alors les cardinaux y furent imposés ; mais le roi leur accorda pour les indemniser, une somme à-peu-près pareille à celle de leurs *décimes*, à prendre sur le receveur-général. Cette somme fut fixée en 1636 à trente-six mille livres, dont les six plus anciens cardinaux profitent également. (D.M.)

DÉCIMER, v. act. *Droit Rom.*, terme de l'ancienne milice des Romains, qui pour punir les légions entieres qui avoient manqué à leur devoir, faisoient tirer au sort chaque dixieme soldat, & le faisoient mourir, pour donner l'exemple aux autres ; c'est ce qu'on appelloit *décimation. v.* Décimation.

DÉCISION, f. f., *Jurispr.*, résolution prise sur quelque question qui étoit controversée ou en doute.

On dit la *décision* d'une loi, d'un jugement, c'est-à-dire, portée par une loi ou par un jugement ; & plusieurs arrêtistes nous ont donné des précis d'arrêts sous le titre de *décisions notables*, *décisions forenses*, *décisions du palais*, *décisions sommaires*. Les arbitres donnent aussi des *décisions* qui ont l'autorité des jugemens ; les avocats consultans donnent des *décisions* sur les questions qui leur sont proposées, mais elles n'ont d'autre autorité que celle d'un avis doctrinal.

DÉCISIONS, *les* 50 . . . . *de Justinien, Jurispr.* Les anciens jurisconsultes s'étoient trouvés de sentimens contraires, sur cinquante questions de droit. Pour fixer l'esprit des juges & faire cesser toute dispute, Justinien dressa cinquante constitutions qui renfermoient la définition de chacune de ces questions. Il les inséra dans son *code*, & les distribua par titres. En même-tems, il corrigea la premiere édition de ce *code*, en fit une nouvelle plus ample & plus exacte, à laquelle seule il donna une autorité publique, & pour la distinguer de l'autre, qu'il avoit abrogée, il l'appella *code* d'explication réitérée.

Les anciens appelloient les secondes éditions *explications réitérées*. C'est le nom qu'Ulpien donna à ses livres de rétractation, adressés à Sabinus. Le terme d'explication tout seul signifioit les préparations que les maîtres faisoient,

de ce qu'ils devoient expliquer à leurs disciples.

DÉCISOIRE, adj., *Jurispr.*, signifie ce qui sert à la *décision* d'une contestation. Les moyens *litis* décisoires, sont ceux qui servent à la décision du fonds. On suit à cet égard la loi du lieu qui régit les parties ou les biens ; au lieu que dans les choses qui ne concernent que la forme ou l'instruction appellée *litis ordinatoria*, on suit l'usage du siege où l'on procede.

Le *serment décisoire*, est celui duquel dépend la décision de la contestation, *v.* Serment.

DECIUS, *Philippe*, *Hist. Litt.*, jurisconsulte Milanois, professeur en droit à Pise & à Pavie, obtint la chaire de Pise à l'âge de 21 ans. S'étant avisé de soutenir les décisions du concile de cette ville, lorsqu'il professoit à Pavie, Jules II. l'excommunia & sa maison fut pillée. Contraint de se retirer en France, il obtint de Louis XII. une chaire à Valence, & une charge de conseiller au parlement. Il mourut à Sienne en 1535, âgé de 80 ans. On a de lui beaucoup d'ouvrages, dont on a donné plusieurs éditions.

DECKER DE WALHORN, *Jean*, *Hist. Litt.*, né à Fauquemont, dans le duché de Limbourg en 1583, conseiller au grand conseil en Brabant, mourut à Bruxelles en 1646, âgé de 63 ans. On a de lui, 1°. *Dissertationum juris, & dicisonum libri duo.* La meilleure édition de cet ouvrage estimable, est celle de Bruxelles en 1673, *in-fol.* *Philosophus bonæ mentis* ; Bruxelles 1674, *in-8°.*

DÉCLARATION, f. f., *Jurispr.* se dit d'un acte verbal ou par écrit, par lequel on déclare quelque chose. Il y a plusieurs sortes de *déclarations*.

Déclaration, quand on n'ajoute point

d'autre qualification, fignifie ordinairement ce qui eft déclaré par quelqu'un
dans un acte, foit judiciaire ou extra-
judiciaire. On demande acte ou lettres
de la *déclaration* d'une partie ou de fon
procureur, & le juge en donne acte;
quand il l'a fait, la *déclaration* ne peut
plus être révoquée.

Déclaration cenfuelle, eft celle qui
eft paffée pour un héritage tenu en
cenfive. Voyez ci-après *déclaration
d'héritage.*

Déclaration d'un condamné à mort. v.
ACCUSÉ & CONDAMNÉ.

Déclaration des confins, c'eft l'explication & la défignation des limites d'un
héritage. v. CONFINS.

Déclaration des dépens, eft l'état des
dépens adjugés à une partie. Le procureur de celui qui a obtenu une condamnation de dépens, fignifie au procureur
adverfe fa *déclaration de dépens*, contenant un état de ces dépens détaillés article par article; & après qu'ils ont été
réglés on en délivre un exécutoire. La
déclaration des dépens differe du mémoire de frais, en ce que celle-ci ne comprend que les dépens qui ont été adjugés à une partie contre l'autre, &
qui paffent en taxe; au lieu que le mémoire de frais eft l'état que le procureur donne à fa partie de tous les frais,
faux frais & débourfés qu'il a faits
pour elle.

Déclaration de dommages & intérêts,
eft l'état qu'une partie fait fignifier à
l'autre des dommages & intérêts qui lui
ont été adjugés, lorfque le jugement
ne les a point fixés à une fomme certaine, mais a feulement condamné une
partie aux dommages & intérêts de l'autre, à donner par *déclaration*, c'eft-à-
dire fuivant la *déclaration* qui en fera
donnée, & fur laquelle le juge fe réferve de ftatuer.

Déclaration d'héritages, eft une reconnoiffance que le cenfitaire paffe au
profit du feigneur direct, & par laquel,
le il confeffe tenir de lui certains héritages dont il fait l'énumération & en
marque les charges. Quand le feigneur
a obtenu des lettres de terrier, le cenfitaire doit paffer fa *déclaration* au terrier; auquel cas il eft dû au notaire
par le cenfitaire cinq fous pour le
premier article, & fix blancs pour
chacun des articles fuivans. Le feigneur qui n'a pas obtenu de lettres de
terrier, peut néanmoins obliger chaque cenfitaire de lui paffer *déclaration*
tous les vingt-neuf-ans, pour la confervation de la quotité du cens & autres droits; toute la différence eft qu'en
ce cas le cenfitaire peut paffer fa *déclaration* devant tel notaire qu'il veut.

Déclaration d'hypotheque, eft ce qui
tend à déclarer un héritage affecté &
hypothéqué à quelque créance. On forme une demande en *déclaration d'hypotheque*, lorfque l'on a un droit acquis & exigible fur l'héritage; au lieu
que lorfqu'on n'a qu'un droit éventuel,
par exemple un droit qui n'eft pas encore ouvert, on forme feulement une
action ou demande en interruption pour
empêcher la prefcription. La demande
en *déclaration d'hypotheque* doit être formée avant que la prefcription de l'hypotheque foit acquife.

Déclaration en jugement, eft celle qui
eft faite devant le juge, *pro tribunali
fedente.*

Déclaration au profit du tiers, eft un
acte ou une claufe d'un acte où quelqu'un reconnoît n'avoir agi que pour
un tiers qu'il nomme.

DÉCLARATION DE GUERRE, *Droit
des Gens*, c'eft un acte public fait par
les officiers d'une nation, de vive voix,
ou par écrit, par lequel l'on fait favoir

voir à une autre nation que l'on va commencer les actes d'hostilité contr'elle, pour obtenir la réparation de l'injure ou du dommage reçu. Cette *déclaration de guerre* considerée en elle-même & indépendamment des formalités particulieres de chaque peuple, n'est pas simplement du droit des gens, mais du droit même naturel. En effet, la prudence & l'équité naturelle demandent également qu'avant que de prendre les armes contre quelqu'un, on ait tenté toutes sortes de voyes de douceur avant que d'en venir à cette extrèmité. Il faut donc sommer celui de qui on a reçu quelque tort, de nous en faire quelque satisfaction au plus tôt, pour voir s'il ne voudroit pas penser à lui même, & nous éviter la nécessité de poursuivre notre droit par la voye des armes.

Tout cela étoit compris dans la maniere de procéder des Romains, réglée dans leur droit fécial. Ils envoyoient premierement le chef des féciaux, ou hérauts d'armes, appellé *pater-patratus*, demander satisfaction au peuple qui les avoit offensés ; & si, dans l'espace de trente-trois jours, ce peuple ne faisoit pas une réponse satisfaisante, le héraut prenoit les dieux à témoin de l'injustice, & s'en retournoit, en disant, que les Romains verroient ce qu'ils auroient à faire. Le roi, & dans la suite le consul, demandoit l'avis du sénat ; & la guerre résolue, on renvoyoit le héraut la déclarer sur la frontiere. On est étonné de trouver chez les Romains, une conduite si juste, si modérée & si sage, dans un tems, où il semble qu'on ne devoit attendre d'eux que de la valeur & de la férocité. Un peuple qui traitoit la guerre si religieusement, jettoit des fondemens bien solides de sa future grandeur.

Tome IV.

Il s'ensuit de ce que nous venons de dire, que la *déclaration de guerre* n'a lieu que dans les guerres offensives ; car lorsque l'on est actuellement attaqué, cela seul nous donne lieu de croire, que l'ennemi a bien résolu de ne point entendre parler d'accommodement.

Il s'ensuit encore, que l'on ne doit pas commencer les actes d'hostilité, immédiatement après avoir déclaré la guerre, mais qu'il faut attendre du moins autant que l'on peut, sans se causer à soi-même du préjudice, que celui qui nous a fait du tort ait refusé hautement de nous satisfaire, & se soit mis en devoir de nous attendre de pied ferme, & cela encore même qu'il n'y ait pas beaucoup d'espérance, qu'il se dispose à nous donner satisfaction. Autrement la *déclaration de guerre* ne seroit plus qu'une vaine cérémonie, & on ne doit rien négliger pour faire voir à tout le monde & à l'ennemi même, que ce n'est qu'à la derniere extrèmité que l'on prend les armes, pour obtenir ou maintenir ses justes droits, après avoir tenté toute autre sorte de voyes & lui avoir donné tout le tems de revenir à lui-même.

On distingue la *déclaration de guerre* en *déclaration conditionnelle* & en *déclaration pure & simple*. La *déclaration* conditionnelle est celle qui est jointe avec la demande solemnelle de la chose qui nous est due, & sous cette condition, que si on ne nous satisfait pas, nous nous ferons raison par les armes. La *déclaration* pure & simple, est celle qui ne renferme aucune condition, mais par laquelle on renonce purement à l'amitié & à la société de celui à qui on déclare la guerre ; mais la *déclaration de guerre*, de quelque maniere qu'elle se fasse, est par sa nature condition-

F f

nelle. On doit toujours être difpofé à recevoir une fatisfaction raifonnable, du moment que l'ennemi l'offre, & c'eſt ce qui fait que quelques perfonnes rejettent cette diſtinction de la *déclaration de guerre*. Mais elle peut pourtant ſe foutenir, en fuppofant que celui à qui on déclare la guerre purement & fimplement, a déja affez témoigné, qu'il n'avoit aucun deſſein de nous épargner la néceffité d'en venir aux mains avec lui. Jufques-là donc, la *déclaration* peut bien, du moins quant à la forme, être pure & fimple, fans préjudice des difpofitions où l'on doit toujours être, fuppofé que l'ennemi revînt à lui-même, ce qui regarde la fin de la guerre, plutôt que les commencemens, auxquels ſe rapporte la diſtinction des *déclarations*, en pures & en conditionnelles.

Au reſte, du moment que la guerre a été déclarée à un fouverain, non-ſeulement elle eſt cenfée déclarée en même-tems à tous les fujets, qui avec lui ne font qu'une feule perfonne morale, mais encore à tous ceux qui dans la fuite peuvent ſe joindre à lui, & qui ne doivent être regardés par rapport à l'ennemi principal, que comme des fecours- ou des acceffoires.

Remarquons ici, que le fouverain qui déclare la guerre, ne peut retenir les fujets de l'ennemi, qui ſe trouvent dans ſes Etats au moment de la *déclaration*, non plus que leurs effets. Ils font venus chez lui fur la foi publique : en leur permettant d'entrer dans ſes terres & d'y féjourner, il leur a promis tacitement toute liberté & toute fureté pour le retour. Il doit donc leur marquer un tems convenable, pour ſe retirer avec leurs effets; & s'ils reſtent au delà du terme preſcrit, il eſt en droit de les traiter en ennemis, mais en en-

nemis défarmés. S'ils font retenus par un empêchement infurmontable, par une maladie, il faut néceffairement, & par les mêmes raifons, leur accorder un juſte délai. Loin de manquer à ce devoir aujourd'hui, on donne plus encore à l'humanité; & très-ſouvent on accorde aux étrangers, fujets de l'Etat auquel on déclare la guerre, tout le tems de mettre ordre à leurs affaires. Cela ſe pratique fur-tout envers les négocians; & l'on a foin d'y pourvoir dans les traités de commerce. Le roi d'Angleterre, dans ſa derniere *déclaration de guerre* contre la France en 1755. ordonna que tous les François qui ſe trouvoient dans ſes Etats, pouvoient y demeurer avec une entiere fureté pour leurs perfonnes & leurs effets, pourvu qu'ils s'y comportaffent comme ils le devoient.

Pour ce qui eſt des formalités que les différentes nations obfervent dans les *déclarations de guerre*, elles font toutes arbitraires par elles-mêmes. Il eſt donc indifférent qu'on les faffe par des envoyés, par des hérauts ou par des lettres, que ce foit à la perfonne même du fouverain ou aux fujets, pourvu néanmoins que le prince ne puiffe pas l'ignorer.

On peut même omettre la *déclaration de guerre* dans certains cas, quand même la guerre eſt offenfive; lors par exemple qu'une nation à qui on a réfolu de faire la guerre, ne veut admettre ni miniſtre ni héraut pour la lui déclarer; on peut, quelle que foit d'ailleurs la coutume, ſe contenter de la publier dans ſes propres Etats, ou fur la frontiere; & fi la *déclaration* ne parvient pas à ſa connoiffance avant le commencement des hoſtilités, cette nation ne peut en accufer qu'elle-même. Les Turcs mettent en prifon &

maltraitent les ambaſſadeurs même des puiſſances, avec leſquelles ils ont réſolu de rompre; il ſeroit périlleux à un héraut d'aller chez eux leur déclarer la guerre. On eſt diſpenſé de le leur envoyer, par leur propre férocité.

Mais comme perſonne n'eſt diſpenſé de ſon devoir, par cela ſeul qu'un autre n'a pas rempli le ſien; nous ne pouvons nous diſpenſer de déclarer la guerre à une nation avant que de commencer les hoſtilités, par la raïſon que, dans une autre occaſion, elle nous a attaqués ſans *déclaration de guerre*. Cette nation a péché alors contre la loi naturelle; & ſa faute ne nous autoriſe pas à en commettre une pareille.

Quant au tems de la *déclaration*, le droit des gens n'impoſe point l'obligation de déclarer la guerre, pour laiſſer à l'ennemi le tems de ſe préparer à une injuſte défenſive. Il eſt donc permis de faire ſa *déclaration* ſeulement lorſque l'on eſt entré dans les terres de l'ennemi, & que l'on y a occupé un poſte avantageux; toutefois avant que d'y commettre aucune hoſtilité. Car de cette maniere, on pourvoit à ſa propre ſûreté, & on atteint également le but de la *déclaration de guerre*, qui eſt, de donner encore à un injuſte adverſaire le moyen de rentrer ſérieuſement en lui-même, & prévenir les horreurs de la guerre, en faiſant juſtice. Henri IV. en uſa de cette maniere contre Charles Emmanuel, duc de Savoye, qui avoit laſſé ſa patience, par des négociations vaines & frauduleuſes.

A l'égard des raiſons pour leſquelles les peuples ont trouvé à propos que la guerre, pour être légitime & ſolemnelle, fût précédée d'une *déclaration*, & du but qu'ils ſe ſont propoſé en cela, Grotius prétend, que c'eſt afin qu'on pût être d'autant mieux aſſuré

que la guerre étoit entrepriſe, non par une autorité privée, mais par l'ordre de l'un ou de l'autre peuple, ou de leurs ſouverains.

Mais cette raiſon de Grotius paroît peu ſuffiſante, car eſt-on plus aſſuré que la guerre ſe fait par autorité publique, lorſqu'un héraut, par exemple, vient de la déclarer avec certaines cérémonies, qu'on ne le ſeroit lorſqu'on verroit ſur les frontieres une armée commandée par quelqu'un des principaux de l'Etat, & prête à entrer dans notre pays? Ne pourroit-il pas au contraire arriver plus aiſément, qu'une perſonne ou quelque peu de perſonnes s'érigeaſſent de leur chef en hérauts, que non pas qu'un homme levât de ſon autorité une armée, & la menât ſur la frontiere à l'inſçu du ſouverain?

La vérité eſt, que le but principal des *déclarations de guerre*, ou du moins ce qui en a fait établir l'uſage, c'eſt afin de faire connoître à tout le monde que l'on a un juſte ſujet de prendre les armes, & de témoigner à l'ennemi même, qu'il n'a tenu & qu'il ne tient encore qu'à lui de l'éviter. Les *déclarations de guerre*, les manifeſtes que les princes publient, ſont à cet égard un juſte reſpect qu'ils ont les uns pour les autres, & pour la ſociété en général à laquelle ils rendent ainſi en quelque façon compte de leur conduite, pour obtenir leur approbation: c'eſt ce qui paroît en particulier par la maniere dont les Romains faiſoient cette *déclaration*; celui que l'on envoyoit pour cela prenoit à témoins les dieux, que le peuple à qui ils déclaroient la guerre étoit injuſte, en ne voulant point faire ce que le droit & la juſtice demandoient.

Enfin, il faut encore remarquer ici,

que l'on ne doit pas confondre la *dé-claration de la guerre* avec la publication de la guerre : l'unique but de la *déclaration de la guerre*, c'est de déclarer à la nation injuste ou à son conducteur que l'on va enfin recourir au dernier remede & employer la force ouverte pour obtenir justice. Au lieu que pour la publication de la guerre on se propose non-seulement d'avertir les sujets du prince qui déclare la guerre, que telle ou telle nation doit être regardée comme ennemie, & qu'ils doivent prendre leurs mesures là-dessus ; mais encore d'aviser de la *déclaration de guerre* les puiffances neutres pour les informer des raisons justificatives qui l'autorisent, du sujet qui l'oblige à prendre les armes, & de leur notifier que tel ou tel peuple est son ennemi, afin qu'elles puissent se diriger en conséquence. Ainsi la *déclaration* regarde seulement l'ennemi, & la publication se fait en faveur des sujets de la puiffance qui déclare la guerre, & des puiffances neutres.

Les manifestes que les princes publient, contiennent ordinairement la publication de la guerre. Ces pieces ne manquent point de contenir les raisons justificatives, bonnes ou mauvaises, sur lesquelles on se fonde, pour prendre les armes. Le moins scrupuleux voudroit passer pour juste, équitable, amateur de la paix ; il sent qu'une réputation contraire pourroit lui être nuisible. Est-il nécessaire, dans un siecle si poli, d'observer que l'on doit s'abstenir dans ces écrits, qui se publient au sujet de la guerre, de toute expreffion injurieuse, qui manifeste des sentimens de haine, d'animosité, de fureur, ce qui n'est propre qu'à exciter de semblables sentimens dans le cœur de l'ennemi ? Un prince doit

garder la plus noble décence, dans ses discours & dans ses écrits ; il doit se respecter soi-même dans la personne de ses pareils ; & s'il a le malheur d'être en différend avec une nation, ira-t-il aigrir la querelle, par des discours offensans, & s'ôter jusqu'à l'espérance d'une reconciliation sincere ? Les papes dans leurs beaux jours ont excellé dans l'art de faire des manifestes insultans ; je me persuade qu'aujourd'hui ils auroient plus de ménagement. (D.F.)

DÉCLARATION, *Jurispr.*, se dit des mémoires qu'un débiteur donne à ses créanciers de ses effets & de ses biens, lorsqu'à cause du mauvais état de ses affaires, ou il en veut obtenir une remise de partie de ce qu'il leur doit, ou un délai pour le payement. *v.* BANQUEROUTE.

Déclaration, signifie encore la même chose que *contre-lettres. v.* CONTRELETTRE.

DÉCLARATOIRE, adj., *Jurispr.*, On appelle *acte déclaratoire*, celui qui ne tend simplement qu'à faire une déclaration d'un fait ou à expliquer quelque chose, sans contenir aucune nouvelle obligation ou disposition. Voyez ci-devant DÉCLARATION.

DÉCLINATOIRE, *Jurisprudence*, est une exception par laquelle le défendeur refuse de procéder en la jurisdiction où il est assigné, & demande son renvoi devant un autre juge : on dit quelquefois *exception déclinatoire*, & quelquefois simplement *un déclinatoire*. Proposer un *déclinatoire*, c'est proposer son exception *déclinatoire*.

On doit proposer le *déclinatoire*, *in limine litis*, c'est-à-dire avant d'engager le fond, conformément à la loi 33. *au digest. liv. V. tit. j.*

On doit aussi statuer préalablement sur le *déclinatoire*, avant de statuer sur le fond. Le *déclinatoire* doit être jugé à l'audience, où en cas de difficulté on ne peut ordonner qu'un déliberé, & non un appointement.

C'eſt au juge devant lequel l'aſſignation eſt donnée, & qui eſt ſaiſi de la connoiſſance d'une affaire, à juger s'il eſt compétent ou non pour en connoître, & à prononcer ſur le *déclinatoire*. Lorſqu'une affaire eſt portée devant un juge, au préjudice de celui qui doit en connoître, celui-ci peut revendiquer la cauſe du juge qui en eſt ſaiſi, & demander qu'elle lui ſoit renvoyée. Cette révendication peut être faite en tout état de cauſe, même après qu'elle a été conteſtée; pourvu que ce ſoit avant le jugement diffinitif. (D. F.)

DÉCLINER *la juriſdiction d'un juge*, *Juriſpr.*, c'eſt refuſer de procéder par-devant lui, & demander ſon renvoi devant un autre. Voyez ci-devant DÉCLINATOIRE.

DÉCOMPTE, ſ. m., *Juriſprud.*, ſignifie ce qu'un comptable a droit de déduire & retenir par ſes mains ſur ce qu'il doit.

Le *décompte* ſe prend auſſi pour le *bordereau* des ſommes qui ont été dépenſées par le comptable pour l'oyant. *v.* COMPTE, DÉPENSE.

DÉCONFITURE, ſ. f., *Juriſp.*, ſignifie l'inſolvabilité du débiteur, dont les biens ſont inſuffiſans pour payer tous ſes créanciers.

Le cas de la *déconfiture* eſt prévû dans les loix romaines, au digeſte *de tributoriâ actione*, & aux *inſt. liv. IV. tit. vij. §. 3.* par rapport à un eſclave qui fait commerce au vû & au ſû de ſon maitre. Ces loix veulent qu'il ſe faſſe une contribution, comme en effet cela ſe pratique pour toutes ſortes de débiteurs inſolvables, quand il y a lieu à la contribution.

DÉCRET, ſ. m., *Droit Canon.* On appelle ainſi pluſieurs compilations d'anciens canons; tels ſont le *décret* de Bouchard de Worms, ceux d'Yves de Chartres & de Gratien. *v.* DROIT CANON.

DÉCRET, *Juriſprud.* Ce terme eſt quelquefois pris pour la loi faite par le prince : quelquefois il ſignifie ce qui eſt ordonné par le juge, & ſingulierement certaines contraintes décernées contre les accuſés, ou la vente qui ſe fait par juſtice des immeubles ſaiſis réellement; enfin ce terme ſe prend auſſi pour les délibérations de certains corps.

Le *décret d'ajournement perſonnel*, eſt un jugement rendu en matiere criminelle contre l'accuſé, qui le condamne à comparoitre en perſonne devant le juge, pour être ouï & interrogé ſur les faits réſultans des charges & informations, & autres ſur leſquels le miniſtere public voudra le faire interroger, & pour répondre à ſes concluſions.

Le *décret d'aſſigné pour être ouï*, eſt un jugement rendu en matiere criminelle, par lequel le juge ordonne que l'accuſé ſera *aſſigné pour être ouï* par ſa bouche ſur les faits réſultans des charges & informations, & pour répondre aux concluſions que le procureur du roi voudra prendre contre lui.

On ordonne ce *décret* lorſque les charges ſont légeres, ou que l'accuſé eſt une perſonne de conſidération ou officier public, afin de ne lui point faire perdre trop légerement ſon état par un *décret* de priſe-de-corps ou un ajournement perſonnel qui emporteroit interdiction; car c'eſt le ſeul point en quoi le *décret d'aſſigné pour être ouï* differe de l'ajournement perſonnel.

Si l'accuſé ne comparoit pas, le *décret d'aſſigné pour être ouï* doit être converti en ajournement perfonnel.

Celui contre lequel il y a feulement un *décret d'affigné pour être ouï*, ne peut être arrêté prifonnier, s'il ne furvient de nouvelles charges, ou que par délibération fecrette (fi ce n'eft dans une cour fouveraine) il ait été arrêté, ce qui ne peut être ordonné par aucun autre juge.

Le *décret forcé*, eft la faifie réelle & adjudication par *décret* d'un immeuble qui fe pourfuit en juftice à la requête d'un créancier qui n'agit point de concert avec la partie faifie, à la différence du *décret volontaire* où le pourfuivant ne fait que prêter fon nom à la partie faifie. v. SAISIE *réelle* & VENTE *par décret.*

Le *décret du juge*, s'entend quelquefois de tout ce qui eft ordonné par le juge, foit en matiere civile ou criminelle.

Le *décret en matiere criminelle*, eft de trois fortes; favoir, d'affigné pour être ouï, d'ajournement perfonnel, & de prife-de-corps. Voyez *Décret d'affigné pour être ouï*, &c.

Le *décret du prince*, fe dit quelquefois pour tout ce que le prince ordonne.

Le *décret de prife-de-corps*, eft un jugement rendu en matiere criminelle, qui ordonne qu'un accufé fera pris & appréhendé au corps, fi faire fe peut, & conftitué prifonnier, pour être ouï & interrogé fur les faits réfultans des charges & informations & autres fur lefquels le procureur du roi voudra le faire ouïr; finon qu'après la perquifition de fa perfonne, il fera affigné à comparoir en quinzaine & par un feul cri public, à la huitaine enfuivant. Le *décret* porte auffi que les biens de l'accufé feront faifis & annotés; au lieu que les jugemens rendus en matiere civile, qui condamnent un débiteur, & par corps, à payer

ou rendre quelque chofe, ordonnent feulement que faute d'y fatisfaire, il fera conftitué prifonnier & détenu dans les prifons jufqu'à ce qu'il ait fatisfait.

Le *décret volontaire*, eft une pourfuite de faifie réelle & adjudication par *décret*, qu'un acquéreur par contrat volontaire fait faire fur lui, ou fur fon vendeur, pour purger les hypothéques, droits réels, ou fervitudes, que quelqu'un pourroit prétendre fur le bien par lui acquis.

Lorfque l'acquéreur craint de n'avoir pas fes fûretés, il ftipule ordinairement qu'il pourra faire un *décret volontaire*, & qu'il ne fera tenu de payer le prix de fon acquifition qu'après que le *décret* aura été fcellé fans aucune oppofition fubfiftante.

Pour parvenir à ce *décret volontaire*, on paffe une obligation en brevet d'une fomme exigible au profit d'un tiers, qui en donne à l'inftant une contre-lettre; & en vertu de cette obligation, celui qui en paroît créancier fait faifir réellement le bien dont il s'agit, & en pourfuit la vente par *décret*.

Les formalités de ce *décret volontaire* font les mêmes que celles du *décret* forcé, fi ce n'eft que quand le *décret volontaire* fe pourfuit fur l'acquéreur, on doit marquer dans la procédure quel eft le vendeur, afin que fes créanciers foient avertis de former leur oppofition.

L'adjudication par *décret volontaire* ne fait par rapport au vendeur & à l'acquéreur qu'un même titre, qui ne leur donne pas plus de droit qu'ils en avoient en vertu du contrat: ainfi quand l'adjudication eft faite à un prix plus haut que celui du contrat, le vendeur ne peut pas pour cela exiger plus que le prix porté par le contrat; mais les créanciers oppofans peuvent obliger l'adjudicataire de payer le prix fuivant l'adjudication, parce que le contrat ne fait point leur loi.

Si l'acquéreur a payé quelques créanciers délégués ou non par le contrat, & qu'ils ne foient pas privilégiés, ou les plus anciens, il eft obligé de payer une feconde fois les mêmes fommes aux créanciers oppofans s'il y en a; & fi le *décret volontaire* devient forcé, ce qui arrive lorfqu'il y a des oppofitions fubfiftantes au *décret*, qui ne font point converties en faifies & arrêts fur le prix, en ce cas l'acquéreur doit lui-même former oppofition au *décret*, pour être colloqué en fon rang pour les fommes qu'il a payées.

Quand toutes les oppofitions à fin de conferver font converties en faifies & arrêts fur le prix, l'adjudicataire n'eft point obligé de configner, & il n'eft dû aucun droit au receveur des confignations.

L'adjudication par *décret volontaire* ne produit point non plus de nouveaux droits au profit du feigneur : mais fi le prix de l'adjudication eft plus fort que le prix porté par le contrat, il eft au choix du feigneur de prendre fes droits fur le pied du contrat ou de l'adjudication.

Le vendeur qui eft léfé d'outre moitié, peut revenir dans les dix ans du contrat, nonobftant qu'il y ait eu un *décret volontaire*.

DÉCRETS DES CONCILES, SAINTS DÉCRETS, *Droit canon.*, font toutes les décifions des conciles, foit généraux, nationaux, ou provinciaux : le concile prononce ordinairement en ces termes, *decrevit fanßa fynodus ;* c'eft pourquoi ces décifions font appellées *décrets*. On comprend fous ce nom toutes les décifions, tant celles qui regardent le dogme & la foi, que celles qui regardent la difcipline ec-

cléfiaftique : on donne cependant plus volontiers le nom de *canon* à ce qui concerne le dogme & la foi, & le nom de *décrets* aux réglemens qui ne touchent que la difcipline. Les *décrets des conciles*, même œcuméniques, qui concernent la difcipline, n'ont point force de loi dans la plupart des Etats de l'Europe, qu'ils n'aient été acceptés par le fouverain & par les prélats. En les acceptant, le fouverain & les prélats peuvent y mettre telles modifications qui leur paroiffent néceffaires pour le bien de l'églife & la confervation des droits de l'Etat. C'eft en conféquence de ce principe, que le concile général de Bâle fit préfenter fes *décrets* fur la difcipline au roi Charles VII. & aux évêques de l'églife gallicane, pour les prier de les recevoir & de les accepter.

Le *décret dans les bulles*, eft une claufe par laquelle le pape ordonne quelque chofe au fujet du bénéfice qu'il confère, ou pour mieux dire c'eft une loi qu'il impofe au bénéficier. *v.* BULLE.

DÉCRETS IMPÉRIAUX, *Droit public d'Allem.*, en latin *receffus imperii ;* c'eft le réfultat des délibérations d'une diete impériale. *v.* DIETE.

À la fin de chaque diete, avant que de la rompre, on en recueille toutes les décifions qu'on met en un cahier ; & cette collection s'appelle *receffus imperii*, parce qu'elle fe fait au moment que la diete va fe féparer. *v.* EMPIRE.

On ne publie ordinairement ces *décrets* que quand la diete eft prête à fe féparer, pour éviter les contradictions & les plaintes de ceux qui ne fe trouvent pas contens de ce qui a été réfolu. Heiff. *Hiftoire de l'empire.*

L'article concernant des levées de troupes contre les Turcs, faifoit autrefois la plus grande partie du *receffus ;* quand il n'en a plus été queftion, difent quelques auteurs, on ne savoit qu'y mettre, ni comment le dresser.

Les désordres de la chambre impériale de Spire furent si excessifs, qu'on se vit contraint en 1654 de faire des réglemens pour y remédier, & ces réglemens furent insérés dans le *recessus imperii. v.* CHAMBRE.

DÉCRÉTALES, s. f. pl., *Droit canon.* Les *décrétales* sont des lettres des souverains pontifes, qui répondant aux consultations des évêques, ou même de simples particuliers, décident des points de discipline. On les appelle *décrétales,* parce qu'elles sont des résolutions qui ont force de loi dans l'église. Elles étoient fort rares au commencement, & on s'en tenoit à l'autorité des canons des premiers conciles : aussi voyons-nous que les anciens recueils de canons ne renferment aucune de ces *décrétales.* Denys le Petit est le premier qui en ait inséré quelques-unes dans sa collection ; savoir, celles depuis le pape Sirice jusqu'à Anastase II. qui mourut en 498 : la premiere *décrétale* que nous ayons du pape Sirice est datée du 11 Février de l'an 385, & est adressée à Hymerius évêque de Tarragone. Les compilateurs qui ont succédé à Denys le Petit jusqu'à Gratien inclusivement, ont eu pareillement l'attention de joindre aux canons des conciles les décisions des papes : mais ces dernieres étoient en petit nombre. Dans la suite des tems, diverses circonstances empecherent les évêques de s'assembler, & les métropolitains d'exercer leur autorité : telles furent les guerres qui s'éleverent entre les successeurs de l'empire de Charlemagne, & les invasions fréquentes qu'elles occasionnerent. On s'accoûtuma donc insensiblement à consulter le pape de toutes parts, même sur les affaires temporelles ; on

appella très-souvent à Rome, & on y jugea les contestations qui naissoient non-seulement entre les évêques & les abbés, mais encore entre les princes souverains. Peu jaloux de maintenir la dignité de leur couronne, & uniquement occupés du soin de faire valoir par toute sorte. de voies les prétentions qu'ils avoient les uns contre les autres, ils s'empresserent de recourir au souverain pontife, & eurent la foiblesse de se soumettre à ce qu'il ordonnoit en pareil cas, comme si la décision d'un pape donnoit en effet un plus grand poids à ces mêmes prétentions. Enfin l'établissement de la plûpart des ordres religieux & des universités qui se mirent sous la protection immédiate du saint-siege, contribua beaucoup à étendre les bornes de sa jurisdiction ; on ne reconnut plus pour loi générale dans l'église, que ce qui étoit émané du pape, ou présidant à un concile, ou assisté de son clergé, c'est-à-dire du consistoire des cardinaux. Les *décrétales* des souverains pontifes étant ainsi devenues fort fréquentes, elles donnerent lieu à diverses collections, dont nous allons rendre compte.

La premiere de ces collections parut à la fin du XIIe siecle : elle a pour auteur Bernard de Circa, évêque de Faenza, qui l'intitula *breviarium extra,* pour marquer qu'elle est composée de pieces qui ne se trouvent pas dans le décret de Gratien. Ce recueil contient les anciens monumens omis par Gratien ; les *décrétales* des papes qui ont occupé le siege depuis Gratien, & sur-tout celles d'Alexandre III. enfin les decrets du troisieme concile de Latran, & du troisieme concile de Tours, tenus sous ce pontife. L'ouvrage est divisé par livres & par titres, à-peu-près dans le même ordre que l'ont été depuis les *décrétales* de Grégoire

Grégoire IX. on avoit feulement négligé de diftinguer par des chiffres les titres & les chapitres : mais Antoine Auguftin a fuppléé depuis à ce défaut. Environ douze ans après la publication de cette collection, c'eft-à-dire au commencement du treizieme fiecle, Jean de Galles, né à Volterra dans le grand duché de Tofcane, en fit une autre dans laquelle il raffembla les *décrétales* des fouverains pontifes qui avoient été oubliées dans la premiere, ajoûta celles du pape Céleftin III. & quelques autres beaucoup plus anciennes, que Gratien avoit paffées fous filence. Tancrede, un des anciens interpretes des *decrétales*, nous apprend que cette compilation fut faite d'après celles de l'abbé Gilbert, & d'Alain évêque d'Auxerre. L'oubli dans lequel elles tomberent, fut caufe que le recueil de Jean de Galles a confervé le nom de *feconde collection* : au refte elle eft rangée dans le même ordre que celle de Bernard de Circa; & elles ont encore cela de commun l'une & l'autre, qu'à peine virent-elles le jour, qu'on s'empreffa de les commenter : ce qui témoigne affez la grande réputation dont elles jouiffoient auprès des favans, quoiqu'elles ne fuffent émanées que de fimples particuliers, & qu'elles n'euffent jamais été revêtues d'aucune autorité publique. La troifieme collection eft de Pierre de Benevent; elle parut auffi au commencement du treizieme fiecle par les ordres du pape Innocent III. qui l'envoya aux profeffeurs & aux étudians de Bologne, & voulut qu'on en fît ufage, tant dans les écoles que dans les tribunaux : elle fut occafionnée par celle qu'avoit faite Bernard archevêque de Compoftelle, qui pendant fon féjour à Rome avoit ramaffé & mis en ordre les conftitutions de ce pontife : cette compilation de Bernard fut quelque

Tome IV.

tems appellée la *compilation romaine* : mais comme il y avoit inféré plufieurs chofes qui ne s'obfervoient point dans les tribunaux, les Romains obtinrent du pape qu'on en fît une autre fous fes ordres, & Pierre de Benevent fut chargé de ce foin : ainfi cette troifieme collection differe des deux précédentes, en ce qu'elle eft munie du fceau de l'autorité publique. La quatrieme collection eft du même fiecle; elle parut après le quatrieme concile de Latran célebré fous Innocent III. & renferme les decrets de ce concile & les conftitutions de ce pape, qui étoient poftérieures à la troifieme collection. On ignore l'auteur de cette quatrieme compilation, dans laquelle on a obfervé le même ordre de matieres que dans les précédentes. Antoine Auguftin nous a donné une édition de ces quatre collections, qu'il a enrichies de notes. La cinquieme eft de Tancrede de Bologne, & ne contient que les *decrétales* d'Honoré III. fucceffeur immédiat d'Innocent III. Honoré, à l'exemple de fon prédéceffeur, fit recueillir toutes fes conftitutions; ainfi cette compilation a été faite par autorité publique. Nous fommes redevables de l'édition qui en parut à Touloufe en 1645, à M. Ciron profeffeur en droit, qui y a joint des notes favantes. Ces cinq collections font aujourd'hui appellées les *anciennes collections*, pour les diftinguer de celles qui font partie du corps de droit canonique. Il eft utile de les confulter en ce qu'elles fervent à l'intelligence des *decrétales*, qui font rapportées dans les compilations poftérieures où elles fe trouvent ordinairement tronquées, & qui par-là font très-difficiles à entendre, comme nous le ferons voir ci-deffus.

La multiplicité de ces anciennes col.
G g

lections, les contrariétés qu'on y rencontroit, l'obscurité de leurs commentateurs, furent autant de motifs qui firent défirer qu'on les réunît toutes en une nouvelle compilation. Grégoire IX. qui fuccéda au pape Honoré III. chargea Raimond de Pennaford d'y travailler; il étoit fon chapelain & fon confeffeur, homme d'ailleurs très-favant & d'une piété fi diftinguée, qu'il mérita dans la fuite d'être canonifé par Clément VIII. Raimond a fait principalement ufage des cinq collections précédentes; il y a ajoûté plufieurs conftitutions qu'on y avoit omifes, & celles de Grégoire IX. mais pour éviter la prolixité, il n'a point rapporté les *decrétales* dans leur entier; il s'eft contenté d'inférer ce qui lui a paru néceffaire pour l'intelligence de la décifion. Il a fuivi dans la diftribution des matieres le même ordre que les anciens compilateurs; eux-mêmes avoient imité celui de Juftinien dans fon code. Tout l'ouvrage eft divifé en cinq livres, les livres en titres, les titres non en chapitres, mais en capitules, ainfi appellés de ce qu'ils ne contiennent que des extraits des *decrétales*. Le premier livre commence par un titre fur la fainte Trinité, à l'exemple du code de Juftinien; les trois fuivans expliquent les diverfes efpeces du droit canonique, écrit & non écrit: depuis le cinquieme titre jufqu'à celui des pactes, il eft parlé des élections, dignités, ordinations, & qualités requifes dans les clercs; cette partie peut être regardée comme un traité des perfonnes: depuis le titre des pactes jufqu'à la fin du fecond livre, on expofe la maniere d'intenter, d'inftruire, & determiner les procès en matiere civile eccléfiaftique, & c'eft de-là que nous avons emprunté, fuivant la remarque des favans, toute notre pro-

cédure. Le troifieme livre traite des chofes eccléfiaftiques, telles que font les bénéfices, les dixmes, le droit de patronage: le quatrieme, des fiançailles, du mariage, & de fes divers empêchemens; dans le cinquieme, il s'agit des crimes eccléfiaftiques, de la forme des jugemens en matiere criminelle, des peines canoniques, & des cenfures.

Raimond avoit mis la derniere main à fon ouvrage, le pape Grégoire IX. lui donna le fceau de l'autorité publique, & ordonna qu'on s'en fervît dans les tribunaux & dans les écoles, par une conftitution qu'on trouve à la tête de cette collection, & qui eft adreffée aux docteurs & aux étudians de l'univerfité de Bologne: ce n'eft pas néanmoins que cette collection ne fût défectueufe à bien des égards. On peut reprocher avec juftice à Raimond de ce que pour fe conformer aux ordres de Grégoire IX. qui lui avoit recommandé de retrancher les fuperfluités dans le recueil qu'il feroit des différentes conftitutions éparfes en divers volumes, il a fouvent regardé & retranché comme inutiles des chofes qui étoient abfolument néceffaires pour arriver à l'intelligence de la *decrétale*. Donnons-en un exemple. Le *cap. jx. extra de confuetud.* contient un refcrit d'Honoré III. adreffé au chapitre de Paris, dont voici les paroles: *Cum confuetudinis ufufque longævi non fit levis autoritas, & plerumque difcordiam pariant novitates: autoritate vobis præfentium inhibemus, ne abfque epifcopi veftri confenfu immutetis ecclefiæ veftræ conftitutiones & confuetudines approbatas, vel novas etiam inducatis: & quas forte feciftis, irritas decernentes.* Le refcrit conçu en ces termes ne fignifie autre chofe, finon que le chapitre ne peut faire de nouvelles conftitutions fans le confentement de l'évêque: ce qui étant ainfi entendu dans le fens général, eft abfolument faux. Il eft arrivé delà que ce capitule a paru obfcur aux anciens canoniftes; mais il n'y auroit point en de difficulté, s'ils avoient confulté la *décrétale* entiere, telle qu'elle fe trouve dans la cinquieme compilation, *cap. j. cod. tit.* Dans cette *décrétale*, au lieu de ces paroles, *fi quas forte (conftitutiones) feciftis, irritas decernentes*, dont Raimond fe fert, on lit celles-ci: *irritas decernentes (novas inftitutiones) fi quas forte feciftis in ipfius epifcopi præjudicium, poftquam eft regimem Parifienfis ecclefiæ adeptus.* Cette claufe omife par Raimond ne fait-elle pas voir évidemment qu'Honoré III. n'a voulu annuller que les nouvelles conftitutions faites par le chapitre fans le confentement de l'évêque, au préjudice du même évêque? & alors la décifion du pape n'aura befoin d'aucune interprétation. On reproche encore à l'auteur de la compilation, d'avoir fouvent partagé une *décrétale* en plufieurs; ce qui lui donne un autre fens, ou du moins la rend obfcure. C'eft ainfi que la *décrétale* du *cap. 5. de foro competenti*, dans la troifieme collection, eft divifée par Raimond en trois différentes parties, dont l'une fe trouve au *cap. x. extra de conft.*, la feconde, dans le *cap. iij. extra ut lite pendente nihil innovetur*; & la troifieme, au *cap. iv. ibid.* Cette divifion eft caufe qu'on ne peut entendre le fens d'aucun de ces trois capitules, à moins qu'on ne les réuniffe enfemble, comme ils le font dans l'ancienne collection: de plus en rapportant une *décrétale*, il omet quelquefois la précédente ou la fuivante, qui jointe avec elle, offre un fens clair; au lieu qu'elle n'en forme point lorfqu'elle en eft féparée. Le *cap. III. extra de conft.*, qui eft tiré du *cap. eod. in primâ compilat.*

en eft une preuve. On lit dans les deux textes ces paroles: *translato facerdotio, neceffe eft ut legis translatio fiat; quia enim fimul & ab eodem & fub eadem fponfione utraque data funt, quod de uno dicitur, neceffe eft ut de altero intelligatur.* Ce paffage qui fe trouve ifolé dans Raimond eft obfcur. & on ne comprend pas en quoi confifte la translation de la loi: mais fi on compare le même texte avec le *cap. iij. & v.* de la premiere collection que Raimond a omis dans la fienne, alors on aura la véritable efpece propofée par l'ancien compilateur, & le vrai fens de ces paroles, qui fignifient que les préceptes de l'ancienne loi ont été abrogés par la loi de grace; parce que le facerdoce & la loi ancienne ayant été donnés en même tems & fous la même promeffe, comme il eft dit dans notre capitule, & le facerdoce ayant été transféré, & un nouveau pontife nous étant donné en la perfonne de Jefus-Chrift, il s'enfuit de-là qu'il étoit néceffaire qu'on nous donnât auffi une nouvelle loi, & qu'elle abrogeât l'ancienne quant aux préceptes myftiques & aux cérémonies légales, dont il eft fait mention dans ces *cap. iij. & v.* omis par Raimond. Enfin il eft repréhenfible pour avoir altéré les *décrétales* qu'il rapporte, en y faifant des additions: ce qui leur donne un fens différent de celui qu'elles ont dans leur fource primitive. Nous nous fervirons pour exemple du *c. j. extra de judiciis*, où Raimond ajoûte cette claufe, *donec fatisfactione præmiffâ fuerit abfolutus*, laquelle ne fe trouve ni dans le *canon 87. du Code d'Afrique*, d'où originairement la *décrétale* eft tirée, ni dans l'*ancienne collection*, & qui donne au canon un fens tout-à fait différent. On lit dans le *Canon* même & dans l'*ancienne collection*: *nullus eidem Quod-vult-deo com-*

municet , donec causa ejus ; qualem po-
tuerit , terminum sumat ; ces paroles
font affez connoitre le droit qui étoit
autrefois en vigueur , comme le remarque très-bien M. Cujas fur ce capitule.
Dans ces tems - là on n'accordoit à qui
que ce foit l'abfolution d'une excommunication , qu'on n'eût inftruit juridiquement le crime dont il étoit accufé , & qu'on n'eût entierement terminé la procédure. Mais dans les fiecles
poftérieurs , l'ufage s'eft établi d'abfou-
dre l'excommunié qui étoit contumacé,
auffi-tôt qu'il avoit fatisfait , c'eft - à-
dire , donné caution de fe repréfenter
en jugement , quoique l'affaire n'eût
point été difcutée au fond ; & c'eft
pour concilier cet ancien canon avec
la difcipline de fon tems , que Raimond
en a changé les termes. Nous nous con-
tentons de citer quelques exemples des
imperfections qui fe rencontrent dans
la collection de Grégoire IX. mais
nous obferverons que dans les éditions
récentes de cette collection , on a ajoûté
en caracteres italiques ce qui avoit été
retranché par Raimond , & ce qu'il
étoit indifpenfable de rapporter pour
bien entendre l'efpece du capitule. Ces
additions, qu'on a appellées depuis dans
les écoles *pars decifa* , ont été faites par
Antoine le Conte, François Pegna Efpagnol , & dans l'édition romaine : il
faut avouer néanmoins qu'on ne les a
pas faites dans tous les endroits nécéffai-
res, & qu'il refte encore beaucoup de
chofes à defirer ; d'où il réfulte que
nonobftant ces fupplémens , il eft très-
avantageux non-feulement de recourir
aux anciennes *décrétales* , mais même
de remonter jufqu'aux premieres fources , puifque les anciennes collections
fe trouvent fouvent elles - mêmes mu-
tilées, & que les monumens apocryphes y font confondus avec ceux qui

font authentiques : telle eft en effet la
méthode dont MM. Cujas , Florent,
Jean de la Cofte , & fur-tout Antoine
Auguftin dans fes notes fur la premiere
collection , fe font fervis avec le plus
grand fuccès.

Grégoire IX. en confirmant le nouveau recueil de *décrétales* , défendit par
la même conftitution qu'on ofât en entreprendre un autre fans la permiffion
expreffe du faint fiege , & il n'en parut
point jufqu'à Boniface VIII. ; ainfi pendant l'efpace de plus de 70 ans , le corps
de droit canonique ne renferma que le
decret de Gratien & les *décrétales* de
Grégoire IX. Cependant après la publication des *décrétales* , Grégoire IX. &
les papes fes fucceffeurs donnerent en
différentes occafions de nouveaux refcrits ; mais leur authenticité n'étoit
reconnue ni dans les écoles , ni dans
les tribunaux : c'eft pourquoi Boniface
VIII. la quatrieme année de fon pontificat , vers la fin du XIIIe fiecle , fit
publier fous fon nom une nouvelle compilation ; elle fut l'ouvrage de Guillaume de Mandagotto , archevêque d'Embrun , de Berenger Frédoni , évêque de
Beziers , & de Richard de Senis vice-
chancelier de l'églife romaine , tous trois
élevés depuis au cardinalat. Cette collection contient les dernieres *épîtres*
de Grégoire IX. celles des papes qui lui
ont fuccédé ; les decrets des deux conciles généraux de Lyon , dont l'un s'eft
tenu en l'an 1245 fous Innocent IV. &
l'autre en l'an 1274 fous Grégoire X.
& enfin les conftitutions de Boniface
VIII. On appelle cette collection le
Sexte , parce que Boniface voulut qu'on
la joignit au livre des *décrétales* , pour
lui fervir de fupplément. Elle eft divifée en cinq livres , foûdivifée en titres
& en capitules , & les matieres y font
diftribuées dans le même ordre que dans

celle de Grégoire IX. Au commencement du XIVe siecle, Clément V. qui tint le saint siege à Avignon, fit faire une nouvelle compilation des *décrétales*, composée en partie des canons du concile de Vienne, auquel il préfida, & en partie de fes propres conftitutions; mais furpris par la mort, il n'eut pas le tems de la publier, & ce fut par les ordres de fon fucceffeur Jean XXII. qu'elle vit le jour en 1317. Cette collection eft appellée *clémentines*, du nom de fon auteur, & parce qu'elle ne renferme que des conftitutions de ce fouverain pontife : elle eft également divifée en cinq titres, qui font auffi foudivifés en titres & en capitules, ou clémentines. Outre cette collection, le même pape Jean XXII. qui fiegea pareillement à Avignon, donna différentes conftitutions pendant l'efpace de dix-huit ans que dura fon pontificat, dont vingt ont été recueillies & publiées par un auteur anonyme, & c'eft ce qu'on appelle les *extravagantes de Jean XXII.* Cette collection eft divifée en quatorze titres, fans aucune diftinction de livres, à caufe de fon peu d'étendue. Enfin l'an 1484 il parut un nouveau recueil qui porte le nom d'*extravagantes communes*, parce qu'il eft compofé des conftitutions de vingt-cinq papes, depuis le pape Urbain IV. (fi l'infcription du *cap.* I. *de fimoniâ* eft vraie) jufqu'au pape Sixte IV. lefquels ont occupé le faint fiege pendant plus de deux cents vingt ans, c'eft-à-dire, depuis l'année 1262 jufqu'à l'année 1483. Ce recueil eft divifé en cinq livres; mais attendu qu'on n'y trouve aucune *décrétale* qui regarde le mariage, on dit que le quatrieme livre manque. Ces deux dernieres collections font l'ouvrage d'auteurs anonymes, & n'ont été confirmées par aucune bulle, ni envoyées aux univer-

fités; c'eft par cette raifon qu'on les a appellées *extravagantes*, comme qui diroit *vagantes extra corpus juris canonici*, & elles ont retenu ce nom, quoique par la fuite elles y ayent été inférées. Ainfi le corps du droit canonique renferme aujourd'hui fix collections; favoir, le decret de Gratien, les *décrétales* de Grégoire IX. le fexte de Boniface VIII. les clémentines, les extravagantes de Jean XXII. & les extravagantes communes. Nous verrons dans l'article DROIT CANON, de quelle autorité eft le recueil de Gratien, nous allons examiner ici quelle eft celle des diverfes collections des *décrétales*.

Le decret de Gratien n'a par lui-même aucune autorité, ce qui doit s'étendre aux extravagantes de Jean XXII. & aux extravagantes communes, qui font deux ouvrages anonymes & deftitués de toute autorité publique. Il n'en eft pas de même des *décrétales* de Grégoire IX. du fexte & des clémentines, compofées & publiées par ordre des fouverains pontifes; ainfi dans les pays d'obédience, où le pape réunit l'autorité temporelle à la fpirituelle, il n'eft point douteux que les *décrétales* des fouverains pontifes, & les recueils qu'ils en ont fait faire, n'ayent force de loi; mais dans les autres pays libres, même catholiques, dans lefquels les conftitutions des papes n'ont de vigueur qu'autant qu'elles ont été approuvées par le prince, les compilations qu'ils font publier ont le même fort, c'eft-à-dire, qu'elles ont befoin d'acceptation pour qu'elles foient regardées comme loix. Cela pofé, les jurifconfultes François demandent fi les *décrétales* de Grégoire IX. ont jamais été reçues en France. Charles Dumoulins dans fon *Commentaire* fur l'édit de Henri II. vulgairement appellé l'édit des petites dates, obferve, glofe *xv. num.* 250, que dans les regiftres de la cour, on trouve un confeil donné au roi par Eudes duc de Bourgogne, de ne point recevoir dans fon royaume les nouvelles conftitutions des papes. Le même auteur ajoûte qu'en effet elles ne font point admifes dans ce qui concerne la jurifdiction féculiere, ni même en matiere fpirituelle, fi elles font contraires aux droits & aux libertés de l'églife gallicane ; & il dit que cela eft d'autant moins furprenant, que la cour de Rome elle-même ne reçoit pas toutes les *décrétales* inférées dans les collections publiques. Conformément à cela, M. Florent, dans fa préface *de auctoritate Gratiani & aliarum collectionum*, prétend que les *décrétales* n'ont jamais reçu en France le fceau de l'autorité publique, & quoiqu'on les enfeigne dans les écoles, en vertu de cette autorité, qu'il n'en faut pas conclure qu'elles ont été admifes, mais qu'on doit les regarder du même œil que les livres du droit civil qu'on enfeigne publiquement par ordre des rois de France, quoiqu'ils ne leur ayent jamais donné force de loi. Pour preuve de ce qu'il avance, il cite une lettre manufcrite de Philippe-le-Bel, adreffée à l'univerfité d'Orléans, où ce monarque s'exprime en ces termes : *Non putet igitur aliquis nos recipere vel primogenitores noftros recepiffe confuetudines quaslibet five leges, ex eo quod eas in diverfis locis & ftudiis regni noftri per fcholafticos legi finatur ; multa namque eruditioni & doctrinæ proficiunt, licet recepta non fuerint, nec ecclefia recipit quamplures canones qui per defuetudinem abierunt, vel ab initio non fuere recepti, licet in fcholis à ftudiofis propter eruditionem legantur. Scire namque fenfus, ritus & mores hominum diverforum locorum &*

temporum, valdè proficit ad cujufcumque doctrinam. Cette lettre eft de l'année 1312. On ne peut nier cependant qu'on ne fe foit fervi des *décrétales*, & qu'on ne s'en ferve encore aujourd'hui dans les tribunaux, lorfqu'elles ne font pas contraires aux libertés de l'églife gallicane ; d'où l'on peut conclure que dans ces cas-là elles font reçues, du moins tacitement, par l'ufage, & parce que les rois de France ne s'y font point oppofés : & il ne faut point à cet égard féparer le Sexte de Boniface VIII. des autres collections, quoique plufieurs foutiennent que celle-là fpécialement n'eft point admife, à caufe de la fameufe querelle entre Philippe-le-Bel & ce pape. Ils fe fondent fur la glofe du capitule *xvj. de elect. in fexto*, où il eft dit nommément que les conftitutions du fexte ne font point reçues dans le royaume ; mais nous croyons avec M. Doujat, *lib. IV. prænot. canon. cap. xxjv. num.* 7. devoir rejetter cette opinion comme fauffe ; premierement, parce que la compilation de Boniface a vu le jour avant qu'il eût eu aucun démêlé avec Philippe-le-Bel. De plus, la bulle *unam fanctam*, où ce pape, aveuglé par une ambition démefurée, s'efforce d'établir que le fouverain pontife a droit d'inftituer, de corriger & de dépofer les fouverains, n'eft point rapportée dans le fexte, mais dans le *cap. j. de majoritate & obedientiâ, extravag. comm.*, où l'on trouve en même tems, *cap. ij. ibid.* la bulle *Meruit* de Clément V. par laquelle il déclare qu'il ne prétend point que la conftitution de Boniface porte aucun préjudice au roi ni au royaume de France, ni qu'elle les rende plus fujets à l'églife romaine, qu'ils l'étoient auparavant. Enfin il eft vraifemblable que les paroles attribuées à la glofe fur le *cap. xvj. de electione in fexto*, ne lui appartiennent point, mais qu'elles auront été ajoutées après coup, par le zele inconfidéré de quelque docteur François. En effet, elles ne fe trouvent que dans l'édition d'Anvers, & non dans les autres, pas même dans celle de Charles Dumoulins, qui certainement ne les auroit pas omifes, fi elles avoient appartenu à la glofe.

Au refte, l'illuftre M. de Marca, dans fon traité *de concordiâ facerdotii & imperii*, *lib. III. cap. vj.* prouve la néceffité & l'utilité de l'étude des *décrétales*. Pour réduire en peu de mots les raifons qu'il en apporte, il fuffit de rappeller ce que nous avons déja remarqué au commencement de cet article; favoir, que l'autorité des conciles provinciaux ayant diminué infenfiblement, & enfuite ayant été entiérement anéantie, attendu que les affemblées d'évèques étoient devenues plus difficiles après la divifion de l'empire de Charlemagne, à caufe des guerres fanglantes, que fes fucceffeurs fe faifoient les uns aux autres, il en étoit réfulté que les fouverains pontifes étoient parvenus au plus haut degré de puiffance, & qu'ils s'étoient arrogés le droit de faire des loix, & d'attirer à eux feuls la connoiffance de toutes les affaires; les princes eux-mêmes, qui fouvent avoient befoin de leur crédit, favorifant leur ambition. Ce changement a donné lieu à une nouvelle maniere de procéder dans les jugemens eccléfiaftiques: delà tant de différentes conftitutions touchant les élections, les collations des bénéfices, les empêchemens du mariage, les excommunications, les maifons réligieufes, les privileges, les exemptions, & beaucoup d'autres points qui fubfiftent encore aujourd'hui; enforte que l'ancien droit ne fuffit plus pour terminer les conteftations, & qu'on eft obligé d'avoir recours aux

décrétales qui ont engendré ces différentes formes. Mais s'il eft à-propos de bien connoître ces collections & de les étudier à fond, il eft encore néceffaire de confulter les auteurs qui les ont interpretées; c'eft pourquoi nous croyons devoir indiquer ici ceux que nous regardons comme les meilleurs. Sur les *décrétales* de Grégoire IX. nous indiquerons Vanefpen, *tome IV. de fes œuvres*, *édit. de Louvain* 1753. Cet auteur a fait d'excellentes obfervations fur les canons du concile de Tours, & ceux des conciles de Latran III. & IV., qui font rapportés dans cette collection. Nous ajoûterons M. Cujas, qui a commenté les fecond, troifieme & quatrieme livres prefqu'en entier; MM. Jean de la Cofte & Florent, qui ont écrit plufieurs traités particuliers fur différens titres de cette même collection; Charles Dumoulins, dont on ne doit pas négliger les notes, tant fur cette collection que les fuivantes; M. Ciron, qui a jetté une grande érudition dans fes paratitles fur les cinq livres des *décrétales*; M. Hauteferre, qui a commenté les *décrétales* d'Innocent III. On y peut joindre l'édition qu'a faite M. Baluze des épîtres du même pape, & celle de M. Bofquet, évèque de Montpellier; enfin Gonzalès, dont le grand commentaire fur toute la collection de Grégoire IX. eft fort eftimé: cet auteur néanmoins étant dans les principes ultramontains, doit être lu avec précaution. Sur le fexte, nous nous contenterons d'indiquer Vanefpen, *tome IV. ibid.*, qui a fait également des obfervations fur les canons des deux conciles généraux de Lyon, qu'on trouve répandus dans cette collection; fur les clémentines, le commentaire qu'en a fait M. Hauteferre. A l'égard des deux dernieres collections, on peut s'en tenir à la lecture du texte.

& aux notes de Charles Dumoulins.

Les *fauſſes decrétales* ſont celles qu'on trouve raſſemblées dans la collection qui porte le nom d'Iſidore Mercator ; on ignore l'époque précife de cette collection, quel en eſt le véritable auteur, & on ne peut à cet égard que ſe livrer à des conjectures. Le cardinal d'Aguirre, *tome I. des conciles d'Eſpagne*, *diſſertat. j.* croit que les *fauſſes decrétales* ont été compoſées par Iſidore, évêque de Séville, qui étoit un des plus célebres écrivains de ſon ſiecle ; il a depuis été canoniſé, & il tient un rang diſtingué parmi les docteurs de l'égliſe. Le cardinal ſe fonde principalement ſur l'autorité d'Hincmar de Rheims, qui les lui attribue nommément, *epiſt. vij. cap.* 12 ; mais l'examen même de l'ouvrage réfute cette opinion. En effet, on y trouve pluſieurs monumens qui n'ont vu le jour qu'après la mort de cet illuſtre prélat ; tels ſont les canons du ſixieme concile general, ceux des conciles de Tolede, depuis le ſixieme juſqu'au dix-ſeptieme ; ceux du concile de Merida, & du ſecond concile de Brague. Or Iſidore eſt mort en 636, ſuivant le témoignage unanime de tous ceux qui ont écrit ſa vie, & le ſixieme concile général s'eſt tenu l'an 680 ; le ſixieme de Tolede, l'an 638, & les autres ſont beaucoup plus récens. Le cardinal ne ſe diſſimule point cette difficulté ; mais il prétend que la plus grande partie, tant de la préface où il eſt fait mention de ce ſixieme concile, que de l'ouvrage, appartient à Iſidore de Séville, & que quelqu'écrivain plus moderne y aura ajoûté ces monumens. Ce qui le détermine à prendre ce parti, c'eſt que l'auteur dans ſa préface annonce qu'il a été obligé à faire cet ouvrage par quatre-vingt évêques & autres ſerviteurs de Dieu. Sur cela le cardinal demande quel autre qu'Iſidore de Séville a été d'un aſſez grand poids en Eſpagne, pour que quatre-vingt évêques de ce royaume l'engageaſſent à travailler à ce recueil ; & il ajoûte qu'il n'y en a point d'autre ſur qui on puiſſe jetter les yeux, ni porter ce jugement. Cette réflexion eſt bientôt détruite par une autre qui s'offre naturellement à l'eſprit ; ſavoir, qu'il eſt encore moins probable qu'un livre compoſé par un homme auſſi célebre & à la ſollicitation de tant de prélats, ait échappé à la vigilance de tous ceux qui ont recueilli ſes œuvres, & qu'aucun d'eux n'en ait parlé. Secondement, il paroit que l'auteur de la compilation a vécu bien avant dans le VIIIᵉ ſiecle, puiſqu'on y rapporte des pieces qui n'ont paru que vers le milieu de ce ſiecle, telle eſt la lettre de Boniface I. archevêque de Mayence, écrite l'an 744 à Ethelbald, roi des Merciens en Angleterre, plus de cent années par conſéquent après la mort d'Iſidore. De plus, l'on n'a découvert juſqu'à préſent aucun exemplaire qui porte le nom de cet évêque. Il eſt bien vrai que le cardinal d'Aguirre dit avoir vu un manuſcrit de cette collection dans la bibliotheque du Vatican, qui paroit avoir environ 830 années d'ancienneté, & être du tems de Nicolas I. où il finit, & qu'à la tête du manuſcrit on lit en grandes lettres, *incipit præfatio Iſidori epiſcopi* : mais comme il n'ajoûte point *Hiſpalenſis*, on ne peut rien en conclure ; & quand bien même ce mot y ſeroit joint, il ne s'enſuivroit pas que ce fût véritablement l'ouvrage d'Iſidore de Séville : car ſi l'auteur a eu la hardieſſe d'attribuer fauſſement tant de *decrétales* aux premiers papes, pourquoi n'auroit-il pas eu celle d'uſurper le nom d'Iſidore de Séville, pour accréditer

diter fon ouvrage ? Par la même raifon, de ce qu'on trouve dans la préface de ce recueil divers paffages qui
fe rencontrent au cinquieme *Livre des
etymologies* d'Ifidore, fuivant la remarque des correcteurs Romains, ce n'eft
pas une preuve que cette préface foit
de lui, comme le prétend le cardinal.
En effet, l'auteur a pu coudre ces paffages à fa préface, de même qu'il a
coufu différens paffages des faints peres
aux *decrétales* qu'il rapporte. Un nouveau motif de nous faire rejetter le
fentiment du cardinal, c'eft la barbarie du ftyle qui regne dans cette compilation, en cela différent de celui d'I-
fidore de Séville verfé dans les bonnes
lettres, & qui a écrit d'une maniere
beaucoup plus pure. Quel fera donc
l'auteur de cette collection ? Suivant
l'opinion la plus généralement reçue,
on la donne à un Ifidore furnommé
Mercator, & cela à caufe de ces paroles de la préface, *Ifidorus Mercator fer-
vus Chrifti, lectori confervo fuo*: c'eft
ainfi qu'elle eft rapportée dans Yves
de Chartres & au commencement du
premier tome des conciles du P. Labbe; elle eft un peu différente dans Gratien fur le *canon IV.* de la *diftinction xvj*,
où le nom de *Mercator* eft fupprimé;
& même les correcteurs Romains, dans
leur feconde note fur cet endroit de
Gratien, obfervent que dans plufieurs
exemplaires, au lieu du furnom de
Mercator, on lit celui de *Peccator* :
quelques-uns même avancent, & de
ce nombre eft M. de Marca, *lib. III.
de concordia facerd. & imp. cap. v*, que
cette leçon eft la véritable, & que celle
de Mercator ne tire fon origine que
d'une faute des copiftes. Ils ajoûtent
que le furnom de *Peccator* vient de ce
que plufieurs évèques foufcrivant aux
conciles, prenoient le titre de *pécheurs*,

Tome IV.

ainfi qu'on le voit dans le premier concile de Tours, dans le troifieme de Paris, dans le fecond de Tours, & dans
le premier de Mâcon; & dans l'églife
grecque les évèques affectoient de s'appeller ἁμαρτώλοι. Un troifieme fyftème
des *fauffes decrétales*, eft celui que nous
préfente la *Chronique* de Julien de Tolede, imprimée à Paris dans le fiecle
dernier, par les foins de Laurent Ra-
mirez Efpagnol. Cette *Chronique* dit
expreffément que le recueil dont il s'a-
git ici, a été compofé par Ifidore Mercator, évèque de Xativa, (c'eft une
ville de l'ifle Majorque, qui releve de
l'archevêché de Valence en Efpagne);
qu'il s'eft fait aider dans ce travail par
un moine, & qu'il eft mort l'an 805 :
mais la foi de cette *Chronique* eft fufpecte parmi les favans, & avec raifon.
En effet, l'éditeur nous apprend que
Julien, archevèque de Tolede, eft monté
fur ce fiege en l'an 680, & eft mort
en 690; qu'il a préfidé à plufieurs conciles pendant cet intervalle, entr'autres au douzieme concile de Tolede,
tenu en 681. Cela pofé, il n'a pu voir
ni raconter la mort de cet évèque de
Xativa, arrivée en 805, non-feulement fuivant l'hypothefe où lui Julien
feroit décédé en 690, mais encore fuivant la date de l'année 680, où il eft
parvenu à l'archevêché de Tolede; car
alors il devoit être âgé de plus de 30
ans, felon les regles de la difcipline,
& il auroit fallu qu'il eût vécu au-
delà de 155 ans pour arriver à l'année
805, qui eft celle où l'on place la mort
de cet Ifidore Mercator : & on ne peut
éluder l'objection en fe retranchant à
dire qu'il y a faute d'impreffion fur cette
derniere époque, & qu'au lieu de l'année 805 on doit lire 705; car ce changement fait naître une autre difficulté.
Dans la collection il eft fait mention

H h

du pape Zacharie, qui néanmoins n'eſt parvenu au ſouverain pontificat qu'en 741. Comment accorder la date de l'année 705, qu'on ſuppoſe maintenant être celle de la mort d'Iſidore, avec le tems où le pape Zacharie a commencé à occuper le ſaint ſiege? Enfin David Blondel, écrivain proteſtant & habile critique, ſoutient dans ſon ouvrage intitulé *Pſeudo-Iſidorus*, *chap. jv.* *& v. de ſes prolegomenes*, que cette collection ne nous eſt point venue d'Eſpagne. Il inſiſte ſur ce que depuis l'an 850 juſqu'à l'an 900, qui eſt l'eſpace de tems où elle doit être placée, ce royaume gémiſſoit ſous la cruelle domination des Sarraſins, ſur-tout après le concile de Cordoüe tenu en 852, dans lequel on défendit aux chrétiens de rechercher le martyre par un zele indiſcret, & d'attirer par-là ſur l'égliſe une violente perſécution. Ce decret, tout ſage qu'il étoit, & conforme à la prudence humaine que la religion n'exclut point, étant mal-obſervé, on irrita ſi fort les Arabes, qu'ils brulerent preſque toutes les égliſes, diſperſerent ou firent mourir les évêques, & ne ſouffrirent point qu'ils fuſſent remplacés. Telle fut la déplorable ſituation des Eſpagnols juſqu'à l'année 1221, & il eſt hors de toute vraiſemblance, ſelon Blondel, que dans le tems même où ils avoient à peine celui de reſpirer, il ſe ſoit trouvé un de leurs compatriotes aſſez inſenſible aux malheurs de la patrie, pour s'occuper alors à fabriquer des pieces ſous les noms des papes du IIᵈ & du IIIᶜ ſiecles. Il ſoupçonne donc qu'un Allemand eſt l'auteur de cette collection, d'autant plus que ce fut Riculphe archevêque de Mayence, qui la répandit en France, comme nous l'apprenons d'Hincmar de Reims dans ſon *Opuſcule* des 55 chapitres contre Hinc-

mar de Laon, *ch. jv.* Sans adopter préciſément le ſyſtème de Blondel, qui veut que Mayence ait été le berceau du recueil des *fauſſes decrétales*, nous nous contenterons de remarquer que le même Riculphe avoit beaucoup de ces pieces ſuppoſées. On voit au *livre VII. des capitulaires*, *cap. ccv.* qu'il avoit apporté à Worms une *Epitre* du pape Grégoire, dont juſqu'alors on n'avoit point entendu parler, & dont par la ſuite il n'eſt reſté aucun veſtige. Au reſte, quoiqu'il ſoit aſſez conſtant que la compilation des *fauſſes decrétales* n'appartient à aucun Iſidore, comme cependant elle eſt connue ſous le nom d'*Iſidore Mercator*, nous continuerons de l'appeller ainſi.

Cette collection renferme les cinquante canons des apôtres, que Denis le Petit avoit rapportés dans la ſienne; mais ce n'eſt point ici la même verſion. Enſuite viennent les canons du ſecond concile général, & ceux du concile d'Epheſe, qui avoient été omis par Denis. Elle contient auſſi les conciles d'Afrique, mais dans un autre ordre, beaucoup moins exact que celui de Denis, qui les a copiés d'après le code des canons de l'égliſe d'Afrique. On y trouve encore dix-ſept conciles de France, un grand nombre de conciles d'Eſpagne, & entr'autres ceux de Tolede juſqu'au dix-ſeptieme, qui s'eſt tenu en 694. En tout ceci Iſidore n'eſt point repréhenſible, ſi ce n'eſt pour avoir mal obſervé l'ordre des tems, ſans avoir eu plus d'égard à celui des matieres, comme avoient fait avant lui pluſieurs compilateurs. Voici où il commence à devenir coupable de ſuppoſition. Il rapporte ſous le nom des papes des premiers ſiecles, depuis Clément I. juſqu'à Sirice, un nombre infini de *décrétales* inconnues juſqu'alors, & avec

la même confiance que si elles contenoient la vraie discipline de l'église des
premiers tems. Il ne s'arrête point là,
il y joint plusieurs autres monumens
apocryphes : tels sont la fausse donation de Constantin, le prétendu concile de Rome sous Sylvestre ; la *Lettre*
d'Athanase à Marc, dont une partie est
citée dans Gratien, *distinct. xvj. can.*
12, celle d'Anastase successeur de Sirice, adressée aux évêques de Germanie
& de Bourgogne ; celle de Sixte III. aux
Orientaux. Le grand saint Léon lui
même n'a point été à l'abri de ses téméraires entreprises ; l'imposteur lui attribue faussement une lettre touchant
les privileges des chorévêques. Le P.
Labbe avoit conjecturé la fausseté de
cette piece, mais elle est démontrée dans
la onzieme *Dissertation* du P. Quesnel.
Il suppose pareillement une lettre de
Jean I. à l'archevêque Zacharie, un de
Boniface II. à Eulalie d'Alexandrie, une
de Jean III. adressée aux évêques de
France & de Bourgogne, une de Grégoire le Grand, contenant un privilege du monastere de S. Médard, une du
même, adressée à Felix évêque de Mes-
sine, & plusieurs autres qu'il attribue
faussement à divers auteurs. Voyez le
recueil qu'en a fait David Blondel dans
son faux Isidore. En un mot l'imposteur n'a épargné personne.

L'artifice d'Isidore, tout grossier qu'il
étoit, en imposa à toute l'église latine.
Les noms qui se trouvoient à la tête
des pieces qui composoient ce recueil,
étoient ceux des premiers souverains
pontifes, dont plusieurs avoient souffert le martyre pour la cause de la religion. Ces noms ne purent que le rendre recommandable, & le faire recevoir avec la plus grande vénération.
D'ailleurs l'objet principal de l'imposteur avoit été d'étendre l'autorité du

saint siege & des évêques. Dans cette
vûe il établit que les évêques ne peuvent être jugés définitivement que par
le pape seul, & il répete souvent cette
maxime. Toutefois on trouve dans l'*histoire ecclésiastique* bien des exemples du
contraire ; & pour nous arrêter à un
des plus remarquables, Paul de Samo-
sate, évêque d'Antioche, fut jugé & déposé par les évêques d'Orient & des
provinces voisines, sans la participation
du pape. Ils se contenterent de lui en
donner avis après la chose faite, comme il se voit par leur lettre synodale,
& le pape ne s'en plaignit point : Eu-
seb. *liv. VII. ch. xxx.* De plus, le faus-
faire représente comme ordinaires les
appellations à Rome. Il paroît qu'il avoit
fort à cœur cet article, par le soin qu'il
prend de répandre dans tout son ouvrage, que non-seulement tout évêque,
mais tout prêtre, & en général toute
personne opprimée, peut en tout état
de cause appeller directement au pape.
Il fait parler sur ce sujet jusqu'à neuf
souverains pontifes, Anaclet, Sixte I.
Sixte II. Fabien, Corneille, Victor, Ze-
phirin, Marcel & Jules. Mais S. Cyprien
qui vivoit du tems de S. Fabien & de S.
Corneille, non-seulement s'est opposé
aux appellations, mais encore a donné
des raisons solides de n'y pas déférer,
epist. lix. Du tems de S. Augustin, elles
n'étoient point encore en usage dans
l'église d'Afrique, comme il paroît par
la lettre du concile tenu en 426, adressée au pape Célestin ; & si en vertu du
concile de Sardique on en voit quelques
exemples, ce n'est, jusqu'au IXe siecle,
que de la part des évêques des grands
sieges qui n'avoient point d'autre supérieur que le pape. Il pose encore un
principe incontestable, qu'on ne peut
tenir aucun concile, même provincial,
sans la permission du pape. Nous avons

Hh 2

démontré ailleurs qu'on étoit bien éloigné d'obferver cette regle pendant les
neuf premiers fiecles, tant par rapport
aux conciles œcuméniques, que nationaux & provinciaux. Voyez l'article
CONCILE.

Les *fauffes decrétales* favorifant l'impunité des évêques, & plus encore les
prétentions ambitieufes des fouverains
pontifes, il n'eft plus étonnant que les
uns & les autres les ayent adoptées avec
empreffement, & s'en foient fervis dans
les occafions qui fe préfenterent. C'eft
ainfi que Rotade évêque de Soiffons,
qui dans un concile provincial tenu à
S. Crefpin de Soiffons en 861, avoit été
privé de la communion épifcopale pour
caufe de défobéiffance, appella au faint
fiege. Hincmar de Reims fon métropolitain, non-obftant cet appel, le fit dépofer dans un concile affemblé à S. Médard de Soiffons, fous le prétexte que
depuis il y avoit renoncé & s'étoit foumis au jugement des évêques. Le pape
Nicolas I. inftruit de l'affaire, écrivit à
Hincmar, & blama fa conduite. ,, Vous
,, deviez, dit-il, honorer la mémoire de
,, S. Pierre, & attendre notre jugement,
,, quand même Rotade n'eût point ap-
,, pellé". Et dans une autre lettre au
même Hincmar fur la même affaire, il
le menace de l'excommunier, s'il ne rétablit pas Rotade. Ce pape fit plus encore;
car Rotade étant venu à Rome, il le
déclara abfous dans un concile tenu à la
veille de Noël en 864, & le renvoya à
fon fiege avec des lettres. Celle qu'il
adreffe à tous les évêques des Gaules
eft digne de remarque; c'eft la lettre 47
de ce pontife: voici comme le pape y
parle: ,, Ce que vous dites eft abfurde
(nous nous fervons ici de M. Fleuri),
,, que Rotade, après avoir appellé au
,, faint fiege, ait changé de langage
,, pour fe foumettre de nouveau à

,, votre jugement. Quand il l'auroit
,, fait, vous deviez le redreffer & lui
,, apprendre qu'on n'appelle point d'un
,, juge fupérieur à un inférieur. Mais
,, encore qu'il n'eût pas appellé au
,, faint fiege, vous n'avez dû en aucu-
,, ne maniere dépofer un évêque fans
,, notre participation, au préjudice de
,, tant de *decrétales* de nos prédécef-
,, feurs; car fi c'eft par leur jugement
,, que les écrits des autres docteurs
,, font approuvés ou rejettés, com-
,, bien plus doit-on refpecter ce qu'ils
,, ont écrit eux mêmes pour décider
,, fur la doctrine ou la difcipline ?
,, Quelques-uns de vous difent que
,, ces *decrétales* ne font point dans le
,, code des canons; cependant quand
,, ils les trouvent favorables à leurs
,, intentions, ils s'en fervent fans dif-
,, tinction, & ne les rejettent que
,, pour diminuer la puiffance du faint
,, fiege. Que s'il faut rejetter les *de-*
,, *crétales* des anciens papes, parce
,, qu'elles ne font pas dans le code des
,, canons, il faut donc rejetter les
,, écrits de S. Grégoire & des autres
,, papes, même des *faintes Ecritures*".
Là-deffus M. Fleuri fait cette obfervation, que quoiqu'il foit vrai que de
n'être pas dans le corps des canons ne
fût pas une raifon fuffifante pour les
rejetter, il falloit du moins examiner fi
elles étoient véritablement des papes
dont elles portoient les noms; mais
c'eft ce que l'ignorance de la critique
ne permettoit pas alors. Le pape enfuite
continue & prouve par l'autorité de
S. Léon & de S. Gélafe, que l'on doit
recevoir généralement toutes les *decré-*
tales des papes. Il ajoûte: ,, Vous dites
,, que les jugemens des évêques ne
,, font pas des caufes majeures; nous
,, foutenons qu'elles font d'autant plus
,, grandes, que les évêques tiennent

„ un plus grand rang dans l'églife. Di-
„ tes-vous qu'il n'y a que les affaires
„ des métropolitains qui foient des
„ caufes majeures ? Mais ils ne font
„ pas d'un autre ordre que les évê-
„ ques, & nous n'exigeons pas des
„ témoins ou des juges d'autre qua-
„ lité pour les uns & pour les autres ;
„ c'eft pourquoi nous voulons que
„ les caufes des uns & des autres nous
„ foient réfervées". Et enfuite : „ Se
„ trouvera-t-il quelqu'un affez dérai-
„ fonnable pour dire que l'on doive
„ conferver à toutes les églifes leurs
„ privileges, & que la feule églife ro-
„ maine doit perdre les fiens." ? Il conclut en leur ordonnant de recevoir Rotade & de le rétablir. Nous voyons
dans cette lettre de Nicolas I. l'ufage
qu'il fait des *fauffes decrétales* ; il en
prend tout l'efprit & en adopte toutes
les maximes. Son fucceffeur Adrien II.
ne paroit pas moins zélé dans l'affaire
d'Hincmar de Laon. Ce prélat s'étoit
rendu odieux au clergé & au peuple de
fon diocefe par fes injuftices & fes violences. Ayant été accufé au concile de
Verberie, en 869, où préfidoit Hincmar
de Reims fon oncle & fon métropolitain, il appella au pape, & demanda
la permiffion d'aller à Rome, qui lui fut
refufée. On fufpendit feulement la procédure, & on ne paffa pas outre. Mais
fur de nouveaux fujets de plaintes que
le roi Charles le Chauve & Hincmar de
Reims eurent contre lui, on le cita d'a-
bord au concile d'Attigni où il comparut, mais bientôt après il prit la fuite ;
enfuite au concile de Douzi, où il
renouvella fon appel. Après avoir employé divers fubterfuges pour éviter de
répondre aux accufations qu'on lui in-
tentoit, il y fut dépofé. Le concile
écrivit au pape Adrien une lettre fyno-
dale, en lui envoyant les actes dont il

demande la confirmation, ou que du
moins fi le pape veut que la caufe foit
jugée de nouveau, elle foit renvoyée
fur les lieux, & qu'Hincmar de Laon
demeure cependant excommunié : la lettre eft du 6 Septembre 871. Le pape
Adrien loin d'acquiefcer au jugement
du concile, défapprouva dans les termes les plus forts la condamnation
d'Hincmar de Laon, comme il paroît
par fes lettres, l'une adreffée aux évêques du concile, & l'autre au roi de
France, *tome VIII. des conciles, pag.*
932. *& fuiv.* Il dit aux évêques, que
puifqu'Hincmar de Laon crioit dans le
concile qu'il vouloit fe défendre devant le faint fiege, il ne falloit pas prononcer de condamnation contre lui.
Dans fa lettre au roi Charles, il répete mot pour mot la même chofe,
touchant Hincmar de Laon, & veut que
le roi l'envoye à Rome avec efcorte.
Nous croyons ne pouvoir nous difpenfer de rapporter la réponfe vigoureufe
que fit le roi Charles. Elle montre que
ce prince juftement jaloux des droits de
fa couronne, étoit dans la ferme réfolution de les foutenir. Nous nous fervirons encore ici de M. Fleuri. „ Vos
„ lettres portent, dit le roi au pape,
„ *nous voulons & nous ordonnons par*
„ *l'autorité apoftolique, qu'Hincmar de*
„ *Laon vienne à Rome, & devant nous,*
„ *appuyé de votre puiffance.* Nous ad-
„ mirons où l'auteur de cette lettre a
„ trouvé qu'un roi obligé à corriger
„ les méchans, & à venger les crimes,
„ doive envoyer à Rome un coupable
„ condamné felon les regles, vu prin-
„ cipalement qu'avant fa dépofition il
„ a été convaincu dans trois conciles
„ d'entreprifes contre le repos public,
„ & qu'après fa dépofition il perfevere
„ dans fa défobéiffance. Nous fommes
„ obligés de vous écrire encore, que

„ nous autres rois de France, nés de
„ race royale, n'avons point passé juf-
„ qu'à préfent pour les lieutenans des
„ évêques, mais pour les feigneurs de
„ la terre. Et, comme dit S. Léon &
„ le concile Romain, les rois & les
„ empereurs que Dieu a établis pour
„ commander fur la terre, ont permis
„ aux évêques de regler les affaires
„ fuivant leurs ordonnances : mais ils
„ n'ont pas été les œconomes des évê-
„ ques ; & fi vous feuilletez les regiftres
„ de vos prédéceffeurs, vous ne trou-
„ verez point qu'ils ayent écrit aux nô-
„ tres, comme vous venez de nous écri-
„ re". Il rapporte enfuite deux lettres
de S. Grégoire, pour montrer avec
quelle modeftie il écrivoit non-feulement aux rois de France, mais aux exar-
ques d'Italie. Il cite le paffage du pape
Gélafe dans fon *Traité de l'anathème*,
fur la diftinction des deux puiffances
fpirituelle & temporelle, où ce pape
établit que Dieu en a féparé les fonctions. „ Ne nous faites donc plus
„ écrire, ajoûte-t-il, des commande-
„ mens & des menaces d'excommuni-
„ cation contraires à l'*Ecriture* & aux
„ canons ; car, comme dit S. Léon,
„ le privilege de St. Pierre fubfifte
„ quand on juge felon l'équité : d'où
„ il s'enfuit que quand on ne fuit pas
„ cette équité, le privilege ne fubfifte
„ plus. Quant à l'accufateur que vous
„ ordonnez qui vienne avec Hincmar,
„ quoique ce foit contre toutes les re-
„ gles, je vous déclare que fi l'empe-
„ reur mon neveu m'affure la liberté
„ des chemins, & que j'aye la paix
„ dans mon royaume contre les payens,
„ j'irai moi-même à Rome me porter
„ pour accufateur, & avec tant de té-
„ moins irréprochables, qu'il paroîtra
„ que j'ai eu raifon de l'accufer. En-
„ fin, je vous prie de ne me plus en-

„ voyer à moi ni aux évêques de mon
„ royaume de telles lettres, afin que
„ nous puiffions toujours leur rendre
„ l'honneur & le refpect qui leur con-
„ vient". Les évêques du concile de
Douzi répondirent au pape à-peu-près
fur le même ton ; & quoique la lettre ne
nous foit pas reftée en entier, il paroît
qu'ils vouloient prouver que l'appel
d'Hincmar ne devoit pas être jugé à
Rome, mais en France par des juges dé-
legués, conformément aux canons du
concile de Sardique.

Ces deux exemples fuffifent pour faire fentir combien les papes dès lors étendoient leur jurifdiction à la faveur des
fauffes decrétales : on s'apperçoit néanmoins qu'ils éprouvoient de la réfiftance
de la part des évêques de France. Ils
n'ofoient pas attaquer l'authenticité de
ces *decrétales*, mais ils trouvoient l'application qu'on en faifoit odieufe & contraire aux anciens canons. Hincmar de
Reims fur-tout faifoit valoir, que n'é-
tant point rapportées dans le code des
canons, elles ne pouvoient renverfer
la difcipline établie par tant de canons
& de decrets des fouverains pontifes,
qui étoient & poftérieurs & contenus
dans le code des canons. Il foutenoit
que lorfqu'elles ne s'accordoient pas
avec ces canons & ces decrets, on devoit les regarder comme abrogées en ces
points-là. Cette façon de penfer lui atti-
ra des perfécutions. Flodoard, dans fon
hiftoire des évêques de l'églife de Reims,
nous apprend, *liv. III. chap. xxj.* qu'on
l'accufa auprès du pape Jean VIII. de
ne pas recevoir les *decrétales* des papes ;
ce qui l'obligea d'écrire une apologie
que nous n'avons plus, où il déclaroit
qu'il recevoit celles qui étoient approuvées par les conciles. Il fentoit donc
bien que les *fauffes decrétales* renfermoient des maximes inouies ; mais tout

grand canonifte qu'il étoit, il ne put jamais en démêler la fauffeté. Il ne favoit pas affez de critique pour y voir les preuves de fuppofition, toutes fenfibles qu'elles font, & lui-même allégue ces *decrétales* dans fes lettres & fes autres opufcules. Son exemple fut fuivi de plufieurs prélats. On admit d'abord celles qui n'étoient point contraires aux canons plus récens; enfuite on fe rendit encore moins fcrupuleux : les conciles eux-mêmes en firent ufage. C'eft ainfi que dans celui de Reims tenu l'an 992, les évêques fe fervirent des *fauffes decrétales* d'Anaclet, de Jules, de Damafe, & des autres papes, dans la caufe d'Arnoul, comme fi elles avoient fait partie du corps des canons. Voyez M. de Marca, *lib. II. de concordiâ facerdot. & imp. cap. xj. §. 2.* Les conciles qui furent célébrés dans la fuite, imiterent celui de Reims. Les papes du onzieme fiecle, dont plufieurs furent vertueux & zélés pour le rétabliffement de la difcipline eccléfiaftique, un Grégoire VII. un Urbain II. un Pafcal II. un Urbain III. un Alexandre III. trouvant l'autorité de ces *fauffes decrétales* tellement établie que perfonne ne penfoit plus à la contefter, fe crurent obligés en confcience à foutenir les maximes qu'ils y lifoient, perfuadés que c'étoit la difcipline des beaux jours de l'églife. Ils ne s'apperçurent point de la contrariété & de l'oppofition qui regnent entre cette difcipline & l'ancienne. Enfin, les compilateurs des canons, tels que Bouchard de Wormes, Yves de Chartres, & Gratien, en remplirent leur collection. Lorfqu'une fois on eut commencé à enfeigner le decret publiquement dans les écoles & à le commenter, tous les théologiens polemiques & fcholaftiques, & tous les interpretes du droit canon, employe-

rent à l'envi l'un de l'autre ces *fauffes decrétales* pour confirmer les dogmes catholiques, ou établir la difcipline, & en parfemerent leurs ouvrages. Ainfi pendant l'efpace de 800 ans la collection d'Ifidore eut la plus grande faveur. Ce ne fut que dans le feizieme fiecle que l'on conçut les premiers foupçons fur fon authenticité. Erafme & plufieurs avec lui la révoquerent en doute, fur-tout M. le Conte dans fa *Préface* fur le décret de Gratien, de même Antoine Auguftin, quoiqu'il fe foit fervi de ces *fauffes decrétales* dans fon *Abrégé du droit canonique*, infinue néanmoins dans plufieurs endroits qu'elles lui font fufpectes ; & fur le capitule 36 de la collection d'Adrien I. il dit expreffément que l'épître de Damafe à Aurelius de Carthage, qu'on a mife à la tête des conciles d'Afrique, eft regardée par la plupart comme apocryphe, auffi-bien que plufieurs épitres de papes plus anciens. Le cardinal Bellarmin qui les défend dans fon traité *De romano pontifice*, ne nie pas cependant *lib. II. cap. xjv.* qu'il ne puiffe s'y être gliffé quelques erreurs, & n'ofe avancer qu'elles foient d'une autorité inconteftable. Le cardinal Baronius dans fes *Annales*, & principalement *ad annum* 865, *num.* 8 & 9, avoue de bonne foi qu'on n'eft point fûr de leur authenticité. Ce n'étoit encore là que des conjectures ; mais bien-tôt on leur porta de plus rudes atteintes : on ne s'arrêta pas à telle ou telle piece en particulier, on attaqua la compilation entiere : voici fur quels fondemens on appuya la critique qu'on en fit : 1°. Les *decrétales* rapportées dans la *Collection* d'Ifidore, ne font point dans celles de Denis le Petit, qui n'a commencé à citer les *decrétales* des fouverains pontifes qu'au pape Sirice. Cependant il nous apprend lui-même dans fa lettre à Julien, prêtre du titre de Ste. Anaftafe, qu'il avoit pris un foin extrême à les recueillir. Comme il faifoit fon féjour à Rome, étant abbé d'un monaftere de cette ville, il étoit à portée de fouiller dans les archives de l'églife romaine; ainfi elles n'auroient pu lui échapper fi elles y avoient exifté. Mais fi elles ne s'y trouvoient pas, & fi elles ont été inconnues à l'églife romaine elle-même, à qui elles étoient favorables, c'eft une preuve de leur fauffeté. Ajoutez qu'elles l'ont été également à toute l'églife; que les peres & les conciles des huit premiers fiecles, qui alors étoient fort fréquens, n'en ont fait aucune mention. Or comment accorder un filence auffi univerfel avec leur authenticité? 2°. La matiere de ces épîtres que l'impofteur fuppofe écrites dans les premiers fiecles, n'a aucun rapport avec l'état des chofes de ces tems-là: on n'y dit pas un mot des perfécutions, des dangers de l'églife, prefque rien qui concerne la doctrine: on n'y exhorte point les fideles à confeffer la foi : on n'y donne aucune confolation aux martyrs: on n'y parle point de ceux qui font tombés pendant la perfécution, de la pénitence qu'ils doivent fubir. Toutes ces chofes néanmoins étoient agitées alors, & furtout dans le troifieme fiecle, & les véritables ouvrages de ces tems-là en font remplis: enfin, on ne dit rien des hérétiques des trois premiers fiecles, ce qui prouve évidemment qu'elles ont été fabriquées poftérieurement. 3°. Leurs dates font prefque toutes fauffes : leur auteur fuit en général la chronologie du livre pontifical, qui, de l'aveu de Baronius, eft très-fautive. C'eft un indice preffant que cette collection n'a été compofée que depuis le livre pontifical. 4°. Ces *fauffes decrétales* dans tous les endroits des paffages de l'Ecriture, employent toujours la verfion des livres faints appellée *vulgate*, qui, fi elle n'a pas été faite par S. Jérôme, a du moins pour la plus grande partie été revûe & corrigée par lui : donc elles font plus récentes que S. Jérôme. 5°. Toutes ces lettres font écrites d'un même ftyle, qui eft très-barbare, & en cela très-conforme à l'ignorance du huitieme fiecle. Or il n'eft pas vraifemblable que tous les différens papes dont elles portent le nom, aient affecté de conferver le même ftyle. Il n'eft pas encore vraifemblable qu'on ait écrit d'un ftyle auffi barbare dans les deux premiers fiecles, quoique la pureté de la langue latine eût déja fouffert quelqu'altération. Nous avons des auteurs de ces tems-là qui ont de l'élégance, de la pureté, & de l'énergie, tels font Pline, Suétone, & Tacite. On en peut conclure avec affurance, que toutes ces *decrétales* font d'une même main, & qu'elles n'ont été forgées, qu'après l'irruption des barbares & la décadence de l'empire romain. Outre ces raifons générales, David Blondel nous fournit dans fon *faux Ifidore* de nouvelles preuves de la fauffeté de chacune de ces *decrétales*; il les a toutes examinées d'un œil févere, & c'eft à lui principalement que nous fommes redevables des lumieres que nous avons aujourd'hui fur cette compilation. Le P. Labbe favant jéfuite, a marché fur fes traces dans le tome I. de fa *Collection des conciles*. Ils prouvent tous deux fur chacune de ces pieces en particulier, qu'elles font tiffues de paffages de papes, de conciles, de peres, & d'auteurs plus récens que ceux dont elles portent le nom, que ces paffages font mal coufus enfemble, font mutilés & tronqués pour mieux induire en erreur les lecteurs qui ne font pas attentifs.

tentifs. Ils y remarquent de très-fréquens anacronismes; qu'on y fait mention de choses absolument inconnues à l'antiquité : par exemple, dans l'*épitre de S. Clément à S. Jacques* frere du Seigneur, on y parle des habits dont les prêtres se servent pour célebrer l'office divin, des vases sacrés, des calices, & autres choses semblables qui n'étoient pas en usage du tems de S. Clément. On y parle encore des portiers, des archidiacres, & autres ministres de l'église, qui n'ont été établis que depuis. Dans la premiere *decrétale* d'Anaclet, on y décrit les cérémonies de l'église d'une façon qui alors n'étoit point encore usitée : on y fait mention d'archevêques, de patriarches, de primats, comme si ces titres étoient connus dès la naissance de l'église. Dans la même lettre on y statue qu'on peut appeller des juges séculiers aux juges ecclésiastiques; qu'on doit réserver au saint siege les causes majeures, ce qui est extrémement contraire à la discipline de ce tems. Enfin chacune des pieces qui composent le *Recueil* d'Isidore, porte avec elle des marques de supposition qui lui sont propres, & dont aucune n'a échappé à la critique de Blondel & du P. Labbe : nous ne pouvons mieux faire que d'y renvoyer le lecteur.

Au reste les *fausses decrétales* ont produit de grandes altérations & des maux pour ainsi dire irréparables dans la discipline ecclésiastique; c'est à elles qu'on doit attribuer la cessation des conciles provinciaux. Autrefois ils étoient fort fréquens : il n'y avoit que la violence des persécutions qui en interrompit le cours. Sitôt que les évèques se trouvoient en liberté, ils y recouroient, comme au moyen le plus efficace de maintenir la discipline : mais depuis qu'en vertu des *fausses decrétales* la ma-

Tome IV.

xime se fut établie de n'en plus tenir sans la permission du souverain pontife, ils devinrent plus rares, parce que les évèques souffroient impatiemment que les légats du pape y présidassent, comme il étoit d'usage depuis le douzieme siecle; ainsi on s'accoûtuma insensiblement à n'en plus tenir. En second lieu, rien n'étoit plus propre à fomenter l'impunité des crimes, que ces jugemens des évèques réservés au saint siege. Il étoit facile d'en imposer à un juge éloigné, difficile de trouver des accusateurs & des témoins. De plus, les évèques cités à Rome n'obéissoient point, soit pour cause de maladie, de pauvreté ou de quelqu'autre empêchement; soit parce qu'ils se sentoient coupables. Ils méprisoient les censures prononcées contr'eux; & si le pape, après les avoir déposés, nommoit un successeur, ils le repoussoient à main armée; ce qui étoit une source intarissable de rapines, de meurtres & de séditions dans l'Etat, de troubles & de scandales dans l'église. Troisiemement, c'est dans les *fausses decrétales* que les papes ont puisé le droit de transférer seuls les évèques d'un siege à un autre, & d'ériger de nouveaux évèchés. A l'égard des translations, elles étoient en général sévérement défendues par les canons du concile de Sardique & de plusieurs autres conciles : elles n'étoient tolérées que lorsque l'utilité évidente de l'église les demandoit, ce qui étoit fort rare; & dans ce cas elles se faisoient par l'autorité du métropolitain & du concile de la province. Mais depuis qu'on a suivi les *fausses decrétales*, elles sont devenues fort fréquentes dans l'église latine. On a plus consulté l'ambition & la cupidité des évèques, que l'utilité de l'église; & les papes ne les ont condamnées que lorsqu'elles étoient faites

I i

fans leur autorité, comme nous voyons dans les *Lettres* d'Innocent III. L'érection des nouveaux évêchés, fuivant l'ancienne difcipline, appartenoit pareillement au concile de la province, & nous en trouvons un canon précis dans les conciles d'Afrique ; ce qui étoit conforme à l'utilité de la religion & des fideles, puifque les évêques du pays étoient feuls à portée de juger quelles étoient les villes qui avoient befoin d'évêques, & en état d'y placer des fujets propres à remplir dignement ces fonctions. Mais les *fauffes decrétales* ont donné au pape feul le droit d'ériger de nouveaux évêchés ; & comme fouvent il eft éloigné des lieux dont il s'agit, il ne peut être inftruit exactement, quoiqu'il nomme des commiffaires & faffe faire des informations de la commodité & incommodité, ces procédures ne fuppléant jamais que d'une maniere très-imparfaite à l'infpection oculaire & à la connoiffance qu'on prend des chofes par foi-même. Enfin une des plus grandes plaies que la difcipline de l'églife ait reçue des *fauffes decrétales*, c'eft d'avoir multiplié à l'infini les appellations au pape : les indociles avoient par-là une voie fûre d'éviter la correction, ou du moins de la différer. Comme le pape étoit mal informé, à caufe de la diftance des lieux, il arrivoit fouvent que le bon droit des parties étoit léfé ; au lieu que dans le pays même, les affaires euffent été jugées en connoiffance de caufe & avec plus de facilité. D'un autre côté, les prélats rebutés de la longueur des procédures, des frais & de la fatigue des voyages, & de beaucoup d'autres obftacles difficiles à furmonter, aimoient mieux tolérer les défordres qu'ils ne pouvoient réprimer par leur feule autorité, que d'avoir recours à un pareil remede. S'ils étoient

obligés d'aller à Rome, ils étoient détournés de leurs fonctions fpirituelles ; les peuples reftoient fans inftruction, & pendant ce tems-là l'erreur ou la corruption faifoit des progrès confidérables. L'églife romaine elle-même perdit le luftre éclatant dont elle avoit joui jufqu'alors par la fainteté de fes pafteurs. L'ufage fréquent des appellations attirant un concours extraordinaire d'étrangers, on vit naître dans fon fein l'opulence, le fafte & la grandeur : les fouverains pontifes qui d'un côté enrichiffoient Rome, & de l'autre la rendoient terrible à tout l'univers chrétien, cefferent bientôt de la fanctifier. Telles ont été les fuites funeftes des *fauffes decrétales* dans l'églife latine ; & par la raifon qu'elles étoient inconnues dans l'églife grecque, l'ancienne difcipline s'y eft mieux confervée fur tous les points que nous venons de marquer. On eft effrayé de voir que tant d'abus, de relâchement & de défordres, foient nés de l'ignorance profonde où l'on a été plongé pendant l'efpace de plufieurs fiecles : & l'on fent en même tems combien il importe d'être éclairé fur la critique, l'hiftoire, &c. Mais fi la tranquillité & le bonheur des peuples, fi la paix & la pureté des mœurs dans l'églife, fe trouvent fi étroitement liés avec la culture des connoiffances humaines, les princes ne peuvent témoigner trop de zele à protéger les lettres & ceux qui s'y adonnent, comme étant les défenfeurs nés de la religion & de l'Etat. Les fciences font un des plus folides remparts contre les entreprifes du fanatifme, fi préjudiciables à l'un & à l'autre, & l'efprit de méditation eft auffi le mieux difpofé à la foumiffion & à l'obéiffance.

DECRÉTÉ, adj., *Jurifpr.*, fe dit communément de celui contre qui on a ordonné un decret. On dit, par exemple, *l'accufé a été décreté de prife de corps.* *v.* DÉCRET.

DECRETER, v. act., *Jurifpr.*, fignifie *ordonner un décret.* On *decrete* l'accufé d'affigné pour être ouï, ou d'ajournement perfonnel, ou de prife de corps.

Decreter les informations, c'eft ordonner un decret fur le vû des charges & informations.

DECRETISTE, f. m., *Droit canon*, canonifte chargé d'expliquer dans une école de droit à de jeunes élèves dans cette partie de la jurifprudence, le decret de Gratien.

DECURIONS, f.m.pl. *Dr. Rom.*, magiftrats qui, dans les colonies & les villes municipales, étoient ce que le fénat étoit à Rome : *Romani Senatûs fimulachra ad imitationem Urbis dominantis*, comme le dit l'empereur Juftinien; & leurs décrets, qui avoient la force d'un *Sénatus-Confulte*, fe nommoient *Decreta Decurionum*, que l'on exprimoit avec deux *DD*. Ils furent appellés *decurions*, parce que, dans le tems que l'on envoyoit des colonies romaines dans les villes conquifes, on choififfoit dix hommes pour compofer un fénat, ou une cour de confeillers qui étoit chargée de rendre la juftice, & que l'on appella *Curia Decurionum*, & *minor Senatus*. Leur élection fe faifoit à-peu-près avec les cérémonies que l'on obfervoit pour celles des magiftrats Romains. Il falloit que le candidat eût vingt-cinq ans, & mille écus de rente argent de France; il étoit élu à la pluralité des fuffrages, & pour être reçu dans le corps, il étoit obligé de donner à fes collegues une fomme d'argent qui étoit plus ou moins confidérable, felon la coutume des lieux, comme nous l'apprenons d'une lettre de Pline le jeune, qui confulte Trajan

fur le droit d'entrée. L'empereur lui répond qu'on ne pouvoit établir fur cela de reglement général, & qu'il falloit fuivre la coutume des lieux. Les fonctions de ces *décurions* étoient auffi onéreufes qu'honorables ; ils étoient chargés du foin de faire repréfenter les jeux du cirque & les fpectacles, & de fournir aux frais, comme nous l'apprend Dion : *Omnibus civitatibus, fed magnis præcipuè, divitibus Decurionibus opus erat, ut legitimos iftos fumptus fuppeditarent.* La levée des impôts les regardoit auffi, & ne leur étoit pas moins à charge, parce que, dit un autre auteur, *fi quid deeffet, de fuo fupplerent.*

DEDIT, f.m. *Droit Nat.Jurifp.*, c'eft un accord réciproque des parties contractantes, par lequel ils conviennent d'annuller une convention quelconque, lorfqu'il n'y a encore rien d'exécuté de part & d'autre. En effet, le confentement mutuel fuffifant pour contracter une obligation, il eft très-naturel qu'un *dédit* mutuel fuffife auffi pour fe dégager, à moins qu'il n'y ait d'ailleurs quelque chofe qui ne le permette pas ; car il eft fûr que les loix pofitives peuvent défendre en matiere de certaines conventions, de rompre les engagemens où l'on eft une fois entré, lors même qu'ils n'ont été fuivis d'aucune exécution.

Chez les Romains, ceux qui fe fiançoient, fe donnoient mutuellement des arrhes ou aires ; & celui des futurs conjoints qui ne vouloit pas enfuite accomplir le mariage, perdoit fes arrhes, de même qu'en matiere de vente. Quand le mariage avoit lieu, les arrhes données par la femme étoient imputées fur fa dot par le mari, & les arrhes du mari étoient imputées fur la donation à caufe de nôces qu'il faifoit à fa femme. (D. F.)

L'on prend encore le *dédit* pour la peine ftipulée dans un marché contre celui qui ne veut pas le tenir. C'eft ordinairement une fomme d'argent convenue, que paye celui qui manque à fa parole.

DÉDOMMAGEMENT, f. m. *Droit Nat.*, c'eft la réparation de quelque dommage caufé à une perfonne injuftement. Quiconque eft refponfable d'une action dommageable, eft refponfable en même tems de toutes les fuites qui en font provenues par un effet de la nature même de l'action. Voici quelques exemples de ce que renferme le *dédommagement* auquel on eft tenu felon les différens cas.

1°. Un homme qui en tue un autre injuftement, doit payer les frais du médecin, fi l'on en a fait pour cela avant la mort, & donner à ceux que le mort nourriffoit par devoir, comme à fes pere & mere, à fa femme, à fes enfans, autant que peut fe monter l'efpérance de leur entretien pour l'avenir, eu égard à l'âge du défunt.

2°. Quand on a eftropié quelqu'un, on eft auffi tenu de payer les frais des chirurgiens, & de dédommager outre cela le bleffé, à proportion de ce qu'on l'empêche par-là de gagner.

3°. Celui qui a mis ou fait mettre en prifon quelqu'un injuftement, doit le dédommager de la même maniere.

4°. Un homme ou une femme adultere font tenus non-feulement d'indemnifer le mari de la nourriture de l'enfant, mais encore de réparer la perte que les enfans légitimes peuvent faire en ce que l'illégitime concourt avec eux à la fucceffion.

5°. Celui qui a abufé d'une fille, foit par violence ou par artifice, doit la dédommager à proportion de ce qu'elle

devient par-là moins en état de trouver à fe marier.

6°. Un larron ou un ravisseur doivent reftituer ce qu'ils ont pris ; avec tous les accroissemens naturels, & réparer auffi le dommage que le maître de là chofe a fouffert, tant en ce qu'il a manqué de gagner, qu'en ce qu'il a perdu pofitivement. Il faut mettre en ce rang ceux qui fraudent les impôts légitimes, établis par le fouverain, dès que ces impôts font perçus pour les befoins réels de l'Etat.

7°. Ceux qui ont caufé du dommage en rendant une fentence injufte, ou en formant une accufation injufte, ou en dépofant à faux contre quelqu'un, doivent auffi réparer le tort de la même maniere.

8°. Quand on a porté quelqu'un à faire un contract ou une promeffe, par rufe, par violence, ou par une crainte injufte, on doit mettre le contractant ou le promettant en liberté de fe dédire, parce qu'il avoit droit d'exiger & qu'on ne le trompât point & qu'on ne le forçât point. Il faut dire la même chofe de ceux qui n'ont voulu faire que pour de l'argent, une chofe à quoi ils étoient d'ailleurs engagés par devoir.

9°. Un maître doit dédommager de la perte caufée par un efclave ou par une bête.

10°. Enfin, outre la perfonne & les biens, on reçoit auffi du dommage en fon honneur, ou en fa réputation, lorfque quelqu'un, par exemple, nous donne des coups, ou nous dit des injures, ou médit de nous, ou nous calomnie, ou fe moque de nous, & autres femblables outrages. Ici il faut diftinguer le vice de l'action d'avec l'effet qu'elle produit. La peine répond au premier, & le *dédommagement* à l'autre. Le *dédommagement* fe fait en avouant fa

faute, en donnant des marques d'eftime pour celui que l'on avoit outragé,
en rendant témoignage à fon innocence, & par d'autres femblables fatisfac-
tions. On peut auffi impofer une amende à l'offenfeur, fi la perfonne lefée veut
fe dédommager de cette maniere: car
l'argent eft la mefure commune de toutes les chofes d'où il revient quelque
utilité aux hommes. (D. F.)

DÉFAILLANT; part. pris fubft.
Jurifprud., eft celui qui ne comparoit
pas à l'audience ou à quelque acte extrajudiciaire, tel qu'un procès - verbal
qui fe fait en l'hôtel du juge ou devant
notaire, quoiqu'il eût été fommé de fe
trouver.

Défaillant fignifie auffi quelquefois
manquant. C'eft en ce fens que l'on dit
une *ligne défaillante*, pour dire une *ligne éteinte.* Les héritiers de la ligne maternelle fuccedent aux propres paternels, lorfque la ligne paternelle eft *défaillante.*

DÉFAUT, f. m., *Morale*, c'eft une
qualité de l'ame qui nous rend incommodes ou défagréables à ceux avec qui
nous vivons. Ainfi que les vices, les
défauts des hommes font des fuites de
leur tempérament diverfement modifié
par l'habitude : on peut encore les définir des privations de qualités néceffaires pour fe rendre agréable dans la
fociété.

Comme un être fociable fe fent toujours intéreffé à plaire aux perfonnes
avec lefquelles il doit vivre, non - feulement il fe croit obligé de réfifter à fes
paffions & de combattre fes penchants
déréglés, mais encore il cherche à corriger les *défauts* qui pourroient affoiblir la bienveillance qu'il defire d'exciter. Chacun eft aveugle fur fes propres
défauts; mais l'homme fociable doit s'é-
tudier lui - même, tâcher de fe voir des

mêmes yeux dont il eft vu par les autres, juger fes imperfections comme il
juge celles qu'il apperçoit dans fes femblables ; ce qu'il trouve défagréable ou
choquant en eux, fuffit pour lui faire
connoître ce qui doit les choquer ou
leur déplaire en lui. C'eft ainfi que le
fage peut tirer un profit réel des imperfections, des foibleffes des hommes ; il apprend de cette maniere à éviter dans fes actions ce qui lui déplaît
dans leur conduite. Il fait qu'il ne doit
rien négliger pour mériter l'eftime &
l'affection, & que les moindres *défauts,*
quoiqu'ils ne caufent pas des effets fi
fenfibles & fi prompts que le crime, ne
laiffent pas à la longue de bleffer profondément les perfonnes qui en fentent
les effets continués : *la moindre furcharge,* dit Montagne, *brife les barrieres de la patience.*

Tous les hommes ont des *défauts* plus
ou moins incommodes à ceux qui en
reffentent les effets : nous fouffrons
quelquefois de ceux auxquels nous
fommes fujets nous - mêmes fans nous
en appercevoir ; ils nous déplaifent dans
les autres, tandis que nous ne fon-
geons nullement à nous en corriger.
Nous fommes très - pénétrans lorfqu'il
s'agit de voir les imperfections & les foibleffes des autres, & nous fommes des
aveugles dès qu'il s'agit des nôtres.
Comment expliquer ce phénomene ? Il
eft facile à réfoudre. Nous fommes par
l'habitude, accoutumés à notre façon
d'être ; bonne ou mauvaife, nous la
croyons néceffaire à notre bonheur : il
n'en eft pas de - même des *défauts* des
autres, auxquels nous ne nous accoutumons prefque jamais. Nous defirons
qu'ils fe corrigent, parce que leurs *défauts* nous bleffent ; & nous ne nous cor-
rigeons pas, parce que nos *défauts* nous
font plaifir ou nous paroiffent des biens.

On eft tout furpris de voir dans le monde des perfonnes depuis long-tems accoutumées à vivre enfemble, fe féparer quelquefois brufquement & fe brouiller pour toujours; mais on ceffera d'être étonné de cette conduite, fi l'on confidere que des *défauts*, qui d'abord paroiffoient faciles à fupporter, en fe faifant fentir journellement, deviennent infupportables; ce font des piquures légeres qui, continuellement réitérées, forment enfin des plaies douloureufes que rien ne peut guérir. Voilà, fans doute, pourquoi rien n'eft plus rare que de voir perféverer jufqu'à la fin des perfonnes, dont l'humeur ou le caractere fe conviennent affez pour vivre long-tems enfemble dans une grande familiarité; cette familiarité même, femblant les autorifer à bannir d'entr'elles la gêne, contribue à leur faire mieux fentir leurs *défauts* réciproques. Telle eft la vraie caufe de la fréquente défunion que l'on voit entre les époux, les parents & les amis les plus intimes.

Que l'homme focial fe juge donc impartialement lui-même; qu'il fe corrige des *défauts* capables d'altérer ou d'anéantir la bienveillance qu'il veut rencontrer: mais d'un autre côté l'humanité lui recommande d'avoir de l'indulgence pour les imperfections de fes femblables, & d'accord avec la juftice, elle lui prouve que ce n'eft qu'à ce prix qu'il peut s'attendre lui-même à faire tolérer fes propres foibleffes. Celui qui n'a pas d'indulgence eft, comme on l'a prouvé, un être infociable, qui fe condamne à fubir un jugement rigoureux. Nul homme fur la terre n'eft exempt de *défauts*; s'irriter fans ceffe contre les foibleffes des autres, c'eft fe déclarer peu fait pour vivre en fociété. Il n'y a qu'une grande indulgence, une douceur continue dans le caractere, une attention fuivie, une

aménité dans l'humeur, une facilité dans les mœurs, qui puiffent cimenter les unions entre les hommes: fouvent dès qu'ils fe font vus de près, ils ceffent de s'aimer.

Trop de crainte d'être bleffé par les *défauts* de nos femblables nous conduit à la défiance & à la mifanthropie; difpofitions très-contraires à la vie fociale, & qui donnent lieu de croire que celui où elles fe trouvent, eft lui-même d'un caractere fufpect. Ceux qui ne croient pas à la vertu des autres, doivent faire préfumer qu'ils n'en ont guere eux-mêmes. *Tous les hommes font des fcélerats*, difoit un mifanthrope à un très-honnête homme, qu'il voyoit affez fouvent. *Où donc voyez-vous cela?* Lui répondit celui-ci; *en moi*, repliqua fur le champ le premier.

L'homme défiant, foupçonneux, à qui tout fait ombrage, eft néceffairement très-miférable. Perpétuellement entouré de pieges & dangers imaginaires, il ne connoît ni les charmes de l'amitié, ni les douceurs du repos, ni les agrémens de la fociété. Il fe voit feul dans le monde expofé aux embuches d'une foule d'ennemis. La défiance continuelle eft un fupplice long & cruel, dont la nature fe fert pour punir les tyrans, & tous ceux qui ont la confcience d'avoir attiré fur eux l'inimitié des hommes. Le méchant eft toujours armé de craintes & de foupçons.

D'un autre côté la confiance exceffive n'eft rien moins qu'une vertu; elle eft une marque de foibleffe & d'inexpérience. C'eft après avoir éprouvé les hommes que l'on peut leur accorder fa confiance. Malheur à celui qui n'a trouvé perfonne digne de la mériter! La prudence eft la vertu qui tient un jufte milieu entre la défiance mifanthropique & la confiance exceffive. On ne peut sans danger se fier à tout le monde, mais c'est être bien malheureux que de ne se fier à personne. „ Se fier à tout le mon- „ de, ne se fier à personne, sont deux „ vices, dit Séneque, mais il y a plus „ d'honnèteté dans l'un, plus de sûreté „ dans l'autre."

La fermeté, le courage, la constance, la force, étant des qualités sociales ou des vertus, nous devons regarder la foiblesse, la mollesse, l'inconstance, comme des *défauts* réels & souvent mè- me comme des vices impardonnables. L'homme foible est toujours chancelant dans sa conduite; peu maître de lui, il est sans cesse au premier occupant & prêt à se laisser aller où l'on veut le conduire. Il est impossible de compter sur l'homme sans caractere; il n'a point de but arrè- té, il n'oppose aucune résistance aux impulsions qu'on lui donne, il devient le jouet continuel de ceux qui prennent facilement de l'ascendant sur son esprit. Sans système & sans principes dans sa conduite, il est irrésolu, inconstant, toujours flottant entre le vice & la vertu. Celui qui n'est pas fortement at- taché à des principes, est aussi peu ca- pable de résister à ses propres passions qu'à celles des autres. La foiblesse est communément l'effet d'une paresse ha- bituelle & d'une indolence, qui va jus- qu'à se prêter quelquefois au crime mê- me. Un souverain sans fermeté devient un vrai fléau pour son peuple. L'hom- me foible peut être aimé & plaint, mais jamais il ne peut être sincerement esti- mé; il fait sans le savoir quelquefois plus de mal que le méchant décidé, dont la marche connue fait au moins qu'on l'évite. Un caractere trop facile inspire une confiance qui finit presque toujours par être trompée.

Rien de plus désagréable & de moins sûr dans le commerce de la vie que ces caracteres lâches & pusillanimes qui, pour ainsi dire, tournent à tout vent. Comment compter un instant sur des hommes qui n'ont presque jamais d'avis que celui des personnes qu'ils rencon- trent; prêts à en changer aussi-tôt qu'ils changeront de cercle; disposés à livrer leurs amis mêmes à quiconque voudra les déchirer? Jamais un homme lâche & sans caractere ni fermeté, ne peut être regardé comme un ami solide.

Il est très-peu de gens dans le monde qui soient bien fermement ce qu'ils sont, qui montrent un caractere bien marqué, qui aient un but vers lequel ils marchent d'un pas sûr : rien de plus rare que l'homme solide qui suive un plan sans le perdre de vue : de-là toutes les varia- tions, les contradictions, les inconsé- quences que nous observons dans la conduite de la plupart des êtres avec qui nous vivons; on les voit, pour ainsi dire, continuellement égarés, sans ob- jet déterminé, prêts à se laisser détour- ner de leur route par le moindre intérêt qu'on vient leur présenter. La morale doit se proposer de fixer invariablement les yeux des hommes sur leurs intérêts véritables, & leur offrir les motifs les plus capables de les affermir dans la route qui conduit au bonheur.

C'est le *défaut* de fixité dans les prin- cipes, & de stabilité dans le caractere, qui rend les vices & les *défauts* des hom- mes si contagieux. L'usage du monde, la fréquentation de la cour & des grands, le commerce des femmes, en même tems qu'ils servent à polir, contribuent trop souvent à effacer le caractere & à gâter le cœur. On veut plaire, on prend le ton de ceux que l'on fréquente, & l'on devient quelquefois vicieux ou mé- chant par pure complaisance. L'habitu- de de sacrifier ses volontés & ses propres idées à celles des autres, fait que l'on

n'ofe plus être foi, on n'a plus de phy-
fionomie, on change à tout moment de
principes & de conduite, on craindroit
fans cela d'être accufé de roideur, de
fingularité, d'impoliteffe ou de pédanterie. *Il faut être comme tout le monde*,
eft la maxime bannale de tant de gens
fans courage, fans principes, fans caractere, dont le monde eft rempli. Voilà comment les vices fe répandent, les
travers fe perpétuent ; & prefque tous
les hommes finiffent par fe reffembler.
Voilà comment ils font continuellement
entraînés par l'exemple, par la crainte
de déplaire à des êtres dépravés. Enfin
voilà comment l'ignorance ou l'incertitude du but que l'on doit fe propofer,
& la foibleffe, font les vraies fources du
mal moral, des vices, des extravagances, & même fouvent de la perverfité
qu'on voit regner parmi les hommes.

   Il faut de la vigueur pour être vertueux au milieu d'un monde infenfé ou
pervers ; *Ofez être fage*, a dit un ancien ; mais faute de lumieres, peu de
gens ont ce courage, que tout d'ailleurs
s'efforce d'amortir. En effet, on ne peut
douter que le gouvernement, fait pour
agir fi puiffamment fur les hommes,
n'influe de la façon la plus marquée fur
leurs caracteres & leurs mœurs. Le defpotifme ne fait de fes efclaves que des
automates, prêts à recevoir toutes les
impulfions qu'il leur donne ; & ces impulfions les portent toujours au mal.
Un gouvernement militaire donne à
toute une nation le ton de l'étourderie,
de la vanité, de l'arrogance, de la préfomption, de la licence. Il faut être bien
ferme & bien nerveux pour réfifter conftamment à des forces qui agiffent inceffamment fur nous.

   La légéreté, l'étourderie, la diffipation, la frivolité, forment encore plus
que la malice du cœur humain, des obf-

tacles à la félicité fociale. Il eft des pays
où la légéreté paroît un agrément ; mais
il eft bien difficile de faire d'un homme
léger un ami folide fur les fentimens &
la difcrétion duquel il foit permis de
compter. Comment compter fur un être
qui n'eft jamais fûr de lui-même ? La
morale, pour être mife en pratique, exige de la réflexion, de l'attention, de fréquens retours fur foi, un recueillement
intérieur dont peu de gens font capables. Voilà pourquoi la morale paroît fi
rebutante à des efprits frivoles qui lui
préférent des bagatelles ; l'habitude de
penfer peut feule donner à tout être raifonnable la faculté de combiner prompt-
tement fes rapports & fes devoirs : la
félicité de l'homme eft un objet fi grave,
qu'il fembleroit mériter quelques foins
de fa part, & devoir fixer les regards fur
les moyens de l'obtenir : „ Confulte-toi
„ deux ou trois fois, dit le poëte Théo-
„ gnis, car l'homme précipité eft tou-
„ jours un homme nuifible. "

   Tout nous prouve l'importance de
mettre un frein à notre langue dans un
monde défœuvré, curieux, rempli de
malignité ; cependant rien de plus commun que l'indifcrétion, qui eft un befoin de parler, dont tant de gens paroiffent tourmentés. Ce défaut, terrible
quelquefois par fes conféquences, n'annonce pas toujours un mauvais cœur,
quoiqu'il produife fouvent des effets
auffi cruels que la méchanceté ; il eft
dû à l'étourderie, à la légéreté, & fouvent à une fotte vanité qui fe fait un
mérite de repaître la curiofité des autres ; l'indifcret eft fi dépourvu de réflexion, qu'il divulge fon propre fecret, & fe compromet lui-même auffi
facilement que les autres : il eft communément foible & fans caractere ; il
n'a pas la force de garder le dépôt qu'on
a eu la fottife de lui confier. Quoique
l'indifcrétion

l'indiscrétion soit quelquefois aussi dangereuse qu'une trahison, elle passe néanmoins pour une faute légere dans un monde frivole, oisif & curieux.

Je regarde l'indiscrétion comme le fléau le plus terrible de la société, parce que ce *défaut* est ordinairement le partage de cette bêtise que le monde frivole appelle *bonté de cœur*; caractere très-dangereux dans la société.

La curiosité, ou le desir de pénétrer les secrets des autres, est un *défaut* qui annonce communément le vuide de la tête. Le curieux est pour l'ordinaire un fainéant qui n'a que très-peu d'idées; d'ailleurs on ne peut guere compter sur sa discrétion. „ Fuyez le curieux, dit „ Horace, car il est toujours indiscret „ ou bavard ". Enfin l'on est curieux par vanité. L'on attache de la gloire à pouvoir dire que l'on sait, ou qu'on a vu; c'est un mérite pour les sots auprès des désœuvrés & des sots.

Il est difficile de bien parler, & de beaucoup parler. Quoi de plus fatiguant que ces discoureurs impitoyables, que ces dissertateurs éternels, qui semblent toujours se croire dans la tribune aux harangues, sans jamais vouloir en descendre? C'est avoir peu d'égard à l'amour-propre des autres que de ne point leur permettre de parler à leur tour. Mais bien des gens sont dans l'idée que ce n'est qu'en parlant beaucoup qu'on montre beaucoup d'esprit. Un proverbe trivial, mais très-sensé, nous dit *qu'un vaisseau plein fait moins de bruit qu'un vaisseau vuide.*

D'un autre côté rien de plus rare que des personnes qui sachent écouter, & rien de plus commun que des gens qui veulent qu'on les écoute; cette injustice, cet amour-propre exclusif, se montre fréquemment dans la société. La conversation étant faite pour ins-

truire ou pour amuser, chacun se croit en droit d'y contribuer; c'est faire un affront aux autres que de les en exclure. Par une suite de cette vanité l'on voit quelquefois des gens d'esprit ne se plaire que dans la compagnie des sots: *C'est un sot*, disoit un homme d'esprit, *mais il m'écoute. Il y a*, dit un auteur moderne, *des gens qui aiment mieux être rois dans la mauvaise compagnie, que citoyens dans la bonne.*

Si la conversation doit avoir pour objet d'éclairer & de plaire, on peut parler quand on se croit en état d'y réussir; mais il ne faut point oublier que les autres sont capables de contribuer à notre instruction & à notre amusement. Il faut écouter & se taire quand on n'a rien d'agréable ou d'utile à communiquer. C'est, le vuide de la conversation qui rend la médisance & la calomnie si communes: quand on ne sait point parler des choses, on se jette sur les personnes.

Le grand art de la conversation consiste à ne blesser, à n'humilier personne, à ne parler que des choses qu'on sait, à n'entretenir les autres que de ce qui peut les intéresser. Cet art, que tout le monde croit posséder, n'est rien moins que commun. Les sociétés sont remplies ou d'importans, qui préviennent contr'eux par leur sotte vanité, qui veulent parler de tout, ou d'ennuyeux qui nous fatiguent en nous parlant d'objets peu faits pour nous intéresser. Un sot s'imagine que ce qui frappe sa tête rétrécie, a droit d'intéresser l'univers.

L'expérience, la réflexion, l'étude, & sur-tout la bienveillance & la bonté du cœur, peuvent seules nous rendre utiles & agréables dans le commerce de la vie. Les entretiens des gens du monde ne sont communément si stériles,

leurs vifites fi faftidieufes , leurs affemblées les plus brillantes & leurs ban-
quets fomptueux ne font remplis d'ennui, que parceque la fociété rapproche
des gens qui s'aiment & s'eftiment fort
peu , qui fe connoiffent à peine , qui
n'ont rien de bon à fe dire, qui ne fe
difent que des riens. Ce qu'on appelle
le *grand monde* n'eft le plus fouvent
compofé que de perfonnes très-vaines,
qui ne croient réciproquement fe rien
devoir , qui , privées d'inftruction , ne
portent dans la fociété que de la roideur, de la féchereffe, du dégoût: la
converfation doit être néceffairement
ftérile & languiffante quand le cœur &
l'efprit n'y peuvent entrer pour rien.
Il n'y a que l'amitié franche & fincere,
la fcience, la vertu; qui puiffent donner de la vie au commerce des hommes.

    La vanité rend infociable. L'igno-
rance, l'oifiveté, l'inhabitude de penfer, & l'aridité du cœur, font les caufes qui font pulluler les ennuyeux, les
difeurs de riens, les importuns & les
fats, dont les cours, les villes & les
campagnes font perpétuellement infef-
tées. Tout homme dont l'efprit eft vuide devient très-incommode aux autres,
par le befoin qu'il a de remuer fon ame
engourdie & de fufpendre fon ennui:
tourmenté fans relâche par cet ennemi
domeftique, il ne s'apperçoit nullement
qu'il eft un vrai fléau pour les autres.
Un des grands inconvéniens du commerce du monde eft d'expofer les perfonnes occupées à devenir les victimes
d'une foule d'importuns, de fainéants,
d'ennuyeux, qui viennent périodique-
ment leur apprendre qu'ils n'ont rien à
leur dire. Un peu de bon fens ne de-
vroit-il pas fuffire pour apprendre à refpecter les momens de l'homme occupé ? Il eft des inftans où l'ami même
doit craindre d'incommoder fon ami.

Mais des réflexions fi naturelles n'entrent pas dans la tête de ces ftupides,
que la politeffe fait tolérer, tandis qu'ils
en violent eux-mêmes toutes les regles.

    En regardant les chofes de près, on
trouvera que, même parmi ceux qui
fe piquent le plus de politeffe, de favoir vivre, d'ufage du monde, il eft
très-peu de gens que l'on puiffe appeller vraiment polis. Si la vraie politeffe
confifte à ne choquer perfonne, tout
homme vain eft impoli. Le fat, le pe-
tit-maître, la coquette évaporée, péchent auffi groffierement contre la bienféance & la politeffe que le ruftre le
plus mal-élevé. Peut-on regarder comme vraiment polis, ces perfonnages
dont le maintien arrogant, les regards
effrontés, les manieres dédaigneufes
ou négligées, femblent infulter tout
le monde? Un élégant, énivré de fes
perfections, uniquement occupé de fa
futile parure, qui fe préfentant dans
un cercle ne fait attention à perfonne,
qui joue la diftraction & n'écoute jamais ce qu'on lui dit, ni la réponfe qu'on
lui fait, qui fe glorifie de fes travers,
eft évidemment un impudent qui fe
met au-deffus des égards que l'on doit
à la fociété. Les gens les plus épris
d'eux-mêmes font communément de
leur mieux pour en dégoûter les autres.
L'impudence confifte dans un mépris
infolent de l'eftime & de l'opinion publique, que tout homme, quel qu'il
foit, doit toujours refpecter.

    Bien des gens fe montrent arrogants
& fiers dans la crainte d'être méprifés,
ou du moins de ne pas s'attirer la dofe
de confidération qu'ils croient mériter.
Il faut fe faire valoir, nous difent ils.
Oui, fans doute; mais c'eft par des
qualités aimables & refpectables. L'arrogant fe fait haïr de peur de n'être pas
fuffifamment eftimé!

Si le mérite le plus réel déplaît quand il se montre avec ostentation, quels sentiments peut exciter celui dont le mérite ne consiste que dans ses habits, ses équipages, & dans des manieres qui font des affronts continuels pour les autres? Mais les impertinents de cette trempe se suffisent à eux-mêmes; ils dédaignent les jugements du public, dont ils se flattent à force d'insolence d'arracher l'admiration. Une haute opinion de soi constitue l'orgueil; il déplaît, même avec du mérite, parce qu'il usurpe les droits de la société, qui veut demeurer en possession d'apprécier ses membres. La vanité est la haute opinion de soi, fondée sur des futilités. D'où l'on voit que la suffisance, le faste, les grands airs, annoncent des avantages qui n'en imposent qu'à des sots. La simplicité, la modestie, la défiance de soi-même font des moyens bien plus sûrs de réussir que les prétentions, les hauteurs, les airs importans & le jargon de tant d'impertinents, qui semblent méconnoître ce qu'on doit à des hommes. La suffisance & la fatuité font des maladies presqu'incurables. Comment guérir un homme toujours content de lui-même, & qui se croit au-dessus du jugement des autres?

L'esprit de contradiction, l'opiniâtreté, la trop grande chaleur dans la dispute, l'amour de la singularité, font encore des *défauts* qu'enfante la vanité. Bien des gens s'imaginent qu'il est glorieux de n'être de l'avis de personne, ils croient par-là faire preuve d'une sagacité supérieure; mais ils ne prouvent souvent que leur mauvaise humeur & leur impolitesse. Ils nous diront, sans-doute, qu'ils se sentent animés d'un grand amour pour la vérité: mais nous leur répondrons que c'est ne la point aimer que de la présenter

d'une façon propre à rebuter. La raison ne peut plaire lorsqu'elle prend le ton de l'impolitesse & de la dureté. Il est bien difficile de convaincre celui dont l'amour propre est blessé.

L'opiniâtreté est l'effet d'une sotte présomption & d'un préjugé puérile, qui nous suggerent qu'il est honteux de se tromper, qu'il y a de la bassesse à l'avouer, qu'il est beau d'avoir toujours le dernier. Mais n'est-il pas plus honteux & plus insensé de résister à la vérité? n'est-il pas plus noble & plus grand de céder avec douceur, même lorsque l'on est sûr d'avoir la raison pour soi, que de disputer sans fin avec des personnes déraisonnables? Le peuple & les sots donnent raison à ceux qui crient le plus long-tems & le plus fort: mais les personnes sensées la donnent à celui qui a le courage de se rétracter quand il a tort, ou de ne point abuser de sa victoire quand il a combattu pour la vérité.

La singularité ne prouve aucun mérite réel: s'écarter des opinions ou des usages admis par la société, montre communément plus d'orgueil que de sagesse ou de lumieres. Il faut résister au torrent de la coutume, quand elle est évidemment contraire à la vertu; il faut s'y laisser entraîner dans les choses indifférentes. Une conduite opposée à celle de tout le monde, étonne quelquefois un moment, mais ne peut point attirer une considération durable. *v.* DÉCENCE.

En général toute affectation déplaît; elle décele de la vanité. Le vrai, le simple, le naturel, nous rendent chers à ceux avec qui nous vivons, parce qu'ils veulent toujours nous voir tels que nous sommes. Il faut être soi pour bien jouer son rôle sur la scene du monde; on ne risque point alors de se voir démasquer. Une gravité affectée n'annonce qu'un sot orgueil qui voudroit usurper des respects ; une pédanterie minutieuse est le propre des petits esprits : ces *défauts* ne doivent pas se confondre avec la gravité des mœurs & l'exactitude sévere à remplir ses devoirs, qui partent d'une attention suivie sur nous-mêmes, & d'une crainte louable d'offenser les autres par des inadvertences & des légéretés.

Rien de plus gênant dans la vie, que ces hommes pointilleux, dont la vanité sensible & délicate est toujours prête à s'offenser. Celui qui se sent si foible ne devroit point s'exposer au choc de la société, dans laquelle il ne peut jetter que de la contrainte & de l'ennui. Une vanité trop prompte à s'allarmer annonce une foiblesse, une petitesse d'esprit, une inexpérience puérile : tout homme trop facile à piquer devient nécessairement malheureux dans un monde rempli de plus d'étourderie que de méchanceté. Est-il rien de plus fâcheux que d'avoir une ame assez foible pour être à tout moment troublé par les inadvertences ou par le moindre oubli des personnes que l'on fréquente ? Cependant ces petitesses, dont un homme raisonnable ne devroit point s'appercevoir, ont souvent dans un monde vain & frivole les conséquences les plus graves.

En général la vanité est le vice qui produit le plus de ravages dans le monde. Des personnes de tout âge & de tout rang, par le prix qu'elles attachent à des minuties, semblent n'être que de grands enfans : bien des hommes en grandissant ne font que changer de jouets ; des vétemens plus riches, des équipages plus brillants, des bijoux plus couteux, des parures plus variées, des inutilités plus recher-

chées, remplacent chaque jour les objets dont s'amusoit leur enfance. Combien petite & rétrécie doit être l'ame de tant de gens dont le soin de leur parure absorbe & la fortune & le tems ! Quelle idée peut-on se former de ces femmes & de ces hommes dégradés dont la toilette & les pompons occupent toutes les journées ? Le vrai châtiment de ces enfans est de ne point les remarquer.

Les nations où le luxe domine sont remplies d'êtres frivoles, sérieusement occupés de bagatelles devenues à leurs yeux des objets très-importans : c'est pour elles qu'ils perdent & leur tems & leur argent ; c'est à des petitesses qu'ils sacrifient leur bonheur & leur repos ; c'est pour les minuties d'une vanité puérile qu'ils courent, qu'ils se portent envie, qu'ils se disputent & se blessent. La raison mûre, ou la sagesse, consiste à n'estimer les choses que selon leur juste valeur. Celui qui s'est mis au-dessus des bagatelles est plus heureux & plus grand que tous ceux qui s'en rendent les esclaves. La vanité choque tout le monde ; la modération & la modestie ne peuvent choquer personne.

La route de la vie est un chemin étroit où se trouve une foule innombrable de passagers, qui, chacun à sa maniere, s'efforcent d'arriver au bonheur ; vous les voyez se mouvoir avec plus ou moins d'activité, suivant des directions très-variées qui se croisent, & qui souvent sont totalement opposées. Au milieu de cette troupe confuse les méchans sont des aveugles qui, au risque de s'attirer le ressentiment général, frappent & blessent tous ceux qui se rencontrent sur leur chemin. Des voyageurs imprudens, légers, distraits, inconsidérés, n'ayant

point de but fixe, s'agitent en tout
fens, preffent & font preffés, heur-
tent & font heurtés, font incommodes à tout le monde. Le fage marche
avec précaution ; il regarde autour
de lui, il prévoit & prévient les obftacles & les dangers, il évite la foule, & favorifé du fecours de fes affociés, il s'avance d'un pas fûr vers le
terme du voyage, que les plus empref-
fés ne peuvent point atteindre. L'eftime, la confidération, la bienveillance, la tranquillité, font le prix de
l'attention que l'homme de bien apporte dans fa conduite.

Faute de réfléchir au but de toute
fociété, les hommes ne femblent réunis que pour fe bleffer réciproquement
par des *défauts* dont chacun reconnoît
les inconvéniens dans les autres, fans
daigner s'appercevoir que les fiens doivent néceffairement produire des effets
tout femblables. La légéreté n'eft que
l'incapacité de s'attacher fortement aux
objets intéreffants pour nous. L'inconftance confifte à changer perpétuellement d'intérèts ou d'objets. L'étourderie confifte à ne pas fe donner le
tems de bien envifager les objets ou
de réfléchir mûrement aux fuites de
nos actions. La frivolité confifte à n'accorder fon attention qu'à des objets incapables de nous procurer un bonheur
véritable.

Tels font les ennemis que la raifon
a fouvent à combattre dans la fociété.
L'imprudence, les diftractions continuelles, la diffipation, la vanité, l'i-
vreffe des plaifirs, des paffions férieu-
fes pour des futilités, font des barrieres qui s'oppofent à la réflexion, &
qui tiennent la plupart des hommes
dans une enfance perpétuelle.

La diftraction eft une application de
nos penfées à d'autres objets que ceux
dont nous devrions nous occuper : elle
eft un manque d'égards pour ceux avec
qui nous vivons. Ce *défaut*, que nous
trouvons fi ridicule dans de certaines
occafions, eft pourtant très-commun,
& prefque univerfel. Combien peu de
perfonnes s'occupent des affaires les
plus intéreffantes pour elles! chacun
les met de côté pour ne penfer qu'aux
intérèts fouvent futiles qui fe font em-
parés de fon imagination & qui abforbent fes facultés : chacun, dans fa rè-
verie, femble oublier qu'il vit en compagnie avec des êtres auxquels il doit
fon attention & fes foins. Il eft aifé
de fentir à combien d'inconvéniens
cette diftraction morale nous expofe.
Un homme fenfé doit toujours être attentif & fur lui-même & fur les autres ; *je n'y avois pas fongé*, eft une
mauvaife excufe pour un être qui vit
en fociété. Envifager fon but, & *faire
ce que l'on fait*, voilà la bafe de toute
morale. La vie fociale eft un acte religieux dans lequel tout homme doit
fe dire, *fois à ce que tu fais.*

Bien des gens fe croient difculpés de
leurs fautes en les rejettant fur l'oubli. Mais la conduite de la vie fuppofe
une mémoire affez fidelle pour ne pas
oublier des devoirs effentiels qui doivent inceffamment fe repréfenter à notre efprit. Des oublis font très-crimi-
nels, quand ils nous font perdre de
vue des devoirs importans de la juftice, de l'humanité, de la pitié. Un miniftre ou un juge qui oublieroient un
innocent dans les prifons au détriment
de fa fortune, de fa fanté ou de fa vie,
font-ils donc moins coupables que des
affaffins ? Sans nous rendre fi criminels, l'habitude d'oublier nous rend
défagréables dans la vie fociable : elle
produit l'inaptitude dans nos propres
affaires & dans celles des autres. La

vie de l'homme, on ne peut affez le redire, demande de l'attention, de la mémoire, de la préfence d'efprit.

L'ignorance que l'on allégue très-fouvent comme une excufe valable, qu'on pardonne quelquefois trop aifément, que l'on punit feulement par le ridicule, peut quelquefois devenir un crime très-grave. Quels reproches n'a point à fe faire un juge fans lumieres qui décide imprudemment du fort de fes concitoyens? Quels remors doit éprouver un médecin ignorant qui, aux dépens de la vie des hommes, exerce une profeffion dans laquelle il ne s'eft pas fuffifamment inftruit? Il n'eft pas permis d'ignorer les principes d'un art important au bien-être de nos femblables; la fuffifance eft un crime dès qu'elle fe joue du falut des hommes. Tout homme qui a le front d'exercer un office, un emploi public dont il fe connoît incapable, eft évidemment étranger aux vrais principes de la probité. L'ignorance eft la fource intariffable des maux fans nombre fous lefquels les peuples font forcés de gémir. Dans tous les états de la vie, l'homme pour fon propre intérèt, & pour celui des autres, doit tácher de s'inftruire. Les lumieres contribuent à développer la raifon, dont l'effet eft de nous rendre meilleurs, plus utiles, plus chers à nos affociés.

Le *défaut* d'expérience & de réflexion conftitue l'ignorance, qui ne peut être que défavantageufe foit pour nous-mèmes, foit pour les autres. L'ignorant eft méprifé, parce qu'il n'eft d'aucune reffource dans la fociété; l'ignorant eft à plaindre, parce qu'il eft communément incapable de s'aider lui-même. La fcience qui n'eft que le fruit de l'expérience & de l'habitude de réfléchir, eft eftimée, parce qu'elle met celui qui la poffede à portée de procurer des fecours, des confeils, des agrémens que l'on ne peut attendre de l'ignorant. Dans tous les états de la vie, depuis le monarque jufqu'à l'artifan, l'homme le plus expérimenté ou le plus inftruit, eft néceffairement plus eftimé, plus recherché, que celui qu'on voit privé de lumieres ou d'habileté.

Si la raifon n'eft que l'expérience & la réflexion appliquées à la conduite de la vie, il eft très-difficile que l'ignorant devienne un être raifonnable, un homme folidement vertueux. Il faut connoître & méditer fes devoirs pour favoir comment il faut fe conduire dans la vie. Il faut connoître les ufages du monde pour y vivre avec agrément, & pour éviter le ridicule attaché à l'ignorance de ces mêmes ufages. L'ignorant eft un aveugle, un étourdi qui marche au hafard dans la route de ce monde, au rifque de heurter les autres ou de faire des chûtes à tout moment. En un mot, fans expérience ou fans lumieres il eft impoffible d'être bon.

On nous dira, peut-être, que l'on rencontre quelquefois des perfonnes fimples, groffieres, dépourvues d'inftruction ou de fcience, & qui pourtant, comme par inftinct, font vertueufes & fideles à leurs devoirs, tandis que des hommes doués de l'efprit le plus fublime & des connoiffances les plus vaftes fe conduifent très-mal, & ne fe font remarquer que par des écarts ou des méchancetés. Nous répondrons que des hommes très-fimples peuvent aifément fentir les avantages attachés à la vertu, ainfi que les inconvéniens & les embatras fans nombre dont le vice eft accompagné; fans montrer au-dehors des lumieres bien éclatantes, ils ont fait intérieurement, pour régler leurs actions, des expériences & des réflexions faciles, qui très-souvent échappent à la pétulance de l'homme d'esprit, ou que sa vanité dédaigne. D'où il résulte que, malgré sa simplicité, l'homme de bien est quelquefois plus chéri & plus aimable que l'homme de beaucoup d'esprit ; celui-ci se fait craindre, le bon homme se fait aimer. On n'est jamais ni sot ni méprisable, quand on a le talent de mériter l'estime & l'affection de ses semblables. L'homme simple, vertueux & modeste, peut compter sur une bienveillance plus durable que celui qui ne plaît que par des saillies passageres, & qui plus souvent encore se rend désagréable par son orgueil ou sa malignité. L'homme véritablement éclairé est celui qui connoît, & qui fuit les moyens nécessaires pour être constamment aimé. Tout homme qui croit se faire estimer par des moyens faits pour déplaire, est un ignorant, un étourdi, un sot. *v.* RAISON. (F.)

DÉFAUT, *Droit Nat.*, mauvaise qualité d'une marchandise : le vendeur est obligé de découvrir de bonne foi les *défauts* de la chose, au sujet de laquelle on traite. *v.* CONTRACT.

DÉFAUT, *Jurisprud.*, c'est l'omission de quelque chose. Les Romains l'appelloient *contumacia rei absentis*, ou *eremodicium.* On entend aussi par ce mot le jugement qui en donne acte. Ainsi prendre *défaut*, c'est obtenir un jugement qui donne *défaut*.

On peut distinguer trois sortes de *défauts* en matiere civile, le *défaut* faute de comparoir, le *défaut* faute de défendre, affirmer ou reprendre, & le *défaut* faute de plaider.

Le *défaut faute de comparoir* se leve au greffe ; c'est une espece de certificat que donne le greffier au demandeur,

qu'il ne s'est point présenté de procureur pour le défendeur. Ce *défaut* ou ce certificat se donne huitaine après l'échéance de l'assignation, & on en fait juger le profit après une autre huitaine, pour ceux qui sont ajournés à huitaine. A l'égard de ceux qui sont assignés à plus longs jours, le délai pour faire juger le *défaut*, outre celui de l'assignation & de huitaine pour défendre, est encore de la moitié du tems porté par l'assignation.

Le jugement rendu sur le *défaut* faute de comparoir, adjuge les conclusions au demandeur avec dépens. Ce jugement doit être signifié à la personne ou au domicile du défendeur, qui peut y former opposition dans la huitaine.

Le *défaut faute de défendre* s'obtient par le demandeur contre le défendeur qui s'est présenté sur l'assignation, mais qui n'a pas fourni de défenses dans les délais.

Dans les justices inférieures les *défauts* se donnent à l'audience, & l'on juge le profit sur le champ.

Ils se levent au greffe dans les cours supérieures ; on les signifie au procureur du défendeur, & huitaine après on les donne à juger.

Le *défaut faute de venir plaider* s'accorde à une partie contre l'autre, qui s'étant présentée & ayant fourni ses défenses, manque de se trouver à l'audience.

Pour obtenir ce *défaut* réguliement, il est nécessaire qu'on ait signifié un avenir ou une sommation à la partie adverse de se trouver à l'audience. Si c'est le défendeur qui ne compare pas, le demandeur, son avocat, ou son procureur, demande *défaut* contre le défaillant, & pour le profit ses conclusions; si c'est le défendeur qui prend le *défaut*, il demande congé, & pour le profit, d'être renvoyé de la demande.

On peut attaquer ces derniers *défauts*, ainsi que celui faute de comparoir, par la voie de l'oppofition, dans la huitaine du jour qu'ils font fignifiés, pourvu que le *défaut* faute de plaider ne foit pas pris à l'audience à tour de rôle.

Les *défauts* à tour de rôle ne font pas fufceptibles d'oppofitions, parce que le défaillant eft fuffifamment averti par la publication du rôle fur lequel la caufe a été appellée à fon tour.

Il eft d'ufage au barreau de recevoir les oppofitions formées aux fentences & arrêts obtenus faute de comparoir, même après la huitaine de la fignification. Les oppofitions aux fentences & arrêts par *défaut* faute de plaider ne reçoivent pas la même faveur; il faut qu'elles foient formées dans la huitaine de la fignification du jugement ou arrêt. Ce délai paffé, ces *défauts* font réputés contradictoires. Les oppofitions aux arrêts ou fentences faute de défendre, affirmer, ou reprendre, doivent être également formées dans la huitaine de la fignification.

Avant que l'oppofition du défaillant foit admife, il paye les frais auxquels fa négligence a donné lieu. Les frais de contumace font exigés avec rigueur.

Il y a le *défaut faute de conclure* qui s'obtient lorfque le procureur d'une des parties refufe de paffer l'appointement de conclufion dans un procès par écrit.

On a appellé *petit défaut* le premier *défaut* qu'on leve au greffe pour obtenir un *défaut* faute de comparoir. Ce petit *défaut* ne porte autre chofe, finon „ *défaut* à un tel, demandeur, contre „ un tel, défendeur & défaillant, fau- „ te de comparoir, après que le délai „ eft expiré. "

Le *défaut fauf l'heure* eft celui que le juge prononce à l'audience en ajou-

tant ces mots *fauf l'heure*, c'eft-à-dire, que le *défaut* fera rabattu fi le défaillant fe préfente dans une heure. Il eft d'ufage néanmoins d'accorder tout le tems que dure l'audience.

Le *défaut rabattu* eft le *défaut* revoqué par le juge. Les *défauts* à tour de rôle peuvent être rabattus dans la même audience en laquelle ils ont été prononcés. Le juge prononce fimplement *défaut rabattu*. On n'en délivre point d'expédition, parce qu'il eft regardé comme non avenu.

Le *défaut fur pieces vûes* a lieu lorfque l'affignation contient plus de trois chefs de demande. Le profit de ce *défaut* peut être jugé fur les pieces vûes & mifes fur le bureau, fans néanmoins que les juges puiffent prendre aucunes épices.

Le *défaut pur & fimple* eft celui qui eft adjugé fans condition ni reftriction.

Défaut faute de reprendre, eft celui que l'on accorde contre un héritier donataire ou légataire univerfel, qui étant affigné en reprife d'inftance au lieu & place du défunt, refufe de mettre fon acte de reprife au greffe; on ordonne en ce cas que dans trois jours pour tout délai le défaillant fera tenu de reprendre, finon pour le profit du *défaut* on ordonne que l'inftance fera tenue pour reprife. (M. L.)

DEFENDEUR, f. m., *Jurifpr.*, appellé dans le droit romain *reus*, eft celui qui eft affigné en juftice pour défendre, c'eft-à-dire, répondre à une demande formée contre lui; on lui donne la qualité de *défendeur* dès qu'il eft affigné, même avant qu'il ait fourni fes défenfes.

Le *défendeur* doit être affigné devant fon juge, fuivant la maxime, *actor fequitur forum rei*. S'il n'eft pas affigné devant fon juge, ou devant un juge compétant pour connoître de la matiere,

tiere, il peut demander fon renvoi, à moins qu'il n'y ait quelque raifon de privilege ou connexité pour le traduire ailleurs.

On doit laiffer au *défendeur* copie de l'exploit & des pieces juftificatives.

À l'échéance de l'affignation le *défendeur* doit fe préfenter, & enfuite fournir fes défenfes, faute dequoi on obtient défaut contre lui.

Quand le demandeur ne comparoît pas, le *défendeur* demande congé contre lui, c'eft-à-dire, défaut; & pour le profit, d'être renvoyé de la demande. *v.* DÉFAUT & CONGÉ.

Lorfqu'il y a du doute fur la demande, on incline plutôt pour le *défendeur* que pour le demandeur, par la raifon qu'on fe porte plus volontiers à décharger qu'à obliger. *L.* 125. *ff. de regul. jur. & leg.* 38. *ff. de re judic.*

Le *défendeur & défaillant*; c'eft le *défendeur* qui laiffe prendre défaut contre lui.

Le *défendeur & demandeur*, c'eft celui qui étant *ab initio défendeur*, s'eft conftitué de fa part *demandeur* pour quelqu'autre objet.

Le *défendeur au fond*: cela fe dit du *défendeur*, lorfqu'il eft en même tems demandeur par rapport à quelqu'incident de la forme.

Le *défendeur en la forme*; c'eft celui qui défend à quelqu'incident fur la forme.

Le *défendeur incidemment demandeur*. Voyez ci-devant *défendeur & demandeur*.

Le *défendeur originaire en matiere de garantie*, eft celui contre lequel on a formé quelque demande, pour laquelle il prétend avoir un garant auquel il a dénoncé la demande; il eft *défendeur originaire* ou à la demande originaire, & devient demandeur en garantie. On

Tome IV.

l'appelle *défendeur originaire*, pour le diftinguer du *défendeur* à la demande en garantie. *v.* GARANTIE.

Le *défendeur au principal*, fe dit de celui qui eft *défendeur* à la premiere demande, & incidemment demandeur en la forme par rapport à quelqu'autre demande incidente.

Le *défendeur en taxe*, c'eft-à-dire, à la taxe des dépens. Voyez ci-après DÉPENS & TAXE.

DÉFENSABLES, adj., *Jurifpr.* Les héritages *défenfables* font ceux dont l'ufage n'eft pas abandonné à chacun pour y faire paître fes beftiaux, ou du moins qui font en défends pendant un certain tems.

DEFENSE DE SOI-MÊME, *Morale*, *Droit nat. & civil.*, action par laquelle on défend fa vie, foit par des précautions, foit à force ouverte, contre des gens qui nous attaquent injuftement.

Il arrive quelquefois qu'il fe trouve de l'oppofition entre les devoirs de l'amour de foi-même, & les devoirs de la fociabilité, de forte que l'on ne fauroit fatisfaire à tous les deux, & qu'il faut néceffairement donner la préférence aux uns au préjudice des autres. Ce conflict peut arriver, ou par le fait de celui envers qui on devoit d'ailleurs pratiquer la fociabilité, ou fans aucun acte de fa part, mais feulement par un effet de la néceffité. Et enfin ce fait d'autrui, qui produit cette oppofition, peut être encore ou malicieux ou non malicieux.

S'il arrive donc que notre vie, ou notre perfonne, fe trouve en danger par la malice d'un ennemi, nous affurons que nous avons le droit de nous défendre, jufqu'à lui faire du mal, & le tuer même, s'il eft néceffaire. Cela fe prouve, parce que chacun eft char-

L l

gé particulierement du soin de sa personne & de sa vie. Rien ne nous intéresse de plus près; & par conséquent la raison & la loi naturelle approuvent que nous fassions un usage convenable de nos forces, pour repousser un injuste agresseur. C'est donc là un droit naturel à l'homme. C'est aussi ce qu'ont bien compris les jurisconsultes Romains. Car ils établissent comme une maxime de droit naturel, *ut vim atque injuriam propulsemus. Nam jure hoc evenit, ut quod quisque ob tutelam sui corporis fecerit, jure fecisse existimetur. l. 3. d. de just. & jure.*

Les devoirs de la sociabilité n'ont rien d'opposé à la juste *défense de soi-même.* L'obligation qu'ils imposent est entierement réciproque; quiconque veut qu'on les observe à son égard, doit commencer par les observer lui-même envers les autres. On peut même dire que le droit de se *défendre soi-même* à main armée, est un des plus sûrs moyens de maintenir la société & la paix. Sans cela les honnêtes gens seroient la victime des scélérats, & tous les avantages que nous tenons de la nature, ou de notre industrie, nous deviendroient inutiles, s'ils pouvoient nous être enlevés impunément par la malice ou par la violence.

Il y a plus encore, & non seulement nous sommes en droit de nous *défendre*, mais il est de notre devoir de le faire. Et en effet, il est bien évident que l'obligation que la loi naturelle nous impose de travailler à notre conservation, ne nous permet pas de céder lâchement à un injuste agresseur, & de lui céder ainsi la victoire. L'obligation est ici d'autant plus forte, que les plus grands dangers auxquels notre vie est exposée, sont ceux qui nous viennent de la part des autres hommes.

Après ces réflexions générales, il faut remarquer que la juste *défense de soi-même* exige trois conditions essentielles;

1°. Que l'agresseur soit un agresseur injuste, c'est-à-dire, qu'il en veuille à notre vie, sans qu'il y ait de notre faute. 2°. Qu'on ne puisse point éviter le péril d'une maniere sûre, ni autrement, qu'en faisant du mal, ou même en tuant son adversaire. Il faut bien remarquer cette condition; car quelque injuste que soit l'entreprise d'un agresseur, la sociabilité nous oblige à l'épargner, si l'on peut le faire sans en recevoir du préjudice. Par ce juste tempérament on sauve en même tems les droits de l'amour de soi-même, & les devoirs de la sociabilité. Les jurisconsultes Romains ont admis l'exception dont il s'agit, dans la défense contre un esclave d'autrui, dont on est alors obligé, si on le tue, de payer la valeur au maître: *injuria autem*, disent ils, *occidere intelligitur, qui nullo jure occidit. Itaque qui latronem (insidiatorem) occiderit, non tenetur utique, si aliter periculum effugere non potest.* Enfin il faut que la *défense* soit proportionnée à l'attaque, c'est-à-dire, qu'elle ne soit pas poussée au delà de ce qu'exige proprement la *défense de nous-mêmes.* Car le droit que la nature nous accorde dans cette circonstance est fondé sur le devoir qu'elle nous impose de notre conservation; par conséquent dès que nous nous sommes *défendus* jusqu'à mettre notre vie à l'abri des poursuites de l'agresseur, la nature ne nous permet pas de pousser plus loin les hostilités; parce qu'alors ce ne seroit plus se défendre, mais se venger.

Pour faire l'application de ces principes aux différens cas qui peuvent se présenter, il faut d'abord distinguer l'état de nature, comme on parle, d'avec l'état civil. Non que le droit de se défendre n'appartienne également à l'homme dans l'un & dans l'autre état, mais parce que la maniere de s'en servir & de le faire valoir, n'est pas la même.

En général, le droit de se défendre soi-même à main armée a plus d'étendue dans l'état de nature que dans l'état civil. La raison en est, que dans le premier état, personne n'est proprement chargé du soin de notre conservation, que nous-mêmes. C'est donc à nous à employer pour cet effet toutes nos forces, & de la maniere la plus efficace. Mais au contraire dans l'état civil, le souverain est chargé du soin de défendre les particuliers contre tout injuste agresseur. Et par conséquent ceux-ci doivent recourir à sa protection, toutes les fois que les circonstances le leur permettent.

Après ces éclaircissemens, une *premiere regle* sur cette matiere, & qui convient à l'un & à l'autre état, c'est qu'il est de la prudence, avant que d'en venir aux mains, de tenter les voyes de la douceur plutôt que celles des armes. Par ce juste tempérament l'on satisfait en même tems à ce que nous devons à nous mêmes, & à autrui.

En effet, c'est une regle de prudence, qu'avant que d'en venir aux mains, un homme sage doit tout mettre en usage pour éviter le combat, & employer ainsi les paroles plutôt que les armes :

Omnia prius experiri verbis, quam
       armis
Sapientem decet.
       Ter. *Eun. Act.* IV. Sc. VIII.

Tout combat ayant quelque chose de hasardeux, il ne faut s'y engager qu'après avoir tenté quelqu'autre voie plus sûre pour se garantir, ou pour tirer raison d'une injure c'est une conduite beaucoup plus digne d'une créature raisonnable, que si l'on couroit d'abord aux

armes. Par exemple, si lorsqu'un homme paroît disposé à venir fondre sur nous, on peut lui fermer toutes les avenues, ce seroit une folie que de le laisser approcher & de se battre avec lui sans nécessité. Lorsqu'on est retranché derriere des murailles & une bonne porte, il faudroit aussi être bien imprudent pour aller se présenter à un ennemi furieux.

. . . . *Sed tu quod cavere possis, stultum admittere est.*
Malo ego nos prospicere, quam hunc ulcisci accepta injuria.
       Terent. *loc. cit. Sc.* VII.

Au reste cette regle ne doit pas être prise à la rigueur, mais avec quelque étendue, telle que la demande le trouble où jette ordinairement la vue d'un si grand péril : car on n'est pas alors en état de chercher & d'appercevoir toutes les voyes possibles de s'échapper, comme feroient ceux qui sont de sens froid & hors de crainte.

Seconde regle. Mais si les voyes de douceur sont inutiles dans l'état de nature, aussi long-tems que quelqu'un persiste actuellement à nous faire tout le mal possible, nous avons un droit indéfini de le repousser par la force, & même de le tuer, s'il est nécessaire ; & cela, jusques-à-ce que nous soyons à couvert du péril qui nous menaçoit, que nous ayons obtenu la réparation du tort qu'il nous a fait, & s'il y a lieu jusques-à-ce que notre adversaire nous ait donné de bonnes sûretés pour l'avenir.

En effet, quel triste sort ne seroit-ce pas de se voir exposé, par exemple, à recevoir tous les jours quelques coups, si légers qu'ils fussent, de la main d'un homme dont on ne pourroit arrêter, ni reprimer la malice, qu'en le tuant, & à la vie duquel on ne sauroit cependant toucher, comme à une chose sacrée ; ou

si un voisin ne cessoit de nous piller &
de ravager nos terres, sans qu'il fût permis de se défaire de lui? certainement
la sociabilité tendant à la conservation
commune de tous les hommes, on ne
sauroit raisonnablement bâtir sur ce
principe. Il n'est aucune loi qui reduise
les personnes les plus sages & les plus
retenues, à la dure nécessité d'être inévitablement malheureuses toutes les fois
qu'il prendra fantaisie à un scelerat de
violer à leur égard le droit naturel ; &
ce seroit la derniere des absurdités, que
de mettre au rang des loix de la société
humaine, l'obligation indispensable de
souffrir patiemment toutes sortes d'injures. Ainsi il faut être ennemi de soi-même, pour épargner un ennemi, qui
s'obstine à exercer contre nous des actes
d'hostilité, & pour aimer mieux périr
de ses mains sans nécessité, que de le
perdre lui-même. Toute la douceur &
toute l'humanité dont le droit naturel
nous ordonne d'user envers un ennemi,
c'est que, s'il vient à témoigner un véritable repentir des injures qu'il nous a
faites, & une volonté sincere de ne plus
exercer d'acte d'hostilité contre nous,
en sorte qu'après avoir reparé le dommage, il nous donne de bonnes assurances pour l'avenir ; en ce cas là on doit
lui pardonner, & se reconcilier avec
lui, & pratiquer de nouveau à son égard
les devoirs de la paix.

Troisieme regle. Ce droit illimité de
se défendre, a lieu, soit qu'on attaque
directement notre vie, soit qu'on veuille
nous faire quelqu'autre mal considérable, que nous ne sommes pas obligés de
souffrir ; par exemple, si l'agresseur ne
veut que nous battre, nous meurtrir,
ou nous priver de quelque membre qui
ne soit pas absolument nécessaire, ou
nous dépouiller de notre bien : car on
n'a aucune assurance que de ces com-

mencemens, il ne passera pas à de plus
grandes injures ; & dès là qu'un homme
se déclare notre ennemi, comme il le
fait en nous insultant sans témoigner
ensuite aucun déplaisir, il nous donne,
en tant qu'en lui est, une pleine & entiere liberté d'agir contre lui à toute
outrance, & sans garder aucunes bornes.

Quatrieme regle. A l'égard du tems
auquel on peut légitimement commencer à se défendre soi-même, il faut établir qu'il est permis de commencer les
actes d'hostilité, lorsqu'il paroît par des
indices manifestes, que quelqu'un travaille actuellement à nous faire du mal,
quoique ses desseins n'ayent pas encore
éclatté ; c'est-à-dire que dans l'état de
nature on peut prévenir l'agresseur au
milieu de ses préparatifs ; pourvu qu'il
ne reste d'ailleurs aucune espérance de le
ramener par des exhortations amiables,
ou qu'en usant de cette voie de douceur,
on ne porte point de préjudice à ses propres intérèts ; car on n'est point tenu
d'attendre tranquillement que notre
ennemi ait tout préparé pour nous accabler, ou qu'il ait actuellement porté
les insultes à leur comble pour rendre
légitime la violence à laquelle on a recours, par la nécessité de se défendre
& de repousser un danger imminent. Il
faut donc tenir pour agresseur celui qui
forme le premier le dessein de nuire, &
se dispose le premier à l'exécuter, quoiqu'il arrive ensuite que l'autre, venant
à découvrir ses préparatifs, fasse plus de
diligence & commence les actes d'hostilité : car la juste *défense de soi-même* ne
demande pas toujours qu'on reçoive le
premier coup, qui pourroit bien souvent être mortel, & par conséquent le
dernier ; ou qu'on ne fasse que parer
& repousser ceux qu'un agresseur nous
porte actuellement. Un ancien orateur

Grec l'a très-bien remarqué, lorsque voulant animer les Athéniens peu foigneux de prévenir les machinations de Philippe de Macédoine, il difoit : „ tout homme qui me dreffe des pieges „ & fait ce qu'il peut pour me furprendre, dans ce tems-là même, quoiqu'il n'en foit qu'aux préparatifs, „ ne me fait-il pas déja la guerre, quoiqu'on ne vóie encore voler ni fleches „ ni dards ? „ Demofthen. *Philip. III.*

Il fuit de-là, que de fimples foupçons fondés fur la malice de l'homme, ne fuffifent pas pour nous autorifer à en venir aux vóies de fait. Nous devons feulement dans ce cas-là, prendre des mefures innocentes pour nous mettre en fûreté. Quiconque, dit-on, eft en état de vous nuire, le veut auffi : fi donc vous avez à cœur votre propre confervation, vous devez le prévenir fans autre prétexte. Barbare philofophie! Les auteurs, au jugement defquels on en appelle, pour confirmer une maxime fi inhumaine, ou ne méritent pas d'être écoutés, ou parlent feulement d'une précaution innocente, ou fuppofent qu'il s'agiffe de gens dont on connoît d'ailleurs les mauvaifes intentions. Que fi quelques princes ont fuivi cet injufte principe, leur mauvais exemple ne fait pas regle. Le fage Caton, harangant le fénat en faveur de ceux de Rhodes, difoit entr'autres chofes : „ ferons- „ nous les premiers ce que nous difons „ qu'ils ont voulu faire? „ Aul. Gell. *Noct. Attic. lib VII. c. 3.* Sur quoi Aulu-Gelle continue ainfi : „ Dans un „ combat de gladiateurs, il faut ou „ mourir ou tuer fon homme; mais „ dans la vie humaine, les dangers aux- „ quels on eft expofé de la part d'au- „ trui, ne font pas fi inévitables, que „ l'on foit toujours réduit à la néceffité

„ de faire du mal à autrui, pour pré- „ venir celui que l'on en peut recevoir."

Cinquieme regle. Enfin fi l'agreffeur, touché de repentir, nous demande pardon, & nous offre un dédommagement & des fûretés convenables, nous devons lui pardonner & rentrer en grace avec lui. Voici la regle qu'il faut fuivre là-deffus. Si l'offenfeur touché de repentir, vient de lui-même nous demander pardon, & qu'il offre en même tems de réparer le mal qu'il nous a caufé, on doit fe reconcilier avec lui, fans exiger d'autres affûrances qu'une nouvelle proteftation de vivre déformais paifiblement avec nous ; puifqu'un homme qui fait, de fon pur mouvement, une pareille démarche, montre fuffifamment qu'il a du regret de fa faute, & qu'il eft bien réfolu de n'y plus retomber. Mais lorfqu'il faut arracher quelques foibles marques de répentir de la bouche d'un injufte agreffeur, & qu'il ne commence à fe reconnoître, que lorfqu'il n'eft plus affez fort pour nous tenir tête, fa parole toute feule ne paroit pas un garant fuffifant de la fincérité de fes intentions. Il eft donc permis ou de le mettre hors d'état de nuire, ou de le lier par quelque chofe de plus fort qu'une fimple promeffe, puifque dans le cas fuppofé, il s'eft fortement rendu fufpect à notre égard, & qu'on ne peut faire que très-peu de fond fur l'affurance qu'il donne du changement de fa mauvaife volonté.

Eft-il permis fuivant la loi naturelle, de défendre une perfonne injuftement attaquée? eft-il permis de repouffer à main armée les attaques que fait un injufte agreffeur contre un autre?

Puffendorf & quelques autres jurif. confultes prétendent, qu'on ne peut pas s'ingerer de fecourir ou de venger une perfonne infultée par quelque autre, à moins qu'on n'ait un engagement particulier avec la premiere : „ Toute injure „ faite à autrui, dit Puffendorf, ne nous „ autorise pas à attaquer de notre chef „ l'auteur de l'insulte, tant que l'on „ n'a ni avec l'offensé, ni avec l'offen„ seur, d'autre liaison que celle de „ l'humanité. " Sur quoi nous remarquerons, qu'afin que les loix naturelles qui tendent à la conservation du genre humain, soient bien observées, & que personne n'entreprenne de faire du tort à son prochain, la nature a mis chacun en droit de punir ceux qui violent ses loix, soit à l'égard de tout le genre humain, ou à l'égard d'un particulier. Les loix naturelles aussi bien que toutes les autres qui sont imposées aux hommes, seroient entierement inutiles, si personne, dans l'état de la liberté naturelle, n'avoit le pouvoir de les faire exécuter, de protéger l'innocent, & de reprimer ceux qui l'insultent. Or tous les hommes étant naturellement égaux, il s'ensuit que si dans cet état, quelqu'un doit avoir le droit de punir l'infraction des loix naturelles, il n'y a personne qui ne l'ait avec autant d'étendue que tout autre.

Il suit de ces principes que dans l'état de nature chacun a le droit, non-seulement de défendre une personne injustement attaquée, mais aussi de tuer un meurtrier, afin de détourner les autres de faire une semblable offense, que rien ne peut réparer ni compenser, & de mettre les hommes à l'abri des attentats d'un criminel, qui ayant renoncé à la raison, à la regle, à la mesure commune que Dieu a donnée au genre humain, a, par une injuste violence & par un esprit de cruauté, dont il a usé envers une personne, déclaré la guerre à tous les hommes, & doit s'attendre à être poursuivi & détruit comme un lion,

comme un tigre, comme une de ces bêtes féroces avec lesquelles il ne peut y avoir de société ni de sûreté. Aussi est-ce sur cela qu'est fondée cette grande loi de la nature : *Si quelqu'un répand le sang d'un homme, son sang sera aussi répandu par un homme*, Gen. IX. 6. Et Caïn étoit si pleinement convaincu, que chacun est en droit de détruire & d'exterminer un coupable de cette nature, qu'après avoir tué son frere, il craignoit que *quiconque le trouveroit, le tueroit*, tant il est vrai que ce droit est écrit dans le cœur de tous les hommes.

Enfin, je dis encore, que l'homme dans l'état de nature, non seulement a le droit d'épouser la querelle de l'offensé, mais encore, qu'il est indispensablement obligé de le défendre, s'il se sent assez fort & que l'attaqué soit trop foible. C'est une conséquence du principe de la sociabilité. Et je suis surpris que Puffendorff à l'endroit cité, ait pu penser autrement, lui qui approuve ailleurs la belle maxime de Ciceron : *qui non defendit, nec obsistit, si potest, injuriæ tam est in vitio, quam si parentes, aut amicos, aut patriam deserat.* Nous trouvons dans la législation criminelle des anciens Egyptiens, une loi qui portoit que, celui qui trouvant sur son chemin une personne en danger d'être tuée ou maltraitée de quelqu'autre maniere que ce fût, & pouvant la garantir du mal qui la menaçoit, ne le faisoit pas, étoit puni de mort. Que si l'on ne se sentoit pas assez fort pour secourir le malheureux, il falloit du moins dénoncer l'auteur de la violence, & se rendre partie en justice contre le brigand. Si l'on y manquoit, on recevoit un certain nombre de coups, & l'on étoit de plus condamné à ne manger rien de trois jours.

Si outre la *défense* de l'offensé, on a lieu vraisemblablement de soupçonner que l'agreſſeur injuſte, après avoir opprimé celui à qui il en veut pour le preſent, ſe tournera contre nous, & fera ſervir ſa premiere victoire comme d'inſtrument pour nous opprimer; il faut alors ſecourir l'offenſé avec d'autant plus d'ardeur que ſa conſervation aſſure la nôtre. C'eſt ètre ſage que de s'empreſſer à éteindre le feu qui s'eſt pris à la maiſon de notre voiſin, autrement on court riſque qu'il ne gagne enfin la nôtre.

Pouſſer les actes d'hoſtilité au-delà de ces termes, ce ne ſeroit plus *défenſe*, mais vengeance. Voilà pour l'état de nature.

Mais ce qui eſt permis dans l'état de nature, ne l'eſt pas toujours dans l'état civil. Le droit de la juſte *défenſe de ſoimême* que chacun avoit dans l'indépendance de l'état de nature, eſt ôté aux particuliers dans la ſociété civile : de ſorte qu'il ne leur eſt plus permis de tirer raiſon eux-mêmes, comme ils l'entendent, des injures qu'ils ont reçues, ni de ſe faire rendre par force ce qui leur eſt dû. Voyez *Digeſt. Lib. IV. Tit. II. Quod metus cauſa geſtum eſt. Leg. XI. XII. XIII. &c.* Il faut qu'ils implorent la protection des loix & du magiſtrat; c'eſt lui qui eſt chargé du ſoin de procurer aux perſonnes lezées la réparation de l'injure & du dommage, auſſi bien que les ſûretés néceſſaires pour l'avenir, & de faire jouir chacun de ſes droits. Ainſi dans la ſociété civile il n'eſt permis ni de prévenir l'agreſſeur au milieu de ſes préparatifs, ni après avoir reçu de lui quelque injure, d'en tirer raiſon par des voyes de fait, autrement quel beſoin auroit-on de magiſtrats, & de l'inſtitution des ſociétés civiles ?

Premiere regle. En général, les membres d'une ſociété civile ne doivent avoir recours aux voyes de fait, & à la violence, que lors que les circonſtances ne leur permettent pas de recourir à la protection du ſouverain. S'ils en uſoient d'une autre maniere, ce ſeroit évidemment un attentat contre l'autorité ſouveraine, un deſordre qui produiroit néceſſairement la licence & l'anarchie.

Seconde regle. D'ailleurs, dans l'état civil, la *défenſe de ſoi-même* à main armée, ne peut pour l'ordinaire être pouſſée au delà de ce qui eſt néceſſaire pour nous délivrer du péril auquel nous ſommes actuellement expoſés. A l'égard de la réparation du dommage, & des ſûretés pour l'avenir, c'eſt au ſouverain qu'il faut s'adreſſer.

Par ces deux premieres regles l'on voit la différence des bornes de la *défenſe de ſoi-même* dans l'état naturel & dans celui de la ſociété civile. Car ſuivant ce que nous avons remarqué cideſſus, la *défenſe de ſoi-même* dans l'état de nature eſt fondée ſur le droit de la conſervation de ſoi-même, & ſur celui que chacun a de reprimer le crime, & toute infraction des loix naturelles : de façon que l'offenſé a droit de ſe défendre & de punir ou de pourſuivre un injuſte agreſſeur. Mais dans la ſociété civile, le droit de punir eſt paſſé entre les mains du magiſtrat. Ainſi dès que l'offenſé a mis en ſûreté ſa propre vie ou ſes biens, il ne lui eſt pas permis de pouſſer plus loin les actes d'hoſtilité; car c'eſt au ſouverain à y pourvoir pour l'avenir, à procurer à l'offenſé les dédommagemens équitables & à lui donner les ſûretés néceſſaires.

Mais il faut remarquer ici que le ſouverain, qui a en main le droit de punir les crimes, peut faire grace & renoncer à ce droit lorſque le bien public ne demande pas abſolument qu'il puniſſe & chatie la violation des loix : mais il doit toujours procurer une ſatisfaction ſuffifante à la perfonne lezée, des fûretés pour l'avenir, & des dédommagemens pour les pertes qu'elle pourroit avoir reçues; car le fouverain, en recevant le premier droit par l'établiffement de la fociété civile, s'eft engagé à garantir le fecond à fes fujets.

Troifieme regle. A l'égard du tems, nous ne pouvons repouffer notre ennemi par la force, que lorfque nous fommes actuellement infultés, & que nous n'avons pas le tems de recourir au fouverain. De-là il paroit, que dans les fociétés civiles le tems d'une jufte *défenfe de foi-même* eft renfermé dans des bornes fort étroites, réduit prefqu'à un point indivifible; quoiqu'il ait d'ordinaire un peu plus d'étendue dans la pratique, & que les magiftrats ne faffent guere d'attention fi l'on va un peu au-delà de ces limites. Un juge éclairé découvre aifément, par l'examen des circonftances de chaque action, fi la *défenfe* eft innocente, ou non.

Voici cependant une maxime générale fur laquelle il femble que l'on doive fe régler en ce cas-là. C'eft que le tems auquel on peut tuer un homme en fe défendant, commence dès le moment que l'agreffeur témoignant en vouloir à notre vie, & étant pour cet effet armé de forces & inftrumens néceffaires, fe trouve pofté dans un endroit d'où fes coups peuvent porter jufqu'à nous, en comptant d'ailleurs le tems qu'il faut pour le prévenir, fi l'on ne veut pas demeurer en proye à fa rage. C'eft-là précifément ce que les jurifconfultes Romains appellent *prévenir à propos un agreffeur,* ajoûtant qu'il vaut mieux le prévenir que d'attendre qu'il ait exécuté fes mauvais deffeins : *Melius enim eft occurrere in tempore, quam poft exitum vindicare. Cod. lib. III. tit. XXVII. Quando li-*

ceat unicuique fine judice fe vindicare, &c. Leg. I.

Quatrieme regle. Enfin, fi le fouverain, au lieu de nous protéger contre la violence, faifoit profeffion ouverte de nous refufer tout fecours & toute juftice, l'on pourroit alors ufer de fes droits & travailler à fa confervation par les moyens que l'on juge les plus convenables.

Que fi le fouverain ou le magiftrat s'excufe fur les circonftances du tems, & fur l'état des affaires publiques, qui ne lui permettent pas d'ufer de fon autorité, nous exhortant à attendre un tems plus favorable pour demander fatisfaction, ou à pardonner pour le coup, en confidération du bien public, un bon citoyen doit fe relâcher alors de fon droit, pourvu qu'il n'ait rien à craindre pour le préfent, & fe foumettre à la volonté du fouverain.

Au moyen des principes que l'on vient d'établir, on peut fatisfaire à toutes les queftions particulieres. Nous nous bornerons ici à quelques-unes. On pourroit confulter entr'autres Grotius, *liv. II. chap. I.*

Premiere queftion. Un homme attaqué injuftement eft-il obligé de prendre la fuite, plutôt que de réfifter de front à fon adverfaire?

Il faut diftinguer l'état de nature d'avec celui de la fociété civile. Dans le premier l'agreffeur n'a aucun droit qui nous impofe l'obligation de nous mettre à couvert des infultes par la fuite. Mais dans une fociété civile, il faut abfolument fuir plutôt que de le tuer, fi la fuite peut fe faire fans s'expofer aux traits de l'agreffeur, car tout ce qui nous eft permis dans la fociété civile pour nous défendre, c'eft d'éviter le danger préfent, & abandonner le refte aux foins du magiftrat.

Seconde

Seconde question. Peut-on se défendre à main armée pour empêcher qu'on ne nous ravisse notre honneur ?

Le mot d'*honneur* a divers sens, car il signifie quelquefois l'*estime simple*, & plus généralement l'*estime de distinction* : il signifie aussi la *vertu*, le *mérite* & la *dignité* qui attire cet honneur extérieur ; & c'est en ce sens qu'on dit que ces qualités font l'honneur d'un homme. Ce terme signifie encore, dans un sens plus étendu & plus ordinaire, cet avantage qu'ont au-dessus de ceux dont la vie est sujette à quelque reproche, qui les a décriés dans le public, ceux qui vivent de telle manière, même dans les moindres conditions, qu'ils ne s'attirent aucun reproche de cette nature : on dit de ces personnes que ce sont d'honnêtes gens qui vivent avec honneur. Il signifie aussi l'état honnête d'une fille qui conserve son intégrité, d'une femme qui n'a pas blessé la foi conjugale, & d'une veuve chaste. Enfin il signifie la réputation ou l'estime qu'attirent dans le public toutes ces différentes especes d'honneur : & c'est en ce sens qu'on dit des médisans, qu'ils blessent l'honneur. *v.* HONNEUR, ESTIME.

Si l'on prend l'honneur pour l'estime de distinction, on trouvera la décision de la question à l'article ESTIME. Nous examinerons donc la question relativement à l'honneur pris pour la vertu, ou l'estime simple, & à l'honneur du sexe qu'on appelle encore *pudeur* ; car c'est à ces trois idées qu'on peut reduire toutes celles qu'on attache au mot d'*honneur*. Peut-on donc se défendre à main armée pour empêcher qu'on ne nous ravisse notre honneur, ou notre estime simple ?

Comme l'honneur est par lui-même un bien très-précieux, & sans lequel

tous les autres avantages de la vie ne sauroient faire le bonheur de l'homme, il est, à parler en général, incontestable, que chacun est en droit de défendre son honneur, même par la force ; & cela d'une maniere proportionnée au péril où il est à cet égard. Cette décision est fondée sur ce que par la loi naturelle on est tenu généralement de regarder pour d'honnêtes gens ceux qui par leur conduite, ne se font point rendu indignes de cette opinion favorable. *v.* ESTIME.

Au reste, il faut distinguer encore ici l'état de nature d'avec celui de la société civile. Dans l'état de nature, quiconque attaque notre honneur de propos délibéré, nous met en droit de le regarder comme notre ennemi, & de le traiter comme tel, jusques à ce qu'il nous ait fait une satisfaction convenable. Mais, dans l'état civil, comme l'honneur des particuliers est un dépôt confié aux loix & aux souverains, c'est aussi, pour l'ordinaire & dans la regle, au souverain qu'il faut avoir recours, pour obtenir la satisfaction des injures faites à notre honneur.

Il est donc du devoir des souverains de prévenir & d'empêcher par toutes sortes de voyes que les particuliers ne se fassent justice à eux-mêmes dans les occasions où leur honneur se trouve intéressé. L'expérience ne nous a que trop bien appris, combien il est dangereux à cet égard, de laisser aux hommes une trop grande liberté. La faveur des duels a eu les suites les plus fâcheuses, & a causé plus d'une fois, & à la société & aux familles, des playes véritablement incurables. *v.* DUEL.

Mais en prenant l'honneur pour la pudeur du sexe, on peut proposer les questions suivantes.

Troisieme question. Est-il permis de

M m

tuer l'agresseur qui en veut à l'honneur d'une fille, ou d'une femme?

Comme presque tous les peuples du monde mettent cette espece d'honneur au même rang que la vie, on a raison de soutenir que chacun peut aussi le défendre en tuant même celui qui veut le lui ravir. En effet, l'honneur passant pour le plus bel ornement du sexe & ce sexe étant foible par lui-même, il falloit le munir de toute maniere contre l'insolence des hommes entreprenans. Pour ce qui regarde les sociétés civiles, puisque les législateurs ont eu droit d'attacher au vol la peine de mort, ils ont pu aussi sans contredit permettre à toute honnête femme de défendre jusqu'au sang ce qu'elle ne sauroit plus recouvrer quand on le lui a une fois ravi; affront qui est d'autant plus grand, qu'il peut réduire une femme d'honneur à la dure nécessité de susciter, de son propre sang, de la lignée à un homme qui agit avec elle en ennemi.

Après tout, un acte d'hostilité comme celui-là, ne donne-t-il pas plein droit de se porter aux dernieres extrémités contre un homme, qui pour assouvir une infame passion, attente en même-tems à l'honneur & à la liberté d'une honnête femme. Car s'il y a quelque chose dont on soit en droit de disposer, c'est sans doute lorsqu'il s'agit d'accorder à un autre l'usage de son corps. Ainsi celui qui y veut forcer, montre par là qu'on n'a ni ménagement ni justice à attendre de lui.

Quatrieme question. Mais si la force de l'aggresseur est majeure, une personne peut-elle alors se tuer pour éviter qu'on lui raviffe l'honneur?

Quelques auteurs soutiennent l'affirmative & ils alleguent des raisons fort spécieuses. Ils prétendent qu'une personne en se privant de la vie dans cette occasion peut alleguer que la nécessité où elle a été réduite, & qui sans une espece de miracle étoit absolument inévitable, l'a fait conclure que le souverain maitre lui donnoit congé, & lui permettoit tacitement d'abandonner son poste. Elle avoit, disent-ils, aussi une forte présomption du consentement du genre humain, puisqu'elle étoit déja morte pour lui. Il n'importe à personne qu'elle n'anticipât pas d'un fort petit espace de tems le terme fatal de sa vie, pour éviter l'opprobre dont elle auroit été couverte dans la suite, &c.

Je crois cependant la négative bien plus probable. Car la véritable pudeur est un bien que personne ne peut ravir. Un ancien pere de l'église a très-bien remarqué, " que quoique le corps ,, succombe à une force majeure, il ,, ne perd rien de sa pureté, tant que ,, le cœur conserve la sienne". St. Augustin *de Libero Arbitrio Lib. I. chap. V. n.* 12. Et c'est sans aucune raison que l'on en estime moins ceux qui ont succombé à une force majeure.

Mais il se présente ici naturellement une difficulté: savoir, pourquoi une femme ou une fille attaquée peut-elle se défendre à main armée même au risque de sa propre vie & tuer celui qui en veut à son honneur, tandis qu'elle ne peut pas se tuer elle-même, lorsque la force de l'agresseur est majeure? Parce que le suicide est un crime, quelle qu'en soit la cause; tandis que la juste *défense de nous-mêmes*, soit pour sauver notre vie, soit pour conserver notre honneur, non-seulement nous est permise, mais elle nous est fortement ordonnée par la nature. Ajoutons encore, qu'en succombant à une force majeure, on ne perd son honneur que dans l'esprit des sots, sur les jugemens desquels on ne doit point compter; car on feroit bien à plaindre fi l'honneur dépendoit de leur façon de penfer.

Cinquieme queftion. Un mari qui croit fon honneur attaqué par l'adultere de fa femme, peut-il la tuer avec fon galant, lorfqu'il les trouve en flagrant délit?

La négative ne fouffre point de difficulté, fuivant les loix naturelles; car un homme n'eft pas refponfable de la vertu de fa femme, & moins encore des autres hommes; & perfonne n'eftimera moins honnète homme un mari pour cela feul qu'il aura eu le malheur de s'unir avec une femme dont le cœur eft acceffible à la corruption. D'ailleurs dans l'état de nature le mariage n'étant qu'un fimple contract naturel, dès qu'une des parties contractantes manque effentiellement à fes engagemens, le contract eft cenfé rompu, & le mari offenfé peut aifément fe dédommager de fa perte.

Mais on ne peut pas raifonner de même relativement aux loix civiles. Car l'adultere portant un grand coup au bien des fociétés, à la paix des familles, à la fureté & à l'éducation des enfans, il eft regardé avec raifon comme un crime qui trouble la fociété. C'eft pourquoi étant regardé, par toutes les nations, après l'homicide, comme le plus puniffable de tous les crimes, les loix humaines accordent quelque droit là-deffus au mari. D'autant plus que l'adultere a toujours été confidéré plutôt comme un crime domeftique & privé, que comme un crime public; enforte qu'on permettoit rarement aux étrangers d'en pourfuivre la vengeance, fur-tout fi le mariage étoit paifible, & que le mari ne s'en plaignit point. Auffi quelques-uns des empereurs abrogerent avec raifon la loi d'Augufte qui permettoit que l'accufation en fût publique & permife

à tout le monde; parce que cette accufation ne pouvoit être intentée fans mettre de la divifion entre le mari & la femme, fans mettre l'état des enfans dans l'incertitude, & fans attirer fur le mari le mépris & la rifée: car comme le mari eft le principal intéreffé à examiner les actions de fa femme, il eft à fuppofer qu'il les examinera avec plus de circonfpection que perfonne: de forte que quand il ne dit mot, perfonne n'eft en droit de parler. Voilà pourquoi la loi en certains cas a établi le mari juge & exécuteur en fa propre caufe, & lui a permis de fe venger par lui-même de l'injure qui lui étoit faite, en furprenant dans l'action même les deux coupables qui lui raviffoient l'honneur.

Sixieme queftion. Peut-on légitimement pouffer la *défenfe de foi-même* jufqu'à tuer celui qui veut nous enlever nos biens?

En général, nous avons un droit parfait & rigoureux de défendre nos biens contre un injufte agreffeur, & même jufqu'à le tuer en certains cas. La raifon en eft, qu'un agreffeur injufte n'a pas plus de droit fur nos biens que fur notre perfonne, & que d'ailleurs les biens font des fecours abfolument néceffaires à la vie: nous pouvons donc le repouffer par tous les moyens néceffaires.

Dans l'état de nature, s'il n'étoit pas permis d'en venir aux dernieres extrêmités contre un ravilleur injufte, cela autoriferoit tellement la fcélérateffe & le brigandage, que le repos & la fureté de la fociété en feroient entiérement ruinés.

Et d'ailleurs quiconque nous infulte malicieufement & de propos délibéré, de quelque maniere que ce foit, devient dès lors notre ennemi, & par conféquent

Mm 2

ne fauroit prétendre avec la moindre apparence de raifon, que l'on ne fe porte pas contre lui aux dernieres extrèmités. L'on fe moqueroit d'un homme, qui, pour empêcher qu'on ne lui tirât deffus, s'aviferoit de protefter qu'il en veut à nos biens, & non pas à notre vie. Auffi l'affirmative eft foutenue généralement, & la pratique univerfelle en fait foi. On fait même que, dans la plupart des guerres, on ne fe propofe pas directement d'ôter la vie à l'ennemi, mais feulement de lui enlever ce qu'il poffede ou de lui reprendre ce qu'il nous a lui-même enlevé.

Mais dans l'état civil, il faut pour l'ordinaire avoir recours au magiftrat dont l'autorité eft fuffifante, pour nous procurer aifément & fans défordre, la réparation du dommage qu'on peut nous caufer par rapport à nos biens. Je dis *pour l'ordinaire*; car fi l'on fe trouve dans de telles circonftances que l'on ne puiffe avoir recours au fouverain, & que la perte de nos biens foit irréparable, l'on peut alors défendre fes biens par foi-même, & à toute outrance. La caufe de cette reftriction de la liberté, c'eft, que fi pour la moindre injure on pouvoit en venir à des actes d'hoftilités contre un citoyen, ce feroit une fource de troubles & de défordres perpétuels. On ne doit donc ufer de ce droit, qu'autant que la conftitution du gouvernement civil & les loix particulieres de l'Etat nous le permettent. Or quoique les légiflateurs puiffent laiffer à chacun une pleine liberté de repouffer un agreffeur jufqu'à lui rendre un plus grand mal que celui qu'il vouloit faire; cependant ils défendent d'ordinaire aux particuliers de fe porter aux dernieres extrèmités, pour ne pas fe laiffer ravir un bien dont la perte n'eft pas irréparable; le fecours

du magiftrat fuffifant alors pour procurer aifément & fans défordre, la réparation du dommage, qui, hors d'une fociété civile, ne fauroit être obtenue que par la voye des armes.

Tout ce que les fouverains peuvent exiger dans leurs Etats, c'eft que l'on n'aille point au delà des bornes que les loix prefcrivent à la jufte *défenfe de foi-même*. Cependant fi quelqu'un vient à paffer ces limites, l'agreffeur n'a aucune raifon légitime de fe plaindre : il viole feulement les loix civiles.

Mais ne pêche-t-on pas du moins contre la charité, en tuant un voleur pour une chofe dont la perte n'eft pas irréparable ? Je réponds que, felon les loix même les plus rigoureufes de la charité, dès-là qu'un homme s'eft déclaré notre ennemi, on n'eft tenu d'avoir quelque égard pour lui, que quand il y a apparence que cela pourra l'engager à fe repentir des injures qu'il nous a faites, & à vivre en paix avec nous. Mais s'il ne refte là-deffus aucune efpérance, ce feroit fe trahir foi-même, que d'épargner un agreffeur; de qui l'on a tout à craindre. J'avoue que quand il s'agit d'une chofe de peu de conféquence, la raifon veut que l'on ne s'empreffe pas beaucoup à la fauver ou à l'arracher des mains d'un voleur. Mais ce n'eft pas par égard pour le voleur que l'on doit alors relâcher fon droit; c'eft à caufe de foi-même, & pour ne pas donner trop de foins à la confervation d'une chofe qui n'en vaut pas la peine, ou de peur de fe faire foupçonner d'une grande baffeffe d'ame, & d'une fordide avarice. ,, Ne feroit-ce ,, pas, difoit avec raifon Démofthene; ,, *Orat. adver. Ariftocr.*, une chofe ,, très-dure & très-injufte, une cho- ,, fe contraire non-feulement aux loix ,, écrites, mais encore à la loi commu-

» ne de tous les hommes, qu'il ne me
» fût pas permis d'ufer de violence,
» pour arracher mon bien des mains de
» celui qui me l'emporte de vive force,
» & qui exerce ainfi contre moi un
» acte d'hoftilité ? "

C'eft ici l'endroit où il faut examiner la fameufe loi qui permet de tuer un voleur de nuit, mais non pas un voleur de jour. Elle fe trouve dans l'*Exode ch. XXII. v. 2. Si un voleur eft furpris perçant la muraille, & qu'on le bleffe, enforte qu'il en meure, on ne fera point coupable de meurtre. Mais fi le foleil étoit déja levé, on fera coupable de meurtre: car le voleur auroit reftitué, ou s'il n'avoit pas eu de quoi fatisfaire, on l'auroit vendu pour payer fon lar-in.* Il y a une femblable loi parmi celles de Solon. Les *douze Tables* portoient la même chofe : *Si nox furtum faxit, fi imo aliquis occifit, jure cafus efto.*

Mais pourquoi la loi fait-elle cette différence de voleur de nuit à voleur de jour ?

Je dis que les raifons principales de la différence que la loi fait entre voleur de jour & voleur de nuit, font 1°. parce que les ténebres de la nuit ne nous font pas voir clairement le péril dont nous fommes menacés ; & par conféquent nous devons en être plus effrayés. 2°. Parce que l'infulte que le voleur de nuit nous fait, foit qu'il force les portes, foit qu'il fe foit gliffé dans la maifon pendant le jour, eft plus grande, l'attentat en eft plus criminel, que s'il n'entreprenoit de nous enlever nos biens pendant le jour. Un voleur n'ofe guere voler de jour, que lorfqu'il prévoit qu'il ne trouvera perfonne dans la maifon ; ainfi il y a une plus forte préfomption que le voleur de nuit foit réfolu de nous ôter la vie, en cas que nous nous miffions en état de *défenfe*, qu'un vo-

leur de jour ; car le premier eft fûr prefque toujours d'y trouver le maître : tandis que le fecond ordinairement faifit le tems où il ne fera pas apperçu. En effet, tout étant de nuit ordinairement fermé, un voleur pourroit-il, avec fes mains feules, percer la muraille, enfoncer une porte, un coffre, ou une armoire ? Ainfi il eft toujours armé, & prêt à faire ufage de fes armes. 3°. Il eft plus facile de reconnoître un voleur de jour qu'un voleur de nuit, foit par les perfonnes de la maifon où on a commis le vol, foit par le voifinage. On peut encore avoir plus de fecours de jour que de nuit. 4°. La nuit, pendant que les hommes dorment, la loi veille, pour ainfi dire ; & comme les propriétaires font alors moins en état de prendre leurs précautions, & de garder leur bien, elle épouvante davantage les voleurs, en leur faifant appréhender une plus grande punition, que s'ils déroboient pendant le jour.

Septieme queftion. L'agreffeur peut-il fe défendre contre la perfonne offenfée, lorfque celle-ci attaque l'autre à fon tour ?

La loi naturelle ordonne fans contredit, que l'agreffeur offre fatisfaction à la perfonne offenfée. Celle-ci de fon côté eft tenue d'accorder à l'agreffeur le pardon qu'il lui demande, & d'étouffer tout reffentiment contre lui, lorfqu'il a lieu d'ailleurs d'être perfuadé qu'il a un véritable repentir de fa faute, & qu'il offre en même tems la réparation du dommage, avec toutes les fûretés néceffaires pour l'avenir. Car la feule maniere d'expier une mauvaife action, dit Arrien, c'eft de la confeffer, & d'en témoigner du répentir.

Si donc l'agreffeur, après avoir refufé la jufte fatisfaction qu'on lui demandoit, fe défend contre la perfonne offen-

fée qui l'attaque à son tour pour se faire raison de l'injure, il entasse offense
sur offense. Mais si la personne offenfée ne se contente pas des satisfactions
raisonnables que l'agresseur lui offre,
& qu'il veuille à quelque prix que ce
soit tirer vengeance de l'injure par la
voye des armes, elle se porte à une injuste violence, & par conséquent celui
qui avoit été agresseur peut alors se défendre légitimement.

Huitieme question. Les maximes de la
défense de soi-même que nous venons
d'établir, maximes qui font celles de la
raison, s'accordent-elles avec celles de
l'Evangile?

La parfaite conformité des préceptes
de l'Evangile avec les maximes de la
raison, conformité que je regarde comme le plus fort argument de la sainteté
de l'Evangile, cette conformité, dis-
je, est d'abord un grand préjugé en faveur de l'affirmative. Cependant une
piété mal entendue a fait interpréter
quelques passages de l'Ecriture sainte,
de maniere à faire trouver la raison en
contradiction avec la loi divine. Examinons donc en peu de mots les principales difficultés de quelques pieux jurisconsultes qui prétendent que la loi divine nous ordonne de nous laisser égorger, ravir notre honneur, enlever nos
biens, &c.

1°. „ Si notre Seigneur Jesus-Christ,
„ (c'est ainsi que Grotius raisonne,
„ *Lib. II. c. I. §. XIII. n.* 1. 2.) veut
„ *Matth. V.* 40. *qu'on abandonne le man-*
„ *teau à celui qui cherche à nous enlever*
„ *la tunique :* si l'apôtre S. Paul veut
„ *I. Cor.* 7. *qu'on souffre quelque injusti-*
„ *ce, plutôt que d'entrer en procès con-*
„ *tre quelqu'un* ; combat néanmoins,
„ qui n'est pas sanglant; combien plus
„ doivent-ils nous imposer la nécessité de
„ d'abandonner des choses même de

„ plus grande importance, plutôt que
„ de tuer un homme, fait à l'image de
„ Dieu & descendu d'un même pere,
„ commun à tout le genre humain ?..Et
„ je ne doute point, que l'opinion pour
„ laquelle je me déclare ne soit celle
„ des premiers chrétiens...... Ici donc
„ comme en matiere de plusieurs autres
„ choses, la discipline s'est relâchée avec
„ le tems, & l'on a peu-à-peu accom-
„ modé l'explication des loix de l'Evan-
„ gile aux mœurs du siecle ".

2°. On nous oppose encore le précepte de Jesus-Christ, qui veut qu'on
se laisse donner un soufflet, plutôt que
de faire aucun mal à l'agresseur d'où
il s'ensuit, qu'il défend, à beaucoup
plus forte raison, de le tuer pour éviter un soufflet. Christ nous ordonne
aussi d'*aimer notre prochain comme nous-*
mêmes, ce qui ne s'accorde guere avec
les principes de la *défense de soi-même*
poussée aux dernieres extrèmités.

3°. Enfin, l'agresseur mourant en péché mortel court risque de son salut;
or les loix de la justice ne permettent
pas de se garantir d'un moindre mal en
causant à autrui un mal beaucoup plus
considérable.

Ces difficultés & d'autres semblables
ne font pas assez fortes pour nous faire
abandonner l'opinion que nous défendons; savoir que la juste *défense de nous-*
mêmes poussée jusqu'à tuer l'injuste
agresseur est conforme au droit divin
aussi-bien qu'au droit naturel.

1°. Tout ce que l'on peut conclure
des passages de l'Evangile & de l'*Epitre*
de S. Paul, rapportés par Grotius, c'est
que quand il s'agit d'une chose de peu
de conséquence, on ne doit point tuer
le voleur qui veut nous la prendre, ou
qui l'emporte. Mais lorsqu'on trouve
un voleur dans sa maison, on ne sait
pas d'abord s'il a pris peu ou beaucoup;

on a tout lieu de préfumer, au contraire qu'il a pris beaucoup : car ce n'eft pas la coutume de ceux qui font ce métier de laiffer le meilleur, & quand ils n'auroient eu envie d'abord que d'une certaine chofe, l'occafion, comme on fait, fait le larron. D'ailleurs quel droit a-t-il mon injufte agreffeur que je l'envifage comme un homme fait à l'image de Dieu & defcendu du même pere, pendant qu'il ne me regarde pas comme tel, pouvant plus aifémeut faire lui-même cette confidération étant de fang froid, que moi dans le trouble où le péril me jette ?

Quant à ce que Grotius ajoûte, touchant le relâchement de la difcipline, à fuppofer même que la jufte *défenfe de foi-même* foit un article de difcipline, il ne prouve guere autre chofe, fi non l'ignorance des docteurs chrétiens des premiers fiecles touchant les vraies maximes du droit naturel. Voyez mon *Introduction au droit naturel, t. I.* les *Principes du droit de la nature & des gens de Burlamaqui,* édition d'Yverdon, en 8 vol. 8vo.

2°. Quant à ce que Jefus-Chrift dit aux difciples : *fi quelqu'un vous donne un foufflet fur la joue droite, préfentez-lui encore l'autre :* c'eft une maniere de proverbe par où il veut nous apprendre que lorfqu'il s'agit d'un mal léger & que nous pouvons fupporter fans beaucoup de peine, nous devons plutôt le fupporter que de nous en venger. Car d'ailleurs, lorfque nous défendons qu'on peut tuer un injufte agreffeur qui nous donne un foufflet, nous ne prétendons pas foutenir que la perfonne offenfée foit obligée de tüer fon agreffeur; elle peut renoncer à fon droit, & en offrant l'autre joue montrer à fon injufte agreffeur une patience peu commune, qui fûrement en procurera le repentir. Mais

Jefus-Chrift n'a nullement prétendu livrer fes difciples à la malice des méchans.

L'Evangile nous ordonne auffi d'*aimer notre prochain comme nous-mêmes,* mais non pas *plus que nous-mêmes.* Enforte que fi nous avons à craindre le même mal qu'une autre perfonne, nous pouvons légitimement penfer à notre propre intérêt, plutôt qu'au fien : & je foutiens que dans tout l'Evangile il n'y a aucun commandement en vertu duquel on foit tenu de perdre fa propre vie pour fauver celle du prochain. D'ailleurs ce précepte de Jefus-Chrift, eft une maxime générale, qui ne fauroit fervir à décider aucun cas particulier, & revêtu de circonftances toutes particulieres, tel qu'eft celui où l'on fe trouve, lorfqu'on ne peut fatisfaire en même tems à l'amour de foi-même, & à l'amour du prochain. Car, toutes chofes d'ailleurs égales, l'amour de foi-même doit l'emporter, comme il paroît par ce que dit faint Paul lui-même, *II. Cor. VIII. 13.* La décifion de ce cas, où il y a du conflict entre l'amour de foi-même & la fociabilité, dépend d'autres principes, d'où l'on infere comme il y a des occafions où l'on fe préfere légitimement à tout autre, il y en a auffi où l'on doit préférer la confervation d'autrui à la fienne propre.

Il faut expliquer les autres paffages qu'on peut apporter, foit de la vengeance, qui n'eft jamais permife par aucun droit, foit des amis pour le bonheur defquels nous pouvons nous facrifier, fi nous voulons pouffer jufqu'à ce point la charité, le droit naturel ne nous le défendant point ; foit enfin d'une *défenfe* outrée pour de petites injures & des affronts fort peu confidérables.

3°. Il n'eft pas plus difficile de répondre à la derniere difficulté. Car ceux qui la proposent, devroient bien considerer, que dans l'épouvante où jette le danger & dans la chaleur d'un combat où il s'agit de sa vie, on n'a pas le loisir d'examiner avec soin ces sortes de raisons ; toutes les pensées de l'ame aboutissant alors à chercher les moyens d'éviter la mort dont on se voit menacé. Celui qui est attaqué ne se trouve pas non plus toujours si bien préparé à mourir, qu'il ne croye avoir besoin de quelque tems pour mettre son ame en bon état, ou comme s'exprime un auteur ancien, *pour plier bagage avant que de déloger de ce monde. Annus enim octogesimus admonet me, ut sarcinas colligam, antequam proficiscar è vita.* Varro *de Re Rustica Lib. I. chap. II.* D'ailleurs il n'y a guere apparence, qu'on doive penser au salut d'un autre, plus que celui-ci ne s'en met en peine lui-même. Si donc l'agresseur risque son salut par-là même qu'il tâche de m'ôter la vie, pourquoi racheterai-je son ame au péril de ce que j'ai de plus précieux & d'un bien dont la perte est irréparable? d'autant plus qu'il n'est pas sûr qu'un tel homme évite la damnation éternelle, quand même il ne sera pas tué pour l'heure. De l'aveu de tout le monde, on n'a aucun égard aux dangers où un homme s'est exposé par sa propre faute, & d'où il peut se tirer quand il lui plaît. Or en cette rencontre l'agresseur ne courra plus risque pour son ame, du moins pour le présent, du moment qu'il cessera de nous insulter.

Enfin l'opinion que nous refutons tendroit à rendre la condition des méchans plus heureuse que celle des gens de bien. Car si un agresseur injuste étoit, pour ainsi dire, une personne sacrée & inviolable, les gens de bien seroient toujours réduits à la dure nécessité de se laisser patiemment égorger

par des scélérats, de peur qu'en leur résistant ils ne les exposassent à la damnation éternelle. „ Si la charité s'opposoit, dit très-bien M. la Placette, à „ ce qu'on fît mourir des personnes „ qu'on sauroit être en état de péché & „ de damnation, il s'ensuivroit, que „ les magistrats ne pourroient faire „ souffrir le dernier supplice à des scélé-„ rats, qui feroient voir par leurs pa-„ roles & par leurs actions qu'ils n'ont „ pas les dispositions nécessaires pour „ bien mourir. Ces misérables n'au-„ roient qu'à proférer des blasphèmes, „ & des impiétés pour se mettre à cou-„ vert de la punition qu'ils ont méri-„ tée : ce qui est absurde & insupporta-„ ble. Il s'ensuivroit encore qu'il n'y „ auroit point de guerre qui fût permise. „ Car comme il est moralement impos-„ sible que la moins sanglante de tou-„ tes les guerres n'emporte un grand „ nombre de misérables, qui meurent „ dans de mauvaises dispositions, on „ n'en pourroit entreprendre aucune „ sans s'exposer à ce danger, & par „ conséquent sans violer les loix de la „ charité”. *Traité du droit que chacun a de se défendre, chap. V.* (D.F.)

DÉFENSE, s. f. *Jurisp.* Ce terme a plusieurs significations : on entend par-là quelquefois la prohibition portée par une loi, par un jugement, ou autre acte de faire quelque chose.

Défense, est aussi tout ce que l'on employe pour soûtenir son droit : on appelle *défense péremptoire,* celle qui tranche toute difficulté.

DÉFENSES, *Jurispr.*, sont une procédure que le procureur du défendeur signifie, contenant sa réponse sur le fond de la demande formée contre lui. Ce qui caractérise ces *défenses* proprement dites, est qu'après les qualités en ces termes, *un tel défenseur,* contre

un

un tel demandeur, on met ces mots : *dit pour défenses*, &c. Les exceptions different des *défenses* en ce que les premieres font fur la forme, au lieu que les défenses font fur le fond.

L'arrêt de défenses eſt une ſentence ou autre jugement de *défenses*, qu'on appelle communément *défenses* ſimplement : ce font des jugemens portant *défenses* d'exécuter une ſentence, ſoit indéfiniment ou juſqu'à ce qu'il en ait été autrement ordonné.

Les défenses par atténuation, ſont des exceptions en matiere criminelle, propoſées par l'accuſé pour détruire les moyens dont ſe ſert l'accuſateur, pour prouver que l'accuſé a commis le crime dont il eſt queſtion.

Les défenses au contraire, ſont une clauſe que l'on inſere dans des jugemens qui contiennent quelque réglement proviſoire, ſans ſtatuer ſur les incidens formés reſpectivement par les parties ; par exemple ſur un appel, lorſque l'intimé ſoutient que l'appellant eſt non-recevable, & que ſans ſtatuer ſur les fins de non-recevoir, on appointe les parties : en ce cas le même jugement joint les fins de non-recevoir de l'intimé, *défenses au contraire*, c'eſt-à-dire, que le juge réserve auſſi à l'appellant la liberté de propoſer ſes *défenses* contre les prétendues fins de non-recevoir ; de maniere que par cette clauſe les choſes reſtent entieres, & que l'appointement ne fait aucun préjugé ni pour ni contre les fins de non-recevoir.

Les défenses générales, ſont des lettres de chancellerie, ou un jugement obtenu par un débiteur contre tous ſes créanciers pendant un tems, pour faire omologuer le contrat qu'il a fait avec la plus grande partie d'entr'eux, ou pour faire entériner les

Tome IV.

lettres de répi qu'il a obtenues.

Ceux qui ont obtenu de telles *défenses*, ne peuvent plus être conſuls, adminiſtrateurs d'hôpitaux, échevins, ni parvenir à aucunes charges ou fonctions publiques, à moins qu'ils n'obtiennent des lettres de réhabilitation, & ne prouvent qu'ils ont depuis entierement payé leurs créanciers.

Défense *du ſanctuaire, Droit public d'Angleterre*. Elle dut ſon origine & ſa durée au reſpect outré & ſuperſtitieux qu'on avoit pour les lieux conſacrés à la religion dans les tems du papiſme. Si une perſonne accuſée de quelque crime, excepté pourtant la trahiſon & le ſacrilege qui touchoient de trop près la couronne ou le corps eccléſiaſtique, ſe réfugioit dans une égliſe ou dans un cimetiere, & venoit quarante jours après, ſous la chaire confeſſer ſon crime au coroner, en déclarer toutes les circonſtances, & prêter le ſerment requis, ſavoir qu'il abjuroit le royaume, prêt à en ſortir par le premier port qu'on lui aſſigneroit, promettant de n'y jamais rentrer, ſans une permiſſion expreſſe du roi, il ſauvoit ſa vie en obſervant toutes les conditions du ſerment ; il portoit incontinent une croix à la main, ſe rendoit au port aſſigné, & s'embarquoit ; & s'il arrivoit que, pendant les quarante jours du privilege du ſanctuaire, il fût arrêté & amené devant quelque juge, il n'avoit qu'à alléguer le privilege du ſanctuaire pour ſe faire relâcher ; mais ſon ſang étoit corrompu, & tous ſes biens, meubles & immeubles étoient confiſqués. L'immunité des lieux privilégiés fut conſidérablement reſtreinte par les *Statuts* 27 de Henri VIII. *ch. xix* & *xxxij*, *ch. xij* ; & à-préſent elle eſt abolie dans ſa totalité, auſſi bien que l'abjuration du royau-

N n

me qu'elle renfermoit , par le *Statut* 21 de Jacques I. *ch. xxviij.* (D. F.)

DÉFENSEUR, f. m. , *Droit Rom.* , le premier magiftrat après les confuls & les décemvirs , qu'Arcadius appelle *fyndic , defenfores quos Græci fyndicos appellant pro republicâ agebant & conveniebantur.* Ils repréfentoient en quelque forte les anciens tribuns du peuple , & leur fonction, comme le nom l'indique, étoit de protéger & de défendre le peuple , tant de la ville que de la campagne, de juger de leurs différends , & ils faifoient exécuter leur fentence par deux appariteurs qui avoient le droit d'emprifonner ceux qui auroient voulu s'y oppofer. Ces *défenfeurs* étoient élus par les décurions qui les tiroient du corps des nobles & des riches. L'élection qui fe faifoit en préfence du clergé & des notables, étoit confirmée par le préfet du prétoire, qui en expédioit les lettres patentes. Ces magiftrats ne pouvoient connoître que des caufes au-deffous de cinquante écus d'or, & leur autorité pour le criminel ; n'alloit pas au - delà de la prifon. D'abord leur magiftrature étoit de cinq ans ; mais depuis elle fut réduite à deux, & tous les citoyens qui paffoient pour de bons bourgeois, l'exerçoient fucceffivement.

DÉFENSEURS, f. m. , *Droit canon,* nom d'office & de dignité qui a été fort en ufage autrefois dans l'églife & dans l'empire.

C'étoient des perfonnes chargées par état de veiller au bien public, de protéger les pauvres & les malheureux, & de défendre les intérêts & les caufes des églifes & des monafteres.

Le concile de Chalcédoine, can. 2. appelle le *défenfeur* de l'églife ἐκκλησιεκδικος ou fimplement ἐκδικος. Codin *de offic. aulæ Conftantinopol.* parle des *dé-*

fenfeurs du palais , ainfi que Bollandus, *Act. des SS. Janv. tom. I. pag.* 501. Il y avoit encore un *défenfeur* du royaume, *defenfor regni* , des *défenfeurs* des villes, *defenfores civitatis,* des *défenfeurs* du peuple, *defenfores plebis,* ceux qui connoiffoient des caufes civiles jufqu'à certaine fomme , & même des criminelles dans des faits qui n'étoient pas importans. Les donations, les teftamens , & autres actes de cette nature, fe paffoient par-devant eux, & ils avoient à cet effet leurs greffiers & leurs archives. On trouve auffi des *défenfeurs* des pauvres, des orphelins, des veuves, &c. défignés nommément dans les anciens auteurs.

Quant à ceux des églifes , on en rapporte l'origine à l'an 420 ou 23. Il en eft fait mention dans le 42. canon du concile d'Afrique. Chaque églife patriarchale commença à avoir fon *défenfeur* : celle de Rome avoit en particulier des *défenfeurs* du patrimoine de S. Pierre , & le pape S. Grégoire y créa fept *défenfeurs* régionnaires, un pour chaque quartier de Rome : ufage qui paffa depuis à toutes les autres églifes, & s'eft perpétué jufqu'aujourd'hui fous d'autres noms ; tels que ceux d'*avoué*, de *vidame* pour les grandes églifes ; de *provifeur, fabricien, receveur,* pour les églifes de moindre confidération. *v.* ADVOUÉ, VIDAME, PROVISEUR.

Dès l'an 407, on voit cependant un concile de Carthage demander à l'empereur pour les églifes des *défenfeurs* qui fuffent fcholaftiques, c'eft-à-dire, des avocats en charge, ayant pouvoir du prince d'entrer & de faire des recherches dans les cabinets, dans les papiers des juges & d'autres magiftrats, toutes les fois qu'il feroit jugé néceffaire pour l'intérêt de l'églife. On ignore ce qui fut statué sur cette demande.

Le P. Pétau croit que d'abord ces *défenseurs* étoient laïques; mais le P. Morin & M. Godefroi montrent par les actes du concile de Chalcédoine qu'ils faisoient partie du clergé, & même que quelques-uns d'entr'eux étoient prêtres. Bingham remarque qu'on ne doit point confondre les *défenseurs* avec une autre espece d'officiers que l'on nommoit *cancellarii*, ces deux offices étant expressément distingués dans la *Novelle* II. d'Héraclius, rapportée par Leunclavius, *Jurif. Græc. Roman. tom. I. pag.* 79. On croit que ces derniers étoient des notaires ou des écrivains; au lieu que les *défenseurs* des églifes étoient chargés de l'infpection fur la conduite des moines & des clercs, du foin particulier du temporel des églifes, & d'en pourfuivre devant les magiftrats les caufes, foit civiles, foit criminelles. Poffidius, dans la *Vie de S. Auguftin*, rapporte que le *défenfeur* de l'églife d'Afrique employa les voies de droit pour réprimer les violences que les circoncellions exerçoient contre les catholiques. *Bing. or. eccl t. II. l. III. c. xj. §. 123. & feq.*

L'empereur dans la cérémonie de fon facre prend encore la qualité d'*avocat* ou d'*avoué de l'églife*. Et les rois de la Grande-Bretagne confervent encore aujourd'hui le titre de *défenfeurs de la foi*, donné en 1521 à Henri VIII. par le pape Léon X. à l'occafion des écrits que ce prince fit contre Luther, & confirmé depuis par Clément VII. Chamberlayne prétend que long-tems avant cette époque les rois d'Angleterre portoient ce titre; & il cite pour preuve plufieurs patentes plus anciennes, accordées à l'univerfité d'Oxford; enforte que felon cet auteur, la bulle

de Léon X. n'eft que le renouvellement ou la confirmation d'un ancien droit, dont jouiffoient depuis long-tems les monarques Anglois.

DÉFIANCE, *v.* MÉFIANCE & DÉFAUT, *Morale*.

DÉFINITIF, adj., *Jurifp.*, eft ce qui finit & termine une conteftation. Un arrêt *définitif*, une fentence *définitive*, font oppofés aux jugemens préparatoires ou interlocutoires, & qui ordonnent feulement quelque chofe pour l'inftruction, ou en attendant le jugement du fond des conteftations.

DÉFLORATION, f. f., *Droit féod.*, action par laquelle on enleve de force la virginité à une fille. La mort ou le mariage font l'alternative ordonnée par les juges, pour réparer le crime de *défloration*. Plufieurs anatomiftes faifoient de l'hymen la véritable preuve de la virginité, perfuadés que quand on ne le trouve point, il faut que la fille ait été déflorée.

Les anciens avoient tant de refpect pour les vierges, qu'on ne les faifoit point mourir fans leur avoir auparavant ôté leur virginité. Tacite l'affure de la fille encore jeune de Séjan, que le bourreau viola dans la prifon avant que de la faire mourir. On attribue aux habitans de la côte de Malabar la bifarre coûtume de payer des étrangers pour venir déflorer leurs femmes, c'eft-à-dire en prendre la premiere fleur. *v.* CULAGE.

DEFTARDAR *ou* DEFTERDAR, f. m., *Droit public de Turquie*, furintendant des finances ou grand-tréforier de l'empire Ottoman. Ce nom eft compofé du mot *defter*, qui fignifie dans la langue turque *cahier*, *mémoire*, &c. & qui felon la conjecture très-vraifemblable du très-favant Mefgnien Meninski, eft originairement un nom grec que les Turcs ont pris des peuples qu'ils ont conquis ; car διφθέρα signifie *une peau* ou *parchemin* sur lequel on écrivoit anciennement. Le second mot dont *deftardar* est composé, est *dar*, nom turc & persan, qui signifie *qui prend*, *qui tient* ; de sorte que *defterdar* signifie celui qui tient le livre de la recette & de la dépense du grand seigneur.

Meninski l'appelle *supremus thesaurarius*, grand-trésorier, *præses cameræ*, comme qui diroit président de l'échiquier ou surintendant des finances. Castel le fait gardien & contrôleur des finances de l'empire.

Le *deftardar*, ou comme Vigenere l'appelle *dephterderi*, est celui qui tient les rôles & les états de la milice & des finances, qui reçoit tous les revenus du grand-seigneur, qui paye les troupes, & qui fournit toute la dépense nécessaire pour les affaires publiques ; & par-là cette charge est différente de celle du chasnadar, qui est seulement trésorier du serrail, au lieu que le *deftardar* l'est de l'Etat.

Il y a, suivant Ricaut, un *deftardar* dans chaque beglerbeglio ou gouvernement. Vigenere assure qu'il n'y en a que deux ; l'un pour l'Europe & l'autre pour l'Asie. Le premier réside à Constantinople, & a sous lui deux commis généraux ou intendans ; l'un pour la Hongrie, Valachie, Transylvanie, Croatie, Bulgarie, Servie, Bosnie, &c. l'autre pour la Grece, la Morée, & les isles de l'archipel.

Chacun d'eux a autant d'agens qu'il y a de sangiackats dans sa province ; & chacun de ceux-ci autant de commis subalternes qu'il y a de sabassifs dans leur sangiackat, pour tenir un régistre de timariots dans leur district. Le *deftardar* d'Asie a sous lui deux députés ou intendans généraux, l'un pour la Natolie & l'autre pour la Syrie, l'Arabie, & l'Egypte, qui ont pareillement plusieurs commis ou clercs comme ceux d'Europe.

Autrefois le *deftardar* n'étoit point du nombre des grands de la porte, & ne prenoit que le titre d'*effendi*, c'està-dire *révérend*. Mais depuis que quelques *defterdars* se sont distingués par leur habileté dans le maniement des finances, & se sont rendus nécessaires à l'Etat & au grand-seigneur, on a illustré cet officier de la qualité de pacha. Il a séance au divan, & en tient un particulier dans son serrail pour ce qui concerne les finances. Cette place est ordinairement remplie par une créature du grand-visir. Sa charge est des plus considérables de l'Etat. Outre le détail de toutes les finances, il a encore soin des armées, des sieges, & des travaux. Ses ordres sont par-tout exécutés comme ceux du sultan même ; & il est ordinairement en bonne intelligence avec le grand-visir, qui procure souvent cette charge à un de ses amis. La suite de ses officiers & domestiques n'est guere moins grande que celle du grand-visir.

DÉGAT, s. m., *Droit des Gens* ; terme général, qui désigne tous les maux que l'on peut causer à l'ennemi en ravageant ses biens & ses domaines pendant le cours de la guerre.

Le droit de *dégat*, s'étend en général sur toutes les choses qui appartiennent à l'ennemi, & le droit des gens proprement ainsi nommé n'en excepte pas même les choses sacrées, c'est-àdire, celles qui sont consacrées au vrai Dieu, ou aux fausses divinités, dont les hommes font l'objet de leur culte religieux. Il est vrai qu'à cet égard, les mœurs & les coutumes des nations ne s'accordent pas parfaitement ; les unes s'étant permis le *dégat* des choses sacrées & religieuses, & les autres l'ayant envisagé comme une profanation criminelle : mais quels que puissent être l'usage & les mœurs des nations, c'est ce qui ne sauroit jamais faire la regle primitive du droit : c'est pourquoi pour s'assurer du droit que donne la guerre à cet égard, il faut recourir aux principes du droit de la nature & des gens.

Je remarque donc que les choses sacrées ne sont pas dans le fond d'une nature différente des autres choses, que l'on appelle *profanes*. Elles ne different de celles - ci, que par la destination que les hommes en ont faite pour servir au culte de la religion. Mais cette destination ne donne pas aux choses la qualité de saintes & de sacrées, comme un caractere intrinséque & ineffaçable dont personne ne puisse les dépouiller. Ces choses ainsi sacrées appartiennent toujours au public ou au souverain, & rien n'empêche que le souverain qui les a destinées au culte religieux, ne change dans la suite cette destination & ne les applique à d'autres usages; car elles sont de son domaine, ainsi que toutes les autres choses publiques.

C'est donc une superstition grossiere de croire que par la consécration ou destination de ces choses au service de Dieu, elles changent, pour ainsi dire, de maître, & qu'elles n'appartiennent pas aux hommes, qu'elles soient tout-à--fait & absolument soustraites du commerce, & que la propriété en passe des hommes à Dieu; superstition dangereuse qui doit son origine à l'esprit ambitieux des ministres de la religion.

Il faut considérer les choses sacrées comme des choses publiques, qui appartiennent à l'Etat ou au souverain. Toute la liberté que donne le droit de la guerre sur les choses qui appartiennent à l'Etat, elle la donne aussi par rapport aux choses sacrées : elles peuvent donc être endommagées ou détruites par l'ennemi, du moins autant que le demande le but légitime de la guerre ; mais cette modification, cette limitation que nous mettons au *dégat* des choses sacrées ou religieuses, ne leur est pas particuliere.

En général, il est bien évident, qu'il n'est pas permis de faire le *dégat* pour le *dégat* même, mais qu'il n'est juste & innocent que lorsqu'il peut avoir quelque rapport à la fin de la guerre ; c'est-à-dire, lorsqu'il nous en revient à nous-mêmes quelqu'avantage direct, en nous appropriant le bien des ennemis, ou que du moins en le ravageant & le détruisant, nous les affoiblissons en quelque maniere. Ce seroit une fureur également insensée & criminelle que de faire du mal à autrui, sans qu'il nous en revînt à nous-mêmes aucun bien ni directement ni indirectement : il n'arrive guere, par exemple, qu'il soit nécessaire après la prise d'une ville, de ruiner les temples, les statues ou les autres bâtimens publics ou particuliers. Il faut donc pour l'ordinaire les épargner, aussi-bien que les tombeaux & les sépulcres.

Disons même que par rapport aux choses sacrées, ceux qui croient qu'elles renferment quelque chose de divin & d'inviolable, font mal, à la vérité, d'y toucher en aucune maniere; mais c'est seulement parce qu'ils agissent contre leur propre conscience. Enfin on peut remarquer encore une autre raison qui pouvoit justifier les payens du reproche de sacrilege, lors même qu'ils pilloient les temples des dieux, qu'ils reconnoissoient pour tels ; c'est qu'ils s'imaginoient que lorsqu'une ville venoit à être prise, les dieux qu'on y adoroit abandonnoient en même tems leurs temples & leurs autels, fur-tout après qu'ils les avoient évoqués, eux & toutes les chofes facrées, avec certaines cérémonies : c'eft ce qu'a fort bien développé feu M. Cocceïus dans fa differtation *de Evocatione facrorum*.

Pour faire fentir encore le droit de *dégat* & de pillage des chofes même facrées, nous remarquerons, que ce que les hommes doivent ordinairement avoir le plus à cœur, c'eft la religion & ce qui la regarde. En ravageant donc & en pillant les temples, on touche l'ennemi dans la partie la plus délicate, & par-là on le difpofe à nous donner fatisfaction.

D'ailleurs, autorifé par le droit de la guerre, à affoiblir mon ennemi, & à lui ôter tous les moyens de me réfifter & de prolonger la guerre, fi les temples contiennent des effets précieux que la fuperftition y a amaffés, je puis les faifir & les employer pour fournir aux frais de la guerre & pour ôter à mon ennemi cette reffource. Ce moyen même me mettra fort au large, & je fournirai aux frais immenfes de la guerre, fans toucher aux biens de mes fujets, qui d'ailleurs font affez expofés aux autres calamités de la guerre. Les proteftans ont beau jeu à cet égard dans les guerres qu'ils entreprennent contre les catholiques dont les églifes font ordinairement remplies d'effets précieux que la fuperftition y confacre.

Enfin le but même de ce droit en fuggere la modération. Ainfi il faut épargner les bâtimens publics, les temples, les tombeaux, tous les monumens refpectables par leur perfection. En effet, que gagne-t-on à les détruire ? On n'affoiblit point l'ennemi par-là, on ne lui ôte point les moyens de nous réfifter plus long-tems ; nous n'en deve-

nons pas plus puiffans. C'eft fe déclarer ennemi du genre humain, que de le priver de gayeté de cœur, de ces monumens des arts, de ces modeles du goût, comme Belifaire le repréfentoit à Totila, roi des Goths. Nous déteftons encore aujourd'hui ces barbares, qui détruifirent tant de merveilles, quand ils inonderent l'empire romain.

Cependant s'il eft néceffaire de détruire des édifices de cette nature, pour les opérations de la guerre, pour pouffer les travaux d'un fiege, on en a le droit fans doute. Le fouverain du pays ou fon général, le détruit bien lui-même, quand le befoin ou les maximes de la guerre l'y invitent. Le gouverneur d'une ville affiégée en brule les fauxbourgs pour empècher que les affiégeans ne s'y logent. Perfonne ne s'avife de blàmer celui qui dévafte des jardins, des vignes, des vergers, pour y affeoir fon camp & s'y retrancher. Si par-là il détruit quelque beau monument, c'eft un accident, une fuite malheureufe de la guerre : il ne fera condamné que dans le feul cas, où il eût pu camper ailleurs fans le moindre inconvénient.

Il eft cependant difficile, d'épargner les chefs-d'œuvre des arts, quand on bombarde une ville. Communément on fe borne aujourd'hui à foudroyer les remparts & tout ce qui appartient à la défenfe de la place : détruire une ville par des bombes & des boulets rouges, eft une extrèmité à laquelle on ne fe porte pas fans de grandes raifons. Elle eft cependant autorifée par les loix de la guerre, lorfqu'on n'eft pas en état de réduire autrement une place importante, de laquelle peut dépendre le fuccès de la guerre, ou qui fert à nous porter des coups dangereux.

Au pillage du pays, on a fubftitué

un ufage, en même tems plus humain & plus avantageux au fouverain qui fait la guerre : c'eft celui des contributions. Quiconque fait une guerre jufte, eft en droit de faire contribuer le pays ennemi à l'entretien de fon armée, à tous les frais de la guerre : il obtient ainfi une partie de ce qui lui eft dû ; & les fujets de l'ennemi, fe foumettant à cette impofition, leurs biens font garantis du pillage, le pays eft confervé. *v.* CONTRIBUTION.

On ravage fouvent entierement un pays, on faccage les villes & les villages, on y porte le fer & le feu. Terribles extrèmités, quand on y eft forcé ! Excès barbares & monftrueux quand on s'y abandonne fans une abfolue néceffité ! Deux raifons cependant peuvent les autorifer. 1°. La néceffité de châtier une nation injufte & féroce, de reprimer fa brutalité & de fe garantir de fes brigandages : 2°. On ravage un pays, on le rend inhabitable, pour s'en faire une barriere pour couvrir fa frontiere contre un ennemi que l'on ne fe fent pas capable d'arrêter autrement. Le moyen eft dur, il eft vrai ; mais pourquoi n'en pourroit-on pas en ufer aux dépens de l'ennemi, puifqu'on fe détermine bien dans les mêmes vues à ruiner fes propres provinces ?

Concluons donc par une regle générale qui contient tous les cas poffibles pour la direction d'un fouverain ou d'un général lorfqu'il s'agit de *dégat*, ou de pillage. Otez le cas où il s'agit de punir un ennemi, tout revient à cette regle générale. Tout le mal que l'on fait à l'ennemi pour l'affoiblir, pour lui ôter les moyens de prolonger la guerre, & pour l'obliger à nous fatisfaire plus promptement, eft permis par le droit naturel : au contraire, tout le mal que l'on fait à l'ennemi fans néceffité ; toute

hoftilité qui ne tend point à amener la victoire & la fin de la guerre, eft une licence que la loi naturelle condamne.

Ajoutons enfin fur cette matiere, les fages réflexions que fait Grotius pour engager les généraux d'armées à garder à l'égard du *dégat*, une jufte modération, par le fruit qui peut leur en revenir à eux-mêmes. D'abord, dit-il, „ on ôtera par là à l'ennemi une des „ plus puiffantes armes, je veux dire „ le défefpoir : de plus, en ufant de la „ modération dont il s'agit, on donne „ lieu de croire que l'on a grande efpé- „ rance de remporter la victoire, & la „ clémence par elle-même eft très-pro- „ pre à dompter & à gagner les ef- „ prits. C'eft ce que l'on pourroit prou- „ ver par plufieurs faits confidérables." (D. F.)

DÉGRADATION *d'un bien, Jurifp.*, eft tout ce qui peut y caufer du dommage ou le détériorer ; par exemple, fi ce font des terres qu'on néglige de cultiver, fi ce font des bois qu'on abatte ou coupe contre les ordonnances, fi ce font des bâtimens qu'on néglige de réparer & entretenir.

Celui qui fe plaint des *dégradations* commifes, demande qu'elles foient réparées, & en cas de conteftations, il demande que les lieux foient vus & vifités par experts, pour conftater les *dégradations* & évaluer les dommages & intérêts.

DÉGRADATION, f. f., *Droit can.* Originairement la *dégradation* n'étoit autre chofe que la dépofition même, c'eft-à-dire, la privation des grades & des ordres eccléfiaftiques : *Degradatio idem quod depofitio à gradibus vel ordinibus ecclefiafticis*. Ce qui donnoit lieu à la confufion de ces deux noms, étoit, qu'on ne connoiffoit pas autrefois cette forme folemnelle qui a été obfervée dans la

suite en la déposition d'un clerc constitué dans les ordres, & qui a fait diftinguer deux fortes de dépofitions. La dépofition verbale & la dépofition actuelle.
La derniere de ces dépofitions eft proprement ce que nous appellons *dégradation*: on appelle bien auffi de ce nom
la dépofition verbale, mais c'eft improprement, & pour en diftinguer feulement la forme par oppofition à celle de
la dépofition actuelle.

Pour nous conformer aux expreffions
& à la méthode des canoniftes, nous
fuivrons la divifion qu'ils font de la dépofition après la décrétale de Boniface
VIII. en *dégradation* fimple ou verbale,
& en *dégradation* actuelle ou folemnelle.
C. degradatio de pœnit. in 6°.

La *dégradation* fimple ou verbale eft
proprement la fentence qui prive un
eccléfiaftique de tous fes offices & bénéfices.

La *dégradation* actuelle ou folemnelle, & qui eft celle que l'on entend communément dans l'ufage par le mot *dégradation*, donnant à la *dégradation*
verbale le nom de *dépofition*, cette *dégradation* actuelle eft celle qui fe fait *in
figuris*, des ordres d'un clerc en cette
forme: le clerc qui doit être dégradé,
paroît revêtu de tous fes ornemens,
avec un livre ou un autre inftrument de
fon ordre, comme s'il alloit en faire
la fonction. En cet état, il eft amené
devant l'évèque qui lui ôte publiquement tous fes ornemens l'un après l'autre, commençant par celui qu'il a reçu le dernier à l'ordination, & finiffant
par lui ôter le premier habit eccléfiaftique qu'il a reçu à la tonfure, qu'on
efface en rafant toute la tête, pour ne
laiffer aucune marque de cléricature fur
fa perfonne.

L'évèque prononce en même tems,
pour imprimer de la terreur, certaines
paroles contraires à celles de l'ordination; telles que celles-ci ou autres
femblables: nous te dépouillons des
habits facerdotaux & te privons des
honneurs de la prétrife: *Auferimus tibi veftem facerdotalem & te honore facer-
dotali privamus.* Et finit en difant: *In
Nomine Patris & Filii & Spiritûs fanc-
ti; auferimus habitum clericalem & privamus ac fpoliamus omni ordine beneficio
& privilegio clericali. Cap. degradatio de
pœnis in* 6°. Ce chapitre marque la forme de la *dégradation*, fuivie par le pontifical romain.

On ne fait cette *dégradation* que
quand on doit livrer le clerc dégradé
à la cour féculiere, & en fuivant les
canons, on ne livre ainfi un clerc à une
cour féculiere, qu'en trois cas marqués
dans le droit. Alberic, *dict. verb. dé-
gradatio.*

Le premier, lorfqu'il s'agit du crime
d'héréfie: *Extr. de hæretic. C. ad obo-
lendam.* §. 1. à moins que le coupable
n'abjurât fon héréfie, & n'offrit fincerement de faire pénitence: *Extr. eod.
C. excommunicamus fi damnati.*

Le fecond, pour le crime de faux,
commis fur des lettres du pape: *In fal-
fario litterarum papa: extr. de crim.
falf. C ad falfariorum.*

Le dernier, pour calomnie portée
contre fon propre évèque: *C. fi quis
facerdotem* 11. *q.* 1. Alberic, *loc. cit.*

Le juge féculier, au tribunal duquel
on doit livrer le clerc dégradé, doit
être préfent à la *dégradation*, afin que
l'évèque qui y procède, puiffe lui porter la parole, & lui dire de recevoir le
clerc ainfi dégradé en fon pouvoir pour
en faire ce que la juftice demande, ce
qui s'appelle *abandonner* ou *livrer* au
bras féculier.

Après que le clerc a été livré au juge
féculier, l'évèque & fon églife doivent
s'employer

s'employer pour obtenir au moins la vie du coupable, & si on la leur accorde, ils doivent l'enfermer & le mettre en pénitence.

Il y a ces différences entre la *dégradation* verbale & la *dégradation* solemnelle, 1°. que la premiere se fait suivant les canons, par l'évêque ou son vicaire, & un certain nombre d'autres, au lieu que l'évêque seul procede à la *dégradation* solemnelle en présence du juge séculier, suivant l'ancien droit corrigé par le concile de Trente.

2°. La *dégradation* verbale ou la simple déposition differe de la *dégradation* solemnelle, en ce que la premiere ne prive pas comme l'autre, des privileges de cléricature, c'est-à-dire, qu'on pourroit sans encourir excommunication, frapper le clerc dégradé solemnellement, ce qui seroit autrement envers le dégradé verbalement. Glos. *in C. 2. de pænit. in* 6°.

3°. La *dégradation* verbale peut être faite en absence du déposé. *C. veritatis de dol. & contum. secùs*, en la *dégradation* solemnelle.

4°. Le simple déposé peut être rétabli par ceux qui l'ont déposé, même par le chapitre, le siege vacant, s'il se montre digne de cette grace; au lieu que le dégradé solemnellement ne peut jamais être rétabli sans une dispense expresse du pape. Bien des auteurs nient qu'au premier cas le clerc dégradé puisse être rétabli sans dispense du pape. Cabassut. *liv. 5. ch.* 18. *n.* 4. n'est pas de ce nombre. Mais tous conviennent qu'il ne faut point de dispense même en la *dégradation* solemnelle pour être rétabli, quand la *dégradation* est nulle d'une nullité radicale.

5°. La *dégradation* verbale peut n'avoir qu'une partie des droits du déposé pour objet; on peut le priver de son

office & lui laisser ses bénéfices, ou le priver seulement de ses bénéfices, au lieu que la *dégradation* solemnelle emporte nécessairement la privation de tous les droits quelconques du dégradé. Cabassut. *loc. cit.*

6°. Il y a enfin cette différence importante, qu'après la *dégradation* simple, le dégradé est mis dans un monastere suivant le *ch. Sacerdos. dist.* 87. au lieu que le dégradé solemnellement est livré au bras séculier suivant le *ch. novimus de verb. signif.*

Mais ces *dégradations* ont de commun, 1°. que l'une & l'autre doivent être prononcées & exécutées par une sentence : *Si in eo scelere invenitur quo abjiciendus comprobatur. C. Sacerdos dist.* 81. Ce qui suppose la nécessité d'un jugement. Un des canons du second concile de Châlons porte que si un prêtre a été pourvu d'une église, on ne peut la lui ôter que pour quelque grand crime, & après l'en avoir convaincu en présence de son évêque.

2°. L'une & l'autre de ces *dégradations*, quand la déposition est pure & simple, prive le dégradé des fonctions de son ordre, des droits de jurisdiction s'il en a, de la jouissance des bénéfices, des honneurs ecclésiastiques; il est réduit à l'état des simples laïcs. Tous les bénéfices sont vacants & impétrables du jour de la sentence de condamnation, & même du jour que les crimes ont été commis, s'ils sont du nombre de ceux qui operent la vacance de plein droit.

3°. Ni l'une ni l'autre de ces *dégradations* n'ôtent aux dégradés le caractere indélébile de leur ordre; ils peuvent célébrer, quoiqu'ils péchent en célébrant; ils restent toujours soumis l'un & l'autre aux charges de leur état, sans participer aux honneurs; ils sont tou-

jours tenus à la chasteté , & ne peuvent
se marier ; ils sont toujours obligés de
réciter l'office divin attaché à leur ordre, sans pouvoir dire *Dominus vobiscum*,
& semblables paroles qui regardent la
dignité de l'ordre. S'il en étoit autrement les bons seroient de pire condition
que les mauvais. *Hæc enim pœna non*
ponitur ad tollenda gravamina , sed ad
tollendos honores. (D. M.)

DÉGRADATION D'UN OFFICE *ou*
ORDRE CIVIL , *Jurisprud.* , est lorsque
quelqu'un revêtu d'un office , ordre ,
ou dignité , en est dépouillé avec ignominie pour ses démérites , & privé des
honneurs , fonctions & privileges qui
y sont attachés.

Cette peine a lieu lorsque l'officier a
fait quelque chose contre l'honneur de
sa place , ou qu'il a prévariqué autrement.

L'usage de cette sorte de *dégradation*
est fort ancien , on en trouve nombre
d'exemples dans l'antiquité; mais il
faut bien prendre garde que par le terme de *dégradation* , les anciens n'enten-
doient pas la même chose que nous.

Il y avoit , par exemple , chez les Romains trois sortes de peines contre les
soldats qui avoient démérité ; savoir ,
militiæ mutatio , *de gradu dejectio seu re-*
gradatio & ignominiosa missio.

La premiere de ces peines étoit lorsqu'on passoit d'un corps dans un autre ,
comme quand de chevalier on devenoit
fantassin , ou qu'un fantassin étoit transféré dans les troupes auxiliaires de frondeurs , comme il est dit dans Ammian
Marcellin , *liv. XXIX.* que Théodose ,
pour punir les chevaliers qui s'étoient
révoltés , & néanmoins voulant marquer qu'il se contentoit d'une légere
peine , les remit tous au dernier grade
de la milice. Il y a eu beaucoup d'autres exemples dans le code Théodo-

sien & dans celui de Justinien.

Ce qui vient d'être dit des soldats &
officiers militaires , avoit aussi lieu pour
les autres officiers qui étoient dans le
même cas : on les transféroit pareillement d'un corps dans un autre corps inférieur.

La *dégradation* que les Romains appelloient *de gradu dejectio* , *seu regrada-*
tio quasi retrogradatio , & non pas *de-*
gradatio qui n'est pas latin , étoit lorsque quelqu'un perdoit le grade ou rang
qu'il avoit dans sa compagnie , comme
quand de tribun , il étoit fait simple
soldat , *ex tribuno tyro fiebat* ; ou comme on voit dans Lampride *in Alexand.*
Sever. qu'un sénateur qui avoit donné
un mauvais avis , étoit reculé à la derniere place du sénat , *in ultimum reji-*
ciebatur locum.

La derniere peine qu'ils appelloient
ignominiosa missio ou *exauctoratio* , étoit
une expulsion entiere de la personne à
laquelle on ôtoit toutes les marques
d'honneur qu'elle pouvoit avoir.

C'est ainsi que l'on traitoit les soldats & officiers militaires qui s'étoient
révoltés ou qui avoient manqué à leur
devoir : dans quelqu'autre point essentiel on leur ôtoit les marques d'honneur
militaires , *insignia militaria.*

On en usoit de même pour les offices
civils ; les officiers qui s'en étoient
rendus indignes , étoient dégradés publiquement.

Plutarque , en la vie de Ciceron rapporte que le préteur Lentulus , complice de la conjuration de Catilina , fut dégradé de son office , ayant été contraint
d'ôter en plein sénat sa robe de pourpre,
& d'en prendre une noire.

Sidoine Apollinaire , *lib. VII. de ses*
épitres , rapporte pareillement qu'un
certain Arnandus , qui avoit été préfet
de Rome pendant cinq ans , fut dégra-

dé, *exauguratus*, qu'il fut déclaré plébéïen & de famille plébéïenne, & condamné à une prifon perpétuelle.

Les loix romaines, & notamment la loi *judices*, au code *de dignit.* veulent que les juges qui feront convaincus de quelque crime, foient dépouillés de leurs marques d'honneur, & mis au nombre des plébeïens.

Il en eft à-peu-près de même en France.

Les foldats & officiers militaires qui ont fait quelque chofe contre l'honneur, font caffés à la tète de leurs corps, & dépouillés de toutes les marques d'honneurs qu'ils pouvoient avoir ; c'eft une efpece de *dégradation*, mais qui ne les fait pas déchoir de nobleffe, à moins qu'il n'y ait eu un jugement qui l'ait prononcé.

Lorfqu'une perfonne conftituée en dignité eft condamnée à mort ou à quelque peine infamante, on lui ôte avant l'exécution les marques d'honneur dont elle eft revêtue ; ce fut ainfi qu'avant l'exécution du maréchal de Biron, M. le chancelier lui ôta le collier de l'ordre du S. Efprit ; il lui demanda auffi fon bâton de maréchal de France, mais il lui répondit qu'il n'en avoit jamais porté.

La *dégradation* des officiers de juftice fe fait auffi publiquement.

DÉGRADATION DE NOBLESSE, *Jurifprud.*, eft la privation de la qualité de noble, & des privileges qui y font attachés.

Cette *dégradation* a lieu de plein droit, contre ceux qui font condamnés à mort naturelle ou civile, à l'exception néanmoins de ceux qui font condamnés à être décapités, & de ceux qui font condamnés à mort pour fimple délit militaire par un jugement du confeil de guerre, qui n'emporte point infamie.

Elle a auffi lieu, lorfque le condamné eft expreffément déclaré déchu de la qualité & des privileges de nobleffe, ce qui arrive ordinairement, lorfque le jugement condamne à quelque peine afflictive ou qui emporte infamie.

Toute condamnation qui emporte *dégradation de nobleffe* contre le condamné, en fait auffi décheoir fes defcendans, qui tenoient de lui la qualité de noble.

DEGRÉ, f. m. *Jurifpr.* Ce terme dans cette matiere s'applique à plufieurs objets.

Le *degré d'affinité*, eft la diftance qu'il y a entre deux perfonnes alliées par mariage ou par une conjonction illicite, ou par le facrement de baptême, qui produit une *affinité* fpirituelle.

Les *degrés* de parenté fe comptent par générations ; ce qui ne peut avoir lieu entre alliés, attendu que l'*affinité* ne fe forme pas par génération, mais elle fuit l'*affinité* pour la computation des *degrés* ; de forte que tous les parens du mari font tous alliés de la femme au même degré qu'ils font parens du mari, *& vice verfa*.

L'*affinité* en ligne collatérale empêche le mariage aux mêmes *degrés* que la parenté, mais le pape en peut accorder difpenfe.

A l'égard de l'*affinité* qui provient d'une conjonction illicite, elle n'empêche le mariage que jufqu'au fecond *degré*.

Degré de confanguinité. Voyez ci-après *Degré de parenté.*

Le *degré de lignage*, eft la même chofe que le *degré* de *parenté*, fi ce n'eft que le terme de *lignage* femble exprimer plus particulierement le *degré* que l'on occupe dans la ligne.

On appelle *être en même degré de parenté* ou *de fuccéder*, lorfque deux perfonnes font toutes deux au premier, second, troifieme ou autre *degré*, relativement à une tierce perfonne; ce qui eft différent de ce que l'on entend par *être en pareil degré* ou *en égal degré*. Ce dernier cas eft lorfque deux perfonnes font en un femblable *degré* ou éloignement, eu égard à la fouche & à la tige commune, comme deux grandes-tantes, deux oncles, deux freres, deux coufins; au lieu que ceux qui font au même *degré*, ne font pas toujours en pareil *degré*. Par exemple, une grande-tante & une coufine germaine, font toutes deux au même *degré* du défunt, toutes deux au quatrieme; mais elles ne font pas en pareil *degré*: la coufine eft plus proche que la grande-tante, parce qu'elle trouve plutôt une tige commune, qui eft l'ayeul; au lieu que la grande-tante ne trouve de tige commune qu'en la perfonne du bifayeul, qui eft d'un *degré* plus éloigné que l'ayeul.

Le *degré de nobleffe*, eft la diftance qu'il y a d'une génération à l'autre, depuis le premier qui a été annobli. Ces *degrés* ne fe comptent qu'en ligne directe, afcendante & defcendante; de maniere que l'annobli fait dans fa ligne le premier *degré*, fes enfans font le fecond, les petits-enfans le troifieme, & ainfi des autres.

Le *degré de parenté*, eft la diftance qui fe trouve entre ceux qui font joints par les liens du fang.

La connoiffance des *degrés de parenté* eft néceffaire pour regler les fucceffions, & pour les mariages.

Les mariages font défendus entre parens jufqu'au quatrieme *degré* inclufivement.

Les titres que l'on donne à chacun de ceux qui forment les *degrés*, font les mêmes dans le droit civil & dans le droit canon, tant en ligne directe qu'en collatérale.

En ligne directe afcendante, les *degrés* font les peres & les meres, les aycux & ayeules, les bifayeux, trifayeux, quatriemes ayeux, & ainfi en remontant de *degré* en *degré*.

En ligne directe defcendante, les *degrés* font les enfans, petits-enfans, arriere-petits-enfans, &c.

En collatérale, les *degrés* afcendans font les oncles & tantes, grands-oncles & grandes-tantes, &c. en defcendant, ce font les freres & fœurs, les neveux & nieces, les petits-neveux, arriere-petits-neveux, coufins-germains, coufins iffus de germains, coufins arriere-iffus de germains, &c. On défigne ordinairement les différentes générations de coufins, en les diftinguant par le titre de *coufins au fecond, troifieme, quatrieme, cinquieme* ou *fixieme degré*, &c.

Il y a deux manieres de compter le nombre des *degrés de parenté*, favoir celle du droit romain, & celle du droit canon: la premiere eft obfervée pour les fucceffions, & la feconde pour les mariages.

Les *degrés* en ligne directe fe comptent de la même maniere, fuivant le droit civil & le droit canon. On compte autant de *degrés* qu'il y a de générations, dont on en retranche néanmoins toujours une; de forte que le pere & le fils font au premier *degré*, attendu qu'ils ne font fucceffivement que deux générations, dont il faut retrancher une pour compter leur *degré* relatif de *parenté*. De même l'ayeul & le petit-fils font au fecond *degré*, parce qu'il y a entr'eux trois générations, l'ayeul, le fils, & le petit-fils: le bifayeul & l'arriere-petit-fils font par conféquent au troifieme *degré* & ainfi des autres. Cela

s'appelle *compter les degrés pas généra-*
tions; au lieu qu'il y a certaines matieres où les *degrés* se comptent par têtes,
comme dans les fubftitutions.

La maniere de compter les *degrés de*
parenté en collatérale, fuivant le droit
civil, eft de remonter de part & d'autre à la fouche commune, de laquelle
font iffus les parens dont on cherche
le *degré*; & l'on compte autant de *de-*
grés entr'eux qu'il y a de perfonnes, à
l'exception de la fouche commune, que
l'on ne compte jamais; c'eft pourquoi
il n'y a point de premier *degré de pa-*
renté en ligne collatérale.

Ainfi quand on veut favoir à quel *de-*
gré deux freres font parens, on remonte au pere commun, & de cette maniere on trouve trois perfonnes; mais
comme on ne compte point la fouche
commune, il ne refte que deux perfonnes qui compofent le fecond *degré*.

Pour connoître le *degré de parenté*
qui eft entre l'oncle & le neveu, on remonte jufqu'à l'ayeul du neveu, qui eft
le pere de l'oncle & la fouche commune.
On trouve par ce moyen trois perfonnes, fans compter l'ayeul, au moyen
de quoi l'oncle & le neveu font au troifieme *degré*.

On compte de même les *degrés de pa-*
renté entre les autres collatéraux, en
remontant d'un côté jufqu'à la fouche
commune; & defcendant delà jufqu'à
l'autre collatéral, dont on cherche le
degré relativement à celui par lequel on
a commencé à compter.

Pour compter les *degrés* en collatérale, fuivant le droit canon, il y a
deux regles à obferver.

L'une eft que quand ceux dont on
cherche le *degré de parenté*, font également éloignés de la fouche commune,
on compte autant de *degrés* de diftance
entr'eux tranfverfalement, qu'il y en a

de chacun d'eux à la fouche commune.

L'autre regle eft que quand les collatéraux dont il s'agit, ne font pas également éloignés de la fouche commune,
on compte les *degrés* de celui qui en eft
le plus éloigné; ainfi l'oncle & le neveu font parens entr'eux au fecond *de-*
gré, parce que le neveu eft éloigné de
deux *degrés* de fon ayeul pere de l'oncle, & ainfi des autres collatéraux.

Maniere de compter les degrés en directe,
fuivant le droit civil & canonique.

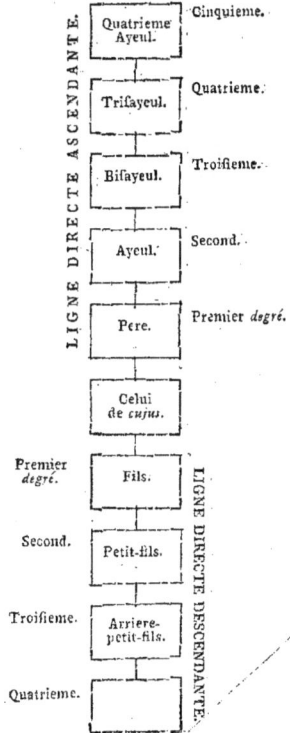

Maniere de compter les degrés en collaté-rale, suivant le droit civil.

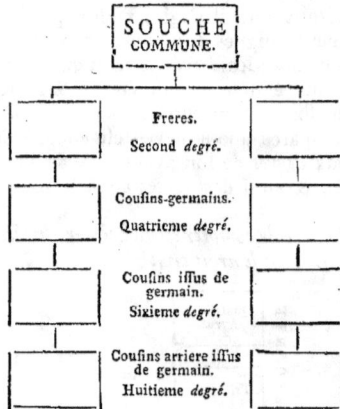

SOUCHE COMMUNE.

Freres.
Second *degré*.

Cousins-germains.
Quatrieme *degré*.

Cousins issus de germain.
Sixieme *degré*.

Cousins arriere issus de germain.
Huitieme *degré*.

Maniere de compter les degrés en collaté-rales, suivant le droit canon.

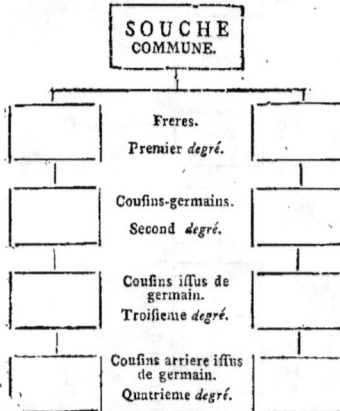

SOUCHE COMMUNE.

Freres.
Premier *degré*.

Cousins-germains.
Second *degré*.

Cousins issus de germain.
Troisieme *degré*.

Cousins arriere issus de germain.
Quatrieme *degré*.

Quand on veut mieux désigner la po-sition de ces collatéraux, on explique l'inégalité de *degré* qui est entr'eux, en disant, par exemple, que l'oncle & le neveu sont parens du premier au second *degré*, c'est-à-dire, que l'oncle est dis-tant d'un *degré* de la souche commune, & le neveu de deux *degrés*, ce qui fait toujours deux *degrés* de distance en-tr'eux.

Par *degrés de jurisdiction*, on entend la supériorité qu'une jurisdiction a sur une autre. Il y a plusieurs *degrés* dans l'or-dre des jurisdictions, tant séculieres qu'ecclésiastiques.

Il y a quant au pouvoir, trois *degrés* de jurisdiction seigneuriale, savoir la basse, la moyenne & la haute justice; mais on n'appelle point de la basse jus-tice à la moyenne, on va directement à la haute justice, ce qui est une ex-ception à la regle, qui veut que tout appel soit porté par gradation au juge supérieur, *non omisso medio*; ensorte que pour le ressort d'appel, & pour parve-nir jusqu'au juge royal, il n'y a pro-prement que deux *degrés* de justices seigneuriales. La basse & la moyenne justice forment le premier *degré*, & la haute justice le second.

Les *degrés des substitutions*, sont les différentes parties de la durée des subs-titutions, laquelle se compte par *degrés*. Chacun de ceux qui recueillent la subs-titution, forme ce que l'on appelle un *degré*.

Les loix romaines n'avoient point fixé la durée des fideicommis, que nous ap-pellons *substitutions*; elles pouvoient s'é-tendre à l'infini.

Les *degrés de succéder*, ou *de succes-sion*, sont les *degrés* de parenté qui ren-dent habile à *succéder*. Le parent le plus proche du défunt en général, *succede* aux meubles & acquêts; celui qui est le plus proche en *degré* dans la ligne paternelle, *succede* aux meubles pater-nels; le plus proche de la ligne mater-nelle, *succede* aux propres de la ligne maternelle. *v.* ACQUETS, MEUBLES, PROPRES, SUCCESSION.

DÉGUERPISSEMENT, f. m., *Jurisp.* On peut définir le *déguerpissement*, un acte par lequel le possesseur d'un héritage chargé d'une rente fonciere, pour se décharger de cette rente, abandonne en justice l'héritage au créancier de la rente.

Le *déguerpissement* étoit peu usité chez les Romains, d'autant qu'il y avoit chez eux fort peu de rentes entre particuliers ; ou s'il y en avoit, elles étoient fort petites, & seulement pour reconnoissance du domaine direct, chaque détenteur n'en étoit tenu qu'à proportion de ce qu'il possedoit ; c'est pourquoi il arrivoit rarement qu'il quittât l'héritage pour se décharger de la rente.

Cependant cette espece de délaissement n'étoit pas absolument inconnue aux Romains, & l'on trouve plusieurs de leurs loix qui peuvent s'y adapter, notamment la loi *rura* au code *de omni agro deserto*, & les loix 3 & 5 *eod.* *de fundis patrimon.* où l'on voit que *relinquere* & *refundere* signifient *déguerpir.*

On a douté autrefois, si le preneur & ses héritiers pouvoient se décharger pour l'avenir d'une rente fonciere, en déguerpissant l'héritage. Accurse, & la plupart des anciens docteurs, pensoient que le preneur contractoit par le bail une obligation personnelle de payer à toujours la rente dont lui ni ses héritiers ne pouvoient se libérer par le *déguerpissement* de l'héritage. Mais la nouvelle jurisprudence a embrassé l'opinion contraire.

Le *déguerpissement* étant un abandon & une abdication de la propriété de l'héritage déguerpi, il s'ensuit qu'il ne peut être valablement fait que par le propriétaire de l'héritage.

C'est pourquoi un usufruitier ne peut pas déguerpir ; il peut bien se décharger de la rente pour l'avenir, en renon-

çant à son droit d'usufruit ; mais l'héritage continuera d'être chargé de la rente, & elle doit être acquittée par le propriétaire de l'héritage, à qui l'usufruit se consolide par la renonciation que l'usufruitier a faite de son droit.

Un mari n'étant pas le vrai propriétaire de l'héritage propre de sa femme, il ne peut le déguerpir que conjointement avec sa femme, qui en est demeurée, pendant le mariage, la véritable propriétaire.

Le propriétaire, quoique grévé de substitution, étant le vrai propriétaire de l'héritage compris en la substitution, peut le déguerpir ; mais l'héritage déguerpi demeure chargé de la substitution, &, lors de son ouverture, les substitués pourront revendiquer l'héritage déguerpi, en se chargeant de la rente.

Pareillement, l'héritier bénéficiaire peut déguerpir les héritages de la succession bénéficiaire.

Le propriétaire de l'héritage sujet à rente fonciere, n'en étant pas proprement dépossédé par la saisie réelle qu'en ont fait les créanciers, peut le déguerpir au créancier de rente fonciere. Mais les créanciers saisissants & opposants, en offrant de se charger de la rente, & de faire vendre l'héritage à la charge de la rente, peuvent empêcher l'effet de ce *déguerpissement*, & suivre leur saisie.

Non-seulement il n'y a que le propriétaire qui puisse déguerpir, le propriétaire même ne le peut qu'autant qu'il a le pouvoir de disposer de ses héritages, & de les aliéner. C'est pourquoi les héritages des mineurs & ceux de l'église & des communautés ne pouvant s'aliéner sans le décret du juge, un mineur ne peut, par le ministere de son tuteur, déguerpir son héritage pour se décharger de la rente fonciere

dont il eſt chargé, qu'en vertu d'un décret du juge qui aura permis ce *déguerpiſſement* ſur un avis de parens & ſur
une eſtimation de l'héritage, qui aura
conſtaté l'utilité du *déguerpiſſement*. Pareillement, l'égliſe & les communautés
ne peuvent déguerpir qu'en vertu d'un
décret du juge, & en obſervant les formalités requiſes pour l'aliénation des
biens d'égliſe. *v.*BIENS D'ÉGLISE, ALIÉ-
NATION, &c.

Pour que le *déguerpiſſement* ſoit valable, & qu'il opere la réſolution du bail
pour l'avenir, & l'extinction de la rente, il faut que tout l'héritage chargé
de la rente ſoit déguerpi ; car la charge
de la rente fonciere eſt impoſée par le
bail ſur l'héritage, non-ſeulement dans
ſa totalité, mais dans chacune de ſes
parties : le créancier de la rente peut
donc, en n'acceptant pas le déguerpiſſement qui lui eſt fait de partie de
l'héritage, conſerver la totalité de ſa
rente dans la partie qui n'eſt pas déguerpie, puiſque chaque partie de l'héritage eſt chargée de la totalité de la
rente, à la charge néanmoins par le
créancier de la rente, de ſubroger en
ſes droits les autres débiteurs de la rente qui n'ont pas déguerpi leurs portions, pour qu'ils puiſſent en ſa place
ſe mettre en poſſeſſion de la portion
déguerpie.

Quoique le *déguerpiſſement* fait par
celui qui n'eſt poſſeſſeur que d'une partie de l'héritage chargé de la rente, n'o-
pere pour aucune partie l'extinction
de la rente qui ſubſiſte contre les poſſeſſeurs des autres parties qui ne les
ont pas pareillement déguerpies ; au
moins il eſt valable quant à l'effet de
décharger & libérer de la rente le poſſeſſeur de la partie de l'héritage qu'il
a déguerpie.

Mais il faut pour cela qu'il déguer-
piſſe tout ce qu'il poſſede de cet héritage, & qu'il n'en retienne rien ; car
le peu qu'il en retiendroit, étant chargé
du total de la rente, il y demeureroit ſujet.

Le *déguerpiſſement* peut ſe faire de
gré à gré & hors juſtice, lorſque le
créancier de la rente fonciere conſent
de rentrer dans l'héritage qu'on lui déguerpit ; mais lorſque le créancier ne
conſent pas au *déguerpiſſement*, il faut,
pour qu'il ſoit valable, & qu'il opere
la réſolution du bail pour l'avenir &
l'extinction de la rente, qu'il ſoit fait
en juſtice, c'eſt-à-dire, que le poſſeſſeur qui veut déguerpir, aſſigne le
créancier de la rente, pour lui voir donner acte de ſon *déguerpiſſement* & de ſes
offres de payer ce qu'il doit.

Lorſque la rente fonciere eſt dûe à
pluſieurs, il ne ſuffit pas d'aſſigner l'un
d'eux. Il eſt bien vrai que ſi celui qui
a été aſſigné, accepte le *déguerpiſſement*
qui lui eſt fait, le *déguerpiſſement* ſera
valable, & déchargera le déguerpiſſant
même envers les autres créanciers qui
n'ont pas été aſſignés ; car celui à qui
le *déguerpiſſement* a été fait, en l'acceptant & en entrant en poſſeſſion de l'héritage qui lui eſt déguerpi, devient débiteur de la rente envers les autres
créanciers de la rente pour les parts
qu'ils y ont, & en décharge le déguerpiſſant ; mais s'il arrivoit que celui qui
a été aſſigné ne voulût pas accepter le
déguerpiſſement qui lui a été fait, le *déguerpiſſement* ne déchargeroit de la rente le déguerpiſſant qu'envers lui, & non
envers les autres créanciers de la rente
qu'il n'a pas aſſignés.

Lorſque l'héritage eſt chargé de pluſieurs rentes, le déguerpiſſant doit pareillement faire ſon *déguerpiſſement* aux
créanciers des différentes rentes, & les
aſſigner tous ; autrement le *déguerpiſſe-*
ment

ment ne le déchargera que de la rente dûe à celui qu'il a affigné.

Néanmoins fi n'ayant affigné que le créancier de la rente derniere créée, celui-ci avoit bien voulu accepter le *déguerpiffement*, & rentrer dans l'héritage, à la charge des rentes précédentes, le déguerpiffant feroit libéré de toutes les rentes.

Le preneur ou fes héritiers, pour être admis au *déguerpiffement*, doivent fatisfaire préalablement pour le paffé à toutes les obligations du bail à rente que le *déguerpiffement* doit réfoudre pour l'avenir, & ils doivent rendre indemnes le bailleur ou fes fucceffeurs créanciers de la rente.

Ils doivent donc, en premier lieu, payer tous les arrérages de la rente dûs & échus jufqu'au jour du *déguerpiffement*.

Lorfque par le bail on a ftipulé des deniers d'entrée qui font encore dûs, le preneur & fes héritiers doivent les payer avec les intérêts, pour être reçus à déguerpir. Mais, dira-t-on, ces deniers étant en partie le prix de l'héritage, n'eft-il pas injufte que celui qui déguerpit l'héritage, foit privé tout à la fois & de l'héritage & du prix, contre cette regle d'équité: *Nemo debet carere re & pretio.* La réponfe eft, que c'eft une des conditions du *déguerpiffement*, que le déguerpiffant, pour y être reçu, fatisfaffe au préalable à toutes les obligations du bail; que quoiqu'en payant ces deniers d'entrée, il fe trouve privé tout à la fois de l'héritage & d'une partie du prix, il ne fouffre aucune injuftice, parce qu'il eft en fon pouvoir de conferver l'héritage qu'il déguerpit; le *déguerpiffement* qu'il en fait eft volontaire, & *volenti non fit injuria.*

A plus forte raifon doit-on décider que le déguerpiffant n'a pas la répéti-

Tome IV.

tion de ces deniers d'entrée lorfqu'ils ont été payés; car le titre en vertu duquel le bailleur les a reçus, fubfifte, & n'eft pas détruit par le *déguerpiffement* qui en opere feulement la réfolution pour l'avenir.

Enfin le preneur & fes héritiers doivent, pour être reçus à déguerpir l'héritage, l'avoir remis en auffi bon état qu'il étoit lors du bail.

Il faut à cet égard diftinguer les réparations de fimple entretien qui font à faire à l'héritage qu'on veut déguerpir, & celles qui confiftent en des reconftructions ou nouvelles plantations qu'il faudroit faire pour remettre l'héritage qu'on veut déguerpir, en auffi bon état qu'il étoit lors du bail.

Celui qui veut déguerpir, ne peut fe difpenfer de faire au préalable toutes les réparations de fimple entretien qui font à faire à l'héritage qu'il veut déguerpir, de quelque caufe qu'elles procèdent, quand même elles procéderoient de quelque force majeure; comme fi une grêle extraordinaire avoit caffé les vitres & les ardoifes de la maifon que je veux déguerpir, je ferois tenu, pour être reçu au *déguerpiffement*, de faire remettre des vitres & des ardoifes à la place de celles que la grêle a caffées. La raifon eft que c'eft une des obligations que le preneur contracte par le bail, d'entretenir l'héritage de toutes réparations pendant le tems qu'il en fera jouiffant & poffeffeur, cet entretien étant une charge de fa jouiffance.

A l'égard des réparations qui confifteroient à faire des reconftructions ou nouvelles plantations qui font néceffaires, pour que l'héritage foit remis en auffi bon état qu'il étoit lors du bail, il faut foufdiftinguer.

Le preneur eft tenu, pour être reçu

P p

au *déguerpissement*, de faire au préalable toutes celles auxquelles lui ou ceux dont il est héritier médiat ou immédiat, ont donné lieu par leur fait, ou même simplement par leur faute & par leur négligence.

Par exemple, s'il a arraché des vignes pour aggrandir un jardin voluptuaire ; s'il a abattu quelque bâtiment ; s'il l'a incendié par sa faute ou celle de ses domestiques, (ce qui se présume lorsqu'il ne paroît pas d'autre cause de l'incendie ;) il est obligé, avant que de pouvoir déguerpir, de remettre en bonnes vignes le terrein où il les a arrachées, & à reconstruire les bâtimens qu'il a démolis ou qu'il a laissé brûler.

Il y a plus ; si la maison baillée à rente devenoit totalement caduque, quoique ce fût par vétusté qu'elle fût devenue en cet état, & non par défaut d'entretien, ni par aucune fraude du preneur, & que le preneur en ce cas ne soit pas obligé & ne puisse être contraint à la construire telle qu'elle étoit lors du bail, tant qu'il ne déguerpira pas ; néanmoins il ne seroit pas reçu à déguerpir, qu'il ne l'eût reconstruite.

Le *déguerpissement* opere la résolution du bail à rente : par le bail, le bailleur avoit aliéné & transféré au preneur & à tous ses successeurs, tant à titre singulier qu'à titre universel, le droit de propriété de l'héritage baillé à rente, à la charge de la rente imposée par le bail sur ledit héritage. *v.* BAIL *à rente.* Le *déguerpissement*, par l'abandon que le déguerpissant fait de l'héritage, éteint ce droit de propriété & l'aliénation que le bailleur en avoit faite ; il éteint en conséquence la rente, à la charge de laquelle l'héritage avoit été baillé.

Le *déguerpissement* n'opere la résolution du bail à rente que pour l'avenir ;

il n'en opere pas la rescision & l'anéantissement, & il n'empêche pas qu'il ne paroisse avoir subsisté pour le passé. C'est pourquoi les profits seigneuriaux auxquels le bail à rente a donné ouverture sont dûs, quoique le preneur ait déguerpi.

L'effet du *déguerpissement* n'est pas seulement de libérer de la rente fonciere celui qui déguerpit ; il fait revivre les droits de servitudes ou d'hypothéques qu'il avoit dans l'héritage déguerpi lors du bail, ou de l'acquisition qu'il a faite de l'héritage.

Il reste à observer que les droits qu'avoit le déguerpissant dans l'héritage qu'il déguerpit, & qui revivent par son *déguerpissement*, ne sont sujets à aucune prescription pendant tout le tems de la possession de ce *déguerpissement*, pendant laquelle ils ont été confondus, ou plutôt suspendus ; car il ne pouvoit, dans ce tems, agir contre lui-même : & *contra non valentem agere non currit præscriptio*. D'ailleurs il jouissoit de ses droits, quoique sous une autre forme. (P. O.)

DÉISME, s. m., *Morale*. On nomme ainsi l'opinion de ceux qui n'admettant que la seule raison pour guide, en matiere de religion, rejettent toute révélation, ou tout enseignement qu'on leur offre comme venant immédiatement de Dieu, de même que toute regle de croyance, & tout précepte qui leur paroit n'être fondé que sur l'autorité de la révélation ; parce qu'ils soutiennent que jamais Dieu ne s'est révélé aux hommes d'une maniere surnaturelle. Le *déisme* n'est pas une religion ou un système de doctrine : les déistes se sont bornés jusqu'à présent uniquement à justifier leur éloignement pour toute révélation, soit en tâchant de prouver que Dieu n'a jamais dû se revéler, parce que cela étoit inutile, soit en s'efforçant de prouver que ce que l'on donne comme révélation ne vient point de Dieu, mais est seulement une invention humaine, fruit du fanatisme ou de l'imposture.

Nulle part le *déisme* n'est devenu le lien d'une société ni civile, ni religieuse; nulle part il n'a admis un corps de dogmes ou de préceptes; nulle part il n'a choisi ni fixé un culte quelconque : ou bien le sectateur de cette opinion ne rend aucun culte visible à la divinité, ou bien le regardant comme une chose très-indifférente, il se conforme au culte reçu dans la société dans laquelle il se trouve, comme à un usage sans moralité, mais que les vues présentes & les avantages civils lui font une nécessité de pratiquer. Nous ne savons pas encore en quoi le *déisme* consiste réellement, parce que nul déiste n'a donné, au nom de ceux qui rejettent la révélation, une confession de foi.

Il ne faut pas confondre le *déisme* avec le *théisme* ou avec le *naturalisme*. Le *déisme* admettant un Dieu, n'a de fixe que son mépris pour toute révélation, & pour toute religion positive. Le *théisme* est la religion de ceux qui n'ayant jamais connu de révélation, ne nient pas qu'il ne fût utile d'en avoir une, la désirent comme Socrate, & en attendant, cherchent dans la raison, dans l'étude & la méditation, tout ce qui peut les éclairer & les instruire sur tous les objets religieux, soit de croyance soit de pratique; prêts à recevoir une révélation dès qu'elle leur sera présentée avec les preuves qui établissent la divinité de son origine. Le *naturalisme* signifie chez quelques-uns le *déisme*, chez d'autres il désigne l'opinion de ceux qui rejettant de la révélation seulement ce

que la raison ne peut pas prouver ou expliquer, admettent cependant tout ce que les docteurs chrétiens ont fait entrer dans leurs excellens traités de religion ou de théologie naturelle. On a quelquefois donné le nom de *déisme*, ou de *naturalisme* à la croyance de chrétiens véritables, qui ont voulu ramener le christianisme à la simplicité de son origine, & le débarrasser de tout ce qui ne s'y est introduit que par l'effet des disputes subtiles des docteurs. Il est bien peu de communions chrétiennes qui ne regardassent dans ce sens comme déiste Jesus-Christ lui-même, s'il venoit aujourd'hui présenter son Evangile tel qu'il l'a prêché; au moins trouveroit-il bien des docteurs qui l'accuseroient de prêcher le *déisme*. Sous ce point de vue, le *déisme* admet la révélation; mais ce n'est pas certainement celui des déistes, qui écrivent aujourd'hui contre l'Evangile. *v.* DÉISTE. (G. M.)

DÉISTE, s. ou plutôt adj. m. & f. ,*Mor.* Dans son sens propre & étymologique, ce mot signifie, *celui qui croit un Dieu & qui le sert selon ses lumieres.* Il est le même originairement que celui de *théiste*, qui a la même signification. Le mot *déiste* vient du mot latin *Deus*, & *théiste* vient du mot grec *theos*, l'un & l'autre ont la même signification que le mot françois *Dieu*, par lequel nous désignons, l'Etre suprême tout parfait, Créateur & Conservateur de toutes choses, Bienfaiteur, Législateur, & Juge des hommes, Arbitre souverain de leur sort, objet de leurs hommages religieux, & de leur obéissance. *v.* DIEU.

Quoique ces deux mots *déiste* & *théiste*, ne soient réellement que la même dénomination, on ne les employe cependant pas aujourd'hui dans le même sens; celui de *théiste* a conservé presque chez tous les écrivains, sa signification primitive; mais on ne s'en fert prefque jamais que pour le mettre en oppofition avec le mot *athée*. Le théifte croit un Dieu que l'athée nie; il profeffe une religion que l'athée rejette; ainfi, tout homme qui croit un Dieu & le fert, tout homme qui a une religion, eft théifte, par oppofition à l'athée, qui ne croit point de Dieu, ou qui rejette toute religion. *v.* ATHÉE.

Le mot *déifte* a un fens plus refferré, il ne défigne pas tout homme qui croit un Dieu, & qui a une religion; mais un homme qui ne reçoit aucune religion révélée; & on n'employe ce mot que pour oppofer fon idée, à l'idée des perfonnes qui font profeffion d'une religion qu'elles croient tenir du ciel, par une révélation furnaturelle. C'eft par-là que le *déifte* differe du juif, du chrétien, du mahométan : ceux-ci croient tenir immédiatement de Dieu le corps de doctrine religieufe qu'ils profeffent, & regardent les livres qui la contiennent comme des ouvrages que Dieu a fait écrire fous fa direction immédiate, pour inftruire les hommes de ce qu'ils doivent croire par rapport à lui, faire pour lui plaire, efpérer ou craindre de fa part. Le *déifte* au contraire ne croit à aucune révélation femblable.

Quand le *déifte* rejette toute révélation, ce n'eft pas comme enfeignement divin qu'il l'envifage; s'il la regardoit comme venant de Dieu, il fe croiroit dans la plus étroite obligation de fe foumettre à fes décifions fans referve; puifque tout vrai *déifte* fait profeffion d'être, à l'égard de Dieu, dans la plus abfolue dépendance, & de regarder cet Être fuprème comme étant le juge, & fes déclarations comme étant la regle infaillible du vrai & du jufte. Si donc il rejette la révélation, c'eft parce qu'il

regarde tout ce qu'on lui offre fous cette dénomination, comme le fruit du fanatifme de quelque cerveau déréglé, ou comme l'ouvrage de l'impofture de quelque fourbe qui veut tromper fes femblables, pour les amener à fe foumettre à lui. Par-là même que le *déifte* rejette toute révélation, comme une invention humaine, il rejette auffi tout dogme particulier, tout précepte pofitif, qui n'eft enfeigné que par une révélation, ou qui n'a d'appui que cette autorité. Voilà en quoi tous les *déiftes* fe reffemblent; c'eft là proprement leur caractere diftinctif; nous ne faurions même les faire connoître en général, par un autre trait qui leur foit commun à tous; puifque c'eft le feul fur lequel ils foient tous d'accord : fur tout le refte il y a entr'eux fi peu d'uniformité, que perfonne encore n'a fourni de leur part, ni fyftème religieux, ni corps de doctrine, ni expofition de croyance fpéculative & pratique, dont on puiffe dire, voilà ce que tous les *déiftes* admettent comme vrai, ce qu'aucun d'entr'eux ne rejette. Il feroit difficile, peut-être même impoffible, qu'il en fût autrement, dans des chofes qui ne font pas uniquement du reffort des fens, qui ne font pas fufceptibles des démonftrations rigoureufes des mathématiques, & qui roulent, pour la plus grande partie, fur des fujets purement intellectuels. Ne reconnoiffant aucune autorité de décifion fupérieure à celle de la raifon humaine, nul homme ne regardant fon femblable comme infaillible, aucun ne fe croyant obligé de fe foumettre aux jugemens que prononce un autre homme fur des fpéculations métaphyfiques ou morales, il fuit que la vue de la vérité feule peut réunir tous les efprits dans une même croyance : mais pour atteindre cet effet, par ce feul moyen poffible & efficace , il faudroit que tous fuffent d'accord fur ces principes, que tous en tiraffent les mêmes conféquences ; ce qui feroit fuppofer que tous ont le même degré de pénétration, de génie , de bon fens & de lumieres ; que tous font également philofophes, fages, logiciens exacts , raifonneurs folides ; que nul préjugé , nulle paffion, nul intérêt n'aveuglent les hommes ; ou bien il faut fuppofer que tous ces principes font fi clairs & fi évidens, toutes les conféquences qui en découlent fi manifeftes & fi palpables, qu'il eft impoffible à aucun homme d'héfiter fur le fens des propofitions qui expriment les uns & les autres, de douter un moment de leur vérité, ou d'être dans le moindre embarras fur l'application qu'il faut en faire aux cas particuliers qui fe préfentent. Sans la réalité des unes ou des autres de ces fuppofitions , dont cependant aucune n'eft admiffible dans cette matiere, il eft impoffible d'amener les hommes à quelqu'uniformité de croyance & de pratique religieufe , lorfqu'il n'y aura aucune autorité reconnue infaillible , qui décide les queftions , qui détermine ce qui eft vrai & jufte, & qui change le doute en perfuafion. Quel eft en effet dans les objets de cette nature , & chez ceux à qui cette autorité infaillible manque , quel eft, dis-je , le principe fur lequel l'ignorance, la prévention, l'intérêt de quelque paffion n'ayent pas jetté des nuages , répandu le doute, & fait varier les hommes jufqu'au point de le rejetter comme faux ? Quelle eft la conféquence qui par les mêmes raifons n'a pas été niée , détournée, altérée, ou mal appliquée ; & cela, non-feulement chez quelques particuliers , mais même par des fociétés & des nations entieres, tant que ces principes &

ces conféquences n'ont été aux yeux des hommes que des décifions humaines ? Quel a été par cette raifon le fort des opinions des philofophes dans les écoles de la Grece ? quel a été celui des principes de la religion naturelle , tant vantés par les *déiftes*, tant qu'on ne les a pas cru fondés fur l'autorité des déclarations du ciel ? Cependant la philofophie les prouve, la raifon éclairée par l'étude peut, fi non les découvrir quand ils font encore inconnus , au moins les goûter, en fentir la vérité , appercevoir & faire appercevoir aux autres les preuves qui les établiffent. Chez quelle nation cependant , dans quelle fociété , au milieu de quelle famille, ont-ils été généralement reçus, fe font-ils maintenus comme fondemens folides d'une croyance uniforme & efficace ; fi ce n'eft chez celles-là feules qui en ont attribué la découverte & la publication à une révélation divine furnaturelle ? Que font au contraire ces principes & ces conféquences chez ceux qui ne les envifagent que comme des opinions de philofophie, & qui ne reconnoiffent d'autre guide vers le vrai que la raifon de chaque individu de l'humanité ? Ce ne font que des fujets de difpute fur lefquels chacun prend parti felon fa prévention, fon intérêt, ou fa maniere de penfer ; des fujets fur lefquels chacun fe fait un fyftème à fa fantaifie, ou plutôt ne s'en fait aucun, parce que dans cet état des chofes, il il n'eft point de bafe fixe & refpectée, de regle fûre & invariable, que les paffions & les préjugés ne fe croient en droit d'attaquer, & en pouvoir.re-branler, de renverfer & de endant L'hiftoire de l'efprit humaiqui n'ont les tems & chez les natjour guide , point eu de révélatjappante des ré-nous offre la preu-

D E I

flexions que nous faisons ici , & les raisons les plus fortes de reconnoître combien il seroit utile aux hommes d'avoir
une révélation réellement divine , qui
mît fin aux incertitudes , & qui fût la
regle fixe & infaillible du vrai , sur tout
ce qu'il nous importe de croire , de faire & d'espérer en matiere de croyance
religieuse & de morale. Ce n'est pas ici
le lieu de prouver combien la religion
est nécessaire à l'homme , & combien il
lui importe de n'être à cet égard , ni
dans l'ignorance , ni dans l'erreur. *v.*
RELIGION. Les *déistes* eux-mêmes ,
pour la plupart, font profession de penser ainsi. Cependant ils prétendent pouvoir se passer pour cela de toute révélation , & trouver dans leur raison un
guide suffisant pour arriver sûrement au
vrai. Examinons cette prétention.
1. Il est bien naturel , avant que d'entrer
dans cette discussion , de demander si
les *déistes* , au moyen de ce guide naturel dont ils se disent pourvus , sont
parvenus à se former un corps consis-
tant de doctrine religieuse , suffisant
pour les conduire sûrement dans la route du vrai & du bon ; au milieu des
écueils que l'imperfection humaine nous
fait rencontrer à chaque pas sur cette
route , sur laquelle nous devons tous
fournir notre carriere , pour arriver à
notre destination ? Car si l'on prétendoit nous ôter la révélation , pour nous
livrer à un doute universel , & à toute
l'inconstance des opinions humaines ,
il ne vaudroit pas la peine d'examiner ,
le pyrrhonisme seroit notre partage ;
mais il ne paroît pas que tous les *déistes*
pillent tendre vers ce but désespérant
l'humanité.

compte... fort difficile de rendre un
ceux ... ville de la doctrine de tous
l'athée qui regent la révélation. Entre
　　　　　　　　toute religion , par-

ce qu'il nie un Dieu qui a des rélations
avec nous , & l'homme plein de foi en
la révélation , qui la regarde comme la
parole de Dieu , & la regle sûre de sa
foi & de ses mœurs , il y a un nombre
prodigieux d'opinions différentes sur la
religion , dont chacune a son sectateur , & que nous ne saurions décrire ;
nous ne le tenterons pas non plus ;
nous observerons seulement d'abord ,
que l'on peut diviser en deux classes générales tous ceux que l'on désigne sous
le nom de *déistes* , parce qu'ils rejettent
tous la révélation. La premiere renferme ceux qu'il seroit plus naturel de
nommer *impies* ou *irréligieux* , que *déistes* ; puisqu'ils sont véritablement sans
religion. La seconde comprend les *déistes* véritables , qui admettent une religion naturelle plus ou moins étendue
& complette , & qui seuls sont de vrais
déistes.

Dans la premiere classe qui est de
beaucoup la plus nombreuse , & dont
on peut dire qu'elle est le corps de la
nation , le vil peuple *déiste* , nous ran-
geons ce tas de gens sans principes déterminés , sans connoissances approfon-
dies sur les objets relatifs à la religion
& aux devoirs de l'homme , qui prononcent sur ces objets sans examen ,
que la légereté d'esprit conduit , que le
libertinage & la corruption du cœur
animent , & qui confondant la licence
& l'anarchie avec la liberté d'un esprit
sage , rejettent indistinctement tout ce
qui pourroit gêner leurs inclinations
par des regles , & troubler leur repos
par des remords & des craintes. Soit
que quelque scrupule les retienne , soit
que le courage leur manque , ils n'o-
sent pas nier un Dieu ; mais ils ne s'occupent pas plus de l'idée de cet Etre ,
qu'ils ne supposent que cet Etre s'occupe d'eux : toute religion , tout culte ex-

térieur ou intérieur , toute obligation fondée fur l'exiftence, les attributs & les relations de Dieu , leur paroiffent une invention humaine, dont ils fe moquent. L'idée d'un Dieu qui nous donne des loix, d'un juge fuprême qui nous fera rendre compte de nos actions, n'eft à leurs yeux qu'une vaine chimere, enfantée par la crainte. Quant à la morale, ils n'en connoiffent d'autre que les loix humaines, toutes, felon eux, arbitraires, & n'étant que le langage de l'intérêt de ceux qui gouvernent. Travailler à fa confervation & à fes plaifirs, c'eft, felon eux, le feul devoir de l'homme. L'ignorance, le manque de reflexion, la corruption du cœur, le libertinage moral, font le principe de ce fyftème incohérent & ennemi de l'humanité. Puiffent, ceux qui le fuivent, fentir une fois combien il eft honteux pour l'homme de ne rien examiner, de juger fans connoître, & de fe déterminer à agir fans des raifons, dont l'évidence foit proportionnée à l'importance du parti qu'il faut embraffer ! Quelqu'indulgent que le philofophe puiffe & doive être fur les égaremens de fes femblables, peut-il en les plaignant de leur égarement, ne pas blâmer des hommes qui renoncent ainfi aux privileges de l'homme raifonnable, & qui imitent, à cet égard, l'infenfé qui, averti qu'il pourroit y avoir un précipice fur fa route, ferme les yeux pour pouvoir s'y jetter avec moins d'émotion ? Quoi, leur dira-t-il, vous rejettez toute religion ! mais avez-vous une démonftration qu'il n'en eft aucune de véritable, & qui vous impofe des obligations que vous devez refpecter ? il n'y a cependant qu'une démonftration qui pût vous autorifer à fuivre le parti que vous avez pris. Qu'oppoferions-nous à des gens fans principes ?

Quel raifonnement pourrions-nous employer avec fuccès, pour éclairer des gens, qui fubftituent les railleries aux raifons, les bouffonneries aux preuves, les badinages les plus indécens, les déguifemens les plus condamnables, aux argumens & aux difcuffions philofophiques & littéraires? A parler exactement, ces gens là méritent plutôt le titre d'impies que le nom de déiftes, quoiqu'ils fe difent difciples de ces derniers & s'autorifent de leurs écrits contre la révélation pour fe livrer à l'impiété. Ils font à-peu-près les mêmes que ceux dont nous avons parlé fous le mot ATHÉE.

Il eft fâcheux pour plufieurs hommes eftimables & amis du vrai, que la même dénomination foit employée pour défigner cette premiere claffe d'hommes fans principes, & une feconde claffe qui en differe effentiellement & avec laquelle elle n'a de commun que la rejection de toute religion révélée.

Dans la feconde claffe de déiftes, la feule à qui ce nom convienne, la feule à qui nous le donnerons, & dont nous parlerons dans la fuite de cet article, nous plaçons ces philofophes qui donnant trop, peut-être, à la raifon humaine, fe font perfuadés qu'elle fuffifoit feule à l'homme pour le conduire dans la recherche & la découverte du vrai & du bon, dans tous les cas relatifs à Dieu & aux devoirs qu'il nous impofe, foit envers lui, foit envers nos femblables, foit envers nous-mêmes : d'où ils concluent que la révélation eft tout au moins inutile, & que Dieu qui ne fait rien fans raifon, ne l'aura pas donnée pour éclairer les hommes qui n'en avoient pas befoin. Ils conviennent avec les chrétiens, qu'il faut à l'homme une religion, puifqu'il y a un Dieu qui foutient avec nous des relations, qui nous impose des devoirs comme maître, & qui peut disposer de nous comme arbitre de notre sort; mais tandis que le chrétien joint à ce que la raison découvre, tout ce que la révélation nous enseigne, le *déiste* veut que l'homme s'en tienne à la *religion naturelle*; expression par laquelle il entend, *le recueil des vérités de spéculation & de morale, à la découverte desquelles l'homme abandonné absolument à lui-même, & dépourvu de toute instruction reçue du dehors, peut parvenir par le seul usage de ses facultés naturelles, sans aucun secours supérieur.*

Comme de cette définition les *déistes* concluent à la rejection de toute révélation quelconque comme inutile, tandis que les sectateurs des révélations prenant cette définition pour principe, en concluent la nécessité de quelque leçon divine, qui supplée à l'insuffisance de la religion naturelle, il faut nécessairement, 1°. ou que les *déistes* se forment, de l'étendue de la capacité naturelle de la raison humaine, une idée beaucoup plus favorable que celle qu'en ont les philosophes chrétiens; 2°. ou bien qu'ils resserrent dans un cercle beaucoup plus étroit que ne le supposent ces derniers, les propositions, les principes & les conséquences qui constituent le système de la religion naturelle; 3°. ou enfin que les *déistes* fassent entrer dans leur système de religion naturelle, contre leur définition, des vérités que les chrétiens regardent comme dues à la révélation, comme trop au-dessus de la portée de notre raison, pour que nous puissions sans secours étrangers, les découvrir, les connoître, & comme trop métaphysiques pour que nous puissions les prouver, avec la facilité, la clarté & l'efficace nécessaires pour qu'elles deviennent des prin-

cipes religieux; les chrétiens croyant avec raison, que le caractere essentiel de ces principes, consiste en ce que l'homme puisse en comprendre toute l'étendue, & en sentir toute la vérité d'une maniere propre à le déterminer à agir dans tous les cas. Examinons chacune de ces trois suppositions.

1°. Les *déistes* dont nous parlons, affirment en effet que la seule raison a été dans tous les tems & pour tous les hommes sans exception, un guide suffisant pour les mettre à couvert de toute ignorance essentielle, pour les préserver de toute erreur de conséquence, & pour prévenir toute faute capitale, dans tout ce qui constitue la religion, & qui pourroit mettre un obstacle réel à la perfection de son intelligence, de sa volonté, & de ses sentimens moraux. Ils pensent que cette lumiere naturelle met l'homme en état de découvrir, sans avoir besoin de recevoir aucune instruction, tout ce qu'il lui importe de savoir au sujet de son créateur, des perfections de cet Etre suprême, des relations qu'il soutient avec lui, & des obligations qui naissent de-là pour les hommes, soit envers Dieu, soit envers leurs semblables, soit envers eux-mêmes.

Prenant la méthode synthétique, les *déistes* employent pour prouver leur these, un raisonnement qui paroît sans replique, & qui est fondé sur les perfections de Dieu, reconnues par les deux partis. Puisque la religion, disent-ils, concerne & oblige également tous les hommes, la bonté infinie, & la souveraine sagesse de Dieu, exigent sans doute que cette religion soit à la portée de tous, & que tous en puissent acquérir une connoissance suffisante, sans avoir recours à des miracles qui ne sont pas à leur disposition : cette te fage bonté qui a donné pour guide aux animaux un inftinct fi fûr, qui les conduit toujours à ce qui convient le mieux à leur nature, à leur état & à leur deftination, doit, à plus forte raifon, avoir donné à l'homme les moyens néceffaires pour le diriger fans erreur, vers le terme que Dieu lui affigne. Or Dieu a donné à l'homme la raifon pour le conduire, il doit donc lui avoir donné dans cette raifon un guide fuffifant, pour lui faire atteindre parfaitement la deftination & pour lui faire remplir exactement les obligations qu'il lui impofe. C'eft ainfi que raifonne un des plus eftimables *déiftes* de l'Angleterre, le lord Herbert de Cherbury, dans un livre intitulé, *de Religione gentilium*. Le docteur Tindal, autre *déifte* Anglois, partant du même principe, repréfente la raifon humaine, comme étant toute feule un guide fuffifant en matiere de religion, & ce qu'elle nous enfeigne, comme étant une lumiere vive & brillante, qui éclaire fuffifamment tous les efprits, & qui leur découvre immédiatement ce qu'ils doivent croire & pratiquer, pour répondre pleinement aux vues de Dieu fur eux. Il prétend même que cette lumiere ne fauroit être accrue, perfectionnée, ou diminuée par une révélation extraordinaire; car, dit-il, on ne peut rien connoître plus clairement, que ce qui nous eft enfeigné immédiatement par la voix de la nature; c'eft le principe fur lequel porte fon livre intitulé, *le Chriftianifme auffi ancien que le monde*, ou *l'Evangile, nouvelle publication de la religion naturelle*, chap. I. & VI. Il foutient même que ces enfeignemens de la raifon font exprimés fi clairement & d'une maniere fi évidente, que l'homme le plus ignorant, celui même qui ne fait pas lire, a pourtant une con-

Tome IV.

noiffance intime, très-claire de la religion & de tout ce qu'elle prefcrit, tant pour la croyance que pour la conduite.

Si tel eft l'état des chofes, fi les facultés de l'intelligence humaine ont cette étendue chez tous les hommes & dans tous les tems, rien fans doute n'eft moins néceffaire que la révélation, & il découle de là, par une conféquence naturelle & légitime que, comme le difent quelquefois & l'infinuent toujours les *déiftes*, le mieux eft de livrer les hommes à eux-mêmes & aux feules loix de la nature.

Pour rendre raifon de cette connoiffance complette de la religion naturelle, que ces deux écrivains attribuent à tous les hommes fans exception, ils ne recourent point aux méditations profondes, aux études affidues; peut-être ces moyens auroient été infuffifans, cette méthode eût été lente; l'homme a de bonne heure befoin de connoître, puifque de bonne heure il eft appellé à agir; & ce n'eft que lentement que l'on s'inftruit par l'étude de la méditation; le fuccès eût peut-être été incertain; fouvent nos recherches fur des fujets problématiques, nos méditations, & le foin de confulter les opinions diverfes des hommes, ne nous conduifent qu'au doute: les auteurs l'ont bien fenti; mais pour parer à cet inconvénient, ils ont eu recours à un moyen plus prompt & plus certain, celui des idées innées que Dieu imprime dans notre ame en lui donnant l'exiftence; c'eft ce que le lord Herbert enfeigne particulierement, & ce que le docteur Tindal fuppofe clairement dans tout le cours de fon ouvrage. Comment, fans ce moyen, ainfi qu'il le prétend, l'homme le plus ignorant, le plus dépourvu de toute inftruction, celui même qui ne fait pas

Qq

lire, auroit-il naturellement de cette religion & de ce qu'elle prefcrit, une connoiffance fi claire, fi diftincte, fi intime, qu'aucune révélation ne fauroit ni en augmenter ni en diminuer la perfection? Voyez *le Chriftianifme auffi ancien*, *&c. chap. VI*. Un *déifte* très-moderne affigne la même origine à la religion naturelle, dans une petite brochure intitulée, *Profeffion de foi d'un théifte*. "Notre religion, dit-il, en " parlant au nom des *déiftes*, eft fans " doute divine, puifqu'elle a été gra-" vée dans nos cœurs par Dieu même, " par le maître de la raifon univerfel-" le, qui a dit au Chinois, à l'In-" dien, au Tartare & à nous, *adore-" moi & fois jufte*". Quant à milord Herbert, fa penfée eft exprimée fans équivoque; il admet les idées innées comme Defcartes; il eft bien certain auffi que c'eft le fens que préfente à l'efprit la doctrine de Tindal, & celle de *la Confeffion de foi d'un théifte*. Ce n'eft pas cependant que je veuille affirmer que ces deux auteurs, fur-tout le dernier, ayent cru aux idées innées de Defcartes, dont l'illuftre Locke qu'ils fe font gloire de refpecter comme nous, a fi clairement prouvé la fauffeté. Mais on ne fauroit nier que les expreffions de ces deux auteurs n'offrent ce fens à l'efprit, comme le plus naturel qu'on puiffe lui donner. Ici, qu'il nous foit permis de l'obferver, fi ces auteurs penfent que Dieu a gravé ces idées dans notre efprit & dans nos cœurs en nous donnant l'exiftence, il l'a fait par un acte différent de la fimple création de nos ames: mais admettre cette opération immédiate de Dieu fur nos ames, au moment qu'il les fait exifter, eft-ce recevoir une doctrine moins diffi-cile à concevoir, moins affortie aux perfections divines, à la nature & aux

facultés de nos ames, que fi on ad-mettoit que cette opération de Dieu fur elles, n'a eu lieu qu'après notre naiffance, ou lorfque nous étions en état de raifonner? S'il a fallu, pour nous donner ces connoiffances, que Dieu lui-même les gravàt dans nos ef-prits & dans nos cœurs, n'eft-ce pas fuppofer que fans ce fecours, nos ames n'auroient pas pu y atteindre, & qu'el-les les auroient ignorées, ou né les auroient connues qu'imparfaitement & fans certitude? A prendre cette hypo-thefe rélativement à fa vérité, pour ce qu'elle vaut, on ne fauroit difcon-venir qu'envifagée comme une fimple fpéculation, elle ne foit belle, fatis-faifante pour notre amour propre, qu'el-le ne releve à nos yeux la dignité de la nature humaine, & ne femble ré-hauffer l'éclat de la fageffe & de la bonté de Dieu à notre égard; je ne fais pas même, à raifonner fynthéti-quement, ce qu'on pourroit y oppo-fer de concluant & de propre à en fai-re fentir la fauffeté; mais il paroit af-fez indifférent, quant au fond de la chofe, que Dieu ait mis ces idées en nous avant notre naiffance, pour en faire des idées innées, ou qu'il nous les ait communiquées depuis notre naif-fance, foit médiatement par le minif-tere de quelqu'envoyé, foit immédia-tement, en agiffant directement fur nous; ce qui feroit une véritable ré-vélation, telle que les chrétiens la con-çoivent. Mais d'un côté, les *déiftes* ne veulent point admettre de telle révéla-tion; de l'autre côté, la fauffeté de l'opinion qui admet des idées innées, a été démontrée d'une maniere victo-rieufe, & je doute qu'il y ait des *déif-tes* aujourd'hui, qui les admettent. Lors. donc que l'on dit que Dieu a gravé ces penfées, a imprimé ces connoiffan-

ces dans nos ames ; que sans aucun secours extérieur, sans l'assistance d'aucune instruction , nous pouvons par
nos seules lumieres naturelles, connoitre autant que nous en avons besoin,
tous les principes & toutes les conséquences utiles de la religion naturelle,
il faut croire que ces expressions ne
signifiant ni idées innées, ni révélation , signifient que les objets de croyance & de pratique, qui constituent la
religion des *déistes*, s'offrant à l'esprit
des hommes dès qu'ils sont capables de
penser, s'offrent alors à eux, avec autant de clarté & d'évidence, que si Dieu
en avoit effectivement gravé les idées
dans notre ame ; & que l'ame de tous
les hommes est tellement constituée,
que ces idées s'offrent à elle dans toutes
les circonstances qui se présentent, de
maniere qu'elle sait toujours ce qu'elle
doit croire, ce qu'elle doit vouloir,
ce qu'elle doit exécuter, espérer ou
craindre, rechercher ou fuir, desirer
ou rejetter, pour remplir ses devoirs,
& répondre à sa destination ; car tout
cela est nécessaire, pour qu'on puisse
dire que nous avons une connoissance
& une certitude suffisante de la religion naturelle : elle ne feroit pas telle,
si elle ne nous préservoit pas de l'erreur, soit pour la croyance, soit pour
la conduite ; ou bien la doctrine des
déistes sur l'origine des connoissances
qui constituent la religion naturelle,
ne signifie rien, ou bien elle doit avoir
ce dernier sens. Les idées innées ne
sont qu'une chimere même dans l'esprit des *déistes* ; ils ne veulent admettre aucune révélation surnaturelle ; reste donc la troisieme supposition que
nous venons de faire, la seule qui soit
d'accord avec le système de la suffisance des lumieres naturelles pour tous
les hommes, dans tous les tems.

Cette nouvelle supposition aura tous
les avantages des deux précédentes,
quand on les considérera synthétiquement, & en la comparant avec ce que
nous font espérer les perfections de
Dieu, envisagées abstractivement, &
d'après des axiomes de métaphysique ;
mais que devient-elle quand on la rapproche des faits & de l'expérience ?
elle n'est plus alors qu'une chimere,
une vision qui ne répond point à la
réalité & à la condition de la nature
humaine. On a même lieu de s'étonner très-fort qu'une telle hypothese
puisse être adoptée & soutenue, par
un homme qui a quelque connoissance
du monde & de l'histoire religieuse &
morale du genre humain. Ou cette
opinion n'a point de sens, ou bien elle
suppose que la religion est naturellement & suffisamment connue de tous
les hommes dans ses principes, dans
ses conséquences, dans ses dogmes
& dans ses préceptes ; ensorte que
par-là, toute porte est fermée dans
l'esprit humain, quand nous le voulons, aux erreurs spéculatives & pratiques de quelque importance ; & cependant l'histoire de tous les âges prouve que des hommes, des sociétés,
des peuples entiers, & pendant long-
tems la plûpart des nations, se sont
étrangement trompés dans les points
les plus essentiels, soit du dogme, soit
de la morale : que frappés de ces égaremens, appercevant les erreurs, mais
incapables de découvrir avec certitude
les vérités qui doivent en tenir la place & les preuves qui devoient les établir, les plus sages des philosophes ont
senti l'insuffisance de la raison humaine, le besoin d'un autre guide pour
revenir au vrai, la nécessité d'une révélation, ou d'un envoyé céleste qui
instruisît les hommes.

Aucun des fages de l'antiquité n'a cru que l'homme pouvoit fe paffer d'inftruction. La nature fans la fcience & l'inftruction, dit Plutarque, eft un guide aveugle. La vertu, dit le même auteur, ne peut entrer dans l'ame que par l'inftruction. Plut. *de l'éducation des enfans.* Tout en convenant que l'homme bien né, devient par une bonne éducation le meilleur & le plus divin des animaux, Platon ajoûte, ,, que ,, s'il a le malheur de n'ètre pas élevé ,, d'une maniere conforme à ces bonnes ,, difpofitions, il devient plus féroce & ,, plus intraitable que les bètes fauva- ,, ges ''. Plat. *de legibus, lib. VI.* Quels font ceux de ces philofophes qui ne fe plaignent pas de la ftupidité & de l'ignorance des hommes laiffés à euxmèmes, & cela, quoiqu'ils parlent du peuple de Rome & d'Athenes qui étoient certainement les plus éclairés & les mieux civilifés de tous les peuples payens? Qu'auroient penfé ces philofophes, de l'hypothefe des modernes qui prétendent que tous les hommes, même les plus groffiers & les plus dépourvus d'inftructions, font naturellement fi éclairés fur la religion & fur les mœurs, qu'ils n'ont befoin d'aucune leçon divine, pas même de celles de leurs femblables? Ce n'étoit pas là certainement la façon de penfer de Socrate, qui au rapport de Plutarque, *in Apolog. Socrat.* difoit, ,, qu'à moins ,, qu'il ne plaife à Dieu de nous en- ,, voyer quelqu'un pour nous inftruire ,, de fa part, nous ne devons pas ef- ,, pérer de réuffir jamais, dans le def- ,, fein de réformer les mœurs des hom- ,, mes ''. Chacun connoît ce paffage tant cité de l'*Alcibiade* de Platon, dans lequel Socrate dit, ,, que le meilleur par- ,, ti à prendre, c'eft d'attendre pa- ,, tiemment que quelqu'un vienne nous

,, inftruire, de la maniere dont nous ,, devons nous comporter envers les ,, dieux & envers les hommes ''. Plat. *in Alcib. lib. II.* Ces hommes fages & éclairés étoient bien éloignés de regarder la raifon humaine comme un guide fi prompt & fi digne de confiance, qu'on dût s'en remettre à lui feul pour découvrir avec certitude, tout ce qu'il peut nous ètre important de connoître en matiere de religion, foit pour la croyance, foit pour les mœurs. Les académiciens & les fceptiques, difciples de Pirrhon, étoient encore bien plus éloignés de regarder la raifon comme capable de parvenir feule à la connoiffance du vrai. Les ftoïciens plus affirmatifs, parce qu'ils étoient plus vains, quelque haute opinion qu'ils ayent eu de la raifon humaine, n'ont cependant jamais pouffé fi loin leurs prétentions, que de croire que la divinité ne pourroit rien nous découvrir d'important & d'effentiel en matiere de religion, de plus que ce qu'ils favoient: ils y auroient pourtant été mieux autorifés, eux qui croyoient que leur ame étoit une portion de la divinité; jamais cependant ils n'ont cru que fans leçons, fans inftruction, fans étude, l'homme pouvoit connoître tout ce que la religion pouvoit enfeigner & prefcrire de propre, à rendre l'homme auffi parfait qu'il peut l'ètre. Si la raifon fuffit feule, pourquoi là où elle n'a point eu de révélation, n'a-t-elle pas été fuffifante? pourquoi les plus groffieres erreurs ont-elles couvert la face de la terre, par-tout où ce que les chrétiens nomment une *révélation*, a manqué à fes habitans? pourquoi cette même raifon n'a-t-elle pas oppofé une digue affez forte aux abfurdités que les *déïftes* reprochent avec plus ou moins de juftice, aux fectateurs des révélations réelles ou prétendues ? Nous ne craignons pas de le demander encore, quel est le principe de religion naturelle qui n'ait pas été oublié, perdu de vue, altéré ou nié, malgré son évidence & malgré cette raison naturellement si éclairée ? quelle est la nation à laquelle on ne puisse pas reprocher d'avoir adopté généralement quelque erreur capitale, soit de croyance, soit de pratique ? Ajoûtons ici que jamais aucun des anciens philosophes ne s'est vanté de devoir à ses seules réflexions, ce qu'il a connu au sujet de la religion & de la morale; tous ont appris de leurs dévanciers; tous en appellent à des traditions anciennes, qui remontoient de générations en générations, & qui enfin, ce que ces sages ne nioient pas, pouvoient bien avoir eu leur premiere source dans une premiere révélation donnée aux hommes, dès le commencement. Voyez ce que nous en avons dit sur ce sujet à l'article ANTÉ-DILUVIENNE.

Enfin, les *déistes* qui, comme le lord Herbert & Tindal, ont donné tant de capacité à la raison humaine, pourroient-ils dire & disent-ils en effet, qu'ils n'ont pas appris par les leçons de leurs maîtres, par la lecture des bons livres, de ceux même des chrétiens, cette religion naturelle qu'ils professent; peuvent-ils se persuader, malgré tous les talens naturels dont ils sont doués, que sans ces secours divers, ils auroient été capables de découvrir tout ce qu'ils disent qu'ils croient, de le réduire en système & d'en former un corps raisonné, tel que celui qu'en fournit, par exemple, l'auteur du livre *des mœurs*, quelqu'imparfait que soit cet ouvrage à bien des égards essentiels ? S'ils sont sinceres, ils conviendront que l'on attendroit en vain de nos pauvres agri-

culteurs, qui ne savent pas lire, des connoissances suffisantes sur la religion.

2°. A cela on répondra peut-être, que les sectateurs des révélations portent trop loin le détail & la précision des articles qui constituent la religion naturelle ; c'est la seconde supposition que nous avons faite. Les *déistes* n'entendent par cette religion naturelle, que les vérités que peut découvrir chaque homme par ses seules lumieres naturelles, sans le secours d'aucune autre instruction. En effet, comme il ne dépend pas de l'homme de se faire donner des leçons, on ne peut lui faire une obligation de connoître, que ce que par lui-même il peut découvrir : mais à quoi réduirons-nous les objets & l'étendue de ces connoissances ? il sera bien difficile ou même impossible de le déterminer. Qui nous apprendra quelles vérités religieuses, soit de croyance, soit de morale, peut connoitre un homme sans autre secours que ses reflexions, en lui supposant autant de bon sens & de talens qu'un homme ordinaire peut en avoir ? quelle vérité apperçue se démontrera-t-il à soi-même assez clairement, pour qu'elle devienne pour lui un principe & une regle efficace de conduite, d'après laquelle il se détermine dans tous les cas, même contre l'intérêt de quelque passion ? Pour répondre à ces questions, il faudroit que le fait qu'elles supposent existât; mais nous n'en avons aucun exemple assez vérifié, ou assez bien connu & examiné, pour pouvoir être cité en preuve: nous n'alléguerons pas ces deux enfans nourris par des ours, dit-on, dans les forêts de Poméranie, ou cette fille sauvage trouvée dans les bois en Champagne; ces faits paroitroient trop défavorables au système de la capacité suffisante de la raison humaine, & on en nieroit la vérité, que nous ne nous chargerons pas d'établir. Bornons-nous à ce qui se passe sous nos yeux, parmi cette classe d'hommes que le besoin de vivre retient dans les campagnes, tout occupés de travaux auxquels nous devons nos alimens. Prenons même dans les villes quelques personnes qu'on n'a point instruites, qui se bornant à travailler de leur profession, n'ont ni le tems ni la volonté de s'éclairer ; même parmi des personnes d'un rang plus élevé, prenons tant de jeunes gens, à qui crainte de leur faire de la peine, on ne fait rien apprendre, & qui ne s'attachent qu'au plaisir ; dans quelle ignorance ne trouve-t-on pas les uns & les autres sur les principes les plus essentiels de la religion naturelle ? Dans l'état où sont les choses aujourd'hui, rien ne nous permet de soupçonner que le peuple sans instruction, vînt jamais à se former un système de religion naturelle, tant soit peu raisonnable. S'il fut un tems où les agriculteurs & les bergers, vivant dans les campagnes à la façon des anciens patriarches, ont été capables de trouver sans aucune instruction, sans secours extérieurs, ce système de religion naturelle, qu'on apperçoit subsister encore, mais défiguré par la superstition des Payens, attaqué ou médité, & défendu par les anciens sages, perfectionné ou altéré par les sectateurs des révélations, c'est je crois ce que nul homme sincere n'affirmera, puisque nous ne pouvons en avoir aucune preuve. Les faits que nous connoissons, rélatifs à cette hypothese, lui sont trop défavorables, pour nous mettre en droit de rien affirmer en sa faveur.

Au défaut de faits & de monumens, qui prouvent la suffisance de la raison & l'inutilité de toute révélation, examinons les systêmes de religion natu-

relle, tracés par les *déistes* modernes. Nous en ferons deux classes ; dans la premiere, nous mettrons ceux qui ont voulu faire l'exposé de leur religion d'après la définition qu'ils ont donnée de la religion naturelle. Les autres qui forment la seconde classe, ont fait entrer dans leur système tout ce que la philosophie la plus profonde, tout ce que les esprits les plus éclairés, ont pu découvrir & prouver à ce sujet ; en profitant de tous les secours que fournit l'état présent de l'humanité, relativement à la science des mœurs & de la religion. Rien n'est plus vague, plus imparfait, plus resserré que l'idée que les *déistes* les plus modernes nous donnent de la religion de leur raison, prise dans le sens dont il est ici question ; dans laquelle ils ne veulent admettre que ce que l'homme peut découvrir & prouver à soi-même par ses seules lumieres. Les uns admettent plus & les autres moins de dogmes ; l'un croit un Dieu unique, éternel, spirituel, tout-puissant ; l'autre croit en général une divinité quelle qu'elle soit, sur la nature & les perfections de laquelle il n'ose rien affirmer ; tel croit une Providence particuliere, tel autre n'admet qu'une Providence générale, qui conserve l'univers : celui-ci pense qu'il faut rendre à Dieu un culte ; mais l'un borne ces hommages aux sentimens ; celui-ci ne veut que l'amour ; celui-là exige le respect & la crainte ; l'autre veut que la conduite morale en soit l'expression ; un troisieme demande un culte extérieur ; celui-ci veut que l'on fasse consister le culte dans les seules actions de graces ; celui là demande qu'on y joigne des requêtes. Aucun ne pense à des expiations de fautes, comme de les confesser, d'en demander le pardon, de promettre de mieux faire ; l'un ne croit pas qu'il y ait une autre vie; j'en connois qui l'admettent, mais qui penſent qu'elle n'apportera que des recompenſes, & point de châtimens; que tous les hommes feront heureux, & que Dieu ne punira pas des actions qui ne lui ont fait aucun mal: il en eſt encore qui ne veulent pas que la crainte du châtiment ou l'eſpoir des recompenſes ou même le deſir de plaire à Dieu, ſervent de motif à la vertu, mais uniquement la beauté de la droiture morale. Lorſque l'on annonça les brochures intitulées, l'*Evangile de la raiſon*, & la *Profeſſion de foi d'un théiſte*, on s'attendoit enfin à voir un expoſé de cette religion naturelle ſi vantée, un détail raiſonné de ce que croit un homme que la raiſon ſeule éclaire, & qui n'ayant puiſé que dans ſon eſprit & dans ſon cœur, y a trouvé des idées que Dieu lui-même y a gravées; mais on s'abuſoit très-fort. Le premier de ces ouvrages n'offre que la critique des révélations, ſur-tout de celles que reſpectent les chrétiens, & qu'il attaque en relevant des choſes qui ne font point partie de la religion qu'elles enſeignent. Deux ou trois phraſes que nous allons copier, & qui font mêlées avec des ſatyres, renferment toute la religion de l'auteur. " J'adore Dieu, dit-il, je tâche d'être " juſte, & je cherche à m'inſtruire. " Je vous propoſe, ajoûte-t-il à fin , " une religion qui convient à tous les " hommes, celle de tous les patriar- " ches & de tous les ſages de l'antiqui- " té, l'adoration d'un Dieu, la juſti- " ce, l'amour du prochain, l'indul- " gence pour toutes les erreurs, & la " bienveillance dans toutes les occa- " ſions de la vie. C'eſt cette religion " digne de Dieu, que Dieu a gravée " dans tous les cœurs. " Voilà tout le contenu de l'*Evangile de la raiſon*. La

Profeſſion de foi d'un théiſte ne m'en apprend pas davantage; au lieu de l'expoſition de ce qu'il faut croire, on y trouve un expoſé ſatyrique de ce qu'il faut croire, on y trouve un expoſé ſatyrique de ce qu'il ne faut pas croire; un éloge pompeux du déiſme, ſous le nom de *théiſme*; un reproche aux ſectateurs des révélations de tous les abus dans leſquels ils font tombés, de tous les crimes qu'ils ont commis, comme ſi l'on avoit droit de les imputer aux leçons divines qu'ils ſe flattent d'avoir reçues; une indication qui peut être vraye du nombre prodigieux de *déiſtes* qu'il y a dans le monde, & ſur-tout en Europe. Du reſte, cet auteur borne ſa profeſſion de foi à ce peu de paroles: " cette religion, gravée dans nos " cœurs par Dieu même, nous dit de " ſa part, *adore-moi & ſois juſte*. Nous " adorons, ajoûte-t-il plus bas, une " divinité unique, éternelle, rému- " nératrice de la vertu, & vangereſſe " du crime; c'eſt-là le centre où tous " les hommes ſe réuniſſent, dans tous " les tems & dans tous les lieux; ce cen- " tre eſt la vérité & les écarts de ce centre " font le menſonge". Si nous en croyons l'auteur ſatyrique de la *Théologie portative*, " le déiſme eſt un ſyſtême qui ſuppoſe " un Dieu raiſonnable, qui n'exige rien " des hommes que d'être bons & honnê- " tes, & qui ne leur demande ni foi, ni " culte, ni cérémonies". En vérité, on a lieu de ſe plaindre des *déiſtes*, ſi croyant quelque choſe de plus que ce qu'expriment ces phraſes, & ſi pouvant donner à des expreſſions ſi vagues & ſi abrégées, un développement plus détaillé, ils ont diſſimulé leur croyance. Les éclairciſſemens qu'on avoit droit d'attendre d'eux, auroient mieux figuré dans leurs écrits, y auroient paru avec plus de décence, auroient été plus instructifs & plus d'accord avec la modération & les égards dont ils se vantent, que les satyres & les critiques peu raisonnables qui en tiennent la place. Mais si ces phrases expriment tout ce qu'ils savent, tout ce qu'ils croient, sans qu'ils aient rien à y ajoûter, on ne sauroit nier que leur systême de religion ne soit extrèmement imparfait & défectueux; très au dessous des éloges qu'ils font de son excellence, & très-éloigné de suffire au but que doit atteindre la religion. Il ne suffit pas qu'elle fournisse des principes généraux, des propositions universelles, des leçons vagues; l'homme n'agit pas en général & d'une maniere vague & universelle; il agit individuellement, dans des cas particuliers, dans des circonstances déterminées. Une action désignée par une dénomination générale, n'est plus la même dans telle conjoncture singuliere. Ainsi je me vois forcé de demander des explications au *déiste*, sur le sens de sa profession de foi & de sa morale. Comment dois-je adorer un Dieu qu'on me fait si peu connoître? Qu'est ce que cette adoration que je lui dois? consiste-t-elle dans des sentimens, dans des mœurs, ou dans un culte extérieur? Quels sentimens dois-je à cet Etre, dont on ne me dit point quelles relations il soutient avec moi? quel culte dois-je lui rendre? mes hommages peuvent-ils lui plaire? me concilieront-ils sa faveur, lorsque je les joindrai à la pratique de la vertu envers mes semblables & envers moi-même? Dieu n'est-il jamais l'objet de mes devoirs? si j'en ai à remplir à son égard, en quoi consistent-ils? Dois-je condamner au silence, les sentimens que m'inspire pour lui la connoissance de ce qu'il est pour moi? Ou dois-je les exprimer au dehors par quelques signes, en suivant en cela la disposition naturelle, que j'ai de manifester par des actes extérieurs les mouvemens que mon ame éprouve? Approuvera-t-il un culte extérieur qui soutient mon attention, & qui donne à mes concitoyens un exemple de piété? Dieu, me dit-on, est vengeur du crime & rémunérateur de la vertu; mais quand & comment le sera-t-il? me pardonnera-t-il mes fautes, & sous quelle condition? fait-il attention, prend-il garde aux actions des hommes, & influe-t-il sur leur sort par sa Providence? Quel principe ces phrases sans précision me fournissentelles pour me préserver des erreurs de croyance, & des égaremens dans la morale que les *déistes* reprochent, & souvent avec tant de justice aux Payens & aux sectateurs des révélations réelles ou supposées? Car enfin, si ce centre de vérité, comme ils l'appellent, est la regle du vrai, tout ce qui est compatible avec lui ne sauroit être blâmé: or quand on s'en tient à ce que ces auteurs nous disent, dans les phrases que nous avons citées, nous trouverons que les plus grands abus ont subsisté sans détruire ces principes. L'idolatre a voulu adorer la Divinité, par tout ce que lui a dicté la superstition; le persécuteur a voulu être juste & défendre les droits de la vérité. On ne le avoit pas donné des principes suffisans, pour prévenir leurs erreurs & les abus de la superstition & du fanatisme; car tout ce qu'on reproche aux hommes à cet égard, n'a pas toujours été le fruit de l'imposture; il a souvent été l'effet d'une ferme persuasion.

Convenons-en donc, les confessions de foi des *déistes*, qui s'en tiennent à ce que l'homme sans instruction peut connoître, sont si fort insuffisantes, qu'il vaudroit

vaudroit autant que l'homme fût athée, puisque ne consultant que son intérêt présent & physique, n'ayant à ménager que les hommes, n'ayant rien à attendre que de ses semblables, il ne seroit ni superstitieux ni fanatique, il n'auroit que les vices naturels d'un homme ignorant. Ce n'a jamais été à l'ignorance complette, ni à la connoissance distincte des savans éclairés, que l'on a dû les grandes erreurs & les funestes abus moraux; mais c'est aux fausses lumieres, aux demi-connoissances, aux idées imparfaites & non distinctes, telles que celles que nous donnent de la religion, les discours & les écrits de la plupart de nos *déistes*.

3°. Frappés de ces considérations, d'autres *déistes* en trop petit nombre, ont senti qu'il ne falloit pas, pour former un système suffisant de religion naturelle, se borner à ce que l'homme sans instruction peut découvrir seul & abandonné à lui-même, mais qu'il falloit y faire entrer tout ce que l'on a appris par les efforts réunis des hommes éclairés & philosophes, aidés du secours de toutes les sciences, telles qu'elles ont été & sont encore cultivées, & de tout ce qu'on a pu puiser dans les révélations. Rassemblant ainsi tout ce qui a été dit, écrit & enseigné par les plus habiles & les plus sages des hommes dans les divers tems, ils en forment aujourd'hui un système de religion naturelle, qu'ils opposent à la révélation, qui, suivant eux, devient inutile; semblables, comme le dit un illustre écrivain, à un enfant fort & vigoureux, parce qu'il a été nourri d'un lait excellent & convenable à sa constitution, qui se sert de ses forces, pour battre la bonne nourrice à qui il doit son existence & sa vigueur. Quelles sont en effet les sources où les Vollas-

ton, les Clark, les Wolf, ont puisé ces corps complets de religion naturelle que l'on veut substituer à la révélation? n'est-ce pas, quant à tout l'essentiel, la révélation elle-même? Quelle part y a eu la raison humaine & la philosophie? celle seulement d'avoir rangé ces principes & ces conséquences dans un ordre plus méthodique, en avoir fait appercevoir la liaison & la dépendance, & d'avoir prouvé qu'en tout cela, il n'y avoit rien qui ne fût d'accord avec la nature des choses, & avec les lumieres du sens commun; que ce n'étoit qu'en agissant conformément à cette religion naturelle, que l'homme paroît être parfait & heureux, objet de l'approbation de son Créateur. A la tête de ces *déistes* on doit placer le lord Herbert, dans un ouvrage qui a été publié à Londres, seulement en 1768, sous le titre de *Dialogue entre un gouverneur & son éleve*, & qu'on attribue à ce lord. Il rapporte aux cinq articles suivans tous les points de sa croyance. 1°. Qu'il y a un Dieu suprême & unique; 2°. qu'on doit l'adorer seul; 3°. que la meilleure adoration consiste dans la vertu, la piété, la charité & la foi; 4°. que si nous violons les regles de la vertu, nous devons nous en répentir sincérement, & changer de conduite, sans quoi la répentance seroit vaine; 5°. qu'il y a des récompenses & des peines, & dans ce monde & dans l'autre, réservées aux gens de bien & aux méchans. Quoique plus étendu dans sa profession de foi que les autres *déistes*, quoique croyant aux idées innées, il eût pu emprunter bien davantage du christianisme, en regardant ce qu'il enseigne comme des traces de ces idées, on sent bien qu'avant que d'embrasser sa religion, on auroit bien des explications à lui demander sur le culte dû à Dieu, fur la nature de cet Etre fuprème, fur les regles de la vertu, fur la Providence, fur les actes de la répentance, fur la vie à venir; bien des directions à defirer, pour prévenir les abus & la corruption de ces principes fondamentaux, fur leurs conféquences détaillées; fur leur application aux cas particuliers, & fur les moyens de rendre communes ces connoiffances, & fenfibles à tous les hommes les preuves efficaces de leurs vérités. Mais malgré le peu que dit ici le lord Herbert, il ne dit pas qu'il n'en a puifé aucune partie dans les leçons qu'au fein du chriftianifme il a reçues de fes maitres.

Le D. Tindal qui regarde le chriftianifme comme la républication de la religion naturelle auffi ancienne que le monde, ne fauroit dire que l'Evangile ne lui a pas été connu. L'auteur du livre *des Mœurs* auroit il donné cet ouvrage tout imparfait qu'il eft, s'il eût vécu dans des lieux où l'Evangile auroit été parfaitement inconnu? Jamais Vollafton, ni Clark, ni Wolf, dans leurs excellens traités fur la religion ou théologie naturelle, & fur la philofophie morale, n'ont prétendu que la raifon feule les leur avoit dictés, & que la révélation ne les avoit pas inftruits & dirigés. „ Les *déiftes* modernes ne font pas du „ fentiment des anciens philofophes fur „ la fuffifance de la raifon, dit Clarke, „ dans fon difcours *fur la religion natu-* „ *relle*. Les *déiftes* prétendent qu'il n'é- „ toit nullement befoin d'une révéla- „ tion, & que la droite raifon & la phi- „ lofophie fuffifent de refte par elles- „ mêmes. Mais nous pouvons fans „ crainte en appeller à eux-mêmes, & „ leur demander s'ils ne croient pas que „ le témoignage de Jefus - Chrift fur „ l'immortalité de l'ame & fur l'état à „ venir, a produit de plus grands effets

„ que tous les raifonnemens des philo- „ fophes qui parurent jamais dans le „ monde? Ne doivent-ils pas avouer „ en un mot, que dans les pays où la „ religion chrétienne eft enfeignée, les „ plus fimples & les plus ignorans ont „ des idées plus faines de Dieu & de fes „ attributs, de leurs devoirs & de la vie „ à venir, que n'en ont jamais eu les „ payens en général, dans aucun lieu „ du monde? Mais quand on leur ac- „ corderoit que tous les devoirs & tous „ les motifs de la morale, font d'une „ nature à pouvoir être découverts & „ démontrés par les lumieres naturel- „ les, que gagneroient-ils à cela? il eft „ toujours certain que les plus éclairés „ de tous les philofophes de l'antiquité „ n'ont jamais pu en venir à bout, & „ qu'ils firent profeffion de croire qu'ils „ avoient befoin pour cela du fecours „ d'en haut."

La remarque de cet illuftre Anglois porte fur un fait digne de toute notre attention, par fon influence fur le jugement que nous pouvons porter fur ce fujet. A qui fommes - nous redevables des cours complets & des traités fyftématiques de théologie naturelle, & de philofophie morale? les devons-nous aux philofophes anciens ou aux *déiftes?* non, nous les devons uniquement à des théologiens, ou à des philofophes chrétiens, qui y ont fait entrer une bonne partie de ce que contient la révélation; ils fe font attachés à prouver que tout cela étoit vrai, raifonnable, conforme aux lumieres du fens commun, & qu'ainfi l'homme devoit croire & agir felon cette regle, que la révélation qui nous enfeigne ces diverfes vérités importantes, qui nous difpenfe par fon autorité des recherches profondes, néceffaires pour les découvrir, dont fi peu de gens font capables, & que prefque aucun homme n'a le tems ou la volonté de faire, est un préfent bien précieux du ciel.

Il s'en faut bien qu'il foit prouvé que la raifon pût découvrir par elle-même, par le feul ufage de fes facultés, ces vérités intéreffantes: quoique, quand elles lui font préfentées, elle les goûte & puiffe s'en démontrer la certitude, il ne fuit point de-là qu'elle puiffe en voir toutes les conféquences légitimes & en faire l'application, pour diriger les hommes dans la connoiffance & la pratique de la religion. La preuve de fait de cette réflexion, c'eft que nous n'avons encore vu que des perfonnes éclairées par la révélation, qui ayent réuffi dans ce deffein. Il eft une remarque de l'illuftre Locke très-importante fur ce fujet. „ Il „ y a une infinité de chofes, dit-il, que „ nous avons apprifes dès le berceau, & „ des notions qui nous font devenues „ fi familieres fous la loi de l'Evangile, „ qu'elles nous font devenues comme „ naturelles; nous les regardons com-„ me des vérités inconteftables & faci-„ les à démontrer, fans réfléchir com-„ bien de tems nous les aurions igno-„ rées, ou au moins combien de tems „ nous en aurions douté, fi la révéla-„ tion ne nous les avoit apprifes." Qui eft-ce qui, s'il veut y faire attention, n'obferve pas qu'il reçoit un grand nombre de vérités de la bouche d'autrui, qu'il juge d'abord conformes à la droite raifon, & qu'il n'auroit cependant pu découvrir par fes feules lumieres? La vérité naturelle & primitive n'eft pas auffi aifée à tirer de la mine, que nous nous l'imaginons, nous qui pouvons fi facilement la travailler & la façonner quand elle nous a été fournie. „ Autre „ chofe en effet, remarque le D. Clar-„ ke dans le difcours que nous avons „ déja cité, autre chofe eft de recon-„ noître que les principes de conduite „ qui nous font clairement expofés, fe „ trouvent parfaitement d'accord avec „ la raifon, & autre chofe de découvrir „ ces mêmes principes lorfqu'on n'en a „ encore aucune notion." Que réfulte-t-il maintenant de ces diverfes obfervations? qu'il nous foit permis d'en exprimer la conféquence, en nous fervant des paroles d'un auteur qu'on ne foupçonnera pas de favorifer la révélation par préjugé, c'eft le docteur Morgan, dans fon *Philofophe moralifte*, Tom. I. „ Ceux, dit-il, qui veulent juger du „ degré réel de force de la raifon hu-„ maine, dans les matieres de morale „ & de religion, à prendre les chofes „ dans l'état où elles font, doivent „ prendre leur point de comparaifon „ dans ces contrées de l'univers, que „ le flambeau de la révélation n'a point „ éclairées, & je m'affure que devenus „ alors moins préfomptueux, ils s'en „ feront moins à croire, & reconnoî-„ tront mieux les grands avantages de „ la révélation. Car, dit-il un peu plus „ bas, fi la religion naturelle eft écrite „ avec affez de force & de clarté dans le „ cœur de chaque homme, pourquoi „ un Chinois ou un Indien ne trace-„ t-il pas un auffi bon fyftème de reli-„ gion naturelle qu'un chrétien? qu'on „ prenne pour exemple Confucius, Zo-„ roaftre, Platon, Socrate, ou tel au-„ tre des moraliftes privés des lumieres „ de la révélation, & l'on verra que „ leurs meilleurs fyftèmes de morale „ étoient mêlés de beaucoup de fuperf-„ tition, d'abfurdités & d'erreurs fi „ dangereufes, qu'elles empêchoient le „ bien qui pouvoit en réfulter." Quel étoit en effet du tems de Jefus-Chrift, le fyftème fpéculatif & pratique de religion, qui valût celui de l'Evangile? Quel autre fyftème dès lors a été fourni

R r 2

fans les lumieres de la révélation qui en approche ? enfin nous le demandons à tous les *déiſtes*, quelles ſont les doctrines poſitivement enſeignées dans l'Evangile, qui détruiſent, obſcurciſſent ou altérent les principes de la religion naturelle ? quels ſont les principes de celle-ci, qui ne ſoient pas enſeignés par la religion de Jeſus ? quels ſont les préceptes de la plus ſaine morale, que puiſſe preſcrire la philoſophie, qui ſoient contredits par la morale de l'Evangile ? quelles ſont les regles de conduite utiles à l'homme, ſoit dans la ſolitude, ſoit en ſociété domeſtique, ſoit membre de la ſociété civile ? quelles ſont les loix morales propres, par leur obſervation, à faire le bonheur des humains dans tous les états ? quelles ſont les obligations envers Dieu, nos ſemblables & nous-mêmes, fondées ſur la nature des choſes, ſur leurs rélations & leur deſtination, ce que l'on nomme parmi nous *révélation*, que l'Evangile ne nous recommande pas ? que nous preſcrit-elle qui ſoit nuiſible à l'humanité ; ni pour le préſent ni pour l'avenir ? quels ſont les motifs dignes d'être propoſés à un être raiſonnable, ſenſible & moral, pour le porter à tout ce qui eſt bon, & le détourner de tout ce qui eſt mal, que la révélation ne nous préſente pas ? quelles ſont les erreurs de ſpéculation & de pratique, qui pourroient détourner l'homme de l'accompliſſement de ſes devoirs, auxquelles ce corps de religion révelée n'oppoſe pas une digue, un préſervatif ſuffiſant pour quiconque veut bien le prendre pour guide ? quel eſt enfin l'objet important de croyance & de conduite, ſur lequel la révélation nous laiſſe dans l'ignorance & le doute ? Voilà ce que nous oſons demander à tout lecteur impartial, qui voudra lire l'Evangile, pour y apprendre uniquement ce qu'il

doit ſavoir, croire & faire pour plaire à Dieu & pour répondre à la deſtination que ſon Créateur lui aſſigne. D'un autre côté quel eſt l'homme qui a connu ſans inſtruction le but de ſon exiſtence, ſes rélations & ſa deſtination ? quel eſt celui qui, ſans autre ſecours que la raiſon & celle de ſes ſemblables, eſt parvenu, ſur les objets importans de la religion & de la morale, à un degré de connoiſſance, de certitude & d'efficace qui égale celui que les lumieres de la révélation nous ont fait atteindre ? Quel traité ou ſyſtème de religion naturelle compoſé par les philoſophes à qui la révélation n'a point été connue, eſt comparable, pour tout ce qui doit en faire le mérite, à ceux que nous ont donnés les philoſophes chrétiens ?

D'après ces conſidérations qui ſeront plus développées dans d'autres articles, & qui ſont appuyées des preuves de fait les plus fortes, on peut être ſurpris d'abord que le déiſme ait eu tant de partiſans depuis quelques ſiecles, & qu'il ait fait tant de progrès dans celui-ci ; mais tant de choſes y ont contribué & y contribuent encore que l'on aura lieu peut-être en les conſidérant réunies, de s'étonner qu'il n'y ait pas plus de *déiſtes* encore.

On peut ranger ſous deux claſſes les cauſes du déiſme ou du refus d'admettre la révélation. Les unes ſe trouvent dans l'ame même des *déiſtes*. Les autres ſont du côté de la révélation ou de ceux qui en ſont les ſectateurs.

En général, l'homme admire une morale ſévere, tant qu'il s'en tient à ſon égard à la ſimple ſpéculation ; il eſtime ceux dont les mœurs ſont pures & auſteres, mais il eſt peu diſpoſé à les imiter. La révélation parle avec l'autorité d'un légiſlateur, elle exige avec empire que l'homme renonce à tous les vices, &

pratique conftamment & par goût toutes les vertus ; comment un cœur corrompu, efclave de quelque paffion chérie, de quelque habitude enracinée, qu'il voudroit conferver, goûteroit-il un pédagogue fi févere ? On voudroit pouvoir contefter fon autorité & fes droits à exiger notre obéïffance : on plaide la caufe des penchans auxquels on cede avec plaifir. Juge prévenu, le cœur eft porté à croire que le cenfeur rigide a tort. Dans ces difpofitions on examine fes droits & on les déclare douteux, parce qu'on les trouve gênans ; enfin la paffion qui follicite, arrache un jugement que l'examen fincere & impartial n'a pas éclairé, & que des apparences défavorables appuyent. Quels font les droits même les plus évidens qu'un cœur paffionné ne révoque pas en doute ? Là c'eft une femme galante qui rejette la loi d'être fidele que l'hymen lui impofe ; ici c'eft un homme qui fe plaint de ce que l'on veut mettre un frein à fes goûts vagues & changeans pour toute femme qu'il trouve belle. Là c'eft un ambitieux, qui, par des voies lâches, mais feules à fa portée, veut s'élever aux honneurs ; ici c'eft une ame intéreffée, qui veut amaffer des richeffes, à l'acquifition prompte defquelles l'exacte probité met un obftacle. La révélation nous fait un crime de l'infidélité dans le mariage, de la débauche qui écarte les hommes de leur deftination, de la lâcheté, de l'impofture, de la calomnie, de la mauvaife foi. Si Dieu n'a pas donné ces loix, elles ne font que les décifions de la raifon humaine ; on n'aura pas tant à craindre alors de les violer ; je n'offenferai par-là que mes femblables, & je n'aurai pas à me reprocher le mépris audacieux de l'autorité divine.

Si plufieurs *déiftes* vouloient bien rentrer au fond de leur cœur, pour y pénétrer les premiers motifs de leur éloignement pour la révélation, & des doutes qu'ils fe font plû à entretenir fur la divinité de fon origine, je ne crains pas d'affirmer qu'il n'en eft aucun qui ne trouvât dans quelque paffion gênée, le premier germe de fon déifme.

A cette premiere caufe uniquement relative à la morale, & qui a fon principe dans le cœur qui devoit fe foumettre aux regles qu'elle prefcrit, s'en joint une autre qui augmente l'efficace de la premiere, & qui a fa fource dans l'erreur de ceux qui font chargés de faire connoître par leurs inftructions, le détail des devoirs que la révélation prefcrit. Toute morale pour obtenir l'aveu de fa fageffe, de la part de la raifon, de celle même qui peut-être n'auroit jamais penfé à en donner les préceptes, doit être fondée fur la nature des chofes, fur leur état, fur leurs rapports, & fur leur deftination : ces objets, fondemens feuls folides de la moralité des actions, font de nature à être apperçus facilement par tout efprit qui penfe, à être fentis vivement dès qu'ils font connus, & il n'eft point d'ame non ftupide qui ne découvre d'abord le rapport qu'ils ont avec les actions prefcrites. C'eft cette faculté naturelle que plufieurs philofophes nomment *l'inftinct ou le fens moral* : tout comme au moyen de ce fens, l'homme apperçoit la convenance morale des actions prefcrites, il apperçoit auffi ou la difconvenance ou l'inutilité d'autres actions que l'on pourroit exiger. Il fent qu'il en eft qui choquent la nature des chofes, & d'autres qui n'ont par elles-mêmes aucune qualité morale. Prefcrire comme bonnes celles qui choquent la nature des chofes, exiger comme néceffaires celles qui n'ont nulle qualité vertueuse, nulle influence réelle fur la perfection & le bonheur des hommes, c'eft révolter la raifon ; & c'eft néanmoins ce que n'ont fait malheureufement que trop fouvent, les miniftres de cette religion révelée. Plus d'une fois abufant de l'ignorance du peuple qu'ils entretiennent, de la crédulité qu'ils nourriffent, de la confiance qu'ils infpirent, au lieu de fe borner aux loix fimples, raifonnables, naturelles de la révélation, ils ont multiplié les préceptes, outré les loix, pouffé les obligations jufques au-delà des bornes que la nature leur donne ; ils ont joint de nouvelles loix arbitraires aux loix éternelles de la vertu ; ils ont légitimé des crimes, & canonifé des actions inutiles & fans moralité, foit par un fanatifme abfurde, foit par un coupable intérêt. Là on fait à l'homme une vertu d'un vœu qui le rend incapable d'être utile à fes femblables ; d'une haine criminelle contre ceux qui ne s'affujettiffent pas aux mêmes cérémonies puériles ; de la barbarie des plus affreufes perfécutions ; ici on met au rang des actes héroïques, des abftinences nuifibles à l'humanité & contraires aux vues de la nature & à la deftination des chofes. On met au rang des imperfections morales les actes les plus légitimes, les plus conformes aux intentions du Créateur ; on traite de crimes odieux les actions les plus innocentes, la gaieté & le contentement ; les amufemens les plus affortis à notre âge, à notre conftitution, font blâmés comme des fautes graves. Je ne crains pas de vous le dire au nom de toute l'humanité éclairée, moraliftes outrés, cafuiftes enthoufiaftes ; c'eft à vous que l'impiété doit fon empire, c'eft vous qui frayez la route aux progrès d'un déifme qui, chez plufieurs, eft mille fois préférable à votre abfurde fain-

teté ; à votre perfection imaginaire, à votre vertu fanatique, à votre fageffe ennemie du bonheur des hommes, & qui eft un obftacle à ce qu'ils en aiment les loix & le Dieu tout bon & tout fage, qui en eft l'auteur, comme il eft l'auteur de la nature des chofes qui leur fert de fondement. La fociété aimeroit-elle une religion qui lui ôte des citoyens utiles, qui travailleroient pour elle, & que vous condamnez à l'inutilité, qui, enrichis par leur induftrie, répandroient des bienfaits fur leurs femblables, mais que vous condamnez à une pauvreté oifive, qui eft à charge à l'homme laborieux ; des citoyens qui, peupleroient le pays & éléveroient des familles en vivant dans un mariage honnête, mais que vous condamnez à un pénible célibat, qui commence par être leur fupplice, pour devenir enfuite la fource de mille honteux défordres ? Ne rendez-vous pas haïffable une religion qui, dans votre bouche, fouffle le feu de la difcorde, & jette dans le cœur des femences de haine pour tous ceux que vous déclarez être dans l'erreur, & qui enfin difpofe les efprits à toutes les horreurs de l'intolérance ? Comment n'indifpoferiez-vous pas contre la religion que vous profeffez, toute une jeuneffe à qui vous faites un crime de la joie & du rire, à qui vous interdifez la danfe & le chant de la gaieté, comme des actions honteufes, qui déshonorent ? Vous abufez quelques ames foibles, quelques efprits ignorans ; mais prenez garde que vous faites à la religion des ennemis de tout autant de gens qui penfent, qui réfléchiffent, qui raifonnent ; parce que quiconque raifonne, apperçoit bientôt que vos préceptes contredifent la nature des chofes, & qu'à leurs yeux il eft bien plus démontré que Dieu eft l'auteur de la nature des chofes, de leurs rapports & de leur deftination, qu'il ne l'eft que ce que vous enfeignez, vienne de lui : or peignant Dieu comme tout parfait, vous pofez un principe d'où réfulte cette conféquence inévitable, qu'il n'eft pas poffible que cet Etre fe contredife. Vous donnez des préceptes qui contredifent la nature des chofes ; ces préceptes ne viennent donc pas de l'auteur de qui les chofes tiennent leur exiftence ; il ne leur refte donc que le parti du déifme, dans lequel vous les jettez par une morale humaine, des mauvais effets de laquelle vous répondrez devant Dieu. *v.* MORALE.

A cette prévention, fruit de la corruption du cœur chez les uns, & qui eft produite chez les autres par les excès fanatiques de quelques moraliftes, qui pendant trop de tems ont dominé parmi les fectateurs de la révélation ; à cette prévention, dis-je, fe joint une feconde caufe du déifme, qui a fa fource dans l'orgueil de l'efprit humain. L'aveu que nous avons befoin d'inftruction, pour nous faire connoître des dogmes & des préceptes qui, quand ils nous font préfentés, femblent être à la portée de notre raifon, eft un aveu qui coûte à notre amour propre. Un philofophe ne convient pas fans peine, que fa raifon eût befoin de guide, pour découvrir ce qui convient à fa nature, à fes relations, à fa deftination ; c'eft là ce qui paroît choquer, fur-tout les hommes de lettres, & c'eft à prouver que cela ne pouvoit pas être, que les plus fages d'entr'eux ont confacré les plus grands efforts de leur génie ; ils ont mis en œuvre toute leur fagacité, pour prouver qu'il n'y avoit aucun dogme effentiel, aucun précepte néceffaire de la religion, qu'ils ne puiffent découvrir & prouver avec

affez de clarté & d'évidence. Mais fi les fectateurs de la révélation n'ont pas prouvé qu'il eût été impoffible en aucun tems à l'homme de s'élever jufques aux vérités & aux devoirs de la religion, ils ont prouvé au moins qu'aucun fait n'autorife à dire que les humains fans révélation, aient eu une connoiffance fuffifante de cette religion naturelle, de fes vérités & de fes conféquences effentielles, telle qu'il le falloit pour que quelque peuple en fît la regle de fa croyance & de fes mœurs.

De leur côté, les *déiftes*, en voulant prouver le contraire, ont fait voir feulement que tous les dogmes & les préceptes réels de la révélation, n'ont rien qui ne s'accorde avec les lumieres naturelles & le fens commun des humains ; mais ils n'ont pas prouvé que, malgré cette qualité raifonnable de la religion, elle ait réellement été connue, reçue, profeffée, fuivie & obfervée par aucun peuple. Par-là la queftion devoit être décidée en faveur du befoin de la révélation. Il ne reftoit qu'à montrer à ces hommes qui veulent que la raifon juge de tout, & qui ne veulent admettre que ce qui eft à fa portée, & dont elle peut établir la vérité, par le raifonnement, que tout ce que la révélation enfeigne pour être cru & pratiqué, eft très-raifonnable. C'eft ce que quelques philofophes chrétiens ont tenté, en compofant des traités de religion, prouvée dans toutes fes parties effentielles par le feul raifonnement. Malgré leur fuccès complet à cet égard, ils n'ont pas prouvé que, fi la révélation ne nous avoit pas fait connoître certaines vérités, la raifon s'y fût élevée par fes feules forces, & que fans le témoignage divin, leurs raifonnemens euffent eu fur les hommes en général, affez d'autorité & d'efficace pour opérer une perfuafion fuffifante pour influer fur les mœurs. Sans faire attention à ce vuide confidérable, qui choque l'orgueil de la philofophie, les *déiftes* fe font autorifés de ces divers ouvrages, pour foutenir que la raifon pouvant prouver toutes les parties de ces fyftèmes de religion, en fentant la vérité, n'avoit que faire de la révélation qui ne nous apprenoit rien de plus qui fût de quelque conféquence, & dont l'homme eût réellement befoin; ne faifant pas attention que fans l'autorité divine, qui eft le caractere de la révélation, cette religion fi raifonnable auroit été fans force, fans efficace, & auroit fubi le fort de toutes les opinions de cette nature, qui ne font appuyées que fur les raifonnemens des philofophes, dont le peuple, qu'il ne faut jamais perdre de vue, ne fauroit faifir l'enchaînement, ni fentir la vérité; qu'elle fe feroit bientôt corrompue par la fuperftition & le vice. Mais fi à cet égard les *déiftes* raifonnent contre des faits avérés, les fectateurs de la révélation ne font-ils pas auffi allés trop loin, lorfqu'ils n'ont pas voulu fe contenter de la part des *déiftes*, d'une profeffion de foi qui renferme tout ce qui fait le corps & l'effence de la religion, lorfqu'ils les entendent dire & qu'ils leur voient prouver par leur conduite, qu'ils croient tout ce que nous avons appris de Jéfus-Chrift au fujet de la nature de Dieu, de fes perfections, de fa providence, de fes relations avec nous, comme Etre tout parfait, Créateur & Confervateur de tout, Bienfaiteur, Légiflateur & Juge des hommes, fur le culte que nous lui devons en conféquence, fur les devoirs à remplir envers lui, nos femblables & nous-mêmes, felon nos diverfes relations & les différentes circonftances; fur ce que nous avons à

efpérer de lui pour l'avenir, & fur notre derniere deftination? Eft-il prouvé, peut-on leur demander, que quand les hommes auroient toujours cru en général ces vérités, que quand ils auroient en général reconnu ces préceptes comme la loi divine, & fe feroient orus obligés de s'y conformer, comme on fuppofe que c'étoit le cas des anciens patriarches, de Job, & de quelques autres hommes eftimables, que l'on ne doute pas que Dieu n'ait approuvé; eft-il prouvé, dis-je, que dans ce cas une nouvelle révélation eût été néceffaire, & que Dieu l'ait donnée aux hommes? on eft autorifé à en douter par le fait même, qui nous montre que Dieu ne s'eft pas révélé, auffi longtems qu'a encore fubfifté parmi les hommes une teinture de ces grands principes; mais que l'époque de cette révélation a été déterminée par l'oubli total de ces vérités chez la généralité des humains; lorfque la corruption des principes du vrai, des regles du bon & de la morale, eft parvenue à fon comble.

Il faut avouer cependant, que rien n'eft plus étonnant pour un vrai philofophe, exempt de préjugés & fuffifamment éclairé, que l'obftination d'un *déifte* à rejetter la révélation, lorfqu'il peut dire avec vérité qu'il foufcrit à tous les principes & à toutes les conféquences que les Wolf, les Wollafton, les Clarke, établiffent fi bien dans leurs cours de théologie naturelle & de religion naturelle, foit fpéculative, foit morale. En effet, qu'eft-ce qui révolte le *déifte*? ce ne peut pas être ces vérités & ces devoirs, à la certitude & à la juftice defquels il foufcrit, dit-il, comme au langage d'une raifon qui vient de Dieu. Que renferme donc de plus la révélation? rien autre que les
faits

faits qui prouvent que c'est là ce que Dieu veut que nous croyions & que nous fassions, rien autre que les preuves que Dieu a voulu que de tels enseignemens fussent donnés aux hommes, & qu'ils ne doutassent pas que ce ne fût de sa part qu'on les leur présentoit, afin que son autorité fût un motif suffisant de persuasion efficace, pour ceux sur qui le raisonnement ne suffisoit pas. Eh ! combien n'est pas petit le nombre des hommes sur qui ce témoignage divin ne devoit pas se joindre aux argumens philosophiques, pour persuader leur esprit, regler leur volonté & soumettre leur cœur ! Mais si ce témoignage divin étoit nécessaire, pour ramener les hommes à une religion raisonnable, s'il étoit essentiel à l'humanité que cette religion raisonnable fût substituée aux erreurs & aux désordres du paganisme, la rejetteront-ils parce qu'elle s'est établie par des moyens seuls capables de produire cet effet, & qui l'ont réellement produit ? Cela paroît si peu naturel, si peu vraisemblable, qu'il est impossible d'attribuer uniquement leur haine pour la révélation, à leur orgueil, quoique nous voyions les Chinois, par un motif semblable, ne vouloir pas substituer l'écriture alphabétique, si commode & leurs caracteres symboliques dont aucun d'entr'eux ne peut acquérir une connoissance entiere ; on ne peut pas l'attribuer non plus à ce que des moyens surnaturels ont été employés pour la faire recevoir dans le monde ; car quand on approuve une fin, qu'on la desire comme bonne & utile, on doit aussi en approuver les moyens suffisans, dès qu'ils ne sont en eux-mêmes ni nuisibles, ni indécens, ni contraires à la sagesse & à l'utilité qu'on veut procurer. D'où peut donc venir l'éloignement

Tome IV.

ou plutôt la haine, que quelques déistes, qui se vantent d'être philosophes, montrent avec tant d'affectation, pour ne pas dire d'acharnement contre la révélation ? seroit-ce quelque dogme particulier à l'Evangile, qui ne peut faire partie de la religion naturelle ? mais si ce dogme laisse subsister en entier cette religion, si loin de l'affoiblir, il ne sert qu'à en rendre la publication plus intéressante, comment justifieront-ils cette haine emportée contr'elle ? Je ne vois que deux choses qui puissent choquer l'esprit des déistes dans la spéculation, car pour dans la pratique, il est impossible d'y rien trouver qui ne se rende recommandable par soi-même. L'un de ces dogmes, c'est la qualité de fils de Dieu donnée à Jésus-Christ ; l'autre c'est sa mort, présentée aux hommes comme un sacrifice. Mais par rapport au premier, quel motif trouverai-je à rejetter l'Evangile, parce que celui qui a été chargé de le publier, est représenté comme né miraculeusement, comme ayant reçu par cette raison le nom de fils de Dieu, parce qu'il est dit que Dieu s'est uni à lui d'une maniere particuliere, qui n'a eu lieu que pour lui, mais que l'Evangile ne m'explique point, parce qu'en conséquence, je dois regarder tout ce qu'il m'enseigne, tout ce qu'il me prescrit, tout ce qu'il me promet comme étant les enseignemens, les loix & les promesses de Dieu, parce qu'il me dit que le rejetter, c'est rejetter Dieu, que l'honorer, c'est honorer Dieu, & que nous devons en conséquence le regarder comme le véritable ministre, le vrai représentant de Dieu ? Or comme ce qu'en cette qualité, il m'appelle à croire, est cette même religion naturelle, ce qu'il m'appelle à pratiquer, est cette même loi naturelle que le déiste se fait honneur

S s

de recevoir, quel fujet de haïr l'Evangile trouve-je dans cette doctrine, qui ne fait par-là que me rendre cette religion éternelle, plus refpectable?

Le fecond dogme eft celui de la mort du Sauveur comme victime. Mais ignore-t-on que l'ufage des facrifices pour l'expiation des péchés, étoit l'ufage le plus ancien & le plus généralement répandu chez toutes les nations; qu'originairement ils avoient été l'expreffion fymbolique la plus vive, la plus frappante du répentir de l'homme qui fe fentoit coupable, l'aveu le plus humble du droit qu'on reconnoiffoit en Dieu, de punir de mort celui qui tranfgreffoit fes loix? Infenfiblement la fuperftition en avoit fait une fatisfaction donnée à Dieu, fans qu'il fût befoin de repentance, & les prêtres s'en étoient fait un revenu. Dieu veut abolir cet ufage, devenu abufif & fans utilité pour les mœurs. Jefus comme prophète étant mort comme martyr, veut que nous envifagions fa mort, comme originairement on devoit envifager la mort des victimes offertes pour les péchés; il veut que l'on n'offre plus aucun facrifice, mais que nous nous regardions à fon égard, comme tout facrifiant fe confidéroit par rapport à la victime qu'il offroit. Or comme toute victime repréfentoit le coupable puni, & devenoit l'expreffion de fa répentance, l'engagement à ne plus commettre de fautes, pour lefquelles on venoit de reconnoître que l'on méritoit la mort, prendre dans cet efprit la mort de Jefus, comme la mort de la victime que nous aurions offerte pour nos péchés, avec l'affurance reçue de Dieu qu'il l'accepte comme telle, qu'eft-ce faire autre chofe qu'exprimer notre répentance, & promettre de mieux vivre? & qu'y

a-t-il en cela de propre à déplaire à un philofophe qui croit en Dieu comme Milord Herbert, & qui le regarde comme Légiflateur, comme Juge, comme Rémunerateur de la vertu & Vengeur du crime? S'il eft un *déifte* qui n'ait à fe reprocher aucune violation quelconque de la loi naturelle, il n'a que faire de répentance, ni de facrifice, il ne regardera la mort de Jefus que comme la mort d'un martyr: mais qu'il permette à un homme qui fe fent coupable, & qui defire d'être pardonné, de faire ufage dans ce fens de la mort de Jefus, qu'il ne le méprife ni ne le haïffe pas pour cela; puifque certainement, ce dogme, qui lui offre tant de motifs à fe corriger & à fe perfectionner de plus en plus, ne fauroit le rendre ni méprifable ni haïffable, même aux yeux d'un *déifte* fans péché, qui par cela même doit être bon, indulgent & tolérant.

Mais, me diront plufieurs *déiftes*, qui depuis quelque tems inondent la littérature par leurs brochures, vous ne peignez pas la religion chrétienne telle qu'elle eft; ce n'eft pas ainfi que l'ont repréfentée plufieurs des peres de l'églife. Les divers conciles, les confeffions de foi des églifes, les décifions des fynodes, les livres des théologiens, les catéchifmes que nous apprenons par cœur, les fermons que l'on nous prêche; cette morale naturelle dont vous parlez, n'eft pas celle qu'on nous enfeigne & que fuivent les chefs de l'églife en général. Comment foufcrirons-nous à tout ce qui eft contenu dans l'immenfe collection des théologiens, de la doctrine defquels on n'oferoit s'écarter fans paffer pour coupable, fans s'expofer à la perfécution? Comment foufcrirons-nous à tout ce qu'on nous dit de la

Vierge & des faints, du pouvoir fuprême de l'églife, de fon infaillibilité, du droit exclufif du clergé de juger de ce qu'il faut croire, du célibat, des vœux monaftiques, du droit de punir quiconque penfe autrement que fon conducteur fpirituel, & de tant d'autres dogmes pareils ?

Je ne vois en tout cela, que l'indication d'une nouvelle caufe très-réelle de déifme, mais qui d'un côté ne fauroit être imputée à la révélation, & qui d'un autre côté ne fait pas honneur à ceux qui l'alléguent

Helas ! qui oferoit le nier ? ce font les miniftres mêmes, les docteurs de cette religion révélée qui font fes plus grands ennemis, & qui éloignent d'elle le plus grand nombre de perfonnes, parce qu'au lieu d'enfeigner l'Evangile, ils enfeignent leurs propres opinions. Ce n'eft plus contre la révélation même que le *déifte* fe déclare, mais contre les abus que l'on fait de la révélation, contre ce que l'impofture, le fanatifme & l'orgueil ofent joindre à la révélation & confondre avec elle, & que la précipitation, le défaut d'examen & l'ignorance du *déifte*, ne lui permettent pas de diftinguer d'avec ce qui a pu venir & ce qui vient réellement de Dieu.

Tantôt je vois les théologiens mettre tout ce que contiennent les livres facrés, au même rang, comme fi la venue de Jefus-Chrift au monde, avoit auffi bien été deftinée à nous apprendre que le fouverain facrificateur avoit un ferviteur nommé Malchus, & qu'il y avoit près de Jérufalem un jardin de Gethfemané, que pour nous apprendre que Dieu veut pardonner à tout pécheur fincerement répentant, & que l'obéiffance aux loix de Dieu conduit à la vie éternelle.

Tantôt on veut expliquer ce qui eft inexpliquable, ce que la révélation laiffe dans la plus profonde obfcurité ; on bâtit des fyftèmes fubtils fur des myfteres incompréhenfibles, & on donne ces explications comme faifant partie de la révélation.

On va même jufques à joindre à la révélation des dogmes, des préceptes, directement oppofés à ce qu'elle contient de plus clair. On en tord le fens, & par de fauffes explications on en impofe à ceux qui n'examinent rien par eux-mêmes. On fait alors un crime à ceux, qui voulant voir par leurs propres yeux, ne foufcrivent pas à tout ce que de faux docteurs exigent que l'on croye fur leur parole : leur orgueil s'aigrit ; leur haine s'allume, on s'arroge le droit d'infaillibilité, on veut dominer fur les confciences, on perfécute, & le défaut de docilité eft puni comme un crime énorme, les efprits fe révoltent ; & comme les inventions humaines les plus abfurdes font confondues avec les enfeignemens divins, il ne refte plus à celui qui n'en fait pas la diftinction, qu'à rejetter le tout comme ne pouvant venir d'un Dieu, incapable d'avoir enfeigné des doctrines abfurdes & contradictoires.

Le plus grand nombre des *déiftes* de bonne foi n'ont pas eu d'autre motif pour rejetter ouvertement la révélation, que ces abus qu'en font fes propres fectateurs : & qu'alléguent contr'elle en effet, la plûpart des *déiftes* qui l'attaquent par leurs écrits ? ce n'eft, pour l'ordinaire, que ce que des hommes imprudens & coupables ont ofé y joindre comme en faifant partie. Quelques vrais chrétiens même, ayant voulu faire le difcernement de ce qui vient de Dieu ; & de ce qui vient des hommes, ont été accufés de déifme, & perfécutés comme ennemis de la révélation. Oferons-nous le dire ? il n'eſt aujourd'hui aucune fecte publique, autoriſée par les loix, dans quelque pays qu'elle foit, qui n'ait pas à fe reprocher encore, foit pour la fpéculation, foit pour la conduite, quelque altération de dogme, quelque mélange de doctrine humaine, quelque importance attribuée à ce qui par foi même n'en avoit point, aucune qui par là même n'offre à l'ennemi de la révélation un côté foible, qu'il peut attaquer avec avantage, & qui lui fait croire qu'il attaque la révélation elle-même, avec laquelle il le confond mal à propos.

Mais fi l'on a le droit de faire ces reproches aux fectateurs de la révélation, n'en a-t-on pas d'auſſi juſtes à faire à fes ennemis qui l'attaquent ? Ne tombent-ils pas dans des excès tout auſſi blamables ?

Peut-on pardonner à des gens qui fe vantent d'être pleins de refpect pour la religion naturelle, de n'avoir aucun refpect pour une révélation qui en eſt le plus ferme foutien, & la fource la plus pure ?

Un philofophe doit-il fe permettre de juger de ce qu'il n'a jamais examiné avec foin ? Si les déiſtes connoiſfoient la révélation, croiroient-ils l'attaquer en montrant l'abfurdité d'une doctrine qu'elle n'enfeigne point, & de préceptes qu'elle ne donna jamais ?

Un auteur moderne, fource intariſſable de brochures remplies de badinages, de railleries, de turlupinades & de bouffonneries indécentes fur la religion, outre ce qu'a de peu fage cette méthode dans un fujet auſſi grave, ne tombe-t-il pas dans les mèmes défauts que nous reprochons avec

tant de raifon à la foule des théologiens ? En cela il eſt d'autant plus blamable, qu'il voudroit faire croire qu'il a lui-même examiné avec foin la révélation ; il lui prête ce qu'elle n'a jamais dit, il lui impute ce qu'elle ne contient pas, il en tord les expreſſions & les explique avec une mauvaiſe foi, que difficilement on pourroit autorifer par quelque exemple ; il met fur fon compte tous les excès de doctrine & de pratique, par lefquels les conducteurs de l'églife chrétienne fe font fi fouvent deshonorés. Conjointement avec lui, la plupart des déiſtes de nos jours rendent l'Evangile refponfable de tous les dogmes abfurdes & de tous les préceptes outrés de morale, par lefquels fe font diftingués quelques fanatiques ; ils l'accufent injuſtement de tous les crimes des intolérans, de toutes les horreurs infernales des perfécuteurs: enfin ce qui eſt plus étonnant encore, ces hommes qui crient avec tant de feu contre la perfécution, deviennent perfécuteurs eux-mêmes de la révélation & de fes fectateurs, autant au moins que la chofe eſt poſſible à un homme de lettre fans autorité, qui n'a que la langue & la plume pour armes.

Cependant, s'eſt-on demandé de part & d'autre ce qu'on attaque ? Le théologien qui anathématife un déiſte, qui fait profeſſion de refpecter la religion naturelle dans tous fes points, fait-il qu'il anathématife l'eſſence fondamentale de l'Evangile, la vérité à l'établiſſement univérfel de laquelle, Dieu deſtina l'envoi des prophètes, de Jefus & des apôtres ? Le déiſte qui rejette avec mépris, qui déchire avec acharnement l'évangile, fait-il qu'il détruit, qu'il renverfe, qu'il foule aux pieds cette religion du philofophe.

qu'il fe vante d'aimer, de refpecter & de fuivre? fait-il qu'en anéantiffant l'Evangile, il fappe les fondemens de cette religion naturelle, qu'il maltraite la main qui l'a rétablie dans le monde, en la fubftituant aux fuperftitions affreufes du paganifme, & qu'il expofe le genre humain à s'y voir replongé de nouveau? D'où vient donc l'oppofition du *déifte* & du théologien, qui fe vantent de plaider la même caufe? Ce fera d'un côté, parce que le préjugé les aveuglant l'un & l'autre, ils difputent fans s'entendre, fans avoir examiné les raifons de leurs adverfaires, & fans avoir bien approfondi leur propre fyftème. Quel eft le *déifte* qui connoît bien toute l'étendue de la religion naturelle? Quel eft le théologien qui a bien vu fans nuage, le but réel & le véritable efprit de la révélation? C'eft là le principe qui entretient la difcorde entre les plus eftimables difputans de part & d'autre. L'orgueil eft la feconde caufe de l'opiniatreté des uns & des autres; on voit fouvent le vrai, on apperçoit combien on s'en eft écarté. Hommes vains! vous ne pouvez vous réfoudre à en faire l'aveu génereux, & vous n'avez pas l'ame affez grande pour revenir fur vos pas, en difant, je me trompois, j'allois trop loin. Une troifieme caufe de leur oppofition, fe trouve dans les vices réels du cœur. L'un redoute une morale trop févere à fon gré, & trop refpectable fi Dieu luimême l'a dictée, pour qu'il foit permis de la fouler aux pieds; l'autre veut à la faveur de cette autorité divine, établir la fienne, dominer fur les efprits, & fe faire confidérer comme l'organe choifi des oracles divins. Malheur à qui voudroit lui enlever ce fceptre! Le fage feul voit avec pitié &

amertume cet effet des préjugés, de l'ignorance & des paffions, & leur crie avec bonté, ,, examinez avec attention ,, avant que de juger; ne vous laiffez ,, conduire que par l'amour du vrai, ,, par le zele pour la vertu; fouvenez- ,, vous que c'eft de Dieu qu'il eft quef- ,, tion, que c'eft fous fes yeux que ,, vous vous difputez, qu'il voit au ,, fond de vos cœurs les motifs fe- ,, crets qui vous animent, & que ,, vous ferez jugés par lui fur ces prin- ,, cipes cachés dans votre cœur. Il ,, ne peut y avoir qu'une religion vé- ,, ritable; chacun doit tâcher de tra- ,, vailler à la connoître & à la fuivre ,, felon toute l'étendue de fes lumie- ,, res & de fes forces: tout ce qui ,, en fait l'effentiel eft enfeigné clai- ,, rement & bien pofitivement dans ,, la révélation. Tout ce que la révé- ,, lation enfeigne comme vérité qu'il ,, faut croire ou comme devoir qu'il ,, faut remplir, y eft exprimé de ma- ,, niere à ne point laiffer d'équivoque, ,, & la raifon eft forcée de l'approu- ,, ver comme bon & convenable à tous ,, les hommes. Vous, *déiftes*, devenez ,, plus favans, fi vous voulez juger ,, de la révélation; apprenez-en le ,, langage figuré, écoutez les hommes ,, doctes & fages qui vous tracent la ,, route à cette étude, & la révéla- ,, tion vous paroîtra le préfent le plus ,, précieux que la divinité pût faire ,, aux hommes: mais fouvenez-vous ,, que le comment de tout, eft au ,, de là de votre portée; que les rai- ,, fons des difpenfations de la Pro- ,, vidence ne fauroient vous être tou- ,, tes expliquées; que la révélation ,, n'eft donnée pour faire de vous ni ,, des hiftoriens, ni des géographes, ,, ni des antiquaires, ni des phyfi- ,, ciens, ni des géometres, ni des

,, aftronomes, mais des hommes pieux,
,, juftes, charitables, moderés & heu-
,, reux. Souvenez-vous des bornes de
,, la raifon humaine; ne perdez pas
,, de vue les écarts dans lefquels elle
,, s'eft jettée, lorfque la révélation ne
,, l'éclairoit pas encore, & lorfqu'elle
,, s'en eft écartée : plus modeftes,
,, vous fentirez le befoin d'un guide
,, infaillible. Et vous, théologiens,
,, ne faites dire à ce guide infailli-
,, ble que ce qu'il dit pour être regle
,, de foi & de mœurs; fuivez les mèmes
,, confeils qui ont été donnés aux
,, déiftes: faites attention que le zele
,, pour les progrès de la religion que
,, vous profeffez, eft pour l'ordinaire
,, très-différent de l'attachement que
,, nous devons avoir pour l'Evangile.
,, Pour l'aimer & l'obferver il n'eft
,, pas néceffaire de haïr & de perfé-
,, cuter ceux qui ne le fuivent pas.
,, Comme la religion fe défend beau-
,, coup elle-même aux yeux de la rai-
,, fon, parce qu'elle eft raifonnable,
,, on court rifque de lui nuire lorf-
,, qu'elle eft mal défendue, plus qu'en
,, ne la défendant point du tout. Ne
,, criez pas que l'on attaque l'Evangile,
,, lorfqu'on ne fait qu'attaquer vos
,, opinions particulieres. Quand vous
,, parlez de religion, ou que vous
,, écrivez fur ce qui la concerne, ne
,, comptez pas tellement fur la piété
,, de vos auditeurs & de vos lecteurs,
,, que vous vous permettiez de dire
,, des chofes contraires au bon fens;
,, parce que pour vous accréditer au-
,, près de ceux qui ont plus de piété
,, que de lumieres, vous vous décré-
,, ditez auprès de ceux qui ont plus
,, de lumieres que de piété; vous def-
,, fervez la caufe de l'Evangile, en
,, le faifant envifager comme un ou-
,, vrage qui enfeigne les abfurdités &

,, les fauffetés que vous feuls avez pen-
,, fées. " Un fage bien refpectable a
dit en parlant avec fincérité, une chofe
que l'amour du vrai nous fait dire ici
dans les mèmes fentimens : ,, J'ai vu,
,, j'ai connu que Dieu a fait l'hom-
,, me droit; mais conduit par fes paf-
,, fions, il a cherché à juftifier fes
,, égaremens par beaucoup de difcours.
(G. M.)

DELAI, f. m., *Jurifprud.*, eft un
tems accordé par la loi, ou par le juge, ou par les parties, pour faire
quelque chofe, comme pour communiquer des pieces, pour faire un payement.

La matiere des *délais* eft traitée dans
le droit romain, au digefte *de feriis &
dilationibus*, & au code *de dilationibus*.

Les principes généraux en matiere
de *délais*, font que l'on veut anticiper
les *délais*, c'eft-à-dire, que celui qui a
huit jours pour fe préfenter, peut le
faire dès le premier jour, ce qui n'empêche pas que les *délais* ne foient communs aux deux parties : de forte que
celui qui a fourni des défenfes avant la
huitaine, ne peut prendre défaut contre l'autre qu'après la huitaine.

Dans les *délais* des affignations & des
procédures, ne font point compris les
jours des fignifications des exploits &
actes, ni les jours auxquels échéent les
affignations : mais tous les autres jours
font continus & utiles, c'eft-à-dire,
comptés dans les *délais*, même les
dimanches & fêtes folemnelles, & les
jours de vacations, & autres auxquels
il ne fe fait aucune expédition de juftice.

Dans les matieres de rigueur, comme en fait de retraits, de prefcription,
de péremption, de lettres de refcifion,
& autres femblables, le jour de l'échéance du *délai* eft compté dans le *délai* : de

sorte, par exemple, que celui qui doit se pourvoir dans dix ans, doit le faire au plus tard le dernier jour de la dixieme année, & qu'il n'y seroit plus recevable le lendemain, à moins que la loi ne donne encore ce jour, comme dans les coûtumes qui pour le retrait lignager donnent le retrait d'an & jour.

On confond quelquefois ces mots *terme* & *délai* comme s'ils étoient synonymes, quoiqu'ils ayent chacun un sens différent : le *délai* est un certain espace de tems accordé pour faire quelque chose : & le *terme*, proprement dit, est l'échéance du *délai*, le jour auquel on doit payer ou faire ce qui est dû.

Le *délai bref*, est celui qui est plus court que les *délais* ordinaires : par exemple, une assignation donnée à comparoître du jour au lendemain, ou dans le jour même, comme cela se pratique dans les cas qui requierent célérité, s'appelle aussi assignation à *bref délai*.

Le *délai pour délibérer* ; *v.* HÉRITIER, RENONCIATION, SUCCESSION.

Le *délai fatal*, est celui qui est accordé sans espérance de prolongation.

Le *délai franc*, est celui qui est accordé pleinement, sans compter le jour de la signification & celui de l'échéance ; comme un *délai* d'une assignation à huitieme, qui est de dix jours, pour se présenter ; au lieu qu'il y a des *délais* de rigueur qui se comptent *de momento ad momentum*.

Le *délai de grace*, est celui qui est accordé par le juge ou par les parties au-delà des *délais* ordinaires, par des considérations d'équité.

Le *délai péremptoire*, est la même chose que *délai fatal*, c'est-à-dire, celui qui est préfix, & non pas simplement comminatoire. La plupart des *délais* sont

péremptoires : il y en a cependant qui peuvent être prorogés en connoissance de cause, quand il ne s'agit pas d'une matiere de rigueur.

Les *délais frustratoires*, sont ceux qui sont demandés par affectation de la part d'une partie de mauvaise foi qui veut éluder.

DÉLAI *d'exécution*, *Droit publ. Anglois*, est l'action de suspendre, on peut encore dire de retirer une sentence pour un certain tems ; ce qui suspend l'exécution. Elle peut se faire d'abord, *ex arbitrio judicis*; soit devant, soit après le jugement : comme lorsque le juge n'est point satisfait du rapport, ou que les preuves sont suspectes ; ou quelquefois s'il y a une petite félonie, ou que quelques circonstances favorables paroissent dans le caractere du criminel, pour donner lieu de s'adresser au prince, soit pour un pardon absolu, soit conditionnel. Ces *délais* arbitraires peuvent être accordés par le juge, quand bien même la session seroit finie & leur commission expirée. Mais cela plutôt par l'usage ordinaire, qu'en vertu d'un droit réel.

L'effet qui résulte d'une proscription annullée est que la partie sera au même point que si elle avoit paru sur le *capias* : & si c'est avant que la cause se plaide, elle sera admise à plaider à l'accusation ; si c'est après la conviction, elle recevra la sentence de la loi : car toutes les autres procédures, excepté seulement la procédure de proscription pour son défaut, demeurent bonnes & efficaces comme auparavant. Mais quand le jugement prononcé sur conviction est annullé, toutes les procédures précédentes sont absolument mises de côté, & la partie est comme si elle n'avoit jamais été accusée ; elle est réhabilitée dans son crédit, sa capacité, fon rang & fes biens : relativement à ces derniers, quoiqu'ils foient accordés par le prince, cependant le propriétaire peut entrer fur les terres du donataire avec auffi peu de cérémonie qu'il pourroit le faire fur celles d'un raviffeur. Mais il eft toujours dans le cas d'être pourfuivi de nouveau pour la même offenfe ; car, la premiere pourfuite étant erronée, elle ne l'expofoit à aucun danger.

Les *délais* peuvent auffi être *ex neceffitate legis*, comme quand une femme eft convaincue d'un crime capital & qu'elle déclare qu'elle eft enceinte; quoiqu'il n'y ait pas de caufe pour arrèter le jugement, néanmoins c'en eft affez pour furfeoir l'exécution jufqu'à ce qu'elle foit délivrée. C'eft une indulgence dictée par la loi naturelle, *in favorem prolis*; c'eft pourquoi aucune des fanglantes procédures qui ont eu lieu fous le regne de Marie, n'a été à plus jufte titre déteftée, & abhorrée que la cruauté qui s'exerça dans l'isle de Guernfey, de brûler une femme enceinte : quand par la violence des flammes l'enfant s'élança du fein brûlé de fa malheureufe mere, fur le brafier du bucher, on l'en retira, mais il y fut rejetté immédiatement par l'avis des prêtres qui affiftoient à cette cruelle exécution. Ces barbares, après avoir délibéré entr'eux, jugerent qu'en qualité d'hérétique cet enfant méritoit ce traitement affreux : ce n'étoit pas là la doctrine des loix de l'ancienne Rome, qui avoient la même humanité que les nôtres, & ordonnoient *quod prægnantis mulieris damnatæ pæna differatur, quoad pariat*. Au cas que cette déclaration fe faffe pour arrèter l'exécution, le juge doit ordonner une affemblée de douze matrones ou femmes difcretes pour vérifier le fait : & fi elles l'ont déclaré par

leur rapport, groffe d'un enfant vivant (car groffe fimplement, à moins qu'il ne foit en vie dans la matrice, ne fuffit pas) l'exécution doit ètre fufpendue jufqu'à la feffion prochaine, & ainfi de feffion en feffion, jufqu'à ce que la femme foit délivrée, ou qu'elle prouve par le cours de la nature qu'elle n'a point été groffe du tout. Mais fi une fois elle a obtenu le privilege du *délai*, & qu'elle ait été délivrée, & qu'enfuite elle redevienne enceinte, elle ne pourra plus prétendre au privilege d'un nouveau *délai* pour ce fujet; car elle peut dès-lors ètre exécutée avant que l'enfant fe meuve dans la matrice; & fon incontinence ne pourra la fouftraire à la fentence de la juftice.

Une autre caufe de *délai* régulier eft que l'offenfeur devienne *non compos* entre le jugement & l'ordre de l'exécution : car régulierement, quoiqu'un homme foit *compos* quand il commet un crime capital, cependant fi après, il devient *non compos*, il ne fera point déféré ; s'il le devient après avoir été déféré, il ne fera point convaincu; s'il le devient après la conviction, il ne fubira pas de jugement ; s'il l'eft après le jugement, il ne fera point condamné à ètre exécuté : car, *furiofus folo furore punitur*, & la loi peut croire qu'il auroit allégué quelque raifon pour fa défenfe, s'il avoit été en fon bon fens, & auroit pu par-là arrèter les procédures refpectives. C'eft une regle invariable, quand il y a quelqu'intervalle entre la flétriffure & l'ordre de l'exécution, de demander au prifonnier ce qu'il a à alléguer pour empêcher que l'exécution ne foit ordonnée contre lui: & s'il paroit infenfé, le juge peut & doit à fa difcrétion lui accorder un *délai*, ou bien il peut plaider en oppofition à l'exécution ; ce plaidoyer peut être,

être, ſoit la groſſeſſe, le pardon du prince, un acte de grace ou diverſité de perſonne, c'eſt-à-dire, qu'il n'eſt pas la même perſonne, qui a été flétrie, &c. Dans ce dernier cas il ſera nommé une aſſemblée de jurés pour examiner ce point collatéral de déciſion, nommément l'identité de ſa perſonne ; & non pour ſavoir s'il eſt coupable ou innocent ; car cela a été décidé auparavant & dans ces points collatéraux de déciſion l'examen ſera fait à l'inſtant même, & il ne ſera point accordé de tems au priſonnier pour fournir ſes défenſes, ou produire ſes témoins, qu'il n'eſt point la perſonne flétrie : il ne ſera point non plus accordé au priſonnier de récuſer péremptoirement ſes jurés ; quoique autrefois ces ſortes de récuſations s'accordaſſent, toutes les fois qu'ils s'agiſſoit de la vie d'un homme. (D. G.)

DELAISSEMENT, ſ. m., *Juriſpr.*, ſignifie l'*abandonnement* de quelque choſe, comme le *délaiſſement* d'un héritage, & même le *délaiſſement* d'une perſonne. On dit dans certaines provinces, *qu'une femme eſt délaiſſée d'un tel ſon mari* : ce qui ne ſignifie pas que ſon mari l'ait quittée, mais qu'elle eſt veuve.

On diſtingue cinq ſortes de *délaiſſement* de biens ; ſavoir la ceſſion des biens, qui eſt un *délaiſſement* univerſel que le débiteur fait à ſes créanciers ; la renonciation à une ſucceſſion, ou à une communauté de biens ; le déſiſtement d'un héritage ; le déguerpiſſement ; & le *délaiſſement* par hypotheque. Pluſieurs de ces différentes ſortes de *délaiſſemens* ſont déja expliquées ci-devant : les autres le ſeront en leur lieu. Il ne s'agit plus ici que d'expliquer le dernier de ces *délaiſſemens*.

Le *délaiſſement par hypotheque*, eſt l'abandonnement d'un immeuble, fait par celui qui en eſt propriétaire, à un

Tome IV.

créancier auquel cet héritage eſt hypothéqué, pour ſe libérer des pourſuites de ce créancier.

Cette eſpece d'abandonnement differe du déſiſtement, lequel ſe fait d'un héritage qui appartient à autrui. Il differe auſſi en pluſieurs manieres du déguerpiſſement : 1°. en ce que celui-ci n'a lieu que pour les charges & rentes foncieres ; au lieu que le *délaiſſement* ne ſe fait que pour de ſimples hypotheques & rentes conſtituées : 2°. le déguerpiſſement ſe fait au profit du bailleur de l'héritage, le *délaiſſement* à un ſimple créancier hypothécaire : 3°. le déguerpiſſement ſe fait pour éviter l'action perſonnelle écrite *in rem* ; le *délaiſſement* pour exécuter & accomplir la condamnation de l'action hypothécaire : 4°. celui qui déguerpit quitte non-ſeulement la poſſeſſion, mais auſſi la propriété de l'héritage ; au lieu que celui qui délaiſſe quitte ſeulement la poſſeſſion, & demeure propriétaire juſqu'à ce que l'héritage ſoit vendu par decret : enfin celui au profit de qui le déguerpiſſement eſt fait, peut accepter & garder l'héritage ; au lieu que celui à qui on fait un *délaiſſement* par hypotheque, ne peut prendre l'héritage pour lui ſans formalité de juſtice ; s'il veut être payé, il faut qu'il faſſe vendre l'héritage par decret, & alors il peut s'en rendre adjudicataire comme feroit un étranger.

Ce *délaiſſement* avoit lieu chez les Romains. En effet, il paroît que c'étoit là l'objet de l'action hypothécaire, en laquelle on concluoit *ut poſſeſſor rem pignoris jure dimittat* ; mais il ſe pratiquoit autrement qu'on ne fait parmi nous. Comme il n'y avoit point alors de rentes conſtituées à prix d'argent, les détenteurs d'héritages hypothéqués étant pourſuivis pour quelque dette hypothécaire à une fois payer, n'offroient

T t

pas d'eux-mêmes de délaisser l'héritage comme ils font aujourd'hui, pour se libérer des arrérages de la rente, & pour éviter d'en passer titre nouvel ; l'effet de l'action hypothécaire étoit seulement qu'ils étoient condamnés à délaisser l'héritage, non pas pour être régi par un curateur, comme on fait parmi nous, mais pour en céder la possession au créancier hypothécaire qui en jouissoit par ses mains jusqu'à ce que la dette eût été entierement acquittée.

Le détenteur d'un héritage qui est poursuivi hypothécairement, n'a pas besoin de déguerpir l'héritage, parce que ce seroit l'abandonner entierement & sans retour ; il lui suffit d'en faire le *délaissement* pour être vendu sur un curateur, attendu que s'il reste quelque chose au prix de la vente après les dettes payées, c'est le détenteur qui en profite.

Si l'action hypothécaire n'est intentée que pour une somme à une fois payer, il n'est pas de l'intérêt du détenteur d'aller au-devant du créancier, & de lui faire le *délaissement* ; il peut attendre que le créancier fasse saisir l'héritage.

Mais lorsqu'il s'agit d'une rente, & qu'il ne veut ni en payer les arrérages, ni passer titre nouvel, en ce cas il est plus à-propos qu'il fasse le *délaissement* de l'héritage.

L'effet de ce *délaissement* est de libérer le détenteur des poursuites du créancier hypothécaire, à moins que ce détenteur ne fût obligé personnellement, ou héritier de l'obligé, ou qu'il ne fût encore bien tenant, c'est-à-dire, détenteur de quelqu'autre héritage hypothéqué à la dette ou rente constituée ; car comme l'hypotheque est *tota in toto & tota in qualibet parte*, il suffit que le détenteur possede encore la moindre portion des

héritages hypothéqués au créancier, pour que le *délaissement* qu'il fait du surplus ne puisse le libérer.

Il est indifférent pour le *délaissement* qui se fait par rapport à des rentes constituées, que ces rentes ayent été créées avec assignat ou non, attendu que l'assignat ne rendant point ces rentes foncieres, c'est toujours le *délaissement*, & non le déguerpissement que le débiteur doit employer pour se libérer.

Celui qui fait le *délaissement* ne quitte, comme on l'a déja dit, que la possession de l'héritage, & en demeure toujours propriétaire jusqu'à la vente par decret ; tellement que jusqu'à l'adjudication, il peut reprendre son héritage en payant les sommes exigibles, & s'il s'agit de rentes, en payant les arrérages & passant titre nouvel ; & si après la vente par decret, le prix qui en est provenu n'étoit pas entierement absorbé, le restant du prix appartiendroit à celui qui a fait le *délaissement*, & lui seroit précompté sur le prix de son acquisition, & sur les dommages & intérêts qu'il pourroit avoir à répéter contre ses garans.

On ne peut plus poursuivre la vente de l'héritage sur celui qui en fait le *délaissement* ; il faut y faire créer un curateur, sur lequel le créancier fait saisir réellement l'héritage, & en poursuit la vente.

Les hypotheques, servitudes, & charges foncieres imposées sur l'héritage par le détenteur, demeurent en leur force jusqu'à la vente ; de sorte que ses créanciers personnels peuvent y former opposition, & doivent être colloqués dans l'ordre qui se fait du prix de l'adjudication : ce qui diminue d'autant le recours qu'il peut avoir contre ses garans.

Le détenteur de l'héritage peut lui-même former opposition au decret de l'héritage, qu'il a délaissé pour les hypotheques, servitudes, & charges foncieres, qu'il avoit à prendre sur cet héritage avant de l'avoir acquis, la confusion de ces droits cessant par le moyen du *délaissement* par hypotheque.

Ce *délaissement* opérant une véritable éviction, le détenteur a son recours contre son vendeur, tant pour la restitution du prix, que pour ses dommages & intérêts; il a même en ce cas deux avantages, l'un est que s'il avoit acheté l'héritage trop cher, ou que depuis son acquisition il eût diminué de prix, il ne laisse pas de répéter contre son vendeur le prix entier qu'il lui a payé, quand même l'héritage délaissé seroit moins vendu par decret: l'autre avantage est que si l'héritage délaissé est vendu au contraire par decret à plus haut prix que le détenteur ou ses auteurs ne l'avoient acheté, celui qui a fait le *délaissement* est en droit de répéter contre ses garans le prix entier de l'adjudication; parce que s'il n'eût point été évincé, il auroit pu faire une vente volontaire de l'héritage, dont le prix auroit été au moins égal à celui de l'adjudication.

Mais pour que le détenteur ait ce recours contre son vendeur, il faut qu'avant de faire le *délaissement* par hypotheque, il ait dénoncé à son vendeur les poursuites faites contre lui pour les dettes & hypotheques de ce vendeur, & que celui-ci ne lui ait pas procuré sa décharge; car si le détenteur avoit attendu trop tard à dénoncer les poursuites à son vendeur, il auroit bien toujours son recours pour la portion du prix qui auroit servi à acquitter les dettes du vendeur, mais du reste il n'auroit point de dommages & intérêts à prétendre.

Il en seroit de même si le *délaissement* par hypotheque n'avoit été fait qu'après que l'héritage étoit saisi réellement pour les dettes personnelles du détenteur, quand même les créanciers du vendeur auroient par l'événement touché seuls tout le prix de l'adjudication, il n'y auroit en ce cas de recours contre lui que pour ce qui auroit été payé en son acquit sur le prix de l'héritage délaissé.

Le *délaissement* par hypotheque n'opere point seul de mutation de propriétaire, & ne produit point de droits seigneuriaux: ce n'est que la vente par decret qui est faite après le *délaissement*.

L'acquéreur qui a fait des impenses & améliorations en l'héritage, ne peut pas pour cela se dispenser de le délaisser, s'il ne veut pas reconnoître & payer les dettes: mais il peut s'opposer afin de conserver au decret de l'héritage, afin de répéter la valeur de ces impenses.

Le *délaissement* usité en fait de *commerce maritime* par rapport aux assurances, est un acte par lequel un marchand qui a fait assurer des marchandises sur quelque vaisseau, dénonce la perte de ce vaisseau à l'assureur, & lui abandonne les effets pour lesquels l'assurance a été faite, avec sommation de lui payer la somme assurée.

Lorsque l'assuré a eu avis de la perte du vaisseau ou des marchandises qu'il avoit assurées, soit par l'arrêt du prince ou autres accidens, il sera tenu de le faire signifier à ses assureurs, avec protestation de faire son *délaissement* en tems & lieu. Il peut cependant au lieu de protestation faire son *délaissement* tout de suite, avec sommation aux assureurs de lui payer les sommes assurées dans les tems portés par la police d'assurance.

Si le tems du payement n'est point

porté dans la police, l'affureur fera tenu de payer l'affurance trois mois après la fignification du *délaiffement*.

En cas de naufrage ou échouement, l'affuré pourra travailler au recouvrement des effets naufragés, fans préjudice du *délaiffement* qu'il pourra faire en tems & lieu, & du rembourfement de fes frais, dont il fera cru fur fon affirmation jufqu'à concurrence de la valeur des effets recouvrés.

Le *délaiffement* ne pourra être fait qu'en cas de prife, naufrage, bris, échouement, arrêt du prince, ou perte entiere des effets affurés.

Un navire affuré dont on ne reçoit aucune nouvelle un an après fon départ pour les voyages ordinaires, & deux ans pour les voyages de long cours, peut être regardé par le propriétaire comme perdu, & en conféquence il peut en faire le *délaiffement* à fes affureurs & leur demander payement, fans qu'il foit befoin d'aucune atteftation de la perte; & après le *délaiffement* fignifié, les effets affurés appartiendront à l'affureur, qui ne pourra fous prétexte du retour du vaiffeau fe difpenfer de payer les fommes affurées.

DÉLATEUR, f. m., *Jurifp. & Mor.*, eft celui qui dénonce à la juftice un crime ou délit, & celui qui en eft l'auteur, foit en le nommant, ou le défignant de quelqu'autre maniere, fans fe porter partie civile.

La qualité de *délateur* & celle de dénonciateur font dans le fond la même chofe; il femble néanmoins que la qualité de *délateur* s'applique finguliérement aux dénonciations les plus odieufes.

En effet, eft-il un métier plus vil & plus bas que celui de *délateur* public? N'eft-ce pas fe rendre complice de fon infamie que de l'écouter avec plaifir?

N'eft-ce pas fe deshonorer que de l'admettre dans fa familiarité? Le *délateur*, dit un moderne, étant le plus vil des hommes deshonore les perfonnes qui le fréquentent, bien plus que ne feroit le bourreau. La conduite du premier eft l'effet de fon mauvais caractere, au lieu que le bourreau fait fon métier. Celui-ci fait du mal par devoir; l'autre en fait pour fon plaifir. Eft-il donc un plaifir plus déteftable que de courir de maifons en maifons pour dénigrer fes concitoyens, pour divulguer les traits qui peuvent leur nuire, pour leur ravir la réputation & le repos, fans profit réel pour la fociété?

Les loix romaines difent que les *délateurs* font la fonction d'accufateur; & en effet, ils accufent le coupable: on diftingue néanmoins dans notre ufage les *délateurs* & dénonciateurs d'avec les accufateurs proprement dits.

Le *délateur* ou dénonciateur, eft celui qui fans être intéreffé perfonnellement à la vengeance du crime, le dénonce à la juftice qui fait feule la pourfuite; au lieu que l'accufateur eft celui qui étant intéreffé à la vengeance du crime en rend une plainte à la juftice, & en pourfuit la réparation pour ce qui le concerne comme partie civile.

Il y a toujours eu des *délateurs*, & leur conduite a été envifagée différemment felon les tems. Les plus fameux *délateurs* qui font connus dans l'hiftoire, font ceux qui fe rendoient dénonciateurs du crime de léfe-majefté; ils avoient le quart du bien des condamnés. Cneius Lentulus, homme qualifié, fut accufé par fon fils. Caïus permit aux efclaves d'accufer leurs maîtres. Claude au contraire défendit d'écouter même les affranchis. Galba fit punir les *délateurs* efclaves ou libres. Ils furent pareillement punis fous l'empereur Macrin:

les esclaves qui avoient accusé leurs maîtres étoient mis en croix. Constantin par deux loix faites en 312 & en 319, défendit absolument d'écouter les *délateurs*, & ordonna qu'ils seroient punis du dernier supplice.

Les choses furent reglées tout différemment par le code théodosien ; car outre les dénonciateurs particuliers qui étoient autorisés, il y en avoit de publics appellés *curiosi & stationarii* ; on y voit aussi qu'il y avoit des gens qui se dénonçoient eux-mêmes pour avoir la part du dénonciateur.

Suivant les loix du digeste & du code, les *délateurs* étoient odieux ; & le nom en étoit honteux, tellement que c'étoit une injure grave d'avoir à tort traité quelqu'un de *délateur*. Les esclaves ne pouvoient accuser leurs maîtres, ni les affranchis leurs patrons ; ceux qui contrevenoient à cette loi devoient être punis. Le patron qui avoit accusé son affranchi étoit exclus de la possession de ses biens.

Cependant les *délateurs* non-seulement étoient autorisés, mais il y avoit plusieurs cas dans lesquels ils n'étoient point réputés infâmes ; c'est ce qu'explique la loi 2 au digeste *de jure fisci* ; c'étoient ceux qui ne s'étoient point rendus dénonciateurs par aucun espoir de récompense ; ceux qui avoient dénoncé leur ennemi pour en obtenir réparation, ou qui avoient eu pour objet l'intérêt public ; enfin ceux qui avoient été obligés de faire la dénonciation à cause de leur ministere, ou qui l'avoient faite par ordonnance de justice.

L'empereur Adrien avoit même décidé que celui qui avoit des titres nécessaires à la cause du fisc, & ne les représentoit pas, quoiqu'il pût le faire, étoit coupable de soustraction de pieces.

Il y a en France une loi admirable ; c'est celle qui veut que le prince établi pour faire exécuter les loix, propose un officier dans chaque tribunal, pour poursuivre en son nom tous les crimes : de sorte que la fonction des *délateurs* y est inconnue ; & si ce vengeur public étoit soupçonné d'abuser de son ministere, on l'obligeroit de ramener son dénonciateur. Une bouche de pierre, au contraire, s'ouvre à Venise à tout *délateur*, qui y jette ses billets. Ce gouvernement a besoin de ressorts bien violens. *v.* ACCUSATION.

Les *délateurs* étoient un genre d'hommes odieux, fort communs à Rome du tems des empereurs qui les encourageoient à cet infâme métier, par l'appat des récompenses, comme nous l'apprend Tacite : *Sic delatores, genus hominum publico exitio repertum ; & pœnis quidem nunquam satis coercitium, per præmia eliciebantur.* Les loix avoient à la vérité fixé dés récompenses pour les accusateurs, & Caligula leur accordoit la huitieme partie des biens de l'accusé : *quod delatoribus octava confiscatorum bonorum pars decreta esset.* Mais ce qui étoit autorisé par les loix, étant devenu par la suite un moyen de gagner sa vie, & les *délateurs* ne consultant plus que leur avidité pour dénoncer les plus honnêtes gens, les bons empereurs, comme Tite & Trajan, furent contraints de sévir contre cette peste publique, & de les livrer aux derniers supplices : *Hos assiduis*, dit Suétone, *in foro flagellis ac fustibus cæsos, ac novissime traductos per amphitheatri arenam partim subjici, ac venire imperavit, partim in asperrimas insularum avehi.* Voyez l'article ACCUSATION. Dans les premiers tems de la république d'Athenes, on pouvoit se rendre dénonciateur contre un citoyen qui prévariquoit dans le ministere public, ou qui trahissoit la patrie, sans

rien craindre, pas même lorfque l'accufé étoit renvoyé abfous ; mais enfuite cette licence ayant multiplié les *délateurs*, il y eut une loi qui les condamnoit à une amende de mille drachmes,
s'ils n'avoient pour eux une moitié de
leurs juges & la cinquieme partie de
l'autre moitié. (D. F.)

DÉLÉGATION, f. f., *Jurifprud.*,
en général, eft l'acte par lequel quelqu'un fubftitue un autre en fa place.

Il y en a de deux fortes ; favoir, celle faite par un officier public, & celle
que fait un débiteur.

Nous allons expliquer chacune de
ces deux *délégations* féparément.

Délégation faite par un officier public,
eft celle par laquelle cet officier commet quelqu'un pour exercer fes fonctions en tout ou en partie.

Pour bien entendre cette matiere, il
faut obferver qu'à Rome, où les offices n'étoient d'abord que des commiffions annales, & enfuite fous les empereurs des commiffions à vie, tous officiers, grands ou petits, foit de juftice, militaires ou de finance, avoient
la liberté de déléguer ou commettre à
d'autres perfonnes tout ce qui dépendoit de leur office, de forte que la plupart déléguoient une partie de leurs
fonctions, & pour cet effet fe choifif-
foient des commis ou lieutenans. Déléguer ainfi ou commettre, s'appelloit
alors *mandare*.

Les fonctions même de juftice pouvoient prefque toutes être déléguées
par les magiftrats, foit à des perfonnes
publiques ou privées ; c'eft ce qu'on
voit dans plufieurs textes des loix romaines, & fingulierement dans le titre *de officio ejus cui mandata eft jurif-
dictio*. Le délégué général pour la juftice, étoit celui auquel *mandata erat ju-
rifdictio* ; quelquefois le magiftrat ne

faifoit qu'une *délégation* fpéciale à quelqu'un pour juger une telle affaire, &
celui-ci s'appelloit *judex datus*. On
comprenoit auffi fous le même nom,
celui qui étoit fubdélégué par le délégué
général pour certains actes.

Le délégué général prononçoit lui-
même fes fentences, & avoit droit d'infliger des peines légeres pour la manutention de fa jurifdiction & l'exécution
de fes fentences.

Le délégué particulier ou fubdélégué
ne donnoit proprement qu'un avis ar-
bitral, & n'avoit pas le pouvoir de le
faire exécuter ; il ne pouvoit fubdé-
léguer.

L'appel du délégué général étoit relevé devant le juge fupérieur du magiftrat qui avoit délégué, attendu que le
déléguant & le délégué général n'avoient
qu'un même auditoire & une même
juftice ; au lieu que l'appel du délégué
particulier ou fubdélégué fe relevoit devant celui qui l'avoit commis.

Nous avons dit que les fonctions de
juftice pouvoient prefque toutes être
déléguées, & non pas toutes indiftinctement, parce qu'en effet il y en avoit
quelques-unes qui ne pouvoient pas
être déléguées.

Le magiftrat pouvoit déléguer tout
ce qui étoit de fimple jurifdiction, c'eft-
à-dire, le pouvoir de juger, de prononcer les jugemens : le délégué général avoit auffi le pouvoir de les faire
exécuter par des peines légeres ; ce qui
faifoit partie du pouvoir appellé chez
les Romains *mixtum imperium*, qui tenoit plus du commandement que la jurifdiction proprement dite ; mais il n'a-
voit pas ce *mixtum imperium* tout entier, c'eft pourquoi il ne pouvoit pas
affranchir les efclaves, recevoir les
adoptions, affembler le confeil.

A l'égard du pouvoir appellé chez

les Romains *mixtum imperium*, qui confiſtoit en la puiſſance du glaive, & à infliger d'autres peines graves, ce qui revient à-peu-près à ce qu'on appelle *acte de haute juſtice*, le magiſtrat ne pouvoit pas le déléguer même par une commiſſion générale, parce qu'il n'étoit réputé l'avoir lui-même que par *délégation* ſpéciale & particuliere, & par conſéquent ne le pouvoit ſubdéléguer.

Tel étoit l'uſage obſervé chez les Romains par rapport aux *délégations*, tant que dura le gouvernement populaire. Comme les magiſtrats étoient en petit nombre, & qu'il étoit difficile d'aſſembler ſouvent le peuple pour commettre aux différentes fonctions publiques qu'ils ne pouvoient remplir par eux-mêmes, on leur laiſſa la liberté de commettre d'autres perſonnes pour les ſoulager dans la plupart de leurs fonctions.

Mais ſous les empereurs on reconnut peu-à-peu l'abus de toutes ces *délégations*, en ce que des magiſtrats qui avoient été choiſis pour leur capacité, commettoient en leur place des perſonnes privées qui pouvoient n'avoir point les qualités néceſſaires, & que d'ailleurs ceux auxquels l'exercice de la puiſſance publique eſt confié perſonnellement, ne peuvent pas transférer à d'autres un droit qu'ils n'ont pas de leur chef; auſſi ne trouve-t-on dans tout le code aucune loi qui autoriſe les magiſtrats à faire une *délégation* générale, & ſur-tout à des perſonnes privées : on leur permit ſeulement de renvoyer les cauſes légeres devant leurs conſeillers & aſſeſſeurs, qui étoient des juges en titre d'office; & comme ceux-ci n'avoient point de tribunal élevé, mais jugeoient *de plano*, *ſeu plano pede*, on les appella *juges pedanés*, & l'appel de ces délégués particuliers alloit à

un magiſtrat qui leur avoit renvoyé la cauſe.

La *délégation* ou ſubdélégation ne finit pas par la mort du délégué, on fait ſubroger une autre perſonne en ſa place; mais elle finit quand l'objet pour lequel elle a été établie ſe trouve rempli.

Voyez au digeſte, *liv. I. tit. xvj. liv. IX. & liv. II. tit. j. liv. V.* au code, *liv. III. tit. jv. leg.* 1. *& tit. viij. liv. I. liv. VII. tit. xlviij. liv. II. & IV. tit. lxij. liv. XVI. tit. lxjv. liv. VI.* & pluſieurs autres. Voyez ci-après DELEGUÉ & JUGE *délégué*.

Délégation d'un débiteur, c'eſt une eſpece de novation, par laquelle l'ancien débiteur, pour s'acquitter envers ſon créancier, lui donne une tierce perſonne qui à ſa place s'oblige envers lui, ou envers la perſonne qu'il lui indique. *Delegare eſt vice ſuâ alium reum dare creditori, vel cui juſſerit*, L. 11. ff. *de novat.*

Il réſulte de cette définition, que la *délégation* ſe fait par le concours de trois perſonnes, & qu'il en intervient quelquefois une quatrieme. 1°. Il faut le concours du déléguant, c'eſt-à-dire, de l'ancien débiteur qui donne à ſon créancier un autre débiteur en ſa place. 2°. De la perſonne du délégué qui s'oblige envers le créancier, à la place de l'ancien débiteur, ou envers la perſonne indiquée par le créancier. 3°. Du créancier, qui en conſéquence de l'obligation que la perſonne déléguée contracte envers lui, ou envers la perſonne qu'il lui indique, décharge le déléguant.

Quelquefois il intervient dans la *délégation* une quatrieme perſonne ; ſavoir, celle que le créancier indique, & envers qui, ſur l'indication du créancier, & de l'ordre du déléguant, la perſonne déléguée s'oblige.

Pour qu'il y ait *délégation*, il faut

que la volonté du créancier, de décharger le premier débiteur, & de se contenter de l'obligation de ce nouveau débiteur qui s'oblige envers lui à la place du premier, soit bien marquée. C'est pourquoi si Pierre, l'un des héritiers de mon débiteur, pour se décharger d'une rente envers moi, a, par un partage, chargé Jacques son co-héritier, de me la payer à sa décharge; il n'y aura pas de *délégation*, & Pierre ne sera pas déchargé envers moi, si je n'ai pas par quelque acte déclaré formellement que je déchargeois Pierre: sans cela, quoique j'aie reçu de Jacques seul les arrérages pendant un tems considérable, on n'en pourra pas conclure que je l'ai accepté pour mon seul débiteur, à la place de Pierre, & que j'ai déchargé Pierre; *arg. L.* 40, §. 2, ff. *de pact.*

La *délégation* renferme une novation; savoir, l'extinction de la dette du déléguant, & l'obligation que la personne déléguée contracte en sa place; ordinairement même la *délégation* contient une double novation; car ordinairement la personne déléguée est un débiteur du déléguant, lequel pour s'acquitter envers le déléguant de son obligation, contracte de l'ordre du déléguant une nouvelle obligation envers le créancier du déléguant. Il se fait en ce cas une novation, & de l'obligation du déléguant envers son créancier à qui le déléguant donne un autre débiteur en sa place, & de l'obligation de la personne déléguée envers le déléguant, en conséquence de celle qu'elle contracte de son ordre envers son créancier.

Si la personne déléguée n'étoit pas débitrice du déléguant, quoiqu'elle ne se fût obligée en sa place envers son créancier, que dans la fausse persuasion qu'elle étoit débitrice du déléguant, l'obligation qu'elle auroit contractée en vers ce créancier, n'en seroit pas moins valable, & elle ne pourroit se défendre de le payer; sauf à elle son recours contre le déléguant, pour qu'il fût tenu de l'acquitter. Le créancier qui, par l'obligation que contracte envers lui la personne déléguée, ne fait que retirer ce qui lui étoit dû par son ancien débiteur qu'il a déchargé, ne doit point souffrir de cette erreur: *si per ignorantiam promiserit, nullâ quidem exceptione uti poterit adversùs creditorem, quia ille suum recepit: sed is qui delegavit, tenetur conditione*; L. 12, ff. *de novat.*

Il en seroit autrement, si celui envers qui la personne déléguée s'est obligée, n'étoit point créancier du déléguant; soit que le déléguant fût lui-même dans l'erreur, & qu'il crût être débiteur; soit qu'il voulût lui faire donation. En l'un & l'autre cas, la personne déléguée qui s'est obligée envers lui par erreur, dans la fausse persuasion qu'elle étoit débitrice du déléguant, ne sera pas valablement obligée, & pourra se défendre de payer, l'erreur étant découverte; L. 7, ff. *de dol. except.*; L. 2, §. 4, ff. *de donat.*

La raison de cette différence est, que dans cette espece-ci, celui envers qui la personne déléguée s'est obligée, *certat de lucro captando*; pendant que la personne déléguée, qui s'est par erreur obligée envers lui, *certat de damno vitando*. Or on doit plutôt subvenir à celui *qui certat de damno*, qu'à celui *qui certat de lucro*. C'est pourquoi on doit, non-seulement le décharger de son obligation contractée par erreur, mais même lui accorder la répétition de ce qu'il auroit payé en conséquence, suivant cette regle de droit, *meliùs est favere repetitioni, quàm adventitio lucro.* Au contraire, dans l'espece précédente le créancier envers qui la personne déléguée

léguée s'eft obligée , *verfaretur in dam-no* , fi la perfonne déléguée étoit déchargée de fon obligation.

Si la perfonne déléguée ne s'oblige que fous une condition , tout l'effet de la *délégation* fera en fufpens , jufqu'à l'échéance de la condition ; & de même qu'en ce cas il dépend de l'échéance de la condition , que la perfonne déléguée foit obligée , de même il dépend de l'échéance de la même condition , que le déléguant foit libéré de fon obligation, laquelle ne peut être éteinte que par la nouvelle obligation de la perfonne déléguée , qui doit être fubftituée en fa place. L'obligation de la perfonne déléguée envers le déléguant dépend pareillement de cette condition , car la perfonne déléguée ne peut être libérée envers le déléguant , qu'autant qu'elle s'oblige en fa place envers le créancier.

Quoique la perfonne déléguée ne foit pas libérée envers le déléguant , jufqu'à l'échéance de cette condition; néanmoins le déléguant par l'ordre duquel elle s'eft obligée fous condition , ne peut faire aucune pourfuite contr'elle , jufqu'à ce que cette condition foit faillie ; car tant qu'elle peut exifter , il eft incertain fi elle demeurera obligée envers lui , ou fi elle le fera envers le nouveau créancier. C'eft la décifion de la loi 36 , ff. *de reb. cred.*

Régulierement , lorfque la perfonne déléguée s'eft obligée valablement envers le créancier à qui elle a été déléguée , le déléguant eft pleinement libéré envers ce créancier; & ce créancier n'a aucun recours contre lui , dans le cas auquel le nouveau débiteur à lui délégué deviendroit infolvable : ce créancier , en acceptant la *délégation* , a fuivi la folvabilité du débiteur qui lui étoit délégué , *nomen ejus fecutus eft.*

Ce principe fouffre exception , dans

Tôme IV.

le cas auquel il auroit été convenu que le déléguant donneroit à fes rifques un nouveau débiteur à fa place. Paul décide qu'en ce cas le créancier peut agir *actione mandati contrariâ* , contre le déléguant , pour être indemnifé de la fomme dont il n'a pu être payé par l'infolvabilité du nouveau débiteur à lui délégué. Car lorfqu'à la priere de mon ancien débiteur , j'accepte à fes rifques un autre débiteur à fa place , c'eft un contrat de mandat , qui intervient entre nous ; je fuis fon mandataire en acceptant la *délégation* , & par conféquent je dois être par lui indemnifé de ce qu'il m'en coûte pour l'avoir acceptée. Or il m'en coûte la fomme dont je n'ai pu être payé par le débiteur délégué ; j'en dois donc être indemnifé par lui.

Obfervez qu'il faut pour cela qu'on ne puiffe me reprocher de n'avoir pas fait les diligences qui m'auroient pu procurer mon payement, pendant que le débiteur délégué étoit folvable : car en ce cas c'eft ma faute fi je n'ai pas été payé. Or , felon les regles du contrat de mandat , un mandataire n'a d'action pour être indemnifé , que de ce qu'il lui en a coûté fans fa faute : *venit in actione mandati quod mandatario , ex caufâ mandati abeft inculpabiliter.*

Comme ce n'eft pas la *délégation* par elle - même , mais le contrat de mandat qu'on fuppofe intervenu entre le déléguant & le créancier , qui rend le déléguant refponfable de l'infolvabilité du débiteur délégué ; c'eft au créancier qui prétend fe fervir de ce contrat de mandat , à faire voir par écrit , qu'il eft intervenu , & qu'il n'a accepté la *délégation* , qu'aux rifques du déléguant ; cette convention ne fe fuppofe point ; c'eft ce qui a été jugé par un arrêt rapporté par Bouvot.

Cujas *ad l.* 26 , §. 2 , *mand. ad lib.*

V v

33. *Paul ad edic.* rapporte une seconde exception à notre principe, qui est que, quoique la *délégation* n'ait pas été faite à la charge qu'elle seroit aux risques du déléguant; néanmoins si dès le tems de la *délégation*, l'insolvabilité du débiteur délégué étoit arrivée, & ignorée du créancier, le déléguant en devroit être tenu. Cette décision de Cujas est fondée en équité, la *délégation* renferme entre le déléguant & le créancier, une convention de la classe de celles qui sont intéressées de part & d'autre, dans lesquelles chacun entend recevoir autant qu'il donne; l'équité de ces conventions consiste dans l'égalité; elles sont iniques, lorsque l'une des parties donne beaucoup, & reçoit peu à la place. Suivant ces principes, la *délégation* que vous me faites d'une créance de mille livres que vous doit Pierre insolvable, à la place d'une pareille somme dont vous m'êtes débiteur, est manifestement inique: car par cette *délégation* vous recevez la remise de votre dette de mille livres, laquelle remise a une valeur réelle & effective de mille livres; & pour cette valeur de mille livres que vous recevez de moi, vous me donnez une créance sur un débiteur insolvable, qui n'est de valeur de rien, ou de presque rien: il faut donc que pour réparer l'iniquité de la convention, vous soyez tenu envers moi de l'insolvabilité de ce débiteur, que j'ai accepté par erreur pour mon débiteur à votre place.

Il en seroit autrement, si lors de la *délégation* que vous m'avez faite de ce débiteur à votre place, j'avois connoissance de l'insolvabilité; la *délégation* ne renferme pas, en ce cas, une convention de la classe de celles qui sont intéressées de part & d'autre; mais elle renferme un bienfait que j'ai bien vou-lu vous faire, en acceptant ce débiteur à votre place, quelqu'insolvable qu'il fût; vous ne m'avez fait aucun tort, puisqu'en connoissance de cause, j'ai bien voulu l'accepter, *volenti non fit injuria.*

Despeisses rejette le sentiment de Cujas, & prétend qu'à moins qu'il n'ait été expressément convenu que le déléguant déléguoit à ses risques, *suo periculo*, le créancier ne peut jamais se plaindre de l'insolvabilité du débiteur, qui lui a été délégué, & qu'il a bien voulu accepter, quelqu'ignorance qu'il allegue en sa faveur. Sa raison est, qu'autrement la *délégation* n'auroit jamais l'effet de libérer le déléguant, qui est l'effet qu'elle doit avoir par sa nature, puisque le créancier diroit toujours qu'il a ignoré l'insolvabilité du débiteur qu'on lui a délégué.

Ces raisons peuvent faire rejetter dans le for extérieur l'opinion de Cujas; mais elle me paroît indubitable dans le for de la conscience.

La *délégation* est quelque chose de différent du transport, aussi-bien que de la simple indication.

Le transport que fait un créancier à quelqu'un de sa créance, ne contient aucune novation, c'est la même créance qui passe du cédant au cessionnaire, lequel même n'est, à proprement parler, que le *procurator in rem suam* du créancier qui la lui a cédée; d'ailleurs ce transport ne se passe qu'entre deux personnes, le cédant & le cessionnaire, sans qu'il soit besoin que le consentement du débiteur intervienne. (P. O.)

DÉLÉGUÉ, adj., *Jurisprud.* Cette qualité s'applique à deux objets différens: on dit *un juge délégué*, & *une somme déléguée.* v. DÉLÉGATION.

DÉLIBÉRATION, s. f., *Jurispr.*

est le conseil que l'on tient sur quelqu'affaire. Les ordonnances, édits & déclarations des princes souverains portent ordinairement qu'ils ont été donnés après avoir eu sur ce grande & mûre *délibération*.

On dit qu'une compagnie délibere, quand elle est aux opinions sur quelqu'affaire.

Délibération signifie aussi la résolution qui est prise dans une assemblée, telle qu'un chapitre, une compagnie de justice, un corps de ville, une communauté d'habitans, ou de marchands & artisans, & autres communautés & compagnies.

Pour qu'une *délibération* soit valable, il faut que l'assemblée ait été convoquée dans les regles, que la *délibération* ait été faite librement & à la pluralité des voix; & elle doit être rédigée par écrit sur le régistre commun, conformément à ce qui a été arrêté. Ceux qui composent la communauté ne peuvent contrevenir à ses *délibérations*, tant qu'elles subsistent, & ne sont point anéanties par autorité de justice.

On délibere en partie sur les fins, en partie sur les moyens nécessaires pour y parvenir. La fin que l'on se propose, est toujours quelque bien, ou du moins l'éloignement de quelque mal. Les moyens ne sont pas recherchés par eux-mêmes, mais entant qu'ils menent à la fin, de l'une ou de l'autre maniere. Ainsi dans toute *délibération*, il faut comparer non-seulement les fins les unes avec les autres, mais encore la vertu qu'ont les moyens pour faire obtenir ces fins: car comme Aristote l'a très-bien remarqué; ,, les propositions ,, qui roulent sur quelqu'action, sont ,, de deux sortes; les unes, où il s'agit ,, de ce qui est bon; les autres où il s'a- ,, git de ce qui est possible ".

Pour faire cette comparaison dans les *délibérations*, il y a trois regles à suivre. 1°. Si la chose dont il s'agit, paroît, à en juger moralement, avoir autant de disposition à produire du mal, qu'à produire du bien, il ne faut s'y déterminer qu'en cas que le bien qu'on en espere, renferme, pour ainsi dire, un plus grand degré de bien, que le mal qu'on en appréhende ne renferme de mal. 2°. Si le bien & le mal qui peuvent provenir de la chose dont il est question, paroissoient égaux, il ne faut s'y déterminer qu'au cas que l'on y voye plus de disposition à produire le bien, qu'à produire le mal. 3°. Si le bien & le mal paroissent inégaux, aussi bien que la disposition des choses à produire l'un & l'autre, il ne faut se déterminer à ce dont il s'agit, qu'au cas que la disposition à produire du bien, comparée avec la disposition opposée, la surpasse à proportion plus considérablement que le mal ne surpasse le bien: ou au cas que le bien, comparé au mal, soit plus considérable, que la disposition de la chose à produire du mal, comparée avec la disposition à produire du bien. (D. F.)

DÉLIBERÉ, adj., *Jurisprud.*, signifie ce qui a été résolu & arrêté, après y avoir tenu conseil.

Les avocats mettent à la fin de leurs consultations, *délibéré en tel endroit le....* pour dire que la consultation a été faite en tel lieu.

Quand les juges trouvent de la difficulté à juger une cause sur le champ à l'audience, ils ordonnent qu'il en sera *délibéré*; & ce jugement préparatoire s'appelle un *délibéré*, parce qu'il ordonne que l'on délibérera.

On appelle aussi *délibéré*, le jugement définitif qui intervient après qu'il a été *délibéré*. On rappelle ordinairement dans

ce jugement définitif, celui qui a ordonné le *délibéré*; enfuite on ajoûte ces
mots : *& après qu'il en a été délibéré, la
cour ordonne*, &c. ou fi c'eft un juge inférieur, *nous difons*, &c.

Un juge, quoique feul en fon fiege,
peut ordonner un *délibéré*, pour avoir
le tems de réfléchir fur l'affaire.

L'objet des *délibérés* eft d'approfondir les affaires, & néanmoins d'éviter
aux parties les frais d'un appointement; c'eft pourquoi les *délibérés* fe jugent en l'état qu'ils fe trouvent, c'eft-
à-dire que la caufe fe juge fur les pieces
feulement dont on fe fervoit à l'audience : c'eft pourquoi on fait ordinairement laiffer fur le champ les facs & pieces fur le bureau.

Quelquefois on donne aux parties
le tems de faire, fi bon leur femble, un
mémoire pour joindre à leurs pieces &
inftruire les juges, & en ce cas on leur
laiffe quelquefois les pieces pour faire
le mémoire.

Le *délibéré* fe juge quelquefois fur le
champ; c'eft-à-dire qu'après avoir
fait retirer l'audience, on la fait rou-
vrir dans la même féance, pour prononcer le *délibéré*.

Quelquefois on remet le jugement
délibéré à un autre jour, fans le fixer;
& alors on nomme un rapporteur du *délibéré*, devant lequel on joint les pieces
de la caufe & les mémoires; mais on ne
peut ni produire de nouvelles pieces,
ni former de nouvelles demandes : c'eft
pourquoi l'on dit que les *délibérés* fe jugent en l'état qu'ils fe trouvent.

Lorfqu'une partie a quelque nouvelle
demande à former depuis le *délibéré*,
il faut la porter à l'audience; & fi on
trouve qu'il y ait connexité, on ordonne fur cette nouvelle demande un *délibéré, & joint au premier délibéré*.

Le rapporteur ayant examiné l'affaire, en fait fon rapport au confeil; &
quand on eft d'accord du jugement, on
fait avertir les procureurs de faire trouver les avocats de la caufe à l'audience,
pour reprendre leurs conclufions, enfuite on prononce le jugement : c'eft ce
que l'on appelle un *délibéré fur pieces
vûes*.

DÉLIBÉRER, v. n., *Jurifpr.*, fe dit
des juges & autres perfonnes qui tiennent confeil fur une affaire.

On dit auffi qu'un héritier a droit de
délibérer, & un délai pour *délibérer*, c'eft-
à-dire, pour fe déterminer s'il acceptera
la fucceffion, ou s'il y renonce.

Cette faculté de *délibérer* tire fon origine du droit romain. Le digefte & le
code contiennent chacun un titre exprès
de jure deliberandi.

Suivant les loix du digefte, fi un efclave étoit inftitué héritier, ce n'étoit
point à lui qu'on accordoit un délai pour
délibérer, mais à fon maître, parce que
les efclaves étoient comptés pour rien
par le préteur qui accordoit ce délai;
que fi l'efclave appartenoit à plufieurs
maîtres, tous avoient le délai.

L'édit du préteur portoit que fi on lui
demandoit un délai pour *délibérer*, il
l'accorderoit; ce qui fait connoître que
l'on n'avoit point ce délai fans le demander.

La durée de ce délai n'étant point fixée par l'édit, il étoit au pouvoir du
juge de le fixer : on ne devoit pas accorder moins de cent jours, ce qui revient à trois mois & quelques jours. Le
premier délai n'étant pas fuffifant, on
en accordoit quelquefois un fecond, &
même un troifieme; mais cela ne fe devoit faire que pour une caufe importante.

Le délai pour *délibérer* fut introduit
non-feulement en faveur des créanciers,
mais auffi pour l'héritier inftitué; c'eft

pourquoi le juge devoit accorder aux uns & aux autres la facilité de voir les pieces, pour connoître s'ils accepteroient ou non.

Si l'hérédité étoit confidérable, & qu'il y eût des chofes fujettes à dépérir, comme certaines provifions de bouche; ou de trop grande dépenfe, comme des chevaux, on permettoit à l'héritier qui *délibéroit*, de les vendre.

Quand c'étoit pour un pupille que l'on donnoit du tems pour *délibérer*, on ne devoit point pendant ce délai permettre aucune aliénation, ni d'exercer aucune action qu'en grande connoiffance de caufe, ou pour une néceffité abfolue.

Le fils héritier de fon pere, devoit être nourri aux dépens de l'hérédité, pendant qu'il *délibéroit*.

Enfin s'il y avoit plufieurs degrés d'héritiers inftitués au défaut les uns des autres, on devoit obferver dans chaque degré les mêmes regles par rapport au délai pour *délibérer*.

L'héritier, foit teftamentaire, ou *ab inteftat*, qui ignorant les charges de l'hérédité craint de s'y engager, peut prendre le tems reglé par la loi pour *délibérer* avant que de faire fa déclaration s'il veut être héritier ou non.

Pour mettre l'héritier en état de *délibérer*, il faut qu'il puiffe prendre connoiffance des biens & des charges de l'hérédité; & pour lui donner cette connoiffance & à tous autres intéreffés, on ordonne en juftice un inventaire des titres & papiers de l'hérédité qu'on leur communique.

Si pendant que l'héritier délibere il furvenoit quelque affaire, où il fût néceffaire d'agir pour la confervation de quelque droit de l'hérédité, ou de la défendre contre quelque prétention, & que la chofe ne pût être différée, il

faudroit nommer un curateur à l'hérédité pour exercer les droits & pour la défendre, jufqu'à ce que l'héritier l'acceptant pût agir lui-même.

Si dans ce même cas du retardement de l'héritier à recueillir la fucceffion, ou y renoncer, il y avoit des biens de l'hérédité qui duffent périr, ou être endommagés, ou diminuer de prix, comme des fruits, des grains, des liqueurs, ou des chofes qu'il fût plus utile de vendre que de garder, comme des chevaux ou autres beftiaux non néceffaires, & qui cauferoient de la dépenfe, l'héritier ou le curateur pourroit vendre ces fortes de chofes pour en conferver le prix dans l'hérédité, obfervant dans ces ventes les formes prefcrites en de pareils cas.

S'il y avoit des dettes paffives dont il fût néceffaire d'acquitter promptement la fucceffion, on y employeroit les deniers provenant des ventes qu'il y auroit à faire, ou l'on pourroit vendre des chofes moins néceffaires, ou exiger les dettes pour ces payemens, ou pour les autres dépenfes d'une pareille néceffité, comme pour les frais funéraires, pour la culture des héritages, pour des réparations preffantes, & autres femblables, ainfi qu'il feroit reglé par le juge.

Si les héritiers font des enfans qui délibèrent de l'hérédité de leur pere ou mere, ou autres afcendans, & qu'ils n'ayent rien d'ailleurs pour fubfifter pendant le tems qu'ils ont pour *délibérer*, ils peuvent cependant obtenir du juge une provifion modérée fur les biens de la fucceffion pour leurs alimens. Car il y a moins d'inconvéniens qu'une provifion de cette nature fe prenne fur l'hérédité, quand ils viendroient à y renoncer, qu'il n'y en auroit de les en priver pendant ce délai:

que la loi leur donne. Et s'il s'agiſſoit de la ſucceſſion d'un pere ſur laquelle les enfans euſſent des droits du chef de leur mere déja décedée, la proviſion en déduction de leurs droits recevroit encore moins de difficulté.

Si pluſieurs étoient appellés à une même hérédité l'un au défaut de l'autre, comme ſi un teſtateur ayant conſtitué un héritier & prévu le cas, ou que cet héritier mourût avant lui, ou qu'il ne voulût pas ſe rendre héritier, en avoit ſubſtitué un autre à ſa place, ou que l'héritier teſtamentaire ou *ab inteſtat*, renonçant à l'hérédité, le parent plus proche voulût l'accepter; dans tous ces cas, l'héritier appellé au défaut d'un autre, auroit le même droit de *délibérer*, qu'avoit celui dont il prend la place. Car le délai pour *délibérer* ne peut commencer de courir à l'égard de chaque héritier, qu'après qu'il eſt appellé à l'hérédité.

Si l'héritier qui délibéroit vient à décéder avant que d'avoir fait ſa déclaration, il tranſmet ſon droit à ſon héritier, ſoit teſtamentaire ou *ab inteſtat*, qui pourra auſſi *délibérer*, s'il acceptera ou abandonnera la ſucceſſion qui étoit échue au défunt. (D. F.)

DÉLICATESSE, ſubſt. fém., *Morale*. Rapportons d'abord les nuances que l'abbé Girard a indiquées entre *délicat* & *fin*. „Il ſuffit d'avoir aſſez „ d'eſprit pour concevoir ce qui eſt „ *fin*; mais il faut encore du goût pour „ entendre ce qui eſt *délicat*. Le pre- „ mier eſt au-deſſus de la portée de „ bien des gens, & le ſecond trouve „ peu de perſonnes qui ſoient à la ſien- „ ne. Un diſcours *fin* eſt quelquefois „ utilement répété à qui ne l'a pas d'a- „ bord entendu: mais qui ne ſent pas „ le *délicat* du premier coup, ne le „ ſentira jamais. On peut chercher

„ l'un, & il faut ſaiſir l'autre. *Fin* eſt „ d'un uſage plus étendu: on s'en ſert „ également pour les traits de mali- „ gnité, comme pour ceux de bonté. „ *Délicat* eſt d'un ſervice comme d'un „ mérite plus rare: il ne ſied pas aux „ traits malins, & il figure avec gra- „ ce en fait de choſes flatteuſes. Ainſi „ on dit une ſatyre *fine*, une loüange „ *délicate*.”

La *délicateſſe* remonte à deux ſources, l'organiſation & l'éducation. La premiere, ſans la ſeconde, ne va pas loin, & n'influe preſque que ſur le méchaniſme & les actions corporelles. Une perſonne délicate ne peut digérer les alimens & ſoutenir les fatigues qui ne cauſent aucune incommodité à une perſonne robuſte. Mais dès que l'éducation dirige la *délicateſſe*, & en tire le parti dont elle eſt ſuſceptible, elle paſſe, pour ainſi dire, à l'ame, & lui imprime un caractere diſtingué.

C'eſt ce qu'on remarque aiſément dans le ſexe. Les perſonnes de condition qu'on a ſoin de former par des inſtructions & par des exemples, acquierent non-ſeulement une politeſſe & des manieres aiſées, qui dans les hommes conſervent une teinte de rudeſſe; mais elles y joignent une fineſſe de goût, un tact de ſentiment, qui les met en état d'apprécier tous les ouvrages où le beau entre, & d'en porter pour l'ordinaire des jugemens plus aſſurés que ceux des critiques qui poſſédent le mieux les regles & les théories. De là vient que les auteurs dont le principal but eſt de plaire, recherchent le commerce des dames ſpirituelles & polies, dont ils tirent en effet de grands avantages. Les jeunes cavaliers perdent auſſi auprès d'elles leur étourderie & leur ſuffiſance, pour y ſubſtituer la modeſtie & les égards. Mais ces prérogatives du sexe n'existent pas par-tout : elles suppposent, comme nous l'avons insinué, une éducation & un genre de vie qui leur fournisse les moyens & les occasions de développer ces dispositions naturelles. La France est véritablement la patrie & le terroir naturel des femmes de cet ordre : encore toutes celles qui en affichent le caractere & en usurpent les droits, ne méritent-elles pas d'être regardées comme telles. Cela demande un juste milieu difficile à saisir & dans les bornes duquel on se tient rarement. Ce milieu sépare les dames véritablement *délicates* des précieuses & des pédantes, les Sevigné, les la Fayette, les la Suze, les Deshouilieres, des Julie d'Angennes, & de toute la sequelle de l'hôtel de Rembouillet, où les Cotin & les Pradon étoient mieux reçus que les Boileau & les Racine; & des Dacier, des Schurman & de leurs semblables, toutes hérissées d'érudition, mais fort brouillées avec les graces. Deux femmes illustres ont eu un caractere singulier & qui leur a été propre. L'une est madame de Maintenon qui, après avoir partagé le lit de Ninon Lenclos, est entrée dans celui de Louis le grand, & dont l'oreille aguerrie aux sottises de Scarron, n'a plus voulu entendre que le langage d'une sublime dévotion. Si ce n'étoit pas une femme *délicate*, c'étoit une femme spirituelle & habile, qui a si bien joué son rôle, que la mort même de son maître ou de son époux, ne lui a pas fait perdre la considération dont elle jouissoit. L'autre est la marquise du Châtelet, phénomene très-singulier, vrai météore, qui après avoir donné dans toutes les débauches d'esprit du prétendu Apollon de nos jours, a fini par les sens & la matiere. Il résulteroit peut-être de la revue de ces différens objets, qu'il y a

plus de danger que de profit à faire prendre cette route au sexe, à trop exalter son imagination, & à le détourner par-là de la décence & de la pratique de ses devoirs, que Moliere a si bien exposé dans les *femmes savantes*, qui sont un de ses chefs-d'œuvre.

Pour reprendre à présent la matiere dans sa généralité, nous dirons qu'il y a une *délicatesse* d'idées, une *délicatesse* de sentiment, & une *délicatesse* de procédés. La premiere tient au jugement, à la netteté d'esprit, au talent de l'analyse, qui mettent en état de décomposer les idées, d'en saisir toutes les faces, & de les présenter d'une maniere également intelligible & agréable. Divers hommes de lettres ont eu cette qualité en partage, mais personne ne l'a poussée aussi loin, & ne l'a exercée avec autant de dextérité sur des sujets de tout ordre que Mr. de Fontenelle. On sait qu'il avoit peu de ce sentiment qui affecte, ébranle, fait sortir de son assiette; mais la finesse de sa judiciaire faisoit un équivalent préférable : il avoit, comme on le lui a dit, son cœur dans sa cervelle, & c'est peut-être où il seroit toujours le mieux placé. Ceux qui ont voulu joûter avec M. de Fontenelle, n'ont pu saisir sa maniere & l'égaler. M. de Maupertuis & Algarotti dans la *Venus physique* & dans le *Newtonianisme pour les dames*, n'ont fait que des caricatures en comparaison de la *pluralité des mondes*; & l'homme du jour, l'homme universel, M. de Voltaire qui, toujours occupé à rabaisser les hommes illustres qui pouvoient lui faire ombrage, n'a eu garde d'épargner M. de Fontenelle, ne seroit pas même un bon écolier dans les compositions où il a voulu, non-seulement l'égaler, mais le surpasser. Le mêlange perpétuel que nos philosophes modernes, font de leur ton fatidique & de leurs dogmes arides avec les matieres qui font du reffort de l'efprit & du goût, a fait fuir les Graces d'une maniere qui donne lieu de craindre qu'elles ne reparoîtront jamais fur l'horizon de la littérature françoife.

La *délicateffe* de fentiment eft celle qui fait faifir toutes les nuances du beau moral, de l'honnète, du décent, & qui préferve non-feulement des vices groffiers, mais de tous les écarts que les gens du monde fe permettent trop facilement. Comme la *délicateffe* dans les matieres de goût vient d'une éducation foignée par rapport aux connoiffances, celle dont nous parlons à préfent, procéde d'une éducation foignée par rapport aux mœurs. Quand on explique fouvent à fes éleves les fondemens de nos devoirs, qu'on leur en fait fentir l'importance, & qu'on les accoutume à leur exacte pratique, ces louables habitudes s'affermiffent & deviennent ineffaçables; de forte que toutes les fituations de la vie, & en particulier l'élévation & l'abaiffement ne fauroient y porter aucune atteinte. Quiconque a des fentimens *délicats*, ne s'enflera jamais de la profpérité & ne fe laiffera point abattre par l'adverfité, parce que c'eft en lui-même qu'il place fa propre dignité, fans l'attacher aux accefloires. Il ne fe trouve, ni plus grand fur un trône, ni plus petit à la beface. Ainfi il demeure toujours reconnoiffable, toujours égal & femblable à lui-même. Avec cette *délicateffe* de fentiment, on démêle aifément toutes les irrégularités dont fourmillent les difcours & les actions du vulgaire; à-peu-près comme ceux qui ont le palais *délicat*, diftinguent tous les affaifonnemens d'un mets: & il en réfulteroit naturellement un état fort incommode

fans un principe qui accompagne ordinairement la *délicateffe* du fentiment; c'eft celui du fupport, c'eft la penfée que, fi nous valons mieux que les autres, nous devons nous en féliciter, mais en même tems nous devons les prendre tels qu'ils font & tirer d'eux le meilleur parti poffible.

Enfin, la *délicateffe* des procédés, eft une conféquence de celle des fentimens; mais elle tient encore à une autre caufe. C'eft à une efpece de tarif de ces procédés que l'ufage a établi, & qui eft connu de ceux qui ont ce qu'on appelle le favoir-vivre, particulierement des perfonnes de condition, pour lefquelles il feroit deshonorant dans certains cas de ne pas agir de telle maniere plutôt que d'une autre. L'ancienne chevalerie avoit pouffé cette théorie des procédés jufqu'à des rafinemens qui dégénererent finalement en extravagances. Il fallut l'ingénieux roman de Don Quichotte pour en guérir. Mais on fe jette peut-être aujourd'hui dans l'extrémité oppofée. Ce fexe auquel on rendoit un vrai culte, n'obtient pas les égards les plus fimples. Il doit peut-être s'en prendre à lui-même; mais c'eft ici un de ces cas où l'innocent paye pour le coupable. On manque également aux perfonnes les plus refpectables & aux plus méprifables. La jeuneffe a pris un ton cavalier, brufque & voifin du brutal.

Il paroit que cela tient beaucoup au fyftème militaire, introduit dans notre fiecle, & il paroit devoir aller en fe renforçant dans les fiecles à venir. Les fouverains, au moins les grandes puiffances, font aujourd'hui confifter prefque toute leur politique dans le nombre & la difcipline de leurs troupes. Une partie des fujets eft cenfée armée pour la défenfe de l'autre; mais
c'eft

c'eſt ſouvent pour ſon oppreſſion. Les effets naturels & immédiats de ces arrangemens ſont les prérogatives & les privileges des militaires, devant leſquels tous les autres membres de l'Etat ſont obligés de baiſſer pavillon, tant parce qu'on ne ſauroit réſiſter à la force, qu'en vertu du préjugé qui met le ſalut public dans la force des armées. On comprend aiſément que ces anges gardiens deviennent aiſément des démons, & en jouent le rôle à merveille par-tout où ils ſe trouvent.

Où faudroit-il chercher les vrais principes, les principes inébranlables d'une façon *délicate* de penſer, de ſentir & d'agir? Dans l'évangile, dans le pur chriſtianiſme. Nos incrédules trouveront ſans doute cette aſſertion paradoxe ou même ridicule. On pourroit les relancer par l'argument *ad hominem*, en leur montrant combien la plûpart d'entr'eux ſont dénués de tout ſentiment d'honneur, d'amour de leurs ſemblables, & de déſintéreſſement qui eſt le caractere diſtinctif des ames nobles & généreuſes. Mais, pour ne pas leur donner lieu de dire qu'on ſe ſert de perſonnalités, qui ne ſeroient qu'une foible repréſaille des injures groſſieres qu'ils ne ceſſent de prodiguer, je les renvoye à une étude qu'ils n'ont jamais faite, à celle de la religion; & je leur demande s'il y a une *délicateſſe* plus réelle que celle qui conſiſte à rendre à Dieu ce qui eſt à Dieu, à Céſar ce qui eſt à Céſar, à être content dans toutes les ſituations, à ne s'écarter jamais de la modération, de la ſobriété, de la continence, à ſe montrer patiens dans tous les cas où l'on eſt appellé à ſouffrir, enfin & ſur-tout à être rempli, animé, vraiment embraſé de bienveillance, d'amour fraternel & d'une charité qu'on ne ceſſe de montrer par ſes œuvres. (F.)

Tome IV.

DÉLINQUANT, adj. pris ſubſt., *Juriſpr.*, eſt celui qui commet ou qui a déja commis quelque crime ou délit. Ce terme vient du latin *delinquere.* Voyez ci-après DÉLIT.

On met au rang des *délinquans* principaux, non-ſeulement l'auteur & l'acteur du délit, mais encore celui qui excite, qui aide, qui concourt par ſa préſence, de près ou de loin, par exemple, en faiſant ſentinelle pour favoriſer un meurtre ou un vol. Cette regle s'applique encore, en fait d'empoiſonnement, à celui qui prépareroit le poiſon, pour l'employer par le miniſtere d'un autre, de même à celui qui auroit creuſé un précipice, tendu un piege, lâché une bète féroce, mis en œuvre la main d'un fou, pour faire périr quelqu'un, quand même il n'auroit pas été préſent au moment de la cataſtrophe.

Celui qui ne concourt pas au crime, comme principal agent, devient ſimplement acceſſoire, devant ou après le crime, & ſon crime eſt inférieur à celui du principal; examinons donc 1°. quels ſont les délits qui admettent des acceſſoires, ou qui n'en admettent point; 2°. les acceſſoires avant le délit; 3°. les acceſſoires après le délit; 4°. quelles peines méritent les acceſſoires.

Dans la haute trahiſon, il n'y a point d'acceſſoire; tout eſt principal à cauſe de l'énormité du crime. Ainſi celui qui conſpire contre la vie ou la couronne du ſouverain, eſt auſſi coupable que celui qui exécute; il n'en eſt pas de même dans les eſpeces inférieures de haute trahiſon, qui n'intéreſſent ni la vie du prince, ni ſa couronne: alors la loi diſtingue les acceſſoires des agens principaux: elle les diſtingue auſſi dans la petite trahiſon contre les particuliers.

L'acceſſoire, avant le délit, eſt celui qui le procure, le conſeille ou le commande ; mais pour n'être qu'acceſſoire, il ne doit pas être préſent au délit : car, s'il eſt préſent, il eſt auſſi coupable que celui qui exécute.

On eſt acceſſoire après le délit, en donnant aſyle & ſecours au coupable, connu comme tel, ou en procurant ſon évaſion, de quelque façon que ce ſoit ; on eſt encore acceſſoire après le délit, en recélant ou en achetant des choſes dérobées que l'on connoît pour telles : en France on punit de mort les recéleurs comme les voleurs ; en Angleterre, par les *ſtatuts* 5. de la reine Anne, *chap*. 31, & 4. de Georges I. *chap*. 11, on les punit ſeulement par la tranſportation aux colonies.

Au reſte pour être acceſſoire au délit, en donnant aſſiſtance au *délinquant*, il faut que le délit ſoit conſommé au moment qu'on l'aſſiſte ; par conſéquent ſi quelqu'un bleſſoit un autre mortellement, celui qui prêteroit ſecours au criminel avant que la mort ſuivît, ne ſeroit pas acceſſoire au crime, parce que la félonie n'eſt complette qu'au moment de la mort ; mais dans le cas de la félonie conſommée, la loi défend expreſſément, même aux plus proches parens, de prêter ſecours au *délinquant* ; elle excepte ſeulement la femme à l'égard de ſon mari qu'elle peut cacher, ſans être jamais obligée de le découvrir.

Le dernier point de cette recherche eſt de ſavoir comment on doit punir les acceſſoires, en les diſtinguant des principaux agens. La commune loi attache la même peine aux uns & aux autres : la mort, ſi le crime eſt capital ; telle étoit la loi d'Athenes. Pourquoi donc, dira quelqu'un, ces diſtinctions ſcrupuleuſes entre les principaux *délinquants* & les acceſſoires, s'il n'y a

point de diſtinction dans les peines ? Pourquoi ? pour les raiſons ſuivantes. Premierement, ces diſtinctions fourniſſent à l'accuſé acceſſoire des moyens de ſe défendre, l'accuſation de vol, par exemple, étant bien différente de celle d'avoir donné aſyle au voleur. Secondement, quoique l'ancienne loi décerne la même peine contre les acceſſoires & les principaux, néanmoins les réglemens modernes établiſſent une diſtinction entr'eux ; les acceſſoires, après le délit, ſont toujours reçus à profiter de quelques privileges ; mais non les acceſſoires avant le délit, dans beaucoup de cas ; par exemple, dans la petite trahiſon, dans le meurtre, dans le vol, dans l'incendie prémédité ; & peut-être que, ſi les principaux agens du crime, c'eſt-à-dire, ceux qui l'exécutent, étoient conſtamment punis avec plus de rigueur que les acceſſoires, ce ſeroit un moyen de plus pour prévenir le crime, en augmentant la difficulté de trouver des agens qui s'attendroient à être punis plus ſévérement que leurs complices. Troiſiemement, la diſtinction des principaux *délinquans* & des acceſſoires, eſt encore néceſſaire pour les cas ſuivans : un homme, après avoir été accuſé, comme acceſſoire, & purgé de l'accuſation, peut enſuite être pourſuivi comme principal *délinquant*. Il y a lieu de douter que celui qui s'eſt juſtifié d'avoir trempé dans un crime, comme agent principal, peut-être recherché comme acceſſoire, avant l'exécution du crime ; car ces deux façons de concourir au crime ſont tellement mêlées, que la purgation de l'un paroît emporter la purgation de l'autre ; mais d'un autre côté il eſt clair que celui qui s'eſt purgé de l'accuſation en chef, peut être néanmoins pourſuivi comme acceſſoire après le fait ; car ce délit eſt toujours une efpece différente du crime principal, qui tend à éluder la juftice publique : telles font les raifons qui fondent la diftinction des principaux *délinquans* & des acceffoires. (D. F.)

DÉLIT, f. m., *Jurif. Morale*, du latin *delinquere*, *delictum*, fignifie en général une faute commife au préjudice de quelqu'un.

On comprend quelquefois fous ce terme de *délits* toutes fortes de crimes, foit graves ou légers, même le dommage que quelqu'un caufe à autrui, foit volontairement ou par accident, & fans qu'il y ait eu deffein de nuire ; mais plus ordinairement on n'emploie ce terme de *délit* que pour exprimer les crimes légers ou le dommage caufé par des animaux.

Les principes généraux en matiere de *délits* font que tous *délits* font perfonnels, c'eft-à-dire, que chacun eft tenu de fubir la peine & la réparation dûe pour fon *délit*, & que le *délit* de l'un ne nuit point aux autres. Cette derniere maxime reçoit néanmoins trois exceptions : la premiere eft que le *délit* du défunt nuit à fon héritier pour les amendes, la confifcation & autres peines pécuniaires qui font à prendre fur fes biens : la feconde exception eft que les peres font tenus civilement des *délits* commis par leurs enfans étant en bas âge & fous leur puiffance ; les maîtres font pareillement tenus des *délits* de leurs efclaves & domeftiques, & du *délit* ou dommage caufé par leurs animaux : la troifieme exception eft qu'il y a quelques exemples qu'en puniffant le pere pour certains crimes très-graves, on a étendu l'ignominie jufques fur les enfans, afin d'infpirer plus d'horreur de ces fortes de crimes.

Tous *délits* font publics ou privés ;

ils font réputés de la derniere efpece, à moins que la loi ne déclare le contraire. Voyez ci-après *Délit public* & *Délit privé*, & CRIME.

Perfonne ne doit profiter de fon *délit*, c'eft-à-dire, qu'il n'eft pas permis de rendre par un *délit* fa condition meilleure.

Les *délits* ne doivent point demeurer impunis ; il eft du devoir des juges d'informer des *délits* publics, dont la vengeance eft réfervée au miniftere public. La peine doit être proportionnée au *délit* ; & les particuliers ne peuvent point pourfuivre la peine d'un *délit*, mais feulement la réparation civile & pécuniaire.

On dit communément qu'il n'y a point de compenfation en matiere de *délits* ; ce qui doit s'entendre quant à la peine afflictive qui eft dûe pour la vindicte publique, mais non quant aux peines pécuniaires & aux dommages & intérêts qui en peuvent réfulter. Il y a même certains *délits* privés qui peuvent fe compenfer ; par exemple, la négligence ou le dol commis réciproquement par des affociés, *liv. II. ff. de compenf. & liv. XXXVI. ff. dolo malo*. Il en eft de même des injures & autres *délits* légers qui ne méritent point la peine afflictive, on les compenfe ordinairement en mettant les parties hors de cour.

Le *délit* n'eft point excufé fous prétexte de colere ou de premier mouvement, ni fous prétexte d'exemple ou de coutume ; l'erreur même ne peut l'excufer que dans les cas où il n'y a point de *délit* fans dol.

Il y a certains *délits* dont l'action eft annale, tels que les injures.

La peine des autres *délits* en général fe prefcrivoit autrefois par dix ans, fuivant le droit du digefte ; mais par le
Xx 2

droit du code, auquel notre usage est à ces égards conforme, il faut présentement vingt années.

La poursuite du *délit* est éteinte par la mort naturelle du coupable, quant à la peine, mais non quant aux réparations pécuniaires.

Il y a même certains *délits* graves que la mort n'éteint point, tels que le crime de lése-majesté divine & humaine, le duel, l'homicide de soi-même, la rébellion à justice à force armée.

La vraie mesure de la gravité du *délit* est le dommage qu'il apporte à la société. C'est là une de ces vérités qui quoiqu'évidentes pour l'esprit le plus médiocre & le moins attentif, par une étrange combinaison de circonstances, ne sont connues avec certitude que d'un petit nombre de penseurs, dans chaque siecle & dans chaque nation. Les opinions répandues par le despotisme, & les passions armées du pouvoir, soit par leur action violente sur la timide crédulité, soit par des impressions insensibles, ont étouffé les notions simples auxquelles les premiers hommes furent conduits par la philosophie naissante des sociétés. Heureusement la lumiere de notre siecle nous ramene à ces principes, nous les montre avec plus de certitude d'après un examen rigoureux & des preuves appuyées sur mille expériences, & nous y attache avec plus de fermeté par l'opposition même qu'ils éprouvent à être reçus.

Quelques moralistes ont cru que la gravité plus ou moins grande d'un crime, dépend de l'intention de celui qui le commet; mais cette intention elle-même dépend de l'intensité de l'impression actuelle des objets & des dispositions précédentes de l'ame : deux choses différentes dans tous les hommes, & qui varient dans le même individu

avec la succession rapide des idées, des passions & des circonstances. Il faudroit donc avoir non-seulement un code particulier pour chaque citoyen, mais une nouvelle loi pénale pour chaque crime. Souvent avec la meilleure intention on fait un grand mal à la société ; & quelquefois, avec la plus forte volonté de lui nuire, on lui rend des services essentiels.

D'autres mesurent la gravité du crime, plus par la dignité de la personne offensée que par les suites de l'action pour la société. Si cette opinion étoit vraie, la plus légere irrévérence pour l'Etre des êtres, devroit être punie avec plus d'atrocité que l'assassinat d'un monarque, puisque la supériorité de la nature divine compenseroit infiniment la nature de l'offense.

Enfin d'autres auteurs ont prétendu que la gravité de l'offense de Dieu, la grandeur du péché devoient entrer dans la mesure de l'intensité du crime. La fausseté de cette opinion se montrera tout de suite à celui qui examinera les véritables rapports qui sont entre les hommes & les hommes, d'une part ; & de l'autre, entre les hommes & Dieu.

Les rapports des hommes entr'eux, sont des rapports d'égalité. La seule nécessité a fait naître du choc des passions & de l'opposition des intérêts particuliers, l'idée de l'utilité publique, qui est la base de la justice humaine. Les hommes n'ont avec Dieu que des rapports de dépendance d'un être parfait & Créateur qui s'est réservé à lui seul le droit d'être législateur & juge en même tems, parce que lui seul sans inconvénient, peut être à la fois l'un & l'autre. S'il a établi des peines éternelles contre ceux qui résistent à ses volontés, quel sera l'insecte assez hardi pour venir au secours de la justice divine , & pour entreprendre d'aider dans ses vengeances , l'Etre infini qui se suffit à lui-même , qui ne peut recevoir des objets aucune impression de plaisir ou de douleur , & qui seul dans la nature agit sans éprouver de réaction. La grandeur du péché dépend de la malice cachée du cœur que les hommes ne peuvent connoître, à moins que Dieu ne la leur révele. Comment pourroit - elle donc nous servir de regle à déterminer la punition ?. Souvent l'homme puniroit quand Dieu pardonne , & pardonneroit quand Dieu punit, & seroit dans l'un & l'autre cas en contradiction avec l'Etre suprème.

Le *délit d'animaux* , est de deux sortes ; savoir le dommage qu'ils peuvent causer à autrui en blessant quelqu'un , ce que les Romains appelloient *pauperiem facere* ; & le dommage qu'ils peuvent faire en paissant sur l'héritage d'autrui , soit dans des grains ou dans des bois en défense , ce que les Romains appelloient *depastionem*. Chez les Romains le maître du bétail qui avoit commis le *délit* en étoit quitte en abandonnant la bête à celui qui avoit souffert le dommage. Parmi nous le maître est obligé de réparer le dommage , lorsqu'il y a de sa part du dol ou de la négligence. Voyez *au digeste liv. IX. tit. j. & aux instit. tit. si quadrupes ;* voyez aussi DÉDOMMAGEMENT.

Le *délit capital* ou *crime capital* , est celui qui mérite peine de mort ; on dit plus ordinairement *un crime capital*. Voyez au mot CRIME.

Le *délit commun* , ne signifie pas un *délit* qui se commet fréquemment , mais un *délit* ordinaire & non privilégié, c'est-à-dire , qui n'est point d'une nature particuliere , & dont la connoissance n'appartient point au juge par privilege, mais de droit commun.

Ce terme *délit commun* est opposé à *délit privilégié* , c'est-à-dire , dont la connoissance appartient au juge par privilege.

Ces termes sont usités chez les catholiques , lorsqu'il s'agit de *délits* commis par des ecclésiastiques. On distingue le *délit commun* & le *délit* ou cas privilégié , pour régler la compétence du juge d'église & celle du juge séculier ; la connoissance du *délit commun* appartient au juge d'église, & celle du *délit privilégié,* au juge royal.

Telles sont les notions vulgaires que l'on a de ces termes *délit commun* & *délit privilégié* ; mais pour bien entendre leur véritable signification & l'abus que l'on en a fait, il faut remonter jusqu'à l'origine de la distinction du *délit commun* & du cas privilégié.

On appelloit *délits communs*, chez les Romains , tous ceux dont la punition appartenoit aux juges ordinaires ; & *délits propres à une certaine profession*, ceux qui étoient commis contre les devoirs de cette profession.

Ainsi pour les gens de guerre on appelloit *délits communs*, ceux dont la vengeance étoit reglée par les loix communes à tous les autres hommes ; & *délits propres*, ceux qui étoient contre les devoirs du service militaire , comme d'avoir quitté son poste.

On peut appliquer aux ecclésiastiques la même distinction, d'autant mieux que les loix romaines les appellent la *milice sacrée*.

Ce n'est pas ici le lieu de traiter de la jurisdiction ecclésiastique en général ; cependant pour l'éclaircissement de ces termes, *délits communs & cas privilégiés*, on ne peut s'empêcher de remonter jusqu'aux premiers siecles de l'église, pour voir de quelles caufes les juges d'églife ont connu felon les différens tems.

Dans la primitive églife où les eccléfiaftiques n'avoient point de jurifdiction extérieure contentieufe, les prêtres & les diacres concilioient charitablement les différends qui s'élevoient entre les fideles, lefquels fe faifoient un fcrupule de recourir à des juges payens; ce qui n'empêchoit pas que les chrétiens, & même les eccléfiaftiques, ne fuffent foumis à la juftice féculiere.

Conftantin obfédé par des évêques rufés, fut le premier qui fit un réglement entre les officiers eccléfiaftiques & les féculiers; il ordonna que les caufes légeres & celles qui concernoient la difcipline eccléfiaftique, fe traiteroient dans les affemblées fynodales; qu'à l'égard des caufes eccléfiaftiques, l'évêque en feroit juge entre eccléfiaftiques; qu'en fait de crimes les eccléfiaftiques feroient jugés par les évêques, excepté pour les crimes graves, dont la connoiffance étoit réfervée aux juges féculiers; ce qui s'obfervoit même pour les évêques accufés. On diftinguoit à leur égard, de même que pour les autres eccléfiaftiques, le *délit civil & commun*, d'avec celui que l'on appelloit *eccléfiaftique*.

Cette diftinction des *délits communs* d'avec les *délits eccléfiaftiques*, fut obfervée dans le jugement d'Athanafe, évêque d'Alexandrie : il étoit accufé par deux évêques ariens d'avoir confpiré contre l'empereur Conftantin; il étoit auffi accufé d'un homicide, & d'avoir voulu violer fon hôteffe : l'empereur le renvoya pour ces crimes devant des juges féculiers qui l'interrogerent. Mais lorfqu'il fut accufé d'avoir rompu des calices, d'avoir malverfé dans la vifite de fes églifes, & d'avoir ufé de violence envers les prê-

tres de fon diocefe, il fut renvoyé au fynode affemblé à Tyr.

Le même ordre fut obfervé fous les empereurs Conftans & Conftantius. En effet, Etienne, évêque d'Antioche, qui étoit arien, ayant fait un complot contre les ambaffadeurs de Conftans, ils demanderent à l'empereur que le procès fût fait à cet évêque; & celui-ci ayant demandé fon renvoi au fynode des évêques, on lui foûtint qu'étant accufé de crimes capitaux, il devoit être jugé en cour féculiere; ce qui fut ainfi ordonné.

Il eft vrai que les mêmes empereurs accorderent par faveur fpéciale aux évêques, de ne pouvoir, pour quelque crime que ce fût, être jugés par les évêques; mais cela ne changea rien pour les autres eccléfiaftiques; & depuis, les empereurs Valens, Gratien & Valentinien, révoquerent l'exception qui avoit été faite pour les évêques, & ordonnerent que pour crimes eccléfiaftiques tous clercs, foit évêques ou autres, feroient jugés dans le fynode de leur diocefe; mais que pour les crimes communs & civils, qui font précifément ceux que l'on appelle aujourd'hui improprement *cas privilégiés*, ils feroient pourfuivis devant les juges féculiers.

Les empereurs Honorius & Théodofe rétablirent le privilege qui avoit été accordé aux évêques, & l'étendirent même à tous eccléfiaftiques en général pour quelque *délit* que ce fût.

Le tyran nommé *Jean* qui effaya d'ufurper l'empire d'Occident, révoqua tous ces privileges, & foumit les eccléfiaftiques à la juftice féculiere, tant pour le civil que pour toutes fortes de crimes indiftinctement.

Mais Théodofe & Valentinien II. qui fuccéderent à Honorius, rendirent aux eccléfiaftiques le privilege de ne pouvoir être jugés qu'en la jurifdiction eccléfiaftique , tant pour le civil que pour le criminel.

Tel fut l'état de la jurifdiction eccléfiaftique pour les matieres criminelles jufqu'au tems de Juftinien, lequel par fa novelle 83 diftingua expreffément les *délits* civils des *délits* eccléfiaftiques. Par les *délits* civils il entend les *délits communs* , c'eft-à-dire, ceux qui font commis contre les loix civiles , & dont la punition eft réfervée aux loix civiles. C'eft ce que le docte Cujas a remarqué fur cette novelle , où il employe comme fynonyme ces deux mots *civil* & *commun* , & les oppofe au *délit* eccléfiaftique.

Juftinien ordonna donc que fi le crime étoit eccléfiaftique, & fujet à quelqu'une des peines que l'églife peut infliger , la connoiffance en appartiendroit à l'évêque feul ; que fi au contraire le crime étoit civil & commun, le préfident fi c'étoit en province, ou le préfet du prétoire , fi c'étoit dans la ville , en connoîtroient , & que s'ils jugeoient l'accufé digne de punition, ils le livreroient aux miniftres de la juftice après qu'il auroit été dégradé de l'état de prêtrife par fon évêque.

Peu de tems après , Juftinien changea lui-même cet ordre par fa novelle 123, où il permit à celui qui accuferoit un eccléfiaftique de fe pourvoir, pour quelque *délit* que ce fût , devant l'évêque : fi le crime fe trouvoit eccléfiaftique , l'évêque puniffoit le coupable felon les canons : fi au contraire l'accufé fe trouvoit convaincu d'un crime civil , l'évêque le dégradoit , après quoi le juge laïc faifoit le procès à l'accufé.

L'accufateur pouvoit auffi fe pourvoir devant le juge féculier ; auquel cas fi le crime civil étoit prouvé, avant de juger le procès, on le communiquoit à l'évêque , & fi celui-ci trouvoit que le *délit* fût commun & civil , il dégradoit l'accufé, qui étoit enfuite remis au juge féculier : mais fi l'évêque ne trouvoit pas le *délit* fuffifamment prouvé , ou que la qualité du *délit* lui parût équivoque, il fufpendoit la dégradation , & les deux juges s'adreffoient à l'empereur, qui en connoiffance de caufe ordonnoit ce qu'il croyoit convenable.

Il paroît donc par-là que les eccléfiaftiques de l'églife primitive , étoient fujets à la juftice féculiere ; & que toute exemption accordée dans la fuite au clergé, a été une véritable infraction à la puiffance fouveraine, à laquelle les eccléfiaftiques doivent être foumis auffi-bien que les autres fujets de l'Etat. *v.* PUISSANCE *fouveraine* , PUISSANCE *eccléfiaftique* , DROIT CRIMINEL, &c.

Flagrant délit , eft le moment même où le coupable vient de commettre le crime ou le dommage dont on fe plaint. On dit qu'il eft pris en *flagrant délit* , lorfqu'il eft faifi & arrêté , ou du moins furpris en commettant le fait dont il s'agit.

Le *délit grave* eft celui qui mérite une punition févere : on dit en ce cas plutôt *crime* que *délit*.

Le *délit imparfait* eft celui que l'on a eu deffein de commettre , ou même qui a été commencé , mais qui n'a pas été achevé.

Quoique les loix ne puiffent pas punir l'intention , ce n'eft pas à dire pour cela, qu'une action par laquelle on commence un *délit* , & qui marque la volonté de l'exécuteur, ne mérite pas une peine, quoique moindre que celle qui eft décernée contre le crime mis à exécution. Une peine eſt néceſſaire, parce qu'il eſt important de prévenir même les premieres tentatives des *délits* ; mais comme entre ces tentatives & l'exécution, il peut. y avoir un intervalle de tems, il eſt bon de réſerver une peine plus grande au crime conſommé, pour laiſſer à celui qui l'a commencé, quelques motifs qui le détournent de l'achever.

Le *délit léger* eſt celui qui ne mérite pas une punition bien rigoureuſe : telles ſont la plûpart des injures, lorſqu'elles n'ont pas cauſé d'ailleurs un préjudice probable.

Le *délit militaire* eſt une faute commiſe contre la diſcipline militaire. Voy. le titre *de re militari*, au *Digeſte xlix. tit. 16.* & au *code liv. XII. tit. 36.* & le *Code militaire* du baron de Sparre.

Le *délit monachal*, ce ſont les fautes commiſes par un religieux contre ſa regle. Voyez la *nov. cxxxiij. ch. 5.*

Le *délit perſonnel* eſt celui que l'on prétend avoir été commis par celui auquel on en demande raiſon, à la différence de certains *délits* dont un tiers peut être tenu, comme le pere eſt tenu civilement du *délit* de ſon fils, &c.

Le *délit privé* eſt oppoſé à *délit public* ; c'eſt celui dont la réparation n'intéreſſe point le public, mais ſeulement le plaignant, comme des injures ou une rixe.

Le *délit privilégié* ou *cas privilégié*, eſt oppoſé au *délit commun*. Voyez ci-devant *délit commun*.

Le *délit public* eſt celui qui trouble l'ordre public, & dont la réparation intéreſſe le public. Voyez ce que l'on en a dit à la ſuite de l'article Crime.

Le *quaſi-délit* eſt le dommage que l'on fait à quelqu'un ſans qu'il y ait eu deſſein de nuire, comme quand il tombe par accident quelque choſe d'un toît ou d'une fenètre, qui bleſſe les paſſans ou qui gâte leurs habits.

Ces ſortes de *quaſi-délits* engendrent une obligation de la part de celui qui a cauſé le dommage, en vertu de laquelle il eſt tenu de le réparer. *Voyez* aux *Inſtitutes* le titre *de obligationibus qua ex quaſi-delicto naſcuntur.*

Les loix romaines mettent auſſi au nombre des *quaſi-délits*, l'action d'un juge *qui litem ſuam fecit* ; & la conduite d'un maître de navire ou d'une hôtellerie, chez lequel il s'eſt commis quelque dol ou larcin : elles le rendent reſponſable de ces événemens, parce que quoiqu'il n'ait pas eu deſſein de nuire, il y a toujours de ſa faute de n'avoir pas pris les précautions convenables pour prévenir le *délit*, & cette négligence eſt ce que l'on appelle *quaſi-délit*. (D.F.)

DÉLIVRANCE, ſ. f., *Juriſpr.*, eſt la remiſe que quelqu'un fait d'une choſe à une autre perſonne.

Ce terme eſt conſacré pour la remiſe de certaines choſes : on dit, par exemple, la *délivrance* d'une choſe donnée ou léguée, d'un uſufruit des deniers ſaiſis, &c. Celui qui prétend droit à des deniers ſaiſis, doit en faire ordonner la *délivrance* à ſon profit avec la partie ſaiſie, & avec les ſaiſiſſans & oppoſans. *v.* Livraison.

Il y a une *délivrance réelle* ou *effective*, & une *délivrance feinte*, ou comme les juriſconſultes parlent, faite par *main breve* ou par *main longue*. Cette derniere a lieu dans les cas ſuivans : 1°. lorſqu'en faiſant donation de ſon bien à quelqu'un, on s'en réſerve pour quelque tems l'uſufruit : car on eſt cenſé mettre de ce moment le donataire en poſſeſſion d'une choſe. L'uſage eſt pourtant aujourd'hui, en matiere de certaines donations, que le donateur

livre

livre au donataire les clefs de la chofe donnée, après quoi celui-ci le remet auffi-tôt entre les mains du donateur. 2°. Lorfque l'on transfere la propriété à une perfonne, qui eft déja en poffeffion de la chofe. 3°. Lorfque l'on vend, que l'on donne ou que l'on affigne en dot à quelqu'un une chofe qu'il avoit entre les mains pour emprunt, à louage ou en dépôt. 4°. Il y a encore une efpece de *délivrance feinte* qui fe fait par délégation ; c'eft-à-dire, lorfqu'une perfonne, par exemple, voulant me donner ou me payer cent écus, je lui dis de les compter à un tiers : car c'eft comme fi je les avois d'abord reçus moi-même, & que je les euffe enfuite remis à un tiers.

Tout legs eft fujet à *délivrance*, c'eft-à-dire, qu'il n'eft point acquis de plein droit au légataire, s'il n'en obtient la *délivrance* de l'héritier. Cette *délivrance* peut être faite par un acte devant notaire, ou par une fentence qu'on appelle *fentence de délivrance*. L'héritier n'eft point obligé de confentir à la *délivrance des legs*, qu'il ne foit lui-même en poffeffion de l'hoirie. Le légataire ne gagne les fruits de la chofe léguée, que du jour de la demande en *délivrance*.

DELMENHORST, *Droit public. v.* OLDENBOURG.

DÉLOYAUTÉ, f. f., *Droit féod.*, injure atroce faite par le feigneur à un vaffal.

De même que le vaffal doit fidélité à fon feigneur, de même le feigneur de fon côté, doit amitié & protection à fon vaffal. Si le feigneur viole ces devoirs d'une maniere énorme, en attentant à la vie de fon vaffal, ou en commettant contre lui des injures atroces, c'eft une *déloyauté* dont il doit être puni

Tome IV.

par la privation de fa dominance ou feigneurie directe qu'il avoit fur le fief de ce vaffal.

Les mêmes injures qui, étant commifes par le vaffal contre le feigneur, donnent lieu à la commife du fief du vaffal, doivent donner lieu à la privation de la directe ou dominance du feigneur, lorfqu'elles font commifes par le feigneur envers le vaffal : *Hoc eft*, dit Dumoulin, *de fubftantiâ & patronatûs & clientelæ quæ ex mutuâ benignitate & correlatione fubfiftit... in tantum quod patronus privandus fit proprietate feudi*, (il entend la directe qu'a le feigneur fur le fief de fon vaffal) *fi in clientem enormem offenfam commiferit ex quâ cliens privatur feudo fi eam in Patronum perpetraffet*. Moulin. §.3.glof. 4. num. 10. & fequent.

Pour qu'il y ait lieu à la privation de la directe, il faut que l'injure ait été commife par le feigneur, c'eft-à-dire le propriétaire du fief dominant, & qu'elle ait été commife envers le vaffal connu pour tel par fon feigneur.

Le titulaire d'un bénéfice, quoiqu'il ne foit pas propriétaire des biens de fon bénéfice, eft néanmoins regardé comme le feigneur des vaffaux de fon bénéfice ; & pareillement le mari eft regardé comme le feigneur des vaffaux de fa femme ; mais comme le bénéficier ne peut aliéner les biens de fon bénéfice, ni le mari les propres de fa femme ; la *déloyauté* de l'un ou de l'autre envers leur vaffal, ne peut donner lieu à la privation de leur feigneurie fur le fief du vaffal ; mais feulement en opérer la fufpenfion, pendant le tems que l'un fera mari, ou que l'autre poffédera le bénéfice.

Tout ce qui a été dit touchant la commife du fief, pour félonie du vaffal, *v.* FÉLONIE, reçoit application, à l'é-

Yy

gard de cette privation de la directe pour la *déloyauté* du seigneur ; cette privation de la directe que le seigneur avoit sur le fief du vassal offensé, ne met pas l'héritage du vassal en franc-aleu ; le vassal est affranchi de la dépendance du seigneur déloyal, *sed non à conditione feudali* ; & son fief, au lieu de relever de ce seigneur, devient le plein fief de celui duquel il ne relevoit auparavant qu'en arriere-fief ; ainsi le décide Dumoulin à l'endroit cité. La raison en est, que le suzerain ne peut sans son fait, & par celui de son vassal, seigneur immédiat du vassal offensé, être privé du droit de supériorité & de domaine direct & originaire de son arriere-fief, ce qui arriveroit néanmoins s'il devenoit franc-aleu ; cet arriere-fief doit donc demeurer en sa qualité de fief ; & comme il cesse d'être le plein fief du seigneur immédiat, qui est privé de sa propriété *sublato medio*, il devient le plein fief, le fief immédiat du suzerain, dont il étoit l'arriere-fief.

La punition du seigneur déloyal envers son vassal, s'étend-elle à tous les droits qu'il a sur le fief de son vassal ? Dumoulin dit, nomb. 11. *privatur directo Dominio & omni jure feudali, & ejus juribus & pertinentiis*. Cela comprend tous les droits qu'a le seigneur, comme seigneur, non-seulement les droits seigneuriaux ordinaires, tels que les droits de retrait féodal, de percevoir les fruits & profits reglés par les coutumes, aux mutations, mais même les droits seigneuriaux particuliers que le seigneur auroit en vertu de quelque clause particuliere de l'inféodation du fief de son vassal ; telles sont certaines redevances seigneuriales.

Mais il y a cette différence entre les droits seigneuriaux ordinaires, & ces droits seigneuriaux particuliers, que

les droits seigneuriaux ordinaires retournent au suzerain, & se réunissent à son domaine direct, d'où ils avoient été démembrés, au lieu que les droits seigneuriaux particuliers qui ont été créés par la sous-inféodation qu'a fait le seigneur immédiat, s'éteignent, & le vassal en est entierement libéré.

Pocquet prétend que le vassal n'est pas entierement libéré envers le seigneur féodal, des redevances seigneuriales ; mais qu'elles deviennent des redevances pures foncieres, & non seigneuriales ; cette décision souffre difficulté, & ne paroit pas suffisamment autorisée.

A l'égard des servitudes & droits réels, non seigneuriaux, que le seigneur déloyal avoit sur le fief de son vassal, il n'est pas doutéux que ce seigneur les conserve ; car il n'est privé que de sa dominance féodale & de tout ce qui en fait partie, *juribus & pertinentiis* : or ces droits que nous supposons n'être pas seigneuriaux, ne font pas partie de cette dominance. (P.O.)

DEMANDE, s. f. *Jurispr.*, signifie un *acte* par lequel le demandeur conclut contre le défendeur à ce qu'il soit tenu de faire ou donner quelque chose.

Une *demande* peut être formée par une requête ou par un exploit ; elle doit être pour un objet certain, & énoncer sommairement les moyens sur lesquels elle est fondée : on doit en laisser copie au défendeur, aussi bien que des pieces justificatives de la *demande*.

Il y a presqu'autant de sortes de *demandes*, qu'il y a de différentes choses qui peuvent faire l'objet des *demandes* ; c'est pour quoi nous nous contenterons d'indiquer ici les principales, & singulierement celles qui ont une dénomination particuliere.

Demande sur le barreau, est celle que

la partie ou son procureur, ou l'avocat assisté de la partie ou du procureur, forment judiciairement sur le barreau en plaidant la cause, sans qu'elle ait été précédée d'aucune *demande* par écrit.

Demande en complainte. v. COMPLAINTE.

Demande en contre-sommation. v. CONTRE-SOMMATION.

Demande en déclaration d'hypotheque. v. DÉCLARATION & HYPOTHEQUE.

Demande en dénonciation. v. DÉNONCIATION.

Demande en désistement. v. DÉSISTEMENT.

Demande en évocation. v. ÉVOCATION.

Demande en faux. v. FAUX PRINCIPAL, & FAUX INCIDENT.

Demande en garantie. v. GARANT & GARANTIE.

Demande incidente, est celle qui est formée dans le cours d'une contestation, pour obtenir quelque chose qui a rapport à l'objet principal. Les *demandes incidentes* se forment par requête signifiée de procureur à procureur, au lieu que les *demandes* principales doivent être formées à personne ou domicile.

* Les parties qui sont en instance forment quelquefois l'une contre l'autre des demandes incidentes.

Ces demandes peuvent être de plusieurs sortes; car elles peuvent être ou *connexes*, ou *incidentes à la cause*, ou *dépendantes de cette même cause*.

1°. Les questions connexes sont celles dont la décision est nécessaire pour le jugement de la question principale; par exemple, si j'ai promis à quelqu'un cent écus, à condition qu'il feroit pour moi le voyage de Rome, & que sur la question concernant le payement de la pro-

messe, ce voyage soit contesté; cette seconde question deviendra nécessairement connexe à la premiere, parce que c'est de cette condition que dépend la décision de la premiere question.

2°. Les questions ou demandes *incidentes*, proprement dites, sont celles qui ne sont point de la substance de la cause, mais qui sont proposées pour défenses contre la demande principale, ou qui en sont une suite nécessaire, comme sont les loyers échus depuis une premiere demande en payement de loyers.

3°. Les questions *dépendantes de la cause*, sont celles qui ont rapport à la question principale & qui en tirent leur origine; comme la question de dot qui tire son origine du mariage.

Les questions ou demandes incidentes considérées sous un autre rapport, sont de deux sortes. La premiere est de celles qui étoient nées avant le jugement de la question principale, & qui regardent le fond de la cause; comme sont toutes les exceptions péremptoires. La seconde espece est de celles qui concernant la procédure, n'existoient point avant l'instance née, mais qui ont pris naissance depuis cette instance principale; comme sont toutes les exceptions déclinatoires, les désaveux de procureur, les nullités d'exploit, & en général toutes les questions qui peuvent regarder l'instruction du procès. Comme toutes ces questions retardent le jugement du fond, il faut nécessairement les décider séparément, & y faire droit avant le jugement du fond.

Les demandes en entérinement de lettres de rescision ou autres de ce gente, tant en cause principale que d'appel, sont des demandes incidentes de cette seconde espece qui ne sont point dépendantes du principal. Il en est de même des demandes en garantie.

On peut regarder comme une regle générale que le juge, quoique compétent, ne doit jamais permettre aux parties, soit au demandeur, soit au défendeur, de former des demandes incidentes autres que celles qui servent de défenses contre la demande principale, ou qui en sont une suite nécessaire, à moins que ces demandes ne soient nées depuis l'instance, ou qu'elles aient été oubliées par erreur, ou que cela se fasse du consentement des parties.

En cause d'appel, le juge ne doit jamais écouter les demandes incidentes, à moins qu'elles ne soient accessoires & dépendantes.

Lorsque les demandes incidentes sont connexes à la demande principale, ou qu'elles en font une suite ou une dépendance nécessaire, le juge saisi de la demande principale, peut connoître de ces demandes incidentes. Ainsi s'il s'agit d'une question d'état qui soit incidente à une question de biens ; par exemple, si l'on conteste au demandeur la qualité d'héritier ou de commune en biens, le juge saisi de la demande originaire pourra connoître de cette qualité d'héritier, ou de commune en biens. (L. 3. *Cod. de judiciis.* L. 1 & 3. *Cod. de ordine judic.*) Et c'est en conséquence de cette regle que tous les juges connoissent des demandes en enterinement de lettres de rescision.

Mais cette regle n'a lieu que quand la demande est telle, que sans sa décision on ne pourroit décider la question principale, comme dans le cas dont on vient de parler.

C'est aussi en conséquence des principes qui viennent d'être établis, que les juges civils peuvent connoître des crimes incidens aux affaires pendantes devant eux, lorsque ces crimes font une

dépendance nécessaire de l'affaire civile ; comme quand il s'agit d'une inscription de faux incident, d'un faux témoin, &c.

Et il en est de même des juges criminels à l'égard des affaires civiles ; car ils peuvent toujours connoître des demandes civiles incidentes aux procès criminels pendans devant eux, lorsque ces demandes civiles sont connexes à l'affaire criminelle dont ils sont saisis, ou qu'elles en font une suite nécessaire. (L. *Sed & loci.* §. *Si dicantur*, ff. *jurium regund.* L. 3. *Cod. de ordine judic.*

Une autre observation qu'on peut faire sur cette matiere, c'est que les demandes formées en exécution d'arrêts rendus en l'audience, doivent être portées à l'audience, si ce n'est que les procureurs d'un commun accord en consentissent l'appointement. Il en est de même à l'égard des demandes qui naissent en exécution d'arrêts rendus en procès par écrit, l'usage est aussi de les porter presque toutes à l'audience, à moins qu'elles ne présentent un examen de titres & de pieces, auquel cas on appointe en droit. (P. O.)

Demande indéfinie, est celle dont l'objet, quoique certain, n'est pas fixe, comme quand on *demande* tout ce qui peut revenir d'une succession, sans dire combien.

Demande en interlocutoire. v. INTERLOCUTOIRE.

Demande en interruption. v. HYPOTHEQUE *&* INTERRUPTION.

Demande en intervention v. INTERVENTION.

Demande introductive, est la premiere *demande* qui a donné commencement à une contestation.

Demande judiciaire, est celle qui est formée sur le barreau. Voyez ci-devant DEMANDE *sur le barreau.*

Demande libellée, eft celle dont l'exploit contient les moyens, du moihs fommairement.

Demande en main-levée. v. MAIN-LEVÉE.

Demande nulle, eft celle qui eft infectée de quelque vice de forme qui l'anéantit. *v.* NULLITÉ.

Demande originaire fe dit, *en matiere de garantie*, de la premiere *demande* qui a donné lieu à la *demande* en garantie.

Demande en partage. v. PARTAGE.

Demande en péremption. v. PÉREMPTION.

Demande pétitoire. v. PÉTITOIRE.

Demande poffeffoire, eft celle qui tend à conferver ou recouvrer la poffeffion de quelque chofe. *v.* PÉTITOIRE & POSSESSOIRE.

Demande préparatoire, eft celle qui tend feulement à faire ordonner quelque chofe pour l'inftruction; par exemple, que l'on communiquera des pieces, ou que l'on en donnera copie.

Demande principale, eft toute nouvelle *demande* qui donne commencement à une conteftation; elle doit être formée à perfonne ou domicile, à la différence des *demandes* incidentes, qui peuvent être formées dans le cours de la conteftation. Voyez ci-devant *Demande incidente*.

Demande provifoire, eft celle qui ne tend pas à faire juger définitivement la conteftation, mais feulement à faire ordonner quelque chofe par provifion, & en attendant le jugement de la conteftation.

Demande en retrait. v. RETRAIT.

Demande en revendication. v. REVENDICATION.

Demande en fommation. v. SOMMATION.

Demande fubfidiaire, eft celle qui tend à obtenir une chofe, au cas que la partie ou les juges faffent difficulté d'en accorder une autre.

DEMANDEUR, f. m. *Jurifpr.*, eft celui qui intente en juftice une action contre quelqu'un, pour l'obliger de faire ou donner quelque chofe.

Chez les Romains, on l'appelloit *actor*, & il étoit d'ufage chez eux de l'obliger *in limine litis* de prêter le ferment que l'on appelloit *juramentum calumniæ*, autrement il étoit déchu de fa demande. On l'obligeoit auffi de donner caution de pourfuivre le jugement dans deux mois, finon de payer le double des dépens : s'il ne comparoiffoit pas, on le mettoit en demeure par trois édits ou fommations qui portoient chacune un délai de trente jours ; mais tout cela ne s'obferve point parmi nous.

On obferve néanmoins à l'égard du *demandeur*, plufieurs autres regles qui font tirées du droit romain.

Une des premieres regles eft celle *actor fequitur forum rei*, c'eft-à-dire que le *demandeur* doit faire affigner le défendeur devant fon juge naturel, qui eft le juge ordinaire du lieu de fon domicile.

Cette regle reçoit néanmoins quelques exceptions ; favoir, lorfque le *demandeur* a droit de *committimus*, ou qu'il s'agit d'une matiere dont la connoiffance eft attribuée à quelque juge autre que celui du domicile.

Le *demandeur* doit être certain de ce qu'il demande.

A l'égard de la forme de la demande, voyez au mot DEMANDE.

C'eft au *demandeur* à prouver ce qu'il avance ; & faute par lui de le faire, le défendeur doit être déchargé de la demande. Mais quelquefois, dans l'exception, le défendeur devient lui-même *demandeur* en cette partie, & alors l'obligation de faire preuve retombe sur lui à cet égard. *v.* Preuve. Quand le *demandeur* est fondé en titre, c'est à lui que l'on défere le serment supplétif.

Le *demandeur & defendeur*, est celui qui est *demandeur* de sa part, & *defendeur* aux demandes de son adversaire.

DEMEMBREMENS *de l'Etat*, s. m. *Droit des gens & politique*, c'est l'aliénation d'une partie des domaines appartenans à un souverain.

Le prince a-t-il le pouvoir de démembrer l'Etat ? Si la loi fondamentale défend au souverain tout *démembrement*, il ne peut le faire sans le concours de la nation ou de ses représentans. Mais si la loi se tait, & si le prince a reçu l'empire plein & absolu, il est alors le dépositaire des droits de la nation, & l'organe de sa volonté. La nation ne doit abandonner ses membres que dans la nécessité, ou en vue du salut public, & pour se préserver elle-même de sa ruine totale : le prince ne doit les céder que pour les mêmes raisons. Mais puisqu'il a reçu l'empire absolu, c'est à lui de juger du cas de nécessité, & de ce que demande le salut de l'Etat.

A l'occasion du traité de Madrid, les notables du royaume de France assemblés à Cognac, après le retour du roi, conclurent tout d'une voix, que son autorité ne s'étendoit point jusques à démembrer la couronne. Le traité fut déclaré nul, comme étant contraire à la loi fondamentale du royaume. Et véritablement il étoit fait sans pouvoirs suffisans ; la loi refusant formellement au roi le pouvoir de démembrer le royaume : le concours de la nation y étoit nécessaire, & elle pouvoit donner son consentement par l'organe des Etats Généraux. Charles V ne devoit point relacher son prison-

nier, avant que ces mêmes Etats Généraux eussent approuvé le traité, ou plutôt, usant de sa victoire avec plus de générosité, il devoit imposer des conditions moins dures, qui eussent été au pouvoir de François I. & dont ce prince n'eût pu se dédire sans honte. Mais aujourd'hui que les Etats-Généraux ne s'assemblent plus en France, le roi demeure le seul organe de l'Etat envers les autres puissances : elles sont en droit de prendre sa volonté pour celle de la France entière ; & les cessions que le roi pourroit leur faire, demeureroient valides, en vertu du consentement tacite, par lequel la nation a remis tout pouvoir entre les mains de son roi, pour traiter avec elles. S'il en étoit autrement, on ne pourroit contracter sûrement avec la couronne de France. Souvent, pour plus de précaution, les puissances ont demandé que leurs traités fussent enrégistrés au parlement de Paris : mais aujourd'hui, cette formalité même ne paroît plus en usage. *v.* Aliénation. (D. F.)

Demembrement *d'un fief, Droit féodal.* Dumoulin sur le §. 51. olim. 35. glos. 1. num. 1. & sequent. distingue trois especes de *démembrement* : *Dismembratio à capite*, *dismembratio à corpore*, *dismembratio à capite & à corpore simul.* Il appelle *caput* le fief dominant, *corpus* le fief servant, composé de toutes ses parties intégrantes, qui ne font toutes qu'un même fief tenu du dominant : *Totum complexum feudale, quod sub nomine unius feudi tenetur & recognoscitur.*

Ceci présuppose, il définit ainsi la premiere espece : *Dismembratio à capite,* dit-il, *quandò totum feudum recognoscitur ab alio, & sic separari attentatur à capite suo dominanti.*

Le *démembrement* qui n'est que tenté par la reconnoissance que le vassal fait d'un autre seigneur que le sien, se consomme & s'accomplit, si aux différentes mutations du fief servant, arrivées pendant l'espace de quarante années, un autre que le véritable seigneur, s'est fait reconnoître sans que le véritable Seigneur se soit fait reconnoître; car par cette quasi possession de la directe pendant l'espace de quarante années, celui qui a été reconnu, prescrit contre le véritable seigneur qui ne l'a pas été, & par ce moyen le fief servant est arrêté & *démembré* du fief dominant d'où il relevoit, & il commence à être uni à un autre fief, d'où il commence de relever.

La regle que le vassal ne peut *démembrer* son fief sans le consentement de son seigneur, n'empêche point cette prescription; car le *démembrement* qui en résulte, doit moins s'attribuer au fait du vassal qu'à la négligence du seigneur qui a souffert qu'un autre se fit reconnoître.

Observez que cette prescription ne court point contre le seigneur pendant qu'il est mineur.

Dumoulin définit ainsi la seconde espece de *démembrement*: *Dismembratio à corpore*, dit-il, *est quandò de uno feudo fiunt duo vel plura feuda ab eodem tamen veteri patrono semper recognoscenda.*

Cette espece de *démembrement* n'est point *à capite*, mais seulement *à corpore*; car toutes les parties intégrantes du corps du fief qu'elle sépare les unes des autres, demeurant toutes tenues & reconnues du fief dominant, cette espece de *démembrement* n'en sépare rien.

Enfin, il définit ainsi la troisieme espece de *démembrement*: *Dismembratio à capite & corpore simul est, quandò*

pars feudi tanquam feudum separatum recognoscitur ab alio; c'est un *démembrement à capite*, quisqu'en reconnoissant en fief cette partie d'un autre seigneur que de celui de qui elle releve, on tâche de la séparer du fief dominant, & il est en même-tems *dismembratio à corpore*, parce qu'on tâche de séparer cette partie du surplus du corps du fief servant, dont elle faisoit une partie intégrante en faisant de cette partie un fief distinct & séparé.

Cette troisieme espece de *démembrement* se consomme & s'accomplit comme la premiere, par la négligence du seigneur, qui non-seulement ne s'est point fait reconnoître, mais a souffert qu'un autre s'en fît reconnoître pendant l'espace de quarante ans. Nous ne parlerons pas davantage de la premiere & de la troisieme espece de *démembrement*. Il ne sera uniquement question que de la seconde partie, qui consiste à faire d'un fief deux ou plusieurs fiefs, en faisant autant de fiefs distincts & séparés qu'il y a de parties intégrantes d'un fief, lesquelles ensemble n'en composoient qu'un.

Les coutumes sont différentes sur cette espece de *démembrement*. Quelques-unes le permettent indistinctement sans le consentement du seigneur.

D'autres permettent ce *démembrement*, lors seulement qu'il se fait par partage entre des cohéritiers ou copropriétaires. Tel est le droit commun dans les coutumes qui ne s'en expliquent pas.

Il faut distinguer le corps du fief, ou, ce qui est la même chose, l'héritage féodal d'avec le titre du fief; c'est-à-dire la foi, à la charge de laquelle l'héritage féodal est tenu; lorsque la coutume dit, le vassal ne peut *dé-*

membrer fon fief, ce n'eft pas de l'héritage féodal, dont elle entend parler, mais du fief même, du titre du fief, de la foi; elle n'empêche pas que le corps de l'héritage fe partage, elle défend feulement de divifer la foi & le titre du fief; ce n'eft donc point un *démembrement* prohibé par la coutume, lorfque le propriétaire d'un fief de cent arpents de terre en vend trente; car il ne *démembre* que le corps de l'héritage, il ne *démembre* pas le fief. Les trente arpents aliénés demeurent comme auparavant un feul & même fief avec les foixante-dix retenus par le vendeur. L'acheteur des trente arpents ne les poffede point comme un fief féparé, il n'en porte point la foi comme d'un fief féparé, mais il doit reconnoître le Seigneur comme Seigneur du fief de cent arpents, il doit lui en porter la foi & payer les profits pour la part qu'il en poffede. Pour qu'il y eût *démembrement* de fief, il faudroit que les trente arpents euffent été aliénés pour être un fief féparé; tout ceci eft conforme à la doctrine de Dumoulin D. §. 51. glof. I. n. 3. *Non poffunt vaffalli*, dit - il, *dividere feudum ipfum in plura feuda…. vaffalli invito patrono poffunt dividere fundum & non feudum, & poffunt finguli pro portionibus fuis jura offerre & inveftiri tanquam de parte quotâ vel integrali unius feudi, fed non tanquam de feudo feparato.*

Il eft inutile de rechercher quelle eft la péine du *démembrement* fait contre le confentement du feigneur: car le vaffal peut bien *démembrer* le corps de fon héritage; mais ce *démembrement* n'eft point celui qui eft défendu, & n'eft fujet à aucune peine; mais il n'eft pas en fon pouvoir, quand il le voudroit, de *démembrer* le fief même,

le titre du fief; il eft donc inutile de rechercher quelle eft la peine de ce *démembrement* fait fans le gré du feigneur, il fuffit de dire qu'il ne fe peut faire, & qu'il eft impoffible de le faire fans le gré du feigneur.

Pour que le confentement du feigneur rende valable le *démembrement* du fief, il faut que ce foit un feigneur qui ait la libre difpofition de fes biens; c'eft pourquoi un Seigneur mineur, ni fon tuteur ne peuvent valablement confentir au *démembrement* des fiefs relevants de fes feigneuries; le titulaire d'un bénéfice ne le peut pour les fiefs relevants des feigneuries de fon bénéfice; le mari ne le peut pour ceux relevants des feigneuries de fa femme. (P. O.)

DEMENCE, f. f., *Jurifp.* Ceux qui font dans cet état n'étant pas capables de donner leur confentement en connoiffance de caufe, ne peuvent régulierement ni contracter, ni tefter, ni efter en jugement; c'eft pourquoi on les fait interdire, & on leur donne un curateur pour adminiftrer leurs biens.

A l'égard des actes paffés avant l'interdiction, ils font valables, à moins que l'on ne prouve que la *démence* avoit déja commencé au tems de l'acte.

La preuve de la *démence* fe fait tant par les écrits de la perfonne, que par fes réponfes verbales aux interrogations qui lui font faites par le juge, par le rapport des médecins, & par la dépofition des témoins qui atteftent les faits de *démence*.

La déclaration faite par le notaire que le teftateur étoit fain d'efprit & d'entendement, n'empêche pas la preuve de la *démence*, même fans être obligé de s'infcrire en faux; parce que le notaire

taire a pu être trompé par les apparences, ou qu'il peut y avoir eu quelque intervalle de raison.

La *démence* seule n'est pas une cause
de séparation de corps, suivant les loix
civiles, à moins qu'elle ne soit accompagnée de fureur : mais elle peut donner lieu à la séparation de biens, afin
que la femme ne soit pas sous la tutele
du curateur de son mari.

Les loix civiles n'envisagent ici le
mariage que comme une conjonction
charnelle dont le bien essentiel est la
procréation des enfans. Mais j'ai remarqué ailleurs, *v.* MARIAGE, que les
jurisconsultes de même que les théologiens ont pris l'effet pour la cause, &
un attribut pour la propriété essentielle, qui en contient la raison suffisante. L'essence du mariage consiste
dans cette société délicieuse de deux
cœurs, qui trouvent un bonheur constant l'un dans l'autre. La procréation
des enfans est l'effet de la conjonction
charnelle, où vont enfin aboutir les
épanchemens des deux cœurs chaste-
ment liés pour le vrai bonheur réciproque. Les enfans demandent l'éducation morale, sans laquelle leur procréation auroit été un mal public & particulier. Les deux grands objets donc
du mariage sont les douceurs de la vie
que les conjugués doivent se procurer
réciproquement, & l'éducation sensée
& religieuse des enfans, dont la procréation physique ne fait pas l'essence
du mariage. Mais la *démence* est incapable de remplir ces deux objets, &
par conséquent de former un mariage,
ou de le continuer, si elle arrive après
sa célébration. Ce n'est que parmi les
bêtes brutes que la *démence* ne produiroit pas le divorce, s'il y avoit entr'elles une institution de mariage;
parce que l'objet unique de ce mariage

seroit la propagation & la conservation
physique de l'espece. Mais comme le
mariage parmi les hommes est une affaire de morale plus que de physique, la
démence qui en détruit la source, doit
aussi rendre nul le mariage. Ajoutons
encore que le mariage a ses loix tant
immuables qu'arbitraires ; mais le
moyen de s'y soumettre & de les observer dans la *démence*? (D. F.)

DÉMENTI, s. m., *Droit nat.* &
Mor., reproche de mensonge & de fausseté fait à quelqu'un en termes formels,
& d'un ton qui n'est pas équivoque.

Le *démenti* regardé depuis si long-
tems comme une injure atroce entre
les nobles, & même entre ceux qui ne
le sont pas, mais qui tiennent un
certain rang dans le monde, n'étoit
pas envisagé par les Grecs & les Romains du même œil que nous l'envi-
sageons ; ils se donnoient des *démentis*
sans en recevoir d'affront, sans entrer
en querelle pour ce genre de reproches, & sans qu'il tirât à aucune conséquence. Les loix de leurs devoirs &
de leur point d'honneur prenoient une
autre route que les nôtres ; cependant
si l'on recherche avec soin l'origine
des principes différens dont nous sommes affectés sur cet article, on trouvera
cette origine dans l'institution du combat judiciaire, qui prit tant de faveur
dans toute l'Europe, & qui étoit intimément lié aux coutumes & aux usages
de la chevalerie ; on trouvera, dis-je,
cette origine dans les loix de ce combat,
loix qui prévalurent sur les loix sali-
ques, sur les loix romaines, & sur les
capitulaires ; loix qui s'établirent insensiblement dans le monde, sur-tout
chez les peuples qui faisoient leur principale occupation des armes; loix enfin
qui réduisirent toutes les actions civiles & criminelles en procédés & en

faits, fur lefquels on combattoit pour la preuve.

Par l'ordonnance de l'empereur Othon II. l'an 988, le combat judiciaire devint le privilege de la noblefſe, & l'afſurance de la propriété de fes héritages. Il arriva de là, qu'au commencement de la troifieme race des rois de France, toutes les affaires étant gouvernées par le point d'honneur du combat, on en réduifit l'ufage en principes & en corps complet de jurifprudence. En voici l'article le plus important qui fe rapporte à mon fujet. L'accufateur commençoit par déclarer devant le juge qu'un tel avoit commis une telle action, & celui-ci répondoit qu'il en avoit menti : fur cela le juge ordonnoit le combat judiciaire. Ainfi la maxime s'établit, que lorfqu'on avoit reçu un démenti, il falloit fe battre. Pafquier, en confirmant ce fait, liv. IV. ch. j. obferve que dans les jugemens qui permettoient le duel de fon tems, il n'étoit plus queftion de crimes, mais feulement de fe garantir d'un démenti quand il étoit donné : en quoi, dit-il, les affaires fe font tournées de telle façon, qu'au lieu que lorfque les anciens accufoient quelqu'un, le défendeur étoit tenu de propofer des défenfes par un démenti, fans perdre pour cela fa qualité de défendeur; au contraire, continue-t-il, fi j'impute aujourd'hui quelque cas à un homme, & qu'il me démente, je demeure dès-lors offenfé, & il faut que pour purger ce démenti, je demande le combat.

L'on voit donc que le démenti pour quelque caufe que ce fût, a continué de paffer pour une offenfe fanglante; & la chofe eft fi vraie qu'Alciat, dans fon livre de fingulari certamine, propofant cette queftion : fi en donnant un démenti à quelqu'un, on ajoutoit ces mots

fauf fon honneur, ou fans l'offenfer, le démenti ceffe d'être injurieux; il décide que cette réferve n'efface point l'injure.

* Cette décifion cependant pourroit bien être contradictoire; car avant que de donner le démenti, je protefte fincérement de ne point vouloir offenfer la perfonne à laquelle je le donne, je ne l'offenfe pas, & fans offenfe, mon démenti ne fera pas injurieux. Mais il n'en eft pas de même de la proteftation de fauver l'honneur de la perfonne à laquelle on donne le démenti; car la nature même du démenti peut avoir pour but l'honneur, tels que les démentis que les accufateurs donnent aux accufés.

Concluons que l'injure prétendue du démenti n'eft qu'une affaire de vanité & d'orgueil. Voici, fi je ne me trompe, le vrai principe de la juftice naturelle fur cette matiere. Si le démenti entraîne néceffairement la perte de l'eftime fimple, l'injure en eft atroce, & je puis la repouffer à toute outrance. v. DÉFENSE de foi-même. Mais hors de ce cas, le démenti n'eft injurieux qu'en raifon de notre amour-propre, de notre vanité & de notre orgueil : ce font ces paffions feules qui en fouffrent. Le confeil que la raifon & l'Evangile nous donnent, c'eft de méprifer le démenti, & d'embraffer la perfonne qui nous le donne, en difant : Mon ami, vous êtes mieux inftruit que moi fur cette matiere; vous connoiffez mieux que moi la vérité; je me fuis trompé, & je vous rends graces de m'avoir fait revenir de mon erreur. (D. F.)

DÉMÉRITE, f. m., Droit. Nat. Ce mot ne fe dit que des actions, & fignifie tout ce qui, dans tel cas individuel, rend mauvaife l'action dont on juge, & blâmable par-là même celui qui l'a faite. Le démérite d'une action eft le réfultat de la connoiffance de toutes les raifons qui devoient empêcher l'agent de la faire. Ainfi on peut définir le *démérite* en difant, que c'eft la qualité que l'on apperçoit dans une action, en confidérant tout ce qui devoit détourner de la faire, & en conféquence de laquelle on juge que fon auteur eft plus ou moins digne de blâme. Comme plus ou moins de raifons peuvent fe réunir pour déterminer une perfonne à ne pas faire une action, & que ces raifons peuvent être plus ou moins fortes, le *démérite* toujours relatif à ces raifons, peut être auffi plus ou moins grand, ou peut en quelque forte fe mefurer & s'apprécier. Ici il eft effentiel d'obferver que, comme l'on ne fe détermine à agir ou à n'agir que d'après des raifons connues ou fenties, & que les raifons ignorées, dont on n'a nulle perception, font comme non exiftantes, & ne peuvent influer fur les déterminations de l'agent, elles ne peuvent point non plus être alléguées contre lui comme fource du *démérite* de fes actions, tel que nous l'avons défini, & comme fondement fuffifant pour le blâmer d'avoir agi. Si cependant ces raifons exiftoient quoiqu'ignorées de l'agent, l'action faite contr'elles n'en eft pas moins mauvaife en elle-même : c'eft ce qui a engagé quelques perfonnes à envifager le *démérite* fous deux points de vue; fous l'un, le *démérite* eft le mal abfolu, réel & phyfique de l'action, envifagée en elle-même fans aucun rapport à l'agent; fous l'autre, le *démérite* eft le vice moral qu'une telle action annonce dans celui qui l'a faite, malgré les raifons qu'il connoiffoit pour ne pas la faire. Mais d'autres perfonnes parlant plus exactement, regardent le *démérite* comme étant la qualité de l'action, en conféquence de laquelle cette action peut être imputée à fon auteur,

comme fujet de blâme. Or on ne fauroit imputer à un homme comme fujet légitime de le blâmer, une action qu'il a faite, n'ayant connoiffance d'aucune raifon qui dût l'en empêcher. Il n'y a donc dans ce fens nul *démérite* dans l'action de celui qui n'a connu aucune raifon de ne la pas faire; mais il faut obferver en même tems, que l'ignorance des raifons de ne pas agir, n'ôte la fource du *démérite* que quand d'un côté l'agent n'a pas pu foupçonner qu'il y eût de telles raifons, & quand d'un autre côté il n'a pas pu en avoir l'idée. Mais celui qui foupçonne qu'il exifte des raifons qui peuvent exiger qu'il ne faffe pas cette action, & qui cependant ne cherche pas à les connoître, & ne laiffe pas d'agir, ne peut point alléguer fon ignorance pour caufe & s'oppofer à ce qu'on lui impute fon action; elle n'en ôte point au moins en entier le *démérite*. S'il eft des cas où elle l'ôte en partie, c'eft d'un côté lorfqu'il lui a été impoffible de foupçonner que ces raifons fuffent auffi fortes qu'elles le font en effet, & lors, d'un autre côté, qu'il eft bien certain, que s'il en avoit connu toute la force, il fe feroit abftenu de cette action. Mais dans ces circonftances même, l'ignorance n'ôte pas tout le *démérite* de l'action, puifque le feul foupçon que fon action étoit mauvaife, & qu'il y avoit des raifons de s'en abftenir, devoit fuffire pour l'empêcher de la faire. Au tribunal des hommes qui ne peuvent pas juger des difpofitions intérieures, une telle ignorance n'excufe en aucune façon, & ne diminue point le *démérite*, premierement, parce que ce foupçon vague permettroit de fuppofer les raifons les plus fortes, tout comme les plus foibles, & qu'alors le *démérite* de l'action fe mefure fur toute l'étendue des fuppofi-

Z z 2

tions que l'on pouvoit faire ; en second lieu, parce que l'action faite malgré ces soupçons vagues, prouve que l'agent n'a pas craint de courir tous les risques d'une action qu'il soupçonnoit pouvoir être suivie des effets les plus fâcheux, & violer les regles les plus respectables ; enfin il est reconnu de tous les moralistes que dans le doute, non-seulement il faut suspendre sa détermination, mais encore qu'il est de devoir de s'instruire sur la nature & les motifs de nos actions, & que celui qui volontairement ignore ce qui dépendoit de lui de savoir, est coupable comme s'il avoit été réellement instruit. v. IGNO-RANCE.

Le soupçon qu'il y a des raisons, quoiqu'inconnues, qui devroient détourner de faire une action, est la premiere source du *démérite* qui la caractérise ; elle le lui communique indépendamment même de la qualité absolue de l'action, & quoique ce soupçon fût mal fondé, celui qui croit faire mal, péche, lors même que son action est bonne.

Le *démérite* augmente à mesure que les raisons de s'abstenir de l'action que l'on fait, sont mieux connues, qu'on en voit un plus grand nombre, qu'elles ont chacune plus de force, & qu'on la sent mieux.

La défense de la part d'un supérieur en qui on reconnoît le droit de commander, suffit pour qu'à ses yeux notre action ait un *démérite* réel, quoique nous ne connoissions aucune autre raison de nous en abstenir que sa défense. Cette source de *démérite* le rend d'autant plus grand que nous n'avons plus de raisons de nous soumettre à ses loix, si à nos promesses de lui obéir, ou à des droits personnels de nous commander, comme d'être notre créateur, ou notre pere, se joignoit encore la rela-

tion de bienfaiteur à qui nous devons tout, qui nous a fait les plus grands biens, la qualité d'être d'une sagesse incapable de rien défendre que ce qui est mauvais, de rien prescrire que ce qui est convenable ; une bonté qui dicte toutes ses loix pour n'en point donner dont le but & l'effet de l'observation ne soit réellement notre bonheur, une puissance qui le rend arbitre de notre sort, le pouvoir & la volonté de nous punir si nous lui désobéissons ; chacune de ces considérations augmente le nombre & la force des raisons qui devoient nous empêcher d'agir contre les ordres reçus ; elles augmentent aussi graduellement le *démérite* des actions qui les transgressent.

Quand, à la seule volonté d'un être respectable, digne de confiance, & en droit de commander ou au moins capable de donner de bons conseils, se joint encore la connoissance des raisons de convenance, tirées de la nature même des actions, & de leurs suites, aussi bien que de la nature, de l'état, des relations & de la destination des choses ou des êtres, que ces actions concernent & intéressent, & que toutes ces considérations se réunissent pour détourner d'agir comme on le vouloit, ou pour porter à faire ce que l'on ne vouloit pas, les motifs ou raisons sont multipliées & fortifiées autant qu'elles peuvent l'être, & le *démérite* de ce que l'on fait malgré ces raisons, se trouve porté à son comble. Chacune de ces considérations peut encore avoir plus ou moins de force, selon qu'on en a l'idée plus distincte ; c'est sur quoi est fondée cette regle si généralement & si justement admise pour juger du *démérite* d'une action, savoir qu'un plus grand degré de lumieres rend un coupable plus criminel. Mais de toutes ces con-

fidérations, il n'en eſt point dont la
force ſoit plus ſuſceptible d'augmentation que celle des ſuites de l'action,
& des mauvais effets dont elle eſt la
cauſe, lorſque ces ſuites & ces effets
ont été ou pu être prévus.

Dans la mâtiere que nous traitons
ici, *mériter*, c'eſt être digne d'éloge,
de bienveillance, & de tous les effets
que produit l'eſtime & la bienveillance
en faveur de celui qui en eſt l'objet.
Démériter, au contraire, c'eſt paroître
aux yeux de ceux qui jugent de la qualité de nos actions, digne de blâme,
de mépris ou de haine, & de tous les
effets que produiſent ces ſentimens
contre celui qui en eſt l'objet légitime,
dès qu'on agit de maniere à montrer
qu'on ne veut ni ſe conformer aux regles de convenance que la raiſon approuve, ni contribuer au bonheur & à
la perfection des êtres capables de perfection & de bonheur, ni s'abſtenir de
ce qui les rend imparfaits & miſérables;
on ſe montre alors ennemi des autres
êtres, dont on devoit être ami. Mépriſer, blâmer, haïr un tel être, c'eſt
avoir pour lui des ſentimens aſſortis à
ce qu'il eſt, lui donner des témoignages, du jugement qu'on porte ſur ſon
ſujet, c'eſt le traiter comme il le mérite. Le *démérite* d'une action eſt ainſi
tout ce qui, dans cette action, annonce
que l'auteur ne mérite ni eſtime, ni
éloges, ni bienveillance, qu'il eſt digne
au contraire, de blâme, de mépris, ou
même de haine. *v.* MÉRITE. (G. M.)

DEMEURE, ſ. f., *Juriſpr.*, ſignifie
retardement, appellé en droit *mora. Etre
en demeure de faire quelque choſe*, c'eſt
lorſqu'on a laiſſé paſſer le tems dans lequel on auroit dû remplir ſon obligation.

Conſtituer ou *mettre quelqu'un en demeure*, c'eſt le ſommer juridiquement

de faire ce qu'il doit. On peut mettre
quelqu'un en *demeure* par un acte extra-
judiciaire; mais pour faire courir les
intérêts, il faut une demande judiciaire.

On dit qu'*il y a péril en la demeure*,
lorſqu'il s'agit des choſes qui peuvent
dépérir, comme des proviſions de bouche; ou lorſque le retardement d'une
affaire peut cauſer quelqu'autre préjudice à une des parties. Voyez les *textes
de droit* indiqués dans Broderode, au
mot *Mora*.

DEMEURER, v. act. *Juriſp.*, terme
qui, joint avec d'autres, a pluſieurs ſigni-
fications dans la juriſprudence.

Demeurer en ſouffrance: on dit en termes de *compte*, qu'une partie, qu'un
article eſt *demeuré en ſouffrance*, lorſqu'il n'eſt paſſé & alloüé qu'à la charge
d'en juſtifier par quittances, décharges,
ordres ou autrement.

Demeurer en reſte, *demeurer en arriere*, c'eſt ne pas payer entierement les
ſommes contenues dans une obligation,
dans un mémoire, dans le débet d'un
compte.

Demeurer garant, c'eſt répondre de
l'exécution d'une promeſſe faite par un
autre, ou du payement d'une ſomme
qu'il doit : c'eſt ſe rendre ſa caution. *v.*
CAUTION.

Demeurer du croire, c'eſt être garant
de la ſolvabilité de ceux à qui l'on vend
des marchandiſes à crédit pour le compte d'autrui. Les commiſſionnaires doivent convenir avec les commettans, s'ils
demeureront du croire, ou non; car
dans le premier cas les commettans doivent payer aux commiſſionnaires un
droit de commiſſion plus fort, à cauſe
des grands riſques que courent ceux-ci
en faiſant les deniers bons; & dans ce
même cas les commiſſionnaires doivent
avoir trois mois, à compter du jour de

l'échéance de chaque partie de marchandise qu'ils auront vendue à crédit, pour faire les remises aux commettans, ou avant qu'ils puissent faire aucunes traites sur eux. Si au contraire les commissionnaires ne *demeurent* pas d'accord *du croire* des débiteurs, ils doivent remettre aux commettans à mesure qu'ils reçoivent les deniers provenans de la vente de leurs marchandises, ou leur en donner avis, afin que les commettans s'en prévalent en tirant des lettres de change sur eux, ou pour remettre en d'autres lieux, suivant les ordres qu'ils en reçoivent.

Demeurer du croire, se dit aussi à l'égard des dispositions ou négociations que les commissionnaires ou correspondans des négocians & banquiers font pour leurs commettans, concernant la banque.

Lorsqu'il y a convention précise par écrit entre un commissionnaire & un commettant, laquelle porte que le commissionnaire *demeurera du croire*, le commissionnaire doit être responsable envers le commettant, de l'événement des lettres de change qu'il lui remet, soit par son ordre ou autrement : au contraire, si le commissionnaire n'en est pas convenu, quelques ordres qu'il ait pu mettre sur les lettres, cela ne peut lui nuire ni préjudicier à l'égard de son commettant, mais seulement à l'égard d'une tierce personne qui seroit porteuse de la lettre.

DEMI-SCEAU, s. m., *Droit public d'Angl.*, c'est celui dont on se sert à la chancellerie d'Angleterre pour sceller les commissions des juges délégués sur un appel en matiere ecclésiastique ou de marine.

DÉMISSION, s. f., *Jurisprud.*, en général est un acte par lequel on quitte quelque chose. Il y a *démission* d'un bé-néfice, *démission* de biens, d'une charge ou office, *démission* de foi, *démission* de possession. Voyez les articles suivans.

DÉMISSION, *Droit Canon*, en matiere de bénéfices, n'est autre chose qu'une résignation ou renonciation pure & simple, faite par le titulaire d'un bénéfice entre les mains du collateur ; nous disons *résignation* ou *renonciation*, parce que ces deux termes sont employés indifféremment par les canonistes ; les décrétales n'employent que le dernier. Dans notre langue on rend l'un & l'autre par le mot *démission*, quand la renonciation ou résignation est faite purement & simplement, c'est-à-dire, entre les mains du collateur, pour qu'il dispose du bénéfice en faveur de qui bon lui semblera ; mais quand la renonciation est faite par le titulaire, à dessein de faire passer le bénéfice à un autre, on se sert alors du mot *résignation en faveur*, ou pour cause de permutation. *v.* RÉSIGNATION, PERMUTATION.

Nous n'entendons parler ici que de la premiere de ces renonciations, c'est-à-dire, de la renonciation pure & simple ; on n'entend pas aujourd'hui autre chose dans l'usage par le mot *démission*. *v.* RÉSIGNATION. Nous remarquerons qu'on se sert quelquefois du mot *abdication* pour *démission*, & dans le cas de litige, on employe le terme de *cession*, parce qu'il se fait alors une espece de cession de droit qui paroît être quelque chose de différent de la résignation en faveur, ou de la permutation, quoique la *démission* en elle-même ne soit autre chose qu'une cession : *nam dimissio nihil aliud est quam cessio.* Mandosa, *Regul.* 19. *q.* 13. *n.* 9.

Les clercs ordonnés & placés dans une église y étoient anciennement attachés pour toujours, à moins que leur évèque ne jugeât à propos de les placer ailleurs. Les mêmes canons qui regloient ainſi la ſtabilité des clercs, leur défendoient par conſéquent de quitter leurs poſtes. ou leurs égliſes ſans cauſe légitime.. Le pape Gelaſe renouvelle à ce ſujet, dans une de ſes *épitres*, le 15ᵉ canon du concile de Nicée. Pour nous borner ici à ce qui regarde les bénéfices, nous ne rapporterons que les diſpoſitions du nouveau droit ſuivant lequel un bénéficier ne peut ſe démettre de ſon bénéfice ſans cauſe légitime, jugée telle par ſon ſupérieur. Le pape Innocent III. a marqué dans le chapitre, *niſi cum pridem*, *de renunc*. ſix différentes cauſes qui peuvent autoriſer la *démiſſion* d'un évêque; elles ſervent d'exemple & même de regle pour toutes ſortes de bénéfices; on les exprime ordinairement par ces deux vers:

Debilis, ignarus, male conſcius, irregularis,
Quem mala plebs odit, dans ſcandala, cedere poſſit.

Le pape Innocent explique chacune de ces cauſes, dans le chapitre cité; mais on les voit réduites en principes dans les inſtitutes de Lancelot, *tit. de renunc. lib.* 1. Il nous ſuffira de remarquer ici, que quoique par un uſage univerſel il n'y ait rien aujourd'hui de ſi libre que les *démiſſions* de bénéfices, par cette raiſon ſpécieuſe qu'en donne Corras, *part.* 1. *c.* 8. *n.* 5. *Cum enim omnibus liceat contemnere quæ pro ſe ſunt introduſta, liberum eſt cuique, etiam in articulo mortis conſtituo, majori tamen* 14. *annis, proprio ſe abdicare beneficio;* quoique, dis-je, on n'obſerve plus ſi rigoureuſement à cet égard les anciens réglemens, leur eſprit ſubſiſte toujours, & le bénéfice qui paroît aujourd'hui différent de l'ordre & des fonctions qui attachoient autrefois les clercs à leur évêque, ne doit pas être ſi conſidéré comme une grace temporelle, à laquelle il eſt permis à chacun de renoncer, qu'on ne doive, à cauſe de l'office qui en eſt le fondement, le regarder encore comme une choſe toute ſpirituelle, dont l'évêque, ou ceux qui le repréſentent, peuvent ſeuls diſpoſer.

Il faut diſtinguer deux ſortes de *démiſſions* ou de renonciations, l'expreſſe & la tacite; la *démiſſion* expreſſe eſt la même que nous avons définie ci-deſſus, & dont il s'agit ici: la *démiſſion* tacite eſt celle qui eſt produite par tous ces différens cas qui font vaquer le bénéfice, comme l'acceptation d'un bénéfice incompatible, la profeſſion réligieuſe, le défaut de promotion aux ordres, le mariage, la déſertion ou non réſidence.

Par rapport à la forme de la *démiſſion*, il faut conſidérer ceux qui peuvent la faire, ceux qui peuvent l'admettre, & la maniere dont elle doit être faite.

1°. Corras dit que tout bénéficier, majeur de 14 ans, peut renoncer à ſon bénéfice, & cet auteur n'excepte pas même le pape. Nous renvoyons à traiter cet article ſous le mot RÉSIGNATION, ou nous rappellerons des principes qui peuvent être appliqués à toutes ſortes de réſignations.

2°. Avant que de faire connoître ceux qui doivent ou peuvent admettre les *démiſſions des bénéfices*, il eſt important d'établir la néceſſité de cette admiſſion. Nous rapporterons ici le chapitre *admonet, de renunc.* dont les termes ſont concluans: *Univerſis perſonis tui epiſcopatus ſub diſtriſtione prohibeas, ne eccleſias tuæ diæceſis, ad ordinationem tuam pertinentes, abſque aſſenſu tuo intrare valeant, aut te diuittere inconſulto. Quod ſi quis contra prohibitionem tuam venire præſumpſerit, in eum canonicam exerceas ultionem.* Cette déciſion eſt fondée ſur ce que le bénéficier, par l'acceptation de fon bénéfice, a contracté avec l'églife une efpece d'obligation dont il ne peut fe décharger à fon préjudice. Un bénéficier ne fauroit renoncer à fon bénéfice, que par l'autorité de celui qui lui en a donné l'inftitution : *Nihil tam naturale eft unum quodque eodem jure diffolvi, quo colligatum eft.*

La *démiffion du bénéfice* doit être faite entre les mains de celui qui en a donné l'inftitution. Corras nous l'apprend encore en ces termes : *Superiorem autem hic appello, non collatorem, fed eum qui poteftatem habet inftituendi & deftituendi; & papam, legatum à Latere, epifcopum & capitulum fede vacante; qui vero folam haberet conferendi poteftatem, veluti executor datus ad providendum renunciationem admittere non poffet; nifi hoc ei nominatim effet injunctum; & generaliter qui jure fpeciali beneficium confert, quoniam deftituere non poteft, refignationi auctoritatem non interponit. Glof. in Clem. 1. de renunc. c. nullus* 16. *q.* 7. Le même auteur dit, qu'un élu ne peut renoncer qu'entre les mains du fupérieur qui a confirmé l'élection. *Glof. in c. electi, de renunc.* Que fi l'élection n'a pas été confirmée, les électeurs peuvent encore admettre fa *démiffion*; il dit qu'il en eft de même d'un préfenté par un patron, rélativement au fupérieur qui confere ou inftitue fur la préfentation; & enfin, que la *démiffion* d'un contendant à un bénéfice en litige peut fe faire fans autorité du fupérieur, parce que ces perfonnes n'ont que *jus ad rem*, s'ils avoient *jus in re*, l'autorité du fupérieur feroit alors néceffaire, *Flamin. de refig. lib.* 7. *q.* 1. Le vicaire de l'évêque qui a pouvoir de conférer, peut auffi admettre les *démiffions*; le coadjuteur auffi *fi ob infirmitatem animi datus fit, non verò*

ob infirmitatem corporis, nifi habeat mandatum ad conferendum. Quant au chapitre le fiege vacant, il peut admettre les *démiffions*, mais il doit réferver au futur fucceffeur les collations de certains bénéfices.

Par le chapitre *dilecti*, les abbés exempts ne peuvent faire leurs *démiffions* qu'entre les mains du pape, & ne peut être transféré d'un monaftere à l'autre fans fa permiffion. *C. cum tempore de arbitr.* Le canon *abbas* 18. *q.* 1. & le chap. *lecta de renunc.* décident qu'un abbé élu ne peut pas fe démettre entre les mains des électeurs, mais feulement entre les mains de l'ordinaire; ce qui ne peut être appliqué aux autres religieux officiers qu'on élit dans des chapitres généraux ou provinciaux, & à qui l'on doit appliquer la regle *ejus eft deftituere cujus eft inftituere.*

Il ne paroît par aucune loi eccléfiaftique, que la *démiffion* doive fe faire néceffairement par écrit; Corras dit que le démettant peut faire fa réfignation par lui-même ou par fon procureur, fans parler de la néceffité d'aucun acte par écrit. Le chapitre *fuper hoc, de renunc.* ne permet pas de douter qu'on n'ufoit pas toujours autrefois d'écriture pour ces fortes d'actes : il s'y agit de prouver une rénonciation par témoins, fur quoi le pape Clément III. auteur de cette décrétale, dit que dans le doute on ne doit pas préfumer la rénonciation.

C'eft un principe de droit, avoué de tous les canoniftes, que la *démiffion* une fois confommée, le démettant fe trouve dépouillé de tous fes droits au bénéfice.

Quand la *démiffion* s'eft faite par procureur, elle ne produit l'effet qu'on vient de voir, que du jour que le procureur

cureur a fait la réfignation, & non du jour qu'on lui a donné pouvoir de la faire, d'où il fuit que la procuration peut être révoquée jufqu'à ce que le procureur l'ait exécutée, *rebus adhuc integris*. Rebuffe, *de revol. procur. &c.* Mais fi la *démiffion* dépouille ainfi le démettant de fon bénéfice, quand elle eft confommée, à quel tems ou à quel acte fixe-t-on l'époque de cette confommation? Les décrétales ne difent rien de précis à cet égard; il paroît feulement par le titre de *renunc.* que les renonciations en la forme qu'elles fe faifoient autrefois, produifoient leurs effets du moment qu'elles étoient manifeftées. On en peut juger par le chapitre *fuper hoc*, que nous avons cité ci-deffus, par lequel le pape Clément III. fait dépendre la queftion de la preuve par témoin, de la renonciation. Le concile de Latran, tenu l'an 1215. fit un canon pour contraindre à la renonciation, ceux qui ayant demandé à leurs fupérieurs la permiffion de la faire, & l'ayant obtenue, ne vouloient plus renoncer. *C. quidam de renunc.* Par où il paroît que du tems de ce concile, on ne faifoit les *démiffions* que du gré des fupérieurs, comme le veut Alexandre III. *in cap. dict. admonet.* La glof. du chap. *quod non dubiis eod.* en défendant les renonciations entre les mains des laïcs, prive cependant ceux qui les font de leurs bénéfices; & la glof. remarque que cette privation eft l'effet de la volonté qu'ont témoigné les réfignants. C'étoit même autrefois une maxime, que la *démiffion* faite devant notaire & témoins, produifent dès lors fes effets, au moins contre le démettant lui-même, quoiqu'elle n'eût pas été encore admife ni approuvée par le fupérieur, d'où vient que pour prévenir les effets, on avoit introduit dans les provifions

Tome IV.

de Rome, fur réfignation, une claufe qui n'eft plus que de ftyle. (D. M.)

DÉMISSION DE BIENS, *Jurifprud.*, eft un acte & une difpofition par lefquels quelqu'un fait de fon vivant un abandonnement général de fes biens à fes héritiers préfomptifs.

Ces fortes d'abandonnemens fe font ordinairement en vûe de la mort & par un motif d'affection du démettant pour fes héritiers. Quelquefois auffi le démettant, âgé & infirme, a pour objet de fe débarraffer de l'exploitation de fes biens, à laquelle il ne peut plus vaquer, & de fe procurer une vie plus douce & plus tranquille, au moyen des conditions qu'il ajoûte à fa *démiffion*, comme de le nourrir, loger & entretenir fa vie durant, ou de lui payer une penfion viagere.

La *démiffion de biens* doit imiter l'ordre naturel des fucceffions, car c'eft une efpece de fucceffion anticipée; c'eft pourquoi elle eft fujette aux mêmes regles que les fucceffions: par exemple, un des démiffionnaires ne peut être avantagé plus que les autres, à l'exception du droit d'aîneffe; le rapport a lieu dans les *démiffions* en directe comme dans les fucceffions; la *démiffion* fait des propres, & produit les mêmes droits feigneuriaux qu'auroit pu produire la fucceffion.

La plus grande différence qu'il y ait entre une fucceffion & une *démiffion*, c'eft qu'aux fucceffions c'eft le mort qui faifit le vif, au lieu qu'aux *démiffions* c'eft une perfonne vivante qui faifit elle-même fes héritiers préfomptifs, du moins, quant à la propriété; elle leur tranfmet auffi quelquefois la poffeffion actuelle.

Les *démiffions* ne fe pratiquent guere que de la part des pere, mere & autres afcendans en faveur de leurs enfans &

petits enfans, & sur-tout entre les gens de la campagne & autres d'un état très-médiocre.

On ne peut pas regarder la *démission* comme une véritable donation entre-vifs, attendu qu'elle est révocable jusqu'à la mort, du moins dans la plupart des cours où elle est usitée.

Elle peut bien être regardée, par rapport au démettant, comme une disposition de derniere volonté faite *intuitu mortis*, & semblable à cette espece de donation à cause de mort, dont il est parlé dans la loi seconde, au digeste *de mortis causâ donat.* Cependant la *démission* n'est pas une véritable donation à cause de mort; car, outre qu'elle n'est point sujette aux formalités des testamens, quoiqu'elle soit révocable, elle a un effet présent, sinon pour la possession, au moins pour la propriété.

On doit donc plutôt la mettre dans la classe des contrats innommés *do ut des*, puisque le démettant met toujours quelques conditions à l'abandonnement général qu'il fait de ses biens, attendu qu'il faut bien qu'il se réserve sa subfistance de façon ou d'autre, soit par une réserve d'usufruit, ou d'une pension viagere, ou en stipulant que ses enfans seront tenus de loger, nourrir & entretenir sa vie durant.

Les conditions nécessaires pour la validité d'une *démission*, sont:

1°. Le consentement de toutes les parties, & l'acceptation expresse des démissionnaires; car on n'est point forcé d'accepter une *démission*, non plus qu'une succession.

2°. Il faut qu'elle soit en faveur des héritiers présomptifs, sans en excepter aucun de ceux qui sont en degré de succéder, soit de leur chef, ou par représentation.

3°. Si la *démission* contient un partage, il faut qu'il soit entierement conforme à la loi.

4°. Que la *démission* soit universelle comme le droit d'hérédité: le démettant peut néanmoins se réserver quelques meubles pour son usage, même la faculté de disposer de quelques effets, pourvû que ce qui est réservé soit fixe & certain.

5°. Que la *démission* soit faite à titre universel, & non à titre singulier; c'est-à-dire, que si l'ascendant donnoit seulement tels & tels biens nommément, sans donner tous ses biens en général, ce ne seroit pas une *démission*.

La *démission* proprement dite, est de sa nature toujours révocable jusqu'à la mort, quelque espace de tems qui se soit écoulé depuis la *démission*, & quand même les biens auroient déja fait souche entre les mains des démissionnaires, & de leurs représentans; ce qui a été ainsi établi, afin que ceux qui se seroient dépouillés trop légerement de la totalité de leurs biens, puffent y rentrer, supposé qu'ils eussent lieu de se repentir de leur disposition, comme il arrive souvent, & c'est sans doute pourquoi l'Ecriture semble ne pas approuver que les pere & mere se dépouillent ainsi totalement de leurs biens de leur vivant: *melius est ut quam te rogent, quam te recipere in manus filiorum tuorum.* Ecclef. cap. xxiij. ℣. 22. *In tempore exitus tui distribue hæreditatem tuam.* Ibidem, ℣. 24.

On excepte néanmoins les *démissions* faites par contrat de mariage, qui sont irrévocables, comme les donations entre-vifs.

La *démission* faite à un collatéral est révoquée de plein droit par la survenance d'un enfant légitime du démettant, suivant *la loi 8, au code de reu. donat.*

Quand la *démiffion* eft faite en directe, la furvenance d'enfant n'a d'autre effet, finon que l'enfant qui eft furvenu eft admis à partagé avec les autres enfans démiffionnaires.

La révocation de la *démiffion* a un effet rétroactif, & fait que la *démiffion* eft regardée comme non venue, tellement que toutes les difpofitions, aliénations & hypotheques que les démiffionnaires auroient pû faire, font annullées.

Lorfqu'un des démiffionnaires vient à décéder du vivant du démettant, la *démiffion* devient caduque à fon égard, à moins qu'il n'ait des enfans ou petits-enfans habiles à le repréfenter ; s'il n'en a point, fa part accroît aux autres démiffionnaires.

Il eft libre aux démiffionnaires de renoncer à la fucceffion du démettant, & par ce moyen ils ne font point tenus des dettes créées depuis la *démiffion*; ils peuvent auffi accepter la fucceffion par bénéfice d'inventaire, pour n'être tenus de ces dettes que jufqu'à concurrence de ce qu'ils amendent de la fucceffion.

Démiffion d'une charge. Voyez ci-après *démiffion d'un office.*

La *démiffion de foi*, eft lorfque le vaffal, en démembrant fon fief, ne retient point la foi & hommage de la portion qu'il aliene, c'eft-à-dire, qu'il ne fe charge point de porter la foi au feigneur dominant pour cette portion, mais en forme un fief féparé & indépendant du furplus, de maniere que l'acquéreur de cette portion doit porter directement la foi & hommage au feigneur dominant de la totalité du fief, & non au vaffal qui a fait le démembrement. La *démiffion* de foi ne peut fe faire fans le confentement du feigneur, parce qu'il lui importe de conferver l'u-

nité & l'intégrité de la foi. *v.* DÉMEMBREMENT, FOI & HOMMAGE.

La *démiffion d'un office*, *charge* ou *commiffion*, eft lorfque celui qui eft pourvû d'un office ou autre place, déclare purement & fimplement qu'il s'en démet, c'eft-à-dire, qu'il y renonce, & n'entend plus l'exercer ni en faire aucunes fonctions. *v.* CHARGE, ABDICATION.

DÉMOCRATIE, f. f., *Droit polit.*, eft une des formes fimples du gouvernement, dans lequel le peuple en corps a la fouveraineté. Toute république où la fouveraineté réfide entre les mains du peuple, eft une *démocratie*.

Il n'eft pas indifférent de rechercher les loix fondamentales qui conftituent les *démocraties*, & le principe qui peut feul les conferver & les maintenir ; c'eft ce que je me propofe de crayonner ici.

Mais avant que de paffer plus avant, il eft néceffaire de remarquer que dans la *démocratie* chaque citoyen n'a pas le pouvoir fouverain, ni même une partie; ce pouvoir réfide dans l'affemblée générale du peuple convoqué felon les loix. Ainfi le peuple, dans la *démocratie*, eft à certains égards fouverain, à certains autres il eft le fujet. Il eft fouverain par fes fuffrages, qui font fes volontés; il eft fujet, en tant que membre de l'affemblée revêtue du pouvoir fouverain. Comme donc la *démocratie* ne fe forme proprement que quand chaque citoyen a remis à une affemblée compofée de tous, le droit de régler toutes les affaires communes, il en réfulte diverfes chofes abfolument néceffaires pour la conftitution de ce genre de gouvernement.

1°. Il faut qu'il y ait un certain lieu & de certains tems réglés, pour délibérer en commun des affaires publiques ;

sans cela, les membres du conseil souverain pourroient ne point s'assembler du tout, & alors on ne pourvoiroit à rien; ou s'assembler en divers tems & en divers lieux, d'où il naîtroit des factions qui romproient l'unité essentielle de l'Etat.

2°. Il faut établir pour regle, que la pluralité des suffrages passera pour la volonté de tout le corps; autrement on ne sauroit terminer aucune affaire, parce qu'il est impossible qu'un grand nombre de personnes se trouvent toujours du même avis.

3°. Il est essentiel à la constitution d'une *démocratie*, qu'il y ait des magistrats qui soient chargés de convoquer l'assemblée du peuple dans les cas extraordinaires, & de faire exécuter les decrets de l'assemblée souveraine. Comme le conseil souverain ne peut pas toujours être sur pied, il est évident qu'il ne sauroit pourvoir à tout par lui-même; car, quant à la pure *démocratie*, c'est-à-dire, celle où le peuple en soi-même & par soi-même fait seul toutes les fonctions du gouvernement, je n'en connois point de telle dans le monde, si ce n'est peut-être une bicoque, comme San - Marino en Italie, où cinq cents paysans gouvernent une misérable roche dont personne n'envie la possession.

4°. Il est nécessaire à la constitution démocratique de diviser le peuple en de certaines classes, & c'est delà qu'a toujours dépendu la durée de la *démocratie*, & sa prospérité. Solon partagea le peuple d'Athenes en quatre classes. Conduit par l'esprit de *démocratie*, il ne fit pas ces quatre classes pour fixer ceux qui devoient élire, mais ceux qui pouvoient être élus; & laissant à chaque citoyen le droit de suffrage, il voulut que dans chacune de ces quatre classes on pût élire des juges, mais seulement des

magistrats dans les trois premieres, composées des citoyens aisés.

Les loix qui établissent le droit du suffrage, sont donc fondamentales dans ce gouvernement. En effet, il est aussi important d'y regler comment, par qui, à qui, sur quoi les suffrages doivent être donnés, qu'il l'est dans une monarchie de savoir quel est le monarque, & de quelle maniere il doit gouverner. Il est en même tems essentiel de fixer l'âge, la qualité, & le nombre de citoyens qui ont droit de suffrage; sans cela on pourroit ignorer si le peuple a parlé, ou seulement une partie du peuple.

La maniere de donner son suffrage, est une autre loi fondamentale de la *démocratie*. On peut donner son suffrage par le sort ou par le choix, & même par l'un & par l'autre. Le sort laisse à chaque citoyen une espérance raisonnable de servir sa patrie; mais comme il est défectueux par lui-même, les grands législateurs se sont toujours attachés à le corriger. Dans cette vue, Solon régla qu'on ne pourroit élire que dans le nombre de ceux qui se présenteroient; que celui qui auroit été élu, seroit examiné par des juges, & que chacun pourroit l'accuser sans être indigne. Cela tenoit en même tems du sort & du choix. Quand on avoit fini le tems de sa magistrature, il falloit essuyer un autre jugement sur la maniere dont on s'étoit comporté. Les gens sans capacité, observe ici M. de Montesquieu, devoient avoir bien de la répugnance à donner leur nom pour être tirés au sort.

La loi qui fixe la maniere de donner son suffrage, est une troisieme loi fondamentale dans la *démocratie*. On agite à ce sujet une grande question, je veux dire si les suffrages doivent être publics ou secrets; car l'une & l'autre méthode fe pratique diverfement dans différentes *démocraties*. Il paroît qu'ils ne fauroient être trop fecrets pour en maintenir la liberté, ni trop publics pour les rendre authentiques, pour que le petit peuple foit éclairé par les principaux, & contenu par la gravité de certains perfonnages. A Geneve, dans l'élection des premiers magiftrats, les citoyens donnent leurs fuffrages en public, & les écrivent en fecret; enforte qu'alors l'ordre eft maintenu avec la liberté.

Le peuple qui a la fouveraine puiffance, doit faire par lui-même tout ce qu'il peut bien faire; & ce qu'il ne peut pas bien faire, il faut qu'il le faffe par fes miniftres : or les miniftres ne font point à lui, s'il ne les nomme. C'eft donc une quatrieme loi fondamentale de ce gouvernement, que le peuple nomme fes miniftres, c'eft-à-dire fes magiftrats. Il a befoin comme les monarques, & même plus qu'eux, d'être conduit par un confeil ou fénat : mais pour qu'il y ait confiance, il faut qu'il en élife les membres, foit qu'il les choififfe lui-même, comme à Athenes, ou par quelque magiftrat qu'il a établi pour les élire, ainfi que cela fe pratiquoit à Rome dans quelques occafions. Le peuple eft très-propre à choifir ceux à qui il doit confier quelque partie de fon autorité. Si l'on pouvoit douter de la capacité qu'il a pour difcerner le mérite, il n'y auroit qu'à fe rappeller cette fuite continuelle de choix excellens que firent les Grecs & les Romains : ce qu'on n'attribuera pas fans doute au hafard. Cependant comme la plûpart des citoyens qui ont affez de capacité pour élire, n'en ont pas affez pour être élus; de même le peuple, qui a affez de capacité pour fe faire rendre compte de la geftion des autres, n'eft pas propre à

gérer par lui-même, ni à conduire les affaires, qui aillent avec un certain mouvement qui ne foit ni trop lent ni trop vite. Quelquefois avec cent mille bras il renverfe tout; quelquefois avec cent mille pieds, il ne va que comme les infectes.

C'eft enfin une loi fondamentale de la *démocratie*, que le peuple foit légiflateur. Il y a pourtant mille occafions où il eft néceffaire que le fénat puiffe ftatuer; il eft même fouvent à propos d'effayer une loi avant que de l'établir. La conftitution de Rome & celle d'Athenes étoient très-fages; les arrêts du fénat avoient force de loi pendant un an; ils ne devenoient perpétuels que par la volonté du peuple : mais quoique toute *démocratie* doive néceffairement avoir des loix écrites; des ordonnances, & des réglemens ftables, cependant rien n'empêche que le peuple qui les a donnés, ne les révoque, ou ne les change toutes les fois qu'il le croira néceffaire, à moins qu'il n'ait juré de les obferver perpétuellement; & même en ce cas-là, le ferment n'oblige que ceux des citoyens qui l'ont eux-mêmes prêté.

Telles font les principales loix fondamentales de la *démocratie*. Parlons à préfent du reffort, du principe propre à la confervation de ce genre de gouvernement. Ce principe ne peut être que la vertu, & ce n'eft que par elle que les *démocraties* fe maintiennent. La vertu dans la *démocratie* eft l'amour des loix & de la patrie : cet amour demandant un renoncement à foi-même, une préférence continuelle de l'intérêt public au fien propre, donne toutes les vertus particulieres; elles ne font que cette préférence. Cet amour conduit à la bonté des mœurs, & la bonté des mœurs mene à l'amour de la patrie; moins nous pouvons fatisfaire nos paffions particulie-

res, plus nous nous livrons aux générales.

La vertu dans une *démocratie*, renferme encore l'amour de l'égalité & de la
frugalité; chacun ayant dans ce gouvernement le même bonheur & les mêmes
avantages, y doit goûter les mêmes plaifirs, & former les mêmes espérances :
choses qu'on ne peut attendre que de la
frugalité générale. L'amour de l'égalité
borne l'ambition au bonheur de rendre
de plus grands services à sa patrie, que
les autres citoyens. Ils ne peuvent pas
lui rendre tous des services égaux, mais
ils doivent également lui en rendre.
Ainsi les distinctions y naissent du principe de l'égalité, lors même qu'elle paroît ôtée par des services heureux, &
par des talens supérieurs. L'amour de
la frugalité borne le desir d'avoir, à l'attention que demande le nécessaire pour
sa famille, & même le superflu pour sa
patrie.

L'amour de l'égalité & celui de la frugalité sont extrèmement excités par l'é-
galité & la frugalité même, quand on
vit dans un Etat où les loix établissent
l'un & l'autre. Il y a cependant des cas
où l'égalité entre les citoyens peut être
ôtée dans la *démocratie*, pour l'utilité
de la *démocratie*.

Les anciens Grecs pénétrés de la nécessité que les peuples qui vivoient sous
un gouvernement populaire, fussent élevés dans la pratique des vertus nécessaires au maintien des *démocraties*, firent
pour inspirer ces vertus, des institutions
singulieres. Quand vous lisez dans la *vie*
de Lycurgue les loix qu'il donna aux
Lacédémoniens, vous croyez lire l'histoire des Sévarambes. Les loix de Crete
étoient l'original de celles de Lacédémone, & celles de Platon en étoient la
correction.

L'éducation particuliere doit encore
être extrèmement attentive à inspirer
les vertus dont nous avons parlé; mais
pour que les enfans les puissent avoir,
il y a un moyen sûr, c'est que les peres
les aient eux-mêmes. On est ordinairement le maître de donner à ses enfans
ses connoissances; on l'est encore plus
de leur donner ses passions : si cela n'arrive pas, c'est que ce qui a été fait dans
la maison paternelle est détruit par les
impressions du dehors. Ce n'est point le
peuple naissant qui dégénere; il ne se
perd que lorsque les hommes faits sont
déja corrompus.

Le principe de la *démocratie* se corrompt, lorsque l'amour des loix & de
la patrie commence à dégénérer, lorsque l'éducation générale & particuliere
sont négligées, lorsque les desirs hon-
netes changent d'objets, lorsque le
travail & les devoirs sont appellés des
gênes; dès-lors l'ambition entre dans
les cœurs qui peuvent le recevoir, &
l'avarice entre dans tous. Ces vérités
sont confirmées par l'histoire. Athenes
eut dans son sein les mêmes forces pendant qu'elle domina avec tant de gloire,
& qu'elle servit avec tant de honte; elle
avoit vingt mille citoyens lorsqu'elle
défendit les Grecs contre les Perses,
qu'elle disputa l'empire à Lacédémone,
& qu'elle attaqua la Sicile; elle en avoit
vingt mille, lorsque Démétrius de Phalere les dénombra, comme dans un
marché l'on compte les esclaves. Quand
Philippe osa dominer dans la Grece,
les Athéniens le craignirent non pas
comme l'ennemi de la liberté, mais des
plaisirs. Ils avoient fait une loi pour
punir de mort celui qui proposeroit de
convertir aux usages de la guerre, l'argent destiné pour les théatres.

Enfin le principe de la *démocratie* se
corrompt, non-seulement lorsqu'on
perd l'esprit d'égalité, mais encore lors-

qu'on prend l'efprit d'égalité extrême, & que chacun veut être égal à celui qu'il choifit pour lui commander : pour lors, le peuple ne pouvant fouffrir le pouvoir qu'il confie, veut tout faire par lui-même, délibérer pour le fénat, exécuter pour les magiftrats, & dépouiller tous les juges. Cet abus de la *démocratie* fe nomme avec raifon une véritable *ochlocratie*. Voyez ce mot. Dans cet abus, il n'y a plus d'amour de l'ordre, plus de mœurs, en un mot plus de vertu : alors il fe forme des corrupteurs, de petits tyrans qui ont tous les vices d'un feul ; bien-tôt un feul tyran s'éleve fur les autres, & le peuple perd tout jufqu'aux avantages qu'il a cru tirer de fa corruption.

Ce feroit une chofe bien heureufe fi le gouvernement populaire pouvoit conferver l'amour de la vertu, l'exécution des loix, les mœurs, & la frugalité ; s'il pouvoit éviter les deux excès ; j'entends l'efprit d'inégalité qui mene à l'ariftocratie, & l'efprit d'égalité extrême qui conduit au defpotifme d'un feul : mais il eft bien rare que la *démocratie* puiffe long-tems fe préferver de ces deux écueils. C'eft le fort de ce gouvernement, de devenir prefque infailliblement la proie de l'ambition de quelques citoyens, ou de celle des étrangers.

Ajoutons encore quelques détails fur les avantages & les défavantages de cette forme de gouvernement.

L'on peut dire des gouvernemens populaires, qu'ils n'ont rien de bon que la liberté qu'ils laiffent aux peuples d'en choifir un meilleur. Les gouvernemens abfolus ont du moins deux avantages. Le premier, qu'ils ont de tems en tems de bons intervalles, lorfqu'ils fe trouvent entre les mains d'un bon prince. Le fecond, c'eft qu'ils ont plus de force,

plus d'activité, plus de promptitude dans l'exécution. Mais le gouvernement populaire n'en a aucun ; formé par la multitude, il en prend tous les caracteres. La multitude eft un mèlange de toutes fortes de gens, un petit nombre d'habiles, affez qui ont du bon fens & de bonnes intentions ; un beaucoup plus grand nombre fur qui on ne fauroit compter, qui n'ont rien à perdre, & à qui, par conféquent, il n'eft pas fûr de fe confier. D'ailleurs, la multitude produit toujours la lenteur & le défordre, le fecret & la prévoyance font des avantages qui lui font inconnus.

Ce n'eft pas la liberté qui manque dans les Etats populaires, il n'y en a que trop, elle y dégénere en licence. Delà vient qu'ils font toujours foibles & chancelans. Les émotions du dedans, ou les attaques du dehors, les jettent fouvent dans la confternation. C'eft leur fort ordinaire, ainfi que nous l'avons dit plus haut, d'être la proie de l'ambition de quelques citoyens, ou de celle des étrangers. C'eft ce que l'expérience a juftifié chez cent peuples différens. Aujourd'hui même la Pologne eft un exemple parlant des défauts du gouvernement populaire, de l'anarchie & des défordres qui y regnent. Elle eft le jouet des citoyens & des étrangers, & très-fouvent un champ de carnage, parce que fous l'apparence d'une monarchie, c'eft en effet un gouvernement beaucoup trop populaire. Il ne faut que lire les hiftoires de Florence & de Genes, pour y voir un tableau au vif des malheurs que les républiques éprouvent de la multitude, lorfqu'elle veut gouverner. Les républiques anciennes, Athenes en particulier, la plus confidérable de celles de la Grece, mettent cette vérité dans le plus grand jour. Rome enfin a péri par les mains du peuple. La royauté lui avoit donné la naiſſance : les patriciens qui compoſoient le ſénat, en l'affranchiſſant de la royauté, l'avoient rendue maîtreſſe de l'Italie : le peuple arracha peu à peu, par le moyen des tribuns, toute l'autorité du ſénat. Dès-lors on vit la diſcipline ſe relâcher, & faire place à la licence : enfin, cette république fut conduite inſenſiblement par les mains même du peuple à la plus baſſe ſervitude.

On ne ſauroit donc douter après tant d'expériences, que le gouvernement populaire ne ſoit le plus foible & le plus mauvais des gouvernemens : certainement ſi l'on conſidere quelle eſt l'éducation du commun peuple, ſon aſſujettiſſement au travail, ſon ignorance & ſa groſſiéreté, l'on reconnoîtra ſans peine qu'il eſt fait pour être gouverné, & nullement pour gouverner les autres ; que le bon ordre & ſon propre avantage lui défendent de ſe charger de ce ſoin.

La nature en partageant entre les hommes les qualités différentes, & les mêmes dans différens degrés, leur a accordé une grande faveur. Mais il faudroit outre cela pour en tirer tout l'avantage poſſible, qu'ils euſſent aſſez de lumiere pour connoître celles dont ils ſont pourvus, & aſſez de ſageſſe pour choiſir l'emplacement le plus convenable à leurs talens. Cet avantage ſeroit infiniment précieux. Par malheur chacun a un amour propre qui nous aveugle à cet égard ; car comment nous laiſſeroit-il appercevoir les bornes de nos talens, s'il nous trompe même pour les choſes ſoumiſes à nos ſens ? Cette ignorance de nous-mêmes doit néceſſairement faire naître la confuſion & le déſordre dans une *démocratie*. On ne connoît pas toujours ſa place, ſouvent on veut occuper celle qu'on ne peut remplir. Celui qui eſt né pour être ſimple ſoldat, croit qu'on lui fait injuſtice, s'il n'eſt élu général. Cette égalité mal entendue devient une ſource inépuiſable d'envie, de jalouſies & de diſſentions.

On n'a pas beſoin de chercher des défauts à la conſtitution populaire dans des pratiques particulieres à quelques Etats. A Athenes & à Rome on devoit aſſembler le peuple trois fois, & ce n'étoit qu'à la troiſieme approbation que la loi étoit cenſée reçue. Que faiſoit-on lorſqu'il n'étoit pas trois fois de ſuite du même ſentiment ? Le vol d'un oiſeau, le cri d'un rat, l'oppoſition d'un augure rompoient une aſſemblée : l'élection des magiſtrats ſe différoit par de pareils contre-tems, ſouvent l'ouvrage des compétiteurs. Ces défauts & mille autres ſemblables ne ſont pas les défauts de la *démocratie*, mais d'une conſtitution ſinguliere : ils ne concluent donc rien contre le général. Mais l'inconſtance ordinaire du peuple, la facilité de le ſéduire, ſon ignorance, ſes caprices qui lui font embraſſer les mauvais partis comme les bons, l'impoſſibilité du ſecret néceſſaire en toute occaſion, comme on l'a remarqué ci-deſſus, ſuffiſent pour décréditer l'Etat populaire. Phocion ayant donné un conſeil qui fut d'abord adopté par le peuple, ſe tourna vers ceux qui étoient à ſes côtés, & leur dit : *Mes amis, ne me ſeroit-il point échappé quelque mauvais avis ?* Quelque peuple que l'on veuille choiſir, il ſera toujours inſolent dans la proſpérité, troublé & déconcerté dans l'infortune, cruel dans ſa colere, prodigue & aveugle dans ſa faveur, incapable de prendre promptement une bonne réſolution.

Tout peuple ſouverain doit néceſſairement tomber dans la plus abominable corruption ; elle eſt la ſuite de la liberté excceſſive excessive & trop vantée dans la *démocratie*. La république de Rome se corrompit au point que Marius osa faire porter publiquement les sacs d'argent pour acheter les voix du peuple. On ne se cachoit ni des concussions, ni de la vente des jugemens. On frémit lorsqu'on lit les accusations & les preuves contre Verrès, & qu'on apprend la peine légere qui lui fut imposée. Tout étoit vénal, maladie commune, dit Plutarque, à tout Etat populaire. Platon l'appelle *un marché où tout se vend;* aussi n'a-t-il point fait démocratique sa république idéale. On a vu à Rome un magistrat, un tribun se faire suivre d'une troupe ramassée d'artisans & d'esclaves armés de bâtons, chasser la plus saine partie du peuple & tuer le consul que l'on venoit de nommer : ces attentats demeuroient impunis.

Le peuple de Megare ayant chassé son prince, établit pour premiere loi de l'Etat populaire, que les pauvres vivroient à discrétion chez les riches. Le peuple d'Athenes écoutoit les plus méchans hommes lorsqu'ils savoient flatter ses vices, & c'est à des gens de ce caractère qu'il donnoit sa confiance. Il rebutoit les gens sages & vertueux & les chassoit. On y vit Miltiades & Phocion mourir en prison, Thémistocles & Alcibiades en exil.

On colore ces injustices en disant qu'on craignoit qu'ils ne s'emparassent de la souveraineté. C'est par-là que, pour avancer quelque chose de singulier, on loue l'abus de l'ostracisme. Mais ce ne fut pas cette crainte qui fit condamner Aristide au bannissement & Socrate à la ciguë. Si ces mêmes soupçons avoient fait bannir à Rome Coriolan, Metellus, les deux Scipions & Ciceron, le peuple n'auroit pas dû souffrir Pompée, encore moins favoriser Marius & Céfar. Xé-

Tome IV.

nophon, grand capitaine, homme d'Etat, & philosophe, blâmoit Athenes d'avoir choisi la constitution la plus vicieuse; mais il l'estimoit de se conduire par le conseil des personnes dépravées; c'étoit le seul moyen, disoit-il, de se conserver dans l'Etat populaire. Jamais aucune république gouvernée par la voix du peuple, n'a joui d'un bonheur paisible : elles n'ont été florissantes que lorsqu'un sénat ou de grands hommes les ont gouvernées : ce n'est plus le gouvernement populaire. L'aréopage étant aboli & Periclès mort, Athenes, dit Polybe, fut comme un vaisseau sans gouvernail : les uns vouloient faire voile, & les autres regagner le port : l'orage survint, & le vaisseau fut submergé.

On voit encore aujourd'hui des républiques à-peu-près populaires : leur esprit est bon & simple; les richesses n'y sont pas emmenées par le commerce; elles vivent assez tranquilles; mais jettons un coup d'œil sur Geneve; elle ne prouve que trop la justesse de nos réflexions sur les gouvernemens populaires. Au reste, nos petites républiques populaires doivent moins leur tranquillité à la constitution du gouvernement, qu'à leur pauvreté, & à ce qu'aucune guerre n'y agite les esprits. Ceux que la nature y a fait naître avec des inclinations guerrieres, vont servir chez les étrangers. Il y a un grand rapport entre les esprits nés pour la guerre & ceux qu'on appelle *inquiets & brouillons.*

Mais, n'y a-t-il point d'avantages dans un gouvernement démocratique? Peut-on concevoir que tant de grands législateurs qui ont donné à ce gouvernement la préférence, se soient trompés au point de former des sociétés qui ne présentoient que des suites funestes? La *démocratie* a bien des avantages réels.

                          B b b

quoique les défavantages l'emportent de beaucoup.

D'abord l'Etat populaire paroît le plus conforme à la nature, si les hommes étoient tels qu'ils devroient être ; c'eſt celui qui conſerve le mieux l'égalité dans laquelle elle a fait naître les hommes. Les loix de police par conſéquent y ont plus de rapport avec les loix naturelles. Et comme les biens & les honneurs n'y appartiennent à aucun ordre par préférence, c'eſt à-peu-près comme s'ils étoient communs.

On n'a pas encore expliqué, juſques à préſent, ce que c'eſt que l'égalité que la nature a voulu mettre entre les hommes. Si on entend un partage égal de ce qu'on appelle *les biens de la fortune*, ce n'eſt pas ſe conformer à ſes opérations ; on doit mettre les honneurs au nombre des biens de la nature ; c'eſt elle qui y a mis un prix, en nous donnant l'amour-propre, d'où naiſſent l'émulation & le plaiſir flatteur d'une diſtinction honorable. Elle a offert les richeſſes à tous, & ne les a données à perſonne ; mais c'eſt de ſa main que nous tenons les qualités & les talens par leſquels on peut acquérir les biens des deux eſpeces. Or il eſt manifeſte qu'en diverſifiant ces dons, elle s'eſt éloignée de l'égalité priſe dans le ſens qu'on lui donne communément. L'égalité véritable, conforme aux vues de la nature, conſiſte à ce que chacun ſoit placé dans le rang auquel elle l'a rendu propre. Chacun aura un ſort égal à ſes talens, & des talens égaux à ſa fortune. Si les talens paroiſſent départis avec inégalité, c'eſt qu'on ne les examine pas d'aſſez près. Ils peuvent être à-peu-près égaux ſans être ſemblables. Une attention bien exacte feroit appercevoir plus de jugement dans celui qui a moins d'imagination ; plus de ſolide avec moins de brillant : plus de candeur avec moins de fineſſe ; plus de force de corps ou d'eſprit ; plus d'aptitude pour une eſpece de ſcience, pour un certain art, un certain exercice ; plus ou moins de ſanté avec plus ou moins d'autres qualités : un plus long détail entraineroit trop loin. En général chacun eſt dédommagé par quelque avantage de ceux que d'autres poſſedent dans un degré plus éminent.

Ce n'eſt pas tout. Il eſt ſenſible que la Providence, en diverſifiant les talens, a voulu marquer les différens grades néceſſaires pour l'inſtitution de la ſociété. En donnant aux uns plus de génie, elle les a deſtinés à inſtruire les autres & à montrer le bien dans chaque occaſion : elle a donné la force d'eſprit pour commander, celle du corps pour exécuter. Elle a donné plus de diſcernement & des paſſions moins vives à ceux qui devoient établir la juſtice & la probité. Tout marque que la nature a voulu diſtinguer les rangs, mais on ne doit pas en conclure qu'elle ait voulu détruire l'égalité. Les qualités d'un conſul ne ſont pas celles d'un artiſte. Cependant un homme qui ſait parfaitement conduire toutes les parties d'un édifice, tient tout auſſi bien ſon rang dans la ſociété, que le conſul en dirigeant les délibérations du ſénat ; l'un & l'autre rempliſſent également la ſphere dans laquelle la nature les a placés. Il en eſt de même de tous les ordres. Si chacun eſt mis dans une place aſſortie aux qualités qu'il a reçues de la nature, chacun remplira ſes devoirs avec une égalité relative à ſes talens. La fortune, les honneurs de chacun ſeroient égaux à ce que la nature lui en a deſtiné. On ne doit donc pas comprendre l'égalité qui devroit faire le fondement de la *démocratie*, comme une égalité abſolue, mais comme relative aux degrés des qualités reçues ; & ces qualités ont dû varier pour s'accorder avec la diversité des besoins de la société.

La *démocratie* est de tous les Etats celui où les places & les talens paroissent pouvoir le mieux s'assortir. Comme la naissance n'y distingue personne, le mérite seul a droit aux dignités ; & lorsque c'est par l'élection qu'on remplit les charges, elles semblent devoir naturellement être données au plus digne dans chaque genre. Nos discours, nos actions, tout jusqu'à nos gestes, nous décélent. Il en résulte une réputation, qui fondée sur l'opinion publique, est très-rarement fausse. Delà les choix les plus convenables à l'espece de capacité de chacun, & dès que tous occupent le poste dont ils sont capables, il est impossible que le bon ordre ne soit généralement établi. Et si la société des hommes s'entretient par l'amitié, & que l'amitié s'entretienne par l'égalité qui bannit l'envie ; & si l'envie se peut facilement bannir dans la *démocratie*, ce sera sans doute la constitution la plus à desirer.

Il paroît aussi que ce soit la constitution qui laisse au citoyen la plus grande liberté, si elle ne dégéneroit pas souvent en licence, comme nous l'avons remarqué ci-dessus, & la liberté développe les talens. C'est dans les républiques que l'on a vu les plus grands législateurs, les plus célebres légistes. Les républiques nous fournissent les exemples des plus grands effets de l'éloquence ; il est permis d'y penser & de publier ses pensées. Ailleurs la crainte du gouvernement resserre les talens, ceux même qui les possédent les ignorent souvent, & l'histoire n'ose être la bouche de la vérité.

Aucun Etat ne seroit aussi bien constitué pour la guerre que la *démocratie*, par le grand attachement du citoyen

pour conserver sa liberté. Chaque petite république d'Italie coûta plus à dompter aux Romains, que les plus puissans royaumes : tant qu'il restoit un homme il disputoit sa liberté. Sidney dit, que les vieillards, les femmes & les enfans ouvroient les portes, lorsqu'il ne restoit plus aucun citoyen pour les tenir fermées. Les noms des grands capitaines y sont en grand nombre. Il y a autant de héros que de soldats ; mais la lenteur des décisions, l'esprit de parti, les passions des citoyens, dans tout leur ressort, tout comme les talens, font disparoître le plus souvent ce grand avantage. Les Etrusques, les républiques d'Italie, celles de la Grece, & Rome elle-même, devenue populaire, en sont des exemples remarquables. (*D. F.*)

DÉMONSTRATIF, adj., *Jurisp.*, est ce qui sert à désigner une chose. Bartole, sur la loi *demonstratio*, au digeste *de conditionibus & demonstrationibus*, définit la démonstration, *quædam ex instantibus vel præteritis accidentibus notitia*, &c.

On dit un assignat *démonstratif*, un legs *démonstratif*, une disposition *démonstrative*.

Ce qui est simplement *démonstratif*, est fort différent de ce qui est limitatif ; par exemple, un assignat est *démonstratif*, lorsqu'en constituant une rente à prix d'argent, on dit à prendre sur un tel héritage, cela n'empêche pas le créancier de se pourvoir sur les autres biens du débiteur ; au lieu que si un homme légue une rente à prendre sur un tel fonds, cet assignat est limitatif.

Les principes en fait de démonstration & de clauses *démonstratives*, sont qu'une fausse démonstration ne vitie pas la disposition lorsque l'objet de celle-ci est d'ailleurs certain ; par exemple, si le testateur dit, je légue ma maison de Paris *que j'ai achetée*, le legs de la maison est valable, quoique la maison n'ait pas été achetée : il en est de même si l'erreur est dans les qualités que l'on donne à l'héritier, au légataire ou autre personne, la disposition est toujours valable, pourvu qu'il paroisse constant de quelle personne on a entendu parler. Voyez au *ff. 28. tit. v. liv. XLVIII. & liv. XXXII. tit. j. liv. XXXV. §. 2. & liv. VI. ff. de rei vindicatione.* Ricard, *des dispositions démonstratives.* Le Prêtre, *4. cent. chap. ij.* Voyez aussi ASSIGNAT & LEGS.

DÉMONSTRATION, s. f., *Jurisp.* ; c'est l'indication que l'on donne de différens accessoires ou de diverses circonstances, pour mieux faire connoître la personne ou la chose que l'on veut désigner.

Il est de principe en fait de *démonstration* & de clauses démonstratives, qu'une fausse *démonstration* ne vicie point la disposition du testateur, lorsque d'ailleurs sa volonté est certaine & constatée.

DÉNATURER, v. act., *Jurisp.* ; c'est changer la nature d'une chose. On *dénature* un bien propre en le vendant pour en acquérir un autre qui devient acquêt.

Les coutumes ne permettent de disposer par testament que d'une partie des propres. Les acquêts au contraire sont des biens disponibles. Il est donc avantageux pour une personne qui veut avoir la libre disposition de ses biens de *dénaturer* ses propres. *v.* PROPRES, ACQUÊTS.

DÉNÉGATION, s. f., *Jurisp.*, est la déclaration par laquelle on soutient qu'un fait avancé par quelqu'autre personne n'est pas véritable. Une partie dénie un fait par ses défenses, ou dans un interrogatoire ou à l'audience, ou dans des écritures. Le juge ordonne quelquefois qu'une partie sera tenue d'avouer ou de dénier précisément & par écrit, la vérité d'un fait ou d'une piece. Un témoin dénie un fait dans une enquête. Un vassal qui dénie mal-à-propos la mouvance à son seigneur dominant, tombe dans le cas du désaveu. *v.* DÉFENSES, INTERROGATOIRE, ENQUÊTE, DÉSAVEU, INSCRIPTION *de faux.*

DENI, s. m., *Jurispr.*, se dit de quelque chose que l'on refuse d'accorder.

Le *deni de droit*, ou comme on l'appelle plus communément, *deni de justice*, voyez ci-après *deni de justice.*

Le *deni de garantie*, est lorsque l'on soutient n'être point garant.

Le *deni de justice* ou *de droit*, est lorsque les officiers préposés pour rendre justice, refusent de faire ce qui dépend d'eux pour l'expédition de quelqu'affaire.

Si c'est par le fait du seigneur que ses officiers ont commis un *deni de justice*, il est répréhensible aussi - bien que ses officiers.

Suivant l'ancienne jurisprudence féodale, le justiciable d'un seigneur qui se plaignoit au seigneur supérieur d'un *deni de justice* s'il gagnoit sa cause, étoit lui, sa famille & ses biens déclarés exempts de la jurisdiction du seigneur qui avoit refusé la justice. Le vassal ou justiciable étoit absous de l'obéissance & de la foi & hommage qu'il devoit à son seigneur, & devenoit le vassal ou le sujet du seigneur supérieur. Si au contraire l'appellant en *deni de justice* succomboit, non - seulement il perdoit le principal, mais encore tous les fiefs & héritages qu'il tenoit de son seigneur, étoient confisqués & commis.

Le *deni de renvoi*, est le refus que fait un juge d'accorder le renvoi qui lui est demandé par une des parties, soit pour cause d'incompétence, privilege, litispendance ou autre cause.

DENIER , f. m. , *Jurifpr.* , fignifie quelquefois le *taux* qu'il n'eft pas permis d'excéder pour les rentes & intérèts, comme quand on dit, le *denier* huit, dix, douze, feize, dix-huit, vingt, vingt-cinq, trente, quarante, cinquante, cent.

Le *denier fort*, eft un taux qui excéde le taux ordinaire ; des rentes & intérèts par exemple , le taux au *denier* vingt, quand on veut eftimer quelque chofe au *denier fort* , on l'eftime au *denier* trente ou quarante. Les terres feigneuriales s'eftiment au *denier fort*, c'eft-à-dire qu'on ne les compte pas à raifon du *denier* vingt fur le pied du revenu, mais au *denier fort* ; c'eft-à-dire qu'une terre qui produit mille livres par an fera eftimée vingt-cinq ou trente mille livres plus ou moins, à caufe des droits honorifiques qui y font attachés.

Le *denier fort* fignifie auffi les modiques fractions qui excédent une fomme, par exemple vingt livres dix fols deux *deniers*, les deux *deniers* qui ne peuvent fe payer font ce qu'on appelle le *fort denier*. On dit communément que le *fort denier* eft pour le marchand , c'eft-à-dire que s'il refte un *denier* à rendre à l'acheteur, le marchand le garde ; fi au contraire il eft dû deux *deniers* au marchand, le débiteur eft obligé de lui payer un liard qui vaut trois *deniers* , parce que dans les pays où les *deniers* n'ont pas cours, on ne peut pas payer deux *deniers* feulement.

Le *denier de S. Pierre* oú *taxe du denier de S. Pierre*, étoit une redevance confiftante en un *denier* fur chaque maifon, qui fe payoit annuellement au pape par forme d'offrande ou d'aumône.

Ce droit fut établi en Angleterre en 740, par Offa roi de Mercie, & par Ina roi de Weftfex. Une partie de cette taxe étoit employée à l'entretien d'une églife de Rome nommée *l'école des écoles*.

Un roi Danois d'Angleterre nommé Edelvof ou Etheluffe, s'y foumit en 852, & augmenta cette taxe. Grégoire VII. prit de-là occafion de demander à Guillaume le conquérant qu'il lui fît hommage de l'Angleterre. Cette preftation qui fe payoit pour chaque maifon, revenoit à environ trois livres monnoie de France. Elle ceffa d'être payée lorfque Henri VIII. fe déclara chef de l'églife Anglicane.

Le *denier de S. Pierre* fe payoit auffi dans plufieurs autres royaumes, comme en Pologne & en Boheme.

Le *denier - à - Dieu*, eft une piece de monnoie que celui qui achete ou loue quelque chofe, donne au vendeur ou propriétaire, pour preuve de l'engagement qu'il a contracté avec lui verbalement.

On appelle cette piece *denier-à-Dieu*, apparemment parce qu'autrefois on ne donnoit qu'un *denier*, & que cette piece eft deftinée à faire quelqu'aumône, fuppofé qu'elle demeure au vendeur ou propriétaire.

Il eft d'ufage en fait de locations verbales, que celui qui eft convenu de prendre à loyer peut retirer fon *denier-à-Dieu* dans les vingt-quatre heures, au moyen de quoi la convention eft comme non-avenue : au bout des vingtquatre heures il n'eft plus recevable à retirer le *denier-à-Dieu*, & la convention tient.

Ce *denier-à-Dieu* a quelque rapport avec les arrhes ; mais celles-ci font un à compte fur le prix, au lieu que le *denier - à - Dieu*, qui eft ordinairement quelque piece de monnoie d'une valeur modique, ne s'impute point fur le prix.

Les *deniers ameublis* font ceux que la femme met en communauté ; à la différence des *deniers* ftipulés propres, qui n'y entrent point. Hors ce cas, on ne parle point des *deniers ameublis* ; car les *deniers* font meubles de leur nature.

Les *deniers clairs* : on fe fert de cette expreffion pour défigner les fommes les plus liquides ; on dit qu'une fomme eft à prendre fur les plus *clairs deniers* qui rentreront.

Les *deniers communs* font ceux qui appartiennent à plufieurs perfonnes, & notamment ceux des villes, colleges ou communautés.

Les *deniers comptans* font ceux que l'on paye actuellement, à la différence des fommes que l'on promet payer dans un certain tems.

Les *deniers à découvert* font ceux que l'on offre réellement, & dont on fait exhibition, en offrant le payement.

Les *deniers dotaux* font les fommes que la femme fe conftitue en dot. *v.* Dot.

Les *deniers d'entrée* font ceux qu'un nouveau propriétaire a payés pour avoir la poffeffion d'un héritage. Cela fe dit principalement lorfque le contrat n'a point la forme d'une vente, & que néanmoins il y a eu quelque fomme payée pour y parvenir, foit à titre de pot-de-vin, épingles, ou autrement.

On appelle auffi quelquefois *deniers d'entrée*, ceux qu'un fermier paye d'avance en entrant dans une ferme.

Les *deniers immobilifés* font ceux que l'on répute immeubles par fiction.

Les *deniers oififs*, font ceux dont on ne fait point d'emploi, & qui ne produifent point d'intérêts.

Les *deniers patrimoniaux* font ceux qui appartiennent aux villes & communautés, autrement que par octroi du prince.

Les *deniers publics* font ceux qui appartiennent foit au fouverain, ou à des provinces, villes & communautés d'habitans.

Les *deniers pupillaires* font les fommes d'argent qui appartiennent à des pupilles. On comprend auffi ordinairement fous ce nom ceux qui appartiennent à des mineurs.

Le tuteur ne doit point laiffer les *deniers pupillaires* oififs, il doit en faire emploi au bout de fix mois, dès qu'il a entre fes mains une fomme fuffifante, autrement il en doit perfonnellement les intérêts.

Les *deniers réalifés* font ceux dont on fait emploi en fonds. On entend auffi quelquefois par-là ceux qui ont été offerts réellement & à découvert.

DÉNOMBREMENT, f. m., *Droit Rom.*, en latin *cenfus*, & dans une médaille de Claude, *oftenfio* ; defcription détaillée des perfonnes, des biens, & des taxes impofées fur les citoyens Romains.

C'étoit là coutume à Rome de faire de cinq ans en cinq ans un *dénombrement* de tous les citoyens & de leurs fortunes : & c'étoit-là une des charges des cenfeurs, au rapport de Florus, *lib. VI. Cenfores populi, ævitates, foboles, familias, pecuniafque cenfento,* dit Ciceron, *de leg. III.* Pour cet effet on tiroit un régiftre de tous les citoyens Romains, de leurs femmes, de leurs enfans, de leurs efclaves avec leur âge, leur qualité, leurs profeffions, leurs emplois & leurs biens, meubles & immeubles. On avoit par-là toujours fous les yeux le livre mémorial des forces de la république, & de fa puiffance. L'invention en étoit admirable. *v.* Cens, Censeur.

Augufte étendit le premier le *dénombrement* à toutes les provinces de l'empire, & fit faire trois fois ce *dénombrement* général : la premiere fut l'année de fon fixieme confulat, l'an 28 avant l'ere chrétienne : la feconde, l'an 8 avant cette même cre : & la troifieme & derniere fois, l'an 14 de l'ere chrétienne. Dans ce troifieme *dénombrement*, pour le dire en paffant, le nombre des citoyens de l'empire en état de porter les armes, fe trouva monter à quatre millions 137 mille. Tacite, Suétone, & Dion-Caffius, parlent du régiftre d'Augufte contenant toute la defcription particuliere, qui fut dreffée dans les provinces en vertu de fes ordres.

Ces divers *dénombremens* d'Augufte nous intéreffent beaucoup, parce que ce fut en vertu du decret de cet empereur, qui ordonna le deuxieme *dénombrement* l'an 8 avant l'ere chrétienne, que Jofeph & Marie fe rendirent à Bethléem pour être infcrits ; & que ce fut pendant leur féjour que Marie accoucha, & que Notre-Seigneur, par qui le monde devoit être fauvé, naquit dans cette ville de la maniere que le racontent les évangeliftes.

Augufte, trois ans avant la naiffance de Notre-Sauveur, ayant ordonné fon *dénombrement*, pour tous les Etats de fa dépendance, chargea de cette commiffion chaque gouverneur de province dans fon département. Sextius Saturninus, alors préfident de Syrie, eut dans le fien outre fa province, les Etats & les tétrachies qui en dépendoient : or au bout de trois ans, depuis la date du decret, il fe trouva parvenu à la partie de fon département dans laquelle Bethléem étoit renfermée. Mais quoique fon enregiftrement fe fit alors pour la Judée, & qu'on y marquât exactement le bien de chaque particulier, par rapport aux taxes, cependant il ne fe leva de taxes en Judée, de la part des Romains, que douze ans après. Jufqu'alors Hérode ou Archelaüs ayant été rois du pays, la Judée ne payoit de taxes qu'à eux ; enfuite Archelaüs ayant

été dépofé, & la Judée mife fous le gouvernement d'un procureur Romain, on commença à payer des taxes directement aux Romains ; & ce fut Publius Sulpicius Quirinus, qu'on appelloit *Cyrinus* en grec, qui fe trouva alors gouverneur, c'eft-à-dire préfident de Syrie.

De cette maniere, les narrés de Jofephe & de S. Luc fe concilient parfaitement. „ En ce tems-là, dit l'évange- „ lifte, *chap. ij. v.* 1. & 2. il fut pu- „ blié un édit de la part de Céfar-Au- „ gufte, pour faire un *dénombrement* de „ tout le pays. Ce *dénombrement* s'exé- „ cuta avant que Cyrinus fût gouver- „ neur de Syrie ".

En effet, l'an 8 de J. C. Archelaüs ayant gouverné fes fujets avec beaucoup de tyrannie, des députés des Juifs & des Samaritains vinrent s'en plaindre à Rome devant Augufte. On le manda pour rendre compte de fa conduite ; il comparut en l'an 8 de J. C. & n'ayant pas pu fe juftifier des crimes dont on l'accufoit, Augufte le dépofa. Ses biens furent confifqués, & lui relégué à Vienne en Gaule, après avoir regné dix ans en Judée.

En même tems Augufte nomma préteur de Syrie Publius Sulpicius Quirinus, le même que S. Luc, en fuivant la prononciation grecque, appelle *Cyrinus*, & l'envoya en Orient, avec ordre de prendre poffeffion des Etats qu'il venoit d'ôter à Archelaüs, & de les réduire en forme de province romaine. Coponius, chevalier Romain, fut envoyé avec lui pour la gouverner, avec le titre de procurateur de la Judée. En arrivant à Jérufalem, ils firent faifir tous les effets d'Archelaüs, confifqués par la fentence d'Augufte. Après cela ils changerent l'ancienne forme de gouvernement, & abolirent prefque

toutes les coutumes des Juifs , & établirent les loix romaines. Coponius ,
au nom d'Augufte , prit l'adminiftration
de ce gouvernement , avec la fubordination à Quirinus , préfident de la province de Syrie , à laquelle la Judée fut
annexée. On ôta enfuite aux Juifs le
pouvoir d'infliger des peines capitales ,
& ce pouvoir fut entierement réfervé
au procureur & à fes officiers fubalternes.

On avoit fait onze ans auparavant
un inventaire général des effets de tous
les particuliers, fous Sextius Saturni-
ninus : mais ce ne fut que fous le gouvernement de Cyrinus , préfident de
Syrie , quand la Judée eut été réduite
en province , qu'on leva des taxes immédiatement pour les Romains , fuivant l'évaluation du regiftre formé précédemment. La maniere de lever ces
taxes caufa de fi grands tumultes, dont
on peut s'inftruire dans Jofephe, *An-
tiq. liv. XVIII. chap. j. & ij.* que faint
Luc a mis en parenthefe la diftinction
de ces deux *dénombremens*, pour qu'on
ne les confondît pas enfemble. Au furplus, de quelque maniere qu'on leve la
difficulté du paffage de S. Luc, perfonne n'ignore que les *dénombremens* d'Augufte & de fes fucceffeurs, ne furent
faits que pour connoître leur puiffance , & cimenter leur tyrannie. Mais
que d'avantages naîtroient d'un *dénombrement* général des terres & des hommes, dans lequel on fe propoferoit pour
but d'étendre le commerce d'un Etat,
le progrès des manufactures , la population , la circulation des richeffes , d'é-
tablir une jufte diftribution des impôts,
en un mot d'augmenter l'aifance & le
bonheur des particuliers ! Que de connoiffances différentes feroient acquifes
à la fuite d'un *dénombrement* fait dans
une fi belle vûe ! que d'erreurs difparoî-

troient ! que de vérités útiles prendroient
leur place !

Il réfulte au moins de ce détail , que
la critique & l'étude de l'hiftoire profane , outre leur utilité particuliere ,
donnent des lumieres à la théologie
pour l'intelligence de l'Ecriture-fain-
te ; & il eft important de le remarquer,
afin de ranimer , s'il eft poffible, le
goût de l'érudition prêt à s'éteindre dans
un fiecle dominé par la pareffe , & par
l'attachement aux chofes frivoles qui ne
coûtent ni foin ni peine.

DÉNOMBREMENT, *Droit féod.*
C'eft une defcription que le vaffal doit
donner à fon feigneur, par le détail de
tous les héritages & droits qu'il tient
en fief de lui.

Il s'enfuit donc que le *dénombrement*
d'une terre , quelque confidérable
qu'elle foit , doit contenir la defcription non - feulement de chaque
corps d'héritages dont cette terre eft
compofée, comme de chaque métairie ;
de chaque locature ou manœuvrerie ;
de chaque édifice ; en commençant par
le château ou principal manoir , s'il y
en a un , mais encore la defcription
par le détail , de chaque piece de terre
dont chacune de ces métairies & loca-
tures , eft compofée , foit que ces pieces de terre foient en nature de terres labourables , ou de vignes , ou de
prés , ou de bois , foit qu'elles foient
en quelqu'autre nature que ce foit ,
comme en étangs , rivieres , jardins,
édifices ; toutes lefquelles pieces de terres doivent être détaillées avec les quatre tenans de chacune d'elles , d'orient,
d'occident, de midi & de feptentrion,
avec la déclaration de la nature en laquelle elles font , de la mefure & contenance de chacune defdites pieces.

Le *dénombrement* étant auffi une defcription de tous les droits que le vaffal

fal poffede, fon *dénombrement* doit contenir la numération de tous les droits attachés au fief, tels que font ceux de patronage, de juftice, de tabellionage, de foires & marchés, de corvées & bannalités, de dimes inféodées & de champart; le *dénombrement* doit contenir la nature de tous ces différens droits, en quoi ils confiftent; les actes par lefquels ils ont été reconnus, la quantité ou contenance du territoire fur lequel ils font à prendre, avec les limites, tenans & aboutiffans de ce territoire.

Le *dénombrement* doit fur-tout comprendre les droits de mouvance féodale ou cenfuelle attachés aux fiefs dont le *dénombrement* eft donné; le vaffal doit déclarer les noms & furnoms des vaffaux qui relevent de fon fief, & qui font arriere-vaffaux du feigneur à qui eft donné le *dénombrement*. Il doit déclarer les différentes charges & les différens droits, & les devoirs auxquels ils les tiennent.

Ce que chacun des arriere-vaffaux tient en fief du vaffal, doit-il pareillement être détaillé, comme ce que le vaffal poffede lui-même en domaine? Du Moulin décide pour l'affirmative, & il dit même que pour cela le vaffal doit inférer dans le *dénombrement* qu'il donne à fon feigneur, les *dénombremens* qui lui ont été donnés à lui-même par fes arriere-vaffaux. Néanmoins M. Guyot dit que cela ne s'obferve pas, parce que ce détail deviendroit immenfe à l'égard des grands fiefs; il feroit au moins à propos que le vaffal citât dans fon *dénombrement* les derniers actes de *dénombremens* qui ont été donnés par les arriere-vaffaux, à lui ou à fes auteurs, le tems auquel ils ont été paffés, le notaire qui les a reçus, afin que le feigneur pût y avoir recours, s'il s'élevoit quelque jour quel-

Tome IV.

que queftion fur les chofes qui relevent en arriere-fief de lui.

A l'égard des mouvances cenfuelles, du Moulin dit, que le vaffal doit comprendre dans fon *dénombrement* le nom de fes cenfitaires, la qualité & la quantité des héritages que chacun defdits cenfitaires poffede, les charges cenfuelles auxquelles ils les poffedent; enfin le vaffal doit faire mention des différens devoirs & charges auxquelles il tient tout ce qui y eft contenu.

Le feigneur peut-il obliger fon vaffal à ce détail dans le *dénombrement* qu'il lui doit, même dans le cas où tous les *dénombremens* donnés de tems immémorial par les auteurs du vaffal, ne contiendroient aucun détail? La raifon de douter eft, qu'il femble que le feigneur n'eft pas recevable à contefter une forme de *dénombremens* que lui & fes prédéceffeurs ont conftamment approuvée. Il faut néanmoins décider que nonobftant cet ancien ufage, le feigneur eft bien fondé à demander un *dénombrement* détaillé; la raifon eft, que le *dénombrement* étant, par fa nature, un acte deftiné à conferver la preuve tant contre le vaffal, que contre les feigneurs voifins de tout ce que le vaffal tient en fief de fon feigneur, il s'enfuit qu'il eft de la nature de cet acte d'être détaillé, puifque fans cela, il ne pourroit pas conferver cette preuve; & par conféquent il ne pourroit pas remplir la fin pour laquelle il fe fait; de-là il fuit, que l'ufage dans lequel ont été les vaffaux de le donner fans détail, eft un mauvais ufage, *vetuftus error*, qui ne peut faire de loi. Si les feigneurs ont reçu ces *dénombremens* fans détail, c'eft une pure tolérance qui ne peut jamais attribuer de droit aux vaffaux, ainfi en les recevant, les feigneurs ne font point cenfés avoir re-

C c c

noncé à leur droit, si ce n'est pour le *dénombrement* qui leur étoit donné. Ajoûtez à tout ceci que ce seroit favoriser les fraudes qu'un vassal pourroit commettre envers son seigneur, en lui cachant le détail de tout ce qu'il tient de lui, que de le dispenser de donner ce détail, ce qui ne peut par conséquent être permis.

Le *dénombrement* étant par sa nature destiné à établir la preuve des choses & droits qui relevent du seigneur, doit être dans une forme qui soit probante, & ne doit pas être faite par un acte sous signature privée du vassal; un tel acte n'étant point par lui-même suffisamment probant, puisque la preuve qu'il contient dépend d'une reconnoissance d'écritures, qu'il est souvent difficile de faire.

Le vassal n'est pas obligé de prendre le notaire du seigneur; aucune loi ne l'y oblige; car le vassal faisant cet acte à ses dépens, il est juste qu'il choisisse le notaire.

Le seigneur a droit de demander un *dénombrement* du fief qui releve de lui, toutes les fois qu'il y a mutation de vassal; chaque nouveau vassal doit un *dénombrement* de son fief.

Il n'y a que les mutations parfaites qui donnent lieu au *dénombrement*; les imparfaites, telles que celles qui arrivent par mariage, n'y donnent pas lieu. Le mari, quoiqu'il devienne vassal à cause des propres de sa femme, n'est pas pour cela obligé de donner au seigneur un nouveau *dénombrement*, si la femme en a donné un; si elle n'en a point donné, il doit en donner un conjointement avec elle.

Les mutations de seigneur ne donnent pas lieu à un nouveau *dénombrement*; un nouveau seigneur n'en peut demander aux vassaux qui l'ont déja

donné à lui ou à son prédécesseur.

Le seigneur ne peut exiger de son vassal le *dénombrement* qu'après qu'il l'a reçu en foi.

En cela, le *dénombrement* est différent des droits utiles, que le vassal doit payer avant que le seigneur soit obligé de le recevoir en foi; au contraire le vassal n'est obligé de satisfaire au devoir du *dénombrement* qu'après qu'il a été reçu en foi.

Le *dénombrement* est dû par le vassal, c'est-à-dire, par le propriétaire du fief servant, ou celui qui en tient lieu.

De-là il suit que le *dénombrement* n'est point dû par un usufruitier du fief servant.

Pareillement il n'est point dû par celui qui n'est propriétaire que du corps de l'héritage, & non de la féodalité; comme lorsqu'un vassal s'est joué de son fief en donnant son héritage à cens, & s'en est réservé la féodalité & la charge de porter la foi, le preneur à cens & ses successeurs ne sont point obligés au *dénombrement*, parce qu'ils sont bien propriétaires du corps de l'héritage; mais la féodalité n'est point par devers eux, mais par devers le bailleur & ses successeurs; & par conséquent il n'y a que les successeurs du bailleur qui soient obligés au *dénombrement*.

Par la même raison, l'engagiste n'ayant que l'utilité des terres qu'il tient par engagement, ne doit point de *dénombrement*, de même qu'il ne doit point la foi, parce qu'il n'est point propriétaire ni par conséquent vassal.

Celui qui possede, *pro domino*, comme se réputant propriétaire, quoiqu'il ne le soit pas, doit le *dénombrement*; de même qu'il doit la foi; car se portant pour propriétaire, possédant comme tel, il ne seroit pas recevable à alléguer au seigneur qu'il ne l'est pas.

Le titulaire d'une églife ou autre bénéfice, quoiqu'il n'ait pas la propriété des biens de fon églife, qui eft la véritable propriété, ne laiffe pas de devoir le *dénombrement* de fon églife, de même qu'il en doit porter la foi; la raifon en eft qu'il n'y a point d'autre perfonne que lui par qui la propriété qu'a fon églife, puiffe être repréfentée, & qui puiffe pour & à la place de fon églife, fatisfaire à ce devoir.

Le mari n'eft point obligé de donner un *dénombrement* des propres de fa femme, lorfque la femme, avant fon mariage, en a donné un. Que fi la femme n'avoit pas donné de *dénombrement*, le mari feroit obligé de le donner avec elle.

Le *dénombrement* doit être donné ou par le vaffal qui le doit, ou par fon procureur fondé de procuration fpéciale.

Lorfque le vaffal eft fous la tutelle ou curatelle de quelqu'un, il doit le donner avec l'affiftance de fon tuteur ou curateur. Son tuteur ou curateur peut feul le donner pour lui.

Lorfque le *dénombrement* eft dû par une femme mariée, il doit être donné par fon mari, ou par elle autorifée de fon mari.

Lorfque la femme eft féparée, quoiqu'elle puiffe, en ce cas, faire fans autorifation du mari, tous les actes de fimple adminiftration; néanmoins je penfe qu'elle doit être autorifée de fon mari pour le *dénombrement*, parce que c'eft un acte *in quo*, comme dit du Moulin, *agitur de proprietate & perpetuo præjudicio rerum & jurium feudalium*.

Lorfqu'il y a plufieurs propriétaires, par indivis, d'un fief fervant, le *dénombrement* doit être donné par tous; car le feigneur a intérêt que la defcription de ce qui releve de lui fe faffe avec tous, afin d'avoir la preuve contre tous de ce qui releve de lui; laquelle preuve il n'auroit pas, fi le *dénombrement* n'étoit donné que par l'un des propriétaires; car un tel *dénombrement* étant à l'égard des autres, *res inter alios acta*, ne pourroit faire de preuve contr'eux.

Obfervez que le *dénombrement* eft cenfé donné par tous les propriétaires du fief fervant, lorfqu'il eft donné par l'un d'eux, tant en fon nom que comme fondé de procuration de tous les autres; ou bien lorfque l'ayant donné comme fe faifant fort des autres, les autres l'ont depuis ratifié.

Le *dénombrement* étant dû par tous les propriétaires du fief fervant, il s'enfuit que lorfque l'un d'eux l'a donné, quoique le feigneur l'ait reçu, les autres n'en font pas déchargés, & ils ne laiffent pas d'être tenus d'en donner; au refte, ils font cenfés en donner un, lorfqu'ils déclarent, par un acte devant notaire, qu'ils employent pour le *dénombrement* qu'ils font tenus de donner, celui qui a été donné par leur copropriétaire.

L'un des co-propriétaires du fief fervant, qui donne feul un *dénombrement* de tout le fief, fatisfait-il, du moins à fon égard, à ce devoir féodal; & le feigneur eft-il tenu de le recevoir feul, fauf à lui à pouvoir en demander un aux autres? La raifon de douter eft que l'obligation d'un fait individuel de plufieurs perfonnes ne peut être rempli que par toutes les perfonnes qui le doivent. Suivant ce principe, il eft décidé en droit que fi la liberté a été léguée à deux efclaves, à la charge qu'ils rendroient compte d'une adminiftration qu'ils avoient eue en commun, l'un d'eux offrant de rendre compte, ne fatisfait pas à l'obligation, & ne peut prétendre la liberté. *Leg.* 13. §. 2. ff. *manum. teftam. leg.* 13 §. 2. ff. *de ftatu hom.* Or, dit-on, le *dénombrement* eft un acte individuel qui doit être fait par tous les propriétaires du fief fer-vant; d'où il fuit qu'il ne fatisfait pas, même à fon égard, à l'obligation du *dénombrement*, en offrant de le don-ner feul. Ces raifons font affez con-cluantes pour en inférer que le feigneur ne fera pas obligé de recevoir, en ce cas, le *dénombrement* qui lui fera don-né par l'un des propriétaires feul; mais au moins, ce *dénombrement* donné par l'un des propriétaires, le met-il à cou-vert, pour fa part, de la faifie féoda-le que le feigneur peut faire, faute de *dénombrement* non baillé; car cette fai-fie étant faite pour punir la contumace du vaffal, elle ne peut avoir lieu à l'é-gard de celui qui a fait tout ce qui étoit en fon pouvoir pour fatisfaire à l'obli-gation du *dénombrement.*

Le *dénombrement* eft dû au feigneur, c'eft-à-dire, au propriétaire du fief do-minant. Il n'eft point dû à un ufufrui-tier, ni à un engagifte. Néanmoins comme ils ont intérêt à la confervation de la feigneurie, à caufe des profits & droits utiles qui leur appartiennent; fi le propriétaire négligeoit de fe faire donner un *dénombrement*, je penfe qua-près qu'ils auroient fait fommation de fe le faire donner, ils pourroient, fur fon refus, exiger au nom du propriétai-re ce *dénombrement*,& faifir en fon nom, de même que cela eft décidé à l'égard de la foi, y ayant même raifon. *v.* Foi.

Par la même raifon, lorfque le *dé-nombrement* eft donné au propriétaire, l'ufufruitier a droit d'en prendre com-munication, à caufe de l'intérêt qu'il a d'intervenir pour y fournir les blâ-mes que le propriétaire omettroit de fournir; comme auffi de prendre, à

fes frais, fi bon lui femble, copie col-lationnée du *dénombrement.* Il faut dire la même chofe à l'égard de l'engagifte.

Le titulaire d'un bénéfice, repréfen-tant le propriétaire, c'eft à lui que le *dénombrement* eft dû; mais comme c'eft à caufe de fon églife qu'il eft feigneur, & que le *dénombrement* lui eft dû, il doit mettre les *dénombremens* qui lui font donnés, dans les archives de fon églife, & les laiffer à fon fucceffeur.

Il en eft de même du mari, il a droit de recevoir les *dénombremens* des vaf-faux de fa femme, qu'il doit remettre après la diffolution du mariage, à fa femme ou à fes héritiers.

Le feigneur qui tient en fa main, par la faifie féodale, le fief de fon vaf-fal, en étant, pendant que la faifie féodale dure, réputé poffeffeur & pro-priétaire, peut recevoir & a droit d'e-xiger les *dénombremens* des vaffaux qui en relevent; mais après la main levée de la faifie, il doit les remettre à fon vaffal qui en eft le feigneur immédiat.

Lorfqu'il y a plufieurs co-propriétai-res du fief dominant, il ne doit être donné qu'un *dénombrement*, mais il doit être donné à tous, c'eft-à-dire, que les noms de tous les feigneurs do-minans doivent être exprimés dans l'ac-te de préfentation.

Le vaffal n'eft pas obligé de préfen-ter fon *dénombrement* ailleurs qu'au chef-lieu du fief dominant, n'étant pas obligé d'aller chercher fon feigneur ail-leurs; au refte, s'il le préfentoit ailleurs qu'au chef-lieu, au domicile du fei-gneur, par exemple, je penfe qu'il fe-roit bien préfenté; en cela le *dénom-brement* eft différent de la foi, la rai-fon de différence eft que la foi contient un hommage à la folemnité duquel la dignité du lieu contribue; laquelle rai-fon ne milite pas à l'égard du *dénom-*

brement : le feigneur n'a d'autre intérèt que d'en avoir un.

Le feigneur peut donner des blâmes contre le *dénombrement* qui lui eft préfenté.

Ces blâmes contiennent, ou ce qui eft compris dans le *dénombrement*, ou ce qui y eft omis.

Par rapport à ce qui y eft omis : 1°. Si le vaffal a omis quelque piece d'héritage, ou quelque droit qu'il tient en fief du feigneur. 2°. S'il a omis les tenans & aboutiffans des héritages compris en fon *dénombrement*. 3°. S'il a omis quelqu'arriere - fief ou quelqu'une des chofes qui relevent en cenfive de lui. 4°. S'il a omis quelques-uns des droits & devoirs dont fon fief eft tenu envers fon feigneur, ou quelques-uns de ceux dont fes arriere-vaffaux ou cenfitaires font tenus envers lui.

Par rapport à ce qu'il a compris : 1°. Si le vaffal a compris quelque chofe comme le tenant de fon feigneur, & que le feigneur prétende que cette chofe lui appartienne en domaine. 2°. S'il a compris quelque chofe comme relevant en arriere-fief, que le feigneur prétende relever de lui en plein fief. 3°. S'il a pris quelque qualité que le feigneur prétende ne point appartenir à fon vaffal, mais à lui, feigneur, comme la qualité de feigneur d'une telle paroiffe, d'un tel village.

Ces blâmes doivent être articulés ; des blâmes généraux ne font point admis, comme fi le feigneur difoit en général que le *dénombrement* qui lui a été préfenté eft défectueux.

Pareillement il ne fuffit pas au feigneur de dire en général, que le vaffal a omis des pieces d'héritages qu'il tient en fief de lui, il faut qu'il articule quelles elles font.

Le tems accordé au feigneur pour fournir fes blâmes, eft différent, fuivant les différentes coutumes ; celles de Paris & d'Orléans accordent quarante jours.

Le *dénombrement* eft reçu par le feigneur, ou expreffément, ou tacitement.

Il eft reçu expreffément, lorfque le feigneur, par un acte au bas *dénombrement*, a déclaré expreffément qu'il le recevoit tel qu'il lui a été préfenté.

Il eft reçu tacitement lorfque le feigneur ayant fourni fes blâmes, le *dénombrement* a été réformé par le vaffal, conformément à ce que defiroit le feigneur par fes blâmes.

Le *dénombrement* eft réputé reçu d'une maniere tacite, lorfque le feigneur laiffe paffer le tems accordé par les coutumes, fans donner fes blâmes.

Le *dénombrement* fait foi contre le vaffal vis-à-vis du feigneur, dès qu'il eft préfenté, quoique le feigneur ne l'ait pas encore reçu, il y a plus, quand même le feigneur l'auroit contredit dans quelques articles, il feroit foi contre le vaffal vis-à-vis du feigneur, dans les autres articles. La raifon en eft évidente, le *dénombrement* qu'il préfente eft un acte réfléchi de fa part. Il n'eft pas probable qu'il eût reconnu, par exemple, que fon fief eft chargé de certaines charges envers fon feigneur, s'il n'en avoit effectivement ou connoiffance ; il ne doit donc pas être recevable, après qu'il a préfenté fon *dénombrement*, quoiqu'il ne foit pas encore reçu, à vouloir rétracter les charges dont il s'eft reconnu redevable, à moins qu'il ne fût en état de juftifier par le rapport des anciens titres fon erreur, fans cela la préfomption eft contre lui.

Le *dénombrement* fait auffi foi contre le feigneur vis-à-vis du vaffal, après qu'il a été reçu ou réputé pour reçu.

Cette preuve qui réfulte des *dénom-*

bremens, soit contre le vassal, soit contre le seigneur, doit céder à celle qui résulte du titre d'inféodation, lorsqu'il est rapporté. La raison en est, que le vassal qui présente son *dénombrement*, & le seigneur qui le reçoit, n'ont d'autre intention que de conserver les droits du fief anciennement établis, & non pas de rien innover, ni de les augmenter ou de les diminuer; d'où il suit que tout ce qui se trouve dans le *dénombrement* de contraire à ce qui est porté par le titre d'inféodation, doit être réputé s'y être glissé par erreur, contre l'intention que les parties, par la nature de l'acte, sont censées avoir eu de ne rien innover au titre, & que cette erreur doit céder à la vérité reconnue par le rapport du titre: c'est le sentiment de Dumoulin, §. 12. num. 24. *Admissio fidei, renovatio investituræ, & similes actus non sunt tituli feudi, sed actus executionis, exercitii & possessionis feudi, non sunt autem actus dispositivi: nec inducunt novam qualitatem in feudo, prout nec etiam ad hunc finem fiunt... inducunt probationem donec contrarium probetur.*

La preuve qui résulte d'un *dénombrement*, non seulement peut être détruite par le rapport du titre d'inféodation, mais elle peut l'être aussi par le rapport des anciens *dénombremens*, lesquels doivent tenir lieu du titre original d'inféodation, lorsqu'il ne se trouve plus.

Le seigneur peut, après l'expiration du terme accordé au vassal pour donner son *dénombrement*, saisir féodalement le fief jusqu'à ce qu'il le donne.

La saisie féodale faute de *dénombrement* est entièrement différente de la saisie féodale faute d'homme & de foi non faite; *v.* SAISIE *féodale*; la saisie féodale faute d'homme réunit pendant le tems qu'elle dure le fief servant au dominant, en rend le seigneur comme possesseur & propriétaire, & en conséquence lui donne le droit de percevoir à son profit tous les fruits du fief saisi, & d'exercer tous les droits attachés à ce fief.

La saisie faute de *dénombrement* ne contient rien de tout cela; elle ne contient qu'un simple empêchement de la jouissance du vassal, qui demeure pendant cette saisie, même vis-à-vis du seigneur, dans la possession & propriété de ce fief, mais est seulement empêché d'en jouir; le seigneur n'en acquiert, durant la saisie, ni la propriété, ni même la possession; *habet duntaxat nudam custodiam*, comme en droit *is qui mittebatur in possessionem rei servandæ, aut fideicommissi servandi causâ*; ou si on vouloit soutenir, avec Dumoulin, que le seigneur possède, il ne possède la chose que *tanquàm alienam*, comme un créancier possède, *rem sibi pignori datam*, la chose qui lui a été donnée en nantissement; c'est pourquoi le seigneur ne perçoit point à son profit les fruits du fief saisi, il est obligé d'en faire rendre compte au vassal par les commissaires par lui préposés à la saisie, du fait desquels il est responsable.

A plus forte raison le seigneur qui a saisi féodalement ne jouit point pendant la saisie des droits honorifiques attachés au fief saisi; au contraire, le vassal en jouit même durant la saisie féodale; car la saisie ne le prive que des fruits qui lui doivent être restitués après qu'il aura obtenu la main-levée de la saisie; mais elle ne le prive pas de la jouissance des droits honorifiques qui sont de nature à ne pouvoir lui être rendus par celui qui en a joui à sa place.

Delà il suit que le seigneur qui a saisi faute de *dénombrement* le fief de son vassal, ne peut recevoir la foi des arriere-vassaux, ni saisir leurs arriere-fiefs: c'est le vassal, leur seigneur immédiat, qui

feul peut recevoir leurs hommages &
faifir leurs fiefs.

Cette faifie féodale faute de *dénombrement* fe fait dans la même forme que
celle faute d'homme.

L'établiffement d'un commiffaire y
eft néceffaire, puifque le feigneur eft
comptable des fruits envers fon vaffal.

On peut en établir plufieurs lorfque
le fief eft d'une grande étendue.

Ces commiffaires doivent accepter
leurs charges, ils ne peuvent être contraints, fi ce n'eft dans le cas où on ne
pourroit en trouver d'autres. *Caffius
fcribit neminem cogendum fieri bonorum
curatorem... nifi magnâ neceffitate hoc
procedat, ut invitus crearetur.* L. 2. §.
3. ff. *curat. bon. dand.*

La faifie faute de *dénombrement* finit
lorfque le *dénombrement* a été donné.

Un *dénombrement*, quoique défectueux en quelque chofe, opére-t-il la
main-levée de la faifie?

Il y a trois opinions fur cette queftion; il y en a qui penfent que le *dénombrement* imparfait opére la main-
levée pour ce qui y eft compris, & non
pour ce qui y eft omis.

La feconde opinion eft celle de ceux
qui penfent que le *dénombrement* imparfait n'opére en rien la main-levée, parce que l'obligation de donner *dénombrement* eft une obligation individuelle, à
laquelle on ne peut fatisfaire pour partie; d'où il fuit que celui qui n'a donné
qu'un *dénombrement* imparfait, n'ayant
fatisfait en rien à fon obligation, ce *dénombrement* ne peut produire aucun effet, ni par conféquent opérer la main-
levée d'aucune partie du fief, quoique
comprife audit *dénombrement*.

La troifieme opinion, qui eft celle de
Dumoulin, §. 8. *n.* 6. & en laquelle je
penfe qu'on doit fe tenir, eft que le *dénombrement*, non-obftant les omiffions,

opére la main-levée de tout le fief, même des parties qui ont été omifes. Un
nouvel acquéreur, le plus fouvent, n'a
pas une connoiffance exacte & entiere
de toutes les parties dont fon fief eft
compofé; c'eft pourquoi on doit penfer qu'il a entiérement fatisfait à l'obligation de porter la foi, & à celle de donner un *dénombrement*, non-obftant les
omiffions qui fe trouvent dans le *dénombrement*. (P. O.)

DÉNONCIATEUR, f. m., *Jurifpr.
Morale*, eft celui qui dénonce à la juftice un crime ou délit, & celui qui
en eft l'auteur, fans fe porter partie
civile. *v.* ci-devant DÉLATEUR.

On confond fouvent les termes de
dénonciateur, *d'accufateur*, *de délateur*;
cependant quoique ces termes foient
relatifs à une même action faite par différens motifs, les idées en font différentes. L'attachement févere à la loi,
femble être le motif du *dénonciateur*; un
fentiment d'honneur, ou un mouvement
raifonnable de vengeance, ou de quelqu'autre paffion, celui de *l'accufateur*;
un dévouement bas, mercénaire &
fervile, ou une méchanceté qui fe
plaît à faire le mal, fans qu'il en re-
vienne aucun bien, celui du *délateur*.
On eft porté à croire que le *délateur*
eft un homme vendu; *l'accufateur*,
un homme irrité, le *dénonciateur*, un
homme indigné. Quoique ces trois
perfonnages foient également odieux
aux yeux du peuple, il eft des occafions où le philofophe ne peut s'empêcher de loüer le *dénonciateur*, & d'approuver *l'accufateur*; le *délateur* lui
paroît méprifable dans toutes. Il a fallu
que le *dénonciateur* furmontât le préjugé, pour dénoncer; il faudroit que
l'accufateur vainquît fa paffion & quelquefois le préjugé, pour ne point accufer; on n'eft point *délateur*, tant

qu'on a dans l'ame une ombre d'élévation, d'honnêteté, de dignité.

DENONCIATION, f. f., *Jurisp.*,
en général est un acte par lequel on
donne connoissance de quelque chose
à un tiers. On dénonce une demande à son garant à ce qu'il ait à prendre fait & cause, ou à se joindre pour
la faire cesser ; on dénonce une opposition ou une saisie à celui sur lequel ces empêchemens sont formés,
à ce qu'il n'en ignore & ne puisse passer outre dans ses poursuites avant
d'avoir rapporté la main-levée des saisies & oppositions ; on dénonce de
même plusieurs autres actes judiciaires & extrajudiciaires dont on a intérêt de donner connoissance.

La *dénonciation*, en *matiere criminelle*, est la déclaration que l'on fait
à la justice ou au ministre public d'un
crime ou délit, & de celui qui en
est l'auteur, sans se porter partie civile.

Cette *dénonciation* n'est pas nécessaire pour autoriser le ministere public à rendre plainte, il le peut faire
d'office. Mais quand il lui vient quelque *dénonciation*, il ne lui suffit pas
de la recevoir verbalement, elle doit
être rédigée par écrit, & signée. Voyez
ci-devant DÉLATEUR & DÉNONCIA-
TEUR.

La *dénonciation de nouvel œuvre*,
est l'action par laquelle on s'oppose
en justice à la continuation de quelque
nouvelle entreprise que l'on prétend
être à soi préjudiciable.

Cette action est ce que les Romains
appelloient *novi operis nuntiatio*, dont
il y a un titre au digeste, *liv. XXXIX.
tit. j.* & un au code, *liv. VIII. tit. xj.*

Celui contre qui cette demande est
formée, ne peut passer outre, sans
avoir obtenu un jugement qui l'y autorise. Comme on le fait quelquefois

par provision, lorsque son droit paroît
évident, ou que l'ouvrage est si avancé qu'il y auroit de l'inconvénient à
le surseoir, en ce cas on lui permet
de l'achever, à la charge de donner
caution de le démolir, si cela est ordonné en fin de cause.

La *dénonciation de nouvel œuvre* est
différente de la complainte, en ce que
celle-ci est pour un trouble qui est fait
au demandeur en sa possession ; au lieu
que la *dénonciation de nouvel œuvre* peut
être intentée pour un fait qui ne trouble pas le plaignant dans sa possession,
mais qui pourroit néanmoins lui causer quelque préjudice ; par exemple,
si le voisin éleve sa maison si haut,
qu'il ôte par-là le jour au demandeur
en *dénonciation*.

DENYS, *Hist. Litt.*, surnommé *le
petit*, à cause de sa taille, naquit en
Scythie. Il passa à Rome, & fut abbé
d'un monastere. C'est lui qui a introduit le premier la maniere de compter les années depuis la naissance de
Jesus-Christ & qui l'a fixée suivant
l'époque de l'ére vulgaire, qui n'est
pourtant pas la véritable. On a de lui
un *Code de Canons* approuvé & reçu
par l'église de Rome, suivant le témoignage de Cassiodore, & par l'église
de France & les autres églises latines,
suivant celui d'Hincmar. Justel donna
une édition de ce recueil en l'année
1628 ; *Denys* a laissé une *Collection des
décrétales des papes*, qui commence à
celles de Sirice, & finit à celles d'Anastase. On a encore de lui la *Version du
Traité de St. Grégoire de Nice, de la
création de l'homme*. Le sens est rendu fidélement & intelligiblement, mais
non pas en termes élégans & choisis.
Cassiodore qui l'a comblé d'éloges,
assure qu'il savoit le grec si parfaitement, qu'en jettant les yeux sur un
livre

livre grec , il le lifoit en latin , & un latin en grec. *Denys* mourut vers l'an 540.

DÉPARTAGER , v. act. , *Jurif-prud.*, fignifie *lever le partage d'opinions* qui s'étoit formé entre des juges , arbitres, ou confultans. En matiere civile une voix de plus d'un côté que d'un autre fuffit pour *départager* les juges.

DÉPARTEMENT , f. m. *Jurifpr.*, fignifie *diftribution, répartition, partage* qui fe fait de certains objets entre plufieurs perfonnes.

DÉPARTIR , v. act., *Jurifpr.*, fignifie *partager* ou *diftribuer* quelque chofe entre plufieurs. On *départit* les intendans dans les provinces, aux juges des procès , &c.

Se départir , fignifie *fe déporter , quitter , abandonner* une prétention , un droit, une demande , une opinion.

DÉPENDANCE, f. f., *Morale.* C'eft un affujettiffement à un être quelconque, en vue d'en tirer un bien réel ou apparent. On peut diftinguer deux efpeces de *dépendance*; la *dépendance des chofes*, & la dépendance des perfonnes.

La *dépendance* des chofes eft ou naturelle ou factice. Les *dépendances* des chofes naturelles font celles qui réfultent des états primitifs ou acceffoires des hommes. *v.* ÉTAT , *Droit. Nat.* Les *dépendances* factices font celles que nous nous forgeons par des befoins imaginaires. Le bonheur de l'homme eft en raifon inverfe du nombre de ces *dépendances* factices, *v.* BONHEUR , parce que la multiplication des *dépendances* augmente le nombre des momens défagréables. *v.* MISERE , *Morale.*

La *dépendance* des hommes confifte dans les différentes relations qu'ils foutiennent avec leurs femblables , pour leur conferyation & leur bonheur.

Tome IV.

Les hommes vivent en fociété dans la vue de leur bien-être ; chacun d'entr'eux trouve dans la vie fociale une fécurité , des avantages, des fecours , des plaifirs dont il feroit privé s'il vivoit féparé ; conféquemment chaque membre d'une famille, d'un corps, d'une affociation quelconque, eft forcé de dépendre de la fociété générale , & de fes membres en particulier.

Dépendre de quelqu'un c'eft donc avoir befoin de lui pour fe conferver & fe rendre heureux. Le befoin eft le principe & le motif de la vie fociale & de la *dépendance* ; nous dépendons de ceux qui nous procurent des biens que nous ferions incapables d'obtenir par nous-mêmes. L'autorité des parents & la dépendance des enfants , ont pour principe le befoin continuel qu'ont ces derniers de l'expérience, des confeils, des fecours , des bienfaits, de la protection de leurs parents pour obtenir des avantages qu'ils font incapables de fe procurer. C'eft fur les mêmes motifs que fe fonde l'autorité de la fociété & de fes loix , qui , pour le bien de tous , doivent commander à tous.

La diverfité & l'inégalité que la nature a mifes entre les hommes , donne une fupériorité naturelle à ceux qui furpaffent les autres par les forces du corps , par les talens de l'efprit, par une grande expérience , par une raifon plus éclairée , par des vertus & des qualités utiles à la fociété. Il eft jufte que celui qui fe trouve capable de faire jouir les autres de grands biens , foit préféré à celui qui ne leur eft bon à rien. La nature ne foumet les hommes à d'autres hommes que par les befoins qu'elle leur donne & qu'ils ne peuvent fatisfaire fans leurs fecours : c'eft le fondement de la *dépendance* des hommes.

Ddd

Toute fupériorité donc, pour être jufte, doit être fondée fur les avantages réels dont on fait jouir les autres hommes qui font dans la *dépendance*. Voilà les titres légitimes de la fouveraineté, de la grandeur, des richeffes, de la nobleffe, de toute efpece de puiffance ; voilà la fource raifonnable des diftinctions & des rangs divers qui s'établiffent dans une fociété. L'obéiffance & la fubordination confiftent à foumettre fes actions à la volonté de ceux que l'on juge capables de procurer les biens que l'on defire, ou d'en priver. L'efpérance de quelque bien ou la crainte de quelque mal font les motifs de la *dépendance* & de l'obéiffance du fujet envers fon prince, du refpect du citoyen pour les magiftrats, de la déférence du peuple pour les grands, de la *dépendance* où les pauvers font des riches & des puiffants, &c.

Mais fi la juftice approuve la préférence ou la fupériorité que les hommes accordent à ceux qui font les plus utiles à leur bien-être, la juftice ceffe d'approuver cette préférence auffitôt que ces hommes fupérieurs abufent de leur autorité pour nuire. Il n'y a plus alors de *dépendance*. La juftice fe nomme *équité*, parce que nonobftant l'inégalité naturelle des hommes, elle veut qu'on refpecte également les droits de tous, & défend aux plus forts de fe prévaloir de leurs forces contre les plus foibles.

On voit d'après ces principes, que la fociété ou ceux qu'elle a choifis pour annoncer fes loix, exercent une autorité qui doit être reconnue par tous ceux qui jouiffent des avantages de la fociété. Si les loix font juftes, c'eft-à-dire conformes à l'utilité générale & au bien des êtres affociés, elles les obligent

tous également, & puniffent très-juftement ceux qui les violent. Punir quelqu'un, c'eft lui caufer du mal, c'eft le priver des avantages dont il jouiffoit, & dont il auroit continué de jouir, s'il eût fuivi les regles de la juftice indiquées par la prudence de la fociété.

Deftinée à conferver les droits des hommes & à les garantir de leurs paffions mutuelles, la loi doit punir ceux qui fe montrent rebelles aux volontés générales. Elle peut priver du bien-être & réprimer ceux qui troublent la félicité publique, afin de contenir par la crainte ceux que leurs paffions empêchent d'entendre la voix publique, & qui réfufent de remplir les engagemens du pacte focial. (F.)

DÉPENDANCES, *Jurifprud.* ; ce font les chofes qui appartiennent à un autre, comme en étant un accefoire. Les *dépendances* d'un fief font les terres, prés, bois, qui en compofent le domaine, les cenfives, le droit de chaffe, & autres femblables.

Les *dépendances* d'une affaire font les branches qui y font néceffairement liées. Quand on évoque une affaire, c'eft ordinairement avec toutes fes circonftances & *dépendances*. Le terme de *circonftances* comprend tout ce qui peut avoir quelque rapport à l'affaire, & *dépendances* tout ce qui en fait partie.

DÉPENS, f. m., *Jurifpr.* ; font les frais qui ont été faits dans la pourfuite d'un procès, qui entrent en taxe, & doivent être payés à celui qui a obtenu gain de caufe par celui qui a fuccombé, & qui eft condamné envers l'autre aux *dépens*.

Les *dépens* font appellés en droit *expenfæ litis* ou fimplement *expenfæ*.

Ils font auffi appellés *pœna temerè litigantium*. Ifocrate étoit d'avis que l'on rendît les frais des procès très-grands, pour empêcher le peuple de plaider; ſes vœux ont été bien remplis. pour la première partie, les frais des procès étant devenus ſi conſidérables, qu'ils excedent quelquefois le principal; ce qui n'empêche pas que l'on ne plaide toujours. Au reſte quoique les *dépens* ſoient une peine pour celui qui ſuccombe, ils n'ont pas été établis dans ce point de vûe, mais plutôt pour rendre indemne celui qui gagne ſa cauſe. Il y a d'autres peines contre les téméraires plaideurs, telles que les amandes, injonctions, &c.

Enfin les *dépens* ſont quelquefois appellés *ſumptus*, qui ſignifie en général *frais*; mais parmi nous les frais des procès ſont différens des *dépens* : car les *frais* comprennent tout ce qui eſt débourſé à l'occaſion du procès, même les faux frais, tels que le port des lettres écrites au procureur, & autres ſemblables, que la partie eſt obligée de rembourſer à ſon procureur, & que néanmoins la partie adverſe ne peut pas répéter : au lieu que les *dépens* ne comprennent que les frais qui entrent en taxe contre la partie adverſe.

Les épices des juges & les ſalaires des huiſſiers, qu'on appelloit d'un nom commun *ſportulas*, faiſoient auſſi chez les Romains partie des *dépens* : ce qui a lieu de même parmi nous.

On ne voit point qu'il ſoit parlé des *dépens* dans le digeſte, mais ſeulement dans le code théodoſien, dans celui de juſtinien, dans ſes inſtitutes, & dans les novelles. Ce que l'on peut recueillir de ces différentes loix, eſt qu'en général les *dépens* étoient dûs par celui qui ſuccomboit, ſoit en premiere inſtance ou en cauſe d'appel, que les frais de contumace étoient toujours dûs par celui qui y avoit donné lieu,

quand même il auroit enſuite gagné au fond. Dans les affaires ſommaires, on ne réqueroit pas de *dépens*, & l'on n'en pouvoit jamais prétendre qu'ils ne fuſſent adjugés par le juge, lequel les taxoit équitablement; mais il dépendoit du prince de les diminuer. Enfin ſuivant la novelle 112, le demandeur étoit obligé de donner caution au défendeur de lui payer la dixieme partie de ſa demande par forme de *dépens*, s'il perdoit ſon procès.

Théodoric, roi d'Italie, par ſon édit qui eſt rapporté dans le code des loix antiques, *ch. ij.* ordonna que celui qui ſuccomberoit, ſeroit condamné aux *dépens* du jour de la demande, afin que perſonne ne fît de gaieté de cœur de mauvais procès.

Les *dépens de cauſe d'appel*, ſont ceux qui ont été faits ſur un appel. Quand l'appellant fait infirmer la ſentence, on lui adjuge les *dépens des cauſes principales & l'appel*; quand on confirme, l'appellant eſt ſeulement condamné aux *dépens de la cauſe d'appel*, les premiers juges ayant déja ſtatué ſur les *dépens de cauſe principale*.

Les *dépens compenſés*, ſont ceux qui ne peuvent être répétés de part & d'autre. On compenſe ordinairement les *dépens* entre les parties, lorſque l'une ſuccombe en un chef de demande, & l'autre partie dans un autre chef dont les frais ſont égaux; quelquefois entre très-proches parens & entre le mari & la femme, on les compenſe pour ne pas aigrir davantage les eſprits. Quand les *dépens* ſont compenſés, on regle qui doit payer les épices & le coût du jugement.

Les *dépens de contumace*, ſont ceux que l'on a été obligé de faire pour obliger une partie de comparoître ou de défendre. Le défaillant n'eſt point recevable à contefter devant le même juge qu'il n'ait rembourfé ces frais.

Les *dépens curiaux*, font les frais qu'il en coûte pour les actes émanés du juge.

Les *dépens de l'incident*, font les frais faits fur quelque incident. Lorfqu'il eft jugé définitivement avant le fond, on doit ftatuer fur les *dépens*, & les adjuger, compenfer, ou réferver, fuivant qu'il y échet.

Les *dépens préjudiciaux*, font ceux qui précedent le jugement du fond, tels que les *dépens* de contumace & autres faits, pour des inftructions préparatoires.

Les *dépens provifionnels*, font la même chofe que *dépens préjudiciaux*.

Les *dépens réfervés*, font ceux fur lefquels le juge a remis à faire droit, foit après que l'on aura rempli quelque préalable, ou lorfqu'on jugera le fonds. Dans ce cas il réferve les *dépens*; & lorfqu'enfuite il prononce fur ces mêmes *dépens*, s'il les adjuge, il les qualifie de *dépens réfervés*, pour les diftinguer des autres *dépens* qui n'avoient point été réfervés.

DÉPENSE, f. f. *Jurifpr.*, eft le chapitre d'un compte, où l'on fait mention de l'emploi qui a été fait de ce que l'on a reçu; ce chapitre fuit celui de la recette. La *dépenfe* ne doit point être allouée qu'elle ne foit juftifiée par des quittances ou autres pieces fuffifantes.

DÉPENSE, *Droit Polit.* Toute la marche de notre fubfiftance a commencé par des *dépenfes*, c'eft-à-dire, la confommation. L'homme a confommé les produits fpontanés de la nature, avant de lui en demander par le travail de la culture : cet art fixe les fociétés errantes. L'efpoir de la récolte, motif de la culture, a fixé les propriétés. Le cultivateur travaille d'abord pour lui & pour fes coadjudans : leur confommation eft la premiere forte de *dépenfe*. Les débiles & les induftrieux de la fociété, qui ne cultivent point, mais qui préparent, confervent, &c. ont befoin de fubfiftances, qui exigent un excédant de productions par delà la fubfiftance des cultivateurs; feconde forte de *dépenfe*. L'échange des fubfiftances leur donne une valeur; cette valeur donne aux produits la qualité de richeffe; fans cette qualité elles ne fe multiplieroient pas. Perfonne ne travaille à recueillir l'eau que là où elle fe vend, quoique ce foit le premier bien. Voici donc la production généalogique des productions : confommation engendre demande, demande engendre valeur d'échange ou valeur vénale; valeur vénale engendre richeffe, & richeffe engendre productions.

Voilà donc deux fortes de *dépenfes* établies. La valeur des produits donne un prix à la terre : la fociété fe forme; l'enchere des produits entraine la valeur des fonds de terre, & l'enchere du droit de cultiver. Dès-lors il fe forme une troifieme claffe, qui eft celle des propriétaires, qui cédent le droit ufuel de leur propriété, moyennant une portion des produits réfervée pour leur fubfiftance. Cette portion fuppofe un produit net ou difponible, c'eft-à-dire, qui ne foit point deftiné à la fubfiftance des cultivateurs & coadjudans, ni à la fubfiftance de ceux qui leur fourniffent leurs befoins. Ce produit net eft réellement difponible, c'eft-à-dire, qu'il peut être dépenfé par les fouverains, les décimateurs & par les propriétaires quelconques. Voilà donc trois claffes dans la fociété; favoir, 1°. les propriétaires : 2°. les cultivateurs, que nous appellons *claffe productive*, parce qu'en effet c'est elle qui produit tout; & 3°. ceux que nous appellons *classe stérile*, parce qu'ils donnent la forme & ne produisent rien. Ces trois classes sont trois sortes de *dépenses* qui donnent le branle à toute l'action de la société: la valeur aux produits de la terre; par celle-ci, à la propriété des fonds, & par cette derniere, au titre d'empereur, de roi de tel ou tel autre pays.

On voit par la gradation généalogique énoncée ci-dessus, que la source des *dépenses* est la *dépense* elle-même; que plus on *dépense* pour la production, plus on obtient de produits: que la consommation enfin est mere de la production. Ce n'est pas parce qu'on seme du bled qu'on mange du pain; mais parce qu'on demande du pain & qu'on offre de le payer, qu'on seme du bled: la source des *dépenses* est donc la *dépense* elle-même; mais cet axiome général est dans sa conséquence, assujetti à des regles de détail qu'il faut toutes analyser, étudier & circonscrire, & qui naîtront sous nos pas toujours en suivant la trace de la nature.

La terre répond avec usure à nos travaux, sans quoi la seconde génération n'eût pas été plus nombreuse que la premiere; car où s'arrête la subsistance, là se borne la population. Mais cette mere nourrice est libérale dans des proportions réglées. Plus on lui donne, plus elle rend; elle refuse pareillement à raison de ce qu'on est parcimonieux avec elle. La culture & la production demandent de grandes avances, & plus grandes qu'on ne sauroit l'imaginer, & que ne le pensent sur-tout les citadins qui croient qu'il ne faut que des bras pour avoir des produits; v. AVANCES; où nous avons encore montré que la classe productive, au moyen de dix mille livres, par exemple, d'avances productives bien entretenues, & de deux mille livres d'avances annuelles pleinement & librement confiées à la terre, reproduit deux mille livres de produit net ou revenu payé aux propriétaires. C'est par l'emploi de ce revenu que commence la distribution des *dépenses*.

La classe propriétaire verse la moitié du revenu, c'est-à-dire, mille livres sur la classe productive, pour sa subsistance, & l'autre moitié sur la classe stérile pour ses autres *dépenses*. Suivons les autres classes.

La classe productive, de ces mille livres reversées, en dépense moitié sur elle-même en achats & consommation de subsistances pour les agents &c. & verse l'autre moitié sur la classe stérile, pour les *dépenses* de ce genre. D'autre part, la nécessité contraint la classe stérile à la même répartition. Voilà la circulation qu'il est inutile de suivre dans ses rameaux de détail & de répartition individuelle à l'infini. Chaque classe a donc reçu deux mille livres, quoiqu'il n'y ait en circulation que deux mille livres en tout. La classe propriétaire les a reçues de la classe productive, en payement des fermages: la classe productive les a pareillement reçues, savoir, mille livres directement par les achats directs que la classe propriétaire a faits chez elle; cinq cents livres de la classe stérile, de la moitié des mille livres, que la classe propriétaire avoit versée sur celle-ci, & autres cinq cents livres qui lui reviennent de la classe stérile, pour l'emploi, par la *dépense* de la moitié des mille livres que la classe productive lui a portée par ses achats. De son côté la classe stérile a touché pareillement les deux mille livres: savoir mille livres directement de la claffe propriétaire, cinq cents livres de la moitié du verfement de la claffe propriétaire fur la claffe productive, & cinq cents livres qui retournent à elle de fon propre verfement fur la claffe productive. Par ce moyen ces deux mille livres en circulation ont fait l'effet réel de fix mille livres; mais elles ne l'ont fait en représentation que parce que la quotité des richeffes repréfentées & leur confommation ont été telles. C'eft ainfi que nous parcourrons & reconnoîtrons pied à pied l'anatomie entiere de la fociété.

Confidérons feulement ici l'effet de l'interception de quelque partie du numeraire circulant, pour le retenir dans les rets de l'avarice ou de la cupidité: voyèz le triple de productions invendues, la valeur venale, la qualité de richeffe, la production & par conféquent la fubfiftance retranchées d'autant; l'obftruction, la maladie, & par les progrès calculés du mal, la mort du corps politique qui en réfulte.

Le revenu eft la feule portion difponible de la production: & c'eft de la maniere dont on le *dépenfe*, que dépend tout le branle de la fociété. Il n'y a même que le revenu qui foit proprement *dépenfe*: car chacun pourroit confommer fes produits, fans procurer aucun des effets de la *dépenfe*. Le revenu au contraire, fuppofe la valeur venale, la fociété formée, les achats & les ventes en ufage, & le numeraire convenu: un plus grand revenu fuppofe un grand Etat; les chemins ouverts, les rivieres navigables, les mers libres, les befoins multipliés, les arts perfectionnés, & la terre fertilifée par une bonne & forte culture; en un mot le revenu eft le thermometre moral & phyfique d'un Etat.

Il importe d'abord que le revenu foit

dépenfé; mais il faut qu'il le foit dans la direction & felon la diftribution que j'ai marquée ci-deffus. C'eft à la démonftration de cette vérité & à la découverte de fon importance que le *Tableau œconomique* commence à fervir; on y voit l'énorme effet du dérangement du moindre chiffre. Nous tâcherons de le faire fentir, pour éviter les embarras du talent à nos lecteurs. L'on pourra confulter la *Phyfiocratie* & la *Philofophie Rurale*, les *Elemens de la Philofophie Rurale* &c.

La reproduction des *dépenfes* eft le complément de l'œuvre œconomique & le point central de toute action de la fociété; tout fe confomme, il faut que tout fe reproduife. Plus on confomme, plus on demande; plus on demande, plus les chofes demandées acquierent de valeur d'échange ou de valeur venale; plus la valeur venale eft attribuée à une chofe quelconque, plus cette chofe acquiert la qualité de richeffe, & plus l'homme avide de richeffe travaille pour fe la procurer, & plus auffi celui dont le travail le produit eft en état d'accroître fon travail par l'aide de tout ce qui peut y concourir, qu'il acquerra toujours avec des richeffes. La *dépenfe* donc des richeffes eft la voie de la reproduction des richeffes qui doivent fournir aux nouvelles *dépenfes*. Plus on confomme de produits, & plus les produits que l'on confomme ont de valeur, plus on verra renaître de produits. Il eft néceffaire, il eft vrai, que la valeur de ces produits fe foutienne, pour que la *dépenfe* ne ceffe pas d'être *dépenfe* circulante & reproduite, pour n'être plus que confommation fourde & inactive & par-là bientôt expirante. Cependant le maintien de la valeur venale abfolument néceffaire à la qualité de richeffe, paroit difficile au premier coup d'œil, puisque la terre produisant avec usure, la surabondance paroît devoir faire tomber le prix ; mais le commerce vient au secours : la population, sans qu'il soit besoin de la calculer par générations, se trouvera toujours au niveau des subsistances, quand elles. auront une valeur venale, & soutiendra cette valeur. Mais il faut, pour que cette condition subsiste, que tout l'ordre œconomique & politique de la société porte & tende vers l'accroissement du revenu, qui sert pour distribuer des salaires à tous les ordres de la société : que toutes les *dépenses* tournent en consommation des produits : on verra s'étendre à l'infini la reproduction des *dépenses*.

Voilà qui peut suffire pour remplir la carriere œconomique, & trouver le grand œuvre de la reproduction des subsistances, toujours par l'action & la reproduction des *dépenses*. Eclaircissons la voie maintenant, & montrons les conséquences qui résultent de ces principes.

Il est question des rapports des *dépenses* entr'elles. C'est de tous les points de la science œconomique celui qui demande le plus d'étude, & qui suppose le plus d'habitude des principes & des résultats ; mais aussi c'est le complément de l'instruction à cet égard. Et comme les *dépenses* ne sauroient avoir de rapports entr'elles que par le moyen du commerce, je commencerai par cet agent universel de la société.

Le commerce a des *dépenses* qui sont payées par le produit net ou revenu ; c'est le porte-faix dont vous payez le voyage pour faire porter une caisse d'un bout à l'autre de la ville ; mais il y en a aussi qui se font aux dépends du revenu. Une toise de bois apportée en ville de loin ou de près, se vend au même prix de quarante livres ; par exemple, si elle coute trois livres de frais d'exploitation & trente-quatre livres de frais de transport, il n'y a que trois livres pour le propriétaire ; c'est trente-quatre livres retranchées sur le revenu, mais non payées par le revenu. Cette somme ne peut pas entrer non plus dans le compte des *dépenses* du revenu de celui qui a acheté la toise de bois, puisqu'il ne l'a pas achetée plus cher que si elle n'avoit couté que trois livres de frais de transport. C'est donc le fonds lui-même qui fournit cette *dépense* au préjudice du revenu : cette *dépense* donc rentre dans l'ordre des consommations d'un plus grand produit total par de plus grands frais de cultivation ; consommations inutiles & sans effet dans la société & par la société. Si au lieu d'égouts dans la ville pour entrainer les immondices, vous les faisiez enlever & balayer, & transporter à la riviere par des hommes, ce seroit bien des hommes employés, & bien des consommations de plus ; on ne s'en avise pas néanmoins ; & l'on sent sans savoir pourquoi, que ce seroient des hommes en pure perte.

Il n'est donc de *dépenses* utiles, de véritables *dépenses*, qu'autant qu'elles ont de rapport entr'elles. Ce principe une fois bien posé, il faut pour anatomiser la société entiere, & discerner les différens rapports de *dépenses*, poser la barriere qui sépare & distingue l'effet des différens travaux. La classe productive comprend tous les hommes destinés aux travaux nécessaires pour obtenir les productions propres à la jouissance des hommes. Ces travaux se terminent à la vente des productions en premiere main : c'est là la barriere. Par cette vente, les productions passent comme matiere premiere dans les mains des agens de la claffe ftérile , pour la fabrication , ou comme marchandifes , pour être tranfportées & revendues aux lieux de leur confommation : l'accroît de leur prix , paffé cette premiere vente, n'eft point augmentation de richeffes ; cet accroît n'eft que prix de rétribution due aux agens de la claffe ftérile : & ce prix eft pour eux prélevé d'avance fur celui de la vente en premiere main. Le produit total des ventes de la premiere main , faites par la claffe productive dans l'année , eft donc la mefure des richeffes renouvellée dans cette même année.

Ces principes une fois bien établis , c'eft fur le terrein donné , fur fon étendue , fa nature & fes débouchés , que l'on peut calculer jufqu'au dernier denier , & jufqu'à la moindre tète , le degré de puiffance & de population dont un Etat eft fufceptible dans les mains d'un gouvernement conforme aux loix de la nature.

Rapports des dépenfes avec la population. La population eft aftreinte aux bornes de la fubfiftance. Il faut que la portion de fubfiftance de chaque individu devance le jour de fa naiffance ; que le retour régulier de cette portion lui foit affuré par la continuation de fon travail, & qu'en raifon de ce que cette portion devient furabondante, il puiffe la partager avec fa famille. Avant de faire naitre des hommes , il faut leur trouver de l'emploi & des falaires ; pour affurer & perpétuer cet emploi & ces falaires, il faut affurer & perpétuer les richeffes, il faut que la répartition des fubfiftances foit un ordre de diftribution des rétributions. La terre eft fertilifée par ceux qui peuvent lui fournir les avances : ceux-ci ne font travailler qu'à condition que le travail fe falarie lui-même. Pour qu'ils facrifient leurs avances à cet ef-

poir , il faut que la valeur venale des productions qu'ils follicitent foit conftante & affûrée. C'eft fur cette valeur venale que tout leur calcul eft fondé : plus ils voient cette valeur croître, plus ils donnent de travail & de falaires : tant ce calcul n'a de fondement que la confommation courante & conftante : c'eft ainfi que la *dépenfe* prépare, étend & limite la production. C'eft par cette marche feulement qu'on peut affûrer une portion conftante de fubfiftances à la génération future , & à un accroiffement de population proportionné à l'accroiffement affûré des richeffes. Loin donc de refferrer les *dépenfes* de fubfiftances , il faut au contraire exciter la confommation des fubfiftances , puifque plus l'on en confomme, plus la terre en reproduit. En un mot, la population a fes bornes prefcrites , par l'étendue des fubfiftances ou des richeffes , & ce n'eft que l'accroiffement de ces dernieres , qui peut accroître la population. Par-tout où les revenus décroiffent , l'emploi des hommes & le falaire viennent à décheoir : où l'emploi & le falaire manquent , il y a fuperfluité de population. Le fuperfu de la population , fait tomber les hommes en non-valeur , & les plonge dans la mifere & dans le dépériffement.

Rapport des dépenfes avec l'agriculture. Tout ce que nous avons dit jufques ici montre les rapports des *dépenfes* avec l'agriculture : il eft donc moins queftion de les retracer maintenant, que de détailler ce qu'interceptent ces rapports. Il faut regarder comme entraves à cet égard , 1°. toute intervention du gouvernement. L'autorité tutelaire des propriétés n'eft que protectrice & non directrice des intérêts publics & particuliers. Ces deux intérêts ne fauroient jamais faire qu'un : or il eft eſt impoſſible que le gouvernement ne ſache auſſi bien que moi ce qu'il me convient de faire rapporter à mon champ. 2°. La mauvaiſe qualité des terres : cet obſtacle qui vient de la nature paroit d'abord inſurmontable ; mais les avances d'amélioration & de culture, la culture & le labour de l'homme corrigeront la nature de tout terrein. 3°. Le bas prix des productions. Les avances ne ſe peuvent faire qu'au moyen du bon & du meilleur prix des productions, puiſque les cultivateurs & les propriétaires ne ſauroient tirer leurs moyens que de là : c'eſt de l'argent que les terres doivent produire. 4°. L'exploitation de la culture aux dépens des biens fonds. Il faut prélever ſur le produit des terres cultivées, avant d'en établir le produit net, tout l'emploi des terres vagues laiſſées en dépaître, ou des prairies conſommées pour l'exploitation : une bonne culture tireroit ſes fourrages des terres mêmes miſes en labour, & leur aſſimileroit bientôt les pacages, qui ſouvent ſe trouvent être les terreins les plus gras. 5°. Le défaut de débouchés & les grandes dépenſes du commerce rural. Ouvrez des chemins, faites des canaux, vous rapprochez ainſi la conſommation des villes, des productions de vos campagnes : la vente des produits profitables aux campagnes, les couvre d'habitans en état de conſommer. 6°. La mauvaiſe qualité des productions. Au défaut de débouchés, les campagnes ſont forcées à proportionner leurs produits à la foible & ingrate conſommation des pauvres habitans qui les avoiſinent : & alors la culture ſe proportionne à leur pauvreté. Ainſi plus de dépenſes productives, plus d'avances, plus de produit net ou revenu ; la terre retombe en déſert ou ce qu'elle conſerve d'habitans

& de produits, n'importent, & n'appartiennent pas plus à l'Etat que les taupes qui vivent deſſous, de racines ou de vers. 7°. Les impoſitions indirectes ou ſpoliatives. Voyez-en le détail à l'article IMPÔT. 8°. Le faſte de décoration, & ſur-tout le luxe : v. LUXE. 9°. La ſurabondance de la population. Nous venons de voir 1°. que la population eſt toujours ſurabondante, où les ſalaires manquent : 2°. que ſitôt que l'aiſance eſt refuſée au peuple, il eſt forcé à épargner ſur ſa ſubſiſtance : 3°. que la conſommation du grand nombre une fois déchue, toute la portion du territoire deſtinée à la ſubſiſtance du peuple, devient en non-valeur pour les propriétaires & pour l'Etat : 4°. que les revenus déchus ne fourniſſant plus aux ſalaires, la miſere va en croiſſant, & le peuple devient chaque jour plus à charge : 5°. qu'en conſéquence plus la population diminue dans un Etat par la pauvreté, plus elle devient ſurabondante & nuiſible à l'agriculture. 10°. Enfin l'oppreſſion perſonnelle des habitans de la campagne. Ce qui n'a pas beſoin d'explication.

Rapports des dépenſes avec l'induſtrie. Je payois quatre hommes à deux cents livres chacun ; deux ratiſſoient les allées de mon jardin ; les deux autres cultivoient un champ d'artichauts qui me rendoit huit cents livres : je mets trois de ces hommes à ratiſſer, & je n'en laiſſe qu'un à cultiver : quel changement cela fera-t-il dans ma recette, & bientôt après dans ma *dépenſe* ? Je me raviſe, & mets trois hommes à labourer, n'en laiſſant qu'un à ratiſſer ; voyez & calculez la différence. L'induſtrie trompée, comme nous le ſommes tous, par la cupidité, croit avoir intérêt à attirer toutes les *dépenſes* de ſon côté, & n'apperçoit pas que s'il en étoit ainſi, elle tariroit la ſource des *dépenſes*. Elle ne peut être alimentée que par les revenus; elle a donc le plus grand intérêt à l'accroiſſement des revenus, ſur leſquels elle a ſa portion dévolue, qui croîtra en raiſon de l'augmentation de la maſſe totale. Mais cette portion dépend du revenu, & celui-ci du poids de la maſſe toujours croiſſante, s'il eſt poſſible, des verſemens faits ſur la claſſe productive. *v.* INDUSTRIE.

Rapports des dépenſes avec le commerce. C'eſt une vérité palpable, que pour faire proſpérer tout genre de commerce, il faut en reſtreindre les fraix. *v.* COMMERCE. Il faut auſſi ſe ſouvenir du grand principe que nous avons détaillé dans l'article indiqué, qu'acheter c'eſt vendre, & vendre c'eſt acheter. Une nation ne vendra jamais qu'au niveau de ce qu'elle achetera, à moins qu'elle n'ait des mines qui s'épuiſent chaque jour; ainſi quand vous taxez les denrées ou marchandiſes de l'étranger, pour en diminuer la conſommation chez vous, vous diminuez d'autant la conſommation qu'il feroit des vôtres. Quand vous brûlez les moiſſons ou les vaiſſeaux de l'étranger, vous diminuez vos ſubſiſtances & votre mobilier: tout eſt commun ici-bas par les loix de la Providence; tous les intérèts ſont liés. La révolte de l'injuſtice & de l'aveuglement humain, conſiſte à vouloir les ſéparer & les oppoſer les uns aux autres.

Rapports des dépenſes avec les richeſſes d'une nation. Les biens ſont le fonds des richeſſes; mais la richeſſe eſt une qualité fugitive, qui ne ſe réunit aux biens que par l'entremiſe des hommes: les hommes ſont donc le premier principe des richeſſes & ne le ſont que par leurs beſoins: les beſoins ne ſont au-

tre choſe que des néceſſités de *dépenſes*: ainſi les *dépenſes* ont le rapport le plus direct avec les richeſſes d'une nation; les *dépenſes* d'une nation ſont la meſure certaine de ſes richeſſes: étendez la meſure, vous étendrez le point meſuré: multipliez les *dépenſes*, vous multipliez les richeſſes.

Diviſons les richeſſes d'une nation en trois parties: 1°. richeſſes *foncieres*: 2°. richeſſes *mobiliaires*: 3°. *l'argent.* J'appelle ici richeſſes *foncieres* tout ce qui pourvoit aux beſoins naturels: richeſſes *mobiliaires* ce qui porte ſur les beſoins d'opinion. L'argent, on ſait ce que c'eſt.

Les biens qui renaiſſent par notre travail ſont des richeſſes, parce qu'ils ne s'obtiennent que par des *dépenſes* avec leſquelles ces biens doivent avoir une valeur de compenſation: ſans cela ce commerce primitif des hommes avec la terre ceſſeroit, la terre reſteroit inculte. Tout ce qui a valeur de compenſation ou d'échange eſt richeſſe; mais ſi la valeur de cette richeſſe reproduite ſe bornoit à la valeur de compenſation avec la *dépenſe* qu'a couté la reproduction, elle ne donneroit plus la qualité de richeſſe au champ qui l'a produite. La valeur vénale des biens fonds & leur qualité de richeſſe dépend donc de la valeur de la récolte qu'ils produiſent: on le voit bien chez les nations ruinées où les fonds de terre ſont pour rien: or un empire n'eſt qu'un grand champ. Ainſi tout ce qui attaque la valeur vénale des productions & des *dépenſes* qui la font naître, attaque la propriété, & ne laiſſe aux propriétaires qu'un vain titre établi par des loix ſpécieuſes qui n'ont pas pourvû à la ſûreté effective de la propriété mobiliaire. Toutes les richeſſes quelconques d'une nation ſont donc fugitives, puiſque ce n'eſt

qu'une maniere d'être qui n'a d'adhé-
rence aux biens - fonds que par des
caufes extérieures qui peuvent aifément être livrées à l'erreur ou à la
rapine.

Les richeffes mobiliaires qui répondent aux befoins que nous appellons
d'opinion, n'en ont pas moins un prix
foncier, rélatif à la valeur de la matiere
& du travail qui font entrés dans leur
compofition; mais leur prix réel eft
néanmoins d'opinion, en ce que les hommes peuvent fubfifter fans cela, & que
fans la convention des hommes, ces richeffes perdroient même la qualité de
biens. Les richeffes mobiliaires d'une
nation dépendent donc non - feulement
de fa civilifation, mais encore de celle
de fes voifins. Les befoins d'opinion
font fufceptibles d'une extenfion indivi-
düelle, & les befoins naturels n'en peuvent trouver que dans celle de l'efpece:
je me fais befoin d'une maifon de ville
& d'une de campagne: mais je ne puis
avoir befoin de diner deux fois; il n'eft
pas cependant moins vrai que les befoins d'opinion font dans l'abfolue dépendance des befoins naturels: il faut
que j'aie dîné pour me plaire à un concert: c'eft de la quotité des richeffes
foncieres que dépend celle des richeffes
mobiliaires. Quelques grimaces de luxe femblent démentir ce principe; mais
les évaluations paffageres & mobiles
n'ont lieu qu'entre un petit nombre de
riches, effets & caufes de la ruine publique. Sortez dans les provinces d'une
nation pauvre, les affiquets pris par
le luxe dans fa capitale, n'y trouveront pas d'acheteurs: une nation ne
peut en un mot fe procurer un fuperflu
de jouiffances que par un fuperflu de revenus. Ainfi une nation ne peut avoir
de richeffes mobiliaires qu'au prorata
de fes revenus: tels font les rapports
des *dépenfes* avec les richeffes mobiliaires d'une nation.

L'argent ne peut être regardé que
comme une richeffe qui s'acquiert par
d'autres richeffes: perfonne ne reçoit
de l'argent qu'en échange de quelqu'autre chofe; l'argent n'eft utile qu'autant
qu'il rend richeffe pour richeffe: l'argent ne peut donc enrichir une nation,
puifqu'il coute autant qu'il vaut, &
qu'il ne rend que ce qu'il vaut: il n'y a
dans tout cela qu'échange & point de
production, point de richeffe renaif-
fante, point de profit: ayez toujours
de quoi vendre, vous aurez toujours de
l'argent.

Quelqu'abondante que fût la richeffe
pécuniaire en Europe, nous n'en ferions pas plus riches en argent fi nous
n'avions pas des productions à vendre,
ou fi une police déréglée faifoit tomber
nos productions en non - valeur. Si
vous avez beaucoup de productions à
bon prix, & un commerce libre, vous
aurez auffi une grande quantité d'argent pour les befoins de l'Etat, & pour
acheter des richeffes plus profitables &
plus fatisfaifantes que l'argent: mais
on s'en tient à vouloir acquérir l'argent,
fans fonger que l'argent eft une marchandife étrangere qu'il faut acheter:
que fi l'on tient fes denrées à bas prix,
on achete par échange l'argent fort
cher, tandis qu'on vend à fort bon
marché fon argent à l'étranger dans les
achats qu'on fait chez lui.

L'argent n'eft pas recherché comme
métal: or comme numeraire il n'y en a
jamais dans un Etat que ce qui eft en
circulation: la circulation eft toujours
au niveau des *dépenfes*, puifqu'il n'y
a qu'elles qui les mettent en mouvement. Les *dépenfes* circulaires ne peuvent être qu'au niveau des revenus,
puifqu'il n'y a que l'emploi des reve-

E e e 2

nus qui foit *dépenfes* circulantes : il n'y a donc jamais d'argent dans un Etat qu'autant qu'il y a de revenus : le refte qui féjourne dans des caves ou des coffres forts, n'en fortira que pour être prêté à ufure, comme on le feroit à fon pire ennemi, & on le trouvera chez fon pire ennemi.

L'argent eft donc marchandife : or les menues & fauffes fpéculations de préférence d'une forte de marchandife fur l'autre, ne font pas dignes de gouverneurs quelconques : leur objet doit être de protéger par-tout l'ordre naturel, & de veiller à ce que rien ne s'oppofe à fa marche préordonnée & prefcrite par les loix mêmes du mouvement : par elles, les *dépenfes* de confommation s'arrangent de maniere qu'elles montent toujours au niveau des productions : le travail s'accroît en proportion : la reproduction fruit du travail, furpaffe le taux des *dépenfes* précédentes, & crée ainfi de nouvelles *dépenfes* qui vont exciter une plus forte reproduction, donner de plus grands revenus, & étendent ainfi vraiment un empire, non en fuperficie déferte, mais en profondeur, puiffance & folidité. (D. F.)

DÉPÊCHE, f. f., *Droit public*, lettre d'affaire, qu'on envoye en diligence par un courier exprès pour quelque affaire d'Etat, ou quelqu'autre chofe importante.

Ce font les fécrétaires d'Etat ou leurs commis qui font chargés des *dépêches*. Un roi donne fes ordres à fes miniftres qui font dans les pays étrangers par *dépêches*.

En Allemagne ces fortes de couriers fe nomment *eftaffettes*, en Italie *ftaffetta*; ils ont la livrée de l'empereur, & l'on eft obligé dans toutes les poftes de les monter, & ils vont feuls fans poftillon.

Le mot de *dépêches* fe dit auffi pour le paquet même qui contient ces fortes de lettres ; mais alors il n'a point de fingulier. C'eft dans ce fens qu'on dit : *Le courier a rendu fes dépêches.*

Les François ont eu fous Louis XIV. un confeil de *dépêches*, auquel affiftoient M. le dauphin, le duc d'Orléans, le chancelier, & les quatre fécrétaires d'Etat. Ce confeil fubfifte encore aujourd'hui fous le même titre.

En Efpagne, le fécrétaire d'Etat chargé du département des affaires étrangeres, eft appellé le fécrétaire des *dépêches* univerfelles, *del defpatcho univerfal.*

DÉPIÉ DE FIEF, f. m., *Droit féod.*, eft la dévolution du fief fervant au fief dominant, caufée par le démembrement fait par le vaffal contre la difpofition de la coutume ; de maniere que le *dépié* étant confommé, les anciens vaffaux & fujets du vaffal ne relevent plus que du feigneur fuzerain.

Le *dépié de fief* ne fe fait, à proprement parler, que par l'aliénation de plus du tiers du fief, foit qu'il y ait rétention ou démiffion de foi ; car l'aliénation du tiers jufte, ou au-deffous, fans rétention de foi & hommage, que quelques-uns ont voulu faire paffer pour une caufe de *dépié*, ne l'eft point véritablement, puifque le vaffal ne perd point fon fief par l'aliénation d'une partie qui n'excede pas le tiers, mais feulement la féodalité de la partie aliénée.

Sur quoi remarquez, 1°. qu'il y a lieu au *dépié de fief*, encore que le démembrement de plus du tiers n'ait pas été fait par un feul contrat, mais à différentes reprifes : car alors la derniere aliénation s'accumule avec les autres, & confomme le *dépié*.

2°. Que par le *dépié de fief* la maniere

de relever n'eft point changée, c'eft-à-dire, que ceux qui relevoient cenfivement du vaffal avant le *dépié*, ne relevent point du fuzerain à foi & hommage ; parce que le *dépié* n'opere d'autre effet que la confolidation & la réunion du fief fervant au fief dominant.

3°. Qu'il ne fe fait jamais de *dépié* par les démembremens néceffaires, c'eft-à-dire, par les divifions & partages entre co-héritiers, pourvu que le partage fe faffe des deux tiers au tiers, avec rétention de foi. Par exemple, Titius a laiffé un fief à partager entre trois enfans ; pour éviter le *dépié*, l'un des enfans doit prendre les deux tiers, avec rétention de la foi entiere, pour la porter au feigneur dominant, & les deux autres enfants doivent prendre le tiers reftant ; ce qui étant ainfi pratiqué à chaque divifion du fief entre co-héritiers ; il n'y aura point de *dépié*, quoiqu'à force de partages, aucun des co-héritiers ne fe trouve poffeder même le tiers du fief.

4°. Que l'avancement d'hoirie, ou le don fait à l'héritier préfomptif, ne donne point lieu au *dépié de fief*, encore qu'on n'ait pas gardé la proportion des deux tiers au tiers, parce que, ce qui eft fait contre les regles, peut être réparé par le partage définitif après le décès du donateur.

5°. Que le *dépié de fief* n'a point lieu en contrat de vente à pacte de rachat, pourvu que la faculté de réméré foit exercée dans le terme convenu. La raifon eft, parce que la vente avec faculté de réméré ne fait aucun changement à l'égard du feigneur dominant, qui continue à recevoir la foi & hommage du vendeur ou de fes héritiers, pendant la grace du réméré.

6°. Qu'il ne fe fait point de *dépié* par la conftitution d'ufufruit, parce que la foi étant toujours due par le propriétaire, & non par l'ufufruitier, il eft vrai de dire qu'il n'y a point de mutation du vaffal par tel contrat. En un mot, il faut tenir pour certain en cette matiere, qu'il n'y a que l'aliénation de la propriété du fief qui foit prohibée par les coutumes ; & qu'ainfi quelque difpofition que le vaffal faffe de fon fief, il n'y a jamais lieu au *dépié*, pourvu qu'il n'y ait pas aliénation de plus du tiers ou des deux tiers, fuivant les différentes coutumes. C'eft pourquoi les feudiftes tiennent communément qu'il n'y a point de *dépié*, lorfque le vaffal vend des bois de haute futaie pour une fomme qui excede la valeur du tiers de fon fief, parce que la coupe du bois n'empêche pas le fief de fubfifter en fon entier, & d'avoir la même contenance & étendue.

Le *dépié de fief* eft fujet aux loix de la prefcription trentenaire ; de maniere que, fi le feigneur dominant laiffe paffer l'efpace de trente ans fans intenter l'action de *dépié*, ou fans jouir des droits & profits féodaux dépendans du fief fervant, il ne peut plus agir pour demander le *dépié* qui fe trouve couvert par la prefcription : mais le délai de trente ans ne commence à courir que du jour de la derniere aliénation qui a confommé le *dépié*, parce que la prefcription ne peut être oppofée à celui qui n'a pas d'action.

Le *dépié de fief* tombe en action, c'eft-à-dire, que le feigneur dominant doit faire déclarer le fief de fon vaffal dépiécé, avant de pouvoir ufer de faifie féodale ; néanmoins les profits féodaux échus avant la fentence appartiennent au feigneur dominant, parce que le *dépié* eft acquis de plein droit, & que la fentence ne fait que confirmer la peine prononcée par la coutume.

Talis sententia est potiùs declaratoria quam condemnatoria.

On demande si le seigneur dominant n'ayant point fait déclarer le fief dépiécé par sentence du juge, dans les trente ans qui ont couru du jour de l'aliénation qui a consommé le *dépié*, mais ayant joui des effets de la dévolution pendant ledit espace de trente ans, le vassal est recevable à lui opposer la prescription? Je pense que le vassal n'est pas recevable : la raison est, parce que le seigneur dominant ayant joui des effets du *dépié*, on ne peut lui opposer la prescription, puisqu'il est en possession lui-même, qu'il a interrompu celle de son vassal, & que d'ailleurs il a le droit de son côté, puisqu'il y a un véritable *dépié*.

Observez qu'il y a quelques pays où le *dépié de fief* n'a point lieu par l'aliénation du tiers, mais seulement par le démembrement de plus des deux tiers du fief. Or comme les coutumes qui n'admettent le *dépié de fief* que par le démembrement des deux tiers, sont plus favorables aux vassaux, leur disposition doit être étendue à celles qui n'en ont point de certaine à cet égard.

La peine du *dépié de fief* n'est pas la même dans tous les pays. Ainsi dans quelques-uns, lorsque le fief est dépiécé, les possesseurs des choses aliénées deviennent bien les hommes du seigneur dominant, & cessent de reconnoître le vassal; cependant le vassal n'est pas privé de la mouvance des choses qu'il a retenues. Il en est autrement dans d'autres, où le vassal perd toute mouvance par le *dépié de fief*. (R.)

DÉPOPULATION, s. f., *Droit Polit.*, est proprement l'action de dépeupler un pays ou une place. Cependant ce mot se prend plus ordinairement dans le sens passif que dans le sens actif. On dit la *dépopulation* d'un pays, pour désigner la diminution de ses habitans, soit par des causes violentes, soit par le seul défaut de multiplication.

La terre contient-elle aujourd'hui réellement moins d'habitans que dans les anciens tems? & si elle est dépeuplée, quelles sont les causes de cette *dépopulation*? Voilà deux questions bien importantes pour l'humanité. Tâchons de les résoudre. La premiere étant une question de fait, nous ne saurions la décider sans le secours de l'histoire. Elle sera donc notre guide. Mais pour éviter de faire un traité à la place d'un article, nous bornerons nos recherches à la population ancienne des peuples qui habitent les côtes de la Méditerranée. Commençons par l'Egypte si renommée dans l'histoire ancienne.

L'Angleterre, suivant la revue du globe par M. Templeman, contient 49,450 milles en quarré, dont il en faut 60 au degré, & l'Egypte 140,700 : ainsi l'étendue de l'Egypte est à celle de l'Angleterre, comme 2.84 à 1. On calcule que l'Angleterre contient 8 millions d'habitans. Si l'Egypte étoit peuplée à proportion, elle en devoit contenir environ 22,700,000; mais, suivant les anciens historiens, il paroît qu'elle étoit bien plus considérable; en effet, suivant le calcul du savant Halley, tiré des faits rapportés par Diodore, Herodote, &c.; l'Egypte dans ses beaux jours comptoit près de 40 millions d'habitans, & elle étoit $\frac{3}{4}$ ou 3 fois aussi peuplée que l'Angleterre.

La Palestine, étoit un pays d'une très-petite étendue. Suivant Templeman, elle ne fait pas la sixieme partie de l'Angleterre, & doit certainement avoir été un très-petit pays : cependant nous trouvons dans les livres sacrés, *Chronique XXI. v. 6.* que les combattans, à l'exclusion des deux tribus de Levi & de Benjamin, étoient au nombre de 1, 570, 000. Et si nous prenons la proportion de ces deux tribus aux dix autres, par leur dénombrement marqué dans un autre passage, *Nombres chap. I. 4.* nous ferons obligés d'y en ajouter plus de 121, 000; tout le nombre des combattans montant par ce calcul à 1, 691, 000.

Et le quadruple de cette derniere somme, ou le nombre total des habitans à 6, 764, 000, *Chron. XIII. 3.* suivant quoi la Palestine doit avoir été du moins cinq fois aussi peuplée que l'Angleterre.

Passons à la Grece que nous trouverons ne l'être pas moins : suivant la revue du globe de Templeman.

L'Epire contenoit de milles en quarré	7955
La Thessalie	4650
L'Achaïe	3420
Le Peloponnese	7220
Somme totale	23, 245

Et la Grece dans sa plus grande splendeur n'étoit composée que de ces pays-là, car l'Albanie & la Macédoine qui étoient un peu plus étendues que les quatre autres, n'étoient pas censées faire partie de la Grece. Si l'on exclut donc ces deux contrées, la Grece n'étoit pas aussi grande de moitié que l'Angleterre, cependant elle renfermoit plusieurs grandes villes & républiques, & doit avoir été extrèmement peuplée. Nous trouvons un passage dans Athénée, au sixieme livre de ses *Deipnosophistes*, qui pourra nous servir à faire quelques conjectures probables sur l'état d'Athenes : car Démétrius de Phalere fait monter de son tems le dénombre-

ment de ses habitans à	21, 000
& celui des étrangers à	10, 000
total	31, 000

Donnant donc à chaque homme une femme & deux enfans, le nombre de ceux qui étoient libres, se montoit à 124, 000.

Si la famille étoit plus considérable, le nombre des citoyens doit l'avoir été à proportion; mais ne comptant les citoyens libres que sur le pied de 124,000 & y ajoutant les esclaves qu'Athénée met à 400,000

Les habitans de l'Attique étoient en tout	524,000
Comptant six personnes libres dans chaque famille, leur nombre se montoit à	186,000
Et celui des esclaves à	400,000
Somme totale	586,000

Mais l'Attique ne faisoit que partie de la Grece ou de l'Achaïe proprement dite, qui contenoit plusieurs autres districts; savoir, l'Etolie, la Doride, Locris Ozolæ, la Phocide, Megare, la Béotie, & Locris Epicnemidie; & quoique parmi ces Etats quelques-uns fussent médiocres, d'autres étoient considérables jusqu'à se montrer les rivaux d'Athenes. Tous sept, y compris l'Attique, ne contenoient suivant Templeman, que 3420 milles en quarré, & quoique l'Attique paroisse avoir été beaucoup plus grande qu'aucun des 7 autres Etats, à l'exception de la Béotie, son territoire ne peut avoir en grandeur qu'un quart de l'Achaïe, ou contenu au-delà de 855 milles en quarré : mais en supposant qu'elle en eût contenu 1000, elle ne faisoit pas à ce compte la 23e partie de la Grece, & si toute la Grece étoit peuplée au même degré de proportion, elle contenoit au-delà de 12,000,000 d'habitans.

Si l'Attique ne contenoit que 855 milles en quarré, les habitans de la Grece se monteront à plus de 14,000,000. Si elle ne faisoit que la cinquieme partie de l'Achaïe, leur nombre se trouvera être de plus de 17000,000 : prenant donc un milieu entre ces trois dernieres computations, il surpassera celui de 14,000,000 ; ainsi, si la Grece eût été aussi grande que l'Angleterre, elle eût contenu au-delà de 29,000,000 d'hommes, & été près de quatre fois plus peuplée ; & quelque peu apparent que cela paroisse aux grands admirateurs de la politique moderne, cela cessera de l'être s'ils considerent combien les Grecs étoient un peuple puissant.

L'Italie étoit aussi très-peuplée. Du tems de Servius Tullius, sixieme roi de Rome, elle comptoit de puissans Etats vers le Sud, sur-tout dans la grande Grece. Le seul Etat de Sybaris, au rapport de Diodore, *lib.* 12. *cap.* 9. envoya une armée de 300,000 hommes contre les Crotoniates, qui lui en opposerent une de 100,000. Sur ce pied ces deux Etats voisins avoient environ un million & demi d'habitans, à supposer même qu'ils n'eussent pas un plus grand nombre de soldats que ceux qu'ils avoient fait marcher, ce qui n'est nullement probable.

Strabon, *Lib.* 6. *pag.* 404. fait le même rapport de Sybaris, & ajoute de plus, que sa distance de Crotone étoit d'environ 200 stades ou de 25 milles grecs, son circuit de 50 stades ou de 6 milles grecs & un $\frac{1}{4}$, & que cet Etat donnoit la loi à quatre tribus ou nations voisines, & à 25 villes ; suivant le même auteur *lib.* 6. *pag.* 429. il y avoit plusieurs autres Etats & villes considérables dans la grande Grece : les Ta-

rentins sur-tout, étoient un peuple très-puissant, en état de lever 30,000 fantassins ; 3000 cavaliers & 1000 officiers de cavalerie ; d'ailleurs leur flote étoit bien équipée, & tout le pays aux environs de la grande Grece cependant ne faisoit qu'une partie de ce qu'on appelle aujourd'hui le *royaume de Naples*, qui n'a guere plus de deux cinquiemes de l'étendue qu'a l'Angleterre.

Mais nous serons plus en état de connoître les anciennes forces de l'Italie, & les Etats puissans & nombreux qui la composoient, si nous faisons attention à leurs longs débats avec les Romains, & à la lenteur des progrès de ceux-ci, malgré la multitude & la valeur de ce peuple belliqueux.

Ce fut environ vers l'an 420 que commença la puissance des Romains ; car ils entreprirent une guerre à Samnium, à la distance de près de 130 milles romains de la ville ; & ce ne fut que vers l'an 450 de Rome, qu'ils firent quelques considérables entreprises sur l'Etrurie. La guerre avec les Tarentins n'eut lieu que vers l'an de Rome 477 : mais pendant cet espace de 400 ans, ils s'étoient prodigieusement multipliés.

Le dénombrement ne fut institué que sous le regne de Servius Tullius, qui commença environ 175 ans après la fondation de Rome. Tite-Live observe qu'au premier dénombrement il y eut 80,000 citoyens Romains d'enrôlés, & un autre historien, qu'il cite, rapporte qu'ils étoient tous en état de porter les armes. On peut voir d'un coup d'œil tous les dénombremens particuliers faits en différens tems, rassemblés dans un ouvrage de Vossius, qui a pour titre *Observations diverses, pag.* 26. L'an 245, le dénombrement étoit de 130,000 hommes : l'an 256, de 140,700. Entre l'an 4 & 500, il se montoit quelquefois à 278,000,

278,000, quelquefois même jusqu'à 292,224.

Presque pendant tout ce période le territoire Romain étoit très-petit ; ainsi combien ne devoit-il pas être rempli d'habitans ? D'ailleurs les dénombremens n'étoient que de personnes libres, les esclaves ne s'y trouvoient point compris : les Romains ne les employoient à la guerre, & ne les enrôloient comme citoyens que dans le cas de nécessité, quoique dès le commencement ils en eussent déja en grand nombre.

Une autre preuve de la grande multitude des Romains, ce sont leurs guerres continuelles, dans lesquelles ils perdoient une si prodigieuse quantité de monde presque tous les ans : par où il paroit évidemment que si leur pays d'une petite étendue n'eût été peuplé à un point extraordinaire, il n'eût jamais été en état de fournir aux armées des renforts si constans, les batailles étant presque continuelles, dans lesquelles, quoiqu'ordinairement victorieux, ils ne l'étoient cependant pas toujours, ayant fait plusieurs fois des pertes considérables, & achetant souvent la victoire bien cher : malgré tout cela ils se voyoient toujours en état de lever des armées nombreuses ; ce qui prouve manifestement combien leur pays étoit peuplé : & ce nombre prodigieux n'étoit pas restreint uniquement à cette partie de l'Italie qui appartenoit aux Romains, mais s'étendoit encore aux autres Etats & républiques puissantes qui composoient cette ancienne contrée.

Terra antiqua, potens armis, atque ubere glebæ.

La Sicile étoit également très-peuplée avant le tems d'Alexandre le grand, & renfermoit nombre de puissans Etats.

Tome IV.

La grandeur & les richesses de Syracuse sont très-fameuses. Suivant Ciceron, c'étoit la plus grande ville que les Grecs possedassent, & Strabon remarque qu'elle étoit environnée d'un mur de 180 stades ou de 22 milles grecs & demi.

C'étoit en effet la plus grande & la plus puissante ville, mais non pas la seule ville puissante de la Sicile, comme il paroît évidemment par les prodigieuses armées que les Carthaginois envoyerent contre les Siciliens, de la peine qu'eut un peuple si riche & si redoutable par sa puissance à faire ses conquêtes & à les conserver, aussi bien que par le sang & les trésors qu'il lui en coûta pour se gagner quelque terrein un peu considérable dans cette petite isle.

On prétend que l'Agrigentum (Gergenti, ville de Sicile) en particulier ne contenoit pas moins de 200,000 hommes tant natifs qu'étrangers : or, si l'on n'entend que les chefs ou ceux qui étoient propres pour la guerre, le nombre des habitans doit avoir été au-dessus de 800,000 ; mais à ne les fixer qu'au premier nombre, cette ville doit avoir été également peuplée & puissante.

On peut juger de l'opulence & de la puissance de la Sicile, principalement par la grandeur de Syracuse, qui cependant ne put jamais dominer sur toute l'isle. Si l'on considere ses autres Etats, le terrein que les Carthaginois y avoient gagné, & que l'on fasse attention qu'en total, elle ne fait pas la cinquieme partie d'Angleterre, on sera forcé de convenir que le territoire de Syracuse étoit très-petit ; cependant elle se vit en état de se défendre contre les Etats maritimes les plus puissans de ce tems-là. Là puissance des Carthaginois étoit pour lors très-formidable, & ils avoient déja fait plusieurs entreprises sur la Sicile

F f f

avant d'être engagés dans aucune guerre avec les Romains. Les hiftoriens remarquent qu'ils avoient préparé des armées & équippé des flottes prodigieufes à ce deffein.

Les Gaulois devoient être extrèmement nombreux ; ce qu'il eft aifé de conclure par les armées prodigieufes qu'en plufieurs occafions ils oppoferent à Céfar, qui dans le fecond livre de fes *Commentaires, Cæfar in bell. Gall. lib. 2. cap. 4.* nous donne une lifte particuliere des levées faites dans Belgium, & ce fut à cette occafion que les Beauvaifois entreprirent de lever

	hommes 60,000
Les Soiffonnois	50,000
Les Nerviens, ou ceux du comté de Hainault	50,000
Ceux du territoire d'Aras	15,000
Ceux du diocefe d'Amiens	10,000
Les Morins, peuple de la Belgique feconde fur l'Océan	25,000
Les Menapiens	9,000
Les habitans du pays de Caux	10,000
Les Velocaciens & les Vermandois	10,000
Les Aduatitiens	19,000
Les Germains	40,000
Somme totale	298,000

Or, il n'eft pas probable que cette levée comprît tous les hommes du Belgium en état de porter les armes : car Céfar étoit informé que les Beauvaifois pouvoient fournir 100,000 hommes, quoiqu'ils ne fe fuffent engagés que pour 60,000 : prenons maintenant le total dans la proportion de 10 à 6, le montant des hommes dans tous les Etats du Belgium, capables de porter les armes, devoit être de 496,666, & en quadruplant ce dernier nombre, le Belgium doit avoir contenu 1,986,664 habitans que nous pouvons fuppofer libres

ou non employés à des offices ferviles ; car chez les Gaulois, outre ceux qui alloient à la guerre, il y en avoit plufieurs d'exempts : parmi eux comme parmi les autres nations, il fe trouvoit nombre d'efclaves, de laboureurs, & d'autres qui fe livroient à ces arts méchaniques que des guerriers regardoient comme indignes d'eux. Cela paroit par le récit de Céfar, qui, en parlant des différens ordres parmi les Gaulois, partage ceux qui étoient de quelque confidération, en deux claffes, & leur donne le nom de *Druides* & de *Cavaliers* : il donne aux autres le nom de bas peuple, & les repréfente comme efclaves : par les cavaliers, il entend les guerriers ; car lorfque quelque guerre s'allume, *omnes*, dit-il, *in bello verfantur.*

Ceci ne donne-t-il pas à entendre que dans la mention des levées des troupes Gauloifes contre Céfar, la populace eft peu comprife, comme chargée du foin de labourer la terre, ou de travailler à de plus vils emplois? & en la fuppofant trois fois auffi nombreufe que le refte, nous compterons dans le Belgium environ 8,000,000 d'habitans : & cette triple proportion fe confirmoit à Athenes, comme auffi prefque par tout ailleurs où l'on obferve que les gens de travail font en beaucoup plus grand nombre que leurs maîtres : or il paroit que le Belgium ne faifoit que la quatrieme partie des Gaules : car il étoit borné d'un côté par le Rhin, de l'autre par l'Océan, & d'un troifieme par les rivieres de Seine & de Marne ; mais les Gaules étoient bornées d'un côté par les Alpes, qui les féparoient de l'Italie, enfuite par le Rhin qui les féparoit de la Germanie, & de tous côtés par l'Océan, excepté où les Pyrénées en font la féparation d'avec l'Efpagne : ce qui devoit faire une vaste étendue de pays : & si elles surpassoient le Belgium quatre fois en grandeur, comme il étoit probablement vrai, on peut compter 32,000,000 d'habitans dans les Gaules.

Je n'entreprendrai point d'autres calculs, quoiqu'il fût sans doute aisé d'en faire plusieurs, en parcourant les auteurs anciens avec le soin & l'exactitude qu'un tel sujet mérite : j'observerai seulement que suivant toute apparence, plusieurs autres pays étoient anciennement plus peuplés qu'ils ne le sont à présent, quoiqu'il ne soit pas aisé d'assigner des calculs particuliers à ce sujet : c'est l'état de presque toutes les isles de la Méditerranée & de la mer Ægée, qui dans les beaux jours de la Grece, étoient peuplées abondamment ; de l'Asie mineure si florissante autrefois ; de toutes, ou du moins d'une bonne partie des côtes de la Méditerranée vers l'Afrique ; de la Colchide, & de toute l'étendue entre le Pont-Euxin & la mer Caspienne ; de l'ancienne Hircanie, & des autres pays vers le nord ou nord-est de la Perse, où, suivant Pline, il y avoit autrefois des nations nombreuses & florissantes, & où à présent l'on ne trouve presque que des déserts & des forêts.

Ayant ainsi parcouru les côtes de la Méditerranée, fait la revue de l'Egypte, de la Palestine, de la Grece, de l'Italie, de la Sicile & des Gaules, & sur des calculs particuliers, formé quelques conjectures probables pour établir que dans ces pays, le nombre des hommes étoit plus considérable dans les anciens tems, & que dans les modernes la terre s'est considérablement dépeuplée, nous allons examiner les causes de cette *dépopulation* : ces causes sont physiques ou morales.

Toute altération dans la température de l'air, toute diminution de chaleur de soleil, de vertu saine & nourrissante de la terre, sont autant de causes physiques, qui sont censées agir sur les végétaux ainsi que sur le corps animal, & prévenir la génération, ou enlever un plus grand nombre dans tous les différens périodes de la vie. On peut supposer que des causes de cette nature agissent dans les mêmes climats en des siecles différens & en différens climats dans le même siecle. Le genre humain peut être cruellement ravagé par la peste & par la famine, & un pays fertile devenir un affreux désert : cependant des causes de cette espece ne semblent pas encore suffisantes pour expliquer le phénomene d'une si grande *dépopulation* ; & il ne paroît pas qu'il y ait eu de changement dans l'état de la nature, qui ait pu produire aucune différence considérable, soit sur toute la terre, soit dans quelques régions particulieres ; c'est pourquoi nous ne voulons point nous fonder sur des causes naturelles de cette espece. On pourroit cependant trouver des causes naturelles d'un autre genre, dont les effets n'ont pas été peu considérables : c'est ainsi que des maladies, inconnues autrefois, peuvent avoir produit de terribles ravages chez les modernes. Deux des plus remarquables, sont la maladie vénérienne & la petite vérole.

La petite vérole semble avoir paru dans le monde, presque vers le tems de Mahomet. Le premier qui en fait mention, est un certain Aaron, prêtre & médecin d'Alexandrie en Egypte, qui fleurissoit environ l'an 622 ; & la petite vérole n'a été connue en Europe des médecins Grecs, qu'après l'an 640 : il paroît par des relations très-exactes, qu'en plusieurs villes de la province de York, dans quelques autres endroits

d'Angleterre, & à Boston, colonie an-
gloife, la petite vérole enleve deux per-
fonnes de onze qui en font attaquées; mais comme d'autres pays peuvent être plus fains à cet égard, & que plufieurs ne l'ont jamais eue, nous ne pouvons, fur le calcul précédent, déterminer la proportion de ceux qui dans toute la race du genre humain meurent de la petite vérole. Le docteur Jurin cependant, en comparant les bills de morta-lité dans Londres pendant l'efpace de 42 ans, a montré que dans cette capi-tale & aux environs, à peu-près un douzieme de tous ceux qui naiffent, meurent de cette maladie : & comme l'on peut raifonnablement s'imaginer que les autres endroits de l'Europe ne font pas plus fains à cet égard que la ville de Londres, nous pouvons hardiment conclure qu'une douzieme partie du genre humain étoit emportée par la pe-tite vérole, & prefqu'à la fleur de l'âge avant d'être en état d'avoir des enfans : or, n'y ayant aucune maladie, à beau-coup près auffi meurtriere, qui, en vogue autrefois, ait ceffé de nos jours, on peut fans fcrupule mettre la petite verole au rang des caufes qui ont con-tribué à la *dépopulation* du monde.

La maladie vénérienne parut pour la premiere fois en Europe au fiege de Na-ples en 1493. Le ravage qu'elle fit, fut confidérable d'abord, & quoiqu'actuel-lement elle ne foit pas à beaucoup près auffi mortelle que la petite vérole, ce-pendant comme elle rend fréquemment les deux fexes ftériles, ou du moins les débilite au point de tranfmettre la maladie, les infirmités fes compagnes, & la ftérilité à leur poftérité même, on peut raifonnablement révoquer en doute laquelle de ces deux maladies a le plus contribué à la diminution du genre humain.

Mais indépendamment des perni-cieux effets des maladies particulieres, ou d'autres caufes phyfiques que l'on peut alléguer, ces caufes feules ne fuf-fifent point : pour rendre raifon de la *dépopulation* de la terre, d'une maniere plus parfaite & plus fatisfaifante, il faut recourir aux caufes morales; tel-les font 1°. la différence des religions, & d'inftitutions religieufes ou morales, 2°. les différentes coutumes, eu égard aux domeftiques & à l'entretien des pauvres; 3°. les différentes regles de fucceffion quant aux biens & au droit d'aîneffe; 4°. le peu d'encouragement que l'on donne aux mariages aujour-d'hui; 5°. le grand nombre de foldats dans les armées fur pied en Europe; 6°. la trop grande étendue du com-merce; 7°. l'abandon de l'agriculture; 8°. la différence de l'étendue du gou-vernement ancien & moderne, & enfin la perte de l'ancienne fimplicité qui avoit regné fi long-tems. Quelques-unes de ces caufes paroîtront plus for-tes que les autres; cependant je crois que chacune en particulier, & tou-tes en général doivent avoir influé, & produit ces changemens confidéra-bles.

Premierement. La religion ne fauroit manquer d'influer fur ce fujet; il eft très-important fans doute qu'elle n'en-feigne aucune doctrine, ni n'infinue aucun précepte défavorable à la fociété; or depuis les tems reculés, il s'eft fait dans la religion deux changemens con-fidérables; au paganifme a fuccédé d'a-bord le chriftianifme, & le mahometif-me enfuite. Confidérons leurs différens effets.

La polygamie étant un empêchement à la propagation du genre humain, le chriftianifme ne fauroit avoir aucune fâcheufe influence à cet égard; au contfaire, la fociété doit en tirer avantage. Quelques rapports merveilleux que l'on nous ait faits de la difproportion entre les mâles & les femelles, & d'un plus grand nombre de celles-ci que l'Orient voit naître ; cependant, s'il faut s'en rapporter aux plus exactes obfervations faites dans l'Occident, la proportion entre la naiffance des mâles & celle des femelles paroît égale à peu de chofe près : de forte que pour l'avantage le plus égal de la race humaine, & le plus convenable à la propagation, il ne doit être permis à un feul homme, que d'époufer une feule femme à la fois. Ainfi la polygamie, qui prive plufieurs hommes de femmes, & en vertu de laquelle plufieurs femmes ont un feul homme, moins favorable à la génération, doit être néceffairement d'une dangereufe influence. *v.* POLYGAMIE. Le mahométifme, à cet égard, eft très-dangereux, & fi à la pernicieufe influence de la polygamie on joint l'inftitution des eunuques prépofés à la garde des femmes, & les efclaves femelles qui affiftent les eunuques dans leur pénible emploi, & fe marient rarement ; quel effet cela ne doit-il pas produire dans tous les pays où le mahométifme domine actuellement, & où l'on ne voyoit autrefois ni polygamie ni eunuques ? les endroits les plus Orientaux de l'Europe, & les plus Occidentaux de l'Afie fe trouvent dans ce cas : & les changemens qu'ont fubis les nations les plus éloignées vers l'eft, ne prouveroient rien contre notre fyftème, puifque la polygamie y avoit lieu, & que les eunuques y fourmilloient dès les tems les plus anciens.

Quoique le chriftianifme dans fa pureté primitive ne foit pas défavorable à la population, cependant on peut quelquefois en abufer comme des meilleures inftitutions : & il ne feroit peut-être pas aifé de juftifier tous les édits des empereurs chrétiens à ce fujet : ce qu'il y a de fûr, c'eft que l'on peut regarder le nombre prodigieux de prêtres non mariés dans les pays catholiques, qui font une fi grande partie de l'Europe, & celui des perfonnes du fexe qui dans des couvens font vœu de virginité, comme une des principales caufes de la *dépopulation* dans les pays qui font fous la domination du fouverain pontife. Que l'on compare d'égales étendues de pays catholiques & proteftantes, & l'on verra les premiers prefque déferts en comparaifon de la nombreufe population des derniers.

2°. Une autre caufe de cette *dépopulation*, eft la différence des coutumes d'autrefois à celles d'aujourd'hui, relativement aux domeftiques & à l'entretien des pauvres.

Depuis plufieurs fiecles, l'Europe s'eft vue inondée, tant de mendians que de perfonnes qui, n'ayant rien, fubfiftent mincement de leur travail journalier ; l'aumône fourniffant à peine de quoi vivre aux premiers, & le travail aux feconds, ayant bien de la peine à pourvoir à leurs propres befoins, que peut-on attendre d'une fituation pareille ? car, ou ils ne fe marient point du tout, ou leurs mariages ne font point féconds, ou leurs enfans meurent, ou ils deviennent maladifs & inutiles à la fociété, par la pauvreté ou la négligence de leurs parens.

Suivant M. Templeman, on compte 1,500,000 habitans en Ecoffe, & parmi ceux-là 100,000 mendians ou pauvres entretenus aux dépens des autres : ajoutez à cela le nombre prodigieux de ceux du plus bas peuple, qui dans leurs différentes occupations, font accablés de mifere, comme c'eft le cas prefque dans toute l'Europe, & vous appercevrez clairement une source de la *dépopulation*.

Anciennement, les choses étoient sur un tout autre pied : car ou les hommes étoient en état de s'entretenir, ou s'ils tomboient dans la pauvreté, ils se donnoient à de riches maîtres, qui trouvant leur compte dans le nombre de leurs esclaves, pour cultiver leurs terres, & pour travailler à toutes sortes de métiers, les encourageoient au mariage, & prenoient grand soin de leurs enfans, qui leur appartenoient comme provenus de leurs esclaves, & faisoient une portion considérable de leurs richesses.

3°. Les regles touchant la succession & le droit de primogéniture, en vertu duquel l'aîné dans plusieurs Etats de l'Europe, non seulement des plus opulentes, mais encore des moyennes & inférieures familles, emporte la plus grande partie des biens paternels, pour fournir plus de lustre & d'éclat à la famille, tandis que les cadets sont obligés de se contenter d'un très-simple patrimoine, peuvent encore être regardées comme une autre cause de la *dépopulation* dans les siecles modernes : coutume inconnue aux anciens ; car tant les Grecs que les Romains faisoient une distribution plus égale du bien paternel entre tous les enfans : & les anciens, n'ont jamais favorisé les aînés d'une façon aussi disproportionnée. Cette coutume peut sans doute avoir ses avantages, pourvu qu'elle soit restreinte à un petit nombre de familles considérables, qui par leur éclat & leurs richesses, sont en état de rendre de grands services à la patrie. Elle me paroît indispensable dans une monarchie, où le despotisme paroît inévitable sans une brillante & éclatante noblesse : mais si cette coutume s'étend au point de vou-

loir élever & soutenir toutes les familles généralement par cette division inégale des biens paternels, elle deviendra une source fatale d'oisiveté pour les aînés, & empêchera le mariage des cadets, qui nés d'un même sang, & élevés de la même façon, seront naturellement portés à conformer en quelque sorte leur façon de vivre à celle de leurs aînés ; ce qu'ils pourront rarement à moins de se dérober aux embarras qu'une famille entraîne après elle.

4°. Joignons à cela que l'encouragement au mariage est beaucoup moindre de nos jours. Les anciens conféroient des honneurs, & accordoient des privileges aux personnes mariées : celles, en Grece, qui ne l'étoient point, se voyoient en quelque sorte notées d'infâmie, & il n'y étoit pas permis en quelques cas particuliers, de différer ce lien, passé un certain âge : on alloit même plus loin, ceux qui ne l'avoient point contracté, pouvoient impunément être traités avec mépris. Par les loix de Lycurgue, les hommes non-mariés étoient reputés infâmes, exclus de certaines processions, & obligés d'aller tout nuds alentour du marché au milieu de l'hyver, & de chanter une chanson à leur propre honte : on dispensoit même les jeunes gens de leur rendre les respects qu'ils devoient sans cela à leurs aînés. Ce fut là l'occasion du traitement que Dercyllide, homme d'un rang distingué, reçut de la part d'un jeune Lacédémonien, qui, au lieu de se lever, & de lui faire place dans une assemblée publique, lui dit : ,, vous ,, ne devez pas attendre de moi, dans ,, le tems que je suis jeune, un hon- ,, neur que vos enfans ne sauront me ,, rendre lorsque je serai vieux." Les anciennes coutumes de Rome étoient très-favorables au mariage : bien diffé-

rentes de celles de nos jours, qui femblent y répandre fouvent une efpece de
ridicule : nul privilege aujourd'hui pour
les perfonnes mariées : un luxe dominant fait regarder comme une imprudence, de s'établir dans la faifon la plus
convenable de la vie : on ne fonge à fe
marier, qu'après avoir fait une fortune,
à laquelle on ne parvient fouvent que
dans un âge très - avancé. Autrefois il
y avoit une plus grande fimplicité de
goût. Je ne fache aucun endroit, où
les perfonnes non - mariées foient ex-
clues de tous les emplois publics.

5°. Une autre caufe de la *dépopulation*, c'eft le grand nombre de foldats
dans nos armées modernes, où il fe
trouve peu d'hommes mariés, par qui
d'ailleurs tant de femmes font débau-
chées, & tant de maladies infâmes fi
fort & fi fatalement répandues : malheureufe politique à bien des égards,
qui n'eft propre qu'à nourrir l'oifiveté,
à diminuer le nombre du genre humain ;
bien différente de la politique des fiecles les plus reculés, qui fentoit affez
que ceux qui marchent fous les drapeaux de Mars, ne fauroient fuivre en
même tems ceux de l'hymen !

6°. La trop grande étendue du commerce entre l'Europe & les coins les
plus reculés de l'Orient & de l'Occident, paroit encore une autre caufe de
la *dépopulation* en Europe.

Le commerce autrefois, même le plus
étendu, foit chez les Pheniciens, foit
chez les Carthaginois, ou telle autre
nation ancienne, étoit beaucoup plus
reftreint que le commerce moderne,
depuis que l'Amérique fut découverte
par Chriftophe Colomb, & que Vafco
de Gama fit voile vers les Indes Orientales alentour du cap de Bonne-Efpé-
rance. Ces deux découvertes ont fans
contredit donné une grande étendue au

commerce, mais en même tems nombre d'Européens ont été engagés à quitter leur pays natal, & à s'établir dans
les contrées éloignées : combien encore
n'ont point péri dans ces longs voyages,
ou dans des climats mal fains ? il n'eft
pas douteux que ce commerce fi étendu
ne puiffe enrichir quelques villes ou
nations particulieres ; cependant il ne
peut contribuer qu'à tarir l'Europe en
général, & qu'à empêcher l'augmentation d'habitans dans des pays où il fe
trouve des territoires fuffifans. Des nations dans cette fituation heureufe,
feroient fouvent plus nombreufes, fi
elles cultivoient leurs propres terres,
& trafiquoient dans des régions moins
éloignées, où le climat eût plus de rapport à celui de leur pays, & à leur conftitution particuliere. En effet, on ne
peut attribuer qu'à une fafcination fecrete, que tant d'Européens aillent à la
quête d'établiffemens éloignés en Amérique, tandis que les terres en Europe
font fi miférablement cultivées, & que
par une politique convenable, elles
pourroient nourrir un beaucoup plus
grand nombre de perfonnes. L'ancienne
politique étoit bien différente, & paroit
infiniment préférable. Les anciens, fans
négliger le commerce, tournoient davantage leurs vues vers l'agriculture ;
ils commerçoient avec des nations peu
éloignées, & dont le climat étoit plus
favorable à leur conftitution ; mais l'a-
griculture faifoit leur foin principal,
& ils la faifoient valoir. Les anciens
avoient donc un grand avantage à cet
égard : chez eux moins de perfonnes
vaquoient au commerce qui étoit plus
reftreint ; l'agriculture étoit plus encou-
ragée, & pouvoit être mife au rang de
leurs principales occupations.

7°. Le goût pour la vie pacifique &
champètre, fi dominant autrefois, peut

être mis au rang des causes en vertu desquelles les habitans étoient si nombreux, & la décadence de ce goût parmi les modernes sert à rendre raison de la disette de monde parmi nous : il est assez inutile d'examiner bien ponctuellement la façon dont les anciens cultivoient leurs terres, & quelles sortes de personnes ils y employoient : ce qu'il y a au moins de sûr, c'est que plusieurs se servoient d'esclaves, tandis qu'eux-mêmes en avoient la principale inspection. L'agriculture étoit anciennement très-honorée ; la charrue étoit entre les mains du propriétaire, qui lui-même dirigeoit le labourage de ses terres ; c'est par ce moyen qu'elles étoient si merveilleusement cultivées : cela est bien différent parmi nous : on fait peu de cas du travail rustique ; & comme les personnes d'un certain rang souvent le méprisent, on laisse le soin de perfectionner la culture au peuple vil & ignorant, & toutes les dépenses tombent sur l'indigent laboureur : par-là on manque la découverte des meilleurs moyens, & le laboureur est hors d'état de les exécuter : ce qui doit occasionner la stérilité des terres, & être un grand obstacle à l'accroissement du genre humain. L'histoire nous enseigne bien clairement le cas distingué que l'on faisoit de l'agriculture dans les tems heureux des républiques Grecque & Romaine : on la plaçoit au rang des occupations les plus innocentes, les plus utiles, les plus douces & les plus honorables. Les plus grands hommes s'en faisoient un plaisir. Ceux qui commandoient des armées victorieuses, qui brilloient dans les assemblées les plus augustes, & étoient chargés de la principale administration des affaires publiques, se faisoient non-seulement un plaisir de l'agriculture, mais encore une

étude, & y employoient souvent une bonne partie de leur tems. C'est ainsi qu'ils élevoient leurs familles d'une maniere simple & frugale ; c'est ainsi qu'ils travailloient aux intérêts de leur patrie. On a vu ces anciens laboureurs tout-à-coup appellés de la charrue & du labourage de leur petit fonds, aux premiers honneurs de la guerre & à la défense de leur pays, & après avoir triomphé de leurs ennemis, & garanti l'Etat du danger qui le menaçoit, couronnés de lauriers, reprendre avec plaisir leurs occupations champêtres.

Cette simplicité de goût continua long-tems parmi les Romains, & ne fut détruite que par la ruine de leur république, par cette corruption universelle de mœurs qui en fut tout à la fois, & la cause & l'effet. Ceci paroît évidemment par le témoignage de Columelle, dont l'utile ouvrage intitulé, *de re rustica*, montre combien un homme qui vivoit dans des tems corrompus, regrette la perte de l'ancien goût, & loue les mœurs des anciens Romains.

Ces mœurs & ce goût pour l'agriculture, continuerent parmi les Romains, jusqu'aux jours de Caton le censeur, qui fit de sinceres & de généreux efforts, pour conserver les précieux restes de la simplicité & de la frugalité ancienne, & pour arrêter le cours de la corruption de son siecle. Il faisoit de l'agriculture son occupation constante, lorsqu'il n'étoit employé ni à plaider des causes, ni au service du public : & quoiqu'il tînt un rang considérable parmi les Romains, il trouva le tems de composer sur ce sujet un traité, dont une partie a été conservée, & est parvenue jusqu'à nous.

Les Grecs étoient rafinés & corrompus bien long-tems avant les Romains ; cependant

cependant malgré leur rafinement, l'agriculture étoit dans une haute eftime en plufieurs de leurs Etats.

Combien elle étoit honorée à Athenes du tems de Socrate, paroît par le livre de Xenophon des économiques, où fous le perfonnage d'Ifchomaque, qu'il introduit converfant avec Socrate, il nous repréfente la maniere dont vivoient plufieurs parmi les Athéniens, & à quel point ils étoient foigneux de l'agriculture, qui n'étoit pas feulement en vénération parmi les nations les plus fages & les plus puiffantes. Xenophon rapporte dans le même livre ce qui fe paffa entre le plus jeune Cyrus & Lyfandre, & combien Cyrus fe glorifioit de connoître & de pratiquer l'agriculture. J'ai, dit-il à Lyfandre, moi-même deffiné & mefuré tout le jardin, (parlant d'un jardin fuperbe à Sardis); j'y ai planté plufieurs plantes de mes propres mains; & lorfque je fuis en fanté, je ne dine jamais qu'après m'être livré jufqu'à la fueur à quelque exercice guerrier ou ruftique. Je vous rapporte ces chofes, mon cher Critobule, dit Socrate, parce que les plus opulens & les plus heureux des hommes, ne fauroient fe fouftraire à la plus violente inclination pour les occupations champêtres.

8°. On peut encore attribuer la *dépopulation* dans les tems modernes, à l'étendue de plufieurs modernes Etats, comparés à celle des anciens.

Avant Alexandre le grand, & même dans la fuite, jufqu'à l'établiffement de l'empire romain, l'Occident étoit compofé de petits goúvernemens indépendans. Céfar en décrit plufieurs pareils dans les Gaules. L'Italie, la Grece, l'Afie mineure, & les côtes d'Afrique, ainfi que prefque toutes les isles de la Méditerranée & de la mer Ægée, étoient

Tome IV.

des Etats indépendans de ce genre, qui ne contenoient ordinairement qu'une feule ville, & un petit territoire alentour, bien cultivé : car pour l'ordinaire on s'attache beaucoup à la culture des terres fituées tout près des villes.

L'étendue de la plupart des gouvernemens de l'Europe eft beaucoup plus confidérable dans les tems modernes. Ce continent étoit partagé autrefois en plufieurs centaines, peut-être en plufieurs milliers de gouvernemens indépendans : tandis que de nos jours il n'y en a peut-être pas cinquante; en conféquence de quoi un petit terrein, aux environs de la capitale, ou de quelqu'autre ville confidérable eft cultivé avec foin, tandis que l'on néglige les endroits reculés. Par où il paroît évidemment que des Etats d'une petite étendue, doivent favorifer particulierement l'augmentation du genre humain, attendu que le territoire de ces Etats ne s'étendant que peu alentour de la capitale, ne peut manquer d'être parfaitement cultivé.

9°. Le luxe inconnu aux fiecles anciens, contribua par degrés & infenfiblement à diminuer le nombre du genre humain.

Si l'on confidere l'état de l'ancien monde, lorfque les gouvernemens étoient encore petits, & avant que l'on eût inventé tant d'arts qui n'étoient que pour l'ornement, on trouvera qu'au rapport des hiftoriens, les hommes vivoient d'une maniere fimple & frugale, & s'occupoient principalement à l'agriculture, & aux arts les plus néceffaires de la vie ; l'égalité de fortune avoit lieu prefque par-tout, & chez ceux où elle ne fe trouvoit point, la fimplicité prévaloit en général tant parmi les plus opulens que parmi les moins riches. Peu de grandeur, peu de

Ggg

fafte dans leurs équipages, leurs habillemens & leurs tables, en comparaifon du luxe qui s'eft introduit fous les
grandes monarchies. Cette maniere de
vivre fimple & frugale continua long-
tems : elle ne fut point bannie tout-à-
coup, elle déchut par degrés à mefure
que le luxe & le faux goût prévalurent.
v. LUXE.

10°. La corruption des mœurs, fuite
néceffaire du libertinage d'efprit & de
la mauvaife éducation, fait bien du
ravage dans l'efpece humaine. Sans principes & fans regle, les jeunes gens de
nos jours ne connoiffent point de bornes dans leurs excès licencieux, &
pouffent l'effronterie jufqu'à publier
leurs victoires criminelles : accoutumés
au défendu, ils trouvent infipide ce qui
eft permis, & ne font point retenus
par la crainte des maladies honteufes,
qui trop fouvent empoifonnent la fource
de la vie de ceux qui doivent la tenir
d'eux. Cette corruption n'eft que trop
facilitée & fomentée par le grand nombre de proftituées, qui trop fouvent
violent fans remords les loix de la nature, & ofent étouffer ce feu divin qui
alloit vivifier un nouvel être.

11°. L'ufage des nourrices étrangeres
eft une nouvelle caufe de la *dépopulation.*
Mais comme cette matiere n'eft pas du
reffort de cet ouvrage, nous renvoyons
nos lecteurs aux excellens ouvrages qui
en ont traité dans ces derniers tems.

12°. La richeffe des dots contribue
auffi beaucoup à la *dépopulation.* Cette
branche de luxe porte un dommage
infini à la fociété : elle diminue le nombre des mariages, occafionne la méfal-
liance du cœur, en faifant plutôt rechercher les richeffes, que l'objet qui
les poffede ; fait violence à la fécondité ;
en arrête les progrès, refroidit l'union
conjugale en éloignant les époux de ce

qui eft propre à la conferver ; fait naître une indifférence mutuelle, fert de
prétexte à la coquetterie, porte fouvent
à de plus grands excès, & caufe toujours la non exiftence d'une infinité
de citoyens, qui feroient peut-être plus
utiles à la patrie que le petit nombre
des prémices d'une fertilité, auquel fe
bornent ordinairement la plupart des
peres de famille, pour avoir un riche
héritier qui faffe paffer à la poftérité
leur nom & leur puiffance.

13°. L'exceffive rigueur des loix pénales, tant criminelles que fifcales, eft
auffi une caufe de la *dépopulation.* On
fait fouvent perdre la vie, ou l'honneur pour ne pas fentir affez ce que
valent l'une & l'autre. Quels égards ne
doit-on pas avoir pour les premiers ?
& avec quelle précaution ne doit-on
pas agir, dès qu'il eft queftion de dépouiller une femme du plus effentiel de
fes attributs ? Un bon légiflateur doit
moins s'attacher à punir les crimes qu'à
les prévenir : *v.* CRIME : il doit plus
s'appliquer à donner des mœurs, qu'à
infliger des fupplices. Ne pourroit-on
pas dire, qu'il eft des cas à la vérité,
où les loix ne fauroient punir avec trop
de rigueur ; mais que par une extenfion
pernicieufe à la fociété, on applique
trop facilement la févérité des loix à
punir des fautes, auxquelles on pourroit remédier fans compromettre ni
l'honneur, ni la vie des coupables ?
v. PEINES.

14°. Le trop grand nombre des domeftiques dans les villes produit deux
maux à la fois, dévafte les campagnes
qui reftent fans cultivateurs ; & augmente le nombre des célibataires ; car
leur fervice ne peut guere fe combiner
avec le mariage & une famille.

Nous n'entrerons point ici dans un
plus grand détail des caufes de la *dépo-*

pulation de l'espece humaine, parce que nous en avons déja parlé, ou nous en parlerons ailleurs. Nous nous bornerons donc à les indiquer simplement & à renvoyer les lecteurs à leurs articles, pour exposer plus en détail le ravage qu'elles doivent nécessairement faire sur le nombre des hommes. Ces autres causes sont, 1°. le nombre immense des fainéans, des mendians dont on ne tâche pas d'en tirer par de sages réglemens de police, tout le plus grand parti possible pour la population. 2°. Les maisons de force, ces lieux simplement de correction, devenus les tombeaux de la plupart de ceux qu'on y fait entrer. Les impôts, & la maniere de les percevoir. 3°. Les corvées, dont les paysans supportent presque tout le poids. 4°. L'on ne s'attendra pas sans doute à trouver parmi les causes de la *dépopulation* des établissemens que la religion a suggérés, que l'humanité a érigés, que la bienfaisance à dotés ; qui n'ont été construits que pour soulager les infirmités des mortels, veiller à leur conservation, & subvenir à leurs besoins. Cependant rien de plus vrai que les hôpitaux, de telle nature qu'ils soient, contribuent considérablement à la *dépopulation* : *v.* HOPITAL.

5°. On ne s'attendra pas sans doute que nous oublions, dans l'énumération des causes de la *dépopulation* de l'espece humaine, cette quantité prodigieuse de sang, qu'une théologie ténébreuse a fait répandre sur la surface de la terre, depuis l'origine du christianisme jusqu'à nos jours. La terre incapable de l'absorber dans ses entrailles, en a regorgé une grande partie à l'Océan. Qu'on lise *l'Histoire du christianisme* depuis le concile de Nicée jusqu'à nos jours, & l'on verra si l'homme a eu jamais ennemi aussi redoutable, aussi furieux, que son

semblable paré du manteau religieux.

6°. Enfin ces illustres scélérats qui ne sont montés sur le trône, que pour la destruction de l'espece humaine ; ces fameux brigands, que leurs brillans succès ont fait regarder comme des conquérans & des héros ; ces terribles fléaux de l'humanité, dis-je, ont donné des coups si terribles à la population de l'espece humaine, qu'elle ne sauroit plus s'en relever. (D.F.)

DÉPORT, s. m., *Jurisprudence*, est de plusieurs sortes.

DÉPORT, *Droit Canon.*, appellé quelquefois le *droit de vacant*, & dans l'ordre de Malte, *droit de vacant & mortuorum*, est une espece d'annate qui se prend par les évèques ou archidiacres sur le revenu d'un bénéfice vacant de droit ou de fait ; l'on dit que c'est une espece d'annate, & non simplement une annate, pacce que dans les pays où ce droit a lieu, ceux en faveur de qui il s'y trouve introduit, ne perçoivent pas uniformément & constamment le revenu de la premiere année du bénéfice ; mais les uns ne les perçoivent que de la moitié de l'année, les autres d'une année révolue, quoique la vacance ait moins duré, & enfin les autres en jouissent plus ou moins de tems selon que dure la vacance. Il n'y a à cet égard aucune regle certaine & commune. Ce droit, ainsi qu'une infinité d'autres, dépend de l'usage & de la possession.

Le pere Thomassin en son *Traité de la discipl. part.* 4. *liv.* 4. *ch.* 32. remarque que le concile de Latran condamne l'avarice de certains évèques qui mettoient les églises en interdit après la mort des curés ; & qui ne donnoient d'institution aux nouveaux pasteurs qu'ils n'eussent payé une certaine somme. Alexandre III. permit à l'archevèque de Cantorbery de faire gouverner

les revenus des cures par des économes, & de les employer au bien de
l'églife ou de les réferver aux fucceffeurs, quand on ne peut point nommer un *titulaire*, ou que les patrons
préfentent une perfonne indigne, &
enfin toutes les fois qu'on prévoit une
longue vacance. Cependant on voyoit
des exemples du droit de *déport* légitimement établi en Angleterre dès l'an
1278, puifque le concile de Londres
tenu ladite année permet aux prélats
de prendre pendant une année ou pendant un tems moins confidérable, les
fruits des bénéfices vacants s'ils font
fondés en privilege ou en ancienne coutume. En 1246 l'archevêque de Cantorbery avoit obtenu du faint fiege un
bref qui lui permettoit de percevoir
une année des revenus de tous les bénéfices qui viendroient à vaquer dans
fa province; les dettes de l'évêque ou
de l'évêché étoient le prétexte ordinaire dont on fe fervoit pour obtenir
du pape ces privileges. L'évêque de
Tulle en ayant eu un pour ce fujet
du pape Honoré III. ce pape déclara
que fous le terme de bénéfice dont il
lui avoit accordé les revenus pour deux
ans, il avoit compris des prébendes &
les autres bénéfices quels qu'ils fuffent.
C. tua de verb. fignif.

Boniface VIII. en accordant à un évêque, pour payer fes dettes, le droit de
déport fur tous les bénéfices qui viendront à vaquer dans fon diocefe, déclare que cette grace n'aura point de
lieu pour les églifes dont les revenus
font réfervés par une coutume immémoriale, par privilege ou par ftatut,
à la fabrique, à quelqu'autre ufage
pieux ou à quelque particulier. *C. fi
propter de refcript. in-6°.* Ailleurs ce
pape veut que les évêques, les abbés
& les autres perfonnes tant régulieres

que féculieres, qui jouiffent du droit
de *déport*, payent les dettes du défunt
& de fes domeftiques, & qu'ils fourniffent le néceffaire à celui qui def-
fervira le bénéfice pendant la vacance.
C. 30. extirpandæ de Præb. Jean XXII.
ayant remarqué que fous prétexte du
droit de *déport*, il ne reftoit rien à celui qui étoit le titulaire du bénéfice,
il ordonna que ceux qui percevroient
les fruits, les partageroient avec le titulaire. *Extrav. fufcepti. de elect.*

Martin V. déclara dans le concile de
Conftance *feff.* 43, qu'il ne réferveroit
point les fruits des bénéfices vacants,
à la chambre apoftolique, mais qu'il en
laifferoit jouir ceux à qui ils appartenoient de droit par privilege, ou en vertu d'une poffeffion immémoriale. Mais
le concile de Bâle défend de rien exiger
pour la vacance & la collation des bénéfices, condamne les annates, les premiers fruits, les *déports*, fous quelque prétexte que ce foit, nonobftant
tout privilege, ufage ou ftatut contraire. (D. M.)

D É P O R T *d'un juge, d'un arbitre,
d'un expert, Jurifprud.*, ou autre officier commis par le juge, eft l'acte par
lequel le juge ou autre officier déclare
qu'il n'entend point connoître de l'affaire qui étoit devant lui pour quelque
raifon particuliere qui l'en empêche,
comme pour caufe de parenté ou alliance, ou parce qu'il a une affaire
femblable en fon nom: il eft beaucoup
plus féant à un juge de fe *déporter* lui-
même que d'attendre qu'on le recufe.

DÉPORTATION, f. f., *Jurifp. Rom.*,
banniffement dans un endroit fixe, d'où
celui qui eft condamné à cette peine ne
peut fortir, avant que d'avoir achevé
fon tems. Ce nom de *déportation* vient
vraifemblablement de ce décret du fénat
qui condamna les foldats qui avoient

fui à Cannes, à être tranfportés en Sicile, & à y refter jufqu'à ce que les
Carthaginois euffent été chaffés d'Italie. Cette peine ne fut connue que fous
Augufte, & elle remplaça l'interdiction
du feu & de l'eau qui étoit beaucoup
plus rigoureufe, quoique l'une ou l'autre privaffent du droit de bourgeoifie.
Les gens de condition étoient condamnés à cette peine que l'on fubiffoit ordinairement dans les isles les plus re-
culées & les plus défertes. Lorfque les
juges condamnoient un coupable à cette
forte d'exil, ils prononçoient feulement
qu'il falloit les tranfporter dans l'isle: *in
infulam deportandum*; & c'étoit à l'empereur à défigner lui-même le lieu où
il fubiroit fon jugement: *imperatori
fcribendum ut deportaretur.* Si le prince ratifioit la fentence, il fixoit l'endroit, & le criminel y étoit envoyé.
Il perdoit, comme nous l'avons dit,
le droit de bourgeoifie, mais non celui des gens; il ne pouvoit ni tefter,
ni hériter, ni jouir d'aucun des privileges du droit civil; mais il confervoit
toutes les prérogatives du droit naturel, & conféquemment la liberté; cependant ce n'étoit qu'après la confirmation de la fentence par le prince, qu'il
fe voyoit privé de toutes ces prérogatives; car s'il mouroit, avant que fon
jugement fût ratifié, les actes qu'il avoit
faits dans l'intervalle, étoient valides,
& il étoit mort avec tous les titres de
citoyen.

DÉPOSANT, *Jurifp. v.* DÉPOT.

DÉPOSITAIRE, f. m., *Jurifprud.*;
c'eft la perfonne à laquelle on confie
un dépôt quelconque. Comme le *dépofitaire* eft obligé de garder ce qu'il lui
eft confié, il eft par conféquent tenu
d'en prendre quelque foin. Mais parce
qu'il rend cet office gratuitement, &
feulement pour faire plaifir, fa condi-

tion eft diftinguée de celle des perfonnes qui pour leur propre intérêt ont
en leurs mains les chofes des autres,
comme celui qui emprunte & celui qui
loue, & le *dépofitaire* n'eft tenu que
felon certaines regles que nous expofons fous le mot DÉPOT. (D. F.)

DÉPOSITION, f. f., *Jurifpr.*, eft
de deux fortes; il y a *dépofition de témoins* & *dépofition des prélats.* On dit
auffi quelquefois *dépofition d'un officier
de judicature*; mais on fe fert plus communément à cet égard du terme de *deftitution.* Voyez ci-après DESTITUTION.

DÉPOSITION DE TÉMOINS, eft la
déclaration qu'un témoin fait en juftice, foit dans une enquête ou dans une
information.

Pour juger du mérite des *dépofitions*,
on a égard à l'âge des témoins, à leur
caractere, à la réputation d'honneur &
de probité dont ils jouiffent, & aux autres circonftances qui peuvent donner
du poids à leur *dépofition*, ou au contraire les rendre fufpectes; par exemple, fi elle paroît fuggerée par quelqu'un
qui ait eu intérêt de le faire; ce qui fe
peut reconnoitre aux termes dans lefquels s'exprime le témoin, & à une certaine affectation, à un difcours trop recherché, fi ce font des gens du commun
qui dépofent.

Les *dépofitions* fe détruifent d'elles-
mêmes, quand elles renferment des
contradictions, ou quand elles ne s'accordent pas avec les autres: dans ce
dernier cas, on s'en tient à ce qui eft
attefté par le plus grand nombre de *dépofitions*, à moins que les autres ne mé-
ritaffent plus de foi.

Une *dépofition* qui eft feule fur un
fait, ne forme point une preuve complette, il en faut au moins deux qui
foient valables. Voyez cod. *lib.IV.tit.xx.
l.* 1. & *aux mots* ENQUÊTES, TÉMOINS.

DÉPOSITION, *Droit canon*, est la privation pour toujours de l'ordre ou du bénéfice, ou de l'un & de l'autre tout ensemble.

La *déposition* n'est point une censure, mais une peine ecclésiastique; elle est perpétuelle, c'est-à-dire, pour toujours, & tend à punir les coupables, au lieu que les censures ne sont que pour un tems, & n'ont pour objet que le changement & la guérison de ceux contre qui elles sont prononcées. M. Gilbert observe que la *déposition* a beaucoup de rapport à la censure, quoiqu'on l'en distingue communément. Traité *des usages de l'église gall. de la déposit. tit. 2. regl. 2.* Cet auteur dit, dans la préface de son traité particulier de la *déposition*, que cette peine, qui selon lui, n'étoit pas connue telle qu'on l'entend aujourd'hui, avant le sixieme siecle, est devenue si rare, qu'elle paroît n'être plus en usage; & il faut convenir que depuis long-tems on use plus fréquemment de la suspense, par le motif exprimé en ces termes dans le canon *fraternitates*, *dist.* 34. *Et quamvis multa sint quæ in hujusmodi casibus observari canonicæ jubeat sublimitatis auctoritas, tamen quia defectus nostri temporis quibus non solum merita, sed corpora ipsa hominum defecerunt, districtionis illius non patitur manere censuram.* Cependant la *déposition* est une peine très-familiere dans le droit canon: elle y est entendue & exprimée ordinairement par le mot *dégradation*, souvent par d'autres: voici les expressions par où plusieurs canons ont voulu marquer la peine de *déposition*.

Abjiciatur à clero.

Degradentur.

Damnetur, aliudve simile.

Privare honore & loco, id est deponere ab ordine & beneficio, ne cler. vel mon.

Exors fiat à sancto ministerio.

1°. *Alienus sit à divinis officiis.*

Ecclesiastica dignitate carebunt.

2°. *Ab altari removebitur.*

Officio & beneficio careant.

Ab ordine deponi debent.

Sacro ministerio privari.

3°. *Ab officio abstinere.*

Ab ordine clericatus deponi.

Ab officio dejici vel à clero.

4°. *Ab officio retrahi.*

Alienus existat à regula.

A clero cessare.

A statu cleri præcipitari.

De gradu cadere.

Les expressions que nous avons numérotées, peuvent s'appliquer également à la suspense. Le *ch.* 13. *de vita & hon. cler.* distingue expressément la *déposition*, de la privation des bénéfices, parce que le mot *dégradation* étant synonyme avec *déposition*, l'un & l'autre ne se rapportent qu'à la privation des ordres; mais dans l'usage, la privation des bénéfices, comme la privation des ordres, s'expriment par le mot *déposition*, ce qui est assez conforme à l'idée qu'en donne Paul II. dans la seconde extravagante commune *de simonia*, où il met parmi les censures, la privation & l'ajoint à la suspense, parce qu'elle a la même matiere, l'ordre & le bénéfice: or dans cette exception générale, après avoir fait connoître la nature de la *déposition*, nous verrons 1°. ceux qui ont droit de déposer; 2°. ceux qui peuvent être déposés, & les cas de *déposition*; 3°. la forme de la *déposition*; 4°. la fin & les effets de la *déposition*.

Ç'a toujours été aux évêques à déposer les clercs; & sans entrer dans la discussion de quelques anciens canons qui semblent permettre à l'évêque de déposer seul avec son clergé, les clercs même constitués dans les ordres sacrés, l'opinion commune eft qu'il falloit anciennement un certain nombre d'évèques pour procéder à la *dépofition* d'un prêtre ou d'un diacre. C'eft la difpofition expreffe de plufieurs canons. *C. 2. dift. 64. c. 1. 15. q. 7.*

Ceux qui n'ont pas l'exercice libre de la jurifdiction, ne peuvent dépofer parce que fuivant la remarque de M. Gilbert, la *dépofition* exclut plus des actions de jurifdiction, que des fonctions des ordres. *C. 35. 36. 37. cauf.24. q. 1.*

La deftitution des bénéficiers appartient de droit commun à celui à qui l'inftitution appartient auffi de droit commun : *ejus eft deftituere, cujus eft inftituere.* Cette maxime fondée fur divers textes du droit, doit s'entendre de l'évèque & non des collateurs, qui, parce qu'ils ont conféré les bénéfices, n'ont pas pour cela le droit de dépofer les bénéficiers. La raifon eft que la collation d'un bénéfice eft un acte, un droit de jurifdiction volontaire que chacun peut exercer, au lieu que pour priver un bénéficier de fon titre, il faut avoir un droit de jurifdiction contentieufe que les collateurs inférieurs à l'évèque n'ont point; fi l'on voit des collateurs donner l'inftitution à leurs pourvus, c'eft par un effet de ces révolutions de difcipline qui ont pu faire perdre aux évèques l'exercice du droit de collation & d'inftitution, mais qui n'ont fu les priver de la jurifdiction attachée à leur dignité fur tous les bénéficiers de leurs diocefes. C'eft donc aux évèques feuls, ou à ceux qui ont à bon titre jurifdiction comme épifcopale, qu'appartient le droit de dépofer les clercs bénéficiers.

La *dépofition* ne peut tomber comme la fufpenfe que fur les eccléfiaftiques & les religieux, parce qu'il n'y a qu'eux qui poffédent ou puiffent poffeder les biens dont elle prive, qui font les ordres & les bénéfices. Les religieufes & les religieux laïcs de certains ordres font ici compris fous le mot *religieux*; ces derniers ne peuvent être ordonnés, mais peuvent poffeder des charges & même des bénéfices, les religieufes auffi. Le pontifical en prefcrivant la forme de chaque efpece de dégradation, parle exclufivement pour la *dépofition* des ordres, de l'évèque, du prêtre, du diacre, du fouf-diacre, de l'acolyte, de l'exorcifte, du lecteur, du portier & du fimple clerc tonfuré.

Quant à la forme de la *dépofition*, il faut fe rappeler ce qui eft dit fous le mot DÉGRADATION. La dégradation verbale qui eft notre *dépofition*, ne fe faifoit autrefois que par un certain nombre d'évèques; il en falloit douze au moins pour la *dépofition* d'un évèque, fix pour la *dépofition* d'un prêtre, & trois pour celle d'un diacre. L'évèque feul avec fon clergé pouvoit, fuivant les anciens canons, dépofer les moindres clercs; dans la fuite, par le nouveau droit, on introduifit la cérémonie de la dégradation actuelle, *c. 65. cauf. 11. q. 3.* & on eftima que le nombre d'évèques requis par les anciens conciles n'étoit néceffaire qu'à l'examen du procès, & tout au plus à la *dépofition* verbale, & non à la dégradation folemnelle qui n'eft que l'exécution de la précédente.

La fin de la *dépofition* eft la même que celle de la fufpenfe, & des autres peines ou cenfures, c'eft-à-dire, d'empêcher que l'églife ne foit déshonorée par l'indignité de ceux qu'elle emploie au fervice divin, & que fes biens ne foient diffipés par l'infidélité de ceux qui les adminiftrent.

Quant à fes effets, on voit les principaux fous le mot DÉGRADATION. (D.M)

DÉPOSSEDÉ, adj., *Jurifpr.*, eft celui auquel on a enlevé la poffeffion de quelque chofe.

C'eft une maxime fondamentale en cette matiere, que *fpoliatus ante omnia reftituendus eft*; ce qui s'entend de celui qui a été *dépoffédé* injuftement & par voie de fait. Voyez *au decret de Gratien, le titre de reftitut. fpoliat. 2. & 3. queft. 2. & 3. queft. 1. & 2. extra 2. 13. in fexto 2. & 5. j. l. 3. 10. ff. de regul. jur. l. 131. & 150.* & *aux mots* POSSESSION, RÉINTÉGRANDE.

DÉPÔT, f. m., *Jurifpr.*, eft un contrat, par lequel l'un des contractans donne une chofe à garder à l'autre, qui s'en charge gratuitement, & s'oblige de la rendre lorfqu'il en fera requis.

Celui qui donne la chofe à garder s'appelle *le dépofant*; celui qui la reçoit s'appelle *le dépofitaire*.

Le terme de *dépôt* fe prend non-feulement pour le contrat de *dépôt*, il fe prend auffi pour les chofes qui ont été dépofées.

Ulpien nous apprend l'étymologie de ce terme *dépôt (depofitum)*: il eft compofé de *pofitum* & de la prépofition *de*, qui eft de la nature de celles qui augmentent la force du verbe devant lequel elles font mifes, comme dans ces mots *deamare, deprecari, derelinquere*, & autres. *Depofitum*, nous dit-il, *dictum ab eo quod ponitur*, c'eft-à-dire, de ce que par le *dépôt*, on met la chofe ès mains du dépofitaire; & la prépofition *de* marque la plénitude de confiance avec laquelle elle y eft mife: *Præpofitio enim* de, ajoute-t-il, *auget depofitum, ut oftendat, totum fidei ejus commiffum quod ad cuftodiam rei pertinet. L. 1. ff. depof.*

Il y a deux principales efpeces de *dépôt*; le *dépôt fimple*, & le *féqueftre*. Le *dépôt fimple* eft lorfqu'il n'y a qu'un dépofant: lorfque plufieurs perfonnes dépofent en commun une chofe à laquelle elles ont un intérèt commun, elles ne font cenfées faire, toutes enfemble, qu'un dépofant, & le *dépôt* qu'elles font eft un *dépôt* fimple.

Le *féqueftre* eft le *dépôt* qui eft fait par deux dépofans qui ont des intérèts différens à la charge de rendre la chofe à qui il fera jugé qu'elle devra ètre rendue. *v.* SÉQUESTRE.

Ce ne font que les chofes corporelles qui font fufceptibles du contrat de *dépôt*, & qui en peuvent ètre la matiere; car il n'y a que les chofes corporelles qui foient fufceptibles de garde; les chofes incorporelles, comme font les droits de créances, de fervitudes, &c. ne le font pas: mais les titres de ces droits de créance & autres, *ipfa inftrumentorum corpora*, peuvent, de mème que les autres chofes corporelles, ètre la matiere du contrat de *dépôt*.

Entre les chofes corporelles, ce font les meubles qui font la matiere au moins la plus ordinaire du contrat de *dépôt*.

On ne peut pas valablement donner à titre de *dépôt* une chofe qui appartient à celui à qui on la donne à ce titre; c'eft pourquoi fi j'ai reçu par erreur à titre de *dépôt* une chofe que j'ignorois m'appartenir, le contrat eft nul de plein droit, & ne produit aucune obligation: *Qui rem fuam deponi apud fe patitur, vel utendam rogat, nec depofiti, nec commodati actione tenetur. L. 15. ff. depof.*

Quand mème le *dépôt* auroit été valablement contracté, la chofe donnée en *dépôt* étant une chofe dont le dépofitaire n'étoit pas alors propriétaire; fi depuis le dépofitaire l'eft devenu en devenant l'héritier du propriétaire, ce domaine de la chofe donnée en *dépôt*, détruit abfolument le contrat de *dépôt*, & les obligations qui naiffent de ce contrat.

trat. C'est pourquoi le dépositaire, en justifiant sommairement du droit de propriété de cette chose, qui lui est survenu, n'est pas tenu de la rendre : cela est conforme à cette regle de droit : *Etiam ea quæ rectè constiterunt resolvuntur, quum in eum casum reciderunt à quo non potuissent consistere.* L. 98. ff. *de verb. obl.* Bruneman, *ad l.* 1. §. *fin. ff. Depos. & ad l.* 15. *ff. d. tit.*

Ce principe que le *dépôt* n'est pas valable, lorsque le dépositaire se trouve être le propriétaire de la chose qui lui a été donnée en *dépôt*, souffre exception dans le cas auquel celui qui a donné une chose à titre de *dépôt* au propriétaire de la chose, auroit eu le droit de retenir cette chose par devers lui. Par exemple, l'usufruitier d'une chose, ou celui à qui elle a été donnée en nantissement, peu valablement la donner à titre de *dépôt* au propriétaire de la chose.

Le contrat de *dépôt* peut intervenir entre toutes les personnes qui sont capables de contracter, & il ne peut intervenir entre celles qui en sont incapables.

C'est pourquoi si je reçois une chose d'un enfant qui n'a pas encore l'usage de raison, ou d'un insensé, ce n'est pas un contrat de *dépôt* de cette chose qui intervient entre nous, ne pouvant pas y avoir de contrat entre des parties, dont l'une n'est pas capable de consentement, ni par conséquent de contracter : c'est le quasi-contrat *negotiorum gestorum*, lorsque j'ai reçu cette chose dans une bonne intention, pour qu'elle ne se perdit pas entre les mains de cet enfant ou de cet insensé, & avec la volonté de la remettre à ses parens, ou à son tuteur ou curateur : si j'avois reçu la chose avec une mauvaise intention pour l'appliquer à mon profit, ce se-

Tome IV.

roit un vol que j'aurois commis de cette chose.

Pareillement lorsque la personne qui m'a donné une chose à garder, est incapable de contracter par la loi civile ; comme si c'est une femme sous puissance de mari, qui sans être autorisée de son mari, m'a donné cette chose à garder, ce n'est point dans le for extérieur un contrat de *dépôt* ; mais je contracte en ce cas envers son mari, ou l'obligation *negotiorum gestorum*, si je reçois la chose dans le dessein de la lui rendre, ou l'obligation *furti*, si je la reçois dans l'intention de favoriser le divertissement de cette chose.

Au contraire, si j'ai donné une somme de deniers, ou quelqu'autre chose à garder à une femme sous puissance de mari, non autorisée pour la recevoir, il n'y a pas de contrat de *dépôt* dans le for extérieur, dans lequel cette femme est reputée incapable de contracter ; mais si la chose est encore entre ses mains, je peus l'entiercer, & la revendiquer contre son mari : quoiqu'elle n'y soit plus, si elle en a profité, j'ai action pour la restitution, jusques à concurrence de ce dont elle a profité : cette action n'est pas l'action de *dépôt*, le contrat étant nul, mais c'est une action qui naît de la regle d'équité, qui ne permet pas que personne s'enrichisse aux dépens d'un autre.

Le contrat de *dépôt* est un contrat réel, qui ne peut se faire que par la tradition que le déposant fait au dépositaire de la chose, dont il lui confie la garde. Le déposant est censé faire cette tradition au dépositaire, soit qu'il la fasse par lui-même, soit qu'elle soit faite en son nom par un autre de son ordre, ou avec son approbation.

Pareillement la tradition est censée faite au dépositaire, soit que le déposi-

H h h

taire reçoive par lui-même la chose, soit qu'elle soit reçue en son nom par un autre de son ordre, ou avec son approbation.

Lorsque la chose est déja pardevers celui à qui on veut la donner en *dépôt*, il est évident qu'on ne peut lui faire une tradition réelle de cette chose; car il est impossible *per rerum naturam*, qu'on fasse à quelqu'un la tradition réelle d'une chose qu'il a déja pardevers lui; mais en ce cas le *dépôt* peut se faire par une tradition feinte, que les docteurs appellent *traditio brevis manûs*, parce qu'elle renferme *brevi compendio*, l'effet de deux traditions.

Pour que le contrat par lequel l'un des contractans fait à l'autre la tradition d'une certaine chose, soit un contrat de *dépôt*, il faut que la principale fin de la tradition soit uniquement que celui à qui la tradition est faite, se charge de la garde de cette chose.

Cette fin fait le caractere essentiel du contrat de *dépôt*, qui le distingue des autres contrats.

Lorsque la tradition se fait pour une autre fin, ce n'est pas un contrat de *dépôt*, c'est une autre espece de contrat. Par exemple, si la tradition est faite pour transférer à celui à qui elle est faite, la propriété de la chose, c'est une donation ou une vente, ou un échange, ou quelqu'autre contrat semblable. Si c'est pour lui accorder seulement l'usage pour son utilité, c'est un prêt ou un louage. Si c'est pour faire quelque chose pour l'utilité de celui qui en fait la tradition, c'est ou un *louage*, si celui à qui la tradition est faite, reçoit pour cela une *rétribution*; ou un *mandat*, s'il s'en charge gratuitement.

Il y a plus: quand même par le contrat par lequel je vous aurois mis ès mains une chose pour la porter à une personne, j'aurois ajoûté, que si cette personne ne vouloit pas la recevoir, vous me la garderiez, & que sur son refus, vous l'ayez effectivement gardée, le contrat intervenu entre nous, doit passer pour un contrat de mandat, & non pour un contrat de *dépôt*, parce que la principale fin pour laquelle je vous ai remis ès mains la chose, n'a pas été pour que vous me la gardassiez, mais pour que vous la portassiez à cette personne; ce n'est que *secundario* que vous avez été chargé de la garder: *Si rem tibi dedi* (ut eam ad Titium perferres &) *ut si Titius rem non recepisset, tu custodires, nec eam recepit. . . . puto mandati esse actionem, quia plenius fuit mandatum habens & custodiæ legem, l.* 1. §. 12. *ff. depos.*

Pareillement si je vous ai chargé de retirer une chose que j'avois mise en *dépôt* chez une autre personne, & de la garder, ce n'est pas un contrat de *dépôt*, mais un contrat de mandat, quoique par ce contrat je vous aie chargé de la garde de ma chose; parce que le principal objet du contrat n'a pas été de vous charger de retirer la chose de la personne chez qui elle étoit: *Pomponius quærit si tibi mandavero ut rem ab aliquo meo nomine receptam custodias, idque feceris, mandati an depositi tenearis? & magis probat mandati esse actionem; quia hic est primus contractus. D. L.* 1. §. 13.

Il est très-important de bien distinguer ces contrats, les prestations auxquelles est tenu un mandataire, étant bien différentes de celles auxquelles est tenu un dépositaire. v. MANDAT. On doit pour bien les distinguer, s'attacher à cette regle, proposée par Ulpien: *Unius cujusque contractus initium spectandum & causam. l.* 8. *ff. Mand.*

Le contrat de *dépôt* eft un contrat de bienfaifance : il renferme un office d'ami que le dépofitaire rend au dépofant. De-là il fuit, que pour que le contrat par lequel on confie la garde d'une chofe à quelqu'un, foit un contrat de *dépôt*, il faut que celui à qui on la confie s'en charge gratuitement ; car fi par le contrat il exige quelque rétribution pour fa garde, le contrat n'eft plus un contrat de bienfaifance ; il ne renferme plus un office d'ami ; ce n'eft pas par conféquent un contrat de *dépôt*, c'eft une autre efpece de contrat ; c'eft un contrat de louage, par lequel le gardien loue fa garde pour le prix convenu.

Suivant ces principes, Ulpien décide : *Si veftimenta fervanda balneatori data fint ; fiquidem nullam mercedem fervandorum veftimentorum accepit, depofiti eum teneri .... fi accepit, ex conducto.* L. 1. §. 8. ff. *Depof.*

Le confentement des parties eft de l'effence du contrat de *dépôt*, de même que de tous les autres contrats. v. CON-VENTION.

Le contrat de *dépôt* eft de la claffe de ceux qui fe régiffent par le pur droit naturel ; c'eft de ce droit que font prifes toutes les regles de ce contrat : il n'eft affujetti par le droit civil à aucune regle, ni à aucune forme.

Le contrat de *dépôt* eft de la claffe des contrats de bienfaifance ; car il ne fe fait que pour l'utilité de l'une des parties, qui eft le dépofant ; l'autre partie, qui eft le dépofitaire, n'a aucun intérêt au contrat ; il n'y intervient que pour rendre un office d'ami au dépofant, & il doit être gratuit.

Le contrat de *dépôt* eft de la claffe des contrats réels ; il ne peut pas être formé par le feul confentement des parties ; il ne peut l'être que par la tradition de la chofe qui fait l'objet du contrat.

Le contrat du *dépôt* eft de la claffe des contrats fynallagmatiques ; car il produit des obligations réciproques que chacun des contractans contracte l'un envers l'autre. Mais il eft de celle des contrats fynallagmatiques imparfaits ; car il n'y a que l'obligation de l'une des parties, favoir, celle du dépofitaire, qui foit l'obligation principale de ce contrat ; celles du dépofant ne font que des obligations incidentes.

L'obligation que le dépofitaire contracte par le contrat de *dépôt* envers le dépofant, eft la principale obligation de ce contrat.

Elle a deux chefs principaux ; car le dépofitaire s'oblige, 1°. à garder avec fidélité la chofe qui lui a été confiée ; 2°. à la rendre au dépofant lorfqu'il la demandera.

La fidélité que le dépofitaire s'oblige d'apporter à la garde de la chofe qui lui a été confiée, l'oblige à apporter le même foin à la garde des chofes qui lui ont été confiées, qu'il apporte à la garde des fiennes : *Nec enim falvâ fide minorem iis* (rebus apud fe depofitis) *quam fuis rebus diligentiam præftabit.* L. 32. ff. *Depof.* Un négligence craffe du dépofitaire, par rapport à la garde de la chofe qui lui a été confiée, qu'on appelle *lata culpa*, eft contraire à cette fidélité, parce qu'il n'eft pas croyable que le dépofitaire, quelque peu foigneux qu'on le fuppofe, eût apporté une pareille négligence dans fes propres affaires ; c'eft pourquoi, quoique la loi 18. ff. *De R. Jur.* & la loi 5. §. 1. ff. *Commod.* difent que dans le contrat de *dépôt*, le dépofitaire n'eft tenu que du dol, c'eft-à-dire, du défaut de bonne foi (*quidam contractus dolum tantùm recipiunt, ut depofitum.* d. L. 18. *In contractibus interdùm do-*

lum solum præstamus, dolum in deposito,
d. L. 5. §. 1.) ; néanmoins il n'eſt pas
douteux qu'un dépoſitaire eſt tenu de
la perte ou de la détérioration des choſes confiées à ſa garde, lorſqu'elle eſt
cauſée par une négligence craſſe ; parce
qu'une telle négligence étant contraire
à la fidélité du *dépôt*, elle ſe trouve
compriſe ſous le terme de *dol* & de *défaut de bonne foi*, dont ces loix diſent
que le dépoſitaire eſt tenu ; c'eſt ce
que nous apprend Celſe : *Quod Nerva
diceret latiorem culpam dolum eſſe Pro-
culo diſplicebat, mihi veriſſimum videtur ;
nam & ſi quis non ad eum modum quem
hominum natura deſiderat diligens eſt ;
niſi tamen ad ſuum modum curam in depo-
ſito præſtat, fraude non caret,* d. L.
32. ff. *Depoſ.*

La fidélité à garder le *dépôt* eſt tellement requiſe dans le dépoſitaire, qu'on
ne pourroit pas valablement convenir
par le contrat de *dépôt*, que le dépoſitaire ne ſeroit pas tenu pour quelque cauſe que ce fût, de la perte des
choſes dépoſées, *même pour cauſe de
défaut de fidélité à la garde du dépôt*,
une telle convention étant contraire
aux bonnes mœurs : *Illud non proba-
bis dolum non eſſe præſtandum, ſi conve-
nerit ; nam hæc conventio contra bonos
mores eſt, & ideò nec ſequenda eſt.* L.
1. §. 7. ff. *Depoſ.*

Il en eſt autrement de cette autre
convention, par laquelle on convien-
droit que le dépoſant s'en rapporte entierement à la bonne foi du dépoſitaire
pour la reſtitution du *dépôt*, ſans qu'il
puiſſe intenter contre lui aucune action
pour l'y contraindre ; Paul décide
qu'une telle convention eſt valable :
*Illud nullâ pactione effici poteſt, ne dolus
præſtetur ; quamvis ſi quis paciſcatur ne
depoſiti agat, vi ipſa id pactus videatur ne de dolo agat, quod pactum pro-*

derit. L. 27. 3. ff. *De pact.* Ulpien
dit la même choſe : *Si quis paciſcatur ne depoſiti agat .... valet pactum.*
L. 7. §. 15. ff. d. tit.

Le contrat de *dépôt* n'exige rien autre
choſe du dépoſitaire que la fidélité à
garder le *dépôt* ; il ne le rend pas reſponſable des fautes, même légeres qu'il
pourroit commettre à l'égard des choſes confiées à ſa garde, parce que ces
fautes ne ſont pas toujours incompatibles avec la fidélité que le dépoſitaire
doit à la garde du *dépôt*. C'eſt ce qui
eſt expreſſément décidé par la loi 18 ff.
De Reg. Jur. & par la loi 5. ff. *Commend.*
que nous avons rapportées ci deſſus,
n. 23.

La fidélité que le dépoſitaire doit à la
garde du *dépôt*, l'oblige en ſecond lieu
à ne ſe pas ſervir des choſes qui lui ont
été confiées, à moins que ce ne ſoit
avec la permiſſion expreſſe ou préſumée
de celui qui les lui a données en *dépôt* ;
car les choſes qui lui ont été données en
dépôt, ne lui ont été données que pour
les garder.

Le dépoſitaire qui ſe ſert des choſes
confiées à ſa garde, ſans le conſentement, au moins préſumé, de celui qui
les lui a confiées, non-ſeulement viole
la fidélité qu'il doit à la garde du *dépôt*,
il ſe rend de plus coupable de vol : *Qui
rem depoſitam invito domino ſciens pru-
denſque in uſus ſuos converterit, etiam
furti delicto ſuccedit.* L. 3. cod. depoſ.

Ce vol n'eſt pas à la vérité le vol de la
choſe même, mais c'eſt un vol de l'uſage
de cette choſe ; & le vol de l'uſage d'une
choſe, quoique différent du vol de la
choſe même, ne laiſſe pas d'être un véritable vol ; c'eſt ce qui réſulte de la définition que les loix nous donnent du vol :
*Furtum eſt contrectatio rei fraudulenta,
lucri faciendi gratiâ, vel ipſus rei, vel
ETIAM USUS EJUS, poſſeſſioniſve,*

quod lege naturali prohibitum eft admittere. L. 1. §. 3. ff. de furt.

En effet, l'ufage de la chofe d'autrui ne nous appartient pas plus que la chofe même; c'eft pour nous un bien d'autrui auquel la loi naturelle ne nous permet pas de toucher : *Abftine ab alieno.*

La chofe dépofée n'eft point entre les mains du dépofitaire comme chez lui ; elle y eft comme chez celui qui la lui a donnée en *dépôt* ; & à qui il eft cenfé prêter le lieu où il l'a mife pour l'y garder ; c'eft pourquoi le dépofitaire ne commet pas moins un vol en l'en déplaçant pour s'en fervir, que celui qui emporteroit furtivement une chofe de la maifon de celui à qui elle appartient, avec le deffein de la rendre après qu'il s'en feroit fervi.

La fidélité que le dépofitaire doit à la garde du *dépôt*, l'oblige, en troifieme lieu, à ne pas chercher à connoître les chofes qui lui ont été données en *dépôt*, lorfque celui qui les lui a données en *dépôt*, a voulu les tenir cachées. Par exemple, fi quelqu'un a donné en *dépôt* une caffette fermée, le dépofitaire ne peut, fans violer la fidélité qu'il doit au *dépôt*, ouvrir la caffette pour connoître ce qu'elle renferme. Pareillement, fi quelqu'un avoit donné en *dépôt* fon teftament ou d'autres papiers fous une enveloppe cachetée, le dépofitaire commettroit une infidélité énorme, s'il décachetoit l'enveloppe, pour prendre lecture du teftament ou autres papiers qui lui ont été donnés fous cette enveloppe.

Les chofes qui ont été données en *dépôt*, font le principal objet de la reftitution du *dépôt*, à laquelle s'eft obligé le dépofitaire par le contrat.

Ce font les mèmes chofes *in individuo* que le dépofitaire doit rendre, quand même ce feroit une fomme de deniers ou d'autres chofes *fungibles* qui auroient été données en *dépôt* : le dépofitaire eft tenu en ce cas de rendre nonfeulement la fomme, mais les mèmes efpeces *in individuo* qu'il a reçues en *dépôt*, & auxquelles il ne lui a pas été permis de toucher. C'eft pourquoi, s'il eft furvenu depuis le *dépôt* une augmentation ou une diminution fur les monnoies, c'eft celui qui a donné la fomme de deniers en *dépôt* qui doit profiter de l'augmentation, lorfque les efpeces ont été augmentées, ou fupporter la diminution, lorfqu'elles ont été diminuées ; car le dépofitaire doit rendre les mèmes efpeces *in individuo* qu'il a reçues fuivant le bordereau qu'il a dû en donner à celui qui les lui a données en *dépôt*. Par exemple, s'il a reçu en *dépôt* une fomme de fix cents livres en quinze louis d'or & quatre-vingts écus de trois livres, il doit rendre les quinze louis d'or & les quatre-vingts écus de trois livres qu'il a reçus en *dépôt*, quelqu'augmentation ou quelque diminution qui foit furvenue fur les efpeces.

Le dépofitaire n'eft tenu de rendre la chofe qui lui a été donnée en *dépôt* qu'en l'état qu'elle fe trouve, quand même elle feroit détériorée. Néanmoins, fi c'étoit par fon dol qu'elle fût détériorée, ou par une faute de l'efpece de celles dont il eft tenu, il feroit tenu en ce cas des dommages & intérèts de celui qui la lui a donnée en *dépôt*, réfultants de cette détérioration.

Le dépofitaire n'eft tenu de rendre la chofe qui lui a été donnée, qu'autant qu'il l'a pardevers lui ; s'il l'avoit perdue par quelqu'accident, il feroit quitte de l'obligation de la rendre.

Néanmoins, fi c'étoit par fon dol qu'il ne l'eût plus, ou par quelque faute de l'efpece de celles dont il eft tenu ; en ce cas, il ne feroit pas déchargé de fon obli-

gation de rendre la chofe ; faute d'y pouvoir fatisfaire , il feroit tenu d'en rendre le prix ; & même felon les circonftances , il pourroit être , en outre , tenu des dommages & intérêts de celui
qui la lui a donnée en *dépôt*.

Le dépofitaire qui a vendu de mauvaife foi la chofe qui lui a été donnée en
dépôt , n'eft pas déchargé de l'obligation
de la rendre, quoiqu'il ait racheté la
chofe pour la garder comme auparavant, & qu'elle foit depuis périe chez
lui fans fa faute ; c'eft ce qu'enfeigne
Ulpien : *Si rem depofitam vendidifti, eam-
que pofteà redemifti in caufam depofiti ,
etiam fi fine dolo malo pofteà perierit ,
teneri te depofiti , quia femel dolo fecifti ,
quum venderes.* L. 1. §. 25. ff. depof.

La raifon eft, que le dépofitaire , en
vendant de mauvaife foi la chofe qui
lui a été donnée en *dépôt*, commet un
vol de cette chofe, il devient voleur de
cette chofe, & la chofe devient infectée
du vice de vol qui ne fe purge point jufqu'à ce qu'elle foit rendue au propriétaire ; or c'eft un principe , qu'une chofe
volée eft aux rifques du voleur, qui eft
cenfé être dans une perpétuelle demeure de la rendre ; & on ne diftingue
pas à l'égard du voleur , fi la chofe qui
eft périe depuis le vol qui en a été fait,
fût ou ne fût pas également périe entre
les mains de celui à qui elle doit être
rendue, *quod ita receptum odio furti*.

Quoique le dépofitaire ne foit pas
tenu de rendre la chofe qui lui a été donnée en *dépôt* , lorfqu'il ne l'a plus, &
que c'eft fans aucun dol ni faute de
l'efpece de celles dont il eft tenu, qu'il
a ceffé de l'avoir ; néanmoins s'il lui
en eft refté quelque chofe , il eft tenu
de rendre ce qui en eft refté. Par exemple , lorfqu'on a donné à quelqu'un un
cheval en *dépôt* , fi le cheval eft mort,
le dépofitaire eft quitte à la vérité de l'o-

bligation de rendre le cheval, mais il
doit rendre la peau , les fers , & l'équipage du cheval avec lequel le cheval
lui avoit été donné en *dépôt*.

Lorfque le dépofitaire , qui par quelqu'accident dont il n'eft pas refponfable, n'a plus les effets qui lui ont été
donnés en *dépôt* , a reçu quelque chofe
à la place defdits effets, il eft obligé de
le rendre à celui qui lui avoit fait ce
dépôt. Par exemple, fi une perfonne en
partant pour un voyage, m'a laiffé en
dépôt une grande quantité de bled , &
que dans un tems de difette, j'aie été
contraint par le magiftrat de mener ces
bleds au marché & de les vendre ; je fuis
obligé de rendre à celui qui m'avoit donné les bleds en *dépôt* , la fomme d'argent que j'ai reçue pour le prix de la
vente ; cette fomme leur eft fubrogée ,
& j'en fuis devenu dépofitaire à la
place des bleds.

Les fruits de la chofe donnée en
dépôt que le dépofitaire a perçus , font
auffi un des objets de la reftitution du
dépôt. Soit qu'il ait encore pardevers
lui la chofe qui lui a été donnée en *dépôt*,
foit qu'il ne l'ait plus, il doit tenir compte des fruits qu'il en a perçus , à celui
qui la lui a donnée en *dépôt* ; car un dépofitaire ne doit profiter en rien du
dépôt : par exemple, lorfqu'on a donné
à quelqu'un des vaches en *dépôt* , le
dépofitaire doit tenir compte à celui
qui les lui a données en *dépôt* , du lait &
des veaux , fous la déduction des frais
qu'il a faits pour la nourriture & la
garde.

Le dépofitaire, tant qu'il n'a pas été
en demeure de rendre la chofe qui lui a
été donnée en *dépôt* , n'eft tenu de rendre que les fruits qu'il a perçus , il n'eft
pas tenu de ceux qu'on eût pu percevoir , & qu'il n'a pas perçus : mais depuis qu'il a été mis en demeure, il eft

tenu de tenir compte de tous ceux qu'on a pu percevoir, quoiqu'il ne les ait pas perçus; c'est un effet de la demeure.

A plus forte raison, lorsque c'est une somme d'argent qui a été donnée en *dépôt*, le dépositaire, tant qu'il n'a pas été mis en demeure de la rendre, n'en doit aucuns intérêts; car non-seulement il n'en a pas perçu, mais il n'a pu en percevoir, ne lui ayant pas été permis de toucher à cette somme; mais depuis qu'il a été mis en demeure de rendre cette somme, il en doit les intérêts; *Usuræ in depositi actione, sicut in cæteris bonæ fidei judiciis, ex morâ venire solent.* L. 2. cod. depof.

On appelle *dépôt nécessaire* celui qui est fait dans un cas de nécessité & d'accident imprévu, tel qu'est le cas d'un incendie, d'une ruine ou du pillage d'une maison, d'un naufrage ou d'une sédition.

Celui qui pour sauver ses effets de l'incendie, ou de la ruine de la maison, ou du naufrage ou du pillage, les confie au premier-venu qu'il rencontre, contracte avec celui à qui il les confie cette espece de *dépôt*, qui est appellé *nécessaire*, parce que c'est le cas d'une nécessité imprévue qui donne lieu à ce contrat.

On donne aussi à cette espece de *dépôt* le nom de *dépôt misérable*, *depositum miserabile*, parce que c'est le cas d'un malheur imprévu qui donne lieu à ce *dépôt*.

Cette espece de *dépôt* est un véritable contrat de *dépôt*; & tout ce que nous venons de dire en général du contrat de *dépôt*, des obligations & des actions qui en naissent, peut s'appliquer à cette espece, de même qu'à tous les autres *dépôts*.

La seule chose qui par le droit romain étoit particuliere à cette espece de

dépôt, est que l'infidélité du dépositaire qui ne rendoit pas le *dépôt*, étoit punie de la peine du double de la valeur des choses données en *dépôt*; parce que le malheur de celui qui a donné les choses en *dépôt*, rend plus atroce la perfidie du dépositaire.

Cette peine du double n'est pas d'usage dans la jurisprudence générale de l'Europe.

La seule chose qui soit particuliere à cette espece de *dépôt*, est que la preuve par témoins de ce *dépôt* est reçue, lorsque le dépositaire en disconvient, à quelque somme que montent les choses qui font l'objet du *dépôt*; au lieu que dans les *dépôts* ordinaires la preuve par témoins du *dépôt* n'est pas reçue, lorsque l'objet excéde cent livres. La raison est, que dans le cas du *dépôt* nécessaire, il n'est pas au pouvoir de celui qui a fait le *dépôt* de s'en procurer une preuve par écrit, étant obligé de les confier à la hâte au premier venu, pour les sauver de l'incendie, du naufrage, de la ruine, ou du pillage.

Le *dépôt d'hôtellerie*, est le *dépôt* qu'un voyageur fait à un aubergiste, chez qui il va loger, de certains effets, pendant le tems du séjour qu'il y doit faire. Ce contrat dégénere du contrat de *dépôt* ordinaire, en ce que l'aubergiste ne se charge pas du *dépôt*, comme dans les *dépôts* ordinaires par un pur office d'amitié, mais par une suite de son état d'aubergiste, & en considération du profit qu'il retire des voyageurs qu'il loge dans son auberge.

Quoique pour ce *dépôt*, considéré séparément, il ne reçoive aucune rétribution, néanmoins comme ce *dépôt* est une suite du contrat principal qui intervient entre l'aubergiste & le voyageur, pour loger le voyageur, & lui fournir dans son auberge les choses dont il aura be-

foin, lequel contrat eſt un contrat inté-
reſſé de part & d'autre : *Et in quo utriuſque contrahentis utilitas vertitur ;* on
peut regarder le *dépôt* qui intervient
comme une ſuite de ce contrat, comme
un dépôt *in quo vertitur utriuſque contrahentis utilitas* , & qui doit par conſéquent obliger l'aubergiſte dépoſitaire
à la preſtation de la faute légere.

C'eſt ce que nous apprend Gaïus :
*Nauta & caupo & ſtabularius merce-
dem accipiunt non pro cuſtodiâ ; ſed
nauta ut trajiciat vectores , caupo ut
viatores manere in cauponâ patiatur......
& tamen cuſtodiæ nomine tenentur , ſicut fullo & ſarcinator non pro cuſtodiâ,
ſed pro arte mercedem accipiunt , & tamen cuſtodiæ nomine ex locato tenentur.*
L. ç, ff. *Nautæ caupones , &c.*

Ces termes *cuſtodiæ nomine tenentur,*
ſignifient que ces perſonnes doivent apporter à la garde des effets qui leur ſont
confiés , non pas ſeulement de la bonne
foi, comme dans le cas des *dépôts* ordinaires ; mais un ſoin exact , & qu'elles
ſont en conſéquence tenues de la faute
légere.

Suivant ces principes , lorſque les
choſes données en *dépôt* par un voyageur à un aubergiſte , ont été volées
dans l'auberge , quand même ce ne ſeroit pas par les domeſtiques de l'auberge que le vol auroit été fait , mais par
des allants & venants , ou par d'autres
voyageurs logés dans l'auberge , l'aubergiſte en eſt reſponſable , parce que
ce vol eſt préſumé ètre arrivé par le
défaut de ſoin de l'aubergiſte ; à moins
que l'aubergiſte ne juſtifie que c'eſt par
quelqu'accident de force majeure qu'il
eſt arrivé.

C'eſt de ce dépôt , fait à un maître de
navire ou à un aubergiſte , qu'il eſt dit
(nauta) *factum non ſolum nautarum præ-
ſtare debet, ſed & vectorum, ſicut & cau-*

*po viatorum. L. 2. §. fin. L. 3. ff. Nautæ
caup.*

Il en eſt de même du cas auquel les
choſes données en *dépôt* à l'aubergiſte
ſe trouvent endommagées ; il en eſt reſponſable, par quelque perſonne que ce
ſoit qu'elles l'aient été ; car on préſume
que c'eſt par le défaut de ſoin de l'aubergiſte à les bien garder , que le dommage eſt arrivé , à moins qu'il ne juſtifie d'un cas de force majeure qui auroit
cauſé le dommage , & qu'il n'auroit pu
empêcher ; c'eſt pourquoi Gaïus dit :
*Quæcumque de furto diximus , eadem &
de damno debent intelligi ; non enim du-
bitari oportet quin is qui ſalvum fore recepit , non ſolum à furto , ſed etiam à
damno recipere videatur. L. ç. §. 1. ff.
d. tit.*

Obſervez que ce *dépôt* n'eſt pas cenſé intervenu par cela ſeul , que le voyageur a apporté ſes effets dans l'auberge,
au vu & ſu de l'aubergiſte , s'il ne les
lui a pas expreſſément données en garde ; c'eſt pourquoi ſi les effets de ce
voyageur ſont volés , ou endommagés
dans l'auberge par des allans & venans,
ou même par d'autres voyageurs qui
logent comme lui dans l'auberge , l'aubergiſte n'en eſt pas reſponſable ; mais
ſi le vol avoit été fait , ou le dommage cauſé par les ſerviteurs de l'aubergiſte , ou par ſes penſionnaires , il en
feroit reſponſable , quand même les
choſes ne lui auroient pas été données
en *dépôt* ; car il ne doit ſe ſervir pour
domeſtiques , ni avoir pour penſionnaires , que des perſonnes dont il connoiſſe
la fidélité , au lieu qu'il n'eſt pas obligé
de connoître les voyageurs qui ne logent qu'en paſſant dans ſon auberge :
*Caupo præſtat factum eorum qui in eâ
cauponâ ejus cauponæ exercendæ cauſa ibi
ſunt , item eorum qui habitandi cauſa
ibi ſunt , viatorum autem factum non
præſtat :*

præstāt : namque viatorem sibi eligere caupo nec videtur, nec repellere potest iter agentes, inhabitatores verò perpetuos ipse quodammodo elegit qui non rejecit, quorum factum oportet eum præstare. l. un. §. fin. ff. Furt. adv. naut.

Lorsqu'on ignore par qui le vol a été fait, ou le dommage causé, l'aubergiste à qui les choses n'ont pas été données en garde, n'en est pas responsable, il faut pour le rendre responsable, que le voyageur prouve que c'est par des gens de la maison que le vol a été fait, ou le dommage causé.

Un aubergiste n'est pas à la vérité responsable des effets que les voyageurs ne lui ont pas donné en garde ; mais les voyageurs sont censés les lui avoir donnés en garde, non-seulement lorsqu'ils les lui ont donnés à lui-même, mais lorsqu'ils les ont donnés à une personne préposée par l'aubergiste pour recevoir les *dépôts* des effets des voyageurs. A l'égard des *dépôts* qui auroient été faits à un domestique de l'auberge, qui n'a point été préposé pour cela, tes *dépôts* n'obligent pas l'aubergiste ; *Si qui operâ mediastini fungitur, non continetur, ut puta atriarii & focarii. l. 1. §. 5. Nautæ caup.*

Les valets d'écurie doivent être censés préposés par les aubergistes, pour recevoir en leur garde les chevaux & équipages des voyageurs.

Une autre chose en quoi les *dépôts* d'hôtellerie différent des *dépôts* ordinaires, est que la preuve par témoins peut en être reçue, quoique l'objet excede la somme de cent livres.

Le *dépôt irrégulier* est un contrat par lequel une personne qui a une somme d'argent, qu'il croit n'être pas en sûreté chez lui, la confie à un de ses amis, à la charge de la lui rendre, lorsqu'il redemandera le *dépôt*, non les mê-

Tome IV.

mes especes, mais une pareille somme.

Ce *dépôt* differe du véritable *dépôt* ; dans le véritable *dépôt*, celui qui a donné en *dépôt* à quelqu'un des especes d'or ou d'argent, demeure le propriétaire des especes, & même il continue d'en être le possesseur, le dépositaire ne les détenant qu'au nom de celui qui les lui a données en *dépôt* : ce dépositaire en conséquence n'a pas le droit d'y toucher, & il est obligé de rendre les mèmes especes *in individuo* qu'il a reçues : au contraire dans le *dépôt* irrégulier, celui qui donne la somme d'argent en *dépôt*, en convenant que le dépositaire lui rendra, non précisément les mèmes especes, mais une pareille somme, est censé tacitement convenir de transférer au dépositaire la propriété des especes dans lesquelles il lui a compté la somme, pour par le dépositaire, s'en servir comme bon lui semblera, & d'être seulement créancier de pareille somme : le dépositaire de son côté prend les especes à ses risques, & se rend débiteur, non de la restitution des especes, mais d'une somme pareille à celle qui lui a été confiée.

On distingue pareillement dans le louage deux especes de louage ; le louage régulier, & le louage irrégulier, & on y observe les différences que nous venons de rapporter, & qui s'appliquent pareillement au *dépôt*.

C'est ce que nous apprend Alfenus dans la fameuse loi, *in navem Saufeii* 31. ff. *Locat.* il est dit : *Rerum locatarum duo genera esse, ut aut idem redderetur, sicuti quum vestimenta fulloni curanda locarentur ; aut ejusdem generis redderetur, veluti cum argentum fabro daretur ut vasa fierent . . . . ex superiore causâ rem domini manere, ex posteriore in creditum iri. (*Id est corpora alienari & locatorem fieri duntaxat similis quan-*

I i i

titatis creditorem) : *Idem juris effe in depofito.*

Le *dépôt* irrégulier reffemble beaucoup au contrat de prêt *mutuum.* Le *dominium* des efpeces eft transféré dans ce contrat au dépofitaire, de même qu'il eft transféré à l'emprunteur dans le contrat de prêt ; le dépofitaire contracte par ce contrat, de même que l'emprunteur, l'obligation de rendre, non les mêmes efpeces *in individuo,* mais une*fomme pareille à celle qu'il a reçue ; en conféquence les efpeces *ipfa nummorum corpora* font à fes rifques, de même que dans le contrat *mutuum* elles font aux rifques de l'emprunteur ; & fi le dépofitaire vient par quelqu'accident de force majeure à perdre les efpeces, il n'en demeure pas moins obligé de même qu'un emprunteur, à la reftitution d'une fomme pareille à celle qu'il a reçue.

La différence entre les deux contrats, procede uniquement de la différence de la fin que fe font propofée les parties contractantes ; le prêt *mutuum* fe fait uniquement en faveur de l'emprunteur, qui a befoin de la fomme qui lui eft prêtée par ce contrat ; c'eft uniquement pour lui faire plaifir que le prêteur la lui prête.

Au contraire le *dépôt* irrégulier fe fait principalement en faveur de celui qui donne fon argent à garder, dans la crainte qu'il ne foit pas en fûreté chez lui ; ce contrat n'intervient pas en faveur du dépofitaire, qui ne demande pas cet argent, & qui pourroit s'en paffer ; ce n'eft qu'*ex accidenti* qu'on permet au dépofitaire de fe fervir de l'argent qui lui eft confié, jufqu'à ce qu'on le lui redemande, parce que pourvu que celui qui a confié l'argent foit affuré que la fomme lui fera rendue lorfqu'il la redemandera, il lui eft

indifférent que jufqu'à ce tems le dépofitaire fe ferve de l'argent, ou que cet argent demeure oifif.

De la différence de ces contrats naiffoient par le droit romain différens effets. L'emprunteur ne devoit pas des intérêts de la fomme qui lui avoit été prêtée, ni *ex morâ,* ni *ex nudo pacto* ; il falloit qu'il intervînt une ftipulation : au contraire dans le *dépôt* irrégulier, le dépofitaire devoit les intérêts, *ex nudo pacto & ex morâ.* L. 24. Depof.

Quant aux *dépôts* judiciaires, *v.* SEQUESTRE.

Celui qui a donné une chofe en *dépôt,* contracte de fon côté par le contrat de *dépôt,* envers le dépofitaire, l'obligation de le rembourfer des avances qu'il a faites pour la confervation de la chofe qui lui a été donnée, & de l'indemnifer généralement de tout ce que lui a coûté le *dépôt.*

Par exemple, fi on a donné à quelqu'un en *dépôt* des tonneaux de vin, celui qui les a donnés en *dépôt* eft obligé de rembourfer au dépofitaire les frais qu'il a faits pour les faire defcendre en fa cave, & ceux qu'il a faits pour les faire relier, fi pendant le tems qu'il les a eus en *dépôt,* ils ont eu befoin d'être reliés. Pareillement fi on a donné à quelqu'un en *dépôt* un cheval, ou un autre animal ; celui qui l'a donné eft obligé de rembourfer le dépofitaire, des frais de nourriture ; & fi l'animal a été malade, des frais de panfement & de médicamens.

Celui qui a donné une chofe en *dépôt* eft auffi, comme nous l'avons dit, obligé d'indemnifer le dépofitaire de tout ce que lui a coûté le *dépôt.* Par exemple, fi dans les colonies on a donné en *dépôt* à quelqu'un un negre, & que ce negre ait rompu l'armoire du dépofitaire & lui ait volé l'argent qui y étoit, avec lequel il s'eſt enfui, la perte que le dépoſitaire a ſoufferte par le vol qui lui a été fait de ſon argent, & l'effraction de ſon armoire, eſt une perte que lui a cauſé le *dépôt*, dont il doit par conſéquent être indemniſé par celui qui lui a donné le negre en *dépôt*. L. 61. §. 5. ff. *De furt.*

Le dépoſitaire n'eſt fondé à prétendre cette indemnité, que lorſqu'il n'y a aucune faute de ſa part qui ait donné lieu à la perte qu'il a ſoufferte ; car s'il l'avoit ſoufferte par ſa faute, il n'auroit aucune indemnité à prétendre : c'eſt ce qu'enſeigne Africanus dans l'eſpece ci-deſſus rapportée ; après avoir dit, que celui qui a donné l'eſclave en *dépôt*, doit indemniſer le dépoſitaire du vol que l'eſclave lui a fait, il ajoute : *Hæc ita puto vera eſſe, ſi nulla culpa ejus qui mandatum aut depoſitum ſuſcepit, intercedat ; cæterum ſi ipſe ultrò ei cuſtodiam argenti fortè, vel nummorum commiſerit, cum nihil unquam dominus tale quid feciſſet, aliter dicendum eſt.* D. L.61. §. 7.

On peut encore apporter pour exemple de notre principe, le cas auquel les choſes données en *dépôt* s'étant trouvées avec les propres effets du dépoſitaire, dans une maiſon incendiée, le dépoſitaire auroit ſacrifié ſes propres effets, & les auroit laiſſé périr dans l'incendie pour ſauver ceux qui lui avoient été donnés en *dépôt*, qui étoient plus précieux que les ſiens, & qu'il n'avoit pu ſauver qu'en ſacrifiant les ſiens ; l'incendie ne lui ayant pas laiſſé le loiſir de ſauver les uns & les autres. En ce cas la perte que le dépoſitaire a ſoufferte de ſes propres effets qu'il auroit pu ſauver, s'il n'eût pas ſauvé ceux qui lui ont été donnés en *dépôt*, eſt une perte dont il doit être indemniſé par celui qui lui a fait le *dépôt* ; car non-ſeulement c'eſt le *dépôt* qui lui a

cauſé cette perte, comme dans l'eſpece précédente, mais c'eſt une perte qu'il a directement ſoufferte pour la conſervation des effets qui lui ont été donnés en *dépôt*, qu'il ne pouvoit conſerver que par ce moyen.

Cette obligation que contracte celui qui a donné la choſe en *dépôt*, eſt appellée *obligatio depoſiti contraria*, à la différence de celle du dépoſitaire, qui eſt appellée *obligatio depoſiti directa.* La raiſon eſt, que c'eſt l'obligation du dépoſitaire, qui eſt l'obligation principale qui naît du contrat de *dépôt* ; l'obligation de celui qui a donné la choſe en *dépôt*, n'eſt qu'une obligation incidente, ſans laquelle le contrat de *dépôt* pourroit ſubſiſter, comme il arrive lorſque le *dépôt* n'a rien coûté au dépoſitaire.

Lorſque la choſe donnée en *dépôt* eſt une choſe frugifere, le dépoſitaire ne peut prétendre le rembourſement de ſes impenſes, & de tout ce que lui a coûté le *dépôt*, que ſous la déduction des fruits qu'il a perçus ; car il ne peut profiter en rien de ces fruits.

De l'obligation *depoſiti contraria*, que contracte celui qui a donné la choſe en *dépôt*, naît l'action *depoſiti contraria.*

Cette action eſt une action perſonnelle qu'a le dépoſitaire contre celui qui lui a donné la choſe en *dépôt*, pour le rembourſement de ſes impenſes, & de tout ce que lui a coûté le *dépôt*.

Le dépoſitaire a pour ce rembourſement un privilege ſur les choſes qui lui ont été données en *dépôt*, tant qu'elles ſont par-devers lui ; & il a auſſi le droit de les retenir juſqu'à ce qu'il ait été rembourſé.

Mais s'il les avoit rendues à celui qui les lui avoit données en *dépôt*, ſans ſe faire payer, il perdroit ſon privilege, en conſervant néanmoins ſa créance.

De l'obligation que le dépoſitaire

contracte par le contrat de *dépôt*, naît l'action *depositi directa*. Cette action est une action personnelle, que celui qui lui a donné la chose en *dépôt*, a contre le dépositaire pour se la faire rendre.

Par celui qui a donné la chose en *dépôt*, nous entendons celui qui a été partie contractante, & au nom de qui le *dépôt* a été fait, soit qu'il ait fait par lui-même la tradition de la chose donnée en *dépôt*, soit qu'il l'ait faite par d'autres qui l'ont faite en son nom.

Le propriétaire de la chose donnée en *dépôt*, lorsque ce n'est pas en son nom que la chose a été donnée en *dépôt*, n'a pas cette action ; parce que n'ayant pas été partie contractante, ce n'est pas envers lui que le dépositaire a contracté par le contrat de *dépôt*, l'obligation personnelle d'où naît cette action : ce propriétaire peut seulement & entiercer la chose sur le dépositaire, lorsqu'elle se trouve entre ses mains ; & sur la déclaration que le dépositaire fera, qu'il la tient à titre de *dépôt* d'un tel, former l'action de revendication contre ce tel qui la possede par celui à qui il l'a donnée en *dépôt*.

Néanmoins si celui qui a donné la chose en *dépôt*, quoiqu'en son nom, l'avoit donnée pour être rendue à ce propriétaire ; quoiqu'en ce cas le propriétaire n'ait pas l'action *depositi*, selon la subtilité du droit, le *dépôt* n'ayant pas été fait en son nom, & n'ayant pas été par conséquent partie contractante ; néanmoins les loix lui accordent en ce cas une action *depositi*, qu'on appelle *utile* : *Si res tuas commodavit, aut deposuit is cujus in precibus meministi, adversus tenentem ad exibendum vel vindicatione uti pôtes* : *quod si pactus sit ut tibi restituerentur . . . . . intelligis te ex ejus pacto actionem stricto jure non habere ; utilis autem tibi propter æquitatis ratio-*

nem dabitur depositi actio. L. viij. Cod. ad exhib.

Lorsque plusieurs personnes ont donné une chose en *dépôt*, s'il y a clause par le contrat, que la chose sera rendue à celle d'entr'elles qui la redemandera, ces personnes sont des *correi credendi*, chacune d'elles peut, sans le consentement des autres, intenter l'action *depositi* ; & la restitution du *dépôt* faite à l'une d'elles, décharge le dépositaire envers les autres. Hors le cas de cette clause, l'une de ces personnes ne peut intenter l'action *depositi*, pour se faire rendre la chose donnée en *dépôt*, qu'en rapportant le consentement des autres ; & s'il ne le rapporte pas, le juge doit ordonner qu'il les mettra en cause. Néanmoins si la chose étoit susceptible de parties réelles, comme lorsque c'est une somme d'argent qui a été donnée en *dépôt* : ou si la chose donnée en *dépôt* ne pouvant plus, par le dol du dépositaire, être rendue, l'action *depositi* devoit se terminer à une condamnation pécuniaire ; chacun de ceux qui ont fait le *dépôt*, pourroit sans les autres, intenter l'action *depositi* pour la part qu'il a dans le *dépôt*.

Du principe que l'action *depositi directa*, est une action qui naît de l'obligation personnelle, que le dépositaire a contractée par le contrat de *dépôt*, envers celui qui a donné la chose en *dépôt*, il s'ensuit qu'elle ne procede que contre le dépositaire, ses héritiers ou autres successeurs universels.

Néanmoins si je vous avois donné une chose en *dépôt*, & que vous l'eussiez vous-même donnée en *dépôt* à un tiers ; quoique selon la rigueur du droit, je n'aye pas l'action de *dépôt* contre ce tiers, puisque ce n'est pas avec moi, mais avec vous qu'il a contracté, & conséquemment que ce n'est pas envers moi, mais envers vous qu'il s'eſt obligé de rendre la choſe ; néanmoins *celeritate conjungendarum actionum*, pour éviter le circuit d'actions, les loix m'accordent auſſi une action utile *depoſiti* contre ce tiers : *Si quis rem penes ſe depoſitam apud alium depoſuerit, tam ipſe directam, quàm is qui apud eum depoſuit utilem actionem depoſiti habere poſſunt.* Paul. Sent. *lib. II. tit.* 12. §. 8.

Hors ce cas, celui qui a donné une choſe en *dépôt* ne peut avoir l'action *depoſiti*, contre des tiers auxquels ſeroit parvenue la choſe qu'il a donnée en *dépôt*, il peut ſeulement, étant le propriétaire de cette choſe, donner l'action en revendication contre les tiers qui s'en trouveroient en poſſeſſion.

Lorſqu'une choſe a été donnée en *dépôt* à deux dépoſitaires qui s'en ſont chargés enſemble ; ſi c'eſt par le dol de l'un & de l'autre, ou par une faute de l'un & de l'autre, de l'eſpece de celles dont les dépoſitaires ſont tenus, que la choſe n'eſt pas rendue, celui qui l'a donnée en *dépôt*, peut intenter ſolidairement l'action *depoſiti* contre l'un ou l'autre des dépoſitaires, mais ſi ce n'étoit que par le dol de l'un d'eux que la choſe ne pût être rendue, celui qui l'a donnée en *dépôt* ne pourroit intenter l'action *depoſiti* que contre lui ; l'autre dépoſitaire qui n'a pas participé au dol, n'en ſeroit pas tenu. L. 1. §. 43. ff. *Depoſ.* Bien entendu, à moins qu'il ne parût qu'en ſe rendant dépoſitaires, ils ſe ſont rendus cautions l'un pour l'autre ; auquel cas celui qui n'auroit pas participé au dol de ſon codépoſitaire, ne laiſſeroit pas d'en être tenu, comme étant ſa caution.

Lorſque le dépoſitaire a laiſſé pluſieurs héritiers, ſi c'eſt par le dol du défunt, ou par une faute de l'eſpece de celles dont un dépoſitaire eſt tenu, que

la choſe donnée n'eſt pas rendue, l'action *depoſiti* peut s'intenter contre les héritiers, ſeulement pour la part pour laquelle chacun eſt héritier ; mais ſi c'eſt par le dol de l'un des héritiers que la choſe n'eſt pas rendue, l'action *depoſiti* peut être intentée pour le total contre cet héritier, quoiqu'il ne ſoit héritier que pour partie ; & les autres héritiers qui n'ont pas participé au dol, ne ſont point tenus de la perte de la choſe qui avoit été donnée en *dépôt*.

C'eſt ce qu'enſeigne Paul, *in depoſiti actione : ſi ex facto defuncti agatur adverſus unum ex pluribus heredibus, pro parte hereditaria agere debeo, ſi verò ex ſuo delicto, pro parte non ago : merito quia æſtimatio refertur ad dolum quem in ſolidum ipſe heres admiſit.* L. 9. ff. de tit. *Nec adverſus coheredes qui dolo carent, depoſiti actio competit.* L. 10. ff. d. tit.

Si l'un des héritiers du dépoſitaire, pardevers qui eſt la choſe qui avoit été donnée en *dépôt* au défunt, refuſoit de la rendre à celui qui l'a donnée en *dépôt*, & qui la redemande, & qu'il n'alléguât pour cauſe de ſon refus, que l'abſence de ſes cohéritiers, ce ſeroit un mauvais prétexte qu'il allégueroit, ſes cohéritiers abſens ne pouvant avoir aucun intérêt d'empêcher la reſtitution du *dépôt* ; & par conſéquent ſon refus étant contraire à la bonne foi, & un dol de ſa part, celui qui a donné la choſe en *dépôt*, peut intenter contre lui pour le total l'action *depoſiti directa* pour la reſtitution de la choſe.

C'eſt ce que décide la loi 3. §. 3. ff. *Commod.* dans le cas du contrat *Commodatum*, qui eſt ſemblable à cet égard au cas du *dépôt*.

Lorſque c'eſt par le dol de tous les héritiers du dépoſitaire, que la choſe donnée en *dépôt* n'eſt pas rendue, l'action *depoſiti directa* peut être intentée ſolidai-

rement contre chacun defdits héritiers.
(P. O.)

DÉPOUILLE , f. f. , *Droit canon.*
Le droit de *dépouille* n'eft autre chofe
que le droit de recueillir certains biens
d'une perfonne après fa mort. Appliqué aux biens ou aux perfonnes eccléfiaftiques , il fe rapporte ou aux clercs ,
ou aux religieux. Par rapport aux religieux, *v.* PÉCULE , *Droit can.* A l'é-
gard des clercs il faut diftinguer les
évèques des autres miniftres inférieurs,
mais nous traitons de la fucceffion des
uns & des autres, même des religieux
en général , fous le mot SUCCESSION.
(D. M.)

DÉPOUILLEMENT, f. m., *Jurifp.*,
fignifie *le relevé* que l'on fait d'un regiftre , d'un inventaire , d'un compte ,
ou d'autres pieces.

DÉPRAVATION , f. f. , *Morale.* On
entend par le mot de *dépravation* une
corruption fcandaleufe d'efprit, de goûts
& de mœurs : rien n'avilit l'homme davantage que cet état ; on ne peut pouffer plus loin l'oubli de foi-même, &
la baffeffe ; c'eft le tombeau de la raifon & du fentiment. S'il y a quelqu'un
de méprifable , quelqu'un que l'on doive éviter & fuir , c'eft l'homme dépra-
vé : cependant il va dans le monde ;
il eft admis dans les fociétés ; on le
trouve quelquefois aimable & amu-
fant ; il y eft même fouvent defiré.
(F.)

DÉPRÉDATION , f. f. , *Jurifpr.*,
malverfations commifes dans l'adminiftration d'une fucceffion , d'une fociété , dans la régie d'une terre , dans l'exploitation d'un bois , &c.

DÉPRI , f. m. , *Droit féod.* , appellé
dans les anciens titres *deprifus*, eft l'accord qui eft fait avec le feigneur , pour
obtenir de lui une modération des droits
de mutation à lui dûs , foit pour hé-

ritages féodaux ou roturiers.

Déprier , fignifie *compofer avec le feigneur.*

On tire l'étymologie de ce mot du
latin *deprecari* , parce que celui qui veut
obtenir une diminution va prier le feigneur de la lui accorder.

Cet accord peut fe faire avant l'acquifition ou après ; mais communément
les feigneurs n'accordent point de diminution quand on a traité d'un bien
relevant d'eux avant de les en prévenir.

Le feigneur remet ordinairement un
tiers ou un quart ; quelquefois la moitié.

Les adminiftrateurs des églifes , hôpitaux & communautés , ne peuvent
pas faire de remife , à moins qu'ils n'y
foient autorifés par une délibération en
bonne forme.

Le tuteur ne peut pas non plus régulierement accorder de remife , à
moins qu'elle ne foit conforme à ce qui
fe pratique ordinairement ; encore eft-
il plus fûr qu'il s'y faffe autorifer par
un avis de parens , fi on juge cette remife convenable , pour faciliter l'acquifition , & pour procurer au mineur un
vaffal qui lui convienne.

Le feigneur propriétaire ne peut pas
accorder de remife , au préjudice de
l'ufufruitier ni de fon receveur ou fermier.

Quand le feigneur a accordé une remife , il ne peut plus révoquer fon confentement , quand même il feroit mineur , s'il eft émancipé , parce que c'eft
un acte d'adminiftration. (R)

DÉPRIER, v. act., *Droit féod.*, fignifie
faire un dépri ou *accord* avec le feigneur
touchant les droits à lui dûs pour l'acquifition que l'on a faite ou que l'on
eft fur le point de faire dans fa mouvance. Voyez ci-devant DÉPRI. (R.)

DÉPUTATION , f. f. , *Droit des
Gens*, eft l'envoi de quelques perfonnes

choifies d'une compagnie ou d'un corps, vers un prince ou à une affemblée, pour traiter en leur nom, ou pour fuivre quelqu'affaire. *v.* DÉPUTÉ.

Les *députations* font plus ou moins folemnelles, fuivant la qualité des perfonnes à qui on les fait, & les affaires qui en font l'objet.

Députation ne peut point être proprement appliqué à une feule perfonne envoyée auprès d'une autre pour exécuter quelque commiffion, mais feulement lorfqu'il s'agit d'un corps. Le parlement en Angleterre députe un orateur & fix membres pour préfenter fes adreffes au roi. Le chapitre députe deux chanoines pour folliciter fes affaires au confeil.

DÉPUTATION, *Droit public d'Allemagne*, forte d'affemblée des Etats de l'Empire, différente des dietes. C'eft un congrès où les députés ou commiffaires des princes & Etats de l'empire difcutent, reglent & concluent les chofes qui leur ont été renvoyées par une diete; ce qui fe fait auffi quand l'électeur de Mayence, au nom de l'empereur, convoque les députés de l'empire, à la priere des directeurs d'un ou de plufieurs cercles, pour donner ordre à des affaires, ou pour affoupir des conteftations auxquelles ils ne font pas eux-mêmes en état de remédier.

Cette *députation* ou forme de regler les affaires, fut inftituée par les Etats à la diete d'Augsbourg en 1555. On y nomma alors pour commiffaires perpétuels celui que l'empereur envoyeroit, les députés de chaque électeur, excepté celui du roi de Boheme, parce qu'il ne prenoit part aux affaires de l'empire, qu'en ce qui concernoit l'élection d'un empereur ou d'un roi des Romains; mais les chofes ont changé à cet égard depuis l'empereur Jofeph. On y admet auffi ceux de divers princes, prélats & villes impériales. Chaque député donne fon avis à part, foit qu'il foit de la chambre des électeurs, ou de celle des princes. Que fi le fuffrage de l'une & de l'autre chambre s'accordent avec celui du commiffaire de l'empereur, alors on conclut, & l'on forme un réfultat qui fe nomme *conftitution*, comme on fait dans les dietes; mais une feule chambre qui s'accorde avec le commiffaire de l'empereur, ne peut pas faire une conclufion, fi l'autre eft d'un avis contraire.

DÉPUTÉ, adj. pris fubft., *Droit des Gens*, eft une perfonne envoyée ou *députée* au nom & en faveur d'une compagnie ou d'un corps.

Les *députés* étant miniftres publics, font fous la protection du droit des gens. *v.* DÉPUTATION.

On prend encore le mot de *député* pour une perfonne qui repréfente une communauté pour traiter les affaires publiques d'une nation. C'eft dans ce fens qu'on dit les *députés* aux Etats d'une nation. *v.* ETATS.

Les *députés* dans une fociété civile font une marque certaine de fa décadence. Sitôt que le fervice public ceffe d'être la principale affaire des citoyens, & qu'ils aiment mieux fervir de leur bourfe que de leur perfonne, l'Etat eft déja près de fa ruine. Faut-il marcher au combat? ils payent des troupes & reftent chez eux; faut-il aller au confeil? ils nomment des *députés* & reftent chez eux. A force de pareffe & d'argent, ils ont enfin des foldats pour afservir la patrie & des repréfentans pour la vendre.

C'eft le tracas du commerce & des arts, c'eft l'avide intérèt du gain, c'eft la molleffe & l'amour des commodités, qui changent les fervices perfonnels en argent. On cede une partie de fon pro-

ſit pour l'augmenter à ſon aiſe. Donnez de l'argent, & bientôt vous aurez
des fers. Ce mot de *finance* eſt un mot
d'eſclave; il eſt inconnu dans la cité.
Dans un Etat vraiment libre, les citoyens font tout avec leurs bras & rien
avec de l'argent: loin de payer pour
s'exempter de leurs devoirs, ils payeroient pour les remplir eux-mêmes.

Mieux l'Etat eſt conſtitué, plus les
affaires publiques l'emportent ſur les
privées dans l'eſprit des citoyens. Il
y a même beaucoup moins d'affaires
privées, parce que la ſomme du bonheur commun fourniſſant une portion
plus conſidérable à celui de chaque individu, il lui en reſte moins à chercher dans les ſoins particuliers. Dans
une cité bien conduite chacun vole aux
aſſemblées; ſous un mauvais gouvernement nul n'aime à faire un pas pour
s'y rendre; parce que nul ne prend intérèt à ce qui s'y fait, qu'on prévoit que
la volonté générale n'y dominera pas;
& qu'enfin les ſoins domeſtiques abſor-
bent tout. Les bonnes loix en font faire de meilleures, les mauvaiſes en amenent de pires. Si-tôt que quelqu'un dit
des affaires de l'Etat, *que m'importe?*
on doit compter que l'Etat eſt perdu.

L'attiédiſſement de l'amour de la patrie, l'activité de l'intérèt privé, l'im-
menſité des Etats, les conquètes, l'abus
du gouvernement, ont fait imaginer la
voie des *députés* du peuple dans les aſſemblées de la nation. C'eſt ce qu'en
certains pays on oſe appeller le *tiers-
Etat*. Ainſi, l'intérèt particulier de deux
ordres eſt mis au premier & au ſecond
rang, l'intérèt public n'eſt qu'au troiſieme.

La ſouveraineté ne peut être repré-
ſentée, par la même raiſon qu'elle ne
peut être aliénée; elle conſiſte eſſentiellement dans la volonté générale, & la

volonté ne ſe repréſente point: elle eſt
la même, ou elle eſt autre; il n'y a
point de milieu. Les *députés* du peuple
ne ſont donc ni ne peuvent être ſes repréſentans; ils ne ſont que ſes commiſſaires; ils ne peuvent rien conclure
définitivement. Toute loi que le peuple
en perſonne n'a pas ratifiée eſt nulle;
ce n'eſt point une loi. Le peuple Anglois penſe être libre; il ſe trompe fort;
il ne l'eſt que durant l'élection des membres du parlement; ſi-tôt qu'ils ſont
élus, il eſt eſclave, il n'eſt rien. Dans
les courts momens de ſa liberté, l'u-
ſage qu'il en fait mérite bien qu'il la
perde.

L'idée des *députés* eſt moderne: elle
nous vient du gouvernement féodal,
de cet abſurde gouvernement dans lequel l'eſpece humaine eſt dégradée, &
où le nom d'*homme* eſt en deshonneur.
Dans les anciennes républiques, & même dans les monarchies, jamais le peuple n'eut de *députés*; on ne connoiſſoit
pas ce mot là. Il eſt très-ſingulier qu'à
Rome, où les tribuns étoient ſi ſacrés,
on n'ait pas même imaginé qu'ils puſſent uſurper les fonctions du peuple;
& qu'au milieu d'une ſi grande multitude, ils n'ayent jamais tenté de paſſer
de leur chef un ſeul plébiſcite. Qu'on
juge cependant l'embarras que cauſoit
quelquefois la foule; par ce qui arriva
du tems des Gracques, où une partie
des citoyens donnoit ſon ſuffrage de
deſſus les toîts.

Où le droit & la liberté ſont toutes
choſes, les inconvéniens ne ſont rien.
Chez ce ſage peuple tout étoit mis à
ſa juſte meſure: il laiſſoit faire à ſes
licteurs ce que ſes tribuns n'euſſent oſé
faire; il ne craignoit pas que ſes licteurs vouluſſent le repréſenter.

Pour expliquer cependant comment
les tribuns le repréſentoient quelquefois,

fois, il fuffit de concevoir comment le gouvernement repréfente le fouverain. La loi n'étant que la déclaration de la volonté générale, il eft clair que dans la puiffance légiflative le peuple ne peut être repréfenté; mais il peut & doit l'être dans la puiffance exécutrice, qui n'eft que la force appliquée à la loi. Ceci fait voir qu'en examinant bien les chofes, on trouveroit que très - peu de nations ont des loix. Quoiqu'il en foit, il eft fûr que les tribuns, n'ayant aucune partie du pouvoir exécutif, ne purent jamais repréfenter le peuple Romain par les droits de leurs charges, mais feulement en ufurpant fur ceux du fénat.

Chez les Grecs, tout ce que le peuple avoit à faire il le faifoit lui-même; il étoit fans ceffe affemblé fur la place. Il habitoit un climat doux, il n'étoit point avide, des efclaves faifoient fes travaux, fa grande affaire étoit fa liberté. N'ayant plus les mêmes avantages, comment conferver les mêmes droits? Vos climats plus durs vous donnent plus de befoins, fix mois de l'année la place publique n'eft pas tenable, vos langues fourdes ne peuvent fe faire entendre en plein air, vous donnez plus à votre gain qu'à votre liberté, & vous craignez bien moins l'efclavage que la mifere.

Quoi, la liberté ne fe maintient qu'à l'appui de la fervitude! Peut-être les deux excès fe touchent. Tout ce qui n'eft point dans la nature, a fes inconvéniens, & la fociété civile plus que tout le refte. Il y a telles pofitions malheureufes où l'on ne peut conferver fa liberté qu'aux dépens de celle d'autrui, & où le citoyen ne peut être parfaitement libre, que l'efclave ne foit extrèmement efclave. Telle étoit la pofition de Sparte.

Tome IV.

Les *députés* aux affemblées jouiffent de certains privileges, que nous devons établir en peu de mots. Les Etats qui ont droit de s'affembler par *députés*, pour délibérer fur les affaires publiques, font fondés par cela même à exiger une entiere fûreté pour leurs repréfentans, & toutes les exemptions néceffaires à la liberté de leurs fonctions. Si la perfonne des *députés* n'eft pas inviolable, ceux qui les déléguent ne pourront s'affurer de leur fidélité à maintenir les droits de la nation, à défendre courageufement le bien public: & comment ces repréfentans pourront-ils s'acquitter dignement de leurs fonctions, s'il eft permis de les inquiéter, en les traînant en juftice, foit pour dettes, foit pour délits communs? Il y a ici, de la nation au fouverain, les mêmes raifons qui établiffent d'Etat à Etat les immunités des ambaffadeurs. Difons donc que les droits de la nation & la foi publique mettent ces *députés* à couvert de toute violence, & même de toute pourfuite judiciaire, pendant le tems de leur miniftere. C'eft auffi ce qui s'obferve en tout pays, & particulierement aux dietes de l'empire, aux parlemens d'Angleterre, & aux cortes d'Efpagne. Henri III. roi de France, fit tuer aux Etats de Blois le duc & le cardinal de Guife. La fûreté des Etats fut fans doute violée par cette action; mais ces princes étoient des factieux & des rebelles, qui portoient leurs vues audacieufes jufqu'à dépouiller leur fouverain de fa couronne: & s'il étoit également certain que Henri ne fût plus en état de les faire arrêter & punir fuivant les loix, la néceffité d'une jufte défenfe faifoit le droit du roi, & fon apologie. C'eft le malheur des princes foibles & mal-habiles, qu'ils fe laiffent réduire à des extrèmi-

K k k

tés d'où ils ne peuvent fortir fans violer toutes les regles. On dit que le pape Sixte V. apprenant la mort du duc de Guife, loua cet acte de vigueur, comme un coup d'Etat néceffaire; mais il entra en fureur, quand on lui dit que le cardinal avoit été auffi tué : c'étoit pouffer bien loin d'orgueilleufes prétentions. Le pontife convenoit que la néceffité preffante avoit autorifé Henri à violer la fûreté des Etats, & toutes les formes de la juftice ; prétendoit-il que ce prince mît au hafard fa couronne & fa vie, plutôt que de manquer de refpect pour la pourpre romaine?

DÉPUTÉ DU TIERS-ÉTAT, *Droit public d'Angl.* Nous traduifons ainfi le mot anglois *commoner*; nom qu'on donne aux membres de la chambre des communes, en oppofition à celui de *pair* ou de *feigneur*, que l'on donne aux membres de la chambre haute. Ces *députés* peuvent être choifis parmi toutes fortes de perfonnes au-deffous du rang de baron, c'eft-à-dire, parmi les chevaliers, les écuyers, les gentils-hommes, les fils de la nobleffe, &c.

DÉRISION, f. f., *Morale*, action qui confifte à tourner la perfonne ou les actions d'autrui en ridicule. C'eft une offenfe quelquefois plus fenfible que l'injure la plus grave. Il n'eft permis de faire le mauvais plaifant vis-à-vis de perfonne, fur-tout quand on s'apperçoit que la plaifanterie molefte. On doit être encore bien plus réfervés vis-à-vis de ceux qui ont droit à l'eftime & à la confidération du public : on doit s'abftenir de tout ce qui pourroit tendre à diminuer leur crédit ou leur autorité, autrement on devient répréhenfible. *v.* PLAISANTERIE. (F.)

DÉROGATION, f. f., *Jurifpr.*, eft un fait ou un acte contraire à quelque acte précédent.

La maxime générale en fait de *dérogation*, eft que *pofteriora derogant prioribus.*

Déroger à fes droits, à fon privilege, c'eft y renoncer.

Déroger à une acte précédent ou *à une claufe particuliere* d'un acte, c'eft lorfqu'on revoque ce qui a été fait, ou que l'on y contrevient tacitement en faifant ou ftipulant quelque chofe de contraire : ainfi il y a *dérogation expreffe* & *dérogation tacite.*

Il eft libre aux particuliers de *déroger* par leurs conventions aux difpofitions des coûtumes & des ordonnances dans les points qui ne font pas de droit public, & qui ne contiennent point de difpofitions prohibitives & irritantes.

Il n'y a au furplus que le prince qui puiffe *déroger* aux loix anciennes, c'eft-à-dire, les révoquer, foit expreffément ou tacitement, en faifant une loi nouvelle & *dérogeant* à toutes loix contraires.

DÉROGATION, DÉROGATOIRE, *Droit Canon.* Le pape ufe fouvent de cette claufe dans fes refcrits qu'il accorde aux particuliers ; elle eft même devenue par le fréquent ufage qu'on en a fait à Rome, une claufe du ftyle dont l'omiffion rendroit le refcrit défectueux en fa forme. Cette claufe n'ajoute rien fans doute à la grace, mais elle fert à bien manifefter les intentions de fa fainteté. Elle eft plus ou moins étendue felon la nature de la grace, & la qualité de celui qui la demande.

On voit fous le mot *conceffion*, les effets des *dérogations* employées dans cette partie des provifions en matiere de bénéfices. Les bulliftes appellent ces claufes dérogatoires, *les nonobftances* ; parce qu'en effet elles ne fignifient autre chofe, que les lettres où elles font contenues, feront exécutées, nonobftant tous actes contraires. (D. M.)

DÉROGATOIRE, adj. *Jurifpr.*, est ce qui déroge à quelque droit ou acte précédent. On appelle *claufe dérogatoire* celle qui contient une dérogation. L'ufage des *claufes dérogatoires* dans les teftamens a été abrogé par la nouvelle ordonnance des teftamens. *v.* CLAUSE & DÉROGATION.

DÉROGEANCE, f. f., *Jurifpr.*, est un acte contraire à quelque dignité ou privilege, par lequel on eft cenfé y renoncer, dont & en tout cas on eft déchu.

Les eccléfiaftiques qui font quelque trafic ou négoce à eux défendu par les canons, *dérogent* à leurs privileges de cléricature.

Les perfonnes conftituées en dignité qui font quelque chofe d'indigne de leur état, *dérogent*, & peuvent être deftituées de leur place.

La nobleffe fe perd auffi par des actes de *dérogeance*. Voy. l'art. fuivant.

DÉROGER *à nobleffe*, v. act., *Droit polit.*, c'eft faire des actes qui font indignes d'une perfonne noble, comme font le trafic & le négoce des marchands en détail, l'exercice des charges & des emplois qui *dérogent*, comme d'être procureur, huiffier, fermier. Il faut cependant obferver que les fermiers des princes, les fermiers généraux, ni leurs employés ne *dérogent* point.

Quand un noble *déroge* à fa nobleffe, & qu'enfuite il veut fe faire réhabiliter, il eft condamné à une amende, eu égard à fa qualité & à l'acte qui l'a fait *déroger*. Il en eft de même de fes enfans qui veulent fe faire réhabiliter; mais il n'y a que ceux qui font nés depuis que leur pere a *dérogé*, qui foient obligés de fe faire réhabiliter : ceux qui font nés auparavant confervent toujours le titre de nobles. (R.)

DESAVEU, f. m., *Jurifpr.*, est l'acte par lequel on refufe de reconnoître une autre perfonne en fa qualité, ou par lequel on dénie qu'elle ait eu pouvoir de faire ce qu'elle a fait. Cette définition annonce qu'il y a plufieurs fortes de *defaveu*.

Le *defaveu d'un avocat*, par rapport à ce qu'il a plaidé ou écrit, n'eft point reçu, parce que l'avocat ne peut en plaidant engager fa partie au-delà des termes portés par les actes du procès, à moins qu'il ne foit affifté de la partie, ou du procureur; & fi ce font des écritures, elles font adoptées par le procureur, par la fignification qu'il en fait : ainfi le *defaveu* ne peut tomber que fur le procureur qui eft *dominus litis*.

Néanmoins fi l'avocat fortoit des bornes dans lefquelles la nobleffe de fa profeffion doit le contenir, pour exercer une haine contre la partie adverfe, ou que fciemment de connivence avec elle, il eût compromis le droit de fon client, il pourroit être valablement défavoué, parce que dans un Etat policé, il ne doit point y avoir d'injuftice qui demeure impunie. Mais il faut convenir auffi que fi le *defaveu* fe trouvoit vis-à-vis de l'avocat fans fondement, il ne pourroit lui être refufé des dommages & intérêts bien plus confidérables que ceux que des procureurs pourroient obtenir.

Le *defaveu d'un enfant*, eft lorfque fes pere & mere, ou l'un d'eux, refufent de le reconnoître.

Le *defaveu d'un mandataire*, eft lorfqu'on prétend qu'il a excédé les bornes de fon pouvoir : ce qui eft fondé fur la loi *cum mandati*, au code *mandati vel contra*. *v.* MANDATAIRE.

Le *defaveu d'un procureur ad lites*, eft lorfqu'on prétend qu'il n'a point eu

Kkk 2

de charge d'occuper pour une partie , ou qu'il a excédé les bornes de son pouvoir.

En général le *desaveu* est une injure contre l'officier qu'elle attaque, injure plus ou moins grave suivant les circonstances ; aussi lui accorde-t-on ordinairement des dommages & intérèts quand il est désavoué mal-à-propos. (D. F.)

DESAVEU , *Droit féod.* , c'est en mamatiere féodale l'acte par lequel le nouveau vassal dénie au seigneur la mouvance du fief.

Un vassal qui succombe dans son *desaveu* perd son fief, lequel demeure confisqué au profit du seigneur par droit de commise ; mais cette confiscation ou commise ne se fait pas de plein droit, il faut qu'il y ait un jugement qui l'ordonne.

Le vassal qui veut s'assurer de la mouvance de son fief, sans encourir la peine du *desaveu*, doit d'abord avouer le seigneur & lui demander ensuite la communication de ses titres. Si par cette communication il paroît que le seigneur n'ait pas la mouvance, le vassal peut revenir contre sa reconnoissance & passer au *desaveu*.

Lorsque le *desaveu* est bien fondé, le seigneur doit être condamné aux dépens , dommages & intérêts de celui qui a dénié la mouvance.

La peine du *desaveu* n'a point lieu en pays de droit écrit; on y est moins rigoureux qu'en pays coutumiers sur les devoirs des fiefs. (R.)

DES-CARTES. *v.* CARTESIANISME.

DESCENDANCE , s. f. , *Jurispr.*, signifie la postérité de quelqu'un, ceux qui sont issus de lui, tels que ses enfans , petits enfans , arriere petits-enfans & autres plus éloignés, tant qu'ils peuvent s'étendre à l'infini. On n'entend ordinairement par le terme de *descendance*, que la postérité légitime,

Voyez ci-après DESCENDANS.

DESCENDANS , adj. pris s., *Jurisp.*, sont ceux qui sont issus de quelqu'un, comme les enfans , petits-enfans , & autres en degrés subséquens. Les *descendans* forment ce que l'on appelle *la ligne directe descendante*. Le terme de *descendans* est opposé à celui d'*ascendans* , qui comprend pere , mere , ayeux & ayeules , bisayeux & bisayeules , &c.

Les *descendans* sont obligés de donner des alimens à leurs ascendans qui se trouvent dans l'indigence ; dans l'ordre des successions , ils sont préférés aux ascendans & aux collatéraux. Voyez *au code liv. V. tit. jx. l. 7. & 11. & tit. xxjv. auth.* si cognati, *l. VI. tit. jx. liv.* 4. §.8. *& tit. xjv. l. 1. tit. ljv. l. 12. v.* ASCENDANS & SUCCESSION ; où nous entrons dans un plus grand détail.

Les *descendans collatéraux*, sont ceux qui sont au-dessous de celui *de cujus*, comme les neveux , petits-neveux , petits-cousins , à la différence des oncles & tantes , grands-oncles , & grandes-tantes , que l'on appelle *collatéraux ascendans* ; parce qu'ils sont au-dessus de celui *de cujus*, & qu'ils lui tiennent en quelque sorte lieu d'ascendans proprement dits. *v.* COLLATÉRAL.

DESCENTE DU JUGE , *ou* DESCENTE SUR LES LIEUX , *Jurisprudence*, est le transport du juge sur les lieux contentieux, & la visite qu'il en fait pour s'instruire par lui-même de l'état des lieux, & rendre en conséquence son jugement.

DESCHARGE. *v.* DECHARGE.

DESDIT. *v.* DEDIT.

DESENFORESTER, v. act. , *Jurispr. angloise*, signifie affranchir, & séparer de la forêt royale une terre qui y étoit enclavée, & par conséquent soumise à toutes les loix des terres enforestées.

DESERTEUR, s. m., *Droit polit.*,

foldat, cavalier ou dragon qui quitte le service fans congé, ou qui change de capitaine ou de régiment.

La peine de mort infligée aux *déserteurs* ne paroît pas avoir diminué les défertions; une peine infamante qui les laifferoit vivre, feroit plus efficace. En effet, un foldat par fon état méprife ou eft fait pour méprifer la mort, & au contraire pour craindre la honte. Cette obfervation paroit judicieufe; mais ce feroit à l'expérience à la confirmer.

Les hiftoriens nous parlent d'une loi que fit Charondas contre les *déserteurs*; elle portoit qu'au lieu d'être punis de mort, ils feront condamnés à paroître pendant trois jours dans la ville revêtus d'un habit de femme; mais les mêmes hiftoriens ne nous difent point fi la crainte d'une telle honte produifit plus d'effet que celle de la mort. Quoiqu'il en foit, Charondas retiroit deux grands avantages de fa loi, celui de conferver des fujets, & celui de leur donner occafion de réparer leurs fautes, & de fe couvrir de gloire à la premiere action qui fe préfenteroit.

On a adopté en Europe la loi de peine de mort contre les *déserteurs*; & cette loi étoit bonne lorfque le foldat alloit librement à la guerre, & qu'il avoit fa part des honneurs & du butin. Le cas eft-il le même aujourd'hui?

Comme perfonne n'ignore les diverfes caufes qui rendent les défertions fi fréquentes & fi confidérables, nous n'en rapporterons qu'une feule, c'eft que les foldats font réellement, dans les pays de l'Europe où on les prend par force & par ftratageme, la plus vile partie des fujets de la nation, & qu'il n'y a aucune nation qui ne croye avoir un certain avantage fur les autres. Chez les Romains les défertions étoient très-rares : les foldats tirés du fein d'un peu-

ple fi fier, fi orgueilleux, fi fûr de commander aux autres, ne pouvoient guere penfer à s'avilir jufqu'à ceffer d'être Romains.

Les loix militaires d'aujourd'hui commencent à participer de la douceur des mœurs des nations policées. La France, la Pruffe, &c. n'infligent plus la peine de mort aux *déserteurs*, mais elles les occupent aux travaux publics.

DESERTION D'APPEL, f. f., *Jurifp.*, eft la négligence de relever dans le tems marqué par la loi un appel que l'on a interjetté d'une fentence ou autre acte.

Un appel eft defert ou abandonné, lorfqu'il n'eft pas relevé dans le tems.

La peine de la *défertion d'appel* eft que l'appel eft déclaré nul & comme non-avenu.

On obfervoit la même chofe chez les Romains; l'appellant ne pouvoit pourfuivre fon appel qu'il n'obtint du juge *à quo* des apôtres. C'eft ainfi que l'on appelloit des lettres dimiffoires ou libelles appellatoires, par lefquelles le juge *à quo* certifioit l'appel interjetté de fa fentence au juge où devoit reffortir l'appel; il falloit que l'appellant fît apparoir de ces lettres avant d'être reçu à la pourfuite de fon appel. Ces lettres devoient être obtenues dans les trente jours de l'appel, faute de quoi l'appel étoit réputé défert, & l'effet de cette *défertion* étoit qu'on pouvoit mettre à exécution la fentence, à moins que les parties n'euffent tranfigé.

DESERTION D'UN BÉNÉFICE, *Droit Can.*, eft lorfqu'un bénéficier a difparu fans que l'on fache ce qu'il eft devenu : après un an de fon abfence, on peut obtenir des provifions de fon bénéfice comme vacant par *défertion*; & celui qui eft ainfi pourvu doit être maintenu quant à préfent préférablement à celui qui eft pourvu *per obitum*, jufqu'à ce que la vérité du fait foit éclaircie , parce que la préfomption de droit eft qu'il eft vivant.

DÉSERTION DES MAISONS , TERRES , ET AUTRES HÉRITAGES , *Jurifprud.* , c'eft lorfque celui qui en étoit propriétaire ou poffeffeur les abandonne , & les laiffe vuides , vagues , & en friche.

DÉSERTION MALICIEUSE. *v.* DIVORCE.

DESESPOIR , f. m. , *Morale* , inquiétude accablante de l'ame caufée par la perfuafion où l'on eft , qu'on ne peut obtenir un bien après lequel on foûpire , ou éviter un mal qu'on abhorre.

Cette trifte paffion qui nous trouble & qui nous fait perdre toute efpérance , agit différemment dans l'efprit des hommes : quelquefois elle produit l'indolence & le repos : la nature accablée fuccombe fous la violence de la douleur : quelquefois en fe privant des feules reffources qui lui reftoient pour remedes , elle fe fâche contr'elle-même , & exige de foi la peine de fon malheur , fi l'on peut parler ainfi ; alors , comme dit Charron , cette paffion nous rend femblables aux petits enfans , qui par dépit de ce qu'on leur ôte un de leurs joüets , jettent les autres dans le feu. Quelquefois au contraire le *defefpoir* produit les actions les plus hardies , redouble le courage , & fait fortir des plus grands périls.

Una falus victis , nullam fperare falutem.

C'eft une des plus puiffantes armes d'un ennemi , qu'il ne faut jamais lui laiffer. L'hiftoire ancienne & moderne en fourniffent plufieurs preuves. Mais fi l'on y prend garde , ces mêmes actions du *defefpoir* font fouvent fondées fur un nouvel efpoir qui porte à tenter toutes chofes extrêmes , parce qu'on a perdu l'ef-

pérance des autres. Les confolations ordinaires font trop foibles dans un *defefpoir* caufé par des malheurs affreux ; elles font excellentes dans des accidens paffagers & réparables. (D. J.)

DÉSHÉRENCE , f. f. , *Jurifpr.* , qui vient du latin *deferere* , eft le droit qui appartient au fouverain ou aux feigneurs hauts jufticiers , de prendre chacun dans l'étendue de leur haute juftice les biens délaiffés par un défunct , décédé *ab inteftat* & fans aucun héritier apparent habile à lui fuccéder.

On ne dit pas que le droit de *deshérence* foit un droit de fuccéder , parce qu'en effet ce n'eft pas une véritable hérédité , ni même une fucceffion à titre univerfel ; le fouverain ou les feigneurs ne font chacun que des fucceffeurs particuliers , & à certains biens : ils ne fuccedent point en tous les droits du défunt ; & c'eft moins par translation du droit du défunt en leur perfonne , que par forme de réunion de la feigneurie privée vacante à la feigneurie publique.

La déshérence differe du droit d'aubaine , & celui-ci ne regarde que les étrangers dont la fucceffion appartient au fouverain , à l'exclufion des feigneurs. *v.* AUBAINE , *droit d'.*

Le droit de *deshérence* ne comprend donc que les fucceffions qui font dévolues au fouverain ou aux feigneurs par le feul défaut d'héritier , & non par les autres manieres par lefquelles des biens vacans peuvent appartenir au fouverain ou aux feigneurs.

L'origine du droit de *deshérence* remonte jufqu'aux Grecs , dont il paroît que les Romains avoient emprunté cet ufage. Les premiers appelloient les biens vacans τὰ ἀκληρόνομητα , & les Romains *caduca* ou *bona vacantia.* La loi des douze tables préféroit au fifc tous ceux qui portoient le même nom que le défunt, appellés *gentiles*, encore qu'ils ne puffent pas prouver leur parenté.

Strabon rapporte que les empereurs Romains avoient établi un magiftrat dans l'Egypte pour y faire à leur profit la recherche des biens vacans.

Les biens à titre de *deshérence* étoient incorporés au fifc des empereurs, comme il eft dit au code Théodofien, *liv. X. tit. viij & jx.* & au code de Juftinien, *de bonis vacantibus & eorum incorporatione.* Les empereurs Dioclétien & Maximien y déclarent que les fucceffions de ceux qui meurent inteftats & fans héritiers, appartiennent à leur fifc, à l'exclufion des villes qui prétendoient tenir du prince le droit de recueillir ces biens.

Le fifc ne fuccédoit qu'à défaut de tous parens & autres habiles à recueillir les biens, comme la femme ou le mari, le confort, le patron.

On obfervoit la même chofe en Italie du tems de Théodoric, fuivant ce que dit Caffiodore, *liv. X. variar. in hoc cafu perfona principis poft omnes; hinc optamus non acquirere, dummodo fint qui relicta valeant poffidere.*

DESHERITER, v. act., *Jurifpr.*; c'eft priver quelqu'un d'une fucceffion à laquelle il étoit appellé par la loi. *v.* EXHÉRÉDATION.

DESHONNETE, MALHONNETE, adj. *Mor.* Il ne faut pas confondre ces deux mots: le premier eft contre la pureté: le fecond eft contre la civilité, & quelquefois contre la droiture. Par exemple, un jeune homme *malhonnête*, fignifie un jeune homme qui pèche contre l'ufage du monde; & un *malhonnête* homme défigne un homme qui manque à la probité: de même, des actions, des manieres *malhonnêtes*, font des actions, des manieres qui choquent la bienféance ou la probité

naturelle. Des penfées, des paroles, des actions *deshonnêtes*, font des penfées, des paroles, des actions qui bleffent la chafteté & la pudeur.

Les cyniques prétendent qu'il n'y a point de mots *deshonnêtes*: car, felon eux, ou l'infamie vient des chofes, ou elle eft dans les paroles; elle ne vient pas des chofes, difent-ils, puifqu'il eft permis de les exprimer en d'autres termes qui ne paffent point pour *deshonnêtes*; elle n'eft pas auffi dans les paroles, ajoûtent-ils, puifqu'un même mot qui fignifie diverfes chofes, eft eftimé *deshonnête* dans une fignification, & ne l'eft point dans une autre.

Il eft vrai cependant qu'une même chofe peut être exprimée honnètement par un mot, & deshonnètement par un autre: honnètement, fi l'on y joint quelqu'autre idée qui en couvre l'infamie, & malhonnètement, fi au contraire le mot la préfente à l'efprit d'une maniere obfcene; c'eft pourquoi l'on doit fans contredit fe fervir de certains termes plutôt que d'autres, quoiqu'ils marquent au fond la même chofe. Le digne & eftimable auteur de l'*Art de penfer* a mis cette vérité dans un fi beau jour, *prem. part. ch xjv*, qu'on me faura gré de tranfcrire ici fes réflexions. Les mots d'*adultere*, d'*incefte*, dit-il, ne font pas infames, quoiqu'ils repréfentent des actions très-infames, parce qu'ils ne les repréfentent que couvertes d'un voile d'horreur, qui fait qu'on ne les regarde que comme des crimes; de forte que ces mots fignifient plutôt le crime de ces actions, que les actions mêmes: au lieu qu'il y a de certains mots qui les expriment fans en donner de l'horreur, & plutôt comme plaifantes que comme criminelles, & qui y joignent même une idée d'impudence & d'effronterie. Ce font ces mots-là qu'on appelle *infâmes* & *deshon-nêtes*, à cause des idées accessoires que l'esprit joint aux idées principales des choses, par un effet de l'institution humaine & de l'usage reçu.

Il en est de même de certains tours, par lesquels on exprime honnêtement des actions que la bienséance ne veut pas qu'on fasse en public. Les tours délicats dont on se sert pour les exprimer sont honnêtes, parce qu'ils n'expriment pas seulement ces choses, mais aussi la disposition de celui qui en parle de cette sorte, & qui témoigne par sa retenue qu'il les envisage avec peine, & qu'il les cache autant qu'il peut, & aux autres & à soi-même; au lieu que ceux qui en parleroient d'une autre maniere, feroient juger qu'ils prendroient plaisir à regarder ces sortes d'objets : & ce plaisir étant blâmable, il n'est pas étrange que les mots qui impriment cette idée, soient estimés contraires à l'honnêteté.

Il est donc nécessaire de se servir en parlant & en écrivant, de paroles honnêtes, pour ne point présenter des images honteuses ou dangereuses aux autres. L'honnêteté des expressions s'accorde toujours avec l'utile, excepté dans quelques sciences où il se rencontre des matieres qu'il est permis, quelquefois même nécessaire, de traiter sans enveloppe; & alors on ne doit pas blamer un physicien lorsqu'il se trouve dans le cas particulier, de ne pouvoir entrer dans certains détails avec la sage retenue qui fait la décence du style, & dont il ne s'écarte qu'à regret. (D. J.)

DESIGNATION, s. f. *Jurispr.*; c'est une expression que le testateur substitue au lieu du nom de la personne ou de la chose qu'il veut nommer, ou qu'il ajoûte pour la spécifier plus expressément & la distinguer. Comme si, au lieu de nommer un héritier ou un légataire, il le désigne par sa qualité; s'il donne au fils ainé d'un tel; si ayant légué un héritage, il ajoûte sa situation & ses confins; si ayant donné un tableau d'une telle histoire, il ajoûte le nom du peintre, ou marque de qui ce tableau lui est venu. (D. F.)

DESINTÉRESSEMENT, s. m. *Morale*; c'est cette disposition de l'ame qui nous rend insensibles aux richesses, & contens du plus étroit nécessaire. C'est peut-être en un sens la premiere des vertus, parce qu'elle est comme la sauvegarde des autres, & qu'elle les affermit en nous. C'est aussi en général celle que les malhonnêtes gens connoissent le moins; celle à laquelle ils croyent le moins; celle enfin qu'ils craignent, & qu'ils haïssent le plus dans les autres, quand ils sont forcés de l'y reconnoître.

Le *désintéressement* est la marque certaine d'une belle ame. Il consiste moins à sçavoir se passer des biens de la fortune, qu'à en faire un bon usage. L'homme désintéressé n'attend pas qu'on lui demande; sa générosité prévient le dégoût que cause l'humiliation d'exposer ses besoins. Il ne desire pas les richesses; ou, s'il les desire, ce n'est que pour les répandre. Il aime l'humanité; il tient à tout le monde, & surtout aux malheureux.

Les richesses rendent communément les hommes avares, dissipateurs, injustes; mais faites-les passer en des mains désintéressées, par un effet contraire, elles les rendront doux, complaisans, généreux. La façon d'en jouir, forme ces deux caracteres; celui-là ne croit les posséder qu'en les resserrant; celui-ci ne croit en faire usage qu'en les faisant couler dans le sein des autres. Mais que cette derniere façon de penser fer eft éloignée de nos mœurs! Dans ces tems malheureux, à la vue des miferes publiques, nos cœurs, qui devroient être ouverts à la compaffion, ont contracté une nouvelle dureté. On craint de fe laiffer furprendre à ces mouvemens que la nature infpire en faveur des miférables. On fait plus, tandis qu'on dévore en fecret les triftes reftes d'une maifon ruinée, on affecte des dehors de fenfibilité ; comme fi des attendriffemens ftériles pouvoient compenfer les fecours qu'on refufe.

DESIR, f.m. *Morale,* efpece d'inquiétude dans l'ame, que l'on reffent pour l'abfence d'une chofe qui donneroit du plaifir fi elle étoit préfente, ou du moins à laquelle on attache une idée de plaifir. Le *defir* eft plus ou moins grand, felon que cette inquiétude eft plus ou moins ardente.

Les chofes qui font le plus près de nous, font prefque toujours celles que nous connoiffons le moins. Toute notre vie fe paffe dans les *defirs* ; & l'on difpute encore fi le *defir* eft un bien ou un mal, un plaifir ou une peine.

Tandis que les uns ne conçoivent point de *defir* fans un mal aife, ou un fentiment défagréable ; d'autres vous diront que le *defir* eft un fentiment délicieux, un plaifir par excellence ; peu s'en faut qu'ils n'y faffent confifter le bien fuprème.

Comme ces deux opinions contraires font foutenues par des autorités également refpectables, je croirois volontiers qu'il y a du vrai & du faux dans l'une & dans l'autre. Mais comment le démêler ?

Lorfque, dans le regne de la nature, il fe préfente un objet à caracteres équivoques, & qu'on ne fait fous quelle claffe le ranger, comment l'obfervateur s'y prend-il ? Il analyfe cet objet

Tome IV.

avec foin, le contemple à travers le microfcope, ou le décompofe jufques dans fes élemens. Alors il fe trouve, ou que cet objet appartient à un genre déja connu, ou qu'il participe de plufieurs genres, ou qu'il forme lui-même un genre nouveau. Nos recherches exigent ici une opération analogue, car la pfychologie eft l'hiftoire naturelle de l'ame.

Cherchons donc la notion du *defir* dans le fiege même du *defir*, au fond de nos cœurs, & voyons ce qui fe paffe en nous lorfque nous defirons. Or, il me femble y appercevoir trois chofes, 1°. un objet qui fe peint à l'imagination fous une forme agréable, 2°. une inquiétude, caufée par l'abfence de cet objet, inquiétude qui nous rend mécontens de la fituation où nous fommes, 3°. une efpece d'attraction que cet objet exerce fur nous, ou de notre part une tendance vers l'objet que nous nous y figurons, & qui n'exifte encore pour nous qu'en idée.

Le *defir*, compofé de ces trois perceptions, fenfations ou fentimens, comme on voudra les nommer, n'eft donc pas un fentiment fimple & uniforme, mais un fentiment mixte.

Nous y avons d'abord diftingué une image agréable, & l'on ne fauroit douter que la perception de cette image ne foit un plaifir. Cependant elle peut être agréable de deux façons, ou par elle-même, je veux dire dans le cours ordinaire des chofes, ou par l'entremife d'une circonftance accidentelle, qui ne la rend agréable que pour le moment préfent.

Dans ce dernier cas, il peut arriver qu'une image déplaifante par elle-même, emprunte de l'agrément de la pofition particuliere où nous nous trouvons. Ainfi l'image d'un homme qui

L l l

fouffre , image qui nous revolteroit dans toute autre occafion, a des charmes pour nous, lorfque cet homme eft notre ennemi. Alors c'eft la haine qui fait que nous nous plaifons à cette image. affreufe , & nous ne devons ce trifte plaifir qu'à l'état violent où notre ame eft en proie. Mais, malgré ce plaifir, les *defirs* où entrent de pareilles images ne font certainement pas des biens, & je ne penfe pas que perfonne ofe le foutenir. Revenons au *defir* en général.

Tant que notre efprit s'arrète à la contemplation de l'objet qui nous plait, fans fe trouver mal à fon aife, & fans tendre plus loin, nous ne defirons pas encore, ou nous ne defirons plus; cette contemplation eft déja une jouiffance, dans laquelle l'image nous tient lieu de la réalité. Telles font ces douces rèveries que la Fontaine a fi agréablement décrites dans la fable de la Laitiere : telles font les extafes du poëte, lorfque transporté fur la double colline, il jouit du commerce des mufes & d'Apollon, ou de cet écrivain qui fe mire dans fes ouvrages, & fe voit faifant les délices de fon fiecle & de la poftérité. Ces vifions ne font point des *defirs*. La fortune, les honneurs, les biens fantafques dont notre imagination fe repait dans ce délire-paffager, font alors pour nous ce qu'étoient les vaiffeaux du Pyrée pour ce fou d'Athenes qui fe croyoit le propriétaire de ces vaiffeaux, & qui les poffédoit en effet autant qu'il en avoit befoin pour fa fatisfaction.

Gardons-nous bien de méprifer tous les plaifirs de cette nature : ce font peut-être les plus purs de ceux que la vie humaine nous offre. Nous nous les donnons à peu de frais ; nous les goûtons fans remords. Il feroit peut-ètre heureux de pouvoir fe fixer à ces fan-

tômes, & fouvent l'ombre vaut mieux que la réalité. Ou plutôt, il n'y a point ici de différence : tous les plaifirs de quelque fource qu'ils nous viennent, font également réels. Que nous les tenions des fens, de l'imagination ou de l'entendement, cela n'ajoute ni ne retranche rien à leur exiftence.

J'ai dit que ces images agréables qui flottent légerement fur la fuperficie de l'efprit, ne font pas des *defirs*. Mais lorfque l'inquiétude s'y joint, lorfque l'abfence des objets repréfentés par ces images nous donne de l'averfion pour notre fituation préfente ; dès lors le *defir* commence à naître.

Enfin, cette inquiétude nous fait faire des efforts pour paffer de notre état actuel dans celui où pour le moment nous croyons trouver notre bonheur. Alors le *defir* exifte. Mais pendant que nos forces & nos facultés tendent ainfi vers le terme du *defir*, nous rencontrons des obftacles, & nous éprouvons à chaque inftant la réfiftance des milieux qui nous féparent de ce terme.

Si je compte à préfent les maux & les biens qu'il y a dans le *defir*, j'y découvre, contre une perception agréable, trois fortes de peines, dont la premiere naît de la privation de l'objet defiré, la feconde du dégoût pour ma fituation actuelle, la troifieme, de la réaction des obftacles qui s'oppofent à l'accompliffement du *defir*.

Mais il ne fuffit pas de compter ces plaifirs & ces peines ; il faut encore les pefer. Or ici il y a une proportion exacte entre les parties conftituantes du *defir* ; & le fentiment agréable y répond aux fentimens pénibles dans la même proportion. La grandeur du *defir* fe mefure conftamment d'après l'impreffion plus ou moins forte que la chofe defirée fait fur nous. Ainfi plus nous fommes agréablement affectés de l'objet qui se peint à notre imagination, plus aussi nous sentons de peine à en être privés, plus notre état présent nous est à charge, plus nous nous efforçons de parvenir à nos fins, & plus nous sommes irrités des obstacles qui nous empêchent de nous satisfaire. De tout cela il résulte que, dans le sentiment mixte que nous appellons *desir*, la dose du mal l'emporte sur celle du bien.

On voit ici que le sentiment pénible se nourrit & se fortifie du plaisir même attaché à l'image de l'objet desiré, & croit en raison de la vivacité de ce plaisir. Mais ce n'est pas tout. Si l'on suit, d'un œil philosophique, les opérations de l'esprit humain, on y démêlera aisément cette loi générale ; c'est que la sensation dominante absorbe en grande partie les autres sensations, qu'elle les change, pour ainsi dire, en sa nature, & en tire un nouveau degré de force pour elle-même. Or la peine domine dans le *desir*.

Si le *desir* n'étoit pas un mal, l'espérance seroit-elle un bien ? Elle n'est un bien que parce qu'elle adoucit les inquiétudes du *desir*, & suspend nos agitations par des instans de relâche & de tranquillité. Dans ces instans elle est comme une jouissance anticipée, elle nous rapproche de l'état de simple contemplation, & nous en fait goûter les douceurs. Mais l'inquiétude, toutes les fois qu'elle vient troubler ce repos, se grossit de la joie même que l'espérance avoit ramenée dans nos cœurs, & le *desir* y puise de nouveaux alimens. Tout cela arrive en vertu de la loi dont nous venons de parler. Y a-t-il rien qui irrite davantage nos douleurs qu'un espoir toujours renaissant, & toujours trompé ? Cette alternative est si accablante que les ames les plus fortes ne sauroient à la longue y

tenir ; elle finit par changer l'espérance même en désespoir.

Toutes les qualités qui caractérisent le *desir*, nous les retrouvons en grand, & avec des traits plus frappans, dans les passions. Ici les images, peintes en couleurs plus vives, excitent des mouvemens plus impétueux. Pour l'homme passionné il n'y a qu'un objet dans la nature ; il ne voit, il ne sent, il n'imagine que celui-là. Comme il tend sans cesse à sortir de la situation qui le gêne, & que par les obstacles contre lesquels il heurte, il est sans cesse retenu dans cette situation, ses vains efforts la lui rendent d'autant plus insupportable. Il en est comme du torrent qui ne peut rompre la digue, & dont les flots repoussés augmentent la fureur. De-là, cette fermentation du sang, ce cours déréglé des esprits animaux, ce désordre général dont ses yeux, son teint, les traits de son visage, sa physionomie, toute l'attitude de son corps portent des empreintes visibles.

On m'objectera peut-être la passion de l'amour. Ceux qui la ressentent fortement, ne conviendront point que les *desirs* amoureux soyent un mal ; & loin de souhaiter d'en être affranchis, ils y trouvent, au contraire, leur souveraine félicité. Là-dessus j'ai bien des choses à répondre.

Et premièrement, remarquez les contradictions étranges où tombent les esclaves de cette passion. Après avoir attendri de leurs plaintes les bois & les rochers, & fait redire aux échos l'excès de leur infortune, ils vous soutiendront néanmoins, qu'ils baisent leurs chaines & bénissent leur martyre ; ou ils s'écrieront avec Plutarque, que mille plaisirs ne valent pas un tourment. Que conclure d'un langage aussi extravagant ? A le prendre au pied de la lettre, voilà donc des gens qui tout-à-la-fois font au comble du bonheur, & au comble de la misere.

N'est-il pas plus naturel de' conclure que l'amour est, comme toutes les autres passions, une espece de frénésie? Mais ce n'est point à un frénétique à apprécier l'état où il se trouve : il ne se connoit pas lui-même : tous ses propos trahissent le bouleversement de la raison. Car que peut-on concevoir de plus absurde qu'un homme qui desire de desirer, & qui seroit au désespoir de ne pas désespérer?

On demandera peut-être, pourquoi l'amour produit des symptômes si bizarres? Je réponds, parce que l'amour est une maladie qui réside dans le *desir* même. Il ne s'ensuit point de-là que l'état du *desir* soit un état heureux ; car quand nous supposerions qu'il fût l'état le plus malheureux, ces symptômes seroient encore les mêmes, & cela par la raison toute simple qu'il est impossible qu'un homme ne desire point dans le tems qu'il desire en effet.

Ecoutez ce même homme dans les intervalles de son paroxysme, & toutes les fois que la raison peut luire à son entendement. Ce ne sera plus le même langage. Il conviendra ingénument de sa malheureuse condition. Il voudroit pouvoir arracher de son cœur le trait qui le blesse : il forme mille fois le dessein de renoncer à sa passion. Mais aussi-tôt que le *desir* se rallume, il retombe dans son premier délire.

Les poëtes & les romanciers font très-bien, sans doute, de dépeindre leurs héros amoureux dans tout le désordre de leur esprit, & de faire parler aux fous le langage de la folie. Mais le spéculateur qui calcule nos biens & nos maux dans le silence de son cabinet, ne doit point ériger en maximes de philosophie

des chansons & des ariettes d'opéra ; où il sera soupçonné de n'avoir pas lui-même joui de toute la tranquillité d'esprit requise pour les méditations dont il s'occupoit.

Si le *desir* nous élevoit au faîte du bonheur, nous serions assurément des êtres fort heureux. Il ne nous resteroit qu'à envier le sort de Tantale, qui goûte ce bonheur sans interruption. Les passions violentes, qui ne font que de grands *desirs*, nous mettroient donc fort à notre aise : & la morale nous donneroit un bien mauvais conseil, lorsqu'elle nous exhorte à les fuir, ou à les dompter.

Mais enfin, on a beau lutter contre l'évidence, peut-on, sans fermer volontairement les yeux, disconvenir de cette vérité incontestable ; c'est que le *desir* ne se termine point en lui-même. On ne desire point pour le plaisir qu'il y a à desirer, mais pour le plaisir qu'il y a à jouir. Un homme qui desireroit éternellement, sans parvenir jamais à la jouissance, seroit peut-être la plus infortunée de toutes les créatures, & c'est en quoi, selon plusieurs théologiens, consistent les supplices de l'enfer. Or ce seroit tout le contraire, si le *desir* étoit un si grand bien, ou si seulement il étoit un bien positif. En ce cas, une suite continuelle de *desirs* seroit une suite continuelle d'états agréables, & l'enfer des théologiens deviendroit un paradis. Mais n'est-ce pas ici une contradiction dans les termes? Dire que nous sommes heureux en desirant le bonheur, n'est-ce pas dire que nous avons ce que nous n'avons pas?

Le *desir* est donc un mal, & la jouissance est le remede à ce mal. C'est là l'aspect sous lequel Epicure envisageoit la volupté quand il la définissoit l'exemption de la douleur. Car, ou je me trom-

pe fort, ou le terme grec n'eſt que foiblement rendu par celui d'exemption ; il ne
ſignifie pas ſimplement la privation, ou
l'abſence de la douleur, mais encore
l'action même qui écarte la douleur, en
ſatisfaiſant le *deſir*. Et l'analogie de la
langue ne s'oppoſe point à cette interprétation ; Epicure n'ignoroit pas que la
volupté en mouvement, cette volupté
qui ſatisfait les beſoins de la nature, eſt
un plaiſir. Mais convaincu que ce n'eſt
qu'un plaiſir de néceſſité, entant qu'il
guérit le mal du *deſir*, mal inſéparable-
ment attaché à notre fragile conſtitution, il étoit bien éloigné d'y chercher
le bonheur. Cette volupté en mouvement, ſuivant ſes principes, doit nous
conduire à la volupté en repos, à cet
état tranquille, exempt de *deſir* & de
craintes, en quoi il met le bien ſuprême,
& la derniere fin que le ſage doit ſe propoſer. Il ne nioit donc pas que la ſatisfaction de nos beſoins naturels ne fût
accompagnée d'un ſentiment agréable ;
mais il eût mieux aimé n'avoir point de
beſoins à ſatisfaire, & il eût volontiers
ſacrifié la volupté en mouvement, ſi ſans
elle il eût pu parvenir à la volupté en repos. Il n'y a rien en ceci que de très-
raiſonnable ; & lorſque les philoſophes
cyrénaïques, pour tourner la volupté
d'Epicure en ridicule, l'appellent le *plaiſir du dormeur*, ce n'eſt qu'une fort
mauvaiſe plaiſanterie.

La ſageſſe de cette doctrine d'Epicure
paroîtra bien clairement, ſi l'on prend
la peine de nous ſuivre dans les réflexions philoſophiques & morales que
nous allons tirer de notre théorie du
deſir.

Nous avons vu que nous achetons
le plaiſir de la jouiſſance par les peines &
les inquiétudes du *deſir*. Mais ce n'eſt
pas encore ce qu'il y a de plus fâcheux.
La plûpart du tems nous manquons no-

tre but, nous deſirons & nous nous pei-
nons en pure perte. Plus ſouvent encore nos *deſirs* portent ſur de faux biens,
ou ſur des maux déguiſés ſous une apparence trompeuſe : alors nous ſerions
trop heureux de ne pas voir nos *deſirs*
accomplis, & d'en être quitte pour les
avoir formés. Enfin, le *deſir* exagere
toujours, & lorſqu'après de longues inquiétudes nous avons atteint le terme
de nos ſouhaits, nous ne trouvons point
dans l'objet tant deſiré les charmes que
notre imagination lui avoit prêtées.
Delà il arrive qu'après la jouiſſance,
les choſes que nous avions le plus ardemment deſirées, ſont les premieres qui nous laſſent & nous impor-
tunent.

Ce n'eſt donc pas un avantage de ſe
trop livrer aux *deſirs*, & c'eſt mal entendre ſes intérêts, c'eſt être mauvais
économe de la vie que d'en contracter
une trop longue habitude. Car remarquons bien que ces *deſirs* ſurvivront au
pouvoir de les ſatisfaire, & nous ſuivront juſques dans l'âge où nos organes
émouſſés, & nos facultés affoiblies ſe
refuſent à leur accompliſſement. Alors
le mal nous reſte, & le remede nous
manque. Tâchons donc au moins d'a-
mortir ce feu qui brûle au-dedans de
nous, quoiqu'il eſt impoſſible de l'é-
teindre. Faiſons mieux encore, tour-
nons nos *deſirs* vers les choſes honnêtes, vers les plaiſirs de l'eſprit, les
ſeuls ſur qui la faulx du tems n'a point
de priſe. Quand on conſidere la nature
humaine ſéparément, & détachée du
ſage plan dont elle a fait partie, on ne
peut s'empêcher d'y appercevoir des
ſingularités étonnantes, ſur-tout dans
ce mélange de biens & de maux qui
entrent dans la compoſition de l'homme.

Nous avons prouvé que le *deſir* eſt un
mal ; mais ſans ce mal il n'y a preſque

aucun bien pour nous. Sans lui le plaisir se réduit à rien, ou à peu de chose. C'est à ce principe même destructeur de notre repos que nous devons la plûpart des momens agréables dont nous jouissons.

Il y a plus. Le *desir* est un mal ; mais la privation totale de *desirs* seroit encore un plus grand mal. On peut en juger d'après un état qui en approche, & auquel il n'est pas rare que les hommes soient exposés. Je parle de cet état d'anéantissement, de ce vuide où toutes nos facultés paroissent épuisées, où l'ame croupit dans l'inaction, & peut à peine supporter le fardeau de son existence. Il semble que nous soyons faits pour être agités, secoués, tracassés ; & si vous promenez vos regards sur le globe de la terre, vous verrez par-tout les hommes fideles à remplir ce but de leur destination.

La vie humaine n'est-elle pas en effet un enchaînement de passions & de *desirs* ? Ne sont-ce pas là les premiers mobiles qui nous font agir, & les grandes machines qui remuent le monde moral ? Delà vient que tous nos plaisirs s'usent, que jouets éternels de l'instabilité, nous voguons au gré des vents & des flots, sur la mer orageuse de la vie, & qu'il est si difficile à notre esprit de prendre une assiette fixe. Et cette fluctuation ne paroit-elle pas tenir à notre constitution originaire, au fond même de notre être ? Les sentimens agréables & désagréables contribuent également à l'entretenir en nous : notre ame y revient toujours d'elle-même, comme à son état habituel. Un *desir* n'est pas plutôt éteint, une passion n'est pas plutôt assouvie, que de nouveaux *desirs*, de nouvelles passions renaissent. Il en est comme d'une file de ressorts dont les uns ne se débandent que pour tendre les autres. En un mot,

il semble que ce soit-là cette force vive du monde spirituel qui demeure constamment la même.

Ces considérations paroissent avoir fortement affecté M. de Maupertuis, lorsqu'il médita son *Essai de philosophie morale*. Pour prouver que dans la vie ordinaire la somme des maux surpasse celle des biens, il en appelle à la rareté des perceptions dont l'ame chérit la présence, & à cette inquiétude constante dans laquelle nos jours s'écoulent.

Je n'entreprends pas de discuter cette question, elle n'est point de mon sujet. *v.* MAL. Mais je me permettrai d'observer que la vie heureuse, dont tant de philosophes nous ont bercés, est si peu possible qu'elle répugne à tout ce que nous connoissons jusqu'ici de l'homme. *v.* MISERE.

Si j'avois entre mes mains toutes les qualités qui constituent la nature humaine, & que je pusse en disposer, comme le potier dispose de la molle argille, je vois clairement que je pourrois les arranger de façon à produire une créature complettement malheureuse, & dont tous les instans fussent marqués par le malaise. Mais si l'on me proposoit de tirer de ces mêmes matériaux une vie toute tissue de sentimens agréables, je ne saurois, en vérité, comment m'y prendre.

Vous me demandez des plaisirs, mais il n'en est point qui à la longue ne vous lasse & ne vous excede. Il en seroit de même de la chaîne des plaisirs dont il faudroit composer votre vie. D'ailleurs, pour vous faire passer d'un plaisir à l'autre, ne voyez-vous pas qu'il faut que je vous donne des *desirs* ? Il faut donc que je vous rende mécontens de toutes les situations par où vous passez, je dis de chacune à son tour. Il faut donc que je vous donne des aversions.

Il faut donc que je vous donne des peines.

En faut-il davantage pour mettre dans tout son jour la chimere de la vie heureuse, pour faire évanouir au flambeau de la raison, tous ces plans de parfaite félicité qui ne sont que de beaux songes, & pour nous inspirer de la défiance contre ces nouveaux adeptes qui prétendent refondre la nature humaine, & transmuer les élémens de la vie. Ils nous promettent des jours filés d'or & de soye; mais au lieu d'or, ils nous donnent des scories & de la fumée.

J'aime à me persuader que la conjecture suivante est mieux fondée. Lorsque j'embrasse d'un coup d'œil cette foule de *desirs* qui se succédent de si près dans notre ame, je suis tenté, en les rassemblant sous un seul point de vue, de considérer la vie entiere comme un *desir* continu, comme un *desir* unique, comme un long *desir*. Ne diroit-on pas en effet que nous cherchons, sans cesse un bien inconnu, & dont nous n'avons qu'une idée confuse ? Pour le trouver, on erre d'objets en objets ; on goûte de tout, on se dégoûte de tout, tandis que le but où nous tendons fuit devant nous, & se perd dans un lointain obscur. Ne seroit-ce pas que nous sentirions, à chaque instant, que nous ne sommes pas encore ce que nous devons être, que notre existence n'est qu'ébauchée, & qu'il nous manque, je ne sai quoi, pour la completter ?

Je finirai par un aveu, c'est que les *desirs* naturels, c'est-à-dire, ceux que la seule nature demande, sont courts & limités; ils ne s'étendent que sur les nécessités de la vie. Les *desirs* artificiels, au contraire, sont illimités, immenses & superflus. Le seul moyen de se procurer le bonheur, ou de diminuer le

malheur, consiste à leur donner des bornes, & à en diminuer le nombre. *v.* BONHEUR, MISERE. *C'est assez que d'être*, disoit si bien à ce sujet madame de la Fayette. Ainsi, puisque la mesure des *desirs* est celle des inquiétudes & des chagrins, gravons bien dans nos ames ces vers admirables de la Fontaine :

Heureux qui vit chez soi,
De regler ses desirs faisant tout son emploi!
Il ne fait que par ouï-dire
Ce que c'est que la cour, la mer, & ton
    empire,
Fortune, qui nous fais passer devant
    les yeux
Des dignités, des biens que jusqu'au bout
    du monde
On suit, sans que l'effet aux promesses ré-
    ponde.

La Fontaine, *l. VII. fable xij.* (D.F.)

DESISTEMENT, s. m., *Jurispr.*, est une renonciation que l'on fait à quelque chose. Le *desistement* est de plusieurs sortes.

Il y a *desistement* par lequel on renonce à user d'un droit, d'une faculté, ou à faire valoir une prétention.

Desistement d'une action ou demande, d'un exploit, d'une requête, d'une plainte, & autres conclusions & procédures, par lequel on renonce à poursuivre ces procédures, & même à tirer avantage de ce qui a été fait.

Desistement d'un héritage, est l'acte par lequel celui qui étoit détenteur d'un héritage, en quitte la possession & la propriété à celui qui la révendique en qualité de propriétaire. Cette derniere espece de *desistement* differe de l'*abandonnement* proprement dit, que le débiteur fait à ses créanciers : il differe aussi du délaissement par hypotheque, qui est fait par le propriétaire de l'héritage à un créancier hypothécaire; & enfin du déguerpissement qui est fait au bailleur à rente par le preneur ou ſes ayans cauſe, pour ſe décharger de la continuation de la rente.

Il ne ſuffit pas de ſe deſiſter d'une demande ou de l'héritage qui eſt revendiqué ; il faut en même tems offrir les dépens juſqu'au jour du *deſiſtement*.

Celui au profit duquel eſt fait le *deſiſtement*, en demande acte, ſi c'eſt en juſtice que les parties procedent, & obtient un jugement qui le lui octroye ; & en conſéquence lui permet d'uſer du droit de lui donner le *deſiſtement*.

DÉSŒUVRÉ, adj., DÉSŒUVREMENT, ſ. m., *Morale*, c'eſt l'état d'une perſonne qui ne travaille point ni à ſon propre bonheur, ni à celui de la ſociété.

La vertu doit être agiſſante ; les vertus contemplatives ſont inutiles à la ſociété lorſqu'elle n'en peut pas reſſentir les effets. De l'aveu de tous les moraliſtes, le *déſœuvrement* eſt une diſpoſition mépriſable & qui conduit infailliblement au vice ; l'intérêt de la ſociété demande que chacun de ſes membres contribue ſelon ſon pouvoir à la proſpérité du corps ; il ſembleroit donc qu'on auroit dû faire une vertu de l'activité, de l'occupation, de l'amour du travail, dans lequel on peut trouver le moyen le plus juſte & le plus honnête de ſubſiſter ou du moins de ſe ſouſtraire à l'ennui, cet impitoyable tyran de tous les *déſœuvrés*.

Séneque compare très-juſtement la ſociété à une voûte, ſoutenue par la preſſion réciproque des pierres qui la compoſent. Chaque corps, chaque ordre de citoyens, chaque famille, chaque individu doit à ſa maniere contribuer au ſoutien de l'enſemble, ou, pour ſuivre la comparaiſon de Séneque, il ne doit point y avoir de pierres détachées ; le légiſlateur eſt la clé deſtinée à les contenir chacune dans leur place. Le ſouverain doit veiller à tout, ſes miniſtres ſont faits pour ſeconder ſes vues, les magiſtrats doivent s'occuper à faire obſerver les loix, les grands & les puiſſants doivent ſoutenir les foibles, les riches doivent aſſiſter les pauvres, le cultivateur doit nourrir la ſociété, le ſavant & l'artiſte doivent l'éclairer & rendre ſes travaux plus faciles, le ſoldat doit défendre ceux qui le font ſubſiſter. Tout homme *déſœuvré*, eſt une pierre détachée de la voûte de la ſociété.

L'homme *déſœuvré* qui ne fait rien pour la ſociété, en eſt un membre inutile, & ne peut ſans injuſtice prétendre aux avantages de la vie ſociale, à l'eſtime, aux honneurs, aux diſtinctions ; ces récompenſes ne ſont dues qu'à ceux dont ſes ſemblables & la patrie peuvent tirer des ſecours. Voilà comment les intérêts particuliers ſe trouvent néceſſairement unis à l'intérêt public, & ne peuvent en être aucunement ſéparés.

Ces réflexions naturelles peuvent faire voir ce que nous devons penſer de ces moraliſtes inconſidérés qui conſeillent à des êtres ſociables de ſe rendre ſauvages, de ſe détacher de la ſociété, de s'occuper uniquement d'eux-mêmes, ſans prendre aucune part à l'intérêt général. Une morale plus ſenſée fait un devoir à tout citoyen de contribuer ſuivant ſes forces à l'utilité publique. Une ſage politique doit appeller tous les citoyens au ſervice de l'Etat, & guidée par la juſtice elle devroit ne préférer à tous les autres, que ceux qui ſe diſtinguent par leur activité, leurs talents & leur mérite perſonnel.

Dans une ſociété juſte & bien conſtituée il ne doit être permis à perſonne de s'iſoler ou de vivre inutile ; car il
ſera

fera *defœuvré* pour les autres; ce n'est que dans une société corrompue, que l'homme de bien, écarté par l'injustice, & révolté par la corruption qu'il ne peut pas arrêter, est forcé de se concentrer en lui-même. Toute nation soumise à la tyrannie peut être comparée à une voûte écrasée par le poids de sa clef, dont toutes les pierres sont disjointes. Dans cet édifice ruineux l'on ne trouve nulle liaison, nul ensemble; les corps sont ennemis des corps, chacun ne vit que pour soi, les citoyens se dispersent, il n'est plus d'esprit public, une profonde indifférence s'empare de tous les cœurs; le sage, obligé de s'envelopper tristement du manteau philosophique & religieux, est réduit à jouir dans le cercle étroit de ses pareils, s'il a le bonheur d'en trouver, du bien-être qu'il chercheroit vainement au-dehors.

En réfléchissant à ces principes, on pourra facilement découvrir les causes de la plûpart des désordres que l'on voit régner dans les sociétés. Par une suite nécessaire de l'injustice des politiques qui ne se proposent que leurs vils intérêts, l'activité de tous ceux qui participent au pouvoir, n'a pour objet que leur intérêt personnel; la vertu & les talens, exclus des places, sont forcés de languir dans l'inaction. La société se remplit de méchants qui ne sont actifs que pour lui faire du mal, ou de *defœuvrés*, perpétuellement occupés à tromper leurs ennuis, soit par des amusemens frivoles, soit par des vices honteux. C'est ainsi que le miel est continuellement dévoré par des frèlons malfaisants, très-peu disposés à contribuer au bien d'une société pour laquelle ils n'ont aucun attachement.

Exciter au travail les citoyens, les employer suivant leurs talens, les em-
Tome IV.

pêcher d'être *defœuvrés*, où de profiter sans rien faire des travaux de la société, devroit être l'objet des soins continuels d'une sage politique. Tout homme qui travaille est un citoyen estimable; tout homme qui vit dans le *defœuvrement* est un membre inutile, que ses vices ne tarderont point à rendre incommode pour ses associés. Il faut avoir travaillé pour être en droit de goûter les douceurs du repos; le repos continuel est de tous les états le plus fatiguant pour l'homme. Le *defœuvrement* rend l'esprit malade, de même que le défaut d'exercice remplit le corps d'infirmités.

Le travail paroît à tous les hommes une peine dont ils voudroient s'exempter. L'homme laborieux, forcé de gagner son pain à la sueur de son front, porte envie à l'homme riche qu'il voit plongé dans le *defœuvrement*, tandis que celui-ci est souvent plus à plaindre que lui. Le pauvre travaille pour amasser, dans l'espoir de se reposer un jour. Les préjugés de quelques peuples leur font regarder le travail comme abject, comme le partage méprisable des malheureux. En un mot, on remarque dans les hommes en général un penchant naturel au *defœuvrement* qui, envisagé sous son vrai point de vue, est un vice réel, une disposition nuisible à nous-mêmes & aux autres, que la morale condamne, & que notre intérêt propre, ainsi que celui de la société, nous excite à combattre sans relâche. L'apathie, l'indolence, la molleffe, l'incurie, l'indifférence, la lâcheté, la haine du travail, l'ignorance, sont des qualités qui nous rendent inutiles & incommodes au corps dont nous sommes les membres, qui nous mettent hors d'état de nous procurer le bien-être que nous sommes faits pour desi-
       M m m

rer, & qui nous font manquer le grand but. Enfin si l'activité, ou l'amour du travail, est une vertu réelle, il est évident que le *désœuvrement* & la fainéantise sont des vices ou des violations de nos devoirs. Ce n'est que pour travailler à leur bonheur mutuel que les hommes vivent en société.

Le *désœuvrement* & l'inertie sont des crimes véritables dans les souverains destinés à veiller sans cesse aux besoins, aux intérêts, au bonheur des nations. Le *désœuvrement* & l'apathie sont des vices honteux dans un pere de famille, chargé par la nature de s'occuper du bien-être de ceux qui lui sont subordonnés. Le *désœuvrement* est un défaut punissable dans les serviteurs qui se sont engagés à travailler pour leurs maîtres. Tout homme qui reçoit les récompenses & les bienfaits de la société, s'est engagé à contribuer, selon ses forces, à l'utilité publique, & n'est plus qu'un voleur dès qu'il manque à ses engagemens. L'artisan, l'ouvrier, l'homme du peuple, travaillent sous peine de mourir de faim, ou de périr pour les crimes que le *désœuvrement* leur fera commettre tôt ou tard.

Jamais, dit Xénophon, *un esprit livré au désœuvrement ne produit rien de bon*; un adage très-connu nous dit que *l'oisiveté est la mere de tous les vices*. C'est d'elle en effet que l'on voit sortir les fantaisies les plus bisarres, les goûts les plus pervers, les plaisirs les plus insensés, les amusemens les plus futiles, les dépenses les plus extravagantes; ces choses n'ont véritablement pour objet, que de suppléer à des occupations honnêtes qui empêcheroient les princes, les riches & les grands de sentir le fardeau de l'oisiveté dont ils sont incessamment accablés. ,, Il n'y ,, *a pas*, dit Démocrite, *de fardeau*

,, *plus pesant que celui de la paresse* ". En effet, elle est toujours accompagnée de l'ennui, supplice rigoureux dont la nature se sert pour punir tous ceux qui refusent de s'occuper.

L'ennui est cette langueur, cette stagnation mortelle que produit dans l'homme l'absence des sensations, capables de l'avertir de son existence d'une façon agréable. v. ENNUI. Pour échapper à l'ennui, il faut que les organes, soit extérieurs soit intérieurs de la machine humaine, soient mis en action d'une façon qui les exerce sans douleur. Le fer se rouille lorsqu'il n'est pas continuellement frotté; il en est de même des organes de l'homme; trop de travail les use, & l'absence du travail leur leur fait perdre la facilité ou l'habitude de remplir leurs fonctions.

L'indigent travaille du corps pour subsister; dès qu'il cesse de travailler de ses membres, il travaille de l'esprit ou de la pensée, & comme pour l'ordinaire cet esprit n'est point cultivé, son *désœuvrement* le conduit au mal : il ne voit que le crime qui puisse suppléer au travail du corps que sa paresse lui a fait abandonner. *Tout paresseux*, dit Phocylide, *a des mains prêtes à voler.* Phocylid. carm. vers. 144. *Le travail*, dit-il plus loin, *augmente la vertu. Que celui qui n'a point appris à cultiver les arts, travaille avec la bêche.* vers. 147.

L'homme opulent, que son état dispense du travail du corps, a communément l'esprit ou la pensée dans un mouvement perpétuel. Continuellement tourmenté du besoin de sentir, il cherche dans ses richesses des moyens de varier ses sensations, il a recours à des exercices quelquefois très-pénibles; la chasse, la promenade, les spectacles, la bonne chere, les plaisirs des sens, la débauche, contribuent à donner à fa machine des fecouffes diverfifiées qui fuffifent quelque tems pour le maintenir dans l'activité néceffaire à fon bien-être; mais bientôt les objets qui le remuoient agréablement, ont produit fur fes fens tout l'effet dont ils étoient capables; fes organes fe fatiguent par la répétition des mêmes fenfations; il leur faut de nouvelles façons de fentir, & la nature épuifée par l'abus qu'on a fait des plaifirs qu'elle préfente, laiffe le riche imprudent dans une langueur mortelle. *Perfonne*, difoit Bion, *n'a plus de peines que celui qui n'en veut prendre aucune.*

Le bœuf qui laboure, eft évidemment un animal plus eftimable ou plus utile, que le riche ou le grand, livrés au *défœuvrement*. Ainfi que la vie du corps, la vie fociale confifte dans l'action. Les hommes qui ne font rien pour la fociété, ne font que des cadavres, faits pour infecter les vivans. Vivre c'eft agir, c'eft fe perfectionner foi-même, c'eft faire du bien à fes femblables, c'eft être utile, c'eft agir conformément au but du fouverain Maître. *Amis, j'ai perdu la journée*, s'écrioit le bon Titus, lorfqu'il n'avoit eu l'occafion de faire aucun bien à fes fujets.

Mais par une étrange fatalité les princes, les riches & les puiffants de la terre, qui devroient animer & vivifier les nations, fe plongent communément dans le *défœuvrement*, ne font que des corps morts, incommodes pour ceux qui les entourent, ou s'ils agiffent & donnent quelques fignes de vie, ce n'eft que pour troubler la fociété. Le *défœuvrement* habituel dans lequel vivent les riches & les grands, eft vifiblement la vraie fource des vices dont ils font infectés & qu'ils communiquent aux autres.

La curiofité fi mobile & toujours infatiable que l'on voit régner dans les fociétés opulentes, n'eft qu'un befoin continuel d'éprouver des fenfations nouvelles, capables de rendre quelques inftants de vie à des machines engourdies: ce befoin devient fi impérieux, que l'on brave des dangers réels, des incommodités fans nombre, pour le fatisfaire: c'eft lui qui pouffe en foule aux fpectacles & aux nouveautés de toute efpece; chacun efpere d'y trouver quelque foulagement momentané à fa langueur habituelle. Mais des ames vuides & des efprits incapables de fe fuffire, rencontrent en tous lieux cet ennui dont ils font obftinément pourfuivis. On le retrouve dans les amufemens même, dans des vifites périodiques, dans les cercles brillants, dans les parties, dans ces repas, ces foupers & ces fêtes où l'on comptoit goûter les plaifirs les plus piquants.

Ce n'eft qu'en lui-même que l'homme peut trouver un afyle affuré contre l'ennui. Pour prévenir les finiftres effets de cette ftagnation fatale, l'éducation devroit infpirer dès l'enfance aux perfonnes deftinées à jouir fans travail de l'aifance ou de l'opulence, le goût de l'étude, du travail d'efprit, de la fcience, de la réflexion. En exerçant leurs facultés intellectuelles, on leur fourniroit un moyen de s'occuper agréablement, de varier leurs jouiffances, de s'ouvrir une fource inépuifable de plaifirs utiles pour eux-mêmes & pour la fociété, qui les rendroient heureux & qui pourroient leur attirer de la confidération: enfin on leur feroit contracter l'habitude du travail de la tête, à l'aide duquel ils fauroient un jour fe fouftraire à la langueur qui défole l'opulence épaiffe, la grandeur ignorante, & la molleffe incapable d'agir.

Mmm 2

En habituant de bonne heure la jeuneffe à la réflexion, à la lecture, à la recherche de la vérité, on lui procure une façon d'employer le tems, agréable pour elle-même, & profitable pour la fociété. L'homme ainfi s'accoutume à vivre fans peine avec lui-même, & fe rend utile aux autres ; fes occupations mentales, quand il a le bonheur de s'y attacher, rempliffent fes momens, détournent fon efprit des futilités, des vanités puériles, des dépenfes ruineufes, & fur-tout des plaifirs déshonnêtes ou des amufemens criminels, reffources malheureufes que les hommes *défœuvrés* trouvent contre l'ennui qui les perfécute.

Tout le monde fe plaint de la briéveté du tems & de la courte durée de la vie, tandis que prefque tout le monde prodigue ce tems que l'on dit fi précieux ; les hommes pour la plupart meurent fans avoir fu jouir véritablement de rien & fans s'être préparés à mourir. Le repos ne peut être doux que pour celui qui travaille ; le plaifir n'eft fenti que par ceux qui n'en ont point abufé ; les amufemens les plus vifs deviennent infipides pour l'imprudent qui s'y eft inconfidérément livré. On fort à regret d'un monde où l'on a perdu fon tems à courir vers un bien-être chimérique. L'art d'employer le tems, eft ignoré du plus grand nombre de ceux qui fe plaignent de fa rapidité : une mort toujours redoutée termine une vie dont ils n'ont fu tirer aucun parti ni pour ce monde ni pour l'autre.

L'ignorance eft un mal, parce qu'elle laiffe l'homme dans une forte d'enfance, dans une inexpérience honteufe, dans une ftupidité qui le rend inutile à lui-même, & de peu de reffource pour les autres. L'ignorance dégrade l'homme fait pour fe fervir de fes facul-

tés intellectuelles & les perfectionner, & pour fe mettre par-là au-deffus de la brute. Un homme dont l'efprit eft fans culture, n'a d'autres moyens de fe diftinguer dans le monde que par fon fafte, fa parure, fon luxe, fa fatuité ; il ne fait jamais comment employer fon tems ; il porte de cercle en cercle fes ennuis, fon ineptie, fa préfence incommode : toujours à charge à lui-même, il le devient aux autres ; fa converfation ftérile ne roule que fur des minuties indignes d'occuper un être raifonnable. Caton difoit avec raifon que *les défœuvrés font les ennemis jurés des perfonnes occupées* : ce font les vrais fléaux de la fociété ; toujours malheureux eux-mêmes, ils tourmentent fans relâche les autres.

Le tems fi précieux & toujours fi court pour les perfonnes qui favent l'employer utilement, devient d'une longueur infupportable pour l'ignorant *défœuvré* ; il le prodigue indignement à des riens, à des extravagances, à des difcours frivoles, à des occupations fouvent plus funeftes que l'oifiveté.

Le célebre Locke, étant un jour chez le comte de Shaftesbury, trouva ce lord & fes amis fortement occupés à jouer. Notre philofophe, ennuyé d'avoir été long-tems le fpectateur muet de ce ftérile amufement, tira brufquement fes tablettes, & fe mit à écrire d'un air très-attentif : un des joueurs s'en étant apperçu, le pria de communiquer à la compagnie les bonnes idées qu'il venoit de configner fur fes tablettes : fur quoi Locke s'adreffant à tous, répondit : ,, Meffieurs, voulant profiter des lumieres que j'ai droit d'attendre de perfonnes de votre mérite, ,, je me fuis mis à écrire votre converfation depuis deux heures. " Cette réponfe fit rougir les joueurs, qui laifferent là les cartes pour s'amufer d'une maniere plus convenable à des gens d'efprit.

„ Nous devons, dit Séneque, ac-„ corder quelquefois du relâche à notre „ efprit, & lui rendre des forces par „ des amufemens; mais ces amufe-„ mens même doivent être des occupa-„ tions utiles. " *Sic nos animum ali-quando debemus relaxare, & quibusdam obleɛamentis reficere ; fed ipſa obleɛa-menta opera ſint ; ex his quoque, ſi ob-ſervaveris, invenies quod poſſit fieri ſa-lutare.*

Le jeu, fait pour délaffer par inter-vàlles l'efprit, devient pour le *défœuvré* une occupation fi féricufe, que fouvent il l'expofe à la perte totale de fa fortu-ne: fon ame engourdie a befoin de fe-couffes vigoureufes & réitérées ; elle ne les trouve que dans un amufement terrible, durant lequel elle eft conti-nuellement ballotée entre l'efpérance de s'enrichir & la crainte de la mife-re. *v.* JEU.

C'eft évidemment l'ignorance & l'in-capacité de s'occuper convenablement, qui font naitre & qui perpétuent la paf-fion du jeu, de laquelle on voit fi fou-vent réfulter les effets les plus déplora-blès. Un pere de famille, pour donner quelque activité à fon efprit, rifque fur une carte ou fur un coup de dez, fon aifance, fa fortune, celle de fa femme & de fes enfans: efclave une fois de cette paffion déteftable, accou-tumé aux mouvemens vifs & fréquens que produifent l'intérêt, l'incertitude, les alternatives continuelles de la ter-reur & de la joie, le joueur eft ordinai-rement un furieux que rien ne peut convertir que la perte de tout fon bien.

D'après les conventions des joueurs entr'eux, l'on appelle dans le monde *dettes d'honneur* celles que le jeu fait

contraɛer. Suivant les principes d'une morale inventée par la corruption, les dettes de cette nature doivent être ac-quittées préférablement à toutes les au-tres ; un homme eft déshonoré s'il man-que à payer ce qu'il a perdu au jeu fur fa parole, tandis qu'il n'eft aucune-ment puni, ou méprifé, lorfqu'il né-glige ou refufe de payer des marchands, des artifans, des ouvriers indigents, dont fa mauvaife foi ou fa négligence plongent fouvent les familles dans la mifere la plus profonde !

Ce n'eft pas encore affez des périls in-hérens au jeu lui-même ; cette paffion cruelle expofe à beaucoup d'autres. Ceux que le jeu favorife, montrent de la férénité ; ceux contre lefquels la for-tune fe déclare, font en proie au plus fombre chagrin, & quelquefois éprou-vent les fureurs convulfives des fréné-tiques les plus dangereux. Delà ces que-relles fréquentes que l'on voit s'élever entre des hommes qui, voulant d'a-bord tuer le tems ou s'amufer, finiffent quelquefois par s'égorger.

Sans produire toujours des effets fi cruels, le jeu doit être blâmé dès qu'il intéreffe l'avarice & la cupidité. Eft-il rien de moins fociable que des conci-toyens, des hommes qui fe donnent pour amis, qui fe réuniffent pour s'a-mufer, & qui font tous leurs efforts pour s'arracher une partie de leur for-tune ? Jamais le jeu ne devroit aller jufqu'à chagriner celui que le fort n'a point favorifé. Le gros jeu fuppofe tou-jours des ames baffement intéreffées, qui defirent de fe ruiner & de s'affliger réciproquement.

C'eft encore au *défœuvrement* que l'on doit attribuer tant d'extravagances & de crimes qui finiffent par troubler le repos & le bonheur des familles : c'eft lui qui multiplie la débauche, les galànteries, les déreglemens, les adulteres : tant de femmes ne s'écartent du chemin de la vertu, que parce qu'elles ne savent aucunement s'occuper des objets les plus intéreffants pour elles.

Tels font les effets terribles que produifent à tout moment le *défœuvrement* & l'ennui, qui toujours marche à fa fuite. C'eft à cet ennui que l'on doit attribuer prefque tous les vices, les folles dépenfes, les travers des grands, des riches, des princes même qui ne connoiffent d'autre occupation que les plaifirs, & qui après les avoir épuifés de bonne heure, paffent toute la vie dans une langueur continue, en attendant que des plaifirs nouveaux viennent rendre quelque activité à leurs ames endormies.

Tout *défœuvré* ne tarde pas communément à devenir auffi dangereux pour la focieté, qu'incommode pour lui-même. C'eft en occupant l'homme du peuple, fans l'accabler d'un travail trop pénible, qu'on lui rendra fon état agréable, & qu'on le détournera du vice & du crime. Les malfaiteurs & les fcélerats ne font fi communs fous de mauvais gouvernemens, que parce que les hommes découragés par la tyrannie préferent le *défœuvrement* à une vie laborieufe; alors le crime devient pour eux l'unique moyen de fubfifter.

Indépendamment du *défœuvrement*, dont nous venons de décrire les funeftes effets, il exifte encore un *défœuvrement* de tempérament qui, par l'engourdiffement & l'inertie qu'il produit dans les cœurs, devient auffi dangereux que l'inaction & l'incapacité de s'occuper : on pourroit le comparer à une véritable léthargie. Tandis que les autres paffions ont fouvent les emportemens du délire, celle-ci femble endormir les facultés; celui qui s'en trouve

atteint devient indifférent, même fur les objets qui devroient intéreffer tout être raifonnable. Les *défœuvrés* de cette efpece, loin de rougir d'une difpofition fi peu fociable, s'en applaudiffent, y trouvent un charme fecret, & quelquefois s'en vantent comme de la poffeffion d'un très-grand bien, comme d'une vraie philofophie.

C'eft fe tromper, dit un moralifte célebre, de croire qu'il n'y ait que les violentes paffions, comme l'ambition & l'amour, qui puiffent triompher des autres. La pareffe toute languiffante qu'elle eft, ne laiffe pas d'en être fouvent la maîtreffe, elle ufurpe fur tous les deffeins & fur toutes les actions de la vie : elle y confume infenfiblement les paffions & les vertus. De toutes les paffions, celle qui nous eft la plus inconnue à nous-mêmes, c'eft la pareffe; elle eft la plus ardente & la plus maligne de toutes, quoique fa force foit infenfible, & que les dommages qu'elle caufe foient très-cachés. Si nous confidérons attentivement fon pouvoir, nous verrons qu'elle fe rend en toute rencontre maîtreffe de nos fentimens, de nos intérêts & de nos plaifirs. C'eft la Rémore qui a la force d'arrêter les vaiffeaux..... Pour donner enfin la véritable idée de cette paffion, il faut dire que la pareffe eft comme la béatitude de l'ame, qui la confole de toutes fes pertes, & lui tient lieu de tous les biens.... De tous les défauts celui dont nous demeurons le plus aifément d'accord, c'eft de la pareffe ; nous nous perfuadons qu'elle tient à toutes les vertus paifibles & que, fans détruire entierement les autres, elle en fufpend feulement les fonctions.

Bien plus, ceux qui font enchaînés par cette forte de pareffe s'en font un mérite, une vertu. Mais cette apathie du cœur, cette indifférence pour tout, cette privation de toute fenfibilité, ce détachement de l'eftime & de la gloire, ne peuvent être aucunement regardés comme des vertus morales ou fociales : un être vraiment fociable doit s'intéreffer au bonheur & aux malheurs des hommes ; il doit partager leurs plaifirs & leurs peines ; il doit s'attacher fortement à la juftice ; il doit être toujours prêt à rendre à fes femblables les fervices & les foins dont il eft capable. Le pareffeux eft un poids inutile à la terre, il eft mort pour la fociété. Il ne peut être ni bon prince, ni bon pere de famille, ni bon ami, ni bon citoyen. Un homme de ce caractere, concentré en lui-même, n'exifte que pour lui feul. Une vie purement contemplative, la pareffe philofophique des épicuriens, l'apathie des ftoïciens, exaltées par tant de moraliftes, font des vices réels : tout homme qui vit avec des hommes, eft fait pour être utile. Solon vouloit que tout citoyen qui refufoit de prendre part aux factions de la république, en fût retranché comme un membre incommode. Si cette loi paroît trop rigoureufe, il feroit au moins à defirer que tout citoyen indifférent aux maux de fon pays, ou qui ne contribue en rien à fa félicité, fût puni par le mépris. (F.)

DESPEISSES, *Antoine*, *Hift. Litt.*, né à Montpellier en 1595, exerça d'abord là profeffion d'avocat au parlement de Paris, & enfuite dans fa patrie. Il s'occupa pendant quelque tems de la plaidoyerie ; mais un petit accident la lui fit abandonner. Comme il étoit à l'audience, il fe jetta dans les digreffions, fuivant l'ufage de fon tems, & fe mit à difcourir longuement fur l'Ethiopie : un procureur qui étoit derriere lui, fe mit à dire : „ le voilà dans

„ l'Ethiopie, il n'en fortira jamais. " Ces paroles le troublerent, & il ne voulut pas plaider davantage. Il mourut en 1658, âgé de 64 ans. Ses *Œuvres* ont été imprimées plufieurs fois. La derniere édition eft de Lyon 1750, en 3 vol. in-fol.

DESPOTE, f. m., *Droit politique*, c'eft ce fouverain dont la volonté eft la feule loi de la nation ; volonté qui entraîne, fubjugue & foumet toutes les volontés. *v.* DESPOTISME. (D. F.)

DESPOTISME, f. m., *Droit politique*, c'eft cette efpece de gouvernement qui ne reconnoît pour fa conftitution effentielle que la volonté abfolue du fouverain, appellé *defpote*.

Ce nom nous peint toujours une chofe odieufe & contraire au droit naturel de l'humanité. Cette averfion nous eft naturellement fuggérée par la feule contemplation des défordres qu'il a produits : frappés de l'horreur qui nous faifit à la vue de ce tableau, nous fommes révoltés fur le champ contre le *defpotifme* ; nous le regardons comme un fléau terrible & habituel ; nous le condamnons ainfi fans chercher à approfondir d'où proviennent les maux qu'il a faits : s'ils lui font propres, ou s'ils lui font étrangers ; & nous ne nous fervons plus des termes de *defpote* ou de *defpotifme*, que pour exprimer une forte d'autorité monftrueufe, que la raifon ne peut reconnoître, & dont il faut abfolument purger la fociété.

C'eft ainfi que les faits, détachés de leurs caufes premieres, font pour nous une fource d'erreurs. On a raifon de s'élever contre le *defpotifme* confidéré tel qu'il a prefque toujours été chez quelque nation ; mais le *defpotifme* factice & déréglé, dont nous fommes effrayés à jufte titre, & le *defpotifme* naturel, tel qu'il eft inftitué par la natu-

re même, ne se reffemblent point : il
eft également impoffible que le premier
ne foit pas orageux, deftructif, accablant, & que le fecond ne produife pas
tous les biens que la fociété peut defirer.

Qui eft-ce qui ne voit pas, qui eft-
ce qui ne fent pas que l'homme eft formé pour être gouverné par une autorité
defpotique ? Qui eft - ce qui n'a pas
éprouvé que fitôt que la raifon s'eft rendue fenfible, fa force intuitive & déterminante nous interdit toute délibération ? Elle eft donc une autorité defpotique, cette force irréfiftible d'une
raifon éclairée, cette force qui pour
commander defpotiquement à nos actions, commande defpotiquement à nos
volontés.

Le *defpotifme* naturel de la raifon
amene le *defpotifme* focial : l'ordre effentiel de toute fociété eft un ordre évident ; & comme l'évidence a toujours
la même autorité, il n'eft pas poffible
que l'évidence de cet ordre foit manifefte & publique, fans qu'elle gouverne
defpotiquement.

C'eft par cette raifon que cet ordre effentiel n'admet qu'une feule autorité,
& par conféquent un feul chef : l'évidence ne pouvant jamais être en contradiction avec elle-même, fon autorité
eft néceffairement defpotique, parce
qu'elle eft néceffairement une ; & le chef
qui commande au nom de cette évidence, eft néceffairement defpote, parce
qu'il fe rend perfonnelle cette autorité
defpotique.

S'il eft inconteftable que nous fommes organifés pour connoître l'évidence
& nous laiffer gouverner par elle ; s'il
eft inconteftable que l'ordre effentiel de
toute fociété eft un ordre évident, il
réfulte de ces deux propofitions, qu'il
eft dans les vues de la nature que le gou-

vernement focial foit un gouvernement
defpotique, & que l'homme, en cela
qu'il eft deftiné à vivre en fociété, eft
deftiné à vivre fous le *defpotifme*. Une
autre conféquence encore, c'eft que
cette forme de gouvernement eft la feule
qui puiffe procurer à la fociété fon meilleur état poffible ; car ce meilleur état
poffible eft le fruit néceffaire de l'ordre : ce n'eft que par une obfervation
fcrupuleufe de l'ordre qu'il peut s'obtenir ; ainfi ce n'eft qu'autant que l'é-
vidence de l'ordre gouverne defpotiquement, que les hommes peuvent parvenir à jouïr de tout le bonheur que
l'humanité peut comporter.

Le *defpotifme* n'a fait que du mal,
nous dit-on : donc il eft effentiellement
mauvais. Affurément cette façon de raifonner n'eft pas conféquente : on pourroit dire auffi, la fociété occafionne de
grands maux ; donc elle eft effentiellement mauvaife ; & ce fecond argument
vaudroit le premier. Oui fans doute,
le *defpotifme* a fait beaucoup de mal ;
il a violé les droits les plus facrés de
l'humanité ; mais ce *defpotifme* factice
& contre nature, n'étoit pas le *defpotifme* naturel de la raifon évidente de
l'ordre ; ce dernier affure les droits que
le premier détruit.

Il n'eft point pour nous de milieu entre être éclairés par l'évidence ou être
livrés à l'ignorance & à l'erreur. De-là,
deux fortes de *defpotifmes*, l'un légal,
établi naturellement & néceffairement
fur l'évidence des loix d'un ordre effentiel, & l'autre arbitraire, fabriqué par
l'opinion, pour prêter à tous les défordres, à tous les écarts dont l'ignorance
la rend fufceptible.

Le defir de jouïr eft également le premier principe de ces deux *defpotifmes* ;
mais dans celui-là l'action de ce mobile
eft dirigée par l'évidence de l'ordre ; &
dans

dans celui-ci elle est déréglée par l'opinion, qui, égarée par l'ignorance, ne met point de bornes à ses prétentions. De-là s'enfuit que le *despotisme* légal, qui n'est autre chose que la force naturelle & irrésistible de l'évidence, qui par conséquent assure à la société l'observation fidele & constante de son ordre essentiel, de son ordre le plus avantageux, est pour elle, le meilleur gouvernement possible, & l'état le plus parfait qu'elle puisse desirer : de-là s'enfuit encore que le *despotisme* qui se forme dans un état d'ignorance, est arbitraire dans toutes ses parties : il l'est dans son institution ; car il prend naissance dans des prétentions arbitraires : il l'est dans la façon de se maintenir ; car il ne se prolonge que par l'utilité dont il est à des prétentions arbitraires : il l'est dans ses procédés ; car il ramene tout à la force qui sert ses prétentions arbitraires.

Le voilà ce *despotisme* terrible, ce *despotisme* arbitraire que l'ordre réprouve, parce que l'ordre & l'arbitraire sont absolument incompatibles ; le voilà tel que l'ignorance l'a enfanté en différens tems pour le malheur commun des despotes & des infortunés qu'ils tenoient dans l'oppression. Les suites cruelles qu'il doit avoir pour les peuples, sont trop connues, pour que j'entre dans aucun détail à ce sujet ; mais ce que je dois faire principalement remarquer, c'est que ce *despotisme* n'est pas moins redoutable, pas moins funeste à l'oppresseur, qu'il l'est aux opprimés.

Le *despotisme* arbitraire est un composé de quatre parties qu'il faut considérer séparément. Ces quatre parties sont le *despotisme*, le despote, la force physique qui fait son autorité, & les peuples qu'il contraint de lui obéir. Le *despotisme* arbitraire est une production bi-

Tome IV.

farre de l'ignorance, une force physique qui se sert de sa supériorité pour opprimer. Cette force n'existe point par elle-même & dans un seul individu ; elle est le résultat d'une association ; & cette association se forme par un concours de prétentions & d'intérêts arbitraires qui s'unissent à cet effet. Mais par la raison que ces prétentions & ces intérêts sont arbitraires, leur position respective peut changer à tout instant, & les conduire à se désunir : alors plus d'association, plus de force supérieure, plus de *despotisme* : son existence n'est ainsi nécessairement que précaire & conditionnelle.

Cependant la chûte du *despotisme* doit entraîner celle du despote ; car point de despote sans *despotisme* : ainsi tous les risques que le *despotisme* court habituellement, sont communs au despote. Mais outre ces premiers risques il en est d'autres encore qui sont propres & particuliers à la personne de ce dernier ; le *despotisme* ne tient point au despote ; comme le despote tient au *despotisme* ; & la force qui soutient le *despotisme* peut, sans changer la forme du gouvernement, sacrifier à ses prétentions arbitraires, la personne même du despote.

Quand des exemples multiples ne nous apprendroient pas combien ces petites révolutions sont naturelles & faciles, quelques réflexions suffiroient pour nous les démontrer. La force qui sert de base à l'autorité du despote arbitraire, n'est ni à lui ni en lui ; elle n'est au contraire qu'une force empruntée ; & c'est d'elle qu'il tient tout, tandis qu'elle ne tient rien de lui. Il est donc absolument dans la dépendance de cette force ; car il ne peut jamais en disposer malgré elle, au lieu qu'elle peut toujours disposer de lui malgré lui.

N n n

Cette obfervation nous montre que le defpote arbitraire n'eft rien moins que ce qu'il paroît être ; c'eft une efpece de corps tranfparent & fragile, au-travers duquel on apperçoit la force qui l'environne : on peut le comparer à ces figurers de bois ou d'ofier, qui femblent faire mouvoir une machine à laquelle elles font attachées, tandis que c'eft cette même machine qui leur imprime tous leurs mouvemens. Le *defpotifme* eft véritablement acquis à la force d'affociation qui le maintient ; & les intérêts perfonnels arbitraires qui forment cette affociation, font les refforts intérieurs du *defpotifme* arbitraire. Le defpote n'eft ainfi qu'un fimulacre qui fe meut au gré de cette force dont il eft tellement dépendant, qu'il ne peut fe paffer d'elle, & qu'elle peut au contraire fe paffer de lui.

Dans le dernier état de l'empire Romain, le *defpotifme* arbitraire s'étoit emparé du gouvernement. Mais quels avantages les defpotes en ont-ils retirés ? Nous voyons une fucceffion d'empereurs alternativement immolés au caprice de leur armée révoltée, ou à l'enthoufiafme d'un petit nombre de conjurés à qui la trahifon tenoit lieu de force. Ceux qui, à l'exemple de Sylla, dépouilloient les citoyens pour enrichir les foldats, excitoient dans Rome des confpirations ; ils périffoient par la main des citoyens. Ceux qui, loin de fe propicier le foldat par des profufions, cherchoient à mettre un frein à fa cupidité, bleffoient les prétentions arbitraires des gens de guerre ; ils périffoient par la main des foldats. L'opinion livrée à toute la fureur des paffions & à tous les égaremens de l'ignorance, difpofoit de la force publique, parce que c'étoit cette même opinion qui la formoit. Cette force tenoit fous le joug de la tyrannie

ceux même auxquels elle vendoit le droit chimerique de lui commander : les defpotes qu'elle établiffoit, obligés de chercher la mort dans la haine du citoyen, pour ne pas la trouver dans le mécontentement de l'armée, étoient ainfi privés de la propriété de leur perfonne : ces prétendus maîtres fi grands, fi redoutables n'avoient pas même la liberté d'être juftes & vertueux ; ils fe trouvoient réduits à n'être que les efclaves d'une puiffance arbitraire, qui ne leur prêtoit fon pouvoir que pour les rendre les inftrumens ferviles de fon ambition aveugle. Par-tout où le *defpotifme* arbitraire s'eft établi, & principalement chez les Afiatiques, nous lui avons vu conftamment produire les mêmes effets, & devenir également funefte aux defpotes qui n'étoient point affez fages pour fe conduire fur d'autres principes.

Ainfi l'épée dont le defpote s'arme pour frapper, eft la même qui fe trouve fufpendue par un fil au-deffus de fa tête ; & la force qui eft le fondement de fa puiffance arbitraire, eft précifément celle qui le dépouille de fon autorité, & qui menace fa perfonne à chaque inftant. Cette pofition eft d'autant plus cruelle, que ce qu'elle a d'affreux n'eft balancé par aucun avantage ; car le *defpotifme* arbitraire, confidéré dans fes rapports avec les peuples, n'a pas moins d'inconvéniens pour le defpote.

En effet, à parler rigoureufement, un defpote arbitraire commande, mais ne gouverne pas : par la raifon que fa volonté arbitraire eft au-deffus des loix qu'il inftitue arbitrairement, on ne peut pas dire qu'il y ait des loix dans fes Etats : or un gouvernement fans loix eft une idée qui implique contradiction; ce n'eft plus un gouvernement. A la faveur d'une force empruntée, ce defpote commande donc à des hommes que cette force opprime ; mais ces hommes ne font point des fujets, & ne forment point ce qu'on peut appeller une *nation*, c'eft-à-dire, un corps politique dont tous les membres font liés les uns aux autres par une chaîne de droits & de devoirs réciproques, qui tiennent l'Etat gouvernant & l'Etat gouverné infèparablement unis pour leur intérêt commun.

Les devoirs font établis fur les droits, comme les droits le font fur les devoirs: mais fous le *defpotifme* arbitraire il n'en exifte réellement d'aucune efpece ; le nom même de droits & de devoirs doit y être inconnu : quiconque jouït de la faveur du defpote arbitraire, peut au gré de fon caprice dépouiller les autres hommes de leurs biens, de leur vie, de leur liberté ; il n'y a donc parmi eux aucune forte de propriété conftante, par conféquent aucuns droits réciproques & certains. Ce défordre s'accroit toujours en raifon du nombre de ceux auxquels le defpote communique une portion de fon autorité : le fyftème de ce prétendu gouvernement étant de rapporter tout à la force, chacun de ceux qui commandent en fous-ordre, eft autorifé par ce même fyftème, à fe permettre tout ce que lui permet la force dont il a la difpofition.

C'eft fous ce *defpotifme* arbitraire qu'on peut dire qu'il n'exifte qu'un feul & unique devoir abfolu, celui d'obéir. Mais quoique l'idée de ce prétendu devoir unique & abfolu renferme des contradictions évidentes, cet objet eft d'une trop grande importance pour me contenter de l'indiquer.

Si l'obligation d'obéir eft un devoir unique & abfolu, cette obligation eft donc fans bornes ; elle eft la même dans tous les cas, & quelle que puiffe être la chofe commandée. Je demande à pré-

fent s'il eft quelqu'un qui puiffe entendre fans horreur, fans frémir, que tout homme placé pour obéir à un autre, eft dans une obligation indifpenfable, dans une obligation abfolue d'exécuter tout ce que fon fupérieur lui ordonne ? Ne voit-on pas d'un coup-d'œil que tous les liens du corps politique font rompus ; qu'autant qu'il eft de commandants, autant il eft d'autorités defpotiques indépendantes les unes des autres? Un furieux fe trouve avoir cent hommes à fes ordres ; dans ce fyftème il faut aller jufqu'à foutenir qu'ils font indifpenfablement obligés de s'armer pour tous les forfaits qu'il leur commande : quel que foit l'objet fur lequel fa fureur veuille fe déployer, les plus grands crimes & les plus évidents deviennent pour eux un devoir ; & d'après le principe dont il s'agit, ils feroient coupables s'ils étoient arrêtés par l'évidence des atrocités qu'on leur ordonne de commettre.

Je viens de dire que dans ce fyftème abfurde tous les liens du corps politique font rompus ; pour le prouver d'une maniere bien fenfible, il me fuffit de faire obferver qu'il n'eft plus aucun moyen d'affurer à l'autorité l'obéiffance qu'on doit naturellement à fes ordres. Quiconque commande doit être obéi ; quiconque commande eft donc defpote. Mais s'il eft defpote, il ne peut être commandé ; & lorfqu'il l'eft, fon obéiffance eft abfolument volontaire ; car s'il lui plaît de donner aux hommes qui lui font foumis, des ordres contraires à ceux qu'il reçoit, ces hommes doivent exécuter fes volontés particulieres, & point du tout celles de fes fupérieurs. Dans cet état d'infubordination, il eft impoffible qu'il exifte aucune autorité réelle, autre que celle qu'on exerce immédiatement fur des hommes qui n'ont aucune

forte de commandement. Au milieu de
cette confufion, il eft impoffible qu'on
puiffe entendre la voix d'une autorité
premiere, de former cette chaîne de devoirs évidents qui forcent toutes les volontés de fe rallier à elle pour ne point
s'en féparer, fi jamais cette féparation
leur étoit commandée, au mépris de ces
mêmes devoirs.

Les peuples qui gémiffent fous le joug
du *defpotifme* arbitraire, ne forment
donc point une nation, parce qu'ils
ne forment point entr'eux une fociété ;
car il n'eft point de fociété fans droits
réciproques, & il n'eft point de droits
là où il n'eft point de propriété. Chaque homme ne voit dans les autres hommes que des ennemis, parce que s'ils
ne le font pas déja, ils peuvent le devenir d'un inftant à l'autre. Dans cette
pofition, il n'exifte que des intérêts particuliers, & nullement un intérêt commun, fi ce n'eft dans un feul & unique
point, qui eft la deftruction du *defpotifme*, pour établir, fur fes ruines, une
fociété qui du moins ait forme de fociété.

Il eft évident que des peuples qui
n'ont entr'eux aucuns droits certains,
aucuns devoirs réciproques, aucun autre intérêt commun que celui qui les
rend ennemis du pouvoir fous le poids
duquel ils font accablés, ne tiennent à
ce pouvoir par aucun lien focial ; car il
n'exifte point de lien focial fans fociété,
& il n'exifte point de fociété entre un
oppreffeur & des opprimés : elle eft totalement anéantie dès que les procédés
arbitraires d'une force fupérieure détruifent la réciprocité des droits & des
devoirs.

Je ne dirai point ici combien cette fituation violente met en danger la perfonne du defpote arbitraire ; je ne dirai
point que cet intérêt commun, toujours

prêt à s'armer contre lui, peut opérer
des affociations qui lui deviennent funeftes ; que plus le *defpotifme* arbitraire
veut refferrer les liens de l'efclavage, &
plus il augmente l'intérêt & le defir d'en
fortir ; que pour connoître combien
cette dégradation morale peut devenir
fatale à ceux qui en font les auteurs, il
eft inutile de confulter des tems éloignés de nous, qu'il fuffit de paffer les
mers, & d'y voir ce que les maîtres ont
à craindre des efclaves qui ont formé
la volonté de fortir de l'oppreffion :
j'obferverai feulement que le danger du
defpote eft d'autant plus grand & d'autant plus habituel, que fa perte n'a pas
befoin d'être préparée de longue main,
& qu'elle peut être confommée fans de
grands mouvemens : un vil efclave, un
intérêt obfcur, une intrigue fourde &
baffe fuffifent pour porter des coups
dont le defpote arbitraire ne peut jamais être garanti par toutes les forces
dont il eft environné. Une chofe même
terrible à mon gré, & que je ne peux
envifager de fang froid, c'eft que le
defpotifme arbitraire eft fait pour affurer
l'impunité du crime au fuccès de ces
fortes d'entreprifes : la volonté du defpote étant la loi fuprème, & s'anéantiffant avec lui, la pourfuite d'un tel attentat dépend uniquement des volontés
de celui qui le remplace : ainfi toutefois que ce dernier eft coupable lui-même, il n'eft plus de loi qu'il ait à redouter.

Mais nous, dont les mœurs ne nous
permettent pas de croire à fes forfaits ;
nous dont les fouverains trouvent leur
fûreté perfonnelle dans l'autorité facrée
des loix, & dans l'amour de leurs fujets, détournons nos regards de deffus
ces objets qui nous font horreur, &
contentons-nous de parcourir les effets
du *defpotifme* arbitraire dans les rap-

ports d'intérêts réciproques qui se trouvent entre les peuples & le despote.

Le *despotisme* arbitraire, en cela qu'il est destructif du droit de propriété, devient absolument exclusif de l'abondance ; il éteint toute activité ; il anéantit toute industrie ; il tarit la source de toute richesse dans toute l'étendue de sa domination. Le produit des terres se trouve ainsi presque réduit à rien, en comparaison de ce qu'il pourroit ou devroit être ; & les revenus du despote diminuent d'autant, ainsi que la population & tout ce qui concourt à constituer la force politique. Je dis que ses revenus diminuent d'autant, parce que l'impôt, comme on le verra à la suite, ne peut être fourni que par les produits des terres, & il a une mesure naturelle qu'aucune puissance humaine ne peut outre-passer, si ce n'est au préjudice de l'impôt même qu'elle voudroit augmenter.

Cependant la diminution des revenus du despote arbitraire ne le dispense point d'être grévé d'un tribut considérable ; car on peut appeller de ce nom les sommes qu'il est obligé de sacrifier pour acheter la force qui fait le soutien de son autorité. Il arrive même, par une contradiction commune à tout ce qui est contraire à l'ordre, que plus il a besoin de cette force, & moins il est en état de la payer : plus le despote abuse de son pouvoir, & plus il énerve ses propres revenus par les obstacles qu'il met à la reproduction : alors le mécontentement général croît en raison de ce que la reproduction s'affoiblit. Il est sensible que dans cette position le despote arbitraire augmente le besoin qu'il a d'être protégé par la force, & qu'à proportion de l'accroissement de ce besoin, les moyens de satisfaire aux dépenses qu'il exige, éprou-

vent de la diminution. Il se trouve donc dans le cas d'avoir plus à payer & moins à recevoir ; je ne crois pas qu'il y ait un désordre plus évidemment contraire à ses propres intérêts.

Il est aisé maintenant d'apprécier à sa juste valeur le *despotisme* arbitraire : il dévore sa propre substance, en détruisant le germe de la richesse, de la population, de la force politique de l'Etat ; il tient le despote dans une dépendance nécessaire & dispendieuse pour lui : en même-tems qu'il diminue doublement les revenus de ce prince, il en laisse la personne & l'autorité perpétuellement exposées à tous les orages de l'opinion & des prétentions arbitraires : il brise enfin tous les liens du corps politique ; au moyen de quoi danger pour l'Etat, à raison de sa foiblesse ; danger pour l'autorité, parce qu'elle n'a nulle consistance ; danger pour la personne du despote, parce qu'il n'est pour elle aucune sûreté ; danger par-tout, en un mot, & pour tout ce qui tient à ce *despotisme* désastreux. Quels sont donc ses attraits perfides, pour que tant de souverains n'ayent pu se défendre de leur séduction, & en soient devenus les victimes ? Ces attraits ne sont que des jeux de l'opinion, des prestiges qui ne peuvent en imposer qu'à l'ignorance : si ces princes infortunés eussent eu une connoissance évidente de l'ordre naturel & essentiel des sociétés, ils auroient trouvé dans son *despotisme* légal, la véritable indépendance, le véritable *despotisme* personnel qui faisoit l'objet de leur ambition ; par son moyen, ils seroient parvenus naturellement & rapidement au dernier degré possible de richesses, de puissance, de gloire & d'autorité ; leur bonheur alors leur auroit paru d'autant plus vrai, d'autant plus parfait, qu'il eût été le fruit d'un ordre qui se maintient de lui-même; qui n'exige des souverains aucuns sacrifices; il n'a besoin que d'être suffisamment connu pour s'établir; & il lui suffit d'être établi pour se perpétuer.

Ce n'est point assez d'avoir démontré combien le *despotisme* arbitraire, si cruel pour les peuples, est contraire à tous les intérêts du despote; il faut maintenant faire voir combien le *despotisme* fondé sur les principes d'une raison évidente, que nous appellerons *despotisme légal*, si favorable, si nécessaire au bonheur des sujets, est, en tout point, avantageux au souverain & à la souveraineté.

Quand le *despotisme* est légal, des loix immuables, dont la justice & la nécessité sont toujours en évidence, rendent la majesté du souverain & son autorité despotique toujours présentes jusques dans les parties de son empire les plus éloignées de sa personne; comme ses volontés ne sont que l'expression de l'ordre, il suffit qu'elles soient connues pour qu'elles soint fidelement observées; & au moyen de l'évidence qui manifeste leur sagesse, il gouverne ses Etats, comme Dieu, dont il est l'image, gouverne l'univers, où nous voyons toutes les causes secondes assujetties invariablement à des loix dont elles ne peuvent s'écarter; ce monarque ne s'occupe plus que du bien qui ne peut s'opérer sans son ministere; la paix qui regne sans cesse dans son intérieur, répand au dehors ses douceurs inestimables; plus elles se multiplient pour les autres, & plus elles se multiplient pour lui-même; la garde qui l'environne, n'est qu'une décoration extérieure, & nullement une précaution nécessaire; sa personne est par-tout en sûreté au milieu d'un peuple aussi riche, aussi

nombreux, aussi heureux qu'il peut l'être; il féconde, pour ainsi dire, par ses regards, les terres les plus ingrates; il se rend personnel le bonheur d'une multitude de sujets qui l'adorent, dans la persuasion qu'ils lui en sont redevables; & l'abondance qui naît de toutes parts ne se partage entr'eux & lui que pour le rendre une source intarissable de bienfaits.

Un tel souverain doit avoir pour amis & pour admirateurs toutes les nations étrangeres: pénétrées de vénération & de respect pour une puissance qui peut les étonner, mais jamais les allarmer, il me semble les voir venir mêler aux pieds de son trône, leurs hommages à ceux que l'amour filial de ses sujets s'empresse de lui rendre chaque jour; dans tout ce qui s'offre à ses yeux, il découvre un nouveau sujet de gloire, un nouvel objet de jouissance; il est sur la terre moins un homme qu'une divinité bienfaisante dont le temple est dans tous les cœurs, & qui paroît ne s'être revêtue d'une forme humaine, que pour ajouter aux biens que sa sagesse procure, ceux qu'on éprouve en jouissant de sa présence.

On a cherché à distinguer l'autorité des loix & l'autorité personnelle du souverain; mais cette idée est encore une de ces productions ridicules qu'on ne peut attribuer qu'à l'ignorance. Si ces deux autorités ne sont point une seule & même autorité, je demande de qui les loix tiennent celle dont elles jouissent, & laquelle des deux est supérieure à l'autre? Si celle du souverain est la supérieure & la dominante, l'autorité des loix n'est plus rien; si au contraire la supériorité est acquise à celle-ci, qu'on me dise donc de qui les loix l'ont reçue; certainement les loix ne peuvent tenir leur autorité que de la puiſſance légiſlative : ſi donc cette puiſſance ne jouït pas de l'autorité dans toute ſa plénitude, il eſt évident qu'elle ne peut la communiquer aux loix qu'elle inſtitue.

Dans l'état d'ignorance & de déſordre on peut diviſer l'autorité ; mais ſi la puiſſance légiſlative n'eſt pas en même tems puiſſance exécutrice, les loix qu'elle établit, ne ſont plus des loix, parce que la puiſſance exécutrice eſt la ſeule qui puiſſe conſtamment aſſurer leur obſervation. Je conviens donc que dans l'état d'ignorance, on peut mettre une différence entre l'autorité des loix & celle de la puiſſance exécutrice : mais j'obſerve auſſi que dans cet état, il faut néceſſairement qu'une des deux ſe trouve nulle, & c'eſt toujours celle des loix ; car c'eſt de la puiſſance exécutrice qu'elles empruntent alors toute leur force, vu qu'elles ne ſont plus autre choſe que les volontés arbitraires de cette puiſſance.

Dans l'état oppoſé, dans celui d'une connoiſſance évidente de l'ordre, les loix poſitives, qui ne ſont que l'expreſſion d'un ordre évident, que l'application de ſes loix eſſentielles, tiennent, il eſt vrai, toute leur autorité de cette évidence qui eſt leur premier inſtituteur ; mais ſi, dans le fait, elles jouïſſent de cette autorité, & ſi elles deviennent *deſpotiques*, c'eſt parce que la même autorité réſide dans la puiſſance exécutrice ; de façon qu'entre la nation & l'autorité de l'évidence on apperçoit toujours l'autorité perſonnelle du ſouverain, par le miniſtere duquel l'évidence ſe fait connoître d'une maniere ſenſible à tous ceux qui vivent ſous ſa domination.

Avant que les conſéquences des loix eſſentielles de l'ordre ſoient adoptées comme loix poſitives, leur juſtice, leur néceſſité ont commencé par devenir évidentes à la puiſſance légiſlative ; elle les a reçues, pour ainſi dire, de l'évidence pour les dicter à ſes ſujets. Ces loix poſitives ſont ainſi tout à la fois l'expreſſion d'un ordre évidemment néceſſaire, & celle des volontés du ſouverain. Impoſſible donc qu'il puiſſe exiſter alors deux autorités diſtinctes ; impoſſible que le *deſpotiſme* des loix ne ſoit pas perſonnel à la puiſſance qui commande & agit d'après l'évidence dont les loix ne ſont que l'expreſſion ; impoſſible même d'imaginer un autre *deſpotiſme* légal que celui qui, par un effet de la force irréſiſtible de l'évidence, eſt acquis aux volontés du ſouverain avant d'être acquis aux loix poſitives, c'eſt-à-dire, avant que ces mêmes volontés ſoient revêtues de la forme qui leur donne le caractere & le nom de loix.

Quelle différence énorme à tous égards entre la ſituation d'un ſouverain que chacun regarde comme un bien qu'il craint de perdre, & celle d'un deſpote arbitraire que chacun regarde comme un mal qu'il ne ſupporte qu'autant qu'il ne peut s'en affranchir. L'autorité du deſpote arbitraire n'eſt que précaire & chancelante, parce qu'il eſt impoſſible de fixer les opinions, les divers intérêts, & les prétentions qui lui ſervent de baſe ; celle du deſpote légal eſt inébranlable, parce que l'évidence qui en eſt le principe, eſt invariable, & produit toujours les mêmes effets.

La puiſſance du *deſpotiſme* arbitraire n'eſt au fonds qu'une aſſociation de pluſieurs forces phyſiques réunies pour aſſervir d'autres forces phyſiques, qui ne ſont plus foibles, que parce qu'elles ſont diviſées : celle du *deſpotiſme* légal eſt le produit d'une réunion générale de toutes les forces ; ce n'eſt pas parce qu'elle est supérieure qu'elle devient despotique, c'est parce qu'elle est unique, & qu'il ne peut s'en former une autre.

La despote arbitraire n'est point propriétaire de l'autorité qu'il exerce; elle n'est qu'empruntée, puisqu'elle appartient réellement à ceux qui l'ont formée par une association qui n'a rien que d'arbitraire: celle du despote légal lui est propre & personnelle; elle est à lui, parce qu'elle est inséparable de l'évidence qu'il possède, & qui, habitant en lui, fait que sa volonté devient le point de réunion de toutes les autres volontés & de toutes les forces. Ainsi le premier toujours & nécessairement dépendant, n'est despote que de nom; & le second, toujours & nécessairement indépendant, est despote en réalité.

Il est dans la nature de l'autorité du despote arbitraire d'être toujours & nécessairement odieuse; parce qu'elle est destinée à tyranniser les volontés, à contraindre l'obéissance par la force physique: celle du despote légal n'étant que la force intuitive & déterminante de l'évidence, il lui est naturel de n'être, pour ses sujets, qu'un objet de respect & d'amour, parce qu'il lui est naturel d'asservir leurs volontés sans leur faire aucune violence.

Le *despotisme* arbitraire, nécessairement destructif de la richesse du despote & de la puissance politique de l'Etat, renferme en lui-même le principe de sa destruction: le *despotisme* légal, procurant nécessairement le meilleur état possible à la nation, à la souveraineté, & au souverain personnellement, renferme en lui-même le principe de sa conservation.

Dans le *despotisme* arbitraire les volontés du despote ne sont point destinées à lui survivre; elles meurent avec lui; par cette raison les ennemis de ses volontés deviennent toujours les ennemis de sa personne; & comme il est moralement impossible qu'elles ne fassent pas un grand nombre de mécontents, il se trouve ainsi dans une impossibilité physique & morale de se procurer aucune sûreté personnelle contre les opinions, les intérêts & les prétentions arbitraires que ses volontés doivent blesser à chaque instant: dans le *despotisme* légal l'évidence, qui commande avant que le souverain ordonne, fait que les volontés du monarque deviennent les volontés constantes & uniformes de toute la nation; elles jouissent après lui de la même autorité despotique dont elles jouissoient pendant sa vie; cette autorité leur est même tellement propre, que l'évidence de leur justice ne permet pas de former des prétentions qui leur soient contraires; ainsi la sûreté la plus absolue, la plus entière est naturellement & nécessairement acquise pour toujours à sa personne: on ne s'élève point contre lui, parce qu'on ne peut s'élever contre ses volontés; & on ne peut s'élever contre ses volontés, parce qu'il faudroit s'élever contre la force de l'évidence, & contre toutes les forces réunies de la nation.

Par-tout où la connoissance évidente de l'ordre naturel & essentiel des sociétés se trouvera tellement répandue, que chacun éclairé par cette lumiere, attache son bonheur au maintien religieux des loix, il doit régner un *despotisme* personnel & légal, qui est le seul & unique véritable *despotisme*, parce qu'il est le seul qui existe par lui-même, qui se maintienne par lui-même, & qui ne puisse jamais être ébranlé. Malgré l'aversion naturelle qu'on avoit du *despotisme*, on a bien senti qu'on ne pouvoit s'arracher à l'arbitraire, qu'en se livrant

livrant à une autorité abfolue, qui en-
chaînât toutes les opinions ; mais faute
d'avoir remonté à un ordre focial primitif & effentiel ; faute d'avoir connu
la force irréfiftible de fon évidence ;
on étoit toujours dans le cas de redouter cette autorité unique, parce qu'on
ne voyoit point comment elle ne feroit
pas arbitraire elle-même dans fes volontés : par cette raifon, le feul mot
de *defpotifme* perfonnel infpiroit une
certaine horreur dont on ne pouvoit fe
défendre, & on cherchoit, fans le trouver, le *defpotifme* légal dont on parloit
fans le connoître ; tandis que les puiffances qui gouvernoient, ne comprenoient point qu'il ne peut jamais exifter
un véritable *defpotifme* perfonnel, s'il
n'eft légal, les peuples ignoroient auffi
qu'il ne peut jamais exifter un véritable
defpotifme légal qu'il ne foit perfonnel.

Euclide eft un véritable defpote ; &
les vérités géométriques qu'il nous a
tranfmifes, font des loix véritablement
defpotiques : leur *defpotifme* légal & le
defpotifme perfonnel de ce légiflateur
n'en font qu'un, celui de la force irréfiftible de l'évidence : par ce moyen,
depuis des fiecles le defpote Euclide
regne fans contradiction fur tous les
peuples éclairés ; & il ne ceffera d'exercer fur eux le même *defpotifme*, tant qu'il
n'y aura point de contradictions à éprouver de la part de l'ignorance : la réfiftance opiniâtre de cette aveugle eft la feule
dont le *defpotifme* perfonnel & légal
ait à triompher ; auffi l'inftruction &
la liberté de la contradiction font-elles
les armes dont il doit fe fervir pour la
combattre, parce qu'il n'a befoin que
de l'évidence pour affurer fa domination.

Il n'eft rien au monde de fi propre à
nous infpirer l'amour de l'ordre, que
l'évidence de fa juftice, de fa néceffité,

dés avantages que nous en retirons, &
des maux que fon relâchement nous feroit éprouver ; dès que rien n'empêche
que le flambeau de cette évidence ré-
pande par-tout fa lumiere, chacun y
participe en raifon du befoin qu'il en a
pour fe conduire, & voit dans les biens
que l'ordre procure, un patrimoine
dont il ne peut perdre la propriété,
tant que l'ordre fubfiftera. La juftice
& la fainteté de cet ordre portent tellement l'empreinte facrée de fon divin inf-
tituteur, qu'on regarde fes loix invariables comme les claufes d'un contrat paffé
entre le ciel & la terre, entre la divinité & l'humanité : perfuadés que notre
foumiffion à ces loix doit être, de notre
part, un culte agréable à Dieu, elles deviennent autant d'articles de foi, pour
lefquels nous fentons naître dans nos
cœurs cet amour, cet enthoufiafme dont
les hommes ont toujours été fufceptibles pour leur religion. Je ne dis point
encore affez ; car aux biens furnaturels
& ineftimables que la religion promet
aux fideles obfervateurs de l'ordre, fe
joignent les avantages naturels & temporels que l'ordre nous prodigue ; ils
ajoutent ainfi à un intérêt éloigné, qui
n'eft affuré que par la foi, un intérêt
préfent & fenfible, qui ne peut qu'attacher plus étroitement, plus religieu-
fement les hommes à la pratique de la
vertu.

Si les fouverains font véritablement
grands, véritablement fouverains, ce
n'eft que dans un gouvernement de cette efpece : toute l'autorité leur eft acquife fans partage ; & au moyen de ce
que l'évidence dicte toutes leurs volontés, on peut dire, en quelque forte,
qu'ils font affociés à la raifon fuprême
dans le gouvernement de la terre ; qu'en
cette qualité fa fageffe divine, que l'évidence leur communique, & qui habite

D E S

toujours en eux, les conftitue dans la néceffité de faire le bien, & dans l'impuiffance de faire le mal; qu'ainfi par leur entremife, le ciel & la terre s'entre-touchent, la juftice & la bonté de Dieu ne ceffant de fe manifefter aux hommes, de leur être préfentes dans les miniftres de fon autorité.

Ceux-là font donc coupables du crime de haute trahifon, de lefe-Majefté divine & humaine, qui cherchant à légitimer tous les abus de l'autorité, dans l'efpérance d'en profiter, s'efforcent fecrétement d'infinuer aux fouverains que leur *defpotifme* eft arbitraire & abfolument indépendant de toute regle; que leurs volontés feules enfin conftituent le jufte & l'injufte. Cette perfidie ne peut réuffir qu'à la faveur d'un défaut de lumieres, qui ne permet pas aux fouverains de voir évidemment que l'ordre focial eft naturellement & néceffairement établi fur l'ordre phyfique même, qu'il n'eft point en leur puiffance de changer : faute de connoître cette vérité, ils fe laiffent perfuader qu'un pouvoir arbitraire peut leur être d'une grande utilité pour faire le bien; mais un pouvoir arbitraire ne peut fervir qu'à faire le mal; car il n'y a que le mal qui puiffe être arbitraire, foit dans la forme foit dans le fonds : tout ce qui eft dans l'ordre a des loix immuables qui n'ont rien d'arbitraire, & qui produifent néceffairement le bien pour lequel elles font inftituées : ainfi ce n'eft qu'autant qu'un defpote s'écarteroit des loix de l'ordre pour fe livrer au défordre, qu'il pourroit faire un ufage arbitraire de fon pouvoir ; or il eft démontré que l'ordre eft tout à l'avantage du fouverain & de la fouveraineté; que le defordre ne peut que lui devenir funefte, à lui perfonnellement & à fon autorité, qui ne peut être féparée de la force intuitive &

déterminante de l'évidence, qu'elle ne fe trouve à la difcrétion de toutes les prétentions arbitraires qui peuvent naître de l'ignorance & de l'opinion, les feuls ennemis que fa puiffance ait à redouter.

Heureufes, heureufes les nations qui jouïffent du *defpotifme* de la raifon! la paix, la juftice, l'abondance, la félicité la plus pure habitent fans ceffe au milieu d'elles : plus heureux encore les fouverains à qui l'on peut dire fans les offenfer; ,, puiffans maîtres de la terre, ,, ce pouvoir que la nation vous a conféré, vient de Dieu créateur de la na- ,, tion ; c'eft de lui que vous tenez votre ,, autorité abfolue, parce qu'elle eft ,, celle de l'évidence dont Dieu eft l'inf- ,, tituteur ; gardez-vous de la changer, ,, cette autorité facrée, ce pouvoir mo- ,, ral, contre une puiffance phyfique ,, qui ne peut être arbitraire en vous ,, qu'autant qu'il l'eft dans fon prin- ,, cipe ; votre pouvoir, qui eft natu- ,, rel, abfolu, indépendant, ne feroit ,, plus qu'une puiffance factice, incer- ,, taine, dépendante de ceux même par ,, le canal defquels vous la tenez, & ,, qu'elle doit gouverner. Vous êtes ,, fouverains ; mais vous êtes hommes : ,, comme hommes, vous pouvez arbi- ,, trairement faire des loix ; comme fou- ,, verains vous ne pouvez que faire exé- ,, cuter des loix déja faites par la divi- ,, nité dont vous êtes les organes : com- ,, me hommes, vous avez la liberté du ,, choix entre le bien & le mal, & l'i- ,, gnorance humaine peut vous égarer; ,, comme fouverains, le mal & l'erreur ,, ne peuvent être en vous, parce qu'ils ,, ne peuvent être en Dieu, qui, après ,, vous avoir établis miniftres de fes vo- ,, lontés, vous les manifefte par fes ,, loix immuables : le *defpotifme* per- ,, fonnel & légal qu'elle vous affure à

« jamais, est le même que celui du Roi » des rois ; comme lui vous êtes despo- » tes ; comme lui vous le serez toujours, » parce qu'il n'est pas dans la nature de » l'évidence de ces loix qu'elle & vous » puissiez cesser de l'être ; & votre » *despotisme* vous comblera de gloire & » de prospérités dans tous les genres , » parce qu'il n'est pas dans l'ordre, » dont l'évidence vous éclaire, que le » meilleur état possible des peubles ne » soit pas le meilleur état possible des » souverains ". Voyez l'*ordre Natu-rel des Sociétés*. (D. F.)

DESSAISIR , *se* , *Jurispr.* , c'est re-lâcher quelque chose que l'on a en sa possession. Quand on fait une saisie & arrêt, on fait défense au tiers-saisi de se *dessaisir* des deniers qu'il a en ses mains , jusqu'à ce que par justice il en ait été or-donné. On fait les mêmes défenses à un gardien ou autre dépositaire de justice : dans les contrats translatifs de propri-été, on énonce ordinairement que celui qui aliene s'est *dessaisi* & dévêtu de l'hé-ritage , & qu'il en a saisi & vêtu celui qui acquiert. *v.* POSSESSION.

DESSAISISSEMENT, s. m. *Jurispr.*, c'est lorsque l'on met hors de ses mains la propriété ou la possession de quelque chose pour la transmettre à une autre personne. Voyez ci-devant DESSAISIR.

DESSERTE, s. f., *Droit Can.* est l'ac-quittement que fait un ecclésiastique du service d'une cure, d'une succursale , d'un vicariat, d'une chapelle, ou autre bénéfice, dont il n'est point titulaire ni commendataire. Celui qui fait la *des-serte* d'un bénéfice, est appellé *desservant*. Là *desserte* n'est proprement qu'une commission révocable *ad nutum.*

Les évèques ou leurs grands-vicaires & archidiacres, commettent des desser-vans aux cures pendant la vacance & pendant l'interdit des cures.

DESSERVANT, adj., pris subst. ; *Droit Can.* , est celui qui sans être titu-laire ni commendataire d'un bénéfice ; est commis par le supérieur ecclésiasti-que pour en faire les fonctions. Voyez ci-devant DESSERTE.

DESTIN , subst. masc. , *Morale.* On entend par ce mot en général , un enchaînement de causes qui naissent les unes des autres, & qui déterminent le sort des êtres : mais cette idée se modi-fie chez les hommes de bien des manie-res, selon le principe qu'ils assignent à ces causes, & selon le plus ou moins de rigidité ou d'inflexibilité qu'ils attri-buent à la chaîne qu'elles forment.

Les Chaldéens ou Babyloniens , li-vrés à toutes les rèveries de l'astrologie, regardoient les astres comme étant le pre-mier principe de ces causes , soit qu'ils les supposassent animés par quelque in-telligence , soit qu'ils leur attribuassent seulement une influence physique & aveugle sur le sort de tout ce qui nais-soit sur la terre. Il paroit au reste, qu'ils croyoient que Dieu , placé au centre de toutes les spheres des astres, leur donnoit le mouvement, qui imprimé une fois, ne pouvoit plus être dérangé , & procu-roit nécessairement ou du bien ou du mal, selon la nature des astres , dont les uns étoient bienfaisans & les autres mal-faisans par leur nature, que Dieu ne pouvoit pas changer ; rien ne pouvoit détourner , selon eux , cette influence, & le sort de l'homme étoit irrévocable-ment déterminé par elle. Voyez Vossius , *theologia gentilis lib. II. c.* 47.

On donne à ce *destin* le nom de *destin des Chaldéens* , ou *destin astrologique*. Pen-dant long-tems cette opinion a eu la vo-gue dans le monde. Les Orientaux sur-tout en ont été sectateurs ; elle fit de grands progrès en Egypte, & même quelques chrétiens de l'école d'Alexandrie l'adopterent, comme on peut le voir dans l'ouvrage d'Origene contre Celfe; elle n'en fit pas moins dans l'occident, au milieu des chrétiens. Il n'y a pas plus de deux fiecles que tous les princes, les papes mêmes, avoient des aftrologues qui tiroient leur horofcope; il y a même encore quelques particuliers qui croient que les aftres reglent le *deftin* des empires & des particuliers.

Les peuples barbares de l'Occident, qui ne s'étoient pas appliqués à la fcience des aftres, ne leur attribuoient pas le principe des événemens qui les intéreffoient, mais ils regardoient le *deftin*, comme un effet immanquable & invariable de la volonté des dieux, qui avoient déterminé d'avance tout ce qui devoit arriver à chacun, fans qu'aucune précaution pût le faire tourner autrement. Il ne paroit pas au refte, qu'ils fiffent dépendre de ces décrets des dieux, autre chofe que les événemens dans lefquels l'homme eft paffif, le fuccès de leurs efforts, le bonheur & le malheur, la vie & la mort des hommes, & non point leurs actions volontaires & libres, excepté celles qui néceffairement étoient requifes pour l'accompliffement de leur *deftin*.

Selon Plutarque & Diogene de Laerce, Thalès croyoit un *deftin* qui rendoit les événemens néceffaires, mais que ce *deftin* avoit pour principe la volonté du ciel, ou la providence, qui ayant ordonné de tout à l'avance, & en ayant déterminé les caufes, ne pouvoit manquer d'avoir fon effet. Plut. *de placitis philof. lib.* I. c. 25. Diog. Laer. *lib.* I. c. 36.

Platon n'a reconnu d'autre *deftin* que la direction de la Providence, telle que la plûpart des chrétiens la conçoivent. Il donne le nom de *deftin* à la loi divine qui affigne le bonheur pour récompenfe

aux gens de bien; fans doute parce qu'il regardoit cette fanction de la loi de Dieu comme irrévocable, & d'une exécution immanquable. Il croit que toutes les caufes phyfiques font difpofées d'une maniere déterminée, qui en rend certains les effets; mais il ne penfe pas que cette difpofition qui s'étend bien jufqu'à un certain point fur les ames, aille jufqu'à gêner leur liberté; certaines chofes, fuivant ce philofophe, font foumifes au *deftin*, tandis que d'autres dépendent de l'arbitre des hommes. Chalcidius rend ainfi cette penfée, " ce " qui précede (c'eft-à-dire fans doute " nos réfolutions, nos actions), dépend " de nous; ce qui fuit, (c'eft-à-dire, " à ce que je crois, nos fuccès), dépend " du *deftin* ou des arrangemens de la " Providence „.

Les ftoïciens croyoient un *deftin* abfolu, c'eft-à-dire une fuite ou un enchaînement éternel de caufes qui fe produifent fucceffivement d'une maniere conforme à leur nature, enforte que le premier inftant étant donné, tout ce qui aura lieu dans la fuite eft donné en même-tems; *Aul. Gellius, lib. V. c.* 2. " Les *deftins* nous entraînent, dit Se- " neque, dans fon *Traité de la Provi-* " *dence, cap.* 5. & la premiere heure de " notre exiftence décide de tout notre " fort. Une caufe dépend de la caufe " qui la précede; une longue fuite de " chofes détermine les affaires publi- " ques & particulieres; elles ne font " point des accidens fortuits, mais des " faits amenés régulierement „.

A cette doctrine des ftoïciens qui rendoit tout néceffaire & inévitable, les académiciens oppofoient des raifonnemens qui dès-lors ont été fouvent employés; en particulier ils alléguoient le fentiment intime que nous avons, que quelque chofe eft en notre pouvoir „

& que nous nous déterminons de notre propre mouvement.

Pythagore, avant ces philosophes, avoit eu à-peu-près les idées que Platon a suivies après lui ; mais il paroît que les pythagoriciens regardoient le *destin* ou la Providence comme le résultat des qualités physiques des choses, plutôt que comme le gouvernement moral d'un être libre & intelligent, qui dirige les événemens selon les occurrences, soit prévues de toute éternité, soit apperçues au moment qu'elles existent. Voy. Brukerus, *Hist. Philos. pars 2. lib. 2. cap.* 10.

Démocrite & les Epicuriens regardant tout ce qui est comme la production du seul mouvement, n'ont pu que croire au *destin*, qui n'est selon eux que le résultat nécessaire du mouvement rapide des particules de la matiere.

Héraclite a également soumis tout à l'empire du *destin*, qui est le résultat nécessaire de la nature de ce feu éternel créateur de tout, qui est selon lui une substance intelligente répandue partout, si nous en croyons Plutarque & Stobée.

Les philosophes qui dans la suite ont adopté les principes de Pythagore, tels qu'Apollonius de Thiane, ont aussi représenté comme déterminé par le *destin*, c'est-à-dire par une nécessité intérieure, fruit de la nature des choses.

Parmi les Juifs, les Saducéens n'admirent rien de semblable au *destin* : il a paru douteux à quelques-uns, s'ils admirent une providence ; cependant tout conduit à croire qu'ils regardoient Dieu comme déterminant par sa volonté le sort des humains à être heureux pour ceux qui faisoient bien, & malheureux pour ceux qui agissoient contre les regles de la sagesse ; bornant tout, il est vrai, à la vie présente & à la prospé-

rité temporelle : ils regardoient l'homme comme maître de ses actions, & comme étant sous le gouvernement de la Providence, l'auteur de son sort présent. Voyez *Josephus de bello Jud.*, *lib. II. c.* 12.

La doctrine des Pharisiens, selon que l'expose le même Josephe, n'est point, comme quelques-uns le prétendent, le dogme d'un *destin* réel, puisqu'en même-tems qu'ils conviennent que tout dépend de Dieu, ils enseignent aussi que de faire le bien ou le mal dépend pour la plus grande partie de la volonté des hommes, avec laquelle il est vrai que la volonté de Dieu concourt d'une certaine maniere. Voyez *Josephus ant. Jud. lib. XII. c.* 9. *& lib. XVIII. c.* 2.

Il seroit difficile de déterminer quelle est l'opinion des Mahometans par rapport au *destin*, quant aux actions des hommes, puisqu'ils sont peu d'accord entr'eux. Quelques-uns regardent l'homme comme libre dans ses actions, en faisant usage des forces que Dieu lui a données, ne concevant pas que Dieu eût pu commander ou défendre à l'homme des actions, s'il n'eût pas dépendu de l'homme de les faire. D'autres regardent l'homme sous la main de Dieu, comme un être inanimé qui cede à une impulsion extérieure. Il est pourtant vrai que cette derniere opinion est la plus généralement reçue par leurs docteurs ; quoiqu'il ne paroisse pas que leur façon de penser influe sur leur conduite domestique ou civile, relativement à la morale : mais ils ne sont pas les seuls qui croyent dans la spéculation un dogme qu'ils contredisent formellement dans la pratique. Quant à ce qu'on nomme l'état des hommes, leur bonheur ou leur misere, la santé ou la maladie, la vie ou la mort, les mahométans croyent qu'un *deſtin* éternel & immuable décide néceſſairement de tout, indépendamment des meſures humaines; rien de plus aſſorti à un gouvernement deſpotique ſous lequel ils vivent. Cela n'empêche pas que quelquefois ils ne ſe mettent en mouvement pour changer ce qui leur paroît un *deſtin* favorable; ils détrônent & étranglent leur ſultan quand ils en ſont mécontens; ils font éteindre un incendie, tandis qu'ils ne prennent nulle précaution contre la peſte, qui tous les ans fait de grands ravages chez eux: mais vraiſemblablement ils employeroient auſſi des moyens contre ce fléau, s'ils en connoiſſoient ſur l'efficace deſquels ils puſſent compter. Ainſi ſont les hommes; ils s'autoriſent d'une doctrine lorſque leur ignorance ou leurs paſſions y trouvent leur profit, & ils la laiſſent de côté dans les cas contraires. Jamais encore nous n'avons vu perſonne, qui eût le bon ſens en partage, agir comme croyant un *deſtin* fatal, que lorſque leur ignorance ou leurs paſſions n'avoient que lui pour refuge.

Les chrétiens n'ont pas une doctrine bien déterminée ſur le ſujet du *deſtin*; les uns ont ſuivi les platoniciens; les autres ont admis un *deſtin* preſque auſſi abſolu que celui des ſtoïciens: il en eſt qui croyent la deſtinée mahométane. *v.* Fatalité, Providence, Nécessité, Liberté. (G.M.)

DESTINATION, ſ. f., *Morale.* Ce mot ſe prend en deux ſens: l'un plus particulier, uniquement relatif aux intentions que l'auteur d'une choſe a eues en la faiſant: l'autre plus général & plus vague, relatif uniquement à la nature de la choſe même, ſans aucun rapport aux deſſeins de celui qui la fait exiſter. Sous le premier ſens, la *deſtination* d'une choſe, eſt la ſuite des

différens effets que ſon auteur a voulu produire en elle & hors d'elle, en lui donnant l'exiſtence. Sous le ſecond ſens, la *deſtination* d'un être déſigne toutes les manieres dont il peut exiſter, tous les effets, toutes les modifications qu'il peut produire ou ſouffrir par une ſuite de ſes facultés, de ſes qualités, de ſon état, & de ſes rélations, ou en un mot, par une ſuite de ſa nature, à prendre ce dernier terme dans ſa ſignification la plus étendue.

1°. Dans le premier ſens, la *deſtination* d'un être devient une regle d'action pour tous les êtres, & envers tous les êtres qui dépendent de celui qui la leur a aſſignée en les formant: car qui refuſera à l'auteur d'une choſe, le droit de diſpoſer d'elle? & s'il a le droit d'en diſpoſer, d'en regler le ſort & l'emploi, on ne ſauroit, ſans aller contre le droit, s'oppoſer à l'uſage qu'il fait du ſien à cet égard.

Pour répandre plus de jour ſur ce ſujet, & en écarter toute fauſſe application, il faut diſtinguer à ce premier égard deux ſortes de *deſtination*. L'une *naturelle & ſupérieure*, l'autre *arbitraire & ſubordonnée*. La *deſtination ſupérieure & naturelle*, eſt celle qui a été aſſignée dès le commencement à chaque être par la cauſe premiere de tout, ſans laquelle rien n'exiſte, & de la volonté toute puiſſante de qui, chaque être & chaque portion d'être tient ſes facultés, ſes qualités, ſes rélations primitives, en même tems que l'exiſtence. Etre intelligent & parfait, rien n'exiſte que par ce qu'il l'a fait exiſter: tout ce qui conſtitue la nature des choſes, n'a de réalité que parce qu'il a voulu que cela fût ainſi; & il ne l'a voulu que parce que cela étoit convenable à ſon plan, & réquis pour produire dans la ſuite, les effets prévus &

recherchés par lui, à la réalifation defquels il deftinoit tout ce qu'il a amené
à l'exiftence.

Tous les êtres dépendent de celui qui
les a créés, & font par-là même dans
l'obligation de répondre à fes vues, &
nul d'entr'eux ne fauroit avoir la volonté de s'oppofer à cette *deftination*
connue, fans agir contre le droit fuprême du Créateur.

De la perfection infinie qui eft le
caractere propre de la caufe premiere,
il fuit que la *deftination* de chaque être,
production de fa puiffance, ne peut rien
avoir que de conforme à la perfection
qui caractérife fon auteur ; tout ce qui
tendroit donc à nuire au bien des êtres
créés qui font capables de fentir leur
exiftence, leur perfection & leur bonheur, ne fauroit être la *deftination* primitive & fupérieure d'aucun être. Il
n'exiftera donc rien qui ne foit deftiné
à rendre parfaits, chacun dans leur
genre, tous les êtres capables de perfection & de bonheur.

Il ferviroit affez peu d'admettre ce
principe, fi l'on s'en tenoit à l'univerfalité de fon expreffion : ces propofitions générales trop vagues, font de
peu d'ufage, tant qu'on n'entre pas
dans le détail de leur application. Cette
propofition, qu'on peut donner comme
un axiome, que tout eft deftiné au plus
grand bien, doit nous fervir de guide,
pour rechercher ce qui feul nous la
rend utile, favoir, quelle eft la *deftination* particuliere de chaque être ?

Il eft deux moyens de découvrir la
deftination d'un être. Le premier eft
fourni par les déclarations, les préceptes, les loix du Créateur ; expreffions
de fa volonté, elles le font auffi du but
qu'il s'eft propofé en faifant exifter les
êtres, & doivent fervir de regle aux
actions de tous les êtres intelligens, qui

les connoiffent. Le fecond de ces moyens
nous eft fourni par l'examen de la nature des êtres, c'eft-à-dire, de leurs
facultés, de leurs qualités, de leur état
& de leurs relations. Prenant pour
guide dans cette recherche, le principe
que nous avons pofé pour bafe, & qui
développé fignifie que tout ce qui s'oppofe à la confervation du tout premierement, & enfuite à celle de fes parties, à leur perfection, à leur commodité & à leur bonheur, ne fauroit être
la *deftination* qui leur a été affignée par
la caufe premiere.

Obfervons qu'entre les êtres qui nous
font connus, il en eft qui ne fentent
pas leur exiftence, ni par conféquent
leur perfection & leur bonheur. Il en
eft d'autres qui ont ce fentiment, mais
les uns, bien moins diftinct que les
autres ; il eft fort incertain fi les plantes fentent leur exiftence. Les animaux
ont la perception de leur état actuel,
& jouiffent de fentimens agréables ou
défagréables, mais ne paroiffent pas
avoir d'idée de leur perfection : ils l'atteignent au bout d'un certain tems,
fans que rien annonce qu'ils foient capables de faire aucun progrès au-delà
de ce point, que tous atteignent naturellement. L'homme au contraire, non-
feulement fent fon exiftence, mais il a
l'idée d'un bonheur & d'une perfection
vers laquelle il tend, qui peut être chaque jour augmentée, & dont le dernier
terme eft fi peu connu encore, que
nous fommes autorifés à croire, que
cette augmentation & ces progrès en
perfection & en bonheur, font fufceptibles d'un accroiffement auquel rien
ne mettra des bornes que la ceffation
de l'exiftence : mais cette ceffation d'e-
xiftence pour un être formé par la caufe
infiniment parfaite, ne paroît pas pouvoir être fa *deftination* : on conclura

plutôt de sa capacité reconnue, qu'une éternelle existence, qui favorisera des progrès éternels vers la perfection, est la vraie *destination* de l'homme. On ne sauroit tirer la même conclusion de la connoissance que nous avons de la capacité des autres êtres; mais nous nous garderons bien de rien affirmer sur ce sujet, & de décider que tous les êtres qui ne peuvent pas comme l'homme, faire des progrès continuels vers la perfection, pendant cette premiere carriere d'existence, ne puissent pas dans la suite & sur un nouveau théâtre, trouver une nouvelle carriere à fournir, qui les conduira vers une plus grande perfection que celle dont ils nous paroissent actuellement capables. Seulement nous voulons faire remarquer, qu'à prendre tous ces êtres, tels qu'ils sont sous nos yeux, qui ne sauroit leur supposer la même *destination* qu'à l'homme, au moins pour le période présent d'existence. Il paroît au contraire qu'une partie des êtres est destinée au service, à l'utilité, à la conservation, à l'amélioration de l'état, à la perfection des qualités & des facultés, & au bonheur d'une autre partie des êtres; & cela par une suite naturelle de ce que sont les uns & les autres, de l'état dans lequel ils se trouvent, des relations qu'ils soutiennent, & d'une pente en quelque sorte involontaire, qu'ils ont reçue, & qu'on pourroit nommer *instinct*.

C'est là ce que nous nommons la *destination supérieure*, *originelle*, *naturelle*, & *primitive* des êtres. L'uniformité qu'on remarque à cet égard chez tous les êtres, les variations constantes & régulieres qu'on apperçoit sous ce point de vue chez eux, toujours assorties à leurs différens états, & aux variétés de leurs positions & de leur nature, annoncent une vue & un dessein

marqué dans leur auteur, un plan fixe, réfléchi & régulier, qui prouve une intelligence qui l'a tracé. Ainsi l'herbe paroît destinée à être la nourriture des animaux broutans; les insectes, à être la pâture de quelques autres êtres vivans; divers animaux à devenir, soit vivans, soit morts, l'aliment d'autres êtres voraces; le soleil, à nous éclairer, l'air, à rafraichir & faire circuler le sang, &c. De même dans chaque être, on distingue des parties dont chacune a une *destination*; chaque qualité, chaque faculté ont un but, & ont été données pour une fin. Pourquoi, avec la faculté de m'instruire, d'acquérir des connoissances, ai-je naturellement un penchant déterminé à tout savoir, & la faculté de retenir ce que j'ai appris, si ce n'est, parce que je suis destiné à acquérir des lumieres, & à éclairer mon ame par la connoissance du vrai? Pourquoi tous ces penchans naturels qui sont le ressort qui me pousse à vivre avec mes semblables, si ce n'est parce que la sociabilité & ses effets sont ma *destination*? Pourquoi ma perfectibilité, mon admiration & mon estime pour tout ce qui est parfait, mon desir de croître en perfection, mon amour pour tout ce qui contribue à me faire faire des progrès vers ce terme, & ma satisfaction chaque fois que le succès de mes efforts m'approche d'un pas vers lui, comme vers un bien, si ce n'est parce que je suis destiné à tendre en effet constamment vers la perfection, que c'est là ma destination? Pourquoi cette crainte de sa destruction, cet amour pour sa propre conservation, ce feu avec lequel il fuit ce qui peut le détruire, & recherche ce qui assure son existence qu'on remarque chez tout être sensible, si ce n'est, parce que chaque être est destiné à conserver cette existence qu'il a reçue?

Quoique

Quoique l'on découvre dans chaque être dont les qualités, les facultés, l'état & les diverses relations nous sont bien connus, une *destination* primitive & naturelle ; quoique nous soyons autorisés à juger par une analogie, plus que suffisante pour fonder notre assertion, que tout est destiné à procurer la conservation du tout premierement, ensuite spécialement la conservation, la perfection, la commodité & le plaisir de tous les êtres sensibles, partie du tout ; quoique l'on découvre cette *destination* dans chaque individu pour lui-même, nous ne pouvons pas toujours découvrir dans chaque individu, la maniere dont chaque partie dont il est formé, contribue à faire atteindre ce but à l'être dont elle est une portion, ni comment tels individus, ou telles especes d'individus contribuent au bien de la totalité de l'univers : quoique nous ne puissions pas spécifier la *destination* de chaque chose, cependant nous ne sommes pas en droit de nier ni la réalité d'une *destination* dans chaque portion existente des choses, ni l'utilité effective, qui résulte de cette *destination* pour le tout ; puisque cela vient uniquement de ce que nous ne connoissons pas la nature & les relations de chaque chose, & l'influence qu'elle peut avoir sur le tout, quand elle est placée dans tel point de la chaîne générale.

Or l'ignorance ne pouvant jamais être un principe de spéculation, ne nous met jamais en droit de nier l'existence de ce que nous ne connoissons pas. On peut cependant reprocher à plus d'un bel esprit prétendu philosophe, d'avoir eu cette seule ignorance pour base de ce système, par lequel ils ont nié la *destination* utile des choses, & prétendu que le hazard ou une force sans prévoyance étoit la cause de tout.

Tome IV.

Outre cette *destination* primitive, naturelle, supérieure, de chaque partie d'être, de chaque être individuel, & du tout qui résulte de l'union des êtres, qui leur a été assignée par l'Auteur éternel de leur existence, & qui consiste pour les êtres créés dans leur conservation, leur perfection, leur commodité & dans leur bonheur ou dans leur plaisir, il y a une autre *destination* qu'on peut nommer *arbitraire* & *subordonnée* ; c'est celle que les êtres actifs peuvent donner à des individus, & à des portions d'individus, pour produire par leur moyen, en eux ou hors d'eux, des effets qui n'auroient point eu lieu naturellement, & sans le secours de cette nouvelle action. Il peut y avoir cette *destination* arbitraire, dont Dieu lui-même est l'auteur, par l'effet de quelque acte miraculeux de sa puissance, qui fait sortir l'être, qui lui sert d'instrument, de la sphere étroite de ses besoins & de sa capacité, pour l'employer comme moyen à produire des effets que l'on attendroit vainement de sa capacité naturelle. Connoissant le caractere moral de la cause suprême, & prenant sa souveraine perfection pour principe, on peut en déduire par la conséquence la plus légitime, qu'il est impossible que de sa part soit assignée jamais à aucun être, une *destination* arbitraire qui contredise la *destination* primitive, dont le terme est toujours la perfection & le bonheur des êtres qui en sont capables.

Les êtres créés peuvent aussi devenir auteurs de nouvelles *destinations* arbitraires, en profitant de toutes les capacités diverses, actives ou passives, qui sont en eux & dans les êtres qui les environnent, & qui résultent de la nature des choses & de leurs relations ; c'est ce qui a lieu dans toutes les productions des arts, dans tous les éta-

P p p

blissemens de société, & dans un grand nombre d'actions que font les hommes; puisque ce sont là tout autant d'effets qui n'auroient point eu lieu naturellement, sans ces nouvelles actions. Il faut observer ici cependant, que l'habileté ou la folie humaine ne changent point la nature réelle des choses; mais qu'elles profitent des propriétés naturelles des êtres, qu'elles tournent à leur avantage ou à leur désavantage, en les combinant ou en les opposant les unes aux autres. C'est en cela que consiste le génie, l'adresse, la vertu & le vice. Toute nouvelle *destination* qui ne contredit pas la *destination* primitive, est innocente & permise; mais toute *destination* qui s'oppose à ce but primitif du Créateur, qui le rend plus difficile à atteindre, qui en détourne, qui en empêche totalement l'effet, ou qui en produit de contraires, est un mal; là disposition à se proposer de telles fins est un vice. Les métaux qui sont dans la terre, peuvent y rester sans nuire; ils y ont sans doute une *destination* à remplir; mais l'homme les en tire par son industrie, & les fait servir, avec le secours des arts, à divers usages utiles, qui contribuent à sa commodité, à son plaisir & par là même à sa perfection. Le fer en ses mains devient soc de charrue, instrument utile de labourage, outil pour exercer les arts, instrument pour perfectionner les sciences. En cela, l'homme fait usage de ses talens selon leur *destination* primitive; il applique à des usages arbitraires des objets qui n'existoient pas peut-être originairement, pour être destinés à toutes ces fins; mais le vice, les passions, profitent aussi de ces propriétés existentes, pour assigner à ces objets des *destinations* nuisibles. Là il forge avec le fer les poignards & les armes, pour servir

d'instrumens à la vengeance, à l'injustice, à la cruauté. La parole, destinée à former l'utile moyen de nous communiquer nos pensées, de nous instruire réciproquement, & de nous faire goûter les charmes d'une aimable conversation, détournée de sa *destination* primitive, devient pour l'imposteur, l'instrument du mensonge, de la calomnie & de l'hypocrisie. Une pente naturelle nous porte au plaisir, au repos, parce que nous devons aimer notre existence. Les plaisirs sont des fleurs semées sur notre passage, pour remplir agréablement les intervalles des occupations que le devoir nous impose; le paresseux, l'indolent, le lâche voluptueux, en font leur unique occupation, & se rendent inutiles, souvent même nuisibles à eux-mêmes & aux autres, en ne s'occupant que du plaisir & du repos; ils corrompent ainsi la premiere *destination* des plaisirs. Les alimens variés sont destinés à l'entretien de notre vie, à la réparation de nos forces, à la satisfaction d'un besoin réel & pressant. Le plaisir accompagne cette satisfaction; il faut se nourrir pour vivre; mais celui qui trouvant du plaisir à manger, ne veut vivre que pour goûter ce plaisir, & s'y livre au delà de ce que ses besoins demandent, s'écarte de la *destination* assignée à lui & aux alimens, tout comme s'il prend pour aliment, ce que la nature n'avoit pas destiné & rendu propre à cet usage. Les sexes ont une *destination* marquée à servir à la propagation du genre humain; le plaisir qui en accompagne l'usage, est l'aiguillon par lequel la nature nous porte à tendre vers ce but, & le lien par lequel elle attache un homme & une femme, pour former entr'eux une société utile & agréable pour eux, & essentiellement nécessaire à l'entretien, à l'éducation &

au bonheur des enfans; voilà la *deſti-nation* primitive des ſexes. Mais celui qui ſépare ces vues, pour n'en prendre qu'une, qui veut le plaiſir ſeul & qui ne veut pas la propagation, qui cherche à la prévenir, bien plus encore celui qui fait de ſes membres un uſage contre nature, ne rempliſſent pas les vues du Créateur, ils détournent les êtres de leur *deſtination* qu'ils contrediſent.

Le Créateur bon, puiſſant & ſage, en créant les êtres, aſſigna à tous une *deſtination*, qui étant remplie, a néceſ-ſairement pour effet la conſervation, la perfection, la commodité & le bon-heur des êtres, dans le plus grand de-gré qui ſoit poſſible ſelon leur nature. Au contraire tout ce qui contredit cette *deſtination*, eſt mauvais, nuiſible, con-traire à la perfection & au bonheur des êtres. On peut s'en convaincre, en dé-veloppant les ſuites des écarts, dont nous venons de parler.

Nous avons dit en commençant cet article, que le terme de *deſtination*, que nous venons de conſidérer relati-vement à l'intention précédente de celui qui a fait exiſter les choſes, peut auſſi être enviſagé & pris dans un ſens ab-ſolu, ſans aucun rapport déterminé à tel deſſein de l'auteur des êtres : ſous ce ſecond point de vue, ce terme dé-ſigne toutes les capacités actives & paſ-ſives d'un être, & par là même tout ce qu'il eſt capable de devenir, ſoit quant à ſes modifications ſucceſſives, ſoit quant à la durée de ſon exiſtence, & cela par l'effet de ſa nature, de ſes qualités, de ſes facultés, de ſon état & de ſes relations. A parler à la rigueur, il n'y a que l'Etre qui exiſte par lui-même de toute éternité, qui ne tient l'exiſtence que de ſa propre nature, en qui on puiſſe reconnoître une *deſtination* abſolue, indépendante de toute cauſe.

Voyez ſur ce ſujet Clarke, *Traité de l'exiſtence & des attributs de Dieu*. Tous les autres êtres ayant été créés, tenant l'exiſtence d'une cauſe ſupérieure, ne peuvent avoir de propriétés & de capa-cités actives & paſſives, ne peuvent par conſéquent ſubir de changemens, continuer ou ceſſer d'être, qu'autant que l'Etre Créateur leur a donné ce qui rend ces diverſes modifications poſſi-bles. Cela n'empêche pas, que faiſant abſtraction de ces vues du Créateur, qui d'ailleurs ne nous ſont guere con-nues que par l'expérience, nous ne puiſſions rechercher quelle eſt la *deſti-nation* d'un être, en n'examinant que ſa ſeule nature. C'eſt le but que ſe pro-poſent les métaphyſiciens & les natura-liſtes ou phyſiciens, lorſqu'ils tâchent de découvrir par l'examen de chaque être, de quoi il eſt capable, les divers changemens d'états que par ſa nature il peut ou doit ſubir, ſelon les circonſ-tances où il ſe trouve placé, & enfin ce qu'il deviendra pendant toute la ſuite de ſon exiſtence. C'eſt de toutes les études la plus utile : mais aiſée dans ſes commencemens, elle ſe plonge bientôt dans une mer d'obſcurité. Les faits nous y ſervent de bouſſole, mais il en faut beaucoup avant que d'être en droit d'en tirer des conſéquences générales. C'eſt par ſon moyen que nous découvrons aſſez facilement tout ce qu'il nous im-porte de ſavoir, ſur la *deſtination* rela-tive aux intentions du Créateur, ſur nos devoirs à l'égard des êtres qui nous environnent & de nous-mêmes. A l'ex-ception des déclarations poſitives de Dieu manifeſtées par la révélation, nous n'avons point de guide plus ſûr, par rapport à nos devoirs, que la connoiſ-ſance de la *deſtination* des choſes. Elle eſt la baſe & la regle générale de tou-tes nos obligations. Aller contre la *deſ-*

tination des chofes, c'eft contredire la volonté du Créateur, c'eft nous écarter du vrai but que nous devons fuivre, c'eft nous oppofer à notre perfection & à notre bonheur.

Il eft impoffible de connoître la *deftination* de toutes chofes; nous ne faurions même connoître complétement dans ce dernier fens la nôtre propre, & découvrir dans l'étude de notre nature, les divers états par lefquels nous aurons à paffer, & quel fera le terme de notre exiftence. Si la révélation ne nous donnoit fur ce fujet des lumieres certaines, nous n'aurions fur notre *deftination* que des doutes accablans. Comment prouveroit-on par la nature de l'homme, que fon exiftence fera éternelle ? il faudroit pouvoir connoître le fond de fa fubftance, fon effence intime, pour affirmer que l'ame exiftera toujours, parce qu'elle eft indeftructible, & qu'il n'eft aucun agent qui puiffe l'anéantir : mais il me fuffit de favoir que Dieu me deftine à l'immortalité, alors je fuis certain que par fa nature, mon ame eft immortelle, & c'eft tout ce que j'en demande. (G. M.)

DESTINATION, *Jurifpr.*, eft la difpofition que l'on entend faire de quelque chofe. L'effet de la fimple *deftination*, quoique non remplie, ne laiffe pas de produire fon effet quand elle eft bien prouvée.

Ainfi des deniers que l'on a ftipulés qui feroient employés en achat d'héritages, feront réputés propres à l'égard de la communauté.

DESTINATION DE PERE DE FAMILLE, *Jurifpr.*, eft l'arrangement qu'un propriétaire a fait dans fon héritage, foit pour les jours, foit pour égoûts, entrées, paffages, & autres difpofitions ; foit dans un même corps de bâtiment ou dans deux maifons à lui

appartenantes & fe joignantes l'une l'autre. Ce propriétaire n'a pas befoin de titre pour difpofer ainfi une partie de fon héritage par rapport à l'autre, parce que ce n'eft point à titre de fervitude qu'il fait ces difpofitions, mais par droit de propriété. Ces arrangemens faits dans un tems où la totalité des héritages appartient au même propriétaire, font ce que l'on entend par *deftination du pere de famille*. Cette *deftination* vaut titre pour les fervitudes qui fe trouvent impofées fur une partie de l'héritage en faveur de l'autre, lorfque ces deux portions d'héritage fe trouvent enfuite entre les mains de deux différens propriétaires : mais pour que la *deftination* vaille titre, dans ce cas il faut qu'elle foit par écrit, c'eft-à-dire que l'arrangement du pere de famille foit expliqué dans quelqu'acte. Lorfqu'il met hors de fes mains une partie de fon héritage, il doit en le faifant, déclarer quelles fervitudes il y retient, ou quelles fervitudes il conftitue fur la portion qu'il réferve, & cela nommément, tant pour l'endroit, grandeur, hauteur, mefure, qu'éfpece de fervitudes ; autrement elles ne peuvent valoir : ce qui eft conforme à la difpofition des *lois 3. 7. & 10. ff. communia prædiorum*, &c.

DESTINÉE, f. f., *Morale & Droit politique*. Chez les métaphyficiens, s'il y en a qui fe fervent de ce mot, un peu décrié, & non fans raifon chez les philofophes, il ne peut fignifier que la fuite des divers états par lefquels un être doit paffer, pendant toute la durée de fon exiftence, en conféquence de ce qu'il eft, des circonftances où il fe trouve placé, des relations qu'il foutient avec les êtres qui peuvent influer fur fon état. Ceux qui regardent tous les êtres, & toutes les actions des êtres comme un enchainement prévu, déterminé & arrêté par la caufe premiere, dès le moment qu'elle eut amené l'univers à l'exiftence, qui croyent que tous les événemens fubféquens, que toutes les faces diverfes & fucceffives, qui varient les fcenes de cet univers, ne font qu'un développement du premier inftant, ne peuvent regarder la *deftinée* de chaque être que comme un effet néceffaire, prévu & fixé par l'état de l'univers, dans le premier moment de fon exiftence, enforte que rien n'a pu être autrement qu'il n'eft, & qu'il ne dépend de perfonne que du Créateur du monde, de changer en rien cette *deftinée*. Je crois quelquefois appercevoir quelque différence entre une telle *deftinée*, & une *deftinée* fatale ou la fatalité ; je crois quelquefois entrevoir une poffibilité de concilier cette *deftinée* avec le fentiment intime que j'ai de ma liberté ; mais bientôt je fuis forcé de convenir que rien n'eft plus léger que cette perception ; c'eft une foible lueur qui, femblable au ver luifant, fixe mes yeux fur elle pendant l'obfcurité ; mais ne répandant point de jour autour d'elle, ne fauroit éclairer mes pas, & me laiffe incertain de la route que je dois fuivre ; je reviens alors à moi, je fens que je fuis libre, que je me détermine de moi-même ; ce fentiment eft tel que je ne puis me fouftraire à fon impreffion ; de l'autre côté je ne vois plus rien que des écueils ou des nuages, à travers lefquels je cours rifque de me perdre. *v.* ARBITRE, LIBERTÉ.

Une chofe fur-tout me porte fur ce fujet, à fuivre plutôt ce que me dit le fentiment, que ce que veulent me perfuader les partifans de la *deftinée* fatale ; c'eft que la morale femble trouver dans cette doctrine métaphyfique un ennemi qui lui enleve le motif le plus preffant & le plus efficace ; qui voudra agir & qui agira avec zele, avec confiance, quand on lui dira, comme que tu faffes, il n'en fera ni plus ni moins, tu feras toujours entraîné par ta *deftinée*, elle amenera pour toi ce qui doit être, & rien autre ? Il m'eft bien plus doux, plus encourageant, & plus facile à comprendre, que fi j'agis avec prudence, je ne ferai pas la victime de mon étourderie, que fi la vertu conduit mes pas, je ne ferai pas expofé aux effets immédiats du crime.

Dans la politique, on a vu quelques perfonnes, mais en petit nombre, croire à une *deftinée* abfolument fatale : mais il eft un grand nombre de perfonnes qui croyent une *deftinée* réelle pour les corps politiques : ils la défignent fous le nom de *deftinée des Etats*, par où ils entendent une certaine fuite de révolutions, que tous les corps politiques éprouvent, qui les fait paffer néceffairement par un état de foibleffe en commençant, auquel fuccede un accroiffement de vigueur & de force, qui conduit à la fituation la plus floriffante, fuivie bientôt d'un affoibliffement qui les conduit à leur diffolution. Peut-être que plufieurs ont adopté cette idée, moins par la vue de fa vérité, que conduits par l'éclat de la comparaifon qu'ils ont faite des corps politiques avec le corps humain, qui de l'enfance foible paffe à l'adolefcence, à l'âge mûr, à la vieilleffe & à la mort ; mais une comparaifon ne doit pas tenir lieu de preuve, elle n'en eft pas une. La conftitution phyfique de l'individu eft la caufe qui rend néceffaire dans chaque homme ces révolutions. Dans les Etats, corps moraux, ce ne font pas des caufes phyfiques & néceffaires, qui fixent leur fort ; ce font les caufes morales qui ne font pas sujettes à s'altérer par les influences de l'air & des alimens.

La religion nous offre une autre idée de la *destinée*; elle nous l'offre d'abord comme étant, par rapport au corps, une suite des loix physiques, établies dans le monde, ensuite desquelles chaque corps subit certains changemens. Nous naissons, nous grandissons, nous nous fortifions, nous dépérissons enfin & nous mourons : tout comme les saisons se succedent, les corps gravitent, &c. C'est-là la *destinée* de l'homme; il est ordonné à tous les hommes de mourir une fois.

Par rapport au moral, tous sont appellés à travailler à se perfectionner : leurs soins pour arriver, & leurs progrès vers ce point de vue est la seule route, mais sûre, pour arriver au bonheur; leur négligence à y travailler, & leurs imperfections conservées ou augmentées sont une route qui les conduit nécessairement tôt ou tard à la misere : nul bonheur sans vertu, nul vice sans malheur, voilà leur *destinée* comme êtres moraux. Enfin une bonté souverainement sage, présidant au sort des humains, qui souvent se trompent sur ce qui leur convient, n'accorde pas toujours à leurs desirs, les succès qu'ils souhaitent; ils travaillent, mais ils doivent attendre de la providence la réussite de leurs efforts; s'ils ont eu des intentions droites, s'ils ont été actifs & vigilans, tôt ou tard leur vertu sera recompensée, & il est rare qu'elle ne soit pas déja pour le présent une source de félicité.

Voilà la *destinée* que la religion nous prêche; elle est bien plus consolante, plus aisée à comprendre, plus propre à se faire adopter, & plus encourageante que celle du métaphysicien orgueilleux, qui se plongeant dans les abymes, veut voir plus loin que ses yeux ne peuvent porter. (G.M.)

DESTITUTION *d'un officier*, s. f., *Jurisp.*; c'est lorsqu'on lui ôte la place & la fonction publique qu'il avoit.

La *destitution* est différente de la *suppression*, en ce que celle-ci anéantit l'office, au lieu que la *destitution* laisse subsister l'office, mais révoque celui qui en étoit pourvu.

Deux des sages de l'antiquité, Platon & Aristote, ont été partagés sur cette matiere; l'un voulant que les offices fussent perpétuels, c'est-à-dire, à vie; l'autre qu'ils fussent annuels, ou du moins pour un bref espace de tems. Les raisons d'état qui peuvent militer pour l'un ou l'autre de ces deux partis, sont expliquées par Bodin en sa *Républ. liv. IV. chap. jv.* Voyez sur cette question l'article CHARGES, *durée & venalité des*.

DESTITUTION *d'officiers*, *Droit féod.*, est un acte par lequel les seigneurs révoquent les provisions accordées aux officiers de leurs jurisdictions. Sur quoi nous ferons les observations suivantes.

La premiere, que le seigneur peut destituer *ad nutum* & sans cause, les officiers pourvus gratuitement. La seconde, que le seigneur ne peut point destituer son officier avec clause infamante & injurieuse; de maniere qu'en ce cas l'officier est en droit d'exercer jusqu'à ce que son procès lui ait été fait. La raison est, parce que le seigneur ôte à son officier, par une clause infamante, plus qu'il ne lui a donné; savoir, l'honneur & la réputation qui vont de pair avec la vie; *fama & vita pari passu ambulant*. C'est pourquoi l'officier destitué avec clause infamante, seroit fondé à agir contre le seigneur, pour en obtenir réparation.

La troisieme, que les officiers pourvus à titre onéreux, ou pour cause rémunératoire, ne peuvent être deftitués que pour caufe de malverfation commife dans leurs charges. Il eft cependant vrai que la jurifprudence eft à préfent certaine, que les officiers des hauts-jufticiers peuvent être deftitués *ad nutum*, foit qu'ils ayent été pourvus à titre onéreux moyennant finance, ou pour récompenfe de fervices.

La quatrieme, qu'en matiere de provifions d'office pour caufe rémunératoire, il faut faire une grande différence entre les fervices paffés & les fervices à venir; enforte que fi les provifions font données pour les fervices paffés, il n'eft point néceffaire qu'il en apparoiffe, ni qu'ils foient fpécifiés; mais il fuffit qu'il foit dit dans les provifions, que l'office eft donné pour récompenfe des fervices; au lieu que s'il s'agit de fervices que le feigneur attend pour l'avenir, il eft néceffaire qu'ils foient fpécifiés, & que le pourvu les rende véritablement, pour fe mettre à l'abri de la *deftitution*.

La cinquieme, que l'officier dont le feigneur pourfuit la *deftitution* pour caufe de malverfation commife dans fa charge, pour exercer par provifion pendent l'inftruction du procès; *argum. l. libertus* 17. §, *in quæftionibus*, *ff. ad municip.*

La fixieme, que fi un feigneur donne des provifions à un officier purement & fimplement, c'eft-à-dire, fans expreffion de caufe, le pourvu peut être deftitué *ad nutum domini*, quoiqu'il ait rendu des fervices au feigneur, & qu'il foit en état de les prouver; parce que, pour qu'un officier ne foit pas deftituable *ad libitum*, il faut qu'il paroiffe par fes provifions, qu'il a été pourvu à titre onéreux, ou pour caufe rémunératoire.

La feptieme, qu'un office étant de

fa nature indivifible, l'officier pourvu ne peut point être deftitué *ad nutum*, quoiqu'il paroiffe par les provifions que l'office a été donné en partie gratuitement, & en partie vendu, fous les offres même que fait le feigneur de rembourfer le prix qu'il en a reçu, parce qu'il eft cenfé que le feigneur, en donnant partie de l'office, n'a fait qu'ufer de relâchement envers le pourvu par certaines confidérations particulieres.

La huitieme, que la faculté d'inftituer les officiers appartenant à l'ufufruitier de la feigneurie, celle de deftituer ceux qui ont été pourvus à titre gratuit, lui appartient auffi, fuivant la maxime, *ejus eft deftituere cujus eft inftituere.*

Le mari peut inftituer & deftituer les officiers de la feigneurie de fa femme; à moins qu'il n'y ait féparation de biens, ou que la feigneurie foit un bien paraphernal à la femme.

On tient communément que le tuteur peut pourvoir aux offices de fon pupille, mais qu'il n'a pas la faculté de deftituer les officiers pourvus avant fon adminiftration, ou qu'il a lui-même deftitués. La raifon eft, *quia cujus eft ædificare, ejus eft deftruere.*

Le curateur ne peut inftituer ni deftituer les officiers de fon mineur. La raifon de la différence qu'il y a à cet égard entre le tuteur & le curateur, fe prend de ce que le mineur adulte a la faculté de pourvoir lui-même aux offices de fes terres; au lieu que le mineur impubere n'ayant pas ce pouvoir comme incapable d'un choix judicieux, il faut que fon tuteur le faffe pour lui.

L'acquereur à pacte de rachat, felon quelques-uns, peut inftituer, mais non pas deftituer. Pour moi j'eftime qu'il peut l'un & l'autre, par la raifon employée à l'égard de l'ufufruitier , & parce qu'il eft propriétaire de la feigneurie jufqu'au jour du réméré.

L'héritier grévé peut pourvoir aux offices dépendans de l'hérédité ; mais les officiers par lui inftitués, même à titre onéreux, peuvent être révoqués par le fubftitué après la remife de l'hérédité.

Le fucceffeur à titre fingulier, ne peut point deftituer les officiers pourvus par fon auteur, à titre onéreux ou pour récompenfe de fervices.

L'adjudicataire en décret néceffaire & forcé, peut deftituer les officiers pourvus par le faifi *ex quàlibet caufâ onerofâ* , lorfqu'ils n'ont pas formé leur oppofition à fin de conferver.

Quant à la maniere de deftituer les juges & autres officiers des juftices feigneuriales , les feigneurs n'y employoient pas autrefois beaucoup de cérémonîes ; car ne regardant les officiers de leurs jurifdictions que comme d'honnêtes domeftiques, ils leur donnoient leur congé de leur propre autorité, fans que le juge fupérieur qui leur avoit fait part de la puiffance publique , en prît connoiffance ; ce qui étoit la fource d'une infinité d'abus & de malverfations ; l'officier deftitué continuant d'exercer, fous prétexte que fa révocation n'étoit pas réguliere ; & le nouvel inftallé prétendant être feul en droit de faire les fonctions de l'office, fon intérèt ne lui permettant pas de douter que la *deftitution* de l'ancien officier ne fût bien dans les formes.

Mais comme cette façon de deftituer reffentoit la violence & une autorité trop defpotique, les feigneurs ont été contraints de l'abandonner, & d'en venir devant le juge fupérieur, pour faire prononcer la *deftitution* de leurs officiers. En effet, les officiers des juftices

feigneuriales ne tiennent point la puiffance publique du feigneur, qui n'a d'autre pouvoir que de les nommer, mais bien du juge fupérieur, qui, en les recevant, leur communique l'autorité publique qu'il tient lui même du prince : *At nihil tàm naturale quàm unumquodque diffolvi , eodem modo quo colligatum eft.*

A l'égard des officiers qui exercent les fonctions de leurs charges fans être reçus en juftice, c'eft-à-dire , fur les feules provifions qui leur ont été données par les feigneurs, ils peuvent être deftitués fans recourir à l'autorité du juge fupérieur de qui ils ne tiennent rien, par la raifon que *ceffante ratione legis , ceffat & ipfa lex.*

Mais fuppofé qu'un feigneur deftitue, de fon autorité privée, fon juge ou autre officier reçu en la juftice fupérieure , quel parti devra prendre cet officier pour empêcher l'effet de fa *deftitution* ? Il eft fans difficulté qu'il doit recourir au juge fupérieur de qui il tient l'exercice de la puiffance publique, & affigner le feigneur par-devant ledit fupérieur, pour voir déclarer fa *deftitution* nulle, & en conféquence le voir garder & maintenir dans les fonctions de fa charge, parce qu'encore une fois il n'appartient qu'au juge fupérieur d'ôter avec connoiffance de caufe l'autorité qu'il a communiquée à un officier. D'où il faut conclure que la révocation faite par le feigneur, ne peut point empêcher l'officier de faire les fonctions de fon office, jufqu'à ce que la *deftitution* ait été confirmée par fentence du fupérieur. Encore même fi l'officier fe rend appellant de la fentence qui autorife fa *deftitution*, il pourra exercer jufqu'à ce que l'appel ait été jugé, parce que l'appel eft fufpenfif, fi ce n'eft aux cas exceptés par quelque ordonnance.

Lorfque

Lorſque les ſeigneurs ont voulu deſ-
tituer leurs officiers pour cauſe infamante & injurieuſe, ils ne peuvent plus
revenir à la deſtitution volontaire en ſe
déſiſtant de l'infamante. On entend ici
par cauſe infamante, celle qui bleſſe
l'honneur & l'intégrité de l'officier,
en le notant de quelque crime ou mal-
verſation dans l'exercice de ſa charge,
comme fauſſeté, concuſſion, homicide,
vol, &c. pour raiſon de quoi il faut
que le procès ſoit fait & parfait à l'officier qui en eſt prévenu, avant qu'il
puiſſe être deſtitué.

On demande ſi le fils pourvu de l'office de ſon pere, pour récompenſe des
ſervices que le ſeigneur déclare avoir
reçus du pere, & pour ceux qu'il eſ-
pere de recevoir du fils, eſt deſtitua-
ble ad libitum? la réſolution eſt que
l'officier ainſi pourvu, peut être deſtitué à la volonté du ſeigneur: la raiſon eſt, parce que le pere ayant joui
lui-même de l'office, il eſt cenſé ré-
compenſé des ſervices qu'il avoit rendus au ſeigneur.

L'officier pourvu par le ſeigneur eccléſiaſtique, pour récompenſe des ſervices rendus à la perſonne du ſeigneur,
peut être deſtitué par le ſucceſſeur au
bénéfice; parce que les ſeigneurs eccléſiaſtiques n'étant que ſimples uſufrui-
tiers, ils ne peuvent point lier leurs
ſucceſſeurs; aliud dicendum, ſi les proviſions ont été données pour récompenſe des ſervices rendus au bénéfice,
pourvu qu'ils ſoient prouvés. (R.)

DÉSUNION, ſ. f., Juriſp.; c'eſt la
ſéparation de deux choſes qui étoient
unies enſemble.

Déſunion de bénéfices, c'eſt lorſque
l'on disjoint des bénéfices qui avoient
été unis enſemble: ce qui arrive lorſque l'union n'eſt pas réguliere, ou lorſque pour des conſidérations importan-

tes on juge à-propos de déſunir ce qui
avoit été uni. v. BÉNÉFICE.

Déſunion de fief, c'eſt lorſqu'on déſunit quelque portion d'un fief ou deux
fiefs qui étoient réunis enſemble. Voy.
ci-devant DÉMEMBREMENT DE FIEF
& FIEF.

Déſunion de juſtice: on réunit quelquefois pluſieurs juſtices enſemble pour
en former une ſeule plus conſidérable.
Il arrive auſſi quelquefois que l'on en
diſtrait ou déſunit quelqu'une; il n'y
a que le ſouverain qui puiſſe faire ces
unions & déſunions. v. JUSTICE.

DÉTENTEUR, ſ. m., Juriſpr., eſt
tout poſſeſſeur, ſoit propriétaire, uſu-
fruitier, ou autre, qui détient en ſes
mains un héritage, c'eſt-à-dire, qui en
a la poſſeſſion réelle & actuelle.

Ce terme n'eſt guere uſité qu'en matieres de rentes ou autres charges foncieres ou hypothéquaires, & par rapport au déguerpiſſement & délaiſſement
par hypotheque, pour ſavoir quelles
ſortes de détenteurs ſont tenus de ces
charges, & de quelle maniere ils peuvent déguerpir ou délaiſſer l'héritage.

On diſtingue ordinairement à cet
égard trois ſortes de détenteurs, ou
plutôt trois degrés différens de détention ou poſſeſſion, conformément à ce
que les interpretes du droit ont appellé, primus emphiteuta, ſecundus emphiteuta; ſavoir le preneur de l'héritage
chargé ou hypothéqué, qui eſt communément appellé premier détenteur;
celui qui a acquis du preneur, qu'on
appelle tiers détenteur, ou détenteur propriétaire, à la différence du troiſieme,
qui eſt le fermier ou locataire, que l'on
appelle vulgairement détenteur, ou bien
ſimple détenteur, lequel détient de fait
l'héritage, mais non pas animo domini.

Les détenteurs propriétaires, c'eſt-à-
dire, tous ceux qui jouiſſent animo do-

mini, foît le preneur ou celui qui a acquis du preneur, à la charge de la rente fonciere ou fans en avoir connoiffance, font tenus de payer les arrérages des charges foncieres échus de leur tems; mais le *tiers détenteur* qui n'a point eu connoiffance de la rente, en déguerpiffant avant conteftation en caufe, eft quitte des arrérages, même échus de fon tems; & en déguerpiffant après conteftation, il eft quitte de la rente pour l'avenir, en payant les arrérages échus de fon tems.

Pour ce qui eft des fimples *détenteurs,* tels que les fermiers ou locataires qui ne poffedent point *animo domini,* ils ne font point tenus perfonnellement des charges foncieres, quoique quelques interprètes de droit ayent prétendu le contraire.

A l'égard des fimples hypotheques, tous *détenteurs* propriétaires en font tenus hypothéquairement, fi mieux ils n'aiment délaiffer l'héritage.

DÉTENTION, f. f., *Jurifpr.,* fignifie l'état de celui qui eft privé de la liberté, foit qu'il foit prifonnier chez les ennemis, ou renfermé dans une prifon ordinaire pour crime ou pour dettes, ou dans une maifon de force & de correction. *v.* CHARTRE, EMPRISONNEMENT, PRISON, PRISONNIER.

Détention, fignifie auffi la *poffeffion* de celui qui eft détenteur d'un héritage. Voyez ci-devant DÉTENTEUR.

DÉTÉRIORATION, f. f., *Jurifpr.,* eft tout ce qui rend la condition d'une perfonne, ou la qualité d'une chofe moins bonne.

Le mineur qui contracte peut faire fa condition meilleure; mais il ne peut pas la *détériorer,* en contractant des engagemens qui lui foient préjudiciables.

Les *détériorations* en matiere d'héritages, font les démolitions des bâtimens, le défaut des réparations, le deffolement des terres, l'abattement des bois, & autres dégradations femblables.

Celui qui *détériore* le bien d'autrui, eft tenu de réparer le dommage. Voyez ci-devant DÉDOMMAGEMENT.

DETTE, f. f., *Jurifpr.* Ce terme pris dans fon véritable fens, fignifie ce que l'on doit à quelqu'un. Néanmoins on entend auffi quelquefois par-là ce qui nous eft dû, & que l'on appelle plus régulierement une *créance.* Pour éviter cette confufion, on diftingue ordinairement les *dettes actives* des *dettes paffives.* Voyez l'explication de ces deux termes ci-après en leur rang.

Tous ceux qui peuvent s'obliger, peuvent contracter des *dettes*; d'où il fuit par un argument à fens contraire, que ceux qui ne peuvent pas s'obliger valablement, ne peuvent auffi contracter des *dettes*: ainfi les mineurs non-émancipés, les fils de famille, les femmes en puiffance de mari, ne peuvent contracter aucune *dette* fans l'autorifation de ceux fous la puiffance defquels ils font.

Perfonne ne peut contracter valablement des *dettes* fans caufe légitime, il faut même de plus à l'égard des communautés, qu'il y ait de leur part une néceffité d'emprunter ou de s'obliger autrement; parce qu'elles font comme les mineurs, qui ne font pas maîtres de détériorer leur condition.

On peut contracter des *dettes* verbalement & par toutes fortes d'actes, comme par billet ou obligation, fentence ou autre jugement, & même tacitement, comme quand on eft obligé en vertu de la loi, d'un quafi-contrat, ou d'un délit ou quafi-délit.

Les caufes pour lefquelles on peut

contracter des *dettes*, font tous les objets pour lefquels on peut s'obliger, comme pour alimens, pour argent prêté, pour vente ou louage de meubles, pour ouvrages faits, pour vente d'un fonds, d'une charge, pour arrérages de rente, douaire, légitime, foute de partage, &c.

Le créancier, pour obtenir le payement de fa *dette*, a différentes fortes d'actions, felon la nature de la *dette* & du contrat, & felon les perfonnes contre lefquelles il agit. Il a action perfonnelle contre l'obligé ou fes héritiers, hypothécaire contre le tiers détenteur d'un héritage hypothéqué à la *dette*, & en certain cas il a une action mixte. *v.* ACTION & OBLIGATION.

Les *dettes* s'acquittent ou s'éteignent en plufieurs manieres ; favoir 1°. par le payement, qui eft la façon la plus naturelle de les acquitter ; 2°. par compenfation d'une *dette* avec une autre ; 3°. par la remife volontaire que fait le créancier ; 4°. par la confufion qui fe fait des qualités de créancier & de débiteur, en une mème perfonne ; 5°. par fin de non-recevoir, ou prefcription ; 6°. par la décharge que le débiteur obtient en juftice.

La *dette active*, eft la *dette* confidérée par rapport au créancier, ou pour mieux dire, c'eft la créance. Le terme de *dette active* eft oppofé à *dette paffive*, qui eft la *dette* proprement dite, confidérée par rapport au débiteur.

La *dette ancienne*, en matiere d'hypotheque, eft celle qui précede les autres ; & en matiere de fubrogation, c'eft celle à laquelle le nouveau créancier eft fubrogé.

La *dette annuelle*, eft celle qui fe renouvelle chaque année, comme une rente, une penfion, un legs d'une fomme payable chaque année ; ce qui eft appellé en droit, *debitum quot annis.*

La *dette caduque*, eft celle qui eft de nulle valeur, & pour le payement de laquelle on n'a aucune efpérance.

La *dette chirographaire*. On appelle ainfi celle qui eft contractée par un écrit fous feing privé, qui n'emporte point d'hypotheque.

La *dette civile*, eft toute *dette* ordinaire qui n'eft point pour fait de commerce, ni pour condamnations en matiere criminelle. Voyez ci-après *dette confulaire.*

La *dette claire*, eft celle dont l'objet eft certain ; on ajoûte ordinairement & *liquide*, qui fignifie que le montant de la créance eft fixe & connu.

La *dette de communauté*, eft celle qui eft contractée pendant la communauté de biens entre mari & femme, & pour le compte de la communauté.

La *dette commune*, eft celle qui eft à la charge de plufieurs perfonnes, comme une *dette* de communauté, une *dette* de fucceffion, lorfqu'il y a plufieurs héritiers.

La *dette conditionnelle*, eft celle qui eft dûe fous condition ; par exemple, *fi navis ex Afia venerit* ; elle eft oppofée à *dette pure & fimple*, qui ne dépend d'aucun événement.

La *dette confufe*, eft celle dont le droit réfide en quelqu'un qui fe trouve tout à la fois créancier & débiteur du mème objet.

La *dette confulaire*, s'entend de celle qui rend le débiteur jufticiable des confuls, & qui emporte conféquemment contre lui la contrainte par corps.

Telles font toutes les *dettes* créées entre marchands & négocians, banquiers, agens de change, traitans, & gens d'affaires, pour raifon de leur commerce, foit par lettres ou billets de change, billets à ordre ou au porteur, ou autrement.

Les perfonnes qui ne font pas de la qualité de celles ci-deffus mentionnées, peuvent auffi contracter des *dettes confulaires*, mais non pas par toutes les mêmes voïes ; ce ne peut être qu'en tirant, endoffant ou acceptant des lettres ou billets de change.

Les perfonnes conftituées en dignité, les eccléfiaftiques, & autres dont l'état exige une certaine délicateffe, ne doivent point contracter de *dettes confulaires* ; parce que s'expofant par ce moyen à la contrainte par corps, elles dérogent à l'honneur de leur état, & fe mettent dans le cas d'en être privées & d'être déclarées déchues de leurs privileges. *v.* Contrainte par corps.

La *dette douteufe*, eft celle qui n'eft pas abfolument caduque, mais dont le recouvrement eft incertain.

La *dette éteinte*, eft celle que l'on ne peut plus exiger, foit qu'elle ait été acquittée, ou que l'on ne puiffe plus intenter d'action pour le payement par quelqu'autre raifon. Voyez ce qui eft dit au commencement de cet article, fur les différentes manieres dont s'éteignent les *dettes*.

La *dette exigible*, eft celle dont on peut actuellement pourfuivre le payement, fans attendre aucun terme ou délai, ni l'événement d'aucune condition.

La *dette hypothécaire*, eft celle pour laquelle on agit hypothécairement contre le tiers détenteur d'un immeuble hypothéqué à la *dette*.

La *dette hypothéquée*, eft celle pour laquelle le créancier a hypotheque fur quelqu'immeuble.

La *dette immobiliaire*, eft celle qui eft réputée immeuble, comme une rente fonciere & une rente conftituée, dans les pays où celles-ci font réputées immeubles.

La *dette légale*, eft celle à laquelle on eft obligé par la loi, comme la légitime des enfans, le doüaire, les alimens dûs réciproquement entre les afcendans, & les defcendans, &c.

La *dette légitime*, s'entend d'une *dette* qui a une caufe jufte, & n'eft point ufuraire.

La *dette liquide*, c'eft celle dont l'objet eft fixe & certain ; par exemple, une fomme de 3000 livres forme une *dette liquide* : au lieu qu'une portion de ce qui doit revenir d'un compte de fociété, eft une *dette* non liquide, parce qu'on ne voit point à quoi monte cette portion, jufqu'à ce que le compte foit rendu & apuré.

La *dette non-liquide*. Voyez ci-devant *dette liquide*.

La *dette litigieufe*, eft celle qui eft conteftée ou fujette à conteftation.

La *dette mobiliaire*, eft toute *dette* qui a pour objet quelque chofe de mobilier, comme une fomme d'argent à une fois payer, une certaine quantité de grain, ou autre denrée, &c.

La *dette paffive*, c'eft la *dette* confidérée par rapport au débiteur. Voyez ci-devant *dette active*.

La *dette perfonnelle*, s'entend de deux manieres, ou d'une *dette* contractée par le débiteur perfonnellement, ou d'une *dette* par laquelle le créancier a une action perfonnelle.

La *dette privilégiée*, eft celle qui par fa nature eft plus favorable que les créances ordinaires. Les *dettes privilégiées* paffent avant les *dettes* chirographaires, & même avant les *dettes* hypothécaires. *v.* Créancier & Privilege.

La *dette propre*, eft celle qui eft dûe par l'un des conjoints, en particulier

& fur fes biens, de maniere que l'autre conjoint, ni la communauté n'en font point tenus.

Dette publique. Il faut qu'il y ait une proportion entre l'état créancier & l'état débiteur. L'état peut être créancier à l'infini, mais il ne peut être débiteur qu'à un certain degré ; & quand on eft parvenu à paffer ce degré, le titre créancier s'évanouit.

Si cet état a encore un crédit qui n'ait point reçu d'atteinte, il pourra faire ce qu'on a pratiqué fi heureufement dans un Etat d'Europe ; c'eft de fe procurer une grande quantité d'efpeces & d'offrir à tous les particuliers leur rembourfement, à moins qu'ils ne veuillent réduire l'intérêt. En effet, comme lorfque l'Etat emprunte, ce font les particuliers qui fixent le taux de l'intérêt : lorfque l'Etat veut payer, c'eft à lui à le fixer.

Il ne fuffit pas de réduire l'intérêt : il faut que le bénéfice de la réduction forme un fond d'amortiffement pour payer chaque année une partie des capitaux ; opération d'autant plus heureufe, que le fuccès en augmente tous les jours.

Lorfque le crédit de l'Etat n'eft pas entier, c'eft une nouvelle raifon pour chercher à former un fond d'amortiffement, parce que ce fond une fois établi, rend bientôt la confiance.

Si l'Etat eft une république dont le gouvernement comporte par fa nature que l'on y faffe des projets pour longtems, le capital du fond d'amortiffement peut être peu confidérable ; il faut dans une monarchie que ce capital foit plus grand.

2°. Les réglemens doivent être tels que tous les citoyens de l'Etat portent le poids de l'établiffement de ce fond, parce qu'ils ont tous le poids de l'établif-

fement de la *dette*, le créancier de l'Etat, par les fommes qu'il contribue, payant lui-même à lui-même.

3°. Il y a quatre claffes de gens qui payent les *dettes* de l'Etat : les propriétaires des fonds de terres, ceux qui exercent leur induftrie par le négoce, les laboureurs & les artifans, enfin les rentiers de l'Etat ou des particuliers. De ces quatre claffes, la derniere dans un cas de néceffité fembleroit devoir être la moins ménagée, parce que c'eft une claffe entierement paffive dans l'Etat, tandis que ce même Etat eft foutenu par la force active des trois autres. Mais comme on ne peut la charger plus fans détruire la confiance publique, dont l'Etat en général & ces trois claffes en particulier ont un fouverain befoin ; comme la foi publique ne peut manquer à un certain nombre de citoyens, fans paroître manquer à tous ; comme la claffe des créanciers eft toujours la plus expofée aux projets des miniftres, & qu'elle eft toujours fous les yeux & fous la main ; il faut que l'Etat lui accorde une finguliere protection, & que la partie débitrice n'ait jamais le moindre avantage fur celle qui eft créanciere.

La *dette pure & fimple*, eft celle qui contient une obligation de payer fans aucun terme ou délai, & fans condition : elle eft oppofée à *dette conditionnelle*.

La *dette quot annis* eft une *dette* qui fe renouvelle tous les ans, telle que le legs d'une rente ou penfion viagere.

La *dette réelle*, eft celle qui eft attachée au fonds, comme le cens, la rente fonciere : on l'appelle aufli *charge fonciere*. On comprend aufli au nombre des *dettes réelles*, celles qui fuivent le fonds, comme les foutes & retours de partage.

La *dette fimulée*, eft celle que l'on contracte en apparence, mais qui n'eſt pas ſérieuſe, & dont il y a ordinairement une contre-lettre.

La *dette de ſociété*, eſt celle qui eſt dûe par tous les aſſociés à cauſe de la ſociété, à la différence des *dettes* particulieres que chaque aſſocié peut avoir, qui ſont *dettes* des aſſociés, & non pas de la ſociété.

La *dette ſolidaire*, eſt celle dont la totalité peut être exigée de l'un ou l'autre des co-obligés indifféremment. *v.* SOLIDITÉ.

La *dette ſolue*, *quaſi ſoluta*, ſe dit pour une *dette* acquittée ; on dit même ſouvent un *billet ſolu* & *acquitté* : ce qui eſt un vrai pléonaſme.

La *dette de ſucceſſion*, eſt celle qui eſt dûe par la ſucceſſion & par l'héritier, à cauſe de la ſucceſſion, à la différence des *dettes* particulieres de l'héritier. Les *dettes* actives & paſſives d'une ſucceſſion ſe diviſent de plein droit entre les différens héritiers & autres ſucceſſeurs à titre univerſel, ou pour une certaine quotité ; de maniere que les *dettes* paſſives affectent toute la maſſe des biens, & la diminuent d'autant, de ſorte qu'il n'y a de bien réel qu'après les *dettes* déduites : ce qui eſt exprimé par cette maxime, *bona non æſtimantur niſi deducto ære alieno*.

La *dette ſurannée*, eſt celle contre laquelle il y a fin de non-recevoir, ou preſcription acquiſe.

La *dette uſuraire*, eſt celle où le créancier a commis quelque uſure ; par exemple, ſi c'eſt un prêt à intérêt ſur gage, ou ſi le créancier a exigé des intérêts ou une rente à un taux plus fort que celui de l'ordonnance. *v.* USURE.

DETTE PUBLIQUE, *Droit polit.*, ſe dit des *dettes* contractées par l'Etat.

Il y a déja près d'un ſiecle que la France, l'Angleterre & la Hollande, s'é-

tant opiniâtrées à des guerres diſpendieuſes, ceux qui gouvernoient ces nations, ont été obligés de recourir à des emprunts conſidérables. Je dis ceux qui les gouvernoient, parce que ſi elles avoient diſcuté elles-mêmes leurs intérêts, elles n'auroient eu aucune raiſon de contracter des *dettes*. En effet, comme elles poſſédoient preſque toutes les richeſſes de l'Europe, elles jouoient en même tems les rôles de prêteurs & d'emprunteurs, de ſorte que le mouvement d'argent n'étoit qu'un mouvement inteſtin. Il leur eût donc été facile de s'impoſer ſur elles-mêmes une contribution égale aux ſommes qu'elles ne levoient que par emprunt. Mais d'un côté, Guillaume III. auroit eu trop de peine à perſuader aux Anglois, & ſur-tout aux Torys, de ſacrifier la plus grande partie de leur fortune à l'abaiſſement de Louis XIV. & de l'autre, Louis XIV. tout abſolu qu'il étoit, n'auroit jamais pu diſpoſer arbitrairement du bien de ſes ſujets pour ſoutenir des guerres que ſon ambition ſeule lui avoit attirées. Pour les Hollandois, quoiqu'une vengeance particuliere, un intérêt plus immédiat les animât, il étoit encore difficile d'en obtenir des ſubſides conſidérables. Ces riches commerçants qui formoient la meilleure partie de la république, voyoient avec trop de regrets les fruits d'une longue & pénible induſtrie dévorés par des Allemands & des Eſpagnols. Nous liſons même dans les négociations du comte d'Avaux que la province de Hollande fut long-tems oppoſée à la guerre, & qu'elle inclinoit plutôt pour la France, qu'elle ne craignoit que comme un voiſin dangereux, que pour le prince d'Orange, qu'elle redoutoit comme un maître ambitieux. Ces ſituations embarraſſantes obligerent de chercher les moyens les plus doux; il falloit éviter de faire fentir aux peuples le fardeau qu'on leur impofoit; on appella, pour ainfi dire, la poftérité à fon fecours, & on la chargea de tout le poids qu'on vouloit épargner à la génération préfente. Les emprunts furent donc le fruit de la foibleffe du gouvernement, ou d'un certain refpect pour les propriétés, qui fera toujours néceffaire, tant que les guerres n'auront pas pour objet ou la défenfe des foyers, ou la vengeance de ces infultes cruelles qui, élevant un cri général, précipitent les peuples dans la guerre. Lors de la ligue de Cambray, la république de Venife ne fut pas obligée de recourir à des emprunts, quoiqu'elle eût à fe défendre contre tant de puiffances réunies. On fe foumit à une efpece de taxe d'aifés, & chacun contribua felon fes moyens. C'eft que le danger étoit réel & preffant: c'eft que les Vénitiens aimoient leur gouvernement, & que chaque citoyen auroit tout facrifié pour le conferver. De même, en 1672, la Hollande n'eut pas recours à des emprunts pour mettre des armées fur pied. Ils n'eurent lieu que lorfque d'autres intérêts furent compromis, & que la guerre devint opiniâtre & inutile.

Qu'il foit ruineux de faire avec de grands frais des guerres inutiles, c'eft ce que perfonne ne révoquera en doute. Toute nation qui emprunte pour faire la guerre, travaille donc à fa propre ruine. Mais de quelle façon cette ruine s'opere-t-elle? Les emprunts font-ils onéreux, feulement en ce qu'ils repréfentent une dépenfe exceffive, ou font-ils pernicieux par eux-mêmes, en ce qu'ils perpétuent les charges de l'Etat? C'eft ce que nous ne pouvons approfondir qu'en remontant à un principe général.

Toutes les richeffes, celles des Etats, comme celles des particuliers, ne font fondées que fur un bienfait de la nature, qui a permis à l'homme d'obtenir, par un travail modique, une quantité de productions fort au-deffus de fes befoins perfonnels. Un feul homme, en labourant un champ, peut fe procurer affez de bled pour nourrir dix de fes femblables; un feul homme, en cultivant une vigne, peut en tirer dix muids de vin, & ainfi du refte: de forte que fi la terre avoit été abandonnée à l'induftrie humaine, il feroit arrivé que chaque individu, après s'être affuré fa propre fubfiftance, auroit encore cherché dans l'agriculture des commodités & des jouiffances; foit qu'il eût ajouté à la culture des bleds celle du chanvre, des légumes, des arbres fruitiers, &c. foit que, ne confultant que la nature du fol & la facilité des échanges, il fe fût efforcé d'obtenir la plus grande production poffible d'une feule denrée, dans l'efpérance de s'en procurer d'autres par le débit de fon fuperflu. Dans ce cas, les jouiffances des hommes n'auroient trouvé de limites que dans l'accroiffement de la population. Mais l'étendue du droit de propriété a bientôt interverti cet ordre naturel: celui qui a pu réunir de vaftes poffeffions, s'eft trouvé, il eft vrai, dans l'obligation d'alimenter les ouvriers qu'il employoit à y faire naître différentes productions; mais tout ce que ce travail a produit d'excédent, eft refté à fa difpofition; de façon que fes efforts réunis ont fervi à la fubfiftance de tous & à la jouiffance d'un feul. Cependant cette jouiffance ne peut encore s'obtenir qu'à la faveur du travail. Si le plus riche propriétaire veut avoir des meubles, des pendules, des tableaux, il faut qu'il paye des tapiffiers, des horlogers, des peintres ; & c'est à quoi il employera l'excédent des subsistances que ses cultivateurs auront fait naître ; car il importe peu que ces ouvriers ou artistes reçoivent le prix de leurs ouvrages à mesure qu'ils les fourniffent, ou qu'ils soient payés annuellement par celui qui les fait travailler. Suppofons donc qu'un riche propriétaire ait confié à cent cultivateurs le soin de préparer la subsistance de 900 personnes qu'il destine à lui procurer toute forte de jouissances de pur agrément. Si ce propriétaire, si cet homme riche vient à avoir une querelle avec un de ses voifins ; s'il est obligé de lui déclarer la guerre, que pensez-vous qu'il faffe ? Rien de plus simple, me répondrezvous, il laiffera les cultivateurs à leurs ouvrages habituels, & il choisira parmi les autres personnes qu'il tient à ses gages un certain nombre d'hommes qu'il employera, soit à défendre ses poffeffions, soit à attaquer celles de son ennemi. Tant que cette guerre durera, il se privera de quelque plaisir, de quelque jouissance ; mais elle ne sera pas plutôt terminée, qu'il se trouvera dans le même état où il étoit auparavant, c'est-à-dire, tout auffi riche, tout auffi à portée de se procurer des jouissances par le travail d'autrui.

Suppofons maintenant que notre riche poffeffeur se soit conduit tout autrement, & que tenant, par erreur ou par foibleffe, à tous ses amufemens qu'il aura pris pour du bonheur, ou à son faste qu'il aura pris pour de la jouissance, il ait préféré d'envoyer à la guerre ces hommes mêmes dont le travail fervoit à le nourrir. Suppofons qu'il ait choifi 50 laboureurs pour en former sa garde, qu'il ait employé les attelages de ses charrues à traîner son artillerie, qu'il ait fait de ses fermes des châteaux

forts, &c. Voici, selon toute apparence, ce qui sera arrivé : la premiere année il aura confervé ses chevaux de chaffe, ses officiers de bouche, ses artiftes, parce que les 50 cultivateurs qui feront reftés à leurs travaux, auront fait tous leurs efforts pour fuffire à leur tâche & à celle de leurs camarades qu'on leur a enlevés ; la feconde année, ces efforts ne pouvant plus se répeter, & ayant même épuifé leurs forces, bien loin de pouvoir fuffire à ce travail exceffif, chaque homme ne fera même plus en état de faire ce qu'il faifoit autrefois : la culture sera négligée, les terres mal labourées, mal foignées ; de forte que la troifieme année les fubfiftances ne se trouvant plus les mêmes, le propriétaire n'aura plus de quoi entretenir les miniftres de son luxe ou de ses plaifirs, lefquels ne tarderont pas à être mécontents & à s'éloigner : enfin, pour peu que la guerre dure encore, il ne lui reftera plus ni richeffes, ni jouissance, & les maux qu'elle aura entraînés, feront inféparables.

Après avoir ainsi placé les chofes fous le point de vue le plus clair & le plus fensible, que nous refte-t-il à faire déformais, finon à étendre nos idées, en appliquant cette hypothefe à deux nations, de forces à-peu-près égales, qui se trouveroient engagées dans une guerre indifpensable ? Voici, n'en doutons pas, le raifonnement que la plus éclairée des deux pourroit faire : „ Les „ chofes sont arrangées de façon, qu'un „ petit nombre d'entre nous, un di„ xieme à-peu-près, fuffit pour nour„ rir tout le refte. Les neuf autres di„ xiemes, n'ont guere de moyen d'ob„ tenir leur part de ces fubfiftances „ qu'en offrant des objets d'échange, „ qu'en provoquant les defirs du cul„ tivateur & du propriétaire. Ce font
dong

» donc les dépenses de cette classe qui
» nourrissent l'autre, il n'importe les-
» quelles. Ce qui est très-vrai & très-
» important, c'est que dans l'état où
» sont les choses, il faut pour que tout
» le monde subsiste, qu'il y ait tou-
» jours la même quantité de dépenses.
» Or, c'est ce qui arrivera pendant la
» guerre : car, si nous allons disposer
» d'une partie des subsistances, c'est
» aussi pour les répandre, & au lieu
» que vous aviez coutume de les don-
» ner à des hommes qui vous brodoient
» des habits, qui lambrissoient vos ap-
» partemens, qui vous amusoient par
» leurs talens, nous les distribuerons
» parmi des hommes qui garderont
» nos frontieres, qui fortifieront nos
» places, qui fabriqueront nos armes,
» &c. soyez donc bien tranquilles : la
» même quantité de dépenses existera
» toujours, les mêmes sources de travail
» seront ouvertes ; ainsi tous ceux qui
» n'auront plus d'ouvrage dans leur pro-
» fession, trouveront un nouvel emploi
» dans les différentes ressources qu'on
» vient d'offrir à la force & à l'industrie.

J'avoue que d'après un pareil exposé
il seroit difficile de penser que la guerre fût ruineuse pour le peuple. Elle seroit pourtant un mal ; car les habits,
les meubles, les lambris font plaisir à
ceux qui les payent, & la guerre est
une dépense qui ne fait plaisir à personne. Mais enfin elle ne priveroit personne des moyens de subsistance, & si
elle étoit momentanée, la circulation
du travail reprendroit bientôt ses premieres routes, & la nation auroit pu
dépenser sans s'obérer. Mais il en arrive autrement. Cette possession d'un bien
fonds, cette faculté d'employer indifféremment le travail de ceux qu'on fait
subsister, à toutes les choses qui nous
sont agréables, a reçu depuis long-tems

Tome IV.

le nom de *propriété*. Nous n'examinerons pas ici comment l'idée de propriété s'est formée ; nous dirons seulement
qu'en général, & sur-tout dans l'état
présent de la société, elle a été très-
utile au genre humain. Nous sommes
donc bien loin de la décréditer ; mais
nous observerons que le luxe n'étant
que l'usage de la propriété, est devenu
propriété lui-même, ou pour mieux dire, une sorte de droit ; de façon que
lorsqu'il a fallu subvenir aux besoins
de la guerre, on n'a pas osé déplacer
les richesses en changeant les objets de
travail. Il est arrivé delà qu'en même
tems qu'on étoit obligé d'employer un
grand nombre d'hommes à de nouvelles
professions, les riches ont conservé le
privilege d'acheter le travail du peuple
concurremment avec l'Etat. Le luxe, la
magnificence, le plaisir ont également
conservé la plus grande partie de leurs
agens, & le gouvernement ayant été
obligé d'acheter le travail des petits,
aux dépens des petits, ce travail a été
reporté en surcharge sur les cultivateurs
& sur tous les artisans qui concourent
avec eux à la production ou à la préparation de la subsistance. Ainsi les nations ont été écrasées, parce que le
poids qui devoit être partagé entre tous,
n'a été supporté que par les classes de
citoyens les plus utiles à l'Etat. Ainsi
la guerre a augmenté le travail général, ce qui est déja un mal ; & elle l'a
augmenté d'une maniere inégale & op-
pressive, ce qui est un plus grand mal
encore. Peut-être cet inconvénient auroit-il toujours été difficile à prévenir ;
car il faut observer que dans toutes les
sociétés industrieuses ou commerçantes, chaque homme n'a guere qu'une
maniere de subsister ; c'est ce qu'on appelle *son art*, *sa profession*. Chaque métier fait une classe à part, une société

particuliere dans la fociété générale, un Etat dans l'Etat. Or, les hommes ne peuvent pas aifément changer de profeſſion ; ce ſont des chenilles attachées à une feuille; ſi l'arbre féche, elles meurent avec lui. Voilà ce qui fait que dans les guerres malheureuſes on voit ſouvent 20 mille manufacturiers mourir de faim, tandis que 20 mille ſoldats manquent au complet des armées, que les arſenaux ſont déferts, & que les armemens languiffent, faute de bras. Ajoutez à cela que le droit de propriété & l'inégalité des fortunes ayant établi une grande concurrence entre ceux qui demandent des ſubſiſtances pour prix de leur induſtrie ; concurrence d'autant plus grande de leur part, que le befoin de fubfifter eft plus preffant que celui de jouir & de s'amufer; il eft arrivé que le travail a toujours approché de trop près le niveau des forces de l'ouvrier ; de maniere que cette claffe laborieufe n'a prefque point de travail difponible, & que l'Etat ne peut lui en demander fans l'écrafer. Confiderez encore la difproportion des réſiftances, la patience du pauvre, le crédit du riche, la difpofition de tout adminiftrateur à préférer les moyens faciles aux moyens utiles, & vous vous expliquerez bientôt comment les guerres ruinent aifément les Etats qu'elles ne devroient feulement pas affoiblir.

Voyons maintenant comment les emprunts diminuent un peu cet inconvénient : je fuppofe qu'un Etat ait befoin d'une quantité de travail repréfentée par la fomme de 300 millions : je dis une quantité de travail, parce qu'il ne faut pas perdre de vue que toute dépenfe repréfente un travail impofé fur une nation, puifqu'il eft égal de lever une fomme confidérable ou d'exiger des recrues, des remontes, des vivres, des

armes & des ouvriers de toute efpece pour le fervice d'une armée ; or, nous venons d'obferver qu'une pareille fomme ne peut pas être levée uniquement fur les gens riches, ni le travail qu'elle repréfente, impofé uniquement fur les agens du luxe, fans attaquer la propriété, & fans caufer les plus grandes convulfions par des changemens fubits dans les moyens de fubfifter : on cherche donc à adoucir toutes ces crifes, en impofant pour le moment une fomme modique, qui ne repréfente que l'intérêt d'une fomme plus confidérable qu'on emprunte. Mais tout emprunt repréfente une dépenfe ; fi l'Etat a emprunté 300 millions, il a dépenfé 300 millions en travaux, & s'il a affez bien payé fes agens, pour que les autres claffes ayent reflué fur celle-là, le défordre n'a pas été très-grand. La même quantité de travail a diftribué la même quantité de fubfiftances, tout le monde a vécu. Le mal eft donc bien moins confidérable que fi tout le travail néceffaire au foutien de la guerre, avoit été exigé avec rigueur, & réparti avec inégalité : ajoutez à ces confidérations que l'emprunt dans le cas des grandes dépenfes, a cet avantage fur l'impofition, qu'il n'attire à lui que les fommes dont chacun peut difpofer, fans retrancher de fes dépenfes habituelles, au lieu que l'impofition s'empare fouvent du néceffaire. Que dans un cas urgent on exige un quart du revenu net, ou fi l'on veut cinq vingtiemes, que je fuppofe monter à 200 millions, il eft fûr que chaque propriétaire fera obligé de diminuer fa dépenfe d'un quart, & c'eft autant de moyens de fubfiftance enlevés au peuple. Cette diminution excéderoit même la proportion avec les fommes exigées; car des impôts fi exorbitans ne manquent pas de jetter la confternation dans tous les efprits, & de refferrer l'argent dans toutes les bourfes. Il n'en eft pas de même de l'emprunt, qui ne prenant rien, ou du moins très-peu de chofe fur les dépenfes habituelles, met encore en mouvement l'argent que les capitaliftes tenoient en réferve.

Maintenant, fuppofons que la guerre s'étant prolongée, le gouvernement fe foit vu obligé de multiplier les reffources, & qu'enfin la paix n'ait été conclue qu'après qu'il aura emprunté un milliard. Il s'agit d'apprécier quel eft déformais l'état de la nation; car alors elle eft chargée d'un arrérage de cinquante millions, & il faut en conféquence que la contribution annuelle foit augmentée d'une pareille fomme. Mais fi toute impofition doit repréfenter un travail fourni par les particuliers à l'Etat, je demande à préfent fi la quantité de ce travail eft augmentée, fi dans le fait cette contribution n'eft pas idéale, & enfin, fi lorfque le gouvernement reçoit d'une main pour rendre de l'autre, la furcharge eft plus réelle qu'elle n'eft à Amfterdam, lorfque la banque fait une navette perpétuelle de payement & de recette? Mais, me direz-vous, fi dans l'obligation de payer l'arrérage de la *dette*, l'Etat prend le dixieme du revenu des propriétaires, ce dixieme ne repréfente-t-il pas le travail qu'ils auroient pu payer avec une certaine quantité de fubfiftances, dont leurs mercenaires fe trouvent fruftrés à leur tour? Je répondrai que dans cette hypothefe il n'y a point de diminution réelle, mais feulement un déplacement du revenu net; que s'il arrive que mille propriétaires ayent cent millions de revenu net, moins dix; mille autres propriétaires qui poffédent encore des contrats, ont cent millions de revenu, plus dix; que ceux-ci commandent plus de travaux qu'ils ne fe-

roient, s'ils n'avoient point d'effets en papier; de même que les autres en commandent moins qu'ils ne feroient, s'ils n'étoient pas obligés de payer le dixieme; enfin, que fuivant ce calcul, la quantité de travail refte toujours la même, puifque les befoins de l'Etat n'en réclament pas plus que par le paffé; & voilà la véritable raifon pour laquelle les nations bien gouvernées reftent encore dans l'état le plus floriffant, en fortant d'une guerre longue & difpendieufe. Voilà pourquoi les Anglois font encore riches & puiffans, & continuent de dépenfer ou de confommer autant qu'avant la guerre.

Avant que d'étendre plus loin l'application de ces principes, il ne faut pas fe diffimuler qu'il eft des circonftances qui les rendent fufceptibles de quelque reftriction. Nous avons fuppofé jufqu'ici que l'Etat n'a emprunté que des fujets; mais quoique la plus grande partie des richeffes fe trouve chez les nations qui ont coutume de recourir à ces expédiens, on ne peut difconvenir qu'au moment où elles ouvrent des emprunts, il ne leur vienne des fommes confidérables de la part de l'étranger. C'eft donc encore pis fi ces nations riches & puiffantes ne font pas toutes en guerre dans le même moment. Car, celle qui aura confervé la neutralité, aura certainement beaucoup de richeffes, & manquera de débouchés pour en faire ufage. Elle verfera donc de grandes fommes dans les fonds des nations belligérantes. Or, comme nous avons déja établi que tout argent monnoyé eft une créance fur le travail d'autrui, & que toute dépenfe repréfente un travail, il n'eft pas douteux que l'argent exporté tous les ans chez l'étranger pour le payement de ces arrérages, repréfente un travail annuel dans la nation qui emprunte; travail ftérile & tributaire de fa part.

Eclairciſſons encore cette matiere par un exemple. Hambourg fait la guerre à Dantzig; Hambourg a ſoixante mille habitans, dont les uns vivent dans l'aiſance, & dont les autres cherchent leur ſubſiſtance dans le travail. Le conſeil de cette république pourroit annoncer que la claſſe de citoyens qui travaillent aux choſes de néceſſité abſolue, ſeroit la ſeule qui continueroit ſes ouvrages; que tous les autres ouvriers, artiſans, &c. qui ne ſont que les agens du plaiſir & du luxe, ſeroient employés au ſervice de l'armée; mais que pour les faire ſubſiſter, on s'empareroit de tout le ſuperflu des riches, c'eſt-à-dire, de tout ce qu'ils dépenſeroient pour des objets de luxe & d'amuſement; ce qui ſeroit encore plus ſimplifié ſous la dénomination d'une taxe générale ſur l'aiſance. Mais que d'obſtacles s'oppoſent à une pareille réſolution! L'union ne regne guere dans les républiques que lorſque les périls ſont preſſants. La forme du gouvernement, les magiſtrats actuels ont toujours des ennemis. A quel danger ne s'expoſera-t-on pas, ſi l'on renverſe ainſi toutes les fortunes, ſi l'on attaque toutes les propriétés? Et puis, ce luxe, cette aiſance, encourageoient certaines claſſes d'artiſans néceſſaires à la proſpérité de ce petit Etat. Suſpendre tout à coup leurs occupations, les priver de leurs profits habituels, c'eſt rompre les liens qui les attachent à la patrie. D'un autre côté, ſi l'on partage le poids entre tous les ſujets, une impoſition générale cauſera, à la vérité, moins de murmures, & d'ailleurs les plaintes des foibles ne ſeront pas inquiétantes; mais ces dernieres claſſes que vous impoſez, n'ont ni travail, ni ſubſiſtance diſponibles; & lorſque vous leur demandez de l'argent, vous exigez qu'elles faſſent une épargne ſur leur travail ou ſur leur

ſubſiſtance. Cependant l'ennemi approche, le moment preſſe! On imagine un expédient. On s'eſt convaincu qu'on ne pouvoit guere épargner qu'un ſixieme ſur le travail général, ce qui peut repréſenter la ſolde de dix mille hommes de troupes: mais il en faut le triple au moins... Eh bien! la ſomme néceſſaire à l'entretien de cet excédent, on l'empruntera de la ville de Brême, & ſoit qu'elle prête de l'argent, qui repréſente des ſubſiſtances, ou des ſubſiſtances qui repréſentent un travail, les ſubſides n'ayant pas changé de nature, les magiſtrats de Hambourg raiſonneront ainſi: „ Si nous pouvons faire la paix „ après la campagne, nous conſerve„ rons encore trois ans l'état de gène où „ nous nous ſommes mis cette année„ ci: nous continuerons d'épargner le „ ſixieme du travail public, ou la ſolde „ de dix mille hommes, pour nous ac„ quitter envers nos voiſins. Cette „ charge ſera plus longue, mais moins „ peſante, elle ſera portée ſans mur„ mure: nous aurons ſauvé l'Etat, le „ gouvernement & nous-mêmes, ce „ qui eſt encore plus intéreſſant.

Je ne parle pas de l'avantage qu'on fait au prêteur; avantage qui augmente ou prolonge encore un peu l'embarras du débiteur, mais qui eſt compenſé par ceux que ce dernier a été à portée d'obtenir à la guerre; le lecteur a dû me prévenir ſur cette circonſtance: mais ſi les riches particuliers de la ville voyant que leur fortune a été épargnée, & que l'Etat accorde un avantage conſidérable à ceux dont il emprunte les ſecours, ſe décident par intérêt, à ce qu'ils auroient dû faire par eſprit de patriotiſme; s'ils économiſent ſur leurs jouiſſances actuelles, c'eſt-à-dire ſur le travail qu'ils ſoudoyent, pour prêter eux-mêmes ce travail au gouverne-

ment; fi les fommes qui le repréfentent, font égales à la moitié de celles
que nous avons fuppofées avoir été
fournies par la ville de Brème, Hambourg n'eft plus redevable à l'étranger
que du travail de dix mille hommes.
Quant à l'intérèt & au remboursement
qu'il doit à fes propres fujets, on voit
bien que cette charge n'eft qu'idéale;
car il faut bien qu'il s'en procure la valeur d'une façon ou de l'autre. Or, il
fe trouve qu'il la reprend à-peu-près
fur ceux mèmes qui la reçoivent; je
dis à-peu-près, parce que tous les
gens aifés n'ont pas prêté des fonds;
mais cette petite inégalité eft bien
moins importante pour le public que le
bonheur du peuple, lequel ne perdra
rien toutes les fois qu'on n'augmentera
pas fon travail, & qu'on ne diminuera
point fes fubfiftances. Que feroit-ce
fi les plus riches Hambourgeois avoient
dans leurs coffres une certaine quantité
d'argent comptant, c'eft-à-dire des
créances fur le travail des étrangers?
Alors ces citoyens, en portant leur argent au gouvernement, lui donneroient
les moyens de foutenir la guerre, fans
rien prendre fur le travail du peuple;
foit qu'on employât cette fomme à
louer des foldats, foit qu'on s'en fervît
pour acheter des armes, des fubfiftances, &c. Il eft vrai que l'Etat auroit
toujours fait des dépenfes, mais il auroit fait un bon marché; & fi toutes
les fois que la république fe feroit coti-
fée pour payer une indemnité aux riches, c'eft-à-dire l'intérèt de leur argent, ceux-ci, en le recevant par petites fommes & fucceffivement, devenoient plus enclins à le dépenfer, l'E-
tat auroit fait la guerre, fans que dans
le fait il lui en eût rien coûté. Il eft
vrai qu'il auroit auffi une reffource de
moins; mais que ne peut pas reprodui-

re une longue paix, un commerce floriffant & une bonne adminiftration?

J'infifte fur ces réflexions, parce
qu'il me paroît que cette matiere n'a
jamais été bien débrouillée, & qu'on a
toujours confondu les effets de la *dette*
avec ceux de la dépenfe. M. Hume me
paroît avoir condamné avec trop de févérité les argumens par lefquels on s'ef-
força de raffurer l'Angleterre, lorfque
les Davenant & les Pulteney attaquerent le gouvernement des Whigts.
Peut-être un penchant naturel pour
les Torys, cette efpece d'attrait qui
trahit quelquefois le philofophe fceptique en décélant fon opinion fecrette,
a-t-il attiré pour un moment l'exaéti-
tude de fa balance. Il fe contente de réduire les chofes à l'abfurde, en fuppofant qu'il n'y a point de terme aux emprunts, & que l'Etat doit tout le revenu
des particuliers; mais j'obferverai d'a-
bord qu'en Angleterre, le revenu des terres étant de plus de 400 millions, & cette puiffance ne devant à préfent que 120
millions d'arrérages, il faudroit pour que
pareille chofe arrivât, qu'elle eût troisfois
autant de guerre à foutenir qu'elle en a
éprouvé depuis 1688. Je demanderai enfuite contre quelles nations ces guerres
auront lieu? Si c'eft contre des Etats qui
n'ont point de *dettes*, & qui ne font
pas obligés d'emprunter, je conviens
que le cas fera très-embarraffant. Mais
fi c'étoit contre la France & contre la
Hollande, il me femble que les chofes
feroient pour le moins au pair, & je
comparerois volontiers ces puiffances à
des joueurs de paume qui auroient une
jambe attachée; la partie feroit moins
vive, mais toujours égale. Si l'on
m'objeétoit l'embarras réel où fe trouvent les puiffances obérées; fans répéter encore que cet embarras eft dû en
grande partie à la fituation critique où

ceux qui gouvernent fe font trouvés rélativement à ceux qui font gouvernés ; je répondrois feulement que toute nation qui fait la guerre avec de grandes armées, de grandes flottes, & pour tout dire en un mot, avec de grandes dépenfes, fera bientôt ruinée, fi elle n'en eft dédommagée par le pillage. Or, le pillage n'a pas lieu depuis que tous les pays qu'on fubjugue fe foumettent par capitulation, depuis qu'on n'enleve plus les beftiaux, & qu'on ne réduit plus les peuples en captivité.

Loin donc d'attribuer la fituation critique de plufieurs puiffances aux *dettes* qu'elles ont contractées, je regarderai comme un problème l'état floriffant où elles fe trouvent encore après les guerres opiniâtres ou ridicules qu'elles foutiennent depuis long-tems. Et pourquoi s'en prendre à la *dette* de ce qu'on peut mettre fur le compte de la dépenfe ? Ce jeune homme n'eft point ruiné pour avoir emprunté cent mille écus, c'eft pour les avoir diffipés. L'Angleterre, en 80 ans, a dépenfé trois milliards au delà de fes revenus ; ces trois milliards repréfentent un travail qui auroit pu être employé plus utilement au défrichement d'une grande quantité de landes, ou à l'encouragement de l'agriculture en Ecoffe & en Irlande. J'avoue que je trouverois difficilement d'autres objets que la guerre ait fait négliger : car cette heureufe contrée offre par-tout l'image de la profpérité : population, agriculture, manufacture, grands chemins, établiffemens magnifiques, rien ne paroît y manquer, & c'eft un argument terrible entre les mains des fceptiques en politique. Mais il faut obferver 1°. que la fituation de ce pays eft très-favorable en tout point; 2°. que l'excellence de fon gouvernement & la fageffe de fon adminif-

tration ont dû triompher de beaucoup d'obftacles : car telles font nos erreurs en politique, telles font les fuites d'une mauvaife morale & d'une mauvaife légiflation, que toutes les nations du monde, fi l'on excepte les Chinois, font infiniment au-deffus du degré de profpérité auquel elles peuvent atteindre; 3°. que cette profpérité de nos voifins ne doit pas être regardée comme le partage de tout l'empire britannique, mais de la feule Angleterre, l'Ecoffe étant encore en grande partie, inculte ou déferte, & les Irlandois n'ayant guere été ici que les Ilotes des Anglois. Je fais que cette politique eft mauvaife, de fonder fes richeffes fur l'exclufion, & de prétendre foutenir un peuple aux dépens de l'autre ; mais elle peut offrir quelques avantages illufoires & momentanés. Enfin, puifqu'il faut trouver chez les Anglois les traces de leurs erreurs, & les fuites de leurs dépenfes exceffives, je penfe que c'eft en Ecoffe & en Irlande qu'il faut les chercher. Si les taxes euffent été moins fortes, on n'eût pas été obligé de gêner l'importation des denrées irlandoifes pour foutenir les fermages en Angleterre ; & fi le commerce eût été moins chargé par les douanes & les droits de confommations, on n'auroit eu aucune raifon de redouter la concurrence de cette isle voifine. On eût auffi donné plus d'attention à l'Ecoffe, & les richeffes également répandues dans les trois royaumes auroient multiplié le commerce à Cork, comme à Londres, à Edimbourg comme à Cork... Mais fi pendant la derniere guerre l'Irlande a profperé; fi fon agriculture, fon commerce, fa population ont augmenté ?... Alors il faudra répondre que les expéditions maritimes ont enrichi ce pays, qui fournit aux armemens des vaiffeaux & au commerce de l'Amérique. Mais, fi l'Angleterre n'a pas fouffert de cette préférence locale , fi... Hâtons-nous de revenir à nos principes, car nous nous fommes embarqués dans une difcuffion un peu ingrate , & répétons qu'une bonne adminiftration répare bien des malheurs & couvre bien des inconvéniens.

Les faits font toujours bien gènants, bien incommodes pour les gens à fyftème, pour les politiques métaphyficiens: en voici qui peuvent former une nouvelle objection contre leurs principes. Un grand prince, un héros couronné, en commençant fon regne glorieux a trouvé une économie toute établie, & une épargne confidérable, qu'il a encore augmentée depuis; fes nombreufes victoires n'ont jamais été achetées par des impofitions exorbitantes; il n'a point emprunté; on affure même qu'il n'a pas diffipé dans la derniere guerre tout l'argent qu'il avoit en réferve; la paix étant rétablie, il a rétabli auffi l'économie dans fes dépenfes; il s'eft occupé à remplacer les fommes qu'il avoit tirées de fon épargne; il a completté fon tréfor, & cependant fes fujets font tombés dans la mifere; l'argent a difparu, le commerce a langui, la circulation s'eft arrètée, & la paix a été plus défaftreufe que la guerre. Sans doute que le génie puiffant, qui préfide à cet État, n'a befoin que de fes propres reffources pour remédier à ces inconvéniens paffagers; mais ne pouvons-nous pas profiter de cette occafion pour nous excufer de n'être point de l'avis de M. Hume, qui paroit pencher pour l'établiffement d'un tréfor public? Nous croyons qu'il n'eft point de fommes difponibles pour l'État qui n'en augmentaffent les richeffes, fi elles étoient dépenfées utilement. Un canal, un port de mer, un grand che-

min, un défrichement, valent cent fois mieux que 10 millions dans un coffre. Et puis, l'expérience nous apprend que les tréfors amaffés par une adminiftration économe, font bientôt diffipés par une adminiftration prodigue. Charles V. avoit un tréfor confidérable; il devint la proie du duc d'Anjou. Henri IV. avoit amaffé plus de 20 millions, qui en feroient plus de 50 de nos jours: ils ne fervirent qu'à enrichir des Italiens & quelques feigneurs avares & factieux.

Or, fi les tréfors ne font pas avantageux pour les nations, il faut donc qu'il arrive de deux chofes l'une; ou qu'elles faffent la guerre fur une légere augmentation de leurs impofitions, ou que les befoins devenant trop preffants, elles foyent obligées d'emprunter. Mais dans le premier cas la guerre n'eft pas fort ruineufe, & dans le fecond ce font les befoins réels & l'importance de la querelle même qu'il faut confulter. Ainfi il réfulte de toutes ces réflexions que les guerres qui fe font avec des dépenfes modérées, font beaucoup moins fâcheufes pour les peuples que celles dont les frais excedent leurs moyens, ce qui fe réduit encore à dire que la guerre eft plus ruineufe quand on eft battu, ou qu'on fait une partie inégale; toutes chofes qui n'ont rien de commun avec la queftion de la *dette* & des emprunts.

Maintenant que nous avons développé la nature de la *dette* & fon influence fur la félicité des peuples, il eft tems d'avertir le lecteur que nous avons placé les chofes dans leur jour le plus favorable. Nous croyons, il eft vrai, avoir prouvé que les inconvéniens de l'emprunt font les mêmes que ceux de la dépenfe; mais nous ne devons pas diffimuler que la néceffité de fuivre, fans interruption, la chaîne de nos idées, nous a fait omettre quelques particularités affez importantes. Par exemple, nous avons fuppofé que le gouvernement, devant rendre annuellement à différens particuliers, ce qu'il a levé pour payer les arrérages de la *dette*, la fomme des revenus n'avoit pas changé, & que par la même raifon, la fomme des dépenfes, ainfi que celle du travail, étoient toujours reftées les mêmes. Nous ne défavouons pas cette affertion; mais nous devons confidérer que ce déplacement de revenus & de dépenfes, eft fujet à plufieurs inconvéniens. 1°. Il fuppofe des recouvremens & des payemens qui demandent toujours quelques frais, foit qu'il s'agiffe de lever des contributions, foit qu'il faille remplir des caiffes, les garder & les ouvrir. Or, tous ces frais font une dépenfe qui repréfente un travail & un travail ftérile, puifqu'il ne produit ni fubfiftance ni jouiffance. 2°. En admettant même que ces dépenfes, étant impofées fur un revenu territorial & en particulier fur le revenu net des propriétaires, n'exigent que peu de frais de perception, & ne portent aucun dommage à l'agriculture & au commerce; il reftera toujours un grand inconvénient, c'eft la féparation du revenu & de la propriété foncière.

Je fuppofe que tous les prêteurs ayant été propriétaires, les fonds publics, les contrats foyent également partagés entre ces derniers; en forte que quiconque payeroit annuellement mille livres de plus pour l'arrérage de la *dette*, feroit poffeffeur d'un contrat portant mille livres de rente. Il en réfulteroit toujours un mal, parce que toute diminution fur le produit d'une propriété, tend à diminuer, à fon tour, l'affection du propriétaire, & à éloigner

les entreprifes difpendieufes, mais utiles, comme les bâtimens, les défrichemens, &c. D'un autre côté, il arrive qu'on s'attache naturellement à la fource de fes revenus, qu'on abandonne les campagnes pour la capitale & qu'on fe livre plus volontiers à une vie oifeufe & inutile. L'inégalité dans le partage des effets publics redouble tous ces inconvéniens: car tandis qu'un propriétaire de 20 mille livres de rente en fonds de terre, poffede encore jufqu'à cinquante mille livres de revenus en contrats, tel qui n'a que dix mille livres de rente également en biens-fonds, paye le cinquieme de fon revenu, & ne poffede point de papiers. Je ne dirai pas que la facilité de placer fon capital dans les fonds publics détourne l'argent du commerce, & l'éloigne de tous les emplois utiles; car ceux qui ont tant répété ce lieu commun, n'ont pas fait attention que lorfqu'un homme achete un contrat, il y en a un autre qui vend un contrat, & que fi l'acheteur ne place pas fon argent dans le commerce, le vendeur n'a peut-être aliéné fon effet que pour en faire cet ufage. Si l'Etat ouvre un nouvel emprunt, le cas fera différent; mais alors cet inconvénient eft une fuite de la dépenfe actuelle du gouvernement; & non pas une conféquence de la *dette* anciennement contractée. Ce que j'oferai affurer, c'eft que le peuple ou plutôt les propriétaires, qui dans les fociétés modernes doivent feuls repréfenter la nation, ne peuvent manquer de s'affoiblir confidérablement toutes les fois qu'ils troqueront des propriétés foncieres contre ces poffeffions incertaines toujours dans la main du gouvernement. Soit que ce gouvernement porte le nom de *monarchie* ou *d'ariftocratie*, ils doivent tomber tôt ou tard dans la dépendance.

Ce

Ce que je dirai encore, c'est que si malheureusement les effets publics sont tellement multipliés, que connoître leur valeur, suivant leurs changemens, gouverner soi-même ces variations, soit devenu un art obscur & difficile, il s'établira une espece de commerce stérile, appellé *agiotage*; commerce qui ne réussit jamais qu'aux dépens des propriétaires, toujours dupes des gens à argent; mais j'observerai aussi que tous ces nouveaux inconvéniens doivent être plutôt imputés aux fautes du gouvernement qu'à la *dette* en elle-mème, & je répéterai encore que si on veut remonter à leur source, on les attribuera encore moins à l'ignorance qu'à la foiblesse des ministres : de façon qu'en derniere analyse on trouvera, au lieu des vices inhérents aux emprunts, ceux qui naissent des guerres entreprises contre le vœu des peuples, ou qui sont la suite nécessaire de toute prévarication dans l'exercice de l'autorité publique.

Entraînés dans ces longues discussions, peut-être trop séches & trop ennuyeuses pour la plupart de nos lecteurs, nous ne devons pas oublier que notre objet principal est d'examiner quelle est l'influence d'une *dette* publique sur le bonheur des peuples. Nous avons essayé de diminuer l'opinion effrayante qu'on en conçoit assez généralement : voici une nouvelle façon de l'apprécier. Si la *dette* est essentiellement un mal comme *dette*, & non pas seulement comme représentant une dépense, le premier soin de tout gouvernement doit être de la rembourser le plus tôt qu'il pourra. Tâchons donc de nous assurer si une pareille opération est toujours la plus avantageuse; & pour y parvenir plutôt, imaginons un État qui ait emprunté précédemment

Tome IV.

une somme égale au travail de cent mille hommes, pour l'arrérage de laquelle il rend annuellement celui de cinq mille hommes : supposons encore qu'une sage économie, soit dans l'entretien des troupes, soit dans les dépenses de la cour, lui permette d'épargner annuellement une somme représentant le travail de dix mille individus : quel usage fera-t-il de cette épargne ? S'en servira-t-il pour diminuer le fardeau général du peuple, en remettant annuellement sur les impositions une somme correspondante à cette épargne, ou bien l'employera-t-il au remboursement progressif de la *dette publique* ? D'un côté, la *dette* en diminuant peu à peu, finira par s'éteindre entierement, & le peuple se trouvera à la fin libéré de toute la contribution qui fournissoit aux arrérages de cette *dette*. De l'autre, il peut se faire que les taxes étant excessives ou mal réparties, la nation ait un besoin plus pressant d'un prompt soulagement : il peut se faire encore que les frais de certaines impositions étant beaucoup trop considérables, l'anéantissement de ces impositions soit l'opération la plus nécessaire; ce qui reduit le problème à ces deux questions. *Le peuple a-t-il besoin d'un allégement immédiat ? le remboursement ne sera t-il pas plus onéreux que la dette?*

Premiere question. *Le peuple a-t-il besoin d'un allégement immédiat ?* C'est ce qu'il est important de considérer : car en supposant qu'un État chargé d'une *dette* de deux cent millions, pour laquelle il paye cinq pour cent d'arrerage, veuille rembourser annuellement le dixieme de cette somme; il est clair que dans la premiere année il n'allégeroit le fardeau public que d'un million; diminution bien légere, & qui servit à peine apperçue. Mais fi la contribution eft trop forte pour le peuple ; fi elle exeede fes moyens ; fi elle le détourne des travaux d'amélioration ; fi elle le prive du repos qui lui eft néceffaire, &c. ne vaut-il pas mieux lui remettre annuellement la fomme encore de vingt millions, que de fe contenter d'en remettre feulement l'arrérage, qui n'en fait que la vingtieme partie ? Vous me direz que les fommes rembourfées ceffant de repréfenter un travail ftérile, comme celui qui fert à l'entretien des armées ou au fafte des cours, elles paffent bientôt des proprietaires des fonds à la claffe laborieufe qui pourra augmenter le prix de fon travail, ou diminuer quelques heures de fes journées : mais ces retours font-ils affez rapides & affez immédiats, fur-tout lorfqu'ils doivent avoir pour véhicules l'argent monnoyé ou les papiers, monnoies qui prêtent à tant de fpéculations & de manoeuvres différentes ? D'ailleurs, fi en allégeant le fardeau du peuple, en facilitant le commerce, en perfectionnant l'agriculture, vous parvenez à donner aux deurées la plus grande valeur poffible, vous diminuerez véritablement le capital de votre *dette*, car alors l'argent n'aura plus le même prix qu'il avoit auparavant : cent millions que vous devrez encore dans un tems de profpérité, ne repréfenteront plus la même fomme que vous aurez emprunté dans un tems de détreffe. Nouvelle maniere d'envifager cet objet dont il réfulte également que fi le peuple eft furchargé, il vaut mieux remettre des impofitions que rembourfer la *dette*.

Seconde queftion. *Le rembourfement ne fera-t-il pas plus onéreux que la dette ?* Cet examen eft très-intéreffant ; car fi pour rembourfer annuellement une fomme de dix millions, vous êtes

obligé d'en lever une de douze fur le peuple, vous ferez certainement un très-mauvais marché. Prenons un exemple à portée de nous. On leve en France un impôt fur les boiffons qui porte le nom *d'aides*. Cet impôt coute 20 pour cent de perception, & rapporte au roi autour de 30 millions. Or, je demande fi lorfqu'en 1764, on forma un fonds d'amortiffement de 20 millions, il n'auroit pas mieux valu diminuer les droits d'aides, ou pour mieux dire les changer en un fimple impôt territorial, qui produifant encore un certain revenu, auroit facilité la converfion de la gabelle dans une taxe répartie au marc la livre de la taille ou du vingtieme ? Je fais qu'on peut difficilement raifonner d'après le rembourfement illufoire qui exigeoit d'autres reffources ; mais ces reffources ne les auroit on pas trouvées plus aifément, en améliorant le fort des campagnes, qu'en fe bornant à un fimple virement de parties plus digne d'un agioteur que d'un miniftre ? Enfin, j'ajouterai à ces différentes confidérations, que dans la fuppofition même que les impofitions font réparties avec fageffe & perçues avec économie, il faudroit encore, avant de fonger à rembourfer, s'informer bien exactement, s'il n'exifte pas d'emploi d'argent plus preffé. Quand la France auroit aboli les droits d'aides & de gabelles, je regarderois encore les canaux de communication entre la Somme & l'Efcaut, entre la Mofelle, la Meufe & la Marne, entre la Saône & la Seine, comme des opérations plus utiles qu'un rembourfement de 60 millions. J'en dirois autant de la perfection des grands chemins, de la conftruction des ponts, du defféchement des marais, du défrichement des landes, &c. Il ne faut pas oublier non plus que le remboursement des *dettes* disposent tous les gouvernemens à la guerre, tandis que les dépenses utiles rendent la paix avantageuse, sans en abréger la durée. (F.)

DETTE, *remise de la. v.* REMISE *de la dette.*

DÉVESTIR, v. act., *Droit féod.*, le contraire d'investir, c'est-à-dire, priver quelqu'un de la possession réelle : *Lib. Feud.* 1. *tit.* 7. *Si princeps investierit capitaneos suos de aliquo Feudo, non potest eos* devestire *sine culpâ : & lib.* 3. *tit.* 1. §. 4. Hetmodus, *in Slav. Histor.* parlant de l'empereur Henri IV. met ce discours dans la bouche des évèques : *Quem meritum investivimus, immeritum quarè non devestianus? Statimque regem aggressi sunt eique coronam de capite abruperunt : deindè sublatum de sede purpurâ, cæterisque quæ ad sacram investituram pertinent, funditus exuerunt.*

Exfestucare, la même chose que *devestire*, dont on a fait connoître la signification. Il paroît évident que ce terme dérive de *festuca*, qui étoit chez les Romains une baguette ou verge appellée *prétoriènne*, que le licteur imposoit sur la tête de l'esclave auquel on donnoit la liberté. Cette verge étoit appellée indifféremment *festuca* ou *vindicta. L. pen.* §. *pater. ff. de castr. pecul. l.* 14. *in fine ff. de manumiss. l.* 12. §. *potest. ff. de liber. caus. l.* 5. *ff. de manu. vind. l.* 1. *cod. si adverf.* Les instituteurs des usages féodaux se sont originairement servis d'une verge à-peu-près semblable, pour investir quelqu'un d'un fief : de-là trouve-t-on souvent dans les livres de fiefs le mot d'*infestucare*, au lieu de celui d'*investire*. Et par la même raison que *devestire* est le contraire d'*investire*, *exfestucare* est aussi le contraire d'*infestucare*. Cependant le mot d'*exfestucare* est aussi souvent employé pour signifier une abdication volontaire. Otto-Frising. *Chron. lib.* 7. *cap.* 34. dit du pape Eugene : *cum Romanis hoc tempore pacem fecit, ut patriatûs dignitatem exfestucarent & præfectum in pristinam dignitatem reciperent.* Sigebert, *in Chron.* rapporte, sous l'année 1113, que *concilium Rom. celebratur, pax inter regnum & sacertotium reformatur, & jus investiturarum episcopalium ab imperatore exfestucatur.* Il parle d'Henri V.

Enfin, ce mot a été mis quelquefois en usage, pour dénoter la rupture d'une alliance, laquelle se faisoit chez les Francs par un signe visible, c'est-à-dire, en rompant quatre petits bâtons, dont on jettoit les morceaux dans la salle d'audience. Voyez *le tit.* 63. *de la loi Salique.* Cet usage a été conservé dans quelques jurisdictions d'Allemagne, mais ne se pratique plus qu'à l'égard des criminels condamnés à mort, sur la tète desquels un des juges, député à cet effet, ou le greffier, rompt des petits bâtons, après que la lecture publique a été faite du jugement de condamnation. Cet usage s'observe de nos jours dans la ville de Strasbourg. (R.)

DEUIL, s. m., *Jurispr.*, habit & équipage d'une espece particuliere & que l'usage a introduit pour marquer la tristesse dans des occasions fâcheuses, dans les pompes funebres, dans les funerailles.

Suivant les loix du digeste, la femme survivante étoit obligée de porter le *deuil* de son mari, *lugubria funere*, pendant un an, à peine d'infâmie : l'année n'étoit alors que de dix mois.

Par le droit du code les femmes furent dispensées de porter les ornemens extérieurs du *deuil.*

En France, dans les pays coutumiers, comme dans les pays de droit écrit, la

femme eſt obligée de porter le *deuil* de
ſon mari, pendant un an ; & comme
perſonne n'eſt obligé de porter le *deuil*
à ſes dépens, les héritiers du mari doivent fournir à la femme des habits &
équipages de *deuil* pour elle & ſes domeſtiques, ſelon la condition & les facultés du défunt.

Ce que l'on donne à la femme pour
ſon *deuil*, n'eſt point conſidéré comme
un gain de ſurvie, mais comme une indemnité & une créance pour laquelle
elle a hypothéqué du jour de ſon contrat de mariage : cette repriſe eſt même
privilegiée, étant reputée faire partie
des frais funéraires.

Pour ce qui eſt du mari, il n'eſt point
obligé de porter le *deuil* de ſa femme,
ſuivant ce que dit Tacite en parlant
des mœurs des Germains ; *feminis lu-
gere honeſtum eſt*, *viris meminiſſe* : de
ſorte que ſi le mari porte le *deuil* de ſa
femme, comme cela ſe pratique ordinairement parmi nous, c'eſt par bienſéance, & ſans y être obligé.

Outre l'obligation dans laquelle ſont
les femmes, de porter le *deuil* de leurs
maris, il y a encore une obſervation
eſſentielle à faire à cet égard, c'eſt que
dans les pays de droit écrit la femme
qui vit impudiquement pendant l'année
du *deuil*, ou qui ſe remarie avant la fin
de cette année, perd non-ſeulement
ſon *deuil*, mais tous les avantages qu'elle pouvoit prétendre ſur les biens de
ſon mari, à quelque titre que ce ſoit :
elle eſt privée de la ſucceſſion de ſes enfans & de ſes parens au-delà du troiſieme degré, incapable de toutes diſpoſitions, & ne peut donner à ſon ſecond
mari plus du tiers de ſes biens.

Il y avoit même autrefois peine d'infamie contre les femmes qui ſe rema-
rioient avant la fin du *deuil*; mais le
droit canonique a levé cette tache.

Suivant quelques auteurs, la veuve
qui ſe remarie dans l'année du *deuil*,
devoit être privée de ſon douaire ; mais
ce projet de loix n'a point reçu le caractere d'autorité publique, que méritoit la ſageſſe de leurs diſpoſitions.

DEVOIR, ſ. m., *Morale*, *Droit
naturel*. Ce mot, enviſagé grammati-
calement, eſt un infinitif employé comme un ſubſtantif : il vient du verbe latin *debere*, auquel répond le verbe françois *devoir*, par lequel on exprime l'é-
tat rélatif d'un être, qui jouiſſant ou tenant en ſa puiſſance quelque choſe qui
ne lui appartient pas en propre, eſt
tenu de la rendre à celui qui en eſt le
vrai propriétaire, dès que celui-ci le
requerra. Celui qui poſſede ce qu'un
autre peut avec juſtice exiger qu'il rende, ſe nomme le *débiteur*. On pouvoit
nommer *devoir*, & l'on nomme *dette*,
l'objet phyſique dont nous ſommes
jouiſſans, & que le propriétaire peut
exiger qu'on lui rende.

Tandis que le mot *dette* conſerve ſeul
le ſens propre que nous venons d'indiquer, & ſert à déſigner un être phyſique
qui peut & qui doit paſſer de nos mains
dans les mains d'un autre ; le mot *devoir* pris ſubſtantivement, ne s'employe qu'au figuré, pour déſigner en
général des actions que l'on a droit
d'exiger que nous faſſions en faveur de
quelque être, & que nous ſommes dans
l'obligation de faire, tout comme on a
droit d'exiger que nous rendions à ſon
vrai propriétaire ce qui eſt entre nos
mains, ſans nous appartenir, & que
nous ne ſaurions lui refuſer ſans le priver de ce qui eſt réellement à lui. On
définit donc le *devoir*, toute action volontaire que l'on eſt en droit d'exiger &
que l'on exige en effet de nous, & que
nous ſommes dans l'obligation de faire.

Analyſons cette définition. Avoir le

droit d'exiger de nous une action, c'est être à notre égard, rélativement à telle maniere d'agir, à tel emploi de notre capacité & de nos forces, dans un rapport en conféquence duquel on peut employer la force même, pour nous contraindre à faire ce que l'on exige, fans qu'une raifon éclairée fur la nature & les rélations des chofes, puiffe juftement défapprouver l'ufage de ces voies coactives pour nous déterminer à agir dans tel cas & d'une telle maniere. Etre dans l'obligation de faire une action, c'eft juger nous-mêmes, enfuite de la connoiffance que nous avons de la nature des chofes & de leurs rapports, que nous ne faurions négliger de faire ce que l'on exige de nous, fans contredire des vérités que nous favons être certaines, fans tenir une conduite que nous favons être mauvaife & blâmable, fans violer des regles que nous favons être juftes. *v.* DROIT, OBLIGATION.

Le *devoir* eft une action que l'on eft en droit d'exiger & que l'on exige en effet de nous; c'eft fuppofer qu'il eft quelqu'être intelligent & fenfible, que cette action intéreffe, & qui en conféquence exige qu'elle fe faffe; foit parce que fa perfection, fa confervation, fa commodité & fon plaifir, font en tout ou en partie, l'effet de l'action qu'il demande, foit parce que cette action peut influer fur l'état & le fort des êtres dont il veut la perfection & le bonheur; foit parce que la négligence de cette action prouve l'imperfection & annonce comme prochaine la mifere de celui qui devoit la faire, & l'offre par-là même à fes yeux comme un être qui ne répond pas à fa deftination: c'eft là la fource de l'intérêt qu'il prend à cette action. Mais cela ne fuffit pas pour lui donner le droit d'exiger qu'elle fe faffe, il faut encore que celui qui impofe ce *devoir*,

puiffe envifager avec raifon ceux de qui il l'exige, comme des êtres qui lui appartiennent, au moins quant à la capacité de faire ce qu'il demande d'eux, enforte que celui qui impofe un *devoir*, ne fait, en le prefcrivant, que difpofer de ce qui lui appartient, de ce dont il eft le maître, foit naturellement & primitivement, foit par l'effet de quelque accord & confentement libre. C'eft là l'unique fondement légitime du droit, d'exiger de quelqu'être une action comme un *devoir*. Ce *devoir* cependant n'exifte qu'autant que celui qui peut le prefcrire, exige en effet fon accompliffement; ainfi une action n'eft un *devoir* que quand elle eft exigée par celui qui en a le droit. Il faut encore obferver ici que ce droit de prefcrire une action peut être tranfmis, de celui qui le poffède naturellement, à un autre qui ne l'aura qu'en vertu d'une conceffion du premier, tout comme moi créancier légitime je puis remettre mes droits à un autre, qui, par la ceffion que je lui en fais, peut avec juftice en faire ufage en ma place. Mais fi celui qui poffède le droit d'exiger de moi une action, m'en difpenfe, & ne l'exige pas, fi le créancier me permet de garder la fomme qu'il m'a confiée, l'action de la lui rendre n'eft plus un *devoir* pour moi. Ces remarques nous conduifent à faire ici une diftinction effentielle dans cette matiere, c'eft qu'une action peut être envifagée, & comme un *devoir*, & comme une obligation. Elle portera le nom de *devoir*, feulement par rapport à l'être qui a le droit de me la prefcrire, & entant qu'il me la prefcrit. Elle porte le nom d'*obligation* feulement rélativement à l'être qui eft appellé à la faire, entant qu'il juge lui-même qu'il ne fauroit la négliger fans tenir une conduite que fa propre raifon condamne. C'eft l'ordre du supérieur légitime qui fixe le *devoir*, c'est le jugement de la raison de l'agent, qui fonde son obligation. Le *devoir* est fondé sur les rélations qui subsistent entre celui qui prescrit l'action & celui de qui il l'exige : l'obligation a pour base la nature des choses & l'influence de l'action sur celui qui doit la faire, & sur ceux qui en sont l'objet.

Un *devoir* étant une action que l'on exige, à laquelle la connoissance de la nature des choses & de leurs relations détermine, chacun doit sentir qu'il n'y a que les actions volontaires qui puissent être mises au rang des *devoirs*. On ne sauroit qualifier de ce nom, les actions involontaires & machinales, qui ne sont ni dirigées par les jugemens de la raison, ni dépendantes des déterminations de la volonté. On ne sauroit prescrire ce qu'il ne dépend pas de nous de faire ou de ne pas faire ; de tels actes ne sauroient être l'objet de quelque obligation. On ne sauroit donc non plus prescrire des *devoirs* à des êtres sans volonté, sans liberté, sans intelligence. L'essence du *devoir* consiste à être un acte volontaire auquel on se détermine, & parce qu'on l'exige justement, & parce qu'on juge soi-même qu'il est convenable de le faire. Il suit delà qu'il ne suffit pas que le droit de l'ordonner soit réel, connu & mis en usage par celui qui exige l'action, il faut encore que ce droit soit réellement connu de celui à qui on impose ce *devoir*, qu'il connoisse & qu'il sente la convenance réelle qu'il y a à ce qu'il exécute ce qu'on exige de lui. En effet il s'agit d'actions volontaires ; la volonté ne se détermine qu'autant qu'il y a des raisons connues d'après lesquelles elle juge qu'il est plus convenable qu'elle fasse ce qu'on lui prescrit, que de le négliger ; ces raisons se puisent, soit dans la connoissance des rélations sur lesquel-

les est fondé le droit de prescrire une action, soit dans la connoissance de la nature de l'action & de son rapport utile avec la destination des êtres qu'elle intéresse.

Il est donc deux sources d'où découle pour une action la qualité de *devoir*. La premiere, c'est le jugement par lequel l'agent lui-même, comparant son action avec sa propre nature & ses rélations ; avec la nature & les rélations des êtres que son action intéresse, décide en lui-même, & indépendamment de toute idée d'un supérieur qui ordonne, que cette action est la seule convenable dans tel cas, que son omission, ou toute autre action différente & opposée seroit mauvaise : c'est un jugement par lequel nous prononçons avec connoissance de cause ; que nous ne saurions refuser d'agir de telle maniere sans contredire des vérités certaines qui nous sont clairement connues, sans empêcher des effets utiles & désirables qui devoient naître de notre action, sans en produire de nuisibles qu'il étoit important d'éviter & de prévenir, sans nous opposer à la perfection & au bonheur des hommes avec qui nous vivons en relation, sans mettre un obstacle à notre propre félicité pour la suite, sans détourner les autres êtres & nous-mème de notre destination, sans introduire dans l'univers un désordre nuisible, & enfin sans donner une preuve que nous avons des imperfections qui nous exposent à la haine & au mépris des êtres intelligens qui nous connoissent.

La seconde source d'où découle pour une action la qualité de *devoir*, c'est la volonté connue d'un être supérieur, qui prescrivant une telle maniere d'agir, ne fait que disposer de ce qui lui appartient ; ce qui suppose nécessairement que les êtres auxquels il preſcrit des *devoirs*, tiennent de lui la capacité de faire ce qu'il exige : delà réſulte le droit de déterminer par des loix l'uſage qu'il trouve à propos que l'on faſſe de forces, de talens & de capacité que l'on ne tient que de lui. L'étendue de ce droit de preſcrire des *devoirs*, ne peut pas aller au-delà de l'étendue de la relation qui lui donne naiſſance. Le ſupérieur ne peut pas naturellement impoſer des *devoirs* à des êtres qui ne tiennent rien de lui, ni pour des choſes qui ne lui appartiennent pas, ni ſur l'uſage d'une capacité dont on ne lui eſt pas redevable ; mais auſſi ſon droit s'étend ſur tout ce qui n'exiſte que par lui. Si donc il eſt un être de qui nous tenions tout, l'exiſtence, la capacité, les relations, les moyens, ſon droit de preſcrire des *devoirs*, ne peut être borné que par les limites qui bornent l'étendue de nos forces.

S'il étoit poſſible, ou plutôt, s'il n'étoit pas abſurde & contradictoire d'imaginer que l'être qui a tout fait, ſans qui rien n'exiſte, pût ordonner des choſes contraires à la nature des choſes dont il eſt l'auteur intelligent & libre, aux relations que lui-même a établies entr'elles, à la deſtination qu'il leur a aſſignée, & qui eſt toujours aſſortie à leur nature & à leurs relations, nous obſerverions ici, que le *devoir*, pris dans ſon acception la plus générale, étant, ce qu'on a droit d'exiger de nous, & ce que nous ſommes dans l'obligation de faire ; il ne ſuffiroit pas que le ſupérieur, comme maître, exigeât de nous des choſes contraires à notre nature, à nos relations, à notre deſtination, pour que nous fuſſions tenus par obligation à faire ce qu'il nous preſcrit comme un *devoir*, puiſqu'alors nous ſerions forcés de juger qu'une telle action ne ſeroit pas con-

venable, mais ſeroit mauvaiſe, injuſte, nuiſible, & telle par conſéquent, que nous devrions nous en abſtenir. Mais qui ne ſent combien eſt fauſſe une telle ſuppoſition, pour ceux au moins que l'erreur n'a pas aveuglés au point d'attribuer au haſard l'exiſtence du monde? Un Etre intelligent, éternel, cauſe première & ſouverainement parfaite de tout, n'a fait exiſter que ce qu'il a voulu, n'a donné à chaque être que les facultés & les qualités qu'il a trouvé à propos, ne leur a aſſigné de deſtination que celle qui pouvoit être approuvée par ſa ſuprême ſageſſe. La nature actuelle des choſes, les relations qu'elles ſoutiennent, la deſtination de chacune d'elles, ne ſont que l'expreſſion ou l'actualiſation de ſa volonté : des ordres qui y ſeroient contraires, ſeroient donc des contradictions à ſa volonté : il voudroit, & en même tems ne voudroit pas la même choſe. Comment ſe peut-il que des auteurs ſages & philoſophes aient traité ſérieuſement une queſtion auſſi abſurde que celle-ci, ſavoir, ſi une loi par laquelle il eſt inconteſtable que Dieu preſcrit une action, eſt ſuffiſante pour fonder l'obligation d'agir comme il l'exige, & pour déterminer l'homme à une obéiſſance volontaire?

Cette obſervation nous conduit à expoſer à nos lecteurs le vrai ſyſtème du fondement de nos *devoirs*, que d'abord nous avions penſé à préſenter dès l'entrée de cet article : mais nous avons cru qu'il étoit plus à propos de commencer par ſuivre la route battue par la plupart des moraliſtes, qui ont diſtingué deux ſources de *devoirs*, au lieu qu'ils auroient dû dire qu'il n'y en avoit qu'une ſeule, qui en eſt la baſe & le fondement, mais qu'il eſt deux moyens d'en acquérir la connoiſſance.

L'origine de tous nos *devoirs*, c'est la volonté de Dieu ; quel autre principe en effet pourroit-on assigner à la nécessité de telles ou telles actions pour arriver à tel but ? quel autre principe pourroit-on alléguer de la destination des êtres ? Cette nécessité des actions n'est-elle pas une conséquence nécessaire de la nature des choses ? cette destination n'est-elle pas une suite, un effet naturel de ce que sont les choses ? Mais qui a déterminé irrévocablement cette nature des choses, ces relations, & les conséquences de cette nature & de ces relations, si ce n'est pas l'Etre éternel & nécessaire, cause & principe intelligent, libre & parfait de tout, auteur de la nature des choses, de leurs relations, de leur destination ? il l'est aussi par-là même immédiatement de toutes les conséquences qui en découlent nécessairement, & qui déterminent ce qui est convenable ; il l'est également de cette raison, de cette conscience, de ce sens moral, qui, d'après la connoissance de ce que sont les choses en elles-mêmes, & dans leur rapport, jugent de ce qui est convenable ; il l'est de ces jugemens par lesquels nous prononçons sur nos obligations, & déterminons nos *devoirs*, c'est-à-dire, par lesquels, d'un côté, nous décidons d'après ce que nous connoissons, que telle conduite est la seule convenable à ce que nous sommes, à ce que nous devons devenir, & à ce que nous devons être pour les autres êtres avec lesquels nous soutenons des relations, à la perfection & au bonheur desquels l'ordre de l'univers demande que nous contribuyons ; & d'un autre côté, que c'est là aussi la volonté du maître de l'univers de qui nous dépendons. Pourrions-nous ne pas prononcer cette derniere décision, lorsque nous voyons que ces devoirs découlent de

ce que sont les choses, & que ce que sont les choses, n'existe que parce que Dieu l'a voulu ? Qu'est donc dans ce cas notre raison, prononçant sur nos obligations d'après ce qu'elle connoît de la nature & des relations des choses, sinon un interprète de la volonté de Dieu, une voix qui publie ses ordres, un ministre qui fait connoître ses loix ? Les ordonnances écrites sur les tables de pierre données à Moïse, les loix publiées à haute voix, sur le mont de Sinaï, pour imposer à l'homme les *devoirs* sacrés d'adorer Dieu seul, de ne représenter par aucune image cet Etre invisible, de ne pas s'appuyer de son nom pour dire des faussetés, de lui rendre un culte extérieur & public, de respecter & d'aimer nos parens, de fuir le meurtre, le vol, l'adultere, le faux témoignage & la convoitise ; ces loix, dis-je, ne nous apprennent pas plus certainement & plus positivement que telle est la volonté de Dieu qui nous impose des *devoirs*, que ne nous l'apprend la connoissance de la nature, des relations, & de la destination des choses, & des conséquences qui en découlent aux yeux du bon sens & de la droite raison ; tout comme l'examen d'une machine composée, la vue des effets qui résultent de la combinaison de ses parties, & de leur action, m'indiquent la volonté de son inventeur, aussi positivement & aussi certainement qu'il pourroit le faire par ses déclarations.

Il est aussi deux moyens de connoître nos *devoirs* : le premier est l'examen de la nature des choses, de leur rapport, & des conséquences qui en découlent ; le second nous peut être fourni par des leçons positives exprimées de vive voix ou par écrit de la part de Dieu, qui veut nous apprendre par la
voie

voie la plus breve ce qu'il exige que nous faffions. C'eft ce que l'on défigne par la raifon & la révélation. Tout ce qui eft exigé par la nature des chofes & par leurs rapports, comme moyen de maintenir l'ordre dans l'univers, de procurer la confervation, la perfection & le bonheur des êtres, tout ce qui les met mieux en état de remplir leur deftination, eft auffi évidemment la volonté du fouverain légiflateur, & oblige auffi ftrictement les créatures intelligentes à qui il eft connu, que tout ce qu'il prononce ou qu'il révele d'une maniere pofitive & extraordinaire; comme quand il parla à Adam, à Noé, au peuple d'Ifraël. Ce que Dieu exige, de quelque maniere que nous en ayons connoiffance, eft toujours pour nous un *devoir* indifpenfable, que nous ne faurions négliger ou contredire, fans nous rendre blamâbles : un *devoir* que nous fommes tenus de faire, d'un côté, parce que nous favons que cela eft bon, utile, néceffaire en lui-même ; & de l'autre, parce que c'eft la volonté d'un maître à qui nous appartenons.

Peut-être voudroit-on conclure de ces remarques, que des loix proprement ainfi nommées, font inutiles à des êtres qui, comme nous, peuvent confulter la nature des chofes, & puifer dans cette fource la connoiffance de leurs *devoirs*. Mais l'on jugera différemment fi l'on confidere, en premier lieu, que la nature des chofes ne nous eft pas toujours connue affez parfaitement & affez promptement, pour bannir tout doute fur les convenances des actions à faire, & pour nous fervir de guide dès que nous fommes appellés à agir, foit par une fuite des bornes de nos talens naturels, foit par l'effet de notre négligence à nous inftruire. Il faut confidérer, en fecond lieu, que la vue

Tome IV.

claire de nos obligations, c'eft-à-dire de la convenance réelle d'une action avec notre nature, nos rélations & notre deftination, ne fuffit pas toujours pour déterminer notre volonté, contre l'intérêt préfent de quelque paffion, à la fatisfaction de laquelle nous voudrions pouvoir facrifier impunément les convenances de la vertu. L'idée d'un fupérieur qui parle en maître, vient au fecours des jugemens de notre raifon, & leur donne un poids qui fait pencher la balance en faveur de l'ordre & du *devoir*, fait ceffer les doutes, fixe les jugemens de la raifon, & fupplée par une inftruction pofitive, breve, claire, à la froideur du raifonnement, & à la lenteur des recherches dont tous les hommes ne fe trouvent pas capables.

D'après ces explications, il importe peu, quant au fond de la chofe, quelle des définitions du *devoir* on préfere d'employer. Ce fera, fi l'on veut, tout ce que l'on a droit de nous commander, car il eft impoffible que perfonne ait le droit de nous commander ce qui eft mauvais ; & il n'y a rien de bon à faire que quelqu'un n'ait pas le droit de nous prefcrire. Ou bien ce fera, tout ce que nous fommes dans l'obligation de faire ; car nous ne faurions être obligés réellement à faire ce que nous jugeons nous-mêmes être mauvais; un tel jugement eft précifément l'oppofé de celui qui conftitue l'obligation. Ou bien on dira, que le *devoir* eft tout ce que nous ne faurions négliger de faire fans agir contre ce que nous connoiffons de la nature des chofes, de leurs rapports réciproques, & des conféquences qui en découlent: ou en fubftituant la forme affirmative à la forme négative, on dira, que le *devoir* eft toute action que nous fommes appel-

T t t

lés à faire par les conséquences qui découlent nécessairement de la nature & des relations connues des chofes; c'eft la vue de ces conséquences qui eft la bafe de toutes nos obligations. On aura défini encore le même objet, en difant avec Vollafton, que le *devoir* eft une action qui eft d'accord avec une vérité clairement connue, action que l'on ne fauroit refufer de faire fans contredire cette vérité, contre la connoiffance intime qu'on en a; cette vérité que l'on contredit en violant un *devoir*, c'eft ce que les chofes font, & en elles-mêmes, & par rapport aux autres. Contredire cette vérité, c'eft agir contre la nature & les relations des chofes. On ne s'écartera pas du vrai quand on dira, que le *devoir* eft tout ce qui eft requis pour que chaque être rempliffe la deftination qui lui eft affignée; car la deftination d'un être eft le réfultat de fa nature & de fes rapports. Ce fera la même chofe fi on dit, que le *devoir* eft tout ce qui fert à procurer la commodité & le bonheur réel, foit de l'être qui agit, foit des êtres fur qui fon action influe. Cette confervation, cette perfection, ce bonheur des êtres, c'eft leur vraie deftination. Enfin on ne contredira aucune de ces définitions, on les comprendra même toutes lorfqu'on dira, que le *devoir* eft tout ce que Dieu veut que nous faffions, ou tout ce qui eft conforme à la volonté de Dieu, de quelque maniere que cette volonté nous foit connue. Cette nature, ces relations, cette deftination des chofes, ces vérités, ces convenances, ne font autre chofe que l'actualifation de la volonté de Dieu. Cet être qui a voulu le principe, veut auffi les conféquences qui en découlent néceffairement, il veut donc les *devoirs* qui expriment ces conféquences, & en faveur def-

quels ces principes ont été pofés.

Il fuit de ce que nous venons de dire, que Dieu ayant eu des vues & un deffein en faifant exifter ce qui eft, ayant fixé une deftination à chaque être, a voulu que chacun d'eux y répondit, que c'eft là ce que fa volonté exige des êtres moraux, & que ce qu'il veut à cet égard eft la fource de nos *devoirs*, le fondement de nos obligations, & la regle que nous devons fuivre dans notre conduite.

Connoître ce but que Dieu s'eft propofé en affignant à chaque être fa nature & fes relations, c'eft connoître les *devoirs* que fa volonté fuprème nous impofe. Ce but eft inconteftablement le plus grand bien, & du tout, & des parties; delà tout être moral peut conclure fans crainte de fe tromper, que tout ce dont l'effet immédiat eft la confervation, la perfection & le bonheur réel des objets de fon action, eft un *devoir* pour lui; qu'au contraire, tout ce qui ne peut procurer que du défordre dans le monde, tout ce dont l'effet immédiat eft la deftruction, l'imperfection & la mifere des êtres que fon action intéreffe, eft néceffairement mauvais, injufte, contraire à la volonté divine, & oppofé à fon *devoir*; qu'enfin toute action, qui fans avoir des fuites immédiates nuifibles, eft cependant une preuve d'imperfection chez celui qui la fait, n'eft pas conforme à ce que Dieu exige.

Conduits par ces principes, voyons maintenant quelles branches de *devoirs* nous avons à remplir.

De ce que nous venons d'expofer jufqu'ici, nous pouvons déduire la jufte idée qu'il faut fe former du *devoir*, en difant que c'eft toute action qui par fon rapport avec la nature & les relations des chofes, tend plus que toute autre à procurer & à maintenir l'ordre dans l'univers, à conserver, à perfectionner & à rendre heureux les êtres capables de perfection & de bonheur, à faire que chaque être réponde mieux à sa destination, & employe plus utilement & plus exactement ses facultés selon les vûes de son Créateur : ou tout en un mot, que le *devoir* est la maniere d'agir la plus conforme à la volonté de l'Etre tout parfait, qui n'aime & ne veut que le plus grand bien de ce qui existe.

De ces mêmes reflexions, nous pouvons conclure quelle est la source où nous devons puiser la connoissance importante de nos *devoirs* ; c'est d'un côté la connoissance de la nature des choses, des rapports qu'elles ont entr'elles, de leur vraye destination ; d'un autre côté, c'est la révélation, ou la publication surnaturelle que Dieu peut avoir faite de sa volonté, pour suppléer aux bornes de nos connoissances, pour prévenir les erreurs où nos passions plus encore que notre ignorance, pourroient nous entraîner, & pour accélérer l'acquisition d'une connoissance que nous n'atteindrions que tard dans bien des cas, si l'on nous abandonnoit à la lenteur, & à l'incertitude de nos méditations & de nos expériences.

Nous ne craignons pas de l'affirmer, & nous l'avons déja dit à l'article ANTÉDILUVIENNE, l'homme n'a pu au commencement se passer de quelques leçons qui lui donnassent au moins les premiers principes de la morale, soit pour lui fournir les fondemens de ses obligations, soit pour lui donner quelques regles générales applicables dans la suite à tous les cas divers qui pourroient se présenter, & capables de servir de frein à l'impétuosité de ses appetits, & de guide dans les partis différens qui pourroient se présenter à son choix.

Nous ajoutons maintenant que ces premiers principes une fois connus & transmis d'âge en âge aux hommes, ont toujours suffi à ceux qui ont voulu agir avec reflexion, pour découvrir ce qui étoit un devoir pour eux & ce qui ne l'étoit pas. La cause premiere nous ayant placés avec divers penchans, & différens pouvoirs, au milieu d'une foule variée d'objets envers lesquels les mêmes actions ne sont pas convenables, ne nous a pas laissés dans un obscur aveuglement ; l'expérience, le coup d'œil pénétrant de la raison découvrent bientôt la nature des choses, leurs rapports, & leurs convenances ; le sens moral ne nous permet pas d'hésiter à donner notre approbation à ce que l'intelligence a connu distinctement comme bon & convenable ; il ne dépend pas de nous d'approuver ce qui est bon, d'être revolté par l'idée de ce que nous voyons être contraire au vrai, au beau, au bon, la conscience prononce sur nos obligations, & décide en législateur sur nos *devoirs* ; ensorte que l'on peut dire que la loi de Dieu est écrite dans nos cœurs, & qu'il n'est pas possible de la violer sans le savoir.

De nos reflexions précédentes, nous avons pu encore déduire quels sont les fondemens de nos obligations, & la source de la force de nos *devoirs* ; savoir, la volonté suprême d'un Etre à qui nous appartenons en propre, qui est l'arbitre absolu & tout puissant de notre sort, qui joignant à cette relation de Créateur, à cette qualité de maître, sa bonté qui veut notre bien & celui de toutes ses créatures ; sa sagesse qui ne se trompe jamais, & qui veut toujours le plus grand bien, la plus grande perfection dans le but & dans les moyens ; sa puissance qui exécute toujours sans obstacle efficace ce que la bonté & la sagesse ont préféré ; sa sainteté enfin qui ne pouvant approuver dans les êtres libres & moraux, que ce qui est conforme à l'ordre, ne donnera jamais à ceux qui s'en écartent des preuves de son approbation. La volonté d'un tel Etre étant une fois connue, n'a-t-elle pas toute la force nécessaire pour déterminer la volonté des êtres qui dépendent de lui, à se conformer scrupuleusement à ce qu'il exige, lors même que ceux-ci ne voient pas encore distinctement toute la convenance utile des actes qui leur sont prescrits par cette autorité respectable. A cette premiere source de force pour nous porter à remplir nos *devoirs*, se joint celle que fournit la vûe claire & distincte que nous avons de la convenance des actions, indépendamment de la volonté d'un maître qui les prescrit. Dans le concours de ces deux principes obligatoires, l'homme trouve tout ce qui, pour un être de sa nature, est capable de le déterminer. Sa raison y trouve l'accord des actions avec la vérité qui lui est connue, elle se revolteroit à la vue d'une conduite qui contrediroit ce qu'elle voit être vrai. Le sens moral est flatté par un accord d'où naît l'ordre & la beauté ; il seroit choqué par des relations monstrueuses ; la conscience y trouve cette rectitude sans laquelle le mécontentement, le mépris & les remords la troublent. Le cœur y trouve la source de son bonheur, le moyen de sa félicité ; l'ame sent qu'elle estime ce qui est conforme au *devoir*. On pourroit tout dire en un mot, l'homme y trouve son plus grand intérêt, son vrai bien, point d'autre route pour parvenir au bonheur que l'accomplissement des *devoirs*.

Nous avons donc des *devoirs* à remplir, c'est-à-dire, qu'entre les diverses manieres d'agir, que notre capacité nous rend possibles, il en est que nous devons toujours préférer selon la nature des êtres, objets de ces actions, & selon les relations qu'ils soutiennent. Mais quels sont ces *devoirs* ? c'est ce qu'il nous reste à examiner. Nous n'entreprendrons pas cependant ici de les parcourir tous en détail, nous nous contenterons d'en offrir les branches générales, & de présenter à nos lecteurs des principes qui puissent leur servir comme un fil assuré, pour les empêcher de s'égarer dans la vaste étendue des *devoirs* naturels, & des *devoirs* d'institution que la nature des divers êtres, leurs diverses relations, les circonstances de personnes, de tems, de lieu, varient presqu'à l'infini. Il semble d'abord à considérer l'homme sous toutes ses faces & sous tous ses rapports, que la science des devoirs est immense : mais appellés à les remplir tous, la divinité ne nous a pas imposé en cela une tâche dont il nous soit si difficile de connoître toute l'étendue.

La division la plus naturelle de nos *devoirs* est celle qui est déterminée par les divers êtres qui peuvent devenir l'objet de nos actions ; chacune des classes sous lesquelles on les range d'après leur nature, donne naissance à une branche déterminée de *devoirs*, puisque nos *devoirs* sont les actions assorties à la nature des êtres, qui par leurs relations avec nous, doivent en être les objets.

1°. Comment a-t-on pu critiquer celui qui a dit, que le premier objet de nos *devoirs* dans l'ordre réel & nécessaire de la nature, c'étoit nous-mêmes ? pouvons-nous remplir des *devoirs*, si nous n'existons pas ? Comment nous déterminer à les remplir, fi nous ne fentons pas que leur accompliffement eft la feule route de la perfection & du bonheur ? & fentirons-nous que cette route doit ètre fuivie, fi avant toutes chofes nous ne prenons pas un intérèt puiffant & efficace à notre propre félicité ? comment fentirai-je la force de mes *devoirs* envers les autres ètres, comment céderai-je à ces confidérations qui les appuyent, fi je fuis indifférent pour moi-même, fi avant tout, je ne defire pas mon bonheur & ma perfection, & ne me fais pas un *devoir* de les procurer par l'emploi de toutes mes forces ? Ce n'eft qu'autant que je refpecte ce devoir, que je puis fentir, reconnoître & refpecter les autres.

C'eft donc en conféquence de ces principes, que je mets au premier rang les *devoirs envers nous-mêmes.*

Ces *devoirs* me font dictés par la nature ; j'ai une deftination qu'elle m'indique, qu'elle me rend préfente par le fentiment le plus vif : je veux ma confervation, ma perfection, ma commodité & mon plaifir, ou en deux mots ma perfection & mon bonheur.

Ma perfection confifte dans le nombre & l'étendue de mes facultés : tout ce donc qui peut les accroître, en faciliter l'exercice, en multiplier les effets avantageux, & en prolonger la durée, fera un *devoir* pour moi.

Mon ame eft capable de connoître le vrai, de goûter le bon & le beau, & de vouloir l'exiftence de ce qui eft bien ; c'eft dans l'étendue de ces facultés, dans la facilité avec laquelle elles s'exercent, que confifte à cet égard ma perfection ; mon *devoir* eft donc de m'inftruire pour me tirer de l'ignorance, & me préferver de l'erreur ; de former mon goût à n'approuver que ce qui eft dans l'ordre, & à préférer toujours ce

qui en porte plus complétement le caractere, & enfin de ne me déterminer jamais que pour ce que je connois & je fens ètre le meilleur.

J'ai un corps qui fert à l'ame à faifir par les fens l'idée des objets extérieurs, & à exécuter au dehors les volontés de l'ame, par le fecours des organes dont je fuis doué. Plus ces fens font délicats, plus ces organes font fouples ; plus ces membres font vigoureux & folides, plus auffi l'ame en tire de fecours pour fa perfection ; mon *devoir* eft donc de me fervir de ces parties de moimême, d'une maniere affortie à leur deftination ; de prévenir & d'éviter tout ce qui pourroit les altérer, les rendre incapables de leurs fonctions, & de les détruire : je dois faire au contraire tout ce qui peut les conferver, les perfectionner, & les faire répondre mieux & plus longtems à leur deftination. Enfin, tout comme chaque partie de moi-même a une deftination ; moi tout entier j'en ai une, c'eft d'arriver au bonheur le plus grand & le plus durable, par la route de la perfection. Je dois donc rapporter l'exercice de chacune de mes facultés, & des parties de mon individu, à ce but général & unique, favoir, à m'affurer pour toute la fuite de mon exiftence le bonheur le plus grand dont je fois fufceptible.

2°. Placé parmi les ètres réels, fans ma participation ; ne pouvant pas difpofer de l'avenir, n'étant pas maître des objets qui m'environnent, je fens à chaque inftant ma dépendance ; il en eft de même des autres ètres qui m'environnent. Nous fommes les uns & les autres foumis à un pouvoir à qui tout cede. Il eft un Etre fupérieur de qui tout dépend, parce que rien n'exifte que par lui, & que c'eft de fa volonté que chaque ètre tient l'exiftence, la nature, les

rélations & la deftination qui les carac-
térifent : doués par lui de force & d'activité , nous pouvons agir ; mais le fuccès de nos efforts eft à fa difpofition ;
tout de fa part annonce des vues ; mes
devoirs, je le fens , font fa volonté ; je
foutiens donc avec lui des rélations d'où
découlent néceffairement pour moi des
devoirs à remplir à fon égard ; ce font
ceux qui doivent néceffairement tenir le
fecond rang dans l'ordre naturel de mes
obligations.

Nos *devoirs*, avons-nous dit , font
les réfultats de la nature des êtres , &
des rélations que nous foutenons avec
eux ; la nature de l'Etre fuprème nous
eft peu connue, mais la raifon nous fait
bientôt connoître fes attributs & fes rélations avec nous. Mon premier *devoir*
envers lui , dicté par l'intérêt que je
prends à mon propre bonheur , fur lequel il influe fouverainement, fera donc
de m'inftruire de ce qui le regarde avec
tout le foin , toute l'étendue , toute la
certitude & la clarté dont je fuis capable. Mes foins à cet égard m'apprendront bientôt qu'il eft pour moi l'Etre
fouverainement parfait , mon Créateur,
mon Bienfaiteur, mon Légiflateur, &
mon Juge : cette connoiffance acquife ,
m'appelle à avoir pour lui des fentimens
affortis à ces idées , & à tenir une conduite conforme à ces fentimens, puifqu'à confulter ma nature, je fuis capable
de connoiffances , de fentimens & d'actions.

Je dois donc à Dieu des fentimens de
refpect pour fa fouveraine perfection ;
de réfignation pour fon empire fur moi ;
de reconnoiffance & d'amour pour fa
bonté bienfaifante ; d'obéiffance pour fa
qualité de Légiflateur ; de crainte pour
fa rélation de Juge. Ne pas éprouver ces
fentimens , ce feroit prouver mon imperfection.

Si ces fentimens m'animent , en confultant ma nature qui me porte à exprimer mes fentimens & à agir en conféquence , je devrai remplir à fon égard
deux fortes de *devoirs* par mes actions.
Les premiers , qui font connus fous
le nom de *culte* , confiftent à exprimer
directement ces fentimens naturels , par
tous les fignes connus de moi, comme en étant l'expreffion , foit par des
paroles , foit par des geftes. Ainfi je
devrai témoigner , que je le refpecte
comme l'Etre tout parfait , en célébrant fes perfections par mes difcours
accompagnés des geftes & de l'attitude
les plus propres à peindre ma profonde
vénération ; que je le reconnois comme
mon Maître fuprème , en avouant ma
dépendance & en me confacrant à lui ;
que je l'aime par deffus tout, comme mon
Bienfaiteur, en racontant fes bienfaits,
en lui en rendant graces , en lui deman-
dant les faveurs dont j'ai befoin ; que
je le regarde comme mon Légiflateur,
en le remerciant de ce qu'il me dirige
par fes loix , & en lui promettant mon
obéiffance ; enfin que je le regarde comme mon Juge , en lui demandant pardon de mes fautes , & en lui témoignant
combien je defire fon approbation.

A ces *devoirs* qui conftituent le culte ,
je devrai joindre dans toutes les occafions , une conduite morale, qui foit la
preuve que ce culte étoit l'expreffion
fincere de mes fentimens. Je ne parle-
rai de lui qu'avec refpect , je ne mur-
murerai pas contre fes difpenfations ,
je conviendrai que je lui fuis redevable
de mes avantages , & je m'en fervirai
conformément à fes vues, j'étudierai fes
loix & m'y conformerai , je me corri-
gerai de mes vices , je réparerai mes fautes , & je craindrai d'en commettre de
nouvelles , en un mot, je ferai tout ce
que je croirai propre à lui plaire & à me

concilier ſon approbation. *v.* RELI-
GION, PIÉTÉ.

3°. Je n'ai pas ſans doute été deſtiné
à vivre iſolé comme ſi j'étois ſeul de mon
eſpece, puiſque je me trouve placé ſur
la terre avec mes ſemblables, & doué de
talens qui ne me ſont utiles, qu'autant
que je vis en ſociété avec des êtres de
même nature que moi. Ce n'eſt pas ici
le lieu de prouver cette theſe, *v.* SOCIA-
BILITÉ, SOCIÉTÉ, mais de remarquer
que delà découlent des *devoirs* généraux
& particuliers envers les êtres qui partagent avec moi la nature, les qualités
& les rélations d'homme.

Puiſqu'ils ſont mes ſemblables, ils
ont donc à remplir à l'égard d'eux-mêmes, les *devoirs* que je dois remplir envers moi; je ne dois donc pas mettre
obſtacle à ce qu'ils ſe conforment à ces
obligations que j'ai reconnu m'être im-
poſées, & qui ſont chez moi le premier
principe de tous mes *devoirs*. D'un côté ce ſeroit m'oppoſer aux vues du Créateur, qui leur aſſigne la même deſtination; & de l'autre, ce ſeroit montrer
de la mauvaiſe volonté à ceux qui ſont,
comme moi, l'objet de la bienveillance céleſte. Je dois au contraire, par
cette conſidération, pour remplir mes
devoirs envers Dieu, contribuer de toutes mes forces à ce que mes ſemblables
rempliſſent auſſi parfaitement qu'il eſt
poſſible, la vocation qui les appelle à
la perfection & au bonheur. Delà la
néceſſité de l'inſtruction & du bon
exemple.

Du même principe découle encore
pour moi, le *devoir* de contribuer de
toutes mes forces à ce que les autres
hommes rempliſſent les *devoirs* auxquels,
comme moi, ils ſont tenus envers Dieu:
delà la néceſſité du culte public, & de
l'exemple de la piété dans toute ma
conduite.

Incapable de ſuffire tout ſeul à mes
beſoins, & de pourvoir ſuffiſamment
ſans ſecours à ma conſervation, à ma
perfection, à ma commodité & à mes
plaiſirs, l'aſſiſtance de mes ſemblables
m'eſt utile & néceſſaire; ſans elle je ſuis
foible, pauvre, miſérable: delà naît
l'obligation de contribuer de toutes mes
forces à donner à mes ſemblables tous
les ſecours qui ſont en mon pouvoir.

Divers penchans me portent à former
avec mes ſemblables des ſociétés particulieres; un ſeul ne peut pas ſuffire à
tous: delà naiſſent des aſſociations plus
reſſerrées; la premiere eſt celle de l'a-
mour qui unit un homme à une femme; delà les *devoirs* d'époux, de peres, d'enfans & de parens. *v.* MARIA-
GE, &c.

Les dangers de la part des bêtes féroces ou des hommes vicieux, rendent
néceſſaires des aſſociations plus conſidérables; delà les relations nouvelles
& non naturelles de chefs & de ſujets,
de ſupérieurs & d'inférieurs, de magiſtrats, de bourgeois, de miniſtres de la
religion, & de toutes les inſtitutions ſo-
ciales. Ces rélations diverſes donnent
naiſſance à des *devoirs* aſſortis à ces rélations, & déterminés par le but de leur
établiſſement, qui étant le bien réel de
tous les membres de la ſociété, appelle
chacun de ceux qui en ſont partie, à ne ſe permettre rien qui puiſſe
nuire au but de ces rélations, à faire au
contraire tout ce qui peut contribuer à
la perfection & au bonheur de tous les
membres de la ſociété. Le but de chaque
établiſſement, de chaque emploi, de chaque rélation eſt toujours la regle des
devoirs de ceux qui y ont part. Tout ce
ſans quoi ces rapports nouveaux ſeroient inutiles ou nuiſibles, tout ce dont
le contraire introduiroit le déſordre & la
miſere, ſera toujours un *devoir* à rem-

plir, dont tout homme doit sentir la justice & la nécessité. *v.* EMPLOIS, MAGISTRATS, &c.

4°. Enfin il est d'autres êtres qui, sans être nos semblables, quoiqu'ils paroissent destinés à notre usage, & soient mis dans notre dépendance pour que nous en disposions, sont doués cependant de sentiment & de volonté. Ce sont les animaux, ils soutiennent avec nous des rélations, d'où naissent pour nous des *devoirs* à remplir ; ils ont une destination, nous sommes obligés d'y souscrire, & de ne jamais les employer à ce à quoi leur auteur ne les a pas rendus propres. Sensibles comme nous, le but de leur Créateur a été de leur faire éprouver une vie agréable ; les faire souffrir sans nécessité, sera donc agir contre notre *devoir.*

Il paroît, par ce détail abregé des *devoirs* de l'homme, qu'il est une loi générale, qui suffit seule pour les exprimer tous, c'est celle de la *charité* ou de l'*amour. Quiconque aime,* dit l'Evangile, *accomplit toute la loi.* En effet, que devons-nous à Dieu, que l'amour que mérite cet Etre suprème, ne nous porte pas à exécuter ? Que devons-nous à nos semblables, que ne soit disposé à faire avec plaisir en leur faveur, celui qui les aime ? Que devons-nous aux animaux, qu'une ame qui souhaite le bonheur de tous les êtres sensibles, ne soit pas disposé à faire pour ces êtres qui sentent leur état ? Enfin, quel est le *devoir* réel de l'homme, que l'amour réel pour lui-même, c'est-à-dire, le desir de sa perfection & de son bonheur, n'exige pas de lui, & qu'il ne soit pas prêt à faire dès qu'il consulte la droite raison sur ses vrais intérêts.

On objectera contre ce que nous avançons ici, les rélations opposées, les intérêts contraires des divers individus de l'humanité, qui ne permettent pas toujours de remplir tous ces *devoirs*, ni de les tous comprendre sous le seul principe fécond de l'amour. Mais, qu'on y fasse bien attention, tant que tout sera dans l'ordre, que chaque homme remplira ses *devoirs*, & répondra comme il le doit à sa destination, que l'on ne revêtira de rélations que celles que la nature avoue, il n'y aura & ne pourra jamais y avoir aucun *devoir* qui en contredise un autre. Pourquoi l'homme doit-il quelquefois renoncer à sa propre conservation, si non parce qu'il y a quelque désordre dans la société humaine ? Pourquoi celui qui devoit conserver les jours de ses semblables, est-il appellé quelquefois par son *devoir* à les leur ravir, si non parce qu'il a des ennemis injustes de sa personne ou de la société dont il est membre ? Malheureusement ces désordres ont lieu, les *devoirs* sont opposés, il faut donc, dira-t-on, une autre regle. Non, disons-nous, la même regle subsiste, il faut aimer ; mais on ne doit pas aimer ce qui est haïssable ; on doit préférer le plus grand bien au moindre, sacrifier un intérêt de peu de conséquence à un intérêt plus considérable ; voyez ce que nous avons dit sur ce sujet au mot BIEN ; ne jamais se permettre ce qui prouveroit notre imperfection, ce qui contrediroit la nature des choses, leurs rélations, leurs conséquences nécessaires, des vérités clairement connues, & agir toujours envers les êtres conformément à ce qu'ils sont. *v.* DROIT, JUSTICE, OBLIGATION, SOCIÉTÉ.

Il suit de cette regle, que quand par un effet des désordres qui surviennent dans la société humaine, les *devoirs* sont opposés l'un à l'autre, il faut nécessairement que l'un céde à l'autre, ou plutôt l'un cesse d'être un *devoir*, parce que les rélations

rélations qui lui fervoient de principe, ne fubfiftent plus. Car à parler exacte-ment, il eft impoffible qu'un *devoir* contredife un *devoir*, parce que deux principes oppofés ne peuvent pas être vrais en même tems ; ou d'un même principe, il ne peut pas découler deux conféquences oppofées ; il faut donc que la relation d'où découloit un *de-voir* n'exifte plus, lorfqu'il exifte un *devoir* réel qui combat le premier. Un homme nuifible à la fociété dont il fait partie, & dont les actions tendent à détruire la fociété, à y introduire le défordre & la mifere, a détruit par cette conduite, les rélations qu'il fou-tenoit avec cette fociété, & en confé-quence defquelles il pouvoit prétendre à fa protection pour conferver fa vie & fa liberté. Cette rélation n'exiftant plus, la fociété n'a plus de *devoir* à remplir à l'égard de ce membre, pour le protéger & le défendre ; au contraire, à cette ré-lation utile pour les deux, il en a fubf-titué une qui le rend nuifible au plus grand nombre : de cette nouvelle réla-tion naît un *devoir* oppofé au premier qui appelle la fociété à le mettre dans l'incapacité de troubler le repos des membres raifonnables, foit en le dé-truifant comme un mal, foit en lui ôtant la liberté de fuivre fes mauvaifes in-tentions. De même quand j'avois du fuperflu, c'étoit un *devoir* pour moi d'en faire part aux pauvres ; quand je deviens pauvre moi-même, ce *devoir* de l'aumone ceffe pour moi, puifque la rélation dont il étoit la conféquence, ne fubfifte plus.

Il eft facile d'après ces principes de décider toujours, quel parti doit être préféré, lorfque des *devoirs* paroiffent fe contredire. Mais tant que les réla-tions ou les vérités dont un *devoir* eft la conféquence naturelle & néceffaire,

Tome IV.

fubfiftent réellement, il n'eft rien qui puiffe autorifer l'homme à le négliger ; & rien n'eft moins fondé que la diftinc-tion que certaines perfonnes ont faite des *devoirs* en parfaits & imparfaits : s'ils font des *devoirs*, ils font des ac-tions convenables que la raifon ordon-ne, que la volonté de Dieu exige : pour juftifier leur omiffion, il faut prouver que le principe qui y donnoit lieu n'e-xifte pas, ou eft inconnu à celui qui devoit agir ; dans chacun de ces deux derniers cas, le *devoir* n'exiftoit pas. Je n'ai pas donné l'aumône, parce que je n'avois que mon néceffaire ; dans ce cas, je ne la devois pas, ou j'ai eu lieu de croire, que celui qui la demandoit n'en avoit pas befoin, ou ne la demandoit que pour en faire un mauvais ufage ; je n'ai pas eu dans ce cas de raifon de la donner, ce n'étoit pas un *devoir* pour moi. Or l'agent fait toujours bien, quand le bon fens l'éclaire, s'il a & s'il connoît des raifons qui lui font un *de-voir* d'une action, il n'y a donc pour lui nul *devoir* imparfait. Le fouverain Légiflateur ne l'ignore pas non plus, il n'y a donc non plus jamais à fes yeux de *devoirs* imparfaits ; s'il en exifte de tels, ce ne peut être que dans l'efprit des hommes qui exigent une action, ou qui en jugent fans connoître fi les ré-lations qui en font un *devoir*, exiftent réellement, fachant qu'elles peuvent exifter & n'exifter pas : mais alors ce n'eft pas le *devoir* lui-même qui eft im-parfait, c'eft le droit que les hommes ont d'exiger l'action & d'en punir la négligence : rélativement à eux, le droit peut être parfait ou imparfait, mais ja-mais le *devoir*. v. DROIT. (G. M.)

DEVOIRS *des nations, Droit des Gens :* ce font les offices d'humanité qu'elles fe doivent réciproquement par une obligation la plus rigoureufe du droit

V v v

naturel. Nos maximes vont paroître bien étranges à la politique des cabinets, & le malheur du genre-humain est tel, que plusieurs de ces raffinés conducteurs des peuples tourneront en ridicule la doctrine de cet article. N'importe, proposons hardiment ce que la loi naturelle prescrit aux nations. Craindrions-nous le ridicule, lorsque nous parlons après Cicéron ? Ce grand homme a tenu les rênes du plus puissant empire qui fut jamais ; & il n'y parut pas moins grand, qu'il ne l'étoit dans la tribune. Il regardoit l'observation exacte de la loi naturelle comme la politique la plus salutaire à l'Etat. *Nihil est*, disoit ce grand homme, *quod adhuc de republica putem dictum, & quo possim longius progredi, nisi sit confirmatum, non modo falsum esse illud, sine injuria non posse, sed hoc verissimum, sine summa justitia rempublicam regi non posse. Fragm. ex lib. II. De Republica.* Je pourrois dire avec fondement, que par ces mots, *summa justitia*, Cicéron veut marquer cette justice universelle, qui est l'entier accomplissement de la loi naturelle. Mais il s'explique ailleurs plus formellement à cet égard, & il fait assez connoître qu'il ne borne pas les *devoirs* mutuels des hommes à l'observation de la justice proprement dite. ,, Rien, ,, dit-il, n'est si conforme à la nature, ,, si capable de donner une vraie satis- ,, faction, que d'entreprendre, à l'ex- ,, emple d'Hercule, les travaux mème ,, les plus pénibles, pour la conserva- ,, tion & l'avantage de toutes les na- ,, tions'': *Magis est secundum naturam, pro omnibus gentibus, si fieri possit, conservandis, aut juvandis maximos labores molestiasque suscipere, imitantem Herculem illum, quem hominum fama, beneficiorum memor, in concilium cælestium collocavit; quàm vivere in soli-*

tudine, non modo sine ullis molestiis, sed etiam in maximis voluptatibus, abundantem omnibus copiis; ut excellas etiam pulchritudine & viribus. Quocirca optimo quisque & splendissimo ingenio longe illam vitam huic anteponit. De Officiis, lib. III. cap. V. Cicéron réfute expressement dans le mème chapitre, ceux qui veulent excepter les étrangers des *devoirs*, auxquels ils se reconnoissent obligés envers leurs concitoyens : *Qui autem civium rationem dicunt habendam, externorum negant, hi dirimunt communem humani generis societatem: quâ sublatâ, beneficentia, liberalitas, bonitas, justitia funditus tollitur: quæ qui tollunt, etiam adversus Deos immortales impii judicandi sunt, ab iis enim constitutam inter homines societatem evertunt.*

Et pourquoi n'espérerions nous pas de trouver encore parmi ceux qui gouvernent, quelques sages, convaincus de cette grande vérité, que la vertu, mème pour les souverains, pour les corps politiques, est le chemin le plus assûré de la prospérité & du bonheur? Il est au moins un fruit que l'on peut attendre des saines maximes hautement publiées, c'est qu'elles contraignent ceux-là mème qui les goûtent le moins à garder quelque mesure, pour ne pas se perdre entierement de réputation. Se flatter que des hommes, & sur-tout des puissans, voudront suivre la rigueur des loix naturelles, ce seroit s'abuser grossierement : perdre tout espoir de faire impression sur quelques-uns d'entr'eux, c'est désespérer du genre-humain.

Les nations étant obligées par la nature à cultiver entr'elles la société humaine, v. DROIT DES GENS; elles sont tenues les unes envers les autres à tous les *devoirs* que le salut & l'avantage de cette société exigent.

Les *devoirs* de l'humanité font ces fecours, ces *devoirs*, auxquels les hommes
font obligés les uns envers les autres en
qualité d'hommes, c'eft-à-dire, en qualité d'êtres faits pour vivre en fociété, qui
ont néceffairement befoin d'une affiftance mutuelle, pour fe conferver,
pour être heureux, & pour vivre d'une
maniere convenable à leur nature. Or
les nations n'étant pas moins foumifes
aux loix naturelles que les particuliers ;
ce qu'un homme doit aux autres hommes, une nation le doit, à fa maniere,
aux autres nations. Tel eft le fondement de ces *devoirs* communs, de ces
offices d'humanité, auxquels les nations
font réciproquement obligées les unes
envers les autres. Ils confiftent en général à faire pour la confervation & le
bonheur des autres, tout ce qui eft en
notre pouvoir, autant que cela peut fe
concilier avec nos *devoirs* envers nous-
mêmes.

La nature & l'effence de l'homme, incapable de fe fuffire à lui-même, de fe
conferver, de fe perfectionner & de vivre heureux fans le fecours de fes femblables, nous fait voir qu'il eft deftiné
à vivre dans une fociété de fecours mutuels ; & par conféquent que tous les
hommes font obligés par leur nature
même & leur effence, de travailler conjointement & en commun à la perfection de leur être & à celle de leur état.
Le plus fûr moyen d'y réuffir eft que
chacun travaille premierement pour
foi-même, & enfuite pour les autres.
Delà il fuit que tout ce que nous nous
devons à nous-mêmes, nous le devons
auffi aux autres, autant qu'ils ont réellement befoin de fecours, & que nous
pouvons leur en accorder fans nous
manquer à nous-mêmes. Puis donc qu'u-
ne nation, doit, à fa maniere, à une
autre nation, ce qu'un homme doit à

un autre homme, nous pouvons hardiment pofer ce principe général : un
Etat doit à tout autre Etat ce qu'il fe
doit à foi-même, autant que cet autre
a un véritable befoin de fon fecours,
& qu'il peut le lui accorder fans négliger fes *devoirs* envers foi-même. Telle
eft la loi éternelle & immuable de la nature. Ceux qui pourroient trouver ici
un renverfement total de la faine politique, fe raffureront par les deux confidérations fuivantes.

1°. Les corps de fociété, ou les Etats
fouverains font beaucoup plus capables
de fe fuffire à eux-mêmes que les individus humains, & l'affiftance mutuelle
n'eft point fi néceffaire entr'eux, ni d'un
ufage fi fréquent. Or dans toutes les
chofes qu'une nation peut faire elle-
même, les autres ne lui doivent aucun
fecours.

2°. Les *devoirs* d'une nation envers
elle - même, & principalement le foin
de fa propre fûreté, exigent beaucoup
plus de circonfpection & de referve,
qu'un particulier n'en doit obferver
dans l'affiftance qu'il donne aux autres.
Nous développerons bientôt cette remarque.

Tous les *devoirs* d'une nation envers
elle-même ont pour objet fa confervat-
tion & fa perfection, avec celle de fon
Etat. Toute nation doit donc travailler,
dans l'occafion, à la confervation des
autres & à les garantir d'une ruine funefte, autant qu'elle peut le faire fans
trop s'expofer elle-même. Ainfi quand
un Etat voifin eft injuftement attaqué
par un ennemi puiffant, qui menace de
l'opprimer, fi vous pouvez le défendre
fans vous expofer à un grand danger,
il n'eft pas douteux que vous ne deviez
le faire. N'objectez point qu'il n'eft pas
permis à un fouverain d'expofer la vie
de fes foldats pour le falut d'un étran-

ger, avec qui il n'aura contracté aucune alliance défensive. Il peut lui-même
se trouver dans le cas d'avoir besoin de
secours; & par conséquent, mettre en
vigueur cet esprit d'assistance mutuelle, c'est travailler au salut de sa propre
nation. Aussi la politique vient-elle ici
au secours de l'obligation & du *devoir*;
les princes sont intéressés à arrêter les
progrès d'un ambitieux, qui veut s'a-
grandir en subjuguant ses voisins. Une
ligue puissante se forma en faveur des
Provinces-Unies, menacées de subir le
joug de Louis XIV. Quand les Turcs
mirent le siege devant Vienne, le brave
Sobieski roi de Pologne, fut le libéra-
teur de la maison d'Autriche, peut-être
de l'Allemagne entiere & de son propre
royaume.

Par la même raison, si un peuple est
désolé par la famine, tous ceux qui ont
des vivres de reste, doivent l'assister
dans son besoin, sans toutefois s'exposer eux-mêmes à la disette. Mais si ce
peuple a de quoi payer les vivres qu'on
lui fournit, il est très-permis de les lui
vendre à juste prix; car on ne lui doit
point ce qu'il peut se procurer lui-même, & par conséquent on n'est point
obligé de lui donner pour rien des choses qu'il est en état d'acheter. L'assistance, dans cette dure extrèmité, est si
essentiellement conforme à l'humanité,
qu'on ne voit guere de nation un peu
civilisée y manquer absolument. Le
grand Henri IV. ne put s'y refuser envers des rebelles obstinés qui vouloient
sa perte.

De quelque calamité qu'un peuple
soit affligé, la même assistance lui est
due. Nous avons vu de petits Etats de
la Suisse ordonner des collectes publiques en faveur de quelques villes, ou
villages des pays voisins, ruinés par
un incendie, & leur donner des secours

abondans; sans que la différence de
religion les ait détournés d'une si bonne
œuvre. Les calamités du Portugal ont
fourni à l'Angleterre une occasion de
remplir les *devoirs* de l'humanité avec
cette noble générosité, qui caractérise
une grande nation. A la premiere nouvelle du désastre de Lisbonne, le parlement assigna un fonds de cent mille
livres sterling, pour le soulagement
d'un peuple infortuné; le roi y joignit
des sommes considérables; des vaisseaux
furent chargés en diligence de provisions, de secours de toute espece, &
vinrent convaincre les Portugais que
l'opposition de créance & de culte n'arrête point ceux qui savent ce qui est dû
à l'humanité. Le roi d'Espagne a signa-
lé, dans la même occasion, sa tendresse,
son humanité, & sa générosité pour un
proche allié.

La nation ne doit point se borner à la
conservation des autres Etats, elle doit
contribuer encore à leur perfection, selon qu'il est en son pouvoir & qu'ils ont
besoin de son secours. Nous avons déja
fait voir que la société naturelle lui impose cette obligation générale. C'est ici
le lieu de la développer dans quelque
détail. Un Etat est plus ou moins parfait, selon qu'il est plus ou moins propre à obtenir la fin de la société civile,
laquelle consiste à procurer aux citoyens
toutes les choses dont ils ont besoin
pour les nécessités, la commodité & les
agrémens de la vie, & en général pour
leur bonheur; à faire ensorte que chacun puisse jouir tranquillement du sien,
& obtenir justice avec sûreté, enfin à
se défendre de toute violence étrangere. Toute nation doit donc contribuer,
dans l'occasion & suivant son pouvoir,
non-seulement à faire jouir une autre
nation de ces avantages, mais encore
à la rendre capable de se les procurer

elle-même. C'est ainsi qu'une nation savante ne doit point se refuser à une autre, qui, desirant de sortir de la barbarie, viendra lui demander des maîtres pour l'instruire. Celle qui a le bonheur de vivre sous de sages loix, doit se faire un devoir de les communiquer dans l'occasion. Ainsi lorsque la sage & vertueuse Rome envoya des ambassadeurs en Grece, pour y chercher de bonnes loix, les Grecs ne se refuserent point à une réquisition si raisonnable & si digne de louange.

Mais si une nation est obligée de contribuer de son mieux à la perfection des autres, elle n'a aucun droit de les contraindre à recevoir ce qu'elle veut faire dans cette vûe. L'entreprendre, ce seroit violer leur liberté naturelle. Pour contraindre quelqu'un à recevoir un bienfait, il faut avoir autorité sur lui; & les nations sont absolument libres & indépendantes. Ces ambitieux Européens, qui attaquoient les nations Américaines & les soumettoient à leur avide domination, pour les civiliser, disoient-ils, & pour les faire instruire dans la véritable religion; ces usurpateurs, dis-je, se fondoient sur un prétexte également injuste & ridicule. On est surpris d'entendre le savant & judicieux Grotius nous dire, qu'un souverain peut justement prendre les armes pour châtier des nations qui se rendent coupables de fautes énormes contre la loi naturelle, qui traitent inhumainement leurs peres & leurs meres, comme faisoient les Sogdiens, qui mangent de la chair humaine, comme faisoient les anciens Gaulois, &c. *Droit de la guerre & de la paix, liv.* II. *chap.* XX. §. XI. Il est tombé dans cette erreur, parce qu'il attribue à tout homme indépendant, & par-là même à tout souverain, je ne sais quel droit de punir les fautes

qui renferment une violation énorme du droit de la nature, même celles qui n'intéressent ni ses droits, ni sa sûreté. Mais le droit de punir dérive uniquement pour les hommes du droit de sûreté; *v.* PEINES, par conséquent il ne leur appartient que contre ceux qui les ont offensés. Grotius ne s'est-il point apperçu, que malgré toutes les précautions qu'il apporte dans les paragraphes suivans, son sentiment ouvre la porte à toutes les fureurs de l'enthousiasme & du fanatisme, & fournit aux ambitieux des prétextes sans nombre? Mahomet & ses successeurs ont ravagé & assujetti l'Asie, pour venger l'unité de Dieu offensée, tous ceux qu'ils traitoient d'associateurs, ou d'idolâtres, étoient les victimes de leur sainte fureur.

Puisque ces *devoirs*, ou ces offices d'humanité doivent se rendre de nation à nation, suivant que l'une en a besoin & que l'autre peut raisonnablement les accorder; toute nation étant libre, indépendante & modératrice de ses actions, c'est à chacune de voir si elle est dans le cas de demander, ou d'accorder quelque chose à cet égard. Ainsi 1°. toute nation a un droit parfait de demander à une autre l'assistance & les offices, dont elle croit avoir besoin; l'en empêcher, c'est lui faire injure. Si elle les demande sans nécessité, elle péche contre son *devoir*; mais elle ne dépend à cet égard du jugement de personne. Elle a droit de les demander, mais non pas de les exiger.

Car 2°. ces offices n'étant dûs que dans le besoin, & par celui qui peut les rendre sans se manquer à soi-même, il appartient d'un autre côté à la nation à qui l'on s'adresse, de juger si le cas les demande réellement & si les circonstances lui permettent de les accorder raisonnablement avec les égards, qu'elle

doit à fon propre falut & à fes intérêts.
Par exemple, une nation manque de
bled, & demande à en acheter d'une
autre; c'eft à celle - ci de juger, fi par
cette complaifance, elle ne s'expofera
point à tomber elle - même dans la difette : refufe - t - elle ? on doit le fouffrir patiemment. Nous avons vu tout
récemment la Ruffie s'acquitter de ces
devoirs avec fageffe. Elle a généreufe-
ment affifté la Suéde, menacée de la
famine ; mais elle a refufé à d'autres
puiffances la liberté d'acheter des bleds
en Livonie, parce qu'elle en avoit befoin pour elle-même, & fans doute auffi
par de grandes raifons de politique.

La nation n'a donc qu'un droit imparfait aux offices de l'humanité : elle
ne peut contraindre une autre nation à
les lui accorder. Celle qui les lui refufe
mal - à - propos pèche contre l'équité,
qui confifte à agir conformément au
droit imparfait d'autrui ; mais elle ne
lui fait point injure, l'injuftice étant
ce qui bleffe le droit parfait d'autrui ;
mais voyez OBLIGATION.

Il eft impoffible que les nations s'acquittent de tous ces *devoirs* les unes
envers les autres, fi elles ne s'aiment
point. Les offices de l'humanité doivent procéder de cette fource pure; ils
en conferveront le caractere & la perfection. Alors on verra les nations s'entr'aider fincerement & de bon cœur,
travailler avec empreffement à leur félicité commune, cultiver la paix fans jaloufie & fans défiance.

On verra regner entr'elles une véritable amitié. Cet heureux état confifte
dans une affection mutuelle. Toute nation eft obligée de cultiver l'amitié des
autres, & d'éviter avec foin tout ce
qui pourroit les lui rendre ennemies.
L'intérêt préfent & direct y invite fouvent les nations fages & prudentes : un

intérêt plus noble, plus général &
moins direct eft trop rarement le motif
des politiques. S'il eft inconteftable que
les hommes doivent s'aimer les uns les
autres, pour répondre aux vûes de la
nature, & pour s'acquitter des *devoirs*
qu'elle impofe, auffi bien que pour
leur propre avantage; peut - on douter que les nations ne foient entr'elles
dans la même obligation? Eft - il au
pouvoir des hommes, lorfqu'ils fe di-
vifent en différens corps politiques, de
rompre les nœuds de la fociété univerfelle que la nature a établie entr'eux?

Si un homme doit fe mettre en état
d'être utile aux autres hommes, un citoyen de fervir utilement fa patrie &
fes concitoyens ; une nation, en fe perfectionnant elle - même, doit fe propofer auffi de fe rendre par - là plus capable d'avancer la perfection & le bonheur des autres peuples. Elle doit s'étudier à leur donner de bons exemples,
& éviter de leur en préfenter de mauvais. L'imitation eft familiere au genre - humain ; on imite quelquefois les
vertus d'une nation célebre, & plus
fouvent fes vices & fes travers.

Puifque la gloire eft un bien précieux
pour une nation, l'obligation d'un peuple s'étend jufqu'à prendre foin de la
gloire des autres peuples. Il doit premierement contribuer dans l'occafion
à les mettre en état de mériter une véritable gloire ; en fecond lieu, leur rendre à cet égard toute la juftice qui leur
eft dûe, & faire enforte, autant que cela dépend de lui, qu'elle leur foit rendue par tout le monde : enfin il doit
adoucir charitablement, bien loin de
l'envenimer, le mauvais effet que peuvent produire quelques taches légeres.

Par la maniere dont nous avons établi l'obligation de rendre les *devoirs*
de l'humanité, on voit qu'elle eft fon-

dée uniquement fur la qualité d'homme. Aucune nation ne peut donc les refufer à une autre fous prétexte qu'elle profeffe une religion différente. Il fuffit d'être homme pour les mériter. La conformité de créance & de culte peut bien devenir un nouveau lien d'amitié entre les peuples ; mais leur différence ne doit pas faire dépouiller la qualité d'hommes, ni les fentimens qui y font attachés. Rendons ici juftice au fage pontife Benoît XIV. Ce prince apprenant qu'il fe trouvoit à Civita - Vecchia plufieurs vaiffeaux Hollandois, que la crainte des corfaires Algériens empêchoit de mettre en mer, ordonna aux frégates de l'églife d'efcorter ces vaiffeaux ; & fon nonce à Bruxelles reçut ordre de déclarer au miniftre des Etats-Généraux, que fa fainteté fe faifoit une loi de protéger le commerce & de rendre les *devoirs* de l'humanité, fans s'arrêter à la différence de religion. De fi beaux fentimens ne peuvent manquer de rendre Benoît XIV. vénérable aux proteftans mêmes.

Quel feroit le bonheur du genre humain, fi ces aimables préceptes de la nature étoient par - tout obfervés ! Les nations fe communiqueroient leurs biens & leurs lumieres ; une paix profonde regneroit fur la terre & l'enrichiroit de fes fruits précieux ; l'induftrie, les fciences, les arts s'occuperoient de notre bonheur, autant que de nos befoins. Plus de moyens violens, pour décider les différends qui pourroient naître ; ils feroient terminés par la modération, la juftice & l'équité. Le monde paroîtroit comme une grande république ; les hommes vivroient partout en freres, & chacun d'eux feroit citoyen de l'univers. Pourquoi cette idée n'eft - elle qu'un beau fonge ? Elle découle cependant de la nature & de l'effence de l'homme. Mais les paffions déreglées, l'intérêt particulier & mal entendu ne permettront jamais que l'on en voie la réalité. Voyons donc quelles limitations l'état actuel des hommes, les maximes & la conduite ordinaire des nations peuvent apporter à la pratique de ces préceptes de la nature, fi beaux en eux - mêmes.

La loi naturelle ne peut condamner les bons à fe rendre les dupes des méchans, les victimes de leur injuftice & de leur ingratitude. Une funefte expérience nous fait voir que la plupart des nations ne tendent qu'à fe fortifier & à s'enrichir aux dépens des autres, à dominer fur elles, & même à les opprimer, à les mettre fous le joug, fi l'occafion s'en préfente. La prudence ne nous permet point de fortifier un ennemi, ou un homme en qui nous découvrons le defir de nous dépouiller & de nous opprimer, & le foin de notre propre fûreté nous le défend. Une nation ne doit aux autres fon affiftance & tous les offices de l'humanité, qu'autant qu'elle peut les leur accorder fans manquer à fes *devoirs* envers elle - même. De - là il fuit évidemment, que fi l'amour univerfel du genre - humain l'oblige d'accorder en tout tems & à tous, même à fes ennemis, ces offices qui ne peuvent tendre qu'à les rendre plus modérés & plus vertueux, parce qu'elle n'en doit craindre aucun inconvénient, elle n'eft point obligée de leur donner des fecours, qui lui deviendroient probablement funeftes à elle - même. C'eft ainfi 1°. que l'extrême importance du commerce, non - feulement pour les néceffités & les commodités de la vie, mais encore pour les forces d'un Etat, pour lui fournir les moyens de fe défendre contre fes ennemis, & l'infatiable avidité des nations, qui cherchent à se l'attirer tout entier, à s'en emparer exclusivement : c'est ainsi, dis-je, que ces circonstances autorisent une nation, maîtresse d'une branche de commerce, du secret de quelque fabrique importante, à réserver pour elle ces sources de richesses, & à prendre des mesures pour empêcher qu'elles ne passent aux étrangers, bien loin de les leur communiquer. Mais s'il s'agit de choses nécessaires à la vie, ou importantes à ses commodités, cette nation doit les vendre aux autres à un juste prix, & ne point convertir son monopole en une vexation odieuse. Le commerce est la source principale de la grandeur, & de la puissance & de la sûreté de l'Angleterre ; qui osera la blâmer, si elle travaille à en conserver les diverses branches dans sa main, par tous les moyens justes & honnêtes ?

2°. A l'égard des choses qui sont directement & plus particulierement utiles pour la guerre, rien n'oblige une nation d'en faire part aux autres, pour peu qu'elles lui soient suspectes ; & même la prudence le lui défend. Ainsi les loix romaines interdisoient avec justice de communiquer aux nations barbares l'art de construire des galeres. Ainsi les loix d'Angleterre ont pourvû à ce que la meilleure construction des vaisseaux ne fût pas portée aux étrangers.

La réserve doit être portée plus loin à l'égard des nations plus justement suspectes. C'est ainsi que quand les Turcs étoient, pour ainsi dire, dans leur montant, dans le feu de leurs conquêtes, toutes les nations chrétiennes, indépendamment de toute bigotterie, devoient les regarder comme leurs ennemis ; les plus éloignées, celles qui n'avoient actuellement rien à démêler avec eux, pouvoient rompre tout commerce avec une puissance, qui

faisoit profession de soumettre par la force des armes tout ce qui ne reconnoissoit pas l'autorité de son prophète.

Observons encore, à l'égard du prince en particulier, qu'il ne peut point suivre ici sans réserve tous les mouvemens d'un cœur magnanime & désintéressé, qui sacrifie ses intérêts à l'utilité d'autrui, ou à la générosité, parce qu'il ne s'agit pas de son intérêt propre, mais de celui de l'Etat, de celui de la nation qui s'est confiée à ses soins. Ciceron dit qu'une ame grande & élevée, méprise les plaisirs, les richesses, la vie même ; & les compte pour rien, quand il s'agit de l'utilité commune, *de Offic. lib. III. cap. V.* Il a raison, & de pareils sentimens sont dignes d'admiration dans un particulier. Mais la générosité ne s'exerce pas du bien d'autrui. Le conducteur de la nation n'en doit faire usage, dans les affaires publiques, qu'avec mesure, & autant qu'elle tourne à la gloire & à l'avantage bien entendu de l'Etat. Quant au bien commun de la société humaine, il doit y avoir les mêmes égards, auxquels la nation qu'il représente, seroit obligée, si elle gouvernoit elle-même ses affaires.

Mais si les *devoirs* d'une nation envers elle-même mettent des bornes à l'obligation de rendre les offices de l'humanité, ils n'en peuvent mettre aucune à la défense de faire tort aux autres, de leur causer du préjudice, en un mot de les lézer, s'il m'est permis de rendre ainsi le mot latin *lædere*. Nuire, offenser, faire tort, porter dommage ou préjudice, blesser, ne disent pas précisément la même chose. *Lézer* quelqu'un, c'est en général procurer son imperfection ou celle de son état, rendre sa personne ou son état plus imparfait. Si tout homme est obligé par sa nature même de travailler à la perfection des autres,

autres, à plus forte raifon lui eft - il interdit de contribuer à leur imperfection & à celle de leur état. Les mêmes *devoirs* font impofés aux nations. Aucune d'entr'elles ne doit donc commettre des actions tendantes à altérer la perfection des autres & celle de leur état, ou en retarder les progrès, c'eft-à-dire, les *lézer*. Et puifque la perfection d'une nation confifte dans fon aptitude à obtenir la fin de la fociété civile, & celle de fon état, à ne point manquer des chofes néceffaires à cette même fin; il n'eft permis à aucune d'empêcher qu'une autre ne puiffe obtenir la fin de la fociété civile, ou de l'en rendre incapable. Ce prince général interdit aux nations toutes mauvaifes pratiques tendantes à porter le trouble dans un autre Etat, à y entretenir la difcorde, à corrompre les citoyens, à lui débaucher fes alliés, à lui fufciter des ennemis, à ternir fa gloire, à le priver de fes avantages naturels.

Au refte on comprendra aifément que la négligence à remplir les *devoirs* communs de l'humanité, que le refus même de ces *devoirs* ou de ces offices, n'eft pas une lézion. Négliger, ou refufer de contribuer à la perfection, ce n'eft point donner atteinte à cette perfection.

Il faut encore obferver, que quand nous ufons de notre droit, quand nous faifons ce que nous nous devons à nous mêmes, ou aux autres; s'il réfulte de notre action quelque préjudice à la perfection d'autrui, quelque dommage à fon état externe, nous ne fommes point coupables de lézion. Nous faifons ce qui nous eft permis, ou même ce que nous devons faire; le mal qui en réfulte pour autrui, n'eft point dans notre intention : c'eft un accident, dont les circonftances particulieres doivent déterminer l'imputabilité. Dans le cas d'une légitime défenfe, par exemple, le mal que nous faifons à l'aggreffeur n'eft point notre but; nous agiffons en vue de notre falut, nous ufons de notre droit; & l'aggreffeur eft feul coupable du mal qu'il s'attire.

Rien n'eft plus oppofé aux *devoirs* de l'humanité, ni plus contraire à la fociété qui doit être cultivée par les nations, que les offenfes, ou les actions dont un autre reçoit un jufte déplaifir. Toute nation doit donc s'abftenir avec foin d'en offenfer véritablement aucune. Je dis véritablement; car s'il arrive que quelqu'un s'offenfe de notre conduite, quand nous ne faifons qu'ufer de nos droits, ou remplir nos *devoirs*, c'eft fa faute, & non la nôtre. Les offenfes mettent tant d'aigreur entre les nations, que l'on doit éviter de donner lieu même à des offenfes mal fondées, lorfqu'on peut le faire fans inconvénient & fans manquer à fes *devoirs*. Quelques médailles, & de mauvaifes plaifanteries aigrirent, dit-on, Louis XIV. contre les Provinces-Unies, au point de lui faire entreprendre en 1672 la rùine de cette république.

Les maximes établies dans cet article, ces préceptes facrés de la nature ont été long-tems inconnus aux nations. Les anciens ne fe croyoient tenus à rien envers les peuples qui ne leur étoient point unis par un traité d'amitié. Les Juifs fur-tout mettoient une partie de leur ferveur à haïr toutes les nations; auffi en étoient-ils réciproquement deteftés & méprifés. Enfin la voix de la nature fe fit entendre aux peuples civilifés; ils reconnurent que tous les hommes font freres : quand viendra l'heureux tems, où ils agiront comme tels? (D.F.)

DEVOIR, *Jurifp.*, fignifie quelque-

Tome IV.

X x x

fois *office* ou *engagement*. C'eſt ainſi qu'en droit on dit, qu'il eſt du *devoir* des peres de doter les filles, *officium paternum dotare filias*.

Devoir ſe dit auſſi des engagemens du vaſſal envers ſon ſeigneur, comme de lui faire la foi & hommage, fournir ſon aveu & dénombrement, &c.

Devoir ſe prend encore pour redevance ſeigneuriale ou emphytéotique. On dit, en pays de droit écrit, qu'un héritage eſt tenu ſous le *devoir* annuel, cens, & ſervis d'une telle ſomme d'argent, ou d'une certaine quantité de grains. *v.* CENS, REDEVANCE.

DEVOIR, v. act., *Juriſp.*, c'eſt être obligé envers quelqu'un par promeſſes, billets, lettres de change, même ſeulement de parole, pour l'acquit d'achat de marchandiſe, prêt d'argent, ſervice rendu, ou autrement. *v.* DETTE.

DÉVOLU, adj., *Juriſp.*, ſe dit de ce qui paſſe de l'un à l'autre. Une ſucceſſion eſt *dévolue* à un héritier, lorſqu'elle lui eſt tranſmiſe médiatement par un autre héritier qui l'avoit recueillie, ou qui devoit la recueillir. Le droit de collation eſt *dévolu* au ſupérieur eccléſiaſtique, lorſque le collateur inférieur néglige de conférer. Voyez ci-après DÉVOLUT & DÉVOLUTION.

DÉVOLUT, ſ. m., *Droit canon*, eſt une impétration fondée ſur l'incapacité de la perſonne du pourvu, ou ſur quelque défaut dans ſes titres, ſoit que le pourvu fût incapable avant la collation, ou que l'incapacité ne ſoit ſurvenue qu'après ſes proviſions. La collation par dévolution dont nous parlerons ci-après, & la collation par *dévolut*, ſont donc deux ſortes de collations bien diſtinguées & bien différentes l'une de l'autre; puiſque dans la premiere, c'eſt le droit en vertu duquel le collateur confere, qui eſt ex-

primé dans l'autre; c'eſt le genre de vacance qui eſt marqué, ſur lequel le collateur pourvoit. Toutefois l'un & l'autre viennent de la même origine.

Le *dévolut* n'a d'autre origine que celle des vacances des bénéfices de plein droit, prononcées par les papes, depuis environ le treizieme ſiecle. On voit ailleurs, *verb. ipſo jure*, que les clauſes *ipſo jure*, *pleno jure*, *eo ipſo*, *ipſo facto*, ne ſignifient autre choſe que celui qui aura violé la loi qui lui eſt impoſée, encourra par le ſeul fait la peine portée par la loi; en ſorte qu'il ne ſera plus queſtion de procéder juridiquement contre le coupable, ni d'examiner quelle eſt la peine qui lui doit être infligée; il ne s'agira pour la lui faire ſubir pleinement, que de vérifier le fait. Quand donc cette peine portée par la loi eſt la privation du bénéfice, le coupable perdra le droit qu'il avoit audit bénéfice, dès le moment qu'il aura tranſgreſſé la loi, & il pourra en être dépoſſédé ſans autre procédure que celle qui eſt abſolument néceſſaire pour conſtater la vérité du fait. Aux vacances de plein droit produites par le crime, on peut joindre le défaut des différentes qualités requiſes pour la poſſeſſion des bénéfices. Ce qui revient toujours à notre principe, que le *dévolut* n'a été connu que dès qu'on ſpécifia les cas pour raiſon deſquels un titulaire ne ſauroit tenir canoniquement ſon bénéfice; car par *dévolut* dans le ſens que nous le prenons ici, on n'entend que la collation d'un bénéfice vacant de droit & rempli de fait. Il y a donc lieu à l'impétration par *dévolut*, toutes les fois qu'il y a vacance de plein droit. Reſte à ſavoir quand eſt-ce qu'il y a vacance de plein droit. Voyez pour cela le mot VACANCE. Dans ces principes dont l'époque ne peut être que très-ancienne, l'église n'a eu certainement en vue que d'éloigner de ses autels les mauvais ministres ou ceux d'entre les ecclésiastiques, qui n'ont pas les qualités requises pour en approcher ; elle a souffert dans le même esprit, que lorsque les collateurs auroient abusé de leur pouvoir, en conférant à des indignes ou incapables, ou qu'ils négligeroient de pourvoir de nouveau sur la vacance de droit survenue depuis leur collation, des ecclésiastiques exempts de tout reproche, & revêtus d'ailleurs de toutes les qualités requises, s'adressassent au pape pour être substitués à ceux dont les bénéfices sont devenus impétrables, par quelqu'une des causes exprimées dans le droit. Il faut croire, dit le P. Thomassin, que ce n'est que dans l'intention de purger l'église des ministres indignes, que les souverains pontifes ont voulu user de cette autorité, & qu'ils n'ont pris la coutume de conférer ces bénéfices vacans de droit & non pas de fait, aux délateurs même, que pour avoir des surveillans dans tous les évêchés, & comme des censeurs publics des désordres des bénéficiers.

Nous avons dit que le *dévolut* étoit fondé sur une vacance de droit, & que les papes s'étoient attribué le pouvoir d'en donner les provisions. Sur ces deux objets les regles sont en Italie, que quoique la vacance de droit y donne lieu à l'impétration, comme dans les autres pays, le *dévolut*, c'est-à-dire, les provisions du bénéfice impétré, ne s'y accordent qu'après une sentence qui déclare le bénéfice vacant. Le dévolutaire instruit du défaut du bénéficier, l'expose au pape & en obtient des provisions, *in forma juris*, qui ne sont autre chose qu'un rescrit *ad lites*, ou une commission adressée à l'ordinaire

pour informer du sujet de l'impétration, & qui est conçue en ces termes : *Committatur episcopo N. sive ejus officiali privatio*, *&c. In forma juris*, *&c.* Quand la clause est étendue, il y a : *Committatur episcopo N. sive ejus officiali, privatio seu privationis declaratio in forma juris & de jure & de privatione in eventum*, *&c.* Par le moyen de cette clause, l'impétrant n'obtient le bénéfice qu'après que l'évêque ou son official, en vertu de la commission, & sur l'information qu'il a prise en conséquence, a rendu une sentence qui prive le titulaire de son bénéfice, ou le déclare en avoir été déja privé de droit, *privatio seu privationis declaratio*. Cette sentence peut être rendue avant comme après l'impétration, mais dans l'un & l'autre tems, elle produit les mêmes effets. Le pourvu *in forma juris* ne revient plus au pape, quand elle a été rendue après l'impétration, parce qu'elle est suffisamment justifiée ; si elle a été rendue avant, les provisions sont en ce cas expédiées en la forme ordinaire, selon qu'il plait au pape de les accorder. Une telle procédure qui renvoie l'effet des impétrations au jugement du délégué, conformément au chap. *licet episcopus de præbendis in* 6°. ne peut être observée que dans un pays où le pape seul doit pourvoir sur les vacances de droit, & où les évêques ou les juges d'églises sont en usage de connoître du possessoire des bénéfices. Cette procédure nous apprend aussi que les dévolutaires ne peuvent user d'aucune surprise auprès du pape & qu'ils ne sont pas traités plus favorablement en Italie qu'ailleurs. On en jugera mieux par la regle que fit le Pape Eugene IV. à-peu-près dans le même tems, où le concile de Bâle fit le fameux décret *de pacificis*, pour obvier aux troubles que caufoient les *dé-voluts* & les impétrations des bénéfi-ces, dont les titulaires jouiffoient pai-fiblement, au moins avec quelqu'appa-rence de titre. Cette regle du pape Eu-gene eft la 35ᵉ de la chancellerie; elle a pour objet, non de donner à la pof-feffion annale l'effet de la poffeffion triennale, mais celui de l'interdit des Romains, connu fous le nom d'*uti poffidetis*, c'eft-à-dire, que le pape, pour remédier aux entreprifes fâcheu-fes des ambitieux, ordonna que ceux qui fe feroient pourvoir de bénéfices, dont les poffeffeurs auroient joui paifiblement pendant un an, prétendant qu'ils au-roient vaqué de quelque maniere que ce foit, feroient obligés d'exprimer dans les provifions qu'ils obtiendront, le nom, le degré, la nobleffe du poffeffeur du bénéfice, combien d'années il en a été en poffeffion, & le genre de la vacan-ce précis & formel, fur lequel ils veu-lent obtenir leurs provifions; afin que par le moyen de cette expreffion, le collateur puiffe connoître facilement, que le poffeffeur du bénéfice n'y a au-cun droit; de plus que celui qui fe fera ainfi fait pourvoir, faffe affigner en jugement dans les fix mois, le pof-feffeur du bénéfice, & qu'il foit tenu & obligé de pourfuivre l'inftance, & de la mettre dans l'an en état de ju-ger, autrement & s'il ne fatisfait pas à fes formalités, la provifion qu'il aura obtenue, fera entierement annullée avec tout ce qui s'en eft enfuivi, & con-damné outre ce, en tous les domma-ges & intérêts que le poffeffeur aura pu fouffrir à caufe de cette impétra-tion. Et enfin que celui qui fe fera fait pourvoir de ce bénéfice injuftement & fans fujet, & aura fait en conféquen-ce un procès frivole & injurieux au pof-feffeur, foit contraint de payer à la

chambre apoftolique cinquante florins d'or, & que toutes les autres fortes de vacances qui fe trouveront exprimées dans la provifion, obtenues outre la fufdite, ne lui pourront fervir à l'ef-fet de pouvoir acquérir ce bénéfice; le trouble au furplus ainfi caufé à la poffeffion du titulaire, déclaré in-fuffifant pour l'interrompre. (D.M.)

DÉVOLUTIF, adj., *Jurifp.*, fe dit en général de ce qui fait paffer quelque chofe d'une perfonne à une autre.

Ce terme eft fur-tout ufité en ma-tiere d'appel des jugemens. L'appel eft toujours *dévolutif*, c'eft-à-dire, qu'il dépouille le juge *à quo* de la connoif-fance de l'affaire, laquelle, par le moyen de l'appel, eft dévolue ou déférée au juge fupérieur.

L'appel eft auffi ordinairement fuf-penfif, excepté dans le cas où les fen-tences font exécutoires, nonobftant op-pofitions ou appellations quelconques, & fans préjudice d'icelles, auquel cas l'appel eft feulement *dévolutif*, & non fufpenfif. *v.* APPEL, EXÉCUTION, JU-GEMENT & SENTENCE.

DÉVOLUTION, f. f., *Jurifp.*, eft ce qui defere un droit à quelqu'un, en le faifant paffer d'une perfonne à une autre.

DÉVOLUTION, *en matiere d'appel*, eft l'effet de l'appel qui tranfmet la con-noiffance de l'affaire du premier juge, au juge fupérieur d'appel. Voyez ci-devant DÉVOLUTIF.

DÉVOLUTION, *droit de*, eft un droit fingulier de fucceffion réciproque en-tre les conjoints, ufité dans le Brabant & dans une partie des villes d'Alface, telles que Colmar, Turkeim, Munfter, Scheleftad & Landau.

Stokmans, qui a fait un traité ex-près du droit de *dévolution*, le définit

*vinctulum quod per diſſolutionem matri-
monii conſuetudo injicit bonis immobili-
bus ſuperſtitis conjugis, ne ea ullo modo
alienet ſed integra conſervet ejuſdem ma-
trimonii liberis , ut in ea ſuccedere poſ-
ſint , ſi parenti ſuperfuerint , vel ipſi ,
vel qui ab ipſis nati fuerint , excluſis liberis ſecundi vel ulterioris tori.*

Quelques-uns appellent ce droit une
eſpece de ſucceſſion anticipée ; d'autres
diſent que c'eſt *inchoata ſucceſſio , quæ
perficitur morte ſuperveniente ſuperſtitis
conjugis.*

Ce droit a lieu de plein droit , &
ſans aucune ſtipulation entre les conjoints.

Ses principaux effets ſont :

1°. Que tous les immeubles que les
conjoints apportent en mariage , ou qui
leur viennent depuis par ſucceſſion , ou
qu'ils acquierent pendant le mariage ,
appartiennent en propriété aux enfans
de leur mariage , à l'excluſion des enfans des autres mariages.

2°. Que l'uſufruit de ces mèmes biens
appartient au ſurvivant des conjoints ,
avec faculté en cas d'indigence d'en
aliéner le tout ou partie , pourvu que
le magiſtrat le lui permette en connoiſſance de cauſe.

3°. Le ſurvivant des conjoints gagne
en propriété tous les meubles , mème
au préjudice des enfans.

4°. S'il n'y a point d'enfans vivans
au tems du décès du prémourant des
conjoints , le ſurvivant ſuccede en pleine propriété à tous les biens , tant meubles qu'immeubles , pourvu que le prédécédé n'en ait pas diſpoſé par teſtament.

Les conjoints peuvent néanmoins par
leur contrat de mariage , déroger à ces
uſages & ſe régler autrement. Voyez
le traité des gains nuptiaux , ch. jx.

Dans les coutumes d'Arras , de Be-
thune & de Bapaume , il y a un *droit
de dévolution*, qui eſt que les enfans
lors de la diſſolution du mariage , ſont
ſaiſis de la propriété des biens acquis
pendant la communauté ; ce droit ſuit
chaque lit, c'eſt-à-dire, s'applique aux
biens poſſédés pendant chaque mariage , ſans confondre les uns & les autres.

Dévolution, en matiere de ſucceſſion,
ſe dit lorſqu'une ſucceſſion eſt dévolue
ou déférée à quelqu'un , & ſingulierement lorſque le droit a paſſé d'un héritier à un autre.

La *dévolution* des propres d'une ligne ſe fait au profit de l'autre à défaut
d'héritiers de la ligne. Voyez M. le
Brun , *Traité des ſucceſſions , liv. I. ch.
vj. ſect. 4.*

DÉVOLUTION , *Droit canon*, eſt le
droit de conférer, qui appartient au ſupérieur après un certain tems, par la négligence du collateur inférieur.

Régulierement les bénéfices doivent
ètre conférés dans un certain tems préſ-
crit par les canons, afin que les égliſes
ne ſouffrent pas de trop longues vacances. Le droit de *dévolution*, dit le pere
Thomaſſin , *de la diſcipl. part.* 4. *liv.* 2.
ch. 18. a été introduit avec beaucoup
de ſageſſe , comme un remede néceſſaire
pour corriger & pour punir tout enſemble , la négligence des puiſſances
inférieures , ou le mauvais uſage qu'elles pourroient faire de leur autorité ;
le mème auteur recherche l'origine de
ce droit, il rappelle les différens termes preſcrits par les conciles , pour
remplir les ſieges vacans ; mais il paroit
ne fixer , comme tous les canoniſtes,
l'époque des *dévolutions* , qu'au troiſieme concile de Latran , tenu l'an 1179.
ſous Alexandre III. En effet , juſques-
là un collateur ne pouvoit ètre privé
du droit de collation , que pour les
mèmes cauſes qui le faiſoient ſuſpen-

dre pour toujours , de l'exercice de ſes fonctions. Cette ſuſpenſe ou cette interdiction n'étoit pas apparemment un moyen qu'on employât pour punir la négligence des collateurs , qui vers le tems de ce concile ſe mettoient peu en peine de faire deſſervir les bénéfices, ou ne les faiſoient deſſervir que par les prêtres mercenaires qui leur faiſoient part des fruits. Pour remédier à cet abus, le concile ordonna aux évêques & aux chapitres , de conférer dans les ſix mois de la vacance , les prébendes & les autres bénéfices de leur collation. S'ils négligent de pourvoir dans cet intervalle , le concile déclare le droit de l'évêque dévolu au chapitre , ou celui du chapitre dévolu à l'évêque ; ſi l'un & l'autre ſe rendent coupables de la même négligence , le droit ſera dévolu au métropolitain , & ainſi de degré en degré juſqu'au pape.

Le quatrieme concile de Latran tenu ſous Innocent III. l'an 1215. fit un ſemblable réglement pour les prélatures électives ; il ordonna que ſi l'élection ne ſe faiſoit dans les égliſes cathédrales ou régulieres dans les trois mois, le pouvoir d'élire ſeroit dévolu au ſupérieur immédiat. *Cap. ne pro defectu de elect.* ſur quoi voyez ÉLECTION. Nous ne parlerons ici que de la *dévolution* touchant les bénéfices collatifs.

La diſpoſition du ch. *nulla* tiré du troiſieme concile de Latran , regardée comme pénale , n'a lieu que dans ſon cas , c'eſt - à - dire , quand le collateur eſt négligent de conférer & non quand il eſt ſuſpens , ou autrement empêché , c'eſt la déciſion du pape Innocent III. dans le ch. 5. Mais ſi le cenſuré croupit plus de ſix mois dans ſa cenſure , la *dévolution* ſe fait alors en punition de ſa négligence à ſe faire abſoudre.

Le même pape Innocent déclara à la fin de ſa décrétale, que le terme de ſix mois commençoit à courir non pas du jour que le bénéfice vaquoit, mais du jour que le collateur en avoit connoiſſance. La clémentine fait coûrir le délai dans un autre cas, du jour que la vacance a été connue dans le lieu ou l'égliſe du bénéfice. Rebuffe , *de devol. in prax. n.* 10.

L'on doit remarquer , que par les termes du ch. *nulla. Metropolitanus de ipſis ſecundum Deum , abſque illorum contradictione diſponat*, il paroît d'une maniere aſſez claire que l'exercice du droit de collateur ordinaire ne réſide plus en ſa perſonne après les ſix mois, puiſque le concile ordonne qu'après ce terme , le ſupérieur conférera ſans aucune contradiction de la part de l'inférieur.

La *dévolution* des collateurs inférieurs même exempts ſe fait à l'évêque ; mais la *dévolution* d'un évêque, exempt ſe fait au pape.

La *dévolution* a - t - elle lieu aux collations des bénéfices en patronage? *v.* PATRONAGE.

La *dévolution* ni les ſix mois donnés au premier collateur , par le concile de Latran, n'empêchent pas la prévention du pape.

Quand la collation a été faite dans le tems requis, & que le collataire, ou n'a pas voulu accepter le bénéfice, ou y a renoncé après l'acceptation, alors il eſt donné au collateur un nouveau délai de ſix mois, comme au cas des vacances ordinaires. *C. electio de elect. in* 6°. Cette déciſion que Rebuffe dit avoir été confirmée par des jugemens de la Rote, eſt ſubordonnée aux principes établis ſous le mot *Acceptation.*

Le collateur qui a conféré dans les ſix mois à un incapable ou à un indigne, ou enfin d'une maniere qui rende sa collation nulle, son droit est consommé, *Pro hac vice, functus est officio.* M. du Clergé, *tom. II. p.* 1722. *tom. VI. p.* 1135. & suiv. *v.* DÉVOLUT. C'est au supérieur à corriger sa faute, & c'est là le cas d'une autre sorte de *dévolution,* qui vient non de la négligence du collateur, mais de l'abus qu'il a fait de son pouvoir. C'est à proprement parler une espece de dévolut qui dispense le supérieur d'attendre l'expiration des six mois du concile, comme il y est étroitement obligé en cas de simple *dévolution,* pour cause de négligence, sous peine de la nullité de sa collation anticipée. (D. M.)

DÉVOT, adj pris subst. *Mor.* : on ne devroit appeller ainsi qu'un fidele dévoué au service de Dieu, & exact à remplir les devoirs de la religion. Mais souvent le nom de *dévot* se prend en mauvaise part, & désigne un hypocrite ou tartuffe, qui, sous le masque spécieux de la piété, se joue de Dieu & des hommes. On qualifie aussi du nom de *dévotes* les femmes plus attachées à l'extérieur qu'à l'essentiel de la religion; plus occupées de leur directeur que de Dieu, de leur prochain que d'elles-mèmes; & dont la dévotion n'est souvent qu'un épicuréisme raffiné, qui fait allier le repos de la conscience & les honneurs de la sainteté avec la volupté la plus recherchée. & les agrémens les plus délicieux de la vie. L'on ne se trompe point, lorsqu'on regarde les *dévots* comme la peste la plus dangereuse de la société. Les catholiques en abondent; les protestans n'en manquent point. (D. F.)

DÉVOTION, s. f., *Morale,* piété, culte de Dieu avec ardeur & sincérité. La *dévotion* se peut définir un attendrissement de cœur & une consolation in-

térieure que sent l'ame du fidele dans les exercices de piété.

On appelle *pratiques de dévotion,* certaines pratiques religieuses dont on se fait une loi de s'acquitter régulierement: si cette exactitude est soutenue d'une solide piété, elle est louable & méritoire; autrement elle n'est d'aucun mérite, & peut être quelquefois désagréable à Dieu.

La *dévotion* est un opium pour l'ame : elle égaye, anime & soutient quand on en prend peu : une trop forte dose endort, ou rend furieux, ou tue.

On ne doit point afficher la *dévotion* par un extérieur affecté, & comme une espece d'emploi qui dispense de tout autre. Il faut aussi s'abstenir de ce langage mystique & figuré qui nourrit le cœur des chimeres de l'imagination, & substitue au véritable amour de Dieu des sentimens imités de l'amour terrestre & très-propre à le réveiller. Plus on a le cœur tendre & l'imagination vive, plus on doit éviter ce qui tend à les émouvoir; car enfin, comment voir les rapports de l'objet mystique, si l'on ne voit aussi l'objet sensuel, & comment une honnête femme ose-t-elle imaginer avec assurance des objets qu'elle n'oseroit regarder?

Ce qui donne le plus d'éloignement pour les dévots de profession, c'est cette apreté de mœurs qui les rend insensibles à l'humanité, c'est cet orgueil excessif qui leur fait regarder en pitié le reste du monde : dans leur élévation s'ils daignent s'abaisser à quelque acte de bonté, c'est d'une maniere si humiliante, ils plaignent les autres d'un ton si cruel, leur justice est si rigoureuse, leur charité est si dure, leur zele est si amer, leur mépris ressemble si fort à la haine, que l'insensibilité même des gens du monde est moins barbare que leur commiséra-

tion. L'amour de Dieu leur fert d'excufe pour n'aimer perfonne, ils ne s'aiment pas l'un l'autre; vit-on jamais d'a-
mitié véritable entre les faux dévots?
Mais plus ils fe détachent des hommes,
plus ils en exigent, & l'on diroit qu'ils
ne s'élevent à Dieu que pour exercer
fon autorité fur la terre. (D. F.)

DÉVOUEMENT, f. m., *Morale*,
action du facrifice de fa vie pour le falut de la patrie, avec des cérémonies
particulieres, & dans certaines con-
jonctures.

L'amour de la patrie, qui faifoit le
propre caractere des anciens Romains,
n'a jamais triomphé avec plus d'éclat
que dans le facrifice volontaire de ceux
qui fe font dévoués pour elle à une mort
certaine. Traçons-en l'origine, les motifs, les effets, & les cérémonies, d'après
les meilleurs auteurs qui ont traité cette
matiere. Je mets à leur tête Struvius,
dans fes *antiquités romaines*, & M. Simon, dans les *Mém. de l'acad. des belles-
lettres* de Paris. Voici les faits principaux que je dois à la lecture de leurs
écrits, je me flatte qu'ils n'ennuyeront
perfonne.

Les annales du monde fourniffent
plufieurs exemples de cet enthoufiafme
pour le bien public. Je vois d'abord parmi les Grecs, plufieurs fiecles avant la
fondation de Rome, deux rois qui répandent leur fang pour l'avantage de
leurs fujets. Le premier eft Ménécée fils
de Créon roi de Thebes, de la race de
Cadmus, qui vient s'immoler aux manes de Dracon tué par ce prince. Le fecond eft Codrus dernier roi d'Athenes,
lequel ayant fu que l'oracle promettoit la
victoire au peuple dont le chef périroit
dans la guerre que les Athéniens foutenoient contre les Doriens, fe déguife en
payfan, & va fe faire tuer dans le camp
des ennemis.

Mais les exemples de *dévouemens* que
nous fournit l'hiftoire romaine, méritent tout autrement notre attention;
car le mépris que les Romains faifoient
de la mort, paroît avoir été tout enfemble un acte de l'ancienne religion de
leur pays, & l'effet d'un zele ardent
pour leur patrie.

Quand les Gaulois gagnerent la bataille d'Allia, l'an 363 de Rome, les
plus confidérables du fénat par leur âge,
leurs dignités, & leurs fervices, fe dévouerent folemnellement pour la république réduite à la derniere extrêmité.
Plufieurs prêtres fe joignirent à eux, &
imiterent ces illuftres vieillards. Les
uns ayant pris leurs habits faints, & les
autres leurs robes confulaires avec toutes les marques de leur dignité, fe place-
rent à la porte de leurs maifons dans des
chaires d'ivoire, où ils attendirent avec
fermeté & l'ennemi & la mort. Voilà le
premier exemple de *dévouement* général
dont l'hiftoire faffe mention, & cet
exemple eft unique. Tite-Live, *liv. V.
ch. xxxij.*

L'amour de la gloire & de la profeffion
des armes, porta le jeune Curtius à imiter le généreux défefpoir de ces véné-
rables vieillards, en fe précipitant dans
un gouffre qui s'étoit ouvert au milieu
de la place de Rome, & que les devins
avoient dit devoir être rempli de ce
qu'elle avoit de plus précieux, pour affurer la durée éternelle de fon empire.
Tite-Live, *liv. VII. chap. vj.*

Les deux Décius pere & fils ne fe font
pas rendus moins célebres en fe dévouant dans une occafion bien plus importante, pour le falut des armées qu'ils
commandoient, l'une dans la guerre contre les Latins, l'autre dans celle des Gaulois & des Samnites, tous deux de la même maniere, & avec un pareil fuccès.
Tite-Live, *liv. VIII. & X. chap. ix.*
Ciceron

Cicéron qui convient de ces deux faits, quoiqu'il les place dans des guerres différentes, attribue la même gloire au consul Décius, qui étoit fils du second Décius, & qui commandoit l'armée romaine contre Pyrrhus à la bataille d'Ascoli.

L'amour de la patrie, ou le zele de la religion s'étant ralenti dans la suite, les Décius eurent peu ou point d'imitateurs, & la mémoire de ces sortes de monumens ne fut conservée dans l'histoire, que comme une cérémonie absolument hors d'usage. Il est vrai que sous les empereurs il s'est trouvé des particuliers, qui pour leur faire bassement la cour, se sont dévoués pour eux. C'étoit autrefois la coutume en Espagne, que ceux qui s'étoient attachés particulierement au prince, ou au général, mouruflent avec lui, ou se tuaffent après sa défaite. La même coutume subsistoit aussi dans les Gaules du tems de César. Dion rapporte à ce sujet, que le lendemain qu'on eut donné à Octave le surnom d'Auguste, un certain Sextus Pacuvius, tribun du peuple, déclara en plein sénat, qu'à l'exemple des barbares il se dévouoit pour l'empereur, & promettoit lui obéir en toutes choses aux dépens de sa vie jusqu'au jour de son *dévouement*. Auguste fit semblant de s'opposer à cette infame flatterie, & ne laissa pas d'en récompenser l'auteur.

L'exemple de Pacuvius fut imité. On vit sous les empereurs suivans des hommes mercenaires qui se dévouerent pour eux pendant leurs maladies; quelques-uns même allerent plus loin, & s'engagerent par un vœu solemnel à se donner la mort, ou à combattre dans l'arene entre les gladiateurs s'ils en réchappoient. Suétone nous apprend que Caligula reconnut mal le zele extravagant de deux flatteurs de cet ordre, qu'il obligea impitoyablement, soit par une crainte superstitieuse, soit par une malice affectée, d'accomplir leur promesse. Adrien fut plus reconnoissant; il rendit des honneurs divins à Antinoüs, qui s'étoit, dit-on, dévoué pour lui sauver la vie.

Il se pratiquoit à Marseille au commencement de cette république, une coutume bien singuliere. Celui qui en tems de peste s'étoit dévoué pour le salut commun, étoit traité fort délicatement aux dépens du public pendant un an, au bout duquel on le conduisoit à la mort, après l'avoir fait promener dans les rues orné de festons & de bandelettes comme une victime.

Le principal motif du *dévouement* des payens, étoit d'appaiser la colere des dieux malfaisans & sanguinaires, dont les malheurs & les disgraces que l'on éprouvoit, donnoient des preuves convaincantes; mais c'étoit proprement les puissances infernales qu'on avoit dessein de satisfaire. Comme elles passoient pour impitoyables lorsque leur fureur étoit une fois allumée, les prieres, les vœux, les victimes ordinaires paroissoient trop foibles pour la fléchir; il falloit du sang humain pour l'éteindre.

Ainsi dans les calamités publiques, dans l'horreur d'une sanglante déroute, s'imaginant voir les furies le flambeau à la main, suivies de l'épouvante, du désespoir, de la mort, portant la désolation par-tout, troublant le jugement de leurs chefs, abattant le courage des soldats, renversant les bataillons, & conspirant à la ruine de la république, ils ne trouvoient point d'autre remede pour arrêter ce torrent, que de s'exposer à la rage de ces cruelles divinités, & attirer sur eux-mêmes par une espece de diversion les malheurs de leurs citoyens.

Ainsi ils se chargeoient par d'horribles imprécations contr'eux-mèmes, de tout le venin de la malédiction publique, qu'ils croyoient pouvoir communiquer comme par contagion aux ennemis, en se jettant au milieu d'eux, s'imaginant que les ennemis accomplissoient le sacrifice & les vœux faits contr'eux, en trempant leurs mains dans le sang de la victime.

Mais comme tous les actes de religion ont leurs cérémonies propres à exciter la vénération des peuples, & en représenter les mystères ; il y en avoit de singulieres dans les *dévouemens* des Romains, qui faisoient une si vive impression sur les esprits des deux partis, qu'elles ne contribuoient pas peu à la révolution subite qu'on s'en promettoit.

Il étoit permis, non-seulement aux magistrats, mais même aux particuliers, de se *dévouer* pour le salut de l'Etat ; mais il n'y avoit que le général qui pût *dévouer* un soldat pour toute l'armée, encore falloit-il qu'il fût sous ses auspices, & enrôlé sous ses drapeaux par son serment militaire. Tite-Live, *liv. VIII. chap. x.*

Lorsqu'il se *dévouoit* lui-même, il étoit obligé en qualité de magistrat du peuple romain, de prendre les marques de sa dignité, c'est-à-dire, la robe bordée de pourpre, dont une partie rejettée par-derriere, formoit autour du corps une maniere de ceinture ou de baudrier appellée *cinctus Gabinus*, parce que la mode en étoit venue des Gabiens. L'autre partie de la robe lui couvroit la tète. Il étoit debout, le menton appuyé sur sa main droite par-dessous sa robe, & un javelot sous ses pieds. Cette attitude marquoit l'offrande qu'il faisoit de sa tète, & le javelot sur lequel il marchoit, désignoit les armes des ennemis qu'il consacroit aux dieux infernaux, & qui seroient bientôt ren-

versés par terre. Dans cette situation, armé de toutes pieces, il se jettoit dans le fort de la mêlée, & s'y faisoit tuer. On appelloit cette action se *dévouer* à la terre & aux dieux infernaux. C'est pourquoi Juvenal dit en faisant l'éloge des Décius,

> *Pro legionibus, auxiliis, & plebe latinâ*
> *Sufficiunt dis infernis, terræque parenti.*

Le grand prêtre faisoit la cérémonie du *dévouement*. La peine qu'il prononçoit alors, étoit répétée mot pour mot par celui qui se *dévouoit*. Tite-Live, *liv. VIII. chap. ix.*, nous l'a conservée, & elle est trop curieuse pour ne pas l'insérer ici.

„ Janus, Jupiter, Mars, Quirinus,
„ Bellone, dieux domestiques, dieux
„ nouvellement reçus, dieux du pays ;
„ dieux qui disposez de nous & de nos
„ ennemis, dieux manes, je vous ado-
„ re, je vous demande grace avec con-
„ fiance, & vous conjure de favoriser
„ les efforts des Romains, & de leur
„ accorder la victoire, de répandre la
„ terreur, l'épouvante, la mort sur les
„ ennemis. C'est le vœu que je fais en
„ *dévouant* avec moi aux dieux manes
„ & à la terre, leurs légions & celles
„ de leurs alliés, pour la république
„ romaine."

L'opinion que les payens avoient de la nature de ces dieux incapables de faire du bien, les engageoit d'offrir à leur vengeance de perfides ennemis, qu'ils supposoient être les auteurs de la guerre, & mériter ainsi toutes leurs imprécations. Elles passoient toujours pour efficaces, lorsqu'elles étoient prononcées avec toutes les solemnités requises par les ministres de la religion, & par les hommes qu'on croyoit favorisés des dieux.

On ne doit pas être furpris des révolutions foudaines qui fuivoient les *dévouemens* pour la patrie. L'appareil extraordinaire de la cérémonie, l'autorité du grand-prêtre, qui promettoit une victoire certaine, le courage héroïque du général qui couroit avec tant d'ardeur à une mort afsurée, étoient afsez capables de faire impreffion fur l'efprit des foldats, de ranimer leur valeur, & de relever leurs efpérances. Leur imagination remplie de tous les préjugés de la religion payenne, & de toutes les fables que la fuperftition avoit inventées, leur faifoit voir ces mêmes dieux, auparavant fi animés à leur perte, changer tout d'un coup l'objet de leur haine, & combattre pour eux.

Leur général en s'éloignant leur paroifsoit d'une forme plus qu'humaine: ils le regardoient comme un génie envoyé du ciel pour appaifer la colere divine, & renvoyer fur leurs ennemis les traits qui leur étoient lancés. Sa mort, au lieu de confterner les fiens, rafsûroit leurs efprits: c'étoit la confommation de fon facrifice, & le gage afsûré de leur réconciliation avec les dieux.

Les ennemis mêmes prévenus des mêmes erreurs, lorfqu'ils s'étoient apperçus de ce qui s'étoit pafsé, croyoient s'être attirés tous les enfers fur les bras, en immolant la victime qui leur étoit confacrée. Ainfi Pyrrhus ayant été informé du projet du *dévouement* de Décius, employa tous fes talens & tout fon art pour effacer les mauvaifes impreffions que pouvoit produire cet événement. Il écrivit même à Décius de ne point s'amufer à des puérilités indignes d'un homme de guerre, & dont la nouvelle faifoit l'objet de la raillerie de fes foldats. Ciceron voyant les *dévouemens* avec plus de fang-froid, &

étant encore moins crédule que le roi d'Epire, ne croyoit nullement que les dieux fufsent afsez injuftes pour pouvoir être appaifés par la mort des grands hommes, ni que des gens fi fages prodiguafsent leur vie fur un fi faux principe; mais il confidéroit avec Pyrrhus leur action comme un ftratagème d'un général qui n'épargne point fon fang lorfqu'il s'agit du falut de fa patrie, étant bien perfuadé qu'en fe jettant au milieu des ennemis il feroit fuivi de fes foldats, & que ce dernier effort regagneroit la victoire; ce qui ne manquoit guere d'arriver.

Quand le général qui s'étoit *dévoué* pour l'armée paroifsoit dans le combat, fon vœu étant accompli, il ne reftoit qu'à en recueillir le fruit, & à lui rendre les derniers devoirs avec toute la pompe due à fon mérite, & au fervice qu'il venoit de rendre. Mais s'il arrivoit qu'il furvécût à fa gloire, les exécrations qu'il avoit prononcées contre lui-même, & qu'il n'avoit pas expiées, le faifoient confidérer comme une perfonne abominable & haïe des dieux, ce qui le rendoit incapable de leur offrir aucun facrifice public ou particulier. Il étoit obligé pour effacer cette tache, & fe purifier de cette abomination, de confacrer fes armes à Vulcain, ou à tel dieu qu'il lui plairoit, en immolant une victime, ou lui faifant quelqu'autre offrande.

Si le foldat qui avoit été *dévoué* par fon général perdoit la vie, tout paroifsoit confommé heureufement; fi au contraire il en réchappoit, on enterroit une ftatue haute de fept pieds & plus, & l'on offroit un facrifice expiatoire. Cette figure étoit apparemment la repréfentation de celui qui avoit été confacré à la terre, & la cérémonie de l'enfouir étoit l'accomplifsement myftique du vœu qui n'avoit point été acquitté.

Il n'étoit point permis aux magistrats Romains qui y assistoient de descendre dans la fosse où cette statue étoit enterrée, pour ne pas souiller la pureté de leur ministere par l'air infecté de ce lieu profane & maudit, semblable à celui qu'on appelloit *bidental*.

Le javelot que le consul avoit sous les pieds en faisant son *dévouement*, devoit être gardé soigneusement, de peur qu'il ne tombât entre les mains des ennemis : c'eût été un triste présage de leur supériorité sur les armes romaines. Si cependant la chose arrivoit malgré toutes les précautions qu'on avoit prises, il n'y avoit point d'autre remede que de faire un sacrifice solemnel d'un porc, d'un taureau, & d'une brebis, appellé *suovetaurilia*, en l'honneur de Mars.

Les Romains ne se contentoient pas de se *dévouer* à la mort pour la république, & de livrer en même tems leurs ennemis à la rigueur des divinités malfaisantes toujours prêtes à punir & à détruire, ils tâchoient encore d'enlever à ces mêmes ennemis la protection des lieux maîtres de leur sort, ils évoquoient ces dieux ; ils les invitoient à abandonner leurs anciens sujets, indignes par leur foiblesse de la protection qu'ils leur avoient accordée, & à venir s'établir à Rome, où ils trouveroient des serviteurs plus zélés & plus en état de leur rendre les honneurs qui leur étoient dûs. C'est ainsi qu'ils en usoient avant la prise des villes, lorsqu'ils les voyoient réduites à l'extrêmité. Après ces évocations, dont Macrobe nous a conservé la formule, ils ne doutoient point de leurs victoires & de leurs succès.

Chacun aimant sa patrie, rien ne sembloit les empêcher de sacrifier leur vie au bien de l'Etat, & au salut de leurs citoyens. La république ayant aussi un pouvoir absolu sur tous les particuliers qui la composoient, il ne faut pas s'étonner que les Romains *dévouassent* quelquefois aux dieux des enfers des sujets pernicieux dont ils ne pouvoient pas se défaire d'une autre maniere, & qui pouvoient par ce *dévouement* être tués impunément.

Ajoutons à cette pratique les enchantemens & les conjurations appellés *dévotions*, que les magiciens employoient contre ceux qu'ils avoient dessein de perdre. Ils évoquoient pour cet effet par des sacrifices abominables les ombres malheureuses de ceux qui venoient de faire une fin tragique, & prétendoient les obliger par des promesses encore plus affreuses à exécuter leur vengeance. On croyoit que les gens ainsi *dévoués* ou ensorcelés périssoient malheureusement, les uns par des maladies de langueur, les autres par une mort subite ou violente. Mais il y a bien de l'apparence que les différentes qualités des poisons qu'ils employoient pour appuyer leurs charmes, étoient la véritable cause de ces événemens.

Les lumieres du christianisme ont fait cesser en Europe toutes sortes de *dévouemens* semblables à ceux qui ont eu cours chez les payens, ou qui regnent encore chez les nations idolatres. La religion chrétienne n'admet, n'approuve que les *dévouemens* qui consistent dans une entiere consécration au culte qu'elle recommande, & au service du souverain maître du monde. Heureux encore si sur ce sujet on ne fût jamais tombé dans des extrèmes qui ne sont pas selon l'esprit du christianisme!

Enfin les *dévouemens*, si j'ose encore employer ce mot au figuré, ont pris tant de faveur dans la république des lettres, qu'il n'eft point de parties, ni d'objets de fcience où l'on ne puiffe citer des exemples, d'admirables, d'utiles, d'étranges, ou d'inutiles *dévouemens*. (D. J.)

DEUX-PONTS, *principauté de*, *Droit Public*. Cette principauté s'étend dans la Weftrie, le Wafgau, le Nahgau, le Spirgau, & a pour bornes le bas Palatinat, l'Alface, la Lorraine & l'archevêché de Trèves. Son territoire n'eft ni cohérent ni continu, mais entrecoupé par-tout de terres tant de la maifon électorale palatine, que de Hanau, de Naffau, des rhingraves, &c.

La principauté de Deux-Ponts, telle qu'elle fubfifte aujourd'hui, eft compofée de l'ancien comté de ce nom, & de quelques portions de celui de Veldenz, qui en forment à-peu-près les deux tiers. En 1385 Everard, dernier comte de *Deux-Ponts*, tranfmit ce domaine à la maifon palatine, moitié par contrat de vente, pour le prix de 25,000 florins, moitié à titre de fuzeraineté ou de propriété, ne s'en réfervant la poffeffion que comme d'un fief mafculin, qui, s'il mouroit fans héritiers, tomberoit à cette maifon, ce qui arriva peu d'années après. En 1410 ce comté échut en partage au duc Etienne, qui en 1444 le légua avec celui de Veldenz à fon fils, Louis le noir; nous avons vu à l'article de Veldenz, comment ces deux Etats réunis obtinrent le titre de *principauté des Deux-Ponts*, le duc Wolfgang y fit une brèche confidérable en cédant Lautereck & une partie du comté de Veldenz à fon oncle Rupert. Mais il reçut en échange, en vertu de la convention de Heidelberg datée de 1553 & de l'accommodement d'Augsbourg conclu en 1568 avec le comte palatin George Jean, fon coufin, la moitié du

bas comté de Sponheim pour fa part de la fucceffion de l'électeur Otton Henri, qui quelques années avant fa mort lui avoit déja remis la principauté de Neubourg qu'il poffédoit du chef de fa mere. Wolfgang par fon teftament clos en 1568 ordonna que cette derniere principauté feroit à Philippe Louis, l'aîné de fes fils, à charge de céder à fon frere Otton Henri pour fon partage les châteaux, ville & jurifdiction de Soulzbach avec les bailliages d'Hippoltftein & d'Allerfperg, & à fon frere Fréderic les châteaux & jurifdictions de Parkftein & Weiden, avec la recette de Floffenbourg au pays de Neubourg, & que la principauté de *Deux-Ponts* demeureroit à Jean, fon puifné, à condition de donner pour appanage à Charles, fon cadet, la moitié du comté de Sponheim. Ce Jean de *Deux-Ponts* eut trois fils, favoir, Jean II. Fréderic Cafimir & Jean Cafimir : la fucceffion paffa du premier au fils du fecond, Louis Fréderic, qui étant mort fans poftérité en 1681, laiffa la régence aux defcendans du troifieme, Jean Cafimir de Kleebourg, dont le fils Charles Guftave avoit obtenu la couronne de Suede, qu'il tranfmit à Charles XI. héritier en 1681 du duché de *Deux-Ponts*, poffédé enfuite par le roi Charles XII. après la mort duquel il échut en 1718 au duc Guftave Samuel Léopold, fils d'Adolphe Jean & neveu du roi Charles Guftave. Ce dernier duc étant mort fans enfans en 1731, Chriftian III de Birkenfeld réclama le duché comme héritier, & l'ayant obtenu par accommodement fait en 1733 avec l'électeur palatin, auquel il céda le fous-bailliage de Stadecken, il l'a laiffé à fon fils Chriftian IV. qui le gouverne encore aujourd'hui.

Le duc de *Deux-Ponts* fe qualifie de

comte palatin du Rhin, *duc de Baviere*, *comte de Veldenz*, *de Sponheim & Ribeaupierre*, *seigneur de Hohenack*. Il n'a point d'*armes* particulieres pour cette principauté ; mais il porte au premier & quatrieme de fable au lion d'or, couronné, lampaffé & armé de gueules pour le palatinat du Rhin ; au fecond & au troifieme fufelé, en bande d'argent & d'azur pour le duché de Baviere ; au cinquieme d'argent au lion d'azur, couronné d'or, pour le comté de Veldenz ; au fixieme échiqueté de gueules & d'argent, pour le comté de Sponheim ; au feptieme d'argent à 3 écuffons de gueules, pour Ribeaupierre ; au huitieme d'argent à 3 têtes de corbeaux de fable couronnés d'or pour Hohenack.

Le duc de *Deux-Ponts* a voix & féance aux dietes du cercle du Haut-Rhin, & à celles de l'empire, où il a rang au college des princes immédiatement après l'électeur palatin. Sa taxe matriculaire eft de 10 cavaliers & 30 fantaffins, ou de 240 florins par mois, indépendamment de 172 rixdales & 36 kr. par terme pour l'entretien de la chambre impériale, déduction faite du bailliage de Stadecken.

Les revenus annuels du duché de *Deux-Ponts* font eftimés monter à plus de 500,000 florins d'empire.

DEY, f. m., *Droit Public*, prince fouverain du royaume d'Alger, fous la protection du grand-feigneur.

Vers le commencement du xvij. fiecle, la milice turque entretenue à Alger pour garder ce royaume au nom du grand-feigneur, mécontente du gouvernement des bachas qu'on lui envoyoit de Conftantinople, obtint de la Porte la permiffion d'élire parmi les troupes un homme de bon fens, de bonnes mœurs, de courage, & d'expérience, afin de les gouverner fous le nom de

dey, fous la dépendance du fultan, qui envoyeroit toujours un bacha à Alger pour veiller fur le gouvernement, mais non pour y préfider. Les méfintelligences fréquentes entre les *deys* & les bachas ayant caufé plufieurs troubles, Ali Baba qui fut élu *dey* en 1710, obtint de la Porte qu'il n'y auroit plus de bacha à Alger, mais que le *dey* feroit revêtu de ce titre par le grand-feigneur. Depuis ce tems-là le *dey* d'Alger s'eft regardé comme prince fouverain, & comme fimple allié du grand-feigneur, dont il ne reçoit aucun ordre, mais feulement des capigis bachis ou envoyés extraordinaires, lorfqu'il s'agit de traiter de quelqu'affaire. Le *dey* tient fa cour à Alger ; fa domination s'étend fur trois provinces ou gouvernemens fous l'autorité de trois beys ou gouverneurs généraux qui commandent les armées. On les diftingue par les noms de leurs gouvernemens, le *bey du Levant*, le *bey du Ponant*, & le *bey du Midi*. Quoique le pouvoir foit entre les mains du *dey*, il s'en faut bien qu'il foit abfolu ; la milice y forme un fénat redoutable, qui peut deftituer le chef qu'elle a élu, & même le tenir dans la plus étroite & la plus fâcheufe prifon, dès qu'elle croit avoir des mécontentemens de fa part. Emmanuel d'Aranda en donne des exemples de faits qu'il a vûs au tems de fa captivité. Ainfi le *dey* redoute plus cette milice, qu'il ne fait le grand-feigneur.

Le nom de *dey* fignifie en langue turque un *oncle du côté maternel*. La raifon qui a engagé la milice turque d'Alger à donner ce titre au chef de cet Etat ; c'eft qu'ils regardent le grand-feigneur comme le pere, la république comme la mere des foldats, parce qu'elle les nourrit & les entretient, & le *dey* comme le frere de la république, &

par conféquent comme l'oncle maternel de tous ceux qui font fous fa domination.

Outre l'âge, l'expérience, & la valeur néceffaires pour être élu *dey*, il faut encore être Turc naturel, & avoir fait le voyage de la Mecque. Il n'a ni gardes ni train confidérable; il préfide au divan, & l'obéiffance qu'on lui rend eft ce qui le diftingue le plus. Les Turcs l'appellent ordinairement · *denletli*, c'eft-à-dire l'*heureux*, le *fortuné*. Son fiege eft dans un angle de la falle du divan, fur un banc de pierre élevé d'environ deux pieds qui regne le long de trois côtés de cette falle. Il y a auffi à Tunis un officier nommé *dey*, qui commande la milice fous l'autorité du bacha.

D I

DIACONAT, fubft. mafc., *Droit Canon*, eft l'ordre ou l'office de celui qui eft diacre. *v.* DIACONESSE *&* DIACRE.

DIACONESSE, f. f., *Droit Can.*, terme en ufage dans la primitive églife, pour fignifier les perfonnes du fexe qui avoient dans l'églife une fonction fort approchante de celle des diacres. S. Paul en parle dans fon *Epître aux Romains*, & Pline le jeune dans une de fes *Lettres à Trajan*, fait favoir à ce prince qu'il avoit fait mettre à la torture deux *diaconeffes*, qu'il appelle *miniftræ*.

Le nom de *diaconeffe* étoit affecté à certaines femmes dévotes, confacrées au fervice de l'églife, & qui rendoient aux femmes les fervices que les diacres ne pouvoient leur rendre avec bienféance; par exemple, dans le baptême, qui fe conféroit par immerfion aux femmes auffi bien qu'aux hommes.

Elles étoient chargées de l'inftruction des femmes qui demandoient à être reçues dans l'églife, de même que de l'infpection fur toutes celles du troupeau dont elles étoient l'organe auprès des pafteurs.

Elles étoient auffi prépofées à la garde des portes des églifes ou des lieux d'affemblée, du côté où étoient les femmes féparées des hommes, felon la coutume de ce tems-là. Elles avoient foin des pauvres, des malades, &c. & dans le tems de perfécution, lorfqu'on ne pouvoit envoyer un diacre aux femmes pour les exhorter & les fortifier, on leur envoyoit une *diaconeffe*. Voyez Balzamon, fur le *deuxieme Canon du concile de Laodicée*, & les *conftitutions apoftoliques*, *liv. II. chap. lvij*, pour ne point parler de l'*Epître* de S. Ignace au peuple d'Antioche, où l'on prétend que ce qu'il dit des *diaconeffes* a été ajouté.

Lupus, dans fon *Commentaire* fur les conciles, dit qu'on les ordonnoit par l'impofition des mains; & le concile *in Trullo*, fe fert du mot χειροτονεῖν, *impofer les mains*, pour exprimer la confécration des *diaconeffes*. Néanmoins Baronius nie qu'on leur impofât les mains, & qu'on ufât d'aucune cérémonie pour les confacrer; il fe fonde fur le dix-neuvieme canon du concile de Nicée, qui les met au rang des laïques, & qui dit expreffément qu'on ne leur impofoit point les mains. Cependant le concile de Chalcedoine régla qu'on les ordonneroit à 40 ans, & non plus tôt; jufques-là elles ne l'avoient été qu'à 60, comme S. Paul le preferit dans fa *premiere à Timothée*, à l'égard des anciennes, avec lefquelles cependant il ne faut pas les confondre. *Conft. Apoft. III. 7.* On peut encore confulter le *Nomocanon* de Jean d'Antioche, dans Balzamon, le *Nomocanon* de Photius, le *Code* Théodofien, & Tertullien, *de veland. virg.* Tertullien, dans fon traité *ad uxorem, liv. I. ch. vij.* parle des femmes qui avoient reçu l'ordination dans l'églife, & qui par cette raifon ne pouvoient plus fe marier; car les *diaconeffes* étoient des veuves qui n'avoient plus la liberté de fe marier, & il falloit même qu'elles n'euffent été mariées qu'une fois pour pouvoir devenir *diaconeffes*, mais dans la fuite on prit auffi des vierges; c'eft du moins ce que difent S. Epiphane, Zonaras, Balzamon, & S. Ignace.

Le concile de Nicée met les *diaconeffes* au rang du clergé, mais leur ordination n'étoit qu'une fimple cérémonie eccléfiaftique. Cependant, parce qu'elles prenoient occafion de-là de s'élever au-deffus de leur fexe, le concile de Laodicée défendit de les ordonner à l'avenir. Le premier concile d'Orange, en 441, défend de même de les ordonner, & enjoint à celles qui avoient été ordonnées, de recevoir la bénédiction avec les fimples laïques.

On ne fait point au jufte quand les *diaconeffes* ont ceffé, parce qu'elles n'ont point ceffé par-tout en même tems: l'onzieme canon du concile de Laodicée femble à la vérité les abroger; mais il eft certain que long-tems après il y en eut encore en plufieurs endroits. Le vingt-fixieme canon du premier concile d'Orange, tenu l'an 441; le vingtieme de celui d'Epaune, tenu l'an 515, défendent de même d'en ordonner, & néanmoins il y en avoit encore du tems du concile *in Trullo*.

Atton de Verfel rapporte dans fa huitieme *lettre*, la raifon qui les fit abolir: il dit que dans les premiers tems le miniftere des femmes étoit néceffaire pour inftruire plus aifément les autres femmes, & les défabufer des erreurs du pa-

ganifme; qu'elles fervoient auffi à leur adminiftrer le baptème avec plus de bienféance; mais que cela n'étoit plus néceffaire depuis qu'on ne baptifoit plus que des enfans. Il faut encore ajouter maintenant, depuis qu'on ne baptife plus que par infufion dans l'églife latine.

Le nombre des *diaconeffes* femble n'avoir point été fixé; l'empereur Heraclius dans fa lettre à Sergius patriarche de Conftantinople, ordonne que dans la grande églife de cette ville il y en ait quarante, & fix feulement dans celle de la mere de Dieu, qui étoit au quartier des blaquernes.

Les cérémonies qu'on obfervoit dans la bénédiction des *diaconeffes*, fe trouvent encore préfentement dans l'euchologe des Grecs. Matthieu Blaftares, favant canonifte Grec, obferve qu'on fait prefque la même chofe pour recevoir une *diaconeffe*, que dans l'ordination d'un diacre. On la préfente d'abord à l'évêque devant le fanctuaire, ayant un petit manteau qui lui couvre le cou & les épaules, & qu'on nomme *maforium*; & après qu'on a prononcé la priere qui commence par ces mots, *la grace de Dieu, &c.* elle fait une inclination de tête fans fléchir les genoux. L'évêque lui impofe enfuite les mains en prononçant une priere. Mais tout cela n'étoit point une ordination; c'étoit feulement une cérémonie religieufe, femblable aux bénédictions des abbeffes. On ne voit plus de *diaconeffes* dans l'églife d'Occident depuis le XIIᵉ fiecle, ni dans celle d'Orient paffé le XIIIᵉ. Macer, dans fon *Hierolexicon* au mot *Diaconiffa*, remarque qu'on trouve encore quelque trace de cet office dans l'églife de Milan, où il y a des matrones qu'on appelle *vetulones*, qui font chargées de porter le pain & le vin pour le facrifice à l'offertoire

toire de la meſſe ſelon le rit Ambroiſien. Les Grecs donnent encore aujourd'hui le nom de *diaconeſſes* aux femmes de leurs diacres, qui ſuivant leur diſcipline ſont ou peuvent ètre mariés ; mais ces femmes n'ont aucune fonction dans l'égliſe comme en avoient les anciennes *diaconeſſes*.

DIACONIE, ſ. f., *Droit canon*, en latin *diaconia* ou *diaconium*, c'étoit dans l'égliſe primitive un hoſpice ou hôpital établi pour aſſiſter les pauvres & les infirmes. On donnoit auſſi ce nom au miniſtere de la perſonne prépoſée pour veiller ſur les beſoins des pauvres, & c'étoit l'office des diacres pour les hommes, & des diaconeſſes pour le ſoulagement des femmes.

Diaconie, eſt auſſi le nom qui eſt reſté à des chapelles ou oratoires de la ville de Rome, gouvernées par des diacres, chacun dans la région ou le quartier qui lui eſt affecté.

A ces *diaconies* étoit joint un hôpital ou bureau pour la diſtribution des aumônes : il y avoit ſept *diaconies*, une dans chaque quartier, & elles étoient gouvernées par des diacres, appellés pour cela *cardinaux diacres*. Le chef d'entr'eux s'appelloit *archidiacre*. v. CARDINAL.

L'hôpital joint à l'égliſe de la *diaconie*, avoit pour le temporel un adminiſtrateur nommé le *pere de la diaconie*, qui étoit quelquefois un prètre, & quelquefois auſſi un ſimple laïque ; à préſent il y en a quatorze affectés aux cardinaux-diacres ; Ducange nous en a donné les noms : ce ſont les *diaconies* de ſainte Marie dans la voie large, de S. Euſtache auprès du pantheon, &c.

DIACRE, ſ. m., *Droit canon*, du grec διακονος, *miniſtre*, eſt pris dans l'*Ecriture* pour marquer toute perſonne conſacrée par état au ſervice de Jeſus-

Tome IV.

Chriſt & à l'édification de ſon égliſe. *I Cor. III.* 5. *I Tim. IV.* 6. Mais il déſigne auſſi un ordre particulier d'eccléſiaſtiques diſtinct de celui des évèques & anciens. *Phil. I.* 1. *I Tim. III.* 8. 12, dont l'inſtitution eſt rapportée *Act. VI.*

Un ſchiſme s'étant élevé dans l'égliſe de Jéruſalem entre les Helleniſtes & les Hébreux, parce que les veuves des premiers étoient négligées dans la diaconie journaliere, ou dans la diſtribution ordinaire des ſubſides accordés aux indigens, appellée le *ſervice des tables*, parce qu'elle ſe faiſoit ſur des tables, les apôtres aſſemblés avec tous les membres de l'égliſe, réſolurent d'établir ſept perſonnes d'entr'eux, recommandables par leur probité & leurs dons, pour exercer cette fonction à titre d'office & de maniere à prévenir tout ſujet de ſoupçon & de murmure. Ce fut aux ſept perſonnes élues dans cette aſſemblée, Etienne, Philippe, Prochore, Nicanor, Timon, Parmenas, Nicolas, que l'on conféra le titre & la charge de *diacres*, qui n'emportoit juſques-là que le ſoin de diſtribuer les aumônes.

Dans la ſuite des tems, la plûpart des égliſes conſerverent le nom & la dignité de *diacres*, & mème le nombre de ſept : mais on ne s'en tint point à l'inſtitution apoſtolique, par rapport aux fonctions attachées à l'emploi. C'eſt ſur ce fondement que le concile de Néocéſarée, *can.* 15, ayant décidé ſur l'autorité des actes que le nombre des *diacres* ne devoit, dans aucune égliſe, excéder celui de ſept, celui de Trullum jugea que le diaconat, ſelon l'inſtitution eccléſiaſtique, n'avoit rien de commun avec l'emploi des *diacres* établis par les apôtres.

Les fonctions attachées au diaconat étoient, 1°. de prendre ſoin des uſtenſiles ſacrés ; 2°. de recevoir des offran-

Z z z

des du peuple, pour les apporter en- suite à l'évêque ou à l'archidiacre, en indiquant les noms des donateurs ; 3°. d'assister les évêques & les prêtres dans toutes leurs fonctions publiques, & principalement dans la distribution des aumônes ; 4°. de veiller sur la con- duite des membres du troupeau, pour en faire rapport à leur pasteur.

5°. Dans les assemblées religieuses, les *diacres* récitoient certaines formu- les solemnelles pour congédier les ca- téchumenes, les énergumenes, les com- pétens, les pénitens ; voyez ces mots, & des formulaires de prieres, de béné- dictions, de consécrations, qui à cau- se de cela s'appelloient *prieres diaco- niques*.

Ils avoient soin aussi de contenir le peuple à l'église dans le respect & dans la modestie convenables ; en par- ticulier d'empêcher que les jeunes gens ne fissent du tumulte dans l'assemblée. *Constit. Apost. II. 57. VIII. 11.*

La garde des portes leur étoit aussi confiée ; mais dans la suite les sous- *diacres* furent chargés de cette fonction, & après eux les portiers, *ostiarii.*

Lorsque quelques personnes notables entroient dans l'église, les *diacres* les conduisoient aux places qui leur étoient destinées.

Du tems de Justin martyr, *Apol. 2.* ils étoient chargés d'administrer le pain & le vin consacrés aux communians ; mais ils ne pouvoient s'acquitter de cette fonction à l'égard des prêtres, & moins encore des évêques. Il ne leur étoit point permis d'enseigner publi- quement en présence d'un évêque ni même d'un prêtre ; mais ils pouvoient prêcher lorsque l'évêque leur en don- noit la permission. Ils étoient aussi chargés souvent de lire publiquement l'*Evangile* & les homelies des anciens

peres. Ils instruisoient les catéchume- nes & les préparoient au baptême. On leur permettoit même de l'administrer dans certains cas.

Les *diacres* pouvoient aussi siéger dans les conciles, en qualité de légats des évêques.

Anciennement il étoit défendu aux *diacres* de s'asseoir avec les prêtres. Les canons leur défendent de consacrer : c'est une fonction sacerdotale.

Les *diacres* furent aussi chargés du temporel & des rentes de l'église, com- me aussi des besoins ecclésiastiques. Les sous-*diacres* faisoient le plus souvent les collectes, & les *diacres* en étoient les dépositaires & les administrateurs. Le maniement qu'ils avoient des revenus de l'église, accrut leur autorité à me- sure que les richesses de l'église aug- menterent.

Sous le pape Sylvestre il n'y avoit qu'un *diacre* à Rome ; depuis on en fit sept, ensuite quatorze, & enfin dix- huit, qui furent appellés *cardinaux- diacres*, pour les distinguer de ceux des autres églises. *v.* CARDINAL. Leur opulence & leur ambition les porta à s'élever jusques à prendre le pas sur les prêtres, abus contre lequel S. Jé- rôme s'éleva.

On distingua dans la suite les *diacres* destinés au service des autels, de ceux qui avoient soin de l'administration des deniers. Ceux du premier ordre n'ose- rent jamais s'élever au-dessus des prê- tres, qu'ils étoient appellés à servir ; mais ceux du second demeurerent tou- jours jaloux de leur supériorité, & de- puis qu'ils se furent multipliés, on ap- pella par distinction le premier d'en- tr'eux *archidiacre. v.* ARCHIDIACRE.

Selon les anciens canons, le mariage n'étoit point incompatible avec l'état & le ministere des *diacres* : mais il y a long-tems, qu'il leur eft interdit dans l'églife romaine; & le pape ne leur accorde des difpenfes que pour des raifons très-importantes, encore ne reftent-ils plus alors dans leur rang & dans les fonctions de leur ordre. Dès qu'ils ont difpenfe, & qu'ils fe marient, ils rentrent dans l'état laïque.

Les catholiques ont mis le diaconat au rang des miniftres inférieurs de l'ordre eccléfiaftique. Sa principale fonction parmi eux eft de fervir à l'autel dans la célébration des faints myfteres. Cependant les docteurs catholiques ne conviennent pas tous que ce foit un ordre facramental.

Les canons défendent d'ordonner un *diacre*, s'il n'a un titre, ou s'il eft bigame, ou s'il a moins de vingt-cinq ans. L'empereur Juftinien, dans fa *Novelle* 133, marque le même âge de 25 ans : cela étoit ainfi en ufage lorfqu'on n'ordonnoit les prêtres qu'à 30 ans ; mais à-préfent il s'agit d'avoir 30 ans pour pouvoir être ordonné *diacre*.

L'ordination du *diacre* pouvoit fe faire par l'évêque feul. On voit par les *Conftitut. Apoft. fect. VIII.* comment cette ordination fe faifoit anciennement. Voici les principales cérémonies qu'on obferve aujourd'hui en conferant le diaconat.

D'abord l'archidiacre préfente à l'évêque celui qui doit être ordonné, difant que l'églife le demande pour la charge du diaconat : *Savez-vous qu'il en foit digne*, dit l'évêque? *je le fais & le témoigne*, dit l'archidiacre, *autant que la foibleffe humaine permet de le connoître*. L'évêque en remercie Dieu ; puis s'adreffant au clergé & au peuple, il dit : *Nous élifons avec l'aide de Dieu, ce préfent fous-diacre pour l'ordre du diaconat : fi quelqu'un a quelque chofe contre lui, qu'il s'avance hardiment pour*

l'amour de Dieu, & qu'il le dife ; mais qu'il fe fouvienne de fa condition. Enfuite il s'arrête quelque tems. Cet avertiffement marque l'ancienne difcipline de confulter le clergé & le peuple pour les ordinations. Car encore que l'évêque ait tout le pouvoir d'ordonner, & que le choix ou le confentement des laïques ne foit pas néceffaire fous peine de nullité, il eft néanmoins très-utile pour s'affurer du mérite des ordinans. On y pourvoit aujourd'hui par les publications qui fe font au prône, & par les informations & les examens qui précedent l'ordination : mais il a été fort fagement inftitué de préfenter encore dans l'action même les ordinans à la face de toute l'églife, pour s'affurer que perfonne ne leur peut faire aucun reproche. L'évêque adreffant enfuite la parole à l'ordinant, lui dit : *Vous devez penfer combien eft grand le degré où vous montez dans l'églife : un diacre doit fervir à l'autel, baptifer & prêcher. Les diacres font à la place des anciens lévites ; ils font la tribu & l'héritage du Seigneur : ils doivent garder & porter le tabernacle, c'eft-à-dire, défendre l'églife contre les ennemis invifibles, & l'orner par leurs prédications & par leur exemple. Ils font obligés à une grande pureté, comme étant miniftres avec les prêtres, coopérateurs du corps & du fang de notre Seigneur, & chargés d'annoncer l'évangile.* L'évêque ayant fait quelques prieres fur l'ordinant, dit entr'autres chofes : nous autres hommes nous avons examiné autant qu'il nous a été poffible : vous, Seigneur, qui voyez le fecret des cœurs, vous pouvez le purifier & lui donner ce qui lui manque. L'évêque met alors la main fur la tête de l'ordinant, en difant : *recevez le S. Efprit pour avoir la force de réfifter au diable & à fes ten-*

tations. Il lui donne enfuite l'étole, la dalmatique, & enfin le livre des évangiles. Quelques-uns ont cru que la porrection de ces inftrumens, comme parlent les théologiens catholiques, étoient la matiere du facrement conféré dans le diaconat; mais la plûpart des théologiens penfent que l'impofition des mains eft fa matiere, & que la priere, *accipe fpiritum fanétum,* &c. ou les prieres jointes à l'impofition des mains, en eft la forme.

Parmi les Maronites du mont Liban, il y a deux *diacres* qui font de purs adminiftrateurs du temporel. Dandini, qui les appelle *li fignori diaconi,* dit que ce font deux feigneurs féculiers qui gouvernent le peuple, jugent de tous leurs différends, & traitent avec les Turcs de ce qui regarde les tributs, & de toutes les autres affaires. En cela le patriarche des Maronites femble avoir voulu imiter les apôtres, qui fe déchargerent fur les *diacres* de tout ce qui concernoit le temporel de l'églife. *Il ne convient pas,* dirent les apôtres, *que nous laiffions la parole de Dieu pour fervir aux tables:* & ce fut-là en effet ce qui occafionna le premier établiffement des *diacres.* C'eft par la même raifon que dans les monafteres on a quelquefois donné aux œconomes ou dépenfiers le nom de *diacres,* quoiqu'ils ne fuffent pas ordonnés *diacres.*

Diacre, dans plufieurs églifes proteftantes eft le titre donné à ceux qui recueillent les deniers dans l'églife, veillent aux befoins des pauvres, & diftribuent les aumônes au nom des confiftoires. v. ANCIEN.

DIADÈME, f. m. *Droit public,* terme qui vient du grec: c'a été dans les premiers tems la marque de la dignité royale; on s'en eft fervi dans prefque toutes les anciennes monar-chies, mais avec quelques différences. C'étoit une bande de couleur blanche, que l'on ceignoit autour de la tête; ce qui n'empêchoit pas que les fouverains n'euffent une couronne avec le *diadème.* On prétend que Bacchus ayant vaincu les Indiens, voulut revenir des Indes en triomphe monté fur un éléphant; & comme victorieux, qu'il fut le premier qui fe fervit du *diadème.* Selon Pline, en fon hiftoire, *livre VII.* les rois de Perfe & d'Arménie joignoient cet ornement à leurs cydaris & à leurs tiares, coëffures de tête particulieres aux fouverains de ces contrées. Le *diadème* n'étoit pas toujours de couleur blanche; mais quelquefois rouge ou bleu, & cependant avec quelques filets de blanc. On voit que les Parthes qui par vanité fe difoient les rois des rois, fe fervoient d'un double *diadème* pour marquer leur double fupériorité. Le *diadème* de Darius étoit pourpre & blanc; Alexandre fut fi glorieux d'avoir vaincu ce roi des Perfes, qu'il voulut orner fa tête du *diadème* de ce prince. Tous les fucceffeurs d'Alexandre ne manquerent pas, en qualité de rois, de fe fervir du même ornement avec lequel on les voit gravés fur leurs médailles. Auffi-tôt que les Romains eurent chaffé leurs rois, ils prirent fi fort le *diadème* en averfion, que c'étoit fe rendre criminel d'Etat que d'en porter un, eût-ce été à la jambe en forme de jarretiere. C'eft ce qui rendit Pompée fufpect à fes concitoyens; parce qu'il portoit des jarretieres blanches. On craignoit que par-là il ne voulût afpirer à la fouveraine autorité, ou pour parler le langage romain, qu'il n'ambitionnât la tyrannie. Mais après que Rome fut foumife aux empereurs, les peuples devinrent moins ombrageux; & Aurélius Victor témoigne qu'Aurélien se servit de cet ornement, qui se trouve même sur quelques médailles de cet empereur. Constance Chlore, pere du grand Constantin, s'en servoit aussi. Ce fut vraisemblablement pour faire connoître son pouvoir à des peuples barbares, qui ayant été accoutumés à se soumettre à l'autorité royale, respectoient un prince qui en portoit les marques : ce qui s'est continué chez les empereurs, jusques-là même que l'on voit aussi cet ornement sur les médailles des impératrices. Et nos couronnes anciennes & modernes se terminent par le bas en une espece de *diadème* ou bande, qui soutient le reste de cette couronne. De dire, comme l'a fait Baronius, que S. Jacques apôtre, évêque de Jérusalem, a porté le *diadème*, c'est pousser la chose trop loin. Il a porté, comme grand-prêtre dans la religion chrétienne, l'ornement qui étoit particulier au souverain pontife chez les Juifs.

DIASPHENDONESE, *Jurispr.*, supplice très-cruel. On plioit à grande force deux arbres ; on attachoit un des pieds du criminel à l'un de ces arbres, & l'autre pied à l'autre arbre ; puis on lâchoit en même tems les deux arbres qui emportoient, l'un une partie du corps d'un côté, & l'autre, l'autre partie du corps de l'autre côté. On croit que ce supplice étoit venu de Perse. Aurelien fit punir de cette maniere un soldat qui avoit commis un adultere avec la femme de son hôte.

DICTATEUR, s. m., *Droit polit. Rom.*, magistrat romain créé dans des tems difficiles, pour commander souverainement, & pour pourvoir à ce que la république ne souffrit aucun dommage.

Ciceron parle de la maniere suivante des causes pour lesquelles on créoit un *dictateur*, & du pouvoir qu'on lui attribuoit, *de Leg. lib. III. c. 3.* „ Quand „ il surviendra une guerre dangereu- „ se, ou que la division se mettra entre „ les citoyens, qu'un seul magistrat „ réunisse en sa personne l'autorité des „ deux consuls, pour six mois seule- „ ment, si le sénat l'ordonne, que ce- „ lui qui aura ainsi été nommé sous „ d'heureux auspices, soit le maître „ du peuple. Quel que soit celui qui „ aura ainsi été établi juge sur les ci- „ toyens, qu'il s'associe avec les mê- „ mes prérogatives un général de la „ cavalerie. Que toute autre magistra- „ ture cesse, dès qu'il y aura un tel „ consul ou maître du peuple."

On voit que Ciceron met entre les principales causes de la création d'un *dictateur*, ou les séditions, ou une guerre dangereuse à soutenir au dehors. C'est en effet de ces deux occasions que les historiens rapportent que le sénat eut recours à un magistrat qui fut revêtu d'une autorité sans bornes, afin qu'il pût retenir les citoyens dans le devoir au dedans, & qu'il eût le pouvoir de lever des armées, & de les commander, *Liv. lib. II. c. 18. Dion. Hal. lib. V. p. 533.*

On ne convient pas bien, ni du nom du premier *dictateur*, ni du tems auquel il fut créé. Tite-Live reconnoît que les uns le nommoient *Titus Lartius*, & d'autres *Manius Valerius*. Festus est pour ce dernier. Mais Tite-Live préfere la premiere opinion, qui est suivie par Dénis d'Halicarnasse, qui ne fait aucune mention de la derniere. Tite-Live met la premiere dictature en l'an de Rome 252. Dénis d'Halicarnasse la place trois ans plus tard. L'un & l'autre disent que le premier *dictateur* fut créé à cause de l'inquiétude que donnoit au sénat une ligue, qui se formoit contre les Romains entre trente peuples du Latium, pour le rétablissement de Tarquin. Mamilius son gendre, & *dictateur* de Tusculum, en étoit le chef, & y avoit même fait entrer les Sabins. Mais ce qui redoubloit l'inquiétude du sénat, étoit la disposition du peuple de Rome, qui commençoit à murmurer de la tyrannie des grands & du sénat, de l'usure que les riches exerçoient; & qui refusoit de prendre les armes pour un gouvernement si dur. Ce furent ces considérations qui engagerent le sénat à avoir recours à une autorité extraordinaire, pour que celui qui en seroit revêtu, pût contraindre par la force ceux qui refuseroient de se faire enrôler.

On n'eut pendant long-tems recours à la dictature que dans ces deux occasions, savoir pour étouffer quelque sédition, dont on étoit menacé, ou pour quelque guerre importante, qui demandoit une autorité sans bornes. Mais depuis on en créa fréquemment pour d'autres raisons, & la plupart du tems ils ne restoient pas les six mois en charge, mais abdiquoient dès qu'ils avoient satisfait à l'objet de leur destination. Quelquefois pourtant ayant été créés pour quelque sujet particulier, ils ne laissoient pas de se mêler d'autres affaires, & sur-tout de la guerre. Camille ayant été nommé *dictateur* pour appaiser une sédition, enrôla les citoyens, & forma une armée pour rendre son autorité plus respectable, Liv. *lib. VI. c. 38.* Manlius en agit de même quelques années après, ayant été nommé *dictateur* pour faire la cérémonie mystérieuse d'enfoncer le clou sacré, Liv. *lib. VII. c. 3.*

En 409, divers prodiges qui allarmerent les Romains, engagerent encore le sénat à avoir recours à un *dictateur*, pour qu'il ordonnât des fêtes & des prieres publiques. Le *dictateur* ordonna des fêtes générales, tant pour les Romains que pour leurs sujets; & afin que tout s'y passât sans confusion, il régla les jours où chaque tribu & chaque peuple viendroit faire ses prieres & ses offrandes dans les temples, Liv. *lib. VII. c. 28.* Ces fêtes étoient celles qu'on nommoit les *féries latines.* Elles avoient leur tems fixe, & se célébroient avec beaucoup de solemnité, tous les peuples du Latium y prenant part. La moindre omission dans les cérémonies obligeoit de les renouveller; comme en cette occasion, & en l'an 496, où les fastes du capitole nous apprennent qu'il y eut encore un *dictateur* pour la même cause, *latinarum feriarum causa.*

On a même quelquefois créé un *dictateur* pour présider aux jeux du cirque, ou autres spectacles de cette espece. En 431, A. Cornelius fut nommé *dictateur*, parce que le préteur de la ville, qui devoit avoir la direction de ces jeux, & donner le signal pour les courses de chars, étoit malade.

Comme c'étoit toujours un magistrat supérieur qui présidoit aux comices qu'on assembloit pour l'élection des consuls, & qu'un préteur, dont la dignité étoit inférieure à celle des consuls, ne paroissoit pas assez qualifié pour présider à leur élection, Liv. *lib. IX. c. 7.* Dion. *Hal. lib. VIII. p. 557;* ce fut la raison pour laquelle on eut souvent recours à un *dictateur, comitiorum habendorum causa,* lorsque les deux consuls étoient trop occupés au dehors pour pouvoir revenir à Rome.

Il n'y avoit point de tribunal permanent à Rome, pour y juger du criminel, & le peuple y étoit le juge souverain , & jugeoit par lui-même, ou nommoit des commiſſaires pour chaque cas particulier qui ſe préſentoit. Il arriva quelquefois que l'affaire parut ſi importante, & le coupable ſi puiſ-ſant & ſi accrédité , qu'on crut devoir en remettre la punition à un magiſtrat tel que le *dictateur* , qui ne fût pas gê-né dans l'exécution de la ſentence. Ce fut pour punir Sp. Mælius , ſoupçonné d'aſpirer à la tyrannie, & qui par ſes libéralités s'étoit fait beaucoup de par-tiſans parmi le peuple ; que le ſénat prit la réſolution de faire nommer *dic-tateur* T. Quinctius Cincinnatus, qui fit tuer Mælius par Servilius Ahala, ſon général de la cavalerie, Liv. *lib. IV. c.* 19. Une autre fois le ſénat étant in-formé qu'il ſe formoit une conjuration entre les principaux de Capoue, don-na ordre aux conſuls de nommer un *dictateur*, pour qu'il fît la recherche des complices, *quæſtionum exercenda-rum cauſa*, Liv. *lib. IX. c.* 26.

Enfin le ſénat ayant été réduit à un très-petit nombre par les pertes que les Romains avoient faites dans les ba-tailles de Trébie, de Traſimene & de Cannes, d'ailleurs y ayant très-peu de conſulaires qui n'euſſent déja exer-cé la cenſure, ou qui ne fuſſent em-ployés dans les différentes armées de la république, le ſénat jugea à propos de faire nommer un *dictateur* qui feroit les fonctions de cenſeur dans la nomi-nation aux places vacantes dans le ſé-nat. M. Fabius Buteo ayant été nom-mé à cet effet, s'acquitta de cette com-miſſion à la ſatisfaction de tous les or-dres de l'Etat, & immédiatement après il ſe démit de la dictature, Liv. *lib. XXVII. c.* 22. Cette dictature eſt re-marquable par trois choſes ; la premie-re eſt que l'exemple eſt unique qu'un *dictateur* ait été chargé de faire cette

fonction, qui eſt du département des cenſeurs. La ſeconde, c'eſt qu'il y avoit actuellement un *dictateur* à la tête des armées, de ſorte que ce fut la ſeule & unique fois qu'il y eut deux *dictateurs* en même tems dans la république. En-fin ce *dictateur* ne nomma point de gé-néral de la cavalerie, autre exemple unique d'un *dictateur* ſans général de la cavalerie.

Quelque peu conſidérables que nous paroiſſent certaines fonctions pour leſ-quelles on créa des *dictateurs* , elles étoient toujours exercées par les con-ſuls, ou les premiers magiſtrats qui ſe trouvoient à Rome. Ceux-ci ne pou-vant point y vaquer, on ne vouloit point les avilir en en donnant la com-miſſion à des magiſtrats inférieurs, & toutes les charges étant annuelles à Rome, il ne valoit pas la peine d'avoir recours à la création d'une nouvelle charge pour une affaire qui ne deman-doit qu'une autorité de peu de durée. Le *dictateur* étoit le plus propre à ſa-tisfaire à cet objet, puiſqu'il abdiquoit dès qu'il avoit exécuté ce dont il avoit été chargé. Car quoique le terme de la dictature fût de ſix mois, la plupart ne l'exercerent que pendant quelques jours, ſelon l'exigence du cas ; à moins qu'ils n'euſſent été nommés pour com-mander les armées, parce que la durée de leur autorité dépendoit alors des évé-nemens de la guerre. On voit donc que la république n'avoit guere recours à la dictature que dans les cas qui de-mandoient une autorité de peu de du-rée ; & ce qui eſt très-remarquable, c'eſt que dans l'eſpace de plus de trois ſiecles qu'on créa ſouvent les *dictateurs*, il ne s'en trouve pas un ſeul qui ait abuſé du grand pouvoir qu'on lui con-fioit, ni qui ait tâché de ſe maintenir dans cette haute dignité plus long-tems que le fénat ne le jugeoit néceffaire, ou que les loix ne le permettoient.

Tous les magiftrats en général s'éliſoient par les ſuffrages du peuple; mais il n'en étoit pas de même du *dictateur.* C'étoit un des conſuls qui le nommoit, & c'étoit toujours ſur un ordre du ſénat, qui jugeoit & décidoit s'il étoit néceſſaire de créer un *dictateur*, & qui pouvoit même contraindre les conſuls d'en nommer un, s'ils refuſoient d'obéir. Le conful nommoit ordinairement celui que le ſénat deſiroit, qui étoit preſque toujours un conſulaire. Cependant le conful n'étoit point aſtreint à ſuivre la volonté du ſénat, & l'exemple de P. Clodius prouve qu'il pouvoit nommer qui il vouloit.

Preſque tous les *dictateurs* ont été choiſis entre les conſulaires, & Tite-Live en fait même une loi. On trouve pourtant quelques exemples de *dictateurs* qui n'avoient pas été conſuls.

Le conful faiſoit la nomination du *dictateur* avec beaucoup de cérémonie, dans le ſilence de la nuit, Liv. *lib. IV. c.* 57. *lib. VIII. c. 23. lib. IX. c.* 38, & après avoir pris les auſpices de la maniere que le décrit Feſtus. Il n'étoit pas néceſſaire que le conful fût à Rome pour nommer le *dictateur*; il ſuffiſoit qu'il ne fût pas hors de l'Italie, & qu'il y fût autoriſé par un décret du ſénat, Liv. *lib. VIII. c. 23. lib. XXVII. c.* 5. Le droit de le nommer appartenoit ſi particulierement au conful, que lorſqu'on eut ſubſtitué aux conſuls des tribuns militaires revêtus du même pouvoir, le ſénat ayant voulu ordonner de nommer un *dictateur*, ne crut pas devoir le faire nommer par un des tribuns, qu'il n'eût conſulté les augures. Ceux-ci ayant levé les ſcrupules du ſénat, les tribuns militaires exercerent depuis à cet égard les droits

des conſuls, Liv. *lib. IV. c.* 31. Il eſt arrivé une ſeule fois qu'un tribun du peuple fît déſigner par les ſuffrages du peuple, & le *dictateur* que le conſul nommeroit, & le général de la cavalerie que le *dictateur* ſeroit obligé de ſe choiſir.

Sylla fut créé *dictateur* par le peuple aſſemblé en comices, par L. Valerius Flaccus, qui préſidoit en qualité d'Entreroi. Le préteur Lepidus préſida pareillement aux comices, où Jules Céſar fut déclaré *dictateur.* Mais on juge bien qu'il ne régna guere de liberté dans ces comices; & ces exemples ſortent de l'uſage ordinaire de la république, dont l'hiſtoire ne ſouffrit qu'un ſeul exemple d'un *dictateur* élu par les ſuffrages du peuple, ſans l'intervention d'un des conſuls.

Dans la plupart des villes latines, le *dictateur* étoit le magiſtrat ordinaire, Spartian *in Hadr. c.* 19, ſur-tout chez les Albains, comme cela ſe voit par Tite-Live, Liv. *lib. I. c. 23.* C'eſt le ſentiment de Licinius Macer, cité par Dénis d'Halicarnaſſe, *lib. V. p.* 337. Mais ce dernier, dont le deſſein étoit d'établir l'origine grecque des Romains, en prouvant la conformité des uſages des deux nations, prétend que c'eſt des Grecs que les Romains ont emprunté cette eſpece de magiſtrature. Les Grecs avoient, comme le témoigne Ariſtote, *Politic. lib. III. c.* 14, une eſpece de rois, ou de magiſtrats électifs, qu'il nomme *Aiſymnetes*, qui peut-être n'ont d'autre rapport avec le *dictateur* des Romains, ſi ce n'eſt que la dignité de l'un & de l'autre étoit éligible. Comme on donne d'abord au *dictateur* un pouvoir ſans bornes, & même plus étendu que n'avoit jamais été celui des rois, Dénis d'Halicarnaſſe appelle ce magiſtrat, avec aſſez de juſteſſe,

teſſe, un *roi éligible*, αιρετην τύρανον;
& Appien d'Alexandrie, un roi dont
le pouvoir eſt abſolu, τύρανον αὐτόκρα-
τωρα. En effet, au commencement le
dictateur exerçoit le pouvoir le plus
abſolu tant au dedans qu'au dehors de
Rome, & ordonnoit ſouverainement
de toutes les affaires tant de la paix
que de la guerre. La vie & les biens
de tous les citoyens lui étoient ſoumis, & ſes arrêts étoient ſans appel,
Dion. Hal. *ubi ſupra.* Liv. *lib. II. c.* 29.
Mais l'établiſſement des tribuns du peuple fit de grandes brèches à cette autorité, & l'obligea de ſe renfermer dans
des bornes aſſez étroites, pour qu'elle
ne devînt pas redoutable à la liberté.
La loi *Valeria*, que les conſuls Valerius & Horatius firent confirmer par
les ſuffrages du peuple en l'an 304,
défendant, ſous peine de mort, de créer
un magiſtrat ſans appel, Liv. *lib. III.
c.* 55, ſoumit ſans doute les arrêts du
dictateur à l'examen du peuple, & mit
des bornes à ce pouvoir deſpotique qu'ils
avoient exercé juſqu'alors. C'eſt ce que
remarque Feſtus, qui dit que les premiers *dictateurs* furent créés aux meilleures conditions, *optima lege*, c'eſt-à-
dire, avec un pouvoir ſans bornes;
mais que depuis il fut permis d'appeller de leur ſentence au peuple.

Dès qu'il y avoit un *dictateur*, tous
les autres magiſtrats lui étoient ſoumis, ou même ſe démettoient de leurs
charges, excepté les tribuns du peuple,
Dion. Hal. *lib. XI. p.* 701. Polyb. *lib.
III. c.* 88. Plut. *Quæſt. Rom. p.* 283. B.
Pour marque qu'il réuniſſoit lui ſeul le
pouvoir des deux conſuls, il ſe faiſoit
accompagner de vingt-quatre licteurs
tant à Rome qu'au dehors, Polyb. *ibid.*
Dion. Hal. *lib. X. p.* 650. Appian. *Civ.
lib. I. p.* 412. Plut. *in* Fabio *p.* 176. *A.*
comme on l'a pu voir dans le paſſage
Tome IV.

de Ciceron, que j'ai rapporté au commencement de cet article. Ce qui rendoit encore cette magiſtrature plus terrible au peuple, c'eſt qu'il ne faiſoit
point ôter les haches des faiſceaux de
verges, Dion. Hal. *lib. V. p.* 338. Appian. *l. c.* Liv. *lib. III. c.* 26, que les
licteurs portoient devant lui, de même
que devant les conſuls. Du reſte le *dictateur* avoit toutes les marques extérieures de la royauté, comme il en
exerçoit réellement tout le pouvoir.

La premiere précaution qu'on avoit
priſe pour empêcher que celui qui ſe
verroit revêtu d'une ſi grande autorité, n'en abuſât, avoit été d'en reſtreindre la durée à l'eſpace de ſix mois,
Dion. Hal. *lib. V. p.* 331. Dio Caſſ. *lib.
XXXVI. p.* 18. B. *leg.* 2. §. 19. *D. de
Orig. Jur.* Ainſi, quand même le *dictateur* n'auroit pu terminer la guerre,
ou l'affaire pour laquelle il avoit été
nommé, dans cet eſpace de tems, il
étoit obligé d'abdiquer dès que ce terme étoit écoulé. La plupart du tems
même, pour ne point donner d'ombrage, dès qu'il avoit ſatisfait au but pour
lequel il avoit été nommé, il avoit aſſez de modération pour ſe démettre lui-
même, & cela ſouvent au bout de peu
de jours, Liv. *lib. III. c.* 19. *lib. IV.
c.* 24. On trouve cependant quelques
exemples que le ſénat prolongea ce terme dans des tems où la république ſe
trouvoit en danger. On prolongea la
dictature à Camille pendant une année
entiere, après qu'il eut délivré Rome
des Gaulois, Liv. *lib. VI. c.* 1. Plut. *in
Camillo. p.* 144. *E.* Papirius Curſor
l'exerça auſſi pendant toute l'année, l'an
de Rome 429, ſelon Pighius. Sylla &
Jules Céſar ſe firent prolonger cette autorité, mais c'étoit contre les loix, qu'ils
renverſoient pour établir leur domination particuliere. 2°. Une choſe qui mé-

rite d'être remarquée, est que, quelque grand que fût le pouvoir du *dictateur*, il ne lui étoit point permis de monter à cheval, soit en ville, soit à l'armée, qu'il n'y eût été autorisé par une loi expresse du peuple. Plutarque dit qu'une ancienne loi le défendoit, & que Fabius Maximus, en partant pour aller prendre le commandement de l'armée, en demanda la dispense au sénat, *in Fab. p.* 175. *E.* Ce que dit Plutarque de cette loi est confirmé par Tite-Live, *lib. XXIII. c.* 14, excepté que, selon ce dernier, c'étoit le peuple lui-même qui accordoit la dispense de cette loi, *Latoque, ut solet, aut populum ut equum ascendere liceret.* 3°. On a vu qu'on pouvoit appeller de leurs arrêts, & que les tribuns les tenoient en échec aussi bien que les consuls. 4°. On remarque encore qu'un *dictateur* ne pouvoit commander les armées hors de l'Italie, Dio. Cass. *lib. XXXVI. p.* 18. *B.* Liv. *épit. XIX.* Il est vrai qu'avant Jules César, il n'y a eu que le seul Atilius Calatinus qui ait commandé les armées en Sicile pendant la premiere guerre Punique; mais il n'y avoit apparemment point de loi qui réglât quelque chose là-dessus. Pendant que les Romains firent usage de la dictature, ils ne porterent guere leurs armes hors de l'Italie, & lorsqu'ils commencerent à subjuguer diverses provinces éloignées, ils cesserent tout-à-fait de créer des *dictateurs*.

Cette dignité fut toujours odieuse au peuple, qui la regarda comme une invention de la politique du sénat, pour lui inspirer la terreur, & l'accoutumer à l'esclavage. Il avoit de la peine à supporter le pouvoir des consuls, & trouvoit sa condition assez dure, sans qu'on lui imposât un joug encore plus tyrannique. En effet si les prétextes que le sénat prit, les deux premieres fois,

pour avoir recours à un *dictateur*, furent des guerres dangereuses, Liv. *lib. II. c.* 17. & 19. Dion. Hal. *lib. V. p.* 333. *lib. VI. p.* 385, le véritable motif fut d'étouffer, par la terreur qu'inspiroit ce magistrat, les murmures du peuple, qui commençoit à sentir toute la pesanteur du joug que les nobles lui imposoient. Il sentoit que bien loin d'avoir gagné à la révolution, & d'avoir amélioré sa condition, il n'avoit fait qu'aggraver son joug, en laissant aux patriciens le pouvoir d'établir telle forme de gouvernement qu'ils avoient jugé à propos, & qui les rendoit les tyrans de ce même peuple, aux oreilles duquel ils faisoient résonner le beau nom de liberté. Tout tendoit à la sédition à Rome, & le sénat délibéroit sur les moyens de l'étouffer. La soumission que le peuple avoit témoignée aux deux premiers *dictateurs*, faisoit opiner quelques sénateurs à en créer un troisieme; mais on craignoit que ce remede n'aigrît le mal, & que le peuple irrité, au lieu de respecter le *dictateur*, ne secouât tout-à-fait le joug. On prit un tempérament, & le sénat, en ordonnant au consul de nommer un *dictateur*, fit tomber son choix sur M. Valerius, homme dont la famille & la personne étoient également agréables au peuple, dont ils avoient toujours eu les intérêts à cœur, Dion. Hal. *lib. VIII. p.* 548. Liv. *lib. II. c.* 31. Aussi fit-il tout ce qui dépendoit de lui pour engager le sénat à accorder quelque chose au peuple, & n'en ayant rien pu obtenir, il renonça à la dictature. Ce fut l'année suivante que le peuple se révolta ouvertement, & obtint ses tribuns, qui le rassurerent contre la trop grande autorité des consuls & du *dictateur*.

Ce nom étoit devenu si odieux au

peuple , que de faire mention de la création d'un *dictateur* , c'étoit le rendre intraitable. Auſſi le ſénat fut - il trente-
ſept ans ſans y avoir recours , & encore ne fut-ce que dans le danger évident où ſe trouvoit la république par
la défaite des deux conſuls. Le choix
tomba encore ſur un homme également
agréable aux deux partis , & que ſa
modération & ſon déſintéreſſement rendoient digne de cette ſuprême dignité.
Ce fut T. Quinctius Cincinnatus, qu'on
alla prendre à la charrue, & qui après
avoir remporté une victoire complette
ſur les Volſques , abdiqua la dictature
au bout de ſeize jours, Liv. *lib. III.*
c. 26 & 29. Il fut encore élevé à la même dignité dix-neuf ans après , pour
défaire la république de Sp. Mælius ,
dont les démarches étoient ſuſpectes
au ſénat , & dès qu'il eut été tué ,
Quinctius ſe démit d'abord de la dictature , Liv. *lib. IV. c.* 15 & 16. On
vit dix *dictateurs* à Rome dans l'eſpace
de 70 ans ; mais ils n'exercerent preſque aucune juriſdiction dans la ville ,
& ne furent créés que pour commander les armées , & donner plus de re-
lief aux armes de la république au dehors. Le ſénat craignoit de commettre
l'autorité de ce magiſtrat, en la lui laiſſant exercer dans toute ſon étendue ,
& le peuple éclairé par ſes tribuns, ne
ſe laiſſoit plus effrayer par ſes vingt-
quatre licteurs.

Il ſemble que le ſénat ne cherchât
qu'à familiariſer le peuple avec l'idée
de la dictature , & que la modération
de ceux qui l'exercerent dans l'intervalle d'un ſiecle & demi, devoit la lui
rendre moins redoutable. Il paroît en
effet que tant qu'on n'en créa que pour
commander les armées , & pour quelques commiſſions particulieres , telles
que celles dont j'ai fait l'énumération ,

le peuple ſe ſoumit ſans peine ; mais
qu'il n'aimoit pas à les voir exercer
leur autorité à Rome même , ou du
moins vouloit qu'ils la renfermaſſent
dans les termes de la commiſſion particuliere dont ils étoient chargés. Le
ſénat & les patriciens effrayés de la
hardieſſe & de la fermeté des tribuns
Sextius & Licinius , qui à la faveur
des loix agraires , & de l'abolition des
dettes, vouloient leur arracher un conſulat, crurent devoir leur oppoſer l'autorité du grand Camille , revêtu de la
dictature. Mais ce grand perſonnage
renonça peu de jours après à cette dignité, convaincu que le peuple ne la
reſpecteroit pas plus en lui que dans
un autre, Liv. *lib. VI. c.* 38. S'il en
fut revêtu encore quelque tems après ,
ce ne fut que pour accorder au peuple
toutes ſes demandes , & rétablir par-
là la concorde entre les deux ordres,
Liv. *lib. VI. c. ult.* Q. Hortenſius fut
créé *dictateur* pour appaiſer une ſédi-
tion, en l'an de Rome 467. Du reſte
tous les *dictateurs* qu'il y eut depuis
Camille, juſqu'à ce qu'on ceſſât tout-
à-fait d'en créer, c'eſt-à-dire, pendant
l'eſpace de plus d'un ſiecle & demi,
furent bornés au commandement des
armées , ou à quelque commiſſion particuliere , ſans oſer étendre leur autorité au-delà.

Ces reſtrictions miſes à la puiſſance
du *dictateur* , ou plutôt la modération
des Romains des premiers ſiecles furent cauſe que pendant trois cents ans
qu'on créa fréquemment des *dictateurs,*
il n'y en eut aucun qui abuſât du grand
pouvoir de cette charge, Dion. Hal. *lib.*
V. p. 340. Cependant on s'en dégoûta,
de maniere que depuis l'an 551 de Rome, que C. Servilius eut été nommé
dictateur pour préſider aux comices,
peu après qu'Annibal eut quitté l'Ita-

lie, jufqu'au tems de Sylla, qui envahit la dictature les armes à la main, pendant l'efpace de cent vingt ans, on ne fongea point à créer de *dictateur*, Vellei. Paterc. *lib. II. c. 28.* La dépravation des mœurs des Romains en fut fans doute la principale caufe, & l'on craignit de ne pas trouver de citoyen affez vertueux pour pouvoir lui confier une fi grande autorité. Appien d'Alexandrie s'étonne avec raifon que dans les agitations les plus violentes de la république, & où le danger étoit évident, comme dans les troubles qu'exciterent les Gracques, & divers autres tribuns du peuple, & fur-tout lors de la conjuration de Catilina, on n'ait point eu recours à la dictature, que le fénat avoit employée avec fuccès dans les premiers fiecles de la république, *Civil. lib. I. p. 459.* Mais ce remede paroiffoit plus dangereux que le mal même, & l'on jugeoit que ce qui avoit convenu au troifieme, au quatrieme & au cinquieme fiecles de Rome, ne convenoit plus au fixieme, & encore moins au feptieme. Le fénat, dans les cas où le danger étoit le plus preffant, avoit recours à ce fénatus-confulte, dont j'ai déja parlé plus d'une fois, par lequel il ordonnoit *que les confuls priffent garde que la république ne fouffrit quelque dommage.* Par ce fénatus-confulte les confuls fe trouvoient revêtus d'une autorité peu différente de celle du *dictateur*.

Si la dictature parut dangereufe & redoutable, avant même que perfonne en eût abufé, elle devint tout-à-fait odieufe, après que Sylla eut exercé à Rome les plus grandes cruautés, & y eut régné tyranniquement fous ce titre. Depuis ce tems-là le nom feul de *dictateur* révoltoit également le fénat & le peuple, & étoit devenu auffi odieux

que celui de roi. On n'avoit donc garde de rétablir une dignité, dont Sylla n'avoit rappellé l'ufage que pour la rendre encore plus terrible. Cependant Pompée fit jouer différens refforts pour engager le fénat & le peuple à lui conférer cette dignité, comme au feul qui fût propre à rétablir le calme & la tranquillité dans la république. Tous les troubles qu'il y excita fous main, par le moyen de quelques tribuns du peuple, qui favorifoient fes vues, ne purent le faire parvenir qu'à fe faire nommer conful feul & fans collegue, *Dio Caff. lib. XXXVI. p. 18. & lib. XL. p. 158.* La modération de Sylla, qui fe démit volontairement de la dictature, avoit caufé tant de furprife, qu'on doutât que d'autres vouluffent fuivre un fi bel exemple. Jules Céfar, qui fe fit donner la dictature à-peu-près de la même maniere, & par les mêmes moyens, retint cette puiffance jufqu'à fa mort. Marc-Antoine, qui étoit alors conful, pour cacher mieux fes vues, & empêcher que le peuple ne le foupçonnât d'ambitionner la place de Céfar, fit confirmer par les fuffrages du peuple, une loi qui aboliffoit à jamais la dictature, & mit à prix la tête de quiconque feroit jamais mention de créer un *dictateur*, Dio Caff. *lib. XLIV. p. 303.* Cic. *Phil. I. c. 1.* Cela n'empêcha pas que le peuple romain n'offrit depuis la même puiffance & le même titre à Augufte, Dio Caff. *lib. LIV. p. 596.* E. Sueton. *in Aug. c. 52.* Vell. Paterc. *lib. II. c. 89.* Mais ce prince habile refufa conftamment un titre qui l'expôfoit trop à l'envie, & fut, fous d'autres titres, s'en faire donner toute l'autorité. Tous fes fucceffeurs fuivirent fon exemple, & s'embarrafferent peu d'un titre, fans lequel ils ne laifferent pas de régner avec une pleine & entiere autorité.

Dès que le *dictateur* recevoit avis qu'il avoit été nommé par le conful, il entroit en charge, & immédiatement après il nommoit fon général de la cavalerie, Liv. *lib. IV. c.* 13. *& paffim.* Comme le *dictateur* fe nommoit le maître du peuple, parce que fon autorité s'étendoit fur tout le peuple, de même celui - ci fe nommoit le maître de la cavalerie, parce que fon département particulier étoit le commandement en chef de la cavalerie & des troupes armées à la légere, Varro *de LL. lib. IV. c.* 14. Cet officier faifoit à-peuprès les mêmes fonctions fous le *dictateur*, que le colonel des gardes, *tribunus celerum*, fous les rois, & que firent depuis les préfets du prétoire fous les empereurs, *Leg.* 2. §. 19. *D. de Orig. Jur. Leg. Un. D. de Offic. Præf. Præt.*

Le *dictateur* étoit maître de fe choifir tel général de la cavalerie qu'il vouloit, mais la plûpart du tems il nommoit un confulaire, ou du moins un perfonnage qui eût exercé la préture ou quelque dignité curule, Dio Caff. *lib. XLII. p.* 219. *C.* Souvent il choififfoit pour fon général de la cavalerie celui-là même qui l'avoit nommé *dictateur*. Tite - Live rapporte que Servilius, étant tribun militaire, nomma fon pere *dictateur*, & que celui-ci à fon tour nomma fon fils fon général de la cavalerie, Dio Caff. *lib. IV. c.* 31. 46 & 57. Il paroît cependant que comme le conful, en nommant un *dictateur*, avoit fouvent égard à la volonté du fénat, de même auffi le *dictateur*, dans le choix du maître de la cavalerie, fe conformoit auffi à ce que le fénat lui prefcrivoit, Dio Caff. *lib. VII. c.* 12. 24 & 28. Mais comme le fénat s'expliquoit rarement là-deffus, & qu'il laiffoit la plûpart du tems le premier choix à la volonté du conful, & le fecond

à celui du *dictateur*, cette nomination étoit également arbitraire de part & d'autre, & l'on voit que quelquefois ils nommoient ceux qui déplaifoient le plus au fénat, Dio Caff. *lib. VI. c.* 38. On ne trouve qu'un feul exemple que le *dictateur* & le général de la cavalerie ayent été l'un & l'autre défignés par les fuffrages du peuple, Dio Caff. *lib. XXII. c.* 8.

Le général de la cavalerie étoit lieutenant du *dictateur*, aux ordres duquel il devoit une foumiffion entiere, puifque le *dictateur* exerçoit fur lui un empire auffi abfolu que fur le refte des citoyens, le pouvoit condamner à mort, & faire exécuter la fentence, Dio Caff. *lib. VIII. c.* 32. Le général de la cavalerie devoit l'affifter, & pour le confeil, & pour l'exécution. Les marques de diftinction dont il jouiffoit, étoient la robe bordée de pourpre, la chaire curule, & fix licteurs avec leurs faifceaux. Jules Céfar fut *dictateur* en l'an de Rome 705, fans nommer de général de la cavalerie, comme cela fe voit par les faftes du capitole. C'eft le feul exemple qui fe puiffe ajoûter à celui de Fabius Buteo, que j'ai rapporté ci-deffus. (H. M.)

DICTATURE, f. f., *Droit public d'Allem.* On donne ce nom en Allemagne, dans la ville où fe tient la diete de l'empire, à une affemblée des fécrétaires de légation, ou cancelliftes des différens princes & Etats, qui fe tient dans une chambre au milieu de laquelle eft élevé un fiege deftiné pour le fécrétaire de légation de l'électeur de Mayence. Ce fecrétaire dicte de - là aux fécrétaires de légations des princes à qui il appartient, les mémoires, actes, proteftations & autres écrits qui ont été portés au directoire de l'empire, & ils les écrivent fous fa dictée.

La *dictature* eſt ou *publique* ou *particuliere*. La *dictature* publique eſt celle dans laquelle on dicte aux ſécrétaires des légations de tous les princes & Etats de l'empire, qui ſont aſſis & écrivent ſur des tables particulieres. La *dictature* particuliere eſt celle dans laquelle la dictée ne ſe fait qu'aux ſécrétaires des Etats d'un certain college de l'empire, c'eſt-à-dire à ceux des électeurs, ou à ceux des princes, ou à ceux des villes libres.

On nomme encore *dictature particuliere*, celle dans laquelle ou les Etats catholiques ou les Etats proteſtans ont quelque choſe à ſe communiquer entr'eux en particulier.

DICTUM, ſ. m., *Juriſprud.*, eſt le diſpoſitif des jugemens; il a été ainſi appellé, parce qu'anciennement, lorſque les jugemens ſe rendoient en latin, le diſpoſitif étoit ordinairement conçu en ces termes: *dictum fuit per arreſtum curiæ*, &c.

On donne ce nom en Angleterre, à un accord ou traité de grande conſéquence, fait entre le roi Henri III. & ſes barons, auſſi-bien que d'autres perſonnes qui s'étoient jointes à eux, pour faire la guerre au roi. Il fut conclu dans le château de Kennel-worth ſitué en Warwik Shire. On le nomme *dictum de Kennel-worth*.

DIETE DE L'EMPIRE, *Droit public d'Allem.*, *Commitia Imperii*; c'eſt l'aſſemblée des membres du corps Germanique, laquelle, appellée à s'occuper des affaires de l'empire d'Allemagne, à en délibérer, à en réſoudre, doit être tenue dans ſon enceinte, & convoquée ſix mois d'avance, par l'empereur, ou à ſon défaut, par l'archevèque de Mayence, du conſentement ou avec la participation des électeurs. Le droit de l'empereur à l'égard de cette

convocation, eſt de toute ancienneté; celui de l'archevèque de Mayence, ſe date ſpécialement des XI & XIIᵉ ſiecles; mais le concours des électeurs n'a été formellement établi, que par les capitulations impériales, dont la premiere eſt celle de Charles-Quint: ce fut auſſi celle de Charles-Quint, qui regla, qu'aucune *diete* ne pourroit ſe tenir hors de l'enceinte de l'empire.

L'empereur eſt à la tète de cette aſſemblée, & trois colleges la compoſent. La ville de Ratisbonne en eſt le ſiege depuis l'an 1663; & il ne doit pas s'écouler plus de dix ans d'intervalle, entre la cloture d'une *diete*, & l'ouverture d'une autre. La ville de Nuremberg eſt d'ailleurs aſſignée par la bulle d'or, & par d'autres titres, pour le lieu où chaque empereur doit convoquer la premiere *diete* de ſon regne: mais c'eſt une inſtitution dont on s'écarte, comme de bien d'autres, & dont on excuſe la violation auprès de Nuremberg, par la formalité d'un revers qu'à chaque occaſion l'on donne à cette ville, pour la conſervation de ſes droits. Au reſte, en quelqu'endroit de l'Allemagne que ſe tienne la *diete*, l'uſage veut, depuis le XVIᵉ ſiecle, que ce ſoit dans un lieu, où les catholiques & les proteſtans jouiſſent du libre exercice de leur religion: & il eſt du devoir du maréchal héréditaire de l'empire, ſubſtitut de l'électeur de Saxe, de veiller à ce que ce lieu ſoit ſuffiſamment pourvu de vivres & de denrées, pour l'entretien & la commodité des membres de la *diete*.

Ces membres partagés, comme on l'a dit, en trois colleges, ſavoir, celui des électeurs, celui des princes, & celui des villes impériales, ſont au nombre de 285, leſquels donnent en tout 159 voix, dont 153 ſont individuelles, *vota virilia*, & fix collectives, *vota curiata*. Ces dernieres font particulieres au college des princes, & fe donnent par 39 prélats, abbés, abbeffes, commandeurs d'ordres, de Souabe & du Rhin, fiégeans fur deux bancs ; & par 93 comtes & feigneurs de Wetteravie, de Souabe, de Franconie, & de Weftphalie, fiégeans fur quatre bancs. Les voix individuelles font communes aux trois colleges ; elles fe donnent dans le premier par chacun des 9 électeurs qui

le compofent ; dans le fecond, par 33 princes formant un banc eccléfiaftique, & 61 princes féculiers formant un autre banc ; & dans le troifieme par 50 villes impériales, dont 13 s'appellent du *banc du Rhin*, & 37 du *banc de Souabe*.

Voici, pour plus grande précifion, les noms de tous les membres de la *diete* de l'empire, fuivant l'ordre de fiéger & de voter, qu'ils obfervent dans chacun de leurs colleges.

L'EMPEREUR.

College des électeurs. {La direction en appartient à l'archevêque de Mayence.

L'archevêque de Mayence.
L'archevêque de Trèves.
L'archevêque de Cologne.
Le roi de Boheme.
Le duc de Baviere.
Le duc de Saxe.
Le marggrave de Brandebourg.
Le comte Palatin du Rhin.
Le duc de Bronfwic-Lunebourg.

College des princes. {La direction en appartient tour-à-tour à l'Autriche & à Saltzbourg, & les voix s'y recueillent d'un banc à l'autre pour les 35 premieres, en commençant par les eccléfiaftiques.

Banc des eccléfiaftiques.

1. Autriche.
2. Bourgogne.
3. Salsbourg.
4. Befançon.
5. Grand-maître de l'ordre Teutonique.
6. Bamberg.
7. Worms.
8. Wirtzbourg.
9. Aichftædt.
10. Spire.
11. Strasbourg.
12. Conftance.
13. Augsbourg.

Banc des électeurs.

1. Baviere.
2. Magdebourg.
3. Palatin-Lautern.
4. Palatin-Simmern.
5. Palatin-Neubourg.
6. Bremen.
7. Palatin-Deux-Ponts.
8. Palatin-Veldentz.
9. Saxe-Weimar.
10. Saxe-Eifenach.
11. Saxe-Cobourg.
12. Saxe-Gotha.
13. Saxe-Altenbourg.

14. Hildesheim.
15. Paderborn.
16. Freyfingen.
17. Ratisbonne.
18. Paſſau.
19. Trente.
20. Brixen.
21. Basle.
22. Munſter.
23. Oſnabruck.
24. Liege.
25. Lubeck.
26. Coire.
27. Fulde.
28. Kempten.
29. Ellwangen.
30. Prieur de St. Jean de Jéruſalem.
31. Berchtolſgaden.
32. Weiſſenbourg.
33. Prum.
34. Stablo & Malmedy.
35. Corvey ou Corbie.

14. Brandebourg - Culmbach.
15. Brandebourg - Anſpach.
16. Bronſwic - Zell.
17. Bronſwic - Calenberg.
18. Bronſwic - Grubenhagen.
19. Bronſwic - Wolfenbuttel.
20. Halberſtadt.
21. Pomeranie - Citérieure.
22. Pomeranie - Ultérieure.
23. Verden.
24. Mecklenbourg - Schwerin.
25. Meklenbourg - Guſtrow.
26. Wirtenberg.
27. Heſſe - Caſſel.
28. Heſſe - Darmſtadt.
29. Bade - Bade.
30. Bade - Dourlach.
31. Bade - Hochberg.
32. Holſtein - Gluckſtadt.
33. Holſtein - Gottorp.
34. Saxe - Lauenbourg.
35. Minden.

Continuation du banc des ſéculiers.

36. Savoye.
37. Leuchtenberg.
38. Anhalt.
39. Henneberg.
40. Schwerin.
41. Camin.
42. Ratzebourg.
43. Hirſchfeld.
44. Nomeny.
45. Montbeliard.
46. Aremberg.
47. Hohenzollern.
48. Lobkowitz.
49. Salm.
50. Dieterichſtein.
51. Naſſau - Hadamar.
52. Naſſau - Dillenbourg.
53. Auersberg.
54. Oſtfriſe.
55. Furſtemberg.

56.

56. Schwartzcnberg.
57. Lichtenftein.
58. Taxis.
59. Schwartzbourg.

60. Les prélats de Souabe, au nombre de 20.
60. Les comtes de Weteravie, au nombre de 21.
61. Les prélats du Rhin, au nombre de 19.
61. Les comtes de Souabe, au nombre de 22.
62. Les comtes de Franconie, au nombre de 16.
63. Les comtes de Weftphalie, au nombre de 34.

College des villes impériales.   ⎰ Sa direction alterne entre ⎱ Cologne & Ratisbonne.

Banc du Rhin.   *Banc de Suabe.*

1. Cologne.
2. Aix-la-Chapelle.
3. Lubec.
4. Worms.
5. Spire.
6. Francfort fur le Meyn.
7. Gofslar.
8. Bremen.
9. Mulhaufen.
10. Nordhaufen.
11. Dortmund.
12. Friedberg.
13. Wetzlar.

NB. Hambourg, quoique ville impériale très-confidérable, fe difpenfe de fiéger & de voter à la *diete.*

1. Ratisbonne.
2. Augsbourg.
3. Nuremberg.
4. Ulm.
5. Efslingen.
6. Reutlingen.
7. Nürdlingen.
8. Rothenbourg fur le Taube.
9. Halle en Souabe.
10. Rothweil.
11. Uberlingen.
12. Heilbron.
13. Gmund en Souabe.
14. Memmigen.
15. Lindau.
16. Dunkelfpiel.
17. Biberah.
18. Ravensbourg.
19. Schweinfurt.
20. Kempten.
21. Winsheim.
22. Kaufbeuern.
23. Weil.
24. Wangen.
25. Iffni.
26. Pfullendorff.
27. Offenbourg.
28. Leutkirch.
29. Wimpfen.
30. Weiffenbourg en Nordgau.
31. Giengen.

Banc de Suabe.

32. Gengenbach.
33. Zell.
34. Buchhorn.
35. Aalen.
36. Buchau fur le Federféc.
37. Bopfingen.

Tous ces États de l'empire Germanique, dont le rang à la *diete* vient d'être indiqué, fauf les changemens alternatifs qu'il fubit, ou fur lefquels on fe difpute, le pas & la préféance n'étant pas des objets indifférens aux yeux des membres de ce grand corps, tous ces Etats, dis-je, cités à l'affemblée fix mois d'avance, le font par un imprimé en forme d'édit, jadis univerfellement publié dans l'empire, mais dès le regne de Fréderic III. fingulierement addreffé à chacun d'eux : & comme dans le nombre de ces divers Etats, il en eft plufieurs, qui par leur puiffance & leur influence, méritent certaines marques de confidération diftinguée, l'on a foin d'accompagner d'une lettre particuliere, l'imprimé qui parvient à ceux - ci.

En fa qualité de chef du corps Germanique, l'empereur eft le préfident naturel de la *diete* : les principales matieres y font propofées de fa part; & fa fanction eft néceffaire à toutes les réfolutions finales qui s'y prennent. Il y a même lieu de croire qu'originairement cette affemblée ne fe formoit que fous fes yeux : l'on voit fous nombre d'anciens empereurs, dont la réfidence n'étoit pas fixe, que les Etats de l'empire étoient appellés à fe rendre auprès de fa perfonne, en quelque lieu qu'il fe trouvât. Conrad II. l'an 1026, & Fréderic I. l'an 1158, tinrent la *diete* en Italie, aux environs de Roncaglia, dans le moderne duché de Plaifance; ce fut là que le premier donna entr'autres pour

loi, qu'aucun vaffal, pourfuivi pour crime, ne pourroit l'être que pour félonie, ni jugé & condamné à mort pour ce crime, que par les *Pares Curiæ*: & ce fut là que le fecond, cherchant à donner à fa puiffance toute l'étendue poffible, & confultant pour cet effet quatre jurifconfultes de Bologne, reçût d'eux, & adopta, cette effrayante maxime: *Tua Voluntas jus efto, ficuti dicitur : Quidquid Principi placet, Legis vigorem habet.* Othon II. l'an 982, avoit tenu une *diete* à Vérone, & y avoit difpofé de la Baviere en faveur d'un de fes neveux: & l'an 1245, Fréderic II. y tint celle où il nomma fes délégués au concile de Lyon. Enfin, il y a eu des *dietes*, fur les bords de la Stella en Tofcane; à Chiavenne, au pays des Grifons, à Compiegne, dans l'isle de France; & dans Utrecht, aux Pays - Bas: la premiere, fous Othon le Grand; la feconde, fous Fréderic I. la troifieme, fous Louis le Débonnaire; & la quatrieme, fous Henri IV. Il eft vrai, qu'à ces époques, les *dietes* ne duroient pas; mais il l'eft auffi, qu'elles étoient fréquentes; & il l'eft encore, que ce fut l'incommodité de fe tranfporter ainfi quelquefois d'un bout de l'empire à l'autre, qui fit naître chez quelques-uns de ces membres, la penfée de n'y pas affifter en perfonne, mais de s'y faire repréfenter par procureurs ou par envoyés. Le premier exemple que l'on croit avoir d'une telle repréfentation, fut donné l'an 1023 par un abbé de St. Maximin de Trèves, lequel obtint de l'empereur Henri II. la difpenfe d'aller aux *dietes*, & la permiffion de charger le comte Palatin, d'y opiner en fon nom. L'exemple de cet abbé fit des imitateurs, mais un peu tard: les rois de Boheme furent ceux qui commencerent à s'en prévaloir, mais feulement dans le XIIIe siecle. Enfuite la pratique s'en répandit un peu plus : & les empereurs eux-mêmes, qui fentoient les embarras qu'entraînoit le cérémonial attaché à leur perfonne, s'étant déterminés à ne plus porter préfence aux *dietes*, l'on vit bientôt les Etats de l'empire s'en abfenter pareillement, & revêtir enfin leurs affemblées de la forme qu'elles font aujourd'hui.

Dès le regne de Maximilien II. un principal commiffaire, fecondé d'un co-commiffaire, a repréfenté l'empereur aux *dietes*, & chacun des autres membres y a paru par ambaffadeur, ou par miniftre plenipotentiaire, ou par confeillers réfidens & agens. Au gré des Etats de l'empire, le principal commiffaire de l'empereur eft un prince; & pour que l'activité des affaires ne fouffre pas de fa dignité, fon co-commiffaire eft ordinairement un ancien membre du confeil aulique, ou un homme de qualité, verfé dans la connoiffance du droit public de l'Allemagne. Ces commiffaires font accrédités, ou, en ftyle de la *diete*, légitimés, au moyen d'un refcrit de l'empereur à l'affemblée. Leurs fonctions générales confiftent à faire aux Etats, les propofitions de la cour impériale, & à leur remettre fes réfolutions : ils peuvent auffi être chargés de négociations particulieres; & comme le cérémoniel a beaucoup de part à leur commiffion, l'on conçoit que les appefantiffemens de la lenteur, & les petiteffes de l'étiquette, peuvent difficilement s'en exclure.

L'archevêque de Mayence, directeur particulier du college des électeurs, eft en même-tems directeur général des deux autres; & fa vocation en cette qualité le place au centre de tout ce qui s'y traite. Il préfide à la dictature

publique, d'où partent, comme du grand dépôt, tous les objets préfentés à la délibération des Etats : affaires particulieres à l'empereur, affaires communes à tout l'Empire, affaires qui ne concernent qu'un ou plufieurs membres de la *diete*, tout paffe à la dictature de Mayence, tous les protocolles de l'affemblée fe rapportent à fa chancellerie, toutes les expéditions en fortent, & toutes font fous fa fignature, la feule qu'employe la *diete*. Les miniftres qui le repréfentent, fe légitiment auprès du principal commiffaire; enfuite de quoi ils reçoivent eux feuls les lettres de créance des autres repréfentans des Etats de l'empire; & conjointement avec l'empereur & le principal commiffaire, ils reçoivent celles des envoyés des puiffances étrangeres. Ces mêmes miniftres, en vertu de leur pouvoir dirigeant, font faire les citations ordinaires, aux membres de l'affemblée, leur en indiquent l'heure & le lieu, un jour d'avance, & fe fervent pour cet office, de l'un des gens du maréchal héréditaire de l'empire.

Les trois colleges s'affemblent dans une même maifon, mais chacun dans des appartemens féparés : c'eft de nos jours, à l'hôtel-de-ville de Ratisbonne; & c'eft le lundi & le vendredi de chaque femaine, que fe tiennent les féances. Les délibérations commencent par le college des électeurs, puis elles vont à celui des princes, & enfin on les fait paffer à celui des villes impériales. Elles font décifives dans tous trois; mais pour devenir réfolutions, il faut qu'elles foient unanimes entre les trois. Quand les deux premiers colleges ne font pas d'accord, ils fe communiquent & conferent, & cette double opération s'appelle *re-* & *correlation*; il eft rare qu'elle produife aucun effet,

L'on communique au troifieme college, mais on ne confere pas avec lui : cependant rien n'eft réfolu, s'il n'eft pas de l'avis des deux premiers. D'ailleurs c'eft à la pluralité des voix que l'on délibere dans chacun des trois colleges ; l'on n'excepte que le cas, où, s'agiffant d'affaires de religion, l'empire eft appellé à fe partager en *corps catholique* & *corps évangelique* ; & ceux qui, pareils à celui là, peuvent avoir été refervés, foit par les traités de Weftphalie, foit par les capitulations impériales.

Les réfolutions prifes par la *diete* s'appellent *conclufions*, *conclufa*, & fous le titre modefte *d'avis*, en allemand, *guta_hten*, elles font préfentées par le miniftre de Mayence au principal commiffaire, pour en obtenir la fanction impériale : cette fanction confifte dans un décret dit de ratification ; fi elle eft accordée, le tout fe publie enfuite fous le nom de *décret de l'empire* ; mais fi elle eft refufée, rien n'eft fait ; & la matiere s'abandonne pour toujours, où fe renvoye à un autre tems.

L'on appelle recès *de l'empire*, le recueil authentique de tous les décrets d'une *diete* : ce recueil, remis aux foins de l'archi-chancelier, doit être muni de fa fignature, au-deffous de celle de l'empereur, & au-deffus de celle du vicechancelier ; & alors il a force de loi fondamentale, mais il ne peut avoir lieu qu'à la cloture d'une *diete* ; ainfi la *diete* qui fubfifte à Ratisbonne depuis 109 ans, n'a pas encore donné de recès. Il y a des inconvéniens à cet égard dans la prolongation de cette *diete* : des réfolutions en affez grand nombre ont été prifes & ratifiées pendant fon cours, & leur promulgation en forme de loix fembleroit affez intéreffante pour ne devoir plus être re-

tardée : mais des raifons fans doute importantes s'oppofent encore à cette promulgation, & empèchent la cour impériale, de fe prêter, fur cet article, aux defirs mêmes du college électoral, qui l'an 1742 & l'an 1745 fit la démarche formelle de lui demander un *recés par interim*. Au refte on obferve affez généralement dans l'Empire, que l'inutilité des réquifitions refpectives foit de la *diete* à l'empereur, foit de l'empereur à la *diete*, n'emporte pas entr'eux de zizanie dangereufe ; & que s'il eft peut-être du fyftème des Etats Germaniques, & de celui de leur chef, de former réciproquement des prétentions affez fréquentes, il paroît l'être auffi communément, d'en attendre le fuccès avec affez de patience.

La *diete de l'empire*, compofée comme elle l'eft aujourd'hui, ne l'a pas toujours été de même, les villes n'y avoient qu'une affez foible part, avant le grand interregne du XIIIe fiecle, & la nombreufe nobleffe immédiate, qui paroiffoit y avoir concouru de tout tems, en fut excluë dans le XVIe fous le regne de Maximilien I. Quant aux dignitaires eccléfiaftiques, & aux princes féculiers, l'on voit qu'ils en ont été le plus conftamment les membres ; & l'on trouve encore que de fiecle en fiecle, le nombre de ces derniers n'a fait qu'augmenter. L'on trouve auffi que jufqu'au regne de Charles-Quint, le droit de voter à la *diete* avoit uniquement réfidé dans la perfonne du votant, fans s'étendre aux divers Etats ou principautés, dont ce votant pouvoit être poffeffeur : la *diete* de Nuremberg, tenue l'an 1543, fournit le premier exemple que l'on eût eu, d'un ufage contraire, & ce fut un prince eccléfiaftique qui s'en déclara l'introducteur : le cardinal de Brandebourg, car il y a long-tems que les princes de cette illuftre maifon favent fe faire diftinguer, le cardinal de Brandebourg, archevèque de Mayence & de Magdebourg à la fois, donna deux voix à cette *diete*; l'une pour Mayence dans le college des électeurs, & l'autre pour Magdebourg, dans celui des princes. L'an 1556 Othon Henri, électeur Palatin, fut le premier d'entre les princes féculiers qui en fit autant : on le vit à la *diete* de Ratisbonne de cette année là, opiner comme électeur, dans le premier college, & comme duc de Neubourg, dans le fecond. Ces exemples n'ont pas été perdus pour la poftérité : il n'eft aucun des principaux membres de l'empire, qui n'ait aujourd'hui plus d'une voix, foit individuelle, foit collective, à donner à la *diete* : le roi de Pruffe, par exemple, opine comme électeur, dans le premier college, & dans le fecond, comme duc de Magdebourg, comme prince de Halberftadt, comme duc de Poméranie, comme prince de Minden, comme prince de Camin, comme prince d'Oftfrife, & comme comte de Teckenbourg.

La formation de la *diete* en diverfes claffes, ou pour mieux dire, les premieres traces du partage en trois colleges, que fon tableau moderne préfente, s'apperçoivent déja dans le XIVe. fiecle, à la *diete* que l'empereur Henri VII. fit convoquer à Spire l'an 1308, dans les premiers jours de fon regne. Il en eft fait enfuite une mention expreffe dans la *diete* tenue à Nuremberg, fous Louis V. l'an 1323. Mais l'inftitution précife de ces trois colleges, la date de leur féparation diftincte & permanente, eft de l'an 1467, & fait nombre parmi les actes mémorables de la *diete* qui fe tint alors

à Nuremberg, fous Frederic III. Avant ces époques l'on avoit vu les Etats de l'empire déliberer entr'eux, fans beaucoup d'ordre, ni peut être de décence ; l'on a tant d'exemples de la confufion & de la rudeffe, qui en certain tems, ont regné en Allemagne & autre part : comment, d'ailleurs, pourvoir au maintien de l'ordre, ou feulement de la bienféance, au milieu d'opinans, dont la foule étoit quelquefois fi grande, que dans une *diete* de Nuremberg affemblée par Albert I. l'an 1299, l'on compta fept électeurs, 57 princes, & 5500 comtes, barons, & autres gentils-hommes, qui tous avoient leur voix individuelle à donner ? Car ce ne fut que l'an 1521, & fous leur forme préfente de colleges à voix collectives, qu'après avoir été abfolument exclus de la *diete* par Maximilien I. l'an 1500 les comtes, barons & gentilshommes immédiats commencerent à y rentrer, le college de Weteravie & celui de Souabe furent alors réadmis avec chacun une voix ; celui de Franconie ne le fut qu'en 1641, & celui de Weftphalie en 1654, & l'un & l'autre auffi avec chacun fa voix. La conftitution du college des prélats du Rhin eft de l'an 1653, poftérieure de beaucoup à celle du college des prélats de Souabe : l'on a vu dans l'indiquation des Etats de l'Empire, que chacun de ces deux colleges avoit auffi fa voix collective.

Enfin, le pouvoir & l'autorité de la *diete*, fa compétence & fa fouveraineté, objets de recherches, de conteftations & de curiofité, pour les favans, pour les princes de l'empire & pour leurs miniftres, n'ont pas toujours été les mèmes qu'à préfent. Entre les mains d'une fuite d'empereurs & d'Etats qui fe font peu reffemblés, foit par leur caractere, foit par leur puiffance, la sphere des délibérations de la *diete*, s'est élargie & rétrécie à diverses reprises. Anciennement la *diete* en corps élisoit les empereurs & jugeoit de leur conduite : la bulle d'or & d'autres titres ont attribué ce droit au college électoral à l'exclusion des deux autres. Anciennement encore elle prononçoit sur l'établissement des péages ; aujourd'hui ce sont les électeurs seuls qui en ordonnent. Mais pour se faire une idée juste des droits actuels de cette assemblée, l'on n'a qu'à jetter les yeux sur les traités de Westphalie de l'an 1648, & sur les capitulations des empereurs, à commencer par Charles-Quint : l'on y voit en substance, que les princes & Etats de l'Allemagne, assemblés en *diete*, ont voix décisives dans toutes les délibérations, qui se rapportent à la législation de l'empire, tant ancienne que moderne, à la guerre, à la levée des troupes, à celle des contributions, à l'ordonnance des contingens, à l'imposition des taxes, à la construction & à l'entretien des forteresses, à la paix, aux alliances, aux monnoyes, au ban de l'empire, à ses tribunaux suprêmes, à l'introduction de nouveaux princes dans son corps, à la disposition des grands fiefs, à celle des grandes charges, &c. A tous ces égards, l'empereur ne peut rien décider que de concert avec la *diete* ; & réciproquement les décisions de la *diete* n'ont force de loix, qu'après la ratification de l'empereur. Si le bonheur de l'empire doit résulter d'une telle combinaison, l'on sent quel phlegme doit regner dans les conseils divers de chacun de ses membres. *v.* EMPEREUR, EMPIRE, &c. (D. G.)

DIETE DE POLOGNE, *Droit Public de Pologne* ; c'est l'assemblée générale des Etats de la Pologne, composée

des trois ordres réunis, le roi, le sénat, & les nonces, ceux-ci choisis par tout l'ordre équestre ; la réunion de ces trois ordres forme la souveraineté du royaume & de la république, dont le gouvernement est par conséquent une *monarcho-aristo démocratie*. *v.* DIÉTINE.

Dans ce moment, où l'Europe attentive a les yeux fixés sur la position critique de cette république désolée, il est naturel de faire connoître plus exactement la nature de son gouvernement, assez ignoré. On y appercevra sans peine la source de ses troubles, & la cause de ses malheurs. La constitution de ces *dietes* forme une partie essentielle du droit public de cette république ; & comme celle de 1768, qui fait l'objet des réclamations des confédérés, a apporté de grands changemens à cette constitution, nous joindrons à l'exposé abrégé des anciennes loix, un tableau de ces changemens, & par toutes ces raisons nous nous persuadons que les lecteurs ne trouveront point cet article trop long. *v.* DROIT DE POLOGNE, CONFÉDÉRATION.

1°. Les *dietes* ordinaires, appellées *seym*, ont commencé vers la fin du XVe siecle. Auparavant les rois étoient plus ou moins absolus. Pendant longtems encore dès-lors le lieu & le tems de ces assemblées étoient au choix des rois ; mais les loix de 1569, 1576, 1673, 1717, 1726, leur ont ôté ces droits, & à force de vouloir ainsi se prémunir contre l'abus du pouvoir monarchique, les Polonois, séduits par l'amour de la liberté, sont tombés, à divers égards, dans l'anarchie au dedans, & dans la dépendance au déhors. *v.* CONFÉDÉRATION.

Selon les loix, les *dietes* devoient se tenir tous les deux ans, & ne durer que fix femaines, deux fois de fuite à Varfovie, & la troifieme *diete* à Grodno, en Lithuanie; mais fous le regne actuel, elles ont toutes été affemblées à Varfovie. Elles devoient auffi s'ouvrir le lundi, après S. Michel; mais la *diete* de 1768 en a avancé l'ouverture au lundi, après la S. Barthélémi, laiffant fubfifter pour l'avenir l'alternative.

A chaque révolution ordinaire des *dietes*, le roi écrit à tous les fénateurs des lettres, pour les confulter fur l'objet des délibérations comitiales. Leurs réponfes & les volontés du roi, fourniffent le fujet des inftructions, que les deux chancelleries expédient à toutes les provinces & les diftricts, qui ont droit de députer des nonces, & ils y joignent les lettres de convocation ou univerfaux, pour être affichées aux grods, ou greffes de chaque diftrict, trois femaines avant l'affemblée des *diètines.* Voyez ce mot.

Les fénateurs s'affemblent au jour marqué dans leur fale, & les nonces dans leur *ftuba.*

La *diete* de 1736 avoit reglé l'ordre des délibérations; celle de 1764 y a apporté quelques changemens, & celle de 1768 de bien plus confidérables encore. En voici le précis.

On doit commencer par le *rugi*, c'eft-à-dire, la légitimation des nonces, ou l'examen de leur nomination, pour favoir fi elle eft légale.

On élira le maréchal à la pluralité au plus tard le troifieme jour; auparavant c'étoit le premier jour. Celui-ci nommera le fécretaire de la *diete*, & les députés, favoir deux par province, pour dreffer les conftitutions; fix par province, pour former les jugemens de la *diete*; & quatre par province, pour examiner les comptes de la commiffion du tréfor.

La réunion de la chambre des nonces au fénat doit fe faire, au plus tard, le fecond jour, après l'élection du maréchal.

Après cette réunion on complimentera le roi, & on fera lecture des *pacta conventa.*

Le chancelier fera enfuite lecture des fujets, fur lefquels on doit délibérer, & des réfultats des *fenatus-confilia.* Les commiffaires du fénat, pour dreffer les nouvelles conftitutions à propofer, feront nommés par le roi, & ceux pour examiner les comptes du tréfor. Enfin les nouveaux commiffaires du tréfor feront élus à la pluralité des voix.

Les nonces doivent retourner dans leur chambre, & là les matieres propofées leur feront communiquées, en leur accordant un jour entier pour y refléchir, avant de délibérer.

On examinera d'abord les affaires œconomiques, en fénat & dans la chambre des nonces, en même tems, fur les mêmes points. La conclufion fera formée à la pluralité, fur ces matieres, & le roi aura la voix préponderante, en cas de partage égal.

Après les affaires œconomiques, on agitera les matieres d'Etat, qui exigent l'unanimité, pour former une conclufion. Le *niemafz fgoda*, ou l'oppofition d'un feul nonce, fuffit pour empêcher toute conclufion, c'eft dire en d'autres termes, qu'il n'y aura jamais de réfolution prife fur ces objets. *v.* CONFÉDÉRATION.

Voici le précis de ces matieres d'Etat, déclarées telles, par la *diete* de 1768.

L'augmentation des impôts & des troupes; les déclarations de guerre & les traités de paix & d'alliances; la conceffion de l'indigénat & des lettres de nobleffe; la réduction des monnoies; les changemens par rapport aux charges

dans les tribunaux, ou dans le miniftere ; l'ordre à tenir dans les *dietes* ; la
permiffion à donner au roi d'acheter des
terres ; la convocation de l'arriere banc ;
enfin l'anéantiffement des faifies à main
armée.

On fentira d'abord que la république
s'eft mife des entraves par les premieres
loix, qui lui empêcheront d'augmenter
jamais fa puiffance.

Le lundi de la fixieme femaine, au
plus tard, après l'ouverture de la *diete*,
la chambre des nonces fe réunira à celle
du fénat, pour entendre la lecture des
conftitutions faites, en commençant par
les affaires d'Etat, enfuite par celles d'œ-
conomie. Enfin le maréchal de la *diete*
& les députés figneront les conftitutions
& on les envoyera au grod, pour y être
collationnées.

2°. Les *dietes* extraordinaires different des *dietes* ordinaires, en ce qu'elles ne font pas affemblées à l'époque des
dietes périodiques ; en ce que le roi
feul peut figner les univerfaux, fans
être tenu de confulter les fénateurs ; enfin en ce que les *dietines* peuvent ne
précéder que de trois femaines l'ouverture de la *diete*. De plus on n'y lit pas
les *pacta conventa* : on n'y tient pas de
jugemens comitiaux : on s'attache aux
feules propofitions propofées par le roi.
Ces *dietes* ne durent d'ordinaire que quatre jours, & celle de 1768 en a fait une
loi. La loi de 1726 ordonnoit que ces
affemblées ne fuffent convoquées que
dans les cas d'une néceffité indifpenfable. Il n'y en a point eu depuis 1768,
& jamais elle n'eût été plus néceffaire
que dans le moment préfent, s'il avoit
été poffible.

3°. Durant l'interregne il y a encore
des *dietes*, qui ne font pas de la claffe
des *dietes* ordinaires. Confidérons-en la
forme.

Le primat, qui eft toujours l'archevêque de Gnefne, annonce la vacance
du trône à tous les fénateurs, en les in-
vitant de fe rendre à Varfovie. Autrefois les tribunaux étoient fermés ; par
la *diete* de 1768, ils doivent tous continuer leurs affifes, exceptés les *judicia
poft curiam*, où la juftice de la cour.

Les univerfaux & les inftructions
font expédiées, au nom du primat ; les
dietines font affemblées ; enfin les nonces élus arrivent à Varfovie.

On fuit d'abord la marche des *dietes*
ordinaires dans cette *diete* appellée *de
convocation*. On pourvoit enfuite à la
tranquillité publique, durant l'interregne ; on donne des confeillers au primat, & en cas de guerre aux grands généraux ou hetmans ; on fait lecture des
lettres des princes étrangers ; on fixe
l'époque de la *diete d'élection*, & on finit
d'ordinaire par une confédération générale. *v.* CONFÉDÉRATION. Les conftitutions de cette *diete* de convocation
font fignées par tous les membres de
l'affemblée, & par les députés des villes
de Cracovie, de Wilna, & de Léopol,
qui ont confervé le droit d'affifter à ces
dietes feules.

La *diete* de 1768 a décidé que dans
ces *dietes de convocation*, les matières
d'Etat ne pourront être décidées que
par l'unanimité.

La même *diete* a mis au rang des loix
fondamentales & immuables, que le roi
doit être à jamais électif & devra être
catholique. Ces élections ne caueront-
elles pas, par conféquent, à jamais des
troubles dans cette république, fi fouvent agitée ?

La *diete d'élection* n'eft plus une affemblée de nonces. Toute la nobleffe monte à cheval, & eft conduite par les Palatins à Varfovie. Les Polonois campent
d'abord fur la rive droite de la Viftule,

&

& les Lithuaniens fur la rive gauche. Le fénat eft placé dans une baraque élevée auprès du village de Wola, en vertu de la conftitution de 1587, ayant à fa tète le primat. Cette barraque, entourée d'un rempart, fe nomme *Szopa*.

La nobleffe, rangée fous les enfeignes des palatinats, nomme fes nonces, comme pour les *dietes* ordinaires : ceux-ci nomment à la pluralité le maréchal de l'élection.

Ce maréchal prète le ferment de ne figner le diplôme, qu'au cas que l'élection foit unanime.

Trois députés, un pour la grande, un pour la petite Pologne, un pour la Lithuanie, vont avec le maréchal, au *Szopa*.

On propofe le projet des *pacta conventa* ; on nomme les députés du fénat & des provinces qui doivent les dreffer ; on examine les infractions des loix, qui ont été faites, pour y remédier ; le fénat donne audience aux miniftres étrangers & au nonce du pape ; on lit leurs lettres de créance : enfin le primat déclare les candidats au trône, & les députés de la nobleffe en rendent compte à leurs brigades.

Le jour fixé pour l'élection, toute la nobleffe à cheval fe range autour du *fzopa*, fuivant l'ordre des palatinats.

Le maréchal de l'élection & fes nonces fe réuniffent au fénat : ceux-ci retournent à leur brigade. Le maréchal de la *diete* & le primat reftent feuls, pour recueillir les fuffrages : ils parcourent les brigades, & quand l'affemblée eft d'accord, le primat proclame le roi élu au milieu du *fzopa*, & le grand maréchal aux trois portes du retranchement, qui entoure le *fzopa*.

Si le roi élu fe trouve à l'affemblée, on fe hâte de lui faire prêter ferment: fi c'eft un prince étranger, fes ambaf-

Tome IV.

fadeurs jurent en fon nom & on lui envoie des députés, chargés de lui remettre le diplôme & d'exiger fon premier ferment.

La nobleffe leve enfin fon camp, retourne chez foi, en attendant les dietines, pour nommer les nonces à la *diete de couronnement*.

Les univerfaux font encore expédiés par le primat, & cette *diete* doit être affemblée à Cracovie ; mais celle de 1764 pour l'élection de Stanislas-Augufte s'eft tenue à Varfovie.

Le roi fait une entrée publique. Le lendemain le roi décédé eft enterré avec folemnité, & avec diverfes cérémonies d'étiquette.

Le roi élu devoit paroître en cuiraffe, chauffé à la romaine ; mais on fuivit, en 1764, d'autres ufages. Les grands officiers rempliffent les fonctions de leur charge & le roi eft couronné par le primat : à fon défaut c'eft l'évèque de Cujavie, & au défaut de celui ci, l'évèque de Cracovie. Le roi entre en fonction dès ce moment, & reçoit les fermens accoûtumés. La *diete* confirme tous les actes des *dietes* de convocation, d'élection & de couronnement.

Si la *diete* d'élection a été litigieufe, cette *diete* de couronnement eft fuivie d'une *diete de pacification*, où l'on prononce une amniftie générale.

Je ne mets point dans l'ordre des *dietes* les autres affemblées de la nation ; comme les *dietes à cheval*, qui font les convocations de l'arriere-banc, ou de tout l'ordre équeftre ; ni les grands confeils, ni les confédérations, puifque toutes ces affemblées, n'ayant lieu que dans les tems de troubles, ne fuivent d'ordinaire aucunes regles fixes. v. CONFÉDÉRATION.

Il me refte maintenant à expliquer de quelles perfonnes font compofées les

Cccc

dietes regulieres : c'eſt du roi, du ſénat, & des nonces.

Ci-devant le ſénat étoit compoſé de 146 membres; la *diete* de 1768 l'a augmenté de ſept.

D'abord il y a dix-ſept évèques, qui forment la premiere claſſe des ſénateurs.

Les Palatins, les trois caſtellans, qui ont le rang des Palatins, & le ſtaroſte de Samogitie, qui marche avec eux, formant, depuis la *diete* de 1768, le nombre de 38, compoſent le ſecond ordre des ſénateurs.

Les caſtellans du premier rang, au nombre de 34, forment la troiſieme claſſe des ſénateurs.

Les caſtellans du ſecond rang, au nombre de 50, compoſent la quatrieme claſſe des membres du ſénat.

Enfin les quatorze miniſtres d'Etat, ſelon la *diete* de 1768, forment la cinquieme claſſe du ſénat.

Ces 153 ſénateurs reſſemblent, à divers égards, à la chambre des pairs, en Angleterre ; comme la chambre des nonces a quelque rapport avec celle des communes.

Voici le tableau de ces nonces, ſuivant les provinces, dont ils ſont les députés.

De la petite Pologne.

Du palatinat de Cracovie	6	nonces.
Du duché de Zator	2	
Du palatinat de Sendomir	7	
Du palatinat de Lublin	3	
Du palatinat de Podlachie	6	
Du palatinat de Ruſſie	6	
De la terre de Halicz	6	
De la terre de Chelm	2	
Du palatinat de Belzk	4	
Du palatinat de Podolie	6	
Du palatinat de Kyovie	6	
Du palatinat de Wolhynie	6	
Du palatinat de Braclavie	6	

Du palat. de Czerniéchovie 4 nonces.

Pour la petite Pologne en tout 70 nonces.

De la grande Pologne.

Du palatinat de Poſnanie & de celui de Kaliſz enſemble } 12 nonces.

Du palatinat de Siradie	4
De la terre de Wielun	2
Du palatinat de Lenzczyce	4

Du palatinat de Brzeſc en Cujavie, conjointement avec celui d'Inowroclaw } 4

De la terre de Dobrezin	2
Du palatinat de Plocko	4
Du palatinat de Maſovie	20
Du palatinat de Rawa	6

Pour la grande Pologne, en tout } 58 nonces.

Du grand duché de Lithuanie.

Du palatinat de Wilna	10 nonces.
Du palatinat de Trock	8
Du duché de Samogitie	2
Du palatinat de Smolensk	4
Du palatinat de Polock	2
Du palat. de Nowogrodek	6
Du palatinat de Witebsk	4
Du palatinat de Brzeſc, en Lithuanie	4
Du palatinat de Mſcislaw	2
Du palatinat de Minsk	6

Pour la Lithuanie, en tout 48 nonces.

Des provinces incorporées.

Du palatinat de Kulm. Le nombre des nonces eſt illimité : 6 diſtricts.

Du palatinat de Marienbourg 9; de même : 4 diſtricts.

Du palatinat de Pomeranie; de même : 8 diſtricts.

Du palatinat de Livonie : 6 nonces.

Si l'on nomme un nonce par diftrict, c'eft encore 24 nonces pour ces quatre palatinats.

On voit donc que la *diete* peut être compofée de 200 nonces, & quelquefois plus, qui, joints aux fénateurs, formeroient une affemblée de plus de 353 perfonnes. (B. C.)

DIETES *chez les Suiffes, Droit public de la Suiffe* ; c'eft ainfi qu'on défigne en françois, les affemblées des députés des cantons Suiffes. On les appelle en allemand *tagfazung, tagleiftung*, c'eft-à-dire, journées affifes. Ces affemblées font générales ou particulieres, ordinaires ou extraordinaires. Dès les premiers commencemens d'une ligue fédérative entre les petits Etats, qui fucceffivement formerent le corps helvétique, avant que ces peuples prétendiffent à l'indépendance de l'empire germanique, avant que leurs ligues défenfives priffent la forme d'une confédération réguliere & générale, les divers cantons étoient convenus, chacun avec fes voifins & alliés, d'un lieu de conférence, déterminé par les traités, pour fervir de rendez-vous à leurs députés, tant pour les négociations au fujet de leurs intérêts réciproques, que pour les pronociations des arbitres dans les différends qui les divifoient. *v.* CORPS HELVÉTIQUE. Quand toutes ces ligues particulieres fe trouverent fondues dans la premiere confédération générale, d'abord entre les huit anciens cantons, enfuite entre ceux-ci & les cinq cantons, qu'ils s'affocierent fucceffivement ; à mefure que les victoires répétées des Suiffes rendirent leurs armes refpectables aux nations voifines, les affemblées de leurs députés devinrent plus nombreufes & plus fréquentes ; les intrigues des puiffances étrangeres les rendirent célebres ; & fouvent y introduifirent la corruption & les divifions. Des conquêtes, que divers cantons avoient faites à frais communs & qu'ils conferverent en indivis, occafionnerent l'établiffement des *dietes* annuelles, dans lefquelles on s'habitua de traiter des intérêts nationaux, & de donner audience aux ambaffadeurs.

Ces *dietes* annuelles & ordinaires s'affembloient ci-devant à Baden dans l'Argau. Dans le traité de paix de 1712, qui a terminé la guerre, entre les cantons de Zuric & de Berne d'une part, & les cinq cantons, Lucerne, Uri, Schweitz, Unterwald & Zoug de l'autre ; ces derniers ont renoncé à leur part dans la corrégence du comté de Baden. Dès-lors les *dietes* générales, qui s'affemblent annuellement au mois de Juillet, ont été transferées à Frauenfeld, petite ville & chef-lieu de la Tourgovie. Le nom de *diete* générale & annuelle pourroit, mal-à-propos, faire confidérer ces affemblées des députés Suiffes, comme des Etats généraux, ou un corps repréfentatif chargé de quelque dépôt de pouvoir légiflatif ou d'adminiftration nationale. Tous les petits Etats réunis dans la ligue de la confédération helvétique, forment chacun une république abfolument indépendante. Libres de contracter des liaifons avec d'autres puiffances, fous la réferve feule de leur engagement fédératif & réciproque, ces républiques n'ont ni des troupes, ni un tréfor, ni aucun autre objet de régie en commun. Pour toutes les négociations publiques, leurs députés n'apportent aux *dietes* que des inftructions limitées, & ce n'eft qu'en vertu d'un ordre & pouvoir fpécial qu'ils peuvent conclure, & terminer des affaires intéreffantes. Faifons mieux connoître la forme & les objets de ces affemblées.

Pour toutes les *dietes* générales, ordi-

Cccc 2

naires ou extraordinaires, c'eft le canton de Zuric, qui en vertu de fon premier rang & du dépôt de la chancellerie helvétique, qui lui eft confié, fixe le tems & le lieu des affemblées, & les convoque par une lettre circulaire. Quant aux conférences entre plufieurs cantons, fur des objets qui n'intéreffent pas le canton de Zuric, c'eft alors le plus ancien des cantons, fuivant l'ordre établi entr'eux, qui invite les autres à députer leurs repréfentans. Les députés du premier canton tiennent le haut bout de la falle; les autres députés fe rangent des deux côtés, fuivant le rang des cantons. Dans les affemblées générales, quelques députés font placés dans un fecond rang à main droite; ceux de quelques alliés, auxquels un long ufage a procuré le droit d'affifter à ces *dietes*, tels que les députés de l'abbé & de la ville de S. Gall, des villes de Bienne & de Mullhaufen (*a*), fe rangent au bas du cercle, où font auffi placés le baillif du lieu, qui a, comme nous le dirons plus bas, fa fonction particuliere, & la chancellerie, repréfentée par une perfonne d'office de la chancellerie de Zuric, aidée par le fécretaire baillival.

Chaque canton fe fait repréfenter par deux députés. Les cantons d'Unterwald, de Glaris & d'Appenzell, partagés chacun en deux diftricts, envoyent un député pour chaque diftrict. L'ouverture de la féance fe fait, à huis ouverts, par un compliment prononcé à tour par le premier député de chaque canton; les

feuls députés des trois cantons fus-mentionnés font leur compliment, chacun féparément. On appelle cette cérémonie la *falutation helvétique*; c'eft un remerciment adreffé aux repréfentans, pour les fouverains leurs conftituans, de leur bienveillance, fidélité confédérale, amitié & bon voifinage, avec les affurances des mêmes fentimens réciproques; c'eft en même-tems une profeffion publique & folemnelle de reconnoitre les engagemens & les obligations des anciens traités & confédérations. Dans l'origine de la ligue, ces traités exigeoient le renouvellement du ferment de toutes les communes des divers cantons, tous les cinq ou tous les dix ans; avec la claufe, toutefois que l'interruption de cette folemnité ne dérogeroit point à l'effet & aux engagemens des alliances. La poffeffion tranquille de la liberté, l'expérience conftante du zele & de la fidélité des confédérés, firent négliger, comme fuperflus, le renouvellement de ces fermens, & lorfque des méfintelligences paroiffoient les exiger, le partage de la nation en matiere de réligion, fit naitre un obftacle, par la difficulté de s'accorder fur la cérémonie & les formules. Cependant tous les traités & actes publics entre les confédérés rappellent les premieres alliances, & toutes les *dietes* en occafionnant une profeffion publique; circonftance qui rend cette cérémonie de l'ouverture publique des *dietes*, d'autant plus importante & refpectable.

Les députés du premier canton pro-

(*a*) A l'occafion des troubles intérieurs dans la ville de Mullhaufen, fept cantons, choqués du peu de déférence des Mullhaufois pour leur médiation, renoncerent à l'alliance avec cette ville. *v.* C O R P S H E L V É T I Q U E. Malgré leurs démarches foumifes & l'interceffion réitérée des

cantons proteftans, ils n'ont pu obtenir des cantons catholiques la grace de rentrer dans l'alliance. Cependant ces derniers ont confenti depuis peu, d'admettre aux *dietes* les députés de Mullhaufen, & reconnoiffent par cette admiffion leur qualité d'alliés du corps helvétique.

poſent les matieres à traiter. On commence par les affaires générales; à moins qu'un des Etats confedérés, ou l'ambaſſadeur d'une puiſſance étrangere ne demande la convocation d'une *diete* extraordinaire, les affaires générales ſont renvoyées à la *diete* annuelle de Frauenfeld. C'eſt le baillif de la Tourgovie qui dans cette aſſemblée invite les députés, ſucceſſivement, à opiner ſur le ſujet propoſé. Dans les cas que l'aſſemblée peut décider, le baillif jouit d'une voix prépondérante dans la parité des ſuffrages; ces cas ſont bien rares & ne peuvent regarder que des réſolutions proviſionnelles. Communément les matieres propoſées ſont toutes priſes, *ad referendum*; c'eſt-à-dire, à être rapportées à leurs conſtituans; & ſi ces objets ne ſont pas fort preſſans, on renvoie la délibération à une autre *diete*. Après que les objets, qui touchent l'intérêt général, ont été diſcutés, une partie des députés ſe retire de la *diete*, en prenant congé par un nouveau compliment d'étiquette, & la chancellerie expédie à chaque canton un double du recès, qui contient les réſultats des délibérations.

Alors cette *diete* annuelle change de forme & d'objet. Elle devient une aſſemblée des repréſentans des divers cantons qui ont part à la juriſdiction ſur les bailliages communs. Les baillifs rendent compte à l'aſſemblée des bamps & des revenus appartenans aux Etats; ils ſoumettent leur geſtion à l'examen de la *diete*, qui confirme & redreſſe les ſentences prononcées par des baillifs ſur des cauſes civiles, portées par appel devant cette aſſemblée: dans ces cas chaque député préſent a ſuffrage en qualité de juge, & le baillif prononce en cas de parité des ſuffrages. Au reſte, ces jugemens de la *diete* ne ſont pas en

dernier reſſort; dans les cauſes majeures on peut en appeller devant les cantons mêmes. Alors le tribunal ſupérieur dans chaque canton prononce, & ſa ſentence forme un nouveau ſuffrage; toutes ces prononciations ſont communiquées aux parties, & modifiées au baillif pour exécuter ce que la pluralité a décidé. Cette forme judiciaire doit prolonger les procès & accumuler les frais.

Les baillifs de la Tourgovie, de Rheinthal, du comté de Sargans, & de la partie ſupérieure des bailliages libres, rendent compte à la *diete* de Frauenfeld. Il ſe tient annuellement au mois d'Août une aſſemblée ou *diete* des députés de douze cantons à Lugano ou à Locarno; elle a pour objet, l'adminiſtration des quatre bailliages ultramontains ſur les confins de la Lombardie. Il eſt d'uſage de n'envoyer à cette *diete* qu'un ſeul député de chaque canton. Une pareille ſeſſion a lieu à Baden, entre les députés des trois cantons, Zuric, Berne & Glaris, au ſujet des bailliages de Baden, & de la partie inférieure des bailliages libres. Les cantons Uri, Schweitz & le bas-Unterwalden, envoyent des députés à une ſeſſion particuliere relative à quatre vallées ſur les confins du Milanois, dont ils ont la ſouveraineté. Les Etats de Berne & de Fribourg ont établi entr'eux une conférence, de deux en deux ans, à Morat, pour les quatre bailliages, que ces Etats gouvernent en commun, &c. Toutes ces *dietes* on conférences, par rapport à la vocation des députés d'examiner la conduite des baillifs & l'adminiſtration des provinces ſujettes, ſont appellées *ſindicats* ou *ſeſſions de contrôle*.

Nous obſerverons encore que les cantons ariſtocratiques défrayent leurs députés & reglent leur part aux épices & émolumens. Les cantons démocratiques, au contraire, laissent à leurs représentans le soin de se dédommager de leur dépense sur le produit de leur commission ; méthode qui pourroit un jour occasionner de grands abus, si la cupidité, sous ce prétexte, introduisoit la corruption parmi les surveillans même des juges inférieurs & des baillifs ; & cet inconvénient est d'autant plus à craindre pour les cantons démocratiques, que les constitutions mêmes de ces Etats établissent une taxe, en faveur de l'assemblée du peuple, sur toutes les charges & commissions un peu lucratives ou honorables.

Outre ces différentes *dietes* ordinaires & annuelles, il se tient quelquefois des conférences particulieres entre deux ou plusieurs cantons, qui ont des intérêts momentanés à regler ensemble. Les cantons catholiques d'une part, les protestans de l'autre, s'assemblent quelquefois par députés, pour les objets qui intéressent leurs églises. Ils forment même à la grande *diete* de Frauenfeld des sessions particulieres pour ces objets.

Le droit public entre les membres du corps helvétique établit encore une autre sorte de conférences. Ce sont les congrès des arbitres chargés de prononcer sur les differends qui s'élevent entre les cantons mêmes. Les traités de confédération, & ceux d'alliance particuliere entre des cantons voisins, déterminent le lieu de ces conférences pour chaque cas, le choix des arbitres & la forme des jugemens. *v.* CORPS HELVÉTIQUE.

DIETINES, s.f.pl. *Droit publ. de Pologne*, c'est le nom que l'on donne aux assemblées de la noblesse Polonoise des palatinats, des provinces & des districts, qui jouissent de la prérogative de nommer & d'envoyer des nonces à la diete de la nation. *v.* DIETE. Ces *diétines* ordinaires doivent précéder de six semaines l'ouverture de la diete générale.

Par la constitution de 1768, ces *diétines* doivent s'assembler le lundi après la Ste Marguerite, excepté celle du duché de Zator & celle de la seigneurie de Halicz, qui précédent de huit jours.

Ces assemblées se tiennent dans les églises à huis ouverts. Pour y jouir d'une voix active, il faut être gentilhomme Polonois ; être citoyen de la province, c'est-à-dire, y posséder quelque terre, & avoir 18 ans complets. On élude assez aisément, avec du crédit, la condition de la possession territoriale.

D'abord le plus ancien sénateur préside à l'assemblée, pour faire élire un maréchal. Dès qu'il est élu à la pluralité, il dirige seul les délibérations.

On procéde ensuite à l'élection des nonces, qui par la constitution de 1768, sont élus à la pluralité. Les gentilshommes qui n'ont pas de possession dans la province ; ceux qui n'ont pas 23 ans ; ceux qui sont ou sénateurs, ou membres des tribunaux ; ceux qui n'ont pas assisté à l'assemblée ; ceux qui redoivent au trésor public, ne peuvent, suivant les loix, être élus nonces.

Assisté d'un conseil, le maréchal dresse après cela les instructions pour les nonces ; l'original en est déposé dans le grod du district, & les nonces en ont une copie.

Si ces *diétines* sont rompues, le roi peut en faire assembler quatre successivement, & si ces tentatives sont infructueuses, la province perd son suffrage, pour cette fois, dans la diete générale.

Trois semaines après les *diétines*, les

nonces devoient fe réunir, ceux de la grande Pologne à Kolo, ceux de la petite Pologne à Nove-Miaslo; ceux de Lithuanie à Stonyin; ceux de Mafovie & de Podlachie à Varfovie; ceux de Volhynie à Volodomir, & ceux de Pruffe à Graudentz: mais le réglement n'eft obfervé que par ceux des trois palatinats de la Pruffe.

On voit donc que les *diétines* font l'affemblée de tout l'ordre équeftre de Pologne. La nobleffe entiere forme cet ordre. Le caractere de noble eft héréditaire: ils font tous égaux: les méfalliances ne dérogent point. Cette nobleffe fe prouve par témoins, ou par titres; par l'entrée atteftée dans les *diétines*; par la jouiffance reconnue d'un bien terreftre; par l'exercice d'une charge noble; par des lettres d'annobliffement, ou d'indigénat, expédiées, ou confirmées par une diete. Cette nobleffe ne fe perd que par des crimes d'Etat, & par l'exercice de métiers, réputés vils, comme exercer un commerce de détail, ou tenir cabaret, dans les villes. Il eft cependant permis à un gentilhomme Polonois d'établir des manufactures, de fervir un autre gentilhomme dans toutes fortes de fonctions, ou de vendre comme il peut, les productions de fes terres. La conftitution de la diete de 1633 a établi toutes ces régles. Les enfans nés pendant que le pere abufoit ainfi de fa liberté, c'eft l'expreffion de la loi, font cenfés roturiers. Si quelqu'un eft annobli, fes enfans nés depuis lors, font gentilshommes Polonois; mais fi un étranger, après avoir prouvé fa nobleffe, par des titres fuffifants, obtient l'indigénat dans une diete, il eft habile dès lors à tous les emplois, & jouit de l'égalité établie entre tous les nobles. Enfin un gentilhomme étranger, naturalifé par la die-

te, perdroit fes droits d'indigene, s'il négligeoit d'acheter des terres. Telle eft la nobleffe dont le concours forme les *dietines*, & dont le fuffrage élit les nonces à la diete, le corps fouverain de la nation. *v.* DIETE. (B. C.)

DIEU, fubft. m., *Morale.* Il feroit bien difficile de déterminer précifément aujourd'hui la vraie étymologie primitive de ce mot, puifque ceux qui parloient la langue d'où la nôtre l'a reçu, n'ont pas été d'accord à cet égard. Chacun fait que le mot françois *Dieu* vient du mot latin *Deus*, & celui-ci du grec *Theos*, Θεός, quoique quelques littérateurs aient voulu chercher fon origine dans la langue latine, & le dériver, foit du mot *dat*, *il donne*, parce que *Dieu* eft celui de qui nous recevons tout; foit du verbe *déeffe*, *manquer*, parce que tout a befoin de *Dieu*. Mais ces étymologies font fi peu naturelles, que les littérateurs les plus raifonnables fe font accordés à les rejetter, & à reconnoitre que le mot latin *Deus* vient du mot grec *Théos*, dont la prononciation adoucie eft *Deos*. On demande maintenant d'où vient ce nom donné par les Grecs à la Divinité. Ici les grammairiens ni les érudits ne font pas du même avis: les uns le dérivent du mot Δέος, *Déos*, qui fignifie *la crainte*, parce, difent-ils, que les Dieux infpirent la crainte, & qu'il faut les craindre. Mais il paroît peu vraifemblable que dans les premiers tems, quand les hommes formoient les mots de leur langue, l'idée de *Dieu* s'offrît à eux comme étant principalement l'objet de la crainte, alors fur-tout, qu'ils s'accordoient à les regarder comme des protecteurs & des bienfaiteurs. D'ailleurs il paroît que l'on auroit plutôt dans la fuite dérivé le nom du fentiment, du nom de l'Etre qui l'infpire;

il faut connoître un objet redoutable avant que de connoître la crainte. D'autres ont voulu que ce mot vînt de l'infinitif Θιασθαι, *téasthai*, qui signifie *voir*, parce que *Dieu* voit tout. Le rapport des idées qui autorisent cette dérivation la rend un peu vraisemblable, mais elle ne l'est pas assez pour satisfaire l'esprit, & pour nous faire croire que la première idée que les hommes se sont faite de la divinité, ait été celle d'un être qui voit. Pour rendre celle-ci intéressante au point d'en faire l'idée fondamentale qui s'offroit toujours, il falloit qu'il y en eût d'autres qui la précédassent dans l'esprit des hommes, & qui la rendissent importante à leurs yeux. Mais ces idées, qui sans doute ont précédé toutes les autres dans l'esprit des hommes, auroient dû plus naturellement fournir l'expression, pour en désigner l'objet, que celles que l'homme ne s'est formées que par une longue méditation. Le plus grand nombre des littérateurs, peu satisfaits de cette origine du mot *Théos*, que la forme même des mots ne favorise que peu, se sont réunis à la tirer du verbe θέω, *Théo*, *je cours*, parce, supposent-ils faussement, que les premieres idées des hommes ont été que les astres étoient les Dieux de l'univers; & que les astres ne s'arrêtent jamais dans leur course. Mais si c'étoit là l'origine du mot *Dieu*, ce terme ne seroit-il pas celui par lequel ils auroient désigné les astres eux-mêmes, au moins en général, & cependant jamais le mot *Théos* n'a servi chez les Grecs à signifier ni les astres en général, ni aucun d'eux en particulier. Il est une autre étymologie que quelques savans ont assignée au mot *Dieu* avec plus de vraisemblance; les Grecs ont certainement reçu des Orientaux Phéniciens, Juifs ou Chaldéens, un grand nombre

de mots, aussi bien que les premieres lettres de leur alphabet. Or chez ces peuples de l'orient le mot ‎ד‎ *Dai*, qui signifie *suffisant*, *puissant*, *qui se suffit à lui-même*, a servi à désigner la Divinité; de-là s'est formé le mot ‎שדי‎ *Schaddai*, *Tout-puissant*, que les LXX. ont traduit par le mot grec ἱκανός *Icanos*, *suffisant*, *puissant*, *capable*; quelques peres de l'église l'on traduit en grec par le mot αὐταρκής *autarkés*, *celui qui est son principe à soi-même*, *indépendant*, *maître Souverain*. Du mot *Dai* la distance n'est pas bien grande aux mots *Théos* ou *Deos*, *Deus*, *Dieu*. Qu'il nous soit permis de le dire, il est surprenant que, voulant absolument trouver une étymologie au mot grec *Théos*, on la soit allé chercher si loin, tandis qu'on la trouvoit si naturellement dans le verbe grec θέω *théo*, d'où le verbe τίθημι *tithémi* a emprunté la plupart des tems par lesquels il se conjugue, & qui signifiant *je pose*, *je place*, *je fais exister*, *je fais être*, nous offre la racine naturelle d'un substantif *Théos*, qui signifiera *celui qui fait être*, *qui donne aux choses leur existence*, *leur nature*, *leur stabilité*.

Cette étymologie que la forme des mots & leur signification rend si naturelle, est d'autant plus vraisemblable, qu'elle est d'accord avec l'idée que, dans tous les tems, les hommes se sont faite de la Divinité, comme de l'Etre par qui tout est, qui a tout fait, tout arrangé, tout placé dans l'ordre où il se trouve, & qui conserve tout.

Quoiqu'il en soit de ces étymologies que nous ne garantissons pas, bien que la derniere nous paroisse très-naturelle, quelque jour que la connoissance de l'origine de ce mot *Dieu* pût répandre sur l'exposition des premieres idées que les hommes ont eues de la Divinité,

nité, foit naturellement par une fuite de leurs réflexions, foit plus vraifemblablement, par l'effet de quelque leçon reçue immédiatement de Dieu, & confervée par la tradition, nous ne fommes pas réduits à n'avoir à cet égard pour reffource que des recherches étymologiques, il nous refte des monumens qui remontent affez près des premiers âges du monde, pour que nous y retrouvions encore en partie les traces de la premiere croyance des hommes.

Plus nous remontons dans l'antiquité au delà des tems où les Grecs firent de la philofophie l'art de difputer fur tout, & d'inventer des fyftèmes pour tout expliquer, & plus nous trouvons d'uniformité, de fimplicité & de raifon dans les idées des hommes au fujet de la Divinité; moins à cet égard leur doctrine eft chargée de détails & de décifions fubtiles & hafardées.

1°. En vain quelques dialecticiens modernes ont voulu combattre l'univerfalité de la croyance d'un *Dieu*, efpérant par là la rendre douteufe fon exiftence; il eft prouvé au contraire que l'on n'a jamais connu dans le monde aucun peuple, aucune nation, aucune fociété, ni petite, ni grande, qui ait été abfolument fans aucune notion d'une Divinité, ou qui en ayant eu l'idée, l'ait rejettée comme une erreur, & ait fait profeffion d'athéifme. Voy. ce que nous avons dit fur ce fujet à l'article ATHÉE.

2°. Une feconde obfervation digne d'être pefée, nous apprend que chez toutes les fociétés connues, on a toujours apperçu une idée plus ou moins développée d'un être, dont le nom, quel qu'il fût, répondoit au mot *Dieu*, c'eft-à-dire, d'un être qui ayant tout fait, étoit maître de tout, exerçoit un empire raifonnable fur le monde, & en particulier fur le genre humain,

Tome IV.

qui doué d'une perfection fupérieure à celle de tous les autres êtres actifs, étoit pour les hommes un maître fuprème, un bienfaiteur, un confervateur, un législateur & un juge, qui dirigeant leur fort par fa Providence, approuvoit & favorifoit les gens de bien, blamoit & puniffoit tôt ou tard les méchans.

3°. A quelque degré d'égarement & de déraifon que les hommes foient parvenus dans la fuite, au fujet de la Divinité, cette notion d'un *Dieu*, telle que nous venons de la décrire, n'a jamais été entierement étouffée; on la retrouve par-tout, comme formant le fond de la croyance, je ne dis pas de tous les particuliers, quelques-uns ont fait les plus grands efforts pour l'altérer, l'effacer & la détruire, v. ATHÉE; mais je dis qu'elle fait le fond de la croyance de toutes les fociétés, de toutes les nations, de tous les peuples, le canevas fur lequel toutes les religions profeffées dans la fuite, ont été conftruites, le principe du culte raifonnable des premiers hommes, du culte fuperftitieux des générations fuivantes, la bafe refpectée de leurs obligations.

4°. Obfervons en quatrieme lieu, que tout annonce que ces idées fondamentales & fimples étoient le fruit d'une révélation furnaturelle, dont les parties fe font confervées par la tradition dans les premiers âges, qui n'ont commencé qu'affez tard à s'altérer, & auxquelles on n'a porté atteinte que quand, d'un côté, l'imagination déreglée des poëtes eut entraîné le peuple dans l'erreur par des expreffions figurées qui furent prifes à la lettre, & quand, d'un autre côté, des philofophes orgueilleux voulurent inventer des fyftèmes pour tout expliquer, travaillerent à rendre raifon de la mythologie par

D d d d

des interprétations purement phyſiques, ne chercherent plus, comme leurs prédéceſſeurs à raſſembler tout ce que l'antiquité leur avoit tranſmis par la tradition, ne firent plus ſervir la philoſophie à trouver le vrai, mais à former des ſectes dont ils devenoient les chefs vénérés.

5°. Remarquons en cinquieme lieu, que parmi les nations, celles qui ont été les plus vertueuſes, ont toujours été celles qui ſe ſont le moins écartées de ces premieres notions; que parmi les philoſophes, les plus anciens, & ceux qui ont été les plus eſtimés & les plus dignes de l'être, ont toujours cherché à ramener la religion à cette croyance ſimple d'un Etre ſuprème, créateur & conſervateur de toutes choſes, bienfaiteur, législateur & juge des hommes, digne par ſa perfection de leur amour, de leurs hommages & de leur obéiſſance, ami des gens de bien, & ennemi des méchans, vengeur du crime, & rémunérateur de la vertu.

C'eſt-là l'idée qu'Héſiode nous en donne dans ſon poëme *Opera & Dies.* Homere conſerve le fond de cette doctrine, mais il l'altere par ſes fictions; Hèrmes, Zoroaſtre, Linus, Orphée, Thalès, Pythagore, Socrate, Platon, Ariſtote, ont travaillé à la maintenir & à la développer. Elle ſe maintint aſſez long-tems chez les Chaldéens, les Perſes, les Scythes & leurs branches, chez les Chinois, les Arabes & chez les Indiens.

6°. Sans s'effacer pour le fond, elle s'altéra & s'obſcurcit inſenſiblement par la négligence de ceux qui, par leur vocation, devoient la maintenir dans ſa pureté; par les expreſſions figurées des poëtes, qui ſeuls pendant longtems conſerverent dans leurs poëmes la tradition ancienne; leur langage rempli de figures induiſit le peuple en erreur: au lieu de repréſenter *Dieu* comme ſaint & juſte, ils lui attribuerent les paſſions des hommes. Ce n'eſt plus un *Dieu* qui approuve le bien, qui déſapprouve le mal, qui veut, par des châtimens, que la corruption des hommes exige comme remede, les ramener à la vertu & au bonheur; c'eſt un prince outragé qui ſe venge des rebelles contre leſquels il eſt en colere.

Dès qu'une fois la dangereuſe carriere du langage figuré fut ouverte, on en vit ſortir en foule les erreurs; la Providence ne fut plus le gouvernement ſage d'un être unique, mais l'adminiſtration d'une foule de miniſtres ſubalternes qui ſe partagerent l'ouvrage, & qui deſtinés à repréſenter les diverſes perfections de la Divinité, & les différentes qualités des êtres, ſous la conduite de la ſageſſe infinie, n'offrirent aux peuples avides de tableaux, qu'une foule de Divinités ſoumiſes au deſtin, mais ſouvent peu d'accord entr'elles.

7°. Quelques perſonnes s'apperçurent bien de l'altération de la théologie; mais les prêtres & les princes y trouverent une ſource de revenus, & un moyen de dominer plus deſpotiquement ſur les peuples; ils laiſſerent le peuple dans l'erreur, tandis que conſervant pour eux la connoiſſance du vrai, ils ne la communiquoient, que ſous le ſceau du plus grand ſecret, à quelques perſonnes ſur leſquelles ils pouvoient compter. On eſt généralement perſuadé, & on a de fortes raiſons de l'être, que dans les myſteres on enſeignoit aux initiés cette ancienne doctrine pure & ſimple que l'homme avoit auparavant reçue de *Dieu.* Ce fut ſur ce modele que les philoſophes eux-mêmes eurent une doctrine publique, d'accord avec les idées reçues qu'ils n'ofoient pas choquer ; & une doctrine fecrete qu'ils n'enfeignoient qu'à un petit nombre de difciples choifis. Ainfi la connoiffance d'un feul *Dieu*, tout parfait, maître, confervateur, directeur, légiflateur & juge, fe conferva long-tems, & même on peut dire, s'eft confervée toujours parmi les hommes, mais non pas parmi le peuple, dans une auffi grande pureté.

8°. Dans quelque degré d'égarement que le commun des hommes fe foit jetté par ces diverfes caufes, quoiqu'il admît plufieurs Dieux, il paroît qu'il a conftamment cru qu'il en étoit un fuprème, fous lequel tous les autres devoient ployer. Quelque abfurdes qu'ayent été les idées que les peuples fe font faites de la Divinité, quelque contradictoires que fuffent leurs notions, & les attributs qu'ils faifoient entrer dans le tableau idéal qu'ils s'en formoient, toujours cependant on a pu recueillir de leurs difcours & de leur culte, qu'ils croyoient une Divinité, de qui ils dépendoient comme de leur maître fuprème, qui dirigeoit tout par fa Providence, qui exigeoit que les hommes fuffent vertueux, dont la volonté étoit exprimée par les loix de la droiture, qui en puniroit les tranfgreffeurs, qui en recompenferoit les obfervateurs, à qui l'homme devoit un culte qui confiftoit dans des louanges, des actions de graces, des requêtes pour demander des fecours, des aveux de fautes, & des fupplications pour obtenir le pardon des péchés commis. Tout cela s'exprimoit, ou par des difcours, ou par des actes, qui repréfentoient les mêmes penfées. Or quand on voit tout un peuple rendre un tel culte à des êtres qu'il nomme *Dieu*, on ne peut douter que l'idée commune ne foit, qu'un tel Etre exifte, qu'il a les

perfections, & qu'il foutient avec les hommes les rélations, qu'un tel culte fuppofe néceffairement.

9°. Ici, fans doute, on nous objectera contre ce concert des idées de tous les hommes, les opinions des philofophes qui s'en font écartés ; mais il faut obferver d'un côté, que tandis qu'il eft prouvé que quelques philofophes ont nié les Dieux du peuple, il n'eft pas prouvé qu'ils niaffent toute Divinité ; les abfurdités de la fuperftition devoient révolter les efprits juftes, tels que celui des Thalès, des Socrate, des Platon, des Ciceron, des Séneque, qui voyoient bien la fauffeté des fables inventées par les poëtes, & confacrées par les prêtres qui en vivoient : mais ces mêmes hommes croyoient un *Dieu* tel que nous l'avons décrit dès le commencement de cet article ; nous en pouvons dire autant de plufieurs de ceux dont nous avons parlé à l'article ATHÉE : on a dans tous les tems couru le rifque d'être regardé comme athée, dès qu'on s'eft écarté de la doctrine confacrée par l'ufage & l'autorité. Remarquons d'un autre côté, que plufieurs de ceux qui ont enfeigné une doctrine qui conduifoit à l'athéifme, n'ont point penfé à enfeigner quelque chofe touchant la Divinité ; mais feulement à expliquer, par des caufes phyfiques, l'origine & la confervation du monde, & la maniere dont *Dieu* exiftoit & agiffoit par rapport à l'univers en général. Ces philofophes ne parloient qu'en phyficiens ; & quand, pouffant plus loin les conféquences de leur fyftème de cofmogonie, ils feroient venus comme quelques-uns à confondre *Dieu* avec le monde, ou à nier un *Dieu* créateur, il fe trouve qu'une partie d'entr'eux ont attribué à ce *monde-Dieu* les perfections & les rapports avec nous, qui font de la Divinité l'objet néceſſaire de notre culte & de notre obéiſſance; ou s'ils ont conclu qu'il n'y avoit point de Dieu, leur opinion a trouvé ſi peu de partiſans que jamais il n'y a eu de ſociété, quelque peu nombreuſe qu'on la ſuppoſe, qui l'ait adoptée. On ne peut donc pas alléguer l'opinion de quelques hommes en très petit nombre, peu d'accord avec eux-mêmes, qui raiſonnoient très-mal, & dont nulle ſociété n'a ſuivi la doctrine, contre l'accord uniforme des hommes de tous les tems & de tous les lieux. Nous ne nous arrêterons pas ici à charger cet article de citations, & à prouver, par les nombreux témoignages que nous pourrions alléguer, que dans les précédentes réflexions nous n'avons rien avancé ſans preuves ſuffiſantes; ce ſeroit allonger inutilement cet article; car les gens ſans érudition ne ſentiroient pas la force des témoignages que nous fournirions en faveur des neuf obſervations que nous venons de faire; les hommes véritablement ſavans connoiſſent ces témoignages & ſavent bien que nous n'avons rien dit qui n'en ſoit appuyé: pour ceux qui veulent juger par eux-mêmes, ſans avoir encore acquis les lumieres néceſſaires pour cela, nous leur indiquerons les ſources reſpectables où ils peuvent puiſer la connoiſſance de ce qu'ils ignorent ſur ce ſujet. Ils les trouveront dans les livres ſuivans: Cudworth, *ſiſtema mundi intellectualis.* Warburton, *la Divinité de la légation de Moïſe.* Leland, *nouvelle démonſtration évangelique.* Pfannerus, *Theologia gentilis.* Bruker, *Hiſtoria critica philoſophiæ.* Stanley, *Hiſt. de la Phil. Selecta è profanis ſcriptoribus.* Le Batteux, *Hiſt. des cauſes prem.* Voſſius *de origine & progreſſu idololatriæ. Diſcours ſur la théologie des anciens,* par Ramſay, &c.

Il ſuit de ces obſervations, dont les preuves ſont inconteſtables, que le conſentement général des hommes au ſujet de l'exiſtence d'une Divinité quelconque, arbitre du ſort des humains, auteur des loix naturelles. de la vertu, qui n'approuve & ne veut recompenſer que ceux qui les obſervent, qui déſapprouve au contraire & veut punir ceux qui les violent, eſt un fait que l'ignorance & la mauvaiſe foi ſeules peuvent revoquer en doute ou conteſter.

Ce ſuffrage unanime des hommes en faveur de l'exiſtence de *Dieu,* a été enviſagé par quelques docteurs comme une preuve certaine que *Dieu* exiſte. Ciceron & Maxime de Tyr, avec d'autres anciens, & la plupart des modernes, l'ont employé comme un argument victorieux: ce que nous en conclurons, c'eſt que ces auteurs ont reconnu la certitude de ce conſentement univerſel. Maxim. Tyrii *Diſſert.* 1°. & 38°. Cicero Tuſc. *quæſt. L. I.* Mais quant à la preuve qu'on en veut tirer en faveur de la vérité qui en eſt l'objet, il nous paroît que c'eſt à tort qu'on l'offre comme une démonſtration; il n'en eſt pas une; mais auſſi on ne ſauroit nier que ce ne ſoit une préſomption bien forte, en faveur de la vérité de l'opinion qu'elle appuye. Il eſt bien difficile de rendre raiſon d'un conſentement ſi univerſel, ſi conſtant, qu'en la tirant de ce qu'une telle croyance s'eſt trouvée d'accord avec les lumieres naturelles de tous les hommes, dans tous les tems & dans tous les lieux; qu'elle ne leur a jamais rien offert d'incompatible, rien même qui ne fût en quelque ſorte requis néceſſairement par tout ce qu'ils connoiſſoient avec certitude. La liaiſon naturelle de cette croyance, avec d'autres vérités reconnues pour certaines, a même

paru à quelques philofophes un phénomene fi frappant, qu'ils ont cru
& ont affirmé, que cette idée de l'exiftence d'un *Dieu*, étoit fournie à l'homme par la nature mème, indépendamment de toute inftruction; que l'ame
n'exiftoit pas fans elle, qu'elle l'ap-
portoit avec fa propre exiftence, qu'elle étoit innée : ils n'ont pas fans doute fait attention que fi cette idée étoit
innée, gravée dans notre ame par le
Créateur lui-mème, elle feroit exactement la mème chez tous, & ne pourroit ètre altérée ni effacée. Loke a
prouvé qu'il n'étoit point d'idées innées, mais il a prouvé auffi que nous
avions la capacité innée d'appercevoir
les rapports des chofes que nous connoiffons, & de diftinguer, quand nous
voulons examiner ce qu'on nous propofe, la vérité d'avec l'erreur. On peut
donc conclure de ce confentement, que
tous les hommes qui ont réfléchi fur
le dogme de l'exiftence de *Dieu*, ont
trouvé qu'il étoit raifonnable, digne
d'affentiment, & bien plus d'accord
avec les lumieres naturelles que tout
dogme oppofé. En effet, il a été admis
par les plus grands philofophes, tout
comme par les hommes du commun.

En vain l'autéur du *fyftême de la
Nature* ofe dire avec une précipitation
impardonnable, que les hommes ont
été ignorans & infenfés toutes les fois
qu'ils ont tenté de fe faire quelque idée
d'un *Dieu* qui ne tombe jamais fous
leurs fens : il faut qu'il mette au rang
des ignorans & des infenfés, ceux qui,
de l'aveu de tout le monde, font les
plus grands génies, les plus favans des
hommes, & les plus fages des philofophes, tant chez les anciens que chez
les modernes. Je ne fais fi cet auteur
téméraire, s'arrogeant à lui feul le caractere d'homme fage & éclairé, parce

que lui feul a fait un long ouvrage,
uniquement pour prouver qu'il n'y a
point de *Dieu*, perfuadera à beaucoup
de lecteurs la juftice de cette prétention
abfurde, & leur fera croire que les
Bacon, les Defcartes, les Loke, les
Leibnitz, les Newton, les Clark, les
Fontenelle, les Wolf, n'ont été que
des infenfés & des ignorans; car ces
hommes refpectés & refpectables ont
cru un *Dieu* & s'en font formé des
idées.

Pour diminuer la force de cette confidération, le mème auteur nous allegue
divers exemples de doctrines fauffes, en
faveur defquelles on fait valoir l'unanimité du fuffrage des hommes, lequel
n'empèche pas cependant qu'elles ne
foient des erreurs. Telles font la pluralité des *dieux*, l'influence des aftres
fur notre fort, les fortileges, le mouvement du foleil autour de la terre :
mais il faut obferver par rapport à ce
dernier exemple, qu'il nous offre l'objet d'une croyance, d'une efpece bien
différente; les fens ne nous permettoient pas, en les confultant feuls, de
juger que ce fût la terre & non le foleil
qui fe meut; & qu'en général il importe
affez peu aux hommes lequel des deux
eft fixe. Aujourd'hui que l'aftronomie
eft perfectionnée, tous les aftronomes
s'accordent à croire que c'eft la terre qui
fait fes révolutions autour du foleil.
Mais les raifonnemens des athées, & fur-
tout ceux de ce dernier, ont-ils produit
le mème effet dans l'efprit des plus habiles philofophes ? Les plus éclairés
font-ils convaincus qu'il n'y a point de
Dieu ? Cet exemple ne fert donc de rien
ici.

Les autres exemples ne font pas plus
propres à prouver qu'il n'y a rien de raifonnable à croire un *Dieu*. Le poly-
théifme, la magie, l'aftrologie, font

des préjugés qui tiennent immédiatement à la croyance d'une divinité, & qui n'auroient pas eu lieu fans elle; ils la fuppofent: ainfi la multitude de ceux qui ont adopté ces erreurs, eft une nouvelle preuve de la réalité de ce confentement dont nous parlons, & fortifie la conféquence qu'on en tire en faveur de fon accord avec la nature des chofes & la droite raifon. D'ailleurs on ne fauroit alléguer à l'appui de ces opinions fauffes, le même accord qui accompagne le dogme de l'exiftence d'un *Dieu.* La nation Juive, les mahométans, les chrétiens, plufieurs fages de l'antiquité, quelques nations connues, n'ont point été polythéiftes, & font profeffion de ne pas l'être. La magie & l'aftrologie font depuis long-tems abandonnées par tous les hommes qui cultivent avec foin leur raifon, & perdent de leur crédit par-tout où les hommes s'éclairent. Les plus grands philofophes au contraire fe réuniffent à enfeigner & à prouver qu'il eft un *Dieu.* Il y a eu quelques hommes qui ont attaqué cette doctrine, cela eft vrai; mais leur nombre fuffit-il pour rompre le confentement univerfel de tous les peuples; & leur qualité leur mérite-t-elle la gloire de voir leur opinion contrebalancer la croyance dont tout le refte des hommes fait profeffion?

Mais, dira-t-on, les hommes ne font pas d'accord fur l'idée qu'il faut fe former de *Dieu:* nous en convenons encore: cependant nous obferverons, d'un côté, que cette variété d'opinions eft une preuve que l'idée de *Dieu* n'eft pas une idée innée ou machinale, mais qu'elle eft ou le fruit d'une premiere leçon divine, confervée par la tradition, & adoptée par tous ceux à qui elle a été offerte, parce que tous l'ont trouvée très-raifonnable, ou le fruit des ré-

flexions & des raifonnemens des hommes, qui tous faifant ufage de leurs lumieres naturelles, fe font accordés partout & dans tous les tems, à croire en *Dieu.* Soit que cette idée vienne d'une tradition qui a dû s'altérer avec le tems, foit qu'elle foit le fruit du raifonnement, qui n'éclaire pas également tous les hommes, il ne fe pourroit pas qu'il n'y eût pas entr'eux quelque variété d'idées à cet égard: mais la diverfité des opinions fur un fujet ne prouve pas fa non-exiftence: prouveroit-on qu'il n'y a chez nous aucun principe penfant, contre le fait qui attefte à chacun fon exiftence, parce que tous les hommes n'en ont pas la même idée? Obfervons d'un autre côté, que quelque variété qu'il y ait eu dans les hommes à cet égard, il y a cependant à ce fujet certains principes généraux qui leur font communs, comme que le *Dieu,* ou en général la divinité, eft le maître du monde, l'arbitre du fort des hommes, qu'il gouverne tout par fa providence, qu'il eft le remunérateur de la vertu & le vengeur du crime. Voilà ce fur quoi font d'accord tous les peuples connus; tel eft le principe du culte qu'ils rendent à ce qu'ils croyent être *Dieu.* Nous concluons delà, que fi les hommes n'ont pas appris par révélation qu'il y a un *Dieu,* fi cette révélation ne leur a pas paru la leçon la plus digne d'être reçue par la raifon, ou fi la droite raifon, employant convenablement les facultés naturelles dont elle eft douée, pour découvrir la vérité, n'a pas été conduite dans tous les tems & dans tous les lieux, par le raifonnement à la croyance d'un *Dieu,* il ne feroit pas poffible que cette croyance fe fût répandue par tout le monde, & fe fût gravée auffi profondément qu'elle l'a été dans l'efprit de toutes les nations

fans exception, ne s'y feroit pas confervée dans tous les fiecles, & n'auroit
pas eu pour défenfeurs les hommes les
plus éclairés, les plus fages, les plus
véritablement philofophes. Il faut convenir au moins qu'une fi grande unanimité de fuffrages qui embraffe tous les
tems & tous les lieux, eft un phénomene fans exemple, bien digne de piquer l'attention du philofophe ; un phénomene qu'on ne peut expliquer qu'en
difant, comme nous le faifons, qu'il
eft dû à ce que rien au monde n'eft
plus conforme au fens commun que la
croyance d'un *Dieu* Créateur, Confervateur & Maître du monde, Bienfaiteur, Légiflateur & Juge des hommes,
digne de nos hommages & de notre
obéiffance.

Il faut fans doute, que par-tout, &
en tous lieux, tout ait tenu, quant au
fond de ce dogme, le même langage à
tous les mortels. Car quelle eft l'erreur
qui ait en fa faveur un confentement
auffi frappant, & qui ait tenu de même contre tous les efforts des paffions
des hommes, contre toutes les caufes
qui alterent & effacent les traces des
traditions, contre les efforts de quelques philofophes, & contre l'intérêt que
les vicieux auroient de la rejetter ?

Si nous en croyons l'auteur du *Syftê-
me de la nature*, tout dans l'univers arrive par un effet néceffaire de l'énergie
propre à chaque être, par une fuite inévitable de ce qu'il eft, ou autrement
qu'il ne fe fait rien dans la nature que
ce que la nature détermine. Il fuit donc
delà, que la croyance d'un *Dieu* eft une
production de la nature, tout comme
le defir de notre confervation & la
crainte de notre deftruction. Les cris
de quelques athées ne prouvent pas
plus contre cette loi naturelle qui nous
fait croire un *Dieu*, que le fuicide de

quelques particuliers ne prouve qu'il
n'eft pas naturel que nous defirions de
nous conferver, & que nous aimions
la vie.

Ici il eft naturel de demander d'où a
pu s'élever dans l'efprit des hommes,
la croyance d'un *Dieu* ? Quand nous
refléchiffons fur l'état où fe trouveroient deux enfans élevés dans les forêts par des ours, privés de toute efpece d'inftruction, nous avons peine à
concevoir comment leur efprit s'élev-
roit de lui-même, à la notion d'un
Dieu. Quand en fuivant à cet égard les
progrès de l'efprit humain, nous faifons attention, que les plus anciens
écrivains, poëtes, orateurs, hiftoriens,
n'enfeignent jamais l'exiftence d'un
Dieu comme un dogme nouveau ; ils
en parlent comme d'une idée qui a toujours été dans l'efprit des hommes ;
qu'ils nous apprennent quand & par
qui les divers arts ont été inventés,
& qu'ils nous parlent d'un tems où ils
étoient inconnus, mais qu'aucun ne
nous parle d'un tems où l'on ne crut
pas un *Dieu*, ni d'une époque à laquelle la croyance qu'il exifte, ait pris
naiffance, ni de quelque docteur qui
l'ait le premier enfeignée ; quand je fais
attention que ce dogme eft toujours
préfenté comme un fait inconteftable,
connu de tout tems, à l'appui duquel
les anciens les plus reculés n'employent
ni les recherches ni les raifonnemens,
mais feulement les témoignage des fiecles précédens, que cette croyance eft
d'autant plus fimple, d'autant moins
fujette à des difficultés, que je remonte
plus haut dans l'antiquité ; que ce dogme n'a commencé à donner lieu à des
difputes, ne s'eft vu furchargé de détails difficiles à comprendre, & de doctrines abfolument incohérentes, n'a
donné lieu à des doutes & à l'athéifme,

que quand on a abandonné la tradition, pour y substituer des raisonnemens métaphysiques; que les premiers philosophes alléguent pour uniques preuves de l'existence d'un *Dieu* la tradition constante de toute l'antiquité & de tous les peuples; quand, dis-je, toutes ces considérations s'offrent à mon esprit, je ne puis hésiter à croire qu'une révélation surnaturelle a été la premiere source de la croyance universelle & constante qu'il existe un *Dieu*, que *Dieu* lui-même en a donné la connoissance aux premiers hommes, parce qu'elle étoit essentiellement nécessaire à leur perfection & à leur bonheur. Voyez ce que nous avons dit au mot ANTÉDILUVIEN.

Si la croyance d'un *Dieu* n'est pas dûe originairement à une révélation divine, il faut la regarder comme une croyance à laquelle les hommes de tous les tems & de tous les lieux ont été nécessairement conduits par la vue de l'univers, par la considération détaillée des êtres dont l'homme connoît la nature, la construction & les rapports, & par l'étude attentive de ce qui se passe en lui-même.

Quelque stupides qu'on suppose qu'ayent été les hommes, dans aucun tems que ce soit, on n'est pas autorisé à les accuser d'avoir cru qu'une chose s'étoit faite elle-même, qu'il existoit des effets sans cause; qu'il y avoit un ordre parfait, un rapport exact entre les causes & les effets, un but utile dans toutes les parties connues d'un systême, quand personne ne l'y a fait exister, quand aucun être intelligent ne s'en est mêlé. Quoique l'auteur du *Systême de la nature* dise de l'ignorance, de la bêtise & de la démence des hommes, jamais ils n'ont été assez ignorans & assez insensés pour croire que le hasard,

ou une cause destituée d'intelligence avoit construit l'œil, au moyen duquel nous voyons, l'oreille qui nous fait appercevoir les sons, les organes de la génération, au moyen desquels les races se perpétuent, l'estomac qui digere les viandes & les fait servir à nous nourrir, le cœur qui, comme un ressort, entretient le mouvement du sang: jamais seulement ils n'attribuerent à une cause aveugle la construction d'une maison, quelque simple qu'elle fût. La même disposition d'esprit d'après laquelle nous attribuons un palais à l'intelligence d'un architecte, un tableau à l'habileté d'un peintre, une montre à un horloger, les a portés dans tous les tems à la vue de l'univers, à en attribuer l'existence, l'ordre, les rapports admirables à une cause premiere, intelligente & libre, qui en a formé le plan, fixé les fins, choisi & employé les moyens. On a beau nommer cette preuve, tirée des *fins* connues, un *argument populaire*; il n'en est pas moins un argument, qui dans tous les tems a eu droit de frapper par son évidence & les hommes du commun, dont une métaphysique trop subtile n'a pas rendu l'esprit faux, & les plus grands philosophes qui ont voulu simplement chercher le vrai, & non obscurcir la vérité, en opposant à des difficultés & des contradictions qui résultoient de leur systême, des difficultés sur le comment des choses, qui n'en détruisoient pas la réalité.

A la conséquence, que la vue de cet univers, où tout annonce l'action d'une cause intelligente, fait tirer naturellement en faveur de l'existence de cette cause, on objecte une hypothese bien plus difficile à saisir: on ne nie pas, parce qu'on ne sauroit le nier, l'ordre, les fins, & le rapport des causes

choisies

choifies pour procurer les effets prévus & recherchés ; mais pour fe difpenfer d'admettre un *Dieu*, on veut nous faire croire que l'univers n'eft autre chofe que le fpectacle que nous offre un progrès de caufes à l'infini, c'eft-à-dire que forcés de reconnoître que nul des êtres dont l'affemblage & la fucceffion forment cet univers, n'exifte qu'autant qu'une caufe précédente l'a fait exifter : on n'aura plus befoin d'une premiere caufe lorfque l'on aura imaginé une fuite immenfe ou infinie de caufes ; c'eft fuppofer que deux êtres, mille êtres tous contingens qui ne peuvent exifter fans une caufe premiere, cefferont d'être contingens, & d'avoir befoin d'une caufe premiere, quand vous en aurez rendu le nombre infini, ou comme s'exprime très-bien Vollafton, dans fon *Ebauche de la religion naturelle*, que deux chaînons ne fauroient, étant feuls, fe foutenir en l'air fans un point de fufpenfion, qui les empêche de defcendre; mais qu'une chaîne fufpendue fûr nos têtes, dont le bout inférieur ne touche pas la terre, fe foutiendra toute feule fans appui lorfque vous fuppoferez le nombre des chaînons infini ; hypothefe dont tous les philofophes ont fait fentir l'abfurdité.

Comme quelques athées ont voulu attaquer l'exiftence de *Dieu*, & ont employé pour cela divers argumens, & des raifonnemens de différens genres, les théíftes ont dû les fuivre dans ces divers détours de chicanes, oppofer des preuves morales aux objections tirées des confidérations morales, des preuves phyfiques aux difficultés tirées de la phyfique, & enfin des raifonnemens métaphyfiques aux difficultés métaphyfiques. Les preuves morales de l'exiftence de *Dieu* fe tirent du confentement des

peuples, dont nous avons déja parlé, & qui coincident avec les preuves hiftoriques tirées du témoignage. Les preuves phyfiques fe tirent de l'ordre qui regne dans l'univers, & des divers talens dont quelques créatures font douées, de la nature de la matiere, du mouvement qui ne lui eft pas effentiel, de l'intelligence dont elle eft incapable. Quant aux argumens métaphyfiques, nous nous bornerons ici à un petit nombre tirés de l'excellent ouvrage du docteur Clarke, intitulé, *Traité de l'exiftence & des attributs de Dieu*.

Les raifonnemens que met en œuvre M. Clarke, font un tiffu ferré, une chaîne fuivie de propofitions liées étroitement, & néceffairement dépendantes les unes des autres, par lefquelles il démontre la certitude de l'exiftence de *Dieu*, & dont il déduit enfuite l'un après l'autre les attributs effentiels de fa nature, que notre raifon bornée eft capable de découvrir.

Premiere propofition. Que quelque chofe a exifté de toute éternité. Cette propofition eft évidente; car puifque quelque chofe exifte aujourd'hui, il eft clair que quelque chofe a toujours exifté.

Seconde propofition. Qu'un être indépendant & immuable a exifté de toute éternité. En effet, fi quelqu'être a néceffairement exifté de toute éternité, il faut ou que cet être foit immuable & indépendant, ou qu'il y ait eu une fucceffion infinie d'êtres dépendans & fujets au changement, qui fe foient produits les uns les autres dans un progrès à l'infini, fans avoir eu aucune caufe originale de leur exiftence. Mais cette derniere fuppofition eft abfurde, car cette gradation à l'infini eft impoffible & vifiblement contradictoire. Si on envifage ce progrès à l'infini comme une chaîne infinie d'êtres dépendans qui tiennent les uns aux autres, il est évident que tout cet assemblage d'êtres ne sauroit avoir aucune cause externe de son existence, puisqu'on suppose que tous les êtres qui sont & qui ont été dans l'univers, y entrent. Il est évident, d'un autre côté, qu'il ne peut avoir aucune cause interne de son existence, parce que dans cette chaîne infinie d'êtres il n'y en a aucun qui ne dépende de celui qui le précede. Or si aucune des parties n'existe nécessairement, il est clair que tout ne peut exister nécessairement, la nécessité absolue d'exister n'étant pas une chose extérieure, relative & accidentelle de l'être qui existe nécessairement. Une succession infinie d'êtres dépendans, sans cause originale & indépendante, est donc la chose du monde la plus impossible.

Troisieme proposition. Que cet être immuable & indépendant, qui a existé de toute éternité, existe aussi par lui-même; car tout ce qui existe, ou est sorti du néant, sans avoir été produit par aucune cause que ce soit; ou il a été produit par quelque cause extérieure, ou il existe par lui-même. Or il y a une contradiction formelle à dire qu'une chose est sortie du néant, sans avoir été produite par aucune cause. De plus, il n'est pas possible que tout ce qui existe ait été produit par des causes externes, comme nous venons de le prouver : donc &c.

De cette troisieme proposition je conclus, 1°. qu'on ne peut nier, sans une contradiction manifeste, l'existence d'un être qui existe nécessairement & par lui-même; la nécessité en vertu de laquelle il existe étant absolue, essentielle & naturelle, on ne peut pas plus nier son existence, que la relation d'é-

galité entre ces deux nombres, deux fois deux font quatre, que la rondeur du cercle, que les trois côtés d'un triangle.

La seconde conséquence que je tire de ce principe, est que le monde matériel ne peut pas être cet être premier, original, incréé, indépendant & éternel par lui-même; car il a été démontré que tout être qui a existé de toute éternité, qui est indépendant, & qui n'a point de cause externe, doit avoir existé par soi-même, doit nécessairement exister en vertu d'une nécessité naturelle & essentielle. Or de tout cela il suit évidemment que le monde matériel ne peut être indépendant & éternel par lui-même, à moins qu'il n'existe nécessairement, & d'une nécessité si absolue & si naturelle, que la supposition même qu'il n'existe pas soit une contradiction formelle; car la nécessité absolue d'exister, & la possibilité de n'exister pas, étant des idées contradictoires, il est évident que le monde matériel n'existe pas nécessairement, si je puis sans contradiction concevoir ou qu'il pourroit ne pas être, ou qu'il pourroit être tout autre qu'il n'est aujourd'hui. Or rien n'est plus facile à concevoir; car soit que je considere la forme de l'univers avec la disposition & le mouvement de ses parties, soit que je fasse attention à la matiere dont il est composé, je n'y vois rien que d'arbitraire : j'y trouve à la vérité une nécessité de convenance, je vois qu'il falloit que ses parties fussent arrangées; mais je ne vois pas là moindre apparence à cette nécessité de nature & d'essence pour laquelle les Athées combattent.

Quatrieme proposition. Que l'être qui existe par lui-même, doit être infini & présent par-tout. L'idée de l'infinité ou

de l'immenfité, auffi-bien que celle de
d'éternité, eſt ſi étroitement liée avec
l'idée de l'exiſtence par ſoi-même, que
qui poſe l'une, poſe néceſſairement l'autre : en effet, exiſter par ſoi-même,
c'eſt exiſter en vertu d'une néceſſité
abſolue eſſentielle & naturelle. Or cette
néceſſité étant à tous égards abſolue,
& ne dépendant d'aucune cauſe intérieure ; il eſt évident qu'elle eſt d'une
maniere inaltérable la même par-tout,
auſſi - bien que toujours ; par conſéquent tout ce qui exiſte en vertu d'une
néceſſité abſolue en elle - même, doit
néceſſairement être infini auſſi - bien
qu'éternel. C'eſt une contradiction manifeſte que de ſuppoſer qu'un être fini
puiſſe exiſter par lui - même. Si ſans
contradiction je puis concevoir un être
abſent d'un lieu, je puis ſans contradiction le concevoir abſent d'un autre
lieu, & puis d'un autre lieu, & enfin
de tout lieu ; ainſi quelque néceſſité
d'exiſter qu'il ait, il doit l'avoir reçue
de quelque cauſe extérieure : il ne ſauroit l'avoir tirée de ſon propre fonds,
& par conſéquent il n'exiſte point par
lui-même.

De ce principe avoué par la raiſon,
je conclus que l'être exiſtant par lui-
même doit être un être ſimple, immuable & incorruptible, ſans parties, ſans
figure, ſans mouvement & ſans divi-
ſibilité ; & pour tout dire en un mot,
un être en qui ne ſe rencontre aucune
des propriétés de la matiere : car toutes
les propriétés de la matiere nous donnent néceſſairement l'idée de quelque
choſe de fini.

Cinquieme propoſition. Que l'être exiſtant par lui-même, doit néceſſairement
être unique. L'unité de l'Etre ſuprême
eſt une conſéquence naturelle de ſon
exiſtence néceſſaire ; car la néceſſité abſolue eſt ſimple & uniforme, elle ne re-

connoît ni différence ni variété, quelle
qu'elle ſoit ; & toute différence ou variété d'exiſtence procede néceſſairement
de quelque cauſe extérieure de qui elle
dépend. Or il y a une contradiction manifeſte à ſuppoſer deux ou pluſieurs natures différentes, exiſtantes par elles-
mèmes néceſſairement, & indépendamment ; car chacune de ces natures étant
indépendante de l'autre, on peut fort
bien ſuppoſer que chacune d'elles exiſte toute ſeule, & il n'y aura point de
contradiction à imaginer que l'autre
n'exiſte pas ; d'où il s'enſuit que ni l'une
ni l'autre n'exiſtera néceſſairement. Il
n'y a donc que l'eſſence ſimple & unique de l'être exiſtant par lui-même, qui
exiſte néceſſairement.

Sixieme propoſition. Que l'être exiſtant par lui-même, eſt un être intelligent. C'eſt ſur cette propoſition que
roule le fort de la diſpute entre les
athées & nous. J'avoue qu'il n'eſt pas
poſſible de démontrer d'une maniere
directe *à priori*, que l'être exiſtant par
lui-même eſt intelligent & réellement
actif ; la raiſon en eſt que nous ignorons en quoi l'intelligence conſiſte, &
que nous ne pouvons pas voir qu'il y
ait entre l'exiſtence par ſoi-même &
l'intelligence, la même connexion immédiate & néceſſaire, qui ſe trouve entre cette même exiſtence & l'éternité,
l'unité, l'infinité, &c. mais, *à poſte-
riori*, il n'y a rien dans ce vaſte univers qui ne nous démontre cette grande vérité, & qui ne nous fourniſſe
des argumens inconteſtables, qui prouvent que le monde & tout ce qu'il contient, eſt l'effet d'une cauſe ſouverainement intelligente & ſouverainement
ſage.

1°. L'être exiſtant par lui-même étant
la cauſe & l'original de toutes choſes,
doit poſſéder dans le plus haut degré

d'éminence toutes les perfections de tous les êtres. Il est impossible que l'effet soit revêtu d'aucune perfection qui ne se trouve aussi dans la cause : s'il étoit possible que cela fût, il faudroit dire que cette perfection n'auroit été produite par rien, ce qui est absurde.

2°. La beauté, la variété, l'ordre & la symmétrie qui éclatent dans l'univers, & sur-tout la justesse merveilleuse avec laquelle chaque chose se rapporte à sa fin, prouvent l'intelligence d'un premier être. Les moindres plantes & les plus vils animaux sont produits par leurs semblables, il n'y a point en eux de génération équivoque. Ni le soleil, ni la terre, ni l'eau, ni toutes les puissances de la nature unies ensemble, ne sont pas capables de produire un seul être vivant, non pas même d'une vie végétale ; & à l'occasion de cette importante observation, je remarquerai ici en passant qu'en matiere même de religion, la philosophie naturelle & expérimentale est quelquefois d'un très-grand avantage.

Or les choses étant telles, il faut que l'athée le plus opiniâtre demeure d'accord, malgré qu'il en ait, ou que l'organisation des plantes & des animaux est dans son origine l'ouvrage d'un être intelligent, qui les a créés dans le tems ; ou qu'ayant été de toute éternité construits & arrangés comme nous les voyons aujourd'hui, ils sont une production éternelle d'une cause éternelle & intelligente, qui déploie sans relâche sa puissance & sa sagesse infinie ; ou enfin qu'ils naissent les uns des autres de toute éternité, dans un progrès à l'infini de causes dépendantes, sans cause originale existante par elle-même. La premiere de ces assertions est précisément ce que nous cherchons ; la seconde revient au fond à la même chose, &

n'est d'aucune ressource pour l'athée ; & la troisieme est absurde, impossible, contradictoire, comme il a été démontré dans la seconde proposition générale.

Septieme proposition. Que l'être existant par lui-même doit être un agent libre ; car si la cause suprême est sans liberté & sans choix, il est impossible qu'aucune chose existe ; il n'y aura pas jusqu'aux manieres d'être & aux circonstances de l'existence des choses, qui n'ayent dû être à tous égards précisément ce qu'elles sont aujourd'hui. Or toutes ces conséquences étant évidemment fausses & absurdes, je dis que la cause suprême, bien loin d'être un agent nécessaire, est un être libre & qui agit par choix.

D'ailleurs si la cause suprême étoit un agent purement nécessaire, il seroit impossible qu'aucun effet de cette cause fût une chose finie ; car un être qui agit nécessairement, n'est pas maître de ses actions pour les gouverner ou les désigner comme il lui plaît : il faut de toute nécessité qu'il fasse tout ce que sa nature est capable de faire. Or il est clair que chaque production d'une cause infinie, toujours uniforme, & qui agit par une impétuosité aveugle, doit de toute nécessité être immense & infinie ; une telle cause ne peut suspendre son action, il faut qu'elle agisse dans toute son étendue. Il n'y auroit donc point de créature dans l'univers qui pût être finie, ce qui est de la derniere absurdité, & contraire à l'expérience.

Enfin le choix que la cause suprême a fait parmi tous les mondes possibles, du monde que nous voyons, est une preuve de sa liberté ; car ayant donné l'actualité à une suite de choses qui ne contribuoit en rien par sa propre force à son existence, il n'y a point de raison qui dût l'empêcher de donner l'existence aux autres suites possibles, qui étoient toutes dans le même cas, quant à la possibilité. Elle a donc choisi la suite des choses qui composent cet univers, pour la rendre actuelle, parce qu'elle lui plaisoit le plus. L'être nécessaire est donc un être libre; car agir suivant les loix de sa volonté, c'est être libre.

Huitieme proposition. Que l'être existant par lui-même, la cause suprème de toutes choses, possede une puissance infinie. Cette proposition est évidente & incontestable, car puisqu'il n'y a que *Dieu* seul qui existe par soi-même, puisque tout ce qui existe dans l'univers a été fait par lui, & puis enfin que tout ce qu'il y a de puissance dans le monde vient de lui, & lui est parfaitement soûmise & subordonnée, qui ne voit qu'il n'y a rien qui puisse s'opposer à l'exécution de sa volonté?

Neuvieme proposition. Que la cause suprème & l'auteur de toutes choses doit être infiniment sage. Cette proposition est une suite naturelle & évidente des propositions précedentes, car n'est-il pas de la derniere évidence qu'un être qui est infini, présent par-tout, & souverainement intelligent, doit parfaitement connoître toutes choses? Revêtu d'ailleurs d'une puissance infinie, qui est-ce qui peut s'opposer à sa volonté, ou l'empêcher de faire ce qu'il connoît être le meilleur & le plus sage?

Il suit donc évidemment de ces principes, que l'être suprème doit toujours faire ce qu'il connoît être le meilleur, c'est-à-dire qu'il doit toujours agir conformément aux regles les plus séveres de la bonté, de la vérité, de la justice, & des autres perfections morales. Cela

n'entraîne point une nécessité prise dans le sens des fatalistes, une nécessité aveugle & absolue, mais une nécessité morale, compatible avec la liberté la plus parfaite.

Ces diverses propositions sont bien dignes que l'on en examine le développement dans l'ouvrage d'où on les a extraites, en les abrégeant. L'auteur du systême de la nature a voulu avoir la gloire de les attaquer. Mais il n'a pas eu celle de les combattre; puisque dans tout ce qu'il dit, on n'apperçoit aucun signe qu'il en ait lû autre chose que l'énoncé, sans en jamais lire la démonstration; il ne fait que répéter des objections expressément alleguées & réfutées par Clarke lui-même, sans que cet athée y ait seulement pris garde. Tout ce que fait cet auteur se borne à appliquer à la matiere, ce que le docteur Anglois a dit de l'être nécessaire, sans faire attention à ce que Clarke dit contre cette application. Voyez sur ce sujet l'ouvrage intitulé *Reflexions philosophiques sur le systême de la nature par M. Holland, Tome II.* ouvrage dans lequel une saine philosophie est employée à défendre la vérité, avec des armes dignes d'elle & séantes à un philosophe.

Observons ici premierement, que quoique nous nous soyons bornés aux seuls argumens du docteur Clarke, ce n'est pas que nous les regardions comme les seuls qui soient satisfaisants, & que nous n'en connoissions pas d'autres qui puissent en tenir la place. Les philosophes Wolfiens ont donné les preuves de l'existence de *Dieu*, rangées dans un autre ordre, & déduites de principes différens en apparence, mais les mêmes quant au fond. Vollaston dans son *Ebauche de la religion naturelle*, a suivi une autre méthode. Des-cartes avant eux & Malebranche ont employé d'autres raisonnemens. Les uns ne puisent que dans la métaphysique; d'autres préferent les preuves tirées des faits; quelques-uns ont réuni ces deux genres de preuves; tous arrivent à la même conclusion, mais les uns avec plus de clarté & de succès que les autres.

Par-là les docteurs théistes se sont prêtés à tous les goûts & aux diverses capacités des lecteurs : les uns aiment les raisonnemens profonds de la métaphysique, & ne goutent que ceux de cette espece; les autres préferent les preuves analytiques : celles qui sont tirées de la contemplation de cet univers, des fins marquées que l'on y découvre, plaisent au plus grand nombre, parce qu'elles sont à la portée de tous les humains. Si quelques auteurs aveuglés par l'amour propre, ont parlé avec dédain des argumens dont eux mêmes n'ont pas fait usage, cela ne prouve pas que ces argumens soient foibles & peu concluans. Ce qui arrive à cet égard dans la doctrine de l'existence de *Dieu*, a lieu également dans les autres sciences & même dans les mathématiques : ainsi on ne peut en tirer aucune conséquence défavorable à la valeur des raisonnemens. Qui est ce qui s'avise de douter des vérités mathématiques, parce que les uns en démontrent les élémens analytiquement, tandis que les autres les démontrent & prétendent qu'il faut les démontrer synthétiquement, que les uns employent la géométrie, là où d'autres font usage de l'algebre ? Peu contens des méthodes de leurs prédécesseurs, dit M. Holland, dans l'ouvrage cité plus haut, les Bernoulli en ont cherché d'autres. M. Euler leur substitue la sienne; M. d'Alembert n'est pas satis-

fait de celle de M. Euler, & en propose une nouvelle qui, à son tour, ne plaît pas à des auteurs qui viennent après lui. Si donc les mathématiques ne sont pas exemptes de controverse, quelle autre science pourra l'être ? Lorsque Wolf donna ses ouvrages de philosophie, plusieurs docteurs s'éleverent contre les démonstrations de l'existence de *Dieu*, & oserent l'accuser d'athéisme, & cependant on ne sauroit nier que ses preuves ne soient d'une évidence palpable pour quiconque est familiarisé avec sa méthode & ses définitions. Nous les aurions même préférées à celles du docteur Clarke si, pour les entendre, il ne falloit pas apprendre en quelque sorte une langue nouvelle.

Nous ne devons pas omettre de remarquer ici en second lieu, que quand nous donnons aux preuves de l'existence de *Dieu*, employées par ces philosophes, le nom de *démonstration*, nous ne voulons dire autre chose si non que ces preuves réduisent tout homme qui sait raisonner lui-même & sentir la force d'un raisonnement, à la nécessité de reconnoître l'existence d'un *Dieu* tel que nous l'avons décrit, & non pas que l'on ait par-là satisfait à toutes les questions que l'on peut former au sujet de la divinité, & à toutes les difficultés qui peuvent se présenter à l'esprit qui voudroit tout connoître. Quelque parti que l'on prenne, les bornes de notre esprit nous feront toujours trouver dans ce sujet des mysteres impénétrables. L'athée fera au théiste mille questions embarrassantes sur la nature de *Dieu*, la création, la providence, sur l'action d'un esprit, sur la matiere, &c. Le théiste, à son tour, embarrassera son adversaire par ses questions sur l'ordre & l'harmonie qui brillent dans l'univers, fur l'origine des animaux, fur l'inertie de la matiere, fur l'impoffibilité qu'elle commence le mouvement, & que fans intelligence elle produife des êtres intelligens, & par une foule d'autres difficultés. Au milieu de ce conflict, le fage ne fe laiffera pas éblouir, il fe fouviendra qu'il n'eft pas donné à l'homme de tout connoître, de concevoir l'effence intime des chofes, de découvrir tous leurs rapports, & toutes leurs conféquences, de rendre raifon de tous les phénomenes ; une difficulté qui n'a fa fource que dans l'incapacité d'expliquer le comment d'une chofe, dont d'ailleurs la non-exiftence eft une contradiction, ne l'empêchera pas de croire fermement l'exiftence de cette chofe.

Quand les principes d'un raifonnement font vrais, que la conclufion eft renfermée dans eux, & en eft bien déduite, on eft obligé de la regarder comme vraie ; quelques difficultés que l'on puiffe faire fur cette conféquence, ces difficultés ne peuvent avoir leur fource que dans les bornes de notre efprit, & le peu d'étendue de notre pénétration. Il rejettera un fyftème qui porte fur des contradictions, ou qui en renferme, ou qui mene à en admettre ; mais il ne rejettera pas un fyftème, parce qu'il renferme des difficultés dont rien ne fournit la folution, lorfque d'ailleurs, il a pour fondement des vérités, qu'il ne tire que des conféquences légitimes, & qu'il n'a rien de contradictoire. C'eft le cas du fyftème du théifte, tant qu'il fe borne à prouver qu'il exifte un *Dieu*, c'eft-à-dire un Être éternel, intelligent & actif, différent de ce que nous nommons l'univers, en qui eft contenue la raifon de l'exiftence du monde ; qui a en lui, par la force de fa nature, toutes les perfec-

tions convenables à un être intelligent, & dont on apperçoit des traces dans fes ouvrages, qui a agi, & qui agira toujours d'une maniere affortie à fes perfections. Il n'eft aucune objection que l'on faffe contre fon exiftence telle que nous venons de l'exprimer, qui ne conduife aux contradictions les plus palpables ; par exemple, que des chofes contingentes font néceffaires, qu'une infinité de caufes non néceffaires & d'effets contingens exiftent fans caufe ; que d'une certaine combinaifon de particules de matiere non intelligentes, fufceptibles feulement d'être mues, il en peut naître l'intelligence & la penfée ; que des deffeins admirables par leur excellence & cependant non néceffaires, font un but vers lequel tend un être non-intelligent, qui n'en a aucune idée, qui ne forme aucun deffein, qui n'a aucun but ; que des moyens admirablement choifis pour atteindre ces fins, ont été déterminés fans choix, fans volonté, fans prévoyance, fans idée de convenance, &c.

Le fyftème du théifte donne lieu à des difficultés d'un autre genre bien différent. Comment concevoir un Etre éternel, qui n'a jamais eu de commencement ? il eft évident cependant qu'un tel Etre exifte. Comment concevoir la création ? cependant il eft évident que l'Etre éternel renferme en lui la raifon de l'exiftence de tout ce qui eft ; mais nous ignorons auffi bien comment on crée que comment on anéantit ; nous n'en avons pas plus d'idées que l'aveugle n'en a de ce que nous nommons *vue*, *couleur*, ou que nous n'en avons d'un fixieme ou feptieme fens. Comment un Etre intelligent peut-il agir fur la matiere ? mais par notre volonté, qui eft l'acte d'un être intelligent, ne faifons-nous pas agir notre corps qui eft matiere ? Les contradictions accompagnent l'athéïfme, en naiffant, & en prouvent la fauffeté. Des difficultés, fruits des feules bornes de notre efprit, accompagnent le fyftème du théïfme, mais en laiffent fubfifter la vérité. Quel homme fage héfitera fur le choix de ces deux objets ? Enfin la balance ne penchera-t-elle pas néceffairement en faveur du théïfme, fi l'on fait attention aux fuites de l'un & de l'autre ?

Il fuit de ce que nous venons de dire, 1°. qu'il eft une premiere caufe éternelle, unique, différente du monde, en qui eft contenue la raifon de tout ce qui exifte, de la nature, des propriétés, & de la deftination de chaque être; car fi en elle n'eft pas contenue la raifon de ce qui eft, il exifte des effets fans caufe; il faut néceffairement que de toute éternité il ait exifté une caufe capable de produire tout ce qui eft aujourd'hui.

2°. Que cette caufe eft active, capable de commencer, de continuer & de communiquer l'action & l'activité; puifqu'en effet il y a de l'activité & de l'action dans l'univers; il faut que cette faculté foit dans l'Etre qui eft le principe de tout, puifque les êtres actifs tiennent de dehors leur activité.

3°. Que cette caufe premiere eft intelligente, puifqu'il eft dans le monde des êtres intelligens qui tiennent l'exiftence & leurs faeultés d'une caufe qui les précéde, que tout ce qui nous eft connu dans l'univers a une fin, un but, une deftination & des moyens qui y font affortis, ce qui ne peut avoir lieu fans une intelligence.

4°. Que cette caufe de qui tout tient l'exiftence, étant un être néceffaire, qui exifte par lui-même, fans tenir l'être de qui que ce foit, mais qui l'a donné à tout ce qui eft, eft nécef-

fairement indépendant, fupérieur à tout, fans bornes, puifque rien ne peut à aucun égard lui fixer des limites, ni pour fon intelligence, ni pour fa préfence, ni pour fon action, qu'ainfi cet être eft tout puiffant, tout fachant & préfent par-tout.

5°. Que cette caufe indépendante ne peut être ni altérée, ni détruite, ni anéantie par aucun agent que ce foit, & qu'ainfi elle eft immuable & exiftera à jamais.

6°. Que toutes les perfections dont on apperçoit des traces dans fes ouvrages, & qui font convenables à la qualité d'être intelligent & actif, doivent néceffairement fe trouver dans la caufe premiere, mais fans bornes, fans défaut, puifque les défauts & les bornes font des effets de la dépendance effentielle aux créatures. Qu'ainfi nous devons attribuer à la caufe premiere une perfection abfolue, par où nous entendons toutes les qualités utiles, qui peuvent fubfifter enfemble & compatir avec la nature d'un être intelligent, actif & indépendant, & qu'elles doivent s'y trouver fans bornes.

7°. Que cette caufe premiere doit jouir d'une félicité à l'abri de toute peine quelconque, de tout trouble, de toute paffion qui pourroit altérer fon bonheur: le trouble, la peine, les paffions font les fuites néceffaires de la dépendance & de l'imperfection qui ne fauroient avoir lieu dans l'être fuprème.

Ici quelques perfonnes élevent des difficultés, & prétendent que l'homme ne peut fans témérité fe former aucune idée des perfections de *Dieu*; que pour fe le repréfenter, il eft obligé de prendre en lui-même les traits du tableau qu'il s'en trace, & qu'ainfi *Dieu* n'eft pour nous qu'un homme plus parfait qu'aucun homme: mais c'eft là faire

tort

tort aux théologiens sages, qui jamais n'ont pris l'homme pour modele de l'idée de *Dieu.* L'homme a un corps, des sens & des organes, aussi bien qu'une intelligence, & nul docteur sage n'a attribué un corps & des organes à *Dieu;* comment connoît-il, veut-il, agit-il? c'est ce que quiconque qui est éclairé par une sage philosophie ne hasardera de déterminer: mais étant nous-mèmes doués d'intelligence & d'activité, & considérant abstraitement ces deux facultés, nous pouvons les considérer de même en *Dieu,* dont l'intelligence & l'activité sont démontrées, nous n'attribuons à cet être que ce qui résulte nécessairement de l'intelligence & de l'activité. Si nous ne connoissions pas, par le sentiment intime, de quoi est capable un être intelligent & actif, nous n'aurions sans doute aucune idée des perfections dont un tel Être peut se trouver doué: mais les connoissant, par ce sentiment, pourquoi n'aurois-je pas le droit d'en conclure, que ces perfections se trouvent aussi chez tout être, qui a essentiellement l'intelligence & l'activité en partage, tout comme connoissant certaines propriétés essentielles à la matiere, parce que j'ai un corps, j'ai le droit de les attribuer à tout être qui sera matériel comme mon corps? Si donc je vois évidemment que l'absence de telle perfection seroit un défaut essentiel à une intelligence, une preuve qu'elle est bornée, dépendante, ne serai-je pas forcé d'attribuer ces perfections à un être intelligent qui est nécessairement parfait & sans bornes?

Ainsi sachant que je parle d'un Etre tout puissant, tout sachant, & présent par tout, absolument indépendant & sans bornes, ne devrai-je pas lui attribuer, la sagesse, la justice & la bon-

Tome IV.

té? La sagesse est la disposition constante à préférer toujours le meilleur au moindre, soit dans la détermination des fins, soit dans le choix des moyens. L'absence d'une telle sagesse seroit certainement une preuve d'imperfection, de défaut, de bornes, puisqu'il est de l'essence d'une intelligence de préférer le meilleur au moindre, tant que nul pouvoir extérieur ne s'y oppose, que nulle erreur ne l'abuse: mais la cause premiere peut tout & connoit tout, elle est donc nécessairement douée d'une sagesse infinie.

La justice est la disposition constante à traiter les êtres intelligens comme étant ce qu'ils sont, soit en leur donnant des ordres, soit en jugeant de leur mérite, soit en fixant leur sort. Exiger d'un être ce qu'il ne peut pas exécuter, ce pourquoi on ne lui a pas donné des forces, l'approuver lorsqu'il agit contre ce que l'intelligence connoit être convenable, le désapprouver lorsqu'il préfere le meilleur, lorsqu'il suit les convenances, faire souffrir l'innocent comme coupable, & vouloir corriger celui qui est vertueux, récompenser celui qui fait le mal, & encourager par-là celui qui devoit recevoir des corrections, c'est agir comme un être qui ne connoit pas les objets de ses actions, & qui s'en fait de fausses idées: toutes circonstances incompatibles avec l'idée d'une intelligence souverainement parfaite.

La bonté est la disposition constante à rendre heureux les êtres sensibles. Celui qui les feroit exister pour les rendre malheureux, ou qui se plairoit à faire souffrir des êtres qui par leur nature & leur destination pourroient être heureux, prouveroit par-là que le bonheur de ces êtres seroit un obstacle au sien, & qu'ainsi il est dépendant,

Ffff

que le défordre , le mal lui plaifent plutôt que l'ordre & le bien , & qu'ainfi il n'eft pas fage; car le malheur & la fouffrance font les états contraires à la nature des êtres, qui les éprouvent, par conféquent, ce font des défordres que la fageffe ne peut approuver.

Dire ainfi que *Dieu* eft fage, jufte & bon, eft-ce faire de *Dieu* un homme ? ce n'eft pas dans l'homme , entant qu'homme, que j'en prends l'idée, c'eft dans l'être intelligent, & j'affirme ces perfections d'un Etre intelligent & actif qui fait tout, qui peut tout, & qui eft préfent par-tout. Ces propriétés de la caufe premiere intelligente & fou-verainement parfaite, rendent abfolu-ment néceffaire en elle la fageffe, la juftice & la bonté.

Toutes les autres perfections que l'on attribue à *Dieu*, font néceffaire-ment comprifes dans celles là, en font des branches, ou de nouvelles déno-minations d'une d'entr'elles, ou des ter-mes figurés pour les défigner, & à cet égard nous devons obferver que l'homme fage fe tiendra en garde con-tre les faux fens, que l'on pourroit donner à quelques-unes de ces expref-fions empruntées des paffions humaines, pour repréfenter non-des paffions en *Dieu*, en qui il n'y en a point, mais fa conduite analogue à celle que ces paffions font tenir aux hommes. Ainfi pour repréfenter combien juftement & certainement *Dieu* défapprouve & puni-ra l'homme qui aime mieux rendre les hommages à la créature qu'au Créa-teur, on nous dit en langage figuré, que *Dieu* eft jaloux. Pour nous faire fentir la force du motif à la vertu, tiré de ce que *Dieu* en punira les viola-teurs, on nous dit, que *Dieu* haït les méchans, qu'il eft indigné & en colere contr'eux. Pour nous donner une idée

de cette bonté infinie qui veut la perfection & le bonheur de fes créa-tures, on nous dit, qu'il a les entrail-les d'un pere, qu'il eft ému de com-paffion pour ceux qui fouffrent. Pour nous encourager à ceffer de faire le mal, pour pratiquer le bien , afin de plaire à un *Dieu* qui veut notre per-fection, on nous dit, que *Dieu* eft un pere qui fe réjouit du retour d'un fils égaré, qu'il eft pitoyable. Pour nous dire combien certainement *Dieu* veut notre bonheur, & nous rendra heureux fi nous le méritons, on nous dit, que *Dieu* eft mifericordieux, lent à la co-lere, prompt à pardonner. Tout cela fignifie que *Dieu* eft fage, jufte & bon, & il n'y a perfonne de bon fens qui ne le comprenne de cette maniere. On pourroit même rapporter toutes les perfections de *Dieu* à une feule, fa-voir, la fageffe : elle reçoit alors divers noms felon les divers objets auxquels elle fe rapporte. Elle fera juftice quand il eft queftion de donner des loix & de conduire les hommes à la perfec-tion, par les chatimens ou les récom-penfes: elle fera fainteté quand elle aura pour objet la différence morale des actions des Etres intelligens : elle fera bonté quand elle s'occupe à rendre heureux les êtres fenfibles : elle fera compaffion quand elle fe rapportera à des êtres qui fouffrent: elle fera mife-ricorde quand elle pardonne au coupa-ble qui fe repent: elle fera véracité quand elle inftruira les hommes, fide-lité quand elle fera des promeffes, fé-vérité lorfqu'elle ufera de chatimens pour ramener le pêcheur à fon devoir, gratuité quand dans cette vue elle em-ployera les bienfaits, amour lorfqu'elle répandra fes faveurs fur les gens de-bien, charité quand elle fournira des fecours au coupable pour fe fanctifier.

Ainſi dire de *Dieu* qu'il eſt infiniment ſage, c'eſt avoir exprimé dans un ſeul mot fort intelligible, tout ce que pour s'accommoder à la portée des hommes, on exprime ſouvent par des termes empruntés, des affections ou paſſions humaines, termes dont on a ſouvent abuſé, & dont le ſens litteral a fréquemment induit en erreur.

Il nous importeroit aſſez peu de connoître l'objet de cet article, s'il ne ſoutenoit avec nous aucune relation, ſi jamais nous n'étions l'objet de l'exercice de ſes perfections : cette connoiſſance ne ſatisferoit que notre ſeule curioſité ; notre cœur n'y prendroit aucun intérêt : notre intelligence rendroit raiſon par lui de l'exiſtence des choſes, mais notre volonté n'en verroit naître aucune conſéquence qui lui impoſât des obligations. Mais tout change de face, lorſque nous voyons découler des principes que nous venons d'établir, la néceſſité de reconnoître en *Dieu*, 1°. notre maitre ſous l'empire duquel nous ſommes, & qui a ſur nous l'empire le plus abſolu ; notre conſervateur qui maintient l'ordre qu'il a établi pour que tout continue à ſubſiſter : 3°. notre Bienfaiteur à la volonté duquel nous devons tous les avantages dont nous jouiſſons, & dont la bonté nous appelle à jouir d'un parfait bonheur : 4°. notre Légiſlateur qui nous a tracé dans la nature & les relations des choſes, les loix auxquelles il veut que nous nous conformions, qui nous a donné la raiſon pour les connoître, le ſens moral pour en goûter l'excellence, la conſcience pour nous rappeler l'obligation intrinſeque de nous y ſoumettre : enfin un juge qui donnera des preuves de ſon approbation aux obſervateurs des loix de la ſageſſe, & des marques de ſa déſap-

probation à ceux qui agiſſent contre leur conſcience. Si *Dieu* n'eſt pas tout cela, il n'eſt ni ſage, ni juſte, ni bon. Mais il eſt eſſentiellement bon, juſte & ſage ; nous ſommes donc ſes ſujets, ſes enfans comme nous ſommes ſon ouvrage, & il eſt pour nous l'Etre dont la connoiſſance nous intéreſſe le plus, & dont l'exiſtence eſt le principe de toutes nos obligations. *v.* DEVOIR, & en particulier ce que nous avons dit dans cet article de nos devoirs envers *Dieu*. Il devient l'objet ſuprême de notre reſpect, de notre amour, de notre obéiſſance, de nos craintes & de nos eſpérances. (G. M.)

DIEU ET MON DROIT, *Droit public d'Angl.*, c'eſt le mot ou la deviſe des armes d'Angleterre, que prit d'abord Richard premier ou Cœur-de-lion, qui vivoit à la fin du xij^e ſiecle, ce qu'il fit pour marquer qu'il ne tenoit ſon royaume d'aucun mortel à titre de vaſſal.

Edoüard III. au XIVe ſiecle le prit enſuite quand il commença à faire valoir ſes prétentions ſur la couronne de France ; & les rois ſes ſucceſſeurs l'ont continué ſans interruption juſqu'au tems du roi Guillaume III. prince d'Orange, qui fit uſage de ce mot, *je maintiendrai*, quoiqu'il ordonnât qu'on ſe ſervit toujours du premier ſur le grand ſceau. La reine Anne en uſa de même, quoiqu'elle eût pris pour ſa deviſe particuliere ces deux mots latins, *ſemper eadem*, toujours la même, à l'exemple de la reine Elizabeth.

DIEPHOLZ, *Comté de, Droit public*. Ses bornes ſont le comté d'Hoya, les évêchés de Munſter & d'Osnabruck, & la principauté de Minden. On fixe ſon étendue à 9 lieues de longueur ſur 4 de largeur.

Les anciens fonciers de *Diepholz*

n'ont eu pendant long-tems d'autre titre que celui de seigneurs nobles, n'ayant commencé à se qualifier de comtes que depuis Rodolphe, l'un d'entr'eux, qui se fit créer tel par l'empereur Maximilien, le même qui en 1517 accorda à Henri le moyen, duc de Zelle, la premiere expectative de ce comté, à laquelle l'empereur Charles V. ajouta en 1556 un diplôme ampliatoire & de confirmation. La branche mâle de *Diepholz* s'étant éteinte en 1585 en la personne du comte Fréderic, le domaine passa au duc Guillaume de Zelle, à la maison duquel il resta constamment attaché jusqu'en 1665, époque de la mort du duc Christian Louis, dont la succession fut partagée : son frere aîné, George Guillaume, prit pour lui la principauté de Zelle, & céda à son cadet, Erneste Auguste, évêque d'Osnabruck, le comté de *Diepholz* pour lui & sa postérité, à charge toutefois de reversibilité, si le dit Erneste ou ses hoirs parvenoient jamais à la succession de la principauté de Calenberg. Mais un autre traité conclu en 1681 leva cette clause, & céda sans réserve ce comté au dit Erneste Auguste, qui le réunit à la principauté de Calenberg, dont il étoit en possession dès 1629.

Les armes de *Diepholz* sont d'argent à l'aigle éployé d'azur ensemble d'azur au lion d'argent couronné d'or. Sa taxe matriculaire actuelle est d'un cavalier & de 4 fantassins, ou de 28 florins par mois. Au lieu que, selon celle du cercle en 1653, elle portoit 3 cavaliers & 12 fantassins, dont 3 à la charge du possesseur de la maison d'Aubourg. Son contingent pour l'entretien de la chambre impériale est compris dans la somme générale, que la maison électorale paye pour toutes ses possessions rélativement au même objet. Le roi d'Angleterre a

pour ce comté voix & séance parmi les comtes de la Westphalie, tant à la diete de l'empire, qu'à celles du cercle, où il siege entre Virnenbourg & Spiegelberg.

Le total fixe des contributions de ce pays, non-compris les 20, 000 rixdales, à quoi l'on estime les revenus des deux bailliages royaux, monte annuellement à 10,824 rixdales; ce qui est comme 1 à 6 en proportion des subsides du comté d'Hóya. Il loge de la cavalerie, dont il paye les fourrages, sans fournir au reste de bled d'ammunition, & il contribue d'une certaine somme à l'entretien de l'université de Gottingue. Quant à ses prérogatives rélativement à la cour des appellations, il en sera parlé à l'article d'HOYA. (D.G.)

DIFFAMATION, s. f. DIFFAMER, v. act. *Mor. & Jurisp.* La *diffamation* qui consiste à dire d'autrui le mal qui n'est point, est un poison si dangereux pour la société, qu'on ne doit jamais en être déclaré coupable impunément. Tout ce que le crime a de plus bas, se trouve dans la *diffamation*. Labienus, ce calomniateur si enragé, qu'on surnomma *Rabienus*, étoit un diffamateur scandaleux & impudent, au point de s'en effrayer quelquefois lui-même. Il termina sa vie infâme dans le désespoir. Son esprit, car il faut noter qu'il amusoit les bonnes compagnies de Rome, ne le sauva pas du remords déchirant d'avoir outragé l'honnêteté & la bienséance.

La *diffamation* est au moral ce que l'empoisonnement est au physique. C'est un genre d'attaque contre lequel il est comme impossible de se défendre. Il est mille fois plus aisé d'accréditer un propos qui tue l'honneur d'un citoyen, que de faire passer dans son corps une composition mortelle; la peine devroit donc être proportionnée à la difficulté de s'en garantir. On ne connoit presque point d'antidote contre la *diffamation*, au lieu qu'on n'est pas sans ressource contre le poison. D'ailleurs le breuvage funeste n'est ordinairement versé que par une main seule que le remord ou la crainte du supplice peuvent arrêter : mais avec quelle hardiesse ne se comporte pas le diffamateur, quand la *diffamation* ne lui paroît plus qu'un jeu de la société, & qu'il peut mettre de son parti les beaux esprits ; les jolies femmes & des hommes réputés plaisants qui se font une ressource contre l'ennui de voir disséquer le malheureux, qui souvent n'a d'autre tort que celui de l'absence ? Tout ce qui pour lors n'est point contredit, passe pour incontestable. Bientôt l'imposture la plus révoltante acquiert, sans autre examen, la force de la vérité ; on se souvient seulement qu'on a entendu la chose comme vraie, & on la répete à des auditeurs d'une facilité aussi crédule : bientôt s'éleve un cri universel qui prononce la condamnation de l'infortuné, que l'on ne connoissoit pas ou que l'on connoissoit mal ; on se trouve enfin au point que la vertu elle-même se croit obligée d'y souscrire. Les hommes qui la jouent le proscrivent pour faire croire qu'ils ne lui ressemblent pas ; & ceux qui la pratiquent le dévouent à l'ignominie, pour purger la société d'un membre qu'ils croient capable de la déshonorer.

Qu'il en coûte au malheureux, dans ces momens, pour rendre son innocence aussi notoire que pouvoit l'être sa *diffamation* ! Un jour de calomnie demande des années entieres pour l'effacer ; ses blessures, si elles ne sont pas absolument incurables, laissent du moins des cicatrices qui quelquefois passent d'une génération à l'autre ; les coups qu'on porte, frappent sur la personne, sur les enfans, sur la famille & la postérité ; les ravages en sont affreux.

La peine du tallion étoit celle de la *diffamation* chez les Juifs & chez les Egyptiens. Par la loi *Remmia*, les diffamateurs chez les Romains, devoient être marqués au front de la lettre K. La déportation ou la relégation ont été en usage ; mais aujourd'hui parmi nous, le châtiment est arbitraire.

De toutes les especes d'injures, la *diffamation* nous paroît la moins pardonnable. La médisance suppose un fond de vérité qui semble l'excuser ; mais pour la *diffamation*, c'est la méchanceté toute pure qui l'enfante : elle part d'une ame vile & corrompue, & ne peut jamais exciter que la plus vive indignation.

Cette injure peut se commettre de différentes manieres : *directement*, par de fausses imputations, sans autre motif qu'une envie de dénigrer ; *indirectement*, lorsqu'on prend pour prétexte d'inculper, une fausse nécessité de dévoiler le caractere & la conduite de ceux que l'on veut censurer.

L'inculpation est directe, lorsque, sans le moindre sujet, on se répand en mauvais propos sur le compte d'autrui, comme lorsqu'on lui impute des faits de simonie ou d'usure, des larcins, des prévarications, &c.

Elle est indirecte, lorsqu'elle se rapporte à quelque motif particulier qui sembleroit l'excuser. Il est permis, par exemple, pour recuser un témoin, un expert, de proposer tous les faits qui peuvent faire rejetter leurs suffrages ; mais lorsque ces faits ne sont point prouvés, l'imputation dégénere de plein droit en *diffamation*.

Sur quoi il est bon d'observer que nous ne parlons que des récusations réellement injurieuses. Ainsi qu'on eût allégué de la parenté entre le juge & l'une des parties sans la prouver ; une habitude de familiarité, des liaisons d'intérêt ou de trop grande affection ; ces motifs de récusation n'auroient rien d'injurieux, parce que ce n'est point un mal que d'être parent, trop affectionné ou trop dépendant. Mais la récusation seroit offensante, si l'on objectoit, par exemple, un commerce illicite entre le juge & la femme de la partie adverse, ou tout autre fait capable de faire rougir un magistrat, un témoin ou un expert. Autrement, si l'on encouroit la peine de la *diffamation* toutes les fois qu'on ne réussiroit pas sur une récusation, qui d'ailleurs n'auroit rien d'offensant, cette crainte pourroit souvent écarter les meilleurs moyens d'une affaire.

Lorsque la *diffamation* fait la base d'une accusation judiciaire, elle devient plus répréhensible par le danger qu'a encouru l'accusé, & par la malignité de l'accusateur. Il y a des cas où cette *diffamation* se suppose, quand même l'intention de *diffamer* ne seroit point manifeste ; c'est, par exemple, lorsque la plainte se trouve mal fondée à défaut de preuve ou autrement. Il y a plus, le désistement volontaire d'une plainte ne met pas à l'abri d'une réparation. Il suffit qu'on ait accusé sans fondement, pour qu'on soit au moins dans le cas des dommages & intérêts.

Cependant il y a des cas où la fausse accusation n'en entraîne aucuns : c'est lorsqu'on a eu un sujet apparent d'accuser, & que les circonstances font présumer de la bonne foi dans l'accusateur, ou lorsqu'il paroit, par les dépositions des témoins, des indices propres à justifier l'imputation du fait.

Ceux qui exercent le ministere pu-blic, ne sont point dans le cas de la *diffamation*, lorsque le crime leur a été dénoncé, ou que la rumeur publique excitoit leur zele & leur démarche : *qui enim jure publico utitur, non videtur injuriæ faciendæ causâ id facere ; & ideo à pœnâ calumniæ excusatur deficiente probatione ; juris enim executio non habet pœnam.* Il en seroit autrement s'ils avoient reçu pour dénonciateurs gens sans aveu, ou qu'ils eussent sollicité une fausse dénonciation de la part de qui que ce fût, afin d'avoir un prétexte de vexer ; ou que, sans dénonciation, ils eussent mis trop d'imprudence dans la poursuite de quelque accusation.

Il y a des crimes dont on peut se rendre dénonciateur, sans encourir la peine de la *diffamation*, pourvu qu'il y ait des indices ; tel est le crime du poison. Ces dispositions particulieres sont fondées en bons motifs, lorsqu'ils ont pour objet de faire cesser des désordres actuels : mais lorsqu'une fois elles ont produit leur effet, il seroit dangereux de leur laisser la même faveur qu'elles avoient dans le tems ; il reste aux juges en pareil cas, de tout approfondir.

On prétend qu'un mari, qui accuse faussement sa femme d'adultere, n'encourt aucune peine. Nous ne saurions adopter cette idée, à moins qu'il ne parût que le mari a pu être facilement induit en erreur par les indices & les circonstances. De quel droit une femme pourroit-elle être vexée plus impunément de son mari que d'un étranger ? La moindre punition pour un mari qui auroit accusé sa femme par pure malice, seroit au moins la perte des avantages qu'elle auroit pu lui faire. Voir la loi 11, au *chap. Ad legem jul. de adult.* & la sect. 1, du *ch.* 4, *n.* 27.

On prétend aussi que dans les grands crimes, la fausse accusation devient plus facilement excusable, par l'intérêt qu'a la société qu'ils soient poursuivis. On s'autorise même dans cette idée, d'un passage de Ciceron (*pro Roscio Amerino*, *n.* 56), suivant lequel il y a moins d'inconvéniens à traduire un innocent en justice, qu'à n'y pas traduire un coupable. Rien n'empêche, dit-on, qu'un innocent soit absous, quoiqu'il soit accusé; au lieu que le coupable ne peut jamais être condamné, s'il n'est accusé. Nous avons regardé ce passage comme un paradoxe excusable pour un avocat qui a besoin, dans sa cause, de cette tournure oratoire; mais un criminaliste qui connoît tous les dangers d'une fausse accusation, & tout le prix de l'innocence, pensera différemment. Plus le crime est énorme, plus l'on doit être circonspect à accuser, & moins le diffamateur est excusable. Combien d'autres assertions en matiere criminelle qu'il faudroit renverser, pour les réduire à des maximes d'une vérité plus philosophique!

Nous finirons cet article par observer que la *diffamation*, sous quelque aspect qu'on la considere, est toujours un mal que rien ne sauroit excuser; & qu'on se rend encore bien plus odieux, lorsqu'on en verse le poison détestable sur l'honneur & la réputation de ceux à qui l'on est plus particulierement lié par des devoirs de bienséance & de fidélité. (P. O.)

DIFFAMATOIRE, adj. *Jurispr.* v. LIBELLE DIFFAMATOIRE.

DIFFARRÉRATION, s. f., *Jurisprud.*, c'étoit chez les Romains une cérémonie, par laquelle les prêtres publioient le divorce entre un mari & une femme. v. DIVORCE.

Ce mot vient de *dis*, qui n'est en usage que dans la composition de quelqu'autre mot, & qui signifie *division*, *séparation*, & de *farreatio*, cérémonie faite avec du froment, de *far*, froment.

La *diffarréation* étoit proprement un acte par lequel on dissolvoit les mariages contractés par *confarréation*. Festus dit qu'elle se faisoit avec un gâteau de froment.

Vigenere dans ses notes sur Tite-Live, dit en parlant de la confarréation & de la *diffarréation*, que le divorce se célébroit par la même cérémonie que le mariage, *quia fiebat farreo libo adhibito*; mais ce n'étoit point, ainsi que quelques-uns le veulent, la même cérémonie. La *diffarréation* étoit la dissolution de la confarréation. On se servoit dans l'une & dans l'autre de la même espece de gateau; mais ce n'étoit assurément pas la même cérémonie. On se sert des mêmes habits sacerdotaux dans l'ordination & dans la dégradation d'un prêtre; mais on les donne dans la premiere; on les retire dans l'autre. Est-ce la même cérémonie? Les cérémonies de la confarréation & de la *diffarréation*, se faisoient par un sacrifice dont les prêtres étoient les ministres. *Diffarreatio peragebatur ut contrarius actus (confarreationis) procul dubio à pontificibus quemadmodum confarreatio.* Selden, *in uxore hebraïca, lib. III. cap. 27.*

DIFFÉRENT *ou* DIFFÉREND, s. m., *Jurisprud.*, contestation, débat; se dit aussi de la chose contestée: *ils partagerent le différent.* Le *différent* n'est pas la même chose que la dispute & la querelle. La concurrence des intérêts cause le *différent*; la contrariété des opinions produit les disputes; l'aigreur des esprits est la source des querelles. On vuide le *différent*; on termine la dispute; on appaise la querelle:

l'envie & l'avidité des hommes font quelquefois de gros *différents* pour des bagatelles: l'entêtement joint au défaut d'attention, à la juste valeur des termes, est ce qui prolonge ordinairement les disputes: il y a dans la plupart des querelles plus d'humeur que de haine.

Il y a deux moyens de vuider les *différents* entre ceux qui se trouvent dans l'état de nature, disoit sagement Ciceron: ,, l'un par la discussion ,, des raisons de part & d'autre; l'autre ,, par la force ". La premiere convient proprement à l'homme; l'autre n'appartient qu'aux bêtes. Il ne faut donc en venir à celle-ci, que quand il n'y a pas moyen d'employer l'autre. La discussion des raisons peut se faire principalement en quatre manieres, savoir, la *conférence amiable*, la *transaction*, la *médiation* & les *arbitres*: on y en ajoûte ordinairement encore deux, le *sort* & les *combats singuliers*. Voyez ces articles. (D. F.)

DIFFIDATION, s. f., *Droit barbare d'Allem.* En Allemagne, dans des tems de barbarie & d'anarchie, chaque prince ou seigneur se faisoit justice à lui-même, & croyoit pouvoir en sûreté de conscience aller piller, brûler, & porter la désolation chez son voisin, pourvu qu'il lui eût fait signifier trois jours avant que d'en venir aux voies de fait, qu'il étoit dans le dessein de rompre avec lui, de lui courir sus, & de se dégager des liens mutuels qui les unissoient: cette espece de guerre ou de brigandage se nommoit *diffidation*. Cet abus fut long-tems toléré par la foiblesse des empereurs; & au défaut de tribunaux autorisés pour rendre la justice, on exigeoit seulement qu'on remplit certaines formalités dans ces sortes de guerres particulieres, comme de les

déclarer trois jours avant que d'en venir au fait; que la déclaration fût faite aux personnes mêmes à qui on en vouloit, & en présence de témoins, & qu'on eût de bonnes raisons à alléguer; on ne défendoit alors que les *diffidations* ou *guerres clandestines*: mais Frédéric III. vint à bout de suspendre ces abus pour dix ans, & son fils Maximilien I. les fit enfin abolir entierement dans la diete de Worms en 1495.

DIGESTE, s. m., *Jurispr.*, qu'on appelle aussi *pandectes*, est une compilation des livres des jurisconsultes Romains, auxquels il étoit permis de répondre publiquement sur le droit; elle fut faite par ordre de l'empereur Justinien, & rédigée en forme de corps de loix.

Pour bien entendre ce qui fait la matiere du *digeste*, & dans quelles circonstances il a été composé, il faut d'abord savoir quelles étoient ces anciennes loix qui ont précédé le *digeste*, & quelle étoit la fonction des jurisconsultes, dont les livres ont servi à faire cette compilation.

Les premieres loix de Rome furent celles que firent les sept rois dans l'espace de 244 ans; après l'expulsion du dernier elles furent recueillies par Sextus Papyrius; ce recueil fut appellé *le droit papyrien*; mais son autorité fut bientôt abolie par la loi *tribunitia*.

Les consuls qui succederent aux rois, rendoient la justice aux particuliers, & régloient tout ce qui avoit rapport au droit public, concurremment avec le sénat & le peuple, selon que la matiere étoit du ressort de l'un ou de l'autre. Les sénatus-consultes, ou décrets du sénat, & les plébiscites ou résolutions du peuple, formoient comme autant de loix.

Mais

Mais par fucceffion de tems les loix ne furent plus obfervées : on ne fuivoit plus que des ufages incertains, qui, de jour à autre, étoient détruits par d'autres ufages contraires.

Le peuple fe plaignant de cette confufion, on envoya à Athenes & dans les autres villes de la Grece, dix hommes que l'on appella les *décemvirs*, pour y faire une collection des loix les plus convenables à la république : ces députés rapporterent ce qu'il y avoit de meilleur dans les loix de Solon & de Lycurgue : cela fut gravé fur dix tables d'yvoire, & ces tables furent expofées au peuple fur la tribune aux harangues. On accorda aux décemvirs une année pour ajouter à ces loix, & les interprèter : ils ajouterent en effet deux nouvelles tables aux dix premieres, & cette fameufe loi fut appellée *la loi des douze tables*.

Appius Claudius, le plus éclairé & le plus méchant des décemvirs, inventa différentes formules pour mettre en pratique les actions & les expreffions réfultantes de cette loi : il falloit fuivre ces formules à la lettre, à peine de nullité. La connoiffance de ces formules étoit un myftere pour le peuple : elle n'avoit été communiquée qu'aux patriciens, lefquels par ce moyen interprétoient la loi à leur gré.

Le livre d'Appius ayant été furpris & rendu public par Cneius Flavius, fut appellé *le droit flavien*. Les patriciens inventerent de nouvelles formules encore plus difficiles que les premieres : mais elles furent encore publiées par Sextius Ælius, ce qui s'appella *le droit ælien* : ces deux collections furent perdues.

Les douze tables périrent auffi lorfque Rome fut faccagée par les Gaulois : on en raffembla du mieux que l'on put

les fragmens les plus précieux que l'on grava fur l'airain.

Les édits des préteurs avoient auffi force de loi, & de ces différens édits, le jurifconfulte Julien forma par ordre du fénat une collection qui eut pareillement force de loi, & qu'on appella *édit perpétuel*.

Le fénat & le peuple qui avoient chacun le pouvoir de faire des loix, s'en défirent l'an 731 de Rome en faveur d'Augufte, & depuis ce tems les empereurs firent des ordonnances appellées *conftitutiones principum*.

De ces conftitutions des empereurs, furent formés les codes grégorien, hermogénien & théodofien.

Enfin, Juftinien fit publier en 528, qui étoit la troifieme année de fon regne, la premiere édition de fon *code*, compofé, tant des conftitutions comprifes dans les précédens *codes*, que de celles qui étoient furvenues depuis.

Telles étoient les loix obfervées jufqu'au tems de la confection du *digefte*, outre lefquelles il y avoit les réponfes des jurifconfultes qui faifoient auffi partie du droit romain.

Ces réponfes des jurifconfultes tiroient leur premiere origine du droit de patronage établi par Romulus ; chaque plébéïen fe choififfoit parmi les patriciens un protecteur ou patron qui l'affiftoit, entr'autres chofes, de fes confeils : les confrairies ou corps de métier, les colonies, les villes alliées, les nations vaincues avoient leurs patrons.

Dans la fuite quelques particuliers s'étant adonnés à l'étude des loix, & à leur interprétation, on leur donna auffi le nom de *patrons* ; le nombre de ces jurifconfultes qui n'étoit pas d'abord fort confidérable, s'accrut beaucoup dans la fuite ; & comme ils don-

Gggg

noient des conseils sur toutes sortes de questions, ils se chargeoient de la défense des parties, ils furent insensiblement subrogés pour ces fonctions aux anciens patrons.

Le premier jurisconsulte romain qui nous soit connu, est Sextus Papyrius, qui fit la collection des loix royales.

Les décemvirs qui rédigerent la loi des douze tables, s'arrogerent le droit de l'interpréter, & dresserent les formules.

Cneius Flavius & Sextus Ælius qui divulguerent ces formules, furent aussi regardés comme des interprètes du droit.

Depuis ce tems, plusieurs autres particuliers s'appliquerent à l'étude des loix: on voit dès l'an 449 de Rome, un Appius Claudius Centemmanus, arriere-petit-fils du décemvir de ce nom, & Simpronius, surnommé le sage, le seul jurisconsulte auquel ce surnom ait été donné du tems de ces jurisconsultes: on se contentoit d'expliquer verbalement le sens des loix, c'est pourquoi on ne trouve aucune de leurs réponses dans le digeste. Tiberius Coruncanus, qui vivoit l'an 437 de Rome, fut le premier qui enseigna publiquement la jurisprudence; mais ses ouvrages ne subsistoient plus du tems de Justinien.

Les autres jurisconsultes les plus célebres dont on a rapporté quelques fragmens dans le digeste, ou qui y sont cités, peuvent être distingués en plusieurs âges; savoir, ceux qui ont vécu du tems de la république jusqu'au siecle d'Auguste; ceux qui ont vécu depuis cet empereur jusqu'à Adrien, & depuis celui-ci jusqu'à Constantin; ceux qui vivoient du tems de Justinien, & en particulier ceux qui eurent part à la compilation des loix de cet empereur, & notamment du digeste.

Les jurisconsultes qui se distinguerent du tems de la république, & jusqu'au siecle d'Auguste, furent d'abord les deux Catons, l'un surnommé le censeur, & auquel on attribue la regle dite catonienne; M. Caton son fils, le jurisconsulte, auquel quelques-uns attribuent l'invention de cette même regle; Junius Brutus, Publius Mucius, Quintus Mucius Scévola, le premier qui mit en ordre le droit civil qu'il distribua en dix-huit livres, ce fut lui aussi qui introduisit la caution mucienne; Publius Rutilius Rufus, Aquilius Gallus, Lucius Balbus, Sextus Papyrius, descendant de l'auteur du code papyrien; Caius Juventius, Servius Sulpitius, un de ses disciples nommé Caius, un autre Caius surnommé Trebatius Testa; Offilius, Aulus Cassélius, Q. Ælius Tubero, Alfenus Varus, Aufidius Tuca & Aufidius Namusa, Atteius Pacuvius, Flavius Priscus, Publicius Gellius, & Cinna, Lucius Cornelius Silla, Cneius Pomponius, oncle de celui qui est connu sous le nom de grand Pompée; Marc-Antoine est mis aussi au rang des jurisconsultes.

Les réponses ou consultations de ces jurisconsultes, soit verbales, ou par écrit, & les décisions qu'ils donnoient dans leurs commentaires, furent toujours d'un grand poids, mais elles acquirent une plus grande autorité depuis qu'Auguste eut accordé à un certain nombre de ces jurisconsultes les plus qualifiés le droit d'interpréter les loix, & de donner des décisions auxquelles les juges seroient obligés de conformer leurs jugemens.

Masurius Sabinus fut le premier auquel il permit d'expliquer publiquement le droit; plusieurs auteurs obtinrent la même permission: les noms les plus célebres sont dans la loi 2. ff. de orig.

jurif. ceux-ci étoient presque tous des plus grandes familles de Rome, amis des empereurs, ou recommandables par les services qu'ils avoient rendus à l'Etat : leurs décisions furent appellées *responsa prudentum ;* c'est de ces réponses que le *digeste* fut principalement formé.

Caligula menaça d'abolir l'ordre entier des jurisconsultes ; ce qui n'eut pas d'effet ; & les empereurs Tibere & Adrien confirmerent les jurisconsultes dans les privileges qu'Auguste leur avoit accordés.

Sous l'empire d'Auguste, ces jurisconsultes, autorisés à expliquer publiquement le droit, se partagerent en deux sectes, ce qui a produit tant de contrariétés que l'on rencontre dans le *digeste.*

Atteius Capito, & Antistius Labeo, furent les chefs de deux sectes ; le premier se tenoit scrupuleusement aux principes qu'il avoit appris ; l'autre qui étoit plus subtil, introduisit beaucoup d'opinions nouvelles.

Les disputes furent encore plus vives entre Sabinus, successeur de Capito, & Proculus, successeur de Labeo, d'où les deux sectes des sabiniens & proculéiens prirent leur nom, quoique Sabinus & Proculus n'en fussent pas les auteurs.

La secte de Capito ou de Proculus fut aussi appellée *cassienne*, d'un nom d'un autre disciple de Capito, qui s'en rendit le chef après Sabinus.

Les sectateurs de Capito ou proculéiens furent Masurius Sabinus, Cassius Longinus, Cœlius Sabinus, Priscus Javolenus, Alburinus Valens, Tuscianus, & Salvius Julianus, qui rédigea l'édit perpétuel, & qui mit fin à toutes les sectes en adoptant, tantôt le sentiment des uns, & tantôt celui des autres, selon qu'il lui paroissoit le plus juste.

Labeo eut pour sectateurs Cocceius Nerva le pere, Licinius Proculus, Pegasus qui fit donner à sa secte le nom de *pegasienne*, Celsus, Neratius Priscus.

Il se forma une troisieme secte mitoyenne qu'on appella *des herfiscundes*, qui tâchoient de concilier les uns & les autres autant qu'il étoit possible : il paroît que Salvius Julianus, quoique compté parmi les proculéiens, se rangea de ce parti ; ce fut aussi celui qu'embrassa l'empereur Justinien.

Depuis Adrien jusqu'à Constantin, les jurisconsultes les plus fameux sont Vindius Varus, Sectus Cœcilius Africanus, Volusius Mœcianus, Junius Mauricianus, Ulpius Marcellus, Claudius Saturninus qui affectoit toujours d'être d'un avis opposé à celui des autres, ce qui a fait donner le nom de *saturnini* à ceux qui tombent dans le même défaut ; Tertullus qui donna son nom au S. C. Tertullien, le célebre Gaïus ou Caïus, Q. Cerbidius Scévola, Sextus Pomponius, Ulpien, Julius Paulus, Herennius Modestinus, & quelqu'autre moins connus, tels que Papyrius Justus, Callistrates, Tryphoninus, Arius Menander, Tarrentenus-Paternus, Macer, Terentius-Clemens, Papyrius Fronto, Furius Anthianus, Maximus, Florentinus, Vonuleius, Marcianus, Julius Aquila, Arcadius Charisius, Pureolanus Ruffinus.

Sous le regne de Constantin, deux jurisconsultes nommés *Gregoire* & *Hermogénien* firent chacun un *code* appellé de leur nom, contenant une compilation des constitutions des empereurs, l'un depuis Adrien jusqu'au tems de Valérien & Gallien, l'autre depuis ces empereurs jusqu'à Constantin.

Les différens jurisconsultes, dont on a parlé jusqu'ici, avoient composé différens *commentaires* & *traités* fur le droit: on en comptoit du tems de Juftinien plus de deux mille volumes; depuis le regne d'Augufte, les écrits des jurifconfultes, auxquels il étoit permis d'expliquer publiquement le droit, avoient force de loi; les parties & les juges étoient obligés de s'y conformer: ces écrits faifoient partie du droit romain.

Mais comme dans cette multitude d'écrits il fe trouvoit beaucoup d'opinions différentes, & par conféquent d'incertitude, les empereurs Théodofe le jeune & Valentinien III. voulant lever cet inconvénient que dans la fuite il n'y auroit plus que les ouvrages de Papinien, de Caïus, de Paul, d'Ulpien & de Modeftin qui auroient force de loi dans l'empire; que quand ces jurifconfultes feroient partagés fur quelque queftion, l'avis de Papinien feroit prépondérant; mais Juftinien & ceux qui travailloient fous fes ordres à la confection du *digefte*, ne firent point de femblable diftinction entre les anciens jurifconfultes, & les ont tous également cités dans le *digefte*.

Théodofe le jeune employa huit jurifconfultes à la rédaction de fon code qui fut publié en 438 : ces jurifconfultes font Antiochus, Maximin, Martyrius, Sperantius, Apollodore, Théodore, Epigenius & Procope.

Enfin, Juftinien étant parvenu à l'empire, & voyant la confufion que caufoit cette multitude de loix & d'écrits des jurifconfultes, réfolut auffi-tôt d'en faire faire une compilation compofée de ce qu'il y auroit de meilleur.

Il commença par faire travailler à un nouveau code que l'on tira, tant des trois autres codes qui avoient été faits avant lui, que des novelles de Théo-

dofe & de fes fucceffeurs; il confia l'exécution de ce projet à Tribonien qui avoit été quefteur & conful, & lui affocia neuf autres jurifconfultes nommés Jean, Leontius, Phocas, Bafilides, Thomas, Conftantin le tréforier, Théophile, Diofcore & Proefentinus.

Cette premiere édition du code parut au mois d'Avril 529: l'année fuivante, Juftinien fit une ordonnance adreffée à Tribonien, qu'il chargea de raffembler de même en un feul corps d'ouvrage les plus belles décifions qui étoient répandues dans les ouvrages des anciens jurifconfultes ; d'en faire une collection & compilation diftribuée fuivant l'ordre de l'édit perpétuel, ou fuivant celui du code qui avoit été publié l'année précédente; de divifer cette collection en cinquante livres, & chaque livre en plufieurs titres: il y avoit, comme on l'a déja dit, plus de deux mille volumes, & plus de trois cents mille vers: outre le choix qu'il avoit à faire, il falloit concilier les différentes opinions des fabiniens & des proculéiens ; c'eft pourquoi Juftinien permit à Tribonien de fe choifir quelques-uns de ceux qui excelloient alors dans la fcience du droit pour l'aider dans ce travail; il ordonna que cette nouvelle compilation feroit appellée *digefte* ou *pandectes*.

Le terme de *digefte* n'étoit pas nouveau ; plufieurs jurifconfultes avoient déja mis ce titre à leurs ouvrages; il y avoit dès-lors des *digeftes* de Julien, ceux d'Alphenus Varus, de Juventius Celfus, Dulpius Marcellus, de Cerbidius Scévola, & de plufieurs autres. On appelloit *digeftes* tous les livres qui renfermoient des matieres de droit digérées, & mifes par ordre *quafi digefta*.

A l'égard du nom de *pandectes*, que Juftinien donna auffi à cette compilation, ce terme eft dérivé du grec & compofé de πᾶν, qui fignifie *omne*, & de δέχομαι, *complector*; de forte que *pandectes* fignifie un recueil qui comprend tout. Ce nom de *pandectes* n'étoit pas non plus nouveau. Gellius rapporte, *liv. XIII. fes nuits attiques, cap. jx.* que Tullius Tiro, éleve de Ciceron, avoit compofé certains livres qu'il intitula en grec *pandecta*, comme contenant un précis de toutes fortes de fciences. Et Pline en fa *préface* de fon *Hiftoire naturelle*, dit que ce titre avoit paru à quelques-uns trop faftueux. Ulpien, Modeftinus & autres, intitulerent auffi quelques-uns de leurs ouvrages *pandectes*.

Juftinien ordonna auffi que les mots feroient écrits tout au long dans le *digefte*, & défendit d'y employer les notes & abréviations qui avoient jetté tant de doutes & d'obfcurités dans les livres des anciens jurifconfultes. Enfin il défendit à tous jurifconfultes de faire des commentaires fur le *digefte*, pour ne pas retomber dans la même confufion où l'on étoit auparavant; il permit feulement de faire des paratitles ou fommaires du *digefte*.

Tribonien s'affocia feize jurifconfultes, du nombre defquels furent la plupart de ceux qui avoient été employés à la compilation du code. Ces feize jurifconfultes font les deux Conftantins, Théophile, Dorothée, Anatolius, Cratinus, Eftienne, Menna, Profdocius, Eutolmius, Timothée, Léonides, Léontius, Platon, Jacques & Jean.

Le *digefte* fut parfait en moins de trois années, ayant été publié le 17 des calendes de Janvier 533.

Juftinien loue Tribonien & fes collegues de leur diligence, & parle du *digefte* comme d'un ouvrage dont il n'ef-

péroit pas de voir la fin avant dix années; ce qui apparemment a fait croire à quelques modernes que Juftinien avoit donné dix ans à Tribonien pour travailler à cet ouvrage, quoique le tems ne fût point fixé; quelques-uns ont même pris de-là occafion d'accufer Tribonien & fes collegues de précipitation; mais trois années étoient bien fuffifantes à dix-fept jurifconfultes des plus habiles, pour faire une fimple compilation.

Il faut encore obferver par rapport à la compilation du *digefte*:

1°. Que l'on n'y a fait entrer des fragmens des livres des jurifconfultes, que de ceux qui avoient eu permiffion de répondre publiquement fur le droit, & que les ouvrages des autres jurifconfultes furent totalement laiffés à l'écart. Mais on ne fe fervit pas feulement des écrits de ceux qui avoient été autorifés, par Valentinien III. on y a fait auffi entrer des fragmens de plufieurs autres qui avoient été approuvés, pour répondre fur le droit.

2°. Que les rédacteurs du *digefte* ont évité avec foin toutes les contradictions des Sabiniens & des Proculéïens, & autres jurifconfultes.

3°. Quoique les notes d'Ulpien, de Paulus, & de Marcien, fur les ouvrages de Papinien, n'euffent point la même autorité que leurs autres ouvrages, à caufe de la haute confidération que l'on avoit pour Papinien; cependant Juftinien permit aux rédacteurs du *digefte* d'en prendre ce qui feroit néceffaire: & la prérogative que Valentinien III. avoit accordée à Papinien, que fon avis prévaloit fur celui des autres, étant en nombre égal, n'a plus lieu dans le *digefte*, foit parce que l'on n'y a point admis de diverfes opinions, foit parce que tout ce qui y eft compris ayant été adopté par Justinien, est censé émané de lui, & a la même autorité.

Enfin il fut permis aux rédacteurs de corriger & de réformer ce qu'ils jugeroient à propos dans les écrits des jurisconsultes; comme ils le firent en effet en plusieurs endroits, où il s'agissoit de concilier l'ancien droit avec le nouveau.

Le *digeste*, quoique fait à Constantinople, a été rédigé en latin tel que nous l'avons. Dans la suite, l'empereur Phocas le fit traduire en grec par Thalæleus; Haloander dit avoir vu cette traduction manuscrite, mais elle n'a point encore été publiée.

A l'égard de l'ordre que Tribonien a suivi dans l'arrangement du *digeste*, on conçoit assez celui des livres & des titres, quoiqu'il eût été facile d'en faire un meilleur; mais pour ce qui est des loix qui sont placées sous chaque titre, il semble qu'elles aient été jettées toutes à la fois sans aucun choix ni arrangement: en effet elles n'ont nulle liaison entr'elles; celle qui précéde devroit souvent être la derniere, & plusieurs conviendroient beaucoup mieux sous d'autres titres.

Il y a deux divisions différentes du *digeste*, qui sont l'une & l'autre de Justinien.

La premiere est en cinquante livres, & chaque livre contient plusieurs titres, qui sont divisés en plusieurs loix. On a mis en tête de chaque loi le nom du jurisconsulte, & de l'ouvrage dont elle a été tirée, afin que le nom de tous ces savans personnages ne demeurât point dans l'oubli. Les loix sont la plupart divisées en plusieurs parties; la premiere appellée *principium*, & les autres nommées *paragraphes*.

Le premier livre composé de vingt-deux titres, dont le premier est *de justitiâ & jure*, traite de la justice en général, du droit & de ses différentes parties; de la division des personnes & de celle des choses; des sénateurs, & autres magistrats; de leurs délégués & assesseurs.

Le second livre divisé en quinze titres, traite du pouvoir des magistrats, & de leur jurisdiction; de la maniere de traduire quelqu'un en jugement; des conventions & transactions.

Dans le troisieme livre, qui ne contient que six titres, on explique ceux qui peuvent postuler; on traite des infames qui sont exclus de cette fonction; enfin du ministere des avocats, procureurs, syndics, & de la calomnie, dont tous les ministres de la justice doivent s'abstenir.

Le quatrieme livre divisé en neuf titres, traite des causes de restitution en entier, des compromis, & des arbitrages; il y est aussi parlé des mineurs & de la dégradation d'état, des nautonniers, hôteliers d'hommes & de chevaux, & autres qui sont chargés de choses appartenantes à autrui.

Le cinquieme livre qui est en six titres, après avoir parlé de la jurisdiction & expliqué devant qui l'assignation doit se donner, traite du testament inofficieux, de la demande d'hérédité en tout ou partie, & de la demande d'hérédité fidei-commissaire.

Dans le sixieme livre où il n'y a que trois titres, sont reglées toutes les actions réelles, soit civiles & directes, soit prétoriennes & utiles, pour les choses que l'on révendique.

Le septieme livre renferme en neuf titres tout ce qui concerne l'usufruit, les servitudes personnelles, l'habitation, l'usage des fonds, & ce qui en dépend, & les fûretés que l'ufufruitier doit donner.

La matiere des fervitudes réeljes, tant pour les biens de ville que pour ceux de campagne, eft traitée dans le huitieme livre en fix titres.

Le neuvieme livre qui n'a que quatre titres, explique certaines actions perfonnelles qui imitent les réelles ; telles que les actions noxales, l'action de la loi *aquilia*, & l'action qui a lieu contre ceux qui ont jetté quelque chofe en un lieu de paffage, qui a bleffé quelqu'un, ou fait quelqu'autre dommage ; & l'action donnée contre ceux qui ont fur leurs fenêtres, quelque chofe qui pourroit fortuitement caufer du dommage aux paffans.

Il n'y a de même que quatre titres dans le dixieme livre, lequel traite des actions mixtes ; telles que l'action de bornage, celle à fin de partage d'une fucceffion ou autre chofe ; il traite auffi de l'action *ad exhibendum*, qui eft une préparation à l'action réelle.

Dans le onzieme livre divifé en huit titres, il eft parlé des interrogatoires fur faits & articles, des diverfes fortes d'affaires dont un même juge peut connoître ; il traite enfuite des efclaves corrompus & fugitifs, des perfonnes qui jouent aux jeux de hafard, de l'arpenteur qui a fait un faux rapport, enfin des fépultures & des frais funéraires.

Le douzieme livre qui contient fept titres, regle les actions perfonnelles, où le demandeur conclut à ce que le défendeur foit tenu de lui transférer la propriété de quelque chofe ; telles que l'action qui dérive du prêt, & autres actions appellées en droit *condictio* : parce qu'elles ont un objet certain, foit que la caufe en foit légitime ou non, ou qu'elle n'ait pas été réalifée.

Le treizieme livre qui renferme fept titres, a pour objet les mêmes actions dont l'objet eft certain lorfque l'eftimation en eft incertaine, & doit être faite par le juge. Il traite auffi de l'action mixte, relative aux chofes dont l'eftimation eft quelquefois certaine, & quelquefois incertaine, & des demandes qui, quoique fondées fur une obligation, n'ont pas d'objet fixe ni certain.

Les fix titres qui compofent le quatorzieme livre, concernent d'abord les actions qui naiffent de la geftion & du fait d'autrui ; telle que l'action appellée *exercitoria* : de-là le législateur paffe à ceux qui font des affaires avec les perfonnes étant en la puiffance d'autrui ; ce qui donne occafion de parler du fénatuf-confulte macédonien.

On peut regarder le quinzieme livre comme un fupplément du précédent, puifqu'il traite du pécule des enfans & de celui des efclaves, & de l'action réfultante de ce qui a tourné au profit des peres ou des maîtres, & de celle qui réfulte des contrats que les enfans ou les efclaves ont paffé par ordre de leurs peres ou de leurs maîtres.

Les trois titres du livre feizieme concernent autant de matieres différentes, favoir le velléien, la compenfation, & l'action de dépôt.

Il en eft de même du dix-feptieme livre, dont les deux titres traitent l'un du mandat, l'autre de la fociété.

Le dix-huitieme livre compofé de fept titres, explique ce que c'eft que le contrat de vente, les conditions qu'il eft d'ufage d'y ajoûter ; il traite auffi de la vente d'une hérédité, ou d'une action que l'on a pour demander quelque chofe ; de la refcifion de la vente, des caufes pour lefquelles on peut s'en départir, de ceux fur qui doivent tom-

ber le gain ou la perte, & autres événemens ; enfin de l'accomplissement des
conditions, relatives à l'usage que l'a-
cheteur pouvoit faire des esclaves qu'on
lui a vendus.

Dans le dix-neuvieme livre distri-
bué en cinq titres, se trouvent les actions qui naissent du contrat de vente
pour l'acheteur & pour le vendeur,
l'action de louage, celle qui concerne
l'estimation de la chose vendue ; ce même livre traite aussi de l'échange & des
actions que produisent les contrats innommés.

Le vingtieme traite en six titres les
gages & hypotheques, la préférence entre créanciers, la subrogation aux droits
des plus anciens, la distraction des choses engagées & hypothéquées, la libération du gage, & l'extinction de l'hypotheque.

Le vingt-unieme livre qui ne contient que trois titres, explique d'abord
l'édit des édiles par rapport à la vente
des esclaves & des animaux, ensuite
ce qui concerne les évictions, les ga-
ranties, & l'exception tirée de la chose
vendue & livrée.

Les objets du vingt-deuxieme livre
qui est divisé en six titres, sont les intérêts, les fruits, les dépendances &
accessoires des choses, les intérêts de
l'argent placé sur mer, les preuves &
présomptions, l'ignorance de droit &
de fait.

Les cinq titres qui composent le vingt-
troisieme livre, parlent des fiançailles
& mariages, des dots promises ou données, des conventions qui y ont rapport, & des loix faites pour la conservation des biens dotaux.

La suite de cette matiere est dans les
livres vingt-quatrieme & vingt-cinquieme. Le premier qui contient trois titres, traite de la donation entre mari

& femme, des divorces & de la répétition de la dot.

Le vingt-cinquieme composé de sept
titres, traite des impenses faites sur la
dot, ou en diminution de la dot : de
l'action qui a lieu pour les choses soustraites pendant le mariage, de l'obligation de nourrir les enfans, de la visite
des femmes qui se disent enceintes lors
du divorce, ou lors de la mort de leurs
maris, & enfin des concubines.

Les vingt-sixieme & vingt-septieme
livres divisés chacun en dix titres, em-
brassent tous deux ce qui concerne les
tuteles & curatelles, l'administration
des tuteurs, l'action qui résulte de la
tutele, les causes qui excusent de la
tutele, l'aliénation des biens de ceux
qui sont en tutele ou curatelle, la nécessité de donner des curateurs aux
prodigues & autres que les mineurs,
qui ne sont pas en état de gouverner
leurs biens.

Les successeurs testamentaires sont
l'objet du vingt-huitieme livre, qui
contient huit titres sur les testamens,
leurs différentes especes, les personnes
qui peuvent tester, les formalités des
testamens, l'institution, l'exhérédation,
& la prétention des enfans nés & des
posthumes, les nullités des testamens,
les substitutions vulgaires & populaires, les conditions apposées aux institutions, & le droit de délibérer.

Le vingt-neuvieme livre qui est une
continuation de la même matiere, contient sept titres sur les testamens militaires, l'acceptation, acquisition, abs-
tention, & répudiation d'hérédité ; l'ouverture des testamens, les sénatusconsultes Syllanien & Claudien, sur ceux
qui contraignent ou empêchent les autres de tester ; enfin sur les codiciles.

Les trois livres suivans qui sont les
trentieme, trente-unieme & trente-deu-
xieme,

xieme, renferment la matiere des fidei-commis & legs particuliers; ils ne contiennent chacun qu'un seul titre, & sont tous intitulés de même *de legatis & fidei-commissis* : mais pour les distinguer en les citant, on dit *delegatis* 1°. *delegatis* 2°. *delegatis* 3°.

Le trente-troisieme divisé en dix titres, traite d'abord des legs particuliers qui ne sont pas payables à une seule fois, mais qui forment des pensions annuelles pendant la vie du légataire, ou autres choses léguées à titre particulier, tels que les legs du pécule, des meubles, des provisions de ménage, & autres choses de même nature.

On continue à parler des legs particuliers dans le trente-quatrieme livre, lequel a neuf titres sur les legs d'alimens, sur les legs de certaines choses, telles que de l'or, de l'argent, des parures, embellissemens, habits, statues; des legs transportés d'une personne à une autre; de ceux qui sont incertains par l'ambiguité des termes, ou par quelque événement imprévû; des legs inutiles, tels que ceux qui sont faits *pœnæ causâ*; & à cette occasion il explique la regle catonienne. Il parle aussi des legs inintelligibles, & de ceux dont les légataires sont privés pour cause d'indignité.

Le surplus de ce qui concerne les legs & fidei-commis particuliers, est renfermé dans le trente-cinquieme livre qui n'a que trois titres, lesquels traitent des conditions attachées aux legs, des causes, des legs, des bornes que les testateurs doivent s'y prescrire; de la falcidie & réduction des legs, en ce qu'ils préjudicieroient à la falcidie.

Les fidei-commis universels sont la matiere du trente-sixieme livre, qui contient quatre titres, il explique les dispositions des sénatusconsultes Trebel-

Tome IV.

lien & Pegasien; le tems où les legs & fidei-commis soit purs & simples, ou conditionnels, sont dûs; en quel cas l'héritier est obligé de donner caution pour les legs & fidei-commis.

Le trente-septieme livre contient quinze titres qui roulent sur deux objets; savoir, sur les successions prétoriennes, qui s'adjugent tant *secundum tabulas* que *contra tabulas*, & sur le droit de patronage; & sur le respect que les enfans doivent avoir pour leurs peres, & les affranchis pour leurs patrons.

Le livre suivant qui est le trente-huitieme, renferme un plus grand nombre d'objets : il est divisé en dix-sept titres, qui traitent des devoirs des affranchis envers leurs patrons; de la succession des affranchis, des degrés de parenté par rapport aux successions; de la succession des gens de guerre, tant au service que vétérans; de la possession de biens extraordinaire ou subsidiaire; de celle qui est déférée par les loix, sénatusconsultes, ou par les constitutions des empereurs; enfin des héritiers siens & légitimes, & des sénatusconsultes Tertyllien & Orphicien.

Dans le trente-neuvieme qui ne contient que six titres, on explique d'abord les moyens que la loi ou le préteur fournissent pour prévenir le dommage dont on est menacé : ces moyens sont la dénonciation d'un nouvel œuvre, la demande d'un cautionnement, & l'action pour obliger à remettre les choses dans l'ancien état. Ce même livre explique ensuite les donations entre-vifs, & à cause de mort.

Le quarantieme contenant seize titres, traite de l'état & condition des personnes, & de tout ce qui a rapport aux affranchissemens & à la liberté.

Les différentes manieres d'acquérir ou de perdre la propriété & la posses-

Hhhh

fion des chofes, & en particulier la
prefcription, font expliquées dans le
quarante-unieme livre, en dix titres.

Les huit titres du quarante-deuxie-
me livre font fur la chofe jugée, fur l'effet des fentences définitives & interlocutoires, les confeffions faites en jugemens, la ceffion de biens, l'envoi en
poffeffion des biens du débiteur qui eft
en fuite, ou qui ne fe défend pas; les
biens faifis ou vendus par autorité de
juftice; la féparation des biens de l'héritier d'avec ceux du défunt, qui étoit
débiteur; le curateur nommé pour l'adminiftration & la vente des biens du
débiteur; enfin fur la révocation de
tout ce que l'on feroit pour frauder
les créanciers.

Les interdits ou actions poffeffoires,
tels que ceux *quorum bonorum*, *quod
legatorum*, & autres femblables, font
l'objet du quarante-troifieme livre, qui
eft divifé en trente-trois titres, cette
matiere étant d'un très-grand détail.

Il étoit naturel de traiter des actions
avant de parler des exceptions: on a
cependant fait tout le contraire dans le
quarante-quatrieme livre, dont les fix
premiers titres parlent des exceptions
tirées de la chofe jugée, du laps de tems,
& de la prefcription, & autres caufes
femblables; le feptieme & dernier titre
contient une énumération des obligations & des actions.

Il n'y a que trois titres dans le quarante cinquieme livre, lequel concerne
les ftipulations faites par les hommes
libres, & par les efclaves.

Pour ce qui eft du quarante-fixieme
livre qui contient huit titres, il traite
des fide-juffions, novations, délégations, des payemens réels, décharges,
acceptilations, des ftipulations prétoriennes, & des cautionnemens.

Dans le quarante-feptieme compofé
de vingt-trois titres, on explique les
peines qui ont lieu pour les délits privés, ce qui comprend les vols; pour
les injures verbales, & par écrit; pour
les voies de fait, les crimes qui attaquent la religion, ceux qui bleffent la
fûreté ou l'honnêteté publique; les crimes de fépulcre violé, de concuffion,
de vol de bétail, prévarication, fpolia-
tion d'hoirie, ftellionat, dérangement
de bornes, établiffemens illicites, &
autres cas femblables; enfin les actions
populaires, ouvertes pour la vengeance des délits qui donnent atteinte aux
droits du peuple.

Les vingt-quatre titres dont eft compofé le quarante-huitieme livre, traitent des délits publics en général, tels
que font les crimes de léfe-majefté,
d'adultere, meurtre, poifon, parricide, faux, concuffion, péculat, & autres femblables; de l'inftruction & jugement des procès criminels, de l'abolition des crimes, de la queftion ou
torture, des peines que l'on peut infliger aux coupables, de l'exécution des
condamnés, de la confifcation, de la
permiffion d'inhumer les corps de ceux
qui ont été exécutés à mort.

Le quarante-neuvieme livre, qui
contient dix-huit titres, traite des appellations, des droits du fifc, de ceux
qui font en captivité, de ceux qui ufent
du droit de retour, & de ceux qui ont
été rachetés chez les ennemis; de la
difcipline militaire, du pécule *caftren-
fe*, & des privileges des foldats vétérans.

Enfin le cinquieme & dernier livre
du *digefte*, compofé de dix-fept titres,
explique les droits des villes municipales, & de leurs habitans; il traite enfuite
des décurions & de leurs enfans; du
rang de ceux qui avoient poffédé les
dignités accordées par le prince, & les
honneurs municipaux: des emplois pu-

blics, patrimoniaux & perſonnels; pour quelles cauſes on peut s'en exempter : des ambaſſadeurs , de l'adminiſtration des deniers ou autres choſes apparte-nantes aux villes ; des décrets faits par les décurions & autres officiers muni-cipaux ; des ouvrages publics , des foi-res & marchés, des pollicitations ; des matieres extraordinaires, dont la con-noiſſance appartenoit aux préſidens des provinces; des proxenetes ou entre-metteurs , des dénombremens pour lé-ver les impôts. Les deux derniers ti-tres ſont l'un *de verborum ſignificatione*, l'autre *de regulis juris antiqui*.

Outre cette premiere diviſion que Juſtinien fit du *digeſte* en cinquante li-vres, il en fit encore une autre en ſept parties , compoſée chacune de pluſieurs livres. Quelques-uns ont penſé que ce fut pour rapporter au même objet tout ce qui en dépend ; mais Juſtinien lui-même annonce que cette diviſion eut pour principe la conſidération qui étoit alors attachée au nombre ſeptenaire.

La premiere partie, qui fut déſignée par le mot grec πρῶτα , comprit les qua-tre premiers livres, qui traitent des prin-cipes du droit des juges , des jugemens des perſonnes qui ſont en procès , & des reſtitutions en entier.

La ſeconde , intitulée *de judiciis* , fut compoſée du cinquieme livre & des ſui-vans , juſques & compris le onzieme.

La troiſieme, intitulée *de rebus*, fut compoſée des huit livres qui traitent des choſes ; ſavoir le douzieme & ſui-vans, juſqu'à la fin du dix-neuvieme.

La quatrieme, intitulée *de pignoribus*, comprenoit auſſi huit livres ; ſavoir le vingtieme & ſuivans, juſques & com-pris le vingt-ſeptieme.

La cinquieme partie appellée *de teſta-mentis*, étoit compoſée de neuf livres , à commencer par le vingt-huitieme,

& finiſſant par le trente-ſixieme.

La ſixieme, *de bonorum poſſeſſioni-bus*, commençoit par le trente-ſeptie-me livre , & finiſſoit par le quarante-quatrieme.

Enfin la ſeptieme & derniere, inti-tulée *de ſpeculationibus*, étoit compoſée des ſix derniers livres.

Il y a une troiſieme diviſion du *di-geſte* en trois parties, mais qui n'eſt ni de Juſtinien ni de Tribonien ; on l'at-tribue communément au juriſconſulte Bulgare, qui vivoit dans le douzieme ſiecle, & à quelques autres docteurs ſes contemporains. D'autres prétendent que cette diviſion n'eſt venue que d'un libraire, qui la fit ſans autre objet que celui de partager la matiere en trois tomes à-peu-près égaux.

Quoi qu'il en ſoit, la premiere par-tie, ſuivant cette diviſion , eſt intitu-lée *digeſtum vetus*, ou *le digeſte ancien* : elle a été ainſi appellée , comme ayant été *rédigée* ou imprimée la premiere ; elle comprend depuis le commencement du premier livre, juſqu'à la fin du ſe-con titre du vingt-quatrieme livre.

La ſeconde partie s'appelle *digeſtum infortiatum* , *le digeſte infortiat* , ou *l'in-fortiat ſimplement*. Ce nom biſarre pa-roît lui avoir été donné , à cauſe que cette partie étant celle du milieu , ſem-ble ètre fortifiée & ſoûtenue par la premiere & la troiſieme, ou parce que cette ſeconde partie contient les matie-res les plus importantes , notamment les ſucceſſions, les teſtamens & les legs ; elle commence au troiſieme titre du vingt-quatrieme livre , & finit avec le livre trente-huitieme.

La troiſieme partie, qui commence au trente-neuvieme livre , & va juſqu'à la fin de l'ouvrage, s'appelle *digeſtum novum*, digeſte nouveau, c'eſt-à-dire, le dernier rédigé ou imprimé.

Hhhh 2

Nous parlerons dans un moment des autres arrangemens que quelques jurisconsultes modernes ont faites du *digeste*, après avoir rendu compte de ce qui s'est passé précédemment par rapport à cet ouvrage.

Quelque soin que l'on ait pris pour le rendre exact, il n'a pas laissé de s'y glisser quelques fautes. Cujas, l'un des auteurs qui ont pensé le plus favorablement de la compilation du *digeste* en général, y a trouvé plusieurs choses à reprendre, qu'il a relevées dans ses observations, *lib. I. ch. xxij. & liv. VI. ch. xiij* & dans le *liv. VIII. ch. xxxvij*. il a remarqué les endroits où il se trouve encore quelques vestiges des dissensions des anciens jurisconsultes. Antoninus Faber, dans ses *conjectures*, & quelques autres auteurs, ont été jusqu'à taxer Tribonien d'infidélité. Ils ont prétendu que Tribonien vendoit la justice, & accommodoit les loix selon les intérêts de ses amis. Ce reproche amer inventé par Suidas, paroît sans fondement. Du reste Cujas & Mornac ont rendu justice à la capacité de Tribonien auteur de la compilation du *digeste*.

D'autres ont aussi fait un reproche à Justinien, ou plutôt à Tribonien, d'avoir supprimé les écrits des anciens jurisconsultes dont il se servit pour composer le *digeste*; mais quel intérêt auroit-il eu de le faire? Si l'on avoit conservé cette multitude de volumes qu'il a fallu compiler & concilier, on reconnoîtroit sans doute encore mieux le mérite du *digeste*. Justinien, loin de paroître jaloux de la gloire des anciens jurisconsultes, & de vouloir s'approprier leurs décisions, a fait honneur à chacun d'eux de ce qui lui appartenoit, & rien ne prouve que leurs écrits ayent été supprimés par son ordre ni de son tems. Il y a apparence que l'on com-

mença à en négliger la plus grande partie, lorsque Théodose le jeune donna la préférence aux ouvrages de Papinien & de quelques autres; que la rédaction du *digeste* fit oublier le surplus, comme inutile; enfin que tous ces écrits se sont perdus par le malheur des tems, & par les courses des Goths & autres barbares qui ont plusieurs fois saccagé & pillé Rome & toute l'Italie, l'Allemagne, les Gaules & Constantinople.

De tous les ouvrages des anciens jurisconsultes, il ne nous reste que les institutes de Caïus, des fragmens d'Ulpien, & des sentences de Julius Paulus. Ce furent ceux qu'Anien choisit, comme les meilleurs, lorsque le roi Alaric le chargea d'introduire le droit romain dans ses Etats. *v.* CODE.

Peu de tems après la mort de Justinien, les compilations des loix faites par ordre de cet empereur, furent négligées dans l'orient: l'empereur Basile & ses successeurs firent une autre compilation de loix sous le nom de *basiliques*.

Dans l'occident, singulierement dans la partie des Gaules où l'on suivoit le droit écrit, on ne connoissoit que le code Théodosien, les institutes de Caius, & l'édit perpétuel.

Le *digeste* qui avoit été perdu & oublié pendant plusieurs siecles, fut retrouvé par hasard en Italie en 1130, lorsque l'empereur Lothaire II. qui étoit venu au secours du pape Innocent II. prit la ville d'Amalfi, ville de la Pouille. Dans le pillage de cette ville, des soldats trouverent un livre qui étoit depuis long-tems oublié dans la poussiere, & auquel sans doute ils ne firent attention qu'à cause que la couverture en étoit peinte de plusieurs couleurs: c'étoient les pandectes de Justinien. Quelques-uns ont cru que ce manuscrit étoit celui de Juftinien, ou du moins celui de Tribonien : d'autres, que c'étoit l'ouvrage de quelque magiftrat Romain qui avoit été gouverneur de cette ville : mais tout cela eft avancé au hafard. M. Terraffon en fon *hift. de la Jurifpr. rom.* croit plutôt que cet exemplaire des pandectes fut apporté à Amalfi par quelqu'homme de lettres de ce pays-là, qui avoit voyagé en Grece.

Politien & Jufte-Lipfe ont penfé que ce manufcrit étoit du tems de Juftinien. Le P. Mabillon, mieux verfé dans la connoiffance de ces anciennes écritures, tient que celle-ci eft du fixieme fiecle; & fuivant le caractere, il paroît que c'eft l'ouvrage d'un copifte Grec, qui les a écrites à Conftantinople ou à Benyte.

L'empereur Lothaire voulant récompenfer les habitans de Pife, qui l'avoient fecondé dans fes deffeins, leur fit préfent du manufcrit des *Pandectes*, & ordonna que cette loi feroit obfervée dans tout l'empire. Les habitans de Pife conferverent long-tems avec foin ce manufcrit; c'eft de-là que dans quelques anciennes glofes le *digefte* eft appellé *pandecte pifanæ*; & que quand les interpretes des autres pays étoient divifés fur la véritable teneur de quelqu'endroit du texte des pandectes, ils avoient coutume de fe renvoyer ironiquement les uns les autres à Pife, où étoit le manufcrit original.

Mais l'année 1406, les Florentins s'étant rendus maîtres de la ville de Pife, le général des Florentins enleva le manufcrit des *Pandectes*, & le fit porter à Florence; ce qui fit depuis ce tems donner au *digefte* le nom de *pandecte florentinæ*. Ce manufcrit eft en deux volumes, dont les Florentins firent enrichir la couverture de plufieurs ornemens : ils firent auffi conftruire exprès

un petit cabinet ou armoire dans le palais de la république, pour dépofer ce manufcrit, qui eft toujours dans le même endroit; & jufqu'au XVIIᵉ fiecle, quand on le montroit à des étrangers, c'étoit avec beaucoup de cérémonies : le premier magiftrat de la ville y affiftoit nue tète, & des religieux Bernardins tenoient des flambeaux allumés.

On conferve encore dans diverfes bibliotheques plufieurs anciens manufcrits du *digefte*, & entr'autres dans celle du roi de France, & dans les bibliotheques Vaticane, Urbine, Palatine, Barberine & Otobonienne, qui font à Rome; dans celle de Venife & autres, dont on peut voir le détail dans M. Terraffon, *Hift. de la jurifpr. rom.*; mais aucun de ces manufcrits ne remonte au-delà du douzieme fiecle; & celui de Florence eft regardé par tous les auteurs comme le plus ancien, le plus authentique, & celui dont tous les autres font émanés.

Depuis l'invention de l'imprimerie, le *digefte* a été imprimé un grand nombre de fois, & prefque toujours avec les autres livres de Juftinien; ce qui forme le corps de droit, dont l'édition la plus eftimée eft celle faite à Amfterdam en 1663, en deux volumes *in-folio*, avec des notes des plus célebres commentateurs.

Le *digefte* paroît avoir été obfervé en France, de même que les autres livres de Juftinien, depuis le tems de Louis le jeune, du moins dans les provinces appellées de *droit écrit*.

Les jurifconfultes modernes qui ont travaillé fur le *digefte*, font en trop grand nombre pour en faire une énumération complette : nous parlerons feulement ici de quelques-uns des plus célebres.

Irnerius, Allemand de naiffance, qui

s'employa pour le rétablissement du *digeste* & autres livres de Juftinien, fit de petites *fcholies* qui donnerent lieu dans la fuite à des glofes plus étendues.

Haloander donna vers l'année 1500 une nouvelle édition du *digeste*, plus correcte que les précédentes, & qui fut appellée *notique*, parce qu'elle eft dédiée au fénat de Nuremberg.

Barthole, Balde, Paul de Caftre, Alexandre de Imola, Decius, Alciat, Pacius, Perecius, Guillaume Budée, Duaren, Dumoulin, Fernand, Hotman, Cujas, Mornac, & plufieurs autres encore plus récens, & qui font connus, ont fait des *Commentaires* fur le *digeste*; les uns ont embraffé la totalité de l'ouvrage; d'autres fe font bornés à expliquer quelques livres, ou même feulement quelques titres.

On fe fert ordinairement pour citer le *digeste*, d'une abréviation compofée de deux *f* liées en cette forme, *ff*; ce qui vient de la lettre grecque π dont on fe fervoit pour citer les pandectes, & que les copiftes Latins prirent pour deux *ff* jointes. On fe fert auffi quelquefois de la lettre *d* pour citer le *digeste*.

Quelques jurifconfultes du XVIᵉ fiecle commencerent à critiquer la compilation du *digeste*, & fingulierement l'ordre des matieres, & l'arrangement que l'on a donné aux fragmens tirés des anciens jurifconfultes.

Cujas au contraire a taxé d'ignorance ceux qui blâmoient l'ordre du *digeste*; il engagea cependant Jacques Labitte fon difciple à compofer un ouvrage contenant le plan du *digeste* dans un nouvel ordre, pour mieux pénétrer le fens des loix, en rapprochant les divers fragmens qui font d'un même jurifconfulte. Ce livre a pour titre, *index omnium quæ in pandectis conti-*

nentur, in quo, &c. il fut publié à Paris en 1577. C'eft un volume *in-4°.* qui a trois parties : la premiere a pour objet de raffembler les divers fragmens de chaque jurifconfulte, qui appartiennent au même ouvrage; la feconde contient une table des jurifconfultes dont il n'y a aucunes loix dans le *digeste*, mais qui y font cités; la troifieme eft une *Differtation* fur l'ufage que l'on doit faire des deux premieres parties.

L'exemple de Labitte a excité plufieurs autres jurifconfultes à donner auffi de nouveaux plans du *digeste*.

Volfangus Freymonius en donna un en 1574, intitulé *Symphonia juris utriufque chronologica, in quâ, &c.* Cet ouvrage concerne tout le corps de droit; & pour ce qui concerne le *digeste* en particulier, l'auteur a perfectionné le travail de Labitte.

Antoine-Auguftin, archevèque de Tarragone, donna en 1579 un ouvrage intitulé *de nominibus propriis*, ΤΟΥ ΠΑΝΔΕΚΤΟΥ, *Florentini cum notis*, où il enchérit encore fur Labitte & fur Freymonius, en ce qu'à côté de chaque portion qu'il rapproche de fon tout, il marque le chiffre du livre, du titre & de la loi.

Loyfel avoit auffi fait un *index* dans le goût de celui de Labitte.

Ces auteurs n'avoient fait que tracer un plan pour mettre le *digeste* dans un nouvel ordre; mais perfonne n'avoit encore entrepris l'exécution de ce plan.

Après le décès de M. Dugone, avocat au parlement, & docteur honoraire de la faculté de droit de Paris, on trouva dans fes papiers un *digeste* arrangé fuivant le plan de Labitte & des autres auteurs dont on vient de parler. Cet ouvrage tomba entre les mains de M. Boullenois avocat, qui en a donné au public une defcription en forme d'*avis*.

Ce nouveau *digeste* n'eſt point manuſ-crit, & on ne ſait ſi on peut dire qu'il eſt imprimé, n'étant compoſé que de loix découpées de pluſieurs exemplaires du corps de droit, que l'on a collées & arrangées ſous chaque juriſconſulte, avec un petit abregé de ſa vie, & l'*index* chiffré de Labitte : le tout forme trois volumes *in-folio*.

M. Terraſſon, ſans blâmer l'exécu-tion du projet de Labitte & autres ſem-blables, fait ſentir que cela n'eſt pas ſeul capable de donner une parfaite connoiſſance de l'eſprit & des vues de chaque juriſconſulte, parce qu'entre les fragmens que l'on peut rapprocher, il en manque beaucoup d'autres que l'on n'a plus.

Il auroit ſans doute reconnu que l'on doit trouver beaucoup plus d'avantage dans l'ouvrage que M. Potier conſeiller au préſidial d'Orléans, a donné au pu-blic en trois volumes *in-fol.* ; ce ſont les *Pandectes* de Juſtinien miſes dans un nouvel ordre, avec des loix du *Code* & des *Novelles* qui confirment le droit du *digeste*, qui l'expliquent ou l'abro-gent.

Le but de cet ouvrage eſt de rétablir l'ordre qui manque dans le *digeste*, & de rendre par ce moyen les loix plus intelligibles, & l'étude du droit plus facile.

Il eût été facile de donner aux livres & aux titres du *digeste* un meilleur ordre que celui qu'ils ont; mais M. Potier n'a pas cru devoir s'en écarter, afin que l'on retrouve plus aiſément dans ſon ouvrage les titres du *digeste* dont on veut étudier le véritable ſens. Il a ran-gé ſous chaque titre les loix qui en dépendent, dans l'ordre qui lui a paru le plus convenable, & a renvoyé à d'autres titres ceux qui lui ont paru y avoir plus de rapport; enſorte néan-

moins qu'il n'a omis aucune portion du texte, & n'a fait à cet égard que le mettre dans un meilleur ordre.

Il y a joint quelque fragment de la *Loi des douze tables* de Gaïus, d'Ulpien, & des *ſentences* de Paulus, afin d'éclair-cir le droit qui étoit en vigueur du tems des juriſconſultes dont les écrits ont ſervi à former le *digeste*; droit ſans la connoiſſance duquel il eſt im-poſſible d'entendre certaines loix.

Il y a auſſi inféré la plûpart des *Loix du code*, & les *novelles* qui confirment, expliquent ou abrogent quelqu'endroit du *digeste*. Les loix publiées juſqu'au tems de Conſtantin, y ſont rappor-tées en leur entier. A l'égard de cel-les des empereurs qui ont regné de-puis, comme elles ſont trop longues, & ſouvent d'un ſtyle barbare, il s'eſt contenté d'en rapporter l'eſprit.

L'auteur a ſuppléé *de ſuo* la plûpart des définitions, des diviſions, regles & exceptions, & même les propoſi-tions néceſſaires pour la liaiſon des textes; mais tout ce qu'il a mis du ſien eſt en caracteres italiques, & par-là diſ-tingué du texte qui eſt en caractere romain.

Il a auſſi ajoûté quelques notes, tant pour éclaircir les textes qui lui ont paru obſcurs, que pour rétablir ceux qui paroiſſent avoir été corrom-pus en les corrigeant ſuivant les obſer-vations de Cujas & des meilleurs in-terpretes, & enfin pour concilier les loix qui paroiſſent oppoſées les unes aux autres.

A la fin du troiſieme tome il y a une table de tous les livres, titres, loix & paragraphes du *digeste*, ſuivant l'ordre de Juſtinien, qui indique le tome, la page & le nombre où chaque objet eſt rapporté dans le *digeste* de M. Po-tier.

DIGNITAIRE, f. m., *Droit canon*, est celui qui est pourvu d'une dignité ecclésiastique dans un chapitre, comme le doyen ou prévôt, le grand chantre, l'archidiacre, le chancelier, le pénitencier. Voyez ci-après DIGNITÉS *ecclésiastiques.*

DIGNITÉ, f. f., *Jurispr.*, est une qualité honorable, dont celui qui en est revêtu peut prendre le titre & en accompagner son nom ; c'est une qualité qui releve l'état de la personne, & qui a été ainsi appellée comme pour dire qu'elle rend la personne digne de la considération publique attachée à sa place : comme quand un président ou conseiller de cour souveraine ajoûte à son nom sa qualité de *conseiller.*

La *dignité* des personnes est différente de leur condition, qui ne concerne que l'état ; comme d'être libre ou affranchi, pere ou fils de famille, en tutele, émancipé ou majeur.

Toute qualité honorable ne forme pas une *dignité* ; il faut que ce soit un titre que la personne puisse prendre elle-même : ainsi les qualités de *riche* & de *savant* ne sont pas des *dignités*, parce qu'on ne se qualifie pas soi-même de riche ni de savant.

Les Grecs & les Romains, & tous les anciens en général, ne connoissoient d'autres *dignités* que celles qui pouvoient résulter des ordres ou des offices. Tout ordre n'étoit pas *dignité* ; en effet il y avoit trois ordres ou classes différentes de citoyens à Rome ; savoir l'ordre des sénateurs, celui des chevaliers, & le peuple. De ces trois ordres il n'y avoit que les deux premiers qui attribuassent quelque *dignité* à ceux qui en étoient membres ; aucun de ces ordres, même les deux premiers qui étoient honorables, ne donnoit point part à la puissance publique : mais les

deux premiers ordres donnoient une aptitude pour parvenir aux offices auxquels la puissance publique étoit attachée.

Les offices n'étoient pas tous non plus considérés comme des *dignités* ; il n'y avoit que ceux auxquels la puissance publique étoit attachée : les Grecs & les Romains appelloient ces sortes d'offices *honores seu dignitates*, parce qu'ils relevoient l'état des personnes, & que les magistrats (c'est ainsi que l'on appelloit ceux qui étoient revêtus de ces *dignités*) n'avoient la plupart aucun gage, ni la liberté de prendre aucun émolument, de sorte que l'honneur étoit leur seule récompense.

Dans quelques Etats d'Europe, les *dignités* procedent de trois sources différentes ; savoir des offices qui ont quelque part dans l'exercice de la puissance publique, des ordres qui donnent quelque titre honorable, & enfin des seigneuries. Cette troisieme sorte de *dignité* s'acquiert par la possession des fiefs & des justices que l'on y a attachées ; ce qui est de l'invention des Francs ou du moins des peuples du Nord, dont ils ont emprunté l'usage des fiefs.

On distingue les *dignités ecclésiastiques* des *dignités temporelles.*

Pour les *dignités ecclésiastiques*, voyez l'article suivant.

Les *dignités temporelles* procedent ou de l'épée, ou de la robe, ou des fiefs : les premieres sont celles de roi ou d'empereur, de prince, de chevalier, d'écuyer, & plusieurs autres.

Les *dignités* de la robe sont celles de chancelier, de conseiller d'Etat, de président, de conseiller de cour souveraine, & plusieurs autres.

Celles qui procedent des fiefs, sont les qualités de duc, de marquis, de comte, te , de baron , de fimple feigneur de fief avec juftice, ou fans juftice.

Les fiefs qu'on appelle *fiefs de dignité*, font ceux auxquels il y a quelque titre d'honneur attaché ; tels que les principautés , duchés , marquifats , comtés , vicomtés , baronnies, *v.* FIEFS.

DIGNITÉS ECCLÉSIASTIQUES, *Droit Canon.* On doit rapporter ici ce que nous avons dit fous le mot *Bénéfice* , touchant les bénéfices *dignités* , qu'il faut diftinguer , & des prélatures & des bénéfices ordinaires : car bien qu'en général on appelle *dignités* , tous les bénéfices qui , comme dit M. d'Héricourt, donnent un rang & des prérogatives diftinguées dans l'églife, on entend communément dans l'ufage par ce mot, les *dignités* des chapitres des églifes cathédrales & collégiales. Cependant Melchior Paftor, en fon *Traité des bénéfices*, a pris la même divifion qu'a fuivi l'auteur des loix eccléfiaftiques, & que M. Duperrai a critiquée, en employant le mot *dignités* dans toute l'étendue de fa fignification ; il a divifé les *dignités* en majeures & mineures ; dans la premiere claffe, il a placé d'abord le pape & fucceffivement les cardinaux, les patriarches , les archevêques , les évêques & les abbés ; *hæ funt*, dit - il , *dignitates majores fuis infignibus ab aliis minoribus diftinctæ.* Il met donc au rang de celles - ci, l'archidiacre , l'archiprêtre, le primicier ou premier chantre , le précenteur ou capifcol , le facriftain ou tréforier ; ces deux dernieres *dignités*, dit cet auteur , peuvent n'être dans certaines églifes que de fimples perfonnats , parce que fi l'on prend le nom de *dignité* à la rigueur , on ne pourra le donner qu'aux offices qui donnent droit de jurifdiction , dans lequel cas aujourd'hui , il n'y auroit guere que l'archidiacre & l'archiprêtre en certains

diocefes , & dans les communautés régulieres , les prieurs , qui puffent être honorés de ce titre. Mais il fuffit, ajoute - t - il , que la *dignité* donne quelque prééminence dans le chœur & le chapitre , pour qu'on doive la diftinguer du fimple office.

En France, il paroît qu'il n'y a point de regle certaine , pour déterminer quelles font, ou ne font pas les *dignités* dans les chapitres ; tels offices font *dignités* dans les uns , & fimples offices ou perfonnats dans les autres. Ces principes que nous venons d'établir , font auffi affez équivoques pour autorifer cette diverfité d'ufage , qui n'eft pas d'ailleurs particuliere à la France. Il n'y a d'uniformité que pour les chefs des chapitres, comme les prévôts ou doyens, à qui on ne contefte aujourd'hui prefque nulle part , le titre & les honneurs des *dignités* ; il en faut dire autant de l'archidiacre & de l'archiprêtre dans les cathédrales , qui font fuivant la plus ancienne difcipline , les deux feules *dignités* de droit , inftituées originairement pour le foulagement des évêques dans le gouvernement de leur diocefe.

Nous n'avons prefque rien à dire ici en général des droits & des prérogatives des *dignités*. D'abord par rapport à leurs prééminences entr'elles , il ne feroit guere poffible d'établir des regles , que les différents ufages des chapitres ne rendiffent incertaines. On diftingue feulement dans tous les chapitres , les premieres & principales *dignités*. On appelle premiere *dignité* dans les cathédrales , & principale dans les collégiales, celle qui a des prérogatives diftinctes qui marquent fans équivoque fa fupériorité fur les autres. Mais quelle eft cette premiere ou principale *dignité* ? Dans les églifes collégiales , il y a à cet égard moins de variété , parce qu'or-

dinairement il y a peu de *dignités* dans
ces églises, ou il n'y en a qu'une, qui est
la principale, & à laquelle on donne le
nom de *doyen* ou de *prévôt*, ou enfin de
prieur. Mais dans les cathédrales, l'archidiacre, l'archiprêtre, le prévôt, &c.
font des *dignités* éminentes qui se disputent encore la préséance par les droits
respectifs de leur origine. *Bibl. can. tom.
I. p. 205.* Barbosa, en son excellent
Traité du droit ecclésiastique : *lib.* I.
C. 21. dit que les préséances des *dignités*
entr'elles & même des offices & des canonicats, doivent se regler suivant la
distinction de l'ordre & du titre.

En matiere préjudiciable & odieuse,
les *dignités* ne viennent pas sous la dénomination des bénéfices.

La premiere *dignité* dans les cathédrales doit faire les fonctions en l'absence de l'évêque, & s'il ne le veut ou
ne le peut, la *dignité* qui vient immédiatement après lui, jouit de ce droit.

Le concile de Trente a fait un reglement sur les qualités nécessaires aux
chanoines & *dignités* dans les chapitres.
Nous en rappellerons les principales
dispositions sous le mot *chanoine* ; il
faut les appliquer aux *dignités*. On
peut voir aussi sous le nom de chaque
dignité les qualités particulieres que
chacune peut exiger. (D. M.)

DIGNITÉ, *Morale.* Outre la signification de ce mot, telle qu'elle a été développée dans le premier article, ce terme se prend encore en deux sens rélatifs
à la morale. Selon le premier, il désigne
la qualité personnelle, ou le mérite individuel & intrinséque de la personne,
en conséquence de quoi elle doit être
l'objet de l'estime & des égards des autres ; alors ce mot est synonyme du terme de *mérite.* Cette *dignité* se mesure sur
la capacité de l'être, & sur sa destination ;
ainsi on peut dire, la *dignité* de l'homme

qui est créé à l'image de Dieu, qui est le
plus excellent des êtres qui habitent ce
globe, & qui est destiné à atteindre la
perfection & à parvenir à l'immortalité,
ne nous permet pas d'en parler avec mépris, de le traiter en esclave, & de le sacrifier à nos caprices. Dans le sens propre, la *dignité* signifie tout ce qui rend
un être digne d'estime.

Sous une seconde acception, la *dignité* signifie une qualité de la conduite qui
annonce la *dignité* personnelle, & qui
exprime les droits que l'on a de prétendre à l'estime des autres, ou seulement
la réalité actuelle de la prétention que
nous formons sur la considération & les
égards de nos semblables, soit à cause
des *dignités* rélatives & civiles dont il a
été parlé dans le premier article ; soit à
cause du mérite personnel qui nous distingue, soit à cause de la seule idée que
nous nous faisons par vanité, de ce que
nous valons. Agir d'une maniere qui
n'annonce ni sagesse, ni prudence, ni
capacité estimable, s'occuper de choses
qui ne supposent aucun mérite réel &
solide, se conduire de façon à montrer
que nous ne prétendons pas à la considération & aux égards, c'est manquer
de *dignité.* Un air de *dignité* est un extérieur, composé de maniere à annoncer
que nous prétendons aux égards & à la
considération : cet air convient à des
personnes que leur âge, leurs occupations & leur rang, appellent à avoir un
mérite supérieur, & autorisent à le leur
supposer. Il n'est qu'un ridicule imper-
tinent chez ceux à qui aucune de ces
circonstances ne fournissent un titre à
prétendre à des distinctions & à fixer les
égards. La *dignité* est, pour les femmes
d'un rang élevé, un accompagnement
essentiel de la beauté vertueuse, comme
la modestie & la retenue l'est chez les
femmes du commun ; la vivacité folâ-

tre, la pétulance imprudente, la gaieté badine & bruyante font oppofées à la *dignité*, comme la hardieffe eft l'oppofé de la modeftie. C'eft un grand art que celui de badiner fans s'expofer à des manques de refpect de la part de ceux avec qui l'on badine, & de favoir bannir la gène, fans dépouiller la *dignité* ; il eft bien difficile de ne pas laiffer dégénérer la *dignité* en hauteur, & de ne pas infpirer par elle de l'éloignement en place du refpect & des égards. La *dignité* femble être le partage des grands, parce qu'on fuppofe qu'ils ne s'occupent que de grandes chofes, & qu'ils ont la capacité de les manier. L'âge avancé qui annonce de la prudence, de la fageffe & des lumieres acquifes, données par l'expérience, donne auffi de la *dignité* à ceux dont l'extérieur, les difcours & les démarches femblent annoncer ces prérogatives de la vieilleffe. Il faut à la beauté, outre la régularité des traits, une certaine grandeur de taille au-deffus du commun, pour atteindre à la *dignité*. (G, M.)

DILATOIRE, adj., *Jurifpr.*, c'eft ce qui tend à retarder l'inftruction ou le jugement d'un procès.

Les procureurs donnent fouvent des exceptions *dilatoires*. Ce font certaines fins de non recevoir propofées contre la demande, ou la qualité de la partie, qui ne vont pas à l'exclufion de l'action, mais feulement à en différer le jugement définitif, & à en retarder l'exécution. *v.* EXCEPTION *dilatoire*, &c.

DIMANCHE, f. m., *Morale & Droit polit. Dies dominica*, *jour du Seigneur*, nom donné par les chrétiens au jour qui commençoit la femaine chez les Juifs & chez les Payens, comme il la commence encore parmi nous. Nous ne devons confidérer le *dimanche* dans cet ouvrage que comme un jour de la femaine confacré au repos ou à la ceffation de tout ouvrage ; mais *v.* FÊTE.

DIMINUTION *d'efpeces*, *Jurifpr.*, tombe fur celui auquel appartiennent les deniers, fuivant la regle générale *res domino perit*. Le débiteur qui veut fe libérer & ne pas fupporter les *diminutions d'efpeces* qui peuvent arriver, ne doit pas fe contenter de faire des offres réelles, il faut que les offres foient fuivies d'une confignation effective.

DIMINUTION *de feux*, *Jurifprud.*, étoit une réduction du nombre de feux ou portions d'un pays, qui contribuoient aux fouages & autres fubfides. Dans l'origine par le terme de *feux* on entendoit chaque ménage ou famille ; dans la fuite un feu comprenoit une certaine étendue de pays, & pouvoit comprendre plufieurs ménages. La *diminution de feux* s'accordoit aux pays dont la fertilité ou le commerce étoient diminués, ou lorfque le pays fe trouvoit ruiné par la guerre ou par quelqu'autre accident.

DIMISSOIRE *ou* DÉMISSOIRE, f. m., *Droit canon*, font des lettres fignées par le propre évêque, & fcellées de fon fceau, par lefquelles il renvoie un de fes diocéfains à un autre prélat pour en recevoir les ordres.

Rien n'eft fi expreffément défendu aux évèques par les anciens canons que d'ordonner le fujet d'un autre évèque fans fa permiffion.

Ce canon qui eft le feizieme du concile de Nicée ne fait que confirmer un ufage que l'on fuivoit dès les premiers fiecles. On en peut juger par le trouble que caufa dans la Paleftine l'ordination d'Origene par Alexandre, évèque de Jérufalem, fans la permiffion de Démétrius, dans l'églife duquel Origene étoit lecteur.

Cette difcipline s'eft conftamment

soutenue dans l'églife jufqu'au concile de Trente qui l'a fortifiée par de nouveaux réglemens.

Par le ch. *cum nullus de tempore ordin. in 6°.* l'églife cathédrale, le fiege vacant, a droit d'accorder des *dimiffoires*; mais le concile de Trente, *feff. 7. cap. 10. de ref.* a dérogé à cette loi, & ne permet au chapitre de donner des *dimiffoires*, le fiege vacant, qu'après la premiere année de la vacance, ou lorfqu'un clerc feroit dans l'obligation de recevoir quelqu'ordre, comme s'il avoit obtenu ou s'il devoit obtenir un bénéfice qui lui impofât cette obligation.

Le même chapitre *cum nullus*, déclare que les prélats inférieurs aux évèques ne peuvent accorder des *dimiffoires*, s'ils n'ont un privilege du faint fiege, & que les religieux non exempts ne peuvent être ordonnés que par les évèques des diocefes, où leurs monafteres font fitués.

Suivant divers textes du droit que plufieurs anciens exemples ont confirmés, le pape a par la plénitude de fa puiffance le pouvoir de conférer les ordres à qui bon lui femble de toutes les parties du monde fans *dimiffoires* du propre évèque, ou de donner des refcrits pour fe faire ordonner par le premier évèque à qui on les exhibera.

En conféquence, l'évèque à qui on fe préfente pour recevoir les ordres de lui, en vertu d'un bref du pape, ne peut les conférer à celui qui aura eu de la part de fon évèque, une défenfe, même extrajudiciaire de s'y faire promouvoir; ainfi que le déclare le même concile dans la *feff. 14. ch. 1. de la réform.*

Le concile de Trente prononce des peines contre ceux qui reçoivent les ordres, & contre les évèques qui les conferent fans *dimiffoire* du propre évèque. Les premiers font fufpens des ordres

qu'ils ont reçus, jufqu'à ce que leur propre évèque trouve bon de lever la fufpenfe; les évèques, s'ils font titulaires, font fufpens pendant un an des fonctions épifcopales; & s'ils ont un diocefe, la fufpenfe aura auffi lieu pendant un an, pour la collation des ordres. Le ch. *faepe de tempor. ordin. in 6°.* & plufieurs bulles des papes poftérieures au concile de Trente, telles que celles d'Urbain VIII. du 11 Novembre 1624. & d'Innocent XII. de l'an 1694. prononcent encore des peines plus grieves. Si les clercs ainfi fufpens exercent les fonctions des ordres qu'ils ont reçus ils tombent dans l'irrégularité.

On ne fauroit contrevenir à tous ces différens réglemens, en établiffant fon domicile dans un autre diocefe, à deffein de fe fouftraire à la jurifdiction ou à l'examen de fon évèque diocéfain.

Ordinairement les *dimiffoires* font limités à un certain tems; c'eft le defir & le réglement du quatrieme concile de Milan, & de plufieurs autres conciles, dont les plus indulgens fixent ce tems à une année.

Si les *dimiffoires* font indéfinis & fans limitation de tems, il faut une révocation expreffe pour les rendre inutiles; la mort même de celui qui les a accordés ne les révoque pas. Le fucceffeur de l'évèque décédé, doit donc avoir foin de révoquer les *dimiffoires* accordés par fon prédéceffeur, s'il ne veut pas que ceux qui les ont obtenus en faffent ufage.

C'eft l'évèque qui doit accorder le *dimiffoire*, qui doit auffi examiner la capacité & les qualités des ordinans, comme on l'infere du canon *epifcopum, c. 6. q. 2.* car c'eft à lui & non pas à l'évèque qui les ordonne, à prendre foin d'eux, & à pourvoir à leur fubfiftance, s'ils n'ont pas de titre. L'évèque à qui le *dimiffoire* eft adreffé, doit préfumer que ceux qu'on lui préfente ont toutes les qualités requifes , lorfqu'on l'affure qu'ils ont été approuvés pour les ordres, & les évèques ne doivent point renvoyer leurs diocéfains à un autre évèque , pour être par lui promus aux ordres, qu'ils ne les aient exáminés, comme le concile de Trente l'enjoint dans la *feff*. 23. *ch*. 3. de la réformation. (D. M.)

DIMISSORIAL , adj. , *Jurifpr*. , fe dit de ce qui appartient à un dimiffoire , comme un refcrit *dimifforial* , ou une lettre *dimifforiale*. Voyez ci-devant Dɪ-ᴍɪssoɪʀᴇ.

DINCKGRAVES, ZENT-GRAVES, GOGRAVES, HANS-GRAVES, &c. f. m. , *Droit féod*. Cujas, *l*. 1. *tit*. 1. *Feud*. les appelle *juges pédanés* : fur quoi il eſt bon d'obferver, que dans les affemblées qui fe faifoient à Rome par les repréfentans du peuple, qu'on appelloit *comitia centuriata*, on diftinguoit trois ordres de perfonnes : l'un étoit compofé de gens qui n'avoient pas droit d'opiner ; mais ils venoient fe ranger autour du magiſtrat qui avoit ouvert l'avis, auquel ils adhéroient, & c'eſt ce qu'on appelloit *pedibus in fententiam ire* : ils n'avoient pas non plus le droit de fe faire conduire, comme les principaux magiſtrats , dans des chaifes curules, ils alloient à pied ; & voilà les raifons pour lefquelles ils étoient appellés *juges pédanés, pedanei* ou *pedarii judices*. Le même ufage s'obfervoit pour le jugement des caufes centumvirales, pour l'audition defquelles les juges pédanés étoient affis fur des gradins inférieurs pofés aux pieds du tribunal, fur lequel les principaux magiſtrats étoient élevés. Plufieurs auteurs difent que les magiſtrats renvoyoient les caufes fommaires & de petite conféquence par-devant les juges pédanés.

Dans nos fiecles barbares , & avant que les villes de l'empire euffent obtenu foit par des conceffions extorquées par la néceffité des circonſtances , foit par la prefcription, le privilege exceffif de fe gouverner par leurs propres loix ; l'empereur y établiffoit des officiers ou prépofés , fous le nom de *comtes* , qui non-feulement préfidoient en fon nom à toute l'adminiſtration politique des villes, mais dont la jurifdiction s'étendoit fur des diſtricts entiers. Cet ufage dura jufqu'à l'empire de Henri V. qui permit aux villes de fe choifir des confuls & des fénateurs , en la maniere à-peu-près qui fe pratiquoit dans l'ancienne Rome ; c'eſt ce que nous apprend Knipfchild, *de jure & privil. civ. Imp. lib*. 2. *c*. 8. §. 7. Pendant l'adminiſtration des comtes, ceux-ci étoient dans l'ufage de commettre d'autres juges, pour décider les affaires de détail & de petite conféquence, en qualité de leurs lieutenans ; & ce, fous diverfes dénominations, comme *dinck-graves*, juges fifcaux ; *zent-graves*, juges délégués pour un département de dix paroiffes comprifes dans le même diſtrict ; (ce qu'on appelloit en Allemagne *zent-graves*, a été nommé *vicomtes* & *vidames* en France) ; *go-graves*, juges commis pour l'inſtruction des affaires criminelles ; (ce qui revient à nos lieutenans criminels) ; *hans-graves*, diminué des *handels-graves*, juges de police pour les marchands forains & les chofes mercantiles. Tous ces officiers n'étoient que des lieutenans des vrais comtes , & c'eſt pourquoi Cujas les appelle *juges pédanés*. (R.)

DINKELSBÜHL , *Droit publ*. La ville impériale de *Dinkelsbühl* ou *Dünkelfpühl*, appellée par quelques-uns *Tricollis* , *Zeacollis* , ou *Zeapolis* , eſt fituée entre le comté d'Oettingen & la principauté d'Anſpach ſur trois collines, en allemand *Bühel*, où l'on cultivoit jadis de l'épautre, en allemand *dinkel*, d'où elle a tiré ſon nom & ſes armes, qui ſont de gueules à trois collines de ſinople, chacune ſurmontée d'un épi de bled d'or. Son magiſtrat eſt partie catholique & partie luthérien, mais le plus grand nombre des habitans proſeſſent cette derniere religion. L'ordre teutonique y a un bailliage & une prévôté dépendante de la commanderie d'Ellingen, qui poſſede entr'autres le village de Wimmelbach. Dans un ancien ſceau cette ville porte le nom d'*Oppidum Villicum*. Elle fut ceinte en 982 d'une muraille ſimple, à laquelle on en ajoûta une ſeconde en 1126. En 1351 l'empereur l'engagea aux comtes d'Oettingen, mais elle s'en eſt rachetée elle-même : & les empereurs Charles IV. & Wenceſlas lui ont garanti ſon immédiateté. Elle a la ſeizieme voix parmi les villes impériales de Souabe à l'aſſemblée de l'empire, & la treizieme aux dietes du cercle. Sa taxe matriculaire qui étoit jadis de 208 fl. fut réduite à 90 fl. en 1683. Sa cotte pour l'entretien de la chambre impériale eſt de 148 rixdalers 71 kr. Son petit territoire qui eſt rempli d'étangs, comprend le hameau de Tiefweeg. L'abbaye d'Ellwangen & les princes d'Oettingen-Spielberg diſputent à la ville le reſſort qu'elle prétend lui appartenir, & le procès que cette conteſtation a fait naître, eſt pendant à la chambre impériale. (D. G.)

DIOCÉSAIN, adj., *Droit canon.*, ſignifie celui qui eſt né dans un *diocese*, ou qui y eſt habitué, ou y a quelque fonction ſpirituelle. Un évêque ne peut donner la tonſure ni les ordres qu'à ſon *diocéſain*. Une abbeſſe *diocéſaine* eſt celle relativement à l'évêque, dans le diocese duquel eſt ſon abbaye. L'évêque *diocéſain* qu'on appelle auſſi quelquefois ſimplement le *diocéſain*, eſt celui auquel eſt ſoumis le diocese dont il s'agit. Voyez ci-après DIOCESE.

Il y a deux bureaux *diocéſains* ou chambres *diocéſaines* du clergé établies dans chaque diocese, pour connoître des conteſtations qui peuvent naître à l'occaſion des décimes & autres impoſitions. *v.* CLERGÉ & DÉCIMES.

DIOCESE, ſ. m., *Droit canon*, du mot grec διοίκησις, qui ſignifie une *province* ou certaine étendue de pays dont on a le gouvernement ou l'adminiſtration ; & le gouvernement même de ce pays étoit autrefois chez les Grecs & chez les Romains un gouvernement civil & militaire d'une certaine province ; préſentement parmi nous & dans tout le monde chrétien, c'eſt le gouvernement ſpirituel d'une province confiée à un évêque ou le reſſort de pluſieurs *dioceses* particuliers ſoumis à un archevêque métropolitain.

Strabon qui écrivoit ſous Tibere, dit que les Romains avoient diviſé l'Aſie en *dioceses* ou *provinces*, & non pas par peuples ; il ſe plaint de la confuſion que cela cauſoit dans la géographie. Dans chacun de ces *dioceses* il y avoit un tribunal où l'on rendoit la juſtice ; chaque *diocese* ne comprenoit alors qu'une ſeule juriſdiction, un certain diſtrict ou étendue de pays qui reſſortiſſoit à un même juge. Ces *dioceses* avoient leurs métropoles ou villes capitales ; chaque métropole avoit ſous elle pluſieurs *dioceses* qui étoient de ſon reſſort.

Conſtantin le Grand changea la forme de cette diſtribution. Il diviſa l'empire en treize grands *dioceses*, préfectures ou gouvernemens ; il y en avoit même un quatorzieme en comptant la ville de Rome & les villes appellées *fuburbicaires*. Toute l'Italie étoit divifée en deux *diocefes*, l'un appellé *diœcefis fuburbicaria*, parce qu'il étoit le plus proche de la ville de Rome ; le fecond appellé *diœcefis Italiæ*, qui comprenoit le refte de l'Italie.

On comptoit dans l'empire 120 provinces, & chacun des quatorze grands *diocefes* ou *gouvernemens* comprenoient alors plufieurs provinces & métropoles, au lieu qu'auparavant une même province comprenoit plufieurs *diocefes*.

Chaque *diocefe* particulier étoit gouverné par un vicaire de l'empire qui réfidoit dans la principale ville de fon département : chaque province avoit un proconful qui demeuroit dans la capitale ou métropole ; & enfin le préfet du prétoire qui avoit un des quatorze grands *diocefes* ou *gouvernemens* commandoit à plufieurs *diocefes* particuliers.

Le gouvernement eccléfiaftique fut réglé fur le modele du gouvernement civil. Dans la primitive églife les Apôtres envoyerent dans toutes les villes où J. C. étoit reconnu, quelques-uns de leurs difciples en qualité d'adminiftrateurs fpirituels & miniftres de la parole de Dieu, lefquels furent tous appellés indifféremment *prêtres* ou *anciens*, *évêques*, *pafteurs*, & même *papes*.

Dans la fuite on choifit dans chaque ville un de ces prêtres pour être le chef des autres, auquel le titre d'évêque demeura propre, les autres prêtres formerent fon confeil.

La religion de Jefus-Chrift faifant de nouveaux progrès, on bâtit d'autres églifes, non-feulement dans les mêmes villes où il y avoit un évêque, mais auffi dans les autres villes, bourgs & villages, & dans chaque lieu l'évêque envoyoit un de ces prêtres pour enfeigner

& adminiftrer les faints myfteres, felon que le contient le decret du pape Anaclet, à la charge que l'un d'eux ne pourroit entreprendre ni adminiftrer en l'églife de l'autre, *finguli per fingulos titulos fuos*; en forte que l'on pourroit rapporter à ce pape la premiere divifion des *diocefes* : cependant on tient communément que le pape Denis fut l'un de ceux qui établit le mieux cette police vers l'an 266. On trouve dans le decret de Gratien le difcours de ce pape à Severinus, évêque de Cordoue : *nous ne faurions*, dit-il, *te dire mieux, finon que tu dois fuivre ce que nous avons établi en l'églife romaine, en laquelle nous avons donné à chaque prêtre fon églife ; nous avons diftribué entr'eux les paroiffes & les cimetieres, fi bien que l'un n'a puiffance dans l'enclos de l'autre. cap. j. xiij. quæft. 1.* Il en eft écrit autant des évêques, l'un defquels ne peut ni ne doit entreprendre quelque chofe au *diocefe* de fon co-évêque. Le pape Calixte I. avoit déja ordonné la même chofe pour les évêques, primats & métropolitains ; mais on ne voit pas que le terme de *diocefe* fût encore ufité pour défigner le territoire d'un évêque ou d'un archevêque ; on difoit alors la *paroiffe* d'un évêque ou d'un archevêque ou métropolitain ; le terme de *diocefe* ne s'appliquoit qu'à une province eccléfiaftique qui comprenoit plufieurs métropolitains, & dont le chef fpirituel avoit le titre de *patriarche*, *exarque* ou *primat*.

Dans la fuite ces titres d'*exarque* & de *patriarche* fe font effacés dans la plupart des provinces ; il eft feulement refté quelques primaties ; le territoire de chaque métropolitain a pris le nom de *diocefe*; & ce nom a été enfin communiqué au territoire de chaque évêque foumis à un métropolitain ; de forte que le terme de *diocese* a été pris pour le spirituel en trois sens différens , d'abord pour un *patriarchat* ou *exarcat* seulement , ensuite pour une métropole , & enfin pour le territoire particulier d'un évêque.

Présentement on entend également par-là le territoire de l'évêque & celui du métropolitain , comme on le voit dans le canon *nullus* 3. *causa.* 2. *quæst.* 2.

Le concile de Constantinople tenu en 381, défend aux évêques , qui sont hors de leur *diocese*, de rien entreprendre dans les églises qui sont hors leurs limites , & de ne point confondre ni mêler les églises.

Le métropolitain ne peut même, sous prétexte de la primauté qu'il a sur ses suffragans, rien entreprendre dans leur *diocese*, ce rang ne lui ayant été donné que pour l'ordre qui se doit observer dans l'assemblée des évêques de la province ; & cette assemblée peut seule corriger les fautes qui seroient échappées à un des évêques de la province : c'est ce que portent les decrets des conciles de Sardes , & les second & troisieme conciles de Carthage. Celui d'Ephese dit aussi la même chose ; & le premier concile de Tours ajoûte que celui qui feroit au contraire sera déposé de sa charge. Martin , évêque de Brague, rapporte un chapitre , suivant lequel , ce que l'évêque fait hors de son *diocese* est nul. Bede rapporte la même chose d'un concile tenu en Angleterre en 672 sous le regne d'Ecfride ; l'évêque de Nicée fut accusé de cette faute au concile de Chalcédoine tenu sous Valentinien III. & Marcien II. ce fut aussi l'un des chefs de la condamnation prononcée par Félix , évêque de Rome, contre Acace schismatique.

Au surplus la division de l'église soit en *dioceses* ordinaires ou en *dioceses* métropolitains, n'a jamais donné atteinte à l'unité de l'église ; ces divisions n'étant que pour mettre plus d'ordre dans le gouvernement spirituel.

Présentement par le terme de *diocese* on n'entend plus que le territoire d'un évêque ou archevêque, considéré comme évêque seulement ; le ressort du métropolitain s'appelle *métropole* , & celui du primat s'appelle *primatie*. Le métropolitain n'a plus le pouvoir de visiter le *diocese* de ses suffragans, il n'a que le ressort en cas d'appel.

Quoique pour la division des *dioceses*, on ait originairement suivi celle des provinces , on n'a pas depuis toujours observé la même chose ; & les changemens qui arrivent par rapport à la division des provinces pour le gouvernement temporel , n'en font aucun pour la division des *dioceses*.

Chaque *diocese* est ordinairement divisé en plusieurs archidiaconés , & chaque archidiaconé en plusieurs doyennés.

DIOGENE *le Babylonien, Hist. Litt.*, philosophe stoïcien , ainsi nommé , parce qu'il étoit de Seleucie près de Babylone. Il fut disciple de Crysippe; les Athéniens le députerent à Rome avec Carnéades & Critolaus, 155 ans avant J. C. *Diogene* mourut âgé de 88 ans, après avoir prêché la sagesse pendant tout le cours de sa vie , autant par sa conduite que par ses discours. Un jour qu'il faisoit une leçon sur la colere, & qu'il déclamoit fortement contre cette passion , un jeune homme lui cracha au visage : ,, Je ne me fâche point," lui dit *Diogene*, ,, je doute néanmoins ,, si je devrois me fâcher."

DIOGENE *le Cynique* , *Hist. Litt.*, disciple d'Antisthene , nâquit à Sinope, ville de Pont, la troisieme année de la

quatre-

quatre-vingt-onzieme olympiade. Sa jeuneffe fut diffolue. Il fut banni pour avoir rogné les efpeces. Cette avanture fâcheufe le conduifit à Athenes, où il n'eut pas de peine à goûter un genre de philofophie qui lui promettoit de la célébrité, & qui ne lui prefcrivoit d'abord que de renoncer à des richeffes qu'il n'avoit point. Antifthene peu difpofé à prendre un faux monnoyeur pour difciple, le rebuta ; irrité de fon attachement opiniâtre, il fe porta même jufqu'à le menacer de fon bâton. *Frappe*, lui dit *Diogene*, *tu ne trouveras point de bâton affez dur pour m'éloigner de toi, tant que tu parleras.* Le banni de Sinope prit, en dépit d'Antifthene, le manteau, le bâton & la beface : c'étoit l'uniforme de la fecte. Sa converfion fe fit en un moment. En un moment, il conçut la haine la plus forte pour le vice, & il profeffa la frugalité la plus auftere. Remarquant un jour une fouris qui ramaffoit les miettes qui fe détachoient de fon pain ; *& moi auffi*, s'écria-t-il, *je peux me contenter de ce qui tombe de leurs tables.*

Il n'eut pendant quelque tems aucune demeure fixe ; il vécut, repofa, enfeigna, converfa, par-tout où le hafard le promena. Comme on différoit trop à lui bâtir une cellule qu'il avoit demandée, il fe réfugia, dit-on, dans un tonneau, efpece de maifons à l'ufage des gueux, long-tems avant que *Diogene* les mît à la mode parmi fes difciples. La févérité avec laquelle les premiers cénobites fe font traités par efprit de mortification, n'a rien de plus extraordinaire que ce que *Diogene* & fes fucceffeurs exécuterent pour s'endurcir à la philofophie. *Diogene* fe rouloit en été dans les fables brûlans ; il embraffoit en hyver des ftatues couvertes de neige ; il marchoit les pieds nuds fur la glace ; pour toute nourriture il fe contentoit quelquefois de brouter la pointe des herbes. Qui ofera s'offenfer après cela de le voir dans les jeux ifthmiques fe couronner de fa propre main, & de l'entendre lui-même fe proclamer vainqueur de l'ennemi le plus redoutable de l'homme, la *volupté* ?

Son enjouement naturel réfifta prefque à l'aufterité de fa vie. Il fut plaifant, vif, ingénieux, éloquent. Perfonne n'a dit autant de bons mots. Il faifoit pleuvoir le fel & l'ironie fur les vicieux. Les Cyniques n'ont point connu cette efpece d'abftraction de la charité chrétienne, qui confifte à diftinguer le vice de la perfonne. Les dangers qu'il courut de la part de fes ennemis, & auxquels il ne paroît point qu'Antifthene fon maître ait jamais été expofé, prouvent bien que le ridicule eft plus difficile à fupporter que l'injure. Ici on répondoit à fes plaifanteries avec des pierres ; là on lui jettoit des os comme à un chien. Par-tout on le trouvoit également infenfible. Il fut pris dans le trajet d'Athenes à Egine, conduit en Crete, & mis à l'encan avec d'autres efclaves. Le crieur public lui ayant demandé ce qu'il favoit : *commander aux hommes*, lui répondit *Diogene* ; *& tu peux me vendre à celui qui a befoin d'un maître.* Un Corinthien appellé *Xeniade*, homme de jugement fans doute, l'accepta à ce titre, profita de fes leçons, & lui confia l'éducation de fes enfans. *Diogene* en fit autant de petits *Cyniques* ; & en très-peu de tems ils apprirent de lui à pratiquer la vertu, à manger des oignons, à marcher les pieds nuds, à n'avoir befoin de rien, & à fe moquer de tout. Les mœurs des Grecs étoient alors très-corrompues. Libre de fon métier de précepteur, il s'appliqua de toute fa force à réformer celles

Tome IV.   K k k k

des Corinthiens. Il se montra donc dans leurs assemblées publiques; il y harangua avec sa franchise & sa véhémence ordinaires; & il réussit presque à en bannir les méchans, si non à les corriger. Sa plaisanterie fut plus redoutée que les loix. Personne n'ignore son entretien avec Alexandre; mais ce qu'il importe d'observer, c'est qu'en traitant Alexandre avec la derniere hauteur, dans un tems où la Grece entiere se prosternoit à ses genoux, *Diogene* montra moins encore de mépris pour la grandeur prétendue de ce jeune ambitieux, que pour la lâcheté de ses compatriotes. Personne n'eut plus de fierté dans l'ame, ni de courage dans l'esprit, que ce philosophe. Il s'éleva au-dessus de tout événement, mit sous ses pieds toutes les terreurs, & se joua indistinctement de toutes les folies. A peine eut-on publié le decret qui ordonnoit d'adorer Alexandre sous le nom de *Bacchus de l'Inde*, qu'il demanda lui à être adoré sous le nom de *Serapis de Grece*.

Cependant ses ironies perpétuelles ne resterent point sans quelque espece de represaille. On le noircit de mille calomnies qu'on peut regarder comme la monnoie de ses bons mots. Il fut accusé de son tems, & traduit chez la postérité comme coupable de l'obscénité la plus excessive. Son tonneau ne se présente encore aujourd'hui à notre imagination prévenue qu'avec un cortége d'images deshonnétes; on n'ose regarder au fond. Mais les bons esprits qui s'occuperont moins à chercher dans l'histoire ce qu'elle dit, que ce qui est la vérité, trouveront que les soupçons qu'on a répandus sur ses mœurs, n'ont eu d'autre fondement que la licence de ses principes. L'histoire scandaleuse de Laïs est démentie par mille circonstan-

ces; & *Diogene* mena une vie si frugale & si laborieuse, qu'il put aisément se passer de femmes, sans user d'aucune ressource honteuse.

Voilà ce que nous devons à la vérité, & à la mémoire de cet indécent, mais très-vertueux philosophe. De petits esprits, animés d'une jalousie basse contre toute vertu qui n'est pas renfermée dans leur secte, ne s'acharneront que trop à déchirer les sages de l'antiquité, sans que nous les secondions. Faisons plutôt ce que l'honneur de la philosophie & même de l'humanité doit attendre de nous : reclamons contre ces voix imbécilles, & tâchons de relever, s'il se peut, dans nos écrits les monumens que la reconnoissance & la vénération avoient érigés aux philosophes anciens, que le tems a détruits, & dont la superstition voudroit encore abolir la mémoire.

Diogene mourut à l'âge de quatre-vingts-dix ans. On le trouva sans vie, enveloppé dans son manteau. Le ministere public prit soin de sa sépulture. Il fut inhumé vers la porte de Corinthe, qui conduisoit à l'Isthme. On plaça sur son tombeau une colonne de marbre de Paros, avec le chien symbole de la secte; & ses concitoyens s'empresserent à l'envi d'éterniser leurs regrets, & de s'honorer eux-mêmes, en enrichissant ce monument d'un grand nombre de figures d'airain. Ce sont ces figures froides & muettes qui déposent avec force contre les calomniateurs de *Diogene*; & c'est elles que j'en croirai, parce qu'elles sont sans passion.

Diogene ne forma aucun système de morale; il suivit la méthode des philosophes de son tems. Elle consistoit à rappeller toute leur doctrine à un petit nombre de principes fondamentaux qu'ils avoient toujours présens à l'esprit, qui

dictoient leurs réponfes, & qui diri-
geoient leur conduite. Voici ceux du
philofophe *Diogene*.

Il y a un exercice de l'ame, & un
exercice du corps. Le premier eft une
fource feconde d'images fublimes qui
naiffent dans l'ame, qui l'enflamment
& qui l'élevent. Il ne faut pas négliger le fecond, parce que l'homme n'eft
pas en fanté, fi l'une des deux parties
dont il eft compofé eft malade.

Tout s'acquiert par l'exercice; il n'en
faut pas même excepter la vertu. Mais
les hommes ont travaillé à fe rendre
malheureux, en fe livrant à des exercices qui font contraires à leur bonheur, parce qu'ils ne font pas conformes à leur nature.

L'habitude répand de la douceur juf-
que dans le mépris de la volupté.

On doit plus à la nature qu'à la loi.

Tout eft commun entre le fage & fes
amis. Il eft au milieu d'eux comme l'E-
tre bien-faifant & fuprême au milieu de
fes créatures.

Il n'y a point de fociété fans lui.
C'eft par la loi que le citoyen jouit de
fa ville, & le républicain de fa république. Mais fi les loix font mauvaifes, l'homme eft plus malheureux &
plus méchant dans la fociété que dans
la nature.

Ce qu'on appelle *gloire* eft l'appas de
la fottife, & ce qu'on appelle *nobleffe*
en eft le mafque.

Une république bien ordonnée feroit
l'image de l'ancienne ville du monde.

Quel rapport effentiel y a-t-il entre
l'aftronomie, la mufique, la géométrie,
& la connoiffance de fon devoir & l'a-
mour de la vertu?

Le triomphe de foi eft la confommation de toute philofophie.

La prérogative du philofophe eft de
n'être furpris par aucun événement.

Le comble de la folie eft d'enfeigner
la vertu, d'en faire l'éloge, & d'en négliger la pratique.

Il feroit à fouhaiter que le mariage
fût un vain nom, & qu'on mît en commun les femmes & les enfans.

Pourquoi feroit-il permis de prendre
dans la nature ce dont on a befoin, &
non pas dans un temple?

L'amour eft l'occupation des défœuvrés.

L'homme dans l'état d'imbécillité
reffemble beaucoup à l'animal dans fon
état naturel.

Le médifant eft la plus cruelle des
bètes farouches, & la plus dangereufe
des bètes privées.

Il faut réfifter à la fortune par le mépris, à la loi par la nature, aux paffions par la raifon.

Aye les bons pour amis, afin qu'ils
t'encouragent à faire le bien; & les méchans pour ennemis, afin qu'ils t'empêchent de faire le mal.

Tu demandes aux dieux ce qui te
femble bon, & ils t'exauceroient peut-
être, s'ils n'avoient pitié de ton imbécillité.

Traite les grands comme le feu, &
n'en fois jamais ni trop éloigné, ni trop
près.

Quand je vois la philofophie & la
medecine, l'homme me paroît le plus
fage des animaux, difoit encore *Diogene*; quand je jette les yeux fur l'aftrologie & la divination, je n'en trouve point de plus fou; & il me femble,
pouvoit-il ajoûter, que la fuperftition
& le defpotifme en ont fait le plus mi-
férable.

Les fuccès du voleur Harpalus (c'é-
toit un des lieutenans d'Alexandre)
m'inclineroient prefque à croire, ou
qu'il n'y a point de dieux, ou qu'ils ne
prennent aucun fouci de nos affaires.

Kkkk 2

Parcourons maintenant quelques-uns de ses bons, mots. Il écrivit à ses compatriotes „ *Vous m'avez banni de votre ville, & moi je vous relegue dans vos maisons. Vous restez à Sinope, & je m'en vais à Athenes. Je m'entretiendrai tous les jours avec les honnêtes gens, pendant que vous serez dans la plus mauvaise compagnie*". On lui disoit un jour : *on se moque de toi, Diogene* ; & il répondoit, *& moi je ne me sens point moqué*. Il dit à quelqu'un qui lui remontroit dans une maladie qu'au lieu de supporter la douleur, il seroit beaucoup mieux de s'en débarrasser en se donnant la mort, lui sur-tout qui paroissoit tant mépriser la vie : „ *Ceux qui savent ce qu'il faut faire & ce qu'il faut dire dans le monde, doivent y demeurer ; & c'est à toi d'en sortir qui me parois ignorer l'un & l'autre*". Il disoit de ceux qui l'avoient fait prisonnier : „ *Les lions sont moins les esclaves de ceux qui les nourrissent, que ceux-ci ne sont les valets des lions*". Consulté sur ce qu'on feroit de son corps après sa mort : „ *Vous le laisserez*, dit-il, *sur la terre*". Et sur ce qu'on lui représenta qu'il demeureroit exposé aux bêtes féroces & aux oiseaux de proie : „ *Non*, repliqua-t-il, *vous n'aurez qu'à mettre auprès de moi mon bâton*". J'omets ses autres bons mots qui sont assez connus.

Ceux-ci suffisent pour montrer que *Diogene* avoit le caractere tourné à l'enjouement, & qu'il y avoit plus de tempérament encore que de philosophie dans cette insensibilité tranquille & gaie, qu'il a poussée aussi loin qu'il est possible à la nature humaine de la porter : „ *C'étoit*, dit Montagne dans son style énergique & original qui plait aux personnes du meilleur goût, lors même qu'il paroît bas & trivial, une

„ *espece de ladrerie spirituelle, qui a un air de santé que la philosophie ne méprise pas*". Il ajoute dans un autre endroit : „ *Ce cynique qui baguenaudoit à part soi & hochoit du nez le grand Alexandre, nous estimant des mouches ou des vessies pleines de vent, étoit bien juge plus aigre & plus poignant que Timon, qui fut surnommé le haïsseur des hommes ; car ce qu'on hait, on le prend à cœur : celui-ci nous souhaitoit du mal, étoit passionné du desir de notre ruine, fuyoit notre conversation comme dangereuse ; l'autre nous estimoit si peu, que nous ne pouvions ni le troubler, ni l'altérer par notre contagion ; s'il nous laissoit de compagnie, c'étoit pour le dedain de notre commerce, & non pour la crainte qu'il en avoit ; il ne nous tenoit capables ni de lui bien ni de lui mal faire*".

DIPLOME, s. m. , & DIPLOMATIQUE, s. f. , *Droit public*. Les *diplomes* sont des actes émanés ordinairement de l'autorité des rois, & quelquefois de personnes d'un grade inférieur. *Diplomata sunt privilegia & fundationes imperatorum, regum, ducum, comitum*, &c. *Antonius Matth. notation. ad Egmundan. chronic. cap. xvij*. Ce seroit ce qu'on pourroit aujourd'hui nommer des *lettres patentes*. Si ce terme vient du grec, comme on l'en soupçonne, il signifieroit le *duplicata* ou *la copie double d'un acte* ; peut-être parce qu'il s'en gardoit un exemplaire ou des minutes, ainsi qu'il se fait depuis longtems, soit dans les lettres des princes, soit dans presque tous les actes qui se passent entre particuliers chez les notaires.

Du terme de *diplome* est sorti celui de *diplomatique*, qui est la science & l'art de connoitre les siecles où les *diplomes* ont été faits, & qui suggere en même tems les moyens de vérifier la vérité & la fausseté de ceux qui pourroient avoir été altérés, contrefaits, & imités, pour les substituer quelquefois à des titres certains & à de véritables *diplomes*; ce qui s'est pratiqué, ou pour réparer la perte qu'on auroit faite des vrais *diplomes*, ou pour augmenter les graces, droits, privileges, immunités, que les princes ont accordés à quelques communautés ecclésiastiques ou séculieres.

J'ai dit que la *diplomatique* étoit la science & l'art de discerner les vrais titres d'avec ceux qui étoient ou faux ou supposés: par-là on voit qu'elle renferme quelque partie de science, par l'usage qu'on doit faire dans le discernement de la connoissance exacte de la chronologie qui étoit différemment pratiquée chez les différentes nations. Ainsi l'ancienne chronologie d'Espagne n'étoit pas la même que la nôtre; & celle des Grecs & des Orientaux en est encore plus éloignée; mais celle d'Italie l'est beaucoup moins. Cette partie est essentielle, parce qu'il est quelquefois arrivé de mettre dans ces sortes d'actes falsifiés une chronologie, qui n'étoit pas encore en usage parmi nous. Une autre portion de science qui entre dans le discernement des *diplomes*, est la connoissance des mœurs & du style *diplomatique* de chaque siecle; ce qui demande beaucoup de recherches & de réflexions. L'art y entre pour quelque chose; il consiste à savoir distinguer les écritures des divers tems & des différentes nations; l'encre dont on s'est servi; les parchemins & autres matieres qu'on y employoit; les sceaux aussi bien que la maniere de signer & d'expédier tous ces actes: voilà ce qui concourt à l'usage de la *diplomatique*.

On donne aussi aux *diplomes* le nom de *titres* & de *chartes*: comme titres,

ils servoient & servent encore pour appuyer des droits légitimes, ou pour se maintenir dans la possession de certains privileges, graces, & immunités: on les a nommés *chartes*, à cause de la matiere sur laquelle ils étoient écrits, qui de tout tems a été appellée par les Grecs κάρτη; ou κάρτον, & par les Latins de la pure latinité *charta*, & quelquefois *membrana*. Ciceron ne s'est pas moins servi de ces deux termes que du mot *diploma*.

L'usage & l'emploi des *diplomes* & des chartes sert aussi pour la connoissance de l'ancienne origine des grandes maisons: comme leurs chefs ont fondé plusieurs abbayes ou monasteres, ou que du moins ils en ont été les bienfaiteurs, ils ont eu soin à ce premier acte de religion d'en ajoûter un second, qui étoit d'établir des prieres pour le repos de l'ame de leurs peres & de leurs ancêtres, dont les noms se trouvent expressément marqués dans la plupart de ces *diplomes* ou de ces chartes. C'est ainsi que les *diplomes* de l'abbaye de Mure ou Muri en Suisse, imprimés en 1618, 1627, & 1718, nous font connoitre l'origine de la maison d'Autriche.

On n'ignore pas qu'en matiere de généalogie, l'histoire & les titres se prêtent un mutuel secours: dès que l'histoire nous manque, on a recours aux titres; & au défaut des titres on employe l'autorité des historiens, sur-tout des contemporains. Ce sont des témoignages publics, qui souvent font plus de foi que les titres, qui sont des témoins secrets & particuliers. Cependant dès qu'il s'agit de se faire restituer quelques fiefs aliénés, des principautés, des domaines usurpés par des étrangers, ou des droits qui tombent en litige, alors les titres sont beaucoup plus nécessaires que l'histoire, parce qu'ils entrent dans un plus grand détail. Les magiftrats & les dépofitaires de la juftice ne connoiffent que ces fortes d'actes ; c'eft ce qui les détermine dans leurs jugemens & dans leurs arrèts. L'hiftoire ne fert que pour développer l'illuftration des maifons : elle fait connoître la dignité des perfonnes, la grandeur de leur origine ; & jamais on ne l'employe pour les matieres d'intérêt ; ce n'eft pas fon objet. C'eft ainfi que la maifon d'Autriche, qui felon le P. Hergott fon dernier hiftorien, ne remonte par titres qu'à neuf générations au-deffus de Rodolphe d'Habsbourg, s'éleve encore felon cet auteur à neuf autres générations, mais feulement par l'hiftoire, au delà des neuf qu'elle prouve par les titres ; ce qui fait dix-huit générations au-deffus du milieu du XIII.e fiecle. Ainfi la maifon de France qui remonte par titres jufqu'au roi Eudes en 888, porte par l'hiftoire fa généalogie à des tems beaucoup plus anciens, quelque fentiment que l'on embraffe, au delà de Robert-le-Fort qui vivoit au milieu du IX.e fiecle.

On fe fert encore des *diplomes* pour l'hiftoire particuliere des églifes cathédrales, des abbayes, des villes, & mème quelquefois des provinces ; mais ils font de peu d'ufage pour l'hiftoire générale : nous avons pour cette derniere des monumens qui font moins expofés à la critique ou à la mauvaife humeur des favans.

Mais par une fatalité qui vient fouvent de la malignité des hommes, il n'eft rien que l'on n'ait dit contre les titres, les *diplomes*, les chartes & les archives des communautés, fur-tout de celles des perfonnes d'églife. Bien des gens n'y ajoûtent que très-peu de foi, parce qu'y en ayant beaucoup de fuppofés, grand nombre de falfifiés & d'al-

térés, on a fait porter aux vrais *diplomes* la peine qui n'eft dûe qu'à ceux qui font faux ou contrefaits par des fauffaires. Il eft vrai, & tous généralement conviennent qu'on en a fabriqué ou falfifié un grand nombre ; il fe trouve même des livres où il y a plus de faux titres que de véritables : c'eft le jugement qu'André Duchène, dans fa *bibliotheque des hiftoriens de France*, a porté des *mémoires & recherches de France & de la Gaule aquitanique*, imprimés à Paris en 1581, fous le nom de *Jean de Laftage*. Plufieurs favans ont cru que des communautés affez régulieres avoient peine à lever les doutes qu'on formoit fur les bulles qui fervent de fondement à leurs privileges. On croit cependant qu'il faut avoir trop de délicateffe pour n'être pas content des apologies qu'on a faites de ces privileges.

J'ai dit qu'il y avoit des chartes totalement fuppofées, & d'autres qui ne font que falfifiées. Ces dernieres font les plus difficiles à reconnoître, parce que ceux qui étoient les maîtres des originaux, ajoûtoient dans leurs copies ce qui convenoit à leurs intérêts. L'on ne peut vérifier la falfification que par les chartes originales, quand elles font encore en nature, ou par d'autres privileges poftérieurs, oppofés à ceux contre lefquels on forme quelques foupçons.

Il eft beaucoup plus facile de reconnoître les chartes qui font entierement fuppofées. On peut dans ces fuppofitions avoir pris une de ces deux voies : 1.° Un homme verfé dans la lecture de ces pieces, en aura lu une dans laquelle on retrouve les mœurs & le caractere du fiecle où vivoit le fauffaire, & non pas celui auquel il impute fa prétendue charte : 2.° L'on aura peut-être pris le corps d'une autre charte, dans la copie ou l'imitation de laquelle on se sera contenté de changer l'endroit qui sert de motif à la supposition.

Une regle qui découvre également la fausseté de ces deux sortes de chartes, consiste dans les notes chronologiques qu'on y met ordinairement : par exemple, si l'on se sert d'époques qui n'étoient point encore en usage au tems où l'on suppose que le titre a été fait, comme cela peut arriver dans les pieces qu'on croiroit du dixieme siecle ou des précédens, & qui cependant seroient marquées par les années de l'ere chrétienne, qui n'a été en usage dans ces sortes de monumens que dans l'onzieme siecle ; ou s'il s'y trouvoit quelque faute par rapport au regne des princes sous lesquels on dit qu'elles ont été faites, ou même si elles étoient signées par des personnes qui fussent déja mortes, ou si l'on y trouvoit le nom & la signature de quelqu'autre qui n'auroit vécu que long-tems après. Il faut néanmoins se servir de ce dernier article avec quelque précaution & beaucoup de modération. Il est arrivé dans la suite qu'on a joint des notes chronologiques qui n'étoient point dans les originaux : c'est ce que le P. Mabillon remarque à l'occasion d'une lettre du pape Honorius, datée de l'an de Jesus-Christ 634, & rapportée par le vénérable Bede, qui paroit y avoir lui-même ajoûté cette date. Il pourra même y avoir quelque faute par rapport au regne des princes, sans que pour cela on soit en droit de s'inscrire en faux contre ces chartes, pourvu que ces fautes ne viennent point des originaux, mais seulement des copistes. Il n'est pas difficile de connoitre par d'autres caracteres, si ce mécompte vient d'inadvertence ou de falsification réelle. Et quant à ce qu'on a dit ci-dessus, qu'on voit quelquefois

dans des chartes la signature de personnes qui n'étoient pas encore au monde, ce n'est pas toujours une marque de fausseté, parce qu'un roi, un prince, un prélat, auront été priés de confirmer par leur signature, un privilege accordé long-tems avant eux.

Je pourrois apporter encore beaucoup d'autres observations qui servent à faire connoître ces faussetés. Il suffit ici d'avertir qu'une charte peut être fausse, quoique le privilege qui s'y trouve énoncé soit certain. Des personnes qui ont eu des titres authentiques, & qui les auront perdus, ne faisoient pas difficulté de supposer un nouveau *diplome*, pour se maintenir dans la possession des droits qui leur étoient acquis, & qu'ils appréhendoient qu'on ne leur disputât ; ainsi ils auront commis un crime dont leur intérêt leur cachoit l'énormité.

Toutes ces difficultés n'ont servi qu'à décrier les chartes, les *diplomes* & les archives particulieres où ils sont déposés. Sans parler des tems antérieurs, Conringius, célèbre littérateur Allemand, l'avoit fait en 1672, lorsqu'il attaqua les *diplomes* de l'abbaye de Lindau, monastere considérable vers l'extrèmité orientale du lac de Constance. Le P. Papebroeck, le plus illustre des continuateurs du recueil de Bolandus, se déclara en 1675 contre la plupart des titres : il proposa des regles qui depuis ont été contestées. M. l'abbé Petit qui publia en 1677. le *pénitentiel* de Théodore, archevèque de Cantorbery, se déclara contre la plupart des chartes & des *diplomes*. Le P. Mabillon, touché de tant de plaintes qui pouvoient retomber sur ses confreres, se présenta pour les justifier ; c'est ce qui produisit en 1681 le grand & célebre ouvrage *de re diplomaticâ*, qui ne pouvoit ètre que le travail d'une cinquantaine d'années , tant on y trouve de favoir & de recherches pré- cieufes & importantes. On doit regar- der cet écrivain comme un pere de fa- mille qui cherche à défendre les biens qui lui font acquis par une longue pof- feffion. Son ouvrage fut reçu différem- ment , & a fait depuis le fujet de plu- fieurs difputes auffi obfcures qu'elles font intéreffantes. On a prétendu que fon travail n'avoit pas une étendue af- fez générale , parce qu'on n'y trouve pas les différens caracteres ufités en Efpa- gne , en Italie , en Angleterre & en Al- lemagne : mais que chaque favant en état de travailler cette matiere dans les différens royaumes , faffe fur fa nation ce que le P. Mabillon a fait fur la Fran- ce , & l'on pourra dire que par ce moyen on arrivera à une *diplomatique* univer- felle.

Pour en venir à quelque détail , deux ans après que le livre de la *diplomatique* eut paru , le P. Jourdan , de la compa- gnie de Jefus, fe déclara contre les titres & les *diplomes* en général , dans fa *criti- que de l'origine de la maifon de France* , publiée ou travaillée fur de faux titres par M. d'Efpernon. Toutes ces chartes particulieres, dit le P. Jourdan , *p. 232*. font des fources cachées , fecretes , té- nébreufes & écartées , & l'on ne fait que trop qu'elles font fujettes à une infinité d'accidens , de furprifes d'altérations ✿& d'illufions : elles reffemblent à des torrens échappés à travers les terres, qui groffiffent à la vérité l'eau des rivieres , mais qui la troublent ordinairement par la boue qu'ils y portent. Ces chartes peuvent donner quelquefois de l'accroif- fement à l'hiftoire ; mais fouvent cet ac- croiffement eft fort trouble , & il en ôte la clarté & la pureté , à moins qu'elles ne foient bien certaines & bien éprou- vées. Nous ne devons pas juger de la

vérité de l'hiftoire par ces chartes parti- culieres , mais nous devons juger de la vérité de ces chartes par l'hiftoire. Le P. Jourdan continue fur le même ton , *p. 257*. de fa *critique*. Enfin , *p. 259*. il conclut par ces paroles , que le monde fe raffine tous les jours en matiere de chartes , & qu'il n'eft pas fûr d'expofer de mauvaifes pieces , avec cette pré- fomption qu'elles pourront paffer pour vraies , qu'on ne les reconnoîtra pas. J'apprends auffi , dit-il , que je ne fuis pas le feul qui fe foit apperçu de l'infidé- lité de ces chartes , & que bien des per- fonnes reviennent de ces premiers ap- plaudiffemens qu'elles avoient d'abord caufés.

M. Gibert , homme favant , en avoit parlé à-peu-près dans le même fens , dans ce qu'il a écrit de l'origine des François & des Gaulois ; mais il a fû radoucir par une remarque particuliere qu'il a mife à la fin de fon livre , & il veut bien qu'on en appelle à l'hiftoire & aux hiftoriens pour examiner la vérité des chartes & des *diplomes*. C'eft encore beaucoup que de favoir employer ce fa- ge tempérament en une matiere dou- teufe.

M. Baudelot de Dairval porta les cho- fes plus loin en 1686 , dans fon livre de *l'utilité des voyages* , *tom. II. p. 436*. où il dit que quoique le P. Mabillon ait tou- ché quelque chofe du caractere gothique & du lombard , il n'a point parlé de ceux des autres pays & des autres langues ; ce qui néanmoins auroit été néceffaire , puifqu'ils ne renferment pas moins ce qu'il y a de précieux dans la religion, l'hiftoire, la politique & les autres fcien- ces. De-là vient que bien des gens avec moi , & quelques-uns même de fes amis , ont trouvé que cet ouvrage ne donne qu'une connoiffance fort légere & très- bornée fur cette matiere, pour l'intel- ligence

ligence des titres & des autres manufcrits.

Cet ouvrage du P. Mabillon eft devenu célebre par les difputes qu'il a caufées, par rapport à la matiere en elle-
même, & je me perfuade qu'on ne fera
pas fâché de favoir quelle en a été l'origine : je tire cette remarque du favant
auteur que je viens de citer. Au refte,
comme vous aimez l'hiftoire littéraire,
continue-t-il, *p. 437*. de fon *utilité des
voyages*, vous ne ferez pas fâché de favoir quel motif a fait entreprendre cet
ouvrage au P. Mabillon & à fon collegue le P. Germain. Cette connoiffance
donne fouvent beaucoup d'ouverture
pour l'intelligence des livres ; & la plûpart des auteurs en font fi perfuadés,
qu'ils ne manquent jamais d'en prétex-
ter quelques-unes, ou d'en donner des
indices dans leurs ouvrages : c'eft auffi
ce que je ferai remarquer dans celui-ci.
Le P. Papebroeck, jéfuite, dans la préface de fon fecond volume des *aftes des
faints du mois d'Avril*, publié en 1675,
parlant des manufcrits, dit en paffant
que les titres publiés par nos religieux
font fort fufpects ; il n'oublie pas même
le titre de S. Dénys donné par Dagobert, comme un des principaux : il ajoûte enfuite beaucoup de raifons pour fortifier fes conjectures. Le P. Mabillon ne
s'en plaignit point d'abord, & il méprî-
fa cette attaque, comme ces vieilles calomnies que le tems obfcurcit ou rend
moins dangereufes. Mais en 1677 il parut un livre, c'eft le *pénitentiel* de Théodore de Cantorbery, dans lequel il y a
des notes qui combattent le titre de S.
Denys dont je viens de parler, qu'un
bénédictin a publié, & par lequel ces religieux fe prétendent exempts de la jurifdiction même du roi. On a joint à
ces notes une copie du véritable titre,
tirée d'un manufcrit de M. de Thou,

qui eft préfentement dans la bibliotheque du roi de France, & cette copie eft
entierement contraire à celle qu'avoit
imprimée le P. Doublet dans fes *antiquités* de S. Dénys. Ces notes prouvent encore que le titre, eft non-feulement l'o-
riginal, mais qu'il eft conforme à la difcipline de fon tems & à l'ufage qui l'a
précédé, & que celui du P. Doublet par
conféquent eft falfifié, & qu'il eft contraire aux loix de l'églife & à celles de
l'Etat ; ce qui eft démontré par une infinité de monumens de l'une & de l'autre police. Ceux qui y avoient intérêt,
& pour qui on avoit publié ce titre, ne
purent fouffrir qu'on l'attaquât ainfi ;
cependant ils n'oferent y répondre ouvertement. Il courut, ou pour mieux
dire, il parut un petit libelle de quelque
moine impatient, mais qui s'évanouit
auffi-tôt, & que le P. Mabillon & les
plus raifonnables d'entr'eux défavoue-
rent, parce qu'il n'y avoit que des injures & de l'ignorance : il n'effleuroit
pas même la difficulté, bien loin de la
réfoudre. On prit donc une autre voie,
& ce fut ce traité *de re diplomaticâ*, qui
fut le *palladium* qu'on voulut oppofer
aux remarques curieufes que l'abbé Petit a jointes à fon *pénitentiel de Théodore*. Le P. Mabillon n'a pu cacher fon
deffein, & il paroît évidemment qu'il a
voulu défendre & foutenir les titres de
fon ordre, que le P. Papebroeck avoit
un peu noircis par fes foupçons ; & il eft
indubitable que l'endroit de fon livre où
il s'efforce de combattre ce qu'a donné
M. Petit, eft le centre de fon ouvrage,
d'autant plus que dans les differtations
jointes au *pénitentiel*, il y a des preuves
affez fortes de ce que le favant jéfuite
Flamand ne faifoit que conjecturer.
Voilà les bleffures auxquelles il s'eft cru
obligé de remédier avec promptitude,
opus effe exiftimavi diligentiâ. Ne m'en

croyez pas, Monſieur, (ce ſont ſes termes,) *hanc neceſſitatem probat operis
occaſio*, l'occaſion de cet ouvrage en
prouve la néceſſité ; & parce que les
principaux efforts de ſes adverſaires,
comme il les appelle, ſont tombés ſur le
chartrier de S. Dénys, *& quoniam præ-
cipuus adverſariorum conatus in Dionyſia-
num archivium exſertus fuerat*, la néceſſité de ſe défendre lui a fait enfanter
ce deſſein nouveau, pour procurer de
l'utilité au public, *nempè utilitas argu-
menti cum novitate conjuncta, atque de-
fenſionis neceſſitas*. Cependant quiconque lira l'un & l'autre, remarquera facilement lequel des deux a plus de force
& de ſolidité dans l'attaque ou dans la
défenſe ; & pour vous le faire voir en
deux mots, l'abbé Petit, dans ſes notes
ſur Théodore, qui vivoit vers la fin du
ſixieme ſiecle, prétend que les exemptions de l'ordinaire & des ſouverains
ſont contraires à la diſcipline de l'égliſe ;
il le juſtifie par une tradition exacte des
peres & des conciles juſqu'à ſon tems :
il ſoutient par conſéquent que ces ſortes
de privileges ne ſont pas légitimes. Celui de S. Dénys, que le P. Doublet a publié, lui ſert d'exemple ; il donne une
copie de ce même titre, tirée d'un ancien manuſcrit, qui contredit l'autre,
& qui eſt conforme aux regles de l'égliſe.
A cela le P. Mabillon répond que c'eſt
une calomnie digne de réprimande,
d'accuſer ſes confreres d'errer contre l'é-
gliſe & la police des Etats, lorſqu'ils
défendent des privileges, quoiqu'on
leur ait montré qu'ils ſont contraires
aux canons de l'une & aux loix de l'autre. Il avoue le titre que produit M. Petit, mais il prétend que celui du P. Doublet en eſt un autre ; ſur quoi il donne
de mauvaiſes raiſons ; & pour montrer
que celui qu'il défend, & pour lequel il
a fait un ſi gros livre, n'eſt point con-

traire à l'égliſe, il ne rapporte ni paſſa-
ges des peres ni des conciles, mais une
formule de Marculphe. Vous croyez
peut-être, quoique ce ne ſoit pas une
grande preuve, qu'elle parle en termes
exprès, cependant c'eſt le contraire ; il
n'eſt parlé que de juges médiats ou ſubalternes, avec une clauſe que ni le
prince ni le magiſtrat ne pourroit détruire cette grace, *nec regalis ſublimitas,
nec cujuslibet judicum ſæva cupiditas re-
fragare tentet ;* & une preuve de cela
eſt que dans un endroit de cette formule
on y voit les mêmes expreſſions que
dans le titre publié par M. Petit : *ſtatuen-
tes ergo neque juniores, neque ſucceſſores
veſtri, nec ulla publica judiciaria poteſtas,*
&c. Enfin pour derniere raiſon il rapporte uniquement un ſemblable privilege donné à Weſtminſter par un Edouard
roi d'Angleterre, contre lequel aſſuré-
ment les raiſons du P. Papebroeck & de
M. Petit ne perdent rien de leur force,
auſſi-bien que contre les autres titres.

Il ſuffit que l'ouvrage du P. Mabillon
ait eu beaucoup de réputation, pour
qu'il ſe ſoit vu expoſé à la critique & à
de grandes contradictions, ſoit en France, ſoit dans les pays étrangers ; s'il
avoit été moins ſavant, on l'auroit laiſſé
pourrir dans l'oubli & dans l'obſcurité.
C'eſt ce qui a produit en 1703 & aux
années ſuivantes, les diſſertations ſi ſavantes & ſi judicieuſes du P. Germon
de la compagnie de Jeſus. Ces nouvelles diſputes ont procuré un avantage, &
ont engagé le P. Mabillon à publier en
1704 un *ſupplément* conſidérable à ſa
diplomatique ; & le P. dom Thierri Ruy-
nart, illuſtre aſſocié du P. Mabillon, fit
paroître alors contre leurs célebres adverſaires, ſon livre *eccleſia Pariſienſis
vindicata.* L'année ſuivante M. Hickeſe,
l'un des plus ſavans hommes de l'Angleterre, s'eſt auſſi élevé contre le P.

Mabillon, dans un ouvrage auffi nouveau & auffi fingulier en fon genre, que la *diplomatique* du P. Mabillon; c'eft dans ce qu'il a donné fous le titre *de litteratura feptentrionalis*, publié en 1705 en 3 vol. *in-fol.* où il prétend détruire les regles *diplomatiques* établies par le favant bénédictin. Les Italiens s'en font auffi mêlés, mais plus foiblement que ceux dont nous venons de parler : ainfi un bon, un excellent ouvrage en produit de bons & de médiocres, comme il eft auffi la fource de bonnes & de mauvaifes critiques; c'eft au public curieux à profiter de ce qu'il peut trouver d'utile jufques dans les moindres écrits qu'engendre une difpute.

On ne fauroit difconvenir que la *diplomatique* du P. Mabillon ne contienne d'excellentes & d'admirables recherches fur divers points de notre hiftoire; l'homme judicieux fera toujours plus d'attention à ce qu'il y trouvera d'excellent & d'utile, qu'aux fautes qui peuvent fe rencontrer en un travail qui jufqu'en 1681 n'avoit pas été tenté : les Anglois & les favans de France n'ont pas laiffé, au milieu des critiques qu'ils en ont faites, d'admirer, de refpecter même la grandeur, la nouveauté & l'utilité du deffein. En effet, rien n'auroit contribué davantage à approfondir les endroits les plus fecrets & les plus obfcurs des premiers tems de notre hiftoire & de celle des autres nations, fi l'on avoit pu compter avec certitude fur les regles qu'il a propofées pour difcerner les véritables *diplomes*, & les diftinguer fûrement de ceux qui ont des marques de fauffeté.

Cette matiere eft devenue à la mode chez prefque toutes les nations, & chacune l'a traitée fuivant fon goût, & relativement à fon hiftoire ou à des vues particulieres. Wiltheim a donné en 1659 à Liége, le *dypticon Leodienfe & Bituricenfe* : Luing, cet Allemand fi laborieux, en a fait un ample recueil, tant d'Allemagne que d'Italie ; Rymer fit par ordre de la reine Anne, cette belle collection qui eft connue fous le nom de l'éditeur : & pour revenir à la France, combien André Duchêne en a-t-il publié dans les généalogies de plufieurs grandes maifons? L'hiftoire des congrégations religieufes des provinces, des villes, a pour fondement ces fortes de *diplomes* ; c'eft par-là que les Dupuy, les Ducange, les Godefroi, fe font diftingués dans le monde favant, auffi-bien que Blondel, Baluze, Labbe & Martene; & Aubert Lemire a éclairci bien des faits particuliers de l'hiftoire des Pays-Bas, par les recueils qu'il a donnés de ces fortes de titres, quoiqu'on puiffe lui en difputer quelques-uns.

Le laborieux pere Papebroeck eft un de ceux qui en ont le plus favamment écrit. Avant lui Conringius & Heiderus, s'y étoient exercés en Allemagne, auffi-bien que Marsham, dans la préface du *monafticon anglicanum* ; & Warthon, dans l'*Anglia facra*, comme M. de Launoï l'avoit fait en France, en attaquant avec autant de courage que de hardieffe la plupart des privileges des abbayes, & de plufieurs communautés. Quelle perte pour ce dernier de n'avoir pu connoître un fait célebre, qui ne s'eft développé que plus de quinze ans après la mort de ce célebre perfonnage ! On fait que fous le pape Innocent II. qui fiégea depuis l'an 1130 jufques vers la fin de l'an 1143, il fe tint un concile à Reims, où affifta l'évêque de Châlons, qui avoit été auparavant abbé de S. Médard de Soiffons. Ce prélat touché d'une vérité qu'il étoit important même pour la poftérité de faire venir jufqu'à nous, fe crut obligé de découvrir au pape, que dans le tems qu'il gouvernoit l'abbaye de S. Médard, un de ses moines nommé *Guernon* s'étoit confessé publiquement avant sa mort d'avoir été un insigne faussaire, surtout dans la fabrication de deux actes essentiels qu'il avoit faits sous le nom du pape même ; l'un étoit le privilege de S. Oüen de Rouen, & l'autre celui de S. Augustin de Cantorbery. Et comme les hommes récompensent souvent les crimes utiles plus libéralement qu'ils ne font les actions vertueuses, il avoua qu'on lui avoit donné quelques ornemens d'église assez précieux pour mériter d'être offerts à son abbaye de S. Médard. C'est ce qu'on trouve dans une lettre originale de Gilles évêque d'Evreux au pape Alexandre, que le savant M. Warthon a fait imprimer dans son *Anglia sacra, in-fol.* 1691. La voici : *Ait Catalaunensis episcopus, dum in ecclesiasticis beati Medardi officio abbatis fungeretur, quemdam Guernonem nomine ex monachis suis in ultimo confessionis articulo se falsarium fuisse confessum, & inter cætera quæ per diversas ecclesias frequentando, transcripserat, ecclesiam beati Audoeni & ecclesiam beati Augustini de Cantuaria, adulterinis privilegiis sub apostolico nomine se muniisse lamentabiliter pænitendo asseruit. Quin & ob mercedem iniquitatis quædam se prætiosa ornamenta recepisse, confessus est, & in B. Medardi ecclesiam contulisse.* Je m'étonne que M. Languet, évêque de Soissons, n'ait point rapporté ce fait, qui auroit extrèmement figuré dans les factums qu'il a publiés contre l'abbaye de S. Corneille de Compiegne.

Venons maintenant aux regles qu'on a données pour distinguer dans ces anciens actes ceux qui sont faux ou altérés, d'avec ceux dont on croit que la vérité n'est pas suspecte.

1°. La premiere est, dit-on, d'avoir des titres authentiques pour en comparer l'écriture avec celle des *diplomes* de la vérité desquels on est en doute.

Mais ce sera une difficulté d'être assuré de la certitude de celui qui doit servir de piece de comparaison. On en trouve la preuve même dans cette contestation *diplomatique*. Le P. Papebroeck apporte comme véritable le *diplome* de Dagobert pour l'abbaye de S. Maximin de Treves, au lieu que le pere Mabillon le croit faux & supposé. Il en est de même de deux titres produits par le pere Papebroeck comme certains, & comme pouvant servir de pieces de comparaison. L'un regarde l'empereur Charlemagne, & l'autre Lothaire II. fils de Lothaire I. empereur. Le pere Papebroeck les présente l'un & l'autre comme des titres incontestables, sur la vérité desquels on peut compter ; au lieu que le pere Mabillon donne des preuves suffisantes pour rejetter le premier, & fait naître de légitimes soupçons sur celui de Lothaire : auquel croire de ces deux savans ? On voit par-là que tous leurs égaux seront toujours en dispute sur cette premiere regle, parce qu'ils seront rarement d'accord sur le titre qui doit les conduire & les guider dans leur examen. Les écritures d'un même siecle ont entr'elles quelque ressemblance, mais ce n'est pas la même main. C'est néanmoins cette main qu'il faudroit trouver pour en faire sûrement la comparaison ; chose absolument impossible. Et dès qu'il s'agit des huit ou neuf premiers siecles de notre ere chrétienne, on fait combien il est difficile d'assurer la vérité des titres qu'on attribue à ces anciens tems. Je n'ignore pas que l'homme intelligent & versé dans les différentes écritures, distinguera le titre faux d'avec celui qui est incontestable. Le

fauffaire, quoiqu'induftrieux, ne fauroit toujours imiter exactement cette
liberté d'une main originale : on y trouve ou de la contrainte, ou des différences qui font fenfibles à l'homme pratic
dans l'examen des écritures : la précipitation, la crainte même de ne pas
imiter affez bién fon modele, empêche
& embarraffe quelquefois le fauffaire.
Je ne dis rien de la différence qui fe
trouve en un même tems entre les écritures des divers pays, qui eft encore
plus fenfible que celles des différens
fiecles.

Peut-être ne fera-t-on pas fâché de
voir un fait fingulier qui m'eft arrivé
à Amfterdam en 1711, fur la reffemblance des écritures. On vint propofer à un prince curieux & amateur, que
j'accompagnois alors, le faux évangile
de S. Barnabé; c'eft celui dont fe fervent les Mahométans, pour connoître
l'hiftoire de Jefus-Chrift qu'ils ne peuvent s'empêcher de regarder comme
un grand prophete. Ce faux évangile
qui manque au recueil de Fabricius,
eft en italien corrompu, ou plutôt en
lanque franque, grand in-dix-huit, ou
petit in-octavo quarré, écrit il y a bien
quatre cents ans. J'eus ordre de chercher un copifte pour le faire écrire ; j'en
trouvai un, qui, pour preuve de fon
favoir & de fon talent, en écrivit une
page, que l'on ne put pas diftinguer
de l'original, tant l'un & l'autre avoient
de reffemblance : il n'y avoit que le papier qui pût faire connoître la différence; mais pour faire ceffer le doute, il
apporta le lendemain la même page imitée, au papier de laquelle il avoit donné
le ton & la couleur de l'original qui étoit
en papier du Levant. On peut conjecturer par ce fait, qui eft certain, combien il eft facile à quelques perfonnes
d'imiter les écritures anciennes. Le prin-

ce acheta le faux évangile, & conferva
la page imitée, & le tout eft à-préfent
dans la bibliotheque impériale de Vienne en Autriche. Ainfi cette premiere regle a fes difficultés, & ne peut être
pratiquée que très-difficilement & avec
beaucoup de circonfpection. Paffons à
une autre.

2°. Il eft néceffaire, en fecond lieu,
d'examiner la conformité ou la différence du ftyle d'une piece à l'autre. Il faut
favoir de quelle maniere les princes ont
commencé & fini leurs *diplomes*, de quels
termes particuliers ils fe font fervis :
toutes ces chofes n'ont pas été les mêmes dans les divers tems & dans les différens pays : & même chaque référendaire ou chancelier peut avoir changé
en quelque chofe la maniere de fon prédéceffeur, quoiqu'il y eût alors des formules, mais qui n'ont pas toujours été
fcrupuleufement fuivies. Autre fource
d'obfcurités.

Quand on parle de ftyle, & même
d'ortographe, il ne faut pas croire que
les commis prépofés pour dreffer ou copier un acte, ou un *diplome*, fuffent
dans le même fiecle également verfés
dans le latin qui eft la langue de ces *diplomes*. Depuis que les François, les
Bourguignons, & les Saxons pafferent
dans les Gaules, ils y introduifirent le
langage de leur nation qui devint la langue vulgaire : par-là le latin fe corrompit beaucoup. Les commis & les copiftes des chartes parloient comme les autres. cette langue vulgaire ; & lorfqu'il
falloit dreffer ou copier un acte, ils
introduifoient dans le latin & dans l'ortographe, celle qui étoit en ufage dans
la langue qui leur étoit la plus familiere.

Ne voyons-nous pas quelque chofe
de femblable dans les nations qui fubfiftent? Qu'un Anglois dicte ou prononce un difcours latin, je défie un

François, ou de l'entendre, ou de l'écrire avec l'exactitude qu'exige cette langue ; j'en ai eu la preuve par moi-même : ce font néanmoins des perfonnes du même tems. Le ftyle auffi bien que l'ortographe & la prononciation s'accommodoient à la langue qui fe parloit vulgairement. Ainfi en Efpagne, en Angleterre, en Hongrie, en Italie, le même mot s'écrivoit autrement que dans les Gaules. On connoît ces différences pour peu qu'on ait l'ufage des manufcrits. Les fautes d'ortographe ne font point par conféquent une preuve de la fauffeté d'une charte, ou d'un *diplome*, comme l'ont prétendu quelques modernes : fur-tout dès que les autres conditions fe trouvent obfervées. Cette négligence du copifte ne porte aucun préjudice à la vérité des titres, qui font vrais pour le fond, quoique mal difpofés pour la forme extérieure. On les entendoit alors, & l'on ne croyoit pas que dans la fuite ils puffent être expofés à aucune difficulté.

3°. La troifieme regle, mais effentielle, eft d'examiner la date ou la chronologie des actes ou des lettres : c'eft à quoi fouvent, & prefque toujours, manque un fauffaire, qui eft ordinairement plus habile dans les coups de main que dans l'hiftoire des princes : il fe fert prefque toujours de dates reçues de fon tems pour marquer des fiecles antérieurs au fien, & s'imagine que ces fortes de dates ont toujours été en ufage. Alors il faut faire ufage de l'hiftoire & de la chronologie qu'elle nous préfente. C'eft un acte public qui doit fervir à corriger ou à vérifier la certitude des actes particuliers, tels que font les chartes & les *diplomes*.

Il faut néanmoins faire attention que comme plufieurs rois avant que d'être poffeffeurs du trône, y ont quelquefois été affociés ; on a commencé fouvent à compter leurs années de la premiere affociation au trône ; mais cependant on a daté plus communément du jour qu'ils ont commencé à en être feuls poffeffeurs. On en a l'exemple dans Robert, fils de Hugues Capet, qui fut affocié au trône le premier Janvier 988 ; cependant il n'en fut unique poffeffeur que le 24 Octobre 996. L'homme attentif ne ne doit pas manquer à cette remarque. L'indiction eft une autre obfervation chronologique que le cenfeur des chartes ne doit pas négliger ; s'il s'agit de celles des empereurs, elles commencent le 24 Septembre, en Occident & en Orient, le premier jour du même mois ; au lieu que celles des papes fe datent du 25 Décembre, premier jour de l'année eccléfiaftique de Rome. Quant aux années de Jefus-Chrift elles n'ont été en ufage pour les chartes & les *diplomes* que dans l'onzieme fiecle, comme nous l'avons déja marqué.

4°. Une quatrieme regle qui fuit la chronologie eft celle des fignatures des perfonnes ; favoir fi elles n'étoient pas mortes au tems de la date marquée dans le *diplome*. L'hiftoire alors rend témoignage ou pour ou contre le *diplome* : nous avons déja fait quelques remarques à ce fujet, qu'il eft inutile de répéter ici.

Mais qu'on ne croye pas que les rois des deux premieres races fignaffent leur nom dans les chartes. C'étoit un monogramme, c'eft-à-dire, plufieurs lettres figurées & entrelaffées qui faifoient out tout, ou partie de leurs noms. Mais le chancelier ou référendaire avoit foin de marquer ces mots pour défigner cette fignature : *fignum Caroli*, ou *Ludovici regis*, fuivant le prince dont le monogramme fe trouvoit fur la charte.

5°. La cinquieme regle confifte à exa-

miner l'hiftoire certaine de la nation &
de fes rois, auffi bien que les mœurs du
tems, les coutumes, les ufages du
peuple, au fiecle où l'on prétend que la
charte a été donnée. Cette regle demande une grande connoiffance de l'hiftoire,
& même de l'hiftoire particuliere, autant que de la générale, parce que les
mœurs n'ont pas toujours été les mêmes
dans le corps entier de la nation; les
parties, ou les provinces d'un empire
ou d'un royaume étoient fouvent plus
différentes en ce point qu'elles ne l'é-
toient dans le langage. On voit par-là
combien il eft difficile de fuivre exactement cette regle, qu'il ne faut pas trop
preffer, pour ne point accufer de fauffeté une charte dreffée en un pays ou en
une province, quand on ne connoît pas
exactement les mœurs, us, & coutume
du tems.

6°. Une fixieme regle eft d'examiner
les monogrammes & les fignatures des
rois, auffi-bien que de leurs chanceliers
ou referendaires; il faut confronter celles des actes douteux avec les actes véritables qu'on en peut avoir. Il eft certain qu'on en a de vrais, fur-tout dès
que l'intérêt n'y eft pas mêlé: on fait
que c'eft la pierre de touche des actions
humaines: c'eft-là ce qui a porté tant
de fauffaires à facrifier leur honneur &
leur confcience pour fe conferver à eux
ou à leur communauté un bien & des
droits qu'ils appréhendoient qu'on ne
leur difputât dans la fuite.

7°. La feptieme regle regarde les
fceaux: il faut examiner s'ils font fains
& entiers, fans aucune fracture, fans
altération, & fans défauts. S'ils n'ont
point été tranfportés d'un acte véritable pour l'appliquer à un acte faux &
fuppofé: Cette derniere remarque mérite d'autant plus d'attention, que j'ai
connu un homme qui cependant fans

aucune littérature, m'avoit affuré qu'il
avoit le moyen de détacher le fceau d'u-
ne piece authentique pour le porter fur
une autre: moyen dangereux & fatal,
mais heureufement celui qui s'en van-
toit n'avoit pas l'occafion de s'en fervir; & je ne crois pas qu'il ait communiqué à quelqu'autre le moyen dont il
fe difoit poffeffeur.

Les premiers rois de France n'avoient
pas d'autre fceau que celui qui étoit à
leur anneau. On en a un exemple au cabinet du roi de France, où l'on voit
l'anneau du roi Childeric, pere de Clovis, fur lequel font gravés le portrait
& le nom de ce roi. Ces anneaux font
fort anciens dans l'hiftoire. Celui de
Childeric fut trouvé en 1653 dans la
ville de Tournai, près l'églife de St. Bri-
ce, où étoit autrefois un grand chemin;
& l'on n'ignore pas que la plûpart des
princes étoient inhumés près les grands
chemins. On trouve même encore aujourd'hui en France beaucoup de tombeaux dans des campagnes.

Après les anneaux vinrent les grands
fceaux qui furent appliqués fur des cires
jaunes, blanches, vertes, ou rouges,
& même fur le plomb, l'or & l'argent.
Le plomb eft refté en ufage à Rome.
Nous avons la célebre bulle d'or de
l'empereur Charles IV. qui depuis plus
de quatre cents ans fait loi dans l'empire. Mais communément on employe
la cire, dont la couleur varie même en
France felon la diverfité des affaires fur
lefquelles les rois font expédier des lettres patentes, des déclarations, & des
édits.

Les évêques, les abbés, les chapitres,
& même les feigneurs avoient leurs
fceaux particuliers, fur lefquels on les
voit différemment repréfentés. Les hiftoires particulieres que l'on s'eft attaché
à publier depuis plus de cinquante ans,

nous en ont donné quantité de modeles & de deffeins; & dès qu'un titre reregardoit plufieurs perfonnes, chacun y appliquoit fon fceau particulier, lequel fouvent pendoit au *diplome* même avec un lacet de foie.

8°. Enfin, il faut marquer pour huitieme regle la matiere fur laquelle s'écrivoient les chartes & les *diplomes*. Depuis un très-long-tems on s'eft fervi de parchemin : c'eft la matiere la plus commune, & qui fubfifte encore aujourd'hui dans les actes émanés de l'autorité du roi, foit en grande, foit en petite chancellerie. Mais les premieres matieres étoient ordinairement du papier d'Egypte, qui fubfiftoit encore en France au onzieme fiecle. Et comme ce papier étoit affez fragile, on employa en même tems le parchemin, qui a beaucoup plus de confiftance & qui réfifte mieux à l'injure des tems & des années. On fe fervoit même des peaux de poiffons, & à ce qu'on dit, des inteftins de dragons; c'eft pouffer la chofe bien loin. Quant au papier commun, il eft moderne, & fon ufage ne remonte pas tout-à-fait à fix cents ans.

L'encre a pareillement varié, mais beaucoup moins que la matiere fur laquelle on écrivoit les chartes. Les anciens n'avoient pas la maniere de faire une encre auffi noire que la nôtre, ainfi la leur jauniffoit; & c'eft même, à ce qu'on prétend, un moyen pour reconnoître la fauffeté d'une charte quand on en trouve l'encre trop noire. On affure qu'il y a eu des titres écrits entierement en lettres d'or, & j'en ai vu de pareilles, non pas en chartes, mais en livres écrits fur du parchemin couleur de pourpre. Quelquefois les empereurs, & même leurs chanceliers, fignoient en encre rouge. C'eft ce que pratiquoient les empereurs de Conftantino-

ple, & cette forte d'encre leur étoit réfervée.

La nature des caracteres dont on s'eft fervi entre auffi dans cet examen. Le romain n'a été d'ufage que jufqu'au cinquieme fiecle : après quoi, tant pour les chartes que pour les manufcrits des livres, chaque centaine d'années ou environ a eu fa maniere d'écrire, comme chaque nation en a eu, & en a même une qui lui eft particuliere. Mais on peut affurer qu'en fait de manufcrits, l'écriture la plus difficile à lire n'eft pas toujours la plus ancienne. Il y a eu des révolutions dans la maniere d'écrire, comme en toute autre chofe : mais depuis environ quatre cents ans, l'écriture eft devenue moins difficile : il n'y a fouvent que les abréviations qui puiffent arrêter; mais la fuite du difcours en fait aifément comprendre à un favant qui a bien étudié fon fujet. Cependant les jurifconfultes fe font vus obligés de faire un dictionnaire particulier pour les faire plus aifément comprendre.

Voilà bien des précautions néceffaires pour être à l'abri de la tromperie des fauffaires, ce qui n'empêche pas qu'on ne foit quelquefois trompé dans l'examen des chartes originales, quoiqu'il foit certain qu'il y en a plus qu'on ne croit. Il ne s'agit que de les favoir bien diftinguer; c'eft en quoi confifte l'art & la fcience de l'habile praticien.

Que ne doit-on pas penfer des *cartulaires* ou papiers-terriers des églifes & des monafteres, qui ne font que des copies faites fans autorité publique, & dans lefquelles on prétend qu'on s'eft donné une entiere licence? Cependant on affure que leur ufage ne remonte pas au-delà du dixieme fiecle. Quelques-uns ne laiffoient pas d'être authentiques, quand un notaire public les déclaroit conformes aux originaux fur lefquels

quels ils avoient été faits & vérifiés. Alors ils peuvent faire preuve en justice, quand ils ne font pas détruits ou contredits par des actes ou contemporains ou même postérieurs. Il y a d'autres cartulaires historiques, lesquels, avec la copie des anciens titres, contiennent le récit du sujet qui a donné lieu au *diplome*, dont on favorisoit une communauté ecclésiastique ou séculiere. Enfin la derniere espece de cartulaire est celle qui s'est faite sans aucune forme de droit; & ce font des cartulaires simples, où le faux se trouve quelquefois mêlé avec le vrai : ces derniers cartulaires ont bien moins d'autorité que les autres.

Tout ce que nous venons de marquer, regarde principalement les chartes qui font antérieures au dixieme siecle de notre ere vulgaire. Mais dès qu'on est arrivé à la troisieme race des rois de France, on convient qu'il se trouve beaucoup moins de chartes fausses ou altérées. Ainsi cela met les grandes maisons à l'abri des soupçons qu'on pourroit tirer des chartes contre l'ancienneté de leur origine; car il ne faut pas croire que toutes, à l'exemple des Lorrains, des Rohans, des Chabanes, des Montmorenci, des Briennes, des Conflans & d'Armentieres, des la Rochefoucault, des Egmonds, des la Marck, des de la Tour, & de beaucoup d'autres que la mémoire ne me fournit pas, remontent au moins par l'histoire jusqu'à la seconde race des rois de France.

On a voulu donner une mauvaise interprétation aux difficultés que l'on a formées contre beaucoup d'anciens titres. On a prétendu que dès qu'on auroit totalement détruit la vérité & l'autorité des *diplomes* & des chartes, on en viendroit à tous les manuscrits qui nous restent des anciens auteurs, que

Tome IV.

l'on traiteroit de faux & de supposés comme on auroit fait les titres anciens, mais à quoi serviroit cette forte d'attaque, & pour ainsi dire, d'incrédulité littéraire ? On ne prétend pas que nous ayons les originaux de tous les livres anciens qui font aujourd'hui la base des bibliotheques; mais du moins en avons-nous des copies, qui ayant été faites en divers tems & en différens pays, nous représentent les anciens originaux, à quelques variations près, qui viennent de la faute ou de l'inattention des copistes. Et si l'on a supposé quelques ouvrages fous des noms respectables, le savant en a senti la supposition, & l'a enfin découverte. Je ne m'étends pas sur ce sujet, parce qu'il regarde plus la critique littéraire que la *diplomatique*, que j'ai voulu expliquer ici avec beaucoup de précision. J'aurois souhaité entrer dans un plus grand détail, & donner les signatures des rois de la troisieme race; mais j'ai appréhendé de me trouver en concurrence avec les illustres & savans bénédictins qui ont travaillé sur cette matiere si intéressante dans l'histoire & dans la littérature. Je sais que pour la perfection de cet ouvrage, ils ne pouvoient guere se dispenser de donner les desseins de toutes ces signatures, qui paroissoient nécessaires à leur objet.

Que l'on fasse attention après ce que nous venons de marquer, que cette soupçonneuse exactitude, ces recherches critiques & inquiétantes ne regardent ordinairement que les titres des abbayes, des communautés régulieres, & même des églises cathédrales. Il semble que ceux qui devroient le moins être gouvernés par l'intérêt, & en qui l'on croiroit trouver l'amour de la vérité, ceux-là mêmes, dis-je, ne orai-

M m m m

gnent point d'abandonner tout ce que l'honneur & la religion prescrivent, pour se jetter dans des crimes inutiles pour eux-mêmes, & qui ne sont avantageux qu'à une communauté, qui ne leur en fait aucun gré, & qui, malgré quelques déférences extérieures, les regarde, ou du moins les a regardés comme ce qu'ils avoient le malheur d'être réellement, c'est-à-dire, comme des faussaires. Le même inconvénient ne se rencontre pas dans les archives des princes, des cours supérieures, & des villes : outre le soin scrupuleux que l'on a de n'y laisser rien entrer qui ne soit dans l'exacte vérité, à peine se trouveroit-il dans le royaume de France un homme assez hardi pour hasarder en faveur du prince, ce qu'il hasarderoit pour une communauté religieuse, quoique peu reconnoissante.

DIRE, s. m., *Jurisp.*, est une procédure autre que les demandes, défenses, & repliques proprement dites, par laquelle le demandeur ou le défendeur dit ou articule quelque chose. On appelle cette procédure un *dire*, parce qu'après les qualités des parties il y a toujours ce terme consacré *dit par-devant vous*, &c. En quelques pays le *dire* commence par ce mot même, *dit* un tel.

On appelle aussi *dires*, les observations & requisitions que les parties ou leurs procureurs font dans un procès-verbal d'un juge, commissaire, ou expert.

A dire d'experts, signifie *suivant l'estimation par experts*.

DIRECTE, adj. f., *Jurisp.* Ce terme, quand il est seul, signifie ordinairement la seigneurie féodale qui est opposée à la simple propriété.

Seigneurie directe, est de deux sortes : l'une opposée à la simple proprié-té, & qu'on appelle quelquefois simplement *directe* ou *seigneurie féodale* ; l'autre sorte de seigneurie *directe*, qu'on appelle plutôt *domaine direct*, est la propriété opposée à l'usufruit ou autre jouissance, telle que la propriété du bailleur à rente foncière comparée à celle du preneur à rente. *v.* SEIGNEURIE *directe*.

Succession directe ou *en ligne directe*, est opposée à *succession collatérale*. *v.* SUCCESSION.

On dit aussi quelquefois *en directe* simplement & pour abréger, au lieu de dire *en ligne directe*.

Il y a action *directe*, qui est opposée à *action contraire & utile*. *v.* ACTION.

Ligne directe. v. LIGNE.

Propriété directe. v. PROPRIÉTÉ.

DIRECTEURS DES CERCLES, s. m., pl., *Droit public d'Allem.* On donne en Allemagne le nom de *directeurs* aux princes qui sont à la tête de chaque cercle. Leurs principales fonctions sont, 1°. dans le cas de nécessité, de convoquer les assemblées de leurs cercles, sans avoir besoin pour cela du consentement de l'empereur : 2°. de faire les propositions, de recueillir les voix, & d'en former un *conclusum* : 3°. de recevoir les rescrits de l'empereur, les lettres des princes & des autres cercles, afin de les communiquer aux membres du cercle : 4°. de faire rapport des résolutions du cercle à l'empereur : 5°. de signer les réponses & résolutions de leur cercle, & de les faire parvenir où il est besoin : 6°. de signer ou viser les instructions & pouvoirs des députés du cercle : 7°. de veiller au maintien de la tranquillité, & au bien du cercle : 8°. d'avertir les membres qui sont en retard de payer leur contingent des charges : 9°. d'avoir foin que le cercle rempliffe fes engagemens : 10°. enfin de faire exécuter les fentences des tribunaux de l'empire , lorfque l'exécution leur en eft donnée.

Il ne faut point confondre les *directeurs* d'un cercle, avec ce qu'on appelle les *duces circuli* ou commandans du cercle ; ces derniers ont le commandement des troupes du cercle, fans en être les *directeurs*; cependant quelquefois une même perfonne peut réunir ces deux dignités.

Chaque cercle a un ou deux *directeurs* : voici ceux qui exercent cette fonction dans les dix cercles de l'empire. Dans le cercle du haut-Rhin, c'eft l'évèque de Worms & le landgrave de Heffe-Darmftadt ; dans le cercle du bas-Rhin , l'électeur de Mayence ; dans le cercle de Weftphalie , l'évèque de Munfter & le duc de Juliers ; dans le cercle de la haute-Saxe , l'électeur de Saxe ; dans le cercle de la baffe-Saxe, le duc de Magdebourg alternativement avec le duc de Brème ; la maifon de Brunfwick-Lunebourg y a le *condirectoire* : dans le cercle de Baviere , l'archevèque de Saltzbourg & le duc de Baviere ; dans le cercle de Franconie , l'évèque de Bamberg & le marggrave de Brandebourg-Culmbach ; dans le cercle de Souabe , l'évèque de Conftance & le duc de Wirtemberg ; dans le cercle d'Autriche & de Bourgogne , l'archiduc d'Autriche. Voyez l'article Cercle.

DIRECTEURS DES CRÉANCIERS, *Jurifprud.*, ou pour parler plus correctement, les *directeurs des droits des autres créanciers*, font ceux qui font choifis entre plufieurs créanciers d'un débiteur, qui font unis enfemble par un contrat qu'on appelle *contrat d'union & de direction*, à l'effet de veiller à l'in-

térêt commun, adminiftrer les droits des autres créanciers, faire toutes les démarches, pourfuites & actes néceffaires, tant en jugement que dehors, pourfuivre la vente des biens qui leur font abandonnés par le débiteur, & adminiftrer ces biens jufqu'à la vente.

Le nombre des *directeurs* n'eft pas réglé, on peut en nommer plus ou moins, felon ce qui paroit le plus avantageux aux créanciers. Quelquefois on nomme un *fyndic* & deux, trois ou quatre *directeurs* : alors le fyndic eft le premier *directeur*; c'eft celui qui eft nommé le premier dans les actes, qui convoque les affemblées, & qui y préfide ; du refte il n'a pas plus de pouvoir que les autres *directeurs*, à moins que le contrat d'union & de direction qui eft leur titre commun, ne lui ait attribué nommément quelque droit de plus.

Les contrats d'union & de direction n'ont aucun effet qu'ils n'ayent été omologués en juftice ; jufques-là les *directeurs* ne font point admis à plaider en nom collectif pour les autres créanciers, parce que régulierement on ne plaide point par procureur.

L'étendue du pouvoir des *directeurs* dépend des termes du contrat d'*union* & de *direction* : ils exercent tous les droits du débiteur, & ne font, pour ainfi dire, qu'une même perfonne avec lui ; c'eft pourquoi ils peuvent, en vertu du privilege de leur débiteur bourgeois, faire valoir fes biens fans être impofés à la taille.

Ils ne peuvent pas avoir plus de droit que lui, fi ce n'eft pour débattre des actes qu'il auroit faits en fraude de fes créanciers.

Mais quel que foit leur pouvoir en général, ils ne font toujours que les mandataires du débiteur & des autres créanciers, ce qui entraîne deux conféquences importantes.

La premiere qui concerne le débiteur eft qu'il demeure toujours propriétaire des biens par lui abandonnés jufqu'à la vente qui eft faite par les *directeurs* des créanciers ; de forte que le profit & le dommage qui arrivent fur ces biens font pour le compte du débiteur, les créanciers n'étant que les adminiftrateurs de ces biens & fondés de procurations à l'effet de vendre.

La feconde conféquence qui réfulte du principe que l'on a pofé, eft que les *directeurs* des autres créanciers ne font tenus envers eux que comme tout mandataire en général eft tenu envers fon commettant : ainfi ils ne peuvent excéder les bornes de leur pouvoir, & font refponfables de tout ce qui arrive par leur dol ou par leur négligence, lorfqu'elle eft telle, qu'elle approche du dol ; mais ils ne font pas refponfables du mauvais fuccès de leurs démarches, lorfqu'ils paroiffent avoir agi de bonne foi & en bons adminiftrateurs : ils ne font pas non plus refponfables des fautes qu'ils peuvent avoir faites par impéritie ou par une négligence légere ; c'eft aux créanciers à s'imputer de n'avoir pas choifi des *directeurs* plus habiles & plus vigilans.

Les *directeurs* tiennent un regiftre de leurs délibérations, & lorfqu'il s'agit d'entreprendre quelque chofe qui excede leur pouvoir, ils convoquent une affemblée générale des créanciers pour y traiter l'affaire dont il s'agit.

Les fonctions des *directeurs* étant volontaires, ils peuvent la quitter quand ils jugent à propos en avertiffant les créanciers.

DIRECTION, f. f., *Jurifpr.* ; c'eft la régie & la difpofition que des créanciers font des biens qui leur ont été abandonnés par leurs débiteurs. Cette adminiftration fe fait par ceux qui font choifis entre plufieurs créanciers d'un débiteur, unis enfemble par un contrat nommé *contrat d'union & de direction.* Les créanciers choifis font appellés *directeurs*, parce qu'ils font chargés de veiller aux droits des autres créanciers, & de diriger leurs pourfuites.

Le contrat d'union & de *direction* pour être valable, doit contenir un état circonftancié des biens & des dettes du débiteur en faillite.

Il eft néceffaire que ces fortes de contrats foient paffés devant notaires avec minute. Ils doivent être infinués & homologués comme les contrats d'abandonnement & d'attermoyement.

Quelquefois le terme de *direction* eft pris pour l'affemblée des directeurs. *v.* DIRECTEURS.

Des créanciers fe réuniffent & chargent de leurs intérêts communs plufieurs d'entr'eux pour éviter la multiplicité des frais & accélérer le payement de leurs créances ; mais l'expérience apprend que les *directions* font ordinairement plus ruineufes que les décrets & beaucoup plus longues. Les contrats d'union ne font le plus fouvent qu'un moyen de plus employé pour lier les mains des créanciers de bonne foi & les empêcher d'agir. Il eft donc de la prudence des juges de rejetter les *directions*, lorfque des créanciers que l'on veut forcer d'y entrer, fe font pourvus contre le jugement d'homologation.

DIRIMANT, adj., *Jurifp. v.* EMPÊCHEMENT *dirimant.*

DISCIPLINE ECCLÉSIASTIQUE, *Droit Canon*, dans fon fens le plus général eft la police extérieure de l'églife quant à fon gouvernement. Dans un fens plus particulier, c'eft l'exercice de fon pouvoir, par rapport à la punition ou correction des membres scandaleux qui la deshonorent.

Le droit pénal est aussi essentiel à toute société religieuse qu'à toute société civile, parce que sans lui les loix sont de nul effet, & il ne sauroit y avoir d'ordre. La *discipline* est d'autant plus nécessaire dans l'églife, que l'obfervation de fes loix ne peut être procurée par la contrainte, & que l'objet en est plus important, puisqu'il s'agit de l'honneur de la religion & du falut des humains.

Cette *discipline* est aussi de droit divin positif, puisque Dieu lui-même en avoit prescrit les loix à l'église judaïque, & en a expressément commis l'exercice aux apôtres & à leurs succeffeurs.

Chez les Juifs, chaque synagogue avoit fon confeil qui exerçoit cette *discipline*, premierement par la censure, qui devoit être suivie de sept jours de retraite dans la maison; 2°. par la féparation, *segregatio, quasi excommunicatio*, qui confiftoit dans l'interdiction de tout commerce & de toute société, ce qui emportoit l'exclufion de la synagogue, pendant un certain tems, qui étoit ordinairement de 30 jours; punition que l'on réiteroit jusqu'à trois fois, lorfque le pécheur ne donnoit pas des preuves fuffifantes de répentir; 3°. par l'*excommunication* proprement dite, ou l'*anathême*, qui étoit une fentence expresse d'exclufion & d'expulfion de la synagogue, accompagnée de formules d'exécration, genre de peine que les Juifs fondoient fur *Gen.* XVII. 14. *Jof.* VI. 26. *Jud.* V. 23. *Esdr.* X. 8. Cette peine étoit fuivie de la privation entiere de tous les avantages attachés à l'alliance divine, & particuliers à la nation judaïque; ceux qui l'avoient encourue étoient appellés αποσυναγωγοι, *chaffés de la synagogue*: elle étoit à caufe de cela regardée comme très-grave, & on ne l'infligeoit que lorfqu'il s'agiffoit des plus grands fcandales, comme par exemple, du crime d'idolâtrie: c'est vraifemblablement la raifon pour laquelle les Juifs n'ont jamais entrepris de l'exercer envers Jefus-Chrift. Il paroit par ce qui est dit, *Matth.* X. 17. que l'on infligeoit quelquefois dans les fynagogues des peines corporelles, comme le fouet; mais c'étoit uniquement à titre de corrections utiles pour la pénitence, & encore on ne les exerçoit guere qu'envers les docteurs de la loi.

Les apôtres & les premiers chrétiens fuivirent d'aussi près que poffible dans la *discipline* de l'églife, l'ordre de la fynagogue, & crurent devoir même y apporter une féverité capable de contenir les chrétiens dans la pureté, de prévenir les fcandales, & de fermer la bouche aux ennemis du nom de Chrift.

On employoit aussi parmi eux, 1°. l'*exhortation* & la repréhenfion, adreffée premierement dans le particulier, enfuite en public, fuivant les préceptes de l'évangile.

2°. La *cenfure* proprement dite, qui confiftoit dans la reprimande accompagnée de menaces, genre de peine dont le clergé dans la fuite a abufé indignement, pour fatisfaire fon ambition.

3°. La *féparation* ou l'interdiction du facrement de la cene, pendant un certain tems, autrement appellée une *petite excommunication*.

4°. Enfin l'*excommunication* proprement dite, ou la *grande excommunication*, par laquelle les pécheurs fcandaleux & incorrigibles étoient déclarés exclus & chaffés de l'églife chrétienne, privés de tous fes avantages & retranchés abfolument de la communion des fideles, auxquels on interdifoit tout commerce familier avec eux; fentence qui, dans la fuite des tems fut accompagnée de formules d'exécrations & fuivie d'effets civils. *v.* EXCOMMUNICATION.

Cette derniere excommunication eft un acte très-légitime du pouvoir qui appartient à toute fociété, d'exclure de fon fein tous ceux qui en méprifent les premieres loix ou y portent le défordre, & nous avons là-deffus les plus formelles décifions, *Matth.* XVIII. *Tit.* III. *I Cor.* V. 11.

Suivant les principes de la jurifprudence des fociétés, le droit d'exercer la *difcipline* appartient au corps entier de l'églife; en partant de-là on eft très-fondé à foutenir que toute églife foumife à la domination temporelle d'un fouverain, & jouiffant de fa protection, eft en plein droit de lui confier l'exercice de fon pouvoir, comme à celui qui peut en faire l'ufage le plus efficace pour le bien & le falut de fes membres.

Je conviens que la *difcipline eccléfiaftique* doit être exercée par ceux que Jéfus-Chrift & fes apôtres ont établis pafteurs, évêques, conducteurs des troupeaux. Je conviens encore que c'eft à eux à exhorter, reprendre, cenfurer, & faire toute autre fonction de *difcipline* qui n'a rien de commun avec le civil, & ne peut en rien influer fur la condition des particuliers, à les confidérer comme citoyens de l'Etat. Mais lorfqu'il s'agit de peines eccléfiaftiques, qui par les circonftances, la façon de penfer, fi l'on veut même, par une fuite des préjugés, ou de loix mal entendues, entraînent une forte de fletriffure, excluent des emplois, ou rejailliffent fur la fortune de ceux qui les encourent, & fur celle même de leurs enfans; pourquoi les eccléfiaftiques prétendroient-ils être les feuls juges compétens, à l'exclufion des féculiers qui

ont la vocation la plus légitime à prononcer fur tout ce qui peut intéreffer le fort temporel des membres de la fociété?

Jéfus-Chrift & les apôtres ont-ils jamais penfé à conférer à leurs fucceffeurs, un pouvoir qui s'étendît au delà des limites prefcrites par la nature même de leur emploi, qui ne regarde que le foin des ames, & l'avancement de leurs intérêts fpirituels? Auroient-ils voulu, en leur accordant le pouvoir abfolu de la grande excommunication, les rendre maitres defpotiques du fort de tous les citoyens d'un Etat?

On a donc pu, fans déroger à la formée du gouvernement de l'églife inftituée par fes premiers fondateurs, affocier aux eccléfiaftiques des magiftrats laïques, pour connoître de tous les objets de *difcipline* qui peuvent avoir quelque influence fur l'état civil des particuliers, & former des tribunaux mê. langés pour en connoître avec plus d'exactitude, d'équité & de juftice, & prévenir les abus; tribunaux qu'on appelle parmi les catholiques *mixtes*; & parmi les proteftans, *confiftoires. v.* CONSISTOIRE.

Pour juftifier une telle inftitution, on n'a qu'à fe rappeller les abus fcandaleux qui font réfultés du pouvoir abfolu du clergé & fur-tout des évêques, par rapport à l'excommunication. *v.* ECCLÉSIASTIQUE, *pouvoir;* EXCOMMUNICATION.

Suivant le but & l'inftitution de la *difcipline eccléfiaftique*, tous les chrétiens, de quelque rang qu'ils foient, doivent lui être foumis; mais les exemples de *difcipline* exercée envers les fouverains, font bien rares dans l'hiftoire des premiers fiecles. Ce n'eft que depuis les ufurpations des papes que l'on a commencé à excommunier les rois, à difpoſer de leur couronne, & délier leurs ſujets du ſerment de fidélité.

La *diſcipline*, dès les premiers ſiecles, fut exercée, non-ſeulement envers les pécheurs ſcandaleux, mais auſſi envers les hérétiques obſtinés, ſur les préceptes formels des apôtres.

On a lieu de préſumer cependant, que ces ordres ne regardoient que les eſprits dangereux & les ſectaires brouillons; mais dans la ſuite, on les a étendus à tous ceux qui óſoient penſer & parler différemment des opinions appuyées de l'autorité de l'égliſe, des conciles & des évèques.

Les premiers chrétiens ne prononçoient aucune ſentence, qui ne fût bien motivée & fondée ſur une inſtruction fort circonſtanciée des faits. Mais dans la ſuite on n'y regarda plus de ſi près.

Peu à peu, on joignit à l'excommunication, l'exil, la rélégation dans des monaſteres, & l'on n'oublia pas la confiſcation des biens; les hérétiques même furent privés du droit d'hériter & de ſépulture; on ne pouvoit ſe relever de l'excommunication que par la pénitence, les ſatisfactions canoniques & l'abſolution.

La *diſcipline* moderne a été réglée bien moins ſur l'Ecriture Sainte que ſur les canons des conciles, les décrets des papes, les loix des princes chrétiens, & a été dès là même aſſujettie à un nombre infini de variations, à raiſon des lieux & des tems. On peut conſulter là-deſſus l'ouvrage de Thomaſſin, intitulé, *Ancienne & nouvelle diſcipline de l'Egliſe.*

DISCONTINUATION, ſ. f., *Juriſpr.*, eſt la ceſſion de quelqu'acte, comme d'une poſſeſſion ou d'une procédure, ou autres pourſuites.

La *diſcontinuation* des pourſuites pendant trois ans, donne lieu à la péremp-

tion; & s'il ſe paſſe trente ans ſans pourſuites, il y a preſcription. *v.* PÉREMPTION, PRESCRIPTION, POURSUITE, PROCÉDURE.

DISCRET, TE, adj. m. & f. *Morale.* Dans ſon ſens étymologique, ce mot exprime la qualité d'une perſonne que l'on conſidere comme diſcernant avec juſteſſe dans chaque cas, ce qu'il eſt convenable de taire ou de dire d'avec ce qu'il faut faire, ou ne pas faire. Dans le ſens ordinaire, ce qualificatif ne s'employe guere que rélativement au diſcours, pour déſigner la qualité d'une perſonne qui ne dit jamais ce qu'il convenoit de taire. L'homme *diſcret*, maître de ſa langue, ne dit jamais les choſes hors de propos, parce qu'il ne parle jamais ſans réflexion, ſans avoir examiné, ſi ce que l'on auroit occaſion de dire, ne nuiroit pas aux intérêts que le devoir exige que nous ménagions. Le premier objet ſur lequel l'homme *diſcret* garde le ſilence, c'eſt le ſecret qui lui a été confié; il le regarde comme un dépôt qui lui a été confié, dont il n'a pas le droit de diſpoſer, ſans la permiſſion de celui dequi il en a reçu la connoiſſance. Il n'eſt aucun motif qui puiſſe autoriſer à réveler ce que l'on nous a dit, ſous le ſceau du ſecret, & par un effet de la confiance qu'on accordoit à notre caractere moral.

L'homme *diſcret* ne ſe borne pas à taire ce qu'on lui a confié comme un ſecret, mais encore tout ce qui eſt parvenu à ſa connoiſſance de quelque maniere que ce ſoit, & qu'il ne ſauroit divulguer ſans nuire aux perſonnes qui y ſont intéreſſées; il n'y a que la connoiſſance d'un intérêt plus grand, qu'un devoir réel exige que l'on procure par la publication de ce que l'on ſait, qui puiſſe autoriſer à dire ce qui pourroit nuire à quelqu'un.

Enfin l'homme *discret* ne parlant jamais imprudemment, ne se permettra jamais de dire sans une nécessité morale, sans une réelle convenance, des choses qui pourroient faire de la peine & affecter désagréablement les personnes présentes.

Le terme *discret* s'employe aussi quelquefois rélativement aux actions, pour désigner une personne assez prudente pour ne jamais franchir les bornes prescrites par les bienséances : ainsi un homme *discret* n'ira pas se placer trop près des personnes, qui paroissent s'entretenir en particulier des choses dont rien ne lui annonce qu'on veuille lui faire part. Il n'ira pas se mêler dans une compagnie où personne ne l'invite, sur-tout quand elle est composée de gens d'un rang supérieur au sien. Il ne se mettra jamais dans le cas de voir ce qu'on ne veut pas lui montrer, de s'instruire de ce que sans doute on veut qu'il ignore. Enfin, l'homme *discret* est celui qui n'abuse pas de la bonté de ceux qui lui font des offres de service, en en exigeant plus que la prudence ne permet d'en demander & d'en accorder. *v.* DISCRÉTION. (G. M.)

DISCRÉTION, s. f., *Morale*. Le substantif *discrétion* s'écarte en quelque chose du sens de l'adjectif *discret*. Celui-ci n'est presque rélatif qu'aux discours dans lesquels on tait ce qui doit rester secret, & le mot *discrétion* se rapporte plutôt à tous les discours & à toutes les autres démarches, & désigne cette qualité de la personne ou des actions qui ne choque jamais les regles de la prudence civile. Le terme de *discrétion* n'est pas non plus l'opposé parfait *d'indiscrétion*. Ce dernier mot désigne plutôt le crime de dire ce qu'il falloit taire ; le premier signifie plutôt la prudence dans les discours & les actions.

La *discrétion* est exclusivement la vertu des personnes prudentes. L'indiscrétion qui révele un secret confié, est souvent un vice des personnes prudentes, mais méchantes. On est aussi souvent coupable d'indiscrétion par méchanceté, que par imprudence ou légéreté d'esprit ; au lieu que l'on ne manque de *discrétion*, que parce qu'on est imprudent & sans réflexion, quoique souvent aussi la malignité s'en mêle. (G.M.)

* La *discrétion* est une des qualités les plus nécessaires pour le succès de toutes les entreprises. Dans un Cromwel, dans un cardinal de Retz, la discrétion eût pu paroître une vertu bourgeoise, incompatible avec les vastes desseins qui occupoient leur ambition & leur rage ; peut-être cette qualité eût été en eux un défaut & une imperfection. Mais dans le cours ordinaire de la vie, il n'y a point de vertu qui soit plus nécessaire pour réussir & pour écarter les obstacles.

Si d'un côté la discrétion est la plus utile de toutes les qualités qu'un homme puisse avoir, j'ose avancer, de l'autre, que la finesse n'est que le partage des petits esprits, qui n'ont ni grandeur ni élévation. La premiere a toujours en vue les fins les plus nobles, & les poursuit par les voies les plus justes & les plus honnêtes ; au lieu que la ruse ne tend qu'à son intérêt sordide, & ne se fait scrupule de rien pour l'obtenir.

La discrétion a de vastes desseins : & semblable à un œil vif & perçant, elle se promene d'un bout de l'horizon à l'autre. La finesse est une espece de vue courte qui découvre les plus petits objets qui se trouvent à portée & dans son voisinage, mais qui ne peut discerner ceux qui sont un peu éloignés.

La discrétion donne plus d'autorité

à celui qui la poffede, à mefure qu'elle fe manifefte. La rufe une fois découverte, perd toute fa force, & rend un homme incapable d'exécuter les projets dont il auroit pu venir à bout, s'il n'eût paffé que pour un homme franc & fincere.

La difcrétion eft le raffinement de la raifon, & un guide fidele dans tous les devoirs de la vie. La rufe eft une efpece d'inftinct, qui ne regarde que notre intérèt particulier dans ce monde.

La difcrétion ne fe trouve que dans les hommes d'un fens exquis & d'un génie fupérieur. La rufe éclate fouvent dans les bêtes même, & dans les perfonnes qui n'en different pas beaucoup. En un mot, la rufe n'eft que le finge de la difcrétion, & ne peut tromper que les fimples, de la même maniere que la vivacité paffe quelquefois pour bel efprit, & l'air grave pour une marque de prudence. (F)

DISCUSSION, f. f. *Jurifpr.*, fignifie quelquefois *conteftation*, & quelquefois *la recherche & l'exécution que l'on fait des biens du débiteur*, pour fe procurer le payement de ce qui eft dû par lui.

La *difcuffion* prife dans ce dernier fens eft fouvent un préalable néceffaire avant que le créancier puiffe exercer fon action contre d'autres perfonnes, ou fur certains biens.

Ce bénéfice de *difcuffion*, c'eft-à-dire, l'exception de celui qui demande que *difcuffion* foit préalablement faite, eft appellé en droit *beneficium ordinis*, c'eft-à-dire, une exception tendante à faire obferver une certaine gradation dans l'exécution des perfonnes & des biens.

Ce bénéfice avoit lieu dans l'ancien droit; il fut abrogé par le droit du code, & rétabli par la novelle 4 de Juftinien, tant pour les cautions ou fidéjuffeurs, que pour les tiers acquéreurs.

Tome IV.

La *difcuffion* ne confifte pas feulement à faire quelques diligences contre le débiteur, & à le mettre en demeure de payer; il faut épuifer fes biens fujets à *difcuffion* jufqu'à le rendre infolvable, *ufque ad faccum & peram*; c'eft l'efprit de la novelle 4 de Juftinien.

Si celui qui oppofe la *difcuffion* prétend qu'il y a encore d'autres biens, c'eft à lui à les indiquer; la *difcuffion* doit être faite à fes frais, & il n'eft plus recevable enfuite à faire une feconde indication.

Il y a plufieurs fortes de *difcuffions*; favoir celle des meubles avant les immeubles; celle de l'hypotheque fpéciale avant la générale; celle de l'hypotheque principale avant la fubfidiaire; celle du principal obligé avant fes cautions ou fidéjuffeurs, & avant leurs certificateurs; celle de l'obligé perfonnellement, ou de fes héritiers, avant les tiers détenteurs; celle des dernieres donations pour la légitime: avant de remonter aux donations précédentes, nous expliquerons ce qui eft propre à chacune de ces différentes fortes de *difcuffions*, après avoir pofé quelques principes qui leur font communs.

On peut renoncer au bénéfice de *difcuffion*, foit en nommant ce bénéfice, ou dans des termes équipollens, pourvû que la renonciation foit expreffe; la caufe que les notaires mettent ordinairement en ces termes, *renonçant*, &c. n'emporte point une renonciation à ce bénéfice, ni à aucun autre femblable.

Difcuffion des cautions ou fidéjuffeurs. Par l'ancien droit romain, le créancier pouvoit s'adreffer directement à la caution ou fidéjuffeur, & l'obliger de payer fans avoir difcuté préalablement le principal obligé; & s'il y avoit plufieurs fidéjuffeurs, ils étoient tous obligés folidairement.

         N n n n

D I S

L'empereur Adrien leur accorda le bénéfice de division, au moyen duquel chacun ne peut être poursuivi que pour sa part personnelle.

Justinien leur accorda ensuite le bénéfice de *discussion*, c'est-à-dire, le privilege de ne pouvoir être poursuivi que subsidiairement au défaut du principal obligé.

Discussion des donataires. L'enfant qui ne trouve pas dans la succession dequoi se remplir de sa légitime, peut se pourvoir contre les donataires, en observant seulement de les discuter chacun dans l'ordre des donations, c'est-à-dire, en commençant par la derniere, & remontant ensuite aux précédentes de degré en degré.

La *discussion de l'hypotheque spéciale avant la générale*, est fondée sur la *loi 2* au code *de pignoribus.* Comme on peut accumuler dans une obligation l'hypotheque générale avec la spéciale, de-là naît un ordre de *discussion* à observer de la part du créancier, non pas à l'égard de l'obligé personnellement ni de ses héritiers, car vis-à-vis d'eux le créancier peut s'adresser à tel bien qu'il juge à propos; mais le tiers détenteur d'un immeuble qui n'est hypothéqué que généralement, peut demander que *discussion* soit préalablement faite de ceux qui sont hypothéqués spécialement: la raison est que quand l'hypotheque générale est jointe à la spéciale, la premiere semble n'être que subsidiaire.

La *discussion* de l'hypotheque spéciale peut aussi être opposée entre deux créanciers, c'est-à-dire, que celui qui a hypotheque spéciale est obligé de la discuter avant de se venger sur les biens hypothéqués généralement; au moyen de quoi un créancier postérieur seroit préféré au créancier antérieur sur les biens hypothéqués généralement, si ce créancier antérieur avoit une hypotheque spéciale qu'il n'eût pas discutée.

La *discussion de l'hypotheque principale avant la subsidiaire*, a lieu en certains cas; par exemple, le douaire de la femme ne peut se prendre sur les biens substitués, qu'après avoir épuisé les biens libres.

Discussion des meubles avant les immeubles. Chez les Romains, dans l'exécution des biens de tout débiteur, soit mineur ou majeur, le créancier devoit d'abord épuiser les meubles avant d'attaquer les immeubles; c'est la disposition de la loi *divo pio,* § *in venditione,* au code *de re judicatâ.*

La *discussion* préalable est toujours nécessaire à l'égard des mineurs, & il ne suffiroit pas que le tuteur déclarât qu'il n'a aucun meuble ni deniers; il faut lui faire rendre compte, sans quoi la *discussion* ne feroit pas suffisante.

Cette formalité est nécessaire, quand même la *discussion* des immeubles auroit été commencée contre un majeur, à moins que le congé d'adjuger n'eût déja été obtenu avec le majeur.

Il en seroit de même s'il n'étoit échû des meubles au mineur que depuis le congé d'adjuger.

Au surplus le mineur qui se plaint du défaut de *discussion*, n'est écouté qu'autant qu'il justifie qu'il avoit réellement des meubles suffisans pour acquitter la dette en tout ou partie.

La *discussion* des meubles n'est point requise à l'égard du cooligé ou de la caution du mineur.

La *discussion des offices* ne pouvoit autrefois être faite qu'après celle des autres immeubles; mais depuis que l'on a attribué aux offices la même nature qu'aux autres biens, il est libre au créancier de saisir d'abord l'office de son débiteur, même avant d'avoir discuté les autres biens.

Discussion du principal obligé, voyez ci-devant *Discussion des cautions*.

Discussion du tiers acquéreur ou détenteur; c'est l'exception que celui-ci oppose pour obliger le créancier de discuter préalablement l'obligé personnellement, ou ses héritiers.

Cette exception a lieu à leur égard dans les pays de droit.

Après que *discussion* a été faite des biens indiqués par le tiers acquéreur ou détenteur, si ces biens ne suffisent pas pour acquitter la dette, le tiers acquéreur ou détenteur est obligé de rapporter les fruits de l'héritage qu'il tient, à compter du jour de la demande formée contre lui.

DISJONCTION, s. f., *Jurisprud.*, est la séparation de deux causes, instances ou procès, qui avoient été joints par un précédent jugement.

Lorsque deux affaires paroissent avoir quelque rapport ou connexité, la partie qui a intérêt de les faire joindre, en demande la jonction, afin que l'on fasse droit sur le tout conjointement & par un même jugement. Si la demande paroît juste, le juge ordonne la jonction; & quelquefois il ajoute, *sauf à disjoindre s'il y échet*; auquel cas en statuant sur le tout, le juge peut disjoindre le procès ou incident qui avoit été joint. Une partie intéressée à faire disjoindre les procès qui sont joints, peut aussi présenter sa requête à fin de *disjonction*; & si cette demande est trouvée juste, le juge disjoint les deux affaires; c'est ce que l'on appelle une *sentence ou arrêt de disjonction. v.* JONCTION.

DISPENSÉ, s. f., *Droit nat.*, c'est la permission de violer la loi, accordée par celui qui en a le droit à celui qui étoit tenu par devoir de se conformer à ce qu'elle ordonne, ensorte qu'il peut innocemment faire ce que la loi défend, ou ne pas faire ce qu'elle commande.

La *dispense* suppose, 1°. qu'il y a une loi: où il ne subsiste aucune défense, il n'y a point de permission à donner pour agir, où rien n'est commandé, il n'y a nulle permission à accorder pour ne pas agir. 2°. La *dispense* suppose que la loi est donnée par celui qui avoit le droit de regler la maniere d'agir; car si la loi est prescrite par celui qui n'a pas le droit de commander, son ordre n'est pas une loi, on n'est pas tenu d'obéir, & on n'a besoin d'aucune *dispense* de sa part, pour être libre de faire ce qu'on trouve à propos, à cet égard. De quel droit celui qui n'est pas mon maître, qui n'a pas le droit de me commander, exigeroit-il que j'allasse prendre de lui des permissions d'agir à l'égard des choses qui ne dépendent en rien de lui? Lors même que l'on a un maître, il n'a aucun droit de donner des *dispenses*, par rapport à des actions qu'il n'avoit plus le droit de regler. 3°. La *dispense* suppose que celui qui la donne, étoit l'auteur réel, ou devoit être envisagé comme l'auteur réel de la loi qu'il permet de violer: car s'il n'est pas l'auteur réel de la loi, ou s'il n'en tient pas réellement la place avec tous ses droits, il ne peut pas dispenser de l'observation des ordres d'un être qui est son supérieur à cet égard, & qui ne lui a pas remis ses droits de législateur.

C'est la puissance législative seule qui a droit de dispenser de l'obligation imposée par ses propres loix. Aucun pouvoir inférieur ne peut, de sa seule autorité, donner de *dispense* pour la non observation d'une loi qui vient d'un pouvoir supérieur. Il suit donc delà, 1°. que nul homme, quelque rang qu'il tienne fur la terre, ne peut donner des *dispenses* pour l'inobfervation des loix naturelles ou révélées dont Dieu eft l'auteur, ni pour aucune loi pofitive révélée, qui n'eft accompagnée d'aucune exception, dont par la même révélation cet homme foit établi juge, de la maniere la plus pofitive. Il fuit delà, 2°. que les *dispenses* légitimes ne peuvent regarder que l'obfervation des loix purement humaines & pofitives, qui n'ont été données que pour s'accommoder à des circonftances paffageres, & qui ont pour objet des actions qui, felon la nature des chofes, auroient été inno. centes & permifes fans la loi furvenue : car fi l'action eft prefcrite par la loi de Dieu, on ne fauroit la négliger fans crime, quelque *dispense* qu'on ait ; fi l'action eft défendue par la loi divine, nulle *dispense* ne peut rendre innocent celui qui la fait : Dieu qui eft la vérité même, ne peut pas fe contredire & être oppofé à lui-même. Les *dispenses* légitimes ne peuvent donc concerner, que des actions qui, quoique convenables dans telles circonftances, ne font pas de nature à exiger que chacun les faffe, pourvu qu'elles foyent exécutées par quelqu'un, enforte que l'on peut fubftituer une autre perfonne à celui de qui on l'exigeoit. Sans doute, il faut que la patrie foit défendue, que la police foit exercée, que le miniftere religieux foit exercé ; mais cette néceffité n'oblige pas tout particulier à faire ces fonctions, chacun n'y eft tenu qu'à défaut d'autre auffi propre que lui à les remplir ; on peut difpenfer de ces devoirs ceux, en place de qui d'autres peuvent en être chargés. Jamais donc une action dont on peut difpenfer, n'eft par elle-même une vertu, ni celle dont on peut donner la permiffion, ne peut être un crime.

Les *dispenses* font expreffes ou tacites, & s'appliquent à différens objets.

Les *dispenses* ne font néceffaires que pour les chofes qui font contre le droit commun, elles font toujours défavorables : c'eft pourquoi elles ne reçoivent aucune extenfion, pas même dans les cas où il y auroit un argument *de majori ad minus* : il faut feulement excepter les chofes qui font tacitement comprifes dans la *dispense* fuivant le droit & l'ufage, ou qui en font une fuite néceffaire, ou fans lefquels le but de la *dispense* n'auroit point fon effet.

Surquoi il y a quelques remarques à faire.

1°. Si le légiflateur peut abroger entierement une loi, à plus forte raifon peut-il en fufpendre l'effet, par rapport à telle ou telle perfonne.

2°. Mais on doit avouer auffi qu'il n'y a que le légiflateur lui-même qui ait ce pouvoir.

3°. Il n'en doit faire ufage que par de bonnes raifons, avec une fage modération, & fuivant les regles de l'équité & de la prudence. Car s'il accordoit des *dispenses* à trop de gens, fans difcernement & fans choix, il énerveroit l'autorité des loix ; ou s'il les refufoit en des cas parfaitement femblables, une partialité fi peu raifonnable ne pourroit que produire de la jaloufie & du mécontentement.

On trouve un exemple d'une *dispense* bien raffinée, dans le tour que prit Agefilas pour empêcher que ceux qui avoient fuï dans un combat, ne fuffent notés d'infàmie, fuivant la loi de Lycurgue : il fufpendit pour un jour l'effet des loix : *que les loix*, dit-il, *dorment aujourd'hui*. C'eft par une femblable fubtilité, qu'un Athénien, pour flatter le roi Démétrius, éluda la loi qui ordonnoit de ne célébrer les petits

myſtéres qu'au mois de Novembre, &
les grands qu'au mois d'Août. Car Démétrius ſouhaitant d'être initié tout-à-
la-fois aux grands & aux petits, Stra-
toclès propoſa & fit paſſer une loi que
le mois de Mars , pendant lequel Démétrius arriva à Athenes, ſeroit appellé
& cenſé premierement le mois de Novembre & enſuite le mois d'Août. Ce
qu'on fit à l'égard de Démoſthene eſt
plus raiſonnable. Comme cet orateur ,
après avoir été rappellé de l'exil, demeuroit toujours condamné à une
amende pécuniaire, que la loi ne permettoit pas de relâcher , on trouva un
expédient pour qu'il n'en coûtât rien à
celui qui la payoit. Dans les ſacrifices
de Jupiter Sauveur, on avoit coûtume
de payer une perſonne pour dreſſer &
préparer l'autel. On donna cet emploi
à Démoſthene, avec un gage de cinquante talens, qui étoit la ſomme à laquelle il avoit été condamné, &c.

Il y a des *diſpenſes* d'âge , de parenté,
& d'affinité; *diſpenſe* pour les ordres,
pour les bénéfices , & pour les offices,
& autres que nous expliquerons ci-après
chacune en leur rang.

Dans les matieres canoniques, les
diſpenſes ne peuvent être accordées que
par le pape ſeul ou par l'évêque ou ſes
grands-vicaires, s'il s'agit d'un fait qui
n'excede pas le pouvoir de l'évêque.
Celles qui ſont émanées de Rome, doivent être fulminées dans l'officialité du
dioceſe des parties.

Les *diſpenſes* qui regardent les offices
& autres droits temporels, ne peuvent
être accordées que par le ſouverain.

Toutes *diſpenſes* ſont volontaires &
de grace; on ne peut jamais forcer le
ſupérieur à les donner; il y a même
des cas dans leſquels on n'en doit point
accorder, ainſi qu'on l'expliquera en parlant des différentes eſpeces de *diſpenſes*.

Diſpenſes d'affinité : on comprend
quelquefois ſous ce terme , toutes ſortes
de *diſpenſes* matrimoniales entre ceux
qui ont quelque liaiſon de parenté ou
affinité proprement dite.

Les *diſpenſes* de mariage entre ceux
qui ſont parens ou alliés en un degré
prohibé, ne peuvent être accordées
dans l'égliſe romaine , que par le pape.
Chez les proteſtans c'eſt au ſouverain
de juger ſi cette eſpece de *diſpenſe* convient ou non.

On n'accorde jamais de *diſpenſe* de
parenté entre parens en ligne directe ,
la prohibition étant à cet égard de droit
divin.

Pour ce qui eſt de la collatérale, on
n'accorde point non plus de *diſpenſe* au
premier degré de cognation civile ou
naturelle , ſous quelque prétexte que ce
ſoit , c'eſt - à - dire entre les freres &
ſœurs, ſoit légitimes ou naturels.

Il en eſt de même ordinairement du
premier degré d'affinité ſpirituelle ,
c'eſt-à-dire qu'un parrain ne peut obtenir *diſpenſe* d'épouſer ſa filleule; ces
ſortes de mariages étant défendus par
le premier concile de Nicée, *canon* 70.
Les plus ſavans canoniſtes, tels que Pa-
norme, l'abbé Felinus, & Benedictus,
aſſurent que le pape n'a jamais accordé
de *diſpenſe* du premier degré d'affinité
ſpirituelle : il y en a néanmoins quelques exemples , entr'autres celui dont
il eſt parlé dans l'arrêt du 11 Décembre 1664 , rapporté au journal des
audiences : mais ces exemples ſont
rares.

Le pape a auſſi quelquefois accordé
des *diſpenſes* au premier degré d'affinité
contractée *ex illicita copulá*, par exemple entre le concubin & la fille légitime de la concubine, comme on voit
dans l'arrêt du 20 Août 1664, rapporté
dans la *biblioth. canonique , t. I. p.* 514.

A l'égard du second degré de cognation naturelle ou spirituelle, le pape en
peut dispenser ; mais il ne le fait jamais
que pour des considérations importantes ; quelques canonistes en donnent
pour exemple deux cas ; savoir lorsque
c'est entre de grands princes, ou lorsqu'il s'agit du salut de l'Etat.

On voit même que dans le XIIIᵉ fiecle, Alexandre IV. refusa d'abord à
Valdelmac, roi de Suede, la *dispense*
qu'il lui demandoit pour épouser la
princesse Sophie sa niece, fille de Henri
roi de Danemarck : il est vrai qu'il l'accorda ensuite ; mais ce ne fut qu'après
avoir été pleinement informé des grands
avantages que les deux royaumes de
Danemarck & de Suede recevroient
de ce mariage, comme il arriva en
effet.

Urbain V. refusa pareillement une
dispense à Edmond, fils d'Edouard, roi
d'Angleterre, qui vouloit épouser Marguerite de Flandres veuve de Philippe,
dernier duc de la première branche de
Bourgogne, quoiqu'ils ne fussent parens
qu'au troisieme degré ; & ils eurent tant
de respect pour le refus du pape, que
quoique leur traité de mariage fût arrêté entr'eux, ils ne voulurent pas passer outre, & se marierent tous deux ailleurs.

Le concile de Trente, tenu en 1545
sous le pontificat de Paul III. dit : *in
contrahendis matrimoniis vel nulla omni-
no detur dispensatio, vel raro, idque ex
causâ & gratis concedatur.*

On voit par-là qu'anciennement ces
sortes de *dispenses* s'obtenoient beaucoup plus difficilement qu'aujourd'hui,
puisque de simples particuliers en obtiennent lorsqu'il y a quelque considération importante qui engage à les leur
accorder. On a vû des oncles épouser
leurs nieces, des femmes épouser suc-

cessivement les deux freres avec *dispense* & *vice-versa* des hommes épouser les
deux sœurs.

La cour de Rome n'accorde plus de
dispenses pour se marier entre parens en
degrés prohibés, qu'à ceux qui reconnoissent le pape pour chef de l'église.

Ces *dispenses* n'ont lieu qu'en trois
cas ; savoir, quand il y a eu copulation
charnelle, lorsque les parties demeurent
dans des lieux voisins, & que par la
rareté des habitans on a de la peine à
trouver des partis sortables, & enfin
lorsque c'est pour le bien de la paix,
& pour ne point désunir les biens dans
les familles. Les *dispenses* qui sont dans
ce dernier cas, sont taxées à la compo-
nende selon la proximité & la qualité
des parties.

A l'égard des protestans qui ne reconnoissent point le pape, ils doivent
obtenir du légitime souverain des *dispenses* pour se marier dans les degrés
prohibés; autrement leurs mariages sont
nuls, & ne produisent point d'effets
civils.

Les *dispenses* qui viennent de Rome
doivent être fulminées, c'est-à-dire vérifiées par l'official diocésain des parties
qui veulent contracter mariage, avant
qu'elles puissent faire usage de la *dispense*, sans quoi il y auroit abus dans la
célébration.

Les évêques sont en possession de donner des *dispenses* de parenté & d'affinité
au quatrieme de degré, & aussi du troisieme au quatrieme : ils en donnent même au troisieme degré *inter pauperes*.

Dispenses d'âge, est la licence qu'on
donne à quelqu'un, d'être pourvu d'un
office ou d'un bénéfice avant l'âge requis pour le posséder.

L'émancipation que l'on accorde aux
adultes, est aussi une espece de *dispense d'âge*, pour administrer eux-mê-

mes leur bien avant la majorité; mais dans l'usage on distingue les lettres de bénéfice d'âge des *dispenses d'âge*, les premieres n'étant que pour l'administration des biens, au lieu que les autres sont à l'effet de posséder un office ou un bénéfice.

Il y avoit chez les Romains des loix appellées *annales*, qui fixoient l'âge requis pour pouvoir parvenir à la magistrature; cet usage jusqu'au tems d'Auguste étoit de 25 ans : Auguste le réduisit à 20 ans.

Mais il paroît que l'on accordoit dès-lors des *dispenses d'âge*, non pas à prix d'argent, comme on fait aujourd'hui, mais lorsque le mérite & l'expérience du sujet devançoient le nombre des années; c'est pourquoi Cassiodore dit : *spectata siquidem virtus annalibus legibus subjecta non est, jamque honoris insulis adultam cingere dignus est cæsariem, quisquis meritorum laude ætatis præjudicia superavit.*

C'est aussi ce que dit Ciceron dans la cinquieme *philippique* : *ab excellenti eximiâque virtute progressum annorum expectari non oportere, ne antequam reipublicæ prodesse possit, extinguatur.*

Vopiscus *in probo*, dit aussi, *in eo non expectari ætatem, qui virtutibus fulget & moribus pollet.*

Pline, en ses *épîtres*, dit pareillement, *ab optima indole frustra exigi annorum numerum.*

Enfin Cujas sur la loi derniere *de decurionibus*, apporte une exception par rapport à l'âge requis par les loix : *nisi dignitas*, dit-il, *certa spes honoris, id faceret ut princeps indulgere posset.*

On voit par-là que les *dispenses d'âges* s'accordoient dès-lors pour différentes considérations; que l'on avoit égard à la noblesse d'extraction, à la prestance du corps, à la capacité, & parce

que ce font autant de chofes qui imposent au peuple & qui contribuent à faire rendre au magistrat le respect qui lui est dû.

Dispense de bans de mariage, ou pour parler plus correctement, *dispense de la publication des bans*, est une *dispense* que l'évêque diocésain ou ses grands-vicaires, ou un consistoire, accordent quand ils le jugent à propos, à ceux qui sont sur le point de se marier, pour les affranchir de la nécessité de faire publier à l'ordinaire les bans de leur mariage, ou du moins un ou deux de ces bans.

Les causes pour lesquelles on accorde *dispense des bans*, & même du premier, sont lorsque l'on craint que quelqu'un ne mette par malice, empêchement au mariage; lorsque les futurs conjoints veulent éviter l'éclat, à cause de l'inégalité d'âge, de condition, ou de fortune; lorsqu'ayant vécu en concubinage, ils passoient néanmoins pour mari & femme, & qu'on ne veut pas relever leur turpitude; si celui qui a abusé une fille veut l'épouser, on accélere de peur qu'il ne change de volonté; si après les fiançailles le fiancé est obligé de s'absenter pendant un tems considérable; enfin lorsqu'un homme, *in extremis*, veut épouser sa concubine pour réparer sa faute, assurer l'état de celle avec laquelle il a vécu, & celui de ses enfans s'il y en a.

Dispense de bâtardise, appellée par les canonistes *dispensatio natalium*, n'est pas un acte qui ait pour objet de légitimer des bâtards; car il n'y a que le souverain qui puisse accorder des lettres de légitimation. La *dispense de bâtardise* est donc seulement un acte qui habilite un bâtard à entrer dans tous les droits de succession légitime.

Ces sortes de *dispenses* s'accordent en

deux manieres, *aut à jure, aut ab homine.*

La *dispense* qui est de droit, *à jure,* est celle qui s'opere tacitement par la profession du bâtard dans un ordre religieux. Cette profession le rend capable de la promotion aux ordres sacrés, & de posséder des bénéfices simples sans qu'il ait besoin d'autre *dispense* ; tel est le sentiment de Davila, *part. XVII. disp. 3.* Rebuff. *tract. de pacif. possess. n.* 2. *&* 25.

On appelle *dispense ab homine,* celle qui est accordée par le pape ou par l'évèque. Dans ces *dispenses* expresses on doit expliquer la qualité du vice de la naissance.

Un bâtard peut obtenir *dispense* de l'évèque pour la tonsure & les ordres mineurs, & même pour tenir des bénéfices simples, *cap. j. de filiis presbyt. in-6°.*

Mais lorsqu'il s'agit des ordres majeurs, de bénéfices-cures, de dignités ou canonicats dans une église cathédrale, le pape seul peut dispenser.

Quelques-uns tiennent que quand le pape accorde la dispense, *cum indulto non faciendi mentionem,* on n'est pas obligé de faire mention du défaut de la naissance de l'impétrant dans sa supplique, pour impétrer un bénéfice après la *dispense* ; mais l'impétration seroit nulle suivant le chap. *si is cum quo, ij. de filiis presbyt. in-6°.* & tel est le sentiment de Rebuffe.

Lorsqu'un bâtard est dispensé pour tenir des bénéfices, il est aussi dispensé pour posséder des pensions ; c'est le style de ces sortes de *dispenses.*

Si un bâtard avoit été promû aux ordres sacrés, & avoit célébré sans *dispense,* il ne seroit pas pour cela irrégulier : mais s'il veut obtenir *dispense* pour le défaut de sa naissance, il doit l'expri-

mer, & faire mention de sa promotion aux ordres.

Il ne seroit pas non plus irrégulier, si le collateur ordinaire lui a conféré quelque bénéfice après sa promotion aux ordres, & le collateur ne pourroit lui-même le priver de ce bénéfice ; mais le pape pourroit en disposer. Voyez *les définit. canon.* au mot *dispenses* ; Serva, *part. III. tract. quæst.* 61. Rebuffe, *prax. benef. part. II. ch. xij. xiij. xxviij. xlij.* Chenu, *quæst. not. cent.* 2. *quæst.* 1.

Dispenses pour les bénéfices, est un acte par lequel un ecclésiastique est autorisé à posséder un bénéfice, nonobstant quelque défaut de capacité en sa personne, ou quoique le bénéfice soit incompatible avec celui qu'il possede déja.

Les *dispenses* qui ont rapport aux bénéfices, sont les *dispenses* d'âge & celles de bâtardise, dont il est parlé ci-devant, les *dispenses* de tems d'étude, celles de degrés, les *dispenses* d'ordres, d'irrégularités, & de résidence.

Ces sortes de *dispenses* sont accordées par le pape, ou par l'évèque, chez les catholiques Romains, selon que le bénéfice ou le fait dont il s'agit est de leur compétence ; & par le souverain légitime parmi les protestans.

L'usage des *dispenses* pour les bénéfices est devenu commun en cour de Rome, sur-tout depuis Paul III. qui les accordoit avec tant de facilité, qu'on l'appelloit le pape des banquiers, *papa trapesitarum.*

Il y a des *dispenses* tacites & d'autres expresses.

Elles sont tacites, lorsque l'empèchement ayant été exprimé, le pape ou le prince n'ont pas laissé de conférer.

Si l'empèchement n'avoit pas été exprimé, la clause *ce nonobstant,* ni autre clause équivalente, n'emporteroient pas *dispense.*

Mais

Mais ſi l'impétrant ayant déja obtenu *diſpenſe* pour poſſéder un bénéfice, le pape lui en confere encore un autre pour le tenir avec celui. qu'il poſſede déja, cela emporte *diſpenſe* pour le ſecond.

Les *diſpenſes* tacites n'ont lieu qu'aux proviſions doûnées par le pape ou par le prince, & non dans les proviſions émanées des collateurs inférieurs, leſquels ne peuvent accorder aucune *diſpenſe* qu'elle ne ſoit expreſſe.

On appelle *diſpenſe expreſſe*, un reſcrit qui contient nommément la *diſpenſe*. Tout ce qui peut émouvoir & former quelque difficulté doit être exprimé dans la *diſpenſe*, autrement elle eſt réputée ſubreptice; cependant ſi on avoit déja été diſpenſé d'une irrégularité, une ſeconde *diſpenſe* qui n'en feroit pas mention ne ſeroit pas nulle.

Les collateurs autres que le pape & le prince ne peuvent accorder des *diſpenſes* expreſſes qu'en certains cas, ainſi qu'on l'explique en parlant des différentes ſortes de *diſpenſes*.

On accorde des *diſpenſes* d'âge, non-ſeulement pour les ordres, mais auſſi pour tenir des bénéfices avant l'âge requis par les canons ou par la fondation.

Ceux qui ſont irréguliers obtiennent pareillement des *diſpenſes*, tant à l'effet d'être promûs aux ordres, que pour poſſéder des bénéfices.

On diſpenſe auſſi quelquefois des degrés requis pour la poſſeſſion de certains bénéfices.

Il faut pareillement des *diſpenſes* pour en poſſéder pluſieurs lorſqu'ils ſont incompatibles, ou qu'ils ſont *ſub eodem tecto*. La proviſion & la *diſpenſe* à l'effet de poſſéder un bénéfice incompatible, doivent être contenues dans le même reſcrit, & non par deux actes ſéparés.

Les ſéculiers ne peuvent ſans *diſpen-*

Tome IV.

ſe poſſéder un bénéfice régulier, & *vice verſa*, les réguliers ne peuvent auſſi, ſans *diſpenſe*, poſſéder un bénéfice d'un autre ordre que le leur, ni poſſéder en même tems deux bénéfices, ſoit ſimples ou autres, non pas même une penſion ni portion monachale avec un bénéfice.

Quand le pape confere un bénéfice en commende, il n'uſe pas du terme de *diſpenſe*, qui ſeroit dans ce cas inutile.

Les *diſpenſes* à l'effet de tenir pluſieurs bénéfices, ſont ou pures & ſimples & à perpétuité, ou bien elles ſont accordées ſous de certaines charges & conditions, comme de quitter quelqu'un des bénéfices dans un certain tems, auquel cas on doit ſe conformer à cette clauſe ſans pouvoir diſpoſer en aucune maniere du bénéfice, à moins que cela ne fût porté par la *diſpenſe*; on peut ſeulement le remettre entre les mains de l'ordinaire.

Le pape n'a pas coûtume d'accorder de *diſpenſe* pour tenir deux bénéfices-cures, à moins que les paroiſſes ne ſoient contiguës, ou les bénéfices de peu de valeur, & que la *diſpenſe* ne ſoit en faveur de nobles ou de gradués.

On n'accorde pas non plus de *diſpenſe* pour tenir deux dignités ou canonicats *ſub eodem tecto*, ni à un régulier pour poſſéder deux bénéfices en titre dans divers monaſteres.

Les *diſpenſes* générales pour tous bénéfices, ne s'entendent que des bénéfices ſimples; elles ne s'étendent pas aux dignités & canonicats des égliſes cathédrales, ni aux bénéfices-cures, ni aux penſions, à moins que cela ne ſoit exprimé.

Celles qui parlent de bénéfices - cures ne s'étendent qu'à deux, à moins que la *diſpenſe* ne fût nommément pour trois.

O o o o

Les évêques ne peuvent pas donner *dispense* aux bigames de posséder des bénéfices.

Un religieux possédant par *dispense* du pape un bénéfice séculier, peut sans nouvelle *dispense* le permuter contre un autre bénéfice de même qualité.

La *dispense de cour de Rome*, est une *dispense* accordée par le pape, soit pour les ordres ou pour les bénéfices, ou pour les mariages, ou autres causes. Voyez ci-devant *dispense d'âge*, & autres articles suivans.

Dispense ad duo & plura, c'est-à-dire pour posséder en même tems plusieurs bénéfices incompatibles.

Le pape peut accorder de ces sortes de *dispenses*, lorsque le revenu des bénéfices est si modique, qu'un seul ne suffit pas pour entretenir le bénéficier, ou bien lorsqu'il y a nécessité ou utilité pour l'église.

Cet usage est fondé sur la disposition du chapitre *dudum* 2. *de electionibus*; & du chap. *multa, in fine, de præbendis*, tiré du concile général de Latran, inséré dans les décrétales : *Hoc idem & in personatibus esse decernimus observandum; addentes ut in eadem ecclesiâ nullus plures dignitates habere præsumat : circa sublimes tamen & litteratas personas quæ majoribus beneficiis sunt honorandæ, cùm ratio postulaverit, per sedem apostolicam poterit dispensari.*

C'est aussi la disposition du chapitre *proposuit, extrà de concessione præbendæ*; & du chapitre premier, *de consuetud. in sexto*.

L'évêque peut aussi de son autorité accorder des *dispenses ad duo* pour quelque cause légitime, & en même tems accorder au pourvû la *dispense* de résider dans l'un des bénéfices : en effet, ayant le pouvoir d'unir ensemble plusieurs bénéfices, lorsque le revenu de

chacun en particulier n'est pas suffisant pour entretenir celui qui le dessert; à plus forte raison peuvent-ils dispenser les ecclésiastiques de leur diocese d'en tenir deux, & de la résidence en l'un : car l'union est un acte bien plus fort qu'une telle *dispense*, vû que celle-ci est seulement pour un tems, & ne change point l'état du bénéfice, ou l'union se fait par l'extinction du bénéfice qui est uni à un autre, & dure à perpétuité. Voyez Rebuffe *in praxi de dispensat. ad plura, num.* 30. Fevret, *tr. de l'abus, liv. III. ch. ij.*

La *dispense d'examen*, est une *dispense* que le chef d'une compagnie accorde quelquefois verbalement à certains récipiendaires que l'on n'examine point avant de leur faire prêter serment, eu égard à leur capacité notoire, ou à l'exercice qu'ils ont déja fait de quelqu'autre office pendant long-tems.

La *dispense expresse*, est lorsque le rescrit ou autres lettres, font mention de l'empêchement, & portent que nonobstant ce l'impétrant jouira de ce qu'il demande; au lieu que la *dispense* tacite est quand les lettres font mention de l'empêchement, & que le bénéfice ou office est conféré nonobstant cet empêchement, mais sans en dispenser expressément : s'il n'avoit pas été exprimé, la clause *nonobstant ce* n'emporteroit pas *dispense*.

La *dispense des degrés*, est celle que le pape ou autre collateur chez les catholiques romains donne à celui qui n'a pas les degrés nécessaires pour posséder le bénéfice qu'on lui accorde.

La *dispense d'incompatibilité*, est celle qu'on obtient pour posséder en même tems deux bénéfices ou deux offices incompatibles : le pape l'accorde pour les bénéfices, & le souverain pour les offices.

La *dispense d'irrégularité*, est une dispense que le pape accorde à un clerc irrégulier, soit pour le faire promouvoir aux ordres, soit pour l'habiliter à tenir des bénéfices.

La *dispense des ordres*, ou *de non promovendo*; c'est lorsque le pape dispense l'impétrant d'un bénéfice, de l'ordre requis pour posséder ce bénéfice, comme d'être prêtre pour un bénéfice sacerdotal *à lege aut à fundatione*. Ces dispenses ne s'accordent ordinairement que pour un tems.

La *dispense pour les ordres*, est celle que le pape accorde à un ecclésiastique pour prendre les ordres sans attendre l'âge, ou sans garder les interstices ordinaires.

L'évêque peut dispenser pour les ordres mineurs: le pape dispense pour les ordres majeurs.

Un clerc qui a quelque difformité considérable du corps, ne peut être promû aux ordres sacrés sans dispense. Alexandre III. dans le chapitre premier, *de corpore vitiatis*, aux décrétales, permet aux évêques de donner ces dispenses.

Dispense de parenté & affinité, voyez ce qui en est dit ci-devant par rapport au mariage, au mot *dispense d'affinité*.

La *dispense des quarante jours*, est la liberté qui est accordée à un officier de résigner son office, encore qu'il ne survive pas quarante jours à la résignation.

Pour entendre ce que c'est que cette dispense, il faut observer que suivant le style de la grande chancellerie de France, dans toutes les provisions d'offices expédiées sur résignation, on met la condition, *pourvû que le résignant vive quarante jours après la date des présentes*. Ces quarante jours ne se comp-

tent que du jour des provisions, lesquelles sont toujours datées du jour de la quittance du quart denier.

La *dispense des quarante jours* est donc ce qui affranchit le résignant de cette condition de survie.

Elle peut être expresse ou tacite.

Elle est tacite, lorsque la condition de survie n'est point apposée dans les provisions données sur la résignation; ce qui est conforme à l'édit donné à Rouen en 1597, qui porte que la clause des quarante jours sera gardée en tous états & offices, *étant portée par les lettres de provision*.

La *dispense* expresse peut être donnée par le collateur de l'office en deux manieres; savoir, lorsqu'en admettant la résignation, on fait taxer cette dispense avec le quart denier de la résignation, & que l'on énonce le tout dans les provisions; ou bien on peut donner séparément à l'officier le privilege de n'être point sujet à la regle des quarante jours.

On a même vû du tems de la ligue, que celui qui se qualifioit lieutenant général du royaume, accordoit des dispenses des quarante jours, même après la mort des officiers; ce que l'on avoit imaginé pour conserver, ou plutôt pour faire revivre tous les offices qui étoient dans le cas de la suppression, parce que ce lieutenant général ne pouvoit pas conférer par mort les offices sujets à suppression. Voyez Loyseau, *des offices*, liv. I. ch. xij. n. 13. & suiv.

La *dispense de résidence*, est celle que l'on accorde à un bénéficier pour l'exempter de l'obligation de résider à son bénéfice, quoiqu'il requiere résidence. Ces sortes de dispenses en général sont abusives, à moins qu'elles ne soient accordées en faveur des études, ou pour quelqu'autre cause légitime.

Il y a néanmoins quelques bénéficiers qui font difpenfés de droit de réfider à leur bénéfice, à caufe de quelqu'autre emploi où ils font utiles à l'églife ou à l'Etat. Voyez *les définitions canoniques*, aux mots *Difpenfe & Réfidence.*

La *difpenfe de vœux*, eft un acte qui *difpenfe* quelqu'un des vœux de religion, ou des vœux fimples de chafteté, ou autres dévotions, comme d'aller à Rome ou à Jérufalem. (D. F.)

DISPOSITIF, f. m., *Jurifpr.*, eft la partie d'une fentence ou d'un arrêt qui contient le jugement proprement dit, c'eft-à-dire, les difpofitions du jugement. On diftingue dans un jugement plufieurs parties : fi c'eft un jugement d'audience, il n'a que deux parties, les qualités & le *difpofitif*; fi c'eft un jugement fur inftance ou procès appointé, il y a les qualités, le vu & le *difpofitif.*

On appelle auffi *difpofitif*, un projet de jugement qui eft arrêté de concert entre les parties. Ces fortes de *difpofitifs* font ordinairement fur papier commun ; ils contiennent en tête les noms des avocats ou des procureurs, avec le nom de leurs parties : enfuite eft le *difpofitif*, c'eft-à dire, le projet du jugement dont on eft d'accord. Le *difpofitif* doit être figné par les avocats qui y font en qualité, & auffi par les procureurs : fans la fignature de ces derniers, le *difpofitif* n'engageroit pas les parties. Quand le *difpofitif* eft figné des parties ou de leurs procureurs, celui entre les mains duquel il eft refté, fait une fommation à l'autre, pour en voir ordonner la reception à l'audience : au jour indiqué, l'avocat ou le procureur porteur du *difpofitif*, en demande la réception. Mais il faut remarquer qu'à l'audience, on qualifie ordinairement ces fortes de *difpofitifs d'appointement.* Celui qui demande la reception du *difpo-*

fitif ou appointement, en fait la lecture, ou expofe en fubftance ce que contient le *difpofitif*, & obferve qu'il eft figné de toutes les parties ; ou s'il n'eft pas figné de tous, il demande défaut contre ceux qui n'ont pas figné : le juge prononce l'appointement *reçu* avec ceux qui l'ont figné, & défaut contre les défaillans. On porte quelquefois ces *difpofitifs* tout de fuite au greffe, & on les fait mettre fur la feuille du greffier ; mais il eft plus régulier de les faire recevoir à l'audience. Au châtelet & dans quelques autres tribunaux, on appelle ces *difpofitifs* des *expédiens.*

DISPOSITION, f. f., *Jurifpr.*, eft un acte qui ordonne quelque chofe, ou qui contient quelque arrangement des biens de celui qui difpofe.

La *difpofition caduque*, eft une chofe ordonnée par un jugement ou autre acte, qui demeure fans exécution, parce qu'elle ne peut plus avoir lieu, foit par le décès de quelqu'un, ou par quelqu'autre événement.

Difpofition captatoire. On appelle ainfi dans les teftamens & autres actes de derniere volonté, les *difpofitions* qui tendent à engager celui à qui on donne quelque chofe à faire de fa part quelque libéralité : par exemple, s'il eft dit, j'*inftitue Titus pour telle part qu'il m'inftituera fon héritier*, ces fortes de *difpofitions* font reprouvées comme n'étant pas de vraies libéralités ; mais ce n'eft pas une *difpofition captatoire*, que de donner quelque chofe en reconnoiffance de ce que l'on a déja reçu. *v.* TESTAMENT.

La *difpofition à caufe de mort*, eft un acte fait en vue de la mort, & par lequel on déclare fes dernieres volontés. On entend quelquefois par ce terme l'acte qui contient les *difpofitions*, & quelquefois les *difpofitions* mêmes.

Il y a trois fortes d'actes, par lefquels on peut faire des *difpofitions*; favoir les donations à caufe de mort, les tefta-mens, & codiciles.

On peut auffi en faire pour une inf-titution contractuelle, par une conven-tion de fuccéder, par une démiffion ou partage, fait par les pere & mere en-tre leurs enfans.

Les *difpofitions à caufe de mort* font révocables de leur nature jufqu'au der-nier moment de la vie, à moins qu'el-les ne participent en même tems de la nature des actes entre-vifs, comme les inftitutions contractuelles. *v.* DONA-TION, TESTAMENT, CODICILE, INS-TITUTION, SUBSTITUTION, LEGS, DÉMISSION, PARTAGE.

Difpofition caufée, c'eft lorfque le ju-gement ou l'acte font motivés.

Difpofition comminatoire, c'eft lorf-qu'une convention ou un jugement pro-nonce une peine ou une déchéance, faute de faire quelque chofe dans un certain tems. Quoique cela n'ait point été fait dans le tems marqué, on n'en eft pas déchu irrévocablement; parce que la *difpofition* n'eft réputée que com-minatoire: c'eft pourquoi il faut ob-tenir un autre jugement, qui faute d'a-voir fatisfait au premier, déclare la peine ou déchéance encourue, à moins qu'il ne fût dit par le premier juge-ment, qu'en vertu de ce jugement & fans qu'il en foit befoin d'autre, la *difpofition* aura fon effet. *v.* COMMI-NATOIRE & DÉFAUT.

La *difpofition conditionnelle*, eft celle dont l'exécution dépend de l'événe-ment de quelque condition.

La *difpofition de derniere volonté*, eft un acte fait en vue de la mort, par lequel on ordonne quelque chofe au fujet de fes biens pour avoir lieu après fa mort. Voy. ci-devant *difpofition à caufe de mort*.

La *difpofition entre-vifs*, eft ce qui eft ordonné par un acte entre-vifs, & pour avoir fon exécution entre-vifs. La *dif-pofition entre-vifs* eft oppofée à la *dif-pofition à caufe de mort*; une vente, un échange, font des *difpofitions entre-vifs*: un legs eft une *difpofition à caufe de mort*.

La *difpofition gratuite*, eft celle qui eft faite par pure libéralité, comme une donation; à la différence d'un bail, où la chofe eft donnée pour en tirer une rétribution.

La *difpofition irrévocable*, eft un acte au fujet duquel on ne peut varier, tel qu'une donation entre-vifs; au lieu que les *difpofitions* de derniere volonté font révocables jufqu'à la mort.

La *difpofition d'un jugement*, eft ce que le jugement ordonne, foit fur le diffé-rend des parties, foit par forme de ré-glement. Chaque *difpofition* d'une fen-tence ou arrèt forme comme autant de jugemens féparés: c'eft pourquoi l'on dit, *tot capita, tot judicia*; & il eft per-mis de fe pourvoir contre une *difpofi-tion* fans attaquer les autres, fauf à ce-lui qui foutient le bien jugé, à faire voir la relation qu'une *difpofition* peut avoir avec l'autre.

La *difpofition de l'homme*, s'entend de tout ce que les hommes peuvent ordon-ner par acte, foit entre-vifs, ou à caufe de mort. La *difpofition de l'homme* eft op-pofée à celle de la loi; & la maxime en cette matiere eft que la *difpofition de l'homme* fait ceffer celle de la loi. Ce n'eft pas que les particuliers ayent le pouvoir d'abroger les loix: cela fignifie feule-ment que la *difpofition de l'homme* pré-vaut fur celle de la loi, lorfque celle-ci n'a ordonné quelque chofe que dans le cas où l'homme n'en auroit pas or-donné autrement, ou lorfque la loi a difpofé fimplement fans défendre de dé-roger à fa *difpofition*.

La *disposition libre*, est un acte fait par quelqu'un de sa bonne volonté, sans aucune force ni contrainte, & sans suggestion ni captation de personne.

La *disposition de la loi*, est tout ce que la loi ordonne : & l'on entend par-là non-seulement ce qui est porté par les loix proprement dites, telles que les loix romaines, & les ordonnances, édits & déclarations ; mais aussi toute *disposition* qui a force de loi, telles que les coutumes, & même les usages non écrits qui s'observent de tems immémorial. La *disposition* de l'homme fait cesser celle de la loi. Voyez ci-devant *disposition de l'homme*.

La *disposition modale*, est celle à laquelle le testateur a attaché une certaine charge, de faire ou donner quelque chose en considération de sa libéralité, & après que le légataire l'aura reçue. Il y a quelques loix qui donnent le nom de *condition*, à ce qui n'est proprement qu'un mode, quoique le mode soit différent de la condition affirmative & de la condition négative.

La *disposition négative*, est la *disposition* d'une loi qui se contente d'ordonner quelque chose, sans défendre de faire aucune convention ou *disposition* au contraire. Cette *disposition* est simplement négative, parce que quoiqu'elle n'établisse pas la communauté, elle ne défend pas aux parties de la stipuler. Ce ne sont pas les termes négatifs qui forment ce que l'on appelle une *disposition négative* ; car une *disposition* de cette espece peut être conçue en termes affirmatifs, qui soient équipollens à des termes négatifs. La *disposition* simplement négative est opposée à la *disposition* prohibitive, qui défend de rien faire de contraire à ce qu'elle ordonne. Il y a des *dispositions* qui sont tout à la fois négatives prohibitives ; c'est-à-dire,

qui en rejettant quelqu'usage, défendent en même tems de déroger à cette *disposition*. Voyez ci-après *disposition prohibitive*.

La *disposition onéreuse*, est un acte qui transmet à quelqu'un une chose à titre onéreux, & non à titre lucratif.

Disposition pénale. *v.* LOI PÉNALE.

La *disposition prohibitive*, est une *disposition* d'une loi ou d'un jugement, qui défend de faire quelque chose. Il n'est pas permis aux parties de déroger à ces sortes de *dispositions*. Cette *disposition* est tout à la fois prohibitive négative. Il y a des *dispositions* où la prohibition n'est pas si marquée, & qui ne laissent pas d'être prohibitives négatives.

La *disposition rémunératoire*, est un acte qui a pour objet de récompense quelqu'un des services qu'il a rendus.

La *disposition de sentence*, c'est ce qui est ordonné par une sentence.

La *disposition testamentaire*, c'est une chose qui est ordonnée par testament, *v.* TESTAMENT.

On prend encore le mot de *disposition* pour les conventions, pour les jugemens d'un arrêt, &c. ainsi les *dispositions d'un acte* en général sont les conventions & les arrangemens portés dans l'acte.

Les *dispositions d'un arrêt* ou *autre jugement*, c'est ce qui est ordonné par le jugement. Les *dispositions* sont toutes renfermées dans la derniere partie du jugement, qu'on appelle le *dispositif*.

Les *dispositions des coutumes*, sont ce qui est ordonné par le texte des coutumes. Chaque article de coutume forme une *disposition* particuliere, & même en renferme quelquefois plusieurs. Voyez ci-devant COUTUMES.

DISPUTE *du barreau*, s. f., *Jurispr.* Sous le terme de *dispute* du barreau, je comprends toutes les *disputes* qui ont lieu dans les assemblées publiques, ou dans les cours de judicature, lorsque plusieurs personnes parlent successivement pour ou contre une personne, ou une affaire, principalement en matiere civile. Ces sortes de contestations font seulement d'usage devant les tribunaux, où un ou plusieurs juges font appellés à décider fur les caufes qui fe préfentent, & à prononcer fur le parti qui leur paroît alléguer les plus fortes raifons.

Dans ces fortes d'affemblées, l'ufage ordinaire eft de choifir un préfident ou un modérateur; non pour décider la controverfe par fon feul fuffrage, mais principalement pour faire régner l'ordre & la décence parmi ceux qui parlent; & la détermination finale de la queftion dépend de la pluralité des voix de ceux qui ont droit de fuffrage dans l'affemblée, & qui reglent, ou doivent régler leur décifion fur le plus grand poids des raifons, alléguées dans les différens difcours qu'ils ont ouis.

La maniere de procéder en pareil cas eft affez communément celle-ci. La premiere perfonne qui parle, après que l'affemblée eft formée, expofe le fujet avec plus ou moins d'étendue, s'adreffant au juge ou au préfident, & donne les raifons du fentiment qu'elle a embraffé. A celle-ci en fuccede une, ou plufieurs autres, qui s'étendent fur la même queftion, & qui fe déclarant pour le parti que le premier opinant a embraffé, l'appuyent & le confirment par de nouvelles raifons. Alors, ceux qui font d'une opinion différente, fe levent à leur tour, & font auffi fucceffivement divers difcours, où ils attaquent le fentiment foutenu par les premiers, font valoir les raifons de leur propre parti, & tâchent de refuter les argumens

alléguès par le parti contraire.

Après cela, une ou deux perfonnes de chaque côté font leurs repliques, défendant ou refutant ce qui a été avancé de part & d'autre; jufqu'à ce qu'enfin, felon les formes ou les regles particulieres à chaque affemblée, le point en queftion foit décidé ou par le juge, ou à la pluralité des voix.

Quand il s'agit d'un fujet compliqué, & où il entre différentes queftions, il arrive quelquefois, qu'après l'expofition générale qui en a été faite par les premiers opinans, ceux qui parlent enfuite, s'attachent chacun à quelque point particulier de la caufe, felon leur inclination, ou la convention qui aura été faite entr'eux; donnant tous leurs foins à mettre dans un plein jour le point auquel ils fe bornent. Par-là s'évite la confufion, qu'introduiroit néceffairement la variété des fujets, fi chacun des opinans traitoit la matiere dans toute fon étendue.

Avant de tirer la conclufion, ou de prononcer la fentence, il eft affez d'ufage, que quelqu'un reprenne & recapitule fommairement les raifons alléguées des deux côtés; & cet office eft ordinairement rempli ou par le juge, ou par le préfident, ou par quelque membre diftingué de la compagnie, afin que le jugement, prononcé enfuite, foit porté fur une vue complette du fujet; & qu'ainfi, autant que cela eft poffible dans les chofes humaines, rien ne fe faffe de contraire à la vérité ou à la juftice.

DISSIDENTS, DISSIDENS, *diffidens, diffidentes, Droit public de Pologne.* Dans les premieres conftitutions faites en Pologne, pour maintenir la paix de religion, on défignoit également par ce terme, les catholiques, les proteftans & les Grecs, qui tous étoient *diffidents* les uns par rapport aux autres , ou d'opinions différentes. Mais peu-à-peu, ce mot a été réfervé pour caractérifer ceux qui ne font pas de l'églife romaine : c'eft ainfi que le terme de *Nonconformiftes* défigne en Angleterre, ceux qui ne font pas de l'églife anglicane , ou épifcopale. Comme on a beaucoup écrit & parlé fous le regne de Stanislas - Augufte, des *diffidents* de Pologne, qu'on a cherché par la diete de 1768, à les rétablir dans leurs droits , & que cette conftitution dictée par la tolérance, a été le fujet, ou le prétexte d'une réclamation de la nation , d'une multitude de confédérations, & d'une guerre funefte, nous croyons être appellés par les circonftances à entrer ici fur ce fujet dans quelques détails.

Le flambeau de l'Evangile éclaira fort tard la Pologne, qui ne devint chrétienne que fous le roi Boleslas, au commencement du XIe fiecle ; & la Lithuanie fous le duc Jagellon, vers la fin du XIVe fiecle.

Comme l'Evangile parvint de l'orient à ces peuples, diverfes provinces, cinq en particulier en Lithuanie, s'attacherent au rite grec, comme dans la Ruffie.

Si le chriftianifme pénétra fort tard dans la Pologne, la réformation du XVIe fiecle , s'y introduifit de très-bonne heure , malgré les efforts d'évêques très - puiffans & très - riches, & malgré les oppofitions du nonce de Rome, qui avoit dès lors grand crédit chez ce peuple.

Après quarante années de troubles & de difcordes, de perfécutions & de violences, fous le prétexte de fervir le Dieu de paix & de charité , enfin, Sigifmond Augufte, le dernier des Jagellons, prince tolérant, fit abolir dans une diete folemnelle le 16 Juin 1563 , toute diffé-

rence, qui pourroit jamais naître entre les citoyens , pour caufe de réligion. Il fut établi une égalité entiere entre tous les gentilshommes Polonois, pour toutes les charges de nonce , du fénat & de la couronne, *pourvu qu'ils faffent profeffion du chriftianifme.* La diete de Lublin, qui acheva d'incorporer le duché de Lithuanie , dans le royaume de Pologne, en 1569 , confirma cette loi de tolérance, fi conforme à l'humanité & à la religion chrétienne , répétant les expreffions de la diete de Grodno de l'année précédente, qu'il y auroit égalité entre les gentilshommes *de quelque communion ou confeffion du chriftianifme qu'ils foient.* Ainfi la même conftitution fondamentale , qui forma la république de Pologne , le même traité perpétuel, qui réunit & rétablit le royaume , affure l'égalité des droits entre les nobles de toutes les communions chrétiennes, catholiques, proteftans, ou grecs. C'eft ainfi qu'après l'union de l'Angleterre & de l'Ecoffe, les pairs d'Ecoffe presbytériens , eurent féance dans la chambre haute de Londres, avec ceux de la communion anglicane. Ainfi le traité de Weftphalie a réglé l'état des diverfes communions chrétiennes en Allemagne. Ainfi l'évêché d'Ofnabrug appartient tantôt à un catholique, tantôt à un évangelique. Ainfi les chambres de Wetzlar & de Vienne ont des affeffeurs luthériens. Ainfi en divers lieux de l'Allemagne & de la Suiffe , plufieurs communautés font régies par des chefs, ou prépofés des deux religions , & le fervice divin fe fait même dans quelques temples , fucceffivement par les catholiques & les proteftans. Ainfi enfin, les réformés de France, à la faveur de l'édit de Nantes, qui devoit auffi être perpétuel , pouvoient être ducs & pairs, maréchaux de France,

ou

ou généraux des armées, selon la volonté des rois.

Les jéfuites qui gouvernoient Sigismond, de la race de Vafa, tout à la fois roi de Suede & de Pologne, firent perdre en 1592, à ce roi imprudent, la couronne de Suede & la confiance des Polonois, pour avoir voulu faire triompher le catholicifme & exclure le proteftantifme de fes Etats. Il chercha en Pologne à éluder les loix de tolérance & d'égalité, en éloignant des emplois tout ce qui étoit *diffident*. Cependant les rois fes fuccefleurs prèterent toujours ferment fur ces loix fi équitables, qui furent toujours inférées dans les *pacta conventa*. Son fils même Ladislas VI, ne put s'en difpenfer, ni fon frere Cafimir, quoiqu'il eût d'abord été jéfuite, enfuite cardinal. Henri de Valois, qui avoit eu tant de part au maffacre cruel de la S. Barthelemi, fut obligé de foufcrire & de faire par ferment les mêmes promeffes, qui à chaque élection furent renouvellées, quoique fouvent violées fous plufieurs rois. Le premier roi Saxon, Augufte II. qui avoit abandonné le luthéranifme, reçut encore la couronne aux mêmes conditions, en 1697.

Mais pendant tout ce long intervalle, depuis le dernier des Jagellons, les *diffidents* fouvent inquiétés, malgré les loix, par les intrigues des jéfuites, des nonces du pape & des catholiques zélés, avoient beaucoup perdu ; divers feigneurs & plufieurs nobles, avoient peu-à-peu abandonné le proteftantifme ou la religion grecque. Enfin l'an 1717, les catholiques trouverent le moyen d'affembler une diete, compofée de nonces tous catholiques, & n'ofant cependant abolir la loi facrée de la tolérance & de l'égalité, il la limiterent, & en la limitant, ils ouvrirent la porte à

Tome IV.

toutes fortes de vexations. On ne permit aux *diffidents* l'exercice de leur religion, que dans les églifes exiftantes alors. On établit des peines contre ceux qui prieroient Dieu ailleurs. Mais le roi Augufte, en fignant cette nouvelle loi, la rendoit nulle, par un diplome particulier, s'il avoit été obfervé, qu'il figna le 3 Février 1717, dans lequel il dit : „ Quant à la religion des *diffidents*, „ afin qu'ils ne penfent point que la „ communion de la noblefle, leur éga- „ lité & leur paix ayent été léfées par „ les articles inférés dans le nouveau „ *traité*, nous déclarons que ces arti- „ cles ne doivent déroger en aucune „ maniere aux confédérations des an- „ nées 1573, 1632, 1648, 1669, 1674, „ 1697, & à nos *pacta conventa*, en „ tant qu'elles font utiles aux *diffidents* „ dans leur religion. Nous confervons „ donc lesdits *diffidents*, en fait de re- „ ligion, dans leurs libertés, énoncées „ dans toutes les confédérations, felon „ leur teneur, laquelle doit être tenue „ pour inférée & exprimée ici : & nous „ voulons qu'ils foyent confervés par „ tous les Etats, officiers & tribunaux. „ En foi de quoi, nous avons ordonné „ de munir les préfentes, fignées de no- „ tre main & fcelées du fceau du royau- „ me. Donné à Varfovie, le 3 Février „ 1717 & le 20 de notre regne."

Ce diplôme contradictoire à la loi, ne garantit pas les *diffidents* qui, dès cette époque, fi malheureufe pour eux, perdirent fans ceffe de leurs droits & de leur égalité. Le roi leur conféra d'abord peu d'emplois ; infenfiblement ils furent exclus par le fait de toutes les dignités & des charges. On démolit peu-à-peu quelques églifes : on ne permit pas d'en rebâtir, ni même de réparer celles qui tomboient en ruine : on enleva des écoles, & des hôpitaux: on

Pppp

leur fit payer une taxe arbitraire pour leurs baptèmes, enfuite pour leurs mariages & pour leurs enfeveliffemens, tandis que dans plus de 150 fynagogues les Juifs chantoient, fans payer, leurs cantiques hébraïques. Dès l'année 1718, un nonce, nommé *Pietroski*, fut chaffé de la diete, parce qu'il étoit *diffident*. Le capitaine Kellèr fut décapité à Petrikau, comme blafphémateur, pour avoir foutenu le proteftantifme & attaqué le catholicifme, dans une difpute imprudente avec l'avocat Vendeleuski. Le bourgeois Hebers porta la même peine pour une femblable imprudence. Le gentilhomme Unrug avoit écrit quelques remarques fur l'Écriture fainte; on lui volle fon cayer manuf-crit, & fur le fecret de fa confcience, il eft condamné à perdre la tète. Il dépenfa tout fon bien pour faire caffer cette horrible fentence. En 1724, les jéfuites, pour une difpute d'écolier, folliciterent la fanglante exécution de Thorn. Plufieurs bourgeois & artifans furent brulés ou pendus, & divers magiftrats furent décapités, pour ne s'être pas affez oppofés au tumulte. Les écoliers des jéfuites étoient cependant les agreffeurs; on les avoit pourfuivis & forcés dans le couvent, fans effufion de fang, & dans le tumulte, une image de la vierge avoit été renverfée & étoit tombée dans la boue. Voilà le crime fur lequel un jéfuite plaida contre la ville de Thorn, & dicta la plus cruelle des fentences & la plus difproportionnée avec le délit. En 1753, le curé de Birze affaffina avec impunité le miniftre évangelique Molkzulki fur un grand chemin. Le miniftre Jauget alloit confoler un malade, & il fut affommé en 1762, à la porte du mourant, par le dominicain Popiel. Le curé catholique de la paroiffe de Cône, accompagné de

quelques-uns de fes paroiffiens, rencontrant le convoi d'un luthérien, que l'on portoit au cimetiere, battit le miniftre, renverfa le cercueil, & fit jetter le corps à la voirie. Plufieurs jéfuites & d'autres moines entreprirent, il y a peu d'années, de forcer à Mscislaw en Lithuanie, à coups de bâton, les peres & les meres grecs, à envoyer leurs enfans aux églifes latines. Soixante & dix gentilshommes voulurent s'y oppofer, les miffionnaires en vinrent aux mains avec eux. Les gentilshommes traités comme facrileges, furent condamnés à la mort & ne racheterent leur vie, qu'en allant à l'églife des jéfuites; & on raya des droits de bourgeoifie & des corps de métiers, tous les bourgeois & artifans qui refuferent d'aller à la meffe latine. Sans droit & fans loi, mais par le fait, on étoit venu enfin à exclure tous les gentilshommes *diffidents* des dietines. Il y en avoit un petit nombre qui confervoient quelques ftarofties & quelques emplois militaires; mais tous étoient exclus des dietes, du fénat, des charges & des dignités.

La Pologne a beaucoup fouffert, on ne peut en difconvenir, de tant de violences & de vexations. Un grand nombre de Grecs s'eft retiré en Ruffie; les réformés ont paffé en diverfes contrées de l'Allemagne: les fabriques font tombées; les arts & les métiers ont langui; les villes fe font dépeuplées; & tels font les maux que produira partout la perfécution, ou l'intolérance.

Les droits des *diffidents*, fondés fur tant de conftitutions, avoient encore été garantis par le traité d'Oliva 1660 & par celui de 1686, conclu avec la Ruffie. Auffi toutes les puiffances garantes, intervinrent après l'élection de Stanislas Augufte, en 1764, pour recommander très-fortement à la diete le redreſſement des griefs des *diſſidents.* Elles revinrent à la charge en 1766. Enfin les *diſſidents* formerent à Fluck & à Thorn en 1767, une confédération ; ils invoquerent les puiſſances garantes; & dans la diete de 1767 & 1768, ils furent rétablis dans tous leurs droits. On déclare dans cette conſtitution, que là loi de 1439, contre les hérétiques, ne peut regarder les *diſſidents* ; on caſſe le décret du duc de Maſovie, porté contre les proteſtants en 1525; on annulle toutes les conſtitutions contraires aux privileges des *diſſidents*, faites en 1717, 1733, 1736, 1764, 1766. On interdit tous les noms injurieux donnés aux *diſſidents.* Toutes les égliſes, hôpitaux, écoles, qui leur ont été enlevés, doivent leur être reſtitués. Il leur eſt permis de les réparer ou rebâtir & d'en bâtir de nouvelles, mais dans ce dernier cas, avec le conſentement du ſeigneur du lieu & à 200 pas des égliſes catholiques. Les *diſſidents* ne ſeront plus aſſujettis à aucune juriſdiction des eccléſiaſtiques Romains. On permet les mariages entre perſonnes de différentes religions ; les enfans mâles ſuivront la religion du pere, & les filles celle de la mere, à moins qu'il n'en ait été convenu autrement dans le contrat de mariage. On établit un tribunal mixte, pour juger de toutes les cauſes ou différends, qui pourroient ſurvenir à l'occaſion de la religion, du culte, des cérémonies, du droit de patronage, des dîmes, &c. L'égalité du droit pour les charges eſt rétablie. Enfin la Ruſſie eſt garante de cette conſtitution, comme de toutes les autres de cette diete. On a laiſſé à la religion catholique tous ſes droits; on ne lui a ôté que la liberté d'opprimer les autres. Mais comme on n'a pas détruit l'eſprit

d'intolérance, l'envie de dominer excluſivement, l'orgueil, qui ne peut ſupporter la contradiction, l'influence de la cour de Rome, qui ne peut ſouffrir des communions éclairées, dont tous les principes tendent à diminuer ſon empire, pour n'établir que celui de la raiſon & de la liberté chrétienne; cette conſtitution garantira-t-elle mieux les *diſſidents* que toutes celles des ſiecles précédents? Leur nombre a beaucoup diminué depuis la fin du XVIᵉ ſiecle, ſoit par les converſions opérées par la politique ou les vexations, ſoit par les émigrations. Moins conſidérés & moins conſidérables, comment ſe garantiront-ils contre les entrepriſes toujours renaiſſantes d'un clergé, qui ne ſe laſſe point, & qui ne renoncera jamais à ſon eſprit de domination & d'excluſion? La Ruſſie aura-t-elle toujours une armée en Pologne pour les protéger?

Peut-être auroit-on ſervi plus ſûrement les *diſſidents* en leur accordant moins qu'ils n'avoient eu dans les premiers tems. Tant que l'eſprit du chriſtianiſme, qui eſt un eſprit de paix, de charité, de concorde, de ſupport, d'indulgence, ne regnera pas ſur la terre, les ames douces & humaines feront des vœux impuiſſants & infructueux pour la tolérance. Toutes les confédérations, qui ſe ſont élevées en Pologne depuis l'an 1768, & qui ont déſolé ce royaume, ſont un témoignage ſubſiſtant du fanatiſme, qui anime encore la nation, & du pouvoir du clergé catholique romain ſur elle. L'entrepriſe atroce, formée contre la perſonne ſacrée du roi, dont l'eſprit de douceur & de tolérance, a fait le ſeul crime, aux yeux des fanatiques furieux, démontre combien la nation eſt encore éloignée des vrayes lumieres de la religion du Sauveur, qui n'a rien recommandé avec autant de force que l'amour fraternel, l'amour même des ennemis, auffi bien que le refpect & la fidélité pour les fouverains. Le dernier traité garanti par les trois puiffances co - partageantes, ôte aux *diffidens* quelques-uns des privileges de 1768. l'entrée dans le fénat, les tribunaux mi-partis. Il leur laiffe d'un autre côté la liberté de religion, la permiffion de bâtir des églifes, le droit de patronat, en un mot la liberté, mais fans pouvoir. Voyez le *Mémoire en faveur des droits des diffidents*, imprimé en 1768, *in - 4°*. (B. C.)

DISSIMULATION, f. f., *Morale*. Garder le filence fur ce que l'on fait, taire la vérité que l'on connoît, faire en fecret des actes qu'on ne veut pas qui foyent fçus, lorfque perfonne n'a le droit d'exiger de nous la connoiffance de ces vérités ou de ces actions, ce n'eft pas *diffimulation*; ce peut être l'effet d'une fage & prudente réferve qui même eft louable, lorfqu'elle eft utile à nous, fans être nuifible aux autres. Compofer fes paroles & fes actions, de manicre que les autres ne puiffent pas découvrir ce que nous penfons, ce que nous projettons, ce que nous faifons, c'eft là *diffimuler*. Cette *diffimulation* n'a rien de condamnable, moyennant trois conditions; la premiere que ceux à qui nous cachons ainfi nos penfées, nos intentions, nos projets, nos démarches, ne foyent pas dans le cas, ni dans le droit d'exiger de nous le compte fidele de ce que nous cachons; la feconde que par ce voile que nous mettons fur nos deffeins & nos actions, nous ne faffions ni tort ni dommage à aucun individu, ni à la fociété; enfin que ce voile foit néceffaire pour notre avantage, fans nuire à celui d'autrui. On voit donc que la *diffimulation* renferme quelque

chofe de pofitif, & qu'il faut bien des conditions & des reftrictions pour qu'elle foit entierement innocente.

Louis XI. a pu dire que qui ne fait pas diffimuler, ne fait pas regner; parce qu'en effet il importe fouvent au bien de l'Etat, que les deffeins d'un monarque ne foyent ni pénétrés ni connus, parce que perfonne n'a le droit de les connoître, ni de lui en demander compte. Un homme qui manie les affaires publiques, doit poffeder l'art de compofer fes paroles & fes actions, de maniere qu'il ne puiffe pas être pénétré; mais fi à cette prudence il veut ajouter la fineffe, l'artifice, le déguifement, il perd le fruit de fon habileté par la jufte défiance qu'il infpire.

Si donc la *diffimulation* confifte feulement à cacher nos fentimens ou nos démarches, lorfque cela n'intéreffe que nous, ce ne peut être un vice: mais fi on y ajoute le déguifement pour nuire, ou tromper les autres, c'eft un vice & un menfonge plus ou moins odieux.

Si la *diffimulation* devenant habituelle, étouffe la franchife, qui eft le fondement de la confiance & le lien de l'amitié, l'homme ainfi diffimulé eft bientôt reconnu; il ne peut plus fe promettre d'union, de commerce, de confiance avec les autres, ni avoir des amis.

Si la *diffimulation* va jufqu'à cacher toutes chofes; elle fe mafque elle même, elle ofe prendre le nom de *prudence*, fans en affurer les avantages: au contraire elle nuit à tous les deffeins, parce qu'elle fait perdre tout crédit & toute confiance: il eft ainfi des hommes myftérieux, foupçonneux, cachés, qui portent la *diffimulation* fur les chofes les plus indifférentes.

Si la *diffimulation* dans certains cas particuliers eft utile, eft néceffaire, l'homme *diffimulé* agit cependant à contre-fens, fouvent contre la fincérité & la franchife, toujours contre fa réputation & fon intérêt.

Chacun a fans doute le droit de cacher par un profond fecret, ce qu'il a intérêt qu'on ne fache pas, & ce que perfonne n'a autorité d'apprendre & d'exiger de lui. Il peut auffi diffimuler par une conduite réfervée, ce qu'il lui importe de ne pas laiffer appercevoir, & dont l'ignorance ne peut nuire ni à la fociété, ni à quelqu'un de fes membres. Mais il ceffe d'être innocent & dans fon droit, lorfqu'il déguife par des apparences contraires & trompeufes, ce qu'il veut dérober à la connoiffance & à la pénétration d'autrui, fi du moins cette connoiffance réelle intéreffe véritablement cette perfonne, & que l'erreur lui foit nuifible. Il ne faut que du foin, de l'attention, du filence, pour cacher quelque chofe : il faut déja de l'art & de l'habileté pour *diffimuler* à propos : mais le déguifement demande de l'artifice & de la rufe.

Un homme pour fe cacher n'a befoin que de veiller fur lui même, fur fes paroles & fes démarches : un homme pour diffimuler avec fuccès, doit de plus veiller fur les difcours & les actions des autres, pour ne pas fe mettre en état de connoître ce qu'il lui importe qu'on ne fache pas. Mais pour fe déguifer, il faut fe montrer autre qu'on n'eft; pour donner le change, il faut ufer d'hypocrifie.

Le talent de la *diffimulation* eft fouvent dangereux, quelquefois funefte; il rend diffimulé; & celui qui eft diffimulé, bientôt reconnu pour tel, n'avance plus fes intérêts, même par la *diffimulation*. Le talent de conter eft agréable, mais il rend conteur; & dès qu'un homme eft conteur de profeffion, il ennuye bientôt, il répéte fes contes, il les brode, il devient menteur & méprifable. De-même, dès qu'un homme a le talent de la *diffimulation*, il en prend l'habitude, il fonde là-deffus fes fuccès, il ne tarde pas à être conftamment diffimulé; on l'apperçoit, on s'en défie : de la *diffimulation* il paffe au déguifement, à l'artifice, à la rufe, il devient hypocrite & odieux.

Un talent plus heureux que celui de la *diffimulation*, & plus utile, c'eft fans doute celui de déviner jufte. Quand on a bien regardé dans les chofes ou dans les têtes; quand on a bien vu celles-là, & bien jugé celles-ci, les affaires font prefque faites. Elles tournent à-peuprès toujours à l'avantage de celui qui a vu le plus clair.

Je crois en général que la *diffimulation* dans la plupart des affaires, fert bien moins que la franchife dirigée par la prudence; & que le fuccès des entreprifes dépend le plus fouvent de l'habileté à difcerner celles qui font convenables & poffibles, de l'adreffe à employer les moyens propres pour réuffir, & de la dextérité dans la maniere d'agir & d'exécuter fes plans bien concertés.

Avec de l'adreffe, on conduit fes entreprifes d'une maniere intelligente, propre à les faire réuffir; avec de la foupleffe, on s'accorde, on fe plie aux circonftances, & on s'accommode aux perfonnes, comme aux événemens; mais fi l'homme *diffimulé* employe la fineffe, il eft bientôt pénétré; s'il met en œuvre la rufe, fes déguifemens renferment de la tromperie, & s'il a recours à l'artifice fa *diffimulation* eft préparée, accompagnée d'hypocrifie, & par là condamnable auprès de tous ceux qui ont des principes dans l'efprit, & de l'honnêteté dans le cœur.

Un homme franc eft celui qui ne fait pas diffimuler, il parle comme il penfe, il agit fans fe cacher : cette franchife eft l'effet du naturel & de l'éducation. La naïveté est quelquefois une suite du manque de réflexion, comme l'ingénuité est souvent l'effet de l'ignorance; au lieu que la franchise est la marque d'un bon caractere; mais il ne faut pas la confondre avec l'imprudence, la grossiereté ni la rudesse. L'homme sincere ne veut jamais tromper, l'homme franc ne fait pas même dissimuler: dans le commerce du cœur, rien n'est plus agréable que cette estimable sincérité, & dans les affaires de la vie, rien ne les facilite plus que cette louable franchise: si elle ne les fait pas toujours réussir, elle en assure néanmoins plus souvent le succès que la *dissimulation* artificieuse. La franchise plaît toujours à tout le monde; les plus dissimulés lui rendent hommage, & cherchent à en revêtir les apparences. (B. C.)

DISSIPATION, s. f., *Jurisprud.*, lorsqu'elle va jusqu'à la prodigalité, c'est une cause d'interdiction, parce qu'on la regarde comme une espece d'aliénation d'esprit.

C'est aussi un moyen de séparation de biens pour la femme; & pour cela il n'est pas nécessaire que la *dissipation* soit totale, il suffit que le mari *vergat ad inopiam*, & que la dot de la femme soit en péril. v. INTERDICTION, PRODIGUE, & SÉPARATION.

DISSOLUTION, s. f., *Jurispr.*, est la rupture d'un acte; v. RESCISSION.

Dissolution de communauté, est la cessation de la communauté de biens qui avoit lieu entre conjoints. Cette *dissolution* arrive par la mort naturelle ou civile de l'un des conjoints, par la séparation des biens.

Dissolution de mariage, est la déclaration qu'un mariage est nul: cette expression est impropre; car un mariage

valablement contracté est indissoluble; la séparation de biens ni même celle de corps n'operent pas la *dissolution* du mariage. Les causes qui operent ce que l'on appelle la *dissolution du mariage*, sont les nullités de mariage, comme empêchemens dirimans pour cause d'impuissance, force, violence, parenté, ou alliance en degré prohibé, & autres semblables.

Dissolution de société, est la rupture d'une société qui étoit établie entre plusieurs personnes.

Cette *dissolution* arrive par la mort d'un des associés.

L'infidélité d'un des associés est aussi un moyen pour demander la résolution de la société. v. SOCIÉTÉ.

DISSOLUTION, *Morale*, signifie *débauche excessive*. On entend assez que ce mot emporte l'oubli de toute retenue. Il s'employe particulierement pour exprimer la fréquentation des femmes prostituées, & les excès dans les plaisirs de la table, dans le boire & dans le manger. On dit aussi que le carnaval est un tems de *dissolution*. Nous avons entendu plus d'une fois nos prédicateurs appeler les *spectacles*, *des lieux de dissolution*. Toute débauche est une *dissolution*, & tout excès dans quelque plaisir que ce soit, est une débauche plus ou moins condamnable, selon qu'elle nuit plus ou moins à nous, aux autres, ou à la société. v. DÉBAUCHE.

DISTRACTION, s. f., *Morale*, v. DIVERTISSEMENT.

DISTRACTION, *Jurisprud.*, signifie en général *la séparation d'une chose d'avec une autre*; il y a plusieurs sortes de *distractions*, savoir:

La *distraction de dépens*, est la faculté que le procureur demande de toucher ses frais & salaires sur les dépens adjugés à fa partie, comme les ayant avancés pour elle.

Le procureur eſt en droit de former cette demande malgré ſa partie; & dès qu'elle eſt ſignifiée à la partie qui a ſuccombé, elle tient lieu de ſaiſie; & lorſque le procureur a obtenu la *diſtraction*, elle opere la décharge de ſa partie envers lui.

Celui qui a été condamné aux dépens envers un autre, & qui eſt en état de lui oppoſer quelque compenſation, ne peut pas l'oppoſer au procureur qui demande la *diſtraction* des dépens; mais ſi cette partie a fait ſaiſir ſes mains, avant que la demande en *diſtraction* fût formée, la ſaiſie prévaudroit ſur cette demande.

La *diſtraction de juriſdiction*; c'eſt quand on ôte à un juge la connoiſſance d'une affaire pour la donner à un autre; ce qui arrive en différentes manieres, comme par attributions, commiſſions, évocations, qu'un ſouverain accorde ou par des renvois en vertu de privileges de *committimus*, garde gardienne.

DISTRAIRE, v. act. *Juriſp.*, c'eſt retirer quelqu'un ou quelque choſe d'un lieu.

Diſtraire quelqu'un de ſon juge naturel, c'eſt l'aſſigner devant un autre juge que le ſien. Voyez ci-devant DISTRACTION.

On forme oppoſition *à la fin de diſtraire* à une ſaiſie réelle pour en retirer quelque héritage ou portion d'héritage qui ne doit pas y être compris. *v.* OPPOSITION.

DISTRIBUTEURS, ſ. m. pl. *Juriſp. Rom.*, *diviſores*. La brigue leva dans Rome un front audacieux, ſur-tout depuis que Pompée eut établi la puiſſance tribunitienne, réduite preſqu'à rien par Sylla, qui n'avoit laiſſé aux tri-

buns que le droit d'oppoſition, (Appien, *lib. I. de bell. civ. pag. 688. edit. Tollii*); mais Pompée leur rendit le droit de faire des loix & toutes les prérogatives attachées à cette magiſtrature. Ciceron, *lib. III. de legib. cap. ix.* blâme hautement ce trait de Pompée, & Appien, *lib. II. de bellis civil. pag.* 734. nous apprend que Pompée lui-même ne tarda pas à s'en répentir. Du moment que la puiſſance tribunitienne eut recouvré ſon antique ſplendeur, beaucoup de perſonnes chaſſées du ſénat, s'efforcerent d'y rentrer, & l'on ne demanda plus les magiſtratures, qu'en formant des cabales & qu'en excitant des ſéditions. Nous liſons dans Dion Caſſius, *lib. XXXVI.* que pour remédier à ces affreux déſordres, C. Cornelius, tribun du peuple, ſe propoſoit de publier contre la brigue une loi très-ſévere, dont l'objet devoit être d'infliger une peine très-rigoureuſe aux *diviſores*, à ceux qui diſtribuoient de l'argent. Pour parvenir aux magiſtratures, on employoit bien des voyes de corruption; la plus uſitée étoit celle de répandre de l'argent: cet argent étoit donné ou par les perſonnes intéreſſées, comme on le voit dans Plutarque, *in vita Catonis Minoris*, *pag.* 774. qui raconte que Pompée voulant faire obtenir le conſulat à un de ſes amis, fit compter de l'argent dans ſes jardins; ou bien il étoit diſtribué par tête dans les tribus ou centuries par des gens appellés *diviſores*. Ciceron, *in orat. pro Plancio*, *cap. xix.* parle de ces *diſtributeurs*: *Unam tribum delige tu*, *doce id quo debes*, *quo diviſore corrupta ſit*, & dans ſa premiere *Verrine*, (*actione prima*, *cap. viij.*) *reperiebant diviſores omnium tribuum noctu ad iſtum vocatos*. Aſconius Pedianus, *ad loc. Cicero, in Verrem*, *act. prima*, *cap. viij.* ſemble être incertain, si chaque tribu avoit ses légitimes *distributeurs*, ou si ce mot *divisores* étoit un mot qui désignoit un genre de crime; mais il n'est pas douteux que chaque tribu avoit ses légitimes *distributeurs*, dont on se servoit pour faire les libéralités autorisées par la loi. Quelquefois on donnoit aux tribus le nom de *curiæ*; c'est pourquoi Plaute, *in Aulularia*, *actu* I. *scen.* 2. *v.* 29. & 30. appelle ces *distributeurs, magistri curiarum. Nam noster, nostra qui est magister curiæ. Dividere argenti nummos dixit in viros.*

Mais comme dans la suite les *divisores* prêterent volontiers leur ministere aux candidats qui vouloient acheter les suffrages, & qu'ils distribuerent l'argent de ces candidats dans les tribus, le nom de *distributeurs* devint un nom odieux & méprisable. Ciceron. *in Verrem lib. III. cap. lxix.* joint ensemble les épithetes de *distributeur* & de *voleur.* Au reste, dans tous les passages des auteurs, où il est parlé de ces *distributeurs*, il paroit clairement que leur fonction consistoit dans une distribution d'argent, & non dans celle des bulletins. Néanmoins Hotman, *ad locum Cicer. suprà citatum*, pense que ces *divisores* réunissoient les deux fonctions. De cette maniere ce commentateur les confond avec les *diribitores* ou *distributeurs de bulletins.* Mais Budé, *in Annot. ad Paud. pag.* 236. *verso*, prétend avec raison que ce n'étoient pas les mêmes personnes. Divers passages de Ciceron viennent à l'appui du système de Budé. Il paroit par ces passages que les *diribitores* étoient des personnes constituées en dignité. Cet orateur, dans sa harangue *post reditum in senatu, cap. ij.* dit: *quandò tantam frequentiam in campo tantum splendorem Italiæ totius*, or *dinumque omnium; quandò illà dignitate, rogatores, diribitores,*

custodesque vidistis ? Cependant on ne peut nier que les *diribitores* n'ayent pu commettre & n'ayent commis effectivement bien des crimes.

C. Cornelius vouloit que les *divisores* fussent punis très-rigoureusement. Le peuple souhaitoit ardemment une loi qui l'ordonnât, Cicer. *in orat. pro C. Cornelio, fragm.* I; mais le sénat craignant qu'une trop grande sévérité ne fût cause qu'il ne se trouvât plus de gens qui se portassent pour accusateurs, ni de juges qui voulussent condamner les coupables, enjoignit aux consuls M. Acilius Glabrion & C. Calpurnius Pison, de faire contre la brigue une loi plus modérée. Les consuls qui n'étoient pas irréprochables à cet égard, avoient sans doute de la répugnance à proposer cette loi: ils n'étoient eux-mêmes parvenus au consulat que par la brigue: on avoit même fixé un jour à Calpurnius Pison, pour se laver de ce crime, & il ne s'étoit ensuite tiré d'embarras que par le crédit de quelques personnes. On l'avoit enfin dispensé de rendre compte de sa conduite: néanmoins les consuls forcés de remplir les vues du sénat, firent l'an de Rome 687 une loi qui prononçoit, outre l'amende, l'exclusion du sénat & de toute magistrature, contre ceux qui seroient convaincus de brigue. Cette loi, suivant Asconius, *ad Ciceron. in frag. orat. pro Cornel.* éprouva la plus grande résistance. Les distributeurs, *divisores*, dont le nombre étoit prodigieux, employerent la force ouverte, & vinrent à bout de chasser les consuls Acilius & Calpurnius de la place publique. Cet acte de violence détermina le sénat à rendre un décret, par lequel il fut arrêté que le jour des comices, jour souvent marqué par le massacre de plusieurs citoyens, on donneroit

neroit des gardes aux confuls pour les mettre à l'abri de la fureur des factieux. Dion Caff. *lib. XXXVI.* Outre les peines portées par la loi Calpurnia contre ceux qui fe rendroient coupables de brigue, il paroît que cette loi décernoit en même tems plufieurs fortes de récompenfes aux accufateurs. La premiere étoit que fi les accufateurs condamnés d'abord eux-mêmes pour ce crime, euffent enfuite contribué à convaincre d'autres perfonnes du même crime, ils étoient entierement réabilités ; c'eft ce qui nous femble réfulter d'un paffage de Ciceron, dans fa harangue *pro Cluentio, cap. XXXVI.* laquelle eft poftérieure à la loi Calpurnia : la feconde efpece de récompenfe étoit que fi quelqu'un appelloit en jugement pour brigue un magiftrat défigné, & prouvoit le crime aux juges, alors le coupable étoit privé de fa magiftrature, & remplacé par fon accufateur, pourvu que ce dernier eût l'âge & les conditions requifes par les loix. On peut le conjecturer d'après le fameux exemple de P. Autronius Pætus & de P. Cornelius Sylla, rapporté par Afconius Pedianus, *ad orat. pro Cluent. & ad orat. in Togâ candidâ,* par Salufte, *in bello Catilinar. cap. xviij.* & par Suetone, *in Julio Cæfare, cap. jx.* Ces deux hommes, confuls défignés, ayant été condamnés pour brigue, Torquatus & Cotta leurs accufateurs furent confuls à leur place. Peut-être néanmoins eft-il plus vrai de dire que Torquatus & Cotta ne devinrent point confuls en vertu du bénéfice de la loi & à titre de récompenfe, mais parce que le peuple les nomma confuls dans les comices qui fe tinrent après la condamnation d'Autronius & de Sylla. La troifieme forte de récompenfe donnée à l'accufateur, quand il étoit queftion

Tome IV.

de brigue, confiftoit dans la permutation de tribus, fi la tribu de l'accufé étoit plus noble que celle de l'accufateur. Un paffage de Ciceron, *pro Balbo, cap. xxv.* ne laiffe là-deffus aucun doute. *Objectum eft etiam,* dit cet orateur, *quod in tribum Cruftumerinam pervenerit. Quod hic affecutus eft legis de ambitu præmio.* Si l'accufateur fe trouvoit dans le cas de ne tirer de fon accufation aucun avantage, foit parce que n'ayant point été lui-même condamné, il ne pouvoit être réhabilité, foit parce que n'ayant point l'âge & les autres conditions requifes, il ne pouvoit obtenir de magiftrature ; foit enfin, parce qu'étant d'une tribu plus noble que l'accufé, il ne pouvoit permutter de tribu ; il eft vraifemblable qu'alors on lui donnoit une fomme d'argent fur les fonds publics. Nous appuyons cette conjecture fur ces paroles d'Afconius Pedianus, *ad oratio. pro Milone, cap. xxxv. Milo poftero die factus reus ambitus apud Manlium Torquatum, abfens damnatus eft ; illâ quoque lege accufator ejus fuit Appius Claudius, & cùm ei præmium lege daretur, negavit.* On ne peut les entendre, comme fi la récompenfe accordée par la loi à Appius Claudius, fût ou fon abfolution qu'il n'eût point fans doute refufée, ou la magiftrature de Milon qui n'étoit point défignée, ou la permutation de tribus qu'Appius Claudius ne pouvoit pas defirer, puifqu'il étoit lui-même d'une des tribus de la campagne, & par conféquent des plus diftinguées. Perfonne n'ignore que le cenfeur Fabius, l'an de Rome 450, ayant enrollé dans les quatre tribus de la ville, favoir la *fuburrane,* l'*efquiline,* la *colline* & la *palatine,* tous les gens du marché, & les affranchis y ayant auffi été admis, les familles nobles furent transférées dans les tribus de la campagne, & que dans la fuite ce fut une efpece de déshonneur que d'être tiré de ces tribus, pour être incorporé dans celle de la ville. Le nom des tribus de la campagne fut pris des lieux qu'elles habitoient, comme les tribus Romilie, Cruftumine, ou des noms de certaines grandes maifons, comme les tribus *fabienne*, *horatienne* : celle d'Appius Claudius étoit la tribu claudienne. Nous voyons dans Tite-Live que les Appius Claudius Pulcher étoient de cette tribu : il confte donc que la récompenfe qui lui fut offerte, ne pouvoit être qu'une fomme d'argent ; récompenfe que fa haute naiffance lui fit refufer, étant de famille patricienne, fils d'Appius, homme confulaire & augure.

Telles étoient les difpofitions de la loi Acilia Calpurnia, à laquelle il paroit qu'un fenatus confulte fit quelques additions. Ciceron, dans fa harangue *pro* Murma, *cap. xxxvj.* fait mention de ce decret rendu fur fon rapport ; mais d'un autre Afconius, *in fragm. ad oration. Pio Cornel.* nous apprend qu'un autre fenatus-confulte dérogea à cette loi, c'eft-à-dire, qu'à caufe de fa trop grande févérité, on en fupprima quelques chefs ; mais elle ne fut point abrogée, puifque nous voyons par le paffage de la harangue de Murena, que cette loi étoit obfervée du tems de Ciceron (B.)

DISTRIBUTION, f. f., *Droit can.* On appelle ainfi dans les chapitres une certaine portion de fruits qui fe donne ordinairement à ceux des chanoines qui affiftent à chaque heure du fervice divin, ou le partage d'une certaine portion des revenus de l'églife, qui fe fait aux chanoines préfens. On appelle ordinairement ces *diftributions quotidiennes*, parce qu'elles fe font tous les

jours, ou parce que les chanoines, pour les recevoir, doivent affifter tous les jours au fervice divin.

On trouve dans le droit canon les *diftributions* quotidiennes, appellées différemment en plufieurs endroits. Le pape Alexandre III. dans le ch. *dilectus* 1. *de præbend. in fin.* les appelle *portions quotidiennes*, dans le ch. *fin.* §. *fi autem de conceft. præbend. in* 6°. & en plufieurs autres endroits elles font appellées fimplement *diftributions*. Elles font appellées improprement bénéfices manuels, *beneficia manualia*, dans le même ch. *uniq. de cler. non refid.* Nous difons qu'on appelle improprement *bénéfices manuels* les *diftributions* quotidiennes, parce qu'il eft certain qu'elles ne font jamais comprifes fous la dénomination de *bénéfice*, à moins qu'elle ne fût fi générale qu'elle dût naturellement comprendre tout ce qui tient de la nature du profit & du bénéfice pris dans toute fa fignification. Les *diftributions* quotidiennes ne viennent pas meme fous la dénomination de *fruits des bénéfices*, ni des revenus ; elles font appellées un *émolument* ou un *profit* que l'on retire d'un bénéfice, ou qui procede des portions canoniales ; c'eft ce que nous apprend Moneta en fon traité *de diftr. quotid. quæft.* 6. 7. Barbofa, *de Jur. eccl. lib. III. cap. xviij.* n. 8. où l'auteur traite au long la queftion de favoir, fi les *diftributions* font comprifes fous le nom de *revenus* ou de *fruits*.

Les revenus des anciens bénéficiers ne confiftoient qu'en *diftributions* manuelles. On donna dans la fuite des fonds aux bénéficiers pour en percevoir par eux-mèmes les revenus. Mais quand fous la feconde race des rois de France, & au commencement de la troifieme, tout le clergé fe fut mis en communauté, il fut alors plus nécef-faire qu'auparavant, que les revenus des bénéficiers confiftaffent en *diftributions*. Yves de Chartres rapporte dans fa lettre au pape Pafcal, qu'ayant en fes mains une prébende vacante, il en affigna les revenus pour des *diftributions* en pains, en faveur des chanoines qui feroient préfens au fervice divin; afin d'engager par cet attrait fenfible, ceux qui n'étoient pas touchés de la douceur du pain célefte. Dans peu de tems, ce faint prélat reconnut l'abus que les chanoines faifoient de ces *diftributions*, il fut obligé de les fupprimer. Mais quoique cette pratique ne réuffit point à Yves de Chartres, le même motif qu'il avoit eu en fon établiffement l'a fait adopter depuis dans toutes les églifes.

Les parlemens de France ont trouvé l'ufage des *diftributions* dans les chapitres, fi utile pour l'augmentation du fervice divin, qu'ils ont réglé que la moitié des revenus feroit convertie en *diftributions*.

On diftingue quatre fortes de *diftributions*. 1°. Celles que l'on donne en certaines églifes où les prébendes font communes, quoique le nombre des clercs y foit certain & diftingué. Dans ces églifes tout eft commun; on tire tous les jours, ou toutes les femaines, ou tous les mois, de la maffe commune, les portions de chacun des clercs ou des bénéficiers préfens dans le lieu de leurs églifes, quoiqu'ils n'ayent pas affifté aux offices; ou qu'ils ayent été abfens pour caufe d'étude ou pour d'autres raifons approuvées par le chapitre; cette forte de *diftribution* fe fait en pain, en vin ou en argent, en tout ou en partie, felon les différens ufages des églifes. Ce qui tient lieu de prébende.

La feconde forte de *diftributions* eft celle des églifes où les prébendes font diftinctes ou féparées, & où il y a de plus un certain fond de revenus qui fe diftribuent à ceux qui font préfens dans le lieu de l'églife, quoiqu'ils n'ayent pas affifté aux offices, pourvu que ce foit fans abus & qu'ils y viennent régulierement; ou qu'ils font abfens pour caufe d'étude ou pour autre jufte caufe. On appelle ces *diftributions la portion privilégiée, la groffe menfe* ou *les gros fruits*.

La troifieme forte de *diftributions* eft de celles qui ne fe donnent qu'à ceux qui affiftent aux offices, & qui prètent au chœur en perfonne, le fervice & le miniftere attachés à leurs offices & bénéfices, & ce font ici les vraies & propres *diftributions* quotidiennes.

La quatrieme forte de *diftributions* eft celle des *diftributions* généralement entendues, & qui comprennent tous les émolumens quelconques qui font divifés & diftribués, privativement à ceux qui ont affifté à certains offices, ou à certaines cérémonies pieufes de l'églife, comme les anniverfaires, les enterremens & autres femblables.

Pour gagner les *diftributions*, il faut affifter exactement aux offices; il ne fuffit pas de les réciter en particulier, il faut les chanter même dans l'églife, & fuivre à cet égard l'ufage de chaque églife.

Les regles, en matiere de *diftributions*, font que pour les gagner, il faut être membre du corps ou du chapitre où elles fe diftribuent, & dans ce cas, il fuffit qu'on affifte aux offices pour y avoir part. Sur ce principe, tous les clercs généralement d'une cathédrale ou d'une collégiale, doivent profiter des *diftributions* par leur affiftance aux offices divins. L'on comprend bien que dans chaque chapitre, la portion des *distributions* est réglée suivant le rang des bénéfices que tiennent ceux qui ont droit d'y prétendre. (D.M.)

DISTRIBUTION *des instances & procès*, *Jurispr.*, est le partage que le président fait dans chaque chambre entre les conseillers, des instances & procès appointés : il y a un registre sur lequel on inscrit cette *distribution*.

La *distribution du prix des biens saisis*, est la répartition que l'on en fait entre les créanciers saisissans & opposans.

Dans les pays de droit écrit on entend quelquefois par le terme de *distribution des biens*, la saisie réelle même : ailleurs ce terme signifie l'*ordre du prix*; c'est pourquoi on conjoint quelquefois ces termes, *ordre & distribution du prix*.

La *distribution* du prix des immeubles se fait par ordre d'hypotheque. *v.* HYPOTHEQUE.

Celle du prix des meubles se fait d'abord par préférence à certaines personnes privilégiées, savoir pour les frais funéraires, ensuite les propriétaires pour tous les loyers échus & à échoir ; & en cas qu'il n'y ait point de bail, pour trois termes & le courant ; les médecins, chirurgiens & apothicaires qui ont servi pendant la derniere maladie ; les gages des domestiques pour une année échûe au jour du décès, si tant est dû ; les frais de scellé & d'inventaire : le tout par préférence aux autres créanciers, & par contribution au sou la livre, au cas que le prix ne soit pas suffisant pour les payer ; & après ces créanciers privilégiés, tous les autres créanciers chirographaires ou hypothéquaires sont payés par contribution, sans aucun privilége.

DISTRICT, *districtus, districtio*, s. m., *Droit féod.* Ces mots sont synonymes, & signifient le pouvoir coactif, qui appartient à un possesseur de juris-

diction dans toute l'étendue de cette même jurisdiction : *lib. Feud.* 1. *tit.* 5. §. 4. & *lib.* 2. *tit.* 54. *qui allodium vendiderit, distinctum & jurisdictionem vendere non præsumat.* Les écrivains des siecles barbares ont pris le verbe *distringere* pour celui de *coercere*, comme cela paroît par les capitulaires de Charlemagne, & par les loix des Francs, *lib.* 3. *cap.* 4. *discutiatur quis è duobus contra jus sit, ut pacati fiant, & distringantur ad pacem.* Et in leg. Bajoar. *tit.* 6. *Si talis homo potens hoc fecerit quem ille Comes distringere non potest, tum dicat Duci suo, & Dux illum distringat secundùm legem suam.*

Le mot *districtus* est souvent pris figurément, pour désigner le territoire lui-même. Il est certain, suivant la remarque d'Alciat, que le mot *districtus* n'est pas latin, & n'a été employé par aucun bon auteur. Conformément aux usages reçus depuis l'établissement des coutumes féodales, le *district* est ou conventionnel, ou donné, ou prescrit. Il est conventionnel quand le possesseur d'un château se met sous la protection d'une ville avec le consentement du souverain : cette ville acquiert un accroissement de *district* : il est donné lorsque le souverain fait don à une ville d'un château, dont dépend un territoire quelconque : il est enfin prescrit quand, par une possession immémoriale, une ville s'est maintenue dans l'exercice de la jurisdiction & du pouvoir coactif sur un territoire. (R.)

DITHMAR, *Juste-Christophe*, *Hist. Litt.*, né à Rothenbourg, ville du pays de Hesse. Il a été auteur de plusieurs ouvrages curieux : voici les principaux ; 1°. *Dissertationes academicæ, ex jure publico naturali & historiâ*, &c. *Lipsiæ* 1737, *in-4°.* La plupart de ces pieces roulent sur des matieres intéressantes à l'Allemagne, comme de l'origine des électeurs, du faux Valdemar, prétendu marcgrave de Brandebourg, &c. 2°. *Caii Cornelii Taciti, de situ, moribus & populis Germaniæ libellus*, Francof. 1725. L'auteur y a joint un *Commentaire perpétuel & historique*, sur les noms, la situation & les actions du peuple de l'Allemagne, les sociétés qu'ils ont formées, leurs mœurs, leurs droits, l'origine de leurs coutumes, &c. c'est le meilleur ouvrage qu'on ait sur la Germanie de Tacite. L'édition est fort jolie; mais elle a un grand défaut, c'est d'être peu correcte. 3°. *Histoire & description de l'ordre de S. Jean*, à Francfort sur l'Oder 1728, *in-4°*. en allemand, avec des planches. 4°. *Commentatio de ordine militari de balneo*, Francof. 1719, *in-fol.* Le roi Georges I. ayant voulu rétablir l'ordre de chevalerie du bain, M. *Dithmar* fit alors cet ouvrage, auquel il a joint les statuts de cet ordre en anglois, avec une traduction latine. 5°. *Introduction à la connoissance des sciences qui concernent l'administration des domaines, des finances & de la police*, Francfort 1730, *in-8°.*, en allemand. L'auteur est mort en 1737, âgé de 60 ans. Ceux qui feront curieux de lire sa vie, la verront dans la *Biblioth. German. tom.* XLII. *art.* 9.

DIVAN, f.m., *Droit public des Turcs*, mot arabe qui veut dire *estrade*, ou *sopha* en langue turque, ordinairement c'est la chambre du conseil ou tribunal où on rend la justice dans les pays orientaux, sur-tout chez les Turcs. Il y a des *divans* de deux sortes, l'un du grand seigneur, & l'autre du grand-visir.

Le premier qu'on peut nommer le *conseil d'Etat*, se tient le dimanche & le mardi par le grand-seigneur dans l'intérieur du serrail, avec les principaux officiers de l'empire au nombre de sept;

savoir le grand-visir, le kaïmacan viceroi de l'empire, le capitan bacha, le defterdar, le chancelier, les pachas du caire & de boude : & ceux-ci en tiennent de particuliers chez eux, pour les affaires qui sont de leur département; & comme les deux derniers membres ne s'y trouvent pas, ils sont remplacés par d'autres pachas.

Le *divan* du grand-visir, c'est-à-dire le lieu où il rend la justice, est une grande salle garnie seulement d'un lambris de bois de la hauteur de deux ou trois pieds, & de bancs matelassés & couverts de drap, avec un marche-pied : cette salle n'a point de porte qui ferme; elle est comme le grand-conseil ou le premier parlement de l'empire ottoman. Le premier ministre est obligé de rendre la justice au peuple quatre fois par semaine, le lundi, le mercredi, le vendredi, & le samedi. Le cadilesker de Natolie est assis à sa gauche dans le *divan*, mais simplement comme auditeur; & celui de Romelie en qualité de juge est à sa droite. Lorsque ce ministre est trop occupé, le canfch-bachi tient sa place : mais lorsqu'il y assiste, cet officier fait ranger les parties en deux files, & passer de main en main leurs arzhuals ou requêtes jusqu'au buijukteskeregi, premier secrétaire du grand-visir, auquel il lit la requête; & sur le sujet qu'elle contient, les deux parties sont entendues contradictoirement sans avocats ni longueur de procédures; on pese les raisons; des assesseurs résument le tout & concluent. Si leur décision plaît au grand-visir, son secrétaire l'écrit au haut de la requête, & le ministre la confirme par le mot *sah*, c'est-à-dire *certain*, qu'il souscrit au bas : sinon il faut recommencer le plaidoyer, & décider ensuite de sa pleine autorité, en faisant donner aux parties un hujet ou copie de la fentence. Les caufes fe fuccedent ainfi fans interruption jufqu'à la nuit, s'il y en a : on fert feulement dans la falle même de l'audience, un diner qui eft expédié en une demi-heure. Les officiers qui compofent ce divan, outre le grand-vifir, font fix autres vifirs ou confeillers d'Etat, le chancelier, & les fecrétaires d'Etat. Le chiaoux-bachi fe tient à la porte avec une troupe de chiaoux, pour exécuter les ordres du premier miniftre. Les caufes importantes qui intéreffent les officiers de fa hauteffe, tant ceux qui font attachés à fa perfonne, que ceux qui occupent les grandes charges de l'empire, les délibérations politiques, les affaires de terre & de mer, font la matiere du confeil-privé du grand-feigneur : on l'appelle *galibé divan*. Il fe tient tous les dimanches & les mardis, comme nous l'avons dit. Les autres officiers militaires font affis à la porte ; le muphti y affifte lorfqu'il y eft mandé par un ordre exprès ; le teskeregi ouvre l'affemblée par la lecture des requêtes des particuliers ; le vifir azem propofe enfuite l'affaire importante qui doit faire la matiere de la délibération ; & après que les membres du *galibé divan* ont donné leur avis, ce miniftre entre feul dans une chambre particuliere, où il fait fon rapport au grand-feigneur qui décide.

Lorfque le fultan le juge à-propos, il convoque un confeil général, qui ne differe du *galibé divan* que par le plus grand nombre des membres qui le compofent. Tous les grands de la Porte y font appellés, l'ulema, les officiers des milices & des différens ordres, même les vieux foldats & les plus expérimentés. Ce divan s'appelle *oja divani*, le *divan des pieds*, peut-être parce que tout le monde s'y tient debout. Ce

tribunal a quelque rapport aux anciennes affemblées des Etats de la France, comme le *galibé divan* au confeil privé du roi, & le *divan* au premier parlement.

DIVERTIR, v. act. *Jurifp.*, fignifie *détourner*. On dit qu'une veuve ou un héritier ont *diverti* les effets de la fucceffion ; ce qui fignifie qu'ils les ont *fouftraits* & ne les repréfentent pas. *v.* RECELÉ.

On dit quelquefois qu'une procédure doit être faite de fuite & fans *divertir* à autres actes, c'est-à-dire fans défemparer & fans interruption.

DIVERTISSEMENT, f. m., *Morale*. Perfonne, difoit Ciceron, n'a été fait par la nature pour vivre dans les *divertiffements* & les plaifirs. Mais tout ce dont nous fommes capables, nous le devons, partie à nous, pour notre perfection, partie à nos parens, à nos amis, partie à notre patrie & au genre humain. Si nous faifons attention en effet aux vues de la Providence, en nous plaçant fur cette terre, à nos facultés corporelles & intellectuelles, à notre intérèt total & véritable, préfent & avenir, nous reconnoîtrons que nous fommes faits pour le travail, pour exercer & occuper nos facultés ; que comme hommes, comme membres d'une fociété domeftique, comme citoyens, comme deftinés à une autre œconomie après celle-ci, nous fommes formés pour travailler ici bas, chacun felon notre place. *v.* TRAVAIL.

C'eft en partant de ce principe inconteftable que nous pouvons nous former une idée jufte du *divertiffement*, reconnoître ceux qui font permis, & découvrir les regles que nous devons fuivre en les prenant.

Pour éviter toute équivoque, définif-fons d'abord les termes avec exactitude. Un amusement est une occupation agréable, sans avoir une utilité solide : y donner tout son tems, ou la plus grande partie, ce n'est pas répondre aux vues de la Providence, c'est se rendre criminel. Le *divertissement* est accompagné de plaisirs plus vifs, & cesse d'être permis dès qu'il nous est nuisible, ou aux autres, ou à la société. Il peut devenir nuisible à nous par le trop long-tems qu'on y met, ou en affoiblissant la santé, ou en altérant les facultés de l'ame, ou enfin en détériorant notre état. Les réjouissances présentent l'idée d'un *divertissement* passager, qui a quelque chose de plus déclaré, de plus public, de plus extérieur. Si elles violent l'ordre public, la tranquillité générale, la police établie, elles deviennent condamnables. La récréation marque un *divertissement* plus court, qui sert de délassement après le travail & d'encouragement pour y retourner. Les récréations sont donc permises, si elles ne dissipent pas l'esprit, si elles n'énervent pas le corps, si elles ne consument pas trop de tems, si elles ne prennent rien sur les engagemens, les obligations, les devoirs de l'état, de la place, ou de la personne. Voilà les définitions & les principes généraux, d'où chacun peut déduire sans peine toutes les regles particulieres pour tous les cas.

On peut donc comprendre que le *divertissement* est un terme générique qui renferme dans sa notion générale les distractions, les amusemens, les réjouissances, les récréations, les plaisirs de l'homme.

L'amusement ou la distraction sont nécessaires après le travail pour délasser l'esprit, & lui épargner l'ennui & la langueur. L'amusement présente l'idée d'une occupation facile & agréable. Les réjouissances supposent le concours public de diverses personnes, & sont aussi nécessaires pour occuper des citoyens, qui ne peuvent pas toujours travailler, & qui pourroient tomber dans un sombre mécontentement ou dans une tristesse dangereuse. Les récréations sont un besoin de l'ame & du corps, après des occupations assidues, ou pénibles. Les plaisirs enfin sont nécessaires à l'ame, qui les desire & qui les recherche ; mais il faut les chercher dans le sentiment intime de la perfection réelle de son ame, ou de son corps, & de leurs facultés. Sans cela ils sont faux, destructifs de notre bonheur, contraires à nos véritables intérêts. Voyez *Essai philos. & moral sur le plaisir*, par M. Bertrand.

J'ai dit que le *divertissement*, ou la récréation étoit nécessaire, parce que tout travail soutenu fatigue à la fin le corps, épuise l'esprit, affoiblit les facultés, s'il est trop long-tems continué ou prolongé. Il doit donc être suspendu quelquefois. Mais si dans la suspension l'homme n'étoit occupé de rien, l'ennui prendroit la place de la fatigue, ou succéderoit à l'épuisement ; il faut par conséquent quelque chose qui prévienne cet ennui, en appliquant agréablement l'ame sans la fatiguer, & en rétablissant les facultés dans leur force naturelle, sans les épuiser.

Les jeux sédentaires qui attachent trop ou trop long-tems, ne peuvent pas en général être regardés, comme des *divertissemens* propres à délasser, à récréer & à disposer de nouveau au travail. Les jeux qui exercent doucement le corps, en occupant agréablement l'esprit, sont bien plus favorables pour rappeller au travail & y disposer l'homme. Tout jeu, tout *divertissement*, qui diminue l'aptitude au travail, doit par là même être envisagé comme mal choifi, & plus ou moins condamnable, felon les circonftances. Voyez *mémoire de l'académie* de Berlin, année 1773. *pag.*316. & fuiv. Souvent le meilleur délaffement, c'eft le changement d'occupations, de travail. C'eft d'ordinaire le délaffement qui détourne le moins l'homme du travail de fa vocation, auquel il doit revenir. La promenade accompagnée d'une converfation libre & agréable, eft la récréation la plus convenable à ceux qui par leur état, font appellés à une vie fédentaire; tels font les gens de lettres, telles font les femmes qui s'occupent des travaux tranquilles de la maifon. Les jeux de cartes font par conféquent moins utiles aux uns & aux autres. L'efprit y eft trop occupé, l'attention trop fixée, le corps trop en repos & fouvent l'ame trop agitée. Un homme de lettre qui paffe de fon cabinet à une table de jeu, une femme qui quitte fon aiguille ou fon métier pour s'affeoir autour d'un tapis verd, ne fe donnant point d'exercice, ne choififfent pas certainement les plaifirs qui leur conviennent le mieux. Ces vapeurs, ces maux de nerfs, ces fpafmes, dont fe plaignent tant de dames de nos jours, maux inconnus à nos peres, & qui font la croix des médecins, ne viendroient-ils point de ce qu'à des occupations fédentaires, on fait fuccéder des *divertiffemens* trop tranquilles & trop attachans?

Si pour qu'un *divertiffement* foit innocent en lui même, il faut qu'il ne nuife ni à nous, ni à nos facultés, foit corporelles, foit intellectuelles, ni aux autres dans leurs propriétés ou leurs jouiffances, ni à la fociété dans l'ordre, la fubordination & la tranquillité qui doivent y regner, reconnoiffons auffi qu'il eft encore des limitations, des reftrictions à obferver dans le choix même

& l'ufage des *divertiffemens*, regardés comme innocens par eux-mêmes.

D'abord l'état de quelques perfonnes, & la décence de cet état, leur interdit certains plaifirs, très-innocens pour d'autres qui ne font pas aftreints aux mêmes regles. Il eft fi aifé d'appliquer cette maxime aux différens fexes, aux diverfes perfonnes, dans la fociété, que je me crois difpenfé d'entrer dans aucun détail à cet égard.

Un plaifir, un *divertiffement* innocent en général, peut encore devenir condamnable, fi on le prend dans certains tems, dans certaines circonftances ou dans des lieux, où il ne convient point.

Un *divertiffement* très-licite en lui même, ceffe outre cela de l'être, fi on paffe les befoins du corps & de l'ame, & qu'on y confume plus de tems que ne le demandoit la néceffité du délaffement. Tout ce qui paffe les befoins de la nature eft toujours nuifible & mauvais.

Il eft des *divertiffemens* qui n'attachent point trop certaines perfonnes; ils les quittent fans peine pour revenir à leurs occupations. Mais on voit telles autres perfonnes qui, trop vivement affectées par ce même genre d'amufement, s'y livrent fi entierement que leur corps en eft ébranlé, leur ame en eft diffipée. Ce n'eft plus alors une récréation pour revenir mieux difpofé au travail; c'eft un plaifir féduifant, qui les en détourne. Avec ce caractere ces perfonnes ne doivent donc pas faire choix de ce *divertiffement* fi dangereux pour elles.

L'état extérieur de chacun doit encore mettre des différences dans le choix des *divertiffemens*. Il en eft d'innocens pour les gens riches, par exemple, qui deviendroient condamnables pour des gens d'un état médiocre, parce qu'ils ruineroient

ruineroient par-là leur fortune, & feroient tort à leur femme & à leurs enfans.

Chacun d'ailleurs a fa paffion dominante, un tempérament particulier, qui le difpofe plus ou moins à certains actes. Tel *divertiffement* n'a rien que d'innocent pour celui qui eft affuré de n'en pas abufer. Mais celui qui, par un effet de fa paffion ou de fon tempérament, a découvert qu'un amufement pouvoit lui devenir funefte, qu'il étoit entraîné dans l'excès, doit fans doute éviter cette tentation dangereufe, & fuir avec foin ce qui peut devenir fi aifément fatal à fon innocence.

Enfin un *divertiffement* innocent, fouvent pris, fréquemment réïtéré, peut devenir une habitude, une néceffité, une feconde nature. Alors il eft bien difficile qu'on ne donne pas dans quelqu'excès, qu'on n'en abufe jamais, qu'on n'y perde pas trop de tems. La prudence exige donc qu'un homme fage qu'il fâche varier fes plaifirs, fes amufemens, fes *divertiffemens*, afin de n'être efclave de rien, & de conferver à fon ame cette noble liberté, qui en fait la grandeur, comme elle eft la gardienne de la vertu. Cette variété même peut contribuer à conferver les organes du corps & les facultés de l'efprit. (B.C.)

De tout ce que nous venons de dire, nous pouvons conclure que tout *divertiffement* en général eft défendu, s'il ne contribue pas à l'affermiffement de notre corps, à la perfection de nos facultés intellectuelles, & à notre véritable bonheur dans ce monde & dans l'autre. *v.* VERTU.

D I V E R T I S S E M E N T, *Jurifp.*, eft lorfque l'on détourne quelques effets d'une communauté ou d'une fucceffion. On joint ordinairement les termes de *recelé* & *divertiffement* comme fynony-

Tome IV.

mes, quoiqu'ils ayent chacun leur objet différent. *Divertiffement* eft l'enlevement des effets que l'on détourne; *recelé* eft la précaution que l'on a de les cacher. Cependant comme dans l'ufage on fait précéder le terme de *recelé*, & que ces termes font réputés fynonymes, nous expliquerons ce qui concerne cette matiere au mot RECELÉ. Voyez auffi ci-devant DIVERTIR.

DIVISION, f.f. *Jurifp.*, fignifie en général le *partage* d'une chofe commune entre plufieurs perfonnes.

Bénéfice de divifion, eft une exception par laquelle celui de plufieurs fidejuffeurs ou cautions qui eft pourfuivi pour toute la dette, oppofe qu'il n'en eft tenu que pour fa part & portion.

Ce bénéfice fut introduit par l'empereur Adrien, en faveur des fidejuffeurs ou cautions feulement. Juftinien, par fa *novelle* 99, l'étendit à tous coobligés folidairement: mais en France, il n'a point lieu dès que les cofidéjuffeurs ou autres coobligés font folidaires.

Il n'a lieu non plus au profit des cautions, que quand tous font folvables pour leur part & portion au tems de la conteftation en caufe.

Ce bénéfice eft même devenu prefqu'inutile, attendu que les créanciers ne manquent guere de faire renoncer ces coobligés & cautions au bénéfice de *divifion*. Ces renonciations font aujourd'hui prefque de ftyle: cependant elles ne fe fuppléent point, & ne font point comprifes dans la claufe des notaires, *renonçant*, &c. Voyez au *code*, *liv. VIII. tit. xxxij.*

La *divifion de dettes actives & paffives*, fe fait de plein droit entre les créanciers & débiteurs, fuivant la maxime *nomina & actiones ipfo jure dividuntur.* *v.* CRÉANCIER, CONTRIBUTION, DETTE, DÉBITEUR.

R r r r

Division ou *Partage d'héritages*, *v.* PARTAGE.

DIVORCE, f. m. *Droit Nat. Mor. & Droit Politique*. Nous entendons ici par le *divorce*, la diffolution du mariage, c'est-à-dire, l'acte par lequel ceux qui étoient époux, ceffent de l'être, font rétablis dans l'état civil où ils étoient avant leur union, ne font plus tenus l'un envers l'autre aux devoirs mutuels qui réfultoient de cette rélation conjugale, & recouvrent la liberté de fe marier à d'autres perfonnes.

On ne peut qu'ètre frappé de l'oppofition que l'on remarque dans les idées des hommes, au fujet du *divorce*. Chez les Juifs, le mari avoit le droit de répudier fa femme pour les raifons les plus frivoles. Avec le tems, la femme put exiger de fon mari qu'il lui rendît fa liberté, & l'acte par lequel fe faifoit cette féparation, portoit expreffément la permiffion de fe remarier avec qui bon lui fembleroit. Voyez Godwin, *Mofes & Aaron. lib. VI. c.* 4. Seldenus, *uxor hebraïca*, *lib. III. cap.* 18. *Ejufdem jus naturæ & gentium*, *lib. V. cap.* 7.

Chez les Athéniens, le *divorce* étoit autorifé par les loix: la plupart des nations orientales fe le permettoient. Chez les Romains, les loix de Romulus & celles des XII tables l'autoriferent, moyennant des raifons valables, qui fe difcutoient entre les parens. Dans la fuite, & encore fous le tems de la république, un mari put renvoyer fa femme, & une femme quitter fon mari, fans en alléguer de raifon précife. Les empereurs firent des loix pour déterminer ces raifons, & fixer les formalités du *divorce*. Les canoniftes, fe jettant dans l'excès oppofé & abufant des paroles de Jefus - Chrift, interdirent tout *divorce*, tant que le mariage auroit été

contracté felon les loix, & ne voulurent féparer que ceux dont on pouvoit prouver que le mariage mal contracté, étoit nul ; fans quoi, fe contentant de féparer de corps & de biens les époux, ils les condamnent au célibat, ne leur permettant pas de contracter un nouveau mariage avec d'autres perfonnes. Quelques chrétiens qui ne fuivent point à cet égard le droit canon, permettent le *divorce* pour certaines raifons, & le refufent pour d'autres. Les uns rendent la liberté aux deux époux de convoler en fecondes noces avec d'autres perfonnes; les autres ne l'accordent qu'à l'une des parties. Il ne fe peut pas qu'au milieu de cette variété de pratiques, les hommes ayent eu les mèmes principes, & ayent appuyé leur législation fur les mèmes regles de droit. Nous avons deffein dans cet article, de rechercher ce que la droite raifon nous enfeigne à cet égard, en confultant les principes que nous fourniffent, fur ce fujet, le droit naturel, la philofophie morale, la religion & la bonne politique.

Le droit naturel qui remontant à la nature & à la deftination des chofes, en tire par des conféquences néceffaires, les regles générales de la rectitude morale, nous conduit à rechercher dans la nature & le but du mariage, les principes qui déterminent la légitimité ou l'illégitimité du *divorce*. Le mariage eft une fociété contractée entre un homme & une femme, qui s'engagent volontairement & par choix à s'unir enfemble pour toute leur vie, dans le deffein, 1°. de fe rendre mutuellement heureux par leurs fervices réciproques, & par les tendres expreffions d'un amour de préférence, dont ils promettent de fe réferver exclufivement les témoignages particuliers & les faveurs : 2°. dans la vue de mettre par ce moyen au monde, des enfans qui appartiennent à tous les deux, & qui foient le fruit chéri de leurs innocentes careffes, les gages précieux & les liens plus forts encore de leur mutuelle affection : 3°. dans l'intention d'élever conjointement & à foins communs, les enfans fruits de leur union, & de les mettre en état d'être heureux, autant que cela eft en leur pouvoir.

Ce n'eft pas ici le lieu de juftifier en détail, cette définition du mariage & la réalité effentielle de ces trois buts, dans lefquels le mariage doit être contracté. Nous ferons appellés à en traiter au long à l'article MARIAGE. Il nous fuffit pour le moment d'obferver, que nul homme raifonnable ne voudroit époufer une femme, que nulle femme fenfée ne voudroit époufer un homme, qui fe refuferoit volontairement ou par incapacité à ce qu'exige chacun de ces buts. Quels époux feroient heureux, quand ni l'un ni l'autre ou feulement l'un des deux ne fe fera pas un devoir de contribuer au bonheur de fon conjoint, quand, contredifant le vœu de la nature, il fe refufera à ce qui feul peut conferver la race humaine ; quand, étouffant l'inftinct paternel, il ne voudra ni conferver, ni foigner, ni élever les enfans qui naîtront de fon union avec un époux ou une époufe ?

De cette notion du mariage, il fuit qu'il eft une fociété perpétuelle, contractée dans l'intention réelle de ne la jamais rompre, & envifagée comme telle par les contractans, & dans l'expreffion de laquelle cette condition eft toujours néceffairement fuppofée entendue. En effet, quand on réunit ces trois buts effentiels du mariage, on eft forcé de reconnoître qu'il en découle, que cet état ne peut point être pour les époux une fociété paffagere & à tems,

dépendante pour fa durée du caprice de leur efprit, de l'inconftance & de la légéreté de leur cœur, ou des fantaifies de leur imagination déréglée. Quelle eft la femme qui voudroit contracter un mariage avec un homme qui fe réferve le droit de la renvoyer quand bon lui femblera ? Quel homme voudroit une femme qui fe difpofe à l'abandonner dès qu'elle en aura la fantaifie ? La nature humaine à cet égard repugne à une telle union ; notre cœur fe révolte à cette idée, elle fuffit pour étouffer en lui l'amour fi vif, qui le porte à cette union, dont le principal attrait pour le cœur, eft l'affurance de pouvoir compter pour toujours fur l'attachement de la perfonne que nous avons choifie. Les fuites du mariage, & les changemens que les années qui s'écoulent, apportent dans notre état phyfique & moral, rendent cette perpétuité de la fociété conjugale d'une indifpenfable néceffité. Auffi long-tems que les époux qui s'aiment, font en état d'avoir des enfans, ces productions de leur tendreffe fe fuccedent affez rapidement, felon le cours ordinaire, pour que l'un ne foit pas élevé encore, lorfqu'un fecond vient au monde ; la diftance de l'un à l'autre eft affez longue, & le tems pendant lequel les deux époux font capables d'en procréer de nouveaux ; & les enfans ont befoin des fecours continuels de leurs parens, qui durent affez pour que la plus grande & la plus belle partie de la vie s'écoule dans cette occupation. Les époux avancent en âge, la capacité d'avoir des enfans diminue & s'éteint infenfiblement, les graces extérieures s'effacent, les attraits pour plaire difparoiffent. Avec les années, augmentent pour les parens les befoins & la néceffité de recevoir des foins affectueux ; mais de qui les attendre avec juftice ? de qui les efpérer avec confiance ? de qui les recevoir avec plaifir, fi ce n'eft d'une perfonne qui nous eft unie par l'amitié, par la reconnoiffance, par l'habitude de fe voir, de s'aimer, de s'entre-fecourir, par le fouvenir des plaifirs dont on a été pendant long-tems l'un pour l'autre la fource adorée ? Quelle tendreffe une feconde femme auroit-elle pour les enfans d'une précédente, même qu'on a rejettée avec dédain ? Quelle confiance les enfans auront-ils en la bonté d'une feconde ou troifieme femme qui ne leur eft rien, qui eft caufe qu'on les a féparés de la mere qui leur a donné le jour ? Quel amour auront-ils pour un pere qui a repudié avec mépris, la femme qui les a mis au monde & qui devoit les élever, qui feule auroit eu le zele tendre qui devoit animer celle qui auroit le foin de leur éducation ? Quel attachement auront-ils pour des freres & fœurs à demi-étrangers, qui auront toutes les préférences, tant que leur mere fera la maîtreffe, & qui diminueront leur héritage ? Quel fonds un homme fera-t-il fur le cœur d'une femme, qui par légéreté a quitté fon premier mari ? Quelle tendre confiance une femme éprouvera-t-elle pour un mari qui, par inconftance, a rejetté le premier objet de fa tendreffe ? Le befoin d'être heureux, qui fait que l'on fe marie, eft indépendant de l'exiftence des enfans; il dure autant que la vie, il augmente avec l'âge, parce qu'avec lui augmentent les infirmités, la néceffité des fecours, de l'affiftance & des fervices de l'amitié. Mais fi l'on fe quitte par inconftance, comment ces fervices feront-ils rendus ? Tant que les charmes, les attraits, la gaieté & la vigueur de la jeuneffe fubfifteront, le goût réciproque des époux fe foutiendra : fi ce goût s'affoiblit, ce fera pour l'ordinaire, parce

que les caufes qui l'infpirerent, diminuent & fe détruifent; c'eft parce que l'on eft moins propre à plaire, que la paffion amortie retient moins fous le joug, les défauts oppofés à la confervation de l'amitié; les vices du caractere fe gênent moins : mais eft ce là le tems de former de nouvelles liaifons de tendreffe & d'amour ? Une femme déja fur le retour, en quittant l'époux qu'elle charma dans fa jeuneffe, efpérera-t-elle de charmer de même un fecond mari, à qui elle ne peut plus offrir ces rofes fraîches, ce cœur fimple, cette fenfibilité que l'ufage n'a pas émouffée ? dominera-t-elle fur l'ame d'un fecond époux qui ne lui doit nulle reconnoiffance pour le paffé, & devant les yeux de qui ne font pas des enfans qui lui rappellent l'image autrefois chérie de leur mere ? Rajeunira-t-elle des charmes flétris pour fe rendre plus digne de fon nouvel époux ? aura-t-elle autant de foupleffe pour fe ployer à fon caractere qu'elle ne connoît pas encore, pour s'accommoder à fon humeur, à laquelle elle n'eft pas encore faite ? L'homme âgé, qui abandonne l'objet qu'il charma dans l'éclat de fon printems, par l'éclat de fa jeuneffe, efpérera-t-il que l'ingratitude qu'il a montrée envers une femme, qui ne s'attacha à lui que parce qu'elle crut pouvoir compter fur la durée de fon amour, efpérera-t-il que cette ingratitude odieufe lui fervira de recommandation pour trouver une femme préférable à la premiere ? Les ans accumulés fur fa tête, feront-ils un moyen d'être plus tendrement aimé de la feconde, dans la mémoire de laquelle le fouvenir du paffé n'eft point gravé en fa faveur ? le mari inconftant verra-t-il avec plaifir autour de lui les enfans d'une premiere femme le regarder comme l'ennemi de leur mere ? Enfin, de quelle influence fur les mœurs ne feroit pas la permiffion illimitée du *divorce*, & la liberté de rompre, quand on le voudroit, les mariages contractés, & de ne les contracter que dans cette efpérance? Quelles raifons de fe ménager réciproquement, de fe fupporter avec indulgence, de s'empreffer à fe rendre agréables l'un à l'autre? L'efpérance de fe féparer, dès que l'on auroit quelque fujet de mécontentement, encourageroit les paffions vicieufes à ne fe foumettre à aucun frein : au moindre refroidiffement on penferoit à un nouveau choix : les yeux de la femme examineroient curieufement tous les hommes, pour en trouver qui puiffent fuccéder, felon fon goût, à celui qu'elle quitteroit volontiers pour un autre : toute femme feroit l'objet des defirs d'un mari dont le cœur fe refroidit pour fon époufe, nulle fidélité dans le mariage, nulle conftance dans l'amour, nulle confiance entre les époux; le lien conjugal ne feroit qu'une formalité pour légitimer la fornication, un moyen de contenter un goût paffager, en attendant qu'une autre fantaifie fit prendre d'autres mefures.

N'eft-ce pas en effet ce que l'on vit chez les Juifs, qui abufant de la loi qui permettoit le *divorce*, vinrent enfin jufques à autorifer un homme à répudier fa femme, fans autre raifon que la nouvelle paffion que lui infpiroit la vue d'une femme plus belle, à fon gré, que la première, ou un fimple refroidiffement pour celle-ci.

Ce fut bien pis à Rome; les loix de Romulus & celle des XII tables permettoient le *divorce*. Mais ces fages républicains comprirent que le *divorce* ne pouvoit avoir lieu légitimement que pour des raifons graves : cinq fiecles s'écoulerent avant qu'on en eût vu aucun

exemple. Mais enfin les mœurs s'étant corrompues vers la fin de la république, un mari repudioit fa femme, en prenoit une autre, & fa femme paffoit à un autre mari, fans autre prétexte que leur fantaifie. Les hommes, dans les commencemens, avoient feuls ou jouiffoient feuls du droit de repudier leurs femmes; celles-ci obtinrent bientôt ou s'arrogerent le droit de répudier leurs maris, & les chofes en vinrent au point, qu'un auteur contemporain nous dit, que les dames Romaines étoient dans le cas de ne plus compter les années par les confuls, mais par les maris, dans les bras defquels elles paffoient fucceffivement, que les plus illuftres d'entr'elles ne fe marioient que dans l'efpérance du *divorce*, & ne répudioient un mari que pour en époufer un autre. Seneca, *lib. de Beneficiis III°*. 16.

Si à ces confidérations tirées de la nature des chofes, du but du mariage, du bien de la fociété, de l'avantage des familles, du bonheur des époux, du falut des enfans, & de la pureté des mœurs, confidérations qui toutes fe réuniffent contre la permiffion illimitée du *divorce*, nous joignons celles qui font tirées de l'intention de Dieu manifeftée, foit par la conftitution des hommes, foit par la révélation, nous aurons une nouvelle raifon de foutenir que le mariage eft une fociété à vie, un contract perpétuel qui ne doit être naturellement diffous que par la mort, & dont la durée ne peut jamais dépendre du caprice des conjoints. L'Evangile nous enfeigne, de la maniere la plus pofitive, que telle a été l'intention de Dieu : il traite d'adultere l'abus que les Juifs faifoient du *divorce* : il nous dit que c'eft-là féparer ce que Dieu a joint, c'eft-à-dire, faire une fociété paffagere d'une fociété que Dieu vouloit qui fût

perpétuelle & à vie. Voyez *Matth.* XIX.
℣. 1-9. Le poëte Martial ne jugeoit
pas plus favorablement du *divorce* chez
les Romains.

> *Aut minus, aut certe non plus, trice-*
> *sima lux est,*
> *Et nubit decimo jam Thelesina viro.*
> *Quæ nubit toties, non nubit, adultera*
> *lege est,*
> *Offendar mœcha simpliciore minus.*
> Epig. VI. 7.

Le *divorce* dont il est ici question, est
celui que nous avons défini au commencement de cet article, & non pas celui
qui est en usage chez ceux qui suivent
encore le droit canon, qui permet aux
époux de se séparer & de ne pas vivre
ensemble, mais qui leur refuse la liberté
de se marier à d'autres personnes ; espece de *divorce* qui peut-être est tout aussi
contraire aux vues de Dieu, au but de
la nature & au bien de la société, dont
les époux sont membres, qui fait presque toujours le malheur des conjoints,
qui très-souvent les conduit aux plus
grands crimes pour lever cet obstacle à
de secondes noces, & qui les exposant
aux tentations d'un célibat forcé, ne
manque guere de les entraîner dans la
débauche.

Telles étant les funestes suites du *divorce*, tel qu'il a été en usage chez la
plupart des nations, & sur-tout chez les
Juifs & les Romains, on a lieu d'être
surpris que Dieu l'eût permis par la loi
mosaïque : mais on cessera de s'en étonner, si l'on considere, d'un côté, que la
sagesse d'un législateur peut quelquefois
permettre une chose mauvaise pour prévenir un bien plus grand mal. La grossiereté & la barbarie d'une nation peuvent engager un législateur à permettre,
dans certains cas, le *divorce*, à des gens
qui, sans cela, pourroient facilement en
venir à de mauvais traitemens de la

part du plus fort contre le plus foible,
à des empoisonnemens, à des meurtres.
C'est là la raison que Jesus-Christ rend
de cette loi : c'est, dit-il, à cause de la
dureté de leur cœur, que Dieu tolera le
divorce chez les Juifs. Mais cette tolérance ne rendoit pas innocente la femme, qui sans la crainte d'être répudiée,
eût été méchante & insupportable ; ni le
mari qui, sans cette permission, eût été
brutal, emporté, ou même homicide.
Il faut considérer, d'un autre côté, que
la loi mosaïque ne permet pas expressément le *divorce*, elle se contente de ne
pas l'interdire, elle exige seulement que
si le mari mécontent de sa femme, & ne
pouvant vivre avec elle, la met hors de
sa maison, il doit lui donner un acte
par lequel il lui rend sa liberté entiere ;
acte dont la clause à cet égard étoit conçue en ces termes : *Toi qui fus ci-devant
ma femme, je te répudie maintenant, je te
laisse aller, je te mets dehors pour que tu
sois libre & maitresse de toi, que tu t'en
ailles & puisses te remarier avec quelque
autre homme que tu voudras, & que tu
ne répudies aucun homme à cause de moi,
dès aujourd'hui à toujours ; ainsi tu es
libre, & peux appartenir à tout homme,* &c.

Non-seulement Moïse ne permet pas
expressément le *divorce*, mais il marque
positivement de la part de Dieu, que
quoiqu'il ne le défende pas, il le condamne cependant comme mauvais en
lui-même ; car il ajoûte, *que si la femme
répudiée, s'étant mariée à un autre homme qui lui donneroit aussi sa lettre de divorce, ou qui viendroit à mourir, & la
laisseroit libre, celui qui l'a répudiée ne
pourra pas la reprendre pour sa femme,
après avoir été cause qu'elle s'est souillée,
ou qu'elle a été couverte de deshonneur. C'est là une chose déplaisante aux
yeux de Dieu, qui ne veut pas que votre*

pays foit couvert de corruption. Ce feroit donc fe tromper, que de regarder la loi de Moïfe comme permettant le *divorce* ; elle le tolere fans l'approuver, & même en le condamnant, & cela à caufe que la défenfe expreffe auroit rendu chez cette nation, le fort des femmes très-trifte, & mis leur vie en danger. *Deut.* XXIV. 1 - 4, & *Grotium ad locum. Item Matth.* XIX. & *Grotium ad locum.*

Le *divorce* n'eft donc point un éta-bliffement divin ; le mariage n'eft point un contract à tems ; mais dans l'inten-tion de Dieu, le *divorce* eft toujours un mal, & les époux font appellés à paffer leur vie enfemble. La nature phyfique & morale des deux fexes, le but dans lequel le mariage a été inftitué, celui que les amans fe propofent en deve-nant époux, le bonheur des uns & des autres, la confervation & l'éducation des enfans, les befoins de la vieilleffe, & les décifions de l'Evangile fe réunif-fent en faveur de cette conclufion. On fe tromperoit cependant, fi l'on vouloit déduire delà l'indiffolubilité abfolue du mariage pour quelque caufe que ce foit.

Ici les canoniftes fe font écartés du vrai, de la maniere la plus frap-pante, foit en affignant pour raifon de *divorce*, ce qui ne fauroit autorifer la diffolution du mariage, foit en refufant d'admettre pour caufe de *divorce*, ce qui fuffit certainement pour le rendre légitime, foit enfin, en permettant en place du *divorce*, qui laiffe aux époux ou au moins à l'un des deux la liberté de fe remarier, une féparation qui les réduit à vivre dans un célibat involon-taire. Le *divorce*, avons-nous dit, eft toujours un mal, mais il eft dans cer-tains cas un mal néceffaire ; comme les opérations de chirurgie, pour guérir un malade & lui fauver la vie ; comme le fupplice d'un criminel, que la tran-quillité publique & la confervation du bon ordre exigent que l'on ne laiffe pas impuni.

Le mariage eft une fociété formée entre deux perfonnes pour atteindre un but defirable, qui eft le bonheur des époux, la procréation des en-fans, & leur éducation. La plupart des auteurs qui ont traité du mariage nous paroiffent s'être écartés du vrai, en ne confidérant cet état, que rélative-ment au but phyfique de la procréation des enfans, comme fi cet effet naturel de l'union des époux étoit l'unique ou au moins le premier but, le but effen-tiel que les amans doivent avoir en vue dans la fociété qu'ils forment, ne confi-dérant pas qu'à cet égard, l'homme differe effentiellement des brutes par fa qualité d'être moral, qui fent avec ré-flexion, pour qui les fentimens de l'ame font une fource de bonheur réel, qui eft capable d'amitié, d'amour, d'eftime, de reconnoiffauce, de confiance & de générofité, pour qui le phyfique de l'a-mour n'eft pas le bien fuprême.

Confultons la nature humaine fur ce fujet, & nous trouverons que le pre-mier but qui unit l'homme à la femme, n'eft pas la procréation des enfans, qu'ils ne l'envifagent que dans l'éloi-gnement, non comme effet recherché par eux, mais comme une fuite natu-relle & néceffaire de l'union qu'ils veu-lent former. Interrogez ces amans, que le feu de l'amour le plus tendre fait fou-pirer l'un pour l'autre ; que defirent-ils avant tout? c'eft la poffeffion de leur cœur ; c'eft un amour de préférence, c'eft de paffer leurs jours enfemble, oc-cupés à fe rendre mutuellement heu-reux par tous les moyens qui font en leur pouvoir. Cela eft fi vrai, que tant que nulle paffion étrangere à la fimple nature, telle que l'avarice ou l'ambition, ne vient pas croifer la pente de leur cœur, nul amant ne voudroit d'une amante, nulle amante ne voudroit d'un amant qu'il fauroit ne le pas aimer, & ne pas fe propofer de le rendre heureux. Dans ces projets de bonheur, les plaifirs des fens entrent, fans doute, dans la lifte des biens que l'on efpere de cette union, pour laquelle ils font prêts à rompre toute autre rélation : mais comment envifagent-ils ces plaifirs ? c'eft avant tout, & principalement, pour ne pas dire uniquement, comme moyens de fe prouver plus vivement leur tendreffe, comme témoignages inconteftables d'un amour exclufif de préférence porté au plus haut point, comme gages fecrets & non fufpects d'une confiance fans réferve, dont ils font jaloux, qu'ils ne veulent partager avec perfonne, non certainement par l'idée de quelque dommage phyfique qui en réfulteroit pour leur corps ou pour leur fortune, ou pour celle de leur famille, mais parce que les faveurs de l'amour ne peuvent fe partager, fans partager le cœur, fans détruire cette préférence exclufive dont ils doivent être le gage, & fans laquelle l'amour n'eft qu'un befoin phyfique, mais avec laquelle l'amour eft bien plus un plaifir du cœur qu'une volupté corporelle ; c'eft que fans cette confiance fans réferve, qu'on ne peut à la fois accorder à deux perfonnes, l'amitié n'eft pas contente, & qui ayant été promife exclufivement, ne peut être partagée fans révolter ce fentiment délicat & généreux que l'on nomme *amour*, qui eft le plus haut degré de l'amitié, & dont l'effence confifte dans le defir exclufif, de rendre heureux par préférence, l'objet que l'on a choifi pour fe l'affocier. Ces plaifirs des fens, ces tendres careffes, ces voluptés vers lefquelles nous

porte un inftinct fi puiffant, & qui élevent l'amitié au degré qui conftitue l'amour, font ainfi un fecours que la nature deftine à rendre plus chere aux époux leur focieté, à l'entretenir, à lui donner plus de folidité, à en ferrer plus étroitement les liens, à en faire chérir davantage les fruits, & à recompenfer les époux des foins qu'ils prennent & des facrifices qu'ils font pour fe plaire & fe rendre heureux.

On fe récriera peut-être fur cette deftination première que nous affignons au mariage ; mais nous prions les lecteurs de confidérer fans prévention, fi ce n'eft pas dans le cœur des amans qui veulent devenir époux, dans celui des époux déja unis, & que les vices des fociétés n'ont pas corrompus, que nous avons lu cette décifion ; ne la trouvons-nous pas confirmée par la conftitution phyfique de l'humanité, par la capacité qu'elle a de jouir des plaifirs fi fouvent renaiffans qui portent à leur recherche, fans qu'à ces divers égards, ni l'un ni l'autre fexe dépendent des faifons, des tems, des circonftances, de l'état de groffeffe ou de ftérilité ? Peut-on connoitre ces faits & ne pas dire avec nous que le mariage n'a pas dans l'ame des époux, pour premier but, ni dans l'intention de l'auteur de la nature pour but unique & principal, le phyfique de la propagation, mais le but moral du bonheur des époux qui s'aiment ? Ce n'eft pas la faute de la vérité, ni la nôtre, fi prefque tous les docteurs humains ont dit le contraire, fi des enthoufiaftes fombres jufques au fanatifme ont déclamé avec feu contre cette thefe, ont voulu faire un crime à l'homme de toute jouiffance reconnue inutile à la propagation, & qui ne l'avoit pas pour but unique. La révélation elle-même les condamne, d'un côté, en ce qu'elle n'enfeigne rien

de

de femblable, ni directement, ni indirectement. Nulle loi n'ordonne aux époux de fe féparer pendant une groffeffe reconnue, ou dans le cas d'une ftérilité avérée. Eft-il même quelque loi divine ou humaine qui ordonne à une femme de fe féparer d'un mari impuiffant, quand d'ailleurs elle vit heureufe avec lui? D'un autre côté, l'Evangile nous donne des préceptes directement contraires à cette prétention, lorfqu'il défend aux époux de fe féparer pour long-tems, même pour vaquer à des actes de dévotion, de ne fe permettre de féparation, quoique courte, que d'un commun confentement, lorfqu'il recommande aux époux de fe rendre les devoirs conjugaux, & tout cela pour éviter la tentation à laquelle expofe une privation trop longue ou involontaire. Voyez les paffages que nous avons cités à ce fujet à l'article CÉLIBAT. Le premier but du mariage eft donc le but moral du bonheur des époux; ils font appellés avant tout, à travailler à fe rendre réciproquement auffi heureux qu'ils peuvent l'être. v. MARIAGE.

Nous fommes bien éloignés cependant, en donnant le premier rang à ce but moral, de vouloir faire envifager le but phyfique de la procréation des enfans, comme n'étant ici qu'un acceffoire. Quand même par erreur, il paroîtroit tel aux amans que la paffion anime, il n'eft point tel felon la nature des chofes, & felon les intentions pofitives de Dieu. Il paroît au contraire, que c'eft à caufe de l'importance de ce but, fans lequel la race humaine périroit, que Dieu a rendu fi fort le penchant d'un fexe pour l'autre; que c'eft pour porter les humains au mariage, qu'il les a rendus capables de cette paffion mixte que nous nommons l'*amour*, qu'il en a fait le plus puiffant reffort des actions humaines; &

le fentiment le plus vif & le plus impérieux, qu'il l'a rendu tel que nous venons de le décrire, afin de conduire au mariage, tel que nous en avons donné la notion; puifque ce n'eft qu'autant qu'il eft tel qu'il affure la naiffance, la confervation & l'éducation des enfans. C'eft pour cela qu'il nous a donné cet inftinct fi fort, fi doux, l'amour paternel, qui trouvant à s'exercer fur les enfans, n'exifte pas avant eux, naît avec eux & refferre les nœuds qui attachent le pere & la mere: ainfi ce même but que les époux fe propofent eft la vraie route qui remplit les vues de Dieu pour la propagation. Le moral & le phyfique de l'amour conduifent à ce terme d'autant plus furement que ces deux principes font réunis. On ne fauroit donc innocemment négliger volontairement d'atteindre ce but; nous l'avons prouvé à l'article CÉLIBAT; on ne fauroit, fans crime y mettre obftacle; c'eft tromper la fage prévoyance de la nature, c'eft fe fouftraire aux vues de Dieu, s'oppofer à fes deffeins, rendre inutiles les merveilles que tout fage obfervateur eft forcé d'admirer dans tout ce qui a trait & qui fert à conduire à ce terme intéreffant. La procréation des enfans eft donc un but effentiel du mariage, un but que Dieu s'eft propofé, & auquel il veut que nous tendions felon toute l'étendue de notre pouvoir. Quoique ce ne foit qu'un but en fecond, ce rang lui eft tellement affigné, que la ftérilité d'une femme, ou l'infécondité involontaire d'un mariage, ne font jamais reprochés comme des fautes, ni repréfentés comme des raifons qui autorifent le *divorce*: au lieu que la mauvaife volonté d'un mari qui afflige la femme qu'il devoit rendre heureufe, & la méchanceté d'une femme reveche qui manque de complaifance pour le mari qu'elle devoit aider &

Tome IV.   S s s s

foulager, font blamés comme des vices que Dieu reprouve. N'est-ce pas le bonheur des époux que Dieu avoit premierement en vue lorsqu'il dit après avoir formé l'homme, *il n'est pas bon que l'homme soit seul, faisons lui une aide qui lui ressemble?* Ce ne fut qu'ensuite que Dieu appelle les époux à la propagation, quand il leur dit, *croissez, multipliez & remplissez la terre.*

Enfin l'existence des enfans, le besoin qu'ils ont pendant long-tems des secours continuels de leurs parens, la tendresse naturelle de ceux-ci pour les fruits de leur union, sentiment qui s'éveille avec tant de force dans leur ame, dès qu'ils sont devenus pere & mere; l'impossibilité presque absolue que le pere seul & la mere seule satisfassent à tout ce qu'exige la foiblesse & l'imbécillité des enfans, ou qu'une personne qui ne les a pas mis au monde, les soigne avec le même zele que le pere & la mere auront naturellement; la conservation du genre humain qui ne s'entretient que par les enfans que l'on éleve; le bonheur des sociétés & la pureté des mœurs qui dépendent de la bonne éducation que les parens donnent à leur famille; enfin la religion qui donne aux parens l'ordre divin de nourrir leurs enfans & de les élever dans la sagesse & la vertu; tout cela nous indique un troisieme but que l'on doit se proposer de remplir en contractant un mariage.

Toute personne qui se marie doit donc nécessairement se proposer, en entrant dans cet état, de remplir, selon toute l'étendue de ses forces, chacun de ces trois buts. Le mariage est ainsi une vraie société conditionelle, qui a pour base la capacité & l'intention de répondre à chacune de ces vues. Mais ici il faut distinguer entre ces trois fins, premierement leur plus ou moins de né-

cessité essentielle, envisagée en elle-même, & la possibilité de suppléer au défaut des conjoints à l'un ou l'autre égard; en second lieu, la cause de l'incapacité d'y répondre, & ses circonstances.

Au premier égard nous avons déja déterminé le rang d'importance & de nécessité que tiennent entr'elles les fins du mariage. Cette société qui appelle les époux à vivre ensemble, ne sauroit subsister en aucune maniere entre des personnes qui sont dans l'incapacité & qui n'ont pas la volonté de se rendre heureux, en qui au contraire on ne trouve que des sources de malheur & de mécontentement. Ici il ne sauroit y avoir de moyen de suppléer à l'incapacité ou à la mauvaise volonté des conjoints; le mariage n'est pas une rélation imaginaire qui n'a de réalité que dans le nom; les époux sont faits tels pour vivre ensemble, pour s'aider mutuellement, pour n'être qu'une personne morale. *L'homme quittera son pere & sa mere & se joindra à sa femme, & les deux ne seront qu'une même chair;* c'est ce que la raison dit tout comme la révélation. Quelle idée devrons-nous donc nous faire de ceux qui croient que le mariage subsiste entre des personnes à qui on permet, & qui sont nécessitées par le défaut de la premiere condition, à vivre séparées pour toujours? Des personnes qui vivent de cette maniere font-elles mariées, sont-elles mari & femme, époux & épouse? elles ne sont ni l'un ni l'autre; l'homme n'est point le protecteur de la femme, celle-ci n'est point l'aide de l'homme; ils ne se rendent pas heureux, ils ne procréent pas des enfans, ils ne les élevent pas conjointement, ils font inutiles à la conservation de la race humaine, condamnés par une absurde législation à un célibat forcé, ils font environnés de tentations auxquelles la plupart fuccombent, tandis qu'un *divorce* abfolu en feroit des êtres heureux, utiles, rempliffant leur deftination, puifqu'ils pourroient contracter un autre mariage, le premier n'exiftant pas, n'étant qu'une chimere. Ici nul moyen de fuppléer au défaut de cette premiere condition, que par une autre fociété mieux affortie.

Il en eft de même de la feconde condition matrimoniale, je veux dire, la procréation des enfans, ou au moins l'acte requis pour atteindre cette fin. Perfonne n'ignore combien naturellement & généralement cette condition eft recherchée; c'eft elle feule qui éleve la fimple amitié au feu de l'amour qui foupire après le mariage; que c'eft là un des moyens de bonheur & de contentement pour les époux; que pour plufieurs, même pour le plus grand nombre, le défaut à cet égard rend malheureufe la perfonne qui fouffre de cette privation, & rend haïffable le conjoint défectueux qui la prive de ce que la nature lui faifoit defirer & attendre comme falaire de fon amour, foutien de fa tendreffe, appui de fa vertu, & fatisfaction d'un befoin preffant, impétueux, qui intéreffe fa vertu, fa fanté & fa vie, auffi bien que la confervation de la race humaine. Ici encore nulle fubftitution, dans le mariage, n'eft poffible pour fuppléer à ce défaut, puifque la fidélité conjugale eft effentiellement requife comme condition néceffaire du contract conjugal. Les loix de quelques anciens peuples avoient autorifé de femblables fubftitutions; mais les peuples les plus policés fe font réunis à ne pas les permettre, parce qu'elles portoient une atteinte trop réelle à la pureté des mœurs. La religion révélée, fans rien dire de précis fur ce fujet, condamne tacitement ces fubftitutions par tout ce qu'elle dit de la fidélité conjugale : & parmi les loix modernes qui les reprouvent, quelques-unes permettent le *divorce* à la perfonne pour qui l'incapacité de fon conjoint n'a pas permis que le mariage fût confommé. Et l'on fent bien au moins, que fans le confentement des deux parties, telle fubftitution ne peut être que criminelle. Le *divorce*, dans ce cas, eft le feul remede légitime à ce défaut, qui peut feul détruire toute la réalité, & anéantir tous les effets néceffaires & recherchés du mariage.

Il n'en eft pas de même à tous égards de la confervation & de l'éducation des enfans. Des parens qui ne voudroient point élever ni nourrir les enfans qu'ils amenent à la vie, qui les expofent ou les laiffent périr; une femme qui fe fait avorter, rendent le mariage inutile, & leur crime les rend indignes de cette union. Mais hors de-là, une mere peut fe fubftituer une nourrice pour l'enfant qu'elle met au monde; une gouvernante pour le foigner, lorfqu'elle même eft hors d'état de remplir à cet égard fes obligations naturelles. Un pere peut fe fubftituer un précepteur, confier fon enfant à des maîtres qui l'éleveront mieux que lui; le gouvernement même peut fuppléer à cet égard à l'incapacité, foit phyfique, foit volontaire des parens.

Il paroit par ce détail, 1°. que le défaut de la premiere condition, ou l'incapacité de la remplir, foit par manque réel de capacité, foit par défaut de volonté, eft incompatible avec le mariage, & rend le *divorce* néceffaire. 2°. Que le défaut de la feconde condition, foit phyfique, foit volontaire, eft incompatible avec le mariage, & rend le *divorce* néceffaire, dès que la perfonne qui fouffre de ce défaut s'en plaint. 3°.

Que le refus de conferver la vie à fes enfans, de les foigner & de les élever, détruit le but phyfique du mariage, par un crime contre Dieu & contre la fociété, qui demande que le mariage foit interdit à ceux qui s'en rendent coupables; mais que la fimple incapacité de les nourrir & de les élever, n'autorife point le *divorce*, puifqu'il eft des moyens de fuppléer à ce défaut des parens, & que cette incapacité n'eft pas un obftacle à ce que les époux rempliffent les autres vues du mariage.

Ces conféquences vraies en général, & inconteftables, font fujettes à des reftrictions néceffaires, lorfqu'on les confidere en détail, & en les appliquant à des cas particuliers; & pour juger de ces reftrictions & de l'étendue de ces circonftances, il faut les envifager, en fecond lieu, dans les caufes des défauts, & dans leurs circonftances.

Ici il eft néceffaire de fe rappeller toujours quelle eft la nature de la fociété conjugale, qui appelle les époux à vivre enfemble dans la liaifon la plus intime, à fe fecourir réciproquement, à ne faire qu'une feule perfonne, qui n'a pas des intérèts féparés, à travailler mutuellement à leur bonheur. Si nos affections étoient toujours juftes, s'il dépendoit de la feule volonté de l'homme d'être parfait & fans défaut, il n'y auroit lieu entre les humains ni à l'indulgence ni au fupport, ni à la patience; tout vice, tout défaut feroit une preuve de mauvaife volonté, puifqu'il feroit l'effet du deffein formé de déplaire, & de faire le malheur de ceux avec qui nous vivons. Mais ce n'eft pas le cas des hommes, nul n'eft parfait, nul ne peut le devenir fur la terre, chacun a quelques défauts, quelques vices qui rendent l'indulgence & le fupport néceffaires & de devoir étroit. v. INDULGENCE,

SUPPORT. Nulle liaifon ne pourroit fubfifter entre les hommes, fi l'on vouloit fe féparer de tout ce qui porte quelque trait, quelque caractere déplaifant. Nous fommes même fouvent injuftes dans les jugemens que nous portons fur le caractere des autres, blamant par caprice ce qui n'avoit rien en foi de mauvais; haïffant, non ce qui eft réellement haïffable, mais ce qui heurte nos fantaifies ou nos paffions déraifonnables. Il feroit donc impoffible de former & de voir durer jamais un mariage, fi l'on n'en vouloit contracter qu'avec ceux en qui il n'y a rien à reprendre, ou le rompre dès que quelque chofe déplaît dans l'affocié auquel on eft uni. Il ne fuffit donc pas pour opérer la diffolution d'un mariage, que l'un des affociés puiffe reprocher à fon conjoint de ces défauts pour lefquels le devoir de tout membre de l'humanité eft d'avoir de l'indulgence & du fupport, & qui font d'ailleurs compatibles avec les qualités effentielles aux gens de bien, ou qui ne conftituent pas néceffairement un caractere infociable & méchant. C'eft pour n'avoir point fait cette diftinction, que les docteurs Juifs, mauvais interprètes de leur loi, autoriferent l'abus criant du *divorce* que le Sauveur leur reproche. C'eft pour prévenir les mauvais effets de cette injufte impatience, que la religion chrétienne nous recommande avec tant d'inftance la patience, la douceur, le fupport, l'indulgence, la charité pour les défauts des autres. Une injufte prévention, un refroidiffement capricieux, une haine fans motif légitime ne donnent donc point le droit, à la perfonne en qui ils fe trouvent, de demander un *divorce*; on pourra toujours lui dire, quand vous ferez parfaite & fans défaut à tous égards, on vous permettra de chercher un époux qui vous reffemble; mais en attendant, ceffez vous-même d'en manifefter un très-grand & très-effentiel, par votre impatience & par votre injufte prévention. Si l'on accordoit ce *divorce*, ce feroit à celui qui a le malheur d'être l'objet de votre haine criminelle, de vos dégoûts condamnables; mais on ne vous permettra jamais dans ce cas de prendre un autre époux, puifque par votre caractere, vous manquez d'une difpofition effentielle pour contracter un mariage qui rende heureufe la perfonne qui s'uniroit avec vous.

Mais il eft des défauts effentiels, deftructifs de l'amour, de l'eftime, de la confiance & du contentement, fans lefquels le mariage eft un état affreux. Il eft des défauts phyfiques incompatibles avec les fins du mariage. L'exiftence de ces défauts étant un obftacle infurmontable à ce que l'on atteigne aucune des fins effentielles du mariage, font une raifon fuffifante de *divorce*, quand d'ailleurs les circonftances ne détruifent pas ces conféquences. Ainfi dans le genre moral, des vices capitaux, dignes de la haine & du mépris de tous les honnêtes gens, qui ne peuvent que rendre malheureux le conjoint; des crimes qui expofent à l'infamie publique & à la mort phyfique ou civile, des mauvais traitemens non mérités, une jaloufie injufte & furieufe, qui expofe aux excès les plus tragiques, le manque de parole à l'égard des promeffes effentielles faites en contractant le mariage, comme l'infidélité continuée, le refus volontaire des chofes néceffaires, la défertion malicieufe, l'abandon total, & le refus méprifant du devoir conjugal, font & feront toujours des motifs fuffifans, & des raifons valables de *divorce*, felon tous

les principes du droit naturel, puifque non-feulement ils détruifent les fins du mariage, mais qu'encore ils rendent malheureux en lui-même & inutile à la fociété le conjoint fi mal affocié. Quelle eft la fociété qui ne feroit pas diffoute par le fait même dans de telles circonftances, quoiqu'elle n'eût pour but que quelque gain, quelqu'avantage? & pourquoi celle du mariage, de la non-régularité de laquelle réfultent tant de funeftes effets, ne jouiroit-elle pas du privilege d'être diffoute, lorfqu'il eft impoffible qu'elle fubfifte fans faire le malheur des époux, fans mettre en danger leur vie, leur falut, celui de leurs enfans, & le bonheur de la fociété publique?

Il eft des défauts phyfiques dont l'exiftence, fans avoir les mêmes fuites odieufes, en a cependant de tout auffi fâcheufes: tels font l'impuiffance, ou des maladies incurables, dangereufes & dégoûtantes, qui ne peuvent qu'infpirer le dégoût & l'averfion, & rendre les effets phyfiques du mariage impoffibles à atteindre, ou qui ne produiroient que des enfans pour qui la vie feroit un malheur, puifqu'ils la perdroient bientôt, ou la pafferoient dans un état de maladie, de folie & de fouffrance, pire que la mort. A ces défauts on peut en joindre un, qui fans annoncer un caractere auffi vicieux pour le moral, fans avoir pour le phyfique une influence auffi directe contre le but du mariage, ne laiffe pas cependant que d'en détruire la premiere fin en partie, & de rendre impoffible d'atteindre convenablement la troifieme; c'eft la diffipation, qui devenue habituelle & incorrigible, plonge une époufe ou un époux, & toute une famille dans la mifere, prive les enfans des moyens d'être nourris, entretenus & élevés convenablement. Ces diverses causes sont toutes suffisantes pour annuller le mariage, pour accorder le *divorce* absolu, & rendre à la partie innocente la liberté complette de se remarier avec une autre personne, avec qui elle peut espérer de jouir d'un sort plus heureux, & de répondre honnètement à sa destination naturelle. Ces causes paroîtront telles à quiconque ne sera pas prévenu, & qui oubliant les décisions de la foule des docteurs, voudra bien ne consulter que le droit naturel, la philosophie morale, la saine politique, & la religion de Jesus-Christ.

Ici cependant, il est encore à considérer les circonstances qui accompagnent ces causes suffisantes de *divorce*; puisqu'il est à leur égard des circonstances qui en changent la nature & en anéantissent les conséquences.

Le mariage est un état trop important, pour que l'on soit excusable de contracter une telle société étourdiment & sans réflexion, dans l'espérance de la faire dissoudre, si elle ne répond pas aux vues que l'on avoit en la formant, ou lorsqu'ayant satisfait par un contract aux vues de l'avarice, de l'ambition ou de la volupté, on voudroit jouir des avantages que l'on se seroit assurés, sans supporter les peines qui devoient être la suite de cette convention. Tous les jours on verroit des mariages formés avec l'intention de les rompre; là pour s'assurer un titre, ici pour faire une fortune, autre part pour contenter un goût ou une fantaisie de débauche. Dans tous les cas où les causes qui peuvent autoriser à demander un *divorce*, auront été connues de la personne plaignante avant son mariage, sans que cela l'ait empêchée de le contracter, elle a perdu tout droit de demander un *divorce*, elle doit supporter

la peine due à sa passion déréglée, & dont elle a bien voulu courir les risques.

Il n'en est pas de même lorsque la fourberie & la dissimulation en ont imposé à l'ignorance, & ont séduit une personne novice qui se trouve unie à celle en qui elle supposoit les qualités dont on ne lui a laissé voir que les apparences, mais qui dans la suite s'est trouvée cruellement trompée. Et en général, selon l'équité, le *divorce* ne peut être refusé à la personne qui peut prouver que la fraude a été employée pour la déterminer, même sur des points qui, par eux-mêmes, n'autoriseroient pas à demander le *divorce*, dès qu'il est prouvé que, sans cette condition sur laquelle on lui en a imposé, elle n'auroit jamais consenti à contracter un tel mariage, comme seroit la condition, la fortune, ou la capacité d'une personne; ce ne seroit qu'autant qu'il ne seroit question que de conditions puériles, & de nulle conséquence, auxquelles nulle personne de bon sens ne feroit attention. A la séduction opérée par la tromperie, on doit joindre la tyrannie du pouvoir, exercée sur la timidité, la foiblesse & la dépendance, pour contraindre celle-ci à faire un mariage contre son gré avec une personne qu'elle hait, à faire des promesses que son cœur désavoue & ne sauroit remplir. De quelque formalité que ce mariage ait été accompagné, de quelque acte qu'il ait été suivi aussi long-tems qu'a duré l'esclavage, pourvu que la personne forcée puisse faire conster d'une résistance de sa part, telle qu'elle pouvoit la faire, & qu'elle se plaigne de la violence dès qu'elle en a la liberté, ou qu'elle a pû connoître son état, & prouver qu'on a abusé de sa foiblesse; jamais au tribunal de la droite raison, de la justice équitable, de l'amour de l'humanité, de l'intention de Dieu & de la religion, un tel mariage ne sera valable, & n'obligera en conscience une personne à être volontairement, & pour sa vie, la victime malheureuse de la tromperie & de l'abus du pouvoir quel qu'il soit. On peut appliquer ces regles à tous les autres engagemens, comme les ordres, la cloture, le célibat, &c.

Lorsque les vices & les défauts de l'un des conjoints sont l'effet de la mauvaise conduite, des conseils, des excès & de la séduction de l'autre, ils ne peuvent jamais être allégués ni pris comme raisons suffisantes de *divorce*. Un mari qui prostitue sa femme, une femme qui fournit des concubines à son mari, & qui l'encourage à s'en servir, un mari qui volontairement ne vit point avec sa femme, une femme qui se refuse à son mari, celui des conjoints qui, par sa vie licencieuse ou inconsidérée & sans prudence, donne lieu à des soupçons bien fondés, & aux accès de la jalousie, doivent souffrir des suites de leur imprudence, & ne peuvent les alléguer comme raisons de *divorce*; ils ont bien voulu en courir les risques, leur mauvaise conduite y a donné lieu, ils n'ont nul droit de se plaindre, à moins que ces suites n'aillent jusques au crime; alors seulement commence le droit des plaintes, mais non celui du *divorce*; c'est le cas d'un pardon réciproque, de la promesse sincere d'une meilleure vie, & de punir par voie juridique ceux qui contreviendront aux ordres qui leur seront donnés.

Des défauts physiques, survenus sans aucune faute de la part de celui des conjoints à qui on peut les reprocher, & cela depuis le mariage contracté, sans que rien de semblable eut lieu lors de la formation de la société, mais qui sont les suites d'accidens non recherchés, de dérangemens naturels de santé, comme toute autre maladie, ne sauroient être des motifs de *divorce*, mais seulement des occasions d'exercer une patience essentielle aux hommes. Serai-je autorisé à voler, parce qu'une banqueroute, un incendie, une grêle, un procès m'ont ruiné? Au moins est-il incontestable qu'un *divorce* accordé contre le gré de celui qui donne involontairement lieu aux plaintes, seroit pour lui une cruelle injustice qui ajoûteroit affliction à l'innocent affligé. Le cas change, lorsque d'un côté le mal est de nature à rendre moralement & physiquement l'autre conjoint malheureux, que le mal est reconnu incurable, & que le malheureux associé, sentant l'impossibilité de retenir son conjoint auprès de lui, consent à lui rendre sa liberté. Mais quel est l'époux qui a aimé sincerement son épouse, ou l'épouse qui a aimé sincerement son époux, qui se résoudra à l'abandonner dans le malheur de sa situation? Cependant qui sait aussi jusqu'où se porte chez les uns la délicatesse & l'éloignement d'instinct, que certaines personnes peuvent avoir pour certaines maladies, telles que la lepre, la folie? & chez d'autres combien n'est pas puissant & impérieux le tempérament?

Ici le juge doit peser les circonstances & consulter plutôt le bien de la société, la conservation de la vertu des particuliers, la propagation de l'espece, que les considérations de la pitié, & d'une justice rigoureuse. C'est aussi la regle qu'il lui convient de suivre à l'égard de certains coupables qui ont donné lieu par leur faute à la demande du *divorce*. Sans doute qu'à la rigueur la peine d'un célibat forcé, auquel la sentence le condamne, parce qu'elle l'a jugé violateur des loix du mariage, seroit une peine jufte. Mais cette peine n'auroit-elle point encore des fuites plus fâcheufes que celles qu'on vouloit prévenir en lui interdifant le mariage? Ne feroit-il pas plus à propos que la fentence le condamnât à quelque peine differente dans fon corps & fon honneur, fi le crime eft grave, & toujours dans fes biens en faveur de la partie léfée, qu'en même tems cette fentence fit connoître au public que fa mauvaife conduite a rendu jufte le *divorce* demandé contre lui, afin que l'innocent ne foit pas confondu avec le coupable, lorfqu'il n'y en a qu'un, ou que tous deux foient notés & punis de même lorfque tous les deux le font?

Nous nous attendons bien que l'on nous alléguera contre nos jugemens fur ce fujet, les décifions de l'Evangile, qui femble condamner tout *divorce*, fi ce n'eft pour caufe d'adultere. A cela nous répondons, 1°. que l'on donne dans l'églife romaine & chez les canoniftes, aux paroles de Jefus-Chrift, en S. Matthieu, *chap. XIX. v. 6 & 9*, un fens qu'elles n'ont en aucune façon; on en conclut à l'indiffolubilité abfolue du mariage, pour quelque caufe que ce foit, excepté deux dont nous parlerons bientôt. Or il eft inconteftable, que felon l'interprétation de ces mêmes docteurs, Jefus-Chrift permet le *divorce* pour caufe d'adultere; comment donc ces commentateurs & les canoniftes ont-ils ofé contredire le fils de Dieu, en interdifant le *divorce*, même dans le cas d'adultere avéré? Voyez *Lib. II. Tit. XXI. de divortiis*. Si donc Jefus-Chrift a permis le *divorce* expreffément pour ce cas, nul chrétien, appuyé de l'autorité de Jefus-Chrift, n'a pu, fans témérité, le défendre dans ce cas, & il eft à obferver que le *divorce* dont parle l'Evangile, n'eft point la féparation de corps du droit canon, la permif-

fion de ne plus jouir l'un de l'autre, *feparatio tori*, mais un *divorce*, enfuite duquel les parties pouvoient fe remarier à d'autres, comme cela avoit lieu chez les Juifs; ce qui étoit la diffolution complette du mariage. Non-feulement les canoniftes, fe piquant de prendre à la lettre les paroles du Sauveur, retranchent l'exception qu'il y met, mais encore ils pouffent la témérité jufques à indiquer deux cas où, felon eux, le *divorce* réel peut avoir lieu. Le premier, c'eft lorfqu'après le mariage arrêté & fcélé par les formalités extérieures, mais non encore confommé par la cohabitation, l'une des parties entre dans les ordres religieux, *fi religionem ingrediatur etiam invito altero conjuge*, même contre le gré de l'autre partie : le fecond, c'eft quand l'un des époux, fuppofés tous deux infideles, vient à fe convertir à la religion catholique, & que l'autre refufe opiniâtrement de demeurer avec lui s'il n'abjure fa foi. Nulle loi n'autorife, ni directement ni indirectement, la premiere de ces prétentions; tout, au contraire, la contredit. *v.* CÉLIBAT. Le fecond eft fondé fur ce que dit S. Paul, *I Cor. VII. 12 - 16.* Si le conjoint fidele étoit une femme, M. Rouffeau de Geneve lui ordonneroit d'être de la religion de fon mari. Si l'on prétendoit que la diverfité de croyance autorifât feule le *divorce*, comme on l'a pratiqué quelquefois dans l'églife romaine, nous nous contenterions de rapporter la décifion de S. Paul, qui ordonne, *que le mari fidele ne quitte point fa femme infidelle, fi elle veut bien demeurer avec lui, ni la femme fidelle un mari infidele, s'il veut bien demeurer avec elle; mais fi l'infidele ne veut pas demeurer avec le fidele, celui-ci eft libre, il n'eft plus affujetti*, c'eft-à-dire, il peut contracter un autre mariage. *I Cor. VII. 12 - 16, & 39.*

C'eft

C'eſt dans ce ſens que les canoniſtes l'entendent; ils reconnoiſſent donc un ſecond cas qui donne lieu au *divorce*, & qui malgré leurs prétentions, reſtreint la loi qu'ils s'obſtinent à expliquer ſelon la rigueur de la lettre, *qu'il ne faut pas ſéparer ce que Dieu a joint.* D'ailleurs, lorſque la plupart d'entr'eux ſoutiennent qu'un mariage même inceſtueux ne peut point par cette raiſon être annullé, lorſqu'il a été contracté ſelon la forme des loix, mais qu'il ne doit comme l'adultere, opérer qu'une ſéparation, le regardant comme une ſociété criminelle; penſent-ils que ce ſoit Dieu qui a joint les époux inceſtueux ?

Nous répondons, 2°. que c'eſt à tort que l'on prétend, que la permiſſion du *divorce* n'eſt donnée par le Sauveur que pour le ſeul cas d'adultere. Il vouloit ramener les Juifs d'un abus criminel, qui conſiſtoit à repudier leurs femmes pour quelque cauſe que ce ſoit, même pour les plus puériles; comme, par exemple, parce que la femme auroit laiſſé gâter quelques mêts ſur le feu, ou parce qu'en ſe deshabillant, elle auroit mis ſes ſouliers à la place où ſon mari avoit accoutumé de placer les ſiens. Voyez Seldenus, Godwin, cités déja ci-deſſus, au commencement de cet article, & les *Comment.* de Grotius, *ſur Matth.* V. ✝. 32.

Or ici ce n'eſt pas tout *divorce* que Jeſus-Chriſt condamne, mais tout *divorce* ſans raiſons légitimes & ſuffiſantes; & en indiquant le *divorce*, il l'indique comme l'une de ces raiſons. En effet, conçoit-on que le Sauveur auroit regardé l'adultere comme un crime plus grand que ne ſeroit par exemple, un attentat ſur la vie d'un époux, un vol, un meurtre, le maſſacre de ſes enfans, ou un avortement pour n'avoir point de lignée, le mépris, la haine invétérée

Tome IV.

contre ſon mari, ou une déſertion malicieuſe & ſans cauſe ? *Vid.* Grotium *in loco ſuprà citato.*

Le *divorce* peut donc être permis, légitime, & même convenable dans les divers cas dont nous avons parlé plus haut. Les magiſtrats ne ſauroient ſans injuſtice, le refuſer à ceux qui le demandent par des motifs ſemblables; tout comme c'eſt introduire un déſordre nuiſible, rendre les mariages mépriſables, & les engagemens des époux ſans force, ſi on l'accordoit ſans de bonnes raiſons, ſans des motifs ſuffiſans. Il eſt même à propos que dans des cas urgens, ce *divorce* puiſſe être obtenu ſans trop de longueurs, ou au moins que dans des circonſtances ſemblables, où le plus foible & le plus innocent pourroit être la victime de la rage du plus méchant & du plus fort, il ſoit permis à celui-là de ſe retirer dans un aſyle, pour ſe mettre en ſûreté pendant le tems que l'on employe à examiner & juger ſa cauſe.

Mais obſervons, 1°. que quand nulle partie ne ſe plaint, il ne paroît pas que perſonne ſoit autoriſé à rompre un joug que les époux conſentent à porter; 2°. que dans les cas où la vie des conjoints n'eſt pas en danger, où peut-être il y a à eſpérer que des exhortations, de l'indulgence, un généreux pardon de fautes graves, il eſt vrai, mais dont le principe n'eſt pas incorrigible, les bons offices de quelques perſonnes ſages, pourroient ramener les époux à un train de vie plus raiſonnable, & à une ſincere reconciliation; il ſeroit à propos que le *divorce* ne fût pas accordé ſur le champ, mais qu'on donnât aux parties le tems de ſe reconnoître, de réfléchir, de calmer une juſte colere, de laiſſer agir des ſentimens qui peuvent ſe rappeller, que le ſouvenir du bonheur paſſé, & la vue

Tttt

d'une famille pour qui on s'intéreffe , réveillent quelquefois. Mais quand un tems convenable, tel que celui d'une année n'a rien opéré, il eft dangereux peut-être pour les mœurs de l'un & de l'autre, que la féparation fimple durât plus long-tems, & que le renvoi d'un *divorce* demandé pour de bonnes raifons, n'entraînât les fuites fâcheuses qui naiffent d'un célibat forcé. *v.* SÉPARATION.

Il eft bien étonnant que quelques peres de l'églife, qui permirent le *divorce*, aient voulu faire une loi à un mari de répudier fa femme fi elle étoit coupable d'adultere. Les conftitutions attribuées à Clément d'Alexandrie, traitent d'imprudent & d'impie, le mari qui dans ce cas ne répudie pas fa femme. Le concile de Néocéfarée, *canon* VIII. & celui d'Eliberis, *canon* LXV. ordonnent cette répudiation fous peine d'excommunication. D'autres cependant penfent qu'un mari peut pardonner à une femme fincerement répentante, & fur la converfion de laquelle il a lieu de compter. Il feroit en effet bien difficile de prouver, que l'homme eft plus obligé à répudier fa femme coupable d'une infidélité, que la femme à répudier un mari qui a violé par le même crime, la foi conjugale, abftraction faite des enfans étrangers que la femme peut donner à fon mari.

En général, on peut dire comme nous l'avons déja exprimé, que le *divorce* eft un châtiment, qui a fouvent de fâcheufes fuites, qu'il en réfulteroit de bien plus funeftes encore, s'il n'étoit pas permis comme nous avons prouvé qu'il l'eft, & fi on lui fubftituoit ces féparations de corps & de biens, foit juridiques, comme chez les peuples qui fuivent le droit canon, foit volontaires & tolerées, comme on en a prefque par-tout des exem-

ples. Il feroit à fouhaiter que les raifons qui rendent légitime le *divorce*, fuffent moins fréquentes, & qu'on pût les prévenir & les enlever. La pratique mutuelle de la patience, du fupport, de l'indulgence chrétienne,tant recommandée dans l'Evangile, feroit le moyen le plus fûr pour produire cet effet defirable. *Vous maris, aimez vos femmes*, dit S. Paul ; *comportez-vous avec elles avec difcrétion comme envers des perfonnes plus fragiles, plus foibles, plus capables de faire des fautes : & vous femmes foyez foumifes à vos maris, comme à votre Seigneur*. Varron donnoit ce fage confeil :

Uxoris vitium tollas opus eft , aut feras.
Qui tollit vitium , uxorem commodiuf-
    culam
Sibi præftat ; Qui fert , fefe meliorem
    facit.

A. Gelius commentant ces paroles, exprime dans fa penfée, à-peu-près la doctrine que nous venons d'expofer : „ Il „ faut fupporter dans les femmes les „ vices qu'un homme peut fupporter „ fans fe deshonorer. Les vices font „ moins graves que les crimes." *Vitium ferendum eft, quod ferri fcilicet à viro honefte poteft : vitia enim flagitiis leviora funt. v.* MARIAGE, CÉLIBAT, SÉPARATION, MARI, FEMME. (G. M.)

DIX, *confeil des, Droit public de Venife*, tribunal compofé de *dix* perfonnes d'entre les nobles, qui ont une autorité & une jurifdiction très-étendue dans le gouvernement de la république.

Ce tribunal fut créé en 1310, pour redonner à la ville la tranquillité & la fûreté qu'elle avoit perdues après l'entreprife de Bayamonte-Tiepolo, &, pour s'oppofer aux changemens que le doge Pierre Gradenigue avoit introduits dans le gouvernement. Comme on s'apperçut que ce tribunal avoit produit des effets très-avantageux dans le nouveau gouvernement, il fut rétabli en plufieurs rencontres ; & enfin il fut confirmé pour toujours 25 ans après fa premiere création.

Le *confeil des dix* prend connoiſſance des affaires criminelles qui arrivent entre les nobles, tant à Veniſe que dans le reſte de l'Etat. Il juge les criminels de léfe-majeſté publique ; il a droit d'examiner la conduite des podeſtats, commandans, & officiers qui gouvernent les provinces, & de recevoir les plaintes que les ſujets pourroient faire contr'eux; il a ſoin de la tranquillité générale, ordonne toutes les fêtes & tous les divertiſſemens publics, les permet ou les défend, felon fa volonté. Il procede auſſi contre ceux qui font profeſſion de quelque ſecte particuliere prohibée par les loix, contre les pédéraſtes & contre les faux monnoyeurs.

Ce confeil a plufieurs autres privileges que j'ignore; parce que ceux qui en ſont inſtruits, & à qui je me ſuis adreſſé, cachent ſcrupuleuſement aux étrangers la connoiſſance de tout ce qui a quelque rapport au gouvernement intérieur de leur république : je ne puis donc ajouter ici que quelques autres généralités connues de tout le monde.

On tire de ce tribunal les inquiſiteurs d'Etat, au nombre de trois, d'entre les ſix confeillers qui entrent avec le doge dans le *confeil des dix.* Quoique le doge préfide à ce tribunal, les *dix* ſénateurs qui le compoſent, n'ont pas moins de pouvoir fans lui, que lorſqu'il y aſſiſte avec les ſix confeillers. Ils doivent tous être de différentes familles, & ſont élûs chaque année par le grand-confeil ; mais ils éliſent trois de leur corps pour en être les chefs, & ils les changent tous les trois

mois, pendant leſquels ces chefs roulent par femaine, rendent la juſtice particuliere, & ne propoſent au corps que les affaires les plus graves. Le chef qui eſt de femaine, reçoit les mémoires, les accuſations, les rapports des eſpions & les communique à fes collegues, qui ſur les dépoſitions des témoins, & ſur les réponſes des accuſés, qu'ils tiennent dans des cachots, font le procès aux coupables, ſans qu'il leur ſoit permis de ſe défendre ni par eux-mêmes, ni par avocats.

Cela ſuffit pour prouver que la liberté eſt encore moins à Veniſe que dans pluſieurs monarchies. Car quelle peut être la ſituation d'un citoyen dans cette république ! Un corps de magiſtrature, compoſé de *dix* membres, a, comme exécuteur des loix, tout le pouvoir qu'il s'eſt donné comme légiſlateur; il peut détruire dans le ſilence & par ſes ſeules volontés particulieres, les citoyens qui lui déplaiſent. Qu'on ne diſe point que pour éviter de tels abus, la magiſtrature qui a la puiſſance, change perpétuellement, & que les divers tribunaux ſe temperent les uns les autres. Le mal eſt, comme le remarque un des beaux génies de ce ſiecle, que ce ſont toujours des magiſtrats du même corps qui changent, des magiſtrats qui ont les mêmes principes, les mêmes vûes, la même autorité, ce qui au fond ne fait guere qu'une même puiſſance,

DIXAINE, f. f., *Droit public d'Angl.*, en Angleterre il ſignifie le *nombre* ou la *compagnie* de dix hommes avec leurs familles, qui formoient entr'eux une eſpece de ſociété, & s'obligeoient ſolidairement envers le roi d'obſerver la paix publique, & de tenir une bonne conduite.

Dans ces compagnies ſe trouvoit toujours un chef, qui par rapport à son office, étoit appellé *dixenier* ou *décurion*. A l'oueſt de l'Angleterre, on lui donne encore le même nom; mais ailleurs il porte celui de *connétable*, parce qu'il y a long-tems que l'uſage des *dixaines* n'y ſubſiſte plus. *v.* DIXENIER. Le nom de *dixenier* ſubſiſte encore dans les officiers municipaux de l'hôtel-de-ville de Paris; mais ce ſont des charges ſans exercice.

DIXAINS, DESENI, *Droit public du Valais*, c'eſt le nom des ſections dans leſquelles le haut Valais eſt partagé. On ne peut dériver ce nom de *dix*, car il n'y a que ſept *dixains*, & il paroît que ce nom veut plutôt indiquer un dioceſe. Chacun de ces *dixains* a ſa propre juriſiliction.

DIXENIER, ſ.m., *Droit publ.*, eſt un officier établi preſque généralement dans les principales villes de l'Europe, pour avoir ſoin d'avertir ceux de la dixaine des ordres de la ville, qu'il faut exécuter. L'obligation du *dixenier* eſt, dès qu'un crime a été commis, & qu'il eſt venu à ſa connoiſſance, d'en avertir le commiſſaire du quartier, pour y pourvoir.

DIXME, ſ. f., DÉCIMATION , ſ. f. , DÉCIMATEUR, ſ. m. , *Droit Canon.* La *dixme*, en général, eſt une portion de fruits qui eſt due à l'égliſe. La plûpart des canoniſtes donnent des *dixmes* une définition plus particuliere, mais conſéquente à leur façon de penſer touchant l'origine & la nature de ce droit.

Cette portion des fruits due à l'égliſe, eſt appellée du nom de *dixme*, non parce que c'eſt ou ce doit être toujours la dixieme portion des fruits, mais parce que ce droit a été introduit ſous la nouvelle loi, à l'imitation de la loi ancienne qui l'avoit fixé en faveur

des lévites à la dixieme partie des fruits.

On appelle décimateur, celui à qui la *dixme* eſt payée.

Les *dixmes* par rapport à leur deſtination ſont auſſi anciennes que la religion même. La loi de Moyſe en faiſoit une obligation expreſſe aux Hébreux. Ce droit a commencé & fini avec la theocratie judaïque. Si J. C. & les Apôtres n'ont pas parlé de *dixmes*, ils ont aſſez clairement établi la néceſſité d'entretenir les miniſtres de l'Autel.

D'ailleurs il paroit naturel de croire qu'il eſt, *de jure divino*, de pourvoir d'une maniere convenable à l'entretien des miniſtres de l'évangile; car la raiſon naturelle nous indique que des hommes ſéparés du monde, & qui ont renoncé à toutes ſortes de profeſſions lucratives, ſont en droit d'exiger qu'on leur rende la jouiſſance de la vie agréable, & qu'on leur fourniſſe un entretien honnête. En conſéquence les loix municipales dans tous les pays ont pourvu à l'entretien de leur clergé national, & les nôtres ont établi les dîmes, ſans doute à l'imitation de la loi judaïque. En conſidérant cependant combien le monde eſt dégénéré en matiere de religion, il eſt peut-être plus avantageux pour le clergé d'établir ſon droit d'entretien ſur les loix de la terre que ſur les loix divines, extrèmement affoiblies par le laps des tems.

Or cet entretien, ainſi dû de droit divin à l'égliſe ou à ſes miniſtres par les fideles, comment doit-il être payé? La forme de ce paiement n'eſt pas preſcrite par la loi nouvelle. Les actes des Apôtres, act. 4. v. 21. 33. nous font conjecturer par cette communauté de biens dont ils parlent, que dans le commencement de l'égliſe on ne connut ni les *dixmes*, ni les prémices; les fideles en ſe dépouillant de tout leur bien,

fournirent au-delà de ce qui étoit nécessaire pour la subsistance des clercs.
Les pauvres en étoient encore commodément entretenus, ou plutôt personne ne manquoit de rien sans être ni
riche ni pauvre.

A cette vie commune, qui fut le
premier moyen par où les clercs reçurent leur entretien, succéderent les collectes, *collecta*, qui se faisoient même
du tems des apôtres, ainsi qu'il paroît
en plusieurs endroits des épîtres de S.
Paul.

Dans les siecles suivants l'église acquit des biens fonds, par la protection
& les libéralités des premiers empereurs
chrétiens. Les oblations continuerent
cependant d'être en usage. S. Jerôme
& S. Augustin parlent des *dixmes* &
des prémices, de maniere à faire entendre, que c'étoit une obligation aux
fideles de les payer; mais autant, ce
semble, que l'église, ou les clercs n'auroient pas de biens d'ailleurs.

S. Augustin sur le pseaume 146. ne
veut pas que les clercs exigent les *dixmes*, mais il veut aussi que les fideles
les leur donnent sans attendre qu'on
les leur demande.

L'on ne peut assurer que la *dixme*
fut payée d'une maniere coactive avant
le tems de Charlemagne, avant que cet
empereur & ses successeurs se fussent
expliqués si clairement par leurs capitulaires sur l'obligation de payer la *dixme*. Ce fut lui qui établit en France cette
fameuse division de la *dixme* en quatre
parties, dont la premiere étoit affectée
à l'entretien des batimens de l'église;
la seconde au soulagement des pauvres;
la troisiéme à l'entretien de l'évèque,
& la quatrieme à celui du clergé pa-
roissial. Les conciles postérieurs à ces
capitulaires contiennent le même précepte, c'est donc à cette époque qu'il

faut fixer le paiement des *dixmes* tel,
à-peu-près, qu'il se fait à présent. M.
Fleury, en ses *institutions*, le dit d'une
maniere qui ne permet pas d'en douter
sur la foi de ce savant historien. Sur la
fin du sixieme siecle, comme on négligeoit ce devoir, les évèques commencerent à ordonner l'excommunication
contre ceux qui y manqueroient; &
toutefois ces contraintes étoient défendues en orient dès le tems de Justinien.

Il résulte donc de tout ce que nous
venons de dire, que la *dixme* n'est de
droit divin, que par rapport à son emploi; que les fideles sont bien obligés
par le nouveau testament de pourvoir
à la subsistance des ministres de l'autel,
mais que la maniere de remplir le précepte n'est que droit positif, puisque
comme on vient de le voir, elle a varié dans l'église, suivant les différentes
occurrences des tems.

Dans l'église grecque, la *dixme* ne
se paie que librement & à titre d'aumône; & Grimaudet, des *dixmes*, *chap.*
4. remarque fort bien que si les empereurs romains en avoient ordonné le
paiement, Théodose, & depuis, Justinien n'auroient pas omis d'en inférer
les loix dans leur code.

La premiere & principale division
qui se fait des *dixmes* est en personnelles & réelles. Les *dixmes* personnelles
sont celles qui proviennent du travail
& de l'industrie des fideles, comme du
négoce, des arts & métiers, & de la
milice.

Les *dixmes* réelles sont celles qui se
perçoivent des fruits de la terre, comme bled, vin, grains, bois, légumes.

Quelques auteurs comprennent sous
cette division les *dixmes* mixtes, c'est-
à-dire, qui participent de la nature des
dixmes personnelles & réelles, comme
sont les *dixmes* de charnage, ou des

animaux dont le profit vient en partie de la terre où ils font, & en partie du foin qu'on apporte à leur confervation. Mais comme on pourroit en dire autant des autres fruits induftriaux de la terre, la plûpart des canoniftes ne parlent pas de cette efpece particuliere de *dixmes*.

On foudivife les *dixmes*, en groffes & menues. Les groffes *dixme* fe perçoivent des principaux revenus d'un pays, les menues de moins confidérables. C'eft la feule définition que l'on puiffe donner de ces deux efpeces de *dixmes*; comme il n'y a rien de plus varié que le produit de chaque pays, on ne peut donner à cet égard une regle précife & générale. Telle *dixme* paffe pour menue dans un pays, qui paffe dans un autre pays, pour groffe *dixme*. On peut feulement dire, que le bled eft univerfellement groffe *dixme*, & que régulierement les légumes font menues *dixmes*. Mais le vin, le foin & l'avoine font groffes ou menues *dixmes* fuivant les différens ufages des diocefes & paroiffes.

Dans cette foudivifion, en groffes & menues *dixmes*, on fait entrer les autres *dixmes* de charnage ou domeftiques & les vertes *dixmes*, celles-ci fe perçoivent des fruits & fourrages produits par la terre même. Les *dixmes* de charnage ou domeftiques fe prennent fur les agneaux, cochons & autres animaux domeftiques; ces deux efpeces de *dixmes* ne font pas diftinguées, généralement partout. On les comprend en plufieurs endroits fous la divifion de groffes & menues *dixmes*. Tournet, let. D, *n.* 98. Forget, *ch.* 4.

On divife encore les *dixmes* en anciennes & nouvelles; les *dixmes* anciennes font celles qui fe perçoivent des terres cultivées de toute ancienneté, *cujus non*

extat memoria, foit qu'elles aient toujours produit la même efpece de fruits, foit qu'on les ait chargées fucceffivement de différens fruits.

Les *dixmes* nouvelles que l'on appelle les *novales*, font au contraire les *dixmes* qui fe perçoivent des terres qui font depuis peu en culture, & étoient auparavant en friche.

On divife auffi les *dixmes*, en folites & infolites, c'eft-à-dire, en celles qui font communément en ufage depuis long-tems, & en celles d'un ufage nouveau & extraordinaire. Cette divifion eft fondée fur ce que la coutume de chaque lieu eft la regle abfolue du payement de toutes les efpeces de *dixmes*. Telle *dixme* qui eft ordinaire dans un lieu, peut être regardée comme infolite dans un autre. Les auteurs, comme Forget en l'endroit cité, ont bien voulu propofer des efpeces de *dixmes* infolites en forme de regles générales; mais foit privilege, prefcription, ufurpation ou autre titre, on voit payer en certains diocefes comme *dixmes* ordinaires, ce qui felon ces mêmes auteurs ne fe doit jamais payer en aucun cas: enfin en confidérant les *dixmes* telles qu'elles fe perçoivent aujourd'hui, on peut les divifer en eccléfiaftiques, & inféodées ou profanes.

Les *dixmes* eccléfiaftiques font celles qui fe perçoivent par les eccléfiaftiques fans aucune charge de fief.

Les inféodées ou profanes font celles qui font poffédées à titre de fief, à la charge de foi & hommage, & autres devoirs feigneuriaux.

Par le droit des décrétales il n'eft forte de fruits ou de revenus de la terre & de l'induftrie humaine, qui ne foit fujet à la *dixme*. Plufieurs conciles ont fuivi la difpofition du droit canonique à cet égard.

Les pauvres, felon quelques-uns, font tenus de payer la *dixme* des aumônes qu'on leur fait, s'ils ne font dans une mifere extrême.

Les terres novales comme les anciennes font fujettes à la *dixme*, & les changemens qui fe font en la culture des terres, ne peuvent préjudicier au droit des *décimateurs*.

Du refte, la *dixme* n'eft due que des fruits & nullement des fonds.

Réguliérement la *dixme* eft due par toutes fortes de perfonnes de quelque état & condition qu'elles foient, à moins qu'elles n'aient un légitime titre d'exemption.

Les clercs, les moines, les rois, les princes, les juifs, les hérétiques, les Turcs, même les infideles ne font donc pas exceptés de la regle générale, s'ils n'ont un privilege fpécial d'exemption.

Mais quel eft-il ce privilege ? & qui peut l'accorder ? Moneta & plufieurs autres, *argum. c. decimas* 16. *q.* 1. *c. tua, c. fuggeftum, c. ex multiplicis, c. à nobis c. ult. de decimis & tit. de privil.* tiennent que le pape peut accorder l'exemption de la *dixme* même à des laïcs, & qu'il le peut feul à l'exclufion des rois & des évèques.

Par le can. *decimas* 16. *q.* 1. le pape Pafcal II. exempta vers l'an 1110. les moines & les clercs vivants en commun, du payement de la *dixme*, pour les fonds qu'ils faifoient valoir par leurs mains, *de laboribus feu nutrimentis fuis propriis.* Ce privilege fut apparemment fuivi d'abus : voici comme en parle Alexandre III. dans le ch. *ex parte tua de dicimis : Ex parte tua ad nos noveris perveniffe, quod albi monachi & nigri, & quidam alii religiofi ecclefias tuæ jurifdictionis reditibus decimarum occafione privilegiorum, quæ fibi Romana indulfit ecclefia, fpoliare præfumunt. Sanè nolumus te la-*

tere, quod prædeceffores noftri ferè omnibus religiofis decimas laborum fuorum concefferant, fed prædeceffor nofter Hadrianus folis fratribus Ciftercienfis ordinis & templariis & hofpitalariis, decimas laborum fuorum quos propriis manibus vel fumptibus colunt, indulfit ; cæteris verò, ut de novalibus fuis, quæ propriis manibus vel fumptibus excolunt, & de nutrimentis animalium fuorum, & de hortis fuis decimas non perfolvant, quem fumus fuper his imitati. Quare ii quibus hoc indultum eft, hac occafione decimas de aliis rebus ecclefiæ fuæ non poffunt fubtrahere, vel fibi aliquid ulterius vindicare.

Ce réglement qui fembloit devoir faire ceffer les plaintes des *décimateurs* contre les abus des moines, fut encore mal exécuté par les religieux, & furtout par ceux de Cifteaux qui s'étoient extrêmement multipliés ; il fallut que le quatrieme concile général de Latran, tenu l'an 1215 fous Innocent III. en prît connoiffance, & qu'il rendît le fameux décret *nuper,* qui fert de regle aujourd'hui à toutes les décifions fur cette matiere. Au moyen de ce décret, rapporté dans le ch. *nuper de decimis,* tous les privileges d'exemption de *dixmes* ne doivent avoir lieu que pour les terres acquifes avant le tems du concile : & à l'égard de toutes les terres que les privilégiés ont acquifes, ou qui leur ont été données depuis le concile, foit pour la fondation des nouveaux monafteres, ou pour l'augmentation des anciens, ils en doivent payer la *dixme*, foit qu'ils les cultivent eux-mêmes ou qu'ils les faffent valoir à leurs dépens, ou qu'ils les baillent à ferme.

Le capitulaire de l'an 801. fait trois portions des *dixmes*, dont l'une doit appartenir à la fabrique, l'autre aux pauvres, & la troifieme aux prêtres, c'eft-à-dire, aux pafteurs & curés. Suivant le concile de Paris, tenu l'an 829. l'évèque avoit un quart des *dixmes* quand il en avoit befoin ; & par le troifieme concile de Tours de l'an 813. c'étoit à lui à regler l'ufage de la *dixme* que les prêtres recevoient. Le pape Leon IV. vers l'an 850. décida, fans parler de partage, que les *dixmes* devoient ètre payées aux églifes baptifmales, ce qui s'applique naturellement aux curés, fuivant cette parole de l'apôtre, *I Cor.* IX. 14. *Le Seigneur a ordonné, que ceux qui annoncent l'Evangile vivent de l'Evangile.* Mais comme les évèques font les premiers pafteurs, les premiers chargés d'annoncer l'Evangile, il n'eft jamais feulement venu en idée à aucun auteur de les exclure de la participation des *dixmes* ; les canoniftes ont eu le mème égard pour les curés, & ils ne font pas difficulté de les appeler *coportionnaires* des *dixmes* avec les évèques : *Quafi portionarios in perceptione decimarum.* Hoftienfis, Fagnan, *in cap. quoniam, de decimis.* Ils font plus, ils donnent exclufivement aux curés les *dixmes* perfonnelles, parce qu'elles tiennent lieu, difent-ils, d'une jufte reconnoiffance de la part des paroiffiens pour les facremens qu'ils leur adminiftrent.

A l'égard de la maniere de payer la *dixme* pour le lieu, l'ufage eft à cet égard la loi, quoique régulierement quand il ne faut ni beaucoup de travail, ni beaucoup de frais, on doit la porter aux greniers des *décimateurs.* Mais c'eft une regle générale qu'on ne peut emporter les fruits fujets à la *dixme* que le *décimateur* ou fon collecteur n'ait pris fon droit, ou n'ait été averti de le prendre.

Pour le tems : la *dixme* réelle doit être payée fur le champ & à mefure que le fruit eft perçu ; la *dixme* perfonnelle au bout de l'an.

Le collecteur de la *dixme* ne peut prendre d'autorité la *dixme*, il faut qu'il la demande honnètement. (D. M.)

DIXMES INFÉODÉES, *Droit féod.*, font celles qui font tenues en fief par des gentilshommes ou autres laïcs, & qui font poffédées comme des champarts & autres biens purement profanes.

Rien n'eft plus incertain que l'origine des *dixmes* inféodées ; car il y en a qui tiennent qu'elles ont été établies après la conquête des Gaules par les François, à l'imitation du tribut ordinaire que les Romains levoient fur les provinces dépendantes de leur empire, qui étoit la dixieme partie de tous les fruits ; de forte que les rois de France ayant trouvé cette impofition établie, ils la conferverent, & la donnerent en fief à leurs foldats. Les partifans de cette opinion ajoutent que parmi les defcendans de ces premiers François, les uns ont foigneufement confervé ce droit de *dixmes*, & les autres s'en font dépouillés en faveur de l'églife par dévotion ou par fcrupule, & que c'eft de-là qu'eft venue la différence des *dixmes* eccléfiaftiques & des *dixmes* inféodées : d'autres difent, avec plus de vraifemblance, que les *dixmes* ont commencé à ètre inféodées vers le fixieme fiecle, où plufieurs églifes fe trouverent obligées d'abandonner partie de leurs *dixmes* à de grands feigneurs, pour les engager à prendre leur défenfe contre les ennemis de la foi : mais la plus commune opinion eft que les *dixmes* inféodées tirent leur origine de la donation qu'en fit Charles Martel aux feigneurs & gentilshommes qui l'avoient aidé à remporter la fignalée victoire qu'il gagna auprès de la ville de Tours, en l'année 732 fur les Sarrafins, qui étoient au nombre de plus de trois cent mille.

Quoi qu'il en foit, depuis le concile
de

de Latran, tenu en l'an 1179 sous le pontificat d'Alexandre III. il n'est plus permis d'inféoder les *dixmes* ecclésiastiques : cela avoit été défendu auparavant par le même pape, dans un concile tenu à Tours en l'an 1163, & avant lui par Grégoire VII. mais comme toutes ces défenses ne peuvent porter que sur l'avenir, on a été obligé de tolérer les inféodations qui ont été faites avant le concile de Latran.

Les laïcs donc qui prétendent des *dixmes* inféodées, doivent être fondés en titres antérieurs à ce concile, ou au moins il faut qu'ils prouvent qu'ils sont en possession de ces *dixmes* depuis un tems immémorial, qui fait présumer un titre d'inféodation avant ledit concile. Mais cette possession ne peut point se justifier par des contrats d'acquisition, échanges, partages, ou autres titres de famille ; il faut qu'elle soit prouvée par d'anciens aveux & dénombremens, dans lesquels les *dixmes* aient été employées, & par lesquels il paroisse qu'elles sont véritablement tenues en fief, sans quoi on présume qu'elles ont été usurpées sur l'église, plûtôt qu'inféodées. En un mot, il ne suffit pas de prouver qu'on a joui des *dixmes* pendant un tems immémorial, il faut de plus établir qu'on a joui desdites *dixmes* comme inféodées.

Les *dixmes* inféodées sont purement laïques, & doivent se régler de la même maniere que les choses profanes ; c'est pourquoi le juge d'église n'en peut point connoître. Néanmoins, comme elles sont sujettes à réversion, elles retiennent toujours les privileges & les prérogatives de leur origine ; ainsi elles se paient avant l'agrier ou champart, de même que les *dixmes* ecclésiastiques.

Les *dixmes* inféodées doivent contribuer au paiement de la portion con-

Tome IV.

grue ; mais ce n'est que subsidiairement, c'est-à-dire, en cas d'insuffisance des *dixmes* ecclésiastiques.

Les *dixmes* inféodées, quoique retournées à l'église, conservent à l'égard des seigneurs leur qualité de biens temporels & féodaux ; ainsi les ecclésiastiques qui les ont acquises, sont tenus d'en payer le droit d'indemnité, & de fournir homme vivant & mourant, par le décès duquel il y ait ouverture au droit de rachat, à moins qu'elles n'aient été affranchies des charges de fiefs ; car alors elles deviennent purement ecclésiastiques, par le retour à leur origine & à leur ancien état. Ce qui a lieu, soit qu'elles retournent à l'église d'où elles avoient été démembrées, ou à une autre église.

Sur quoi il faut remarquer, 1°. Que les *dixmes* qui relevoient de la couronne deviennent de plein droit ecclésiastiques par leur retour à leur premier état ; ainsi elles ne sont sujettes à aucuns droits féodaux, encore qu'il ne paroisse pas d'une expresse suppression de fief.

2°. Que les ecclésiastiques qui prétendent que la réunion des *dixmes* inféodées a été faite *sine onere feudi*, doivent prouver la suppression du fief, lorsque les seigneurs justifient par d'anciens aveux, & par une possession immémoriale bien suivie, que les *dixmes* possédées par les curés ou autres ecclésiastiques, sont inféodées, à moins qu'on ne puisse présumer la suppression de fief par des circonstances particulieres.

Quoique les *dixmes* inféodées qui ont été réunies à l'église *cum onere feudi*, conservent leur nature de biens temporels, & qu'elles soient par conséquent sujettes aux droits féodaux d'indemnité, de rachats & de lods & ven-

V v v v

tes ; néanmoins lorfqu'elles font vendues à l'églife, elles ne font point fujettes au retrait foit féodal ou lignager, parce qu'autrement ce feroit ôter à l'églife le moyen de rentrer dans fes anciens droits.

La *dixme* inféodée fe prefcrit par un décimateur contre un autre décimateur, cela ne fait pas de doute ; mais peut-elle fe prefcrire par le détenteur de l'héritage, ou autrement la *dixme* paffive fe prefcrit-elle ? D'anciens auteurs qui ont traité des *dixmes* l'ont penfé.

Quelques modernes foutiennent qu'un particulier ne peut oppofer au décimateur laïc qu'il eft en poffeffion immémoriale de ne point payer la *dixme*. Ainfi, un feigneur laïc, juftifiant par fes titres qu'il a la *dixme inféodée*, ne peut être privé de ce droit par un particulier, ou fur un canton.

D'autres enfin penfent que la *dixme* peut fe prefcrire par un décimateur contre un autre décimateur ; mais, qu'elle ne peut jamais fe prefcrire par le détenteur de l'héritage ; & que perfonne ne peut acquerir par prefcription l'exemption de payer la *dixme*.

Deux motifs ont fans doute déterminé cette jurifprudence ; l'un, fuivant la Philippine, nul fe peut dire exempt de payer *dixme*, & alléguer prefcription ; l'autre, eft que la *dixme inféodée* pouvant redevenir eccléfiaftique par le retour au droit commun, & pouvant être affujettie aux mèmes charges que la *dixme* ecclefiaftique, elle en doit conferver les privileges. Ainfi on peut aujourd'hui tenir pour certain que la *dixme inféodée* ne peut point fe prefcrire par les particuliers qui la doivent. Il n'y a que la qualité ou la forme de la preftation qu'on puiffe prefcrire. (R.)

FIN DU TOME IV.

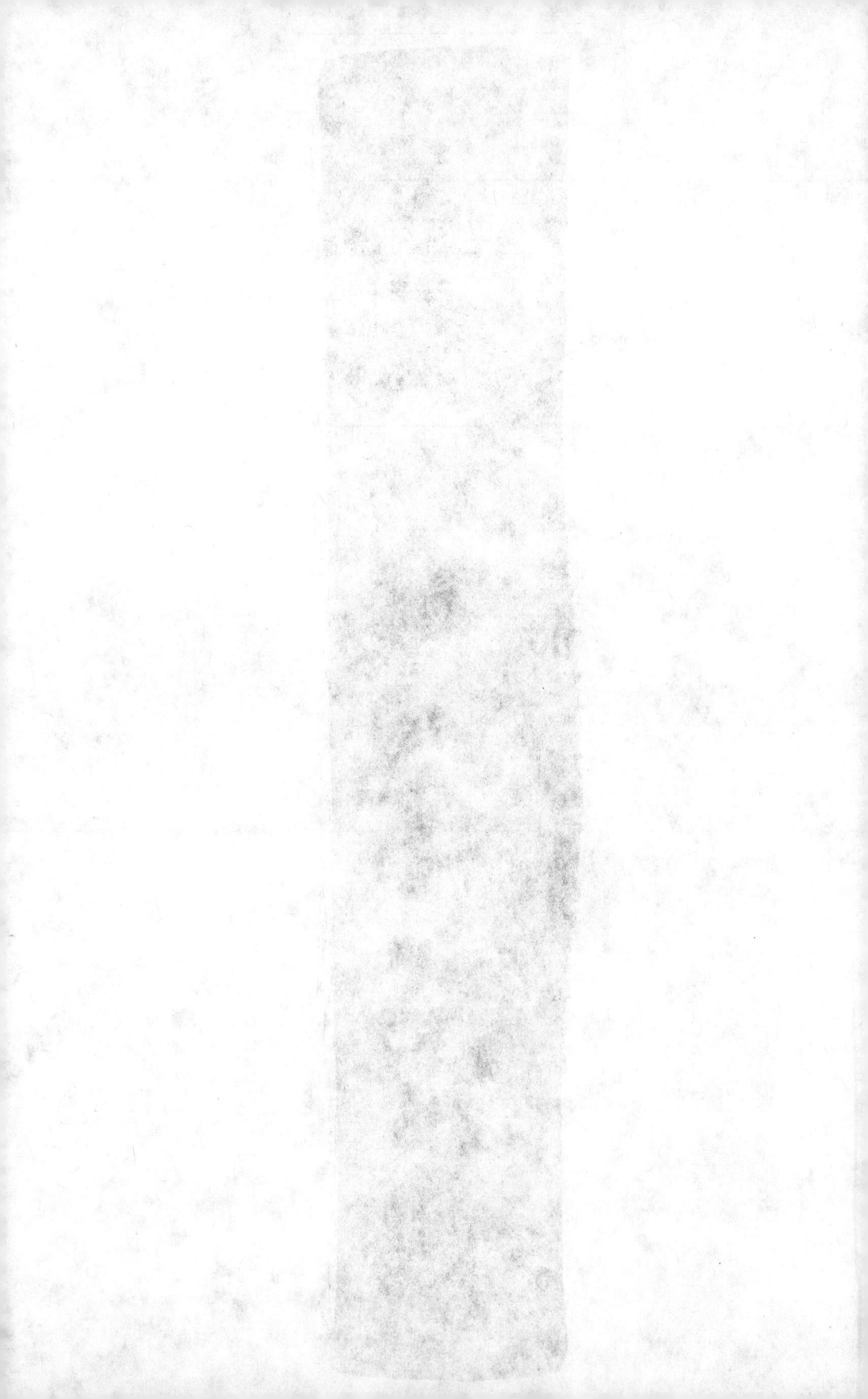

www.ingramcontent.com/pod-product-compliance
Lightning Source LLC
Chambersburg PA
CBHW071129270326
41929CB00012B/1693